FACULTÉ DE DROIT DE LYON

FRANÇAIS

DE LA CIRCONSCRIPTION

ET DU NOM

DES COMMUNES

ÉTUDE SUR LE TITRE Ier DE LA LOI MUNICIPALE DU 5 AVRIL 1884

THÈSE POUR LE DOCTORAT

Soutenue le 19 juin 1893

devant la Faculté de Droit de Lyon

PAR

Auguste VERRIER

AVOCAT A LA COUR D'APPEL DE LYON

LAURÉAT DE LA FACULTÉ

LYON

TYPOGRAPHIE ET LITHOGRAPHIE E. NICOLAS

6, rue d'Algérie et rue Tupin, 38

1893

DROIT FRANÇAIS

DE LA CIRCONSCRIPTION ET DU NOM DES COMMUNES

Etude sur le titre Ier de la loi municipale du 5 avril 1884

FACULTÉ DE DROIT DE LYON

MM. CAILLEMER ✻, doyen, professeur de droit civil ;
MARIRE, professeur de droit civil ;
GARRAUD, professeur de droit criminel ;
APPLETON, professeur de droit romain ;
FLURER, professeur de droit civil ;
THALLER, professeur de droit commercial ;
ROUGIER, professeur d'économie politique ;
ENOU, professeur de droit administratif ;
AUDIBERT, professeur de droit romain ;
COHENDY, professeur de procédure civile ;
LESEUR, professeur de droit international public ;
BERTHÉLEMY, professeur d'histoire générale du droit français ;
PIC, agrégé, chargé du cours de droit international privé ;
BLONDEL, chargé des fonctions d'agrégé et d'un cours de droit administratif ;
BECQ, secrétaire ;
NICAUD, bibliothécaire.

JURY DE LA THÈSE

Président : M. ENOU professeur ;
Suffragants : MM. APPLETON, professeur ;
— COHENDY, professeur ;
— PIC, agrégé.

UNIVERSITÉ DE FRANCE — FACULTÉ DE DROIT DE LYON

DROIT FRANÇAIS

DE LA CIRCONSCRIPTION
ET DU NOM
DES COMMUNES

ÉTUDE SUR LE TITRE Ier DE LA LOI MUNICIPALE DU 5 AVRIL 1884

THÈSE POUR LE DOCTORAT

Soutenue le 19 juin 1893

devant la Faculté de Droit de Lyon

PAR

Auguste VERRIER

AVOCAT A LA COUR D'APPEL DE LYON
LAURÉAT DE LA FACULTÉ

LYON
TYPOGRAPHIE ET LITHOGRAPHIE E. NICOLAS
6, rue d'Algérie et rue Tupin, 38

1893

TABLE DES MATIÈRES

Pages

DEUXIÈME PARTIE

EFFETS DES CHANGEMENTS DE CIRCONSCRIPTION DES COMMUNES.

Pages

Pages

TROISIÈME PARTIE

DES VOIES DE RECOURS OUVERTES CONTRE LES ACTES QUI MODIFIENT LA CIRCONSCRIPTION DES COMMUNES.

INTRODUCTION

A la veille de 1789, la France se trouvait partagée en un nombre infini d'agglomérations de toute sorte, que l'on désignait sous les noms multiples de villes, communautés, paroisses, bourgs, villages ou hameaux.

Ces diverses circonscriptions territoriales s'étaient formées lentement et avec peine, au hasard des événements, en raison des droits des communautés ou des anciens propriétaires, des chartes royales ou des ressorts du culte (1); et, sauf dans quelques provinces, comme le Dauphiné, le Languedoc, la Guyenne, aucune de ces petites localités n'avait de limites établies d'une manière officielle.

Par contre, chacune d'elles avait son administration, son assemblée particulières, et aussi ses privilèges distincts, soit pécuniaires, soit honorifiques, soit de toute autre nature.

On avait bien essayé à différentes reprises, surtout à la fin du dix-huitième siècle, d'apporter un peu d'unité au milieu de cette diversité des coutumes, et de donner à toutes ces agglomérations une organisation homogène. Ainsi, dans divers projets de réforme des institutions municipales et provinciales (2), on avait pris les paroisses comme circonscriptions élémentaires pour les municipalités de campagnes. Mais toutes ces tentatives avaient échoué devant la difficulté de l'entreprise et en présence du mauvais vouloir des diverses parties intéressées.

Le premier soin du législateur de 1789 fut de supprimer tous les

(1) Dufour, *Traité général de droit administratif appliqué*, 3e édit., 1868, t. III, no 461 p. 504.

(2) On peut citer, par exemple, un projet de Turgot, de 1776, un mémoire de Calonne, de 1787, et un édit de juin 1787, cités par M. Aucoc, *Des sections de commune*, 2e édit., 1864, no 13, p. 27.

privilèges, ceux des territoires comme ceux des personnes (1). Mais lorsque l'Assemblée nationale constituante voulut remanier les divisions administratives de la France, elle se trouva arrêtée par une grave difficulté consistant dans le choix des limites à donner à chaque communauté, paroisse, etc.

Fallait-il, consacrant les résultats de plusieurs siècles et acceptant le fait accompli, resserrer les liens qui s'étaient formés depuis si longtemps entre les habitants des diverses localités et maintenir à chacun de ces groupes son existence distincte ? Ou au contraire devait-on, comme le fit plus tard l'Assemblée constituante, qui « tailla en plein drap dans les anciennes provinces pour y découper les départements, constitua également de toutes pièces les districts (aujourd'hui les arrondissements), et fixa pour les cantons une moyenne d'étendue » (2), créer des divisions administratives nouvelles sans tenir aucun compte du passé ?

Il eût été bien téméraire de s'arrêter à ce dernier parti. Une mesure aussi arbitraire et aussi radicale aurait, cela est certain, blessé gravement ce sentiment d'affection, cet attachement qu'a tout homme pour le pays qui l'a vu naître, et n'aurait pas manqué de soulever, de la part des habitants, de vives réclamations. L'intérêt social exigeait donc, en quelque sorte, le maintien au moins provisoire de l'ancien ordre de choses et le respect des droits qu'une longue suite de siècles avait conférés à ces différentes agglomérations, de se considérer comme autant de personnes morales (3).

Aussi, par respect pour leur individualité traditionnelle et dans le but également d'établir dans la France entière une administration uniforme et d'attacher, par des intérêts locaux et distincts, un plus grand nombre de Français au nouvel ordre politique, l'Assemblée constituante adopta le parti qui devait soulever le moins de difficultés, sinon dans l'avenir, du moins pour le présent, et se borna à prendre pour base de son organisation municipale les anciennes circonscriptions de ces localités.

C'est dans ce but qu'une loi du 22 décembre 1789 décida, dans son art. 7, « qu'il y aurait une municipalité en chaque ville, bourg, paroisse ou communauté de campagne ».

(1) Le décret du 4 août 1789, art. 10, porte en effet : « Tous les privilèges particuliers des provinces, principautés, pays, cantons, villes et communautés d'habitants, soit pécuniaires, soit de toute autre nature, sont abolis sans retour, et demeurent confondus dans le droit commun de tous les Français. »

(2) *Répertoire du droit administratif*, de M. LÉON BÉQUET, V° *Commune*, n° 268.

(3) DALLOZ, *Jurisprudence générale, Répertoire alphabétique*, V° *Commune*, n° 172.

Chacun de ces groupes conservait ainsi son existence distincte et les limites plus ou moins certaines qu'il avait eues jusque là.

Plus tard, la Constitution des 3-14 septembre 1791 et un décret de la Convention du 10 brumaire an II décidèrent qu'ils porteraient tous indistinctement le nom unique de « *Communes* » (1). Et depuis lors le législateur a toujours respecté et maintenu la circonscription des communes, telle qu'elle avait été établie en 1789 (2).

Mais il n'entrait pas dans l'esprit de l'Assemblée constituante, pas plus que dans l'intention des autres assemblées législatives qui ont successivement conservé et consacré son œuvre, que les circonscriptions des communes dussent être à l'avenir immuables et intangibles.

Il peut arriver, en effet, que les intérêts des mem[illegible] commune se trouvent, à un moment donné, contrair[illegible] avait été établi, et que les anciennes circonscriptions [illegible] plus conformes à la convenance des habitants. Le [illegible]orte, dans la vie des sociétés comme dans celle de[illegible], des modifications incessantes ; les centres du comm[illegible] l'industrie se déplacent, la population s'accroît, les [illegible]affaiblissent (3) ; et ces diverses circonstances rendent [illegible] des changements absolument nécessaires.

Ces changements peuvent être de plusieurs sortes.

Tantôt, pour faciliter les relations locales, qui constituent la vie communale, il peut être utile d'enlever un hameau à la commune dont il dépend pour le réunir à une autre commune ; — ou bien de transférer le chef-lieu de cette commune sur un autre point de son territoire.

Tantôt les diverses sections d'une commune très étendue seront en complet désaccord et demanderont à se séparer. La loi ne pouvait forcer à rester ensemble, unis à tout jamais, des éléments trop discordants ; et l'on doit pouvoir, lorsque le besoin s'en fait impérieusement sentir, enlever à cette commune une fraction de son territoire pour en former une nouvelle commune distincte.

Ici une commune n'aura plus assez d'habitants et manquera des

(1) Constitution des 3-14 septembre 1791, titre II, art. 8 : « Les citoyens français, considérés sous le rapport des relations qui naissent de leur réunion dans les villes et dans certains arrondissements du territoire des campagnes, formeront les communes. »

Décret du 10 brumaire an II : « Toutes les dénominations de ville, bourg ou village sont supprimées et celle de commune leur est substituée. »

(2) Nous verrons cependant qu'il faut faire une exception pour la Constitution de l'an III, qui n'établissait de municipalités qu'aux chefs-lieux de cantons.

(3) SIMONET, *Traité de droit public et administratif*, 1885, n° 750, p. 414.

ressources suffisantes pour supporter les charges locales : il conviendra alors de la réunir à une autre commune, pour ne former avec elle qu'une seule municipalité.

Là, au contraire, on trouvera bon de créer un nouveau centre municipal, en empruntant à deux ou plusieurs communes voisines une partie de leur territoire.

Parfois, enfin, il sera nécessaire de faire des rectifications de limites, des échanges de territoires, etc., etc.

Dans la plupart de ces hypothèses, l'individualité communale subit une altération profonde ; dans quelques-unes même elle est complètement détruite. Aussi a-t-on toujours admis que ces divers changements ne devaient être opérés qu'avec une extrême circonspection et avec la garantie des précautions les plus minutieuses. « On ne doit pas perdre de vue que toutes les fois qu'ils s'opèrent, il y a modification, si légère qu'elle soit, dans l'organisation sociale. En effet, les communes, en même temps qu'elles forment des sociétés ou corps moraux ayant des intérêts particuliers, sont le dernier fractionnement du territoire, considéré dans ses rapports avec l'administration. Au-dessous des magistrats municipaux, notre organisation administrative ne donne rien. Il a donc fallu d'une part donner aux communes la facilité de réclamer leur division ou leur réunion avec d'autres, et d'autre part accorder au Gouvernement le droit de décider la question. » (1).

Nous ne saurions mieux faire, pour mettre bien en évidence toute l'importance qui s'attache à ces changements de circonscription et la nécessité de règles propres à assurer, en même temps que la libre et sincère manifestation des vœux des parties intéressées, la garantie des intérêts généraux de l'Etat, que de citer les paroles que prononçait à ce sujet en 1837 M. le baron Mounier devant la Chambre des Pairs (2) :

« En principe, disait-il, les communes, ces familles politiques, ne doivent pas être troublées dans leurs intérêts, dans leurs affections. Les liens nés de rapprochements naturels et fortifiés par une longue habitude, doivent être respectés. Cependant, il est des cas où certaines communautés ne peuvent conserver leur existence indépendante : les circonstances ont changé ; une commune n'offre plus les ressources suffisantes pour qu'elle soit convenablement administrée. Il faut bien qu'il y ait d'abord un moyen de remédier au mal, et le Gouvernement doit être armé du pouvoir nécessaire.

(1) Dalloz, *Répert. alphab.*, V° *Commune*, n° 177.

(2) Séance du 27 mars 1837. Rapport sur le projet de loi municipale.

Mais la loi doit poser des règles précises à l'exercice de ce pouvoir et l'entourer de salutaires précautions.

« Dans d'autres cas, au contraire, l'accroissement de la population, les changements survenus dans les relations et les voies de communication font naître au sein d'une commune des intérêts opposés ou des besoins nouveaux. C'est une union mal assortie qu'il faut rompre pour le bien des deux parties ; c'est un essaim qui se sépare pour former une nouvelle cité. Mais pour distraire cette section et la transporter dans une autre commune, où l'appellent des rapports plus naturels, de même que pour l'ériger à son tour en municipalité, lui donner la vie administrative propre et indépendante, des règles doivent être également posées par la loi. »

Il est donc nécessaire que la loi détermine une fois pour toutes quelle autorité doit avoir compétence pour statuer sur ces différents changements de circonscription de communes, et établisse d'une manière précise les diverses formalités de procédure qui doivent précéder ces opérations, pour en démontrer l'utilité et pour garantir les droits de toutes les parties intéressées.

Mais cela ne suffit pas. Ces remaniements territoriaux ne peuvent avoir lieu sans nécessiter le règlement d'intérêts très divers qui se trouvent mis en jeu. En effet, les communes sont des personnes morales : et, comme telles, elles sont susceptibles d'avoir des droits et de devoir des obligations. Elles peuvent posséder des biens, contracter des dettes, passer des marchés, etc., etc. Lors donc que l'on supprime une ancienne commune ou que l'on en crée une nouvelle, il est nécessaire de concilier les droits de la commune qui va cesser d'exister avec ceux de la commune qui va l'absorber dans son sein ; il faut procéder à la répartition, au partage de ces biens, à la liquidation des dettes, accorder dans certaines circonstances des indemnités, enfin résoudre une foule de difficultés toujours très complexes et très variées. D'un autre côté, la commune est administrée par un conseil municipal qu'elle a nommé pour veiller à ses intérêts et pour la représenter dans les diverses manifestations de la vie municipale. Si donc cette commune vient à être augmentée, diminuée ou même supprimée, le corps électoral se trouve par là même modifié, et les habitants de la nouvelle commune doivent être mis en demeure de choisir de nouveaux mandataires, les anciens étant désormais sans pouvoir et sans autorité. Enfin, d'autres questions également très délicates s'élèvent, dans les mêmes circonstances, au sujet de la valeur à attribuer aux règlements municipaux qui étaient en vigueur dans la commune avant la modification, au sujet de la répartition des impôts, des taxes locales, de l'établissement du budget, du nom à donner à la nouvelle commune, etc.

En un mot, tout changement de circonscription de commune, quel qu'il soit, fait naître des situations toujours difficiles, souvent même très embarrassantes, que nous allons essayer d'étudier.

Le législateur s'est occupé de cette matière à plusieurs reprises différentes.

Indépendamment des quelques principes que l'on trouve çà et là formulés dans divers documents émanant, soit du pouvoir législatif, soit des ministres, soit des tribunaux administratifs ou judiciaires (1), la loi sur l'administration municipale du 18 juillet 1837 contenait un titre tout entier, le titre Ier, sur les réunions, divisions et formations de communes.

Voici quelles étaient ses dispositions :

Article premier. — Aucune réunion, division ou formation de commune ne pourra avoir lieu que conformément aux règles ci-après.

Art. 2. — Toutes les fois qu'il s'agira de réunir plusieurs communes en une seule ou de distraire une section d'une commune, soit pour la réunir à une autre, soit pour l'ériger en commune séparée, le préfet prescrira préalablement, dans les communes intéressées, une enquête, tant sur le projet en lui-même que sur ses conditions.

Les conseils municipaux, assistés des plus imposés en nombre égal à celui de leurs membres, les conseils d'arrondissement et le conseil général donneront leur avis.

Art. 3. — Si le projet concerne une section de commune, il sera créé, pour cette section, une commission syndicale. Un arrêté du préfet déterminera le nombre des membres de la commission.

Ils seront élus par les électeurs municipaux domiciliés dans la section ; et si le nombre des électeurs n'est pas double de celui des membres à élire, la commission sera composée des plus imposés de la section.

La commission nommera son président. Elle sera chargée de donner son avis sur le projet.

Art. 4. — Les réunions et distractions de communes qui modifieront la composition d'un département, d'un arrondissement ou d'un canton, ne pourront être prononcées que par une loi.

Toutes autres réunions ou distractions de communes pourront être prononcées par ordonnances du roi, en cas de consentement des conseils municipaux, délibérant avec les plus imposés, conformément à l'art. 2 ci-dessus, et, à défaut de ce consentement, pour les communes qui n'ont pas trois cents habitants, sur l'avis affirmatif du conseil général du département.

Dans tous les autres cas, il ne pourra être statué que par une loi.

(1) Voir par exemple : Constitution des 3-14 septembre 1791. — Loi du 2 messidor an VII. — Circulaire du ministre de l'Intérieur du 7 avril 1828. — Arrêt du conseil d'État du 17 janvier 1813.

Art. 5. — Les habitants de la commune réunie à une autre commune conserveront la jouissance exclusive des biens dont les fruits étaient perçus en nature.

Les édifices et autres immeubles servant à usage public deviendront propriété de la commune à laquelle sera faite la réunion.

Art. 6. — La section de commune érigée en commune séparée, ou réunie à une autre commune, emportera la propriété des biens qui lui appartenaient exclusivement.

Les édifices et autres immeubles servant à usage public et situés sur son territoire, deviendront propriété de la nouvelle commune ou de la commune à laquelle sera faite la réunion.

Art. 7. — Les autres conditions de la réunion ou de la distraction seront fixées par l'acte qui la prononcera. Lorsqu'elle sera prononcée par une loi, cette fixation pourra être renvoyée à une ordonnance royale ultérieure, sauf réserve, dans tous les cas, de toutes les questions de propriété.

Art. 8. — Dans tous les cas de réunion ou fractionnement de communes, les conseils municipaux seront dissous. Il sera procédé immédiatement à des élections nouvelles.

Ce texte, malgré son importance, contenait, nous le montrerons chemin faisant, de nombreuses lacunes que la jurisprudence s'était efforcée de combler.

De plus, des lois postérieures lui avaient apporté successivement différentes modifications sur des points de détail. Nous pouvons citer, par exemple, une loi du 24 juillet 1867 sur les conseils municipaux (art.13) ; — une loi du 10 août 1871, relative aux conseils généraux (art. 46, § 16, et 50, § 1) ; une loi du 12 août 1876, concernant le transport de la contribution foncière dans le cas de réunion de communes, etc. — Mais néanmoins, jusqu'à ces dernières années, le titre Ier de la loi de 1837 était resté le texte fondamental ; il formait pour ainsi dire le code des changements de circonscription de communes.

A son tour, le législateur du 5 avril 1884 a consacré au même sujet le titre Ier de la nouvelle loi municipale et réglementé cette matière de la manière suivante :

Article premier. — *Le corps municipal de chaque commune se compose du conseil municipal, du maire et d'un ou de plusieurs adjoints.*

Art. 2. — *Le changement de nom d'une commune est décidé par décret du Président de la République, sur la demande du conseil municipal, le conseil général consulté et le conseil d'Etat entendu.*

Art. 3. — *Toutes les fois qu'il s'agit de transférer le chef-lieu d'une commune, de réunir plusieurs communes en une seule ou de distraire une section d'une commune, soit pour la réunir à une autre, soit pour l'ériger en commune séparée, le préfet prescrit dans les communes intéressées une enquête sur le projet en lui-même et sur ses conditions.*

Le préfet devra ordonner cette enquête lorsqu'il aura été saisi d'une demande à cet effet, soit par le conseil municipal de l'une des communes intéressées, soit par le tiers des électeurs inscrits de la commune ou de la section en question. Il pourra aussi l'ordonner d'office.

Après cette enquête, les conseils municipaux et les conseils d'arrondissement donnent leur avis, et la proposition est soumise au conseil général.

Art. 4. — *Si le projet concerne une section de commune, un arrêté du préfet décidera la création d'une commission syndicale pour cette section ou pour la section du chef-lieu, si les représentants de la première sont en majorité dans le conseil municipal, et déterminera le nombre des membres de cette commission.*

Ils seront élus par les électeurs domiciliés dans la section.

La commission nomme son président. Elle donne son avis sur le projet.

Art. 5. — *Il ne peut être procédé à l'érection d'une commune nouvelle qu'en vertu d'une loi, après avis du conseil général et le conseil d'Etat entendu.*

Art. 6. — *Les autres modifications à la circonscription territoriale des communes, les suppressions et les réunions de deux ou de plusieurs communes, la désignation des nouveaux chefs-lieux sont réglées de la manière suivante :*

Si les changements proposés modifient la circonscription du département, d'un arrondissement ou d'un canton, il est statué par une loi, les conseils généraux et le conseil d'Etat entendus.

Dans tous les autres cas, il est statué par un décret rendu en conseil d'Etat, les conseils généraux entendus.

Néanmoins, le conseil général statue définitivement s'il approuve le projet, lorsque les communes ou sections sont situées dans le même canton et que la modification projetée réunit, quant au fond et quant aux conditions de la réalisation, l'adhésion des conseils municipaux et des commissions syndicales intéressées.

Art. 7. — *La commune réunie à une autre commune conserve la propriété des biens qui lui appartenaient.*

Les habitants de cette commune conservent la jouissance de ceux de ces mêmes biens dont les fruits sont perçus en nature.

Il en est de même de la section réunie à une autre commune pour les biens qui lui appartenaient exclusivement.

Les édifices et autres immeubles servant à un usage public et situés sur le territoire de la commune ou de la section de commune réunie à une autre commune, ou de la section érigée en commune séparée, deviennent la propriété de la commune à laquelle est faite la réunion ou de la nouvelle commune.

Les actes qui prononcent des réunions ou des distractions de communes en déterminent expressément toutes les autres conditions.

En cas de division, la commune ou la section de commune réunie à une autre commune, ou érigée en commune séparée, reprend la pleine propriété de tous les biens qu'elle avait apportés.

Art. 8. — *Les dénominations nouvelles qui résultent, soit d'un changement de chef-lieu, soit de la création d'une commune nouvelle, sont fixées par les autorités compétentes pour prendre ces décisions.*

Art. 9. — *Dans tous les cas de réunion ou de fractionnement de communes, les conseils municipaux sont dissous de plein droit. Il est procédé immédiatement à des élections nouvelles.*

Tel est aujourd'hui le texte qui régit la matière des changements de circonscription des communes.

Pour l'étudier plus facilement et pour procéder avec ordre, nous diviserons notre sujet en trois parties.

Dans la première, nous exposerons les conditions de forme (règles de compétence et de procédure) et les conditions de fond auxquelles sont soumis ces remaniements territoriaux. Nous montrerons à ce propos qu'il y a en France un nombre beaucoup trop considérable de petites communes ; que, loin de diminuer, ce nombre augmente tous les jours, et qu'il en résulte de très graves inconvénients. Nous examinerons en même temps les divers moyens qu'on a proposés pour remédier à cet état de choses, et nous dirons quelques mots de la nouvelle loi du 22 mars 1890, sur les syndicats de communes.

Dans la deuxième partie, nous énumérerons les effets que produisent les modifications des circonscriptions communales, relativement aux biens des communes, à leurs dettes, à leurs contrats, à leur administration, à leur nom, à l'assistance publique, à la répartition des impôts, etc.

Enfin, dans une troisième partie, nous rechercherons quelles sont les autorités compétentes pour trancher les conflits qui peuvent s'élever à l'occasion de ces opérations.

PREMIÈRE PARTIE

CHAPITRE Ier

RÈGLES DE COMPÉTENCE

Quelles sont les autorités compétentes pour statuer sur les changements de circonscription des communes ?

Ces autorités ont varié bien des fois, selon le degré de faveur dont elles ont joui auprès des divers gouvernements qui se sont succédé en France.

SECTION Ire

Avant la loi du 18 juillet 1837.

Sous l'ancien régime, c'était au roi qu'il appartenait de modifier la circonscription des communautés.

M. Aucoc (1) en a trouvé la preuve dans une lettre du duc de Beaufort à Colbert, datée de Toulon, le 1er juin 1669, par laquelle il transmet au ministre un placet des habitants de Saint-Nazaire, vulgairement nommé Sannary, en Provence, qui demandent « à se détacher de la communauté d'Ollioules, dont ils dépendent, pour faire corps à part, comme d'autres de leurs voisins ont faict, qui se sont accrus depuis peu d'années ». Ces habitants, paraît-il, proposaient de se charger de la dépense nécessaire pour faire rétablir un port ; mais ils avaient besoin, pour

(1) *Sections de commune*, p. 29, n° 14.

accomplir leur œuvre, d'une existence distincte; leur réunion à la communauté d'Ollioules était la cause de difficultés déjà anciennes.

La loi du 22 décembre 1789, en déclarant dans son art. 7 qu'il y aurait une municipalité dans chaque ville, bourg, paroisse ou communauté de campagne, reconnaissait ainsi à chacun de ces divers groupes le droit de former une personne morale distincte. Mais elle ne désignait pas l'autorité qui serait compétente pour modifier, en cas de besoin, leur circonscription territoriale. L'Assemblée constituante ne tarda pas à combler cette lacune. Dans sa séance du 7 janvier 1790 (1) elle décida, après de vives discussions, que « les questions d'union ou de division des municipalités, d'après les convenances locales et l'intérêt public, seraient renvoyées aux assemblées de département ». Et dans la loi en forme d'instruction des 12-20 août 1790, elle leur indiquait la ligne de conduite qu'elles auraient à suivre sur ce point.

Cependant, malgré la délégation qu'elle avait donnée aux assemblée de département, l'Assemblée nationale prononça elle-même quelques réunions de communes, sur les propositions que lui fit, dans des circonstances exceptionnelles et urgentes, le comité qu'elle avait chargé de la division du territoire (2).

La Constitution des 3-14 septembre 1791 porte, dans son art. 8 :

« Les citoyens français, considérés sous le rapport des relations qui naissent de leurs réunions dans les villes et dans de certains arrondissements du territoire des campagnes, forment les communes.

« Le pouvoir législatif pourra fixer l'étendue de l'arrondissement de chaque commune. »

Il résultait de cette disposition, par voie de conséquence, que c'était au pouvoir législatif qu'il appartenait de prononcer désormais sur les changements de circonscription des communes, sur les créations de communes nouvelles aussi bien que sur les réunions.

Au reste, comme le montre M. Aucoc (3), c'est en ce sens que cette disposition de la Constitution fut interprétée par l'Assemblée

(1) *Moniteur* du 9.

(2) Voir par exemple : Lois des 4-9 septembre 1790, commune de Tounneins ; — des 13-19 octobre 1790, paroisses de Notre-Dame, Saint-Pierre, — et paroisses de Saint-Léonard, Durtal et Couis ; — des 4-19 octobre 1790, municipalités de Fresnoy et de Irey-les-Prés ; — des 9-17 novembre 1790, paroisses de Bouillaysses, Rodilhou, Caissargues et Garoux ; — des 12-18 février 1791, bourg de la Guillotière. — (Rapportées par M. Aucoc, *op. cit.*, nos 36, p. 67.)

(3) *Op. et loc. cit.*

.égislative, dans une loi du 14 avril 1792, qui, faisant droit à une réclamation des habitants de la commune de Margency, annula un arrêté du directoire du département de Seine-et-Oise, portant réunion de cette commune à la municipalité d'Andely. Cette loi, on pourrait dire cette décision, est fondée sur ce que « la Constitution assure à toutes les communes le droit de former une municipalité, et que le directoire du département n'avait pas le droit de l'en priver ».

Sous l'empire de la Constitution directoriale de 1795 (5 fructidor an III), l'autorité législative, en présence du silence de ce texte sur la question dont nous nous occupons, continua à prononcer les réunions ou les séparations des communes. Cela nous est prouvé par ce fait qu'on trouve à cette époque des lois assez nombreuses, modifiant les circonscriptions communales, insérées au *Bulletin des lois*.

Plus tard, la loi du 2 messidor an VII décida expressément que les réunions ou distractions de communes ne pourraient être tranchées que par le Corps législatif.

La Constitution consulaire du 22 frimaire de l'an VII ne contenait aucune disposition sur ce sujet. Il semblait donc que le pouvoir législatif dût rester encore compétent pour statuer sur les changements de circonscription des communes. Mais la loi du 8 pluviôse an IX (28 janvier 1801), qui déclara que la France serait partagée en arrondissements de justices de paix, remit au pouvoir exécutif le soin de les déterminer.

Le Gouvernement impérial, qui recherchait toutes les occasions d'empiéter sur les attributions du pouvoir législatif, se saisit avec empressement de ce texte et en conclut qu'ayant le droit de modifier la circonscription des cantons, il devait avoir *a fortiori* celui de modifier la circonscription des communes ; et depuis lors, l'usage s'établit de se contenter, soit pour créer une nouvelle commune, soit pour réunir une commune à une autre, d'une décision du chef de l'Etat, sans le concours de la législature.

Cette jurisprudence persista sous la Restauration et sous le Gouvernement de Juillet, jusqu'à la promulgation de la loi du 18 juillet 1837 (1). Toutefois, le conseil d'Etat y apporta successivement deux tempéraments qui eurent pour effet de rendre au pouvoir législatif, en cette matière, une partie des attributions que le Gouvernement impérial lui avait enlevées.

(1) Voir circulaire du ministre de l'Intérieur du 7 avril 1828, *sur les nouvelles délimitations des communes*, insérée au *Bull. offic. min. Int.*, 1828, p. 99.

1° Comme la circonscription des départements et des arrondissements avait été déterminée par la loi du 4 mars 1790, il fut décidé que toute création de commune qui aurait pour résultat de modifier la circonscription d'un département ou d'un arrondissement, serait de la compétence du pouvoir législatif (1).

2° A partir de la loi du 22 juin 1833, sur l'organisation des conseils généraux de département et des conseils d'arrondissement, le conseil d'Etat admit que toute création de commune, modifiant la limite du canton, étant de nature à amener un changement dans le nombre des membres du conseil général, il y aurait lieu désormais d'en référer au pouvoir législatif (2).

Ainsi donc, et par suite de ces restrictions apportées à son pouvoir, le Gouvernement n'était plus, à la veille de la loi du 18 juillet 1837, compétent pour modifier la circonscription des communes, que si le changement projeté ne touchait en rien à la limite d'un département, d'un arrondissement ou d'un canton, c'est-à-dire d'une circonscription électorale. Le comité de l'Intérieur du conseil d'Etat était consulté, et une ordonnance prononçait. Dans le cas contraire, c'était au pouvoir législatif à statuer.

SECTION II

—

De la loi du 18 juillet 1837 à la loi du 24 juillet 1867.

La loi sur l'administration municipale du 18 juillet 1837 eut à s'occuper sérieusement de cette question des compétences, et elle nous offre pour la première fois, réuni dans un texte unique, l'ensemble des règles à suivre dans cette importante matière.

Elle dispose, en effet, dans son art. 4 :

Les réunions et distractions de communes qui modifieront la composition d'un département, d'un arrondissement ou d'un canton, ne pourront être prononcées que par une loi.

(1) Avis du comité de l'Intérieur du 18 novembre 1829, commune de Doville (Manche), M. Siméon, rapporteur. — *Idem* du 22 octobre 1830, commune de Pressignac (Charente) et de Saint-Gervais (Haute-Vienne). — Avis de principe du comité de l'Intérieur du 16 février 1831, M. Lucas, rapporteur.

(2) Avis du conseil d'Etat du 19 février 1834. — Création du canton de Frévent (Pas-de-Calais); avis du comité de l'Intérieur du 15 juillet 1834; communes de Saint-Paul et de Maraye-en-Othe (Aube), M. Vuillefroy, rapporteur. — Nous empruntons tous ces détails à une intéressante étude de M. Gérard, sur *Les communes créées de* 1869 *à* 1879, publiée dans la *Revue générale d'administration*, 1880, t. I, p. 20 à 37 et p. 148 à 163, principalement p. 22 et 23.

Toutes autres réunions et distractions de communes pourront être prononcées par ordonnances du roi, en cas de consentement des conseils municipaux, délibérant avec les plus imposés, conformément à l'art. 2 ci-dessus, et, à défaut de ce consentement, pour les communes qui n'ont pas trois cents habitants, sur l'avis affirmatif du conseil général du département.

Dans tous les autres cas, il ne pourra être statué que par une loi.

Remarquons que ce texte ne faisait pas de différence entre les créations et les réunions de communes, et que l'autorité, compétente pour prononcer dans le premier cas, l'était également pour prononcer dans l'autre, suivant des distinctions que voici :

1° Une loi est nécessaire, lorsque le changement proposé a pour résultat de modifier les limites du département, de l'arrondissement ou du canton. — Sur ce premier point, la loi n'innovait pas ; elle se contentait de consacrer législativement les règles établies antérieurement par la jurisprudence.

2° Il faut encore une loi, quand même la modification projetée ne porte nulle atteinte à la configuration du département, de l'arrondissement ou du canton :

a) Lorsque, s'agissant de communes de moins de trois cents habitants, le conseil général du département est défavorable au projet, sans distinguer si le conseil municipal ou les conseils municipaux de la commune ou des communes intéressées se sont ou non accordés à l'adopter ;

b) Lorsque, s'agissant de communes de plus de trois cents habitants, un désaccord se produit soit entre les conseils municipaux des communes intéressées, soit entre ces conseils municipaux et le conseil général du département. Dans ce dernier cas, il est vrai, le texte de l'art. 4 ne semblait donner à l'opposition du conseil général aucune influence sur la détermination de la compétence. Mais comme il était naturel d'accorder au défaut de consentement du conseil général autant d'effet qu'à l'opposition d'un conseil municipal, la loi fut toujours interprétée en ce sens; et bien plus tard, le conseil d'Etat vint confirmer, par un avis du 18 février 1873, le sens qu'on avait ainsi donné à la loi de 1837.

3° Enfin, une ordonnance du roi suffit pour prononcer une réunion ou une distraction de communes, lorsqu'elles appartiennent au même canton, et que le conseil municipal ou les conseils municipaux de la commune ou des communes intéressées, et le conseil général du département émettent un avis favorable au projet ; — ou même si, malgré l'opposition d'un ou de plusieurs conseils municipaux, le conseil général donne un avis favorable, pourvu qu'il s'agisse, dans ce dernier cas, de communes de moins de trois cents habitants (1). On avait pensé qu'en présence de ces consentements, les droits ou les intérêts privés de la commune ou des communes intéressées étaient suffisamment garantis par ce concours de volontés lui-même ; et on n'exigeait qu'un acte de surveillance de l'autorité supérieure, une simple ordonnance du chef de l'Etat.

La loi du 10 mai 1838, sur les attributions des conseils généraux et des conseils d'arrondissement, n'apporta aucune modification à ces règles de compétence ; elle se borna, dans ses art. 6 et 41, à maintenir pour les conseils généraux et les conseils d'arrondissement le droit et l'obligation d'émettre leur avis « sur les changements proposés à la circonscription du territoire des communes », attributions que leur conférait déjà l'art. 2, § 2, de la loi du 18 juillet 1837. Nous aurons, d'ailleurs, à revenir sur ce texte lorsque nous étudierons les règles de procédure que la loi établit pour ces questions.

La Constitution du 4 novembre 1848, abandonnant les distinctions de la loi du 18 juillet 1837, revint au système de la Constitution des 3-14 septembre 1791, et disposa, dans son art. 76 : « La division du territoire en départements, arrondissements, cantons et communes est maintenue. Les circonscriptions actuelles ne pourront être changées de par la loi. » (2).

Mais on sait que la Constitution de 1848 n'eût qu'une durée bien éphémère, et qu'elle fut bientôt remplacée par la Constitution impériale du 14 janvier 1852.

Ce dernier texte était muet sur le point qui nous intéresse. On aurait donc pu croire que le Gouvernement impérial, étant donné ses tendances à la décentralisation préfectorale, se serait hâté de donner aux préfets quelques-unes des attributions réservées jusque là au pouvoir central. Il n'en fut rien cependant. Tout au contraire, le décret sur la décentralisation administrative du 25 mars 1852, art. 1er, déclara expressément que rien n'était innové dans la matière dont nous nous occupons. « Les préfets, dit cet article, continueront de soumettre à la décision du ministre de l'Intérieur les affaires départementales et communales qui affectent directement l'intérêt général de l'Etat, telles que... les délimitations territoriales. »

(1) Pendant la discussion. M. le baron Feutrier avait fait remarquer que la commune dont la population devait être prise en considération était celle qu'on voulait réunir, c'est-à-dire anéantir ; et que celle à laquelle se faisait la réunion, devant nécessairement en profiter, n'avait pas besoin de garantie.

(2) Conf. Circ. min. Int., 29 août 1849. — *Bull. offic. min. Int.*, 1849, p. 383.

Les règles antérieures, établies par la loi du 18 juillet 1837, reprirent donc tout leur empire ; et la compétence continua à se partager entre le pouvoir législatif et le pouvoir exécutif.

Notons en passant que l'ordonnance royale fut remplacée par un décret de l'empereur.

Le décret du 13 avril 1861, qui modifia sur certains points celui du 25 mars 1852, n'apporta aucun changement dans notre matière : « Les préfets statueront sur tous les autres objets d'administration départementale et communale, sauf les exceptions ci-après : *a)* Changements proposés à la circonscription du territoire du département, des arrondissements et des communes, et à la désignation des chefs-lieux. » (Tableau A, § 67.)

Mais, avec le temps, les idées de décentralisation préfectorale étaient devenues plus en faveur ; et, après avoir vécu quinze ans sous le régime de la loi du 18 juillet 1837, on le modifia en 1867.

SECTION III

—

De la loi du 24 juillet 1867 à la loi du 10 août 1871.

L'art. 13 de la loi du 24 juillet 1867, concernant les conseils municipaux, était ainsi conçu :

Les changements dans la circonscription territoriale des communes faisant partie du même canton sont définitivement approuvés par les préfets, après accomplissement des formalités prévues au titre Ier de la loi du 18 juillet 1837, en cas de consentement des conseils municipaux et sur avis conforme du conseil général.

Si l'avis du conseil général est contraire, ou si les changements proposés dans les circonscriptions communales modifient la composition d'un département, d'un arrondissement ou d'un canton, il est statué par une loi.

Tous autres changements dans la circonscription territoriale des communes sont autorisés par des décrets rendus dans la forme des règlements d'administration publique (1).

(1) Dans son instruction relative à l'exécution de cette loi, en date du 3 août 1867 (insérée au *Bull. offic. min. Int.*, 1867, p. 390), le ministre de l'Intérieur traçait aux préfets les règles qu'ils auraient dorénavant à observer :

« Je n'ai pas d'instructions spéciales à vous adresser à l'égard des projets qui exigent l'intervention d'un décret ou d'une loi ; plusieurs circulaires y ont déjà pourvu. Vous vous reporterez notamment à celle du 29 août 1849.

« Les arrêtés que vous serez appelé à prendre lorsque les deux conditions suivantes se trouveront réunies : avis favorable du conseil municipal ou des conseils municipaux assistés des plus imposés, et avis conforme du conseil général, — seront libellés dans la forme des décrets rendus aujourd'hui en exécution de la loi du 18 juillet 1837. Vous aurez soin d'y viser les pièces qui

Ce texte, qui semble à première vue très simple, n'aurait pu soulever de difficultés dans l'application, sans un incident assez grave qui se produisit au cours de la discussion.

Dans le rapport qu'il lut au Corps législatif, dans la séance du 25 mars 1867, M. Sénéca, parlant au nom de la commission chargée d'examiner le projet de loi, se bornait à dire que cet art. 13 avait pour objet de rendre moins fréquente l'intervention d'une loi pour régler les changements dans la circonscription des communes. « Les art. 1, 2, 3 et 4 de la loi du 18 juillet 1837, disait-il, en exagérant les garanties, multipliaient les difficultés. » Or, on se le rappelle, cette loi ne faisait aucune différence entre les créations, les réunions de communes et les autres modifications à leurs circonscriptions ; elle accordait à la même autorité le droit de statuer sur les unes comme sur les autres. Si donc les auteurs du projet avaient eu l'intention d'établir sur ce point une distinction nouvelle, il est à présumer qu'ils l'auraient manifestée de quelque manière. Tout au contraire, ils employèrent, pour résumer les diverses hypothèses que la loi de 1837 énumérait, un mot qui les embrassait toutes, le mot « changements dans la circonscription territoriale des communes », et n'indiquèrent d'aucune façon qu'ils entendaient donner à cette expression un sens restreint. Le rapport présenté au Sénat par M. Bonjean au nom de la commission était absolument conçu dans le même sens que celui de M. Sénéca. On peut donc tenir pour certain que l'intention de la commission qui avait préparé la loi était bien de décentraliser sur ce point, en enlevant au pouvoir central pour le donner au préfet, le droit de statuer définitivement, dans tous les cas de remaniements territoriaux à la circonscription des communes, quand tous les conseils électifs étaient d'accord et que le canton n'était pas modifié.

Mais, et c'est ici que commence la difficulté, lorsque cet article fut présenté à la Chambre des députés, un des membres de cette assemblée, M. Morin, demanda si ce texte s'appliquait seulement au

constatent l'accomplissement des formalités d'instruction exigées par cette loi, savoir : le procès-verbal d'enquête, l'avis de la commission ou des commissions syndicales, l'avis favorable du conseil municipal ou des conseils municipaux délibérant avec le concours des plus imposés, l'avis du conseil d'arrondissement et l'avis favorable du conseil général, de telle sorte que l'arrêté porte en lui-même la preuve de sa régularité.

« Dans le dispositif de ces actes, la fixation des limites devra toujours être en concordance parfaite avec les indications du plan, lequel restera joint à la minute de l'arrêté. Enfin, s'il y a lieu, vous règlerez par le même arrêté les conditions des réunions ou des distractions que vous aurez prononcées, ainsi que le prescrit l'art. 7 de la loi du 18 juillet 1837.

« Vous voudrez bien me transmettre deux expéditions de vos arrêtés ; l'une restera déposée dans mes bureaux, et l'autre sera envoyée par mes soins à M. le ministre des Finances. En outre vous les ferez insérer au recueil des actes administratifs de la préfecture. »

cas où les limites respectives des communes seraient modifiées, ou s'il s'appliquait aussi à l'hypothèse où il y aurait division d'une commune. « Dans ce dernier cas, dit-il, l'art. 13 n'offrirait pas de garanties suffisantes. Une division de commune est une chose très grave ; il y a dissémination des forces, des ressources et des intelligences, et, de plus, il y a un intérêt non seulement départemental, mais un intérêt national. L'Etat, enfin, est intéressé dans la question, car chaque fois que vous créez une commune nouvelle, évidemment ce sont des dépenses de plus que vous mettez à la charge de l'Etat. Je crois donc qu'on ne doit jamais permettre une division de commune sans une loi qui vienne la sanctionner. »

M. Morin posait ainsi très nettement la question entre les créations de communes et les autres modifications aux circonscriptions communales. La commission aurait pu lui répondre que sans doute cette distinction n'était pas sans valeur, mais qu'elle n'avait pas encore été faite ; que l'art. 13 du projet n'en tenait pas plus compte que les lois du 18 juillet 1837 et du 10 mai 1838, et que, s'il désirait la faire consacrer, il devait déposer un amendement en ce sens (1). Mais au lieu de faire cette observation toute naturelle, M. Plichon, membre de la commission, répondit en ces termes :

« L'art. 13 ne déroge en rien aux dispositions de la loi du 18 juillet 1837, relatives aux distractions de sections de communes. Les garanties qui sont stipulées à cet égard dans la loi de 1837 subsistent dans leur intégrité. La disposition de l'art. 13 n'a qu'un seul but : supprimer certaines formalités de procédure relatives aux délimitations nouvelles, que peuvent réclamer certaines communes. »

Cette déclaration, si nette mais si surprenante, ne fut contredite ni par les commissaires du Gouvernement chargés de défendre la loi, ni par aucun autre membre de la commission qui l'avait préparée. M. Morin se déclara satisfait, et l'article fut voté sans plus tarder (2).

Il est donc certain que M. Plichon avait ainsi admis la distinction proposée par M. Morin ; mais il est évident aussi qu'il avait compris l'art. 13 autrement que les rédacteurs du projet de loi et que les rapporteurs.

Il s'était donc produit un malentendu des plus graves entre les différents auteurs de la loi. Le conseil d'Etat, le rapporteur, et pro-

(1) Nous montrerons plus tard que la loi du 5 avril 1884 fait la distinction que proposait alors M. Morin.

(2) Voir le compte rendu de la séance du 10 avril 1867 dans le *Moniteur universel* du 10 avril, p. 436.

bablement la majorité de la commission, avaient compris l'art. 13 d'une certaine façon ; M. Plichon, membre de cette commission, le député qui l'avait interpellé, et peut-être ceux qui avaient émis leurs votes après les avoir entendus, avaient compris ce même article d'une façon toute différente.

Restait à savoir comment on allait pouvoir dégager de cette équivoque la véritable signification du texte. Dans quel sens fallait-il l'interpréter? Quelles étaient au juste les attributions qu'il conférait aux préfets? Fallait-il dire que, en leur accordant le droit d'approuver définitivement les changements dans la circonscription territoriale des communes, on entendait leur donner par là le pouvoir même de créer des communes nouvelles, ou seulement celui de prononcer sur les autres modifications?

Dans ses notes sur la loi du 24 juillet 1867, M. Duvergier, sans se prononcer expressément ni dans un sens ni dans l'autre, se bornait à dire : « Le texte est favorable à la compétence générale du préfet, mais la réponse faite au nom de la commission a une autorité qu'on ne saurait méconnaître. » (1).

Mais tous ne furent pas aussi réservés ; des controverses surgirent et deux systèmes se trouvèrent en présence.

Dans un premier système, on soutenait que l'art. 13 de la loi du 24 juillet 1867 n'entendait donner au préfet que le droit de modifier les limites des communes déjà existantes ; mais que les érections de sections de commune en municipalités distinctes n'étaient pas de son ressort et continuaient à être régies par l'art. 4 de la loi du 18 juillet 1837.

On invoquait, en faveur de cette interprétation, les paroles de M. Plichon, que nous avons citées ; puis, disait-on, il est un principe qui domine tout notre droit et qu'on retrouve dans les monuments les plus anciens du droit romain, c'est qu'il n'appartient qu'au pouvoir législatif, ou, par délégation, au Gouvernement, de créer des personnes morales ; or, il n'a été apporté à cette règle qu'une seule dérogation, par l'art. 14 de cette même loi de 1867, qui autorise les préfets à établir des bureaux de bienfaisance ; et on a fait remarquer, dans la discussion, que ce droit était exceptionnel. Par suite, pour permettre aux préfets de créer une commune, il faudrait une disposition expresse ; et on soutenait justement que l'on ne pouvait la trouver dans l'art. 13 de la loi de 1867.

C'est en ce sens que se prononça le comité consultatif du jour-

(1) *Collection complète des lois, etc.*, t. LXVII, p. 228.

nal l'*Ecole des communes*, en réponse à la question que lui avait posée un de ses abonnés (1).

Nous verrons plus tard que l'interprétation donnée par ce système devait triompher de 1872 à 1884.

Dans un deuxième système, on soutenait, au contraire, que la loi de 1867, art. 13, avait donné au préfet, en cette matière, une compétence générale, sans qu'il y ait lieu de distinguer entre les créations de communes d'une part, et les autres modifications aux circonscriptions communales d'autre part.

On s'appuyait sur l'opinion de ceux qui avaient préparé la loi et sur les déclarations des rapporteurs. On invoquait ensuite la généralité des expressions employées par la loi de 1867, et l'on montrait que ces mots avaient toujours été jusqu'alors appliqués à tous les remaniements dans la circonscription des communes, quels qu'ils fussent. Or, disait-on, quelles innovations imprévues, quelles distinctions mystérieuses peuvent bien se cacher sous ces expressions? Ne sont-ce pas précisément celles dont se servait la loi du 10 mai 1838, dans ses art. 6 et 41, pour les remaniements prévus par l'art. 4 de la loi du 18 juillet 1837, et, en première ligne, pour les réunions et distractions de communes? Dès lors, comment ces mots ont-ils pu perdre, en 1867, le sens qu'ils avaient en 1838 et qu'on leur avait conservé pendant trente ans? Comment le conseil d'Etat, qui avait préparé la loi, qui avait rédigé l'art. 13 tel que le Corps législatif l'a voté, et qui connaissait certainement la législation et la pratique administrative antérieures, a-t-il pu concevoir cette idée singulière de créer une distinction inusitée jusqu'à ce jour, en employant exactement les expressions qui, pendant trente ans, avaient servi à la proscrire? (2).

Enfin, disait-on, la loi de 1867 vise, dans son art. 13, § 2, les changements qui modifient la composition d'un département, d'un arrondissement ou d'un canton, et déclare qu'ils ne peuvent être prononcés que par une loi. Elle vise encore, dans le même paragraphe, les changements qui, en dehors de pareille modification, réclament néanmoins une loi, parce que le conseil général leur est contraire. Or, n'est-il pas évident, à moins de donner à l'article une

(1) Voir *Ecole des communes*, année 1867, p. 106.

(2) Remarquons que, lorsque le décret du 21 avril 1872, qui porte règlement intérieur du conseil d'Etat, a voulu confirmer à cette assemblée le droit de donner son avis sur les modifications à apporter dans le territoire des communes, quelles qu'elles soient, il a employé précisément les mêmes expressions. — L'art. 5 de ce décret dispose en effet : « Sont portés à l'assemblée générale du conseil d'Etat...., § 12 : les changements apportés à la circonscription territoriale des communes. »

signification puérile, qu'il a eu en vue, s'agissant du domaine de la loi, aussi bien les réunions et créations de communes que les simples fractionnements de territoire? Restent alors, ajoutait-on, les changements qui peuvent être prononcés, soit par décret quand l'avis du conseil général leur est favorable et que les conseils municipaux sont en désaccord, soit par un arrêté du préfet, en cas de consentement à la fois des conseils municipaux et du conseil général. Or, quels sont ces changements? Le bon sens et la force des choses répondent que ce sont les mêmes que ceux compris dans les cas précédents, car le mot « changements » ne saurait avoir dans le même article deux sens différents, et signifier tantôt tout fait modificatif d'un territoire communal ayant pour effet de supprimer une commune ou d'en créer une nouvelle, tantôt le fait unique de diminuer ou d'accroître ce territoire, sans amener de suppression ni de création nouvelle. Et l'on concluait en disant que l'art. 13 de la loi du 24 juillet 1867 avait abrogé et remplacé l'art. 4 de la loi du 18 juillet 1837.

Ce deuxième système fut adopté par le ministre de l'Intérieur. Voici, en effet, ce qu'il écrivit aux préfets, dans sa circulaire du 3 août 1867 (1), où il interprétait la loi du 24 juillet de la même année :

Les dispositions de l'art. 13, concernant les changements de circonscriptions territoriales, n'apportent aucune modification aux règles tracées par le titre Ier de la loi du 18 juillet 1837, pour l'instruction de ces affaires. Elles ont pour but d'en faciliter la solution, soit en rapprochant des intéressés l'autorité chargée de la décision, soit en rendant moins fréquente l'intervention du pouvoir législatif.

..... Il n'y a pas lieu de distinguer si le projet consiste à distraire une section, soit pour la réunir à une autre commune, soit pour l'ériger en municipalité distincte, — ou à réunir ensemble plusieurs communes. L'assentiment du conseil municipal, assisté des plus imposés, et l'avis conforme du conseil général suffisent pour rendre le préfet compétent. Ni l'étendue du territoire, ni le chiffre de la population de la commune ou des communes intéressées ne sont pris en considération par la loi.

Cette interprétation du ministre de l'Intérieur éprouva bien quelques timides résistances, même de la part des agents de l'administration. Ainsi M. de Ménerville nous apprend (2) que le décret du 19 décembre 1868 ayant introduit en Algérie les dispositions de la loi du 24 juillet 1867, le gouverneur général de cette colonie adressa aux préfets des instructions dans lesquelles il s'appropria

(1) Insérée au *Bull. offic. min. Int.*, 1867, p. 390.

(2) *Dictionnaire de la législation algérienne*, t. III, p. 179.

l'interprétation donnée à l'art. 13 de la loi par le ministre de l'Intérieur; mais que, d'un autre côté, par une dépêche en date du 13 avril 1870, il faisait part au ministre de ses doutes. « Je ne dois pas vous dissimuler, disait-il, que la doctrine en vertu de laquelle le préfet a le pouvoir de créer ou de supprimer une personne civile m'avait paru bien large, et j'eusse hésité peut-être à la faire appliquer, si je n'eusse trouvé vos instructions du 3 août 1867 aussi explicites. »

Néanmoins, le ministre de l'Intérieur maintint son interprétation dans les instructions particulières adressées aux préfets, et dans une dépêche en date du 22 avril 1870 adressée au gouverneur de l'Algérie.

D'autre part, le conseil d'Etat adhéra implicitement à cette doctrine. En effet, comme le rapporte M. Gérard (1), il fut saisi, de 1867 à 1870, de nombreux projets de décrets ayant pour objet la création de communes, et il les adopta, alors même que les conseils municipaux étaient opposés à la mesure proposée, tandis que si, dans sa pensée, l'art. 4 de la loi du 18 juillet 1837 était resté la règle de compétence en cette matière, il eût dû renvoyer l'affaire à l'assemblée générale du conseil d'Etat et aux Chambres (2).

Il semble pourtant que la section de l'Intérieur du conseil d'Etat ait plus tard hésité. En effet, le Gouvernement lui ayant présenté un projet de décret tendant à ériger en commune distincte la section de Bondigoux, dépendant de la commune de Villemur (Haute-Garonne), elle émit, dans sa séance du 20 novembre 1868, l'avis que l'affaire fût portée devant l'assemblée générale du conseil d'Etat. Dans l'espèce, le conseil général, le conseil municipal de Villemur et la commission syndicale de Bondigoux avaient adhéré à la distraction, mais les deux sections étaient en désaccord sur les conditions de la séparation. Le ministre de l'Intérieur soutenait que le pouvoir exécutif était compétent, en vertu de la loi de 1867, pour prononcer l'érection ; mais la section de l'Intérieur du conseil d'Etat, ayant des doutes sur cette compétence du Gouvernement et se demandant si l'affaire ne devait pas être, en vertu de la loi du 18 juillet 1837, portée devant les Chambres, voulut faire trancher la question par l'assemblée générale du conseil d'Etat. Toutefois,

(1) *Op. cit.*, p. 30.

(2) Avis du 30 juin 1868, section de Barbechat (Loire-Inférieure), M. Treilhard, rapporteur. — Avis du 30 juin 1868, section de Larausseau (Vienne), M. Treilhard, rapporteur. — Avis du 10 février 1869, section de Cambon (Hérault), M. Jeanin, rapporteur. — Avis du 5 avril 1870, section de la Destrousse (Bouches-du-Rhône), M. Charles Robert, rapporteur.

cette assemblée n'eut pas à se prononcer ; dans l'intervalle, le conseil municipal et la commission syndicale de Bondigoux tombèrent d'accord sur les conditions de la séparation; le projet fut retiré du conseil d'Etat, et un simple arrêté préfectoral du 19 septembre 1869 prononça l'érection (1).

Enfin, la plupart des auteurs qui ont écrit sur le droit administratif, depuis la loi de 1867, se prononcèrent en faveur de la compétence générale du préfet (2).

En résumé, on peut dire que, dans la pratique, l'interprétation donnée par le ministre de l'Intérieur, dans sa circulaire du 3 août 1867, prévalut constamment. On admit, sans variations, que la loi du 24 juillet 1867 visait, dans son art. 13, non pas seulement les simples modifications aux limites des communes, mais précisément les mêmes hypothèses que la loi du 18 juillet 1837, sans distinguer si le projet consistait à distraire une section de commune, soit pour la réunir à une autre commune, soit pour l'ériger en municipalité distincte, ou bien à réunir ensemble plusieurs communes ou sections. Et voici quelles furent les règles de compétence qui furent suivies, tant que la loi du 24 juillet fut en vigueur :

Le projet modifiait-il les limites d'un canton, d'un arrondissement ou d'un département, une loi était nécessaire.

Il fallait encore une loi, lors même que le projet ne touchait nullement aux limites du canton, si le conseil général avait émis un avis contraire.

Si le projet de modification ne portait que sur des communes appartenant à un même canton, et que le conseil municipal ou les conseils municipaux de la commune ou des communes intéressées et le conseil général fussent d'accord sur la mesure, c'était au préfet à statuer.

Enfin, quand les changements devaient avoir lieu dans la circonscription de communes d'un même canton, il fallait un décret, rendu dans la forme des règlements d'administration publique (3), si le conseil général donnait son adhésion à la mesure proposée, alors que le conseil municipal ou les conseils municipaux de la commune ou des communes intéressées y étaient opposés.

(1) Voir M. Gérard, *op. et loc. cit.*

(2) Dufour, *Traité général de droit administratif appliqué*, 3e édit., 1868, t. III, p. 505, nº 461. — Batbie, *Traité théorique et pratique de droit administratif*, 1867, t. V, nº 137. — Cabantous, *Répétitions écrites*, édit. Liégeois, 1873, p. 147. — Ducrocq, *Cours de droit administratif*, t. II, nº 1183. — Gérard, *op. et loc. cit.* ; — etc.

(3) Nous verrons plus tard ce qu'il faut entendre par cette expression.

Comme on le voit, ce texte ne dérogeait que sur deux points au régime de la loi du 18 juillet 1837. Il transférait du pouvoir central au préfet le droit de statuer sur les changements proposés, lorsqu'ils n'affectent pas la circonscription cantonale et que toutes les parties sont d'accord; il substituait pour ce cas un arrêté préfectoral à l'ordonnance exigée par la loi de 1837. En deuxième lieu, il autorisait le Gouvernement à statuer au lieu et place du législateur, lorsqu'il y a dissidence des conseils municipaux et consentement du conseil général; c'est-à-dire qu'il généralisait la règle que la loi de 1837 n'avait admise que pour les communes de moins de trois cents habitants.

Telles étaient les règles de compétence en vigueur, lorsque survint la chute du second Empire.

L'Assemblée nationale de 1871, dans laquelle les idées de décentralisation comptaient beaucoup d'adhérents, voulut à son tour apporter quelques modifications en cette matière. Jalouse de doter les conseils généraux d'attributions effectives, elle n'eut garde de manquer l'occasion d'élargir leurs pouvoirs; la loi du 10 août 1871 contient, en effet, quelques innovations dont nous allons parler.

SECTION IV.

De la loi du 10 août 1871 à la loi du 5 avril 1884.

La loi du 10 août 1871, sur les conseils généraux, dispose dans son art. 46:

> Le conseil général statue définitivement sur les objets ci-après désignés, savoir :
>
> ... 26° Changements à la circonscription des communes d'un même canton, et à la désignation de leurs chefs-lieux, lorsqu'il y a accord entre les conseils municipaux.

Ce texte était, comme on voit, la reproduction presque textuelle de l'art. 13, § 1, de la loi du 24 juillet 1867, avec cette seule différence que le conseil général prenait la place du préfet. Or, nous l'avons montré, au moment où cette loi fut votée, on admettait sans difficulté l'interprétation que la circulaire ministérielle du 3 août 1867 avait donnée de la loi du 24 juillet, à savoir que les préfets étaient compétents aussi bien pour créer des communes que pour les réunir ou modifier de toute autre manière leur circonscription. Et cette interprétation était connue de tous.

Il semblait donc assez naturel d'en conclure que les conseils généraux, à qui la loi du 10 août 1871 faisait passer les attributions réservées jusque là aux préfets, devaient pouvoir, aussi bien qu'eux, statuer définitivement sur les modifications dans les circonscriptions communales, quelles qu'elles fussent. Et cela paraissait d'autant plus raisonnable que, dans la discussion de cette loi, on n'avait nullement parlé de distinction à faire entre les créations de communes et les autres changements dans leurs circonscriptions, ni rappelé la controverse qui s'était élevée jadis sur le sens de l'art. 13 de la loi du 24 juillet 1867. On s'était borné à reproduire les expressions mêmes dont ce texte se servait, sans les définir à nouveau ni dans le rapport, ni au cours de la discussion.

Au contraire, le rapport mentionnait simplement que le § 26 de l'art. 46 de la loi du 10 août 1871 n'avait d'autre but que d'investir le conseil général du droit précédemment exercé par l'autorité préfectorale. Et personne ne fit aucune objection contre l'étendue des pouvoirs que ce texte allait ainsi conférer aux conseils généraux en cette matière. Il y eut même des membres de l'Assemblée nationale qui trouvèrent qu'on ne décentralisait pas assez et qu'il fallait donner aux conseils généraux des pouvoirs plus larges encore.

C'est ainsi que l'un d'eux, M. le baron de Vinols, proposa de placer dans les attributions du conseil général non seulement les changements à opérer dans l'intérieur du même canton, mais encore ceux qui pouvaient affecter le canton ou l'arrondissement. Il déposa à cet effet un amendement, d'après lequel le § 26 aurait été remplacé par celui-ci : « Changements à la circonscription territoriale des communes, cantons et arrondissements du département, et à la désignation des chefs-lieux de communes et de cantons. » A son avis, ces questions, ayant un intérêt essentiellement local et départemental, devaient être exclusivement du domaine du conseil général.

Mais la commission maintint le texte du projet. « La commission a pensé, dit M. Waddington, rapporteur, qu'il n'est pas possible d'aller plus loin que la loi qu'elle vous propose ; elle se borne à dire que le conseil général statuera sur les questions de circonscription des communes, lorsque les communes intéressées seront d'accord entre elles ; sur toutes les autres questions, elle laisse subsister la législation existante, particulièrement lorsque l'intégrité du canton serait en question ; elle demande seulement l'avis du conseil général sur tous les changements de circonscription d'arrondissement ou de département. »

L'Assemblée, consultée, rejeta l'amendement de M. de Vinols, et le § 26 ne donna lieu à aucune autre observation (1).

Il ne semblait donc guère possible de douter du sens de ce texte; et il paraissait évident qu'il conférait aux conseils généraux aussi bien le droit de créer des communes nouvelles, que celui de prononcer sur les autres modifications à la circonscription des communes.

Néanmoins, on vit bientôt renaître à ce propos les mêmes controverses qui s'étaient élevées jadis sur le sens de l'art. 13 de la loi du 24 juillet 1867, et sur la portée de l'expression « changements dans la circonscription territoriale des communes ».

Tout d'abord, dans sa circulaire du 8 octobre 1871 (2), où il expliquait la loi du 10 août, le ministre de l'Intérieur déclara que le § 26 transférait au conseil général les pouvoirs qui appartenaient à l'autorité préfectorale en vertu de la loi du 24 juillet 1867; et, se référant à l'interprétation qu'avait reçue cette dernière loi (circulaire du 3 août 1867), il décida que les conseils généraux avaient qualité pour modifier, de quelque manière que ce fût, avec l'assentiment des conseils municipaux, les limites des communes situées dans le même canton, alors même qu'il s'agissait de la création d'une commune nouvelle.

Les conseils généraux s'empressèrent de profiter des nouveaux pouvoirs que leur conférait ainsi la nouvelle loi, et de créer à la légère de nombreuses communes nouvelles.

Or, nous aurons occasion de le montrer plus tard, cette tendance à augmenter sans cesse le nombre des communes est profondément regrettable, et, de tout temps, l'administration avait constamment recommandé à ses agents les réunions de communes; mais comme elle ne disposait d'aucun moyen pour arrêter les conseils généraux dans la voie qui leur était ouverte, ceux-ci, sollicités de toute part et trop près des parties intéressées pour pouvoir leur résister, continuèrent à prendre force décisions portant érections de sections de commune en municipalités distinctes.

Aussi de vives réclamations ne tardèrent pas à s'élever.

Les premières vinrent du ministre de l'Instruction publique. En effet, aux termes de l'art. 36 de la loi du 15 mars 1850, toute commune, quelle qu'elle soit, doit entretenir au moins une école primaire; et, d'après l'art. 1er de la loi du 10 avril 1867, toute

(1) Séance du 18 juillet 1871. — *Journal officiel* du 19 juillet 1871, p. 2086.

(2) Insérée au *Bull. offic. min. Int.*, 1871, p. 535.

commune de cinq cents habitants et au-dessus est tenue d'avoir une école publique de filles, à moins qu'elle n'ait été dispensée de cette obligation par le conseil départemental, auquel cas la commune n'entretient qu'une école mixte. Or, il résulte de l'art. 40 de la loi du 15 mars 1850 et de l'art. 14 de la loi du 10 avril 1867 combinés que, lorsque les ressources départementales et communales, créées par ces lois, sont épuisées, une subvention est accordée aux communes par le ministre de l'Instruction publique, afin de leur permettre d'exécuter les obligations qui leur sont imposées. Tous les ans, un crédit considérable est inscrit à cet effet au budget du ministère de l'Instruction publique (1). Or, il est facile de comprendre que, lorsque les communes imprudemment dédoublées par les conseils généraux ne possédaient pas des ressources suffisamment abondantes, l'Etat se trouvait par là même contraint d'en subventionner deux, alors que la commune primitive se suffisait à elle-même. Le ministre de l'Instruction publique était donc intéressé à ce que cet état de choses prît fin le plus rapidement possible.

Aussi, après avoir rappelé, dans sa dépêche du 26 janvier 1872, que divers conseils généraux avaient, dans leur dernière session, créé de nombreuses communes nouvelles, M. Jules Simon ajoutait :

« Les dispositions de la loi du 10 août 1871 n'ont pas eu pour but de donner au conseil général, en cette matière, un pouvoir absolu, mais seulement de permettre aux communes limitrophes de modifier leurs circonscriptions réciproques ; il y a là un intérêt purement local auquel l'Etat peut, sans inconvénient, rester étranger. Mais quand il s'agit de créer des communes nouvelles, il y a lieu de croire que les dispositions de la loi du 18 juillet 1837 n'ont pas cessé d'être en vigueur. La création d'une commune engage, en effet, les intérêts de l'Etat, puisque certains services publics, et notamment le service scolaire, ont droit, à défaut de ressources locales, à des subventions prélevées sur le fonds de mon ministère. D'après ces considérations, les conseils généraux dont il s'agit me paraissent avoir dépassé leurs attributions. » (2).

D'autre part, la question ayant été soulevée dans le sein du conseil général de l'Aisne, à propos d'un projet tendant à ériger en municipalité distincte la section de Rallimont, le président de cette assemblée, M. Waddington, qui, on se le rappelle, avait été rappor-

(1) M. Gérard nous apprend (*op. cit.*, p. 32, note 2) que, dans le budget adopté par la Chambre des députés au mois d'août 1879, ce crédit figurait pour une somme de 21,860,600 fr. (chap. 35).

(2) Voir M. Gérard, *op. et loc. cit.*

teur de la loi du 10 août 1871 devant l'Assemblée nationale, émit des doutes sur la compétence du conseil général en cette matière. Il soutint l'opinion que la pensée du rédacteur de la loi du 10 août avait bien été d'investir les conseils généraux d'attributions plus étendues ou nouvelles sur les matières d'intérêt départemental, mais non sur celles qui intéressent l'Etat, comme la création de communes nouvelles, qui restent à ce titre dans le domaine du pouvoir exécutif central ou du pouvoir législatif (1).

En présence de ces résultats, le ministre de l'Intérieur pensa qu'il y avait lieu de réagir et, pour arrêter le mal à sa source, il n'hésita pas à modifier la première circulaire du 8 octobre 1871. Estimant que l'administration centrale aurait plus de moyens de retenir les préfets que les conseils généraux, il lança une nouvelle circulaire à la date du 20 mars 1872 (2), dans laquelle, après avoir déclaré que l'interprétation donnée par son prédécesseur à l'art. 46, § 26, de la loi du 10 août 1871 était erronée, il disait :

Un examen plus approfondi de la question m'a amené à reconnaître, d'accord avec un certain nombre d'assemblées départementales et avec le rapporteur de la loi du 10 août, que si l'art. 46 confère incontestablement au conseil général le droit de modifier, avec l'assentiment des conseils municipaux, les limites des communes déjà existantes, il ne lui donne pas le pouvoir de créer des communes nouvelles.

Le texte de la loi ne parle, en effet, que de changements à la circonscription des communes d'un même canton, et exige l'accord des conseils municipaux. Or, cet accord ne peut exister que lorsqu'il y a plusieurs communes intéressées dans le projet, et ne saurait se rencontrer lorsqu'il s'agit de la décision d'une seule commune (3).

D'un autre côté, ... la création d'une commune sort de la sphère des intérêts locaux et implique l'intervention de l'Etat, puisqu'elle peut avoir pour conséquence d'imposer à celui-ci des charges nouvelles, telles que : concours aux dépenses de l'instruction primaire, constructions d'écoles, etc.

La loi du 10 août 1871 est donc sans application lorsqu'il s'agit de l'érection

(1) Voir M. Gérard, *op. et loc. cit.* — Voir aussi le volume des *Délibérations du conseil général de l'Aisne*, année 1871, p. 315 et 336.

(2) Insérée au *Bull. offic. min. Int.*, 1872, p. 67. — Nous verrons plus tard que l'espérance du ministre de l'Intérieur ne se réalisa pas, et que les préfets profitèrent de ce regain de compétence pour créer, eux aussi, de nombreuses communes nouvelles.

(3) La loi du 24 juillet 1867 employait, il est vrai, dans son art. 13, une expression plus large : elle parlait du consentement, et non de l'accord des conseils municipaux. Mais l'argument du ministre de l'Intérieur était bien faible ; il faisait même complètement défaut dans le cas où il se serait agi de la formation d'une commune nouvelle avec des fractions de territoire empruntées à deux ou plusieurs autres.

de nouvelles communes, et la compétence est réglée par la législation antérieure, c'est-à-dire par la loi du 24 juillet 1867, art. 13, qui confère la décision au préfet, au chef du pouvoir exécutif ou au pouvoir législatif, suivant que l'avis du conseil municipal ou du conseil général est ou non favorable à la création projetée.

Il concluait que la législation actuelle, en matière de circonscriptions communales, pouvait, en conséquence, se résumer ainsi qu'il suit :

I. — Les changements de chefs-lieux des communes (non chefs-lieux de canton ou d'arrondissement) sont définitivement approuvés :

Par le conseil général, sur l'avis conforme du conseil municipal;

Par décret, lorsque l'avis du conseil municipal est contraire (loi du 10 août 1871).

(Un décret est également nécessaire pour les changements de noms des communes, alors même que la commune n'est ni chef-lieu de canton, ni chef-lieu d'arrondissement.)

II. — Les changements à la circonscription des communes déjà existantes d'un même canton sont approuvés :

Par le conseil général, s'il y a accord entre les conseils municipaux, tant sur la nouvelle délimitation que sur les conditions auxquelles le changement est subordonné (loi du 10 août 1871) ;

Par décret, rendu en conseil d'Etat, lorsque l'avis d'un conseil municipal ou de plusieurs conseils municipaux est contraire ou accompagné de réserves (loi du 24 juillet 1867) ;

Par une loi, lorsque l'avis du conseil général est contraire (*idem*).

III. — La création d'une commune nouvelle est approuvée :

Par le préfet, sur l'avis conforme du conseil municipal, de la commission syndicale et du conseil général ;

Par décret, lorsque l'avis du conseil général est favorable, mais qu'il y a opposition, soit de la part du conseil municipal, soit de la part de la commission syndicale ;

Par une loi, lorsque l'avis du conseil général est contraire (loi du 24 juillet 1867).

IV. — Enfin, tout projet qui modifie les limites d'un canton, d'un arrondissement ou d'un département, doit être soumis à la sanction législative (*idem*).

Mais la controverse était loin d'être terminée. On s'était engagé dans la voie de l'arbitraire et l'on ne devait pas s'en tenir là (1).

(1) Certains auteurs, d'ailleurs, comme M. de Malartie, critiquaient vivement la compétence attribuée en cette matière, soit aux préfets, soit aux conseils généraux, par les lois de 1867 et de 1871. « La législation de 1837, disait-il, me paraissait plus conforme aux principes que celles qui l'ont modifiée. En effet, une commune est une personne civile, capable d'acquérir et de posséder. Dans tous les pays, le pouvoir souverain seul peut créer ces personnes fictives, et donner une existence légale aux corporations. De plus, les questions de réunion et de séparation des communes sont de celles où les passions locales se mettent le plus

Le plus grand nombre des conseils généraux adopta, il est vrai, cette nouvelle interprétation de la loi du 10 août 1871. Mais le conseil général des Basses-Pyrénées ayant été saisi, dans sa séance du 9 avril 1872, d'une demande tendant à ériger en municipalités distinctes les deux sections de Montpezat et de Bétracq, précédemment réunies, crut ne pas devoir tenir compte des dernières instructions ministérielles et prononça l'érection, par application de l'art. 46, § 26, de la loi du 10 août 1871.

Conformément à l'art. 47 de la même loi, le préfet se crut fondé à attaquer cette délibération, et forma un recours contre elle. Mais la commission provisoire, remplaçant le conseil d'Etat (1), à l'examen de laquelle un projet de décret prononçant l'annulation avait été renvoyé par le ministre de l'Intérieur, émit, dans sa séance du 20 juin 1872, un avis de rejet, et se rallia à la doctrine professée par la première circulaire ministérielle, celle du 8 octobre 1871.

D'après cet avis, le conseil général avait reçu de la loi du 10 août 1871 toutes les attributions que la loi du 24 juillet 1867 avait conférées aux préfets; or, de l'avis du ministre lui-même, ces attributions étaient générales, elles s'appliquaient aussi bien aux créations de communes qu'aux autres rectifications dans leur territoire, puisque les mots « changements de circonscriptions » comprenaient toutes ces diverses opérations. En terminant, la commission reconnaissait qu'elle ne se dissimulait pas les inconvénients de cette doctrine; mais elle pensait que, dans l'état des textes, la solution ne pouvait venir que du législateur.

L'anarchie juridique semblait à son comble: elle devait aller encore plus loin.

facilement en jeu, et l'on ne saurait jamais les traiter avec trop d'impartialité... Il serait donc plus rationnel de laisser au pouvoir souverain seul la décision de toutes ces questions sans exception; car peu importe que la circonscription d'un canton ou d'un département soit modifiée. Il s'agit ici principalement de la création d'une personne civile. Ces sortes d'affaires ne sont pas de celles dont il y ait jamais avantage à subordonner l'examen approfondi à un prétendu intérêt de célérité dans la décision. Il ne s'agit jamais que de la modification d'un état de choses ancien, presque toujours immémorial, qui est déjà consacré par cela seul qu'il existe et qu'il est passé dans les habitudes. En toutes matières, il y a toujours présomption en faveur de celui qui a la possession d'état.

« La législation actuelle, si elle était maintenue, aurait pour résultat de livrer au caprice de chaque génération la constitution des communes, de les morceler ou de les grouper suivant les idées politiques de chaque époque; d'augmenter l'instabilité de toutes choses qui nous perd. C'est une conséquence que ne peuvent adopter ceux qui voient dans la commune la base de tout l'édifice politique. »

(*Revue catholique des institutions et du droit*, année 1888, t. II, p. 144.)

(1) Voir décret du 15 septembre 1870.

On sait, en effet, que le conseil d'Etat fut réorganisé par la loi du 24 mai 1872. Dès les premiers jours de son installation, le conseil d'Etat nouveau eut à son tour à s'occuper de la question. Le Gouvernement, saisi d'un projet tendant à ériger les deux sections de Saint-Pardoux et de Longueville en municipalités distinctes, constatant qu'il n'y avait pas accord entre le conseil municipal et la commission syndicale, mais que le conseil général de l'Aveyron avait donné son approbation, fidèle au système qu'il avait adopté dans la circulaire du 20 mars 1872 (n° III, § 2), et qui, on l'a vu, exigeait dans ce cas un décret, présenta au conseil d'Etat un projet de décret en ce sens.

Mais celui-ci ne crut pas devoir l'adopter. Loin de là, il écarta, dans un avis longuement motivé, à la date du 17 octobre 1872, à la fois la doctrine des circulaires ministérielles et celle de la commission provisoire. Il décida qu'il fallait bien distinguer entre les simples changements de circonscriptions et les créations de communes nouvelles; que la création de communes nouvelles n'avait été prévue ni par la loi du 24 juillet 1867, ni par celle du 10 août 1871; qu'elle continuait à être réglée par la loi du 18 juillet 1837; que par conséquent le droit de décision n'appartenait ni au préfet, qui ne l'avait jamais eu, ni au conseil général, qui n'avait pu le trouver dans l'héritage du préfet, mais bien au Gouvernement ou au législateur, suivant les distinctions établies par l'art. 4 de la loi du 18 juillet 1837. Et, par application de ce même article, il déclara qu'il y avait lieu de transformer le projet de décret en un projet de loi.

Voici au reste comment s'exprimait cet avis, et les motifs que le conseil d'Etat invoquait à son appui :

Considérant que l'art. 46, § 26, de la loi du 10 août 1871 confère au conseil général le droit de statuer définitivement sur les changements à la circonscription des communes d'un même canton, lorsqu'il y a accord entre les conseils municipaux ; que, si l'on compare cet article avec la disposition du premier alinéa de l'art. 13 de la loi du 24 juillet 1867, dont les termes sont identiques, il est manifeste que la loi de 1871 a voulu purement et simplement transporter au conseil général les pouvoirs dont la loi de 1867 investissait le préfet; — que c'est ce que déclarait une première circulaire ministérielle à la date du 8 octobre 1871, où on lit : « Le § 26 transfère au conseil général le droit qui, d'après la loi du 24 juillet 1867, appartenait aux préfets, sur l'avis conforme des conseils généraux, de modifier la circonscription des communes d'un même canton » ;

Considérant qu'une seconde circulaire, en date du 20 mars 1872, a répudié cette interprétation ; que, distinguant les créations des communes nouvelles, des simples changements de limites des communes déjà existantes et des réunions de communes, elle refuse d'étendre la compétence du conseil général aux créations de communes, en déclarant que la création d'une commune nouvelle est approuvée par le préfet, sur l'avis conforme du conseil municipal et de la commission syndicale et du conseil général ;

Que la loi de 1871 ne se prête pas à une telle interprétation ; que, pour la justifier, il faudrait admettre que le législateur a entendu ne transporter au conseil général qu'une partie des attributions du préfet, ce qui est contraire au texte de la loi de 1871 comme à son esprit et aux déclarations positives du rapport de la commission qui a préparé la loi ; qu'il y a donc substitution complète du conseil général au préfet et dessaisissement absolu, quant à ce dernier, de tous les droits qu'il tenait de la loi de 1867;

Considérant que c'est ainsi que la commission provisoire chargée de remplacer le conseil d'Etat avait résolu la question dans un avis du 20 juin 1872, et qu'en ce point il y a lieu d'adopter et de confirmer ses conclusions.

Cette première partie de l'avis était, selon nous, d'une doctrine irréprochable ; mais nous ne pourrions en dire autant des considérants qui suivent. Il semblait, en effet, devoir résulter, du premier point admis par le conseil d'Etat, que, le conseil général ayant hérité, en vertu de la loi de 1871, des attributions que la loi de 1867 accordait aux préfets, et les préfets ayant eu, sous l'empire de cette loi de 1867, le pouvoir aussi bien de créer des communes nouvelles que d'apporter aux circonscriptions communales des modifications d'une moindre importance, les conseils généraux devaient avoir, depuis la loi de 1871, le droit de statuer sur les érections de sections en municipalités distinctes, aussi bien que sur les réunions ou autres changements dans les limites des communes.

Au contraire, le conseil d'Etat en conclut que les conseils généraux ne devaient pas pouvoir prononcer sur les créations de nouvelles communes ; et que la compétence, en cette matière, continuait à être régie par la loi du 18 juillet 1837.

Considérant, disait-il, qu'il y a lieu de se demander quelle portée la loi du 24 juillet 1867 a entendu donner à ces mots : « changements dans la circonscription territoriale des communes » ; que dans une circulaire ministérielle en date du 3 août 1867 la question avait été résolue dans le sens de la compétence générale du préfet ;

Considérant que c'est aussi l'interprétation adoptée par la commission provisoire chargée de remplacer le conseil d'Etat, dans son avis précité ; que cette interprétation se fonde sur ce que les mots « changements dans la circonscription des communes » ont évidemment la même portée que ceux de réunions et distractions de communes, employés par la loi du 10 mai 1838, et que leur généralité embrasse tous les cas ;

Mais considérant que la portée de l'art. 13 de la loi du 24 juillet 1867 a été déterminée, lors de la discussion au Corps législatif, avec une telle précision, que cette interprétation ne semble pas admissible ; qu'en effet, au moment du vote de l'article, un député ayant demandé catégoriquement quelle en était la portée et exprimé l'avis que l'érection de toute nouvelle commune, créant un nouveau corps moral et pouvant imposer éventuellement des charges à l'Etat, devait demeurer soumise aux garanties exigées par la loi du 18 juillet 1837, un membre de la commission répondit, en termes formels et au nom de la commission, que l'art. 13 du projet de loi ne dérogeait en rien aux dispositions de la loi de 1837, relative aux distractions des sections de communes, et que les garanties stipulées à cet égard dans la loi de 1837 subsistaient dans leur intégralité ;

Que cette déclaration ne fut contredite ni par les commissaires du Gouvernement, chargés de défendre la loi, ni par aucun autre membre de la commission qui l'avait préparée, et fut suivie du vote pur et simple de l'art. 13;

Que, dans ces circonstances, le doute sur la pensée du législateur et sur la portée de la loi ne semble plus possible ni permis.

Nous croyons avoir assez montré la légitimité de ce doute pour qu'il soit inutile d'y revenir ici.

Du reste, le conseil d'Etat n'indiquait pas dans cet avis la véritable raison à laquelle il avait obéi ; au fond, le motif principal de ce retour inattendu à la loi du 18 juillet 1837, c'est qu'on voulait à tout prix s'opposer à l'augmentation toujours grossissante du nombre des communes, due à des érections prononcées presque chaque jour, soit par les conseils généraux, soit par les préfets, et arrêter ce morcellement excessif du territoire, cette abondance de petites communes qui met de si grands obstacles au développement dans la vie municipale de notre pays. Or, sous l'empire de la loi de 1837, une résistance sérieuse était organisée contre cette tendance des sections à se séparer des communes dont elles faisaient partie. Aucune commune nouvelle ne pouvait, en effet, être créée sans que le conseil d'Etat ait été auparavant consulté sur le projet ; et il ne donnait un avis favorable que si des conditions rigoureuses de population, de ressources, etc., étaient remplies. D'autre part, le Gouvernement s'était toujours fait un devoir de se conformer à la décision du conseil d'Etat, soit en ne rendant pas lui-même de décret, soit en ne saisissant pas les Chambres de projet de loi, lorsque cette assemblée avait rejeté la mesure qui lui était proposée. Mais les lois du 24 juillet 1867 et du 10 août 1871, en donnant aux préfets ou aux conseils généraux le pouvoir de statuer en la matière, avaient enlevé par là même au conseil d'Etat le droit de donner son avis, et par suite la possibilité de s'opposer aux créations de nouvelles municipalités. Pour remédier aux graves inconvénients qui s'en étaient suivis, le conseil d'Etat ne vit qu'un moyen, la remise en vigueur de la loi du 18 juillet 1837. On sait par quels détours il y arriva.

Restait à savoir si le pouvoir législatif consentirait à adopter cette nouvelle interprétation de l'art. 46, § 26, de la loi du 10 août 1871. L'occasion ne se fit pas longtemps attendre. Conformément à la doctrine qui résultait de cet avis du conseil d'Etat du 17 octobre 1872, le Gouvernement présenta à l'Assemblée nationale un projet de loi tendant à ériger les deux sections de Saint-Pardoux et de Longueville en deux communes distinctes (1).

Le Gouvernement fit remarquer, dans l'exposé des motifs déposé devant l'Assemblée nationale, à la séance du 21 novembre 1872, par M. Victor Lefranc, l'importance juridique de la solution qui allait intervenir; le rapporteur de la commission, M. Méplain, insista à son tour sur la difficulté soulevée par le projet de loi, et que l'Assemblée était appelée à trancher; et c'est conformément aux conclusions de son rapport que l'Assemblée nationale vota, dans sa séance du 17 décembre 1872, une loi portant érection de la section de Saint-Pardoux en municipalité distincte.

En présence de cette nouvelle doctrine, on se demanda s'il ne fallait pas assimiler, au point de vue de la compétence, les suppressions de communes aux créations de municipalités nouvelles; on exige, suivant les cas, disait-on, une loi ou un décret pour prononcer une érection de commune, c'est-à-dire pour créer une personne morale; il doit donc appartenir aussi au Gouvernement ou au législateur de prononcer une réunion de communes, c'est-à-dire la suppression d'une personne morale.

Le conseil d'Etat, appelé à trancher la question, décida, dans un avis du 18 février 1873, que l'avis du 17 octobre 1872 n'était relatif qu'aux créations de communes, et que ni ses motifs, ni son texte ne s'appliquaient aux réunions de communes, qui devaient rester soumises aux règles posées par les lois du 24 juillet 1867 et du 10 août 1871. Mais plus tard, dans un autre avis rendu à la date du 25 novembre 1880, à l'occasion de l'annexion de la commune de Laleu à La Rochelle, il déclara, à une faible majorité, il est vrai, que la réunion des communes entraînant suppression d'un centre communal ne pouvait avoir lieu qu'en vertu d'une loi ou d'un

(1) On se rappelle que le Gouvernement avait précédemment présenté au conseil d'Etat un projet de décret en ce sens, mais que cette assemblée, par le même avis du 17 octobre 1872, avait décidé qu'il y avait lieu de transformer le projet de décret en un projet de loi.

décret, et que la matière devait être régie uniquement par la loi du 18 juillet 1837.

On voit par là les graves inconvénients qui surgissent, lorsque les tribunaux veulent se charger de faire la loi.

Une autre difficulté s'éleva, au sujet du sens à donner à une disposition de la loi du 18 juillet 1837, qu'on remettait en vigueur. Quelle influence l'opposition du conseil général devait-elle exercer sur la détermination de la compétence, lorsqu'il s'agit d'une création de commune? Le texte de l'art. 4 ne semblait lui en donner aucune; il ne parle, en effet, que de l'opposition des conseils municipaux : mais le conseil d'Etat, saisi de la question, déclara, par le même avis du 18 février 1873, que « l'intention du législateur ayant toujours été d'accroître, au lieu de les diminuer, les garanties dont il a entouré la création des communes nouvelles, et en même temps d'augmenter l'étendue et l'autorité des délibérations des conseils généraux, il serait contraire à ce double but de considérer l'opposition du conseil général à une création de commune comme de moindre conséquence que le défaut de consentement des conseils municipaux, alors surtout qu'en matière de simples changements de circonscriptions de communes déjà existantes, l'avis défavorable du conseil général entraîne l'intervention du législateur ».

Remarquons que le conseil d'Etat n'était guère logique avec luimême. Du moment où il posait en principe que la loi du 24 juillet 1867 était inapplicable à la création de communes et qu'il fallait se référer exclusivement à la loi du 18 juillet 1837, pourquoi allait-il admettre que l'avis favorable du conseil général, qui n'était exigé que par la loi de 1867, dût influer sur la compétence réglée par la loi de 1837?

En présence de ces difficultés sans fin, le ministre de l'Intérieur crut devoir lancer une nouvelle circulaire, à la date du 13 mars 1873 (1), dans laquelle, après avoir rappelé brièvement les diverses interprétations qui avaient été successivement données de l'art. 46, § 26, de la loi du 10 août 1871, il déclarait adopter la théorie qui résultait de l'avis du conseil d'Etat du 17 octobre 1872, et concluait que ni le préfet, ni le conseil général n'étaient compétents pour permettre la création de communes nouvelles, et que cette création était autorisée: par décret, en cas de consentement des conseils municipaux, délibérant avec les plus imposés, et des commissions syndicales; par une loi, si un ou plusieurs conseils municipaux, ou si une ou plusieurs commissions syndicales, quand il y a lieu de

(1) Insérée au *Bull. offic. min. Int.*, 1873, p. 155.

prendre leur avis, étaient opposés à la mesure projetée; avec cette remarque, que l'assentiment des conseils municipaux ou des commissions syndicales pouvait, pour les communes qui n'avaient pas trois cents habitants, être remplacé par l'avis favorable du conseil général.

Et pour résumer les règles de compétence actuellement en vigueur, il donnait un tableau embrassant tous les cas, et que voici :

I. — Les changements de chefs-lieux des communes sont définitivement approuvés :

Par le conseil général, sur l'avis conforme du conseil municipal ;

Par décret, lorsque l'avis du conseil municipal est contraire (loi du 10 août 1871).

Les changements de chefs-lieux de canton, d'arrondissement ou de département sont autorisés par décret (loi du 8 pluviôse an IX et arrêté consulaire du 17 ventôse an VIII).

Un décret est également nécessaire pour les changements de noms des communes, alors même que la commune n'est ni chef-lieu de canton, ni chef-lieu d'arrondissement.

II. — Les changements à la circonscription des communes déjà existantes d'un même canton sont approuvés :

Par le conseil général, s'il y a accord entre les conseils municipaux, tant sur la nouvelle délimitation que sur les conditions auxquelles le changement est subordonné (loi du 10 août 1871) ;

Par décret, rendu en conseil d'Etat, lorsque l'avis d'un conseil municipal ou de plusieurs conseils municipaux, ou d'une commission syndicale, est contraire ou accompagné de réserves (loi du 24 juillet 1867) ;

Par une loi, lorsque l'avis du conseil général est contraire (loi du 24 juillet 1867).

III. — Les réunions de communes sont traitées comme de simples changements à la circonscription des communes déjà existantes (1).

IV. — La création d'une commune nouvelle est approuvée :

Par décret, lorsque le conseil municipal ou les conseils municipaux intéressés consentent à la mesure projetée, et que l'avis du conseil général est favorable ; — ou, s'il s'agit d'une commune de moins de trois cents habitants, lorsque l'avis du conseil général est favorable (loi du 18 juillet 1837) ;

Par une loi, lorsqu'il y a opposition, soit du conseil général (loi du 24 juillet 1867), soit d'un conseil municipal, soit d'une commission syndicale (loi du 18 juillet 1837).

V. — Enfin, tout projet qui modifie les limites d'un canton, d'un arrondissement ou d'un département doit être soumis à la sanction législative (loi du 24 juillet 1867 et loi du 10 août 1871, art. 50).

Telles furent les règles de compétence qui demeurèrent en vigueur jusqu'à la loi du 5 avril 1884.

(1) Avis du conseil d'Etat du 18 février 1878.

Les conseils généraux qui, contrairement à cette circulaire, maintinrent leur compétence en s'appuyant sur l'art. 46, § 26, de la loi du 10 août 1871, et se crurent en droit de créer encore des nouvelles communes, virent annuler les délibérations qu'ils prirent en ce sens (1).

D'autres contestations s'élevèrent sur le point de savoir quelle était l'autorité compétente pour statuer sur les changements de chefs-lieux des communes.

On sait qu'on entend par chef-lieu d'une commune l'endroit où se trouve le siège de l'administration municipale (2).

Les lois du 18 juillet 1837 et du 24 juillet 1867 ne se prononçaient pas sur la question ; mais on avait conclu, des expressions générales par lesquelles elles donnaient au Gouvernement le pouvoir de prononcer par une ordonnance ou un décret sur tous les « autres changements », qu'il appartenait encore au Gouvernement de statuer sur les transfèrements de chefs-lieux des communes (3).

La loi du 10 août 1871 contenait, au contraire, dans son art. 46, § 26, une disposition ainsi conçue : « Le conseil général statue définitivement sur les changements à la circonscription des communes d'un même canton, et à la désignation de leurs chefs-lieux, lorsqu'il y a accord entre les conseils municipaux. »

L'interprétation de la deuxième partie de ce texte donna lieu à des difficultés. Pour les comprendre, il faut savoir que, en général, le changement du chef-lieu d'une commune intervient lorsque, à la suite de circonstances diverses que nous aurons à examiner plus tard, un hameau de la commune se développe, dépasse en population l'ancien village et parvient par suite à conquérir sur les autres sections de la même commune, ses rivales, la majorité au conseil municipal ; il profite alors de sa prospérité pour demander, en sa faveur, la dépossession de la section chef-lieu.

Or, on saisit sans peine que, dans ces conditions, il ne puisse y

(1) Voir par exemple le décret du 15 juin 1873, portant annulation d'une délibération par laquelle le conseil général de l'Aveyron avait créé une nouvelle municipalité. — Inséré au *Bull. offic. min. Int.*, 1873, p. 323.

(2) Dalloz, *Rép. alphab.*, V° *Commune*, t. IX, n° 173, — et *Code des lois administratives*, V° *Commune*, n° 149.

(3) Conf. Bost, *Code formulaire de la constitution et de la circonscription des communes*, 1856, p. 115, n° 138. — *Ecole des communes*, 1857, p. 69, n° 490. — On lit d'autre part dans la circulaire du ministre de l'Intérieur du 29 août 1849 (*Bull. offic. min.. Int.*, p. 383) : « La Constitution de 1848, en obligeant à soumettre à la sanction du pouvoir législatif tous les projets qui ont pour but de modifier les circonscriptions territoriales des départements, arrondissements, cantons et communes, n'a rien innové en ce qui concerne la fixation des chefs-lieux, qui continuent à être l'objet d'une décision du pouvoir exécutif. »

avoir ni accord, ni désaccord entre les conseils municipaux, puisque tout se passe dans les limites d'une même commune.

Néanmoins, bien que les projets qui tendent à transférer des chefs-lieux de communes n'intéressent qu'une seule municipalité, on crut d'abord pouvoir, sans s'attacher à la lettre même du texte, assimiler le consentement du conseil municipal unique à l'accord des conseils municipaux prévu par la loi, et admettre que le conseil général était compétent pour décider le transfert, sur l'avis conforme du seul conseil municipal de la commune intéressée.

Cette interprétation fut adoptée par le ministre de l'Intérieur, dans ses circulaires du 20 mars 1872 et du 13 mars 1873, où on lit :

« Les changements de chefs-lieux des communes (non chefs-lieux de canton ou d'arrondissement) sont définitivement approuvés: par le conseil général, sur l'avis conforme du conseil municipal ; par décret, lorsque l'avis du conseil municipal est contraire. »

Aucune objection ne fut faite à cette théorie tant que l'on ne tint compte, pour déterminer les compétences, que de l'avis des conseils municipaux. Mais la commission provisoire, chargée de remplacer le conseil d'Etat, déclara, dans un avis du 22 février 1872, que, quand les intérêts opposés étaient représentés d'une part par le conseil municipal, d'autre part par une commission syndicale organisée en exécution de l'art. 3 de la loi du 18 juillet 1837, et notamment lorsqu'il s'agit de distraire une section de commune pour former une municipalité distincte, « on ne peut considérer qu'il y a, conformément aux termes de l'art. 46 de la loi du 10 août 1871, accord entre les conseils municipaux, lorsque le conseil municipal est seul à consentir à la mesure proposée et que la commission syndicale s'y oppose au nom de la section ».

En un mot, d'après cet avis, l'opposition d'une commission syndicale à la modification projetée devait avoir, sur les compétences, le même effet que l'opposition d'un conseil municipal.

Il est vrai que, à la différence de ce qu'elle avait fait pour les modifications à la circonscription des communes, la loi n'avait prescrit aucune formalité spéciale pour l'instruction des demandes de transfert de chefs-lieux, ni par conséquent la création de commissions syndicales chargées de remplir, pour les sections ayant un intérêt distinct de celui de la commune même, le rôle de conseil municipal (1).

Mais on faisait remarquer que si la loi n'avait rien dit, c'était un simple oubli de sa part qu'il fallait combler ; que les garanties que

(1) Nous verrons que la loi du 5 avril 1884 a réalisé cette réforme.

la loi avait voulu accorder aux intérêts des sections de communes ne devaient pas disparaître dans ce cas, où la section intéressée n'est presque jamais représentée par le conseil municipal, attendu qu'elle y est en minorité ; que si la loi du 10 août 1871 ne parlait que de l'accord des conseils municipaux, c'est qu'elle n'avait prévu que le cas le plus fréquent, c'est-à-dire celui où les intérêts opposés sont représentés par deux ou plusieurs conseils municipaux. On ajoutait, d'autre part, que le législateur de 1871 n'avait entendu attribuer aux conseils généraux le pouvoir de statuer définitivement que lorsque l'accord se serait établi entre les parties intéressées ; et qu'il avait, au contraire, réservé la décision à l'autorité centrale dans le cas où, les intérêts locaux étant en opposition, il était nécessaire de prononcer entre eux. Or, disait-on, dans le cas où il s'agit de changer le chef-lieu d'une commune, le conseil municipal, sans doute, y sera favorable, puisque c'est lui qui l'aura demandé ; mais la section, qui se verrait par là dépossédée de son titre de chef-lieu, ne manquera jamais de s'opposer de toutes ses forces à la mesure projetée ; de sorte que l'accord, sinon entre les conseils municipaux, puisqu'il n'y en a qu'un, du moins entre les diverses parties de la commune, ne serait jamais réalisé. Et l'on concluait que l'opposition de cette minorité, quoique sans représentation officielle spéciale, devait avoir pour effet de rendre dans l'espèce le conseil général incompétent, et de nécessiter une décision du Gouvernement.

Cette manière de voir fut adoptée pleinement par le conseil d'Etat qui, dans une affaire où l'opposition de l'ancien chef-lieu qu'il s'agissait de déposséder s'était traduite par de simples réclamations des habitants, décida que cette opposition avait pour effet de dessaisir le conseil général du droit de prononcer le transfert, et approuva ensuite le projet de décret présenté par le Gouvernement (1). Et le ministre de l'Intérieur, dans une circulaire rendue à la date du 5 septembre 1881 (2), après avoir présenté un examen complet de la question, adopta pleinement l'opinion du conseil d'Etat, et adressa aux préfets les recommandations suivantes :

« Cette solution, disait-il, devra vous servir de guide à l'avenir, et, lorsque des cas semblables se présenteront, vous préviendrez le conseil général qu'il ne peut qu'émettre un avis sur le projet. »

Le ministre allait même plus loin. Considérant qu'il y avait tout

(1) Avis de la section de l'Intérieur du conseil d'Etat, 1er février 1881 : transfert du chef-lieu de la commune de Sathonay-au-Camp (Ain). — Voir *Revue générale d'administration*, année 1881, t. III, p. 248.

(2) Insérée au *Bull. offic. min. Int.*, 1881, p. 457.

avantage à ce que l'opposition de la section intéressée se traduise par l'organe d'une représentation légale, il invitait les préfets à se conformer, dans la mesure du possible, pour l'instruction des demandes de changement de chefs-lieux, aux formalités prescrites pour les modifications de circonscriptions territoriales par le titre Ier de la loi du 18 juillet 1837, c'est-à-dire de créer des commissions syndicales pour représenter les sections opposées au vœu du conseil municipal.

Cette règle fut, dès lors, constamment suivie jusqu'à la loi du 5 avril 1884.

SECTION V

—

Sous la loi du 5 avril 1884.

Comme on a pu le voir par cet exposé forcément un peu long, les règles établissant les compétences en matière de changements dans les circonscriptions communales méritaient de nombreuses critiques. D'abord, elles étaient trop compliquées, confuses même; pour dégager les solutions, il fallait combiner une foule de textes, qui étaient loin d'être en parfaite harmonie les uns avec les autres.

En outre, et c'est là surtout ce qu'on pouvait leur reprocher, elles manquaient de stabilité; ce n'était pas un texte de loi formel qu'on appliquait, c'était telle ou telle circulaire ministérielle, tel ou tel avis du conseil d'Etat, qu'une autre circulaire ou un autre avis pouvait abroger. On a vu avec quelle rapidité les interprétations se sont succédé en cette matière.

Aussi, les auteurs faisaient-ils des vœux pour qu'un texte clair et précis vînt déterminer enfin d'une manière certaine les diverses règles de compétence.

Ce fut l'œuvre du législateur de 1884. Instruit par tous ces exemples, il a essayé d'être simple, clair et en même temps complet; et il a résumé dans deux articles (les art. 5 et 6 de la loi du 5 avril 1884) toutes les règles de compétence en cette matière:

ART. 5. — *Il ne peut être procédé à l'érection d'une commune nouvelle qu'en vertu d'une loi, après avis du conseil général et le conseil d'Etat entendu.*

ART. 6. — *Les autres modifications à la circonscription territoriale des communes, les suppressions et les réunions de deux ou de plusieurs communes, la désignation de nouveaux chefs-lieux, sont réglés de la manière sui-*

vante: Si les changements proposés modifient la circonscription du département, d'un arrondissement ou d'un canton, il est statué par une loi, les conseils généraux et le conseil d'Etat entendus;

Dans tous les autres cas, il est statué par un décret rendu en conseil d'Etat, les conseils généraux entendus.

Néanmoins, le conseil général statue définitivement s'il approuve le projet, lorsque les communes ou sections sont situées dans le même canton, et que la modification projetée réunit, quant au fond et quant aux conditions de la réalisation, l'adhésion des conseils municipaux et des commissions syndicales intéressées.

Comme on le voit, la nouvelle loi municipale établit d'abord, dans son art. 5, des règles de compétence spéciales pour les érections de communes.

On se rappelle que, d'après la circulaire ministérielle du 13 mars 1873, une commune nouvelle pouvait être créée par un simple décret, lorsque toutes les parties intéressées étaient favorables à la mesure, et qu'une loi n'était nécessaire que si un désaccord quelconque s'était produit.

La loi du 5 avril 1884 enlève au Gouvernement cette attribution et exige une loi dans tous les cas. On a pensé que, l'État étant intéressé dans la question, puisque, chaque fois qu'une commune nouvelle est créée, ce sont des dépenses de plus que l'on met à sa charge, le législateur devait seul avoir le droit de prendre une pareille décision, d'autant plus qu'il s'agit de la formation d'une nouvelle personne morale et que c'est encore là un attribût du pouvoir souverain.

La distinction que M. Morin avait proposée pendant la discussion de la loi du 24 juillet 1867 se trouve ainsi consacrée par notre texte.

On s'est encore inspiré d'une autre idée. En présence du nombre toujours croissant des demandes de séparation des communes et des inconvénients que présente le morcellement excessif du territoire, on a voulu rendre ces divisions de communes plus difficiles, et on a pensé que le législateur, étant plus éloigné des parties intéressées et voyant les choses de plus haut, saurait mieux que tout autre résister aux sollicitations des sections (1).

Pour mettre aux créations de communes un obstacle encore plus sérieux, un député, M. Escande, avait proposé de fixer dans la loi même un chiffre de population (3,000 à 1,500 habitants), au-dessous duquel il ne pourrait être créé de commune nouvelle. Mais

(1) Nous aurons occasion d'examiner plus tard si ces espérances se sont réalisées.

on fit remarquer qu'il pouvait se présenter des circonstances exceptionnelles qui justifieraient la création d'une commune dans un centre moins important ; qu'il était impossible de tracer à cet égard des règles absolues ; que ce serait lier le législateur et limiter ses pouvoirs ; et l'amendement de M. Escande ne fut pas adopté (1).

C'est donc au législateur à examiner, dans chaque espèce, si les circonstances lui semblent favorables à la création d'une commune nouvelle. Pour faciliter sa tâche sur ce point, l'art. 5 exige qu'il prenne dans tous les cas l'avis du conseil d'Etat.

Ce même article veut, en outre, que le conseil général donne son avis sur le projet. Or, nous verrons plus tard que l'art. 3, qui trace les règles à suivre pour l'instruction de ces affaires de circonscriptions, exige déjà l'avis du conseil général. Il y a donc là une répétition inutile que l'on aurait pu facilement éviter, mais qui s'explique, si l'on consulte les travaux préparatoires de la loi du 5 avril 1884. En effet, le projet primitif de l'art. 5, présenté à la Chambre des députés en première délibération, dans la séance du 10 février 1883 (2), portait :

« Il ne peut être procédé à l'érection d'une commune nouvelle qu'en vertu d'une loi, après avis conforme du conseil général... »

Ainsi, tandis que l'on se contentait, pour les autres changements de circonscriptions, d'un simple avis du conseil général, on proposait d'exiger, en matière d'érections de communes, un avis *conforme* de cette même assemblée.

Mais, au cours de la discussion, M. Dureau de Vaulcomte et le sous-secrétaire d'Etat de l'Intérieur firent remarquer qu'il y aurait de sérieux inconvénients à subordonner le vote du législateur à un avis favorable du conseil général, et à transformer ainsi le Parlement en chambre d'enregistrement ; que d'ailleurs ce serait donner au conseil général le droit de statuer, ce qui était contraire au but poursuivi par le projet lui-même. Et le mot *conforme* fut supprimé. On aurait mieux fait de retrancher tout le membre de phrase ; on n'y a pas songé.

Arrivant ensuite aux changements dans la circonscription territoriale des communes, autres que les créations de nouvelles municipalités, la loi établit pour ce cas, dans l'art. 6, diverses règles de compétence.

Remarquons qu'avant d'arriver à une rédaction définitive, le

(1) Chambre des députés, deuxième délibération, séance du 30 juin 1883. (*Trav. prép.* p. 123.)

(2) *Trav. prép.*, p. 28, col. 3.

texte de cet article a été plusieurs fois remanié, sans que la signification en ait été sensiblement modifiée.

Il contient, au reste, d'assez heureuses innovations. Il tranche d'abord la question de savoir si les réunions ou suppressions de communes doivent être traitées comme des créations de communes, ou comme de simples changements à la circonscription des communes existantes : point que le conseil d'Etat avait résolu successivement dans les deux sens, dans ses avis du 18 février 1873 et du 25 novembre 1880. Le législateur de 1884 adopte les conclusions de l'avis du 18 février 1873 et assimile les réunions ou suppressions de communes aux modifications dans les circonscriptions communales, autres que les créations de nouvelles municipalités.

De plus, la nouvelle loi municipale assimile les transfèrements de chefs-lieux aux autres changements dans la circonscription des communes, et confie le soin de prononcer sur eux à l'autorité compétente déjà pour statuer sur les autres modifications territoriales.

Enfin, elle fait une distinction plus nette des pouvoirs qu'elle confère aux autorités chargées de statuer.

Ces autorités sont, suivant les hypothèses, tantôt le législateur lui-même, tantôt le Gouvernement, tantôt le conseil général.

Nous allons reprendre et examiner en détail chacun de ces trois cas.

I. — C'est au législateur seul qu'il appartient de statuer sur le changement proposé, s'il doit avoir pour effet d'altérer la circonscription du département, d'un arrondissement ou d'un canton.

Sur ce point, la loi nouvelle ne fait que confirmer une règle déjà très ancienne et très naturelle. On comprend d'abord que l'intervention du législateur soit nécessaire, si le projet doit entraîner une modification à la circonscription d'un département ou d'un arrondissement. Ces circonscriptions ayant été établies par des dispositions législatives, il est juste que le législateur seul puisse les changer (lois des 26 février 1790 et 14 juin 1791) (1). D'autre part, la circonscription cantonale a une importance indiscutable ; elle touche à la fois à l'administration de la justice et aux droits politiques que confère l'élection. C'est, en effet, le canton qui détermine le ressort de la justice de paix ; c'est aussi le canton qui est l'élément de la représentation du département au conseil général, et de l'arrondisse-

(1) Voir Dalloz, *Rép. alphab.*, V° *Organisation administrative*, n°s 198 et 201 ; — V° *Commune*, n° 183. — Dalloz, *Code des lois administratives*, V° *Département*, n° 93 ; — V° *Arrondissement*, n° 9 ; — V° *Commune*, n°s 241 et 242.

ment au conseil d'arrondissement (loi du 10 août 1871, art. 4, et loi du 22 juin 1833, art. 20). Or, il est de règle que les modifications au ressort judiciaire et à l'exercice des droits électoraux sont complètement en dehors des droits de l'administration. On comprend donc qu'un changement ne puisse être apporté que par une loi à la circonscription d'un canton (1).

II. — Si le projet laisse intacte la circonscription cantonale, et par suite celle de l'arrondissement et du département, la décision appartient au conseil général.

La loi nouvelle ne fait en cela que confirmer les pouvoirs que l'art. 46, § 26, de la loi du 10 août 1871 donnait aux conseils généraux. Cependant, il y a lieu de remarquer que notre article diffère de l'art. 46 de la loi de 1871 en ce qu'il limite plus nettement et restreint même les pouvoirs du conseil général, en exigeant une triple condition pour qu'il puisse statuer définitivement, savoir:

1° Qu'il y ait accord entre les conseils municipaux et les commissions syndicales;

2° Que cet accord existe quant au fond et quant aux conditions de la réalisation;

3° Que le conseil général approuve le projet.

On a pensé que dans ce cas, l'unanimité des avis faisant présumer une solution facile, il était inutile de mettre le pouvoir législatif en mouvement pour une tâche aussi aisée, et que les intérêts engagés auraient une garantie suffisante dans l'intervention du conseil général.

Reprenons chacune de ces conditions:

1° Il faut d'abord, disons-nous, que les conseils municipaux et les commissions syndicales soient d'accord pour accepter la mesure proposée.

Remarquons que la loi du 5 avril 1884, suivant sur ce point

(1) Voir la note précédente, — et DALLOZ, *Code des lois administratives*, V° *Canton*, n°s 8, 18, 21 à 23. — Conf. le rapport présenté devant la Chambre des Pairs par M. Mounier, dans la séance du 27 mars 1837.

Remarquons ici que, lorsque le changement apporté à la circonscription territoriale d'une commune entraîne avec lui une modification dans les limites d'un canton, il a pour effet de restreindre ou d'étendre *ipso facto* la compétence des juges de paix et des notaires, sauf, bien entendu, pour le législateur qui statue sur le remaniement territorial, la faculté d'adopter, par une décision expresse, une solution contraire. — C'est ainsi, par exemple, qu'une loi du 5 juillet 1889, qui divise le canton de Monestiés (Tarn) en deux cantons: ceux de Monestiès et de Carmaux, dispose, dans son art. 2: « Ces deux cantons continueront à ne former qu'un seul arrondissement de justice de paix, et le juge de paix de Monestiès tiendra alternativement ses audiences, tant civiles que de simple police, à Monestiès et à Carmaux. Les notaires de l'ancien canton auront le droit d'exercer leurs fonctions dans la circonscription des deux cantons nouveaux. »

la doctrine qui résultait de l'avis du conseil d'Etat du 22 février 1872, fait produire à l'opposition d'une commission syndicale le même effet sur la compétence qu'à l'opposition d'un conseil municipal.

Elle confirme également le principe qu'avait établi la circulaire du ministre de l'Intérieur du 5 septembre 1881. Cette circulaire, on se le rappelle, avait déterminé les autorités chargées de statuer sur les changements de chefs-lieux des communes, et décidé que la section qu'il s'agit de dépouiller de son titre de chef-lieu devait être représentée par une commission syndicale, dont l'avis aurait, sur la détermination des compétences, la même valeur que celui du conseil municipal lui-même. Or, la loi du 5 avril 1884 ayant, comme nous le verrons dans le chapitre suivant, fixé, pour les demandes de transfèrements de chefs-lieux, la même procédure que pour les autres modifications de circonscriptions communales, il était naturel qu'elle établît aussi des règles identiques en matière de compétence.

Enfin, nous ferons observer que la loi ne parle pas de l'avis du conseil d'arrondissement, lequel est, cependant, partie obligatoire de l'instruction.

2° Il faut que l'accord entre les conseils municipaux et les commissions syndicales soit simple, net et complet, et que leurs approbations portent tant sur le projet en lui-même que sur les conditions auxquelles il doit être réalisé.

Le conseil d'Etat a décidé, sous l'empire de la loi du 18 juillet 1837 (et cette solution devrait encore être appliquée dans notre hypothèse), qu'un conseil municipal devait être considéré comme ne consentant pas à un projet de distraction, alors que, étant en principe favorable à la mesure, il ne différait d'opinion avec les autres conseils municipaux ou commissions syndicales que sur la superficie des terrains à distraire, et que la partie sur laquelle portait le débat était de peu d'étendue et ne contenait pas d'habitation (1).

Les avis qui, sans être explicitement contraires, seraient accompagnés de réserves, devraient être considérés comme défavorables (circulaire du ministre de l'Intérieur du 3 août 1867).

Mais, dans cette même hypothèse, si les conditions stipulées par les conseils municipaux peuvent être légalement acceptées, et si le conseil général croit devoir y souscrire, il conserve, par cette appréciation, le pouvoir de statuer (2).

(1) Arrêt du conseil d'Etat du 26 août 1858. — *Recueil Lebon*, p. 601 (commune de Poix).

(2) Voir Dalloz, *Code des lois administratives*, V° *Commune*, n° 252. — Arrêt du conseil d'État du 18 mars 1868, D. 1870. 3. 58, note.

Une déclaration d'un conseil municipal, portant qu'il s'en remet à la sagesse de l'administration, ne constitue pas l'accord (1).

Enfin si, à la suite d'une délibération du conseil général interprétant une délibération d'un conseil municipal, l'accord venait à cesser entre les conseils municipaux, le conseil général ne serait plus compétent (2).

3° Il faut, enfin, que le conseil général approuve purement et simplement le projet dans les conditions où il lui est présenté. Il ne pourrait le modifier (3).

III. — Si, lorsque le projet ne touche nullement à la circonscription du canton, de l'arrondissement ou du département, les conseils municipaux et les commissions syndicales ne sont pas d'accord, ou si, malgré l'accord de tous, le conseil général ne l'approuve pas ou veut lui faire subir quelque changement, il statue assurément ; mais sa délibération n'a rien de définitif ; elle ne constitue plus qu'un simple avis. L'affaire suit son cours et la décision appartient au chef de l'Etat (4), qui statue par un décret (5).

La loi du 5 avril 1884, art. 6, § 3, porte : « par décret rendu en conseil d'Etat ». La circulaire du 15 mai 1884, qui l'interprète, dit, pour le même cas : « par décret rendu en la forme des règlements d'administration publique ». Il faut préférer la rédaction de la circulaire.

Comme le décret rendu en la forme des règlements d'administration publique, le décret portant règlement d'administration publique est, à la vérité, soumis nécessairement à la préparation, à l'examen, à la délibération préalable du conseil d'Etat réuni en

(1) Voir Dalloz, *Code des lois administratives*, V° *Commune*, n° 253. — Avis du conseil d'Etat du 17 octobre 1872.

(2) Voir avis du ministre de l'Intérieur du 13 mai 1876. — Dalloz, *Code des lois administratives*, V° *Commune*, n° 254.

(3) Dans l'acte par lequel il statuera sur un changement de circonscription, le conseil général devra viser les pièces constatant l'accomplissement des formalités d'instruction exigées par la loi du 5 avril 1884, de telle sorte que cet acte porte en lui-même la preuve de sa régularité. Le ministre de l'Intérieur en avait fait la recommandation expresse aux préfets lorsqu'ils étaient compétents en vertu de la loi du 24 juillet 1867, art. 13 (circ. précitée du 3 août 1867) ; et les raisons sur lesquelles il se basait pour justifier cette décision sont également vraies, que le changement de circonscription émane du préfet ou du conseil général.

(4) On se rappelle que, dans ce cas, la loi du 24 juillet 1867 exigeait l'intervention du pouvoir législatif.

(5) Ce décret devra également contenir la mention que les formalités d'instruction exigées par la loi du 5 avril 1884 ont été régulièrement accomplies. — Voir notamment : Décret du 22 juillet 1889, annexant au territoire de la commune de la Ferté-Bernard (Sarthe) la commune de Saint-Antoine-de-Rochefort et une certaine portion des communes de Cherré et de Cherreau.

assemblée générale ; et tous deux doivent porter la mention que cette formalité a été accomplie : « le conseil d'État entendu ». Mais ils diffèrent profondément par leur nature juridique. En effet, tandis que les décrets portant règlement d'administration publique sont des actes généraux, accomplis par le Président de la République en vertu de l'autorité réglementaire qui lui est dévolue, soit par la Constitution, soit par une loi, et qui l'investit de la mission de compléter, dans un but d'administration, l'œuvre même du pouvoir législatif laissée par lui incomplète sur certains points ; au contraire, les décrets rendus dans la forme des règlements d'administration publique sont des actes administratifs proprement dits, spéciaux quant à leur objet et individuels au point de vue du résultat à obtenir ; la décision qu'ils édictent n'a trait qu'à telle personne, physique ou morale, à l'exclusion de toute autre ; et leur but est de faciliter l'exécution des lois, en visant une personne et un cas déterminé.

Il résulte de là bien des différences pratiques entre ces deux sortes de décrets : au point de vue de leur sanction, des règles à suivre relativement à leur interprétation, surtout au point de vue des voies de recours : car les décrets rendus en la forme des règlements d'administration publique peuvent seuls être attaqués par la voie contentieuse devant le conseil d'Etat, pour excès de pouvoir ou incompétence.

Remarquons en terminant que les cas où il devra être statué par un décret seront de beaucoup les plus fréquents ; car il sera assez rare de rencontrer l'unanimité de tous les conseils municipaux et de toutes les commissions syndicales, requise par la loi pour que les conseils généraux soient compétents.

En résumé, les règles de compétence en vigueur depuis la loi du 5 avril 1884, art. 5 et 6, peuvent être récapitulées dans le tableau suivant :

1° Il est statué par une loi, le conseil d'Etat entendu :

a) Lorsqu'il s'agit de créer une commune nouvelle ;

b) Lorsque la modification territoriale projetée, quelle qu'elle soit, touche aux limites d'un département, d'un arrondissement ou d'un canton.

2° Il est statué par le conseil général, définitivement :

Lorsqu'il s'agit, soit d'un transfèrement de chef-lieu, soit d'un changement à la limite des communes déjà existantes, et sous la triple condition :

a) Que le projet ne touche pas à la circonscription d'un canton ;

b) Qu'il y ait accord complet entre les conseils municipaux et les commissions syndicales, tant sur le projet en lui-même que sur les conditions auxquelles il doit être réalisé ;

c) Que le conseil général approuve purement et simplement le projet.

3° Il est statué par décret rendu en la forme des règlements d'administration publique :

Dans tous les autres cas.

CHAPITRE II

—

RÈGLES DE PROCÉDURE

GÉNÉRALITÉS

—

Il ne suffit pas de fixer les autorités compétentes pour statuer sur les changements dans la circonscription territoriale des communes. Cela fait, il reste encore à se défendre contre la précipitation et les surprises.

Aussi, dès avant 1837, bien qu'aucune loi n'eût organisé une procédure obligatoire en cette matière, une jurisprudence, perfectionnée par de nombreuses applications, voulait que les actes du Gouvernement, créant ou supprimant des communes, fussent précédés de certaines formalités destinées à le prémunir contre toute erreur, en faisant entendre les réclamations des parties intéressées et l'avis des administrations locales.

C'est ainsi que, dans une circulaire en date du 7 avril 1828 (1), dans laquelle il adressait ses instructions aux préfets au sujet des nouvelles délimitations des communes, après avoir rappelé qu'aucune portion du territoire d'une commune ne pouvait en être distraite sans l'approbation du roi, le ministre de l'Intérieur ajoutait:

> Vous voudrez bien ne pas omettre de joindre à vos propositions les délibérations des conseils municipaux, l'avis du géomètre en chef du cadastre, celui du directeur des contributions, deux expéditions du plan soumis à l'approbation du roi, enfin un tableau indiquant l'étendue, la population, les revenus et les dépenses ordinaires des communes intéressées, ainsi que l'étendue des terrains à distraire ou à échanger, le nombre des habitants qu'ils renferment et le revenu communal qu'ils produisent en centimes additionnels.
>
> Vous aurez soin également que chaque proposition ayant pour objet de changer la circonscription d'une commune soit accompagnée de renseignements positifs qui me fassent connaître : 1° si les sections ou portions de terri-

(1) Voir *Bull. offic. min. Int.*, 1828, p. 99.

toire qui seraient réunies à une autre commune ont des droits d'usage sur le territoire de la commune dont ils doivent être distraits; — 2° si elles possèdent des biens communaux sur lesquels cette commune a des droits à exercer; — 3° de quelle nature et de quelle importance sont ces droits; — 4° enfin, quelles difficultés pourront résulter, pour l'exercice de ces droits, des changements projetés.

En outre, le conseil d'Etat avait décidé qu'à toutes ces pièces on devait ajouter encore un procès-verbal d'enquête, l'avis du conseil d'arrondissement et l'avis du conseil général (1).

La loi du 18 juillet 1837 ne fit guère que confirmer sur ce point les règles déjà suivies, en disposant, dans ses art. 2 et 3:

ART. 2. — Toutes les fois qu'il s'agira de réunir plusieurs communes en une seule, ou de distraire une section d'une commune, soit pour la réunir à une autre, soit pour l'ériger en commune séparée, le préfet prescrira, préalablement, dans les communes intéressées, une enquête, tant sur le projet en lui-même que sur ses conditions.

Les conseils municipaux, assistés des plus imposés en nombre égal à celui de leurs membres, les conseils d'arrondissement et le conseil général donneront leur avis.

ART. 3. — Si le projet concerne une section de commune, il sera créé pour cette section une commission syndicale. Un arrêté du préfet déterminera le nombre des membres de la commission.

Ils seront élus par les électeurs municipaux domiciliés dans la section; et si le nombre des électeurs n'est pas double de celui des membres à élire, la commission sera composée des plus imposés de la section.

La commission nommera son président. Elle sera chargée de donner son avis sur le projet.

A part quelques lacunes, ces règles étaient bonnes et sages. Aussi, tandis que les diverses lois qui, tour à tour, se sont prononcées sur la question des modifications aux circonscriptions territoriales des communes ont fait, comme nous l'avons vu, varier si souvent les autorités compétentes pour statuer sur ces changements, elles ont, au contraire, maintenu, expressément ou tacitement, la procédure établie par la loi du 18 juillet 1837. Et les ministres qui ont eu à interpréter ces lois dans leurs circulaires ont fait les mêmes déclarations.

(1) Avis du comité de l'Intérieur, 30 janvier 1835, communes de Courçay et Reignac (Indre-et-Loire), rapporteur Degove; — du 20 février 1833, comm. de Ribaucourt, Franqueville, etc. (Somme), rapp. Ternaux; — du 31 janvier 1833, comm. de Courçay et Reignac (Indre-et-Loire), rapp. Degove; — du 3 septembre 1836, comm. de Hubert-la-Folie (Calvados), rapp. Ternaux, etc. — Rapportés dans les *Principes d'administration* de MM. VUILLEFROY et MONNIER, p. 274, n° XXIV; p. 278, n° XXIX; p. 281, n° XXXII.

On lit, en effet, dans la circulaire du 3 août 1867 (1), dans le commentaire relatif à l'art. 13 de la loi du 24 juillet de la même année :

« Les dispositions de l'art. 13, concernant les changements de circonscriptions territoriales, n'apportent aucune modification aux règles tracées par le titre Ier de la loi du 18 juillet 1837 pour l'instruction de ces affaires. »

D'autre part, dans sa circulaire du 8 octobre 1871, sur l'exécution de la loi du 10 août 1871, art. 46, § 26, le ministre de l'Intérieur reconnaissait expressément que « si l'autorité qui statue était changée, il n'était rien innové en ce qui concerne les règles établies par la loi du 18 juillet 1837 pour l'instruction de ces affaires ».

Lorsqu'à son tour le législateur de 1884 a voulu s'occuper de la question, il n'a guère fait que reproduire les dispositions de la loi de 1837. Toutefois, en présence des difficultés qu'avaient soulevées dans la pratique les lacunes de cette loi, il s'est efforcé de les combler.

On se rappelle, en effet, que cet ancien texte n'établissait aucune procédure spéciale pour les transfèrements de chefs-lieux des communes, et que la jurisprudence du conseil d'Etat et du ministère de l'Intérieur avait essayé de réparer cet oubli en étendant à ce cas particulier la procédure tracée pour les autres modifications au territoire des communes (2).

La loi du 5 avril 1884, consacrant cette jurisprudence, met sur la même ligne, au point de vue de l'introduction des demandes et de l'instruction préalable des projets, les transfèrements de chefs-lieux et les changements à la limite des communes.

C'est là une réforme dont on ne peut que se féliciter. On ne pourrait peut-être pas en dire autant d'autres innovations que la nouvelle loi municipale introduit en cette matière, et que nous aurons à étudier chemin faisant.

Voici, au reste, comment s'exprime sur ce point la loi du 5 avril 1884, dans ses art. 3 et 4 :

Art. 3. — *Toutes les fois qu'il s'agit de transférer le chef-lieu d'une commune, de réunir plusieurs communes en une seule ou de distraire une section d'une commune, soit pour la réunir à une autre, soit pour l'ériger en*

(1) Insérée au *Bull. offic. min. Int.*, 1867, p. 390.

(2) Conf. Bost, *Code de la constitution des communes*, p. 115, n° 138. — *Ecole des communes*, 1857, p. 69, n° 490. — Gérard, *Des changements de nom des communes*, *Rev. gén. d'adm.*, 1880, t. II, p. 385 à 405, principalement p. 396, note 3.

commune séparée, le préfet prescrit dans les communes intéressées une enquête sur le projet en lui-même et sur ses conditions.

Le préfet devra ordonner cette enquête lorsqu'il aura été saisi d'une demande à cet effet, soit par le conseil municipal de l'une des communes intéressées, soit par le tiers des électeurs inscrits de la commune ou de la section en question. Il pourra aussi l'ordonner d'office.

Après cette enquête, les conseils municipaux et les conseils d'arrondissement donnent leur avis et la proposition est soumise au conseil général.

ART. 4. — *Si le projet concerne une section de commune, un arrêté du préfet décidera la création d'une commission syndicale pour cette section ou pour la section du chef-lieu, si les représentants de la première sont en majorité dans le conseil municipal, et déterminera le nombre des membres de cette commission.*

Ils seront élus par les électeurs domiciliés dans la section.

La commission nomme son président. Elle donne son avis sur le projet.

Comme on a pu le voir par la lecture de ce texte, la loi trace d'abord les règles relatives à l'introduction de la demande ; elle décide par qui et suivant quelle procédure elle peut être formée. Ce sera le premier point que nous aurons à étudier. Puis, abordant l'instruction du projet, elle énumère les diverses formalités qui devront être successivement accomplies. Ce sont :

1° Une enquête *de commodo et incommodo;*

2° La consultation du conseil municipal ou des conseils municipaux ;

3° La consultation de la ou des commissions syndicales ;

4° La production de plans et de tableaux de renseignements statistiques ;

5° La consultation du conseil d'arrondissement ;

6° La consultation du conseil général, lorsque ce conseil n'a pas le droit de décision ;

7° La transmission de certaines pièces au ministre de l'Intérieur, lorsqu'il doit être statué par une loi ou par un décret ;

8° La consultation du conseil d'Etat, dans les mêmes cas ;

9° Enfin, la décision du législateur ou du Gouvernement.

Nous aurons à examiner en détail tous ces points. Mais, avant d'aborder cette étude, nous croyons devoir faire une remarque générale.

On a vu que la loi du 18 juillet 1837, art. 2 et 3, employait plusieurs fois l'expression de « section de commune ». La loi du 5 avril 1884 suit les mêmes errements dans ses art. 3 et 4. Or, dans notre droit, ce mot sert à désigner des choses absolument distinctes et qu'il importe de ne pas confondre. Ainsi :

1° D'après l'art. 11 de la loi du 5 avril 1884, une commune peut être divisée en sections, en vue des opérations électorales;

2° L'art. 75 de la même loi décide que « lorsqu'un obstacle quelconque ou l'éloignement rend difficiles, dangereuses ou momentanément impossibles les communications entre le chef-lieu ou une fraction de commune, un poste d'adjoint spécial peut être institué, sur la demande du conseil municipal, par un décret rendu en conseil d'Etat ». Or, généralement, les nombreux décrets rendus en exécution de cette disposition de la loi désignent sous le nom de section le village pour lequel il est institué un adjoint spécial ;

3° Le mot section est encore employé pour désigner les diverses parties d'une commune, divisée en plusieurs circonscriptions religieuses ;

4° Nous verrons plus tard que, d'après les lois et règlements sur la contribution foncière et le cadastre, pour faciliter la confection du plan cadastral et la répartition de la contribution foncière, on divise le territoire des communes en sections dites cadastrales (décret des 23 novembre-1er décembre 1790, titre 2, art. 1er, et loi du 3 frimaire an VII, art. 38);

5° Nous verrons également, à propos des effets des remaniements dans la circonscription des communes sur les biens des pauvres, qu'il y a des cas où une commune est divisée, pour le service de la distribution des secours à domicile, en plusieurs fractions ou sections ayant chacune un bureau de bienfaisance spécial ;

6° Enfin, il y a la section de commune dont s'est occupé d'une façon si remarquable M. Aucoc (1), et qu'on peut définir « une portion de territoire d'une commune qui, sans former une circonscription administrative, possède la personnalité morale et a, dans la commune, des droits de propriété propres et distincts de ceux de la communauté générale ». C'est avec cette acception que le mot section est pris dans les art. 121 à 131 de la loi du 5 avril 1884.

On comprend facilement que les premiers articles de la loi municipale n'entendent désigner ni la section électorale, ni la section dont parle l'art. 75 de la même loi, ni la section cadastrale, ni la section établie pour le service du culte, ni enfin la section organisée pour la distribution des secours à domicile. Mais on pourrait être tenté de croire qu'il s'agit là de la section de commune, personne morale. Or, ce serait une erreur.

Déjà, lors de la discussion de la loi de 1837, M. Vivien, dans son

(1) *Sections de commune*, 2e édit., 1864.

rapport (1), s'exprimant au nom de la commission de la Chambre des députés chargée d'examiner le projet de loi, avait déclaré qu'il fallait entendre ici par section de commune « toute portion habitée du territoire communal, qu'elle ait ou non des droits, des propriétés spéciales ou une origine distincte » (2).

La même déclaration fut reproduite pendant la discussion de la loi du 5 avril 1884.

Les règles établies par cette loi, dans ses art. 3 et 4, ne s'appliquent donc pas exclusivement aux sections de commune, personnes morales, mais elles leur sont à plus forte raison applicables.

Il eût été désirable que, pour éviter toute équivoque, le législateur ait employé dans ces articles une autre expression, le mot « fraction de commune », par exemple, qui n'aurait pas eu besoin de commentaire. Quoi qu'il en soit, il ne l'a pas fait, et il était bon de mettre le lecteur en garde contre une confusion qu'il aurait pu facilement commettre.

Nous pouvons aborder maintenant l'étude des règles qui président à l'introduction des demandes en modification des circonscriptions communales.

SECTION Ire

—

Introduction de la demande.

D'après la loi du 18 juillet 1837, art. 2, § 2, l'initiative des divers projets tendant à une modification à la circonscription d'une commune ne pouvait être prise que par le préfet.

Cette prérogative lui fut plus tard contestée, mais le conseil

(1) Déposé le 26 avril 1836.

(2) La même opinion avait été adoptée par le conseil d'Etat, par un avis en date du 28 février 1838, qui était ainsi conçu :

« Considérant que la loi du 18 juillet 1837 a statué en termes généraux pour tous les cas de fractionnement de commune ; — que rien n'établit qu'elle ait entendu limiter l'observation des formes qu'elle prescrit au seul cas où il s'agit de section de commune ayant des droits, des usages, des propriétés spéciales ou une origine distincte ; — que l'observation de ces formes est également motivée et également possible dans les cas où les mesures proposées tendent à altérer l'existence ou l'individualité de la commune ; — est d'avis que les formes prescrites par la loi pour les distractions de sections de communes doivent être observées toutes les fois qu'il s'agit d'un assez grand nombre d'habitants ou d'une portion de territoire assez considérable pour intéresser l'existence ou la constitution de la commune... »

(Conf. Caffin, *Des droits de propriété des communes*, p. 308, n° 317.)

d'Etat la lui maintint expressément dans un avis du 26 avril 1877 (1).

La loi du 5 avril 1884 conserve au préfet cette attribution ; mais, plus libérale que la loi de 1837, elle accorde le même droit au conseil municipal de chacune des communes intéressées, ou au tiers des électeurs inscrits dans la commune ou dans la fraction de commune intéressée.

On lit en effet, dans l'art. 3, § 2, de cette loi :

Le préfet devra ordonner l'enquête lorsqu'il aura été saisi d'une demande à cet effet, soit par le conseil municipal de l'une des communes intéressées, soit par le tiers des électeurs inscrits de la commune ou de la section en question.

Examinons donc successivement :

1° Le cas où l'initiative est prise par le tiers des électeurs inscrits ;

2° Le cas où elle est prise par un conseil municipal ;

3° Enfin, le cas où le préfet agit d'office.

§ 1.

Initiative prise par le tiers des électeurs inscrits dans la commune ou dans la fraction de commune intéressée.

On avait proposé, lors de la discussion de la loi à la Chambre des députés (2), de donner ce droit d'initiative à tous les habitants de la commune pris isolément.

« Quand un habitant d'une commune, disait à ce propos le rapporteur, M. de Marcère, considère qu'il y aurait utilité à apporter une modification dans une commune, soit pour la réunir à une autre, soit pour y opérer une modification dans sa circonscription territoriale, et dans toutes les circonstances qu'on n'a pas pu énumérer dans la loi, le préfet devra prescrire une enquête... Peu importe le nombre des personnes intéressées à cette modification... Il est bon qu'un seul habitant puisse obliger le préfet à faire l'enquête dont le conseil général sera saisi. Nous croyons, dans ces conditions, donner une satisfaction plus large aux habitants de la commune, qui pourront susciter une enquête toutes les fois qu'ils le jugeront nécessaire. »

(1) Inséré au *Bull. offic. min. Int.*, 1877, p. 231.

(2) Deuxième délibération, séance du 30 juin 1883. (*Trav. prép.*, p. 129.)

Mais on fit remarquer qu'il y avait là une exagération et que cette mesure présenterait de sérieux inconvénients. « Eh quoi, dit à ce sujet M. Floquet, si un seul membre de la commune, par exemple, se rend chez le préfet et lui dit : « Il paraît qu'il faut faire une section dans telle commune », est-ce que le préfet est tenu de prescrire l'enquête ? S'il en est ainsi, vous voyez qu'à chaque instant on sera exposé à des enquêtes, et l'enquête n'est pas une opération très facile, ni qui puisse se faire sans jeter un certain trouble et une certaine agitation dans les esprits dans une commune. »

On renonça donc à l'innovation qu'avait proposée le rapporteur et l'on décida que l'autorité du préfet ne pourrait être mise en mouvement lorsqu'il n'y aurait pas une quantité suffisante et respectable d'habitants qui s'accorderaient à demander la modification.

Restait à fixer le *quorum* nécessaire. Or, dans un article qui avait été voté par la Chambre des députés en première délibération et qui est devenu l'art. 129 de la loi du 5 avril 1884, à propos des procès qu'une section de commune peut avoir à soutenir contre la commune dont elle fait partie ou contre une autre section de la même commune, on accordait au tiers des habitants ou propriétaires de la section intéressée le droit de contraindre le préfet à convoquer les électeurs pour nommer une commission syndicale afin de représenter la section dans ce litige. On proposa d'adopter le même chiffre dans notre hypothèse ; et, après divers amendements déposés par MM. Morel, Beauquier et Blancsubé, on admit que « le préfet devrait ordonner cette enquête lorsqu'il aurait été saisi de cette demande par le tiers des électeurs inscrits de la commune ou de la section en question ».

Le mot section est pris ici dans le sens de fraction de commune. M. Beauquier l'a déclaré expressément pendant la discussion. « Je n'exige, a-t-il dit, que le tiers de la section intéressée au changement ; s'il s'agit d'une commune, c'est le tiers ; s'il s'agit d'un hameau, c'est le tiers ; s'il s'agit d'une section, c'est le tiers de cette section. »

Remarquons qu'il s'agit ici des électeurs inscrits, c'est-à-dire de ceux qui remplissent les conditions fixées par l'art. 14 de la loi du 5 avril 1884.

Nous verrons plus tard que, dans une autre circonstance, lorsqu'il s'agira de nommer une commission syndicale pour représenter une fraction de commune intéressée dans des modifications de circonscriptions, la loi ne donne pas le droit de vote à tous les électeurs inscrits de la fraction en question, mais seulement aux électeurs domiciliés dans cette fraction.

Il en résulte que tous les électeurs inscrits dans une fraction de commune peuvent, à la condition qu'ils forment le tiers de cette fraction, forcer le préfet à commencer l'enquête ; mais que tous ne peuvent pas nommer les membres de la commission syndicale appelée à représenter spécialement cette fraction pendant l'instruction.

Il nous semble que sur ce point la loi aurait pu se montrer plus logique.

§ 2.

Initiative prise par le conseil municipal de l'une des communes intéressées.

Puisqu'on donnait le droit d'initiative au tiers des électeurs inscrits dans la commune ou dans la fraction de commune intéressée, il était assez naturel, semble-t-il, de l'accorder aussi au conseil municipal de cette même commune.

Pourtant, le texte voté par la Chambre des députés en première et en deuxième délibérations gardait sur ce point un silence complet. Ce fut la commission du Sénat qui introduisit cette innovation.

Voici en quels termes le rapporteur de cette commission, M. Demôle, s'efforça de la justifier :

« La commune, dit-il (1), représentée par son seul organe légal, par son conseil municipal, délibérant à la majorité absolue des voix, doit avoir le droit de dire à l'administration supérieure : Nous, conseil municipal, représentant la commune, nous estimons qu'il y a lieu de mettre à l'étude tel ou tel projet de modification ou de distraction ; nous pensons qu'alors l'administration centrale n'a pas le droit de répondre par un refus. Le fond n'est pas engagé ; on ne sait pas encore ce qu'il en sortira ; il faudra se livrer à une enquête publique, à une instruction d'une certaine nature ; et alors, après ces formalités, tout le monde sera éclairé ; la décision appartiendra à ceux à qui vous la remettrez. Donc, dans ce cas là, quand le conseil municipal, organe officiel de la commune, demande par une délibération régulière qu'une enquête soit ouverte, il faut que l'enquête ait lieu. D'ailleurs, c'est votre commission qui a donné ce droit aux conseils municipaux. Il semble que la Chambre des députés n'y avait pas

(1) Sénat, première délibération, séance du 5 février 1884. (*Trav. prép.*, p. 288.)

songé, car elle réservait ce droit de mettre en mouvement l'initiative de l'administration à une demande émanant du tiers des électeurs de la commune ou de la section intéressée. Nous y avons ajouté le conseil municipal, comme une autorité trop considérable pour qu'on puisse la négliger en pareille matière. »

§ 3.

Initiative prise par le préfet.

Le droit d'initiative du préfet en cette matière ne lui a pas été accordé sans de vives oppositions, soit au Sénat, soit à la Chambre des députés.

La Chambre, en première et en deuxième délibérations, lui avait reconnu ce droit sans discussion, se conformant en cela à la règle posée par l'art. 2 de la loi du 18 juillet 1837.

Mais il n'en fut pas de même lorsque le projet de loi fut porté au Sénat. Dans la séance du 5 février 1884 (1), M. Chaumontel demanda la suppression pure et simple du passage qui maintenait au préfet ses attributions dans cette matière ; et il s'efforça de démontrer qu'il ne serait pas sans inconvénients de permettre à l'administration de susciter « une question souvent irritante dans les communes, alors que les intéressés eux-mêmes ne la sollicitent pas ».

« Je suppose, disait-il, une commune parfaitement tranquille, où il n'est question ni de sectionnement, ni de séparation. Est-ce que le préfet, sur la plainte ou sur le rapport d'un habitant ou de quelques habitants seulement, pourra créer une agitation qui n'existe pas ? Je demande donc à quoi sert cette précaution, qui a été prise, d'exiger une demande formée par le tiers des électeurs inscrits de la commune ou de la section de commune, s'il appartient au préfet de soulever seul la question. »

Et plus loin, insistant sur la même idée, il ajoutait :

« Tout le monde comprend que lorsqu'un conseil municipal, une section de commune, un certain nombre d'électeurs inscrits demandent un sectionnement, un changement de dénomination, une séparation de chef-lieu, le préfet soit tenu ou même puisse provoquer une enquête. Mais alors que personne ne demande rien, et que la commune est on ne peut plus calme, alors que tout se passe d'une manière très régulière dans la localité, alors que la confiance et la

(1) *Trav. prép.*, p. 288.

concorde sont complètes entre les habitants, donner au préfet seul et sans restriction, sans en indiquer les motifs, sans en préciser les conditions, la faculté de pouvoir soulever la question et de provoquer une enquête, je trouve cela extrêmement dangereux. Je suis bien convaincu que, dans la plupart des cas, le préfet ne provoquera pas de son propre mouvement cette enquête ; je ne dis pas qu'il n'y sera pas poussé par l'opinion publique, par certains agissements, par certains pétitionnements ; mais, encore une fois, n'est-il pas dangereux de laisser sans limite, sans restriction, au préfet, ce pouvoir tel qu'il est édicté dans le projet de loi ? Il n'y a ici ni défiance de ma part, ni rien de malveillant contre l'administration ; j'ai en elle une entière et pleine confiance ; mais je demande au Sénat de ne rien laisser d'arbitraire dans une loi libérale, de retrancher cette partie de l'art. 3, ou d'indiquer dans quelles conditions le préfet pourra exercer son droit de provoquer une enquête. Qu'on parle de pétitionnement ou de tout autre motif, je le veux bien ; mais dire que, en principe, le préfet aura toujours le droit de provoquer une enquête, je crois que c'est là quelque chose d'extrêmement dangereux. »

Le rapporteur, M. Demôle, appuyant la rédaction proposée par la commission du Sénat, lui répondit en montrant qu'il était nécessaire de maintenir ce droit d'initiative au préfet.

« Le Sénat, dit-il, n'a pas besoin que je m'appesantisse sur le grand intérêt public que peut présenter une mesure de la nature de celle dont nous nous occupons. Une modification du territoire d'une commune, un transfert du chef-lieu, une réunion d'une commune à une autre, une distraction d'une commune qui sera transférée dans une autre commune ou érigée en commune séparée ; — je n'ai pas besoin de vous dire combien tout cela touche l'ordre public, l'intérêt national et, par conséquent, la large part qu'il faut assurer au représentant du pouvoir central dans l'examen et la préparation de ces questions. Quand une commune demande sa réunion à une autre commune, il y a en jeu non seulement des intérêts privés de la commune, mais encore un de ces grands intérêts publics qui s'imposent. Qui va mettre cette action en mouvement ? A qui appartiendra l'initiative ? »

Il constatait qu'on l'avait donnée au conseil municipal et au tiers des électeurs inscrits, et il ajoutait :

« Mais est-ce à dire que le pouvoir central n'aura pas le même droit ? Comment, si le conseil municipal néglige de demander une modification de cette nature, si le tiers des électeurs inscrits ne se rencontre pas pour demander une modification, vous voulez que le pouvoir souverain soit désarmé et que l'administration qui, grâce aux documents qu'elle peut consulter et aux renseignements qu'elle peut recueillir, est à même de savoir ce que d'autres ignorent peut-être, n'ait pas le droit, non pas d'imposer à la commune la modification projetée, mais de dire : A mon avis, il y a lieu d'étudier la question de savoir s'il ne serait pas utile de faire tel ou tel changement? C'est pour cela que nous avons dit que le préfet aura le droit d'ordonner l'enquête d'office. M. Chaumontel fait cette objection : Il suffira alors d'un électeur de la commune pour mettre en mouvement le pouvoir préfectoral. J'en demande pardon à M. Chaumontel, la réclamation d'un simple électeur n'aura pas assez d'efficacité pour mettre le préfet en demeure d'ordonner l'enquête, car le préfet appréciera ce qu'il convient de faire et s'il doit ordonner l'enquête. Enfin, qu'on réfléchisse bien que nous n'en sommes qu'à des mesures préalables, à des mesures purement préparatoires et que le fond n'est point engagé. Il ne s'agit pas encore de prononcer la modification de territoire..., il s'agit tout simplement de faire une enquête sur laquelle tous les intéressés seront consultés, et qui, quand elle sera complète, permettra à l'autorité supérieure de prendre cette décision en connaissance de cause... Or, quel inconvénient y a-t-il à ce que le préfet puisse ordonner une enquête? Est-ce que sa volonté va prévaloir parce qu'il aura fait procéder à cette instruction préparatoire, dont le but unique est d'éclairer ceux qui devront prendre une décision? J'avoue que je ne puis, quant à moi, saisir l'inconvénient d'accorder cette faculté au préfet. »

Le Sénat se rangea à l'opinion de son rapporteur et adopta le texte qui lui était proposé par la commission.

Sur le renvoi de la loi à la Chambre des députés et dans la discussion des amendements qui y avaient été apportés par le Sénat, M. le comte de Lanjuinais demanda à son tour (1) la suppression de la disposition dont il s'agit. D'après lui, le préfet ne devait avoir, en pareille matière, qu'un simple droit de contrôle. Mais son opinion ne fut pas partagée par la Chambre, qui a maintenu, et avec raison suivant nous, au préfet son droit d'initiative (art. 3, § 2, de la loi du 5 avril 1884).

Ainsi donc le préfet *pourra* commencer d'office l'instruction d'un projet de modification de circonscription communale, c'est-à-dire alors même qu'elle ne sera demandée par aucun habitant.

Il *devra* l'ordonner, lorsqu'il aura été saisi d'une demande à cet

(1) Troisième délibération, séance du 20 mars 1884. (*Trav. prép.*, p. 591.)

effet, soit par le conseil municipal, soit par le tiers des électeurs inscrits de la commune ou fraction de commune intéressée.

Tout au plus aurait-il la faculté, dans ce cas, conformément à la circulaire du ministre de l'Intérieur du 29 août 1849 (1), avant de donner suite à une demande en distraction, fondée sur ce que les intérêts matériels d'une fraction de la commune sont systématiquement négligés par l'autorité municipale et que toutes les ressources de la commune sont dépensées au profit d'un chef-lieu, d'intervenir auprès de l'autorité municipale et de s'efforcer d'obtenir qu'il soit satisfait aux besoins légitimes de la localité qui se prétend lésée ; il pourrait même, au besoin, provoquer l'attribution à cette localité d'un certain nombre de sièges au conseil municipal, de manière à assurer une gestion plus équitable de ses intérêts. Mais ces démarches seraient purement officieuses et si, malgré ses efforts, la demande en distraction n'était pas retirée, le préfet serait absolument obligé d'ouvrir l'instruction.

Lorsqu'il aura agi sous l'impulsion d'un conseil municipal ou du nombre d'électeurs requis par la loi, il est clair que, ne pouvant se dispenser d'ouvrir l'enquête, le préfet ne pourrait l'arrêter à son gré, quelque désir qu'il en ait.

Mais s'il a pris de lui-même l'initiative d'un projet de modification territoriale, pourrait-il, s'il regrette son acte, arrêter l'affaire comme il l'entendrait et au point où elle en serait ?

M. Roussel, qui a examiné la question, se fondant sur l'avis du conseil d'Etat du 26 avril 1877, dont nous avons déjà parlé, n'hésite pas à répondre affirmativement. « Les impatients, dit-il (2), seront toujours en situation d'user de sa liberté nouvelle et de formuler la demande qui met en échec sa propre liberté. » Mais il s'empresse d'ajouter à cette solution une restriction importante. « S'il s'agit cependant d'une affaire sur laquelle le conseil d'Etat ait le dernier mot et que l'enquête fût à sa dernière phase, prête pour la délibération de ce conseil, il est clair que le préfet ne pourrait plus, même ayant agi d'office, la soustraire à cette délibération. L'enquête, à ce point, est close et prête pour l'examen de l'autorité qui décide. Le dossier, dès lors, lui appartient. »

Cette solution nous paraît juste et nous y adhérons pleinement.

Nous n'avons plus maintenant, pour terminer notre paragraphe, que quelques mots à dire sur la valeur de l'innovation introduite en

(1) Insérée au *Bull. offic. min. Int.*, 1849, p. 383. — DALLOZ, *Code des lois administratives*, V° *Commune*, n°s 159 et 186.

(2) *Répertoire du droit administratif*, V° *Commune*, n° 299.

cette matière par la loi du 5 avril 1884, innovation en vertu de laquelle l'initiative des projets de modification à la circonscription des communes, jusque là réservée au préfet, est accordée aussi au conseil municipal et au tiers des électeurs inscrits de la commune ou fraction de commune intéressée.

On sait que le législateur de 1884 s'est inspiré de cette idée que, les réunions de communes étant un bien et les créations de communes nouvelles un mal, il fallait favoriser le plus possible les unes et empêcher autant que faire se pourrait les autres.

Or, il a craint que, si le préfet avait seul l'initiative en cette matière, il ne profitât de ce qu'il aurait dans ses mains l'entière disposition des intérêts communaux dans cette question spéciale, pour arrêter arbitrairement des demandes légitimes et entraver, en faisant sur eux le silence, des projets de réunion de communes. Et c'est pour mettre une certaine restriction à cette omnipotence du préfet qu'il a jugé bon de partager l'initiative entre ce fonctionnaire d'une part, et la commune ou ses habitants de l'autre.

On a donc agi, comme on voit, dans une intention excellente, mais aussi, il faut bien le dire, avec une extrême légèreté.

En effet, l'expérience montre que les communes tiennent trop à leur individualité pour chercher à se réunir ; elles tendent, au contraire, à se démembrer de plus en plus. Ce qu'elles désirent, c'est l'autonomie : la section veut devenir commune, mais la commune ne veut pas devenir section. Et tandis que les demandes de distraction pullulent, par contre rien n'est plus rare que de voir une commune solliciter, de son plein gré, sa réunion à une autre commune.

Or, avec le système de la loi du 18 juillet 1837 (art. 2, § 2), l'administration avait un moyen excellent de s'opposer à des créations de communes nouvelles. Elle était seule juge en la matière, et le projet ne pouvait émaner d'autre qu'elle. Elle avait donc la faculté de se refuser à ouvrir l'instruction, lorsque les circonstances ne lui paraissaient pas favorables et que le projet ne lui semblait avoir aucune chance d'aboutir. Comme le dit le fabuliste, dans sa fable *Le Lion et le Rat :*

> Patience et longueur de temps
> Font plus que force ni que rage.

Et cela est vrai, aussi bien dans le domaine de la loi que dans celui des faits. Enfin, ce système avait l'avantage de ne pas encourager des espérances irréalisables et de ne pas agiter inutilement les populations.

Mais, malgré cela, l'administration avait déjà beaucoup de peine à résister aux demandes de distractions dont elle était assiégée.

Avec le système de la loi du 5 avril 1884, l'administration est désarmée ; elle ne peut plus temporiser, faire la sourde oreille, ajourner, sinon arrêter définitivement ces projets, conçus le plus souvent dans des moments d'irritation passagère ; et quelle que puisse être la répugnance du préfet à provoquer un débat public « propre, à de certains moments, à tout brouiller dans quelque coin tranquille » (1), du moment où une demande a été formée par un conseil municipal ou a reçu l'adhésion du tiers des électeurs inscrits d'une commune ou d'une fraction de commune, il doit ouvrir l'instruction. Et, cela se comprend sans peine, une fois la question engagée, une fois que les convoitises se sont allumées au cours de l'enquête, que les espérances sont surexcitées et que les rivalités se sont accusées et aigries, il est très difficile, sinon impossible, de rejeter le projet de création de commune, sur la réalisation duquel les intéressés se sont cru en droit de compter.

En résumé, le résultat, sur ce point, de la loi du 5 avril 1884 va donc être tout l'opposé de celui qu'on a poursuivi. Comme le dit M. Roussel (2), « on a voulu favoriser le groupement, c'est le morcellement que l'innovation favorise ».

Il ne faut donc pas regretter que la Chambre ait rejeté, en deuxième lecture (3), un amendement dans lequel M. Blancsubé proposait d'accorder aussi ce droit d'initiative aux conseils d'arrondissement et aux conseils généraux.

Remarque. — Un député, usant du droit d'initiative parlementaire, pourrait-il présenter un projet de loi tendant à l'érection d'une commune nouvelle ?

Nous nous réservons d'étudier cette question plus tard, lorsque nous connaîtrons les diverses formalités de l'instruction (4).

(1) *Répertoire du droit administratif*, V° *Commune*, n° 299.

(2) *Répert. et loc. cit.*

(3) Séance du 30 juin 1883. (*Trav. prép.*, p. 121.)

(4) Voir ci-dessous, même chap. II, sect. II, § 8.

SECTION II

Instruction de la demande.

GÉNÉRALITÉS.

Avant d'aborder l'étude détaillée des diverses formalités que comporte l'instruction, il nous semble bon d'établir d'abord sur quels points elle devra porter.

Or, cette question était déjà tranchée par la loi du 18 juillet 1837, qui disposait, dans son art. 2, § 2 : « ..... le préfet prescrira préalablement, dans les communes intéressées, une enquête, tant sur le projet en lui-même que sur ses conditions ».

C'est là une règle pleine de sagesse. Nous verrons, en effet, lorsque nous examinerons plus tard les effets que produisent les remaniements dans la circonscription territoriale des communes, que ces opérations entraînent avec elles des conséquences nombreuses : sur les biens que peuvent posséder les communes ou les sections de communes réunies ou démembrées ; sur leurs dettes ; sur leur administration ; sur leur nom ; sur leurs contrats et obligations ; sur leurs impôts, etc. Nous aurons également occasion de prouver que le législateur s'est montré, sur la plupart de ces questions, d'une concision extrême, et que même il garde parfois sur elles un silence complet ; aussi, les communes ou sections de communes, intéressées dans la mesure projetée, agissent-elles prudemment en prévoyant et en réglant elles-mêmes, autant que possible, les conditions auxquelles elles entendent que la modification proposée ait lieu. C'est là ce qu'elles peuvent faire de mieux pour éviter les contestations et les procès qui s'élèvent trop fréquemment en cette matière, une fois que l'autorité compétente a prononcé la réunion ou la distraction. Le meilleur moyen de prévenir les difficultés, c'est de les prévoir et d'en préparer la solution avant que la modification territoriale ne soit définitivement opérée.

Aussi, cette règle a-t-elle été souvent rappelée par les ministres, soit avant, soit après la loi du 18 juillet 1837.

C'est ainsi que, dans une circulaire en date du 7 avril 1828, sur les nouvelles délimitations des communes (1), le ministre de l'Intérieur adressait aux préfets les recommandations suivantes :

(1) Insérée au *Bull. offic. min. Int.*, 1828, p. 99.

Les ordonnances royales, disait-il, qui prononcent des changements dans la délimitation ou la circonscription des communes, énoncent toujours de la manière la plus générale la réserve des droits de toute nature qui pourraient être acquis. Ces stipulations, fondées sur le principe que les changements de circonscription ne sont que des mesures d'ordre, et purement administratives, doivent sans doute offrir un garantie suffisante de la conservation de tous les droits ; mais on ne peut se dissimuler que, dans l'exécution, les changements dont il s'agit ne soient susceptibles de faire naître, quant à l'exercice des droits réservés, des difficultés assez graves pour balancer les avantages que l'administration peut en retirer. Ces considérations m'ont déterminé à ne proposer désormais à l'approbation du roi aucune mesure de cette nature, sans avoir préalablement apprécié les conséquences qui doivent en résulter quant à la jouissance des droits acquis. Je vous invite à joindre dorénavant, à chaque proposition ayant pour objet de changer la circonscription des communes, des renseignements positifs qui me fassent connaître : 1° si les sections ou portions de territoire qui seraient réunies à une autre commune ont des droits d'usage sur le territoire de la commune dont ils doivent être distraits ; — 2° si elles possèdent des biens communaux sur lesquels cette commune a des droits à exercer ; — 3° de quelle nature et de quelle importance sont ces droits; — 4° enfin, quelles difficultés pourront résulter, pour l'exercice de ces droits, des changements projetés.

On retrouve les mêmes instructions formulées dans la circulaire que le ministre de l'Intérieur adressait aux préfets le 27 janvier 1848 (1):

La plupart des projets de réunion ou de distraction de communes qui me sont adressés pour être soumis à l'approbation du roi ne règlent, disait-il, aucune des conditions qui, n'étant pas fixées par la loi de 1837, sont néanmoins ou peuvent être la conséquence de la nouvelle délimitation. Ce n'est que plus tard, quand le changement de délimitation a été ordonné et opéré, que les autorités locales s'en occupent. Mais il s'élève souvent alors des contestations d'autant plus difficiles à résoudre, que les parties se refusent à toute espèce de transaction, les unes étant mécontentes d'un changement effectué malgré leur opposition, les autres n'ayant plus d'intérêt à faire des sacrifices pour faciliter ce même changement, puisqu'elles l'ont déjà obtenu.

Pour éviter un pareil inconvénient, j'ai décidé qu'il ne sera désormais donné suite à aucune proposition de changement de circonscription territoriale de communes qu'autant qu'il aura été procédé, conformément à l'art. 7 de la loi du 18 juillet 1837, à une instruction qui donne à l'autorité les moyens d'apprécier tous droits, intérêts ou prétentions ayant quelque connexité avec le changement de délimitation. Vous aurez donc soin à l'avenir de veiller à ce que cette instruction soit complète, avant de me transmettre aucun projet de délimitation nouvelle.

(1) Insérée au *Bull. offic. min. Int.*, 1848, p. 16.

Enfin, dans une autre circulaire, rendue à la date du 29 août 1849 (1), le ministre de l'Intérieur revenait encore sur le même sujet et s'exprimait en ces termes :

Je crois devoir appeler de nouveau votre attention sur la circulaire du 29 janvier 1848, que vous me paraissez avoir complètement perdue de vue. Elle vous prescrit de soumettre à une instruction simultanée le projet de modification aux circonscriptions et les conditions auxquelles ces modifications doivent être opérées. Elle se propose ainsi de prévenir les difficultés et même les procès qui suivent souvent la nouvelle délimitation, en ce qui concerne le partage des biens communaux indivis ou tout autre intérêt matériel. Lorsque ces projets seront de nature à ne provoquer aucune des contestations litigieuses que prévoit la circulaire précitée, vous voudrez bien mentionner cette circonstance dans votre avis motivé.

La nouvelle loi municipale du 5 avril 1884 déclare aussi, dans son art. 3, § 2, que l'enquête devra porter « *sur le projet en lui-même et sur ses conditions* ».

Cette disposition offre encore plus d'intérêt actuellement qu'elle n'en présentait lorsque la loi de 1837 était en vigueur. En effet, sous l'empire de la loi de 1837, lorsque la réunion ou la distraction avait lieu en vertu d'une ordonnance royale, cette même ordonnance devait, il est vrai, régler toutes les conditions qui sont la conséquence de mesures de ce genre. Mais lorsque la modification était prononcée par une loi, la fixation des conditions en pouvait alors être renvoyée à un décret ultérieur. Or, le Gouvernement n'était pas tenu de rendre ce décret immédiatement après la promulgation de la loi; aucun délai ne lui était assigné pour cela; et, par suite, il pouvait, si des difficultés avaient surgi à la suite du changement opéré par la loi dans les limites des communes, les trancher dans le décret qu'il était appelé à rendre.

Aujourd'hui, en vertu de l'art. 7, § 5, de la loi du 5 avril 1884, toute décision relative à des réunions ou à des séparations de communes ou sections de communes, qu'il s'agisse d'un décret, d'une décision du conseil général ou d'une loi, doit statuer en même temps sur les conditions autres que celles déterminées par ce même art. 7.

Les préfets doivent donc avoir soin d'indiquer aux diverses autorités qui auront à se prononcer dans l'instruction, les différentes questions qu'elles devront résoudre, ou, autrement dit, les conditions auxquelles la modification devra être opérée; ils doivent, en

(1) Insérée au *Bull. offic. min. Int.*, 1849, p. 383.

un mot, veiller à ce que l'instruction du projet de changement de circonscription soit aussi complète que possible. Aussi, le ministre de l'Intérieur renouvelle-t-il à ce propos, dans la circulaire qu'il a adressée aux préfets le 15 mai 1884 (1), les recommandations de ses prédécesseurs et leur indique-t-il, pour faciliter leur tâche sur ce point, à la fois les différentes questions qui devront être examinées pendant l'instruction et la solution qu'il convient, le plus souvent, de leur donner.

Nous croyons inutile de suivre ici le ministre. En effet, comme nous aurons à énumérer et à étudier, dans la deuxième partie de ce travail, les conséquences que produisent ou peuvent produire les réunions ou séparations de communes, et que ce sont là précisément les mêmes questions que le ministre de l'Intérieur traite dans sa circulaire, nous nous bornerons, pour éviter les redites, à prier le lecteur de vouloir bien se reporter à la partie de cette étude qui leur est spécialement consacrée.

§ 1.

Enquête " de commodo et incommodo " (2).

La première formalité exigée est l'enquête *de commodo et incommodo*. La loi municipale se borne à la prescrire, mais sans en indiquer les règles. Et la circulaire du 15 mai 1884, relative à l'application de la loi du 5 avril, ne fait guère à ce propos que renvoyer à une circulaire du 20 août 1825 (3), qui avait déterminé la forme dans laquelle il doit y être procédé. Cette ancienne circulaire est donc toujours applicable, avec quelques modifications que la jurisprudence administrative a successivement apportées à ses prescriptions.

Cette enquête *de commodo et incommodo* est d'une utilité incontestable. Elle est établie pour constater les avantages ou les inconvénients de la modification territoriale. Elle a pour objet de provoquer des manifestations de l'opinion des tiers intéressés au sort de

(1) *Journal officiel* du 20 mai 1884.

(2) Le mot *enquête* peut être pris dans deux acceptions différentes. Tantôt, dans un sens large, il est synonyme d'instruction. C'est avec cette signification qu'il est employé dans la loi du 5 avril 1884, art. 3, §§ 2 et 3, et que nous en avons nous-même fait plusieurs fois usage dans les paragraphes qui précèdent. — Tantôt, au contraire, il a un sens étroit, et sert à désigner l'enquête *de commodo et incommodo*, dont nous allons maintenant nous occuper.

(3) Insérée au *Bull. offic. min. Int.*, 1825, p. 412.

l'affaire et d'éclairer l'autorité supérieure sur le mérite du projet qui lui sera soumis.

M. Vivien, dans son rapport à la Chambre des députés (1), disait, à propos de cette enquête qu'on avait omise dans le projet de loi et dont il demandait le rétablissement : « L'utilité de l'enquête est évidente. C'est surtout lorsqu'il s'agit de l'existence même de la commune que tous les habitants, que toutes les parties intéressées doivent nécessairement être appelées à exprimer leur opinion. L'avis du conseil municipal ne suffit pas; il peut être entraîné par des considérations personnelles. L'enquête informe l'administration de tous les faits; elle lui donne un moyen de se prononcer en pleine connaissance de cause ; elle l'autorise à s'écarter de l'avis du conseil municipal, s'il est contraire à l'intérêt des habitants; aussi, loin de nuire à l'action de l'administration, elle la rend plus aisée, en l'éclairant davantage. »

Cette enquête est ordonnée par un arrêté du préfet, dans la commune ou dans les communes intéressées (2).

Par ces mots de communes intéressées, il faut évidemment entendre non seulement les communes qu'on propose de supprimer ou de morceler en partie, mais encore toutes celles dont il s'agit d'accroître le territoire par des adjonctions (3).

L'enquête doit-elle avoir lieu seulement au chef-lieu de la commune, ou aussi dans toutes les localités secondaires où un intérêt distinct pourrait exister?

M. Roussel (4) pense que la nécessité d'une enquête particulière dans chaque section de la commune ne pourrait être soutenue qu'en vertu d'une confusion que l'on ferait entre les droits des fractions d'habitants en matière d'avis collectif, lesquels sont garantis par la nomination de commissions syndicales, et leur droit d'être admis à l'enquête à titre individuel. « A ce titre, dit-il, les fractions de commune n'existent pas. »

D'ailleurs, la circulaire du 15 mai 1884 semble bien admettre que l'enquête ne doit avoir lieu qu'au chef-lieu. Elle déclare, en effet, que le commissaire enquêteur devra se rendre « à la maison commune ».

Elle est dirigée par un commissaire enquêteur, que le préfet désigne lui-même, sans pouvoir déléguer ce droit au sous-préfet.

(1) Séance du 26 avril 1836.

(2) Loi du 5 avril 1884, art. 3, § 1.

(3) Voir Bost, *Code de la constitution des communes*, p. 27, n° 13.

(4) *Répertoire du droit administratif*, V° *Commune*, n° 302, note 1.

Cette prohibition a été consacrée par un avis du comité de l'Intérieur du conseil d'Etat du 17 mars 1840, dont la doctrine a été, depuis, constamment suivie par l'administration.

A fortiori, l'enquête ne peut-elle, en elle-même, être ordonnée que par le préfet.

M. Roussel se demande à ce propos (1) si le préfet pourrait au moins ratifier une enquête que le sous-préfet aurait ordonnée *proprio motu*, et il répond négativement. « Ce serait, en quelque sorte, dit-il, une autre forme de la délégation. » Il nous apprend à ce sujet que la question s'est présentée au conseil d'Etat à l'occasion d'une demande d'érection en commune distincte de la section de Saint-Palavy, faisant partie de la commune de Cavagnac (Lot). L'enquête avait été ouverte par le sous-préfet seul et l'irrégularité de la procédure fut déférée au conseil d'Etat. La section de l'Intérieur conclut au rejet de la demande de ce chef, mais l'assemblée générale la rejeta pour des motifs tirés du fond, « sans qu'il soit besoin d'examiner si l'instruction de l'affaire a pu être régulièrement ordonnée par un arrêté du sous-préfet, agissant sans délégation et sans ratification du préfet ». — *(Avis du conseil d'Etat du 2 avril 1884.)*

En général, l'arrêté par lequel le préfet ordonne l'enquête contient la nomination du commissaire enquêteur ; mais rien n'empêcherait que cette nomination n'eût lieu que plus tard. Il en sera, d'ailleurs, forcément ainsi lorsque le commissaire désigné par l'acte originaire aura refusé de remplir la fonction qui lui était confiée.

Qui peut être nommé commissaire enquêteur ? L'administration a plusieurs fois changé d'avis sur ce point.

Dans la circulaire du 20 août 1825, le ministre recommandait déjà aux préfets de ne pas choisir les maires. « Les déclarants, disait-il, seraient gênés par la présence de ce fonctionnaire et craindraient de blâmer un projet qui est ordinairement sa pensée. Mais rien n'empêche que le soin de l'enquête ne soit confié au juge de paix, non pas comme juge, mais comme personne capable et habituée à ces sortes de fonctions. Dans les communes où il n'y a pas de justice de paix, c'est au préfet à déléguer tout autre fonctionnaire dont la capacité et le désintéressement personnel dans la cause lui sont assez connus pour garantir l'exactitude de sa mission. »

(1) *Répertoire du droit administratif*, V° *Commune*, n° 303, note 3.

Dans la circulaire du 30 avril 1838, relative à l'application des formalités prescrites par le titre Ier de la loi du 18 juillet 1837 (1), le ministre de l'Intérieur exhortait encore les préfets à choisir, autant que possible, le juge de paix du canton pour présider à cette enquête.

Mais la circulaire du 29 août 1849 (2) vint modifier quelque peu sur ce point la circulaire de 1825.

« La circulaire du 20 août 1825, disait le ministre de l'Intérieur, vous recommande de ne jamais choisir pour commissaires enquêteurs les maires des communes intéressées, ces magistrats pouvant exercer sur les comparants une influence défavorable à la libre manifestation de leur opinion. La même circulaire vous autorise à confier aux juges de paix la mission de diriger les enquêtes. Cette autorisation doit être restreinte au cas où elles seraient ouvertes au chef-lieu même du canton, à moins que ces magistrats ne consentent à se rendre dans les localités du ressort, en vous faisant positivement connaitre que ce déplacement ne leur est nullement onéreux, ne motivera par conséquent de leur part aucune demande d'indemnité (circonstance qui vient de se produire récemment) et ne nuira pas à l'administration de la justice. »

Enfin, la circulaire du 15 mai 1884 se montre encore plus difficile, sur le choix du commissaire enquêteur, que celles de 1825, de 1838 et de 1849.

« Votre choix, dit le ministre, devra porter sur une personne présentant les plus grandes garanties d'indépendance et d'impartialité. Je n'ai pas besoin de vous faire sentir l'inconvénient qui s'attache au choix du maire ou d'un habitant de la commune ou des communes intéressées ; je veux seulement vous rappeler que des instructions de la chancellerie ont recommandé aux juges de paix de refuser toute mission qui serait de nature à les distraire de leurs fonctions judiciaires ; vous devrez donc vous abstenir de désigner ces magistrats comme commissaires enquêteurs. »

Il y a donc lieu de regarder comme abrogée sur ce dernier point (la désignation des juges de paix comme commissaires enquêteurs) la circulaire ministérielle du 29 août 1849.

Aussitôt nommé, le commissaire enquêteur doit avertir le maire du jour où il se rendra dans sa commune pour procéder à l'enquête, et celui-ci doit la faire annoncer au moins huit jours à l'avance, à

(1) Insérée au *Bull. offic. min. Int.*, 1838, p. 125.

(2) Insérée au *Bull. offic. min. Int.*, 1849, p. 383.

son de trompe ou de tambour et par voie d'affiches (1) placardées au lieu principal de réunion publique, afin que les intéressés ne puissent en ignorer, et parce que cette publicité autorise à compter le silence des absents comme un vote affirmatif.

L'annonce doit toujours être faite le dimanche, qui est le jour où les intéressés se trouvent habituellement réunis.

Toute cette publicité a pour but de remédier à un grave inconvénient. Si l'enquête était effectuée sans avoir été annoncée, il arriverait qu'elle ne renfermerait que des votes émis par un choix de personnes nominativement appelées, et dont le dire serait bien moins l'effet de la conviction personnelle que d'une complaisance convenue. Or, de pareils actes ne peuvent ni éclairer la religion, ni mériter la confiance de l'autorité. Il faut que l'information soit franche et loyale.

Le maire dresse ensuite, de la publication qui précède, un procès-verbal qui devra être joint aux autres pièces de l'instruction (2).

Au jour et à l'heure indiqués (3), le commissaire enquêteur se rend à la maison commune pour y recevoir les déclarations des intéressés.

Il annonce à tous les habitants présents quel est l'objet de sa mission et les invite à lui présenter les observations qu'ils auraient à émettre pour ou contre le projet en question. Après cette invitation,

(1) Voici, d'autre part, la formule de ces affiches, d'après M. Bost, *op. cit.*, p. 27, n° 14:

Commune de , arrondissement de , département de

Enquête *de commodo et incommodo*, sur le projet qui consiste à

Les habitants de la commune sont prévenus que M , nommé, par arrêté de M. le préfet en date du , à l'effet de procéder à une enquête sur le projet qui consiste à (*spécifier exactement*), se rendra le dimanche (*date précise*) dans la salle de la Mairie, et y restera depuis heures du matin jusqu'à heures de l'après-midi, à l'effet de recueillir les observations qu'on aurait à présenter pour ou contre ce projet.

A , le

Le maire.

(2) Ce procès-verbal pourra être rédigé de la manière suivante :

Nous, maire de la commune d , certifions avoir fait publier et afficher, dans les lieux affectés à la publication des actes de l'autorité publique, depuis le jusqu'au , que le dimanche du présent mois, depuis heure de jusqu'à celle de , il serait procédé par M , commissaire enquêteur, nommé par arrêté de M. le préfet en date du , à une information *de commodo et incommodo* sur le projet qui consiste à (*spécifier*).

Qu'en conséquence, les personnes qui auraient des vœux à émettre pour ou contre ce projet pourraient se présenter, le dit jour , à M. le commissaire enquêteur chargé de recevoir leurs observations.

En Mairie, à , le

Signature.

(Bost, *op. cit.*, p. 28, n° 15.)

(3) « Le moment préférable est celui où la suspension du travail laisse plus de liberté à ceux qui doivent y prendre part. » (Circulaire du 20 août 1825.)

il déclare son procès-verbal ouvert et y consigne toutes les déclarations qui lui sont faites.

Il est essentiel que le préambule du procès-verbal, dont il est donné communication aux déclarants, contienne un exposé exact de la nature, des motifs et des fins du projet annoncé. En outre, l'administration a le devoir de mettre à la disposition des déposants tous les renseignements propres à les éclairer, documents statistiques, topographiques, financiers, scolaires, etc., dont elle dispose seule, et sans la connaissance desquels le plus souvent les habitants déposent en aveugles.

« Cette règle de conduite, ajoute M. Roussel (1), eût été bonne de tout temps ; mais comme elle entraîne des lenteurs et implique des soins et des peines, elle est rarement suivie. Il nous semble que la loi de 1884 en fait aujourd'hui à l'administration un devoir étroit, puisque, exigeant que les conditions du remaniement territorial soient fixées par l'acte même qui le règle, tandis que la loi de 1837 permettait de ne fixer ces conditions qu'ultérieurement et par acte séparé, elle exige par voie de conséquence, ce que l'art. 3 dit d'ailleurs expressément, que l'enquête porte à la fois sur le remaniement et sur ses conditions. Les documents en question ne sont-ils pas rigoureusement indispensables pour que les intéressés puissent se former à cet égard une opinion ? »

La loi ne fixe pas à l'enquête une durée obligatoire. Le préfet reste juge de la question et peut ou l'arrêter ou la prolonger, selon l'importance de la population consultée.

La loi n'énonce nulle part à quelles personnes est réservé le droit d'émettre son avis et de le faire consigner dans l'enquête. Mais on admet sans difficulté que l'enquête doit être publique. Ainsi tous les habitants, hommes ou femmes, les contribuables non domiciliés comme les résidents mêmes, peuvent être admis à émettre leurs vœux sur le projet ; car, à titre de contribuables, ces derniers participent aux charges de la commune, et ces charges peuvent être aggravées pour elle par suite de la modification projetée.

Les conseillers municipaux sont admis aussi à exprimer leur opinion personnelle. Ils doivent, il est vrai, donner leur avis à titre collectif ; mais il n'y a aucun inconvénient à ce qu'ils le donnent, dans l'enquête, à titre individuel.

M. Roussel admet sans hésitation (2) que les habitants absents

(1) *Répertoire du droit administratif*, V° *Commune*, n° 306.

(2) *Op. cit.*, V° *Commune*, n° 304.

peuvent figurer à l'enquête par mandataires, auquel cas les procurations sont annexées au procès-verbal.

Les déclarants doivent s'exprimer librement sur les inconvénients et les avantages des changements proposés, et déduire les motifs de leur opinion, principalement quand elle est opposée au projet.

Les déclarations sont individuelles et se font successivement. Elles doivent être assez motivées pour qu'on puisse y trouver le moyen de les apprécier à leur véritable valeur. Lors même qu'elles sont identiques, elles doivent être consignées distributivement dans le procès-verbal, indépendamment les unes des autres, avec leurs raisons respectives, et, autant qu'il est possible, dans les termes propres aux déposants. Elles sont signées des déclarants et du commissaire enquêteur ; celui-ci certifie les dépositions orales de ceux qui ne savent pas signer.

Le commissaire enquêteur joint au procès-verbal de l'enquête les dires qui lui sont remis par les intéressés, et, en même temps, son opinion sur le mérite de la modification proposée ; il résume numériquement le nombre des témoignages favorables ou contraires au projet (1).

En marge du procès-verbal et en face de chaque déclaration, le commissaire enquêteur fera bien d'indiquer par la lettre P *(pour)* les avis émis en faveur du projet, et par la lettre C les avis contraires.

L'avis du commissaire enquêteur, qui doit être joint à son procès-verbal, peut être formulé sous forme de rapport adressé au magistrat délégateur, ou de simple opinion émise à la suite du procès-verbal d'enquête.

(1) Voici, d'ailleurs, d'après M. Bost (*op. cit.*, p. 29, n° 16), une formule qui pourra servir à la rédaction du procès-verbal de l'enquête :

Ce jourd'hui, (*désigner l'heure*),

Nous, en vertu de la délégation à nous conférée par arrêté de M. le préfet en date du , à l'effet de procéder dans la commune de à une enquête *de commodo et incommodo* sur le projet qui consiste à (*spécifier exactement*),

Nous nous sommes transporté, conformément aux annonces de publication qui en avaient été faites préalablement, depuis le jusqu'au , dans (*désigner le local*), où nous avons déclaré aux personnes présentes que notre procès-verbal était ouvert.

1° Est comparu le sieur (*nom, prénoms, âge, domicile*), lequel a déclaré qu'il (*s'opposait ou consentait*) au projet sus-énoncé, par les motifs suivants : (*suit l'exposé des raisons données pour ou contre*), et a signé (*ou a déclaré ne savoir signer*), après lecture.

2° Est comparu le sieur (*mêmes énonciations*).

3° Etc., etc.

L'heure annoncée pour la fin de notre enquête ayant sonné, sans qu'aucun autre habitant de la commune se soit présenté, nous avons clos et signé le présent procès-verbal.

Fait à , le (*indiquer l'heure*).

Signature.

Et, enfin, il transmet ce procès-verbal et ses annexes, dans la huitaine, à la préfecture, par l'intermédiaire du sous-préfet, ou même directement.

Telle est la formalité de l'enquête. Cette formalité, en elle-même, est substantielle ; mais faut-il en dire autant des diverses opérations qu'elle comprend ? Nous étudierons ce point dans notre troisième partie, que nous consacrons aux questions contentieuses.

§ 2.

Consultation du conseil municipal ou des conseils municipaux.

Après l'enquête *de commodo et incommodo*, c'est-à-dire après cette consultation directe des individus intéressés, la loi veut que l'on consulte collectivement leurs représentants légaux, les conseils municipaux. Ces conseils seront donc appelés à délibérer, soit en session ordinaire, soit en session extraordinaire, s'il le faut.

La loi du 18 juillet 1837 différait sensiblement de la loi nouvelle, en ce qui concerne le mode de délibération du conseil municipal appelé à donner son avis. D'après l'ancienne loi, le conseil municipal devait, dans cette circonstance, délibérer avec l'adjonction des plus fort imposés, en nombre égal aux membres du conseil municipal : on voulait par là donner une plus grande garantie aux intérêts de la propriété territoriale et des contribuables. En effet, les modifications dans la circonscription des communes peuvent avoir une grande influence sur les charges qu'elles ont à supporter et entraîner une augmentation des sommes à payer par les propriétaires. Or, comme on avait admis (art. 42, loi du 18 juillet 1837) que, lorsqu'il s'agissait de voter une imposition extraordinaire, les plus imposés aux rôles de la commune devaient être appelés à délibérer avec le conseil municipal, en nombre égal à celui des membres en exercice, on avait également, et par analogie, exigé cette adjonction des plus fort imposés dans l'hypothèse d'un changement dans la circonscription communale. En un mot, dans un cas comme dans l'autre, la loi avait voulu que les charges atteignant la propriété fussent votées par ceux-là mêmes qui doivent les supporter.

Diverses questions s'étaient alors posées au sujet de ce concours des plus imposés. On s'était demandé dans quelle forme devait être faite la convocation; quelles mesures il y avait à prendre pour que le remplacement des absents pût s'opérer légalement et utilement; si les plus imposés en état d'incapacité légale, tels que les mineurs, les femmes mariées séparées de biens, les veuves, les personnes morales comme les établissements publics, les sociétés anonymes, etc..., devaient être admises à se faire représenter au conseil municipal et si, en conséquence, elles devaient être convoquées, etc., etc. Et le ministre de l'Intérieur avait tranché la plupart de ces questions dans une circulaire du 14 février 1843 (1).

Une loi récente a modifié sur ce point la législation existante (loi du 5 avril 1882). Elle dispose, dans son article unique: « Sont abrogées les diverses dispositions législatives ou réglementaires exigeant l'adjonction des plus imposés, soit en matière d'impositions extraordinaires ou d'emprunts à voter par le conseil municipal, soit en toutes autres matières. »

Dans la circulaire du 7 avril 1882 (2), le ministre de l'Intérieur justifiait en ces termes cette innovation:

« En adoptant cette mesure libérale, le Gouvernement et les Chambres ont voulu donner aux assemblées communales électives une nouvelle preuve de leur confiance. Je ne doute pas que celles-ci ne s'en montrent dignes par la sagesse et la prudence avec lesquelles elles useront des nouveaux pouvoirs qui leur sont confiés. »

Le législateur du 5 avril 1884 s'est conformé à cette disposition, en exigeant, purement et simplement, dans l'art. 3, § 3, l'avis des conseils municipaux.

La Chambre avait même voté, en première délibération (3), dans l'art. 139, § 21, du projet de loi, l'abrogation de la loi du 5 avril 1882. Elle avait pensé que la loi de 1837, qui prévoyait l'adjonction des plus imposés, étant abrogée, et aucune disposition de la nouvelle loi municipale n'exigeant cette formalité, on pouvait considérer la loi de 1882 comme désormais sans objet. Mais en seconde délibération (4), le rapporteur, M. de Marcère, à l'instigation du ministre des Finances, fit remarquer que la législation sur le cadastre prévoyait, dans certains cas, l'assistance des plus impo-

(1) Insérée au *Bull. offic. min. Int.*, 1843, p. 40. — Conf. BOST, *Code de la constitution des communes*, p. 29, nos 17, 18 et 19.

(2) Insérée au *Bull. offic. min. Int.*, 1882, p. 114.

(3) Séance du 1er mars 1883. (*Trav. prép.*, p. 100).

(4) Séance du 6 novembre 1883. (*Trav. prép.*, p. 244.)

sés, et que, si la loi de 1882 était abrogée, le concours de ces plus imposés redeviendrait obligatoire. Et, à la suite de cette déclaration, le § 24 de l'art. 166 du projet de loi fut supprimé.

D'un autre côté, M. Morgand fait remarquer (1) que la loi du 28 juillet 1860, sur la mise en valeur des marais et des terres incultes appartenant aux communes, exigeait, elle aussi, le concours des plus imposés (art. 2), et que la loi du 5 avril 1882 a encore ici son utilité. Il ajoute que la loi de finances du 21 avril 1832, art. 37, et la loi de finances du 25 juin 1841, art. 20, exigent que, pour délibérer sur l'établissement ou le maintien de la taxe unique, qui emporte suppression de l'exercice chez les débitants de boissons dans les villes où cette taxe est facultative, le conseil municipal s'adjoigne un nombre de marchands en gros et de débitants de boissons les plus imposés à la patente, égal à la moitié des membres présents du conseil, et que cette disposition générale n'est pas considérée par l'administration comme abrogée par la loi du 5 avril 1882.

Quoi qu'il en soit, l'intervention des plus fort imposés dans la délibération du conseil municipal relative à la modification à apporter dans la circonscription de la commune est supprimée. Et on peut le regretter. « Ce système, dit M. Roussel, est très conforme aux principes d'égalité, trop, peut-être, car la commune n'est pas seulement une circonscription administrative, ni le corps municipal un organe d'administration. Le corps municipal est surtout un gérant d'intérêts. A ce titre, la mesure abrogée n'était peut-être pas sans logique et pouvait trouver grâce, même devant les esprits les plus jaloux d'égalité politique. » (2).

Le conseil municipal ou les conseils municipaux intéressés doivent délibérer tant sur le projet en lui-même que sur ses conditions. Ils étudieront les résultats et procès-verbaux de l'enquête et devront, s'il y a lieu, en signaler les vices.

Il est bien entendu que, si plusieurs conseils municipaux sont consultés, chacun procède à part (3).

Leurs délibérations doivent, en cette matière comme en toute autre, être motivées (circulaire du 29 août 1849).

Enfin, ils ne doivent pas omettre de désigner la localité où

(1) *Commentaire de la loi du 5 avril 1884*, art. 168, t. II, p. 578. — Conf. *Journal des conseillers municipaux*, 1885, p. 27.

(2) *Répertoire du droit administratif*, V° *Commune*, n° 308, note 2. — Voir dans le même sens : De Ramel, *Commentaire de la loi sur l'organisation municipale*, notes sous l'art. 3.

(3) Voir Dalloz, *Rép. alphab.*, V° *Commune*, n° 185.

sera établi le chef-lieu de la commune nouvelle, ainsi que le nom à donner à cette commune (même circulaire du 29 août 1849) (1).

§ 3.

Nomination et consultation de la ou des commissions syndicales.

La loi ne se borne pas à exiger que le conseil municipal de la commune donne son avis sur le projet ; elle veut encore, dans le cas où un ou plusieurs groupes d'habitants auraient dans la question des intérêts distincts de ceux de la commune même, qu'une commission syndicale soit instituée pour les représenter, pour prendre en main la défense de leurs droits particuliers et pour donner en leur nom, sur la modification proposée, un avis spécial à côté de l'avis général exprimé par le conseil municipal au nom de la commune entière.

Jusqu'à la loi du 5 avril 1884, cette matière demeura régie par la loi du 18 juillet 1837, sauf quelques légères modifications que nous aurons à signaler. Son art. 3 était ainsi conçu :

Si le projet concerne une section de commune, il sera créé pour cette section une commission syndicale. Un arrêté du préfet déterminera le nombre des membres de la commission.

(1) La délibération du conseil municipal pourra être ainsi formulée :

Extrait du registre des délibérations du conseil municipal de la commune de

Séance extraordinaire du

L'an mil huit cent quatre-vingt , le du mois de , heure de , le conseil municipal de ayant été convoqué en vertu de la lettre de M. le préfet en date du , qui fixait la réunion à ce jour pour délibérer sur le projet qui consiste à (*exposer ici l'objet dont il s'agit*), les membres du conseil municipal se sont réunis dans , à l'heure indiquée sur les lettres de convocation portées à domicile trois jours à l'avance.

Membres présents , lesquels forment la majorité des membres du conseil en exercice.

Il a été, en conformité de l'art. 53 de la loi du 5 avril 1884, procédé immédiatement à l'élection d'un secrétaire pris dans le sein du conseil. M. , ayant obtenu la majorité des suffrages, a été désigné pour remplir ces fonctions, qu'il a acceptées.

M. le président ayant ouvert la séance, a déclaré que l'administration supérieure demandait l'avis du conseil sur le point de savoir s'il y avait lieu de (*réunir la commune de à celle de , ou bien à distraire la section de de la commune de pour la réunir à la commune de , ou pour l'ériger en commune séparée, etc.*) ; en conséquence, M. le président a invité le conseil municipal à délibérer sur ce projet.

Sur quoi, après avoir délibéré, et les voix ayant été recueillies;

Considérant (*exposer ici, en résumé, les motifs pour ou contre la mesure proposée*) ;

Le conseil a décidé (*à l'unanimité ou à la majorité de*) qu'il y avait lieu d'émettre un avis (*favorable ou contraire*) sur le projet qui venait de lui être soumis.

Aucun autre objet n'étant à l'ordre du jour, le présent procès-verbal a été clos; les membres présents ont signé, et M. le président a levé la séance.

(*Suivent les signatures.*)

(Bost, *Code de la constitution des communes*, p. 31, n° 19.)

Ils seront élus par les électeurs municipaux domiciliés dans la section, et, si le nombre des électeurs n'est pas double de celui des membres à élire, la commission sera composée des plus imposés de la section.

La commission nommera son président. Elle sera chargée de donner son avis sur le projet.

La nouvelle loi municipale dispose, dans son art. 4 :

Si le projet concerne une section de commune (1), *un arrêté du préfet décidera la création d'une commission syndicale pour cette section ou pour la section du chef-lieu, si les représentants de la première sont en majorité dans le conseil municipal, et déterminera le nombre des membres de cette commission.*

Ils seront élus par les électeurs domiciliés dans la section.

La commission nomme son président. Elle donne son avis sur le projet.

Nous allons étudier successivement quels sont la signification, le caractère, le but de ces commissions syndicales ; — dans quels cas il y a lieu de les réunir ; — qui en provoque la nomination ; — qui est appelé à les nommer ; — quelles personnes en font partie ; — suivant quelles formes ont lieu les élections, et qui est compétent pour statuer sur les réclamations qu'elles peuvent soulever ; — et, enfin, quelle est leur mission.

I. — La loi exige, dans plusieurs circonstances, la création de commissions syndicales ; et leurs pouvoirs varient suivant la mission qui leur est confiée.

Ainsi, lorsque plusieurs communes possèdent des biens ou des droits indivis, elles peuvent réclamer l'institution d'une commission syndicale qui sera chargée d'administrer ces biens et droits indivis, et de faire exécuter les travaux qui s'y rattachent (loi du 5 avril 1884, art. 161 à 163).

De même, d'après l'art. 128 de la même loi, lorsqu'une section, personne morale, se propose d'intenter ou de soutenir une action judiciaire, soit contre la commune dont elle dépend, soit contre une section de la même commune, il est formé, pour la section et pour chacune des sections intéressées, une commission syndicale distincte.

Il y a encore lieu, d'après l'art. 2, § 4, de la loi du 28 juillet 1860, d'instituer une commission syndicale pour donner son avis sur la mise en valeur des marais et terres incultes appartenant aux sections de commune.

(1) Dans l'art. 3 de la loi du 18 juillet 1837 et dans l'art. 4 de la loi du 5 avril 1884, l'expression « *section de commune* » désigne toute portion habitée du territoire, qu'elle ait ou non des droits particuliers, des propriétés spéciales ou une origine distincte.

Enfin, d'après l'art. 4 de la nouvelle loi municipale, lorsque, en matière de changements dans la circonscription territoriale des communes, des groupes d'habitants ont des intérêts distincts de ceux de la communauté, il y a lieu d'organiser une commission syndicale qui donnera son avis sur le projet.

Cette commission syndicale a été parfois comparée à un conseil municipal ; on a dit que c'était le conseil municipal de la fraction qu'elle représente. C'est une erreur, selon nous. Elle n'a aucune espèce d'attribution administrative. Dans les sections où une commission syndicale est organisée, le conseil municipal de la commune n'en continue pas moins à exercer toutes ses attributions et à régler les intérêts de toute la commune, même ceux de la section.

Cette commission syndicale n'a qu'une mission restreinte, limitée, celle de défendre les intérêts particuliers qui sont engagés. C'est uniquement une agence de défense, une représentation de la section au point de vue d'intérêts spéciaux et parfaitement déterminés ; elle en est, dans l'espèce, comme le *curator ad hoc*. Elle n'est organisée que dans le but de représenter le ou les groupes d'habitants ayant des intérêts opposés à ceux que représente la majorité des membres du conseil municipal, et de faire valoir ces intérêts, soit auprès du Gouvernement, soit auprès de la commune même. En un mot, la commission syndicale est un syndicat pour la défense des droits privés.

II. — Quand y a-t-il lieu d'organiser la commission syndicale ?

La loi dit simplement : « si le projet concerne une section (ou mieux une fraction) de commune ». — Et la circulaire d'application semble exiger qu'il s'agisse d'un groupe d'habitants ayant, dans la question, des intérêts opposés à ceux que représente la majorité du conseil municipal, et supposer que ce groupe sera, par suite, d'un avis complètement opposé à celui de ce conseil municipal.

Nous pensons qu'il y a lieu de créer une commission syndicale toutes les fois qu'une fraction de commune est destinée, par le projet, à suivre un sort différent de l'ensemble de la commune, et ne peut, en conséquence, être considérée comme étant représentée par le conseil municipal.

Ainsi (1), une section demande à se détacher de la commune dont elle fait partie ; le conseil municipal, qui représente la partie principale de la commune, a évidemment des intérêts opposés à ceux de la section. De là la nécessité de donner à cette section un organe qui soutiendra ses intérêts et ses besoins.

(1) Voir MORGAND, *op. cit.*, t. I, p. 81.

Il n'est donc pas nécessaire qu'il y ait en jeu des intérêts opposés ; il suffit que ces intérêts soient distincts ; et il faudra nommer autant de commissions syndicales qu'il existera d'intérêts distincts en cause.

Ainsi, il peut arriver que le projet intéresse plusieurs groupes de population plus ou moins rapprochés (1). Par exemple, une commune demande à s'annexer un territoire sur lequel existent, indépendamment d'habitations isolées, deux ou trois hameaux de plus ou moins d'importance. Il ne suffira pas, dans ce cas, d'instituer une commission syndicale unique pour l'ensemble du territoire ; il faudra créer autant de commissions qu'il y aura de groupes d'habitations ayant ou pouvant avoir des intérêts, des aspirations distinctes.

On peut affirmer sans crainte que c'est là le vœu certain de la loi, bien que son texte n'en dise rien.

Le ministre de l'Intérieur l'expliquait déjà dans sa circulaire du 29 août 1849 (2) : « Lorsqu'il s'agit d'instruire des projets qui intéressent plusieurs hameaux, en principe, il serait à désirer qu'une commission fût élue dans chacune de ces localités. Si le chiffre de la population ne le permettait pas, il serait convenable de diviser ces hameaux en groupes ayant des intérêts séparés et de faire représenter chacun de ces groupes par une commission distincte. » — Recommandations que la circulaire du 15 mai 1884 résume en ces termes : « S'il existe plusieurs groupes d'habitants ayant un intérêt distinct dans le projet, il convient d'instituer plusieurs commissions syndicales. »

Ce sera au préfet qu'il appartiendra de décider, selon les circonstances, s'il y a, entre ces divers groupes, communauté ou diversité d'intérêts et de désirs, et s'il ne convient pas de donner à chacun d'eux une commission syndicale. Mais il ne statuera pas en dernier ressort. Nous verrons, en effet, plus tard que l'absence de commission syndicale, dans les cas où elle aurait dû être instituée, serait un motif d'annulation de la procédure (3).

La loi du 5 avril 1884 s'explique, en confirmant sur ce point la pratique adoptée antérieurement par le ministre de l'Intérieur, sur une difficulté que le législateur de 1837 avait complètement négligé

(1) Voir Morgand, *op. cit.*, t. I, p. 82.

(2) Insérée au *Bull. offic. min. Int.*, 1849, p. 383.

(3) Voir sur tous ces points : *Répertoire du droit administratif*, V° *Commune*, n°s 310 et 311 ; Dalloz, *Code des lois administratives*, V° *Commune*, n°s 182 et 183 ; — Bost, *Code de la constitution des communes*, p. 31, n° 20.

de résoudre. Il peut arriver, en effet, lorsqu'il s'agit de distraire une fraction d'une commune, soit pour l'ériger en municipalité distincte, soit pour la réunir à une autre commune, que cette fraction soit plus forte que le restant de la commune et possède, par suite, la majorité au sein du conseil municipal. Si donc on avait exigé, dans ce cas, la création d'une commission syndicale pour cette fraction qu'on veut séparer, la commune à démembrer eût été désarmée, tandis que la section aurait eu, en quelque sorte, une double représentation. Pour obvier à ce résultat, la loi décide que, si les représentants de la fraction qui va se séparer sont en majorité dans le conseil municipal, c'est la fraction restante, contre laquelle est dirigée la demande en séparation, ou, en d'autres termes, la section du chef-lieu, qui devra être appelée à nommer une commission syndicale.

Mais, par contre, la loi ne prévoit pas le cas où les deux fractions seraient représentées chacune par un nombre égal de conseillers municipaux. Dans la pratique, sous l'empire de la loi du 18 juillet 1837, on avait quelquefois institué une commission syndicale pour chaque fraction. Ainsi, dans un cas où il s'agissait de séparer en deux municipalités distinctes une commune composée de deux sections, le ministre de l'Intérieur, consulté sur le point de savoir s'il y avait pas lieu d'instituer, dans chacune de ces sections, une commission syndicale pour donner un avis sur la séparation projetée, répondit (1) :

> Lorsqu'il s'agit de distraire d'une commune une de ses sections, soit pour la réunir à une autre commune, soit pour l'ériger en commune distincte, il arrive le plus ordinairement que la section à distraire n'a pas, à beaucoup près, une importance égale au reste de l'agrégation dont on veut la séparer. On a dû craindre alors que cette section ne trouvât pas dans le conseil municipal une défense suffisante pour ses intérêts et pour ses besoins particuliers. C'est ainsi qu'on a été amené, pour lui donner des organes spéciaux, à prescrire la création d'une commission syndicale (loi de 1837, art. 3). Mais lorsqu'une commune se compose de deux sections qui ont une importance à peu près égale et qui doivent dès lors compter dans le conseil municipal à peu près le même nombre d'organes, s'il s'agit de les désunir pour former deux communes distinctes, il peut être bon de créer deux commissions syndicales ; on évitera ainsi qu'aucune des parties intéressées puisse prétendre que ses intérêts n'ont pas été légalement protégés et défendus.

(1) Lettre au préfet des Ardennes, du mois de novembre 1838, insérée dans le journal l'*Ecole des communes*, année 1838, p. 257. — Ce qui avait fait naître des doutes, c'est que, disait-on, dans ce cas, les deux sections sont également intéressées à la mesure, et que le conseil municipal ne peut être considéré comme représentant l'une d'elles plutôt que l'autre.

La même solution devrait être adoptée sous l'empire de la nouvelle loi municipale. C'est, d'ailleurs, en ce sens que se prononcent la plupart des auteurs (1).

Mais à quel signe reconnaîtra-t-on qu'une fraction de commune a la majorité dans le conseil municipal, ou que chacune des fractions de la commune a, dans le conseil municipal, le même nombre de représentants ?

La question fut soulevée pendant la discussion de la loi par M. Clément (2). « Le § 1 de l'art. 4, dit-il, contient pour moi une énigme. Quand vous n'aurez pas de sectionnement électoral, et la plupart du temps c'est ainsi, comment saurez-vous quelle est celle de ces sections qui est représentée par le plus grand nombre de conseillers dans le conseil municipal ? » Le rapporteur, M. Demôle, répondit : « Les représentants de la section sont ceux qui sont domiciliés sur le territoire de la section. »

M. de Ramel pense que cette réponse n'est pas satisfaisante, car, dit-il (3), « elle ne vise que les conseillers domiciliés dans la section ; or, il peut y avoir des conseillers non domiciliés, mais payant des contributions dans la section. Nous n'hésitons pas à penser que ceux-là aussi devront compter comme représentants de la section » (art. 31 de la loi du 5 avril 1884).

Remarquons, en terminant, que la loi nouvelle prévoit expressément l'organisation de commissions syndicales pour les demandes de transfèrement de chefs-lieux, aussi bien que pour les changements de limites des communes, consacrant ainsi, par une disposition formelle, la jurisprudence qui avait suppléé au silence de la loi du 18 juillet 1837 (circulaire du ministre de l'Intérieur du 5 septembre 1881).

III. — Qui provoque la nomination de la commission syndicale?

C'est le préfet qui, par un même arrêté, convoque les électeurs et détermine le nombre des membres dont la commission doit se composer. Ce nombre varie en général de trois à cinq ; mais il peut être plus élevé, suivant les circonstances (circulaire du 15 mai 1884).

(1) Voir SIMONET, *Traité de droit public et administratif*, n° 751, p. 415 ; — MORGAND, *Commentaire de la loi du 5 avril 1884*, t. I, p. 81 ; — *Répertoire du droit administratif*, V° *Commune*, n° 313.

(2) Sénat, première délibération, séance du 5 février 1884. (*Trav. prép.*, p. 290.)

(3) *Commentaire de la loi sur l'organisation municipale*, notes sous l'art. 4.

Les électeurs devront être prévenus et invités à choisir les membres de la commission syndicale (1).

Cet avis devra être publié et affiché dans la section, et le certificat de ces publications et affiches devra être dressé par le maire (2).

IV. — Par qui sont nommés les membres de la commission syndicale?

La loi du 18 juillet 1837 disposait, dans son art. 3 : « Ils sont élus par les électeurs municipaux domiciliés dans la section ». Il est à remarquer que ces électeurs municipaux étaient des électeurs censitaires et payaient tous une certaine contribution. C'était là une garantie pour la propriété territoriale, ajoutée à celle qui résultait déjà du concours des plus imposés au conseil municipal (loi du 21 mars 1831, art. 11 et suivants).

Mais l'établissement du suffrage universel en 1848 (3) vint modifier, sur ce point, la loi de 1837, et s'appliqua aux élections des commissaires syndicaux commes à toutes les autres. Le ministre de l'Intérieur le faisait d'ailleurs remarquer dans sa circulaire du 29 août 1849 (4).

Lorsque le Parlement eut à s'occuper de la question, pendant la discussion de la loi du 5 avril 1884, il hésita longtemps avant de s'en tenir au principe énoncé dans l'art. 4, § 2, de cette loi.

En première délibération (5), la Chambre avait admis sans discussion que les membres de ces commissions syndicales seraient

(1) Le maire, dans cette circonstance, pourra employer la formule suivante :

Mairie de
Arrondissement de
Département de

Les habitants de la section de sont prévenus, par le présent avis, qu'en vertu d'un arrêté de M. le préfet en date du , ils sont invités à se réunir le , sous notre présidence, dans (*désigner le local*), à l'effet d'élire cinq (*ou trois*) candidats qui devront former une commission syndicale, chargée de donner son avis, par une délibération spéciale, sur le projet qui consiste à (*spécifier ici la nature de ce projet*).

Fait en Mairie, à , le

Le maire.

(Bost, *op. cit.*, p. 33, n° 21.)

(2) Ce certificat pourra être conçu dans une forme équivalente à celle-ci :

Nous, maire de la commune de , certifions que, par un avis en date du , publié et affiché aux lieux accoutumés, les électeurs de la section de ont été avertis qu'ils auraient à se réunir le , sous notre présidence, à l'effet d'élire cinq (*ou trois*) candidats (*le reste comme ci-dessus*).

(Bost, *op. et loc. cit.*)

(3) Constitution de la République française du 4 novembre 1848, chap. IV, art. 25 ; chap. VII, art. 79.

(4) Insérée au *Bull. off. min. Int.*, 1849, p. 383.

(5) Séance du 10 février 1883. (*Trav. prép.*, p. 28.)

élus « par les électeurs municipaux domiciliés ou propriétaires dans la section ».

Mais en deuxième lecture (1), le sous-secrétaire d'Etat au département de l'Intérieur, M. Margue, demanda la suppression des mots « ou propriétaires », par cette raison qu'il n'y a pas, entre les deux catégories d'électeurs que l'on assimilait ainsi au point de vue des droits, identité, tant s'en faut ; les électeurs propriétaires de la section n'ayant aucun droit à la jouissance et à la propriété des biens communaux. Il invoquait encore un autre argument. En effet, dans le texte voté en première délibération, la Chambre avait reconnu aux communes ou sections interessées dans un projet de modification à leurs circonscriptions, le droit de régler elles-mêmes toutes les conditions du changement proposé et, par suite, celui d'aliéner leurs biens (2). Or, disait M. Margue, par qui la section va-t-elle être conduite à cette aliénation ? Par des électeurs qui n'ont aucun droit à la jouissance de ces biens, par les électeurs propriétaires de la section. Ils n'ont aucun droit à la jouissance des biens de la section, et cependant ils vont concourir à la formation de la commission syndicale qui discutera l'aliénation. — Il concluait qu'il y avait là un danger qu'il fallait éviter, en réservant la nomination des commissions syndicales aux électeurs domiciliés dans la section. Et la Chambre, partageant son avis, refusa aux électeurs non domiciliés dans la section le droit de nommer la commission syndicale chargée de donner son avis sur le projet de modification territoriale.

Mais dans une hypothèse voisine de celle-ci, dans le cas où il s'agit d'élire une commission syndicale chargée d'intenter ou de soutenir, au nom d'une section de commune, une action judiciaire contre la commune ou contre une section de la même commune, elle admit (3) que les membres de cette commission seraient nommés « par les électeurs municipaux de la section qui l'habitent et par les personnes qui, sans être portées sur la liste électorale, y sont propriétaires fonciers ».

Ce texte fut adopté par la commission du Sénat, tel qu'il avait été voté par la Chambre en deuxième lecture (4).

Aussi, lorsque le Sénat eut à discuter l'art. 4 (5), un membre de cette assemblée, M. Clément, prit la parole pour demander que la

(1) Séance du 30 juin 1883. (*Trav. prép.*, p. 122.)

(2) Nous verrons que cette disposition n'a pas passé dans le texte définitif de la loi municipale.

(3) Séance du 29 octobre 1883. (*Trav. prép.*, p. 219.) — Art. 131 du projet.

(4) Il forme l'art. 129, § 1, de la loi du 5 avril 1884.

(5) Séance du 5 février 1884. (*Trav. prép.*, p. 287.)

commission syndicale de l'art. 4 fût nommée par les mêmes personnes que celle de l'art. 129.

« On a bien compris, dit-il, que lorsqu'un procès s'agite, lorsque les frais doivent retomber à la charge des propriétaires fonciers, lorsqu'il s'agit de droits qui intéressent surtout les propriétaires, tels que les droits d'usage ou bien la propriété d'un bois ou d'un communal, quand ce sont les propriétaires fonciers ayant sur le territoire de la section leurs fermes, leurs habitations, qui jouissent de ces droits, et non pas seulement les habitants qui peuvent n'être que des locataires, des fermiers, ayant un intérêt temporaire très respectable sans doute, mais non pas l'intérêt principal, il y avait lieu d'édicter une disposition spéciale, et on a décidé alors que, en cas de procès, des contribuables nommeront, avec les électeurs, la commission chargée de représenter la section. Eh bien, c'est le même système que vous devez adopter ici. En effet, une instance judiciaire peut avoir un intérêt très limité, peu considérable ; cependant, on a jugé cette représentation nécessaire et on l'a organisée comme je viens de le montrer ; quand il s'agit de la distraction, de la réunion, l'intérêt est plus considérable encore : c'est un intérêt d'existence pour la commune, pour la section et, en conséquence, il est évident que l'on doit lui donner la même garantie. »

Ces observations étaient justes ; mais comme on avait supprimé l'adjonction des plus imposés au conseil municipal pour délibérer sur les projets de modifications territoriales, on crut devoir supprimer également le droit des propriétaires fonciers de prendre part à la nomination d'une commission syndicale instituée dans le même but. — Et pour justifier la différence que l'on établissait entre le cas de l'art. 129, § 1, et celui de l'art. 4, le rapporteur, M. Demôle, s'efforça de démontrer que la situation n'était pas la même dans les deux cas.

« Dans l'art. 129, § 1, dit-il, il s'agit d'une contestation judiciaire. C'est, on peut le dire, toujours une question de propriété, de jouissance de biens immeubles situés sur le territoire de la section ou ailleurs, qui fait l'objet d'une contestation entre cette section et la commune qui est intéressée dans cette hypothèse. Il est très clair que ce ne sont pas seulement les électeurs inscrits sur la liste municipale, mais encore tous ceux qui, par suite de leur situation de propriétaires, de contribuables, payent une somme au fisc, à raison de leurs propriétés situées dans le territoire de la section, qui sont intéressés à composer la commission syndicale. »

Et plus loin, il ajouta encore :

« Quand il s'agit d'un procès, c'est une chance que le demandeur ou le défendeur court dans cette instance, chance qui peut se traduire par des dommages-intérêts et qui se traduira toujours par une condamnation aux frais de l'instance. Qui donc, si la section est condamnée, supportera ces dommages-intérêts, ainsi que les frais de l'instance ? Les propriétaires de la section, évidemment. Par conséquent, vous apercevrez immédiatement la question déterminante qui fait que les propriétaires fonciers, même non domiciliés sur le territoire de la section, mais qui y possèdent des biens soumis aux impositions ordinaires ou extraordinaires, auront à venir prendre part à la nomination de la commission syndicale pour empêcher qu'on ne les engage dans un procès qui puisse se traduire pour eux par des condamnations... Est-ce que nous sommes dans ce cas-là, quand il s'agit de l'art. 4 ? Est-ce qu'il y a une contestation judiciaire, une question de propriété ou de mode de jouissance, ou d'immeuble engagé ? Est-ce qu'il ne s'agit pas exclusivement de faire représenter la section, de lui donner un conseil municipal ?... Est-ce qu'il n'y a pas là un intérêt d'un autre ordre, un intérêt en quelque sorte moral, et qui touche au côté le plus élevé de la constitution des communes dans notre pays ? »

M. Clément, sans nier l'intérêt que les questions de réunion ou de distraction de communes peuvent présenter pour le pays tout entier, s'efforça de démontrer qu'elles intéressaient avant tout les propriétaires fonciers, et que la différence qu'on voulait établir entre le cas de l'art. 4 et celui de l'art. 120, § 1, n'était pas si grande qu'on semblait le croire.

« Si la section a des biens particuliers, dit-il, si elle jouit de biens communaux, la propriété ou la jouissance de ces biens peut être atteinte ou modifiée par le changement opéré dans la circonscription communale ; la valeur des propriétés privées elles-mêmes peut en subir le contre-coup... Voici une commune riche, qui a une ferme de 20,000 francs, ou une section qui possède un bois de même revenu ; cette ferme, ce bois, elles vont les porter dans la commune à laquelle elles seront annexées... Or, d'après la jurisprudence la plus favorable aux sections, on doit d'abord appliquer les revenus de ces biens aux besoins particuliers de la section ; mais le surplus passe à la commune. Est-ce qu'il n'y a pas à défendre cette situation ?

« Voici une autre espèce qui se présente tous les jours : Je suis propriétaire dans une section dépendant d'une commune qui paye vingt centimes de contribution foncière. On va m'annexer à une commune — il y en a malheureusement beaucoup maintenant qui ont des contributions écrasantes — qui paye cent cinquante centimes, comme j'en connais plusieurs. Est-ce que vous croyez que je n'ai pas intérêt à dire : Je veux rester dans la commune qui ne paye que vingt centimes ; je ne veux pas aller dans celle qui paye cent cinquante centimes. Et qui donc a cet intérêt ? Est-ce le simple habitant ? Est-ce le locataire ? Est-ce l'individu qui est là aujourd'hui et qui va être ailleurs demain ?... Où donc est l'intérêt ? Est-ce l'intérêt du propriétaire ou celui du contribuable ? Est-ce que l'intérêt d'argent qu'on prend dans la poche n'est pas supérieur à celui d'un procès portant sur dix, quinze ou vingt ares de terrain ?

« On dit : il ne s'agit pas d'un procès ! Mais il s'agit d'un différend à trancher par l'autorité administrative supérieure ou par la loi. C'est toujours un juge que nous avons, et c'est toujours devant un juge que nous allons porter nos réclamations, que nous allons faire valoir nos droits ; nous n'avons pas autre chose à faire, nous, commission syndicale ; nous n'avons pas le droit d'administrer quoi que ce soit ; nous n'avons pas le droit de nous mêler d'autre chose.

« Si vous disiez, dans une réunion d'associés, de coïntéressés, que tous les coïntéressés ne seront pas appelés, que ceux qui seront appelés seront ceux qui auront les moindres intérêts, véritablement on vous répondrait que c'est contraire à tout ce qui est admis, à tous les principes reçus, comme c'est le contraire de ce que vous mettez dans votre art. 129, § 1... Si, dans ce cas, vous constituez la commission syndicale de cette façon, dans l'autre, la conséquence s'impose bien davantage. »

Malgré ces excellentes raisons données par M. Clément, le rapporteur continua à soutenir que la commission syndicale de l'art. 4 constituait comme un conseil municipal, chargé de représenter la fraction intéressée dans cette circonstance spéciale, et partant de cette idée qui, nous l'avons montré au début de ce paragraphe, est inexacte, il déclara que, venir porter atteinte, dans ces conditions, au suffrage universel tel qu'il existe, faire deux catégories d'électeurs, les propriétaires et ceux qui ne le sont pas, ce serait une véritable hérésie.

Et le Sénat, adoptant ses conclusions, refusa d'accorder aux propriétaires fonciers non domiciliés dans la fraction de commune intéressée le droit de concourir à l'élection de la commission syndicale chargée de représenter cette fraction.

Aussi l'art. 4, § 2, décide-t-il que « les membres de la commission syndicale seront élus par les électeurs domiciliés dans la section ».

Mais on est allé ainsi plus loin qu'on ne le voulait, plus loin que ne le désirait le rapporteur lui-même. Celui-ci, en effet, avait demandé que la commission syndicale fût nommée par les mêmes personnes chargées d'élire les membres du conseil municipal. Or, ce texte n'admet pas tous les électeurs municipaux à la nomination des syndics.

En effet, l'art. 14 de la loi du 5 avril 1884 permet d'inscrire sur les listes électorales, pour nommer les conseillers municipaux, outre les électeurs qui ont leur domicile réel dans la commune ou y habitent depuis six mois au moins, ceux qui, sans habiter la commune, y ont leur domicile légal, et les citoyens portés au rôle des contributions directes ou au rôle des prestations en nature qui, s'ils ne résident pas dans la commune, ont déclaré vouloir y exercer leurs droits électoraux.

Or l'art. 4, § 1, de la même loi, en ne reconnaissant le droit de prendre part à l'élection des membres de la commission syndicale qu'aux seuls électeurs domiciliés dans la section, exclut par là même toute une catégorie d'électeurs municipaux, ceux qui sont inscrits sur les listes d'une commune sans y avoir leur domicile.

De sorte que l'on a ainsi, sans le vouloir, établi des distinctions dans une matière où l'on voulait établir l'uniformité : certains électeurs à qui la loi reconnaît le droit de participer à la nomination du conseil municipal ne pourront concourir à l'élection de la commission syndicale ; or, ils ont au moins autant d'intérêt dans ce dernier cas que dans le premier. D'autre part, on s'en souvient, la loi, dans son art. 3, § 2, reconnait au tiers des électeurs inscrits d'une fraction de commune le droit d'exiger que le préfet ouvre l'instruction de la demande en modification territoriale; mais seule une partie de ces électeurs aura le droit de nommer la commission syndicale chargée de représenter les intérêts de cette même fraction pendant l'instruction. Et quelle est la cause de cette nouvelle distinction? Elle n'en a pas d'autre que la légèreté avec laquelle on a procédé à la discussion de toutes ces questions.

Il nous faut signaler encore un autre oubli du législateur de 1884.

La loi du 18 juillet 1837 prévoyait le cas où le nombre des électeurs appelés à nommer la commission syndicale ne serait pas double de celui des membres à élire, et décidait que, dans ce cas, la commission serait composée des plus imposés de la section.

Cette disposition ne peut plus s'appliquer aujourd'hui. On se souvient, en effet, que la loi du 5 avril 1882 a supprimé en toute matière le concours des plus imposés. Mais rien, dans la nouvelle loi municipale, ne la remplace.

Pendant la discussion de la loi au Sénat (1), M. Clément avait soulevé la question.

« La loi de 1837, disait-il, était bien plus prévoyante que la disposition proposée et qui, dans certains cas, sera absolument inapplicable. Le territoire à distraire peut comprendre des propriétés étendues et ne compter que sept ou huit habitants, tandis qu'il y a à côté beaucoup d'autres propriétaires dont les intérêts sont plus considérables. Je vous demande comment vous ferez pour constituer la commission spéciale? Vous aurez quatre, cinq, six, huit électeurs, qui se nommeront entre eux. Ce n'est pas possible! Il n'y aura aucune espèce de garantie. Il pourra se faire qu'il n'y ait pas d'électeurs dans la portion du territoire à retrancher. Il n'y a qu'une maison, par exemple ; elle est occupée par une veuve avec ses domestiques et ses filles ; comment ferez-vous? Votre loi ne prévoit pas ce cas ; elle n'en dit absolument rien ; elle ne permet pas de constituer la représentation. »

Et il proposait, comme nous l'avons montré, d'ajouter aux électeurs habitant dans cette fraction même les personnes qui, sans être portées sur la liste électorale, y sont propriétaires fonciers ; mais on a vu que l'amendement qu'il avait déposé en ce sens ne fut pas adopté.

Que faut-il donc décider dans ce cas? M. Morgand estime (2) que, quand le nombre des intéressés est minime et qu'ils peuvent être tous appelés à faire connaître, soit dans l'enquête, soit par toute autre voie, leurs désirs, il est inutile d'instituer une commission syndicale.

M. Roussel pense le contraire (3), « par cette raison qu'autre chose est une déposition individuelle sur un registre d'enquête, autre chose une délibération collective entre cointéressés. La loi, d'ailleurs, ne pose pas de limites ; il faudrait en créer d'arbitraires ».

Il nous semble que, le principe étant qu'une commission syndicale doit être élue dans chacune des localités intéressées à la nouvelle délimitation projetée, l'administration devra faire son possible pour arriver à ce but. Mais cependant, si le chiffre de la population ne le permet pas, elle devra, conformément aux instructions

(1) Séance du 5 février 1884. (*Trav. prép.*, p. 290.)

(2) *Commentaire de la loi du 5 avril* 1884, t. I, p. 84.

(3) Voir *Répertoire du droit administratif*, V° *Commune*, n° 316.

contenues dans la circulaire du ministre de l'Intérieur du 29 août 1849, s'efforcer de former avec les divers hameaux des groupes ayant des intérêts séparés, et de faire représenter chacun de ces groupes par une commission distincte.

V. — Qui peut être nommé syndic ?

La loi de 1837 ne contenait aucune disposition à cet égard ; et la loi du 5 avril 1884 garde le même silence. Mais lors de la discussion de la loi de 1837, on avait demandé si les membres de la commission syndicale devraient réunir les mêmes conditions d'éligibilité que les conseillers municipaux. M. Teste et M. Vivien avaient répondu négativement. « La loi n'impose pas de conditions, dit ce dernier ; quiconque sera choisi le sera valablement. »

Malgré cette déclaration si large du rapporteur à la Chambre et du ministre de l'Intérieur, M. Duvergier, dans ses notes sur l'art. 3 de la loi du 18 juillet 1837, déclara que « le choix ne pouvait porter que sur des habitants de la section » (1).

Mais M. Morgand (2) pense qu'il n'est pas nécessaire que les élus soient électeurs. « La loi, dit-il, n'ayant établi aucune condition d'éligibilité, le choix des habitants nous paraît pouvoir porter aussi bien sur les électeurs de la section que sur les forains, et cela sans même qu'il y ait lieu de s'arrêter à la limite du quart fixé par l'art. 31 pour les conseillers municipaux. » Et il cite, à l'appui de sa doctrine, deux avis du ministre de l'Intérieur et un arrêt du conseil d'Etat (3).

Par suite, il n'y a pas lieu d'appliquer ici rigoureusement toutes les incompatibilités énumérées dans les art. 31, 32, 33 et 34 de la loi du 5 avril 1884 (4).

Il faut même aller plus loin et dire qu'il n'y a pas incompatibilité entre les fonctions de commissaire syndical et celles de conseiller municipal, bien que les membres du conseil municipal soient déjà appelés à ce titre à délibérer sur ce projet.

(1) Voir *Collection complète des lois...*, t. XXXVII, n. 230, note 4.

(2) *Op. et loc. cit.*

(3) Avis du ministre de l'Intérieur du 19 avril 1872 (Allier), — et du 9 août 1876 (Marne). — Voir aussi arrêt du conseil d'Etat du 8 juillet 1881, section de l'Horme, DALLOZ, 1883. 3. 3.

(4) Cependant le conseil d'Etat, par un arrêt en date du 6 décembre 1844 (*Rec.*, p. 614), a semblé admettre qu'il y avait incompatibilité entre les fonctions de membre d'une commission syndicale et d'agent salarié (commissaire de police) d'une commune. Mais nous verrons, en rapportant ci-dessous une lettre du ministre de l'Intérieur du 21 décembre 1848, qu'il s'agissait là d'une incompatibilité qui est de droit commun, et que cette décision du conseil d'Etat ne fait pas obstacle à ce que les incompatibilités qui sont de droit étroit soient écartées en matière de commissions syndicales.

C'est, d'ailleurs, en ce sens que s'est prononcé le ministre de l'Intérieur dans une lettre du 21 décembre 1848, adressée au préfet de la Seine, dans les circonstances suivantes :

Une section de la commune de Neuilly ayant demandé d'en être distraite pour former une commune particulière, le préfet de la Seine prescrivit la création, dans cette section, d'une commission syndicale de neuf membres. Les électeurs domiciliés dans la section procédèrent à leur nomination et il résulta du scrutin que, parmi les membres élus, se trouvèrent trois des membres du conseil municipal de la commune de Neuilly. C'est ce qui donna lieu à la réclamation que le ministre examine ainsi :

Le sieur S... croit devoir faire remarquer qu'une commission syndicale constitue, dans l'esprit de la loi du 18 juillet 1837, une sorte de conseil municipal *ad hoc* de la section qu'elle représente ; que, par suite, les incompatibilités et empêchements mentionnés par l'art. 18 de la loi du 21 mars 1831 (1), en ce qui concerne les conseils municipaux, doivent lui être appliqués. Le sieur S... cite à l'appui de cette opinion une décision du conseil d'Etat du 6 décembre 1844, qui a étendu à une commission syndicale l'incompatibilité reconnue par cet article entre les fonctions d'agent salarié de la commune et de membre d'une commission syndicale, et il considère cette décision comme établissant une assimilation complète entre un conseil municipal et une commission syndicale. De là, selon lui, la nécessité d'appliquer à celle-ci la disposition contenue dans le § 2 de l'art. 18 ci-dessus, qui déclare que nul ne peut faire partie de deux conseils municipaux.

M. S... ajoute qu'il répugne à la raison que la même personne reçoive à la fois le mandat d'*attaquer* et de *défendre*, mandat de représenter l'*entier* et la *fraction* ayant des intérêts distincts.

En principe, les incompatibilités sont de droit *étroit* ou *strict*, parce qu'elles constituent des exclusions, et que toute exclusion doit être formellement prononcée par la loi ; aussi, quand on lit avec attention nos lois organiques, on remarque que le législateur y a toujours spécifié avec un soin scrupuleux les cas d'empêchement ou d'incompatibilité, indiquant ainsi qu'ils ne pouvaient être étendus, sauf dans le cas exceptionnel que je vais mentionner, par voie d'interprétation. Or, on ne lit nulle part, dans la loi du 18 juillet 1837 (2), qu'un membre d'un conseil municipal ne puisse faire en même temps partie d'une commission syndicale, lorsque les membres de cette commission sont nommés par les électeurs communaux ; sous ce rapport, elle laisse une latitude complète.

Toutefois, malgré son silence sur les incompatibilités qui peuvent exister entre ces deux fonctions, je dois reconnaître (et c'est l'expression à laquelle je viens de faire allusion) qu'il en existe qui sont de *droit commun*. En réglementant une matière spéciale, en effet, le législateur omet souvent un certain nombre de dis-

(1) Aujourd'hui par les art. 31 à 35 de la loi du 5 avril 1884.

(2) Ni dans la loi du 5 avril 1884.

positions qui, étant de l'essence même du droit, sont universellement reconnues, et, à ce titre, n'ont pas besoin d'être rappelées. C'est ainsi qu'il y a lieu de considérer comme étant de droit commun celles qui éloignent des assemblées électives les femmes et les mineurs, les interdits, les incapables, les agents salariés et toutes autres personnes qui pourraient avoir un intérêt dans les délibérations de ces assemblées et exercer sur elles, par leur position, une influence contraire à la libre manifestation de leurs vœux. A ce titre, les incompatibilités et empêchements prévus par l'art. 18 de la loi du 31 mars 1831 sont généralement applicables aux commissions syndicales, et c'est dans ce sens que doit être entendue la décision du conseil d'Etat du 6 décembre 1844, invoquée par le sieur S... Mais en est-il de même de la dernière disposition de cet article, d'après laquelle *nul ne peut être membre de deux conseils municipaux ?*

Le motif principal de cette disposition est évident. Elle est fondée, en très grande partie, sur l'impossibilité matérielle d'appartenir à deux assemblées qui se réunissent aux mêmes époques pour leurs sessions ordinaires ; hors cette impossibilité, en effet, on verrait peu d'inconvénients à ce que la même personne, possédant, par exemple, des propriétés dans plusieurs communes, fût appelée à discuter en conseil municipal les intérêts de ces communes. Cette difficulté, toute matérielle, se rencontre-t-elle en ce qui concerne les commissions syndicales ? Non, sans nul doute.

Ainsi, sous ce rapport, point d'assimilation entre ces commissions et les conseils municipaux. Il y a, d'ailleurs, entre ces deux assemblées des différences d'attributions très essentielles, qui ne permettent pas de penser que le législateur ait voulu leur donner le même caractère. Ainsi, l'une constitue une réunion temporaire et accidentelle appelée à donner son avis sur une question spéciale, et dont la mission finit à l'émission de cet avis ; l'autre, au contraire, est la représentation permanente de la commune, elle tient des sessions ordinaires et extraordinaires, discute et arrête le budget, vote, dans de certaines limites, des impositions extraordinaires et des emprunts, et constitue, par conséquent, une administration régulière et fixe qui ne peut être dissoute par l'autorité supérieure que dans les cas prévus par la loi.

Maintenant, est-il vrai qu'il répugne à la raison que la même personne puisse être en même temps membre des deux assemblées ? En d'autres termes, l'incompatibilité, pour n'être pas écrite dans la loi, est-elle au fond des choses ? Je ne le pense pas. En matière de distraction territoriale, la commission syndicale et le conseil municipal ne sont pas appelés à examiner la même question, ou du moins à l'examiner au même point de vue. La commission se préoccupe exclusivement de l'intérêt de la section ; le conseil municipal, de celui de la commune, et il n'est pas indispensable que la même personne qui, comme commissaire syndical, a émis un avis favorable à la distraction, puisse, comme conseiller municipal, ayant en cette qualité à apprécier la mesure au point de vue de ses conséquences pour le bien-être et l'importance de la commune, émettre une opinion contraire. Sans doute il peut arriver, dans la pratique, que le commissaire syndical se croie obligé à soutenir, dans le sein du conseil municipal, son premier avis ; mais la loi ne saurait se préoccuper de l'idée plus ou moins erronée qu'un mandataire peut se faire des convenances de son mandat. Il suffit au législateur que les fonctions soient différentes, et il n'a pas à prévoir dans quel sens elles seraient comprises et remplies. *C'est à l'élu de la section qui se trouve placé, par son double mandat, dans une situation délicate, à résigner l'une des deux entre les mains de ses commettants.* L'argument tiré des inconvénients qui pourraient résulter, dans la pratique, de la réunion dans la même personne des fonctions de commissaire syndical et de conseiller municipal, aurait beaucoup plus de valeur si les deux assemblées électives dont il s'agit étaient appelées à prononcer un jugement, à statuer sur la question qui leur est soumise; car, en matière judiciaire, le législateur doit écarter, avec le soin le plus scrupuleux, toutes les circonstances qui pourraient exercer une influence fâcheuse sur l'impartialité du juge ; mais ici elle ne donne qu'un simple avis, et cet avis n'est qu'un des éléments d'appréciation dont dispose le ministre pour prendre ou provoquer une décision sur l'affaire. La loi a, d'ailleurs, admis et consacré une institution qui a une grande analogie avec la pretendue incompatibilité signalée par le sieur S...; je veux parler de l'organisation municipale et départementale de la Seine. Par suite de cette organisation, on voit le conseil municipal, après avoir examiné comme tel des questions qui, spéciales en apparence à la ville de Paris, intéressent en réalité le département, en délibérer de nouveau en conseil général.

En fait, exclure les conseillers municipaux des commissions syndicales, c'est resserrer le choix des électeurs municipaux des sections dans des limites telles que leurs intérêts peuvent en souffrir un grave préjudice. Il arrive, en effet, dans le plus grand nombre de petites localités, que les personnes qui sont investies du mandat de conseiller municipal sont seules capables d'apprécier et de discuter les vœux et les besoins des sections qu'elles habitent.

En examinant de plus près la question, on cesse complètement, selon moi, d'apercevoir les inconvénients qu'il peut y avoir à ce que la même personne puisse être, dans certains cas, membre des deux assemblées. C'est ce qui résulte de l'observation suivante :

La section la plus populeuse, dans les petites localités surtout, est généralement représentée, au sein du conseil municipal, par le plus grand nombre de conseillers ; c'est d'elle, par conséquent, qu'émane la majorité de ce conseil. Or, si c'est cette section qui désire être érigée en commune distincte, la nomination de quelques-uns des conseillers municipaux comme commissaires syndicaux ne saurait influer sur la détermination qu'ils seront appelés à prendre, plus tard, comme membres du conseil municipal. Il est certain, en effet, que si la demande en distraction est fondée sur des besoins sérieux, elle triomphera au sein de cette assemblée comme au sein de la commission syndicale. Réciproquement, si la section qui demande la séparation n'est représentée dans le conseil municipal que par la minorité de ses membres, l'introduction de quelques-uns de ces derniers dans la commission syndicale ne saurait exercer aucune influence sur la détermination que le conseil serait appelé à prendre.

Les auteurs de la loi du 18 juillet 1837 étaient d'autant moins fondés à prononcer l'incompatibilité *de jure* des fonctions de membre de la commission syndicale et du conseil municipal, en matière de circonscription territoriale, que si, dans ce cas, les intérêts de la section et de la commune sont distincts, en principe, l'expérience enseigne que, en fait, ils peuvent être souvent les mêmes.

Au surplus, la loi du 18 juillet n'a pas été muette dans l'hypothèse où ces intérêts sont réellement opposés. Elle l'a prévue, en effet, dans son art. 56, par lequel elle dispose que lorsqu'une section est dans le cas d'intenter ou de soutenir une action judiciaire contre la commune, la formation de la commission syndicale appartiendra au préfet (1).

Les mesures qu'elle prescrit, en outre, pour que les membres du conseil municipal qui pourraient être intéressés dans le litige soient remplacés, pour les délibérations y relatives, par des électeurs municipaux étrangers à la section, témoignent assez de son intention d'assurer, dans ce cas, à la commission syndicale et au conseil municipal la plus complète indépendance. Si donc elle n'a pas pris les mêmes précautions en matière de circonscription territoriale, ce n'est pas qu'elle ait manqué de prévision, mais bien parce qu'elle n'a pas vu, dans le fait d'une demande de modification à la circonscription communale existante, l'existence *a priori* d'un intérêt opposé entre les deux portions de la commune intéressée.

En résumé, l'incompatibilité entre les fonctions de commissaire syndical et de conseiller municipal, dans les questions de circonscription territoriale, ne me semble justifiée ni par le texte de la loi du 18 juillet, ni par le droit commun, ni par la nature de ces fonctions ; je ne pense donc pas qu'il y ait lieu d'arguer de nullité devant le conseil de préfecture les opérations électorales à la suite desquelles la commission syndicale des Thermes a été formée (2).

VI. — « Les règles à suivre pour les élections de ces commissions sont celles qui sont exposées dans le titre II de la loi pour les élections des conseils municipaux. » (Circulaire du 15 mai 1884.)

En conséquence, le bureau électoral est présidé par le maire, l'adjoint ou un conseiller, à la condition qu'ils résident dans la section (3).

(1) Les art. 128, 129 et 130 de la loi du 5 avril 1884 ont modifié, sur ce point, la loi du 18 juillet 1837.

(2) *Bull. offic. min. Int.*, 1849, p. 396. — Conf. Bost, *Code de la constitution des communes*, p. 150, n° 167. — Braff, *Principes d'administration communale*, p. 678. — Morgand, *op. et loc. cit.* — Dalloz, *Code des lois administratives*, V° *Commune*, n°s 190 et 191, citant une décision du ministre de l'Intérieur du 8 janvier 1875 (Allier).

(3) Morgand, *op. et loc. cit.* — Voici, d'après M. Bost (*op. cit.*, p. 33, n° 23), comment doit être dressé le procès-verbal de l'élection des membres de la commission syndicale :

Ce jourd'hui , nous, maire (*ou adjoint*) de la commune de , nous étant rendu dans le local désigné pour la tenue de l'assemblée des électeurs domiciliés dans la section de , nous avons fait préalablement déposer sur le bureau la liste des électeurs de la section.

électeurs étant présents, nous avons déclaré, à heures, la séance ouverte, et appelé au bureau, pour remplir les fonctions d'assesseurs, MM. , comme étant les deux

Les réclamations auxquelles peuvent donner lieu ces élections sont jugées dans la même forme et par les mêmes autorités que les réclamations relatives à l'élection des conseillers municipaux ou des maires, c'est-à-dire par le conseil de préfecture, et en appel par le conseil d'Etat.

Telle était la règle suivie sous l'empire de la loi du 18 juillet 1837 ; telle est aussi la prescription contenue dans la circulaire du 15 mai 1884 (1).

Ainsi, il a été jugé que le maire qui a présidé l'assemblée des électeurs d'une section pour la nomination d'une commission syndicale n'a pas qualité pour déférer au conseil de préfecture les opérations électorales, s'il n'est pas électeur dans la section et s'il n'était pas candidat ; ce qui n'est, d'ailleurs, que l'application d'une jurisprudence constante en matière d'élections municipales (2).

Le conseil d'Etat a décidé également que, si l'art. 9 de la loi du 21 juin 1865 donne aux parties le droit de présenter des observations orales devant le conseil de préfecture, les candidats qui n'ont pas été élus membres de la commission syndicale et qui n'ont élevé aucune protestation contre les opérations électorales ne sont point parties

plus âgés et les deux plus jeunes des électeurs présents. Il a ensuite été procédé, par les assesseurs et par nous, à la nomination de M , pour remplir les fonctions de secrétaire.

Ce dernier, ayant pris place au bureau en cette qualité, a ouvert le procès-verbal.

Nous avons alors fait connaître aux électeurs qu'ils étaient convoqués, aux termes d'un arrêté de M. le préfet en date du , pour élire cinq (*ou trois*) citoyens qui devront former une commission syndicale, laquelle devra donner son avis, par une délibération spéciale, sur le projet qui consiste à (*spécifier la nature de ce projet*).

A heure du , le scrutin étant resté ouvert pendant plus de six heures, nous avons reconnu, d'après la liste d'inscription des votants, que électeurs avaient déposé leur vote. La boîte ayant été ouverte, nous avons compté les bulletins et reconnu qu'ils étaient en nombre égal à celui des électeurs votants.

Nous avons annoncé que, d'après ce chiffre, la majorité absolue était de , le quart des électeurs inscrits étant de

Le dépouillement du scrutin a donné les résultats suivants :

M voix, M voix, etc... MM ayant obtenu la majorité absolue des suffrages exprimés et un nombre de suffrages égal au quart de celui des électeurs inscrits, ont été proclamés membres de la commission syndicale.

Nous avons ensuite donné lecture du présent procès-verbal et déclaré la séance levée.

Fait à, etc... , ce

(Le maire ou adjoint.)

(1) Voir le journal l'*Ecole des communes*, année 1843, p. 299, n° 891. — Arrêt du conseil d'Etat, du 31 mars 1843, Hédouin et autres électeurs de la section de Portel, commune d'Outreau, *Recueil*, p. 151. — Laferrière, *Traité de la juridiction administrative*, t. II, p. 352. — Conseil de préfecture de la Seine, 9 juillet 1881.

(2) Voir : Arrêt du conseil d'Etat, du 16 mai 1866, affaire : Elections du Noyal-sur-Vilaine, *Recueil*, p. 467, — et arrêt du conseil d'Etat, du 8 juillet 1881, Breuil, Berne, etc., contre commission syndicale de l'Horme, *Recueil*, p. 674.

au débat, et, dès lors, ne sont pas recevables à se plaindre de n'avoir pas été invités à présenter des observations orales (1).

VII. — Les commissions syndicales, une fois constituées, élisent dans leur sein un président et, s'il y a lieu, un secrétaire.

Elles délibèrent sur le projet et donnent un avis motivé, qu'elles adressent au préfet du département (2).

Cela fait, elles sont dissoutes de plein droit. Elles ne peuvent donc former aucun recours contre la légalité de l'instruction, en tant que corps constitué (3) ; mais il va sans dire que leurs membres pourraient exercer ce recours comme simples particuliers, dans les cas où le conseil d'Etat l'admet.

§ 3 *bis*.

Consultation des commissions administratives des bureaux de bienfaisance.

Les communes peuvent avoir, dans leur patrimoine, des biens affectés au soulagement des indigents.

Or, ces biens peuvent se présenter sous un aspect juridique fort différent. Tantôt, la commune possédant un bureau de bienfaisance, ce sera à la commission administrative de ce bureau qu'appartiendra l'administration de ces biens. Tantôt, cet établissement spé-

(1) Même arrêt du 8 juillet 1881. — Voir également DALLOZ, *Code des lois administratives*, V° *Commune*, n° 197. — Conf. conseil d'Etat, arrêt du 29 avril 1863, *Rec.*, p. 393.

(2) Voir DALLOZ, *Rép. alphab.*, V° *Commune*, n° 184.

Cet avis pourra être formulé ainsi qu'il suit :

Ce jourd'hui,

La commission syndicale, élue par les électeurs domiciliés de la section de , en conformité de l'arrêté de M. le préfet de , en date du , composée de MM.

Réunie aux fins de délibérer sur , a ouvert sa séance sous la présidence de M. , nommé conformément à l'arrêté susmentionné.

M , secrétaire, a donné lecture de

Ouï successivement chacun des membres de la commission, dans ses observations détaillées ;

Ladite commission syndicale, après avoir mûrement délibéré sur le tout, a cru devoir formuler son avis de la manière suivante :

Attendu que (*motifs d'adhésion ou d'opposition*);

Par ces motifs et autres à suppléer, la commission syndicale est unanimement d'avis d'adopter (*ou de rejeter*) le projet qui consiste à , et de supplier les conseils d'arrondissement et général d'émettre également un avis favorable (*ou défavorable*) au projet dont il s'agit.

Fait et délibéré à

Le président. Le secrétaire. Les membres.

(BOST, *op. cit.*, p. 35, n° 24.)

(3) Voir *Répertoire du droit administratif*, V° *Commune*, n° 317.

cial faisant défaut, ils devront être administrés par le conseil municipal lui-même.

Mais, quoique ces biens des indigents ne constituent pas, à proprement parler, des biens communaux, nous verrons plus tard qu'on leur étend, par analogie et à défaut de dispositions spéciales, les règles posées par l'art. 7 de la loi du 5 avril 1884, pour les partages résultant des modifications apportées dans la circonscription des communes.

Par suite, ces changements devant avoir, sur les biens des pauvres, des effets importants, le ministre recommande, dans sa circulaire du 15 mai 1884, de faire instruire, en même temps que les projets de modifications territoriales, les conditions concernant le patrimoine charitable. Et il ajoute : « Les commissions administratives des bureaux de bienfaisance, quand il en existera, seront appelées à délibérer et, dans ce cas, les conseils municipaux n'auront qu'un avis à émettre. Dans l'hypothèse contraire, il appartiendra aux conseils municipaux et aux commissions syndicales de délibérer sur cette question comme sur les autres. »

§ 4.

Production de plans et de tableaux de renseignements statistiques.

S'il n'a pas été fourni de plan à l'appui de la demande et si le préfet n'a pas jugé indispensable d'en réclamer avant l'enquête et les délibérations des commissions syndicales et des conseils municipaux, il y aura lieu, avant de pousser l'instruction plus loin, d'en exiger la confection (1).

En effet, l'instruction purement locale est terminée ; et, avant de consulter sur le projet de modification les diverses autorités dont la loi exige le concours, il était naturel, pour que ces autorités puissent se prononcer en toute connaissance de cause, de leur fournir tous les renseignements propres à les éclairer.

Les règles relatives à la rédaction de ces plans ont été établies par une circulaire du ministre de l'Intérieur du 1er octobre 1839 (2), que nous croyons devoir citer tout entière :

Il m'est arrivé si souvent, disait le ministre, d'être obligé de renvoyer des plans défectueux, que je crois nécessaire de donner sur ce point des indications détaillées.

(1) Circulaire du 15 mai 1884.

(2) Insérée au *Bull. offic. min. Int.*, 1839, p. 290.

Je dois d'abord vous faire remarquer que, quelle que soit la nature du projet, réunion de communes, formation de communes, rectification de limites ou échange de polygones, il faut toujours que le plan soit tracé sur une feuille détachée, attendu qu'un des doubles doit rester annexé à la loi ou à l'ordonnance royale. Plusieurs fois on a envoyé, à l'appui des projets de circonscriptions, les cahiers de procès-verbaux de délimitation rédigés par les agents du cadastre et présentant de simples plans marginaux; ces plans ne pouvant être séparés des cahiers, ils ne sauraient être admis (1).

Il importe également que les plans présentent les détails nécessaires pour faire apprécier la nécessité ou l'utilité des projets, mais qu'en même temps ils ne soient pas rédigés dans un format ou avec un luxe de dessin qui augmente les frais; comme les mêmes détails topographiques ne sont pas indispensables pour les différents cas, je vais vous donner sur ce point des indications spéciales :

1° Lorsqu'il s'agit de réunir deux ou plusieurs communes, il faut que le plan présente l'ensemble des territoires de ces communes, sans aucun détail de ses parcelles, mais avec l'indication des principales masses d'habitations, afin de permettre d'apprécier la plus ou moins grande facilité des relations qu'auront entre elles ces différentes masses; il sera bien de tracer les principaux chemins, ainsi que les ravins, cours d'eau ou autres obstacles, s'il en existe. Ces plans devront être tracés sur l'échelle de 1 à 50,000;

2° Lorsqu'il s'agit de diviser une commune pour en former deux ou plusieurs communes, il est nécessaire que les plans soient établis sur une échelle plus forte, afin que les limites à fixer entre les nouvelles communes puissent être indiquées avec plus de précision; vous ferez donc rédiger les plans à l'échelle de 1 à 20,000, et vous aurez soin d'y faire tracer les indications prescrites au n° 1 ci-dessus;

3° Si une commune actuellement existante doit être fractionnée entre plusieurs communes voisines, le plan sera établi à l'échelle de 1 à 20,000 et il devra présenter le périmètre entier des communes intéressées, ainsi que tous les détails propres à faire apprécier les avantages ou les inconvénients qui peuvent résulter de l'association des portions du territoire fractionné aux communes voisines;

4° Lorsque vos propositions auront pour but d'établir une nouvelle délimitation entre communes, par suite de suppression d'enclaves, d'échanges de polygones, etc., le plan devra être levé à l'échelle de 1 à 10,000;

(1) Les plans que produisent les préfets doivent être levés sur feuilles détachées, et non, comme il est arrivé quelquefois, sur des cahiers formant une espèce de petit atlas, ou sur les marges des avis et procès-verbaux donnés par les géomètres du cadastre. Il est évident que les plans ainsi produits n'ont pas une forme appropriée à leur destination. En effet, il serait peu convenable d'annexer à une ordonnance royale ou à un acte législatif un cahier de plans dont la plupart des indications seraient étrangères au projet adopté, et sur lequel on ne trouverait qu'avec peine la portion de la limite visée par l'ordonnance ou par la loi. Quant aux plans marginaux, comme ils ne peuvent se détacher de l'avis qu'ils accompagnent, en les annexant à l'acte qui termine une affaire, on est obligé de soustraire au dossier une des pièces qui ont servi à l'instruction.

(Lettres du ministre de l'Intéreur aux préfets du Cantal et de l'Aube, de mars 1839, — insérées dans l'*Ecole des communes*, année 1839, p. 96.)

5° Pour que l'on puisse apprécier l'ensemble des combinaisons proposées, les plans relatifs à toutes ces opérations devront être lavés en teintes plates, en ayant soin de donner la même teinte à toutes les portions qui composent le territoire actuel d'une commune, et d'indiquer par des liserés de couleur différente la limite existante et celle que l'on propose d'y substituer ;

6° Il est indispensable, dans tous les cas, que les plans portent l'échelle sur laquelle ils ont été tracés, afin de permettre d'apprécier les distances ; il faut qu'ils contiennent en marge les légendes nécessaires pour les rattacher au projet qu'ils concernent, et qu'ils soient orientés par une flèche. Ils doivent, enfin, être certifiés par le géomètre qui les a établis, et approuvés par vous. Si le projet de circonscription concerne deux départements, les préfets doivent se concerter entre eux pour que les plans qu'ils présentent aient une parfaite conformité, quant à leur rédaction.

Ajoutons que les préfets doivent éviter les envois de plans roulés qui, séparés des dossiers, sont sujets à s'égarer ; il est mieux et plus commode de les plier et de les joindre au dossier (1).

Ces indications n'ayant pas été exactement suivies par les préfets, le ministre de l'Intérieur, dans sa circulaire du 29 août 1849 (2), les leur rappela brièvement, en leur recommandant de mieux observer à l'avenir ses prescriptions.

Enfin, la circulaire du 15 mai 1884 dispose :

« Ces plans, dressés d'après les documents cadastraux et complétés au besoin par les soins des agents-voyers, au point de vue des voies de communication, doivent toujours porter le visa du préfet et celui du directeur des contributions directes, appelé à apprécier si les limites proposées sont conformes aux règles du cadastre et si elles seront facilement reportées sur le terrain. Dans la plupart des cas, une copie du plan d'assemblage suffira, mais elle devra être complétée par des extraits du plan parcellaire si, sur certains points, la limite n'est déterminée que par la limite même des parcelles cadastrales.

« Tous les plans produits doivent être sur toile. »

Enfin, les plans doivent être envoyés : en simple exemplaire, lorsqu'il s'agira d'un transfèrement de chef-lieu ; — en triple expédition, lorsqu'il s'agira d'un projet de modification de limites sur lequel un décret doit statuer ; — en quadruple expédition, lorsqu'une loi devra intervenir (3).

(1) Lettre du ministre de l'Intérieur au préfet du Var, de janvier 1839, insérée dans le journal l'*Ecole des communes*, année 1839, p. 98.

(2) Insérée au *Bull. offic. min. Int.*, 1849, p. 383.

(3) Ces règles ont été souvent rappelées. Voir notamment : Circulaire du ministre de l'Intérieur du 30 avril 1838 (*Bull. offic. min. Int.*, 1838, p. 125). — Circulaire précitée du 1er octobre

La confection de tous ces plans va entraîner forcément certains frais. Qui devra les supporter?

La réponse à cette question se trouve dans la circulaire précitée du ministre de l'Intérieur du 29 août 1849, où on lit :

« La production des plans donne lieu à des frais dont le paiement est souvent l'objet de difficultés, des communes se refusant à les payer, et ces dépenses, qui ne rentrent pas dans la catégorie de celles que la loi du 18 juillet 1837 déclare obligatoires, ne pouvant être inscrites d'office par les préfets sur les budgets communaux (1).

« Pour prévenir le retour de ces difficultés, vous voudrez bien, à l'avenir, lorsque l'initiative des projets sera prise par des communes, des sections, des hameaux ou des particuliers, mettre les auteurs de ces projets en demeure de vous fournir à leurs frais, en triple expédition, un plan conforme aux indications que vous leur donnerez (2).

« Lorsque vous croirez devoir prendre cette initiative, au point de vue, soit de l'intérêt général, soit de l'intérêt des localités, vous

1839. — Décision ministérielle insérée au *Bull. offic. min. Int.*, 1860, p. 175. — Circulaire du ministre de l'Intérieur du 5 août 1862, insérée au même *Bulletin*, 1862, p. 263.

Ajoutons qu'on ne saurait apporter trop de soin et de précision dans la rédaction de ces plans, qui sont destinés à servir de base au changement de circonscription projeté, et qui indiqueront désormais les limites des nouvelles communes résultant du remaniement territorial. Les actes portant distraction ou réunion de communes ou de fractions de communes contiennent tous, en effet, un article se référant aux plans qui leur demeurent annexés.

C'est ainsi, par exemple, qu'une loi du 1er avril 1888 dispose dans son art. 1er :

« La section de Saint-Fons est distraite de la commune de Vénissieux (canton de Villeurbanne, arrondissement de Lyon, département du Rhône) et formera à l'avenir une municipalité distincte dont le chef-lieu est fixé à Saint-Fons, et qui en portera le nom.

« La limite entre les deux communes est déterminée conformément au liseré bleu figuré au plan d'assemblage et développé pour partie au plan parcellaire, l'un et l'autre annexés à la présente loi. »

Enfin, aux termes d'une circulaire du ministre de l'Intérieur du 3 août 1867 (*Bull. offic.*, p. 390) : « Dans le dispositif des actes statuant sur un changement de circonscription de communes, la fixation des limites devra toujours être en concordance parfaite avec les indications du plan, qui restera joint à la minute. »

(1) L'art. 136 de la loi du 5 avril 1884 ne contient non plus aucune disposition à cet égard.

(2) Il pourrait arriver, cependant, que le préfet ait omis d'exiger la production de ces plans. Alors, à la charge de qui faudrait-il mettre les frais qu'ils pourront occasionner? Nous proposons la distinction suivante : Le projet a-t-il abouti? Alors il semble naturel et convenable que, s'il y a réunion, ce soit la commune qui reçoit une augmentation de territoire qui paye les frais, tandis que, s'il y a division, ces frais retombent à la charge de la commune nouvellement formée. (Voir en ce sens: Lettre du ministre de l'Intérieur au préfet de la Côte-d'Or, de novembre 1838, insérée dans le journal l'*Ecole des communes*, année 1838, p. 257.) — Au contraire, le projet a-t-il été repoussé? Les frais devront être supportés par les promoteurs du projet, qui répartiront la dépense entre eux comme ils l'entendront, soit par portions égales, soit au prorata de leurs contributions, soit encore en proportion directe de l'intérêt que pouvait leur offrir la réalisation du projet. (Voir en ce sens : *Journal des conseillers municipaux*, année 1886, p. 74.)

devrez demander au conseil général de porter au budget départemental un crédit qui vous permette d'acquitter les frais de plans. »

Mais, dans ce dernier cas, comme le fait remarquer M. Aucoc (1), il est permis de douter que si le conseil général refusait d'accepter une pareille dépense, elle pût lui être imposée. En effet, il n'existe aucun texte qui la mette à la charge du département (2).

Enfin, comme annexe du plan, le préfet doit faire établir un tableau de renseignements statistiques et avoir soin de le viser. Le ministre de l'Intérieur en avait déjà tracé la forme dans sa circulaire précitée du 1er octobre 1839. La circulaire du 15 mai 1884 nous en fournit les modèles, que nous reproduisons ici.

(1) *Sections de commune*, n° 160, p. 388, note 1.

(2) Voir sur tous ces points : LEMERCIER DE JAUVELLE, *Répertoire général des contributions directes*, V° *Réunion de communes*, p. 1231.

d DEPARTEMENT
d ARRONDISSEMENT
d CANTON
d COMMUNE.

ANNEXE
à la
circulaire ministérielle
du 15 mai 1884.

MODÈLE A

RENSEIGNEMENTS

à fournir à l'appui des projets tendant au transfèrement d'un chef-lieu de commune.

RENSEIGNEMENTS SUR LA SITUATION DE LA COMMUNE				RENSEIGNEMENTS SUR LES DIVERS HAMEAUX					OBSERVATIONS
NOM de la commune	Superficie	Population	Principal des quatre contributions directes	NOMS des divers hameaux (placer en tête le chef-lieu actuel)	Population agglomérée du hameau	Edifices	Distance entre le hameau et l'ancien chef-lieu	Distance entre le hameau et le nouveau chef-lieu proposé	

Certifié à , le 18

Le Préfet du département d

d DEPARTEMENT
d ARRONDISSEMENT
d CANTON

ANNEXE
à la
circulaire ministérielle
du 15 mai 1884
—
Modèle B

RENSEIGNEMENTS

à fournir à l'appui des projets tendant à la réunion de communes ou à la formation de communes nouvelles.

COMMUNES	Superficie	Population	Principal des quatre contributions directes	Nombre de centimes dont la commune est grevée (en indiquant la nature et la durée des impositions)	Moyenne des recettes des trois dernières années		Moyenne des dépenses des trois dernières années		Édifices et biens communaux	OBSERVATIONS
					Ordinaires	Extra-ordinaires	Ordinaires	Extra-ordinaires		
État actuel										
Après la réunion										
					Evaluation des recettes		Evaluation des dépenses			
					Ordinaires	Extra-ordinaires	Ordinaires	Extra-ordinaires		

Certifié à , le 18

Le Préfet du département d

d DEPARTEMENT
d ARRONDISSEMENT
d CANTON

ANNEXE
à la
circulaire ministérielle
du 15 mai 1884
—
MODÈLE C

RENSEIGNEMENTS

à fournir à l'appui des projets tendant à la modification des limites des communes.

COMMUNES	Superficie	Population	Principal des quatre contributions directes	Nombre de centimes dont la commune est grevée (en indiquant la nature et la durée des impositions)	Moyenne des recettes des trois dernières années		Moyenne des dépenses des trois dernières années		ÉDIFICES et biens communaux	OBSERVATIONS
					Ordinaires	Extra-ordinaires	Ordinaires	Extra-ordinaires		
Etat actuel des communes										
Modifications proposées										
Parties de territoire à distraire de la commune d Parties de territoire à distraire de la commune d										
Etat des communes après la modification					Evaluation des recettes		Evaluation des dépenses			
					Ordinaires	Extra-ordinaires	Ordinaires	Extra-ordinaires		

Certifié à , le 18

Le Préfet du département d

§ 5.

Consultation du conseil d'arrondissement.

La loi exige ensuite que le dossier soit soumis au conseil d'arrondissement, reproduisant en cela la disposition de l'art. 41 de la loi du 10 mai 1838. Mais elle n'attache pas une grande importance à l'avis que cette assemblée doit émettre sur le projet ; car, tandis que l'opposition d'une simple commission syndicale a pour effet de dessaisir le conseil général du droit de statuer dans le cas de l'art. 6, § 4, de la loi du 5 avril 1884, celui-ci n'en resterait pas moins compétent, quand même le conseil d'arrondissement aurait émis un avis contraire au changement proposé.

L'avis du conseil d'arrondissement doit toujours précéder celui du conseil général, afin que ce dernier conseil puisse toujours le viser dans celui qu'il a lui-même à émettre ; mais il doit nécessairement venir après les délibérations et avis énumérés ci-dessus (1).

§ 6.

Consultation du conseil général.

On se rappelle que cette assemblée est appelée tantôt à statuer définitivement sur le projet, tantôt à ne donner sur lui qu'un simple avis (loi du 5 avril 1884, art. 6, § 4, et art. 3, § 3). Nous n'avons à nous occuper ici que de la deuxième hypothèse, la première ayant

(1) Bost, *op. cit.*, p. 40, n° 34. — Voici, d'après le même auteur (n° 35), comment cet avis pourra être formulé :

Extrait des registres des délibérations du conseil d'arrondissement de

L'an mil huit cent , le , à , le conseil d'arrondissement de , réuni en session ordinaire (ou extraordinaire), dans la salle de ses séances, en vertu du décret du Président de la République du , qui ordonne (*ou autorise*) sa convocation ;

Etaient présents MM.

M. le préfet invite le conseil à donner son avis sur le projet qui consiste à (*énoncer ici avec détail en quoi consiste le projet*).

Ouï les explications et développements donnés au conseil sur ce projet ;

Vu le procès-verbal de l'enquête à laquelle il a été procédé (*ou les procès-verbaux de toutes les enquêtes auxquelles il a été procédé dans les communes de et de*) par les soins de M (*ou de MM*) ;

Vu l'avis (*ou les avis*) de la commission syndicale de la section de (*ou des sections de et de*) ;

Vu la délibération (*ou les délibérations*) prise (*ou prises*) par le conseil municipal (*ou les conseils municipaux*) de la commune de (*ou des communes de et de*) ;

Vu toutes les autres pièces relatives à cette affaire ;

Considérant que (*motifs d'adhésion ou d'opposition*) ;

Délibère : il y a lieu (*ou il n'y a pas lieu*) d'approuver le projet qui consiste à, etc....

été étudiée par nous dans le chapitre précédent, relatif à la compétence (1).

Les diverses lois qui ont déterminé les attributions des conseils généraux leur ont expressément reconnu le droit de donner leur avis « sur les changements proposés à la circonscription du territoire du département, des arrondissements, des cantons et des communes, et à la désignation des chefs-lieux » (2) ; et cet avis, suivant qu'il était affirmatif ou négatif, avait pour effet de faire varier l'autorité compétente pour statuer sur le projet (3).

Lors de la discussion de la loi du 5 avril 1884, on proposa d'aller plus loin et d'attribuer une plus grande importance à cette consultation du conseil général.

En première lecture, un député, M. le comte de Lanjuinais, déposa, sous le § 3 de l'art. 3, un amendement d'après lequel aucun changement ne pourrait être introduit dans la circonscription des communes sans l'approbation du conseil général (4). « Vous savez tous, dit-il, l'importance que l'on attribue dans nos communes rurales à ces demandes de changement de circonscription, qui sont bien souvent présentées par certaines personnalités remuantes et qui excitent des animosités entre des voisins qui devraient vivre, au contraire, en bonne intelligence. Je demande que des mesures de ce genre ne puissent être prises sans l'approbation du conseil général ; en un mot, je voudrais que, pour qu'un changement de circonscription pût être opéré, il fallût à la fois et le consentement du conseil général et celui de l'autorité administrative. Je pense que les corps élus doivent émettre en cette matière un avis prépondérant. »

Mais le rapporteur, M. de Marcère, répondit que c'était précisément à cause des difficultés qui peuvent s'élever dans les communes à l'occasion du changement des circonscriptions, et qui naissent des

(1) Quand l'affaire est de celles pour lesquelles la loi donne compétence au conseil général, l'instruction s'arrête là, et ce conseil statue. — Mais dans les autres cas, la délibération du conseil ne forme qu'un élément de l'instruction, qui comprend encore plusieurs formalités.

(2) Loi du 10 mai 1838, art. 6. — Loi du 10 août 1871, art. 50, § 1.

(3) « L'importance de l'avis du conseil général, dit M. Bost (*op. cit.*, p. 40, n° 36), est grande aux yeux de l'administration supérieure. Le conseil général est, en effet, dans chaque département, l'expression la plus haute des intérêts locaux de la fraction du territoire qu'il représente. Vivant assez près des populations pour n'ignorer aucun de leurs besoins réels, et cependant placé au-dessus d'elles assez haut pour ne pas se laisser dominer par les mesquines passions qui les emportent quelquefois, le conseil général, par l'avis qu'il émet sur les projets de circonscriptions communales, doit nécessairement exercer une puissante influence sur les déterminations dont elles sont l'objet. »

(4) Séance de la Chambre des députés, du 10 février 1883. (*Trav. prép.*, p. 28.)

rapports si multipliés et si intimes des habitants des communes entre eux, que la commission n'avait pas voulu donner le droit de décision au conseil général. « Il importe, en effet, dit-il, que ces sortes d'affaires soient examinées et tranchées par une autorité supérieure. Si vous donniez ce droit de décision au conseil général et à l'autorité supérieure concurremment, vous provoqueriez des conflits qu'il serait impossible de faire cesser d'une façon satisfaisante pour la commune elle-même. Il suffit que le conseil général fasse connaître son sentiment, et l'autorité supérieure, qui plane au-dessus de ces rivalités intimes, prendra une décision après avoir entendu tout le monde, les conseils municipaux, les conseils généraux, toutes les parties intéressées, enfin. »

Et l'amendement de M. de Lanjuinais ne fut pas adopté.

D'autre part, l'art. 5 du projet portait « qu'il ne pourrait être procédé à l'érection d'une commune nouvelle qu'en vertu d'une loi, après avis du conseil général et le conseil d'Etat entendu ». Mais le mot « conforme » fut supprimé, sur la demande du sous-secrétaire d'Etat au département de l'Intérieur, M. Develle, et de M. Dureau de Vaulcomte.

En seconde lecture (1), M. de Lanjuinais soutint à nouveau l'amendement qu'il avait déjà proposé, sans succès, à la Chambre des députés, et demanda aussi le rétablissement du mot « conforme » dans l'art. 5. Malgré l'appui de M. de Cassagnac, ces propositions furent de nouveau rejetées.

De sorte que, finalement, l'opposition du conseil général à un projet de modification dans la circonscription d'une commune, dans le cas de l'art. 6, § 4, n'a qu'un effet : celui de dessaisir cette assemblée du droit de statuer, et de nécessiter un décret.

Le préfet doit-il son avis au conseil général ?

M. Roussel, qui examine la question (2), pense que le préfet fera bien de le lui donner, dans l'intérêt de la bonne entente d'où sort la bonne administration ; mais il reconnaît que la loi n'en fait pas une obligation au préfet. « Il peut entrer, dit-il, dans les motifs déterminants d'une création de commune, des considérations d'ordre politique dont le préfet ne doit compte qu'au Gouvernement, et qui ne sauraient être discutées au conseil général qu'en faisant sortir ce conseil de ses attributions normales, où la politique n'a place que dans des cas strictement déterminés par la loi. » D'ailleurs,

(1) Séance de la Chambre des députés, du 30 juin 1883. (*Trav. prép.*, p. 121.)

(2) *Répertoire du droit administratif*, V° *Commune*, n° 318.

nous verrons que le véritable avis du préfet se place après la délibération du conseil général et fait partie du dossier à transmettre au ministre.

Aucune forme n'est prescrite pour la délibération que le conseil général doit prendre à ce sujet (1).

Notons seulement que, lorsqu'il s'agit de réunir plusieurs communes, les conseils généraux comme les conseils d'arrondissement ne doivent pas se borner à émettre un avis favorable à la réunion, sans s'occuper de la désignation de la localité où sera fixé le chef-lieu de la nouvelle commune. « Cette désignation, disait le ministre de l'Intérieur dans une circulaire en date du 26 juin 1841 (2), n'est pas moins nécessaire que l'avis sur la réunion même, et l'absence de cette formalité m'a souvent forcé d'ajourner d'une année des affaires qu'il eût été d'un grand intérêt de terminer immédiatement. Je vous engage donc à provoquer toujours l'avis des conseils d'arrondissement et de département sur la désignation des chefs-lieux. »

(1) On pourra toutefois en rédiger le procès-verbal d'après la formule ci-après :

Extrait du registre des délibérations du conseil général de

Session ordinaire (ou extraordinaire), séance du

Le conseil général,

Vu la demande présentée à M. le préfet, le , par (*le tiers des électeurs inscrits ou par le conseil municipal de la commune de , à moins que le préfet n'ait agi d'office*), tendant à ce que la section de soit séparée de la commune de et érigée en commune distincte ;

Vu le procès-verbal de l'enquête faite par M , sur ce projet de distraction, et de laquelle il résulte que habitants de la section de ont fait des déclarations favorables à ce projet ; mais que habitants des autres parties de la commune s'y sont, au contraire, opposés ;

Vu les motifs allégués de part et d'autre et consignés dans le procès-verbal d'enquête ;

Vu l'avis de la commission syndicale de la section de ;

Vu le tableau des renseignements statistiques de la commune de , et du territoire de la section de qu'il s'agit d'en distraire ;

Vu le plan cadastral de la commune et de la section ;

Vu le rapport de M. le directeur des contributions directes, en date du

Vu l'avis émis le par le conseil d'arrondissement de , avis contenant adhésion (*ou opposition*) au projet ;

Vu l'avis de M. le sous-préfet de , en date du , également favorable (*ou contraire*) à la réunion (*ou distraction*) dont il s'agit ;

Considérant que la section de présente une population agglomérée de habitants ; que l'étendue de son territoire est de hectares ; que le revenu annuel de cette portion de la commune s'élève à la somme de ; qu'elle possède déjà (*une maison d'école, une église, etc.*) ; qu'elle réunit ainsi toutes les conditions d'une existence et d'une administration municipales distinctes (*ou bien tout cela en sens opposé*) ;

Considérant (*autres motifs pour ou contre*) ;

Par tous ces motifs, le conseil général est d'avis que la section de soit séparée de la commune de pour être érigée en commune distincte (*ou bien que la section ne soit pas, etc.*).

(Bost, *op. cit.*, p. 41, n° 37.)

(2) Insérée au *Bull. offic. min. Int.*, 1841, p. 223.

§ 7.

Pièces à transmettre au ministre de l'Interieur.

L'affaire doit alors être soumise à l'administration centrale: mais il est bon que celle-ci ait, pour s'éclairer, tous les documents nécessaires. Aussi le ministre de l'Intérieur, dans la circulaire du 15 mai 1884, décide-t-il que les dossiers que le préfet aura à lui transmettre devront comprendre, indépendamment des documents relatifs au règlement des conditions de la séparation ou de la réunion, les pièces ci-après:

1° La demande formée pour obtenir la modification, soit qu'elle ait été présentée par le tiers des électeurs inscrits, soit qu'elle résulte d'une délibération du conseil municipal. Il va sans dire que ce document ne sera pas produit lorsque le préfet aura agi d'office;

2° L'arrêté de nomination du commissaire enquêteur;

3° Le procès-verbal de l'enquête, rédigé dans les formes que nous avons examinées, et l'avis du commissaire;

4° L'arrêté créant la commission ou les commissions syndicales;

5° Les procès-verbaux des opérations électorales relatives à la nomination de ces commissions;

6° Les délibérations des conseils municipaux et des commissions syndicales;

7° Un plan: en simple exemplaire, lorsqu'il s'agit d'un transfèrement de chef-lieu; en triple expédition, lorsqu'il s'agit d'un projet de modification de limites sur lequel un décret doit statuer; en quadruple expédition, lorsqu'une loi devra intervenir;

8° Un tableau de renseignements statistiques, modèle A, lorsqu'il s'agit d'un transfèrement de chef-lieu; modèle B, lorsqu'il s'agit de la création d'une commune nouvelle ou d'une réunion de communes; modèle C, lorsqu'il s'agit d'un simple échange de territoire entre deux ou plusieurs communes;

9° Budget et compte du dernier exercice de la commune ou des communes intéressées. — Cette dernière formalité a été exigée pour la première fois par le ministre de l'Intérieur, dans la circulaire du 29 août 1849 (1), et toujours maintenue depuis.

« Les tableaux statistiques, disait le ministre pour justifier cette nouvelle exigence, dont la circulaire du 1er octobre 1839 vous donne les modèles, indiquent le chiffre des revenus et des dépenses ordi-

(1) Insérée au *Bull. offic. min. Int.*, 1849, p. 383.

naires des communes (1). Cette indication a été reconnue insuffisante, parce qu'elle ne permet pas toujours d'apprécier exactement leur situation financière, situation qui est cependant l'un des motifs déterminants du rejet ou de l'approbation des projets. J'ai eu, en outre, l'occasion de vérifier que les bases d'après lesquelles les revenus ordinaires sont établis dans ces tableaux varient souvent ; il en résulte que dans beaucoup de cas la valeur de ce renseignement est au moins contestable. J'ai été ainsi amené à penser que la production des budgets de la commune ou des communes intéressées, comme annexe des tableaux statistiques, serait utile en ce qu'elle permettrait de contrôler l'exactitude de ces tableaux. »

10° L'avis du sous-préfet ;

11° L'avis du conseil d'arrondissement ;

12° L'avis du conseil général ;

13° Un rapport du directeur des contributions directes, portant non seulement sur les limites proposées, examinées au point de vue du cadastre, mais encore sur les conséquences du projet en ce qui concerne l'assiette de l'impôt et les forces contributives des diverses communes intéressées (2) ;

14° L'avis de l'inspecteur d'académie en ce qui concerne le service de l'instruction primaire et les modifications que le projet peut amener dans l'organisation et les dépenses du service ;

15° L'avis du préfet ; — avant la loi du 5 avril 1884, cet avis devait être donné sous forme d'arrêté ; la circulaire du 15 mai 1884 exige qu'il soit donné sous forme d'exposé détaillé et complet.

Dans la circulaire du 29 août 1849, le ministre de l'Intérieur avait prescrit, en outre, la production de renseignements sur la circonscription religieuse.

J'ai eu maintes fois à signaler, disait-il, l'absence au dossier de documents sur la circonscription religieuse des localités dont on propose de modifier la circonscription territoriale. Vous reconnaîtrez cependant qu'il y a un grand intérêt à faire concorder les deux circonscriptions pour que les habitants puissent accomplir au même chef-lieu leurs devoirs religieux et les obligations que la loi civile leur impose ; on leur évite ainsi des déplacements qui, dans les campagnes surtout, sont toujours onéreux. On satisfait, en outre, aux légitimes exigences de ce grand et salutaire principe de l'unité, qui fait la force de l'administration française. Vous devrez donc me dire, par exemple, si la section ou le hameau que vous me proposez de distraire d'une commune pour l'annexer à une autre com-

(1) Nous savons qu'il en est de même des tableaux contenus dans la circulaire du 15 mai 1884.

(2) Conf. *Répert. des contrib. dir.*, V° *Réunion de communes*, p. 1232, col. 1.

mune, ou l'ériger en commune distincte, fait partie de la même paroisse ou de la même succursale que la commune au préjudice de laquelle la distraction est demandée ou que celle au profit de laquelle l'annexion doit avoir lieu. Cette indication est de nature à exercer une grande influence sur la suite à donner au projet ; j'ajouterai que le conseil d'Etat l'a souvent réclamée.

C'était là une sage prescription ; et les auteurs s'accordaient à l'approuver.

« Toutes les fois, disait à ce propos M. Deshaires (1), qu'il s'agit d'un remaniement de circonscriptions territoriales, on devrait profiter de la circonstance pour faire en sorte d'établir une complète concordance entre la circonscription civile et la circonscription religieuse. Il n'y a, en effet, rien de plus embarrassant pour l'administration qu'une paroisse dont le périmètre est emprunté à plusieurs communes, et l'on est presque toujours certain d'y trouver l'église et le presbytère dans un délabrement complet. »

La circulaire du 15 mai 1884 ne reproduit pas, sur ce point, la disposition de la circulaire du 29 août 1849 ; mais nous pensons néanmoins, contrairement à l'opinion de certains auteurs (2), que cette dernière circulaire doit être considérée comme étant encore en vigueur sur ce point. D'ailleurs, l'intérêt est le même de nos jours qu'à cette époque ; et nous aurons plusieurs fois l'occasion de montrer que la circulaire du 15 mai 1884 doit être complétée par celle de 1849 (3).

Tel est le dossier que le préfet doit envoyer au ministre.

Notons que le ministre (circulaire du 29 août 1849) recommande au préfet de joindre à ses lettres d'envoi un bordereau détaillé de toutes les pièces composant le dossier.

« Vous pourrez ainsi, dit-il, vous assurer vous-même, et vous me donnerez en même temps le moyen de vérifier facilement si vous n'avez omis aucune des formalités à remplir. Le bordereau servira de chemise au dossier. »

Enfin, aux termes de la même circulaire, le préfet doit être en mesure d'envoyer au ministre de l'Intérieur tous les projets de circonscription territoriale qui concernent son département dans le

(1) *Traité de l'administration départementale et communale*, p. 263.

(2) Voir par exemple Dalloz, *Code des lois administratives*, V° *Commune*, n°s 207 et 208.

(3) Voir *Répertoire du droit administratif*, V° *Commune*, n° 319. — Il est à remarquer, du reste, que les réunions ou divisions de communes n'ont par elles-mêmes aucun effet immédiat sur les circonscriptions religieuses antérieurement établies. Les circonscriptions paroissiales sont, en effet, complètement distinctes et indépendantes des circonscriptions communales ; et, par suite, il n'y a pas lieu de rechercher quelles peuvent être à ce point de vue les conséquences des remaniements territoriaux qui font l'objet de notre étude.

courant du mois de janvier au plus tard, l'instruction de ces projets ayant été complétée par l'avis des conseils généraux. « Un grand nombre de vos collègues, disait le ministre, ne me les adressent cependant qu'à une époque fort reculée et quelquefois seulement dans le dernier mois qui précède la réunion de ces assemblées. Une pareille négligence a d'abord cet inconvénient général que les projets dont il s'agit ne reçoivent que très tardivement la suite dont ils sont susceptibles, au préjudice des localités intéressées ; elle a, en outre, ce résultat fâcheux de laisser croire, soit à ces localités, soit aux conseils généraux, qui ne connaissent pas la date exacte de l'envoi des pièces au ministère, que la cause du retard provient uniquement des bureaux de l'administration centrale. »

Remarque. — Telles sont les diverses formalités auxquelles il doit être procédé en cas de modification dans la circonscription territoriale des communes. Ajoutons que ces formalités doivent être accomplies dans l'ordre que nous avons indiqué, et qui est celui voulu par la nature même des choses et par la loi.

Le ministre de l'Intérieur le faisait remarquer dans la circulaire du 29 août 1849.

« Plusieurs de vos collègues, disait-il aux préfets, ont cru pouvoir intervertir l'ordre dans lequel les diverses formalités de l'instruction doivent être accomplies. C'était mal interpréter les circulaires ; il est certain, en effet, que toutes les parties de l'instruction s'enchaînent méthodiquement et qu'il n'est pas rationnel, par exemple, de saisir le conseil d'arrondissement ou le conseil général de l'examen d'un projet sur lequel la commission syndicale, le conseil municipal, les habitants des deux localités intéressées n'ont pas été appelés à donner leur avis, qui est un des principaux éléments d'appréciation de ces assemblées. »

La circulaire du 15 mai 1884 renouvelle ces prescriptions.

« Le préfet, dit le ministre, doit veiller non seulement à ce que toutes les formalités ci-dessus énumérées soient exactement remplies, mais encore à ce qu'elles le soient dans l'ordre que la loi elle-même a fixé. Le conseil d'Etat a souvent fait observer qu'il n'est pas permis à l'administration de changer cet ordre. »

Mais quelle sera la sanction de la violation de cette règle ?

« Chaque degré de l'instruction, dit M. Roussel, implique la connaissance des mesures d'instruction antérieure, et si, de l'interversion des opérations, il ne résulte pas nécessairement, et pour tous les cas, un vice radical emportant nullité, ce vice peut cependant trouver sa source dans cette interversion seule. Il suffit, pour qu'il en soit ainsi, que telle ou telle délibération apparaisse comme insuffisamment éclairée, appréciation assurément très délicate, mais qui appartient, sans aucun doute, au juge de l'excès de pouvoirs signalé. » (1).

§ 8.

Avis du conseil d'Etat.

Pour que l'instruction de l'affaire soit terminée, une dernière formalité est encore nécessaire : c'est la délibération du conseil d'Etat, qui est, ainsi que le dit M. Roussel (2), comme le couronnement de cet ensemble de garanties données à l'autonomie communale.

Le conseil d'Etat devra délibérer sur cette question en assemblée générale (3).

Le Gouvernement est-il absolument tenu de prendre l'avis du conseil d'Etat ?

Il est bien certain qu'il ne pourrait pas rendre de décret valable, ou saisir les Chambres du projet de modification, sans avoir auparavant saisi le conseil d'Etat de l'affaire. La loi du 5 avril 1884 le dit expressément, dans ses art. 5 et 6.

Mais le Gouvernement peut-il se refuser à statuer lui-même par un décret, lorsque la loi lui reconnaît compétence, ou s'abstenir de soumettre aux Chambres un projet de loi tendant à un changement dans la circonscription territoriale d'une ou plusieurs communes ? Et alors, si l'on répond affirmativement à cette question, peut-on soutenir que le Gouvernement peut prendre cette décision sans avoir consulté auparavant le conseil d'Etat ?

Sous la législation antérieure à la loi du 5 avril 1884, la réponse ne pouvait être douteuse : on se rappelle, en effet, que l'instruction de ces sortes d'affaires n'était pas obligatoire pour l'administration, et que celle-ci était seulement tenue de transmettre au conseil général les affaires instruites dont la solution, aux termes de la loi du 10 août 1871, appartenait à cette assemblée départementale (4).

(1) *Répertoire du droit administratif*, V° *Commune*, n° 320. — Voir également DESHAIRES, *op. cit.*, p. 263.

(2) *Répertoire du droit administratif*, V° *Commune*, n° 321.

(3) Voir DALLOZ, *Code des lois administratives*, V° *Commune*, n° 247. — Décret du 21 août 1872, portant règlement intérieur du conseil d'Etat, art. 5, § 12, — et décret du 2 août 1879 (même intitulé), art. 7, § 12.

(4) Le conseil d'Etat s'était nettement prononcé en ce sens, dans un avis en date du 26 avril 1877 (*Bull. offic. min. Int.*, p. 231), qui était ainsi conçu :

« Le conseil d'Etat, consulté par le ministre de l'Intérieur sur la question de savoir si,

Mais aujourd'hui, en vertu de l'art. 3 de la nouvelle loi municipale, l'administration n'a plus seule l'initiative de ces sortes d'affaires; l'instruction des demandes en modification de circonscription des communes est obligatoire pour elle, lorsque la demande est formée, soit par le conseil municipal, soit par le tiers des électeurs inscrits de la commune ou de la fraction de commune intéressée. Elle ne pourrait donc pas se dispenser de soumettre à l'instruction une demande qui lui semblerait mal fondée.

Toutefois, l'art. 3 ne vise que l'instruction locale ; elle ne parle pas de l'instruction par le pouvoir central. Il y a lieu, dès lors, de

lorsqu'il est formé une demande ayant pour objet de modifier la circonscription territoriale des communes d'un même canton, l'administration préfectorale est tenue de faire procéder à toutes les formalités prescrites par la loi du 18 juillet 1837, et de porter l'affaire ainsi instruite devant le conseil général ;

« Vu la dépêche adressée au président du conseil d'Etat par le ministre de l'Intérieur en date du 17 janvier 1877 ;

« Vu le titre Ier de la loi du 18 juillet 1837 ; les art. 6 de la loi du 10 mai 1838, 13 de la loi du 24 juillet 1867, 46, § 26, et 50, § 1, de la loi du 10 août 1871 ;

« Considérant que la question posée par le ministre de l'Intérieur comprend à la fois les cas où la décision est du domaine de la loi ou du décret, par application de la loi de 1837, et ceux où le conseil général statue définitivement en vertu de l'art. 46, § 26, de la loi du 10 août 1871 ; qu'il convient d'examiner successivement l'une et l'autre hypothèse ;

« — En ce qui touche les demandes qui continuent d'être exclusivement régies par la loi de 1837, et sur lesquelles le conseil général n'est appelé à émettre qu'un avis ;

« Considérant que si les termes employés par les art. 2 et suiv. de la loi de 1837 sont impératifs en ce sens qu'aucune modification ne peut être apportée aux circonscriptions des communes sans que les formalités prescrites par ces articles aient été préalablement remplies, il résulte de la rédaction de ces mêmes dispositions que le législateur a entendu réserver exclusivement à l'administration le soin de préparer les projets ;

« Qu'aucune disposition de la loi de 1837 n'impose à l'administration l'obligation d'instruire les demandes formées, soit par les particuliers, soit par les conseils municipaux, dans le but d'obtenir des changements aux circonscriptions des communes, et ne donne aux conseils généraux le droit d'exiger l'instruction de ces demandes ;

« Qu'enfin l'art. 50 de la loi du 10 août 1871, qui a maintenu et reproduit textuellement la disposition de l'art. 6 de la loi du 10 mai 1838, n'appelle, comme cette dernière disposition, le conseil général à donner son avis que sur les changements proposés par l'autorité administrative;

« — En ce qui touche les cas dans lesquels le conseil général statue définitivement en vertu de l'art. 46 de la loi du 10 août 1871;

« Considérant que les règles générales tracées dans le titre Ier de la loi de 1837 n'ont pas été abrogées par la loi de 1871 ;

« Que l'art. 46 de cette dernière loi s'est borné à transférer au conseil général, lorsqu'il y a accord entre les conseils municipaux, le pouvoir de statuer qui avait été reconnu dans ce cas au préfet par la loi du 24 juillet 1867 ; que cette disposition exceptionnelle, expressément visée par l'art. 50 de la loi de 1871, ne doit pas être entendue au-delà du cas spécial qu'elle prévoit ; qu'elle impose, il est vrai, au préfet l'obligation de transmettre les projets au conseil général pour qu'il statue, lorsqu'il résulte de l'instruction que les conseils municipaux sont d'accord, mais que, tant que cet accord n'existe pas, la compétence du conseil général restant incertaine, le préfet n'est pas tenu de procéder à l'instruction des demandes qui lui auraient été adressées ;

« Est d'avis :

« Qu'il y a lieu de résoudre les questions posées dans le sens des observations qui précèdent. »

se demander si cette dernière est obligatoire pour l'administration, au même degré que l'instruction locale.

La question s'est présentée récemment devant le conseil d'Etat, dans une espèce où il s'agissait d'une demande de création de commune nouvelle. Voici, d'ailleurs, dans quelles circonstances (1) :

La commune de Meudon, dont la population était de 7,621 habitants, comprenait deux sections, celles de Bellevue et du Bas-Meudon, qui, depuis longtemps, sollicitaient leur érection en communes distinctes. Les électeurs inscrits de ces sections, usant du droit que leur reconnaissait la loi du 5 avril 1884, provoquèrent une enquête administrative; des commissions syndicales furent élues, le conseil d'arrondissement et le conseil général furent appelés à donner leur avis: le conseil général émit un avis favorable, le conseil d'arrondissement se prononça en sens contraire. Le ministre de l'Intérieur fit ensuite connaître aux intéressés, par une décision du 17 septembre 1887, qu'il s'abstiendrait de soumettre à l'examen du conseil d'Etat et à la sanction du pouvoir législatif un projet de loi tendant à la création de la commune nouvelle.

Les électeurs de Bellevue et du Bas-Meudon déférèrent cette décision au conseil d'Etat au contentieux, pour excès de pouvoirs.

Leur pourvoi s'appuyait d'abord sur le texte même de la loi du 5 avril 1884: l'art. 3 de cette loi, disaient-ils, énumère toute une série de formalités qui sont obligatoires pour l'administration et que le préfet est tenu de faire accomplir; toutes ces formalités, enquête, nomination de commissions syndicales, avis du conseil général et du conseil d'arrondissement, sont, il est vrai, essentiellement locales; mais l'instruction locale terminée, l'instruction par le pouvoir central est également obligatoire. En effet, d'après l'art. 5, il ne peut être procédé à l'érection d'une commune nouvelle qu'en vertu d'une loi, après avis du conseil général et le conseil d'Etat entendu. Or, cet art. 5, en rappelant l'avis du conseil général, formalité obligatoire déjà mentionnée à l'art. 3, a voulu manifestement attribuer le même caractère aux formalités nouvelles qu'il prévoit.

Cet argument n'avait aucune valeur: nous savons, en effet, pour l'avoir vu plus haut, que cette mention de l'avis du conseil général dans l'art. 5 s'explique par l'historique de la loi ; on avait d'abord exigé l'avis conforme du conseil général et il était nécessaire de le dire; on supprima le mot « conforme » pour diverses

(1) Arrêt du conseil d'Etat, du 17 février 1888 ; — *Recueil*, p. 148 ; — *Revue générale d'administration*, année 1888, t. I, p. 328, avec les notes ; — et DALLOZ, 1889. 3. 45.

raisons que nous avons données; et l'on oublia de supprimer le membre de phrase tout entier. D'autre part, l'art. 6 indique dans quel cas il est statué par un décret rendu en conseil d'Etat, mais il n'indique pas que le conseil d'Etat doive être nécessairement saisi, même lorsque le Gouvernement estime qu'il n'y a pas lieu de faire des modifications de circonscriptions.

Le pourvoi s'appuyait, en outre, sur des principes généraux pour soutenir qu'il était nécessaire de soumettre l'affaire aux Chambres par un projet de loi, ou tout au moins au conseil d'Etat.

Il est, disait-on, de principe qu'un acte de tutelle ne peut être soustrait à l'examen du tuteur. Si un décret ou une loi est nécessaire pour approuver, la même autorité doit forcément seule pouvoir ne pas approuver.

Mais, ainsi que le fit remarquer le commissaire du Gouvernement, M. Le Vavasseur de Précourt, « le Parlement est appelé à faire des lois de deux natures différentes : les unes, disposant pour l'avenir sur des questions de droit civil, de propriété, de finances, de culte, d'armée, sont de véritables lois ; les autres sont des actes d'administration et de tutelle auxquels on a donné la garantie du pouvoir législatif ; telles sont les lois prononçant une déclaration d'utilité publique, approuvant des impositions de centimes extraordinaires, des emprunts, des ventes de biens de l'Etat, autorisant l'exécution de travaux publics, d'un chemin de fer d'intérêt local, etc. Mais, de ce que le pouvoir législatif est appelé à statuer, il ne s'en suit pas que la haute tutelle administrative ait été déplacée ; elle appartient toujours au pouvoir exécutif, qui seul apprécie s'il y a lieu de changer la situation existante, et qui est seulement tenu, s'il croit devoir la modifier, de recourir à la solennité de la loi. Il est de l'essence du droit d'initiative législative d'être essentiellement libre : le Gouvernement peut être tenu, vis-à-vis de la nation, à présenter certaines lois, telles que celle du budget, nécessaires à la marche des services publics ; il n'a aucune obligation semblable vis-à-vis des personnes intéressées à la présentation de telle ou telle loi. Au reste, il serait tout-à-fait anormal de contraindre l'administration à présenter un projet de loi dont elle demanderait le rejet ».

Enfin, les requérants soutenaient que l'avis du conseil d'Etat aurait dû, en tout cas, être pris par le Gouvernement.

Ils invoquaient en ce sens plusieurs arguments d'analogie, tirés des décisions relatives aux demandes en concession de mines, aux autorisations ou refus de dons et legs, aux appels comme d'abus ;

ils invoquaient aussi la législation relative aux demandes d'autorisation des établissements dangereux, incommodes ou insalubres, adressées à l'administration.

Mais, comme le fit encore remarquer M. Le Vavasseur de Précourt, dans toutes ces matières les textes étaient absolument différents. Ainsi, si le conseil d'Etat, après une longue pratique contraire de l'administration, a décidé que les refus de demandes en concession de mines ne pouvaient être faits que par décrets en conseil d'Etat (décisions du conseil d'Etat du 24 janvier 1872, Astier, *Recueil*, page 34; — du 10 mars 1876, Zégut, *Recueil*, page 248; — du 23 mars 1877, etc.), c'est parce que le texte de la loi du 21 avril 1810, art. 28, sur les mines, dispose qu'il sera statué définitivement sur la demande en concession par un décret délibéré en conseil d'Etat. D'autre part, les recours pour abus sont soumis à une législation toute spéciale et ont été attribués au conseil d'Etat statuant administrativement; — en matière de dons et legs, il y a une situation nouvelle créée par un testament qu'il est nécessaire de régler, et les textes ont toujours mis le refus d'autorisation de dons et legs sur la même ligne que l'autorisation d'acceptation. D'ailleurs, dans toutes ces affaires il y a des intérêts privés engagés, tandis que, au contraire, dans les affaires relatives aux créations ou suppressions de communes il n'y a qu'un intérêt public et collectif, dont l'administration a la garde et au sujet duquel les particuliers ne peuvent intervenir que dans la limite même fixée par la loi (1).

De son côté, le ministre de l'Intérieur présenta des observations tendant à ce que le pourvoi fût rejeté, « attendu que l'art. 5 de la loi du 5 avril 1884 ne dit pas que toutes les fois qu'une demande de création de commune sera formée, le législateur devra statuer, mais seulement qu'il ne peut être procédé à l'érection d'une commune nouvelle qu'en vertu d'une loi et qu'aucune disposition n'oblige le Gouvernement à saisir le Parlement d'une demande qui ne lui paraîtrait pas susceptible d'être accueillie » (2).

Enfin, le commissaire du Gouvernement, M. Le Vavasseur de Précourt, formula ainsi ses conclusions :

(1) M. MORGAND (*Commentaire de la loi du 5 avril* 1884, 3e édit., t. I, p. 86) décide également que, « alors même que le conseil général a donné un avis favorable, le Gouvernement reste d'ailleurs libre de ne pas soumettre l'affaire au conseil d'Etat ».

(2) M. DALLOZ fait observer (1889. 3. 45, note sous l'arrêt du conseil d'Etat du 17 février 1888) qu'il n'appartient pas au conseil d'Etat d'obliger le Gouvernement de présenter un projet de loi au Parlement; que la présentation d'un projet de loi est, en effet, un acte engageant essentiellement la responsabilité du ministre, qui soumet au chef de l'Etat le décret ordonnant cette présentation et qui contresigne ce décret; et qu'il ne peut appartenir à aucune autorité judiciaire ou administrative de lui enjoindre de prendre cette initiative.

« En résumé, nous estimons que la loi du 5 avril 1884 a distingué entre les formalités locales d'instruction, que les intéressés peuvent provoquer, et les autres formalités, qui peuvent être ou non poursuivies, suivant l'appréciation du pouvoir exécutif, chargé de la haute tutelle des communes. Le droit d'initiative du Gouvernement doit rester entièrement libre dans son exercice, et il appartient également au Gouvernement, à moins de textes ou de principes contraires, d'apprécier s'il y a lieu de consulter le conseil d'Etat. »

Le conseil d'Etat, dans son arrêt precité du 17 février 1888, sans examiner la question au fond, se borna à rejeter le pourvoi, par le motif que « les actes du pouvoir exécutif, concernant ses rapports avec le Parlement, ne sont pas de nature à faire l'objet d'un débat par la voie contentieuse ».

Nous aurons occasion de revenir sur cet arrêt, lorsque nous nous occuperons des questions contentieuses qui peuvent s'élever à propos des modifications dans les circonscriptions des communes, et de voir si le motif invoqué par le conseil d'Etat est bien satisfaisant. Qu'il nous suffise, pour le moment, de savoir que le Gouvernement a le droit de refuser de présenter au conseil d'Etat, après les enquêtes réglementaires, un projet de décret ou de loi tendant à prononcer un changement de circonscription communale, et qu'il peut également ne pas saisir les Chambres de la question (1).

Le Gouvernement pourrait même, s'il le jugeait à propos, retirer le projet de modification territoriale qu'il aurait présenté devant les Chambres. C'est ainsi, par exemple, que dans la séance du 22 janvier 1891 (2), le ministre de la Marine, M. Barbey, a déposé sur le bureau du Sénat un décret du Président de la République, du 17 janvier 1891, ainsi conçu :

Le Président de la République française, sur la proposition du ministre de l'Intérieur, décrète :

ARTICLE PREMIER. — Est retiré le projet de loi tendant à distraire la section de Glaudon de la commune de Saint-Yrieix (canton et arrondissement du dit, département de la Haute-Vienne), pour l'ériger en municipalité distincte.

ART. 2. — Le ministre de l'Intérieur est chargé de l'exécution du présent décret.

Mais, en présence de cette inaction du Gouvernement, un membre du Parlement pourrait-il déposer lui-même le projet de loi ? Nous ne voyons aucune raison pour lui refuser ce droit.

(1) Conf. *Rép. du droit administratif*, V° *Commune*, n° 296.

(2) *Journ. offic.* du 23 janvier 1891, p. 19.

Tout d'abord, le droit d'initiative des députés n'est limité ni par la Constitution, ni par le règlement ; il peut donc s'exercer en toute matière, tant qu'il ne porte pas atteinte aux lois constitutionnelles. On n'a jamais songé, d'ailleurs, à leur contester ce droit, si ce n'est toutefois en matière financière; et encore a-ce été sans succès (1). Quant aux sénateurs, si leur droit d'initiative n'est pas aussi étendu que celui des députés et s'ils ne peuvent déposer ni propositions de crédit, ni propositions d'impôt ou d'emprunt, l'art. 8 de la loi constitutionnelle du 24 février 1875 décidant que « les lois de finances doivent être, en premier lieu, présentées à la Chambre des députés et votées par elle », ils ont, en toute autre matière, un pouvoir égal à celui de la Chambre des députés (2).

Par suite, dans notre espèce, ou bien l'instruction administrative de l'affaire sera terminée, et alors le pouvoir législatif pourra se saisir immédiatement de l'affaire ; ou bien l'instruction ne sera pas faite, et la Chambre ne pourra qu'inviter le Gouvernement à y faire procéder. Mais, par la voie de l'interpellation, les membres du Parlement ont un moyen plus pratique de soumettre la question aux Chambres (3).

Remarquons, enfin, que l'avis exprimé par le conseil d'Etat ne lie pas le Gouvernement : si donc cette assemblée a donné un avis affirmatif, le Gouvernement reste néanmoins libre de ne pas rendre de décret ou de ne pas saisir les Chambres d'un projet de loi ; et, inversement, si le conseil d'Etat a émis un avis négatif, il peut passer outre et rendre un décret ou présenter le projet de loi aux Chambres.

Constatons cependant qu'en fait, le Gouvernement se conforme toujours à l'avis du conseil d'Etat.

(1) Assemblée nationale, séance du 3 juillet 1875 : Réponse de M. Léon Say, ministre des Finances, à un projet de loi déposé par M. Ordinaire, et tendant à l'émission d'un emprunt au profit des inondés du Midi. — Rapport de M. Lebourgeois, présenté le 30 juillet 1875 au nom de la 36e commission d'initiative, concluant au rejet de la proposition. — Chambre des députés, séance du 11 janvier 1877 : Observations présentées par M. Léon Say, ministre des Finances, contre un projet d'ouverture de crédit déposé par un député, et réponse de M. le Président Grévy. — Voir également dans la *Rev. gén. d'adm.* (1878. 2. 530) un article de M. Réginald Palgrave, secrétaire général adjoint (clerk assistant) de la Chambre des communes, où il examine l'étendue du droit d'initiative des membres du Parlement en Angleterre.

(2) J. Poudra et E. Pierre, *Traité pratique de droit parlementaire*, Paris, 1878, p. 488 et 489, nos 962 à 964.

(3) Voir les observations présentées par M. Le Vavasseur de Précourt, commissaire du Gouvernement, sur l'arrêt du conseil d'Etat du 17 février 1888. — (*Recueil*, p. 148, et *Revue générale d'administration*, 1888, I, p. 328.)

APPENDICE

SPHÈRE D'APPLICATION DES ARTICLES 3, 4 ET 5 DE LA LOI DU 5 AVRIL 1884. DE LA DÉLIMITATION DES COMMUNES ET DES RECTIFICATIONS DE LIMITES

Les règles de compétence et de procédure que nous avons étudiées jusqu'à présent doivent-elles s'appliquer dans tous les cas où un changement est apporté à la limite des communes, non seulement lorsqu'il s'agit de la réunion ou de la distraction de communes ou de portions notables de communes, mais encore lorsque la modification ne porte que sur une fraction de territoire de peu d'importance, par exemple sur quelques hectares de terres sans habitants; en un mot, lorsqu'il s'agit d'une simple rectification de limites?

Pour répondre à cette question, nous examinerons successivement comment elle a été résolue avant et après la loi du 18 juillet 1837; nous rechercherons ensuite si la loi du 5 avril 1884 a apporté quelques modifications aux règles précédemment admises en cette matière.

SECTION Ire

Avant la loi du 18 juillet 1837.

A l'origine, en 1789, il n'existait aucun document public déterminant d'une manière officielle et authentique la circonscription territoriale des communes. Les titres individuels des communes, leurs chartes, leurs contrats, étaient à peu près les seuls éléments dont on pût déduire leurs limites réelles et au moyen desquels il fût possible, en cas de contestation, de régler le différend.

L'Assemblée constituante acceptant, comme nous l'avons montré, le fait accompli, décida qu'il y aurait une municipalité en chaque ville, bourg, paroisse ou communauté de campagne (1), et reconnut ainsi une existence distincte à chacune de ces agglomérations. Mais comme il était matériellement impossible d'établir en même temps leurs limites respectives, elle se borna à décider, par décret en date du 19 avril 1790 (art. 8), que « les limites contestées entre les communautés seraient réglées par les administrations de district ».

« Cette disposition, dit M. Roussel (2), pourvoyait au plus pressé. Mais, d'une part, elle était notoirement insuffisante, les administrations de district n'ayant compétence que dans leurs propres limites et ne pouvant avoir compétence pour trancher les contestations naissant entre communes de districts différents, *a fortiori* de départements différents. D'autre part, il eût peut-être pu suffire d'établir des compétences pour les contestations à venir entre communes, si les communes étaient restées étrangères, comme elles l'étaient à peu de choses près sous l'ancien régime, à l'administration générale. Mais du moment qu'elles étaient constituées à l'état d'organes élémentaires de l'administration publique, il fallait songer à passer des principes généraux et du domaine d'un contentieux communal hypothétique, à la détermination officielle et générale des circonscriptions. »

Pourtant, quelle que fût l'utilité de cette mesure, nous serions peut-être encore aujourd'hui à en attendre la réalisation si, pour répartir d'une manière équitable, entre les contribuables d'une même commune, la contribution foncière établie par la loi des 23 novembre-1er décembre 1790 (3), et pour déterminer exactement la contenance, la nature et la valeur de chaque parcelle de terrain à imposer, il n'avait fallu auparavant fixer avec précision la circonscription de la commune dans laquelle elle se trouvait située.

Cette mission fut confiée à un géomètre délimitateur, et voici comment on procéda (4).

Le géomètre devait reconnaître les limites de la commune et les décrire dans un procès-verbal auquel il joignait un croquis figuratif.

(1) Loi du 22 décembre 1789, art. 7.

(2) *Répert. du droit administratif*, Vo *Commune*, no 272.

(3) Ce fut là le but du cadastre. Au 1er janvier 1887, il n'y avait plus que 322 communes non encore cadastrées, savoir : 9 en Corse, 172 dans la Savoie et 141 dans la Haute-Savoie.

(4) Décret du 19 avril 1790, art. 8. — Ordonnance royale du 3 octobre 1821. — Règlement général du cadastre du 10 octobre 1821. Ce règlement n'a pas été inséré au *Bulletin des lois*. On le trouve dans la *Collection Duvergier*, 2e édit., à sa date, et dans le volume supplémentaire de la 1re édition.

Puis il le signait, et avec lui le maire, et aussi, l'opération intéressant toutes les communes limitrophes, les maires de ces communes, préalablement appelés par voie d'affiches et assistés d'indicateurs pris parmi les citoyens notables.

Et alors, personne n'ayant contesté l'exactitude des limites ainsi proposées, tout était dit, et le procès-verbal signé en commun faisait foi pour l'avenir (1).

Au contraire, si une contestation venait à surgir, le géomètre indiquait, sur un croquis figuratif, les limites prétendues de part et d'autre ; il le consignait dans son procès-verbal avec les dires des maires respectifs, et il concluait en donnant son avis motivé sur la limite qu'il croyait devoir être adoptée.

Puis, si les communes en désaccord appartenaient au même département, le préfet, après avoir appelé les conseils municipaux de ces communes à délibérer sur cette proposition et pris l'avis du sous-préfet, décidait, sur le rapport du directeur des contributions directes, à laquelle des deux communes le terrain, objet du litige, devait appartenir. Si, au contraire, la contestation s'était élevée sur des limites intéressant des communes qui dépendaient de deux départements, le préfet du département où il avait été procédé à la délimitation se concertait avec le préfet du département voisin ; les conseils municipaux intéressés étaient convoqués et appelés à délibérer sur la question ; puis leurs délibérations étaient envoyées, avec les avis des sous-préfets et des préfets, au ministre de l'Intérieur (2), et la délimitation était fixée par le chef de l'Etat.

« Ces compétences, fait remarquer M. Roussel, ne sont que rappelées par le règlement sur le cadastre, qui n'aurait pas eu autorité pour les fixer. Elles sont expressément déterminées par l'ordonnance du 3 octobre 1821, dont le règlement du 10 octobre ne fait qu'assurer l'exécution. Ce n'est pas même cette ordonnance qui les a établies. Elle n'a fait qu'approprier à l'organisation administrative nouvelle l'art. 8 du décret du 19 avril 1790, qui n'a jamais été abrogé et commande la matière. Il donnait compétence aux districts, et, par conséquent, le préfet (et non le sous-préfet qui, dans notre organisation administrative, n'a pas de pouvoir propre) a hérité des

(1) Conf. Vuillefroy et Monnier, *Principes d'administration*, p. 261, n° VII. — Voir cependant, en sens inverse, *Répert. du droit administratif*, V° *Commune*, n° 279, rapporté plus loin.

(2) « Au ministre de l'Intérieur, chef de l'administration départementale et communale, dit M. Roussel, et non au ministre des Finances, chef de l'administration du cadastre, parce que ce n'est pas l'intérêt fiscal, mais la bonne administration des communes qui est en jeu. » (*Répert. du droit administratif*, V° *Commune*, n° 274.)

attributions du district pour son département. L'ordonnance de 1821 n'a fait que l'enregistrer. Quant aux affaires communes à deux départements, la compétence pouvait s'arrêter au ministre de l'Intérieur. L'ordonnance n'a fait que la faire monter jusqu'au chef de l'Etat. » (1).

Telles sont les règles que l'on dut observer pour délimiter les communes, ou mieux pour reconnaître leurs limites préexistantes.

Mais on ne put toujours s'en tenir à cette simple constatation, et il fallut parfois aller plus loin. Dans certains cas, en effet, on se trouva amené à « substituer à des limites reconnues, mais topographiquement incertaines et difficiles à fixer sur un plan, des limites précises et géographiquement déterminées par une rivière, un chemin ou tout autre moyen naturel ou artificiel, mais invariable » (2), et l'on dut procéder alors à une rectification de limites.

Dans ces circonstances, le règlement cadastral du 10 octobre 1821, interprétant l'ordonnance du 3 octobre 1821 (art. 3), disposait, dans son art. 8, sixième alinéa :

« Si des communes sont d'accord pour substituer aux limites existantes une rivière, un chemin ou toute autre limite naturelle et invariable, le géomètre en trace le projet sur un croquis visuel figuratif, et la proposition en est consignée sur le procès-verbal. Mais ces changements ne peuvent être opérés que d'après une ordonnance royale, sur l'avis des conseils municipaux, des sous-préfets et des préfets. » (3).

Dans le cas, au contraire, où la rectification de limites, au lieu de rencontrer l'adhésion des communes, était combattue par elles, quelles règles devait-on observer?

On sait que, d'après les lois des 23 novembre-1er décembre 1790

(1) *Répert. du droit administratif*, V° *Commune*, n° 275. — Voir également : même *Répertoire*, V° *Cadastre*, nos 56 et 57. — MILLET, *Conférences écrites sur les contributions directes*, 2e édit., 1879, p. 40. — DALLOZ, *Rép. alphab.*, V° *Commune*, n° 180. et V° *Impôts directs*, n° 84. — BLANCHE, *Dictionnaire général d'administration*, 1884, V° *Cadastre*, p. 194, etc. — DALLOZ, *Code des lois administratives*, V° *Commune*, nos 332 à 334. — VUILLEFROY et MONNIER, *Principes d'administration*, p. 263, n° X et suiv. — BOST, *Code de la constitution des communes*, n° 130, p. 109.

(2) *Répert. du droit administratif*, V° *Commune*, n° 277.

(3) « Dès lors, dit M. ROUSSEL, l'accord des communes peut-il légalement suffire pour une simple délimitation ? Nous ne le pensons pas. Toute délimitation, toute reconnaissance de limites peut couvrir une rectification, comme toute interprétation d'un acte peut en couvrir la modification. Il en est des faits comme des actes. Dès lors, et conformément aux principes justement admis en matière d'interprétation, dans un cas comme dans l'autre, la compétence doit être la même. Si l'intervention gouvernementale est nécessaire dans un cas, elle l'est dans l'autre. Nous savons bien que les opérations cadastrales aboutissent à une décision du chef de ce service, du ministre des Finances. Mais le ministre intéressé est le

et du 2 messidor an VII (20 juin 1799), art. 2, toute propriété foncière doit être imposée dans la commune où elle est située.

S'appuyant sur ces textes, l'administration avait décidé que les portions de terrains enclavées de toutes parts dans une commune, mais administrées par une autre, devaient être, au moment de la confection du cadastre, réunies à la commune sur le territoire de laquelle elles étaient situées ; — et que, d'autre part, pour faciliter cette opération, la commune qui recevait l'enclave était autorisée, lorsqu'elle le pouvait sans nuire à la régularité de sa circonscription, à céder en compensation une partie de son territoire à la commune dont l'enclave était distraite.

L'administration avait également conclu des lois précitées de 1790 et de l'an VII que les réunions d'enclaves ou de terrains prolongés et les échanges de territoires, ordonnés en exécution de leurs prescriptions, pourraient être effectués par un simple arrêté préfectoral.

Mais dans un avis en date du 11 février 1806, le conseil d'Etat décida que cette manière de procéder était irrégulière, et que toute modification à apporter au territoire des communes, même par voie de distraction d'enclaves, devait être autorisée par un décret du Gouvernement, sur l'avis des conseils municipaux respectifs, des sous-préfets et des préfets.

L'administration n'adopta pas tout d'abord sans réserve cette nouvelle jurisprudence.

Ainsi, dans une circulaire du 13 mars 1806, sur la délimitation des territoires des communes (1), le ministre de l'Intérieur adressait aux préfets les indications suivantes :

2° Lorsque un terrain administré jusqu'à présent par une commune sera *enclavé* de toutes parts dans le territoire d'une autre, vous ordonnerez sur-le-champ qu'il soit réuni à l'administration de cette dernière commune, en vertu des lois du 1er décembre 1790 et du 2 messidor an VII ; mais si cette commune peut donner en compensation l'administration d'un autre territoire, il conviendra de l'engager à le faire et de proposer d'autoriser cet échange.

Si un *terrain prolongé* sur un territoire étranger ne tient à la commune administratrice que par un point de peu d'étendue, il sera susceptible d'être réuni à

ministre de l'Intérieur, on l'a dit et c'est certain. La compétence appartient donc ici, à défaut du préfet, ou au ministre de l'Intérieur, ou à leur chef commun, le chef de l'Etat. Aussi ne doutons-nous pas que, quelque jour, en présence d'une reconnaissance des limites où le département de l'Intérieur verrait intérêt à intervenir, son intervention ne suffise pour rendre nécessaire, dans ce cas comme dans l'autre, dans le cas de la rectification véritable, le recours au décret. »

(*Répert. du droit administratif*, Vº *Commune*, nº 279. — Conf. BOST, *Code de la constitution des communes*, nº 134, p. 112.)

(1) Insérée au *Bull. offic. min. Int.*, 1806, p. 442.

l'administration du territoire dans lequel il se prolonge, surtout si la commune de ce territoire peut donner quelque autre terrain en compensation ; dans ce cas, l'arpentage doit avoir lieu sur les surfaces actuelles, parce que le Gouvernement seul peut ordonner les réunions qui lui paraîtront nécessaires.

Mais cette résistance ne fut pas de longue durée, et bientôt l'administration adopta pleinement la théorie du conseil d'Etat.

Ainsi, on lit dans le règlement cadastral du 10 octobre 1821, art. 8:

..... Les changements de limites ne peuvent être opérés que d'après une ordonnance royale, sur l'avis des conseils municipaux, des sous-préfets et des préfets.

Il en sera de même des échanges et des réunions de territoire.

Les portions de terrain enclavées dans une commune, quoique administrées par une autre, sont de droit réunies à la commune sur le territoire de laquelle elles sont situées.

Lorsque l'enclave dépend d'une commune située dans un autre département, la réunion ne peut avoir lieu qu'en vertu d'une ordonnance royale. Les avis des conseils municipaux respectifs, des sous-préfets, sont envoyés au ministre de l'Intérieur.

Si un terrain prolongé sur un territoire étranger ne tient à la commune qui l'administre que par un point de peu d'étendue, il est de droit réuni au territoire dans lequel il se prolonge (1).

Enfin, ces règles furent de nouveau rappelées par le ministre de l'Intérieur, dans une circulaire qu'il adressa aux préfets le 7 avril 1828, sur les nouvelles délimitations des communes (2).

Je vous rappelle, disait-il, qu'aucune portion du territoire d'une commune ne peut en être distraite sans l'approbation spéciale du roi, lors même qu'il s'agirait d'enclaves ou de terrains prolongés dans le territoire d'une autre commune. Vous voudrez bien ne pas omettre de joindre à vos propositions les délibérations des conseils municipaux, l'avis du géomètre en chef du cadastre, celui du directeur des contributions, deux expéditions du plan soumis à l'approbation du roi, enfin, un tableau indiquant l'étendue, la population, les revenus et les dépenses ordinaires des communes intéressées, ainsi que l'étendue des terrains à distraire ou à échanger, le nombre des habitants qu'ils renferment, et le revenu communal qu'ils produisent en centimes additionnels (3).

(1) Le terme « de plein droit », dont se sert le règlement cadastral, n'a pas de sens, puisqu'il y a toujours instruction et décision royale. Il signifie simplement qu'il est, s'il y a lieu, passé outre aux oppositions. — (*Répert. du droit administratif*, V° *Commune*, n° 282.)

(2) Insérée au *Bull. offic. min. Int.*, 1828, p. 99.

(3) « La circulaire du 7 avril 1828, en faisant connaître aux préfets que, aux termes de l'art. 3 de l'ordonnance du 3 octobre 1821, aucune distraction de territoire, même enclavé, ne pouvait être opérée que par une ordonnance royale, n'a point établi une jurisprudence nouvelle. Tout changement territorial effectué avant cette circulaire, comme avant l'ordon-

En résumé donc, avant 1837, toute rectification de limites, quelle que fût la forme sous laquelle elle se présentât, qu'elle fût acceptée ou combattue par les communes intéressées, ne pouvait être opérée que par une ordonnance royale, rendue sur l'avis des conseils municipaux respectifs, des sous-préfets et des préfets.

« Par contre, dit M. Roussel, rien ne fixait législativement la procédure et la compétence, lorsqu'il ne s'agissait plus de simples rectifications, mais bien de véritables modifications de territoires, de réunions d'une commune à une autre, de distraction d'un territoire communal avec érection en commune séparée. Et jusqu'en 1837 on suivait pour ces mesures extrêmes les mêmes règles que pour les précédentes. Toutes ensemble, elles étaient envisagées comme des rectifications. Les simples rectifications en avaient bénéficié, en ce sens que, pour les unes comme pour les autres, il était statué en conseil d'Etat. » (1).

SECTION II

—

De la loi du 18 juillet 1837 à la loi du 5 avril 1884.

Telles étaient les règles de compétence et de procédure suivies en matière de simples rectifications de limites, lorsque survint la loi du 18 juillet 1837.

nance du 3 octobre, sans avoir reçu la sanction de l'administration supérieure, doit être regardé comme nul et non avenu.

« Ce n'a pu être que par une fausse interprétation des règlements du cadastre que les géomètres délimitateurs, s'attachant à la lettre de ces règlements, ont pensé avoir le droit de réunir d'office au territoire d'une commune les enclaves renfermées dans leur périmètre, et apporter ainsi des modifications souvent considérables à une existence territoriale reconnue et consacrée par la loi des 15 février-4 mars 1790.

« Plusieurs avis du conseil d'Etat, entre autres celui qui a été approuvé le 11 février 1806, avaient formellement condamné cette manière illégale de procéder et reconnu que, pour toute espèce de modifications à apporter à l'état actuel d'une commune, même pour les enclaves, il était nécessaire d'obtenir un décret.

« Ce n'est donc que pour rappeler à l'observation de principes mis en oubli que la circulaire du 7 avril 1828 a été publiée. Il suit de là que des suppressions d'enclaves qui auraient été exécutées avant cette circulaire, sans le concours de l'administration centrale, peuvent être regardées comme légitimement consommées. Elle ne sont que provisoires. Il faut qu'elles soient régularisées par une ordonnance royale. »

(Lettre du ministre de l'Intérieur au préfet des Basses-Pyrénées, de mars 1839, — rapportée dans l'*Ecole des communes*, 1839, p. 96.) — Conf. DALLOZ, *Rép. alphab.*, V° *Commune*, n° 178.

(1) *Répertoire du droit administratif*, V° *Commune*, n° 283. — Conf. VUILLEFROY et MONNIER, *Principes d'administration*, p. 274, n° XXIV; — et les avis du comité de l'Intérieur du conseil d'Etat, rapportés par ces auteurs, p. 278, n° XXIX, et p. 281, n° XXXII.

Cette loi contenait, comme on l'a vu, dans son titre Ier, un ensemble de règles relatives aux « réunions, divisions et formations de communes » (1), et par suite il y avait lieu de se demander si ces règles allaient désormais être applicables même aux simples rectifications.

La question avait été soulevée pendant la discussion de la loi, et MM. Vivien et Mounier avaient été amenés à donner sur ce point quelques explications.

M. Vivien, rapporteur de la commission de la Chambre des députés, avait déclaré très clairement (2) que le principe posé dans le projet de loi municipale n'aurait pas pour effet de modifier les formes actuellement suivies pour les délimitations de communes, qui n'avaient pour objet qu'une simple rectification de territoire; et il ajoutait : « Chaque jour, ces rectifications ont lieu à la suite des opérations du cadastre ; des limites fixes et naturelles sont adoptées ; ces opérations sont purement administratives ; elles ne blessent pas l'individualité communale ; elles continueront à avoir lieu dans les mêmes formes. »

De son côté, M. Mounier, rapporteur de la commission de la Chambre des Pairs, se référant à ce passage du rapport de M. Vivien, confirma cette distinction et précisa encore plus nettement l'esprit de la loi sur ce point. « L'article du projet, dit-il (3), déclare que la circonscription actuelle des communes est maintenue. Circonscription signifie, d'après l'étymologie comme dans l'usage général, la ligne qui borne la circonférence d'un corps, d'un espace; il signifie encore la division administrative, militaire ou ecclésiastique d'un territoire, mais sous le rapport de la délimitation. On pourrait donc inférer de l'expression que le législateur aurait choisie que son intention est qu'aucun changement ne puisse être fait à la périphérie, aux limites des communes, sans que toutes les formalités prescrites (par le projet de loi municipale) aient été remplies, et telle n'est pas, telle ne saurait être son intention. Il est facile de comprendre qu'on ne peut entourer de trop de précautions les actes qui entraînent la cessation de la vie d'une communauté, le morcellement d'une autre, ou l'introduction dans notre société politique d'une nouvelle famille. Mais n'est-il pas évident que les mêmes règles, les mêmes formes ne peuvent s'appliquer à une rectification de limites, à la question de savoir si quelques parcelles de terrain

(1) Ainsi était conçu l'énoncé de ce titre.

(2) Séance du 26 avril 1836.

(3) Séance du 27 mars 1837.

seront comprises dans la circonscription d'une commune plutôt que dans celle d'une autre ? Sur ce point, nous croyons qu'il n'y a pas de divergence. »

Ces explications parurent suffisantes aux divers membres des deux assemblées et l'on n'inséra dans la loi municipale aucune disposition sur ce point.

Aussi, des controverses ne tardèrent-elles pas à s'élever sur l'interprétation à donner au titre Ier de cette loi.

C'est dans un article du journal l'*Ecole des communes* (1) que l'on trouve, résumés avec le plus de netteté, les divers arguments que l'on pouvait invoquer pour soutenir que les premiers articles de la loi du 18 juillet 1837 ne s'appliquaient qu'aux réunions, divisions ou formations de communes et non aux simples rectifications de limites.

En examinant, disait l'auteur de cet article, les termes formels de la loi dans ce titre, qui s'occupe des réunions, divisions et formations de communes, tout porte à croire que ses dispositions ne regardent que ce qui constitue la commune, ce qui peut la détruire ou la modifier d'une manière grave. Il ne paraît pas que le législateur pût avoir l'intention de régler les mesures de détail, dont le seul objet est de faciliter les opérations cadastrales, en rectifiant quelques limites mal établies, ou en faisant cesser l'état d'enclave de quelques portions de terrain. Les délimitations proprement dites ne semblent pas même désignées par la loi. Telle était, d'ailleurs, l'opinion de la commission formée pour l'exécution du projet de loi, et sans doute aussi celle des Chambres, qui ont toujours fait abstraction des simples opérations cadastrales.

Si, en effet, par le mot « division » porté au titre, on devait entendre les échanges de portions de terrain peu considérables, le législateur aurait tracé la marche à suivre pour opérer ces rectifications cadastrales, car il est évident que la plupart des prescriptions contenues dans les huit articles qui constituent le titre Ier ne peuvent être appliquées à ces cas.

En effet, à l'exception de l'adjonction des plus imposés, qui peut être utile, puisqu'il y a toujours, quelle que soit l'opération, modification dans le chiffre des contributions de la commune, comment croire qu'un simple échange de parcelles, ou même de terrains de quelque étendue, mais la plupart du temps sans habitants, doit nécessiter une enquête ? Comment former la commission syndicale exigée par l'art. 2, lorsque sur ces terrains il n'y aura pas d'habitants ? Comment, si le mot distraction, employé par la loi, doit s'appliquer à autre chose qu'au mot section, que la loi lui joint toujours, comment pourra-t-on exécuter les prescriptions de l'art. 4, sans arriver à un résultat bizarre ?

Or, ce résultat, le voici : c'est qu'une affaire deviendra du domaine de la loi ou de l'ordonnance en raison inverse de son importance, de manière qu'une commune qui aurait moins de 300 habitants pourrait, après approbation des

(1) Année 1838, p. 118, n° 638.

conseils généraux et d'arrondissement, se voir enlever, quel que soit le vœu de son conseil municipal, la moitié de son territoire et de sa population, et le tout par ordonnance, tandis qu'il faudrait une loi pour distraire un demi-hectare de terrain à une commune de 30,000 habitants, si les conseils municipaux ne s'entendaient pas, et, dans les opérations de ce genre, c'est le cas ordinaire ; il en résulterait donc encore que, pour toutes les délimitations, il faudrait toujours une loi, jamais une ordonnance.

Cette difficulté d'agir ne prouverait-elle pas seule que la loi, en se servant du mot distraction, n'a eu en vue que les distractions de section, c'est-à-dire tout ce qui, même en ne détruisant pas la commune, porte cependant une atteinte grave à son existence ?

Les art. 5, 6 et 7, en s'occupant des biens et des édifices des communes, des biens et des édifices des sections, continuent à faire connaître que la loi n'a eu constamment en vue que les trois cas de formation, de distraction de sections, de suppression, puisque ces trois articles, qui servent de développements aux points généraux posés dans l'art. 1er, ne peuvent être applicables qu'à ces grandes opérations. Enfin, l'art. 8, qui porte que dans tous les cas de réunion ou de fractionnement de communes les conseils municipaux seront dissous, suffirait seul pour démontrer que les mots distraction ou fractionnement ne peuvent s'entendre que de distractions de sections, puisqu'il serait peu raisonnable de penser que, pour le changement d'une parcelle, une commune dût être appelée à de nouvelles élections ; et cependant le texte est précis, il porte « dans tous les cas ». N'est-ce pas l'indication évidente que tous les cas dont s'occupe la loi n'ont rien de commun avec les simples rectifications cadastrales, que l'on désigne ordinairement sous le nom de délimitation ?

Cette opinion fut d'abord adoptée par le comité de l'Intérieur du conseil d'Etat; et elle dicta ceux de ses avis qui, dans les mois d'août et septembre 1837, approuvèrent plusieurs projets de délimitations non soumis aux formalités du titre 1er de la loi du 18 juillet.

Mais, postérieurement, l'opinion du comité se modifia ; il parut être d'avis, au contraire, que les dispositions de la loi étaient générales et qu'il fallait les appliquer à tous les cas où la limite d'une commune doit être modifiée. En conséquence, il décida que l'instruction, pour ce qui a rapport aux simples rectifications de limites, devrait être faite en se conformant à toutes les formalités du titre 1er de la loi municipale.

Ce nouveau système devant rendre plus difficile la marche de l'administration, en ce qui avait rapport aux rectifications de limites qu'exigent les opérations cadastrales, le ministre de l'Intérieur crut devoir soumettre la question à l'assemblée générale du conseil d'Etat, qui la résolut de la manière suivante, dans la séance du 28 février 1838:

Le conseil d'Etat qui, sur le renvoi ordonné par M. le ministre de l'Intérieur, a pris connaissance d'un rapport ayant pour objet de fixer les doutes sur la manière d'entendre le titre Ier de la loi du 18 juillet 1837, en ce qui concerne la distraction des territoires communaux ;

Sur le rapport du comité de l'Intérieur ;

Vu la loi du 18 juillet 1837 ;

Considérant que cette loi a statué, en termes généraux, pour tous les cas de fractionnement de communes ; que rien n'établit qu'elle ait entendu limiter l'observation des formes qu'elle prescrit aux seuls cas où il s'agit de sections de communes ayant des droits, des usages, des propriétés spéciales ou une origine distincte ;

Que l'observation de ces formes est également motivée et également possible dans tous les cas où les mesures projetées tendent à altérer l'existence ou l'individualité de la commune ;

Qu'il n'en est pas de même lorsqu'il s'agit d'une simple suppression d'enclaves ou d'une rectification de limites ;

Qu'il résulte expressément des explications données aux deux Chambres par les rapporteurs de la loi, « que le principe posé par le projet ne devait pas avoir pour effet de modifier les formes précédemment suivies pour les délimitations de communes, qui n'ont pour objet qu'une simple rectification de territoire ; que ces rectifications qui ont lieu chaque jour, par suite des opérations du cadastre, qui sont purement administratives et qui ne blessent pas l'individualité communale, doivent continuer à se faire dans les mêmes formes » (rapport de M. Vivien à la Chambre des députés, du 26 avril 1836 ; rapport de M. Mounier à la Chambre des Pairs, du 27 mars 1837) ;

Est d'avis,

Que les formes prescrites par la loi pour les distractions de sections de communes doivent être observées toutes les fois qu'il s'agit d'un assez grand nombre d'habitants ou d'une portion de territoire assez considérable pour intéresser l'existence ou la constitution de la commune, et pour rendre possible l'exécution des diverses prescriptions de la loi ;

Mais que ces formes ne sont point applicables aux opérations qui n'ont pour objet qu'une simple rectification de territoire ;

Qu'à défaut de limite précise que la loi n'a pas établie, et que la nature des choses ne comporte pas, l'administration doit prendre pour règle de déterminer les formes applicables à chaque espèce, d'après le principe de la distinction qui vient d'être posée, et tenir la main à leur accomplissement, toutes les fois que l'existence ou la constitution de la commune pourrait se trouver intéressée.

Conformément à la pensée du conseil d'Etat, le ministre de l'Intérieur adressa aux préfets, dans une circulaire du 30 avril 1838 (1), les instructions suivantes :

Je dois vous faire connaitre que, d'après un avis du conseil d'Etat, en date du 28 février dernier, bien que la loi du 18 juillet 1837 ait statué en termes géné-

(1) Insérée au *Bull. offic. min. Int.*, 1838, p. 125.

raux pour tous les cas de fractionnement de communes, elle n'a pas eu pour but de modifier les formes précédemment suivies pour la suppression des enclaves et terrains prolongés, ou pour les simples rectifications de limites, qui ont lieu chaque jour par suite des opérations cadastrales.

Il vous suffira donc, pour les projets de cette nature, de suivre les formes qui vous étaient indiquées par la circulaire ministérielle du 7 avril 1828.

Vous aurez en conséquence à produire :

1° Les délibérations des conseils municipaux ;

2° L'avis du géomètre en chef du cadastre ;

3° Celui du directeur des contributions directes ;

4° Deux expéditions du plan des lieux ;

5° Un tableau indiquant l'étendue, la population, les revenus et les dépenses ordinaires des communes, ainsi que l'étendue des terrains à distraire ou à échanger, le nombre des habitants qu'ils renferment et le revenu communal qu'ils produisent en centimes additionnels (1) ;

6° Les renseignements relatifs aux biens et aux droits communaux ;

7° Enfin, votre avis motivé en forme d'arrêté.

Et, depuis lors, tous les auteurs qui se sont occupés de cette question ont eu soin de faire remarquer qu'il ne fallait pas confondre les actes qui tendent à former une nouvelle commune, à réunir ou à distraire une portion de commune, avec l'opération qui consiste à rectifier les limites d'une commune ou à détacher une parcelle de terre d'une commune pour la comprendre dans la circonscription d'une autre commune (2).

D'autre part, l'art. 76 de la Constitution du 4 novembre 1848 ayant déclaré qu'à l'avenir, et contrairement aux dispositions de la loi du 18 juillet 1837, « les circonscriptions actuelles ne pourraient être changées que par une loi », le ministre de l'Intérieur, dans une circulaire du 29 août 1849, adressée aux préfets (3), s'empressa de faire connaître que « la Constitution de 1848, en obligeant à soumet-

(1) On trouvera un modèle de ce tableau rapporté dans le *Code de la constitution des communes*, de M. Bost, p. 107, n° 125.

(2) Voir par exemple : Duvergier, *Collection complète des lois, etc.*, notes sous l'art. 1er de la loi du 18 juillet 1837, t. XXXVII, p. 230, note 1. — Dalloz, *Rép. alphab.*, V° *Commune*, nos 178 à 181. — Foucart, *Eléments de droit public et administratif*, 2e édit., 1839, t. III, n° 32. — Trolley, *Traité de la hiérarchie administrative*, 1854, t. I, n° 40. — Bost, *Code de la constitution des communes*, p. 104, n° 119, et p. 110, n° 131. — Laferrière, *Cours théorique et pratique de droit public et administratif*, 4e édit., 1864, t. II, p. 642. — Deshaires, *Traité de l'administration départementale et communale*, 1866, p. 270. — Dufour, *Droit administratif appliqué*, 3e édit., 1868, t. III, p. 504, n° 463. — De Cormenin, *Droit administratif*, 5e édit., t. I, p. 366, note. — *Répertoire d'administration municipale*, V° *Distraction*, et V° *Section de commune*, rapportant deux décisions ministérielles du 25 mars 1852 et du 26 août 1858 ; — etc.

(3) Insérée au *Bull. offic. min. Int.*, 1849, p. 383.

tre à la sanction du pouvoir législatif tous les projets qui ont pour but de modifier les circonscriptions territoriales des départements, arrondissements, cantons et communes, n'avait rien innové en ce qui concernait... les suppressions d'enclaves, qui continueraient à être l'objet d'une décision du pouvoir exécutif ».

On sait, d'ailleurs, que la Constitution de 1848 ne vécut pas longtemps, et que la loi du 18 juillet 1837 ne tarda guère à être remise en vigueur.

Mais si tout le monde s'accordait à dire qu'il fallait soigneusement distinguer les changements de circonscription et les simples rectifications de limites, il n'en était plus de même lorsqu'il s'agissait de préciser dans quel cas il y avait un changement de circonscription proprement dit, dans quel cas une simple rectification de territoire.

Ainsi, dans ses *Eléments de droit public et administratif* (1), M. Foucart pensait qu'il fallait avant tout rechercher si le territoire, sur lequel portait la modification, était ou non habité.

« Dans les différents cas prévus par l'art. 8 du règlement du 10 octobre 1821 sur le cadastre, disait-il, il ne s'agit que de terrains non habités. Lorsqu'il est question d'une portion habitée du territoire, nous pensons que la translation d'une commune à une autre constitue une distraction de section de commune qui ne peut avoir lieu que dans les formes indiquées par la loi du 18 juillet 1837; c'est ce qui résulte du sens spécial donné au mot section de commune, dans la discussion de la loi. »

M. Trolley, au contraire, soutenait que ce *criterium* n'était pas suffisant.

« Tout ceci, disait-il, souffre bien quelque difficulté. Comment distinguer la division et la distraction de communes du changement de limites, de la rectification de territoire? Où s'arrêter? Direz-vous que toute *portion habitée* est une section ou une distraction de commune, que tout retranchement d'une *portion non habitée* est une simple rectification? Mais cette règle est arbitraire; je ne la trouve ni dans la loi du 18 juillet 1837, ni même dans le rapport de M. Vivien que l'on invoque. L'art. 3 de la loi de 1837 dispose: « Si le projet concerne une *section* de commune, il sera créé pour cette *section* une commission syndicale. » Et M. Vivien expliqua qu'une portion habitée du territoire était toujours une section dans le sens de cet article, et qu'une commission syndicale devait la représenter. Mais il ne dit pas qu'une portion non habitée ne serait jamais une

(1) 2ᵉ édit., 1839, t. III, nᵒ 32.

division ou une distraction de commune dans le sens des art. 1, 2 et 4 ; et, certes, il ne pouvait le dire. Une plaine n'a pas d'habitation dans une étendue de plusieurs lieues (on en rencontre souvent) : est-ce qu'on pourrait, sans se conformer à la loi du 18 juillet, la distraire d'une commune pour la réunir à une autre, et modifier ainsi d'une manière notable la commune, le canton, l'arrondissement et même le département ? Un simple acte administratif enlèverait donc des parcelles importantes à leur juge naturel pour les soumettre à une autre juridiction ? Mais c'est la loi qui a déterminé les limites de la compétence judiciaire, c'est la loi qui a établi la circonscription du canton, de l'arrondissement et du département. Tout cela est l'œuvre de la loi, et nul ne peut y porter même l'atteinte la plus légère. A notre estime, une autre règle et d'autres principes résolvent la difficulté. L'autorité administrative a mandat pour faire exécuter la loi qui détermine les circonscriptions ; elle est chargée de faire le bornage, c'est-à-dire de reconnaître et de proclamer les limites des communes, des cantons, des arrondissements et des départements. Ce bornage, cette exécution veulent être entendus largement. Au lieu de faire des hachures, on pourra, on devra souvent tirer une ligne droite. C'est le sens, la pensée et le but de l'acte qui fixe la circonscription. Mais on n'a pas le droit de faire un échange proprement dit, il faut que l'opération reste un simple bornage ; je considère, je le répète, non comme un échange, mais comme un bornage, la rectification de limites par un échange de quelques pouces, de quelques pieds de terrain, *de minimis non curat prætor*. Je ne crois pas non plus que l'on doive suivre pour règle l'art. 8 du règlement du 10 octobre 1821, qui permet de déplacer les limites actuelles pour leur substituer ce qu'il appelle une autre limite naturelle et invariable, comme une rivière ou un chemin. C'est une véritable distraction ; et, autrement, pourquoi cet art. 8 exigerait-il que ces changements de limites soient approuvés par une ordonnance royale, précédée de l'avis des conseils municipaux, des préfets et des sous-préfets ? » (1).

En réalité, il était impossible d'établir en cette matière un *criterium* infaillible : c'était là un point de fait que l'administration seule pouvait résoudre, dans chaque espèce et suivant les circonstances, en se guidant sur les indications forcément un peu vagues de l'avis précité du conseil d'Etat du 28 février 1838, et aussi sur les prescriptions de la circulaire du 30 avril 1838, dans laquelle, après avoir, comme nous l'avons montré, déclaré que, en cas de simples rectifi-

(1) *Traité de la hiérarchie administrative*, 1854, t. I, n° 40, p. 71.

cations de limites, il n'y avait pas lieu de se conformer au titre Ier de la loi du 18 juillet 1837, le ministre de l'Intérieur ajoutait :

Mais lorsqu'il s'agira d'une section de commune, ou bien d'une portion de territoire qui, sans porter ce nom, serait cependant assez considérable et assez peuplée pour que la distraction n'en puisse être opérée sans altérer sensiblement l'existence et la constitution de la commune, vous aurez soin, alors même que cette portion serait enclavée, de n'omettre aucune des formalités exigées par le titre Ier de la loi du 18 juillet 1837.

Vous devrez, en conséquence :

1° Faire procéder à une enquête, au sein des communes intéressées, en choisissant, autant que possible, le juge de paix du canton pour présider à cette enquête (1) ; — 2° former une commission syndicale dans cette section ou portion de territoire ; — 3° appeler les conseils municipaux à délibérer, avec adjonction des plus imposés ; — 4° soumettre l'affaire à l'examen du conseil d'arrondissement et du conseil général.

A toutes les pièces qui résultent de l'accomplissement de ces formalités, vous aurez à joindre celles indiquées ci-dessus dans la première catégorie, sous les n°s 2, 3, 4, 5, 6 et 7, en ayant soin de ne pas oublier, dans les renseignements relatifs aux biens communaux, la désignation des édifices servant à usage public qui pourraient se trouver sur les portions de territoire à échanger ou à distraire.

Lorsque les propositions que vous aurez à me soumettre auront pour effet de modifier la circonscription d'un département, d'un arrondissement ou d'un canton, elles exigeront le concours du pouvoir législatif. Toutefois, vous pourrez, selon que l'opération sera minime ou importante, suivre l'une ou l'autre des deux manières de procéder que je viens de vous indiquer, mais vous devrez, dans tous les cas, soumettre l'affaire au conseil d'arrondissement et au conseil général.

Enfin, dans ces circonstances, comme dans toutes celles où, par suite des dispositions du second paragraphe de l'art. 4 de la loi, il deviendra nécessaire de porter l'affaire devant les Chambres, vous aurez soin de produire, en double expédition, toutes les pièces dont se composeront les dossiers ; le plan des lieux devra alors être fourni en triple expédition. Une quatrième copie de ce plan sera même indispensable s'il s'agit d'opérer entre deux départements.

Notons enfin que, dans une circulaire en date du 26 juin 1841 (2), le ministre de l'Intérieur se montrait encore plus exigeant.

Il m'a été adressé quelquefois, disait-il, des propositions de rectifications de limites entre des communes motivées par les opérations cadastrales, et sur lesquelles, soit en raison de cette circonstance, soit en raison de leur peu d'im-

(1) Nous avons vu que la circulaire du ministre de l'Intérieur du 29 août 1849 avait modifié la circulaire du 30 avril 1838 sur ce point ; — et que dans la circulaire du 15 mai 1884, le ministre de l'Intérieur recommande aux préfets de s'abstenir de désigner les juges de paix comme commissaires enquêteurs.

(2) Insérée au *Bull. offic. min. Int.*, 1841, p. 223.

portance, les conseils d'arrondissement et de département n'avaient pas été appelés à donner leur avis. Cette omission n'a pas permis qu'il fût donné cours à ces affaires, qui ont dû alors subir un ajournement d'une année, au grand préjudice des travaux du cadastre.

Je crois devoir vous rappeler que tout changement dans les circonscriptions territoriales des communes doit, quelle que soit son importance, être l'objet d'un avis du conseil d'arrondissement et du conseil général, en exécution des art. 6 et 41 de la loi du 10 mai 1838.

En fait, dans les cas où il pouvait y avoir raison de douter et pour éviter que le décret du Gouvernement ne fût plus tard annulé pour excès de pouvoir, l'administration n'hésitait pas à recommander aux préfets de se conformer sur tous les points aux dispositions de la loi de 1837.

C'est ainsi que, dans des lettres du mois de mars 1839 (1), le ministre de l'Intérieur adressait au préfet de la Charente les observations suivantes :

Le conseil d'Etat, disait-il, par un avis du 28 février 1838, a déclaré que les prescriptions de la loi du 18 juillet 1837 ne sont point applicables aux cas qui n'altèrent pas l'existence de la commune, et où l'opération proposée n'a pour but que des rectifications de limites, telles qu'on en établit chaque jour par suite des opérations cadastrales. Cependant, il ne suit pas de là qu'on ne doive pas souvent, lorsqu'il s'agit seulement de ces rectifications, recourir à une enquête. Le bien-être des populations devant être regardé comme une considération d'une nature bien plus grave que le plus ou moins de régularité du périmètre d'une commune, lorsque les portions atteintes par le changement proposé renferment un certain nombre d'habitants et que ces lieux habités, formant enclaves ou prolongements irréguliers, sont limitrophes de plusieurs communes, il convient de rechercher à laquelle de ces communes ces habitants ont le plus d'intérêt à être réunis. Dans ces circonstances, une enquête paraît être le meilleur moyen d'arriver à la connaissance des véritables besoins des habitants. Aussi, l'administration est-elle dans l'usage de prescrire cette enquête.

C'est, par exemple, de cette façon qu'il fut procédé dans une affaire intéressant les communes d'Evran et de Saint-Judoce (canton d'Evran, arrondissement de Dinan, Côtes-du-Nord) (2).

Il devenait urgent, dans l'intérêt des opérations du cadastre, de fixer la nouvelle délimitation de ces communes, pour faire disparaître les enclaves que la première administrait sur le territoire de l'autre. La réalisation de cette mesure éprouva de nombreux obstacles, que rendaient inévitables les irrégularités du périmètre, les

(1) Rapportées dans l'*Ecole des communes*, 1839, p. 96.

(2) Nous empruntons encore ce détail à l'*Ecole des communes*, année 1841, p. 39.

cours d'eau, la nécessité de supprimer les enclaves existantes et, en même temps, celle d'établir des compensations ; enfin, la situation très rapprochée des chefs-lieux des deux communes, au milieu de territoires fort développés en longueur.

Après avoir vu échouer différentes combinaisons, par l'opiniâtre résistance des deux communes qui voulaient conserver leur état actuel, les autorités administratives du département reconnurent qu'il fallait, sans poursuivre l'entreprise illusoire de donner aux habitants d'aucune des localités intéressées entière satisfaction, rechercher la circonscription qui serait à la fois la moins irrégulière et la moins préjudiciable au plus grand nombre.

Cette combinaison fut, comme les précédentes, l'objet d'une vive opposition de la part des intéressés; mais le conseil général, le conseil d'arrondissement et le préfet étaient unanimement d'avis de l'adopter.

Dans cet état, et bien que l'affaire fût susceptible d'être considérée comme une simple rectification de limites conforme aux règlements du cadastre, le ministre de l'Intérieur crut que, à raison de son importance, elle ne pouvait se résoudre définitivement que par la sanction législative.

Enfin, le conseil d'Etat a été appelé plusieurs fois à se prononcer sur cette question.

Ainsi, dans un arrêt en date du 26 mai 1858 (1), il a décidé que la distraction d'une portion habitée d'une commune dont la population totale excédait 300 habitants ne pouvait être prononcée par un simple acte du chef du Gouvernement, lorsque le conseil municipal de cette commune, délibérant avec les plus imposés, avait consenti en principe à la distraction, mais que l'étendue de territoire dont il avait autorisé l'abandon était moindre que celle portée au décret de distraction, alors même que la différence d'étendue portait seulement sur des terrains non habités.

Dans l'espèce, un décret du 27 mai 1857 avait enlevé à la commune de Poix une partie de son territoire, le hameau du Petit-Poix, pour le réunir à la commune d'Englefontaine, et, en même temps, avait distrait de la commune d'Englefontaine une de ses sections et l'avait rattachée à la commune de Poix. Mais le conseil municipal de la commune de Poix, qui avait été appelé à donner son avis pendant l'instruction, n'avait pas consenti à la distraction de la totalité du territoire du hameau du Petit-Poix (délibération en date du 17 février 1856). Or, on se souvient que, d'après l'art. 4 de la loi

(1) *Recueil*, p. 601, — et Dalloz, 1859. 3. 38.

du 18 juillet 1837, la distraction des parties habitées d'une commune dont la population dépassait 300 habitants ne pouvait être prononcée que par une loi, dans le cas où le conseil municipal, délibérant avec les plus imposés, ne consentait pas à la distraction. La commune de Poix, s'appuyant sur ce texte, demanda donc au conseil d'Etat l'annulation du décret précité.

Le ministre de l'Intérieur présenta à ce sujet les observations suivantes :

D'après l'avis interprétatif de la loi du 18 juillet 1837, dit-il, émis sous forme de règlement d'administration publique par le conseil d'Etat à la date du 28 février 1838, les formalités prescrites par le titre 1er de cette loi ne sont pas nécessaires, lorsqu'il ne s'agit que d'une rectification de limites, n'apportant aucune perturbation grave aux communes intéressées. L'opération qui a été effectuée présente précisément ce caractère. Il s'agissait de remédier à une délimitation irrégulière et contraire aux principes administratifs. La commune de Poix, peuplée de 1,995 habitants, n'avait à perdre que 137 habitants, dont l'abandon a toujours été consenti par elle, en sorte que son opposition rétrospective, ou, si l'on veut, son vote négatif, ne porte que sur quelques hectares sans population. Ce vote négatif, s'il existait, ne saurait donc avoir une valeur réelle, telle qu'il puisse entacher de nullité le décret impérial.

Mais la commune de Poix répondit :

M. le ministre objecte que la partie du territoire, que le décret aurait distraite sans le consentement de la commune de Poix, ne comprenant aucune habitation, cette distraction aurait pu s'opérer, suivant la jurisprudence, par voie de délimitation. Mais il nous suffira de faire remarquer qu'on ne peut considérer cette opération à un point de vue restreint et indépendant de l'opération principale. Il est possible que, s'il se fût agi d'opérer distinctement sur les 107 hectares donnés en trop à Englefontaine, ont eût pu le faire par un décret, nonobstant l'opposition de Poix ; mais telle n'est pas la question; il s'agit de l'opération dans son ensemble, laquelle constitue une véritable distraction de commune, puisqu'un hameau tout entier et une population de près de 200 habitants est enlevée à celle de Poix.

Le conseil d'Etat trancha la contestation en faveur de la commune de Poix, dans un arrêt où il était dit :

Considérant qu'aux termes de l'art. 4 de la loi du 18 juillet 1837 la distraction des parties habitées d'une commune dont la population dépasse 300 habitants ne peut être prononcée que par une loi, dans le cas où le conseil municipal, délibérant avec les plus imposés, ne consent pas à la distraction ;

Considérant qu'il résulte de l'instruction, et notamment de la délibération du conseil municipal de la ville de Poix, en date du 17 février 1856, que ce conseil et les plus imposés délibérant avec lui ne consentaient pas à la distraction du territoire du hameau dit Petit-Poix, d'une contenance de 149 hectares, mais seulement à la distraction de la partie du territoire de ce hameau désignée sous le nom de canton de Petit-Poix, et qui ne contient que 42 hectares ;

Considérant que la commune de Poix renferme une population de plus de 300 habitants ; que, dès lors, à défaut de consentement du conseil municipal et des plus imposés de la commune de Poix, la distraction de la totalité du territoire du hameau du Petit-Poix ne pouvait être prononcée par le décret en date du 27 mai 1857;

..... Ce décret est annulé...

Etant donné les circonstances dans lesquelles la question se présentait, il était bien difficile, il était même impossible au conseil d'Etat d'adopter une solution différente. Mais il n'en est pas moins permis de supposer que, s'il se fût agi d'opérer uniquement et principalement la distraction et la réunion des 107 hectares de terrain qui ne comprenaient aucune habitation, ce changement de circonscription eût pu s'opérer par voie de délimitation, c'est-à-dire en vertu d'un simple décret.

Et, en effet, dans un avis en date du 4 novembre 1875, rendu à l'occasion d'un projet de décret tendant à une nouvelle délimitation des communes de Mévoisins et de Maintenon (Eure-et-Loire), le conseil d'Etat a décidé que l'attribution à une commune, lors de la vérification du cadastre, d'un terrain d'une contenance de 11 hectares, enlevé à une autre commune et dépourvu d'habitations, était une simple rectification de limites et non un changement de circonscription (1).

SECTION III

—

Depuis la loi du 5 avril 1884.

Nous pensons que les solutions qui étaient admises sous l'empire de la loi du 18 juillet 1837 sont encore applicables aujourd'hui.

C'est en ce sens, d'ailleurs, que se prononce M. Roussel.

« La loi municipale actuelle, dit-il (2), garde sur la question le même silence que la loi de 1837. Rien dans les travaux préparatoires n'y fait allusion. Par suite, les distinctions de 1837, commentées par

(1) Voir Dalloz, 1877. 3. 44, note 4 sous l'arrêt du conseil d'Etat du 2 février 1877, commune de Sotteville-lès-Rouen. — Dalloz, *Code des lois administratives*, V° *Commune*, n° 354. — *Répert. du droit administratif*, V° *Commune*, n° 286.

(2) *Répert. du droit administratif*, V° *Commune*, n°s 287 et 288.

l'avis du conseil d'Etat de 1838, toujours observées depuis, restent en pleine vigueur. Toute délimitation, c'est-à-dire toute reconnaissance des limites d'une commune, est soumise à la procédure et fixée d'après les compétences que nous venons de déterminer. Toute modification de territoire communal est soustraite à cette procédure et fixée d'après des compétences réglées par la loi municipale. — Un point reste douteux : où se rangent les rectifications de limites? Dans les délimitations ou dans les modifications? C'est un point de fait à résoudre selon le cas, et d'après les indications nécessairement un peu vagues de l'avis du conseil d'Etat de 1838 : il y a modification, si elles atteignent l'existence ou la constitution des communes; simple délimitation, si elles n'y touchent pas. » (1).

(1) Voir dans le même sens : DALLOZ, *Code des lois administratives*, V° *Commune*, n° 352, — et *Supplément au Rép. alphab.*, V° *Commune*, n° 49.

CHAPITRE III

RÈGLES DE FOND

PRÉLIMINAIRES

LOI DU 22 DÉCEMBRE 1789, ART. 7. — CONSÉQUENCES. — MULTIPLICITÉ DES PETITES COMMUNES. — INCONVÉNIENTS QUI EN RÉSULTENT. — NÉCESSITÉ D'Y REMÉDIER. — CONTRADICTION ENTRE LA THÉORIE ET LA PRATIQUE. — STATISTIQUE. — INSUFFISANCE DES RÉSULTATS OBTENUS. — PALLIATIFS PROPOSÉS. — SUPPRESSION DES PETITES COMMUNES. — LEUR GROUPEMENT. — ORGANISATION DU CANTON. — ASSOCIATIONS DE COMMUNES. — COMMISSIONS ET CONFÉRENCES INTERCOMMUNALES. — COMMISSIONS SYNDICALES POUR L'ADMINISTRATION DE BIENS INDIVIS. — SYNDICATS DE COMMUNES.

Nous connaissons quelles sont les autorités compétentes pour statuer sur les propositions de modifications à apporter dans la circonscription des communes, et la procédure qui doit être suivie pour l'introduction et l'instruction de ces affaires.

Nous pouvons maintenant aborder l'étude des règles de fond qui président à l'admission des projets de cette nature, et rechercher quelles conditions les parties doivent remplir pour que leur demande ait des chances d'aboutir, ou, en d'autres termes, dans quels cas l'administration reconnaît comme bien fondé le changement de circonscription qui lui est proposé.

Ces changements peuvent être de plusieurs sortes.

Tantôt il s'agit de réunir une ou plusieurs communes à une autre commune pour n'en former qu'une seule municipalité. Tantôt, au contraire, il s'agit de distraire une section ou une portion moins importante d'une ou de plusieurs communes, pour ériger ces territoires en municipalité distincte. Le projet peut encore consister à enlever à une commune une fraction plus ou moins grande de son territoire et de ses habitants, pour la rattacher à une autre commune. Enfin, il peut être question de déplacer le chef-lieu d'une commune.

Ce sont là autant de points qu'il nous faudra examiner séparément.

Mais, avant d'aborder cette étude et pour mieux faire comprendre que les règles que nous aurons à exposer, loin d'être arbitraires, résultent de la nature même des choses, il nous paraît utile de remonter à l'acte même qui a consacré l'existence des communes, c'est-à-dire à la loi du 22 décembre 1789.

Or, cette loi disposait, dans son art. 7 : « Il y aura une municipalité en chaque ville, bourg, paroisse ou communauté de campagne. »

En édictant cette prescription, l'Assemblée constituante avait poursuivi un but excellent en lui-même. Elle voulait extirper les derniers restes du régime féodal, établir dans la France entière une administration uniforme, et attacher, par des intérêts locaux et individuels, un plus grand nombre de Français au nouvel ordre politique.

Il faut reconnaître, d'ailleurs, qu'il était bien difficile, pour ne pas dire impossible, d'échapper à cette nécessité. Il s'était formé depuis longtemps, entre les habitants des localités, à qui l'on reconnaissait ainsi le droit de constituer une personne morale, des liens qu'il eût été au moins imprudent de briser simultanément et d'un seul coup. Il aurait fallu, pour cela, reprendre en sous-œuvre tout l'édifice social et en bouleverser les fondations. Mais l'Assemblée était pressée d'établir immédiatement une organisation qui lui était réclamée de toutes parts ; elle aima donc mieux accepter, sans exception, le fait accompli, et, prenant pour base de son système l'unité administrative ancienne, sans rechercher si toutes ces agglomérations d'habitants, existant sous des titres divers et avec des régimes différents, avaient une population et des ressources suffisantes pour former les éléments d'une bonne administration municipale, elle créa ainsi une quantité infinie de communes. — Quel en fut au juste le chiffre ? L'accord n'est pas complet sur ce point.

Dans un discours prononcé en 1831 à la Chambre des députés, lors de la discussion de la loi sur l'organisation communale, M. Daunou donna le chiffre de 39,000. Ce chiffre fut adopté aussi par M. le baron Mounier, dans l'un de ses rapports à la Chambre des Pairs, sur le projet de loi relatif aux attributions municipales, déposé dans la séance du 19 mars 1835.

D'après M. Vivien, au contraire (rapport à la Chambre des députés sur le même projet de loi, présenté dans la séance du 26 avril 1836), le nombre des communes créées par l'Assemblée constituante aurait été de 40,000.

Enfin, M. Aucoc (1) a établi que le chiffre de 44,000 se rapproche plus de la vérité ; et ce chiffre a été adopté généralement par les auteurs qui se sont occupés après lui de cette question (2).

C'était beaucoup trop. Un grand nombre des communes ainsi créées ne comprenaient que fort peu d'habitants et ne pouvaient, par suite, disposer que de ressources tout à fait insuffisantes.

Or, il n'est pas difficile de comprendre que le grand nombre des petites communes, dans leur état obligé de pénurie financière, dépourvues généralement de lumières, est un obstacle presque invincible au développement moral et à la prospérité matérielle de nos campagnes.

Comment, en effet, à quelques exceptions près, espérer voir se former une administration municipale éclairée dans des communes qui renferment une population de 200, 150, 100, 50 habitants et même au-dessous ? Comment trouver, dans une population aussi restreinte, des habitants qui soient à tous égards en état de se charger de la gestion des affaires communes et d'être les organes du pouvoir central, pour l'exécution des lois de police et d'intérêt général ? (3). Comment appliquer, sans les fausser, dans ces municipalités, les règles relatives à la formation des conseils municipaux ? (4). Fréquemment, l'élection des membres de ces conseils se réduit à la nomination de tous les habitants mâles qui ont l'âge requis pour

(1) *Sections de commune*, n° 34, p. 64, note 1.

(2) Voir *Répert. du droit administratif*, V° *Commune*, n° 268. — Ducrocq, *Des suppressions, des créations et des associations de communes*, article inséré dans le *Journal de la société de statistique de Paris*, année 1886, n° 6, p. 180 et suiv. — M. de Crisenoy, *Les petites communes en France et en Italie*, article inséré dans le même journal, année 1886, n° 4, p. 121 et suiv. — M. Gérard, *Des créations de communes*, article inséré dans la *Rev. gén. d'adm.*, année 1880, t. 1, p. 20 et suiv., principalement p. 22, note 1, — etc.

Disons, enfin, que le recensement des communes créées par la loi du 22 décembre 1789 dans chaque ville, bourg, paroisse ou communauté de campagne, ordonné par un décret du 30 juin 1790, fut effectué en 1793. Dans ce document, qui a été imprimé, le nombre des communes ne se trouve pas totalisé, mais le rapport fait à la Convention l'évalue à 44,000.

(3) M. de Lanessan a même fait remarquer que, dans un grand nombre de ces petites communes, il serait impossible d'établir le budget si l'on n'avait pas la ressource de faire appel au percepteur. — Proposition de loi municipale. (*Trav. prép.*, p. V, col. 3.)

(4) Voir notamment : Loi du 21 mars 1831 ; loi du 5 mai 1855, section Ire, art. 6 à 15 ; et, enfin, loi du 5 avril 1884, titre II, art. 10 à 46.

siéger dans ces assemblées (1). Souvent même la loi est violée, car il y a telle de ces communes où il ne se trouve réellement pas dix individus mâles au-dessus de vingt-cinq ans. Aussi, les conseils municipaux de ces petites communes sont-ils presque tous composés d'hommes à peine lettrés ; voués depuis leur enfance aux travaux les plus rudes, n'ayant presque pas, ou, du moins, fort peu cultivé leur intelligence, ils sont hors d'état, non seulement d'apprécier les projets d'amélioration qui ont une portée un peu étendue, mais même de concourir à l'exécution des mesures administratives les plus simples.

D'autre part, le morcellement du territoire a pour résultat d'éparpiller les ressources locales, d'entraver l'administration générale du pays et d'augmenter les charges des contribuables. En effet, les dépenses qu'entraîne l'exécution des services communaux, par exemple les frais de construction, d'entretien ou de location des mairies, des maisons d'école, des églises et des presbytères, s'accroissent sans utilité, mais d'une manière importante, en raison du grand nombre des communes. — Les ressources qu'une petite commune peut se procurer par les contributions de ses habitants sont toujours insuffisantes pour subvenir, non seulement aux dépenses spécifiées dans les lois comme obligatoires, mais encore aux nécessités les plus urgentes. Aussi, pour couvrir ces frais, faut-il chaque année autoriser des impositions extraordinaires. Dès lors, comment serait-il possible d'imposer encore à ces communes si restreintes les charges que nécessiteraient les améliorations désirables, soit dans l'ordre matériel, soit dans l'ordre moral, lorsque déjà les habitants sont grevés d'impositions extraordinaires très fortes pour subvenir aux frais d'administration ordinaires ? Comment réaliser dans ces communes des réformes depuis si longtemps demandées, telles que la création d'établissements d'instruction primaire supérieure, ou de bienfaisance, alors qu'elles ne peuvent seulement entretenir leurs écoles et qu'elles sont forcées de laisser dans l'état le plus déplorable leurs routes, leurs chemins, leurs édifices communaux ; alors que l'achat d'un registre pour les arrêtés du maire y est regardé comme une dépense presque de luxe ?

(1) « Pour arriver à rendre possible la constitution de l'administration dans ces embryons de communes, dit M. Roussel (*Répert. du droit administratif*, V° *Commune*, n° 331), le législateur est forcé d'y négliger les meilleures garanties d'administration libre ; d'y supprimer, par exemple, les incompatibilités qui ferment l'accès d'un même conseil, par suite d'une même administration municipale, aux parents et alliés en ligne directe, aux frères et beaux-frères... Un conseil municipal composé du père, du fils, des frères, n'a plus d'une assemblée administrative que le nom. » — Ce n'est plus un conseil municipal, c'est un conseil de famille !

En résumé donc, toutes ces communes minuscules, toutes ces administrations à la fois impuissantes et coûteuses, sont une source perpétuelle de dépenses, soit pour les contribuables, soit pour l'Etat, qui est contraint de leur venir en aide; elles constituent autant d'individualités besoigneuses qui attendent tout du pouvoir central, et qui ne vivent qu'en se livrant perpétuellement à une véritable mendicité administrative (1).

On ne tarda pas à ressentir les inconvénients de ce fractionnement excessif de la vie municipale, de cet éparpillement de l'action administrative; et, pour y remédier, on proposa tout naturellement de supprimer les communes trop petites pour se suffire, de les rattacher à d'autres municipalités, et, en même temps, de n'en pas créer de nouvelles. Dans la séance de l'Assemblée nationale du 7 janvier 1790, un membre de cette assemblée, Target, vint proposer, au nom du comité de constitution, une disposition ainsi conçue: « Les maisons, fermes, hameaux, dépendant d'une paroisse, ne formeront qu'une seule municipalité avec le chef-lieu, et tout village qui aura cinquante feux réunira les lieux qui en auront moins. »

Une discussion assez confuse (2) s'éleva à ce sujet. Un autre membre de l'assemblée, Maury, fit observer que les circonscriptions des paroisses étaient d'une étendue trop variée pour pouvoir servir de base à la constitution des municipalités. Il proposa de décider qu'une réunion d'au moins 250 habitants serait nécessaire pour former une municipalité.

D'autres orateurs proposèrent de fixer le minimum à soixante, quarante ou même trente familles. On ne put s'entendre, et, de guerre lasse, l'Assemblée décida que « les questions d'union ou de division des municipalités, d'après les convenances locales et l'intérêt public, seraient renvoyées aux assemblées de département » (3).

Mais, dans la loi en forme d'instruction des 12-20 août 1790, où

(1) M. Bost disait également: « L'existence des communes qui ne réunissent pas une population et des revenus suffisants, présente des obstacles permanents à l'exécution franche et régulière des lois d'organisation et d'intérêt général. Elle a, d'un autre côté, pour résultat d'augmenter les dépenses, et, par conséquent, la masse et le poids des impôts; car plus les centres d'administration sont multipliés, plus le nombre et les frais des services publics s'accroissent. Ainsi, les réunions ont un double avantage. D'une part, en augmentant le nombre des habitants, elles donnent les moyens de recruter une administration éclairée dans le sein de la commune. D'autre part, en réduisant le nombre des centres d'administration, et partant des services ou des établissements publics qui leur sont attachés, elles diminuent les dépenses et mettent deux communes, incapables de soutenir deux administrations séparées, à même d'en faire marcher une régulièrement. » (*Code de la constitution des communes*, p. 25, nº 9.)

(2) Aucoc, *Sections de commune*, nº 35.

(3) Voir le *Moniteur* du 9 janvier 1790.

l'Assemblée constituante trace les devoirs des administrations de département, elle s'efforce déjà d'encourager les réunions de communes. On lit, en effet, dans le titre Ier, § 3, de cette loi, les recommandations suivantes: « Il peut être à la convenance de plusieurs communes de se réunir en une municipalité; l'administration doit tendre à provoquer ces réunions et les multiplier par tous les moyens qui sont en son pouvoir. C'est par elles qu'un plus grand nombre de citoyens se trouvera lié sous le même régime, que l'administration municipale prendra un caractère plus imposant et qu'on obtiendra deux avantages toujours essentiels à acquérir: la simplicité et l'économie. »

Dans divers décrets législatifs, par lesquels elle trancha des difficultés particulières, l'Assemblée législative, loin d'abandonner les traditions de l'Assemblée constituante, relativement à la réunion des petites communes, insista sur cette même idée. Ainsi, dans une loi des 8-18 juillet 1792, relative aux communes de Saint-Jean-Auboin et de La Rivière, on relève le motif suivant: « Considérant combien il est avantageux pour les habitants des petites paroisses de se réunir; que, d'ailleurs, cette réunion a déjà été fixée (c'est-à-dire reconnue nécessaire) par le décret de l'Assemblée constituante du 12 août 1790 » (1).

La Convention continua à encourager les réunions de communes.

Sous l'empire même de la constitution directoriale du 5 fructidor an III qui, on se le rappelle, n'établissait de municipalités qu'aux chefs-lieux de canton et ne laissait dans les autres communes qu'un agent chargé de la police et un adjoint, les suppressions des petites communes continuèrent à être recommandées. Une loi du 12 nivôse an VI disposa « que les administrations centrales étaient autorisées, pour ne pas multiplier inutilement les fonctionnaires, à réunir en une seule commune plusieurs bourgs, villages ou habitations, afin qu'il n'y eût que quatre ou cinq communes dans l'étendue d'un canton rural ».

La loi du 28 pluviôse an VIII supprima les municipalités de canton et restitua à chaque commune sa personnalité administrative. Mais l'œuvre de la réunion des communes, où l'administration municipale ne pouvait que très difficilement fonctionner, resta à l'ordre du jour. Il en fut de même sous le premier Empire et sous la Restauration.

Pendant la discussion de la loi du 18 juillet 1837, la tribune des

(1) Nous empruntons tous ces détails à l'ouvrage précité de M. Aucoc, n° 36.

deux Chambres retentit plusieurs fois des doléances et des vœux exprimés par les hommes d'opinions politiques les plus diverses, relativement au trop grand nombre des petites communes et à leur suppression. Mais nul mieux que M. Vivien ne mit en lumière les graves obstacles qui en résultaient pour le législateur.

Toutes les communes de France, disait-il dans son rapport à la Chambre des députés (1) sur le projet de loi municipale, sont soumises à la même organisation ; dans toutes, un maire et des adjoints pour l'exécution, un conseil municipal pour la délibération. Nous approuvons complètement cette division dite d'action sur le conseil, si heureusement admise à tous les degrés de notre hiérarchie administrative; mais les plus sérieuses objections s'élèvent contre l'uniformité de cette organisation appliquée aux 38,000 communes qui se partagent le territoire. En effet, que de diversité dans la situation : plus de 33,000 renferment moins de 5,000 habitants ; 613 en ont moins de 100 ; 2,619 moins de 200. Plusieurs communes possèdent des revenus et une population que des royaumes envieraient pour leur capitale; un grand nombre n'ont aucun bien, aucun autre revenu que l'impôt en centimes autorisé chaque année par la loi des finances.

La même loi peut-elle convenir là où les lumières et les ressources varient dans de si fortes proportions? Peut-on accorder la même autorité au maire d'un hameau de quelques feux ou à celui que ses concitoyens et le choix de la couronne ont préposé à l'administration d'une vaste cité ? Les mêmes droits seront-ils exercés par une famille rurale, qui ne subvient à ses dépenses qu'à l'aide de centimes extraordinaires, ou par la vaste population urbaine qui possède des revenus de fonds de terre et toutes les ressources que le commerce et l'industrie accumulent dans nos grands centres d'habitation ? Une loi uniforme place le législateur dans une rigoureuse alternative. Il faut ou qu'il restreigne les droits de tous en raison de l'inaptitude de quelques-uns, ce qui est une injustice, ou qu'il accorde à tous les droits dont quelques-uns sont incapables d'user, ce qui peut compromettre les intérêts généraux ; et, comme ces derniers doivent toujours prévaloir, une loi uniforme a pour résultat de rendre impossible l'affranchissement de l'administration communale. Dans tous les pays où la liberté communale a jeté de profondes racines, les villes sont soumises à d'autres formes et investies d'un autre pouvoir que les campagnes. Dans la Grande-Bretagne, les cités qui ont obtenu le titre de corporation s'administrent elles-mêmes ; les populations rurales subissent le contrôle d'un magistrat public. La même distinction existe en Russie, elle existait en France avant la Révolution ; les grandes communes qui avaient été affranchies jouissaient d'une liberté propre ; les villages, les simples paroisses étaient placés sous l'autorité de délégués du roi ou des seigneurs. Aux Etats-Unis, où l'organisation municipale a pu être établie sur un plan théorique, les campagnes ont été unies aux villes pour la région municipale ; chaque circonscription y occupe en moyenne un espace de sept

(1) Séance du 26 avril 1836.

lieues, tandis qu'en France le territoire, réparti entre toutes les communes, ne donnerait à chacune que trois quarts de lieues.

Pour obvier aux inconvénients résultant de cet état de choses, l'orateur proposait d'organiser sérieusement le canton. — Nous aurons plus tard à revenir sur ce point et à montrer que ses idées ne prévalurent pas devant les Chambres. Mais on essaya cependant de remédier, dans une certaine mesure, au mal qu'avait signalé M. Vivien; et c'est pour faciliter la réunion des petites communes que la loi du 18 juillet 1837, qui, dans son art. 4, réserve en général au législateur le pouvoir de prononcer les réunions de communes, dans le cas où les conseils municipaux intéressés ne consentent pas à cette mesure, décida, dans le même article, qu'une ordonnance royale pouvait statuer sur la réunion des communes de moins de 300 habitants, lors même que les conseils municipaux refuseraient d'y consentir, si d'autre part le conseil général du département émettait à cet égard un avis favorable (1).

Plus tard, dans une circulaire relative « à l'instruction des projets de modification aux circonscriptions territoriales actuelles des communes », le ministre de l'Intérieur revenait sur les mêmes idées (2).

(1) Le Gouvernement avait proposé d'adopter une autre base, et de décider que, lorsqu'une commune aurait moins de 500 francs de revenu, elle pourrait être réunie en vertu d'une ordonnance royale, sans que l'avis affirmatif du conseil de département fût nécessaire ; que, par contre, toute commune qui aurait plus de 500 francs de revenu ne pourrait être réunie qu'en vertu d'une loi.

Mais la commission chargée d'examiner le projet de loi relatif aux attributions municipales se déclara hostile à ce projet.

« Nous avons considéré, disait M. Mounier, dans son rapport présenté à la Chambre des Pairs dans la séance du 19 mars 1835, que ce n'est pas un certain revenu, mais une certaine agrégation d'habitants qui constitue la commune. Une commune qui n'a que de très faibles revenus peut vouloir conserver son existence séparée. Ses habitants sont attachés à leur église, au cimetière où reposent leurs pères. Ces sentiments doivent être respectés. Ils peuvent aussi jouir d'avantages matériels que défendrait mieux une administration choisie par les intéressés. La limite prise dans la quotité des revenus communaux est, d'ailleurs, moins exacte, plus exposée à des variations que celle de la population. Une commune qui n'a pas 500 francs de revenu peut cependant être beaucoup plus riche qu'une autre commune dont le budget annonce un revenu plus considérable. Elle peut posséder des bois, des pâturages, dont les produits sont partagés en nature et n'augmentent point, par conséquent, les recettes qui figurent dans les comptes du receveur municipal. S'il y a des dépenses à faire dans l'intérêt de la communauté, les habitants ne pourraient-ils pas avoir avantage à les acquitter au moyen de centimes additionnels ? D'un autre côté, une commune peut avoir plus de 500 francs de revenu, et néanmoins ne pas offrir les moyens de composer un corps municipal assez nombreux et assez éclairé pour gérer ses intérêts, et surtout pour satisfaire aux obligations que l'administration générale du royaume impose à l'autorité municipale. C'est donc dans l'insuffisance de la population que se trouve le véritable motif de la suppression d'une commune. Les besoins de l'ordre public peuvent la commander ; il faut que, malgré l'opposition de son conseil municipal, le roi puisse prononcer la réunion d'une commune où les lois ne seraient plus exécutables. »

(2) Circulaire du 29 août 1849, insérée au *Bull. offic. min. Int.*, 1849, p. 383.

En principe, disait-il aux préfets, vous devez rechercher l'occasion de provoquer la suppression des communes de moins de 300 habitants et leur réunion aux communes voisines, quand la situation topographique des localités ne s'y oppose pas rigoureusement. Ces communes ne satisfont, en effet, que très imparfaitement à leurs dépenses obligatoires et sont forcées de recourir à des impositions extraordinaires qui surchargent les contribuables. D'un autre côté, le petit nombre de leurs habitants ne permet que difficilement d'y trouver des administrateurs municipaux éclairés ou pouvant donner un temps suffisant aux travaux de la mairie. Vous devez, par la même raison, rejeter, sauf le cas de nécessité, toute demande d'érection en commune formée par une localité dont la population ne serait pas au moins de 300 habitants.

Enfin, plus récemment, dans une circulaire du 2 août 1880, « au sujet des demandes de créations des communes nouvelles (1), le ministre de l'Intérieur exposait qu'on ne devait créer de communes nouvelles que lorsque la demande s'appuyait sur des motifs graves, par exemple la formation d'agglomérations de population déterminée par un chemin de fer, un port, l'établissement d'une grande industrie, et quand il n'y avait pas d'autre moyen administratif de satisfaire aux besoins allégués par les intéressés ; et il ajoutait que le conseil d'Etat se montrait défavorable à la création de communes qui comprendraient un trop petit nombre d'habitants, par exemple moins de 500 à 600.

Lors de la discussion de la loi du 5 avril 1884, on a de nouveau insisté sur tous ces points ; et les rapporteurs ont plusieurs fois déclaré qu'il fallait faciliter les réunions de communes et rendre leurs séparations plus difficiles (2).

C'est dans ce but que la nouvelle loi municipale, qui se contente, dans la plupart des cas, pour prononcer la réunion de deux ou plusieurs communes, d'une décision du conseil général ou d'un décret du pouvoir exécutif (art. 6) (3), exige, au contraire, une loi pour toute création de commune nouvelle (art. 5), revenant ainsi à l'idée du législateur de 1791. On a pensé que le Parlement saurait, mieux que toute autre autorité, résister aux nombreuses demandes de distraction dont il serait saisi.

Arrivera-t-on ainsi à multiplier les réunions de communes et à rendre les séparations de plus en plus rares ? Il est permis d'en douter.

(1) Insérée au *Bull. offic. min. Int.*, 1880, p. 250.

(2) Voir par exemple le rapport présenté par M. de Marcère, à la Chambre des députés, première délibération. (*Trav. prép.*, p. 6.)

(3) Une loi n'est nécessaire que si le changement de circonscription proposé doit avoir pour résultat de modifier les limites du département, d'un arrondissement ou d'un canton.

« Nous n'attachons pas, disait à ce sujet M. Gérard (1), une importance exagérée à l'intervention du pouvoir législatif ; dans l'état actuel de notre organisation constitutionnelle, les rôles des Chambres sont tellement chargés qu'il leur est difficile de donner une attention soutenue aux projets d'intérêt local dont elles sont saisies. Pour ces questions d'intérêt secondaire, elles s'en remettent généralement à l'instruction faite par l'administration centrale et le conseil d'Etat. C'est surtout dans l'examen de cette dernière assemblée que réside la garantie sérieuse, et cette garantie nous paraît suffisante, à la condition que, de leur côté, les conseils départementaux facilitent la tâche de l'administration centrale en apportant dans les premières phases de l'instruction la même sévérité que le conseil d'Etat et le ministre de l'Intérieur. »

Et plus loin, revenant sur les mêmes idées, il ajoutait :

« On ne peut que se féliciter de ce retour à la législation de 1791 ; mais cela ne suffit pas, et si nous avions un vœu à émettre, ce serait que les assemblées départementales, qui conservent en cette matière un droit de contrôle et d'examen préalable (puisque toute demande est soumise à l'avis des conseils d'arrondissement et du conseil général), se dégagent des préoccupations exclusivement locales qui, trop souvent, dictent leurs votes, et fortifient par leur appui les légitimes résistances de l'administration supérieure. Bien des demandes qui, à l'origine, n'étaient basées que sur un motif futile ou sur une difficulté passagère, auraient pu être écartées, si la fermeté des assemblées locales avait découragé les espérances de leurs promoteurs. Autant il est aisé au début d'arrêter une affaire de ce genre, autant il est difficile de l'entraver lorsque les aspirations se sont développées, les rivalités accrues, et que, de part et d'autre, on cherche, au lieu d'apaiser les conflits, à les rendre plus aigus pour justifier la rupture du lien commun. » (2).

(1) *Revue générale d'administration*, 1880, t. I, p. 162 et suiv.

(2) En Belgique où, d'après l'art. 3 de la Constitution, les créations et réunions de communes sont de la compétence exclusive du pouvoir législatif, ce mode de procéder n'empêche point qu'on ne se plaigne dans ce pays, comme en France, du trop grand nombre de communes nouvellement créées. — Il a été érigé, en effet :

De 1830 à 1840	12	communes;
De 1841 à 1850	21	—
De 1851 à 1860	10	—
De 1861 à 1870	26	—
De 1871 à 1879	18	—
Total	87	communes.

Or, dit l'auteur d'un article inséré dans la *Revue générale d'administration* (1881, t. III, p. 348), « des administrateurs dont la voix est autorisée pensent que l'on devrait tendre à

Les raisons de douter sont d'autant plus graves que cette même loi du 5 avril 1884 renferme, dans son art. 3, une disposition nouvelle qui est de nature à encourager les sections de communes à demander leur érection en municipalités distinctes, et à paralyser les garanties cherchées par l'art. 5 dans l'intervention du pouvoir législatif. Nous l'avons dit et nous le répétons, en obligeant l'administration à soumettre à l'enquête toute demande de modification au territoire communal et de création de commune formée par le tiers des électeurs inscrits de la section intéressée, l'art. 3 aura pour effet de développer une agitation qu'il eût été plus sage d'arrêter au point de départ (1).

Pour permettre aux Chambres de résister plus facilement aux demandes de séparation formées par les sections de communes, un membre de la Chambre des députés, M. Escande, avait proposé d'ajouter à l'art. 5 une disposition ainsi conçue : « Il ne sera pas, à l'avenir, créé de communes dont la population serait inférieure à 3,000 habitants. » (2).

Il est incontestable, disait-il, que les communes trop petites, que les communes qui ne sont pas assez riches pour payer avec leurs revenus annuels leurs dépenses obligatoires, sont dans des conditions extrêmement défectueuses et vouées à des déficits continuels. Combien il leur est difficile de construire leurs chemins, leurs écoles, leurs mairies, d'organiser une police !

C'est pour empêcher cet inconvénient de se développer sans cesse que j'ai présenté mon amendement.

Au lieu de tendre à se réunir entre elles, à s'agglomérer, les communes ten-

l'agrandissement des communes plutôt qu'à leur démembrement. C'était, d'ailleurs, le système pratiqué avant 1830 par le Gouvernement néerlandais, ainsi que l'attestent une circulaire du 18 novembre 1828 et une autre du 8 février 1834, dans laquelle il est dit que les réunions de communes autrefois séparées ont en général simplifié les rapports administratifs et diminué les dépenses, et que ceux qui réclament l'institution d'une commune sont guidés trop souvent par un sentiment d'indépendance mal entendu et par des intérêts particuliers ».

(1) M. Morgand dit également (*Commentaire de la loi du 5 avril 1884*, 3ᵉ édit., t. I, p. 85) : « En décidant que dorénavant l'intervention du pouvoir législatif sera toujours nécessaire pour créer une nouvelle commune, les rédacteurs de la loi nouvelle ont voulu rendre plus difficiles les divisions de communes. Nous applaudissons à leurs intentions, mais sans être convaincu que la nécessité d'une loi sera un remède bien efficace à un mal incontestable. Nous aurions de beaucoup préféré que l'on maintînt à l'administration le droit d'arrêter une affaire à ses débuts ; car l'expérience prouve qu'il est beaucoup plus malaisé d'empêcher la réalisation d'une mesure de ce genre lorsque l'affaire est engagée, que les espérances sont surexcitées et que les rivalités se sont accusées et aigries au cours de l'instruction contradictoire... Quoi qu'il en soit, puisque aujourd'hui toutes les demandes doivent être soumises aux conseils généraux, nous voudrions pouvoir compter sur la fermeté de ces assemblées pour écarter celles qui ne seraient pas absolument justifiées. »

(2) Chambre des députés, deuxième lecture : séance du 30 juin 1883. (*Trav. prép.*, p. 123.)

dent à se diviser. Les rivalités de hameau en sont la cause. Aussi, arrive-t-il souvent que l'on nous propose de diviser des communes dont la population est inférieure à 1,000 habitants. Nous sommes saisis en ce moment d'un projet de division d'une commune qui ne compte pas 900 habitants ; si ce projet est adopté, il en résultera deux communes dont chacune aura 450 habitants. C'est évidemment insuffisant.

L'avantage des grandes communes est parfaitement évident pour l'organisation de la police rurale, par exemple, pour la construction des chemins, pour la création de maisons d'école, pour la bonne administration, et, comme le reconnaissait M. le rapporteur, pour arriver à une meilleure organisation municipale et à la décentralisation administrative que nous désirons tous.

Je n'insiste pas sur ces considérations que vous admettez. M. le rapporteur, dans son premier rapport, me donnait absolument raison sur ce point ; car il indiquait que la commission avait en vue de rendre plus difficile la division des communes et de rendre, au contraire, plus facile leur réunion.

Une semblable mesure est excellente, mais elle ne me paraît pas tout à fait suffisante, car la loi permettrait encore des divisions du genre de celles que j'indiquais tout à l'heure. Je voudrais que la commission fixât un minimum pour la création des communes à l'avenir ; je lui demanderais de dire, par exemple, comme M. Folliet l'avait proposé dans le projet de loi qu'il a déposé : « A l'avenir, il ne sera pas créé de commune dont la population serait inférieure à 1,500 habitants. »

J'ai proposé un chiffre de population plus élevé, celui de 3,000 habitants. Ce chiffre, je l'ai emprunté aux législations étrangères, ou à l'organisation communale de pays voisins. En Italie, par exemple, les communes sont en moyenne de 3,000 à 4,000 habitants. En Espagne, on ne peut créer une commune qu'à la condition qu'elle ait au moins une population de 2,000 habitants et qu'elle soit en état de payer sur les ressources ordinaires toutes les dépenses obligatoires. Dans d'autres nations, en Belgique et en Angleterre notamment (1), les communes sont divisées en deux catégories : il y a une législation spéciale pour les petites communes et une législation spéciale pour les grandes communes.

Le chiffre de 3,000 habitants me paraissait établir la ligne de démarcation et c'est pour cela que je m'y étais arrêté.

Mais le rapporteur, M. de Marcère, et plusieurs autres membres de la Chambre des députés, firent remarquer qu'il était impossible au législateur de se lier pour l'avenir et que la Constitution seule pouvait le faire.

« Lorsque l'érection d'une section en commune est demandée, ajouta M. Drumel, si le conseil général statuait définitivement, comme cela se passait à une certaine époque, alors que les habitants de la commune et ceux de la section étaient d'accord, je comprendrais l'amendement et la limitation qu'il consacre ; mais puis-

(1) Il en est de même en Allemagne. — Conf. *Rev. gén. d'adm.*, 1891, t. I, p. 465 et suiv.

que, désormais, l'érection d'une commune ne pourra avoir lieu qu'en vertu d'une loi, c'est au législateur à tenir compte des circonstances de lieux et de la population, pour statuer sur les créations qui seront demandées. Je ne vois pas quel intérêt il pourrait y avoir à l'entraver dans son action. »

Enfin, le sous-secrétaire d'Etat de l'Intérieur déclara être, comme les auteurs de la proposition, très touché de l'insuffisance de la population de nos communes et de la nécessité de n'en créer de nouvelles que dans des conditions plus favorables à leur bonne administration.

« Personne, dit-il, ne sent plus vivement que moi, car je suis un rural, les inconvénients que présente l'insuffisance des ressources de beaucoup de nos communes. Mais je me demande s'il serait législativement possible, j'allais presque dire raisonnable, de mettre comme condition à la création d'une nouvelle commune un minimum de population invariable. Certainement le chiffre de la population est un des éléments considérables de la formation des communes; mais est-ce donc l'élément unique, je dirai même, dans certains cas, est-ce l'élément dominant? Non, vous sentez aussi bien que moi, quelles que puissent être vos appréhensions à l'égard des petites communes, qu'il peut se présenter tel cas, se dégageant des situations topographiques et des intérêts d'une commune, où une réunion de 7 ou 800 habitants doivent jouir d'une existence communale séparée et distincte. »

Finalement, l'amendement de M. Escande ne fut pas adopté.

Telles sont les règles théoriques que la législateur et l'administration ont de tout temps formulées au sujet des réunions et des créations de communes.

Mais si de la théorie nous passons à la pratique, et si nous recherchons comment, en fait, on a tenu compte de ces prescriptions, nous sommes bien forcés de constater que les résultats poursuivis sont loin d'être atteints, et que l'on tend même de plus en plus à ériger des communes nouvelles, sans en supprimer aucune.

D'où cela provient-il? C'est ce que nous aurons à examiner. Mais, pour faciliter cette étude, nous établirons en premier lieu la statistique des réunions de communes, puis nous parlerons des créations de nouvelles municipalités.

Malgré la délégation qu'elle avait donnée aux assemblées de département, l'Assemblée constituante prononça elle-même quelques réunions de communes, sur les propositions que lui fit, dans des circonstances exceptionnelles et urgentes, le comité qu'elle avait chargé de la division du territoire (1).

On trouve aussi, parmi les actes de l'Assemblée législative, quelques lois relatives à des suppressions de communes (2).

La Convention également s'attacha à diminuer le nombre des petites communes. On peut en donner comme preuve les lois du 13 prairial an II, communes de Plainville et d'Armentières ; — du 28 prairial an II, art. 3, communes de Neuf-Saaverde et de Bouquenon ; — du 4 messidor an II, municipalités de Montleau et de Montcoupot ; — du 7 messidor an II, municipalités d'Ornoulac, Quée, Arignac, Bonpas et Arnave ; — du 4 vendémiaire an III, commune de Dourier ; — du 29 vendémiaire an III, hameau de La Gravière et commune de Tagis (3).

Le premier Empire et la Restauration persistèrent dans la même voie. On ne peut donner, il est vrai, de chiffres précis, puisque c'est seulement à partir de 1830 que tous les actes du Gouvernement, en cette matière, ont été insérés au *Bulletin des lois*. Mais cela résulte d'indications partielles certaines.

Ainsi, M. Aucoc nous apprend (4) que dans le département de la Moselle, de 1809 à 1814, il a été supprimé près de 300 communes, qui avaient été rétablies par la loi du 28 pluviôse an VIII et dont un certain nombre comptaient moins de 100 habitants, quelquefois même moins de 50. M. de Chastelux, dans une étude historique et statistique sur le département de la Moselle, énumère ces communes et indique la date de l'acte qui prononce la suppression.

On voit également dans l'annuaire du département du Gers, pour l'année 1844, que dans ce département, de 1821 à 1825, il n'y a pas eu moins de 144 communes supprimées.

De 1825 à 1830 on compte, sur tout l'ensemble du territoire de la France, 530 suppressions de communes, soit une moyenne annuelle de 106. De 1830 à 1835 il y en eut encore 246, soit 49 par

(1) On peut citer par exemple : Lois des 4-9 septembre 1790, commune de Tounneins ; — des 13-19 octobre 1790, paroisses de Notre-Dame, Saint-Pierre, Saint-Léonard, Durtal et Couis ; — des 14-19 octobre 1790, municipalités de Fresnoy et de Irey-les-Prés ; — des 9-17 novembre 1790, paroisses de Bouillaysses, Rodilhou, Caissargues et Garoux ; — des 12-18 février 1791, bourg de la Guillotière, etc... — (Aucoc, *Sections de commune*, n° 36, note 1.)

(2) Par exemple la loi des 8-18 juillet 1792, communes de Saint-Jean-Auboin et de La Rivière ; — la loi des 24-30 novembre 1791, municipalité foraine de Saint-Flour ; — la loi des 18-22 juillet 1792, paroisse et municipalité du Temple, etc... — (Aucoc, *op. et loc. cit.*)

(3) Voir Aucoc, *op. et loc. cit.*

(4) *Op. et loc. cit.*

an (1). De 1835 à 1848 on supprima encore 665 petites communes, soit une moyenne de 51 par an.

Mais le mouvement se ralentit considérablement à partir de cette époque. En effet, de 1848 à 1852 on ne supprima que 23 communes, soit une moyenne annuelle de 5. De 1852 à 1860 on trouve le chiffre de 99, soit environ 12 par an. De 1860 à 1865 on en supprima encore 52, soit une moyenne de 10 par an.

Depuis cette époque, le mouvement s'est à peu près complètement arrêté. En effet, de 1865 à 1872, le nombre des suppressions ne s'élève plus qu'à 23, soit à peu près 4 par an.

On en supprima encore 1 en 1874, 1 en 1876, 1 en 1878, 2 en 1880, 2 en 1882, 2 en 1883 et, enfin, 1 en 1884 (2).

Le nombre des petites communes, dépourvues de ressources, étant trop considérable en France, la logique menait à conclure qu'au moins il n'en fallait pas créer de nouvelles (3).

On comprit cette nécessité au commencement du siècle. Sitôt après la loi de 1789, le nombre des communes dépassant de beaucoup les besoins, il ne dut guère se présenter de demandes de créations de communes nouvelles. Mais peu à peu ces demandes augmentèrent dans de sensibles proportions.

Ainsi, de 1830 à 1838, on compte déjà 195 créations de communes, soit une moyenne de 24 par an (4).

La nouvelle loi municipale de 1837 vint arrêter ce mouvement, ou du moins le ralentir. Il est à remarquer, en effet, et nous avons déjà insisté sur ce point, que la loi du 18 juillet 1837, qui demeura

(1) Ces chiffres, ainsi que ceux qui suivent, nous sont fournis par M. AUCOC, *op. et loc. cit.*, et par M. GÉRARD, article précité sur les *Créations de communes*, inséré dans la *Revue générale d'administration*, année 1880, t. I, p. 20 et suiv.

(2) Le rapport du ministre de l'Intérieur sur le recensement de 1881, pour la période quinquennale écoulée de 1876 à 1881, constate 4 suppressions de communes; — le rapport du ministre de l'Intérieur sur le recensement de 1886, pour la période écoulée de 1881 à 1886, 7 réunions de communes; — enfin, le rapport du ministre de l'Intérieur sur le recensement de 1891, pour la période écoulée de 1885 à 1891, 4 réunions de communes.

(3) D'autant plus que, comme le fait observer M. GÉRARD (*op. cit.*, p. 154), « la situation financière des communes nouvellement créées est toujours, du moins dans les premières années, assez mauvaise; il faut, en effet, qu'elles installent leurs différents services et, pour cela, elles sont fréquemment forcées de faire des constructions onéreuses, de recourir aux emprunts et de s'imposer extraordinairement ».

(4) Dans l'exposé des motifs du projet de loi sur l'administration municipale présenté à la Chambre des députés (séance du 26 avril 1836), le ministre de l'Intérieur, M. Vivien, a déclaré qu'il résultait du compte statistique des travaux du conseil d'Etat que, dans les cinq années qui s'étaient écoulées de 1830 à 1835, cinquante-quatre ordonnances avaient prononcé des érections et deux cent quarante-trois des réunions de communes.

en vigueur jusqu'à l'année 1867, exigeait une loi, ou tout au moins un décret, suivant les circonstances, pour créer une nouvelle commune. D'autre part, le conseil d'Etat était appelé, dans tous les cas, à donner sur le projet de création un avis auquel le Gouvernement et les Chambres se faisaient un devoir de se conformer; et cette assemblée avait pour principe de n'émettre un avis favorable à l'érection proposée que dans les cas où il lui semblait impossible de maintenir l'union entre les diverses parties de la commune.

Il se forma ainsi peu à peu une jurisprudence que nous pourrions exposer ici; mais comme la loi du 5 avril 1884 exige dans tous les cas une loi après avis du conseil d'Etat pour créer une commune nouvelle, la jurisprudence qui s'était formée sous l'empire de la loi de 1837 est aujourd'hui pleinement applicable, et c'est à cette place que nous nous réservons de l'étudier.

Quoi qu'il en soit, de 1838 à 1848, c'est-à-dire pendant la première période d'exécution de la loi du 18 juillet 1837, on créa 115 communes nouvelles, ce qui donne une moyenne annuelle de 11.

De 1848 à 1852 on en créa encore 43, soit une moyenne de 11 par an.

De 1852 à 1860 on compte 73 créations de communes, soit environ 9 par an.

Enfin, de 1860 à 1867 on procéda encore à 96 érections de communes, c'est-à-dire 13 par an.

La loi du 24 juillet 1867, art. 13, telle que l'interpréta avec raison le ministre de l'Intérieur dans sa circulaire du 3 août 1867, amena une augmentation énorme dans le nombre des créations de communes. On se rappelle qu'elle donnait compétence au préfet, même pour créer de nouvelles communes, quand le conseil municipal ou les conseils municipaux et le conseil général donnaient un avis favorable au projet.

Il résulta de cette nouvelle législation que les règles rigoureuses que la jurisprudence du conseil d'Etat et du ministère de l'Intérieur avaient posées relativement à la création des communes, furent abandonnées.

« Des communes, dit M. Gérard (1), dont la demande avait été rejetée jusqu'à cinq fois par le ministre de l'Intérieur et par le conseil d'Etat, furent constituées par un simple arrêté préfectoral. On vit les préfets ériger en municipalités distinctes des sections de commune d'une population et d'une superficie tout à fait insuffisantes.

(1) *Op. cit.*, p. 28.

Le nombre de ces communes créées par arrêté préfectoral s'élève, dans la période qui s'étend du 24 juillet 1867 au 10 août 1871, à 48 (dans le seul département des Ardennes, il a été créé 7 communes par arrêtés préfectoraux en l'année 1869); et si l'on ajoute à ce chiffre celui des communes créées par des lois ou des décrets, on arrive à un total de 76, ce qui donne une moyenne annuelle de 19 communes. »

Ce chiffre se décompose de la manière suivante (1) :

	1867	1868	1869	1870	1871	Totaux
Lois	»	3	3	2	1	9
Décrets	»	3	8	7	1	19
Arrêtés préfectoraux . . .	5	13	23	7	»	48
	5	19	34	16	2	76

La loi du 10 août 1871, dans son art. 46, § 26, fit passer des mains du préfet dans celles du conseil général le droit de créer des communes nouvelles.

On se rappelle que le ministre de l'Intérieur lui donna tout d'abord cette interprétation, dans une circulaire du 8 octobre 1871.

Les conséquences de ce système furent déplorables. « Les conseils généraux (2), harcelés par les sections qui, depuis longtemps, réclamaient leur indépendance, prononcèrent des créations de communes qui réunissaient rarement les conditions précédemment réclamées; on peut affirmer, sans crainte d'être démenti, qu'ils exagérèrent encore la jurisprudence que les préfets avaient inaugurée depuis 1867. »

En effet, 19 communes furent constituées par délibérations des conseils généraux pendant la seule session de 1871, ce qui donnait une moyenne annuelle encore plus considérable que celles atteintes jusque là. — Dans le département des Ardennes, en une seule séance, en date du 5 novembre 1871, on vit le conseil général créer 10 communes nouvelles, dont l'une, celle de Dricourt, n'avait que 72 habitants. Au dernier recensement de 1891, elle en possédait 88, « de sorte que, dit M. Ducrocq (3), ce ne sont pas ses chances d'avenir qui justifiaient cette création; ce n'étaient pas non plus ses ressources, car, d'après la situation financière des communes de 1885, cette commune possède un revenu de 102 francs; le produit du

(1) Il y eut, de 1848 à 1870, 286 créations de communes.

(2) Voir M. Gérard, *op. cit.*, p. 32.

(3) *Des suppressions, des créations et des associations de communes*, article inséré dans le *Journal de la société de statistique de Paris*, année 1886, n° 6, p. 187.

centime y est de 6 fr. 15 centimes, et elle est imposée de 161 centimes! C'est dans toute sa beauté l'idéal pratique des créations de petites communes ».

Effrayé de ces résultats, le ministre de l'Intérieur, dans une nouvelle circulaire du 20 mars 1872, déclara qu'il n'appartenait pas aux conseils généraux de créer de nouvelles communes, et que les préfets avaient conservé sur ce point les attributions que leur conférait la loi du 24 juillet 1867, art. 13. Il pensait, par ce moyen, arrêter le courant; mais ses espérances furent complètement déçues. En effet, du 20 mars 1872 au 13 mars 1873, c'est-à-dire en moins d'un an, les préfets créèrent 21 communes nouvelles.

« Sur les 69 communes créées par arrêtés préfectoraux, dit M. Ducrocq (1) (48 du 24 juillet 1867 au 10 août 1871, et 21 du 20 mars 1872 au 13 mars 1873), 41 avaient moins de 300 habitants et 28 moins de 500 ; certaines même n'en avaient pas 100. La moyenne des impositions payées par ces communes nouvelles était de 69 centimes additionnels. Une payait 161 centimes; d'autres la dépassaient encore, et l'une d'elles allait jusqu'au chiffre de 277 centimes communaux additionnels au principal des contributions directes. »

En présence de ces faits, l'administration s'émut et chercha un moyen de remédier, coûte que coûte, aux dangers de la situation. Nous avons montré que le ministre de l'Intérieur lança dans ce but, le 13 mars 1873, une nouvelle circulaire dans laquelle, s'appuyant sur un avis du conseil d'Etat du 17 octobre 1872 et sur une loi du 17 décembre 1872, relative aux sections de Saint-Pardoux et de Longueville, il déclarait que la loi du 24 juillet 1867 et la loi du 10 août 1871 n'avaient en rien dérogé aux dispositions de la loi du 18 juillet 1837, relatives aux créations de communes, et que ces créations ne pourraient être désormais autorisées que par un décret, en cas de consentement des parties intéressées, et par une loi dans le cas contraire.

Depuis lors, les questions de créations de communes furent à nouveau, et sans exception, comme avant la loi du 24 juillet 1867, soumises au conseil d'Etat, qui statua en assemblée générale, en vertu de l'art. 5, § 12, du décret du 21 août 1872 et de l'art. 7, § 12, du décret du 2 août 1879, et reprit les traditions de ses prédécesseurs, en rejetant les projets qui ne lui paraissaient pas suffisamment justifiés (2).

(1) *Op. cit.*, p. 187.

(2) Voir par exemple l'avis du conseil d'Etat du 15 mai 1873, section de Saint-Just (Dordogne), M. Silvy, rapporteur ; — *idem* du 1er juillet 1875, section de Pont-de-Brenne (Indre-et-Loire), M. de Ham, rapporteur ; — *idem* du 3 novembre 1876, section de Champagne (Rhône), M. Silvy, rapporteur.

Grâce à son influence, le nombre des érections de communes est descendu à un taux moins élevé.

Ainsi, on en compte :

En 1873,	15,	savoir :	13	par des lois,	2	par décrets;
En 1874,	18,	—	8	—	10	—
En 1875,	16,	—	6	—	10	—
En 1876,	11,	—	2	—	9	—
En 1877,	8,	—	2	—	6	—
En 1878,	9,	—	3	—	6	—
En 1879,	7,	—	4	—	3	—
En 1880,	16,	—	9	—	7	—
En 1881,	3,	—	1	—	2	—
En 1882,	7,	—	3	—	4	—
En 1883,	12,	—	3	—	9	—

En 1884, jusqu'au 5 avril, 3, toutes par des décrets.

Soit, pour ces onze années, une moyenne annuelle de 11 créations de communes.

Ce chiffre est encore beaucoup trop fort. Aussi, avons-nous vu que la nouvelle loi municipale, pour rendre les créations de communes plus difficiles, exige dans tous les cas une loi (art. 5), prise après l'avis du conseil général et celui du conseil d'Etat.

Mais, quoi qu'il en soit, on crée encore aujourd'hui beaucoup plus de communes qu'on n'en supprime ; on en aura la preuve en jetant un coup d'œil sur l'état suivant des créations et des réunions de communes prononcées depuis la loi du 5 avril 1884:

ANNÉE 1884 (du 5 avril au 31 décembre).

Communes créées : 7.

Loi du 16 avril: commune de Manthes, distraite de la commune de Moras (Drôme). — Loi du 16 avril : commune de Saint-Michel, distraite de la commune de Montmiral (Drôme). — Loi du 16 avril : commune de Plessis-Saint-Benoît, distraite de la commune d'Authon-la-Plaine (Seine-et-Oise). — Loi du 16 avril: communes de Vélanne, Saint-Sulpice et Massieu, distraites de la commune de Saint-Geoire (Isère). — Loi du 30 juin: commune d'Ambeyrac, distraite de la commune de Montalès (Aveyron).

Commune supprimée : 1.

Décret du 5 avril : commune de Pixerécourt, réunie à la commune de Malzéville (Meurthe-et-Moselle).

ANNÉE 1885.

Communes créées : 2.

Loi du 1er avril : commune d'Alfortville, distraite de la commune de Maisons-Alfort (Seine). — Loi du 26 juin : commune de La Mulatière, distraite de la commune de Sainte-Foy-lès-Lyon (Rhône) (1).

Communes supprimées : 2.

Loi du 29 janvier : commune de Saint-Pierre-lès-Calais, réunie à la commune de Calais (Pas-de-Calais). — Décret du 22 mai : commune de Les-Hameaux, réunie aux communes de Thouars, Sainte-Radegonde et Sainte-Verge (Deux-Sèvres).

ANNÉE 1886.

Communes créées : 6.

Loi du 15 avril : commune de Pont-Trambouze, distraite des communes de Mardore, Bourg-de-Thizy et Cours (Rhône). — Loi du 30 avril : commune de Saint-Paul-de-Vern, distraite de la commune de Saint-Céré (Lot). — Loi du 5 juillet : commune de Perroux, distraite de la commune de Lucé (Orne). — Loi du 19 juillet : commune de Saint-Bardoux, distraite de la commune de Clérieux (Drôme). — Loi du 11 décembre : commune de Vierzon-Bourgneuf, distraite de la commune de Vierzon-Village (Cher). — Loi du 11 décembre : commune de Balaruc-le-Vieux, distraite de la commune de Balaruc-les-Bains (Hérault).

Communes supprimées : 2.

Décret du 23 juillet (2) : communes de Cherré et Saint-Antoine-de-Rochefort, réunies à la commune de La-Ferté-Bernard (Sarthe).

ANNÉE 1887.

Communes créées : 3.

Loi du 24 février : commune de Saint-Just, distraite de la commune de Chapdeuil (Saint-Just) (Dordogne). — Loi du 28 février :

(1) Le petit nombre des créations de communes en 1885 doit être attribué à ce qu'à la suite de la loi municipale du 5 avril 1884, tous les dossiers qui n'avaient pas encore été soumis au conseil d'Etat furent renvoyés dans les départements pour complément d'instruction.

(2) Ce décret a été annulé par un arrêt du conseil d'Etat du 18 mai 1888.

commune de Le Perreux, distraite de la commune de Nogent-sur-Marne (Seine). — Loi du 2 avril : commune de Broualan, distraite de la commune de La Boussac (Ille-et-Vilaine).

Communes supprimées : 2.

Délibération du conseil général du 23 août : commune de Clausonne, réunie à la commune du Saix (Hautes-Alpes). — Décret du 12 décembre : commune de Lagremuse, réunie à la commune de Chaffaut (Basses-Alpes).

ANNÉE 1888.

Communes créées : 10.

Loi du 27 février : commune de Lasserre, distraite des communes de Tourtouse-et-Lasserre et Montardit (Ariège). — Loi du 24 mars : commune de Sainte-Croix, distraite de la commune de Pavezin (Loire). — Loi du 1er avril : commune de Saint-Fons, distraite de la commune de Vénissieux (Rhône). — Loi du 29 mai : commune de Les Clérimois, distraite des communes de Foissy et Chigy (Yonne). — Loi du 22 juin : commune de Cerbère, distraite de la commune de Banyuls-sur-Mer (Pyrénées-Orientales). — Loi du 1er août : commune de Cheylard-l'Evêque, distraite de la commune de Chaudeyrac (Lozère). — Loi du 6 décembre : commune de Saint-Michel-de-Rivière, distraite de la commune de La Roche-Calais (Dordogne). — Loi du 11 décembre : commune de Le Haut-de-Bosdarros, distraite de la commune de Bosdarros (Basses-Pyrénées). — Arrêt du conseil d'Etat du 18 mai 1888, annulant un décret du 23 juillet 1886, qui avait réuni les communes de Cherré et de Saint-Antoine-de-Rochefort à la commune de La Ferté-Bernard (Sarthe).

Commune supprimée : 1.

Décret du 27 août : commune de Le Grand-Prissé, réunie aux communes de Lafoye-Montjault, Petit-Prissé et Belleville (Deux-Sèvres).

ANNÉE 1889.

Communes créées : 9.

Loi du 8 juin : commune de Janville, distraite de la commune d'Auvers-Saint-Georges (Seine-et-Oise). — Loi du 19 juin : commune de Mazeau, distraite de la commune de Saint-Sigismond (Vendée).

— Loi du 24 juin : commune de Saint-Salvy-de-la-Balme, distraite de la commune de Boissezon (Tarn). — Loi du 20 juillet : commune de Chidde, distraite de la commune de Pressy-sous-Dondin (Saône-et-Loire). — Loi du 20 juillet : commune de Saint-Yzan-de-Soudiac, distraite des communes de Saint-Savin et Saint-Mariens (Gironde). — Loi du 6 décembre : commune de Montpeyroux, distraite de la commune de Coudes (Puy-de-Dôme). — Loi du 10 décembre : commune de Crevin, distraite de la commune de Poligné (Ille-et-Vilaine). — Loi du 12 décembre : commune de Tauriac, distraite de la commune de Montvalen-Tauriac (Tarn). — Loi du 14 décembre : commune de Locmaria, distraite de la commune de Grandchamp (Morbihan).

Commune supprimée: 1.

Décret du 22 juillet : commune de Saint-Antoine-de-Rochefort, réunie à la commune de La Ferté-Bernard (Sarthe).

ANNÉE 1890.

Commune créée : 1.

Loi du 17 novembre : commune de Le Perréon, distraite de la commune de Vaux (Rhône).

Commune supprimée.

Aucune.

ANNÉE 1891.

Communes créées: 5.

Loi du 21 juillet : commune de Lacam-d'Ourcet, distraite de la commune de Lentilhac (Lot). — Loi du 21 juillet : commune de Malo-les-Bains, distraite de la commune de Rosendaël (Nord). — Loi du 23 juillet : commune de Beaulieu, distraite de la commune de Villefranche (Alpes-Maritimes). — Loi du 16 décembre : Ile d'Hœdic et Ile d'Houat, distraites de la commune du Palais (Morbihan).

Commune supprimée : 1.

Décret du 5 décembre : commune de Sapicourt, réunie à la commune de Courcelle-lès-Ronay (Marne).

RÉSUMÉ GÉNÉRAL.

Communes créées ou supprimées depuis la promulgation de la loi du 5 avril 1884 :

1884	7	communes créées,	1	commune supprimée;
1885	2	—	2	—
1886	6	—	2	—
1887	3	—	2	—
1888	10	—	1	—
1889	9	—	1	—
1890	1	—	0	—
1891	5	—	1	—
TOTAUX . .	43	communes créées,	10	communes supprimées.

Soit, en huit ans, 43 créations contre 10 suppressions seulement ; et, en moyenne, 5 créations par an contre 1 réunion.

D'un autre côté, il y a encore en France beaucoup de petites communes, et même, chose plus curieuse, le nombre de ces communes minuscules, après avoir été en diminuant jusqu'en 1860, tend depuis lors à augmenter de plus en plus.

On s'en rendra compte en consultant les chiffres suivants, que nous empruntons aux résultats des recensements quinquennaux et à M. Aucoc (1).

Ainsi, en 1838, sur 37,141 communes dont se composait le royaume, il y en avait:

4,301	ayant	de 299 à 200	habitants;
1,601	—	de 199 à 150	—
1,132	—	de 149 à 100	—
470	—	de 99 à 50	—
61	—	moins de 50	—

Dans cette dernière catégorie, il y en avait plusieurs qui n'avaient que 14 et 12 habitants ; il en était même une qui ne contenait que 8 habitants (2).

(1) *Sections de commune*, n° 36.

(2) Ces chiffres, extraits d'un relevé dressé au ministère de l'Intérieur par le conseiller d'Etat directeur de l'administration départementale et communale, furent publiés dans l'*Ecole des communes* de 1838, p. 280, et reproduits dans l'ouvrage précité de M. Aucoc, n° 36. — D'autre part, on lit dans les *Eléments de droit public et administratif*, de M. Foucart (2e édit., t. III, n° 28, note), que, « d'après la statistique de France publiée par

En résumé, on comptait à cette époque :

531 communes au-dessous de 100 habitants;
3,264 — — de 200 —
7,565 — — de 300 —

Le recensement de 1841 accusait 37,040 communes, soit une diminution de 100 communes; et celui de 1846 donnait 36,819 communes, soit une diminution de 221 communes.

En 1851, sur 36,835 communes, on en comptait:

433 au-dessous de 100 habitants;
2,560 ayant de 101 à 200 —
4,157 — de 201 à 300 —

soit, en résumé (1):

433 communes de moins de 100 habitants;
2,993 — — de 200 —
7,150 — — de 300 —

Le nombre des communes de moins de 300 habitants avait ainsi diminué, de 1838 à 1851, de 415 (2); savoir, en moins: 144 communes de 200 à 300 habitants (3), 173 de 100 à 200 (4), et 98 au-dessous de 100 (5).

En 1856, le nombre des communes qui, en 1851, était monté de 36,819 à 36,835, était redescendu à 36,826.

En 1861, sur 37,510 communes (6), on en comptait :

511 au-dessous de 100 habitants;
2,864 ayant de 101 à 200 —
4,512 — de 201 à 300 —
4,636 — de 301 à 400 —

le ministre du Commerce en 1837 (Territoire, p. 283), il y avait en France 36,150 communes dont la population était inférieure à 3,000 âmes et 33,036 qui comptaient moins de 1,500 âmes; — dans 532 communes, la population s'élevait de 3,000 à 4,000 hab.; — dans 174, de 4,000 à 5,000; — dans 274, de 5,000 à 10,000; — dans 52, de 10,000 à 15,000; — dans 24, de 15,000 à 20,000; — dans 8, de 30,000 à 40,000; — dans 6, de 40,000 à 50,000; — et dans 9, au-dessus de 50,000 ».

(1) *Statistique de la France*, 2e série, t. II: Territoire et population; — et Aucoc, *op. cit.*, n° 36.

(2) 7,150 au lieu de 7,565.

(3) 4,157 au lieu de 4,301.

(4) 2,560 au lieu de 2,733.

(5) 433 au lieu de 531.

(6) Décret des 11 janvier-25 février 1862. — L'annexion de la Savoie et du comté de Nice avait donné à la France 721 communes. Si donc du chiffre total (37,510) on déduit ces 721 communes, on trouve que le nombre des communes avait, de 1856 à 1861, diminué de 37 (36,789 au lieu de 36,826).

Ou, en résumé :

511	communes	de moins de 100	habitants ;
3,375	—	— de 200	—
7,887	—	— de 300	—
12,523	—	— de 400	—

Le recensement de 1866 (1) donna 37,548 communes, soit 38 de plus qu'en 1861 ; et celui de 1871 : 35,989 communes (2).

En 1876 (3) on trouve 36,056 communes, soit une augmentation de 67 ; — et sur ces 36,056, il y en avait :

653	ayant	moins de 100	habitants ;
3,295	—	de 101 à 200	—
4,573	—	de 201 à 300	—
4,454	—	de 301 à 400	—
3,568	—	de 401 à 500	—

soit, en résumé (4) :

653	communes	au-dessous de 100	habitants ;
3,948	—	— de 200	—
8,521	—	— de 300	—
12,975	—	— de 400	—
16,543	—	— de 500	—

Le dénombrement de 1881 (5) a donné 36,097 communes, se répartissant comme suit (6) :

Au-dessous de 100 habitants . . .	720
De 101 à 200 — . . .	3,486
De 201 à 300 — . . .	4,732
De 301 à 400 — . . .	4,333
A reporter . . .	13,271

(1) Décret des 15 janvier-9 février 1867.

(2) Décret des 31 décembre 1872-22 janvier 1873. — En vertu du traité de Francfort, 1,689 communes furent enlevées à la France et annexées à l'Allemagne. Si donc on ajoute ces 1,689 communes aux 35,989, données par le recensement officiel, on obtient un total de 37,678, ce qui prouve que, de 1866 à 1871, le nombre des communes avait encore augmenté de 130.

(3) Décret des 31 octobre-26 décembre 1877.

(4) Ces chiffres sont ceux qui ont été fournis par M. de Lanessan, dans le rapport qu'il présenta à la Chambre des députés au sujet d'une proposition de loi municipale. (*Trav. prép., Annexes*, p. V, col. 3.)

(5) Décret du 7 août 1882.

(6) Voir le rapport du ministre de l'Intérieur annexé au décret précité. (*Journal officiel* du 10 août 1882, p. 4414 et suiv.)

	Report . . .	13,271
De 401 à 500 habitants	. . .	3,599
De 501 à 1,000 —	. . .	10,633
De 1,001 à 1,500 —	. . .	3,982
De 1,501 à 2,000 —	. . .	1,917
De 2,001 à 2,500 —	. . .	834
De 2,501 à 3,000 —	. . .	554
De 3,001 à 3,500 —	. . .	326
De 3,501 à 4,000 —	. . .	200
De 4,001 à 5,000 —	. . .	246
De 5,001 à 10,000 —	. . .	312
De 10,001 à 20,000 —	. . .	132
De 20,001 et au-dessus	. . . . .	91
	Total . . .	36,097

RÉSUMÉ.

720	communes	au-dessous	de 100	habitants;
4,206	—	—	de 200	—
8,938	—	—	de 300	—
13,271	—	—	de 400	—
16,870	—	—	de 500	—
27,503	—	—	de 1,000	—
31,485	—	—	de 1,500	—
33,402	—	—	de 2,000	—
35,562	—	—	de 5,000	—

Ainsi, dans l'espace de cinq ans, de 1876 à 1881, le nombre des habitants de la France s'était accru de 766,260 (37,672,048 au lieu de 36,905,788); et le nombre total des communes avait augmenté de 41 (36,097 au lieu de 36,056) (1). Le nombre des communes de moins de 500 habitants était monté de 16,543 à 16,870, soit une augmentation de 327; et, enfin, le nombre des communes de moins de 100 habitants avait augmenté de 17 (720 au lieu de 703).

Le dénombrement de 1886 (2) a donné 36,121 communes, se répartissant comme suit (3) :

(1) Le rapport précité du ministre de l'Intérieur constate, pour cette même période, 45 créations de communes contre 4 suppressions seulement.

(2) Décret des 31 décembre 1886-6 janvier 1887.

(3) Voir le rapport du ministre de l'Intérieur annexé au décret précité. (*Journal officiel* du 6 janvier 1887, p. 65 et suiv.)

Au-dessous de 100 habitants. . . .	768
De 101 à 200 —	3,600
De 201 à 300 —	4,895
De 301 à 400 —	4,299
De 401 à 500 —	3,619
De 501 à 1,000 —	10,362
De 1,001 à 1,500 —	3,945
De 1,501 à 2,000 —	1,892
De 2,001 à 2,500 —	828
De 2,501 à 3,000 —	553
De 3,001 à 3,500 —	335
De 3,501 à 4,000 —	218
De 4,001 à 5,000 —	245
De 5,001 à 10,000 —	328
De 10,001 à 20,000 —	135
De 20,001 et au-dessus.	99
TOTAL.	36,121

RÉSUMÉ.

768	communes	au-dessous	de 100	habitants ;
4,368	—	—	de 200	—
9,263	—	—	de 300	—
13,562	—	—	de 400	—
17,181	—	—	de 500	—
27,543	—	—	de 1,000	—
31,488	—	—	de 1,500	—
33,380	—	—	de 2,000	—
35,559	—	—	de 5,000	—

Ainsi, de 1881 à 1886, le nombre des habitants de la France a augmenté seulement de 546,855 (38,218,903 au lieu de 37,672,048) ; et le nombre total des communes s'est accru de 24 (36,121 au lieu de 36,097) (1).

Le nombre des communes de moins de 500 habitants a augmenté de 311 (17,181 au lieu de 16,870) ; — le nombre des communes de moins de 400 habitants a augmenté de 291 (13,562 au lieu de 13,271); — le nombre des communes de moins de 300 habitants a augmenté de 325 (9,263 au lieu de 8,938) ; — le nombre des communes de moins de 200 habitants a augmenté de 162 (4,368 au lieu de 4,206) ; — et, enfin,

(1) Le rapport du ministre de l'Intérieur annexé au décret précité constate, pour cette même période, 30 créations de communes contre 7 suppressions.

le nombre des communes de moins de 100 habitants s'est accru de 48 (768 au lieu de 720).

Enfin, le dénombrement de 1891 (1) a donné 36,144 communes, se répartissant comme suit (2):

Au-dessous de 50 habitants	92
De 51 à 100 —	784
De 101 à 200 —	3,862
De 201 à 300 —	4,952
De 301 à 400 —	4,206
De 401 à 500 —	3,694
De 501 à 1,000 —	10,169
De 1,001 à 1,500 —	3,790
De 1,501 à 2,000 —	1,884
De 2,001 à 2,500 —	794
De 2,501 à 3,000 —	572
De 3,001 à 3,500 —	313
De 3,501 à 4,000 —	219
De 4,001 à 5,000 —	244
De 5,001 à 10,000 —	337
De 10,001 à 20,000 —	128
De 20,001 et au-dessus	104
TOTAL. . . .	36,144

RÉSUMÉ.

876	communes	au-dessous	de 100	habitants;
4,738	—	—	de 200	—
9,690	—	—	de 300	—
13,896	—	—	de 400	—
17,590	—	—	de 500	—
27,759	—	—	de 1,000	—
31,549	—	—	de 1,500	—
33,433	—	—	de 2,000	—
35,575	—	—	de 5,000	—

Ainsi, de 1886 à 1891, le nombre des habitants de la France a augmenté seulement de 124,289 (38,343,192 au lieu de 38,218,903);

(1) Décret du 31 décembre 1891.

(2) Voir le rapport du ministre de l'Intérieur annexé au décret précité. (Inséré dans le *Journal officiel* du 12 janvier 1892, p. 213 et suiv., et dans le volume : *Dénombrement de la population*, 1891, publié par le ministère de l'Intérieur en 1892, p. 821 et suiv.)

et le nombre total des communes s'est accru de 23 (36,144 au lieu de 36,121) (1).

Le nombre des communes de moins de 500 habitants a augmenté de 409 (17,590 au lieu de 17,181) ; — le nombre des communes de moins de 400 habitants a augmenté de 334 (13,896 au lieu de 13,562); — le nombre des communes de moins de 300 habitants a augmenté de 427 (9,690 au lieu de 9,263); — le nombre des communes de moins de 200 habitants a augmenté de 370 (4,738 au lieu de 4,368) ; — enfin, le nombre des communes de moins de 100 habitants s'est accru de 108 (876 au lieu de 768).

RÉSUMÉ GÉNÉRAL

Communes de moins	1838	1851	1861	1876	1881	1886	1891
	—	—	—	—	—	—	—
de 100 habitants . .	531	433	511	653	720	768	876
de 200 — . . .	3,264	2,993	3,375	3,948	4,206	4,368	4,738
de 300 — . . .	7,565	7,150	7,887	8,521	8,938	9,263	9,690
de 400 — . . .	»	»	12,523	12,975	13,271	13,562	13,896
de 500 — . . .	»	»	»	16,543	16,870	17,181	17,590

Parmi les communes de moins de 100 habitants, il en est qui n'ont qu'une population tout à fait dérisoire.

Nous citerons, par exemple, dans le département de l'Aube : la commune de Prunay-Saint-Jean, avec 39 habitants ; — dans le Doubs : Bois-la-Ville, Santoche, 41 hab. ; Séchin, 40 ; Vaivre, 38 ; Rondefontaine, 35 ; Boismurie, Montursin, 34 ; Le Châtelet, 33 ; Vennans, 27 ; Blanchefontaine, 17 ; — dans la Drôme : La Fare, avec 36 hab. ; — dans l'Eure : le Roncenay, avec 35 ; — dans l'Hérault : Saint-Martin-de-Combes, avec 39 ; — dans le Jura : Soyria, Mérona, 41 hab. ; Certémery, 37 ; Montmarlon, 30 ; — dans la Haute-Marne : Curmont, 39 hab. ; Suzémont, 36 ; Bressoncourt, 33 ; Seuchey, 32 ; Augeville, 27 ; La Genevroye, 19 ; — dans la Meurthe-et-Moselle : Housselmont, avec 31 hab. ; — dans la Seine-et-Oise : Paray, avec 47 ; Thionville-sur-Opton, 29 ; Le Tartre-Gaudran, 17 ; — dans la Somme : Floxicourt, 41 hab. ; Fonchette, 39 ; Epécamps, 36 ; Guémicourt, 23 ; — dans le Tarn : Ratayrens, avec 23 hab. ; — dans le Var : Riboux, avec 36 ; — dans les Vosges : Chauffecourt, 36 hab. ; Maroncourt, 35 ; — etc. (2).

(1) Le rapport du ministre de l'Intérieur annexé au décret précité constate, pour cette même période, 27 créations de communes contre 4 suppressions.

(2) Nous empruntons ces chiffres au volume précité : *Dénombrement de la population*, 1891, publié par le ministère de l'Intérieur.

Enfin, tout le monde a entendu parler, à propos du banquet offert par la ville de Paris, le 18 août 1889, à tous les maires de province, de la commune qui était alors la plus petite de France : la commune de Morteau, située dans le département de la Haute-Marne, dans le voisinage de la petite ville d'Andelot, et qui possède uniquement un château.

Voici les curieux détails que donnait le *Petit Journal* de l'époque sur cette ombre de commune :

« Bien qu'il n'y ait pas de maisons, il y a des habitants à Morteau ; il n'y en a pas beaucoup, mais il y en a. Le chiffre de 12, donné par les recensements officiels, n'est exact que si l'on veut tenir compte de la population flottante. La population fixe se compose de M. Jean Gueux-Malardot, fermier, de sa femme et de ses deux enfants, et de M. Bralet, bûcheron, également marié et père de deux enfants; en tout, huit personnes qui demeurent dans les dépendances du château.

« Il est vrai que chaque famille emploie un domestique pour les travaux des champs, ce qui, pendant l'été au moins, porte à 10 le nombre des habitants; enfin, le maire, M. Benoît, notaire à Andelot, et un fermier de Sarcicourt, M. Thivet, ont leur domicile politique à Morteau. On arrive ainsi au total de 12.

« Les deux seuls électeurs résidant à Morteau, MM. Gueux-Malardot et Bralet, sont naturellement conseillers municipaux ; le second cumule même ses fonctions avec celles de garde-champêtre; les autres membres du conseil sont recrutés parmi les propriétaires des environs ou parmi les notabilités d'Andelot.

« Le conseil se réunit une fois par an, dans une chambre du château, pour discuter le budget de la commune, qui atteint le chiffre de 391 fr. 25 centimes, et qui s'est soldé, pour l'exercice 1889, par un excédent de recettes de 1 fr. 25 centimes.

« La plus grosse partie des dépenses est une annuité payée au Crédit foncier pour l'amortissement d'un emprunt de 200 francs que Morteau a dû contracter après la guerre, afin de réparer les dégâts causés par l'occupation allemande.

« Enfin, le château appartient actuellement au maire, M. Benoît, et à plusieurs personnes de sa famille. » (1).

(1) On a cité un village plus petit encore, du moins comme superficie. La contenance du territoire de Morteau est de 420 hectares. La commune de Castelmoron, dans la Gironde, n'occupe sur le sol de la France que 4 hectares, soit quatre fois le terrain que couvre la tour Eiffel entre les fondations de ses quatre piliers. Il est vrai que Castelmoron a 93 habitants : mais si l'on

D'où provient cette augmentation permanente du nombre des petites communes? On l'a attribuée à différentes causes: au mouvement d'émigration des campagnes dans les villes, au dédoublement des communes, occasionné, dit-on, par le développement de la richesse du pays et par l'accroissement du bien-être, qui fait que les populations ne veulent plus être condamnées aux gênes qui résultent de leur éloignement des chefs-lieux de communes, etc.

Mais quelles que soient les raisons de cette situation, elle présente un danger sérieux qui a, depuis longtemps, attiré l'attention des jurisconsultes et des économistes.

On a proposé plusieurs moyens d'y remédier.

Le premier qui vienne à l'esprit, celui qui paraît le plus simple, du moins au premier abord, consisterait à supprimer les petites communes trop faibles pour se suffire à elles-mêmes, à les faire disparaître, soit en les réunissant entre elles, soit en les annexant à des communes voisines plus importantes.

Dans ce système, dont M. Ducrocq s'est fait le chaleureux défenseur (1), on invoque divers arguments.

D'abord, dit-on, on a supprimé des petites communes jusqu'en 1865: il n'y avait pas alors de raison valable pour que ce mouvement s'arrêtât; il n'y en a pas pour qu'il ne soit pas repris actuellement. D'autant plus que les suppressions de communes n'occasionnent aucun bouleversement, et que « l'intérêt de ces communes sans force vitale ne peut en rien souffrir d'une fusion avec telle ou telle commune voisine, puisque la loi leur assure, dans ces fusions, la sauvegarde de leurs intérêts matériels particuliers » (2).

Et, à l'appui de cette opinion, on invoque un avis du comité de l'Intérieur du conseil d'Etat, en date du 7 août 1833, rappelant à des communes récalcitrantes que: « les lois assurent aux sections de commune toute la protection nécessaire pour que leurs intérêts particuliers ne puissent être lésés; que l'administration supérieure des départements a en main tous les pouvoirs nécessaires pour les faire jouir de cette protection; — qu'ainsi l'art. 45 de la

répartit entre eux les 4 hectares, on voit que chacun possède en moyenne 107 mètres de terre !

Ajoutons, enfin, que la commune de Morteau a maintenant 22 habitants; — et que, d'après le recensement de 1891, les deux plus petites communes de France sont aujourd'hui Blanchefontaine (Doubs) et Le-Tartre-Gaudran (Seine-et-Oise), avec 17 habitants chacune.

(1) Article précité sur *Les suppressions, créations et associations de communes*, inséré dans le *Journal de la société de statistique de Paris*, année 1886, n° 6, p. 180 et suiv. — Voir également : *Répert. du droit administratif*, V° *Commune*, n°s 331 à 335. — AUCOC, *Sections de commune*, n° 36.

(2) *Rép. du droit administratif*, V° *Commune*, n° 334.

loi du 21 mars 1831 (1) a autorisé les conseils généraux et les préfets à fractionner les électeurs toutes les fois qu'il paraîtra utile que chaque section ait des représentants dans le conseil municipal ; — qu'ainsi l'art. 2 de la même loi (2) autorise les préfets à nommer un adjoint supplémentaire dans les sections dont la situation l'exigerait ; — qu'ainsi encore l'arrêté du 24 germinal an XI (3) a donné à chaque section de commune les moyens de se défendre en justice contre les usurpations dont elle aurait à se plaindre de la part des habitants du chef-lieu, etc.. etc... ».

D'autre part, ajoute-t-on, la différence est grande à ce point de vue entre la situation de la France et celle de l'Italie.

En Italie, sur 8,259 communes (4), il n'y a que :

2,038	communes ayant moins	de 1,000	habitants,	soit 1/4.
693	—	—	de 500	—	soit 1/12.
68	—	—	de 200	—	soit 1/121.
5	—	—	de 100	—	soit 1/1652.

Au contraire, en France, sur 36,097 communes (5), il y a :

27,503 (6)	communes de moins	de 1,000	hab.,	soit plus des 3/4.
16,870 (7)	—	—	de 500	—	soit 1/2.
4,206 (8)	—	—	de 200	—	soit 1/8.
720 (9)	—	—	de 100	—	soit 1/50.

(1) La loi du 5 avril 1884 contient des dispositions analogues, art. 11 et suiv.

(2) Conf. loi du 5 avril 1884, art. 75.

(3) Conf. loi du 5 avril 1884, art. 128 et suiv.

(4) C'était le chiffre officiel au 31 décembre 1881. — Voici, d'après M. Isidore Sachs (*L'Italie, ses finances et son développement économique*, Paris, 1885), quelle était la classification exacte de ces 8,259 communes :

Au-dessous de 500 habitants	693
De 500 à 1,000 —	1,345
De 1,000 à 2,000 —	2,270
De 2,000 à 3,000 —	1,415
De 3,000 à 5,000 —	1,346
De 5,000 à 10,000 —	795
De 10,000 à 15,000 —	189
De 15,000 à 20,000 —	85
De 20,000 à 25,000 —	39
De 25,000 à 30,000 —	18
De 30,000 à 40,000 —	31
De 40,000 à 50,000 —	8
De 50,000 à 100,300 —	14
Au-dessus de 100,000 —	11

(5) C'est le chiffre donné par le recensement de 1881. — Aujourd'hui, on en compte 36,144.

(6) Aujourd'hui 27,759.

(7) Aujourd'hui 17,590.

(8) Aujourd'hui 4,738.

(9) Aujourd'hui 876.

De plus, en Italie, la population totale étant de 28,459,451 habitants, et le nombre des communes étant de 8,259 (1), la moyenne de la population de chaque commune est de 3,445 habitants. En France, au contraire, la population totale étant de 37,672,048 habitants, et le nombre des communes de 36,097 (2), la moyenne de la population communale n'est que de 1,043 habitants.

Enfin, l'Italie ayant une superficie totale de 29,632,800 hectares, la contenance moyenne de chaque commune est de 3,588 hectares. — En France, au contraire, le territoire national ayant une superficie de 52,934,589 hectares, chaque commune n'a en moyenne qu'une contenance de 1,466 hectares (3).

Ainsi donc, ajoute-t-on, la situation de l'Italie est bien meilleure que la nôtre, sous le rapport du nombre des petites communes. Ce résultat provient de ce que l'on a continué, en Italie, à les réunir, alors qu'on faisait le contraire en France. En Italie, en effet, on ne crée pas de petites communes, soit que l'administration supérieure résiste mieux que chez nous aux sollicitations séparatistes, soit que les populations rurales y soient moins portées à particulariser leurs intérêts qu'elles ne le sont chez nous. De 1865 à 1883, on n'y compte pas plus de 27 créations de communes, tandis que, pendant la même période, le nombre des suppressions s'est élevé à 550, soit une diminution effective de 523 communes.

Il est vrai que cette tendance semble aujourd'hui s'affaiblir ; mais l'on s'empresse de faire remarquer que l'on pourrait s'arrêter, en Italie, dans la voie des suppressions, sans que l'on soit autorisé à en tirer aucune conclusion applicable à la France ; et que, d'ailleurs, si le mouvement s'y est ralenti, rien n'autorise à dire qu'il n'y doive pas reprendre sa marche, bien que l'émiettement communal n'existe pas dans ce pays comme chez nous.

(1) Au 31 décembre 1881.

(2) Au 31 décembre 1881 également.

(3) Ces résultats, en ce qui concerne l'Italie, sont dus sourtout à la loi communale italienne du 20 mars 1865, qui favorise énergiquement les réunions de communes. En effet, en vertu du titre II, chap. Ier, art. 13 : « Le Gouvernement peut décréter l'union de plusieurs communes, quelle que soit leur population, quand les conseils municipaux en font la demande, et en fixer d'abord les conditions. Les délibérations des conseils seront publiées. Les électeurs et les propriétaires auront la faculté d'y faire leurs oppositions, qui seront transmises au préfet. Celui-ci adressera au Gouvernement la demande avec les documents y relatifs, en exprimant son avis. Les communes qui désirent se réunir auront la faculté de tenir séparés les revenus patrimoniaux ainsi que les charges passives qui appartiennent à chacune d'elles. Elles auront également la faculté de tenir séparées les dépenses obligatoires pour l'entretien et l'éclairage des chemins et des places publiques, ainsi que pour l'instruction primaire et le culte. » — Art. 15 : « Les communes voisines qui ont une population inférieure à 1,500 habitants, qui ne suffisent que difficilement aux dépenses obligatoires et qui se trouvent dans des

« Sans doute, en France, dit M. Ducrocq (1), la situation, dont la cause se trouve dans l'art. 7 de la loi du 22 décembre 1789, sur la constitution des municipalités, n'a pas cessé d'être la même malgré les suppressions accomplies pendant la première partie de ce siècle. Nous n'avons garde de critiquer l'œuvre de la grande Assemblée. En disant dans cet article que « il y aura une municipalité en chaque ville, bourg, paroisse ou communauté de campagne », le législateur de 1789 poursuivait son œuvre de destruction des privilèges de territoires comme des privilèges de personnes. Mais il appartient aux continuateurs des grandes assemblées réformatrices d'améliorer leur œuvre en atténuant les conséquences préjudiciables d'un principe appliqué d'une manière absolue. »

Et, à l'appui de sa thèse, le même auteur fait observer qu'il serait faux de prétendre que toutes les suppressions de communes aient été opérées en France, et qu'il y a encore beaucoup à faire dans cette voie.

« On pourrait être tenté de croire, dit-il (2), que ces communes infinitésimales ont leur raison d'être dans des circonstances particulières, tenant soit à la constitution géologique du sol, soit au degré de la richesse, soit à d'autres circonstances spéciales devant lesquelles l'administration doit s'arrêter. La statistique détaillée de ces 720 communes prouve d'une manière générale qu'il n'en est point ainsi et qu'il y a réellement, dans les suppressions de communes accomplies de 1805 à 1865, une œuvre inachevée, qu'il est possible et désirable de reprendre avec les ménagements qu'elle comporte. »

M. Ducrocq montre, en effet, que les 720 communes de moins de 100 habitants sont fort inégalement réparties sur le territoire national.

« Il y a, dit-il (3), 32 départements qui n'en possèdent aucune, 32 autres départements qui en ont moins de 10, et 23 départements qui en ont 10 ou plus de 10 (4).

conditions topographiques de nature à faciliter leur réunion, peuvent être réunies d'office par décret royal, sur simple avis conforme du conseil provincial. »

Conf. *Projet sur les attributions du pouvoir municipal*, présenté par M. Jules Simon, président du conseil, ministre de l'Intérieur, à la Chambre des députés, séance du 15 mars 1877. — (*Journ. offic.* du 2 mai 1877, p. 3194.) — J. Ferrand, *Les institutions administratives en France et à l'étranger*, 1879, p. 239 et 240. — A. Célier, *Essai sur l'administration locale en Italie et en Espagne*, Paris, 1887. — *Bulletin de la société de législation comparée*, 1886-1887, p. 386; 1880-1881, p. 325 et suiv.; 1877-1878, p. 124.

(1) *Op. cit.*, p. 182.

(2) *Op. et loc. cit.*

(3) *Op. et loc. cit.*

(4) D'après le recensement de 1891, 32 départements ne possèdent aucune commune de moins de 100 habitants, 27 en ont moins de 10, et 28 en ont 10 ou plus de 10. (*Dénombrement de la population*, 1891, p. 834 et suiv.)

« Les 32 départements qui n'ont aucune commune de moins de 100 habitants se trouvent indistinctement dans toutes les régions de la France. Ils présentent une extrême variété au point de vue de la nature du sol ; les uns sont des pays plats, comme le Loiret, Indre-et-Loire, Maine-et-Loire, Vienne, Charente (1), Vendée, Loire-Inférieure, Ille-et-Vilaine, Morbihan, Côtes-du-Nord, Finistère ; — d'autres sont des pays de montagnes, comme l'Ain, l'Ardèche, l'Aveyron, la Haute-Loire, le Puy-de-Dôme, l'Allier, la Corrèze, le Cantal, la Haute-Vienne, la Creuse, appartenant surtout à la région montueuse du centre de la France, où pullulent les sections de commune.

« Parmi ces 32 départements, qui ne contiennent aucune commune de moins de 100 habitants, il y a des départements très riches, comme la Seine et le Rhône, et des départements les plus pauvres de France, comme la Lozère. »

M. Ducrocq fait ensuite remarquer que les 32 autres départements qui ont moins de 10 communes ayant une population inférieure à 100 habitants, se décomposent de la manière suivante :

8 départements n'en ont qu'une seule : Nord, Seine-Inférieure, Bouches-du-Rhône, Loir-et-Cher, Alpes-Maritimes, Nièvre, Saône-et-Loire, Tarn ; — 5 départements n'en ont que 2 : Dordogne, Gers, Orne, Deux-Sèvres, Tarn-et-Garonne ; — 5 en ont 3 : Basses-Pyrénées, Charente-Inférieure, Cher, Sarthe, Vaucluse ; — 2 en ont 4 : Gironde et Var ; — 2 en ont 5 : Corse et Isère ; — 3 en ont 6 : Gard, Manche, Pyrénées-Orientales ; — 5 en ont 7 : Hautes-Alpes, Ardennes, Belfort, Eure-et-Loir et Yonne ; — 1 en a 8 : Ariège ; — et 1 en a 9 : Aude (2).

« Voilà donc, dit-il, 64 départements (3) qui ont peu ou point de communes de moins de 100 habitants, et ces départements se trouvent au nord, à l'ouest, à l'est, au midi, au centre de la France ; les uns sont riches, les autres sont pauvres ; les uns sont en plaine, les autres en montagne. — Donc c'est un premier idéal que la suppression des communes de moins de 100 habitants, dont l'exécution ne rencontre pas (cette statistique le prouve) d'obstacles d'ordre régional, ni aucun obstable insurmontable. »

(1) La Charente possède aujourd'hui une commune de moins de 100 habitants.

(2) D'après le recensement de 1891, sur les 27 départements contenant moins de 10 communes au-dessous de 100 habitants, 4 n'en ont qu'une seule : Bouches-du-Rhône, Loir-et-Cher, Charente, Nièvre ; — 4 n'en ont que 2 : Alpes-Maritimes, Saône-et-Loire, Tarn, Tarn-et-Garonne ; — 7 en ont 3 : Cher, Corse, Dordogne, Gers, Nord, Orne, Seine-Inférieure ; — 1 en a 4 : Var ; — 5 en ont 5 : Charente-Inférieure, Basses-Pyrénées, Pyrénées-Orientales, Sarthe, Vaucluse ; — 3 en ont 7 : Gironde, Isère, Yonne ; — 3 en ont 8 : Hautes-Alpes, Belfort, Gard. — (*Dénombrement de la population*, p. 834 et suiv.)

(3) Aujourd'hui 59.

Passant ensuite aux 23 départements qui possèdent 10 ou plus de 10 communes de moins de 100 habitants (1), et pour établir d'une façon plus précise cette statistique, il dresse le tableau complet de ces 23 départements, d'après leur rang au point de vue du plus grand nombre des communes de moins de 100 habitants qu'ils renferment; il y joint le nombre des communes de moins de 500 habitants que contiennent ces mêmes départements, le chiffre total des communes de chacun d'eux, la proportion du nombre de leurs communes de moins de 500 habitants, et, enfin, le rang qu'ils occupent entre eux au point de vue de cette même proportion.

RANG des 23 départements qui ont le plus de communes de moins de 100 habitants.	DÉPARTEMENTS	NOMBRE DES COMMUNES			PROPORTION des communes de moins de 500 habitants.	RANG des 23 départements suivant la proportion de leurs communes de moins de 500 habitants.
		de moins de 100 habitants	de moins de 500 habitants	du département		
1	Doubs	80	506	638	79,31	2
2	Hautes-Pyrénées	43	238	480	49,50	21
3	Marne	38	504	664	75,90	3
4	Somme	36	542	836	64,83	13
5	Aisne	32	524	838	62,53	14
6	Haute-Marne	31	332	550	60,36	17
7	Jura	31	434	584	74,31	5
8	Seine-et-Oise	30	279	686	40,67	23
9	Meuse	26	432	586	73,72	6
10	Eure	25	496	700	70,85	8
11	Haute-Saône	25	410	583	70,34	9
12	Basses-Alpes	24	162	251	64,84	12
13	Côte-d'Or	23	537	717	74,89	4
14	Hérault	21	157	336	46,72	22
15	Aube	20	326	446	73,09	7
16	Drôme	20	198	376	52,65	20
17	Calvados	17	435	763	57,01	18
18	Meurthe-et-Moselle	16	405	597	67,84	10
19	Vosges	15	327	530	61,70	16
20	Oise	13	582	701	83,02	1
21	Pas-de-Calais	13	478	904	52,87	19
22	Haute-Garonne	10	364	587	62,01	15
23	Seine-et-Marne	10	359	530	67,73	11

(1) Il y en a aujourd'hui 28.

« Dans ce tableau (1) des départements qui possèdent le plus de communes de moins de 100 habitants, ajoute-t-il, nous trouvons aussi, comme dans les catégories qui précèdent, des départements de toutes les régions et de tous les degrés de la richesse. Le seul motif pour lequel ces très petites communes y sont plus nombreuses que dans les autres, est que le travail de suppression y a été plus négligé. »

M. Ducrocq cite ici quelques-unes de ces communes minuscules, ayant 50, 30 et même 18 habitants et dont nous avons déjà parlé, puis il ajoute :

(1) Ce tableau doit être dressé aujourd'hui (1892) de la manière suivante :

RANG des 28 départements qui ont le plus de communes de moins de 100 habitants.	DÉPARTEMENTS	NOMBRE DES COMMUNES			PROPORTION des communes de moins de 500 habitants.	RANG des 28 départements suivant la proportion de leurs communes de moins de 500 habitants.
		de moins de 100 habitants	de moins de 500 habitants	du département		
1	Doubs	95	515	638	80,72	1
2	Jura	44	451	584	77,22	4
3	Hautes-Pyrénées	44	373	480	77,70	3
4	Marne	41	510	661	77,15	5
5	Somme	39	565	836	67,58	16
6	Haute-Saône	36	439	583	75,30	9
7	Haute-Marne	34	444	550	80,72	1
8	Côte-d'Or	32	551	717	76,84	6
9	Meuse	32	448	586	76,45	8
10	Aisne	31	545	840	64,88	18
11	Basses-Alpes	30	183	250	73,20	11
12	Eure	29	518	700	74	10
13	Seine-et-Oise	29	376	689	54,57	24
14	Calvados	26	549	763	71,95	12
15	Aube	24	342	446	76,68	7
16	Drôme	24	206	379	54,35	25
17	Vosges	20	344	530	64,90	17
18	Aude	19	278	437	63,61	19
19	Haute-Garonne	18	371	587	63,20	20
20	Meurthe-et-Moselle	17	425	596	71,30	13
21	Pas-de-Calais	17	472	903	52,27	26
22	Hérault	16	153	338	45,26	28
23	Ariège	15	207	337	61,42	21
24	Oise	15	492	701	70.18	14
25	Manche	12	313	643	48,67	27
26	Ardennes	10	341	503	67,79	15
27	Eure-et-Loir	10	239	426	56.10	23
28	Seine-et-Marne	10	309	530	58,30	22

« Dans ces communes microscopiques, il ne doit pas être facile de trouver les dix conseillers municipaux que l'art. 10 de la loi sur l'organisation municipale du 5 avril 1884 attribue à toutes les communes de 500 habitants et au-dessous. Le corps électoral y doit être aussi nombreux que le conseil municipal, puisque le chiffre des habitants comprend les femmes et les enfants; et si les électeurs y ont la satisfaction d'être tous conseillers municipaux, et presque délégués sénatoriaux, ils sont aussi dans la pénible nécessité de s'élire eux-mêmes.

« Sans doute, la réunion de ces communes minuscules à des communes voisines priverait leurs citoyens majeurs d'un si rare privilège. Mais peut-on confondre l'intérêt qu'ils peuvent avoir à le conserver avec l'intérêt public, général ou communal? N'en peut-on pas dire autant des intérêts électoraux qui sont pris trop souvent pour le véritable intérêt municipal, dans cette question de suppression des petites communes? Cette observation ne s'applique pas seulement à ces communes infiniment petites, les plus petites communes de France, à ce point qu'il est difficile d'en imaginer de plus petites (1), et dont on ne peut pas soutenir sérieusement que leur suppression jetterait le désordre dans l'administration locale, ni qu'il y ait impossibilité de les supprimer. Nous avons raisonné à dessein avec cette statistique détaillée des communes de moins de 100 habitants; mais la démonstration qui en découle s'applique avec non moins de vérité aux groupes avoisinants.

« N'autorise-t-elle pas à répudier, non pas théoriquement, mais pratiquement, l'assertion produite qu'il n'y aurait plus rien à faire en France dans la voie des suppressions de communes? »

Cependant, quel que soit le désir que l'on ait de voir l'administration entrer franchement et résolûment dans cette voie, l'on convient qu'il est des petites communes pour lesquelles la réunion est en quelque sorte rendue impossible, ou du moins difficile, par la configuration du sol.

« Dans certains départements, dit-on, les montagnes, qui isolent les populations à toute époque de l'année, rendent les communica-

(1) Nous avons vu que le recensement de 1886 a révélé l'existence de communes plus petites encore, entre autres la commune de Morteau, avec une population de 12 habitants. — Et même, pendant la discussion de la loi du 18 juillet 1837, M. de Magnoncourt, membre de la Chambre des députés, a affirmé, dans la séance du 26 janvier 1837 (*Moniteur* du 27 janvier) que dans son département il existait une commune où il n'y avait plus qu'un habitant, lequel jouissait de toutes les propriétés communales, qui étaient considérables. — Voir également : Foucart, *Eléments de droit public et administratif*, 2e édit., 1839, t. III, n° 28, note.

tions tout à fait impossibles pendant la mauvaise saison, qui est si longue dans ces contrées. Ailleurs, des landes trop étendues s'opposent aux réunions ; les distances à parcourir rendraient incommodes les relations administratives. Il est donc utile de laisser à ces communes leur existence distincte. »

D'autre part, on ne prétend pas que la réunion des petites communes doive apporter un remède immédiat et complet aux difficultés administratives que l'on a signalées.

« Ainsi, dit-on, en réunissant deux communes pauvres, on ne formera pas toujours une commune riche; mais au moins les dépenses d'administration proprement dites seront sensiblement réduites. De plus, en mettant les ressources en commun, on peut en tirer un meilleur parti, parce qu'on peut les appliquer successivement à des travaux que chaque commune n'aurait jamais pu aborder dans son état d'isolement. Sans doute, encore, deux petites communes, dans chacune desquelles il est impossible d'organiser une bonne administration municipale, ne fourniront peut-être pas, après leur réunion, les éléments d'une administration parfaite; mais on ne peut nier qu'il y a plus de chances de trouver des hommes ayant quelque instruction dans une population de 300 à 400 habitants, que dans une population de 100 à 200 âmes. »

Enfin, l'on reconnaît que, bien que les avantages à retirer de la réunion des petites communes soient incontestables, il faudrait être complètement étranger à la pratique des affaires administratives pour demander et conseiller la réunion immédiate de toutes celles dont la population serait inférieure à un chiffre déterminé : à 300 habitants, par exemple.

Il faut éviter, dit-on, de jeter tout à coup une agitation excessive dans nos populations, et si l'administration doit, même pour faire le bien, procéder toujours avec prudence et parfois avec une certaine lenteur, ces conditions sont surtout indispensables dans la question dont il s'agit (1).

D'un autre côté, ajoute-t-on, si l'on craint, quoique bien à tort, que des réunions trop nombreuses n'apportent quelque trouble dans l'administration du pays, il faudrait au moins ne pas créer de nouvelles communes et opposer une digue infranchissable aux demandes de séparation qui se produisent chaque jour, au lieu de les accueillir avec bienveillance. Cette tâche serait d'autant plus aisée que le plus souvent ces demandes ne reposent sur aucun fondement sérieux.

(1) Voir à ce sujet : *Ecole des communes*, 1838, p. 280 et suiv.

« Il ne faut pas se dissimuler, en effet, dit M. Ducrocq (1), que les agitations locales pour obtenir des créations de communes nouvelles ont le plus souvent leur raison d'être moins dans des dissidences et des conflits qui peuvent être aplanis autrement, moins dans de véritables intérêts communaux que dans des ambitions municipales et autres et dans des intérêts électoraux. Voilà ce qui explique le nombre et l'ardeur des demandes et les condescendances. Il s'agit d'être maire, adjoint, conseillers municipaux, délégués sénatoriaux de la commune nouvelle, et de voir s'ouvrir les larges horizons des élections futures aux conseils d'arrondissement, conseils généraux, etc., auxquels préparent les honneurs municipaux, et, parmi ces candidats en quête de municipalités nouvelles, il se trouve des influences électorales.

« Il est si vrai que là gît la véritable cause de l'effet signalé, que c'est à mesure que le droit électoral se développe dans notre pays que l'on voit les suppressions de communes se raréfier et les créations de communes augmenter. Faut-il pour cela croire que ce soit un mal inhérent à la démocratie, et qui s'impose dans un Etat démocratique ? Nous ne saurions l'admettre. Nous pensons, au contraire, que c'est un point sur lequel il faut éclairer la démocratie, lui montrer qu'elle doit partout s'inspirer du sage esprit de l'art. 5 de la loi du 5 avril 1884, esprit qui domine en France, comme le prouve le vote de cet article par ses élus. En défendant, au lieu de l'ébranler, ce principe que la création d'une commune nouvelle est chose grave, qui ne peut être que très rarement et exceptionnellement admise par le législateur seul, les hommes d'études de toutes les écoles s'inspireront mieux des nécessités de la situation et s'associeront à la pensée du législateur. J'ai dit les hommes d'études, au lieu de dire les hommes de théorie ou de pratique, parce que je ne crois pas bon de disjoindre les deux choses ; il n'y a pas de bonne théorie sans le respect des besoins légitimes de la pratique, ni de pratique intelligente, distincte de la routine, sans les enseignements de la théorie. L'une et l'autre, en cette matière, s'unissent pour dire aux électeurs, aux conseils électifs, que l'intérêt du pays n'est pas dans l'émiettement du régime municipal ; qu'il est patriotique que les ambitions locales prennent une autre voie ; que l'on abuse depuis trop longtemps de ce genre d'agitation locale ; que le devoir des administrateurs et des représentants des populations est d'y résister.

« Ce langage sera plus propre à arrêter les uns et à fortifier les

(1) *Op. cit.*, p. 190.

autres, et je suis convaincu que, dans les régions élevées de l'administration et des pouvoirs publics, on s'en féliciterait. Du jour où l'opinion éclairée se prononcerait fermement dans ce sens, les pouvoirs publics se sentiraient plus forts pour résister aux agitations locales et triompher des ambitions personnelles qui s'y cachent souvent sous le manteau d'un intérêt public dénaturé. » (1).

Dans un deuxième système, au contraire, on soutient que les réunions de communes ne peuvent remédier aux inconvénients qui résultent de la multiplicité des petites communes.

Sans doute, dit-on, on a jadis supprimé beaucoup de ces petites municipalités, mais on a dû renoncer à ce procédé en présence des résistances acharnées opposées par les communes mêmes. L'esprit d'autonomie communale, en effet, va s'affirmant de plus en plus, à mesure que l'on s'éloigne davantage de la constitution des communes. Chez nous, la commune est considérée, à tort ou à raison, comme une petite patrie, dont les citoyens préfèreraient s'imposer toutes sortes de gênes et de sacrifices plutôt que de la voir réunie à une autre commune.

« Presque toutes les communes, disait l'auteur d'un article inséré dans le journal l'*Ecole des communes* (2), tiennent à leur existence, à leur individualité au-delà de tout ce qu'on peut croire. Ainsi, pour conserver cette individualité, on les voit se priver, je ne dis pas seulement d'améliorations réelles, mais des plus simples avantages que doit procurer toute bonne association communale. Telle petite commune ne peut ni avoir une école, ni réparer son église, ni entretenir ses chemins, et pourtant refuse d'être réunie à une autre commune qui pourrait l'aider; 15, 20, 30 centimes additionnels tous les ans ne lui paraissent pas payer trop cher la conservation de sa misérable individualité. On a vu des communes de 100 habitants, de 50 habitants même, nier l'évidente néces-

(1) J'ai vu, dit M. de Malartie, ancien préfet, dans un article publié par la *Revue catholique des institutions et du droit* (1888, t. II, p. 144), j'ai vu, dans une longue pratique administrative, des sections demander leur séparation pour la commodité de la réunion de certaines propriétés; par hostilité contre un habitant d'une autre section, trop influent; pour servir des combinaisons électorales ; pour échapper à une dépense ou à une taxe locale. J'ai vu les hommes influents du pays et les conseillers généraux prendre parti dans ces querelles, suivant leurs intérêts électoraux ou leurs rivalités. J'ai vu ainsi subordonner des intérêts permanents à des intérêts d'un jour et personnels. J'ai vu dans la même séance un conseil général décider blanc et noir sur les demandes identiques de deux communes, mû par des considérations de la nature de celles que je viens d'indiquer. »

(2) Année 1838, p. 280.

sité de leur réunion à une commune voisine, et repousser par tous les moyens en leur pouvoir une mesure tout à leur avantage et qu'elles appelaient la perte de leur liberté, leur asservissement. Il est, sans doute, difficile d'expliquer raisonnablement ce sentiment d'amour-propre qui, dans nos campagnes, s'attache au nom de commune; mais, enfin, ce sentiment existe à un degré de puissance et d'énergie qui semble s'accroître avec l'exiguïté du territoire auquel il se rattache. Serait-ce que, dans de semblables agrégations, l'esprit communal est plus identifié avec l'esprit de famille, et que dès lors les liens, par cela qu'ils sont plus étroits, sont plus difficiles à briser? Serait-ce que ces petites communes sont moins éclairées, plus livrées à l'esprit de routine? Quelle que soit la cause, le fait est certain, et l'administration doit le prendre en grande considération, sous peine de compromettre son autorité. »

D'autre part, pendant la discussion de la loi du 18 juillet 1837, M. Vivien avait vivement insisté sur les inconvénients des réunions de communes.

« L'expérience, disait-il dans un rapport présenté devant la Chambre des députés (1), prouve tous les jours les conséquences des suppressions et des réunions de communes; elles portent atteinte à des droits réels, à de longues habitudes, à des sentiments que le législateur doit respecter. A beaucoup d'hommes, la commune offre à la fois l'image de la famille et celle de la patrie. Ils ont concentré dans son sein toutes leurs affections, tous leurs souvenirs, toutes leurs espérances. Là se trouvent les tombes de leurs pères, l'église où ils ont reçu la bénédiction nuptiale, où leurs enfants ont été baptisés. La suppression de la commune, sa réunion à une autre détruit les établissements auxquels se rattachent tant de pensées et d'émotions honorables. Aussi, combien de communes ont dû être séparées de nouveau, après une alliance imprudente; que de dissentiments, de rivalités, de discordes, dans celles où les réunions ont été maintenues! » (2).

(1) Séance du 26 avril 1836.

(2) « On a toujours considéré, dit également M. Deshaires (*Traité de l'administration départementale et communale*, p. 263), que si la circonscription territoriale d'un très grand nombre de communes laisse en fait beaucoup à désirer, il s'agit d'une matière si délicate qu'on ne doit l'aborder qu'avec une extrême circonspection et en s'entourant des précautions les plus minutieuses. La commune, en effet, est pleine de souvenirs chers à ceux qui l'habitent; et on ne peut y tracer des lignes qui en changent les limites sans soulever aussitôt, au sein des habitants, de vives et de légitimes émotions. Aussi, ce sentiment souvent exagéré, mais cependant facile à comprendre, de l'homme attaché au pays qui l'a vu naître a-t-il toujours tenu une grande place dans les préoccupations du législateur. »

Enfin, on lit dans le *Code de la constitution des communes*, de M. Bost (p. 25, nº 9):

Au surplus, ajoute-t-on, quand on propose de supprimer les petites communes et de n'en pas créer de nouvelles, on cherche, on préconise ce qui serait utile et désirable, tandis qu'il faut avant tout rechercher ce qui est possible. On fait de la théorie, tandis qu'il faudrait faire de la pratique.

« Ainsi, dit M. de Crisenoy, ancien directeur des affaires départementales et communales au ministère de l'Intérieur (1), les petites communes ont de graves inconvénients, et il y en a 17,000 en France; c'est là une situation fâcheuse à laquelle il faut remédier. Tout le monde en convient. Mais quand l'on ajoute: « Le seul moyen rationnel, c'est de les supprimer », je réponds: « Ce moyen est inapplicable ». La preuve en est que les hommes qui l'ont préconisé le plus chaudement n'osent pas l'appliquer, et que, loin de supprimer des petites communes, ils en créent de nouvelles. Se figure-t-on un ministre de l'Intérieur prescrivant aux préfets de préparer la suppression, même progressive, de toutes les communes de moins de 500 habitants, de moins de 300 habitants, si l'on veut? C'est assurément le moins qu'on puisse faire, si l'on prétend obtenir un résultat appréciable, et il y en a près de 9,000. Se figure-t-on les résultats d'une pareille mesure, ne serait-ce qu'au point de vue électoral et pour ne parler que du côté politique de la question, et les réclamations de tous les préfets, et les interpellations des députés? Je crois que personne ne soutiendra qu'un ministre de l'Intérieur, assez osé pour donner de pareilles instructions, pût, sous n'importe quel régime, conserver son portefeuille vingt-quatre heures.

« Eh bien, étant donné qu'aucun Gouvernement ne tentera, qu'aucun Parlement n'autorisera cette opération rationnelle et excellente de la suppression des petites communes, il est bien certain que si l'on ne cherche pas un autre moyen, dans dix ans, dans vingt ans, la situation n'aura pas changé. »

« D'un autre côté, ajoute-t-il, si on est d'accord pour condamner en principe la création des petites communes, cependant, lorsqu'il s'agit de prendre des décisions, on voit les personnes qui s'étaient prononcées le plus nettement contre ces créations céder devant les

« Le lien de la commune est la suite de longues habitudes. Le paysan aime son clocher; c'est dans l'église de sa commune que sont concentrés tous ses souvenirs; c'est dans le cimetière que ses pères ont été enterrés. Les chemins vicinaux ont été tracés pour communiquer avec le hameau paroissial. Il se mêle à l'existence distincte de la commune un sentiment d'amour-propre, une sorte de patriotisme restreint, à la portée des hommes dont les regards ne pourraient s'étendre plus loin. »

(1) *Les petites communes en France et en Italie.* — Article inséré dans le *Journal de la société de statistique de Paris*, année 1886, fasc. 4, p. 121 à 133 et p. 113.

considérations d'intérêt local qui ne manquent jamais d'être invoquées en pareil cas... On déclare que les créations de communes ne doivent être autorisées que dans les cas de nécessité impérieuse. Mais dans tous les cas, ou du moins dans la plupart, la nécessité paraît si impérieuse qu'on ne sait résister à la demande d'érection. »

Donc, conclut-on, le remède proposé dans le premier système n'en est pas un, et il faut chercher autre chose (1).

D'autre part, dit-on, l'exemple de l'Italie qu'on invoque en faveur de l'utilité et de la possibilité de la suppression des petites communes, est loin d'être concluant.

La statistique prouve, en effet, qu'en Italie comme en France, la tendance à réunir les petites communes s'est fort affaiblie, et que même, dans ces dernières années, le nombre des communes, loin de diminuer, y augmente comme chez nous.

C'est ce que montre très bien M. de Crisenoy, d'après les documents que lui avait fournis M. le commandeur Bodio, directeur de la statistique italienne.

« C'est, dit-il (2), en 1865 que le Gouvernement italien a été investi du pouvoir de supprimer par décret les petites communes pour les réunir à d'autres. Or, les opérations faites en exécution de cette disposition peuvent se diviser en deux périodes, suivant l'importance qu'elles ont prise: la première embrassant huit années, de 1865 à 1873; la seconde dix années, de 1874 à 1883.

« De 1865 à 1873, il a été supprimé dans les provinces formant le royaume d'Italie — ne comprenant la Vénétie qu'à partir de 1867 et Rome qu'à partir de 1870 — 459 communes, et il en a été créé 21. C'est pendant cette période que le mouvement a été le plus marqué. On compte :

(1) Il est juste de faire observer que l'on attribue ainsi aux partisans du premier système une intention qu'ils n'ont jamais eue. On ne soutient pas, en effet, dans ce système qu'il faille procéder en bloc à la suppression des communes n'ayant pas au moins 300 habitants, mais bien réunir, sans violence, sans brusquerie et peu à peu, les communes n'ayant qu'une population ou des ressources trop faibles pour suffire à leurs besoins.

« Nous ne méconnaissons point, dit à ce propos M. Ducrocq (*op. cit.*, p. 180), les ménagements qu'il convient de garder en cette matière. Mais nous n'admettons pas qu'il n'y ait plus rien à faire dans le sens des suppressions de communes, nous ne croyons pas à l'impossibilité alléguée. Au point de vue exclusivement pratique, nous tenons pour constant que la création des associations de communes jetterait dans l'administration locale un trouble autrement grand que des suppressions de petites communes faites prudemment, en profitant des occasions, en tenant compte des circonstances de temps, de lieux et de personnes, comme c'est le devoir et le talent de l'administrateur. Il ne s'agit nullement d'ordonner des suppressions en masses, ni de communes de moins de 300, ni même de communes de moins de 100 habitants. Il s'agit seulement d'orienter dans le sens des suppressions favorables l'administration du pays ; et cela est pratique et possible aujourd'hui comme avant 1865, sans secousse politique et ministérielle. »

(2) *Op. cit.*, p. 121.

66 suppressions en 1867,
50 — en 1868,
175 — en 1869,
51 — en 1870,
40 encore en 1872.

« Mais, à partir de 1873, elles deviennent beaucoup moins nombreuses ; on en compte :

15 en 1873,	10 en 1879,
3 en 1874,	16 en 1880,
16 en 1875,	1 en 1881,
7 en 1876,	1 en 1882,
10 en 1877,	3 en 1883.
9 en 1878,	

« Soit 91 seulement en onze ans. Pendant la même période, 6 communes ont été créées.

« Au total, de 1865 à 1883, 550 communes ont été supprimées et 27 ont été créées, ce qui représente une diminution de 523 communes. »

De plus, dit-on, les réunions de communes qui ont été opérées en Italie n'ont pas été faites dans le but exclusif de supprimer les petites communes.

M. de Crisenoy montre, en effet, que sur 131 communes supprimées de 1872 à 1883 (91 de 1873 à 1883, plus 40 en 1872), 96 seulement avaient moins de 1,000 habitants, sur lesquelles 38 avaient de 500 à 1,000, et 58 moins de 500; et que la population de 35 communes dépassait 1,000 habitants, s'élevant à 4, 6, 7, 8 et jusqu'à 15,000 habitants.

« Ici, ajoute-t-il, l'idée de faire disparaître les petites communes n'était évidemment pour rien; il s'agissait presque toujours d'annexer les faubourgs aux villes qu'ils entouraient. C'est ainsi qu'en 1873, Gênes s'est annexé 6 faubourgs, comprenant ensemble une population de 31,000 habitants. En 1877, Pistoie en a fait autant pour 4 faubourgs de 7,000, 8,000, 9,000 et 15,000 âmes. Même opération en 1880 pour Brescia, dont la population de 39,000 âmes s'est trouvée portée à 55,000 par la réunion de 5 faubourgs ayant chacun de 2,500 à 4,000 habitants. »

En terminant, M. de Crisenoy fait remarquer que les suppressions de communes n'ont eu lieu que dans 25 provinces sur les 69 que compte le royaume d'Italie; — que sur ces 25 provinces, on en compte 13 où il n'a été supprimé qu'une seule commune, et 8 où les suppressions n'ont porté que sur des communes ayant plus de 1,000 habitants; — que les suppressions de petites communes, les seules intéressantes ici, n'ont eu lieu que dans 5 provinces: Côme, où il a été supprimé 6 petites communes; Gênes, 6; Milan, 13; Pavie 36, toutes pendant l'année 1872; Pérouse, 20; et, enfin, que le nombre des communes de moins de 500 habitants n'a été réduit en dix ans que de 8 %, et qu'on paraît avoir à peu près renoncé à ces opérations depuis plusieurs années, bien qu'il reste encore actuellement près de 700 communes de cette catégorie (1).

Enfin, dit-on, quels que soient les inconvénients qui se présentent dans l'administration des petites communes, leur création s'impose quelquefois pour éviter de plus grands inconvénients, ou en vue d'avantages d'un autre ordre.

Et l'on invoque à l'appui de cette idée les résultats fournis par l'enquête de 1879.

En effet, le ministre de l'Intérieur de l'époque, voulant éclairer par l'examen des faits cette question si controversée des petites communes, et savoir ce qui était advenu des communes créées pendant la période qui s'étendait de 1869 à 1879, de leur administration, de leurs finances surtout; désirant également connaître si les habitants, qui avaient sollicité avec ardeur leur autonomie, étaient encore dans les mêmes sentiments ou s'ils regrettaient leur situation d'autrefois, demanda dans ce but des renseignements aux préfets et leur adressa de nombreux questionnaires.

« Vous m'adresserez, leur disait-il, dans une circulaire en date du 15 janvier 1879, un rapport détaillé indiquant quels ont été, au point de vue des divers services municipaux, les résultats de ces créations; ce que je désire particulièrement savoir, c'est si la séparation a été profitable à l'intérêt public, si les habitants des sections érigées en municipalités distinctes ont obtenu les avantages qu'ils en espéraient, sans que les charges des contribuables aient été sensiblement aggravées. »

Les rapports ainsi obtenus furent dépouillés et analysés par

(1) On pourrait ajouter encore que les suppressions de communes qui, on l'a vu, avaient été, en Italie, en diminuant jusqu'en 1883, ont aujourd'hui cessé à peu près complètement. — En effet, tandis que, au 1er décembre 1881, on comptait officiellement en Italie 8,259 communes, on en trouve encore aujourd'hui, c'est-à-dire au 1er janvier 1891, 8,252 (*Annuaire de l'économie politique*, de M. Block, 1891, p. 842, note 1), soit en neuf ans une diminution totale de 7 communes seulement. Preuve, dirait-on, que, « chez nos voisins comme chez nous, on aura reconnu que l'on risquerait trop souvent de créer ainsi des foyers de luttes, de dissensions intestines, dont l'administration serait parfois des plus difficiles, le moindre progrès, la moindre amélioration y rencontrant le plus souvent une opposition systématique et invincible de la part des sections qui ne sont pas appelées à en profiter directement ». (M. de Crisenoy).

M. Gérard, l'un des directeurs les plus distingués de la direction départementale et communale (1).

Or, il résulte de cette enquête que, pendant ces dix années, il a été créé 182 communes, dont 12 communes industrielles et 170 communes rurales.

I. — Pour ces communes rurales, il s'agissait, soit de revenir sur des actes de réunions prononcées depuis la loi du 22 décembre 1789 (2), soit de transformer en communes distinctes de simples sections que cette loi avait laissées dans cette situation.

a) Si on recherche quelle influence ces érections de communes ont exercée sur la population, soit des nouvelles communes, soit des communes démembrées, et si l'on distingue, d'une part, les créations résultant d'arrêtés préfectoraux (3) ou de délibérations des conseils généraux (4) ; et, d'autre part, les créations résultant de dispositions législatives ou d'actes du pouvoir exécutif, on remarquera que le nombre total des communes créées par arrêtés préfectoraux ou délibérations de conseils généraux a été, pendant cette période décennale, de 69, savoir :

7	ayant une	population	de plus de 1,000	habitants;
20	—	—	de 500 à 1,000	—
13	—	—	de 300 à 500	—
29	—	—	inférieure à 300	— (5).

« Or, dit M. Gérard, si nous comparons la moyenne de la population de ces communes (485 habitants) à la moyenne générale de la population des communes en France, d'après le dénombrement de 1876, qui est de 1,023 habitants (6), nous constatons un écart considérable, et, à ce point de vue, on ne peut que regretter l'abandon des garanties dont le législateur avait entouré la création de communes nouvelles, et l'usage que les préfets et les conseils géné-

(1) Ce travail a été publié dans la *Revue générale d'administration*, année 1880, t. I, p. 20 à 38 et 149 à 164. Nous allons nous efforcer de le résumer.

(2) Ainsi, dans un seul département (Ardennes), 23 communes ont été créées de 1869 à 1879 ; et, sur ce nombre, 19 avaient déjà joui de l'autonomie communale et avaient été, en 1828, réunies à d'autres communes.

(3) Sous l'empire de l'art. 13 de la loi du 24 juillet 1867.

(4) En vertu de la première jurisprudence qui a suivi la promulgation de la loi du 10 août 1871.

(5) Nous avons même montré que dans une délibération en date du 5 novembre 1871, le conseil général des Ardennes avait créé une commune de Dricourt, dont la population n'était que de 72 habitants.

(6) C'est-à-dire 36,905,788 : 36,056.

raux ont fait des pouvoirs que l'administration supérieure leur avait reconnus. »

D'un autre côté, les communes démembrées ont conservé une population moyenne de 1,420 habitants.

Quant aux communes créées par des lois ou par des décrets, elles ont été, pendant le même laps de temps, au nombre de 100 (1), dont le territoire a été emprunté à 123 communes, et se répartissant de la manière suivante :

13 avaient une population		de plus de 1,000 habitants;		
53	—	— de 500 à 1,000	—	
24	—	— de 300 à 500	—	
10	—	— inférieure à 300	—	(2).

« Or, ajoute M. Gérard, si l'on étudie les dossiers de ces affaires, on reste convaincu que les créations n'ont été admises qu'en raison de circonstances exceptionnelles tirées, notamment, de la situation topographique, de l'éloignement des sections du chef-lieu, de la difficulté des communications. Trois d'entre ces sections avaient formé autrefois des communes (Lizines, Lachapelle-Montabourlet, Esteil). »

La population moyenne de ces 100 communes s'élevait à 691 habitants, et les communes démembrées avaient encore une moyenne de 2,154 habitants.

En résumé, sur les 170 communes créées de 1869 à 1879, 39 avaient moins de 300 habitants, 76 en avaient moins de 500, 149 en avaient moins de 1,000, et 20 seulement en comptaient plus de 1,000.

b) Si, d'autre part, on examine la situation financière des nouvelles communes et de celles au détriment desquelles elles ont été créées, en tenant toujours compte de la distinction entre les actes de création, on remarque encore que l'état des communes formées par arrêtés préfectoraux ou par délibérations des conseils généraux est bien moins prospère que celui des communes érigées en vertu de lois ou de décrets.

(1) M. Gérard fait remarquer que le chiffre exact est 101, mais qu'il a écarté de ses calculs la commune de Serra-di-Ferro (Corse), formée par la loi du 29 décembre 1877, au moyen du démembrement de 15 communes. « Comme le cadastre, ajoute-t-il, n'est pas encore terminé en Corse, il n'a pas encore été possible de fournir la situation financière exacte de cette nouvelle commune. »

(2) Ces 10 communes sont : Outriaz (Ain), loi du 1er avril 1873 ; — Veraza (Aude), décret du 11 juin 1878 ; — Sainte-Marie-du-Mont (Isère), décret du 20 mai 1870 ; — Lachapelle-Montabourlet (Dordogne), décret du 25 décembre 1877 ; — Esteil (Puy-de-Dôme), loi du 30 juin 1873 ; — Laubert (Lozère), loi du 3 juillet 1873 ; — Berc (Lozère), loi du 7 avril 1877 ; — Lizines (Seine-et-Marne), loi du 21 juillet 1874 : cette commune, la plus petite de toutes, ne renfermait que 131 habitants ; — Mont-Saint-Quentin (Somme), décret du 9 août 1875 ; — Hebecourt (Somme), décret du 11 juin 1878.

« Pour les premières, dit M. Gérard, la moyenne de leurs impositions s'est élevée au chiffre de 69 centimes additionnels, alors que la moyenne ordinaire n'est que de 48 centimes; une d'elles paye 277 contimes. La plupart de ces communes sont grevées d'impositions à raison de l'insuffisance de leurs revenus; 59 d'entre elles supportent en moyenne, de ce chef, 44 centimes additionnels. Et même, parmi ces communes, deux ont été forcées de recourir aux ressources de l'octroi : Lanvéoc (Finistère) et Morières (Vaucluse).

« Quant aux communes mères qui ont été démembrées par les actes de création, elles sont au nombre de 69. Elles ont subi, à raison des emprunts qui leur ont été faits, une diminution notable dans leur population et dans leurs ressources budgétaires; ces 69 communes supportent, en effet, en moyenne 60 centimes additionnels, et 55 d'entre elles sont grevées, à raison de l'insuffisance de leurs revenus, d'une imposition moyenne de 33 centimes.

« Il n'y a pas eu seulement, du chef de ces créations, aggravation des charges locales; le budget général de l'Etat se trouve également affecté. En effet, sur les 69 communes créées, 59 reçoivent des subventions pour l'instruction primaire, c'est-à-dire 87 % (1), et, quant aux communes démembrées, 50 d'entre elles sont dans le même cas. »

En ce qui concerne les 101 communes créées par des lois ou des décrets, leur situation financière, sans être absolument brillante, est meilleure que celle des communes de la catégorie précédente.

« Si, dit M. Gérard, le nombre de celles qui sont subventionnées pour l'instruction primaire est plus élevé que la moyenne ordinaire (86 % au lieu de 73 %), elles ne supportent en moyenne que 46 centimes (au lieu de 48, moyenne générale), et les centimes pour insuffisance de revenus, dont 83 d'entre elles sont grevées, ne dépassent pas en moyenne 29. Enfin, le nombre de celles qui ont obtenu la création d'un octroi s'élève à 3 : La Destrousse (Bouches-du-Rhône), La Forêt (Finistère) et Saint-Paul (Nord).

« Pour les communes démembrées, leur situation financière est encore plus satisfaisante. La moyenne des centimes additionnels qu'elles supportent est de 38, c'est-à-dire qu'elle est inférieure de 10 à la moyenne des impositions communales en France (0,48); 92 d'entre elles supportent une imposition moyenne de 22 centimes seulement pour insuffisance de revenus. »

(1) Il est bon de faire remarquer qu'en 1879 la moyenne des communes subventionnées était de 73 %.

II. — Si, maintenant, nous arrivons à l'examen de la situation des 12 communes industrielles créées de 1869 à 1879, nous constatons que : 2 ont été créées par arrêté préfectoral, 1 par délibération du conseil général, 5 par décret, 4 par une loi.

Ce sont :

Ardennes, Le Theux (ateliers de construction, ferronnerie), arrêté préfectoral du 20 avril 1872 ;

Aveyron, Boisse-Penchot (verreries de Penchot), décret du 15 mars 1875 ;

Gard, La Vernarède (compagnie des hauts-fourneaux et mines de Porte et Sénéchas), arrêté préfectoral du 29 novembre 1869 ;

Isère, Pont-de-Claix (moulins à farine, scieries, etc.), loi du 25 juin 1873 ;

Landes, Uza (forges et fonderies du marquis de Lur-Saluces), délibération du conseil général du 31 octobre 1869 ;

Loire, La Talaudière (mines de houille), loi du 29 février 1872 ;

Loire-Inférieure, La Montagne (usine nationale d'Indret), décret du 2 juin 1877 ;

Mayenne, Port-Brillet (forges et fonderies Paillard-Duclère et Cie), loi du 4 août 1874 ;

Nord, La Sentinelle (compagnie des mines d'Anzin), décret du 22 juin 1875 ;

Puy-de-Dôme, La Bourboule (établissements d'eaux minérales), décret du 18 juillet 1874 ;

Seine-et-Oise, Le Raincy et Le Vésinet (compagnies de spéculation pour la vente des terrains), décret du 20 mai 1869 et loi du 31 mai 1875 (1).

Pour la création de ces 12 communes, on a démembré le territoire de 23 municipalités.

La population de chacune des nouvelles communes (2) dépassait 300 habitants au moment de sa création. La plus petite (Le Theux)

(1) M. Gérard dit qu'il ne faut pas s'étonner de ce qu'il a rangé ces deux dernières communes parmi les communes industrielles. — « Dans ces affaires, dit-il, il s'agissait de deux compagnies qui avaient acheté des domaines pour les revendre en détail, après y avoir construit des maisons de campagne. Il nous a semblé que, dans ces circonstances, on ne pouvait assimiler ces deux nouvelles communes à celles qui sont créées par suite de la division de communes rurales. D'ailleurs les compagnies de spéculation qui achètent des terrains nus en bloc pour les revendre en détail sont bien des compagnies industrielles au sens large du mot, bien que le droit commercial ne les range pas parmi les commerçants (art. 634, *C. com.*). »

(2) Il n'y a pas lieu de se préoccuper ici de la nature de l'acte qui les a constituées. En effet, comme le fait remarquer M. Gérard, les diverses autorités, de quelque nature qu'elles fussent, n'ont pu s'écarter des règles que la force même des choses leur imposait, et les résultats de leur intervention ont été très satisfaisants.

renfermait alors 303 habitants, et la plus considérable (La Vernarède), en comptait 3,005. — A deux exceptions près, elles n'ont cessé, depuis leur création, de prendre de l'extension. Ainsi, le chiffre moyen, qui, au jour de l'érection, s'élevait à 1,407 habitants, a été porté, au recensement de 1876, au chiffre de 1,772 habitants, ce qui fait une augmentation moyenne de 365 habitants par commune (1).

D'autre part, les communes démembrées ont toutes, à l'exception d'une seule (2), conservé une population moyenne de 1,517 habitants.

Quant à l'augmentation des charges que les habitants des nouvelles communes ont eu à supporter à la suite de leur distraction, elles n'ont pas été très élevées.

Il résulte, en effet, de l'enquête que, tandis que, d'ordinaire, les nouvelles communes ont à installer leurs différents services et, par suite, à élever des constructions onéreuses, à recourir aux emprunts et à s'imposer extraordinairement, plusieurs de ces nouvelles communes industrielles n'ont eu, grâce aux libéralités de leurs fondateurs, qu'à construire une mairie.

D'autre part, la moyenne des centimes additionnels dans ces 12 communes ne s'élevait guère qu'à 45, alors que la moyenne ordinaire est de 48 ; 4 ne supportaient aucune imposition pour insuffisance de revenus ou pour salaire du garde-champêtre ; pour les 8 autres, ces impositions s'élevaient en moyenne à 31 centimes. D'un autre côté, 8 d'entre elles étaient imposées extraordinairement, et la moyenne de l'impôt y était de 17 centimes. Enfin, sur les 12 communes, 5 seulement étaient subventionnées pour l'instruction primaire, ce qui fait une moyenne de 41 % seulement, au lieu de 73 %, moyenne générale.

Pour les 23 communes démembrées, l'enquête a montré que presque toutes ont dû recourir aux impositions extraordinaires pour assurer la marche de leurs services.

Ainsi, la moyenne des centimes additionnels s'y élevait à 56, au lieu de 48, moyenne ordinaire ; d'autre part, 6 seulement ne supportaient pas d'impositions extraordinaires pour insuffisance de revenus ; les 17 autres étaient grevées de ce chef d'une imposition moyenne de 44 centimes. Par contre, 11 de ces communes seulement étaient subventionnées pour le service de l'instruction primaire, soit une moyenne de 50,5 %, la moyenne générale étant de 73 %.

(1) Et au recensement de 1891, au chiffre de 2,267 habitants, c'est-à-dire une augmentation nouvelle de 495 habitants par commune.

(2) Clichy-sous-Bois (Seine-et-Oise), démembrée par la création du Raincy.

« En résumé, dit M. Gérard, si l'on compare les résultats des créations, en tenant compte des actes qui y ont procédé, on remarque :

« *a)* En ce qui touche les nouvelles communes :

« 1° Que la population moyenne des communes créées par arrêtés préfectoraux ou par délibérations des conseils généraux ne s'élève qu'à 482 habitants, tandis que celle des communes créées par des lois ou des décrets s'élève à 681 ;

« 2° Que la proportion des communes subventionnées pour l'instruction primaire s'élève, dans le premier cas, à 87 %, tandis que, dans le second cas, elle n'est que de 85 ;

« 3° Que le nombre moyen des centimes additionnels s'élève, pour les communes de la première catégorie, à 69, tandis que, pour celles de la seconde, ce nombre n'est que de 46 ;

« 4° Que la proportion des communes grevées de centimes additionnels, à raison de l'insuffisance de leurs revenus, est de 85 % pour celles qui ont été créées en vertu d'arrêtés ou de délibérations, et que le chiffre moyen de ces impositions s'élève à 38 ; tandis que, pour les communes de la seconde catégorie, la proportion s'abaisse à 83 %, et que le chiffre moyen de ces centimes n'est que de 29.

« *b)* En ce qui concerne la situation faite aux communes démembrées :

« 1° Celles qui ont été affaiblies par les arrêtés préfectoraux ou les délibérations des conseils généraux ont conservé une population moyenne de 1,420 habitants ; la moyenne de l'ensemble de leurs centimes additionnels est de 52 ; celle de leurs centimes additionnels pour insuffisance de revenus est de 26 ;

« 2° Tandis que, pour les communes démembrées en vertu de lois ou de décrets, la moyenne de population qui leur reste s'élève à 2,154 habitants ; celle des centimes additionnels qu'elles supportent est de 38, et elles ne sont grevées, à raison de leur insuffisance de revenus, que d'une imposition moyenne de 22 centimes. »

Il ressort donc de cette enquête que les séparations de communes opérées de 1869 à 1879 ont amené un accroissement considérable de charges pour les contribuables ; on ne peut songer à le nier. Mais M. Gérard affirme aussi, d'après les rapports des préfets, que ceux-ci ne s'en plaignent pas, parce qu'ils trouvent une compensation dans les satisfactions que l'autonomie leur a données, et dans les améliorations matérielles que les communes ont pu et pourront encore réaliser dans leurs services publics au profit de la masse des habitants.

« Si l'on examine, dit-il, les rapports fournis par les préfets, on ne saurait méconnaître les avantages qui, à certains points de vue, sont résultés de ces créations. En rapprochant des intéressés le centre des affaires locales, la mairie et les établissements publics, en supprimant ainsi de longs déplacements, en faisant participer un plus grand nombre de citoyens à l'administration et à la gestion des intérêts locaux, il est incontestable que ces créations ont été utiles aux populations. En outre, grâce à elles, l'administration supérieure a vu tarir la source des nombreux conflits que soulevait trop souvent la gestion du patrimoine municipal dans les communes partagées en sections, où chacune d'elles accuse sa voisine de s'approprier les ressources communes.

« Ces avantages expliquent l'ardeur des intéressés à renouveler leurs demandes de séparation, la condescendance des administrations préfectorales, qui les appuient auprès de l'autorité supérieure, sans se laisser décourager par des échecs réitérés, et aussi les nombreux sacrifices que les habitants s'imposent pour obtenir l'adhésion du pouvoir central. Ces sacrifices se sont manifestés sous des formes différentes: tantôt des citoyens aisés ont, par des souscriptions volontaires, constitué aux nouvelles communes une dotation en rentes sur l'Etat (1); tantôt des particuliers ont donné aux futures municipalités des bâtiments pour y installer leurs services (2); tantôt, enfin, et c'est là le cas le plus fréquent, les contribuables se sont imposés extraordinairement pour créer des revenus à leur commune.

« Deux services ont reçu principalement de notables améliorations par suite de ces érections de nouvelles municipalités: l'instruction primaire et la vicinalité.

« En effet, plus de cinquante écoles primaires, soit mixtes, soit spéciales, ont été fondées dans des sections qui, jusque là, en avaient été privées; en outre, la plupart des communes nouvelles qui étaient déjà en possession d'établissements scolaires les ont agrandis ou réparés d'une manière plus conforme aux règles de l'hygiène, au grand avantage des instituteurs et des élèves.

« L'application des ressources fournies par les prestations aux sections nouvellement érigées en communes, a donné aussi des résultats appréciables. Un grand nombre de ces communes ont créé de nouveaux chemins vicinaux et réparé les anciens; les chemins

(1) Voir comme exemple la loi du 27 août 1876, création de Saint-Christophe (Tarn).

(2) Voir la loi du 10 avril 1879, création de la commune d'Aurouer (Allier).

ruraux n'ont pas été oubliés. La conséquence de ces changements n'a pas tardé à se faire sentir ; l'agriculture a fait de notables progrès : dans certaines communes du Morbihan, par exemple, des landes communales incultes ont été défrichées et mises en rapport ; dans d'autres, des bois, pour ainsi dire sans valeur à raison de la difficulté de l'exploitation des coupes, ont augmenté considérablement les revenus communaux. Les édifices publics autres que les écoles n'ont pas moins profité de la modification opérée dans l'administration de la section. Bon nombre d'églises ont été édifiées dans des localités où l'on était autrefois obligé de parcourir de grandes distances pour l'accomplissement des devoirs religieux, beaucoup ont été réparées ; des cimetières ont été créés, agrandis ou entourés de murs ; des lavoirs publics, des remises de matériel d'incendie (pompes avec agrès) ont été construits, etc. »

Ainsi, dit-on (1), l'enquête prescrite par le ministère de l'Intérieur a justifié d'une manière générale les opérations faites pendant la période qu'elle embrassait et, comme conséquence, démontré l'utilité, dans certains cas, de la création des petites communes (2).

D'autre part, on doit considérer comme probable, si l'on juge de l'avenir d'après le passé, que le nombre des communes et des petites communes ira s'accroissant chaque année de quelques unités.

Il faut donc renoncer à poursuivre méthodiquement la suppression des petites communes (3) ; mais les inconvénients de l'état de

(1) M. de Crisenoy, *op. cit.*, p. 127.

(2) Il est bon de faire remarquer que tout le monde n'a pas accueilli avec la même faveur les résultats fournis par cette enquête. M. Gérard lui-même pense que la conclusion qui s'en dégage est qu'il importe, aussi bien dans l'intérêt de l'Etat que dans celui des communes elles-mêmes, de résister, autant que faire se pourra, au démembrement des communes actuelles, démembrement dont le principal inconvénient est de disséminer les ressources municipales. — De son côté, M. Ducrocq ne peut accepter les satisfactions de cette enquête : « Les principaux déposants, dit-il (*op. cit.*, p. 189), ont été ceux-là mêmes dont les créations de communes ont fait des autorités municipales. Ils avaient ardemment sollicité ces créations de communes, et se seraient bien gardés de médire de leur œuvre, ainsi que les puissances qui ont facilité et assuré leur conquête. Nous sommes fort peu touché, à ce point de vue, de la partie favorable des données de cette enquête ; nous sommes également peu convaincu que les chemins vicinaux et les écoles ne se fussent pas également faits d'après le mouvement général produit dans le pays, alors même que les communes nouvelles n'eussent pas été créées. Ce qu'il y a de plus positif, comme résultat, nous paraît être, même en tenant compte de la vive et rare satisfaction qu'ils en éprouvent, l'accroissement considérable des charges des contribuables. »

(3) « Ce n'est pas à dire, dit M. de Crisenoy, qu'on ne devra pas profiter des occasions qui pourront s'offrir çà et là de faire disparaître une petite commune lorsque l'opération sera demandée, ou qu'elle n'occasionnera pas trop de froissements. Mais ce seront là des

choses actuel n'en subsistent pas moins, et l'on est conduit ainsi à se demander s'il ne serait pas possible de trouver quelque autre moyen de résoudre la question.

Or, ajoute-t-on, ce remède existe assurément, et se présente de lui-même à l'esprit pour peu qu'on y réfléchisse; c'est ce moyen, aussi vieux que le monde, qui consiste à réunir les faibles pour les rendre forts, et qui consisterait ici à réunir les communes par groupes pourvus de moyens d'action et de ressources plus considérables.

Ce système a été maintes et maintes fois proposé en France, mais on a presque toujours cherché la solution du problème dans une organisation intermédiaire entre la commune trop petite et le département trop étendu, et essayé de douer d'une vie propre une communauté plus forte, le canton.

En effet, indépendamment de la constitution directoriale du 5 fructidor an III, qui, supprimant presque entièrement la commune, n'établissait de municipalités qu'aux chefs-lieux de cantons et ne laissait dans les autres communes qu'un agent chargé de la police et un adjoint, il n'a pas été formulé, en France, moins de dix projets d'organisation cantonale.

Tout d'abord, lors de la discussion de la loi municipale du 18 juillet 1837, M. Vivien, dans un rapport présenté à la Chambre des députés, dans la séance du 26 avril 1836, après avoir montré, d'une part, que la multiplicité des communes constituait un obstacle sérieux à leur bonne administration (1), mais qu'on ne pouvait plus songer à porter atteinte ni à l'existence administrative des arrondissements, ni à l'individualité des communes; — d'autre part, que l'arrondissement était trop étendu et les communes rurales trop restreintes; que la vie communale ne pouvait embrasser les limites de

exceptions qui ne sauraient modifier sensiblement la situation. Quant à poursuivre méthodiquement la suppression des petites communes, une telle entreprise doit être considérée comme impraticable en raison des difficultés de toutes sortes auxquelles elle se heurterait, et des désordres administratifs qu'elle occasionnerait infailliblement sur tous les points où on la tenterait. »

(1) « Les communes populeuses, disait-il, se suffisent à elles-mêmes : la plupart sont déjà les chefs-lieux des arrondissements, et jouissent à ce titre des facilités attachées à la présence des agents de l'administration; elles renferment dans leur sein des hommes capables et dévoués; elles possèdent des ressources en biens, en revenus, qui leur permettent de répondre aux besoins du service public. — Mais au-dessous d'elles, les communes rurales pauvres, couvertes de peu d'habitations, dénuées des ressources les plus indispensables, sont presque toutes dépourvues des lumières de l'instruction, des secours et des établissements qui assureraient le bien-être de leurs habitants. Elles sont frappées d'une espèce d'interdit qui ne s'applique, il est vrai, sur chaque point, qu'à un petit nombre d'individus, mais qui, dans son ensemble, atteint une partie notable de la nation. »

l'un et était trop à l'étroit dans celles des autres, — concluait que l'organisation française offrait à cet égard une lacune réelle qu'il fallait combler, et que le canton se présentait naturellement comme remplissant l'espace laissé vacant entre l'arrondissement et la commune.

En conséquence, pour préparer une organisation cantonale dont il s'efforçait de démontrer les avantages, au point de vue de la police, des économies, des établissements de prévoyance, des caisses d'épargne, etc., — et qui constituerait « un bienfait pour l'humanité, un allègement pour le malheur, une grande amélioration dans la condition des classes peu aisées », il proposait d'insérer dans la loi municipale une disposition prescrivant une réunion annuelle au chef-lieu de tous les maires des diverses communes d'un même canton (1).

« Cette assemblée, disait-il, aura un président désigné par le sous-préfet, s'il ne la préside pas lui-même ; elle sera chargée de donner son avis sur les intérêts communs du canton, et exercera les diverses attributions qui lui seront conférées par les lois. Cette organisation est simple et ne peut donner aucun ombrage. L'administration y recourra toutes les fois que les intérêts du canton le réclameront, et il y a lieu d'espérer qu'elle en sentira souvent le besoin. Nous pensons qu'avec le temps, des attributions nombreuses viendront elles-mêmes se placer sous cette autorité ; tout donne lieu de présumer que si ces assemblées eussent existé, les diverses affaires déjà réglées dans le canton lui eussent été remises, et l'on eût ainsi obtenu un mode d'action uniforme et homogène, au lieu des dispositions toutes différentes que chaque loi a adoptées. »

Mais la Chambre, trouvant cette innovation inutile et dangereuse pour l'autonomie communale, la repoussa (2), et se contenta d'insérer

(1) Art. 59. — Les maires se réunissent au chef-lieu du canton pour délibérer sur les matières qui leur seront soumises par le préfet, et l'assemblée délibérera en outre sur des objets que des lois spéciales lui conféreront.

(2) *Moniteur universel* du 12 février 1837. — « On a craint, dit M. DUVERGIER (*Collection complète des lois, décrets, etc.*, notes sous le titre Ier de la loi du 18 juillet 1837, t. XXXVII, p. 228), de constituer, en germe du moins, l'existence du canton, et de placer ainsi dans l'organisation du pays un élément dangereux, de fonder de grandes communes qui, en se coalisant, pourraient présenter à l'action du pouvoir central une résistance fâcheuse. Ces appréhensions ne m'ont pas paru bien justifiées. On pouvait faire l'essai. S'il eût réussi, c'est-à-dire s'il eût donné des moyens d'établir, pour la gestion des intérêts communs à tout un canton, des administrations actives, habiles et en même temps inoffensives envers l'action gouvernementale, c'eût été un grand et beau résultat ; que si, au contraire, on se fût aperçu qu'on allait créer des corporations trop puissantes, des autorités dont la coalition pourrait être redoutable, on eût abandonné le projet. Il me paraîtrait d'autant plus désirable de faire quelques essais pour l'amélioration de la division administrative que l'état des choses

dans la loi du 18 juillet 1837 un titre VII, relatif aux « intérêts qui concernent plusieurs communes » (1).

En 1848 (2), l'Assemblée nationale constituante, dans une discussion qui occupa presque toute la séance du 20 octobre (*Moniteur* du 21), décida la suppression des conseils d'arrondissement et la création de conseils cantonaux, par l'art. 77 de la Constitution. L'art. 78 ajoutait que la loi organique règlerait la composition et les attribu-

actuel est vraiment déplorable. Les trois quarts des communes sont administrées par des fonctionnaires incapables de comprendre leurs véritables intérêts ; les registres des actes de l'état-civil sont tenus par des hommes souvent illettrés ; la police est confiée à des gens qui n'en comprennent ni le but, ni les moyens. Et si quelque chose était capable de discréditer le principe électif, c'est à coup sûr les résultats qu'il produit dans les campagnes. Il faut donc songer à opérer des changements. Ces changements me paraissent d'ailleurs faciles. Sans doute, il y a encore beaucoup de communes qui conservent leur individualité bien distincte, qui ont des intérêts parfaitement tranchés, des besoins spéciaux : mais dans combien de lieux, au contraire, trouve-t-on que les populations sont fondues, les intérêts et les besoins identiques ? La facilité croissante des communications a puissamment contribué à rendre possibles des réunions qui eussent été impraticables, il y a un demi-siècle, à l'époque où l'Assemblée constituante régla la division territoriale. La haute administration me semble donc devoir favoriser de tout son pouvoir les réunions de communes ; par là elle créera des individualités assez puissantes, assez éclairées pour qu'on puisse leur confier avec sécurité la gestion de leurs intérêts moraux et matériels. »

(1) Loi du 18 juillet 1837, titre VII :

ART. 70. — Lorsque plusieurs communes possèdent des biens ou des droits par indivis, une ordonnance du roi instituera, si l'une d'elles le réclame, une commission syndicale composée de délégués des conseils municipaux des communes intéressées. — Chacun des conseils élira dans son sein, au scrutin secret et à la majorité des voix, le nombre de délégués qui aura été déterminé par l'ordonnance du roi. — La commission syndicale sera renouvelée tous les trois ans, après le renouvellement partiel des conseils municipaux. — Les délibérations prises par la commission ne sont exécutoires que sur l'approbation du préfet, et demeurent d'ailleurs soumises à toutes les règles établies pour les délibérations des conseils municipaux.

ART. 71. — La commission syndicale sera présidée par un syndic, qui sera nommé par le préfet et choisi parmi les membres qui la composent. Les attributions de la commission syndicale et du syndic, en ce qui touche les biens et les droits indivis, seront les mêmes que celles des conseils municipaux et des maires pour l'administration des propriétés communales.

ART. 72. — Lorsqu'un même travail intéressera plusieurs communes, les conseils municipaux seront spécialement appelés à délibérer sur leurs intérêts respectifs et sur la part de la dépense que chacune d'elles devra supporter. Ces délibérations seront soumises à l'approbation du préfet. — En cas de désaccord entre les conseils municipaux, le préfet prononcera, après avoir entendu les conseils d'arrondissement et le conseil général. — Si les conseils municipaux appartiennent à des départements différents, il sera statué par ordonnance royale. — La part de la dépense définitivement assignée à chaque commune sera portée d'office aux budgets respectifs, conformément à l'art. 39 de la présente loi.

ART. 73. — En cas d'urgence, un arrêté du préfet suffira pour ordonner les travaux et pourvoir à la dépense à l'aide d'un rôle provisoire. Il sera procédé ultérieurement à sa répartition définitive, dans la forme déterminée par l'article précédent.

(2) Nous empruntons tous les détails qui suivent à l'exposé des motifs accompagnant le projet de loi d'organisation cantonale déposé le 20 mai 1882 sur le bureau de la Chambre des députés par M. GOBLET, alors ministre de l'Intérieur. — Ce rapport a été inséré dans la *Revue générale d'administration*, 1882, t. II, p. 160 et suiv.

tions de ces conseils. En exécution de ces dispositions, le conseil d'Etat, chargé par le Gouvernement de préparer le projet de loi sur l'organisation intérieure, consacra le livre II de cette loi à l'organisation cantonale. Le rapport fut fait par M. Vivien et le projet adopté le 17 décembre 1850. La commission de l'Assemblée nationale législative apporta au projet du conseil d'Etat quelques légères modifications, et déposa son rapport le 12 juillet 1851 (M. Odilon Barrot, rapporteur) (1). Mais les événements politiques survinrent et le projet ne fut pas discuté.

En 1869, le Gouvernement saisit le conseil d'Etat d'un nouveau projet portant organisation de conseils cantonaux qui devaient fonctionner concurremment avec les conseils d'arrondissement. Ce projet n'eut pas de suite; il ne paraît même pas avoir été examiné par le conseil d'Etat.

La commission extraparlementaire de décentralisation nommée en 1870, et dont les travaux ont servi de base à la loi départementale du 10 août 1871, avait conclu à la suppression des conseils d'arrondissement et à leur remplacement par des conseils cantonaux. Le projet a été imprimé, ainsi que le rapport présenté par M. Ernest Desmarest, au nom de la sous-commission cantonale.

En 1871, M. Waddington, rapporteur de la loi départementale du 10 août 1871, et M. de Barante, reprirent le projet de la commission extraparlementaire de décentralisation et le déposèrent, en leur nom, sur le bureau de l'Assemblée nationale (séance du 28 avril 1871). — Cette proposition fut prise en considération, au rapport de M. de Salvandy (séance du 3 juin 1871), et renvoyée à la commission parlementaire de décentralisation. Mais elle ne fut pas discutée.

Le 27 mai 1871, M. Ulric Perrot déposait un contre-projet qui laissait exister les conseils d'arrondissement avec les conseils cantonaux. Cette proposition fut également prise en considération, au rapport de M. Kolb-Bernard, et renvoyée, comme la précédente, à la commission de décentralisation.

Neuf ans plus tard, en 1880, M. Le Maguet déposa, le 19 février, une proposition ayant pour objet de remplacer les conseils d'arrondissement par des conseils cantonaux. La seizième commission d'initiative, par l'organe de M. Casimir Périer (Aube), conclut à la non-prise en considération, en se fondant sur ce que la suppression des conseillers d'arrondissement touchait à la loi constitutionnelle,

(1) Les rapports de MM. Vivien et Odilon Barrot ont été résumés d'une façon très claire dans un article qui a paru dans l'*Ecole des communes* de 1851, et qui contient également une appréciation très exacte de ces projets d'organisation cantonale.

qui fait de ces conseillers une fraction du corps électoral sénatorial, et sur ce qu'il y aurait anomalie à placer entre deux corps issus du suffrage universel direct (conseils généraux et conseils municipaux) un corps issu du suffrage à deux degrés. — La question n'est pas venue en discussion devant la Chambre (1).

Le 18 mars 1882, MM. Antonin Dubost et Bastid déposèrent une nouvelle proposition de loi conçue à peu près dans le même ordre d'idées que le projet de M. Le Maguet, et qui n'eut pas plus de succès.

Le 20 mai 1882, M. Goblet, ministre de l'Intérieur, déposa à son tour sur le bureau de la Chambre des députés un projet de loi d'organisation cantonale en 59 articles, qui fut renvoyé à l'examen de la commission chargée de l'étude des lois municipales.

« Le projet du Gouvernement, lisait-on dans l'exposé des motifs qui l'accompagnait, est plus complet que ceux qui l'ont précédé; tandis que les uns se bornaient à transférer aux conseils cantonaux les attributions purement consultatives des conseils d'arrondissement; que les autres les juxtaposaient aux conseils d'arrondissement en leur donnant à peu près les mêmes attributions, le ministre de l'Intérieur propose de donner au canton la personnalité civile comme au département, avec le droit d'acquérir et de posséder, de transférer au conseil cantonal non seulement toutes les attributions actuellement exercées par les conseils d'arrondissement (ces conseils subsistant seulement à raison du rôle constitutionnel des conseillers dans l'élection sénatoriale), mais encore un certain nombre d'attributions appartenant aujourd'hui soit aux conseils généraux, soit aux maires, soit aux préfets. Le canton aurait un budget avec des ressources propres; le conseil cantonal aurait la gestion non seulement des biens cantonaux, mais encore la tutelle des établissements de bienfaisance cantonaux. »

Ce projet fut retiré par le Gouvernement le 8 février 1883.

Enfin, pendant la discussion de la loi municipale du 5 avril 1884, M. de Lanessan, membre de la Chambre des députés, revenant au système de la Constitution de l'an III, déposa devant cette assemblée un contre-projet qui fondait les communes rurales actuelles dans le canton, qui tout entier ne formerait plus qu'une seule commune.

(1) « Je pense que nos communes de France, que je trouve trop petites, devraient être groupées de manière à porter leur existence et leur développement au canton. Le canton, voilà pour moi le point de départ d'une réorganisation administrative du pays. » — L. GAMBETTA, discours prononcé lors des élections de 1881.

Mais ce projet fut repoussé par la Chambre (1), par 371 voix contre 52.

Ainsi, aucune de ces tentatives d'organisation cantonale n'a pu aboutir. C'est que toutes présentaient de graves défauts, que M. de Crisenoy résume de la manière suivante :

« Cette organisation, dit-il (2), créerait entre le département et la commune un groupe pourvu comme eux d'une administration complète, avec personnalité civile, budget, services de recettes et de dépenses. Ce serait un rouage nouveau, une complication de plus à notre administration déjà si compliquée, sans que l'on puisse bien se rendre compte des services que l'on en tirerait, des besoins généraux et permanents auxquels elle répondrait.

« Elle aurait pour base les circonscriptions cantonales actuelles ; or, dans nombre de cas, ces circonscriptions ne répondent aucunement aux affinités, aux relations naturelles des communes qui les composent. Parfois, le chef-lieu du canton est à une extrémité, sans communications faciles avec une partie de ses communes, lesquelles ont toutes leurs relations d'affaires et d'intérêts à l'opposé. Le rôle limité du canton empêche actuellement de trop ressentir les inconvénients de cet état de choses, mais si l'on prétendait faire de chaque chef-lieu de canton le véritable centre de la vie administrative du groupe, on s'apercevrait bientôt combien ce centre est artificiel dans bien des cas.

« L'organisation cantonale s'appliquerait indistinctement à toutes les communes, aux villes aussi bien qu'aux villages, qu'elles soient plus ou moins riches, plus ou moins peuplées. Toutes, cependant, n'auraient pas un égal besoin de s'associer. Les petites, les plus petites communes elles-mêmes peuvent quelquefois se suffire à elles-mêmes, et le petit nombre des habitants n'est pas toujours un signe caractéristique de l'impuissance et de la pauvreté d'une commune (3).

(1) Séances des 29 et 30 juin 1883. (*Trav. prép.*, p. 105, col. 3, à p. 119.) — Conf. *Proposition de loi municipale*, présentée par M. DE LANESSAN. (*Trav. prép.*, *Annexes*, p. I-XIV.)

(2) *Op. cit.*, p. 129.

(3) C'est ainsi, dit-il, que dans le Doubs, le Jura, la Haute-Marne, Meurthe-et-Moselle, la Meuse, la Haute-Saône, où les quatre cinquièmes des communes comptent moins de 500 habitants, on trouve aussi un très grand nombre de communes imposées au minimum et même au-dessous du minimum, qui est de 14 centimes. Dans le Doubs, sur 587 communes, 506 ont moins de 500 habitants, et 516 ont moins de 15 centimes ; par contre, les produits des biens patrimoniaux des communes s'élèvent à plus de trois millions. Dans les Basses-Alpes, Taloire, avec 66 habitants, et Bedejun, avec 56, n'ont que 14 centimes. Il en est de même, dans Meurthe-et-Moselle, de Pettonville, qui a 165 habitants ; de Saint-Maurice, 175 ; de

« Enfin, l'objet même des associations serait très variable : ici, il s'agira de créer et d'administrer un hospice fondé par un legs au profit d'un certain nombre de communes, ou d'instituer un bureau de bienfaisance en commun, et ce sera là l'application la plus fréquente et la plus utile. Là, on voudra créer une école communale desservant des hameaux voisins appartenant à plusieurs communes, une école professionnelle en vue d'une industrie locale, une fromagerie dans les pays de montagnes, ou bien encore une conduite d'eau desservant les communes situées dans une même vallée, une usine à gaz pour des agglomérations contiguës. Une commune pourra faire partie de plusieurs associations, et il est bien évident que la circonscription cantonale n'a aucun rapport avec toutes ces opérations.

« Une organisation cantonale, imposée uniformément à toutes les communes, ne répondrait à aucun besoin et ne fonctionnerait que sur le papier, c'est dire qu'elle ne tarderait pas à disparaître d'elle-même. On peut à coup sûr faire l'économie d'une telle expérience. » (1).

Ce qu'il y a à faire, dit-on alors, est beaucoup plus simple. Il suffirait de donner aux communes qui ont le désir, qui sentent le besoin de se syndiquer, la facilité de le faire, et de tracer les règles générales de ces associations. C'est là, d'ailleurs, un procédé qui a déjà été adopté et mis en pratique par plusieurs nations étrangères.

Ainsi, en Italie, la loi du 20 mars 1865 sur les travaux publics a autorisé les communes à se réunir pour construire et entretenir leurs chemins. « A la vérité, dit M. de Crisenoy (2), c'est là un objet limité, mais ces associations n'en ont pas moins une organisation très complète, tout à fait analogue à celles des sociétés commerciales ou industrielles. Des délégués élus par les communes intéressées forment l'assemblée générale, qui nomme un conseil d'administration investi des pouvoirs les plus étendus. »

Domptail, 93. Dans la Haute-Marne, Erseuil, avec 87 habitants, n'a que 10 centimes. On pourrait multiplier indéfiniment ces exemples.

(1) Voir également : Chambre des députés, séance du 29 octobre 1883, discours de M. DE MARCÈRE, rapporteur du projet de loi municipale. (*Trav. prép.*, p. 215.) — *Exposé des motifs du projet de loi sur les syndicats de communes*, présenté au nom de M. CARNOT, Président de la République française, par M. FLOQUET, président du Conseil, ministre de l'Intérieur, devant la Chambre des députés, séance du 5 juin 1888, et inséré au *Journal officiel* du 25 juillet 1888, annexes de la Chambre des députés, n° 2743, p. 714 et suiv. ; — et dans la *Revue générale d'administration*, 1888, t. II, p. 326 et suiv.

(2) *Op. cit.*, p. 128.

« Mais, ajoute-t-il, c'est en Angleterre que nous trouvons les exemples les plus concluants de la puissance de ce système, étalé dans les *unions de paroisses,* qui y sont instituées depuis plus de cent ans. Aujourd'hui, les 15,400 paroisses existant en Angleterre et dans le pays de Galles sont groupées en 649 unions, ce qui représente en moyenne 33 paroisses par union. Ces unions, ou les districts qui ont le même objet et dont les circonscriptions tendent à se confondre avec celles des unions, sont de puissantes administrations chargées de presque tous les services publics, les écoles, l'assistance, les travaux d'hygiène et de salubrité, la voirie tout entière, car il n'existe pas en Angleterre de routes royales ni de routes de comtés. Les comtés n'ont à leur charge que les ponts; et les routes à péage *(turnpike roads),* qui représentent les grandes voies de communications, auront prochainement disparu, transformées en *main-roads* (grandes routes), qui retombent à la charge des paroisses comme celles de moindre circulation; l'Etat et les comtés allouent depuis quelques années des subventions pour l'entretien de ces routes, mais ce sont les unions qui les administrent. »

Le même auteur fait enfin remarquer que ces *unions* remplissent ces fonctions multiples et considérables sans porter atteinte à l'existence propre des paroisses, dont elles sont la personnification en même temps que la délégation, puisque tous leurs membres, à l'exception des juges de paix, membres de droit, sont élus par l'assemblée des habitants des dites paroisses (1).

(1) M. Ducrocq, au contraire, estime qu'on ne peut tirer de la législation britannique sur les *unions de paroisses* de l'Angleterre aucun argument en faveur des associations de communes en France. — « L'erreur, dit-il, serait aussi grande de comparer la paroisse anglaise à la commune de France et de l'Europe continentale, que de comparer notre commune française issue de la Révolution à nos anciennes paroisses ou communautés d'habitants d'avant 1789, dont la condition était si différente de celle du petit nombre de communes existant alors dans notre pays. En dehors des bourgs anglais, qui sont toujours les seules communes de l'Angleterre, la commune n'y existe pas. La paroisse anglaise ne constitue pas une unité administrative comparable à la commune du continent, où se trouvent concentrés tous les services qui forment en France l'administration municipale. La *vestry,* ou assemblée des contribuables de la paroisse inscrits à la taxe des pauvres, et ses agents, sont réduits au service temporel de l'église, à l'entretien des cimetières, aux travaux de petite voirie. L'*union des paroisses* est surtout une paroisse agrandie, comprenant de 30,000 à 40,000 habitants, moins grande que notre arrondissement, mais plus grande que notre canton, et constituée pour la perception de la taxe des pauvres et la construction et l'entretien du workhouse; deux institutions heureusement inconnues en France, issues de l'assistance publique obligatoire, l'une des plaies de l'Angleterre, répudiée par notre législation positive comme par les lois naturelles de la liberté de l'homme et de sa responsabilité.

« Quelle que soit la grande place occupée dans la législation financière de l'Angleterre par la taxe des pauvres, et la grande influence qu'elle a exercée sur le mode de répartition des taxes locales, ce serait une autre erreur grave que de croire à la concentration des

Chez nous, ce système a été étudié et proposé une première fois en 1879 à propos d'institutions de bienfaisance. Il s'agissait de créer des circonscriptions de domicile de secours plus étendues que les circonscriptions communales, afin de pouvoir en assurer le bénéfice à des catégories d'indigents auxquels il ne s'applique pas aujourd'hui. Le ministère de l'Intérieur avait préparé à cet effet, à la suite d'études très complètes, un projet qui a été soumis au conseil d'Etat et approuvé par lui à la suite d'un examen très approfondi, mais qui n'a pas abouti.

Mais c'est pendant la discussion de la nouvelle loi municipale qu'on a examiné avec le plus de soin cette question des associations de communes.

On se souvient que le législateur du 18 juillet 1837 (1) avait organisé des commissions intercommunales chargées d'administrer les biens indivis entre plusieurs communes, ou en vue de travaux communs à accomplir.

Un membre de la Chambre des députés, M. Léon Roquet, estimant, non sans raison, que l'organisation du canton, telle qu'elle avait été proposée différentes fois, n'avait aucune chance sérieuse d'être adoptée en France, mais que le danger résultant de la multiplicité des petites communes demandait un prompt remède, crut trouver un moyen assuré d'arriver au même résultat sans créer d'organisme nouveau. Les commissions intercommunales, se dit-il,

services locaux entre les mains des bureaux des gardiens ou tuteurs des pauvres, qui sont les représentants élus des unions de paroisses. Même en ce qui concerne directement la taxe des pauvres et l'administration du workhouse, leurs attributions ont été réduites au profit du bureau du gouvernement local par l'acte de 1871 sur le bureau du gouvernement local, qui a fait disparaître le *Gilbert act* de Georges III de 1782, qui avait institué les tuteurs des pauvres.

« En dehors donc de la part d'attributions spéciale et restreinte du *vestry* dans la paroisse et du bureau des gardiens ou tuteurs des pauvres dans les *unions de paroisses*, l'administration locale de l'Angleterre est répartie entre l'administration du comté, le bureau du gouvernement local et de nombreuses commissions locales ayant chacune leurs attributions distinctes et dont les circonscriptions ne correspondent ni entre elles, ni avec la paroisse, ni avec les unions de paroisses.

« En présence de telles dissemblances, de l'abîme qui sépare les institutions locales des deux pays, est-il possible de tirer argument chez nous de ces grandes unions de paroisses de nos voisins, plus grandes que nos cantons ?

« D'un mot nous pouvons résumer cette saisissante antithèse, en disant que la commune n'existe pas en Angleterre (sauf les bourgs au nombre de moins de 300), tandis que la commune est en France la base fondamentale de nos institutions administratives et de l'édifice social.

« Donc, dans la matière qui nous occupe, il n'y a pas à imiter ce qui se passe de l'autre côté du détroit. »

(*Op. cit.*, p. 191.)

(1) Art. 70 à 73 de la loi municipale.

sont instituées par la loi de 1837 en vue de certains objets déterminés. Voilà un élément excellent, un moyen d'action tout indiqué. Etendons la compétence de ces commissions intercommunales, fortifions-les, autorisons-les à s'occuper d'autres objets plus importants ; et alors, ayant les moyens d'associer les efforts de toutes les communes d'un même canton, de réunir leurs ressources, de les concentrer, elles pourront arriver à créer des établissements dont l'utilité est reconnue par tout le monde.

En conséquence, il proposa d'ajouter à l'art. 56 du projet, qui interdisait à tout conseil municipal, hors les cas prévus par la loi, soit de se mettre en communication avec un ou plusieurs conseils municipaux, soit de publier des proclamations ou adresses, soit d'émettre des vœux politiques, — une disposition ainsi conçue :

« Par exception à l'art. 56, un certain nombre ou la totalité des conseils municipaux d'un même canton pourront se concerter en vue des trois objets suivants :

« 1° La création ou l'entretien à frais communs de cours ou d'écoles d'enseignement primaire supérieur, d'enseignement professionnel ou agricole ;

« 2° La création ou l'entretien d'établissements de bienfaisance, hôpitaux, asiles de nuit ;

« 3° La création, l'amélioration ou l'entretien des voies ou chemins desservant deux ou plusieurs communes. » (1).

« Cet article additionnel, disait-il, a pour but de combler une des lacunes les plus graves de nos lois municipales.

« Dans l'état actuel de la législation, les petites communes rurales ne peuvent en aucune manière donner satisfaction à quelques-uns des besoins les plus urgents des populations. Elles ne peuvent faire bénéficier les enfants de cours d'enseignement primaire supérieur ; une petite commune n'a pas de ressources suffisantes pour créer des cours d'enseignement de cette nature, et, si elle s'adresse à une commune plus importante, celle-ci peut refuser absolument d'admettre les enfants de sa voisine.

« En matière hospitalière, mêmes difficultés. Il est impossible, à l'heure actuelle, à la plupart des communes rurales de France, d'organiser la bienfaisance d'une façon sérieuse, parce que, je le répète, les ressources sont insuffisantes. S'il était possible à plusieurs communes d'un même canton de se syndiquer et de constituer, quand cela leur plairait, des sortes de conseils cantonaux, elles

(1) Chambre des députés, première lecture de la loi municipale. Séance du 17 février 1883. (*Trav. prép.*, p. 56.)

auraient un moyen pratique et efficace de donner satisfaction aux besoins que j'indique.

« J'irai plus loin encore. En matière d'instruction, je signalais comme absolument nécessaires les cours d'enseignement primaire supérieur ; mais je considère comme non moins utiles les cours d'enseignement professionnel, et spécialement d'enseignement agricole. Ces cours, ces écoles sont désirés en bien des endroits, et l'on peut affirmer qu'ils seraient certainement fondés sur un grand nombre de points de la France, si l'on permettait aux petites communes de se réunir dans ce but.

« En matière de bienfaisance, il est certain que, s'il était possible de grouper les différents budgets des communes, on verrait se créer un nombre considérable d'hospices cantonaux ; peut-être même fonderait-on des établissements que je regarde comme très nécessaires, des maisons de refuge, des asiles de nuit : ce qui permettrait de réprimer le vagabondage et d'organiser une surveillance de police qui fait complètement défaut dans nos campagnes.

« Enfin, je crois que très souvent il serait désirable d'établir entre plusieurs communes une certaine entente au point de vue des chemins qui les relient. Je comprends qu'on ne permette pas aux communes de se grouper en nombre indéfini ; mais mon amendement limite à la fois le nombre des cas où les communes pourront s'entendre et le nombre des communes qui pourront établir cette entente. L'entente pourra s'établir dans trois cas, et seulement entre les communes d'un même canton. Dans ces conditions, je ne crois pas que l'adoption de mon amendement puisse donner lieu à aucun abus; je pense, au contraire, qu'il ne peut en résulter que de très grands avantages. »

M. Roquet faisait d'ailleurs remarquer qu'en déposant cet article additionnel, il se proposait simplement de poser un principe qu'il aurait pu ensuite, par une série d'autres articles additionnels, compléter et développer.

Mais le rapporteur, M. de Marcère, objecta que cette proposition, ayant pour but l'organisation de la représentation du canton, dans certaines conditions, pour certains objets, et la Chambre ayant été saisie, d'autre part, d'une proposition sur l'organisation des conseils cantonaux, on ne pouvait délibérer utilement sur l'amendement de M. Roquet sans anticiper sur une discussion ultérieure ; et à la suite d'une délibération assez confuse, dans laquelle M. le baron Reille fit observer, non sans raison, que l'on serait toujours à temps, lorsque le projet sur les conseils cantonaux viendrait en discussion, de fondre dans la loi nouvelle les conseils cantonaux facultatifs demandés par M. Roquet, celui-ci retira son amendement.

Mais lorsque, dans la séance du 26 février 1883, la Chambre arriva à la discussion de l'art. 91 du projet, relatif à l'institution de commissions intermunicipales pour la gestion de biens ou droits indivis entre plusieurs communes, ou pour l'exécution d'un même travail intéressant plusieurs communes, M. Roquet déclara (1) qu'il aurait à poser, au moment de la seconde lecture, le même principe qu'il avait développé à propos de l'art. 56, et que dans le cas où cet amendement passerait, il y aurait lieu de modifier l'art. 91.

Lorsque la Chambre aborda la deuxième lecture du projet de loi municipale, la commission qui, on l'a vu, avait repoussé en première délibération le principe défendu par M. Roquet, l'adopta pleinement et le développa dans plusieurs articles.

« Les art. 115 et suivants de notre projet, disait M. de Marcère, dans le rapport supplémentaire qu'il présenta au nom de la commission pour la seconde délibération (2), renferment une innovation importante, proposée sous forme d'amendement par M. Roquet, et que nous avons adoptée.

« Les lois antérieures avaient déjà consacré en principe que plusieurs communes ayant des droits ou des biens indivis pouvaient se constituer en syndicats par voie de délégation, et administrer par ce moyen leurs intérêts communs. Dans cette disposition légale se trouvait un germe fécond que nous avons cru pouvoir développer dans une loi nouvelle.

« Nous ne pouvons méconnaître ce qu'il y a de juste dans les observations critiques que fait naître l'état de nos communes, trop pauvres, en général, et trop peu populeuses pour se créer des ressources et pour fonder des établissements réclamés par les besoins nouveaux. Nous comprenons que de bons esprits, principalement attirés du côté des améliorations sociales, aient été conduits jusqu'à l'idée de sacrifier l'individualité des communes pour les fondre dans des communautés plus puissantes, celle du canton, par exemple ; ou de créer un organisme administratif nouveau, le conseil cantonal, qui leur a paru le moyen le plus efficace de remédier à l'impuissance des communes.

« Cette dernière idée d'organiser des conseils cantonaux a été l'objet d'une proposition de loi due à l'initiative de MM. Antonin Du-

(1) *Trav. prép.*, p. 77.

(2) *Trav. prép.*, p. XIX.

bost et Bastid, proposition dont la commission est encore aujourd'hui saisie. Mais en attendant que la commission, et après elle la Chambre, se prononce sur ces propositions, nous avons pensé qu'il pouvait être utile de donner aux syndicats déjà créés leur développement naturel, de trouver dans ce procédé le moyen, pour les communes, de régler quelques intérêts d'un caractère plus particulièrement général, qui réclament à la fois beaucoup de ressources et l'accord de toutes les bonnes volontés.

« La pensée de créer des établissements hospitaliers dans chaque canton hante depuis longtemps les esprits généreux, et, comme le bien s'accorde toujours avec l'utile, les économistes et les politiques s'attachent également à cette idée de mettre à la portée de tous nos concitoyens des secours dont l'absence est une des causes de la dépopulation des campagnes et d'attraction vers les villes.

« Il en est de même pour l'instruction publique. Il n'y a plus à faire naître le mouvement qui entraîne l'esprit public vers cet ordre d'idées. Mais plus ce besoin est universellement ressenti, plus il est nécessaire de mettre à la portée des familles les établissements dans lesquels ils pourront faire donner à leurs enfants l'éducation qui convient à leurs goûts et à leurs ressources, sans être obligé de se séparer d'eux et de les éloigner pour un long temps du foyer domestique.

« Et, enfin, rien n'est plus nécessaire, dans un temps où l'industrie agricole réclame tant de sollicitude ; et nul bienfait n'est plus ardemment souhaité dans nos campagnes que de pourvoir à toutes les exigences de la viabilité rurale, vicinale, de grande et de petite communication. Et n'est-ce pas là un de ces intérêts qui ne peuvent être réglés et satisfaits que par l'entente des communes d'un même canton ?

« Tels sont, pour le moment présent, les principaux objets que nous voudrions confier aux commissions intercommunales qui, sans constituer un nouvel organisme administratif, — j'allais dire un nouvel *impedimentum*, avec son cortège de fonctionnaires et son appareil de formalités, — pourraient procurer aux communes d'un même canton et les ressources et l'union de volontés nécessaires pour obtenir des résultats utiles et satisfaire à des besoins réels. »

La discussion eut lieu dans la séance du 29 octobre 1883 (1). Le rapporteur expliqua les motifs qui avaient déterminé la commission à s'approprier un principe qu'elle avait combattu en première lec-

(1) *Trav. prép.*, loi du 5 avril 1884, p. 214 et suiv.

ture, et la Chambre adopta rapidement une série d'articles relatifs à l'organisation de commissions intercommunales.

Ces textes étaient ainsi conçus:

ART. 116. — Lorsque plusieurs communes possèdent des biens ou droits par indivis, ou lorsqu'elles sont intéressées à l'exécution d'un même travail, un arrêté du préfet, si elles appartiennent au même département, et un décret du Président de la République, si elles appartiennent à des départements différents, institue, soit d'office, soit sur la réclamation de l'une d'elles, une commission intercommunale composée de délégués des conseils municipaux des communes intéressées. Chacun des conseils élit dans son sein le nombre des délégués qui a été déterminé par l'arrêté ou le décret d'institution. La commission est renouvelée après chaque renouvellement des conseils municipaux.

ART. 117. — Une commission intercommunale peut être instituée dans les mêmes conditions par arrêté du préfet entre plusieurs communes d'un canton, en vue de se concerter et de prendre des délibérations sur les objets suivants:

1° La création ou l'entretien à frais communs de cours ou d'écoles d'enseignement primaire supérieur, d'enseignement professionnel ou agricole;

2° La création ou l'entretien d'établissements de bienfaisance, hôpitaux, asiles de nuit;

3° La création, l'amélioration ou l'entretien des voies ou chemins vicinaux ordinaires desservant deux ou plusieurs communes.

ART. 118. — Dans le cas prévu par l'art. 117, l'arrêté du préfet qui institue la commission peut autoriser les autres communes du canton à se joindre à celles visées par l'arrêté, et détermine le nombre des délégués qu'elles auront à nommer.

ART. 119. — La commission intercommunale choisit son président parmi ses membres. Les attributions de la commission et de son président, en ce qui touche les biens et les droits indivis, ou l'exécution des travaux, sont les mêmes que celles des conseils municipaux et des maires en pareille matière. Les délibérations prises par la commission ne sont exécutoires qu'après avoir été ratifiées par arrêté du préfet ou décret du Président de la République, et demeurent, d'ailleurs, soumises à toutes les règles établies pour les délibérations des conseils municipaux.

ART. 120. — Les dispositions de l'art. 119 sont applicables dans les cas où la commission intercommunale est formée et agit conformément à l'art 117.

ART. 121. — La commission intercommunale peut être dissoute conformément aux règles posées par l'art. 43. Dans le cas où le mandat de l'un des délégués vient à cesser, un nouveau délégué est élu par le conseil municipal. En cas de dissolution de l'un des conseils, ou de tous les conseils municipaux, les délégués restent en fonctions jusqu'à ce que les nouveaux conseils aient pourvu à leur remplacement.

Ce projet d'innovation a été vivement critiqué par M. Ducrocq.

« La proposition, disait-il (1), n'était conforme ni au principe de liberté, ni à celui des franchises communales. Elle n'était pas libérale, car il résulte des art. 116 et 117 que l'association de communes aurait été constituée par l'administration supérieure, soit d'office, c'est-à-dire sans le consentement d'aucun des conseils municipaux des communes intéressées, soit sur la réclamation de l'une d'elles, c'est-à-dire sans le consentement des autres. — Elle était, en outre, attentatoire aux franchises communales. Les art. 119 et 120 du projet faisaient, en effet, passer l'autorité, pour la délibération et pour l'action, à la commission intercommunale et à son président, c'est-à-dire que les conseils municipaux et les maires des communes associées se trouvaient dessaisis. Des actes de la vie civile des communes eussent été accomplis, des dépenses eussent été imposées aux communes sans le vote de leurs conseils municipaux, par des assemblées composées en majorité des délégués des autres communes associées, et où chacune d'elles ne devait former qu'une infime minorité. N'est-ce pas là l'atteinte la plus profonde à l'indépendance communale dans la sphère même de la gestion des intérêts économiques des communes ?... Il n'y a plus seulement ici le désordre et le bouleversement dans l'administration et les finances communales déjà signalés, il y a un déplacement absolu de l'autorité communale et l'anéantissement des franchises municipales... Et sous une forme et dans des conditions différentes, cette association de communes, dans sa sphère d'application, n'anéantirait pas moins le droit communal que ne le faisait l'institution des municipalités cantonales dans la constitution de l'an III. »

Cependant, la commission du Sénat se montra tout d'abord disposée à accueillir favorablement le projet d'association de communes qui lui fut transmis par la Chambre des députés.

C'est ainsi que, dans le rapport qu'il fit au nom de la commission chargée d'examiner la proposition de loi municipale, M. Demôle disait (2) :

« Dans le chapitre Ier du titre IV, nous trouvons, sous les art. 116 à 121, l'institution, nouvelle dans notre droit, des commissions intercommunales. Nous approuvons complètement cet ensemble de dispositions. Nous croyons que, des associations de communes, il sortira de très utiles résultats. La seule objection que nous ayons à présenter concerne la rédaction de l'art. 118, qui nous paraît pécher par défaut de clarté... »

(1) *Op. cit.*, p. 194.
(2) *Trav. prép.*, p. XLI.

L'ordre du jour appela le Sénat à délibérer sur ce point dans la séance du 13 février 1884. Mais M. Demôle, rapporteur, demanda et obtint (1) l'ajournement de la discussion, afin de pouvoir mieux examiner divers amendements déposés par MM. Poriquet, Marcel Barthe et La Caze, qui, disait-il, lui paraissaient très sérieux. Et lorsque, dans la séance du 15 février 1884, le Sénat aborda la discussion de ces art. 116 à 121, le rapporteur déclara que la commission avait complètement changé d'avis.

« Ces articles, dit-il (2), avaient pour objet de permettre aux communes d'organiser entre elles, dans des cas déterminés, des associations que le projet de loi définissait : commissions intercommunales. Ces commissions intercommunales sont constituées par le projet de loi tout à fait à l'état de conseils municipaux spéciaux. Qu'il dût s'agir de biens ou de droits indivis entre plusieurs communes, de l'exécution d'un travail d'intérêt commun ou, au contraire, de créations nouvelles ; qu'il dût s'agir d'établir un hôpital, un cours d'enseignement, ou même de créer, d'améliorer ou d'entretenir une voie vicinale ordinaire, les commissions intercommunales formées, soit d'office par le préfet du département, soit sur la réclamation des communes se prétendant intéressées, étaient constituées à l'état permanent ; il y avait cette circonstance très grave que les délibérations prises par ces commissions n'avaient besoin, en aucun cas, pour devenir exécutoires, d'être soumises à la ratification des conseils municipaux. Vous apercevez d'ici l'énorme changement qu'une telle disposition apportait aux droits et aux attributions des communes, tels qu'ils étaient compris jusqu'à présent. »

Et, pour mieux faire saisir sa pensée par un exemple, il ajoutait :

« Soit trois communes, constituées en commissions intercommunales pour la création d'un hospice, sans même l'avoir demandé. Le préfet avait, en effet, le droit de créer d'office ces commissions ; l'une d'elles seulement avait réclamé la réunion ; les deux autres n'avaient pas été consultées sur l'opportunité de cette réunion. Quoi qu'il en soit, les trois communes étaient représentées dans cette commission intercommunale par des délégués, nommés dans des conditions assez mal définies par le projet de loi, puisque le nombre de ces délégués était laissé à l'arbitraire de l'autorité préfectorale. La délibération s'ouvrait et l'une des communes résistait absolument à la demande. Elle prétendait, par exemple, qu'elle ne voyait pas l'utilité de l'hôpital à créer, ou bien que ses moyens financiers ne lui

(1) *Trav. prép.*, p. 366.

(2) *Trav. prép.*, p. 383.

permettaient pas d'y contribuer ; ou bien encore le conseil municipal avait donné à ses délégués, comme mandat, de se refuser absolument à toute entreprise de ce genre. Cependant, la majorité des voix des deux autres communes l'emportant, la création de l'établissement était votée, et cette décision devenait exécutoire après l'approbation de l'autorité supérieure. C'était la négation complète et absolue du droit des communes tel que nous le comprenons à présent. » (1).

En conséquence, il proposait de remplacer les articles du projet primitif par d'autres dispositions, empruntées à la loi du 10 août 1871 sur les conseils généraux, et relatives à l'organisation des conférences que ces assemblées départementales peuvent organiser entre elles sur des questions d'intérêt commun (2).

Et c'est ainsi que le Sénat vota, sans autre discussion, les textes qui forment les articles 116, 117 et 118 de la loi municipale, et que nous reproduisons ici :

ART. 116. — Deux ou plusieurs conseils municipaux peuvent provoquer entre eux, par l'entremise de leurs présidents et après en avoir averti les préfets, une entente sur les objets d'utilité communale compris dans leurs attributions, et qui intéressent à la fois leurs communes respectives.

Ils peuvent faire des conventions à l'effet d'entreprendre ou de conserver à frais communs des ouvrages ou des institutions d'utilité commune.

ART. 117. — Les questions d'intérêt commun seront débattues dans des conférences où chaque conseil municipal sera représenté par une commission spéciale nommée à cet effet et composée de trois membres nommés au scrutin secret.

(1) La commission du Sénat paraît également avoir été effrayée par la crainte que ce projet d'associations de communes ne fût un premier pas, un acheminement vers l'organisation cantonale, à laquelle elle était opposée.

(2) Loi du 10 août 1871, titre VII, Des intérêts communs à plusieurs départements :

ART. 89. — Deux ou plusieurs conseils généraux peuvent provoquer entre eux, par l'entremise de leurs présidents et après en avoir averti les préfets, une entente sur les objets d'utilité départementale compris dans leurs attributions et qui intéressent à la fois leurs départements respectifs. — Ils peuvent faire des conventions, à l'effet d'entreprendre ou de conserver à frais communs des ouvrages ou des institutions d'utilité commune.

ART. 90. — Les questions d'intérêt commun seront débattues dans des conférences où chaque conseil général sera représenté, soit par sa commission départementale, soit par une commission spéciale nommée à cet effet. — Les préfets des départements intéressés pourront toujours assister à ces conférences. — Les décisions qui y seront prises ne seront exécutoires qu'après avoir été ratifiées par tous les conseils généraux intéressés, et sous les réserves énoncées aux art. 47 et 49 de la présente loi.

ART. 91. — Si des questions autres que celles que prévoit l'art. 89 étaient mises en discussion, le préfet du département où la conférence a lieu déclarerait la réunion dissoute. — Toute délibération prise après cette déclaration donnerait lieu à l'application des dispositions et pénalités énoncées à l'art. 34 de la présente loi.

Les préfets et les sous-préfets des départements et arrondissements comprenant les communes intéressées pourront toujours assister à ces conférences.

Les décisions qui y seront prises ne seront exécutoires qu'après avoir été ratifiées par tous les conseils municipaux intéressés, et sous les réserves énoncées au chapitre III du titre IV de la présente loi.

ART. 118. — Si des questions autres que celles que prévoit l'art. 116 étaient mises en discussion, le préfet du département où la conférence a lieu déclarerait la réunion dissoute.

Toute délibération prise après cette déclaration donnerait lieu à l'application des dispositions et des pénalités énoncées à l'art. 34 de la loi du 10 août 1871.

Plus tard, lors de la deuxième lecture, dans la séance du 15 mars 1884 (1), le rapporteur, M. Demôle, fit remarquer que ces dispositions étaient insuffisantes et qu'il y avait des cas où elles ne répondaient pas aux intérêts engagés, et, s'appropriant divers amendements déposés par MM. Marcel Barthe, Dupré et La Caze, il proposa au Sénat d'introduire dans la loi municipale un titre V, relatif aux « biens et droits indivis entre plusieurs communes ».

Ce titre a passé également dans la loi du 5 avril 1884, et comprend les art. 161, 162 et 163 :

ART. 161. — Lorsque plusieurs communes possèdent des biens ou des droits indivis, un décret du Président de la République instituera, si l'une d'elles le réclame, une commission syndicale composée de délégués de conseils municipaux des communes intéressées.

Chacun des conseils élira dans son sein, au scrutin secret, le nombre de délégués qui aura été déterminé par le décret du Président de la République.

La commission syndicale sera présidée par un syndic élu par les délégués et pris parmi eux. Elle sera renouvelée après chaque renouvellement des conseils municipaux.

Les délibérations sont soumises à toutes les règles établies pour les délibérations des conseils municipaux.

ART. 162. — Les attributions de la commission syndicale et de son président comprennent l'administration des biens et droits indivis, et l'exécution des travaux qui s'y rattachent.

Ces attributions sont les mêmes que celles des conseils municipaux et des maires en pareille matière.

Mais les ventes, échanges, partages, acquisitions, transactions, demeurent réservés aux conseils municipaux, qui pourront autoriser le président de la commission à passer les actes qui y sont relatifs.

ART. 163. — La répartition des dépenses votées par la commission syndicale est faite entre les communes intéressées par les conseils municipaux.

(1) *Trav. prép.*, p. 583.

Leurs délibérations seront soumises à l'approbation du préfet.

En cas de désaccord entre les conseils municipaux, le préfet prononcera, sur l'avis du conseil général, ou, dans l'intervalle des sessions, de la commission départementale. Si les conseils municipaux appartiennent à des départements différents, il sera statué par décret.

La part de la dépense définitivement assignée à chaque commune sera portée d'office aux budgets respectifs, conformément à l'art. 149 de la présente loi.

En résumé, la loi du 5 avril 1884 permettait aux conseils municipaux des communes de se réunir et de se concerter dans deux cas: pour s'occuper de l'administration des biens indivis (art. 161 à 163) et pour s'entendre sur certains objets d'utilité intercommunale (art. 116 à 118).

Dans le premier cas, la nouvelle loi municipale ne faisait guère que reproduire les dispositions contenues dans la loi du 18 juillet 1837 (art. 70 et 71).

Quant à l'organisation des conférences intercommunales, c'était assurément une mesure nouvelle dans notre droit. Mais l'innovation était-elle très heureuse et pouvait-elle remplir le but dans lequel on l'avait établie?

M. Ducrocq le pensait. « C'est là, disait-il (1), un progrès certain, et il serait injuste d'accuser tout d'abord la loi d'impuissance sur ce point. N'est-ce donc rien que de permettre aux conseils municipaux de deux ou plusieurs communes de provoquer entre eux une entente sur les objets d'utilité communale compris dans leurs attributions? De leur permettre de débattre ces questions d'intérêt commun dans des conférences où chaque conseil municipal sera représenté par une commission de trois membres? Cette heureuse innovation ne donne-t-elle pas satisfaction aux intérêts intercommunaux? Puisque l'art. 116, § 2, dit expressément que les conseils municipaux peuvent faire des conventions à l'effet d'entreprendre ou de conserver à frais communs des ouvrages ou des institutions d'utilité commune, n'est-ce pas l'union, l'association des communes intéressées dans tout ce qu'elle a de compatible avec le respect de l'unité communale? Sans doute, l'art. 117, § 3, dispose que les décisions prises ne seront exécutoires qu'après avoir été ratifiées par tous les conseils municipaux intéressés, mais cette disposition est la sauvegarde des franchises communales dont l'union ou l'association absolue serait l'anéantissement. »

M. de Crisenoy, au contraire, estimait que le législateur de 1884 avait fait fausse route, et, à l'appui de son opinion, il montrait que

(1) *Op. et loc. cit.*

les conférences interdépartementales, dont on avait emprunté le mécanisme pour organiser les conférences intercommunales, n'avaient pas, il s'en fallait de beaucoup, répondu aux nécessités de l'administration départementale, et que, notamment, elles n'avaient pas permis de créer, depuis quinze ans, un seul établissement interdépartemental, alors même que l'utilité en était le plus vivement ressentie.

« Et, disait-il (1), il est facile de comprendre pourquoi. Les conférences interdépartementales suffisent parfaitement, lorsqu'il s'agit de se concerter sur des entreprises ayant un objet commun et pouvant s'effectuer par portions isolées sur le territoire de chacun des départements intéressés, comme des chemins de fer, des canaux d'irrigation, ou bien des opérations financières comme le rachat des ponts à péage ; chaque année, il se tient très utilement un certain nombre de ces conférences. Mais il en est autrement lorsqu'on se propose de créer en commun une institution qui exigerait avant tout la constitution d'une propriété indivise et d'une administration commune pour gérer cette propriété. Or, aucun article de loi n'autorise les départements à créer la première ni à constituer la seconde. La loi dit, au contraire, que le préfet est le seul représentant actif du département, et il va de soi que des préfets ne peuvent se réunir en comité pour former une administration interdépartementale. Là est l'obstacle, et il est insurmontable. »

Il citait même plusieurs exemples.

« Il existe, disait-il, à Nancy une institution de sourds-muets, fondée en 1824, et qui rend de grands services à toute la région de l'Est. L'homme de bien qui l'avait créée et qui avait su en faire un établissement de premier ordre, se préoccupant de ce que deviendrait son œuvre après lui, aurait désiré en faire un établissement public en le cédant, soit à l'Etat, soit au département. L'Etat hésita à accepter cette charge nouvelle ; quant au département de Meurthe-et-Moselle, il était disposé à traiter l'affaire, mais à la condition que les départements de la région s'associassent à lui. Des pourparlers s'engagèrent dans ce but, je crois même qu'une commission interdépartementale se réunit, et l'on proposa à Meurthe-et-Moselle d'acquérir l'établissement auquel ses voisins s'engageraient à envoyer un minimum de pensionnaires moyennant un prix de journée déterminé ; mais le conseil général aurait voulu partager la dépense qu'il trouvait trop lourde pour son budget, et cette solution n'étant pas

(1) *Op. cit.*, p. 131.

possible, les choses restèrent en suspens. Le fondateur est mort il y a quelques mois, sans avoir eu la satisfaction d'avoir vu l'avenir de son œuvre assuré. »

Il rapportait encore qu'en 1884, les conseils généraux de l'Allier, de la Creuse, du Puy-de-Dôme et de la Haute-Vienne, ayant voulu créer un asile interdépartemental d'incurables, des délégués se réunirent à deux reprises en conférence interdépartementale, mais sans pouvoir rien arrêter, aucun département n'ayant voulu se charger de créer l'établissement à lui seul au profit des autres. En dernier lieu, on négociait avec les hospices de Clermont pour obtenir qu'ils se chargeassent de l'opération, sous la condition que chacun des départements intéressés assurât pour une part le service de l'emprunt contracté à cet effet, et ensuite des dépenses de l'exploitation, solution très compliquée et presque irréalisable.

« Enfin, ajoutait-il, les départements de l'Oise, de Seine-et-Marne et de Seine-et-Oise, qui voulaient créer un asile d'aliénés interdépartemental dans l'établissement de Clermont, appartenant à M. Labitte, n'ont pu réaliser ce projet. Il a fallu que l'Oise acquît seul l'établissement au prix de quatre millions, et les deux autres départements se sont engagés pour cinq ans à y envoyer leurs malades et à partager les frais. L'Oise a fait là une opération très lourde et, probablement, désavantageuse. »

« Si donc, disait-il en terminant, l'impossibilité de s'associer paralyse à ce point l'action des départements, qui disposent cependant de grandes ressources et sont mieux en situation de se suffire à eux-mêmes, on comprend que cet état de choses soit autrement préjudiciable pour les communes, et surtout pour les petites communes. »

Et il concluait qu'il était nécessaire, indispensable, d'autoriser les communes à s'associer, à se syndiquer librement, suivant leurs besoins, et de poser les principes fondamentaux de ces associations.

« Cette innovation serait d'abord, disait-il, le seul remède efficace et possible à l'état d'émiettement des communes; elle faciliterait en outre la solution vainement cherchée jusqu'ici, de certains problèmes touchant à l'administration générale, des problèmes d'assistance, par exemple, dont les embarras vont sans cesse croissant. Elle produirait, enfin, un bienfait d'une liberté plus haute, celui de multiplier partout les éléments de la vie locale, et, comme conséquence, de développer chez nous les mœurs, l'esprit du *self government* qui ne nous font que trop défaut et sans lesquels il ne saurait y avoir de vraie et de durable liberté pour un pays. » (1).

La réforme, si ardemment désirée par M. de Crisenoy en 1886, est aujourd'hui accomplie.

En effet, le 5 juin 1888 (2) le Gouvernement a déposé sur le bureau de la Chambre des députés un projet de loi sur les syndicats de communes.

Dans l'exposé des motifs qui accompagnait ce projet (3), après avoir rappelé qu'il y avait en France une multitude de petites communes trop faibles pour vivre, pour agir et résister ; qu'ainsi les ressources, trop disséminées, s'usaient sans produire, et que le mouvement national perdait une partie de ses forces, — le ministre de l'Intérieur, M. Floquet, montrait qu'aucune des nombreuses tentatives d'organisation cantonale n'avait pu aboutir.

« Ou bien l'on créait un organisme trop puissant qui blessait profondément l'esprit municipal en absorbant les communes au profit de cette division territoriale absolument factice, improvisée par le législateur de 1789 comme une sorte de sectionnement électoral pour la nomination des administrations de district, et formée arbitrairement de surfaces d'environ quatre lieues carrées (loi du 22 décembre 1789) ; — ou bien l'on poussait le goût de la décentralisation jusqu'à décentraliser le département lui-même, au grand détriment de notre système politique ; — ou bien, encore, on se contentait d'une apparence, en réunissant au chef-lieu de canton une assemblée sans attributions, reflet affaibli des conseils d'arrondissement. »

Le ministre faisait ensuite observer que le droit accordé aux communes par la loi du 5 avril 1884, de se réunir dans des conférences intercommunales, ne pouvait donner des résultats satisfaisants.

(1) « Dans la critique présentée des conférences intercommunales, dit au contraire M. Ducrocq (*op. cit.*, p. 195), tous les exemples cités sont empruntés à l'administration départementale. Pourquoi donc, alors, ne pas commencer par demander les associations départementales ? Il est moins dangereux de faire des expériences administratives avec 86 unités qu'avec 36,000. La loi sur les conseils généraux du 10 août 1871 a pour elle quinze ans d'expérience, et l'on ne peut savoir encore tout ce que donnera la loi municipale de 1884. Il est logique, enfin, de commencer par le département et de finir par la commune. Que l'on commence donc par demander l'association des départements, avant de vouloir associer les communes. Qu'il soit bien entendu, toutefois, que nous n'avons l'intention ni de préjuger la question pour le département, ni d'admettre que toute chose possible dans le département le soit dans la commune. »

(2) *Journal officiel* du 6 juin.

(3) Ce rapport a été inséré au *Journal officiel* du 25 juillet 1888, annexes de la Chambre des députés, p. 714 et suiv.

« L'expérience, disait-il, a démontré l'insuffisance de ce système, et ces conférences n'ont pas donné les résultats qu'on en avait attendus. La raison de cette impuissance est évidente. L'art. 116 de la loi de 1884 dit bien que les conseils municipaux « peuvent faire des conventions à l'effet d'entreprendre et conserver à frais communs des ouvrages ou des institutions d'utilité commune » ; mais l'art. 117 ajoute que « les décisions prises ne sont exécutoires qu'après avoir été ratifiées par tous les conseils municipaux intéressés ». Il n'existe rien, en somme, en dehors des conseils municipaux ; il ne naît de leur accord aucune autorité nouvelle ayant pouvoir et responsabilité ; l'œuvre elle-même n'a pas d'existence propre. — Comment pourrait-elle, dans ces conditions, offrir des garanties de développement et de durée ? »

« Et cependant, ajoutait-il, sur bien des points du territoire on réclame l'organisation de services publics auxquels ni les départements, ni les communes ne peuvent pourvoir. L'assistance publique, dans les campagnes, existe à peine ; les bureaux de bienfaisance manquent à plus de 20,000 communes, et ne fonctionnent pas dans beaucoup d'autres ; hors les villes et quelques gros bourgs, le malade ne trouve pas d'hôpital ; le vieillard et l'incurable ne trouvent pas d'hospice. L'enseignement primaire supérieur, l'enseignement professionnel, industriel ou agricole, sont également le privilège des agglomérations urbaines, etc. — C'est pour toutes ces œuvres d'un haut intérêt social et principalement pour les œuvres d'assistance publique que les associations communales paraissent devoir être utiles. Nos communes rurales sont trop faibles, trop mal outillées, trop pauvres. Beaucoup d'entre elles, d'ailleurs, semblent n'en avoir pas encore senti le besoin. Mais si, dans certains départements, on n'y songe pas encore, dans un grand nombre d'autres des bonnes volontés sont prêtes pour ces œuvres collectives. Ne peut-on ouvrir le champ à ces généreuses initiatives, et donner à ceux qui sont prêts le droit de s'associer et les moyens d'agir ? »

En terminant, le ministre déclarait que le Gouvernement pouvait répondre affirmativement à cette question ; qu'il n'y avait aucun inconvénient administratif ou politique à autoriser la formation d'associations spontanées entre des communes limitrophes pour des œuvres déterminées d'intérêt collectif ; et, en conséquence, il proposait au Parlement de reprendre l'étude des associations de communes au point où elle était restée en 1884.

Voici quelles étaient les principales idées, les dispositions fondamentales du projet de loi qui était soumis aux délibérations de la Chambre des députés.

Tout d'abord les associations des communes étaient facultatives.

« Il faut se méfier, lit-on dans l'exposé des motifs, des institutions oiseuses, car elles discréditent les institutions utiles; il ne faut réunir des hommes que lorsqu'ils ont quelque chose à faire, que lorsqu'ils ont des droits à exercer et des attributions à remplir. Nous n'imposons donc jamais l'association, nous l'autorisons dès qu'elle veut naître; nous créons l'organe dès que la conscience du besoin a été affirmée et dans la limite nécessaire pour pourvoir à ce besoin. Nous donnons ainsi satisfaction à tout intérêt sérieux, en rassurant complètement les esprits qui craignent pour l'indépendance des communes. »

Le moyen est-il bon pour atteindre le but que l'on vise, et peut-on espérer ainsi rencontrer le concours de volonté des communes intéressées?

Rien n'est moins certain. M. Goblet avait nettement indiqué les raisons de douter dans un discours qu'il prononça devant la Chambre des députés (1).

« On veut, disait-il, que les communes puissent grouper leurs forces et leurs ressources pour certains intérêts d'ordre supérieur. Mais le groupement facultatif ne remplit pas le but, parce que jamais les communes riches ne consentiront à s'associer avec les communes pauvres, les gros budgets avec les petits. On ne donne aux petites communes qui ont des ressources insuffisantes qu'une faculté absolument illusoire, et c'est pour elles que le groupement des forces et des ressources est le plus nécessaire. Qu'on le remarque bien, il ne s'agit pas ici d'un intérêt qui concerne seulement une ou plusieurs communes d'un canton, comme lorsqu'il s'agit de la gestion d'un bien indivis. La création d'un établissement hospitalier, d'une école primaire supérieure, même la voirie dans certains cas, concernent au même degré les communes du canton. Et du moment où il ne s'agit pas d'un intérêt local, accidentel, mais d'un intérêt public et général, le principe de la solidarité veut que toutes les communes intéressées contribuent à la satisfaction de cet intérêt. Or, cette contribution, vous ne l'obtiendrez qu'à la condition qu'elle soit obligatoire. »

Et plus loin, il faisait encore remarquer que le système des associations facultatives n'ajoutait rien à ce qui existait déjà.

(1) Séance du 29 octobre 1883. (*Trav. prép.*, loi du 5 avril 1884, p. 215.)

« En effet, disait-il, aux termes des art. 70 et suivants de la loi du 18 juillet 1837 (comme d'après les art. 116 et suivants de la loi du 5 avril 1884), les communes, même de départements différents, et à plus forte raison celles d'un même canton, sont autorisées à se syndiquer pour l'exécution d'un travail commun. Or, l'établissement d'un hôpital, par exemple, la création d'écoles primaires supérieures, c'est bien là un travail commun, et dès aujourd'hui des communes pourraient, en vertu de ces dispositions antérieures, se syndiquer pour cet objet. Elles ne le font pas : pourquoi? C'est parce que vous n'obtiendrez jamais qu'une commune riche se syndique volontairement avec une commune pauvre; vous n'obtiendrez jamais qu'une commune qui a un gros budget fasse des dépenses qui profiteront, proportionnellement au nombre de ses habitants, à une commune qui n'aura pu contribuer, faute de ressources, à ces dépenses. Vous n'obtiendrez donc pas la contribution facultative. Il n'y a qu'un moyen d'obtenir que cet intérêt d'ordre général soit satisfait dans le canton : c'est de l'imposer aux finances du canton. » (1).

En deuxième lieu, ces associations ne formaient pas, entre le département et la commune, un groupe ayant comme eux toute la charge d'une administration générale et pouvant prétendre à l'existence politique. Elles étaient instituées dans un but strictement déterminé, et ne pouvaient s'occuper d'autres objets que ceux en vue desquels elles avaient été formées ; mais, étant donné l'impossibilité de prévoir à l'avance tous les cas où le besoin d'une association pourrait se faire sentir, le projet ne les énumérait pas d'une façon limitative ; il se bornait à citer quelques exemples et laissait à l'acte même de constitution du syndicat le soin de les préciser.

« Nous considérons, dit l'exposé des motifs, non comme un inconvénient, mais comme un avantage, l'hypothèse d'associations intercommunales ayant, suivant les régions et les départements, des objets très divers, créées ici pour l'organisation d'un système de secours à domicile ou pour la création d'un hospice, là pour le développement de l'enseignement agricole ou de l'enseignement primaire supérieur, ailleurs pour la formation et l'entretien d'un réseau de voies d'intérêt collectif, ailleurs encore pour l'institution d'un musée ou d'une bibliothèque, etc., etc. C'est à ces expériences diverses

(1) De son côté, M. Ducrocq (*op. cit.*, p. 194) ne compte guère sur l'efficacité de ce système. — « On se rabat aujourd'hui, dit-il, comme un pis-aller, sur les associations purement facultatives ; mais il faut remarquer qu'en 1883-1884, les partisans de l'innovation ont eux-mêmes considéré cette face de la question comme si peu pratique qu'ils n'ont produit aucun amendement dans ce sens ni à la Chambre, ni au Sénat. »

que se formera le plus rapidement l'esprit public, et c'est en s'appliquant à des entreprises limitées que les initiatives locales se développeront et deviendront chaque jour plus énergiques, plus conscientes de leur force et plus fécondes. »

Et il ajoutait :

« A ceux qui craindraient que de cette liberté d'action vînt à naître quelque confusion de pouvoirs ou d'attributions, le projet de loi donne une double garantie : 1° Les objets sur lesquels s'exercera l'activité intercommunale sont déterminés par le décret de constitution du syndicat. Le Gouvernement ne pense pas qu'il soit nécessaire de limiter par la loi les objets pour lesquels les associations de communes pourront se former. Cette limitation risquerait fort d'être incomplète et d'entraver, par conséquent, des entreprises utiles. Le décret et l'intervention du conseil d'Etat suffisent. — 2° L'association ne pourra s'occuper d'autres objets que de ceux pour lesquels les délibérations concordantes des communes intéressées l'auront formée. Tout acte par lequel le conseil intercommunal aura excédé ses attributions ainsi limitées sera donc nul de plein droit, et tout empiètement lui sera impossible sur les pouvoirs départementaux et communaux. »

En troisième lieu, le syndicat, une fois régulièrement créé par un décret rendu en conseil d'Etat, jouissait de la personnalité civile ; il pouvait donc acquérir à titre onéreux ou à titre gratuit, ester en justice, etc. — « Il n'est pas besoin d'insister sur ce point ; c'est la condition même de l'expérience, c'est le seul moyen de faire vivre et se développer les institutions qui sont l'objet du projet de loi. » (1).

De plus, l'association avait un budget. Pour en déterminer les ressources, on avait essayé de se guider sur les différents procédés adoptés par les auteurs des projets d'organisation cantonale que nous avons énumérés.

Ainsi, l'exposé des motifs montrait que, dans un premier système, on proposait de permettre au conseil cantonal de voter des centimes additionnels, mais seulement avec l'assentiment de toutes les communes du canton (2) ; que, dans un autre, le budget cantonal devait être formé par un prélèvement sur les impôts établis au profit des communes (3) ; et qu'enfin, un troisième système consistait à attribuer aux cantons une part dans un impôt d'Etat.

(1) Exposé des motifs précité.

(2) En ce sens : Projet de 1870, repris l'année suivante par M. Waddington.

(3) En ce sens : Projet de M. Goblet, du 20 mai 1882.

Mais il ajoutait qu'on avait dû écarter toutes ces combinaisons : la première, dans la prévision que l'assentiment requis aurait fait généralement défaut et que la faculté donnée au conseil cantonal serait restée presque toujours lettre morte ; — la seconde, par crainte des résistances, des protestations qu'aurait soulevées, dans nos petites communes, une contribution de ce genre, levée d'office sur le budget municipal déjà si pauvre, et pour le fonctionnement d'une œuvre à laquelle elles n'auraient pas consenti et dont l'utilité aurait été souvent contestée par elles ; — la troisième, enfin, parce que la situation générale de nos finances n'aurait pas permis de l'adopter, et surtout parce que les intérêts locaux doivent trouver en principe leur satisfaction dans leurs ressources locales, sans toujours compter sur le concours de l'Etat. « C'est aux populations, disait le rapporteur, qui profitent d'un service public à en supporter d'abord les charges. Nous n'entendons pas, bien entendu, proscrire absolument l'intervention de l'Etat, pas plus que celle du département, dans les œuvres d'intérêt intercommunal ; mais c'est à titre exceptionnel, dans des conditions spéciales et déterminées que, suivant nous, des subventions pourraient être accordées. Ce ne doit pas être là la ressource normale du budget des associations. »

Finalement, on avait décidé que l'élément principal du budget de l'association serait la contribution obligatoire des communes associées ; que cette contribution serait déterminée par les nécessités du service commun tel que les délibérations des conseils municipaux l'auraient elles-mêmes défini, tel que le comité intercommunal l'aurait organisé ; et qu'il n'y aurait pas de taxes ni d'impositions intercommunales ou cantonales.

Voici comment le rapporteur expliquait cette combinaison :

« A nos yeux, disait-il, l'association intercommunale ne doit pas pouvoir frapper directement des impositions sur le contribuable. Elle n'est pas, en effet, comme la commune ou le département, une société politique véritable ; elle n'a pas d'attributions étendues, elle n'est qu'une société formée entre les communes pour l'exécution d'une œuvre déterminée. Le conseil qui la régit n'émane pas, d'ailleurs, du suffrage universel : il n'est qu'une sorte de conseil d'administration où les associés sont représentés. Pour tous ces motifs, il serait contraire aux principes fondamentaux de notre droit public que le droit souverain de lever un impôt leur fût délégué. — Société de droit commun, c'est à ses associés seulement, c'est-à-dire en fait aux communes intéressées, qu'elle peut demander les fonds nécessaires à son fonctionnement. Et si, comme nous l'avons dit, ce concours est pour les communes une dette obligatoire, il importe de remarquer que nous n'ajoutons pas, de ce chef, une « dépense obligatoire » à celles qu'énumère la loi municipale. L'obligation ici ne résulte pas d'une décision de la loi, c'est une obligation purement contractuelle, une dette de droit commun, dont le montant est déterminé par l'engagement même des communes contractantes, et l'autorité administrative n'aura à intervenir que pour vérifier, en réglant le budget, si les dépenses projetées et les sommes réclamées par suite aux communes sont bien conformes aux nécessités du service commun, défini par les délibérations qui lui auront donné naissance et par le décret qui l'aura constitué. Les communes associées s'acquitteront de leur dette au moyen de leurs ressources ordinaires ou extraordinaires disponibles; elles pourront, en outre, y affecter 5 centimes spéciaux. »

Enfin, en dernier lieu, l'association devait être administrée par un conseil où seraient représentées toutes les communes associées; et ce conseil n'avait d'autres pouvoirs que ceux nécessaires au fonctionnement de l'œuvre commune.

« Nous n'avons pas à insister, disait le rapporteur, sur le fonctionnement de cette assemblée : le caractère que nous donnons à cette association explique à l'avance que les conseils municipaux n'auront à redouter aucun empiètement dans les affaires municipales. Le mode de représentation des communes dans le conseil intercommunal peut être discuté. Plusieurs des projets sur l'organisation cantonale composent cette assemblée de délégués des communes élus par les conseils municipaux; d'autres la forment des maires des communes. Nous avons pensé qu'il n'y avait lieu ni d'exclure les maires du comité intercommunal, ni de les y introduire de droit; chaque conseil municipal élira deux délégués choisis parmi les électeurs municipaux de la commune; le comité pourrait ne pas être assez nombreux si chaque commune n'y envoyait qu'un seul représentant. Si, cependant, les communes intéressées se mettaient d'accord pour une représentation différente, nous ne verrions pas de raison pour nous y opposer. Plusieurs projets donnent enfin au conseiller général du canton la présidence de l'assemblée cantonale. Ne créant pas une organisation cantonale, nous n'avons pas vu de raison de donner ici un rôle au conseiller général. »

Tel était, dans ses grandes lignes, le projet de loi sur les syndicats de communes déposé par le Gouvernement.

Or, ce système qui n'était en réalité que la mise en pratique des idées émises en 1886 par M. de Crisenoy devant la société de statistique de Paris (1), avait été, dès la même époque et dans les mêmes circonstances, vivement combattu par M. Ducrocq (2).

Cet auteur lui faisait plusieurs objections.

« Tout d'abord, disait-il (3), dans l'organisation de notre administration locale, bien remarquable, quoi qu'on en dise, par sa simplicité et sa clarté, c'est certainement une chose grave que d'introduire un organisme nouveau. Si l'argument est bon pour écarter les propositions d'organisation cantonale, il ne peut cesser de l'être lorsqu'il s'agit des associations de communes proposées ; et il n'est pas juste de rejeter cette objection, en la représentant comme la condamnation par avance de tout progrès. Le reproche ne nous atteindrait pas seul ; et, l'esprit très ouvert aux idées véritablement progressives, nous nous refusons seulement à confondre deux choses fort différentes : le changement et le progrès. »

« D'autre part, ajoutait-il, il est manifeste que si la surveillance et le contrôle de 36,097 communes est une tâche incontestablement lourde et difficile pour l'administration supérieure, les difficultés s'accroîtraient singulièrement si, à ce contrôle, s'ajoutait celui des associations de communes. Pour celles-ci, les difficultés de la surveillance et du contrôle seraient bien plus grandes que pour l'unité cantonale, car les associations de communes ne correspondraient à aucune division territoriale. Pouvant varier à l'infini pour chaque commune, de canton à canton, d'arrondissement à arrondissement, de département à département, elles présenteraient bientôt pour l'administration et la comptabilité, si elles se généralisaient, un véritable chaos. On redoute le trouble et le désordre que pourraient jeter dans l'administration les suppressions de petites communes, ces suppressions prudentes et successives que nous souhaitons, telles qu'elles ont été déjà pratiquées en France et en Italie. Nous sommes surpris que l'idée des associations de communes, si elle venait à se généraliser, ne suggère, au contraire, aucune appréhension au point de vue de l'ordre administratif et financier, même sans parler de l'ordre politique. L'expérience est cependant faite que l'on peut, sans secousse et sans violence, supprimer de petites communes, et surtout n'en plus créer, sans jeter le désordre dans le pays ; tandis que l'expérience des associations de communes est tout entière à faire, d'une part, et que, d'autre part, les considérations que nous produisons montrent les inconvénients, sinon les dangers d'une pa-

(1) *Journal de la société de statistique de Paris*, année 1886, p. 121 et suiv.

(2) *Même journal*, 1886, p. 180 et suiv.

(3) *Op. cit.*, p. 192.

reille épreuve. Suivant nous, le désordre dans l'administration locale et dans les finances communales ne tarderait pas à être la conséquence de l'institution nouvelle, indépendamment de la tentation donnée aux communes, administrativement associées, d'étendre leur association au-delà des limites voulues et de s'associer aussi politiquement. Nul n'ignore que ce droit politique a été revendiqué pour elles et l'usage qui en fut fait jadis. »

M. Ducrocq soutenait encore que, « obligatoire ou facultative, l'association de communes était une atteinte au droit communal, au lieu d'en être un développement libéral et de constituer un progrès ».

Il montrait également que, en dehors des dispositions contenues dans la loi du 5 avril 1884, il existait déjà des lois spéciales admettant divers groupements de communes, sans porter atteinte à l'unité communale.

« La loi du 21 mai 1836 sur les chemins vicinaux, disait-il (1), a créé une association *sui generis* entre les communes, d'un genre approprié à ce service. — Les lois sur l'enseignement primaire, en attendant que chaque commune puisse avoir ses écoles, ont pourvu aux moyens d'assurer aux enfants l'entrée des écoles d'une commune voisine. — Les lois relatives au culte ont fait de même. — Enfin, la loi du 7 août 1851 sur les hospices et hôpitaux, dans ses art. 3, 4 et 5, § 2, relatifs aux malades et incurables indigents des communes qui n'ont pas d'établissements hospitaliers, organise aussi une sorte d'association particulière d'assistance publique entre les communes. Ainsi, il ne serait pas exact de dire que le législateur français a négligé de pourvoir à ces graves intérêts, indépendamment de la facilité avec laquelle sont créés en France, soit les bureaux de bienfaisance communaux, soit les établissements d'utilité publique. »

Enfin, pour conclure, il ajoutait:

« C'est pour des objets d'enseignement, d'assistance, de voirie, que l'on demande la formation des associations de communes. Nous n'avons garde de dire qu'il ne puisse pas y avoir des améliorations à apporter à nos lois d'assistance, d'enseignement, de voirie. Mais c'est comme le législateur l'a fait jusqu'à ce jour qu'il convient de procéder par voie de modifications à apporter à ces lois spéciales. — Qu'importe? dira-t-on. Il importe beaucoup, parce que lorsqu'il s'agit de mesures relatives à l'assistance, à l'enseignement, à la voirie, elles sont mieux étudiées dans une loi spéciale que dans une loi générale, surtout dans une loi sur la prétendue nécessité

(1) *Op. cit.*, p. 197.

des associations de communes; parce que c'est surtout à propos de chacune de ces législations spéciales et distinctes qu'il convient de s'assurer des améliorations dont elle est susceptible; et, enfin, parce que ce déplacement même de la question posée constituerait une sauvegarde contre le retour aux dispositions générales et à toutes autres du même genre que le législateur de 1884 a sagement écartées du nouveau code municipal de la France. »

M. de Crisenoy, au contraire, s'efforçait de réfuter les arguments invoqués par M. Ducrocq.

« On se demande, disait-il (1), s'il n'y aurait pas un danger sérieux à permettre ainsi aux communes de s'associer, de créer des êtres collectifs possédant la personnalité civile, s'administrant eux-mêmes, et plus indépendants du Gouvernement que les communes mêmes dont ils seraient issus. Il semble voir ces associations surgir et se développer sur tous les points du territoire, venir se superposer en quelque sorte aux administrations locales, se substituant à elles, s'enchevêtrant les unes dans les autres sans avoir égard aux circonscriptions actuelles, de quoi il pourrait résulter, au bout d'un certain temps, de grands désordres, une sorte de chaos administratif dont on ne saurait plus comment se tirer. »

Mais, d'après lui, certaines considérations ramenaient ces objections à leur juste valeur.

« En premier lieu, disait-il, il existe actuellement un très grand nombre de groupes représentant des intérêts collectifs, dotés de la personnalité civile, s'administrant sans l'intervention d'aucun fonctionnaire de l'Etat. Tels sont les établissements hospitaliers au nombre de 1,700, près de 15,000 bureaux de bienfaisance, 7,000 sociétés de secours mutuels, sans compter les établissements d'utilité publique dont le nombre n'est pas connu. Beaucoup de ces établissements représentent des intérêts situés dans des cantons, dans des arrondissements, dans des départements différents. Il en est ainsi, notamment, pour les réunions de maladreries opérées par Louis XIV, pour les hospices créés en vertu de libéralités au profit de plusieurs communes. Il se fonde actuellement dans le Calvados un établissement ayant à la fois le caractère agricole et charitable, en vertu d'un legs fait au profit des départements comprenant l'ancienne province de Normandie. Toutes ces administrations fonctionnent avec un ordre parfait, et leur multiplicité n'a donné lieu à aucun embarras; il n'y a pas de motif pour qu'il en soit autrement de celles représentant des groupes de communes.

(1) *Op. cit.*, p. 132.

« Il n'est pas question, d'ailleurs, de les abandonner à elles-mêmes, sans contrôle ni surveillance... Des mesures sont indiquées pour rendre très effectif le contrôle de l'administration supérieure. On sera toujours à temps, du reste, de modifier les règles adoptées pour obvier aux inconvénients qui se révèleront dans l'application du système; mais en admettant même qu'il présente quelque chose d'entièrement nouveau, une part d'inconnu, est-ce en vérité une raison suffisante pour le repousser, et n'est-il pas grand temps de rompre avec ces habitudes d'extrême timidité qui apparaissent chaque fois qu'il est question de réaliser le moindre progrès dans le domaine d'administration? En fait de politique, on est d'une hardiesse qui va parfois jusqu'à la témérité, et dès qu'il s'agit d'administration, ce n'est qu'après toutes sortes d'hésitations, de précautions, d'atermoiements que l'on se hasarde à faire le plus petit pas en dehors des sentiers battus et des vieilles ornières. »

Il rappelait alors que des hommes d'Etat éminents avaient jadis dénoncé certaines réformes administratives bien modestes, bien inoffensives, comme pleines de dangers, comme devant infailliblement entraîner la ruine de nos institutions, peut-être de l'unité nationale ; — que ces réformes s'étaient accomplies et que, loin de les ébranler, elles avaient, de l'avis de tous, affermi nos institutions; — qu'on souriait aujourd'hui de ces frayeurs d'autrefois, mais qu'en même temps on en accueillait d'autres qui n'étaient pas mieux justifiées.

« Enfin, disait-il en terminant, il est souvent question des libertés communales dont quelques-uns réclament encore l'extension, mais ces libertés sont de diverses sortes, et il faudrait s'entendre avant tout sur celles qu'il convient de demander. Il y a d'abord celles qui se rapportent aux détails intérieurs de l'administration; par exemple, la faculté de voter un plus grand nombre de centimes, de prolonger la durée des impositions et des emprunts. Elles ont beaucoup moins d'importance qu'on ne le croit généralement, et n'en ont même aucune pour les communes rurales qui sont en grande majorité. Il y a peu d'intérêt à les étendre davantage. Il y a les libertés politiques, qui seraient un mauvais cadeau à faire aux communes. Il y en a d'autres qui constitueraient un progrès sérieux et très désirable, mais dont l'heure n'est pas encore venue. Tout bien considéré, de toutes les libertés qu'il est actuellement possible de revendiquer pour les communes, la plus utile, la plus nécessaire est, sans contredit, celle de pouvoir s'associer entre elles. C'est elle que, suivant moi, les vrais amis des libertés locales devraient réclamer avant tout et par-dessus tout. »

Quoi qu'il en soit, le projet du Gouvernement, après avoir passé successivement de la Chambre des députés au Sénat et du Sénat à la Chambre des députés (1), a été promulgué au *Journal officiel* du 27 mars 1890, sans avoir subi de modification importante, et forme aujourd'hui la loi du 22 mars 1890, sur les syndicats de communes.

Cette loi contient un article unique, par lequel il est ajouté à la loi du 5 avril 1884 un titre VIII, sur les syndicats de communes, ainsi conçu :

ART. 169.— Lorsque les conseils municipaux de deux ou de plusieurs communes d'un même département ou de départements limitrophes ont fait connaître, par des délibérations concordantes, leur volonté d'associer les communes qu'ils représentent en vue d'une œuvre d'utilité intercommunale, et qu'ils ont décidé de consacrer à cette œuvre des ressources suffisantes, les délibérations prises sont transmises par le préfet au ministre de l'Intérieur, et, s'il y a lieu, un décret rendu en conseil d'Etat autorise la création de l'association qui prend le nom de syndicat de communes.

D'autres communes que celles primitivement associées peuvent être admises, avec le consentement de celles-ci, à faire partie de l'association. Les délibérations prises à cet effet par les conseils municipaux de ces communes et des communes déjà syndiquées sont approuvées par décret simple.

ART. 170. — Les syndicats de communes sont des établissements publics investis de la personnalité civile.

Les lois et règlements concernant la tutelle des communes leur sont applicables.

Dans le cas où les communes syndiquées font partie de plusieurs départements, le syndicat ressortit à la préfecture du département auquel appartient la commune siège de l'association.

ART. 171. — Le syndicat est administré par un comité.

A moins de dispositions contraires, confirmées par le décret d'institution, ce comité est constitué d'après les règles suivantes :

Les membres sont élus par les conseils municipaux des communes intéressées.

Chaque commune est représentée dans le comité par deux délégués.

Le choix du conseil municipal peut porter sur tout citoyen réunissant les conditions requises pour faire partie d'un conseil municipal.

Les délégués sont élus au scrutin secret et à la majorité absolue ; si, après

(1) Dépôt du projet à la Chambre des députés, 5 juin 1888 (*Journ. offic.*, Doc. parl., n° 2743, p. 714). — Rapport de M. DOUMER, 7 juillet 1888 (*J. o.*, Doc. parl., n° 2899, p. 951). — Discussion et adoption, 22 janvier 1889 (*J. o.*, Déb. parl., p. 152). — Transmission au Sénat, 8 avril 1889 (*J. o.*, Doc. parl., n° 100, p. 169). — Rapport de M. LABICHE, 18 novembre 1889 (*J. o.*, Doc. parl., n° 2, p. 1). — Discussion et adoption, 3 et 17 décembre 1889 (*J. o.*, Déb. parl., p. 1166 et 1224). — Retour à la Chambre des députés, 8 février 1890 (*J. o.*, Doc. parl., n° 341). — Rapport de M. REINACH, 27 février 1890 (*J. o.*, Doc. parl., n° 396). — Adoption, 6 mars 1890 (*J. o.*, Déb. parl., p. 470).

deux tours de scrutin, aucun candidat n'a obtenu la majorité absolue, il est procédé à un troisième tour, et l'élection a lieu à la majorité relative. En cas d'égalité de suffrages, le plus âgé est déclaré élu.

Les délégués du conseil municipal suivent le sort de cette assemblée quant à la durée de leur mandat; mais en cas de suspension, de dissolution du conseil municipal ou de démission de tous les membres en exercice, ce mandat est continué jusqu'à la nomination des délégués par le nouveau conseil.

Les délégués sortants sont rééligibles.

En cas de vacance parmi les délégués, par suite de décès, démission ou toute autre cause, le conseil municipal pourvoit au remplacement dans le délai d'un mois.

Si un conseil, après mise en demeure du préfet, néglige ou refuse de nommer les délégués, le maire et le premier adjoint représentent la commune dans le comité du syndicat.

ART. 172. — La commune siège du syndicat est fixée par le décret d'institution, sur la proposition des communes syndiquées.

Les règles de la comptabilité des communes s'appliquent à la comptabilité des syndicats.

A moins de dispositions contraires, confirmées par le décret d'institution, les fonctions de receveur du syndicat sont exercées par le receveur municipal de la commune siège du syndicat.

ART. 173. — Le comité tient chaque année deux sessions ordinaires, un mois avant les sessions ordinaires du conseil général.

Il peut être convoqué extraordinairement par son président, qui devra avertir le préfet trois jours au moins avant la réunion.

Le président est obligé de convoquer le comité, soit sur l'invitation du préfet, soit sur la demande de la moitié au moins des membres du comité.

Le comité élit annuellement, parmi ses membres, les membres de son bureau.

Pour l'exécution de ses décisions, et pour ester en justice, le comité est représenté par son président, sous réserve des délégations facultatives autorisée par l'art. 7 (1).

Le préfet et le sous-préfet ont entrée dans le comité et sont toujours entendus quand ils le demandent. Ils peuvent se faire représenter par un délégué.

ART. 174. — Les conditions de validité des délibérations du comité, de l'ordre et de la tenue des séances, sauf en ce qui concerne la publicité, les conditions d'annulation de ses délibérations, de nullité de droit et de recours, sont celles que fixe la loi du 5 avril 1884 pour les conseils municipaux.

ART. 175. — Le comité du syndicat peut choisir, soit parmi ses membres, soit en dehors, une commission de surveillance et un ou plusieurs gérants. Il détermine l'étendue des mandats qu'il leur confère.

Les décisions prises en vertu du précédent paragraphe ne sont exécutoires qu'après approbation du préfet.

(1) Comme le fait remarquer M. DALLOZ (1890, 4, p. 106), c'est évidemment l'art. 175 qu'il faut lire, et non 7, ainsi que le porte le texte du *Journal officiel*. Le projet primitif était une loi spéciale; au Sénat, on en a fait un texte supplémentaire de la loi municipale, mais, dans cette transformation, on a omis de faire concorder le numérotage du renvoi.

La durée des pouvoirs de la commission de surveillance et des gérants ne peut dépasser celle des pouvoirs du comité.

Les gérants peuvent être révoqués dans les formes où ils ont été nommés.

Art. 176. — L'administration des établissements faisant l'objet des syndicats est soumise aux règles du droit commun. Leur sont notamment applicables les lois qui fixent, pour les établissements analogues, la constitution des commissions consultatives ou de surveillance, la composition ou la nomination du personnel, la formation et l'approbation des budgets, l'approbation des comptes, les règles d'administration intérieure et de comptabilité. Le comité exerce, à l'égard de ces établissements, les droits qui appartiennent aux conseils municipaux à l'égard des établissements communaux de même nature.

Toutefois, si le syndicat a pour objet de secourir des malades, des vieillards, des enfants ou des incurables, le comité pourra décider qu'une même commission administrera les secours, d'une part, à domicile, et, d'autre part, à l'hôpital ou à l'hospice.

Art. 177. — Le budget du syndicat pourvoit aux dépenses de création et d'entretien des établissements ou services pour lesquels le syndicat est constitué.

Les recettes de ce budget comprennent :

1° La contribution des communes associées. Cette contribution est obligatoire pour les dites communes pendant la durée de l'association et dans la limite des nécessités du service, telle que les délibérations initiales des conseils municipaux l'ont déterminée.

Les communes associées pourront affecter à cette dépense leurs ressources ordinaires ou extraordinaires disponibles.

Elles sont, en outre, autorisées à voter, à cet effet, cinq centimes spéciaux ;

2° Le revenu des biens, meubles ou immeubles, de l'association ;

3° Les sommes qu'elle reçoit des administrations publiques, des associations, des particuliers, en échange d'un service rendu ;

4° Les subventions de l'Etat, du département et des communes ;

5° Les produits des dons et legs.

Copie de ce budget et des comptes du syndicat sera adressée chaque année aux conseils municipaux des communes syndiquées.

Les conseillers municipaux de ces communes pourront prendre communication des procès-verbaux des délibérations du comité et de la commission de surveillance.

Art. 178. — Le syndicat peut organiser des services intercommunaux autres que ceux prévus au décret d'institution, lorsque les conseils municipaux des communes associées se sont mis d'accord pour ajouter ces services aux objets de l'association primitive. L'extension des attributions du syndicat doit être autorisée par décret rendu dans la même forme que le décret d'institution.

Art. 179. — Le syndicat est formé, soit à perpétuité, soit pour une durée déterminée par le décret d'institution.

Il est dissous, soit de plein droit par l'expiration du temps pour lequel il a été formé, ou par la consommation de l'opération qu'il avait pour objet, soit par le consentement de tous les conseils municipaux intéressés. Il peut être dissous, soit par décret, sur la demande motivée de la majorité des dits conseils, soit d'office, par un décret rendu sur l'avis conforme du conseil d'Etat.

Le décret de dissolution détermine, sous la réserve des droits des tiers, les conditions dans lesquelles s'opère la liquidation du syndicat.

ART. 180. — Les dispositions du présent titre sont applicables, dans les conditions et sous les réserves contenues dans les art. 164, 165 et 166 de la loi du 5 avril 1884 :

1° Aux communes de plein exercice de l'Algérie ;

2° Aux colonies de la Réunion, de la Martinique et de la Guadeloupe.

Dans une circulaire en date du 10 août 1890 (1), le ministre de l'Intérieur, après avoir présenté aux préfets des observations générales sur le sens et la portée de cette loi, leur fait remarquer qu'un rôle important leur est réservé dans son application.

« En vous conférant le droit d'assister aux séances du comité, dit-il, de le faire convoquer extraordinairement, en appliquant, d'autre part, à ses délibérations les règles auxquelles sont soumises les délibérations des conseils municipaux, le législateur vous a confié la double mission de tuteur et de conseil. Mais votre action peut être plus efficace encore en contribuant à répandre une innovation qui correspond à l'une des tendances les plus marquées et les plus fécondes de notre temps : l'esprit d'association. Vous aurez souvent à prendre l'initiative de la création de nouveaux syndicats, à en suggérer même l'idée aux citoyens dévoués à la chose publique. Le Gouvernement vous saura gré d'agir dans ce sens et de faire connaître à vos administrés les facilités nouvelles mises à leur portée. »

Comme on le voit, l'innovation est importante. Donnera-t-elle tous les résultats qu'on en attend et arrivera-t-on ainsi, mieux que par les suppressions de communes, à remédier aux inconvénients qui résultent de la multiplicité de ces petites municipalités besoigneuses, qui sont une des plaies de notre organisation administrative ? — N'est-il pas à craindre, au contraire, que, confiants dans l'efficacité des associations, le Gouvernement et le législateur se laissent aller désormais à diviser sans scrupules les communes qui en feront la demande, et négligent de supprimer celles qui n'ont de tel que le nom ? C'est l'avenir qui se charge de le montrer.

Nous nous bornerons à faire remarquer qu'il ne semble pas que les communes aient mis jusqu'ici un grand empressement à user de la faculté que la nouvelle loi leur accorde.

Il résulte, en effet, d'un mémoire intitulé : *Les syndicats de communes et la loi du 22 mars 1890,* lu à l'Académie des sciences

(1) Insérée au *Bull. offic. min. Int.*, 1890, p. 249.

morales et politiques, dans sa séance du 7 mai 1892, par M. Ferdinand Dreyfus, ancien député, avocat à la Cour d'appel de Paris, que, à pareille époque, une seule association s'était formée (1). C'est un décret du 26 mars 1892 qui l'a instituée, en vue de la création d'un hospice intercommunal destiné à recevoir les vieillards indigents des communes de Pantin, Les Lilas et Le Pré-Saint-Gervais (Seine).

Depuis lors, un autre décret du 23 août 1892 (2) a constitué en syndicat les communes de Noves, Saint-Andéol, Verquières et Cabannes (Bouches-du-Rhône), à l'effet de construire et d'administrer un canal de dérivation des eaux de la Durance, destiné à l'irrigation de leur territoire.

Enfin, deux autres projets sont encore pendants devant le conseil d'Etat, qui ont pour but de créer : 1° un syndicat entre plusieurs communes de Seine-et-Oise, pour la concession d'un tramway allant de Maisons-Laffitte à Neuilly ; — et 2° un syndicat entre trois communes du Jura, pour fonder un bureau de bienfaisance intercommunal alimenté par une fondation.

Telles sont les considérations historiques, politiques, administratives et économiques qu'il ne faut jamais perdre de vue dans cette matière si compliquée et si délicate des changements de circonscriptions de communes, et que nous avons jugé utile de présenter avant d'exposer les règles de fond qui président à chacune de ces modifications territoriales.

Nous pouvons maintenant aborder cette étude et examiner successivement, à ce nouveau point de vue, les diverses hypothèses qui peuvent se présenter.

Mais auparavant, nous rappellerons qu'un principe domine tout notre sujet. En présentant le projet de loi qui est devenu la loi du 18 juillet 1837, le Gouvernement avait exprimé la pensée que les changements de circonscriptions communales ne devaient être autorisés que lorsque les circonstances les rendaient indispensables, lorsque le bien du service l'exigeait.

Cette règle fondamentale, qui a été souvent rappelée dans de nombreuses circulaires ministérielles ou décisions administratives, doit être considérée comme étant encore aujourd'hui la base de toute cette matière.

(1) *Journ. offic.* du 11 mai 1892, p. 2360. — *Bulletin des séances et travaux de l'Académie des sciences morales et politiques*, 1892, t. I, p. 752 à 770. — Conf. *Rev. gén. d'adm.*, 1892, t. II, p. 80. — *Journal des communes*, 1892, p. 289 et suiv.

(2) Voir *Rev. gén. d'adm.*, 1893, t. I, p. 82.

SECTION Ire

Erection de commune.

« Les demandes de création de communes, dit M. Gérard (1), se présentent généralement dans deux circonstances bien différentes.

« Primitivement, la famille serve s'est groupée autour des châteaux-forts qui la protégeaient contre les incursions et le pillage des bandes armées. A la fin du moyen âge, lorsque l'autorité royale renaissante eut rétabli l'ordre dans le pays, cette famille descendit des hauteurs vers la plaine et se groupa autour des riches monastères qui lui promettaient le travail et l'abondance. Partout où se trouvaient des landes à cultiver, des forêts à défricher, des marais à dessécher, on vit s'établir des familles rurales qui furent le noyau des paroisses et des communautés d'habitants.

« Aujourd'hui, les populations se sont cantonnées sur le sol de la France, elles en occupent toute l'étendue, il n'y a plus guère de place pour les villages agricoles. Mais l'industrie attire le capital et le travail moderne. Une industrie nouvelle s'établit sur le territoire d'une commune rurale ; quelques familles d'ouvriers se groupent autour d'elle ; cette population, peu considérable au début, reçoit dans son sein de nouvelles familles attirées par l'espoir du gain ; l'agglomération se forme, se sépare, à cause de la différence d'intérêts, de la commune rurale dont elle a emprunté une partie du territoire ; il importe à l'intérêt public de régulariser cette séparation, en accordant au groupe industriel l'individualité juridique...

« Mais dans la plupart des cas, les projets d'érection ne se rapportent pas à des agglomérations de ce genre. Il ne s'agit souvent que de sections de communes qui, dans le groupement historique des communautés d'habitants, n'ont pas été choisies comme chefs-lieux, soit à cause de leur situation excentrique, soit à cause de la faiblesse de leur population, et qui, par suite, n'ont pas été comprises dans les 44,000 municipalités créees par le décret de l'Assemblée constituante. Parfois encore, des communes qui, en vertu de ce décret, avaient conservé la personnalité juridique, l'ont perdue lors du grand travail de rectification qui s'est opéré de 1805 à 1850, en vue de la suppression de nombreuses petites communes, et sont

(1) *Op. cit.*, p. 149.

descendues à l'état de simples sections. Regrettant leur ancienne autonomie, elles poursuivent l'administration de leurs réclamations pour la recouvrer. »

Nous allons examiner successivement les conditions de fond auxquelles l'administration subordonne la création d'une nouvelle commune dans chacune de ces deux hypothèses. Mais auparavant, nous ferons observer, avec M. Gérard, que, pendant toute la période où la loi du 18 juillet 1837 a été appliquée, les projets qui avaient pour objet la création de nouvelles communes furent, comme cela avait lieu avant que cette loi ne fût promulguée, soumis à l'examen du conseil d'Etat : tantôt ils étaient présentés à l'assemblée générale, quand il s'agissait d'un projet de loi ; tantôt ils étaient renvoyés à l'examen du comité de l'Intérieur, quand l'érection devait être prononcée par un décret rendu dans la forme des règlements d'administration publique (1).

Le Gouvernement, confiant dans la sagesse du conseil d'Etat, se faisait un devoir de se conformer scrupuleusement à ses avis. De leur côté, les Chambres avaient adopté le même système ; parfois, cependant, elles s'étaient montrées encore plus sévères que le Gouvernement et le conseil d'Etat, et avaient rejeté des projets qui leur étaient soumis avec l'avis favorable du conseil d'Etat.

Il s'était formé ainsi une jurisprudence dont nous allons rappeler brièvement les traditions (2).

I. — Communes rurales.

Les motifs le plus souvent invoqués à l'appui des demandes de séparation sont : l'éloignement du chef-lieu, la difficulté des communications, la gêne qui en résulte pour la fréquentation des écoles ou l'accomplissement des devoirs civils et religieux, l'inégale répartition des ressources communes entre les diverses sections ; enfin, les dissensions locales, une vive incompatibilité d'humeur, rendant

(1) Loi du 19 juillet 1845. — Ordonnance du 27 décembre 1846. — Loi du 3 mars 1849, art. 1er et 45. — Décret du 26 mars 1849, art. 9. — Décret du 29 janvier 1852, art. 1er. — Décret du 30 janvier 1852, art. 13.

(2) M. Gérard fait remarquer que cette jurisprudence n'était pas nouvelle, et que de nombreux avis du conseil d'Etat, antérieurs à la loi de 1837, dont MM. Vuillefroy et Monnier ont recueilli les principaux dans leurs *Principes d'administration* (p. 266 et suiv.), en avaient posé les bases essentielles ; — que les avis du comité de l'Intérieur ont abondé de 1838 à 1868 ; mais qu'à partir de cette époque ils sont plus rares, par suite d'une nouvelle jurisprudence inaugurée par le ministre de l'Intérieur, qui consistait à rejeter *de plano*, et sans consulter le conseil d'Etat, toutes les demandes qui n'étaient pas suffisamment justifiées.

difficile la vie administrative entre les diverses sections d'une même commune (1).

Mais l'administration et le conseil d'Etat ont depuis longtemps déclaré que ces raisons n'étaient pas suffisantes pour justifier une mesure aussi grave (2) ; que les demandes d'érection de sections de communes en municipalités distinctes ne devaient être accueillies qu'avec une extrême circonspection, et que la disjonction ne devait être prononcée que lorsqu'il était prouvé d'une façon manifeste et surabondante qu'elle était seule capable de trancher la difficulté.

Les mêmes autorités ont également indiqué plusieurs fois d'autres moyens susceptibles de remédier à tous ces inconvénients.

Ainsi, dans une circulaire du 29 août 1849, le ministre de l'Intérieur, après avoir enjoint aux préfets de rejeter, sauf le cas de nécessité, toute demande d'érection en commune formée par une localité dont la population ne serait pas au moins de 300 habitants, ajoutait :

> Si des considérations topographiques vous paraissaient motiver cette demande, il serait préférable de provoquer de l'autorité compétente une mesure qui attacherait au chef-lieu de la section ou du hameau intéressé un officier de l'état-civil, plutôt que de consentir au démembrement d'une forte commune et à la création d'une commune nouvelle, qui n'aurait pas les éléments d'une bonne organisation municipale (3).

(1) Voir circulaires du ministre de l'Intérieur du 29 août 1849 et du 2 août 1880, insérées au *Bull. offic. min. Int.*, 1849, p. 383, et 1880, p. 258.

(2) Ainsi il résulte d'un avis du conseil d'Etat (comité de l'Intérieur) en date du 20 janvier 1846, section de Vezon, M. Goupil, rapporteur, que, « alors même que tous les avis reçus dans les enquêtes préparatoires seraient favorables à la création, le Gouvernement peut et doit, comme représentant de l'intérêt public, quand la commune nouvelle ne présente pas les conditions nécessaires, rejeter l'érection demandée ; — qu'en tout cas il ne suffit pas que les sections qui poursuivent leur autonomie allèguent le défaut d'harmonie et la mésintelligence qui règnent entre elles et les municipalités dont elles dépendent ; — et que l'administration est armée d'un pouvoir suffisant pour empêcher les inconvénients résultant de ces dissidences et même pour les faire cesser ».

Voir également : Avis de la section de l'Intérieur du 13 mai 1849, section de Bettelainville (Moselle), M. Pagès, rapporteur. — Avis du comité de l'Intérieur du 26 mars 1839, section de Villieux (Ain), M. Lucas, rapporteur. — Avis du conseil d'Etat du 11 mai 1854, section de la Membrolle (Indre-et-Loire), M. Boulay de la Meurthe, rapporteur. — Avis de la section de l'Intérieur du 27 décembre 1853, section de Grimonville et d'Urville (Manche), M. de Maupas, rapporteur.

(3) Plusieurs avis du conseil d'Etat ont également reconnu que, lorsque la demande de séparation était fondée sur la distance qui séparait la section dissidente du chef-lieu, ou sur la difficulté des communications entre les divers groupes dont la commune se composait, le Gouvernement pouvait user de la faculté qui lui était conférée par les lois du 18 floréal an X, du 21 mars 1831 (art. 2) et du 5 mai 1855 (art. 3), et provoquer l'établissement d'un adjoint spécial en plus du nombre fixé par les lois organiques municipales, qui remplirait dans la section les fonctions d'officier de l'état-civil. — Voir par exemple : Avis du comité

Un grand nombre de sections motivent leur demande d'érection en commune sur ce fait que leurs intérêts matériels sont systématiquement négligés par l'autorité municipale, et que toutes les ressources de la commune sont dépensées au profit d'un chef-lieu. Il arrive très souvent que ces griefs sont fondés. Dans ce cas, avant de donner suite à la demande en distraction, vous devez intervenir auprès de l'autorité municipale et vous efforcer d'obtenir qu'il soit satisfait aux besoins légitimes de la localité qui se prétend lésée. Vous pourrez même, si une intervention officieuse de votre part restait sans résultat, user de la faculté que vous donne l'art. 45 de la loi du 21 mars 1831, pour procurer à cette localité un plus grand nombre de représentants au sein du conseil municipal, de manière à assurer une gestion plus équitable de ses intérêts (1).

De son côté, le conseil d'Etat a indiqué d'autres moyens, tendant au même but, et déclaré que le Gouvernement pouvait, conformément aux dispositions de la loi du 28 juin 1833 et de la loi du 15 mars 1850, provoquer l'ouverture d'une école, qui recevrait les

de l'Intérieur du 30 décembre 1841, section de Coudoux (Bouches-du-Rhône), M. Pérignon, rapporteur. — Avis de la section de l'Intérieur du 4 janvier 1851, section de Curan (Aveyron), M. Abatucci, rapporteur. — *Idem* du 24 mai 1853, section de Breunilis (Finistère), M. de Vincent, rapporteur. — Note de la section de l'Intérieur du 24 juin 1862, section de Quelneuc (Finistère), M. de Cornemin, rapporteur.

(1) Le ministre de l'Intérieur avait déjà insisté sur cette nécessité de diviser les communes en sections électorales, dans une circulaire du 28 mars 1831, relative à l'exécution de la loi du 21 mars de la même année. (*Bull. offic. min. Int.*, 1831, p. 9.) « Cette division en sections, disait-il, doit particulièrement s'appliquer aux communes au-dessous de 2,500 habitants, qui sont formées de la réunion de deux ou plusieurs communes supprimées ; à celles qui renferment diverses sections isolées les unes des autres, et ayant des propriétés ou des intérêts distincts ; à celles où des industries, des occupations, des religions différentes ont groupé sur des portions particulières du territoire des habitants de telle ou telle croyance, de telle ou telle profession. »

On lit, d'autre part, dans un avis de la commission de l'Intérieur du conseil d'Etat du 25 mars 1845 (section de Prat (Hautes-Pyrénées), M. J. Brame, rapporteur) :

« Si la demande en séparation est fondée sur ce que la section chef-lieu emploie exclusivement à son profit les ressources communales, et abuse de sa supériorité numérique dans la représentation communale, le préfet peut, sur l'avis du conseil général du département, le conseil municipal entendu, diviser la commune en sections électorales, qui nommeront chacune un certain nombre de conseillers. Chaque section étant dorénavant représentée au sein du conseil municipal, et l'oppression d'une section vis-à-vis de l'autre n'étant plus à craindre, les ressources de la commune seront employées conformément à la justice. »

Voir également : Avis de la section de l'Intérieur du 6 juin 1851, section de Saint-Cyr (Loire-Inférieure), M. Calmon, rapporteur. — *Idem* du 25 octobre 1851, section de Lausseignan (Lot-et-Garonne), même rapporteur.

Ce pouvoir, que la loi du 21 mars 1831, art. 45, reconnaissait à l'administration, de partager une commune en plusieurs sections électorales, lui fut confirmé par la loi du 7 juillet 1852, art. 3, et par la loi du 5 mai 1855, art. 7. — Le ministre de l'Intérieur a encore insisté sur le même point dans la circulaire du 24 juin 1855, relative à l'exécution de la loi du 5 mai 1855 précitée (*Bull. offic. min. Int.*, 1855, p. 139). — « Le législateur, disait-il, a voulu que les intérêts souvent distincts ou même opposés des différentes fractions de la commune fussent équitablement représentés dans le conseil municipal. Vous atteindrez ce résultat en prenant en considération et le nombre des électeurs de chaque section et l'importance relative des intérêts qu'il s'agira de sauvegarder. »

enfants de la section pendant l'hiver et même en tout temps (1); ou bien encore, usant du droit que lui conférait le décret du 30 septembre 1807, demander l'érection de la section en succursale ou en chapelle vicariale (2).

Lorsqu'on a essayé d'user de ces divers procédés, on a constaté les meilleurs résultats.

C'est ainsi que, dans une circulaire qu'il adressait le 1er janvier 1853 aux maires du département du Jura, M. de Chambrun, alors préfet de ce département, passant en revue les actes de son administration, rendait compte des difficultés qu'avait soulevées la situation des sections de communes et de la manière dont il avait été donné satisfaction à leurs intérêts.

..... Une question d'un haut intérêt, disait-il, a encore été résolue. Depuis longtemps, les sections étaient en lutte avec les chefs-lieux de leurs communes. De nombreux dossiers de demandes en disjonction de la part des sections attestaient la profondeur du mal. Il n'était pas une section qui ne demandât à se séparer de la commune à laquelle elle est réunie.

Toutes ces demandes étaient basées sur le même motif : l'abandon dans lequel les conseils municipaux laissaient ces sections. Oublieux des besoins de ces dernières, parcimonieux à leur égard dans la répartition des avantages, les conseils municipaux semblaient leur dénier tous titres, tous droits à la participation de la vie communale.

La situation qu'on faisait ainsi aux populations des hameaux justifiait-elle leurs plaintes? Incontestablement oui : mais l'érection en communes séparées eût-elle atteint le but proposé? Etait-ce bien là le remède au mal? Là était toute la question. C'est sur ce point que devait porter ma sollicitude attentive.

Un examen plus approfondi de chaque dossier m'a conduit à cette conviction que, si nous ne pouvions rien en dehors d'une distraction, il fallait maintenir la réunion : les inconvénients, pourtant bien réels, résultant du déplorable état de choses qui nous occupe, ne sont rien, en effet, si on les compare aux embarras financiers, aux pénibles et nombreux sacrifices auxquels est condamnée une commune naissante.

L'érection en commune pour les populations qui la demandent, c'est l'affranchissement, c'est la faculté de s'administrer, de se conduire. Mais ce dont il faut tenir compte, et ce dont on ne se préoccupe pas assez, c'est des exigences qu'entraine cette situation nouvelle. Quelle que soit l'étendue du territoire, quelle que

(1) Voir : Avis du comité de l'Intérieur du 26 juin 1841, sections de Sauveterre et autres (Lozère), M. Meinarrit, rapporteur. — Avis de la section de l'Intérieur du 14 mars 1851, section de Bonrepaux (Ariège), M. de Sahune, rapporteur. — *Idem* du 5 janvier 1851, section de Ville (Rhône), M. de Maupas, rapporteur.

(2) Voir : Circulaire du 21 août 1833. — Avis du comité de l'Intérieur du 9 février 1847, section de l'Escole (Aude), M. Pasquier, rapporteur. — Note de la section de l'Intérieur du 24 novembre 1853, section de Villeneuve (Aude), M. Bonjean, président. — Avis du 3 juin 1858, section de Nerville (Seine-et-Oise), M. de Rouge, rapporteur.

soit la population d'une commune, ses obligations sont les mêmes. La commune, si peu importante qu'elle soit, doit entretenir sa mairie, son instituteur, son garde-champêtre, pourvoir à toutes les dépenses sans lesquelles elle ne peut exister à l'état de commune. Il faut à toute commune qui se fonde les bâtiments nécessaires aux services publics. Si cette commune est fort riche ; si, à défaut, sa population est assez considérable pour supporter des impositions indispensables, soit pour construire ou acquérir, soit pour subvenir à tous ses services annuels, rien ne fera regretter la séparation ; mais s'il en est autrement, si elle compte 300 habitants à peine, comment ces malheureux habitants supporteront-ils des impositions qui viendront doubler, tripler même les impositions annuelles ? Ils redemanderont une réunion qui pouvait leur donner les mêmes bienfaits sans qu'on exigeât d'eux autre chose qu'un concours proportionnel.

Ces considérations ont été déterminantes pour moi, et j'ai dû ne donner aucune suite aux demandes en disjonction, puisque aucune section ne renfermait une population de 300 habitants ; que celles qui approchaient le plus de ce chiffre n'étaient pas dans les conditions réglementaires ; qu'il n'en était pas une qui pût subvenir à son entretien sans s'imposer annuellement un nombre de centimes très considérable ; qu'enfin, je n'aurais pas seulement fait ériger des communes dans l'impossibilité de se soutenir, mais encore réduit à la même impossibilité celles actuellement existantes, et qui ne peuvent supporter les charges municipales que grâce à leur réunion avec les sections sollicitant leur séparation.

Cependant, l'abus existait et j'en avais trouvé la cause ; les sections n'étaient pas représentées au sein des conseils municipaux. Un, deux membres au plus, nommés par elles, étaient impuissants à défendre leurs intérêts. C'est alors que je publiai ma circulaire du 10 août. Reconnaissant tout ce qu'avaient de légitime et de fondé les plaintes des sections, j'y insistais pour qu'à l'avenir elles eussent une plus large part dans la représentation municipale. J'annonçais que dans le cas où il en serait autrement, j'étais décidé à sévir en provoquant la dissolution des conseils municipaux et en attribuant, ainsi que la loi m'en donnait le droit, dans les élections nouvelles, un nombre plus ou moins fort de conseillers aux sections, sans tenir compte, d'ailleurs, de la population. — Ma voix a été entendue partout dans les élections municipales qui ont suivi. Partout aujourd'hui les sections ont, dans les conseils municipaux, des soutiens ou des appuis, et ces conseils comprennent que les hameaux ont, comme les chefs-lieux eux-mêmes, des droits à la sollicitude du conseil municipal. La mesure a donc donné satisfaction à des intérêts depuis trop longtemps méconnus, et je me félicite d'un succès dû, en définitive, au patriotisme des conseils municipaux autant qu'au bon esprit dont les électeurs ont fait preuve dans cette circonstance. Je me loue surtout de l'harmonie que ce concours de tant de bons vouloirs a rétablie dans toutes nos communes, et, je le répète, la question des disjonctions est résolue (1).

(1) Voir : *Ecole des communes*, 1853, p. 96. — Aucoc, *Sections de commune*, n° 79.
Nous avons cru devoir citer cette circulaire en entier parce qu'elle montre d'une façon saisissante les inconvénients des petites communes, sur lesquels nous ne saurions trop insister,

Ainsi donc, en résumé, d'après la jurisprudence en vigueur sous l'empire de la loi du 18 juillet 1837, comme antérieurement à cette loi, l'administration devait, avant d'ériger une section de commune en municipalité distincte, épuiser les divers moyens que le législateur avait mis en son pouvoir pour maintenir, autant que possible, la délimitation actuelle des communes et faire disparaître les inconvénients qui servent de base aux demandes de séparation.

Ce n'est qu'à la dernière extrémité, lorsqu'il était prouvé surabondamment que l'incompatibilité d'humeur entre les différentes parties de l'agglomération municipale était devenue absolument irrémédiable, que l'administration pouvait admettre la demande en disjonction.

Mais encore fallait-il que certaines conditions fussent remplies.

Il était indispensable que la section à distraire renfermât dans son sein les éléments nécessaires pour former une municipalité.

Ainsi, on exigeait qu'elle possédât une population assez importante, assez dense pour pourvoir à la formation d'un conseil municipal. En général, les demandes des sections qui avaient moins de 300 habitants n'étaient pas admises (1).

D'autre part, la commune à démembrer devait avoir une superficie assez considérable pour qu'on pût en retrancher un territoire suffisant pour la nouvelle commune à créer (2). « Le conseil d'Etat, dit M. Gérard, se montrait assez sévère sur ce point, et on ne saurait l'en blâmer; dans les communes rurales où les centimes additionnels à la contribution foncière sont le principal, sinon l'unique élément de revenu, il est indispensable que le territoire ne soit pas trop restreint pour que le produit des centimes permette d'équilibrer le budget. »

Il fallait encore que la commune à créer possédât des ressources suffisantes pour faire face à ses dépenses ordinaires, sans

et qu'elle prouve d'une manière évidente que, dans bien des cas, si l'on voulait éviter les créations de nouvelles communes, on pourrait facilement y arriver, tout en donnant pleine et entière satisfaction aux intérêts des sections qui les demandent.

(1) Avis du comité de l'Intérieur du 1er mars 1844, section de Mesnil-Veneron (Manche), M. de Martroy, rapporteur. — *Idem* du 11 septembre 1838, section de Galembrun (Haute-Garonne), M. Robillard, rapporteur. — Avis de la section de l'Intérieur du 5 juillet 1850, section de l'Abbaye (Lot), M. Herman, rapporteur.

(2) Avis de la section de l'Intérieur du 4 janvier 1851, section de Nadaillac (Lot), M. de Sahune, rapporteur. — *Idem* du 14 mars 1851, section de l'Ara (Ariège), M. de Sahune, rapporteur. — Avis du comité de l'Intérieur du 2 mars 1847, sections de Thury et de la Mare (Moselle), M. Goupil, rapporteur.

être obligée de recourir chaque année à des centimes extraordinaires (1).

Il était, de plus, nécessaire que la distance qui séparait la section du chef-lieu de la commune et la difficulté des communications fussent un obstacle très sérieux, de nature à empêcher que les habitants de la section pussent facilement remplir à la municipalité les obligations que les lois leur imposent (2).

Enfin, les trois premières conditions, relatives à la population, à l'étendue du territoire et aux ressources, devaient être remplies non seulement par la section qui sollicitait son érection en municipalité distincte, mais encore par la commune au détriment de laquelle la distraction était opérée, avant et après le démembrement (3).

II. — Communes industrielles.

« Les pouvoirs publics, dit M. Gérard, accueillent assez facilement les demandes d'érections en communes qui leur sont présentées par les sections industrielles. Le plus souvent, en effet, celles-ci ont été à l'avance généreusement dotées par les usiniers ou par les compagnies industrielles de tous les édifices nécessaires au fonctionnement régulier d'une municipalité : mairie, église, écoles, salles d'asile, etc. Elles peuvent donc, quand leur population a atteint un chiffre suffisant, légitimement aspirer à l'individualité communale.

« Néanmoins, la jurisprudence du conseil d'Etat a posé à cet égard des règles importantes qui doivent encore servir de guide à l'administration. Il ne suffit pas que la section industrielle à ériger

(1) Avis du comité de l'Intérieur du 25 novembre 1842, section de Crébimont (Vosges), M. de Puységur, rapporteur. — *Idem* du 25 mai 1847, section de Cormeray (Manche), M. Delamalle, rapporteur. — Avis de la section de l'Intérieur du 12 juillet 1850, section de la vallée Mulâtre (Aisne), M. O'Donnel, rapporteur. — Dépêche du président du comité de l'Intérieur du 17 juin 1845, section de Lavangeot (Jura).

(2) Avis de la section de l'Intérieur du 2 juin 1852, section de Notre-Dame-du-Mont (Vendée), M. Carlier, rapporteur. — Avis du comité de l'Intérieur du 12 juillet 1839, section de Calmels et Le Viala (Aveyron), M. Dumez, rapporteur. — *Idem* du 24 juillet 1835, commune de Saint-Vallier (Haute-Saône), rapporteur M. Vuillefroy : « La facilité qu'aurait une section de commune de se suffire avec ses ressources ordinaires aux dépenses d'une administration séparée, ne suffit pas pour motiver son érection en commune, si d'ailleurs elle a une population faible et si elle est située à proximité de son chef-lieu. » — Conf. Vuillefroy et Monnier, *Principes d'administration*, p. 278, n° XXX.

(3) Avis du comité de l'Intérieur du 15 février 1848, section de Pordiac (Gers), M. Pagès, rapporteur. — Avis de la section de l'Intérieur du 15 avril 1852, section de La Haye-sur-Colmont (Mayenne), M. de Thorigny, rapporteur. — *Idem* du 19 décembre 1852, section de Léoncel (Drôme), M. Herman, rapporteur.

en commune possède tous les éléments matériels nécessaires à l'existence municipale (contenance, population, ressources, édifices publics) ; certains éléments moraux sont aussi indispensables. Ils ne se rencontreraient pas si l'agglomération se composait exclusivement des propriétaires de l'usine, des directeurs, des commis et des ouvriers attachés aux établissements industriels, n'ayant d'autres moyens d'existence que le travail de l'usine, n'ayant d'autres habitations que les logements qu'elle fournit à son personnel.

« D'une part, en effet, il importe à l'intérêt public et aux communes elles-mêmes de donner aux municipalités une constitution assez puissante pour qu'elles puissent résister à toutes les éventualités ; or, cette population usinière, flottante, nomade, sans racines dans le sol, pourrait à un moment donné se disperser sous l'influence du ralentissement ou de l'interruption totale des travaux industriels, et détruire ainsi la commune créée. D'autre part, dans les communes où tout le territoire appartiendrait à un même propriétaire et serait exploité par lui, où les habitants seraient exclusivement ses employés ou ses ouvriers salariés, l'individualité municipale n'existerait que de nom, et les droits que l'administration supérieure exerce pour l'exécution des lois générales de l'Etat, le maintien du bon ordre et de la tranquillité publique, se trouveraient eux-mêmes compromis par la prépondérance du propriétaire qui tiendrait tous les habitants et toutes les autorités sous sa dépendance exclusive et arbitraire. » (1).

D'autre part, l'administration et les conseils généraux se sont presque toujours inspirés de ces principes dans les projets de création de communes industrielles qui se sont présentés de 1869 à 1879, dans onze départements, et dont nous avons parlé plus haut.

Il est bon de faire remarquer à ce propos que, grâce au développement que l'industrie a pris de nos jours, plusieurs communes de ce genre qui ont reçu, dans ces cinquante dernières années, la personnalité civile, ont acquis une importance et une richesse étonnantes. Ainsi, Le Creusot (Saône-et-Loire), — mines et établissements métallurgiques de la compagnie Schneider et Cie, — qui n'était, en 1805, qu'un hameau de 305 habitants, est devenu aujourd'hui (1892) un chef-lieu de canton d'une population de 28,635 âmes.

(1) Voir par exemple : Avis du comité de l'Intérieur du conseil d'Etat du 19 décembre 1834, section de Saint-Louis (verreries), M. Ternaux, rapporteur. — *Idem* du 9 août 1842, même affaire et même rapporteur. — Avis du conseil d'Etat du 9 novembre 1842, même affaire et même rapporteur. — Avis de la section de l'Intérieur du 28 décembre 1849, section de la Rochère, M. de Bussières, rapporteur. — Note de la section de l'Intérieur du 1er avril 1866, section de Montceau-les-Mines, M. Genteur, rapporteur.

— La Ricamarie (Loire), — houillères, — érigée en commune par la loi du 9 août 1843, et qui avait à cette époque 2,921 habitants, en compte aujourd'hui 7,044. — La Grand'Combe (Gard), — houillères, — créée par une loi du 9 juillet 1845, et qui possédait alors 3,545 habitants, a été érigée en chef-lieu de canton, et en renferme actuellement 13,141. — Dans le département de Saône-et-Loire, une agglomération formée sur l'emplacement des concessions de mines de houille de la compagnie de Blanzy, Montceau-les-Mines, érigée en commune par une loi du 24 juin 1856, s'est élevée, dans l'espace d'un peu plus de trente années, de 1,645 habitants à 19,612; elle est devenue le chef-lieu d'un canton important. — Enfin, plus récemment, dans le département de la Loire, un décret du 17 février 1866 a créé la commune de Terre-Noire, — forges et fonderies, — qui renfermait alors 4,745 habitants; la population de cette commune s'élève aujourd'hui à 4,944 habitants, après en avoir compté jusqu'à 6,489, avant la ruine des fonderies qui y étaient établies.

Telles étaient les conditions de fond exigées, avant la loi du 24 juillet 1867, par la jurisprudence du conseil d'Etat et de l'administration pour la création de nouvelles communes rurales ou industrielles.

De 1867 à 1873, ces règles rigoureuses mais excellentes furent abandonnées, nous avons dit dans quelles circonstances. Mais depuis cette époque (1), on est revenu au système de 1837, et toutes les affaires d'érections de communes ont dû être, comme avant 1867, soumises au conseil d'Etat, qui a repris les traditions de ses prédécesseurs.

Le nouveau conseil d'Etat, réorganisé en vertu de la loi du 13 juillet 1879, s'est également prononcé dans le même sens. Nous pouvons citer, en effet, un avis du 29 janvier 1880, rendu à propos de la division de la commune de Noircourt (Aisne).

« Considérant, dit cet avis, qu'il est de jurisprudence constante que les érections de communes ne doivent être autorisées que dans les cas de nécessité impérieuse et avec une certaine réserve; qu'il importe, en effet, de s'opposer à un fractionnement excessif des agglomérations communales, qui présente le double inconvénient d'augmenter les charges qui pèsent sur les contribuables et de préjudicier à la bonne administration des communes. »

« Dans une autre affaire, dit M. Gérard (2), où il s'agissait

(1) Circulaire du 13 mars 1873.

(2) *Op. et loc. cit.*

d'ériger en commune une paroisse qui, dans le travail général des municipalités, avait été réunie à la commune de Loyes (Ain), le conseil d'Etat maintint le *statu quo*, en faisant remarquer « que la section de Villieux fait partie de la commune de Loyes depuis 1790, et qu'il ne s'est révélé, dans ces derniers temps, aucune circonstance exceptionnelle de nature à justifier son érection en commune distincte; que, d'ailleurs, la section est déjà pourvue d'une église, d'un presbytère, d'un cimetière et de deux écoles ». Il résulte donc de ce dernier considérant que le nouveau conseil d'Etat, comme l'ancien, ne pense pas que la possession des édifices municipaux suffise pour justifier la création d'une nouvelle individualité communale. » (1).

(1) Avis du conseil d'Etat du 29 janvier 1880. Dans la même séance, cette assemblée a ainsi refusé son adhésion à deux des huit projets qui lui étaient soumis.

On lit également, dans les *Principes d'administration*, de MM. VUILLEFROY et MONNIER (p. 279, n° XXXI) :

« Un assez grand nombre de demandes d'érection sont formées par des sections, régies avant 1790 par une administration séparée et détruite lors de la formation des nouvelles municipalités, ou plus souvent encore par des communes supprimées depuis 1790 et réunies à d'autres communes. — Les intérêts ou les amours-propres froissés par ces sortes de réunions entretiennent quelquefois longtemps, dans une partie des habitants de ces communes, le désir de recouvrer une existence individuelle. Ce désir ne se trouve malheureusement que trop excité par l'exemple de plusieurs communes, qui ont profité de l'instabilité des gouvernements ou des administrateurs pour obtenir de l'un le rétablissement des centres d'administration détruits par l'autre. — Les demandes en érection ou en rétablissement formées sous ces impressions ne sont généralement fondées sur aucun motif solide. Aussi, ces sortes de demandes *ne doivent-elles être accueillies qu'avec une grande réserve*. Leur admission, en remettant continuellement en question les actes de l'administration, a le double inconvénient de la déconsidérer aux yeux des administrés et d'entretenir parmi les habitants des autres communes réunies un esprit d'individualité qui s'oppose à la *fusion des intérêts si nécessaire à la prospérité commune*. En principe, l'autorité qui a été déterminée, *par des vues d'utilité publique, à prononcer la réunion de deux communes, doit donc veiller au maintien d'une mesure qui, en définitive, doit tourner à l'avantage des communes, en diminuant leurs charges, et à l'avantage de l'administration, en rendant plus facile et plus prompte l'exécution des lois.*

« En d'autres mots, *le rétablissement d'une commune supprimée ne doit être prononcé que dans le cas où des motifs très graves rendraient cette mesure nécessaire*. Il ne devrait jamais être prononcé, *à moins de difficultés matérielles, de considérations importantes ou de nécessités politiques impérieuses*, toutes les fois que les communes, supprimées par suite de l'insuffisance de leur population ou de leurs revenus, n'ont, depuis leur réunion à d'autres communes, *subi, sous ces différents rapports, que des améliorations nulles ou de peu d'importance*; *leur rétablissement en pareil cas serait d'autant plus préjudiciable que, depuis* 1830, *les dépenses obligatoires pour les communes ont été accrues par de nouvelles lois, notamment sur l'instruction primaire et sur les chemins vicinaux*; *qu'il y aurait, en conséquence, moins que jamais possibilité pour elles de suffire avec leurs ressources ordinaires aux dépenses d'une administration séparée, et que, dans le cas où elles seraient rétablies, elles se trouveraient dans la nécessité de ne donner aux lois précitées aucune application, ou de s'obérer d'impositions extraordinaires.* On doit, d'ailleurs, espérer *que les habitants plus éclairés finiront par apprécier les vues d'utilité publique qui ont dicté la réunion de leur commune.* »

Ces auteurs citent en ce sens plusieurs avis du comité de l'Intérieur du conseil d'Etat:

Enfin, toutes les règles que nous venons d'exposer ont été résumées dans une circulaire que le ministre de l'Intérieur adressait aux préfets à la date du 2 août 1880, au sujet des demandes de création de communes nouvelles (1).

Le conseil d'Etat, disait le ministre, saisi de l'examen de divers projets de lois ou décrets tendant à la création de communes nouvelles, s'est ému du nombre toujours croissant de ces sortes de demandes, et il a émis sur plusieurs d'entre elles des avis de rejet, s'inspirant en cela de l'ancienne jurisprudence administrative et des intentions formelles du législateur, qui veulent qu'on ne touche aux circonscriptions existantes qu'avec la plus grande circonspection, et alors seulement que des nécessités impérieuses l'exigent.

Je crois donc nécessaire de vous rappeler les règles qui doivent en cette matière vous servir de guide et qui, dans ces dernières années, paraissent avoir été quelquefois perdues de vue.

Les motifs le plus souvent invoqués à l'appui des demandes de séparation sont : l'éloignement du chef-lieu, la difficulté des communications, la gène qui en résulte pour la fréquentation des écoles ou l'accomplissement des devoirs civils et religieux, l'inégale répartition des ressources communes entre les diverses sections ; enfin, les dissensions locales, rendant difficile la vie administrative entre les diverses sections d'une même commune.

Or il peut être, dans une certaine mesure, remédié aux inconvénients de la distance par l'institution d'écoles de hameau et un bon réseau de chemins vicinaux. La création de chapelles vicariales peut également, dans certains cas, être encouragée, mais à la condition que les intéressés ne s'en fassent pas plus tard un titre pour revendiquer l'autonomie civile. Lorsqu'il est ainsi pourvu aux besoins scolaires et religieux, et que les habitants ne sont plus astreints qu'aux déplacements qu'exigent les déclarations à l'état-civil, ils ne peuvent plus sérieusement se plaindre de l'éloignement.

La loi permet d'ailleurs, lorsque les communications entre le chef-lieu communal et une des sections sont difficiles, dangereuses ou momentanément impossibles, d'instituer pour la section un adjoint spécial chargé de la tenue des registres de l'état-civil et de l'exécution des règlements de police (2).

Si la section se plaint de n'être pas équitablement traitée, vous pouvez, en provoquant la division en sections électorales, lui assurer une juste représentation au sein du conseil municipal (3). Les pouvoirs que la législation vous

du 11 août 1835, communes de Waville et Villecey (Moselle), rapporteur Vuillefroy ; — 7 août 1833 (Oise), rapp. Vuillefroy ; — 25 octobre 1833 (Oise), rapp. Ternaux ; — 9 octobre 1833 (Oise), rapp. Redon ; — 6 juin 1832 (Ardennes), rapp. Tournoüer ; — 26 octobre 1832 (Oise), rapp. Tournoüer.

(1) Voir *Bull. offic. min. Int.*, 1880, p. 258.

(2) Conf. loi du 5 avril 1884, art. 75.

(3) Voir la loi du 14 avril 1871 (art. 3), relative aux élections municipales, et la loi du 10 août 1871, relative aux conseils généraux, art. 43. — Ces textes ont donné aux conseils généraux un pouvoir qui appartenait auparavant aux préfets.

Voir également la loi du 5 avril 1884, art. 11.

confie en matière de budget communal vous permettent ainsi d'empêcher que les ressources communes ne soient employées au profit exclusif d'une section. Les dissensions en quelque sorte séculaires qui affligent certaines communes et servent de prétexte à des demandes de séparations, sont difficiles à éviter, car les causes n'en sont pas toujours connues. Il vous appartient d'apprécier si elles sont de nature à justifier une procédure en création de commune.

Il est un cas où l'établissement d'un nouveau centre administratif se justifie : c'est quand une agglomération de population se forme sous l'empire de faits économiques nouveaux, tels que l'établissement d'une grande industrie, d'un chemin de fer, d'un port, entraînant avec eux des besoins nouveaux. Dans cette hypothèse, l'érection en commune du centre nouvellement créé peut avoir des avantages sérieux pour les populations.

Il résulte aussi de la jurisprudence qui tend à prévaloir devant le conseil d'Etat que la création de communes comprenant un petit nombre d'habitants n'aurait pas de chance d'être approuvée. Il y a lieu de penser qu'en général un groupe de moins de 5 à 600 habitants se verrait refuser l'érection en commune.

C'est dans cet esprit que vous devrez examiner les demandes de création de communes qui vous seraient adressées, et intervenir devant le conseil général.

Nous savons, d'autre part, que la nouvelle loi municipale du 5 avril 1884 exige, pour créer une commune nouvelle, une loi après avis du conseil d'Etat (1).

Par suite, les traditions qui étaient suivies par cette assemblée sont encore les mêmes aujourd'hui, et c'est pour cela que nous les avons si longuement exposées (2).

APPENDICE

Comme application des idées émises dans la section qui précède, nous avons pensé qu'il serait utile de donner ici quelques exemples de rapports émanés de membres des assemblées législatives, et dans lesquels sont examinés divers projets tendant à la création de communes nouvelles.

(1) Rappelons que, pendant la discussion de cette loi, un député, M. Escande, avait proposé à la Chambre (séance du 30 juin 1883) de décider qu'aucune commune nouvelle ne pourrait être créée si elle ne réunissait un nombre minimum d'habitants. Mais cet amendement ne fut pas adopté.

(2) M. Roussel pense, au contraire, qu'il est impossible de formuler ici des principes. — « Une jurisprudence parlementaire suivie, dit-il, sera, dans cette délicate matière, d'autant plus difficile à fonder que, là non plus, il n'y a pas de règles précises ; que ni la population, ni les ressources, ni l'incompatibilité d'humeur ne sont des criteriums absolus, et qu'on ne peut poser d'autre règle que celle que nous lisons dans un avis du conseil d'Etat du 8 avril 1875 (Lombarelle-Cholier), à savoir que les créations de communes nouvelles ne doivent être autorisées que dans les cas de nécessité impérieuse ; — qu'il est impossible de dire plus, et que, sur chaque espèce, tout est à recommencer. » (*Répertoire du droit administratif*, V° *Commune*, n° 338.)

I. — *Exposé des motifs d'un projet de loi (adopté le 29 juin 1854), ayant pour objet de distraire plusieurs sections des communes de Crépol, de Montmiral, de Gessans et d'Arthemonay (Drôme), pour en former une commune séparée sous le nom de Chalon.*

Les communes de Crépol, de Montmiral, de Gessans, canton de Romans, arrondissement de Valence (Drôme), et celle d'Arthemonay, canton de Saint-Donat, même arrondissement, ont une circonscription territoriale telle que des portions de leurs territoires sont à une distance considérable du chef-lieu communal. Cette circonstance, jointe à la difficulté des communications, en hiver surtout, a déterminé la création d'une succursale dont le territoire est formé des parties les plus excentriques de chacune de ces quatre communes. Le lien ainsi formé entre les habitants de la nouvelle paroisse leur a fait sentir plus vivement encore les difficultés de leurs relations administratives avec leurs communes respectives, et ils demandent aujourd'hui à former une commune séparée.

Cette demande, soumise à l'instruction voulue par la loi, a été repoussée par les conseils municipaux des quatre communes intéressées, mais par des motifs qui n'ont pas une grande force. La commune de Crépol, en effet, qui a maintenant 1,087 âmes de population et 1,800 francs de revenus, conserverait encore 919 habitants et près de 1,600 francs de revenus. La commune de Montmiral, qui a 2,049 âmes de population et environ 2,800 francs de revenus, aurait encore 1,860 habitants et environ 2,500 francs de revenus. La commune de Geyssans conserverait sa population actuelle et perdrait seulement 10 francs de revenus. Enfin, la commune d'Arthemonay, qui a maintenant 441 âmes de population et 542 francs de revenus, aurait encore 421 habitants et 517 francs de revenus. Quant à la nouvelle commune, dont la circonscription serait celle donnée à la succursale et dont le chef-lieu serait fixé au village du Chalon, elle aurait 377 âmes de population et plus de 600 francs de revenus, qui suffiraient à ses dépenses, autant, du moins, qu'on peut le présumer.

Le conseil de l'arrondissement de Valence a émis un avis contraire au projet de formation de la nouvelle commune, mais cet avis n'est point motivé. Le conseil général, au contraire, a fait ressortir toutes les considérations qui militent en faveur de la demande, et le préfet du département a également émis un avis favorable. L'autorité judiciaire, qui a dû être consultée en raison du changement à faire dans les circonscriptions cantonales, insiste vivement pour l'adoption du projet, par des considérations tirées d'une meilleure administration de la justice. La nouvelle commune serait rattachée au canton de Romans, parce que c'est à ce canton qu'appartient déjà la majeure partie du territoire qui la constituerait.

Dans ces circonstances, le conseil d'Etat croit devoir soumettre à la sanction du pouvoir législatif un projet de loi en ce sens (1).

II. — *Rapport fait au nom de la 5me commission d'intérêt local chargée d'examiner le projet de loi, adopté par la Chambre des députés, tendant à*

(1) Conf. Bost, *Code de la constitution des communes*, p. 124, n° 150.

distraire la commune de Saint-Fons de la commune de Vénissieux (canton de Villeurbanne, arrondissement de Lyon, département du Rhône), pour l'ériger en commune distincte, — par M. Le Monnier, sénateur (1).

A trois reprises depuis quinze ans, les habitants de la section de Saint-Fons, commune de Vénissieux, ont demandé l'érection de leur territoire en commune distincte. Repoussée ou ajournée pour divers motifs, cette question reparaît aujourd'hui, plus pressante que jamais, sous la forme d'un projet de loi qui a été déposé le 22 octobre 1886.

En principe, le fractionnement d'une commune est une mesure grave, contraire aux règles d'une bonne administration et de nature à porter atteinte à des situations acquises toujours respectables. Aussi est-il sage de n'y recourir que lorsque des intérêts considérables l'exigent et lorsqu'il est établi que les nouvelles communes pourraient se suffire à elles-mêmes.

En présence des motifs invoqués par les demandeurs de la section de Saint-Fons, en présence aussi de l'opposition faite par la municipalité de la commune mère à la réalisation du projet, nous avons dû examiner avec le plus grand soin les principaux arguments sur lesquels se sont appuyées les deux parties. Nous allons passer en revue successivement les griefs des habitants de Saint-Fons et les réponses qui y sont faites par la municipalité.

La section de Saint-Fons, qui ne comptait naguère qu'un petit nombre d'habitants et se composait en grande partie de terrains d'un faible rapport, a vu depuis quelques années sa situation se modifier complètement.

Divers établissements industriels importants, entre autres des usines de produits chimiques, écartés de l'enceinte de Lyon en raison des inconvénients que présentait le voisinage pour la santé et la sécurité publiques, se sont successivement transportés à Saint-Fons; une nombreuse population ouvrière est, par suite, venue s'implanter sur le territoire de cette section, qui s'est transformée par la force des choses en un centre presque exclusivement industriel.

D'après le dernier dénombrement, Saint-Fons compte 2,677 habitants. C'est une agglomération en pleine prospérité et qui tend à se développer de jour en jour davantage.

Ses intérêts et ses besoins sont bien différents de ceux de Vénissieux qui forme une section purement agricole et dont Saint-Fons est d'ailleurs séparé par une plaine à peu près inhabitée, d'une étendue de plus de deux kilomètres.

Chacun des deux groupes a sa route spéciale pour se rendre à Lyon, sa ligne de chemin de fer, sa gare, son église et ses écoles.

Aussi les habitants de Saint-Fons n'ont-ils avec leur chef-lieu que des relations absolument obligées. De la divergence des intérêts de ces deux agglomérations et de leurs besoins est né, d'ailleurs, un antagonisme qui s'est accru avec les années et les divise profondément aujourd'hui.

Saint-Fons, qui est en minorité au conseil municipal, se plaint de ce que les

(1) Sénat, session extraordinaire, 1887. Annexe n° 43 à la séance du 25 novembre 1887. — *Journ. offic.*, doc. parl., Sénat, session extraordinaire, 1888, p. 31.

ressources qui lui sont attribuées pour le fonctionnement et l'amélioration de ses services ne sont pas en proportion du contingent qu'elle fournit à la commune, et c'est encore une des raisons pour lesquelles elle voudrait obtenir son autonomie.

Les représentants du chef-lieu contestent les faits sur lesquels se fondent les séparatistes. Tout d'abord, ils font remarquer que le plus grand nombre des signatures relevées sur les pétitions des habitants de Saint-Fons appartiennent à des femmes, des enfants et des ouvriers de nationalité étrangère.

Si la constatation de ce fait est exacte, elle n'infirme en rien cet autre fait qu'il est de notoriété que la très grande majorité des habitants de Saint-Fons désire la séparation.

Ce serait à tort que Saint-Fons reproche à la commune mère de s'attribuer avec une trop complaisante partialité la plus grande part des ressources communales, pour l'embellissement exclusif du bourg. En effet, l'école des garçons et la salle d'asile ont été données à Vénissieux, qui n'a eu à faire que les dépenses de réparations et d'aménagement. Quant à la mairie monumentale que les membres de la commission syndicale de Saint-Fons reprochent à la municipalité d'avoir fait élever sans nécessité sur la place publique de Vénissieux, on reconnaîtra que cette appréciation est quelque peu exagérée, si l'on remarque que cette construction, qui a coûté 40,000 francs, comprend, outre les services de la mairie, une salle de justice de paix, une école de filles, le logement du garde, etc., et n'a rien de ce qui pourrait donner l'idée d'un monument en disproportion avec l'importance de la commune.

La municipalité de Vénissieux répond encore que la section de Saint-Fons est dotée d'une école de garçons, faite pour trois classes reconnues nécessaires par suite du grand nombre d'élèves qui la fréquentent ; que si l'école des filles est encore dans un immeuble en location, et s'il n'y a pas d'école maternelle laïque, ces deux constructions, décidées en principe depuis longtemps, seraient, sinon achevées, du moins bien avancées, si la question de séparation n'avait mis le conseil municipal dans la nécessité d'attendre le résultat de l'enquête ouverte à ce sujet.

Pour en finir avec la question des écoles, les opposants de Vénissieux font remarquer que les membres de la commission syndicale de Saint-Fons entretiennent des écoles congréganistes dans leurs usines, et ils expriment la crainte que les écoles laïques ne trouvent pas dans la nouvelle municipalité tout l'appui désirable. La même appréhension se trouve dans le rapport de M. l'inspecteur d'Académie du Rhône ; selon lui, la séparation sera préjudiciable aux intérêts des écoles publiques, parce que la nouvelle commune pourra difficilement à elle seule subvenir aux besoins de l'instruction primaire. Le rapport de la direction départementale des contributions directes est de nature à nous enlever tout souci sur ce point. Mais M. l'inspecteur ajoute que les grands industriels de la localité qui sont à la tête du mouvement séparatiste sont connus pour leur hostilité à l'égard des écoles laïques, et qu'ils manifestent dores et déjà l'intention de consacrer une partie de la maison d'école à l'établissement de la mairie de Saint-Fons, alors, dit-il, qu'il serait nécessaire dès à présent de l'employer à la création d'une nouvelle classe.

Ce sont là assurément de graves considérations, qui ne sauraient nous laisser indifférents ; aussi nous permettons-nous de les recommander à la vigilante attention de l'autorité, qui ne tolèrera pas qu'il soit porté atteinte aux intérêts de l'enseignement public dans la nouvelle commune.

En résumé, notre commission n'a pas cru que les inconvénients signalés par les opposants fussent de nature à contrebalancer les avantages de la séparation. Du reste, M. le maire de Vénissieux lui-même a fini par reconnaître que cette question avait surexcité les esprits dans les deux sections de sa commune à un tel degré, qu'il croyait devoir accepter la séparation comme une solution inévitable. Le conseil municipal, depuis, s'est rangé à son avis.

La question de fond étant résolue, il nous reste à examiner les détails du projet de loi.

La municipalité de Vénissieux s'élève énergiquement contre les dispositions : 1° du § 2 de l'art. 1er, ayant trait à la délimitation des deux communes ; — 2° contre celles des §§ 2 et 3 de l'art. 3, qui sont relatives au partage de l'actif et du passif entre les deux communes ; — 3° enfin, contre la répartition des biens affectés aux indigents, telle qu'elle est établie dans le § 5 de l'art. 3 du projet de loi.

Elle prétend que le vote de ces dispositions constituerait une véritable spoliation pour la commune mère de Vénissieux.

Votre commission, après avoir entendu les observations des délégués de la municipalité de Vénissieux et celles du président de la commission syndicale de la section de Saint-Fons, a écarté tout d'abord les réclamations des premiers en ce qui concerne les §§ 2 et 5 de l'art. 3, mais elle a réservé pour un examen plus approfondi la question de délimitation des deux communes, ainsi que celle qui est relative au partage du passif entre elles.

En ce qui concerne la délimitation, la municipalité de Vénissieux, par l'organe de ses délégués, a demandé qu'on réduisît le territoire cédé à Saint-Fons, en rapprochant du centre de la nouvelle commune la ligne de séparation indiquée par le liseré bleu sur le plan d'assemblage et sur le plan parcellaire. Elle donne pour raison que la très grande partie des terrains dont elle demande la rétrocession appartiennent à des propriétaires cultivateurs de Vénissieux et du Moulin-à-Vent, lesquels se verraient obligés de cultiver leurs terres sur une commune voisine. Ils y payeraient leurs impôts et, n'ayant pour défendre leurs intérêts ni voix délibérative, ni voix consultative, ils seraient tenus de participer sans aucune compensation aux charges extraordinaires de la nouvelle commune.

Mais les habitants de Saint-Fons, et avec eux le ministre de l'Intérieur, combattent cette modification, en s'appuyant sur l'opposition qu'elle rencontre de la part des habitants du territoire, objet de la revendication de Vénissieux, qui, ayant leurs intérêts et leurs relations journaliers avec Saint-Fons, se trouveraient, si cette proposition était admise, à une distance plus grande de leur chef-lieu.

Ces raisons, jointes à la difficulté de trouver un emplacement convenable pour le cimetière de la nouvelle commune, ont déterminé votre commission à accepter les propositions du Gouvernement.

En cas de séparation de communes, il est admis, en règle générale, d'une part, que l'actif de la commune primitive se répartit entre les deux sections, en proportion de leurs feux respectifs; d'autre part, que le passif se répartit en raison des contributions publiques, de telle sorte que la part de la dette incombant à chacune des communes nouvelles est proportionnelle à ses forces contributives. Telle est la doctrine généralement admise, et, dans le cas qui nous occupe, c'est celle qui a été adoptée et conseillée par la direction départementale des contributions directes et par le ministère de l'Intérieur.

Cependant, le projet de loi a été conçu et rédigé dans un esprit différent. Abandonnant le principe généralement appliqué pour la répartition des dettes, le projet impose à chaque commune le remboursement des emprunts contractés pour son usage exclusif.

Tout en reconnaissant que cette solution, bien que constituant une dérogation à une règle générale, peut être admise dans certains cas, il ne nous a pas paru qu'elle pût être appliquée équitablement à la commune de Vénissieux.

N'est-il pas vrai, en effet, qu'à l'époque de la construction, au chef-lieu, de cet immeuble qui contient la mairie et tous ses services, ainsi qu'une salle pour les audiences de quinzaine du juge de paix de Villeurbanne, la commune de Vénissieux avait une population de 5,300 habitants environ, qu'elle possédait une rente en argent de 5,080 francs; qu'à ce moment elle a pu, sans exagération, concevoir une dépense de 40,000 francs environ, au remboursement de laquelle il est pourvu par une annuité de 5,500 francs environ pendant dix ans?

N'est-il pas vrai aussi que si Vénissieux avait pu prévoir son amoindrissement et son appauvrissement, par suite de la distraction de Saint-Fons et de l'attribution d'une part de ses revenus en argent à la nouvelle commune, elle n'eût pas songé à faire une dépense aussi élevée?

Si nous étudions le rapport de M. l'inspecteur des contributions directes du département du Rhône, chargé de donner son avis motivé, voici ce que nous y lisons :

« Quant à la dette contractée par la commune actuelle de Vénissieux, pour la construction d'une mairie-école au bourg et des écoles de Saint-Fons et du Moulin-à-Vent, il est difficile d'admettre que la nouvelle commune de Saint-Fons puisse être dispensée d'en prendre une part proportionnelle à ses facultés contributives. Cette dette a été contractée en commun; il me parait juste que chaque section en prenne sa part ». — Puis le rapport relève les sommes à payer par Saint-Fons, calculées sur le principal actuel de ses quatre contributions, qui s'élève à 21,000 francs, soit environ la moitié du principal de la commune entière. Plus loin, après avoir établi le budget approximatif de la nouvelle commune, il ajoute : « Il est évident que la nouvelle commune pourrait assurer tous ses services, surtout après l'extinction de la dette relative à la mairie de Vénissieux, laquelle absorberait 2,756 fr. 57 cent. jusqu'au 31 décembre 1889, et 636 francs de supplément du 1er janvier 1890 au 31 décembre 1891. »

Votre commission, après avoir pesé avec soin ces diverses considérations, a pensé qu'il serait injuste de demander trop de sacrifices à la commune de Vénissieux, qui va déjà supporter tous les désavantages de la séparation ; spécialement que les dépenses de construction d'une mairie, faite pour une commune qui compte actuellement 6,000 habitants environ, deviendraient bien lourdes le jour où cette commune sera réduite à 3,300 habitants, et bientôt peut-être à 2,300 (par la distraction du Moulin-à-Vent au profit de Lyon), avec une population essentiellement agricole, dont les ressources présenteront beaucoup moins d'élasticité que celles d'une commune exclusivement industrielle et appelée à s'accroître rapidement.

Elle a pensé que, puisque Saint-Fons allait être admis à prélever une part de la rente de 5,081 francs, il était juste que la nouvelle commune contribuât au remboursement de la dette commune, en proportion du principal de ses contributions.

Le Gouvernement s'est rallié à cette proposition.

En conséquence, votre commission d'intérêt local vous propose d'adopter un projet de loi modifié en ce sens (1).

III. — *Rapport fait au nom de la 8me commission d'intérêt local chargée d'examiner le projet de loi, adopté par la Chambre des députés, tendant à distraire de la commune de Bosdarros (Basses-Pyrénées) la section dite Le Haut-de-Bosdarros, pour l'ériger en commune distincte, — par M. de Cès-Caupenne, sénateur* (2).

Dès l'année 1872, les habitants du Haut-de-Bosdarros ont demandé à former une commune distincte. Cette demande, soumise à l'instruction réglementaire, n'aboutit pas, bien que le conseil d'arrondissement et le conseil général eussent donné un avis favorable.

Les motifs invoqués à l'appui de la demande des habitants du Haut-de-Bosdarros étaient principalement tirés de la distance qui sépare le hameau du siège de la municipalité, du mauvais état des chemins qui les relient au chef-lieu de la commune et du mauvais vouloir du conseil municipal dans la répartition des ressources vicinales.

L'administration préfectorale ne méconnaissait pas le bien fondé de la pétition des habitants du Haut-de-Bosdarros ; mais une partie assez notable de la commune, le quartier des Pindats, demandait le maintien du *statu quo*. Le préfet des Basses-Pyrénées espérait que le conseil municipal de Bosdarros entrerait dans une voie d'apaisement par une répartition plus équitable des ressources vicinales entre les deux parties de la commune. Il n'en a rien été. L'irritation des habitants du Haut-de-Bosdarros n'a fait que s'accroître, les dissentiments entre les deux groupes sont permanents.

Les habitants du Haut-de-Bosdarros ont renouvelé leur demande, et elle paraît fondée, car cette section qui, il y a vingt ans, était dépourvue de tout,

(1) Ce projet est devenu la loi du 1er avril 1888, dont le texte est rapporté ci-dessous, partie II, *Généralités, in fine*.

(2) Sénat, session extraordinaire, 1888. Annexe n° 82 à la séance du 23 novembre 1888. — *Journ. offic.*, doc. parl., Sénat, session extraordinaire, 1888, p. 213.

possède aujourd'hui, grâce aux sacrifices qu'elle s'est imposés, les bâtiments nécessaires au fonctionnement d'une administration distincte.

L'entente s'est faite entre les intéressés sur la composition territoriale de la nouvelle commune du Haut-de-Bosdarros, la commission syndicale ayant déclaré qu'elle s'en rapportait sur ce point à la décision de l'administration.

C'est dans ces conditions que la nouvelle demande a été instruite. Le rapport du commissaire enquêteur est favorable à la demande en séparation. Au point de vue scolaire, M. le ministre de l'Instruction publique convient que la situation ne sera pas modifiée, le hameau de Bosdarros et le chef-lieu communal possédant chacun deux écoles, l'une de garçons, l'autre de filles.

Après plusieurs délibérations prises par le conseil municipal de Bosdarros et la commission syndicale représentant la nouvelle commune, l'accord s'est également établi sur les conditions financières de la séparation :

1° Les biens indivis immobiliers de la commune de Bosdarros, consistant en une forêt, seraient partagés entre les deux communes à raison du nombre de feux existant dans chacune d'elles;

2° Les dettes restant actuellement à rembourser par la commune de Bosdarros seraient réparties entre les deux communes proportionnellement aux forces contributives de chacune d'elles, basées sur le principal des quatre contributions directes;

3° Chacune des dites communes contribuera pour moitié à l'entretien du pont dit de Etchaas, construit sur le ruisseau Le Gest;

4° Les biens appartenant aux indigents de l'ancienne commune de Bosdarros seraient partagés proportionnellement à leur population municipale, sous réserve des droits que la population de l'une ou de l'autre commune, ou une partie de cette population, tiendrait privativement d'actes de fondation.

Quant à une obligation du chemin de fer d'Orléans donnée au bureau de bienfaisance de Bosdarros par le sieur Nogué, sous la condition expresse que le titre serait conservé jusqu'au jour où le sort le désignerait pour être remboursé, l'accord s'est également établi. Le titre resterait en la possession du bureau de bienfaisance de Bosdarros, qui devra faire participer les pauvres de la nouvelle commune aux revenus semestriels de l'obligation dans la proportion de la population respective des deux sections. Le jour où l'obligation sortira, le capital provenant du remboursement serait partagé dans la même proportion.

Le conseil d'arrondissement, le conseil général des Basses-Pyrénées, le directeur des contributions directes, le préfet des Basses-Pyrénées ont donné un avis favorable à ce projet de séparation des deux communes. Enfin, le conseil d'Etat, dans sa séance du 28 juin 1888, a délibéré et adopté le projet de loi, qui a été adopté également par la Chambre des députés.

Dans ces conditions, votre 8me commission d'intérêt local a l'honnenr de vous proposer d'adopter un projet de loi en ce sens (1).

(1) Ce projet a été adopté par une loi du 11 décembre 1888.

SECTION II

Réunion de Communes.

Nous avons longuement insisté, dans le cours de ce chapitre, sur les inconvénients qui résultent de la multiplicité des petites communes et sur la nécessité qui s'impose de supprimer celles qui sont trop faibles et trop pauvres pour se suffire à elles-mêmes.

Nous nous bornerons donc ici, sans établir des règles fixes ou des limites invariables, et tout en laissant à l'administration un pouvoir souverain d'appréciation pour concilier l'intérêt public général avec l'ensemble des intérêts publics locaux, à dire avec M. Roussel (1) que, sauf dans les cas exceptionnels où il s'agit de petits groupes d'habitants perdus dans les montagnes, et que la force même des choses isole de tout autre centre propre à les absorber, la faiblesse de la population ou des ressources financières d'une commune seront toujours des causes qui justifieront pleinement sa suppression, et que, du moment qu'une commune ne trouve pas dans ses ressources ordinaires le nerf de son existence, et qu'elle en est réduite aux impositions extraordinaires superposées, elle n'a plus droit à avoir une existence propre.

Nous n'irons pas, cependant, jusqu'à approuver cette tendance des grandes villes à reculer continuellement leurs limites et à s'annexer les communes voisines, uniquement pour étendre le rayon de leur octroi et augmenter leurs ressources. Comme le dit avec raison M. Roussel (2), « autre chose est réunir entre eux deux ou plusieurs centres ruraux, communs d'intérêts, d'habitudes, de besoins; autre chose est d'imposer, pour des avantages très contestables, les charges d'une ville populeuse à des communes jusque-là peu frappées d'impôts ».

Mais nous n'insistons pas davantage, car nous nous proposons de revenir avec plus de détails sur ce point dans la section suivante.

(1) *Répert. du droit administratif*, V° *Commune*, n° 333.

(2) *Op. cit.*, V° *Commune*, n° 336.

APPENDICE

I. — On lit dans les *Principes d'administration* de MM. Vuillefroy et Monnier (p. 275 et suiv.):

La suppression d'une commune et la réunion à une autre commune peut être nécessitée :

1° Par la faiblesse de la population ; — si, par exemple, il n'y a pas un nombre suffisant d'habitants capables de remplir convenablement les fonctions municipales ou qui consentent à s'en charger;

2° Par la faiblesse des ressources financières ; — si la commune ne trouve pas dans ses revenus ordinaires le moyen de subvenir à ses dépenses et est obligée de recourir chaque année à des impositions extraordinaires, ressource extrême qui a le double inconvénient de grever outre mesure les habitants et de nuire, en épuisant la source des revenus publics, à la rentrée des contributions générales perçues par l'Etat.

L'existence des communes qui ne réunissent pas une population et des revenus suffisants « présente des obstacles permanents à l'exécution franche et régulière des lois d'organisation et d'intérêt général. Elle a, d'un autre côté, pour résultat d'augmenter les dépenses et, par conséquent, la masse et le poids des impôts; car plus les centres d'administration sont multipliés, plus le nombre et les frais des services publics s'accroissent ». En un mot, elle est une plaie pour l'administration et pour le pays, comme pour les communes elles-mêmes (1).

Il est donc d'une administration prévoyante de provoquer la réunion de toutes celles qui manquent de ces premiers éléments d'une bonne administration municipale.

Les réunions ont un double avantage. D'une part, en augmentant le nombre des habitants, elles donnent les moyens de recruter une administration éclairée dans le sein de la commune. D'autre part, en réduisant le nombre des centres d'administration, et partant des services ou des établissements publics qui leur sont attachés, elles diminuent les dépenses et mettent deux communes, incapables de soutenir deux administrations séparées, à même d'en faire marcher une régulièrement.

Elles ne « violent, du reste, en aucune façon les droits de propriété des communes réunies, ni aucun de leurs intérêts ; car les lois assurent aux sections de commune toute la protection nécessaire pour que leurs intérêts particuliers ne puissent être lésés, et l'administration supérieure des départements a en main tous les pouvoirs nécessaires pour les faire jouir de cette protection... (2).

(1) Avis du comité de l'Intérieur, 11 août 1835, commune de Waville (Moselle), rapporteur Vuillefroy.

(2) Avis précité du comité de l'Intérieur du 7 août 1833 (28 communes du département de l'Oise), rapporteur Vuillefroy. — 26 octobre 1833 (Oise), rapporteur Tournoüer.

En présence des avantages et surtout de la nécessité de pareilles réunions, l'administration ne saurait s'arrêter à l'opposition d'un conseil municipal mal éclairé, ou peut-être même entraîné par des amours-propres ou des intérêts privés qui doivent, en définitive, céder devant l'intérêt réel de la masse des habitants, et devant l'intérêt plus général encore de la bonne administration du pays.

Cependant les réunions de communes, par là même qu'elles froissent des intérêts établis, ne doivent être proposées qu'avec une grande circonspection et prononcées qu'après une étude approfondie des ressources de la commune d'une part, et, d'autre part, des circonstances ou de la position dans lesquelles elle se trouve, vis-à-vis des communes auxquelles elle pourrait être réunie.

Il est facile de s'assurer si les ressources de la commune sont suffisantes en matière financière, car les établissements ou services publics qu'elle doit entretenir, en d'autres termes ses dépenses obligatoires sont déterminées par des dispositions précises de lois, décrets ou ordonnances.

Cette étude est moins facile quant à la population ; car aucune loi n'en a déterminé le minimum. La jurisprudence de l'administration a cependant, en quelque sorte, consacré comme une règle générale que, lorsqu'une commune, possédant d'ailleurs des revenus suffisants, a une population de 300 habitants, « elle peut sans inconvénient conserver son individualité, et qu'il n'y a pas lieu d'en prononcer, malgré son conseil municipal, la réunion à une autre commune » (1).

Les circonstances dans lesquelles se trouve la commune, ou sa position vis-à-vis des communes voisines, peuvent être telles que, malgré la faiblesse de sa population et de ses revenus, il soit encore préférable, soit pour elle-même, soit pour l'intérêt public, de conserver plutôt que de perdre son individualité.

Ces circonstances peuvent être de plusieurs sortes ; nous en citerons deux exemples :

Celui où la commune, dont la suppression est désirable, se trouverait située dans un pays peu peuplé et non cultivé, comme dans le département des Landes : « on ne saurait, dans un pareil pays, diminuer le nombre des communes sans porter préjudice aux intérêts de l'agriculture ; car la population, qui tend toujours à se rapprocher des centres d'administration, laisserait incultes les campagnes qui en seraient trop éloignées » (2);

Et celui où une commune « serait trop éloignée de toutes les communes voisines, ou bien où les moyens de communication seraient trop difficiles, pour que sa réunion à l'une d'elles ne soit pas un obstacle à sa bonne administration et à la surveillance de l'autorité municipale » (3).

(1) Avis du comité de l'Intérieur, communes d'Ancienville et Notre-Dame-Dufrénoy (Calvados), rapporteur Degove.

(2) Avis du comité de l'Intérieur, 31 mai 1833, communes de Garosse et Sindère (Landes), rapporteur Vuillefroy.

(3) Avis du comité de l'Intérieur, 8 mai 1833, communes de Sainte-Foix et Villeneuve (Landes), rapporteur Vuillefroy.

De son côté, M. Dalloz fait remarquer (notes sous l'arrêt du conseil d'Etat du 29 novembre 1872, *Rec. périod.*, 1873. 3. 45), que les réunions de communes doivent être prononcées dans l'intérêt de la bonne administration, et non pour dépouiller une communauté de ses droits au profit de ses voisins, ou pour l'obliger à payer des dépenses dont elle ne doit pas profiter.

II. — Voici, emprunté à M. Bost (*Code de la constitution des communes*, p. 124, n° 151), un rapport présenté par M. Perret, au nom de la commission chargée d'examiner un projet de loi tendant à la réunion de la commune de Courmononcle à celle de Saint-Benoît-sur-Vannes (Aube), et consacré par une loi des 24 juin-10 juillet 1856. Ce rapport contient une application intéressante des différentes idées que nous avons exposées à ce sujet :

Nous voyons trop souvent l'administration supérieure embarrassée dans sa marche, paralysée dans l'exécution des améliorations qu'elle conçoit, par des résistances obstinées qui n'ont aucune base sérieuse, aucune raison d'exister et qui, cependant, par leur persistance même, parviennent à éloigner la réalisation de projets dont la sagesse et l'opportunité sont incontestables.

Deux petites communes du département de l'Aube donnent en ce moment un nouvel exemple de cette opposition peu réfléchie, et le Gouvernement vous propose de l'apprécier à sa juste valeur en votant la loi qui vous est soumise.

La commune de Courmononcle, canton d'Aix-en-Othe, arrondissement de Troyes, département de l'Aube, possède un territoire d'environ 779 hectares; sa population est de 95 habitants; son revenu, en centimes additionnels, de 60 francs seulement. Elle n'a ni église, ni cimetière, ni mairie, ni maison d'école; elle emprunte, pour son culte et pour l'instruction primaire, l'église et l'école de Saint-Benoît-sur-Vannes, dont le chef-lieu n'est distant du centre du village de Courmononcle que d'un kilomètre environ.

En fait, il y a donc réunion entre les deux communes, et le préfet de l'Aube, d'accord avec le conseil général, le conseil d'arrondissement, les deux maires, la majorité des habitants, demande qu'une sanction légale soit donnée à cette réunion.

Lors d'une première instruction de cette affaire, un avis favorable à cette réunion avait été formulé par l'un des deux conseils municipaux, celui de Saint-Benoît-sur-Vannes. Cette première instruction ayant été jugée irrégulière, on a dû la recommencer; mais certaines influences locales ont profité de cette circonstance pour agir sur l'esprit des membres du conseil municipal et des plus imposés de Saint-Benoît, et ils repoussent aujourd'hui la réunion projetée à la majorité de 9 voix contre 8.

Le plus simple examen suffit, cependant, pour démontrer l'opportunité de la mesure proposée.

Les recettes de toute nature de la commune de Courmononcle s'élèvent annuellement à la somme de 587 fr. 58 cent., mais ses dépenses s'élèvent à celle de 670 fr. 74 cent. ; il y a donc tous les ans un excédent des dépenses sur les recettes. Comment cet excédant est-il comblé ? La souffrance de certains services municipaux pourrait peut-être nous l'expliquer.

La commune de Saint-Benoît, au contraire, dont les recettes s'élèvent à la somme de 3,685 fr. 38 cent., et les dépenses à celle de 2,957 fr. 75 cent., peut disposer annuellement d'un excédent de recettes de 728 francs environ.

Pourquoi la commune de Courmononcle s'oppose-t-elle dès lors à une réunion qui lui permettra de bénéficier de l'excédent de recettes de la commune de Saint-Benoît ? Pourquoi, d'un autre côté, cette dernière commune, qui prête gratuitement son église, son école, ne comprend-elle pas qu'elle supporte seule les frais d'entretien de ses édifices communaux, et bien d'autres charges municipales, dont cependant sa voisine profite comme elle ?

La commune de Courmononcle, en raison de sa faible population, qui se compose de quelques familles seulement, alliées entre elles, parvient très difficilement à composer une administration municipale (certains procès-verbaux qui se trouvent au dossier l'attesteraient au besoin), et, par sa configuration topographique, elle s'unira très convenablement à la commune de Saint-Benoît, dont le chef-lieu sera central pour les deux territoires.

Il faut reconnaître, d'ailleurs, pue les motifs d'opposition ne semblent pas sérieux ; les véritables intérêts des deux communes sollicitent la consécration légale d'une réunion de fait, et votre commission vous propose, en adoptant le projet de loi, de donner ainsi satisfaction aux vœux émis par l'administration du département de l'Aube et par la grande majorité des habitants des deux communes.

SECTION III

Distraction et réunion de fractions de communes.

« Le transport d'une portion de territoire d'une commune à une autre, disent MM. Vuillefroy et Monnier (1), a pour but de satisfaire aux intérêts des habitants, aux nécessités du service administratif ou aux principes d'une bonne délimitation. Il s'applique à une enclave, c'est-à-dire à un terrain entièrement séparé de la commune dont il dépend, ou à un terrain faisant corps avec son territoire. »

Telles sont les deux hypothèses que nous allons maintenant étudier.

(1) *Principes d'administration*, p. 267, n° XVII. — Conf. *Rép. du droit administratif*, V° *Commune*, n° 323.

Enclaves.

« Le cas d'enclave, dit M. Roussel (1), est le premier qui se présente avec un caractère particulier ; c'est que l'existence même d'une enclave est une atteinte à la loi, non pas à la loi municipale qui, on le sait, passe à côté de ces questions et se borne à déterminer les compétences, la procédure et les effets légaux des remaniements, mais aux lois constitutives de l'assiette de l'impôt. Dans l'espèce, ce sont les lois des 1er décembre 1790 et 2 messidor an VII, lesquelles ont posé cette loi fondamentale que tous les terrains situés dans le territoire d'une commune doivent y être imposés. Il semblerait même qu'une disposition légale aussi impérative eût dû entrainer annexion d'office, et par mesure générale, de toute enclave à la commune qui la renferme. Mais il n'en a rien été, et l'on n'a considéré cette prescription que comme une déclaration de principes, à tel point qu'après un siècle, la suppression des enclaves n'est pas encore complètement achevée.

« Mais si ces sortes de rectifications demeurent, malgré le principe posé par les lois fiscales, soumises aux règles de procédure ordinaires, et sont envisagées à cet égard comme de simples remaniements impliquant débat et instruction préalable comme tous autres, il est clair cependant que la décision s'impose presque toujours et qu'il ne reste d'entier que la détermination des conditions. Parmi ces conditions, l'une de celles qui méritent le plus d'attention est la substitution d'un échange à une annexion pure et simple. « Toutes les fois que la commune qui reçoit une enclave peut, sans nuire à la régularité de sa circonscription, donner en compensation l'administration d'une autre portion de territoire à la commune dont cette enclave est distraite, il convient de l'engager à le faire et de proposer d'autoriser cet échange. » (2).

« C'est une recommandation très ancienne, qui, jusqu'à la disparition de la dernière enclave, conservera son actualité. » (3).

(1) *Répert. du droit administratif*, V° *Commune*, n° 324.

(2) Circ. min. Int., 13 mars 1806. (*Bull. offic. min. Int.*, 1797-1806, p. 442.)

(3) Conf. Vuillefroy et Monnier, *op. cit.*, p. 268. — Il se peut également que cet échange de territoire soit remplacé par une indemnité mise à la charge de la commune annexante, au profit de la commune démembrée. C'est ainsi, par exemple, que le conseil général du Rhône, dans sa séance du 31 août 1888, a accepté l'annexion à la commune de l'Arbresle d'une partie de celles de Fleurieux et d'Eveux, moyennant compensations pécuniaires : 4,000 francs à Eveux et 8,827 francs à Fleurieux.

TERRAINS NON ENCLAVÉS.

« Le transport d'une portion de territoire d'une commune à une autre commune, disent MM. Vuillefroy et Monnier (1), lors même qu'elle ne forme pas enclave, peut être nécessité :

« 1° Par l'intérêt des habitants ; lorsque, par exemple, un hameau ou des maisons sont éloignées du chef-lieu de la commune, tandis qu'ils se trouvent à une distance rapprochée du chef-lieu de la commune voisine ; ou que, sans être éloignées de leur chef-lieu, la difficulté des communications en rend l'accès difficile (2) ;

« 2° Par les exigences du service administratif ; lorsque, par exemple, « un terrain, au lieu de faire corps avec le territoire de la commune, n'y tient que par un point de peu d'étendue et se prolonge sur un territoire étranger (3), ou lorsqu'il est séparé par une rivière » (4) ; car l'administration, le maintien de l'ordre, l'exercice de la police peuvent, en pareil cas, y être difficiles pour les agents publics de la commune ;

« 3° Par les principes d'une bonne délimitation ; ces principes veulent que le périmètre de la commune ait la plus grande régularité possible et que ses limites soient fixes et faciles à reconnaître ; « ainsi, qu'elles soient autant que possible déterminées par des chemins, des rivières ou toute autre limite invariable » (5).

« Dans cet intérêt, le ministre de l'Intérieur avait, en 1806, eu la pensée de faire autoriser, « par mesure générale, les géomètres délimitateurs à substituer, partout où il en existerait à peu de distances, des limites naturelles aux limites actuelles des communes, et partout où les parties d'un territoire ne présenteraient aucun

(1) *Op. cit.*, p. 269, n°s XX et suiv.

(2) Avis du comité de l'Intérieur, 16 août 1833 (limites entre des communes des départements de la Sarthe et de Loir-et-Cher), rapporteur Patry.

(3) Circ. min. Int., 13 mars 1806. — Règlement sur le cadastre, art. 8. — « Si ce terrain, dit M. ROUSSEL (*Répert. du droit administratif*, V° *Commune*, n° 325), est sans habitants, on est presque dans le cas précédent, et la rectification va comme de soi. Un intérêt contraire ne semble pouvoir naître que de la présence d'une agglomération sur cette presqu'île isolée. Les convenances des habitants seront dans ce cas à prendre en considération sérieuse, mais elles devront le plus souvent fléchir devant celles supérieures de l'administration. »

(4) Avis du comité de l'Intérieur, 9 août 1832, communes de Reignac et Courçay (Indre-et-Loire), rapporteur Degove. — « On a vu, dit M. ROUSSEL (*op. et loc. cit.*), des communes traversées par le Rhône et chevauchant ainsi sur deux départements. A ce degré, la rectification devient aussi obligatoire que dans le cas d'enclave. »

(5) Règlement sur le cadastre, art. 8. — Conf. BOST, *Code de la constitution des communes*, p. 106, n° 123.

moyen de se rattacher à une limite naturelle, à tirer des lignes droites qui, en coupant les angles, feraient gagner d'un côté aux communes ce qu'elles perdraient de l'autre » (1). Le conseil d'Etat craignit que cette mesure, « dans le désir d'atteindre à une perfection chimérique et de procurer des avantages incertains, ne produisit de nombreuses contestations et une grande inquiétude ». Il pensa, d'ailleurs, que « la substitution de lignes droites aux lignes brisées aurait l'inconvénient de changer les habitudes et les rapports des administrés », et le projet du ministre fut repoussé (2). Mais si les motifs qui dictèrent l'avis du conseil d'Etat s'opposent à l'admission d'une mesure générale, ils ne sauraient faire obstacle aux propositions spéciales qui ont pour objet les rectifications de limites. La seule conséquence juste que l'on puisse en tirer, c'est que, dans ces changements de circonscriptions, on doit chercher à concilier les exigences d'une bonne délimitation avec les habitudes et les intérêts des administrés (3).

« Parmi les circonstances où ces intérêts pourraient se trouver compromis, et que l'on doit prendre en considération, nous citerons :

« Celle où le changement de territoire aurait pour effet de faire dépendre des « habitants, de plusieurs communes à la fois, de l'une pour l'administration, de l'autre pour le culte » (4).

« Celle où le changement aurait pour effet de séparer des propriétés communales de la commune propriétaire ; car la surveillance s'y exercerait alors moins facilement (5).

« Celle où il aurait pour effet de réunir une portion de territoire rural à une ville ; car ces réunions ont un double inconvénient, en ce qu'elles grèvent des habitants, dont la plupart sont cultivateurs, de toutes les charges qui pèsent sur une ville, sans qu'ils en puissent recueillir les avantages, et en ce que les administrations municipales des villes sont naturellement plus occupées des intérêts de la ville que des intérêts des territoires ruraux qu'elles administrent, et portées à négliger ces derniers (6).

(1) Projet du décret proposé.

(2) Avis du conseil d'Etat, approuvé le 10 février 1806.

(3) Conf. *Répert. du droit administratif*, V° *Commune*, n° 326.

(4) Avis du comité de l'Intérieur, 23 janvier 1835, communes de Ville-Franche et Winzen, rapporteur Lanyer.

(5) Avis du comité de l'Intérieur, 7 juillet 1835, commune de Bioncourt (Meurthe), rapporteur Maison.

(6) Avis du comité de l'Intérieur, 31 mai 1833, communes de Niort et Sainte-Pezenne (Deux-Sèvres), rapporteur Hély-d'Oissel.

« Celle, enfin, où les habitants de la portion de territoire à distraire d'une commune pour la réunir à une autre aurait des droits d'usage ou tous autres droits du même genre sur le territoire de leur commune; car, bien qu'en principe les changements de circonscription ne soient que des mesures d'ordre purement administratives et ne portent atteinte à aucun droit acquis, on ne peut se dissimuler que, dans l'exécution, ils sont susceptibles de faire naître, quant à l'exercice des droits réservés, des difficultés assez graves (1).

(1) Circ. min. Int., 7 avril 1828 (*Bull. offic. min. Int.*, 1828, p. 99). — Ajoutons, avec M. Roussel (*Répert. du droit administratif*, V° *Commune*, n° 327), que les changements les mieux motivés, au point de vue des intérêts de pure administration, s'imposeront tout à fait, s'ils rapprochent les habitants de leur centre de vie communale, s'ils leur assurent, avec ce centre, des communications plus faciles; mais qu'ils devront, au contraire, presque toujours être écartés, lorsqu'ils éloigneraient sensiblement les habitants du territoire en question de leur chef-lieu d'administration communale.

— On lit, d'autre part, dans l'*Ecole des communes* (année 1866, p. 242, n° 743) :

« Le maire de la commune de M. a adressé au comité consultatif de l'*Ecole des communes* une lettre de laquelle paraissent résulter les faits suivants :

« Une commune voisine de celle de M., qui ne possède que 165 habitants, a conçu le projet de s'agrandir aux dépens de M. et d'une autre commune voisine. En conséquence, un projet de distraction d'une portion de la commune de M. a été soumis à l'enquête. Dans cette enquête, sur 200 intéressés, un seul s'est prononcé en faveur du projet. Cette distraction aurait de graves inconvénients pour la commune de M. et ne présenterait aucun avantage pour les habitants de la portion qu'on veut distraire. En effet, les revenus de la commune, telle qu'elle existe aujourd'hui, seraient fort diminués; ses dépenses, au contraire, ne seraient en rien amoindries. D'autre part, la fraction qui serait distraite n'est éloignée de la commune de M. que de 2 kilomètres et quelque chose. Les communications entre elle et le chef-lieu communal se font par un beau chemin vicinal, et sont ainsi faciles en tout temps. La commune de M. possède une mairie, une école pour garçons et filles. La commune qui demande l'annexion de la portion que l'on propose de distraire, n'a aucun de ces avantages. Aujourd'hui, cette commune n'a que 165 habitants; augmentée par l'adjonction d'une partie de la commune de M. et par une partie d'une autre commune voisine, qu'elle veut également s'annexer, elle ne compterait encore que 320 habitants. La situation topographique de cette commune ne s'opposerait pas à ce qu'elle fût elle-même supprimée et jointe à une autre commune.

« Le correspondant en conséquence demande :

« 1° Quel est, en ce qui touche les distractions de parties de communes, l'esprit de la loi du 18 juillet 1837, des actes réglementaires et des instructions intervenues pour l'exécution de la loi? — 2° Le maire de la commune de M. a-t-il le droit d'exiger qu'on lui présente la pétition par laquelle le maire de la commune voisine a demandé, au nom des habitants et au profit de cette commune, la distraction d'une partie de la commune de M.? — 3° Quels sont les motifs que le conseil municipal de M. pourrait opposer au projet de distraction? — 4° Quels motifs peut opposer à ce projet la commission syndicale représentant les habitants de la portion de la commune de M. qu'on veut distraire? — 5° Quels motifs y aurait-il lieu de faire valoir en faveur de la suppression de la commune qui veut s'annexer une partie de M.?

« Le comité, après en avoir délibéré, a émis l'avis suivant : « L'esprit de la loi de 1837 a été d'arriver à la suppression des petites communes qui n'offrent pas les conditions d'une bonne administration faute d'hommes et de ressources pécuniaires. L'exécution de la loi a été faite dans ce même esprit. — L'exposé ci-dessus fait très bien connaître quels sont les motifs

« Aucune de ces circonstances ne peut être considérée comme un obstacle devant lequel l'administration doit toujours s'arrêter, si, d'ailleurs, le changement de circonscription est reconnu nécessaire ou utile; mais les inconvénients qui peuvent en résulter, et que nous venons de signaler, doivent être balancés avec les avantages que les habitants ou l'administration peuvent, d'ailleurs, retirer de pareils changements (1).

« Toutefois, si l'administration peut, en matière de changement de circonscription, exiger en quelque sorte le sacrifice des intérêts particuliers des habitants de telle ou telle portion du territoire, ce ne peut être que pour des raisons d'intérêt public, et jamais ces changements ne pourraient être fondés sur des intérêts particuliers; jamais, par exemple, ils ne pourraient avoir pour objet de favoriser une commune aux dépens d'une autre commune (2).

« Ainsi une ville, entourée de faubourgs qui ne lui appartiendraient pas, ne pourrait pas, sous prétexte que ces faubourgs offrent à ses habitants les moyens de se soustraire aux charges de son octroi, obtenir par ce seul motif leur réunion à son territoire. Cette réunion ne serait, d'ailleurs, pas plus sage qu'équitable; car elle ne remédierait pas ou elle ne remédierait que pendant fort peu de temps aux fraudes et aux inconvénients qu'on voudrait éviter et qui sont inhérents à la position de toute grande ville. » (3).

Il est, en effet, parfois nécessaire de réagir contre l'exubérance des grands centres, toujours prêts à déborder de leurs limites et à s'étendre sur leurs voisins.

que la commune de M. peut opposer à la demande en distraction. Le comité n'est pas en mesure d'ajouter à ces motifs, qui lui paraissent solides. — Quant à la suppression de la commune qui voudrait s'agrandir aux dépens de sa voisine, le comité ne peut discuter les raisons tirées de la situation topographique qu'il ne connaît pas; mais le consultant affirme que cette situation permettrait la suppression, c'est-à-dire l'annexion à une ou à plusieurs des communes voisines. C'est là ce qu'il faut établir. Il est trop évident, du reste, que le maintien d'une commune qui ne compte que 165 habitants n'est pas désirable. — Quant à la pétition qui demande l'annexion, le comité ne comprend pas que l'on n'ait pas pu en obtenir communication lors de l'enquête. En tout cas, les membres de la commission syndicale ont le droit de la demander pour pouvoir discuter le mérite de la pétition. — Enfin, le maire de M. est fondé à la réclamer, pour les observations qu'il peut avoir à soumettre au conseil d'arrondissement et au conseil général, qui seront appelés à donner leur avis. »

(1) M. Roussel dit également (*Répert. du droit administratif*, V° *Commune*, n° 329) : « Tout se résume dans un arbitrage d'intérêts publics. L'administration n'a pas à faire entrer en ligne de compte des intérêts purement privés. Mais dans cet arbitrage d'intérêts publics, les uns locaux, les autres généraux, elle est souveraine, et pourvu qu'elle ait observé les formes légales, le dernier mot lui appartient. »

(2) Avis du comité de l'Intérieur, 9 janvier 1835, communes de Clermont-Agnès et Breville-Levert (Oise), rapporteur Tournoüer.

(3) Avis du comité de l'Intérieur, 9 janvier 1835 (Pas-de-Calais), rapporteur Ternaux.

« Tout changement de circonscription, dit à ce sujet M. Roussel (1), ayant pour effet d'annexer à une commune urbaine, pourvue d'octroi, des lambeaux de communes rurales touchant à ses murs et affranchies jusque là de la servitude d'octroi, ne saurait être imposée aux habitants de ces fractions de communes rurales qu'avec la plus grande circonspection. Cette tendance des agglomérations urbaines à s'annexer leurs faubourgs est assez générale pour appeler toute l'attention. Elle s'étaie le plus souvent de raisons spécieuses; elle s'appuye sur une autre tendance très légitime, qui est de grouper ensemble sous une même administration communale les différentes agglomérations qui se touchent matériellement, et pour qui naissent de cette juxtaposition même des intérêts communs. Tantôt une ville se contente de viser à l'annexion de quelques morceaux des communes voisines, à la portée immédiate de son octroi; tantôt elle vise à l'annexion totale. Elle invoque toujours l'intérêt public et, le plus souvent, il n'y a au fond de sa demande qu'un simple intérêt fiscal tout local et très étroit. »

Le conseil d'Etat a eu, d'ailleurs, souvent à faire obstacle aux progrès de cette tendance si accusée.

Nous pouvons citer, par exemple, un avis des 12-14 février 1880, où nous relevons les considérants suivants:

Considérant que les changements à apporter aux circonscriptions communales doivent être déterminés par des motifs d'intérêt public et faits en vue d'une meilleure organisation administrative;

Considérant que, dans l'espèce, la ville de G., pour justifier l'annexion à son territoire d'une partie des communes d'A. et de G., se borne à signaler l'avantage qu'il y aurait pour elle à constituer un périmètre d'octroi plus facile à protéger contre la fraude;

Qu'on ne peut élever cet intérêt fiscal à la hauteur d'un intérêt public et que le pouvoir de modifier les circonscriptions communales serait détourné de son but si le Gouvernement l'exerçait pour faciliter à une ville la perception de ses taxes d'octroi;

Considérant que si l'art. 152 de la loi du 20 avril 1816 permet, par la création d'octroi de banlieue, l'extension du rayon d'un octroi en dehors du territoire de la commune, cet article s'applique exclusivement aux grandes villes, et que, de plus, les recettes faites par une banlieue appartiennent aux communes dont elle est composée; qu'en dehors des dispositions exceptionnelles de cet article les villes dotées d'octroi n'ont, pour se défendre contre la fraude, que les moyens de répression établis par la loi;

Considérant que la ville de G. peut, si elle s'y croit fondée, réclamer le bénéfice de l'art. 152 de la loi précitée; mais qu'elle ne saurait, par l'annexion

(1) *Répert. du droit administratif*, V° *Commune*, n° 328.

de partie des communes d'A. et de G., obtenir une situation meilleure que celle qui résulterait pour elle de l'établissement d'un octroi de banlieue ;

Rejet.

APPENDICE

I. — *Exposé des motifs d'un projet de loi relatif à un changement de circonscription entre les communes de Fenioux et de Xaintray, adopté le 29 juin 1854.*

La commune de Fenioux, canton de Coulonges, arrondissement de Niort, département des Deux-Sèvres, a une superficie de 3,829 hectares et 1,601 habitants. Les communications sont fort difficiles dans cette grande étendue, pour certaines parties très éloignées du chef-lieu ; elles en sont séparées par un sol montueux, traversé par un cours d'eau qui devient souvent, en hiver, un véritable torrent.

Les habitants du village de Pichenin et des hameaux de La Tressonnière, du moulin de Viette, du petit bois de Loudun et de La Rainerie, compris dans la section de Pichenin, commune de Fenioux, demandent un changement de circonscription territoriale, moins préjudiciable à leurs besoins, à leurs intérêts, et sollicitent leur réunion à la commune de Xaintray, canton de Champdeniers.

Ils sont à 7 kilomètres environ de leur chef-lieu actuel, tandis qu'ils ne sont qu'à 1,500 mètres au plus de celui de Xaintray, où ils ont toutes leur relations, où ils vont exercer tous leurs devoirs religieux, quoiqu'ils dépendent de la paroisse de Fenioux.

Cette dernière commune a, comme nous l'avons dit plus haut, 1,601 habitants, 3,829 hectares, 340 francs de centimes additionnels et 4,324 francs de produits divers. Elle perdrait, par la distraction proposée, 93 habitants, 422 hectares et 40 francs de revenus communaux.

Xaintray aurait alors 511 habitants, 1,076 hectares, 143 francs de centimes additionnels et 1,783 francs de revenus divers.

Comme la commune de Xaintray dépend d'un autre canton, l'affaire a dû être aussi instruite au point de vue judiciaire, et elle n'a rencontré aucune difficulté de ce côté.

Tous les conseils, sauf celui de Fenioux, et toutes les autorités administratives ont émis un vote favorable.

L'évêque n'attend que le changement de la circonscription administrative pour régulariser, sous le rapport du culte, la situation des habitants de la section Pichenin ; de son côté, S. E. le ministre de la Justice donne son approbation au projet, au point de vue de l'administration judiciaire, qui ne pourra que gagner par la distraction proposée.

Par tous ces motifs, nous avons l'honneur de vous proposer l'adoption d'un projet de loi en ce sens (1).

(1) Bost, *op. cit.*, p. 121, n° 149.

II. — *Rapport présenté par M. le baron de Veauce, au nom de la commission chargée d'examiner un projet de loi tendant à une nouvelle délimitation des communes de Mougins et du Cannet (Var), et adopté par une loi des 22-27 juin 1854.*

La commune du Cannet, près Cannes, canton de Cannes, arrondissement de Grasse (Var), n'était autrefois qu'un hameau. En 1774, elle fut érigée en commune et accepta comme telle l'étendue de territoire qui lui fut déterminée.

Depuis, grâce à son admirable situation à l'abri des vents du Nord, grâce à la fertilité de son sol arrosé de sources nombreuses, grâce, enfin, à ses magnifiques cultures d'orangers, cette petite commune devint de plus en plus riche, et sa population s'éleva au nombre de 1,591 habitants, tandis que son territoire n'est que de 439 hectares.

La commune de Mougins, au contraire, dont l'étendue est de 2,880 hectares, n'a pour toute population que 1,831 habitants.

Nonobstant cette différence énorme dans l'étendue de leur territoire respectif, chacune de ces deux communes possède un revenu, en produits divers, à peu près analogue. Ainsi, Mougins obtient 3,072 fr. 87 cent. de revenus, tandis que Cannet, bien moins considérable, jouit de 4,292 francs. Cela tient, je le répète, en grande partie surtout, à l'extension successive, dans cette dernière commune, de la culture de l'oranger, qui a servi au développement des distilleries et parfumeries de Grasse.

De là la nécessité, pour la commune du Cannet, de s'étendre, d'autant plus qu'une nombreuse partie des habitants possède déjà une étendue considérable de terrains dans le voisinage, faisant partie de la commune de Mougins, dont elle est limitrophe, à ce point que plusieurs maisons formant un côté de l'une des rues du Cannet appartiennent cependant à la commune de Mougins, et que les chemins publics les plus fréquentés à l'usage de la commune du Cannet se trouvent situés dans la circonscription territoriale de Mougins.

De là des inconvénients graves, au point de vue de l'unité administrative, de la perception de l'octroi établi au Cannet, et de l'exécution des lois de police, indépendamment des inconvénients dans les rapports que les habitants ont entre eux.

C'est donc pour faire cesser cette situation fâcheuse qu'il importe de modifier la circonscription territoriale des deux communes.

Votre commission, Messieurs, après avoir examiné scrupuleusement les réclamations de la commune du Cannet, d'une part, et l'opposition en quelque sorte systématique de la commune de Mougins, de l'autre, est d'avis, avec le conseil d'Etat, que s'il est utile de faire droit à la demande de la commune du Cannet, il faut aussi reconnaître qu'il y a exagération dans ses prétentions de vouloir l'adjonction à son territoire de 544 hectares.

Après avoir pris connaissance des rapports du géomètre en chef, du directeur des contributions, du sous-préfet et du conseil d'arrondissement, du préfet et du conseil général du département, qui tous sont d'un avis unanime, votre commission pense que la limite nouvelle à donner à la commune du Cannet doit être comme l'indique le liseré rouge tracé sur le plan annexé au présent projet de loi.

De la sorte, au lieu de 544 hectares que demandait la commune du Cannet, il ne lui serait donné qu'une portion de terrain de 351 hectares, et celle offerte à la commune de Mougins lui serait abandonnée. La commune de Mougins perdrait, il est vrai, 351 hectares, 101 habitants et un revenu en centimes additionnels de 112 francs; mais cette commune, qui compte 1,831 habitants, dont le territoire est de 2,880 hectares et le revenu en centimes additionnels de 667 francs, supporterait cette perte facilement, puisque la diminution de ses revenus serait compensée par la suppression des frais d'entretien des chemins vicinaux situés sur la portion de territoire qu'il s'agit de réunir à la commune du Cannet, et qui est nécessaire aux besoins de sa population.

En conséquence, votre commission vous propose, à l'unanimité, l'adoption pure et simple d'un projet de loi en ce sens (1).

III. — *Rapport fait au nom de la 3me commission d'intérêt local chargée d'examiner le projet de loi, adopté par la Chambre des députés, tendant à annexer à la commune de Rouen (Seine-Inférieure) certaines portions de territoire dépendant des communes du Petit-Quevilly (canton de Grand-Couronne, arrondissement de Rouen), et de Canteleu (canton de Maromme, même arrondissement) (agrandissement de Rouen), — par M. Peaudecerf, sénateur* (2).

La loi du 11 mars 1885 a déclaré d'utilité publique les travaux relatifs à l'amélioration et l'extension du port de Rouen. Ces travaux, déjà commencés depuis quelques années, devront s'exécuter sur les deux rives de la Seine et s'étendre sur le territoire de deux communes voisines de Rouen, Le Petit-Quevilly et Canteleu.

Les projets présentés par MM. les ingénieurs ont reçu l'approbation de la Chambre de commerce et de la ville de Rouen, celles des commissions et conseils supérieurs des travaux publics; vous les avez vous-mêmes approuvés en les consacrant par une loi: ils sont considérables et d'une utilité incontestable. Il s'agit notamment, outre la création de bassins qui permettent l'entrée du port de Rouen à des navires obligés de rester en dehors faute d'installation suffisante, d'obtenir les emplacements indispensables pour l'établissement d'une cale de radoub, d'un slip-Labat, d'une cale de débarquement, et aussi pour la construction de magasins, de hangars, de caves, de chantiers, facilitant l'emmagasinement des marchandises diverses dont quelques-unes, comme le pétrole, réclament l'isolement. Enfin, le projet comprend la construction d'un réseau de voies ferrées destinées à relier toutes les parties des quais et les diverses installations commerciales échelonnées le long du bassin, avec les grandes lignes de chemins de fer qui aboutissent à la rive gauche de la Seine.

(1) Bost, *op. cit.*, n° 152, p. 126.

(2) Sénat, session ordinaire, 1888. Annexe n° 214 à la séance du 15 mars 1888. (*Journ. offic.*, doc. parl., Sénat, session ordinaire, 1888, p. 230.)

L'ensemble des travaux d'amélioration et d'agrandissement doit s'effectuer en dehors des limites de la ville de Rouen, et s'étendre, pour environ un tiers du port, sur les communes de Canteleu et du Petit-Quevilly, situées en face l'une de l'autre, au-delà de l'île Méru, sur les deux rives du fleuve, et il est indispensable de rattacher à la commune de Rouen les fractions du territoire de Canteleu et du Petit-Quevilly comprises dans le périmètre sur lequel doit s'effectuer l'extension du port et de ses dépendances.

Il apparait, en effet, même aux personnes les plus étrangères aux opérations commerciales ou maritimes, que le port d'une ville doit nécessairement constituer un ensemble soumis aux mêmes règles, à la même surveillance de la douane, des employés de la régie, de l'octroi, de la police, etc. ; et il est facile de concevoir quelles entraves, quelle gêne considérable pour le commerce naîtraient, soit des vérifications multiples des marchandises franchissant les limites d'une commune et passant sur la commune voisine, soit des divergences d'application des droits et des règlements municipaux qui, d'ailleurs, pourraient être différents à quelques mètres de distance.

Pareille situation serait intolérable et contraire aux intérêts des commerçants, des industriels et à ceux non moins importants de l'administration, du Trésor et de la caisse municipale.

Il est indispensable, ainsi que le fait remarquer l'exposé des motifs, que tous les établissements qui constituent les dépendances d'un port soient renfermées dans les limites de la ville au lieu de s'étendre sur plusieurs communes différentes.

Un port, dit cet exposé, doit former un tout dirigé par la même administration et soumis aux mêmes règlements. Tous les navires qui y rentrent doivent avoir les mêmes droits, les mêmes faveurs et supporter les mêmes charges; or, il n'en serait pas ainsi si le port de Rouen se trouvait partie sur une commune, partie sur d'autres. Les navires amarrés aux quais payeraient des droits d'attache auxquels ne seraient pas soumis les navires attachés aux quais des communes surburbaines, ces communes n'étant pas autorisées à percevoir des droits.

D'autres inconvénients tout aussi graves se produiraient en ce qui concerne les services des douanes, des contributions indirectes et des octrois. Enfin, il importe à la sécurité du port que les services généraux: voirie, police, gardiennage des marchandises, éclairage, etc., soient sérieusement et efficacement organisés.

Aussi la Chambre de commerce et la municipalité de Rouen ont-elles appelé l'attention de l'administration sur l'utilité, à tous les points de vue, d'une emprise à opérer sur les deux communes de Canteleu et du Petit-Quevilly, pour être annexée à la ville de Rouen.

Le conseil d'arrondissement et le conseil général ont reconnu le bien fondé des considérations invoquées en faveur de l'unification des services du port, unification dont la nécessité a été mise en relief par les rapports des administrations consultées.

En suite des propositions présentées, des études ont été faites et soumises à l'instruction réglementaire; les résultats figurent aux dossiers, avec plan, délibérations, documents et enquêtes à l'appui; on peut reconnaître l'importance de chacune d'elles en suivant les divers tracés indiqués par des teintes différentes qui en facilitent l'examen.

Prenant entre les diverses propositions celle qui lui a paru tenir compte, dans une juste mesure, de tous les intérêts, l'administration s'est arrêtée à la délimitation indiquée par la Chambre de commerce; cette délimitation avait recueilli, d'ailleurs, l'assentiment des chefs des services intéressés, et aussi l'avis favorable des deux assemblées départementales.

Les emprises à effectuer sur les deux communes voisines, et qui feraient l'objet d'annexion à la commune de Rouen, sont délimitées et indiquées au plan, pour celle de Canteleu, par une ligne qui, partant du point G (hachures bleues), traverse le village jusqu'en H, où elle se rattache à la ligne teinte en rose, remonte de H à I le long du chemin de Bapeaume, au-dessus et au nord du hameau du Croisset, jusqu'au carrefour que forment entre eux la route départementale n° 4, le chemin de grande communication 51 et plusieurs autres, et remonte pour se terminer par une double courbe U V X.

Sur la commune du Petit-Quevilly, la délimitation projetée suivrait le tracé haché bleu partant du point A (à l'angle situé sur la limite des communes de Rouen et du Petit-Quevilly, à l'est, près de la rue Malétra), se dirige vers l'ouest en suivant une ligne brisée par les points B C D E F, jusqu'à la rue de la Carrière, remonte au point K dans cette même rue, pour suivre ensuite la ligne brisée K L M N O P, jusqu'en Q, et prendre la direction Q R S.

La combinaison à laquelle s'est arrêtée l'administration, et qui vient d'être indiquée d'après le plan joint, réduit dans une assez forte proportion l'emprise d'abord sollicitée, par la ville de Rouen, sur la commune du Petit-Quevilly; elle laisse en dehors l'importante usine de MM. Pinel fils et Cie, faisant ainsi droit aux réclamations du conseil municipal de cette dernière commune et aux observations de M. le commissaire enquêteur.

En ce qui concerne la commune de Canteleu, la délimitation proposée modifie légèrement le tracé primitif du côté du four à chaux et elle augmente assez sensiblement au nord l'étendue du territoire à distraire. Cette commune se verrait, en effet, retrancher 71 hectares 38 ares sur 1,703 hectares 28 ares, et sur sa population totale, qui est de 5,686 habitants, 122 appartiendraient désormais à la commune de Rouen.

La délimitation nouvelle sur Petit-Quevilly atteint une surface plus considérable: cette commune perdrait à la cession demandée 187 hectares 41 ares sur un total de 576 hectares 80 ares 50 centiares, et seulement 35 habitants.

La municipalité de Canteleu et la commission syndicale nommée en vue de représenter les intérêts de la fraction à distraire ont, après examen et délibérations successives, consenti à la distraction, mais sous les réserves: 1° de la participation de la ville de Rouen au remboursement de quatre emprunts antérieurement contractés et garantis par des impositions extraordinaires, étant, entre autres choses, observé que la distraction projetée doit diminuer de 3,580 fr. 28 cent. le produit de ces impositions; 2° de l'établissement préalable d'une route longeant la Seine et destinée à relier le village de Croisset avec Rouen. Appelé à statuer, le conseil municipal de Rouen, s'appuyant sur les avantages incontestables que les communes voisines ne peuvent manquer de retirer, à bref délai, de l'exécution des travaux du port, a fait d'abord quelques difficultés d'admettre comme bien fondée la première réserve; quant à la seconde prétention formulée, il ne peut appartenir qu'à l'assemblée départementale de la résoudre et d'accorder satisfaction.

Toutefois la municipalité de Rouen, reconnaissant l'utilité de la voie réclamée, a souscrit l'engagement de participer à la dépense; aux termes de la délibération du 6 janvier dernier, le conseil affecte, jusqu'à complet achèvement de cette route, un tiers du crédit des centimes spéciaux réservés annuellement aux chemins vicinaux et qui s'élève environ à 38,000 francs. Il semble permis, dans ces conditions, d'espérer que le conseil général accueillera favorablement la demande relative au hameau de Croisset.

La commune du Petit-Quevilly, à laquelle le projet n'enlève que 35 habitants, se montre très hostile et la commission syndicale n'est pas plus favorable que le conseil municipal.

La plupart des objections soulevées et qu'on trouve exposées dans les délibérations des 24 mai 1884, 26 mai et 21 août 1886, paraissent bien plutôt dictées par des intérêts particuliers que par des motifs d'intérêt général.

Satisfaction toutefois a été accordée aux desiderata produits à l'enquête, puisque la ligne transactionnelle adoptée répond à plusieurs observations qui n'étaient point sans quelque valeur.

Quant à l'objection tirée des graves inconvénients qu'éprouveraient les enfants du fait de l'annexion, l'inspection académique, dans son rapport du 9 avril 1886, y a répondu : les écoles des deux communes restent ouvertes aux élèves qui les fréquentent, ils y garderont leurs places s'ils le demandent; de plus, les écoles des deux quartiers voisins dans la ville de Rouen ne sont guère plus éloignées que celles de la commune rurale et les écoliers pourront s'y rendre tout aussi facilement. On peut ajouter que, quant à présent, les enfants qui fréquentent l'école, dans une section de 35 habitants, ne seront pas nombreux.

L'objection formulée est donc sans importance, sans valeur.

La situation financière du Petit-Quevilly, contrairement à certains dires recueillis par l'enquête, ne peut pas avoir à souffrir de l'adoption du projet. L'extension du port, l'exécution des travaux ne peuvent qu'aider au développement de la prospérité de cette commune, qui déjà retire de son voisinage de Rouen de sérieux avantages. Il importe, d'ailleurs, de le faire remarquer: la commission syndicale, bien qu'adversaire de l'annexion, n'a pas pu ne point reconnaître combien elle aurait à gagner aux améliorations projetées.

Et il est bon d'ajouter, ainsi que l'a dit l'administration, que, dans le cas où l'agrandissement du port se pourrait effectuer sans inconvénient en évitant la distraction, la commune du Petit-Quevilly se trouverait dans l'obligation de la solliciter, en présence de l'impossibilité absolue où elle se trouverait de répondre aux lourdes charges qui lui incomberaient et que nécessiteraient l'installation, l'entretien, la surveillance, l'éclairage, etc.; en un mot, tout ce que comporte l'organisation des services d'un port et de leurs dépendances.

Aussi, le Petit-Quevilly a-t-il décidé l'abandon à la ville de Rouen (délibération du 21 août 1886) de toute la partie de territoire expropriée par l'Etat pour la construction des quais et accessoires au service du port. Sa prétention se borne actuellement à voir limiter à cette première surface l'emprise à distraire, sollicitant, en outre, le droit de passage sur la partie distraite afin de pouvoir déverser à la Seine tous les égouts qu'il lui paraîtrait utile d'établi·.

Cette demande de la commune du Petit-Quevilly n'est point recevable. Il semble sans intérêt de revenir encore sur l'utilité incontestable, reconnue, pour les ports et leurs dépendances, d'être établis sur le périmètre d'une seule commune.

Quant au droit de passage sollicité, cette demande est puérile : en quoi, en effet, par le fait de l'annexion projetée, la situation des divers propriétaires serait-elle modifiée? Comment la ville de Rouen, qui n'acquiert pas, qui ne devient point propriétaire, pourrait-elle souscrire l'engagement qui est réclamé ? Comment aurait-elle la faculté de grever au profit de la commune du Petit-Quevilly des immeubles appartenant à autrui ? La municipalité du Petit-Quevilly n'a pas calculé, sans aucun doute, la portée de sa réclamation.

Quel est l'effet du changement de délimitation des communes ? Uniquement de faire passer de l'une dans l'autre certains immeubles qui ne restent pas moins la propriété de ceux qui, actuellement, les détiennent.

Ceux de ces terrains qui constituent des propriétés particulières restent dans les mains de leurs propriétaires ; et quant à ceux qui sont ou seront convertis en voies publiques, quais, rues, etc., le conseil municipal n'aurait aucune compétence pour accueillir la demande et accorder un droit de passage souterrain pour les aqueducs et les égouts. Les autorisations de cette nature sont du domaine de la voirie et les demandes qu'aurait à présenter la commune du Petit-Quevilly seront examinées en temps et lieu par les autorités compétentes. Ainsi s'exprime et le fait très judicieusement remarquer l'administration préfectorale dans sa dépêche du 13 mai 1887, à M. le ministre de l'Intérieur.

L'examen du projet ayant été soumis au conseil d'Etat, la section de l'Intérieur crut devoir, sur certains points, réclamer une instruction complémentaire, notamment en ce qui concerne la question financière.

Les trois conseils municipaux furent de nouveau appelés à délibérer. Ceux de Canteleu et du Petit-Quevilly, tout en maintenant leurs précédentes conclusions et en affirmant une fois encore les réserves déjà exprimées, ont établi dans quelle mesure les distractions projetées deviendraient préjudiciables ; ils ont fixé définitivement (délibérations des 10 et 11 janvier 1888) la part de contributions extraordinaires qui leur seraient enlevées du fait de la distraction et sur lesquelles elles étaient en droit de compter pour répondre aux engagements antérieurement contractés, dans l'intérêt de la collectivité. A l'appui de ces délibérations, elles ont fourni tous documents financiers, budgets, comptes administratifs, états du passif et des impositions, etc.

Il résulte de leur ensemble que la commune de Canteleu éprouverait une perte de 3,580 fr. 28 cent., et celle du Petit-Quevilly 2,142 fr. 80 cent., qu'elles réclament à la ville de Rouen.

Le conseil municipal de Rouen a cru ne pas devoir accueillir pareilles prétentions; il basait sa décision et son refus sur les avantages, à son avis considérables, que les deux communes ne manqueraient pas de retirer de l'exécution du projet.

Toutefois, afin de ne pas retarder la solution, il a consenti à verser, le jour de l'annexion, une somme de 5,000 francs, comme représentant les annuités réclamées par les communes intéressées et dues par elles, à des échéances variables, laissant au conseil d'Etat le soin d'arbitrer dans quelle proportion cette indemnité devrait leur être répartie.

Enfin, la distraction et l'annexion ont été examinées et instruites au point de vue cantonal. Les conseils municipaux des deux cantons desquels dépendent Le Petit-Quevilly et Canteleu ont été consultés et appelés à formuler leur avis. Canteleu appartient actuellement au canton de Maromme; Petit-Quevilly dépend de celui de Grand-Couronne. Les fractions à distraire appartiendraient désormais: celle à prendre sur Canteleu, au sixième canton de Rouen; la partie de territoire à distraire du Petit-Quevilly reviendrait au cinquième.

Les enquêtes sont favorables au projet; toutefois, quelques réclamations ayant été produites, l'administration judiciaire a été consultée. M. le garde des sceaux, dans ses dépêches des 22 janvier et 14 décembre 1887, émet un avis favorable, estime qu'il n'y a pas lieu de s'arrêter aux observations produites et, d'ailleurs, sans importance; il ajoute que les justiciables trouveront même dans l'annexion projetée l'avantage d'un rapprochement de plusieurs kilomètres du chef-lieu du nouveau canton auquel ils seront rattachés.

Le projet, dans ces conditions, a paru réunir toutes les conditions indispensables pour être accueilli, et le conseil d'Etat, après en avoir délibéré, a décidé, dans sa séance du 23 février dernier, que la commune de Rouen verserait, au moment de la mise à exécution des délimitations nouvelles des communes, pour sa part contributive dans le remboursement des emprunts, à la commune de Canteleu, 3,128 francs, à celle du Petit-Quevilly, 1,872 francs, dont l'ensemble représente la somme allouée par la municipalité de Rouen; et il a adopté le projet de loi qui vous a été soumis par le Gouvernement.

Votre commission reconnait que ce projet, qui présente un caractère d'intérêt général, a été l'objet d'une instruction sérieuse et complète, à tous les points de vue; les distractions et l'annexion dont il s'agit sont une conséquence obligée de la loi que vous avez précédemment votée en faveur de l'amélioration et de l'agrandissement du port de Rouen et des grands travaux qu'ils nécessiteront, et dont vous avez reconnu l'utilité; et elle est unanime à reconnaître que les distractions de territoires proposées ne peuvent avoir aucunes conséquences fâcheuses pour les communes et les cantons qui en seront l'objet, et elle ne peut, dans ces conditions, que vous prier d'accueillir le projet élaboré par le conseil d'Etat, tel qu'il vous est présenté par le Gouvernement et qu'il a été voté par la Chambre des députés (1).

(1) Ce projet a été adopté par une loi du 10 avril 1888.

IV. — *Rapport fait au nom de la 6me commission d'intérêt local, chargée d'examiner le projet de loi, adopté par la Chambre des députés, tendant à distraire une certaine portion du territoire de la commune de Lisse (canton et arrondissement de Vitry-le-François, département de la Marne), pour l'annexer à la commune de Bassuet (canton de Heinz-le-Maurupt, même arrondessement), — par M. Le Monnier, sénateur* (1).

Par délibération des 11 janvier et 11 mars 1885, le conseil municipal de la commune de Bassuet, auquel se sont joints un grand nombre d'habitants, a demandé l'annexion à cette commune de 53 hectares de territoire dépendant de la commune de Lisse.

La partie qui serait distraite de cette dernière commune en est distante d'environ 3 kilomètres; elle s'avance jusqu'à 500 mètres du village de Bassuet et elle forme une enclave comprise entre les territoires de Bassuet et d'une autre commune voisine, Saint-Lumier.

Située du côté de Bassuet, au bas d'une colline élevée qui forme une limite naturelle entre les deux communes, cette portion de territoire, entièrement dépourvue d'habitations, est d'un difficile accès pour les cultivateurs de Lisse, tandis qu'elle peut être facilement exploitée par les habitants de Bassuet, auxquels elle appartient entièrement.

Ceux-ci se plaignent, du reste, que cette commune n'est jamais surveillée par le garde-champêtre de Lisse.

Enfin, un chemin qui la traverse, servant à la culture des terres et faisant communiquer Bassuet et Saint-Lumier, n'est jamais entretenu par la commune à laquelle il appartient, tandis que celle de Bassuet aurait un très grand intérêt à le faire classer chemin vicinal et à le mettre en bon état.

Tels sont les motifs sur lesquels le conseil municipal et les habitants de Bassuet appuient leur demande.

Soumise à l'instruction prescrite par la loi du 5 avril 1884, cette demande a été accueillie par le conseil d'arrondissement, par le conseil général et par les chefs des divers services administratifs; mais elle a rencontré de la part du conseil municipal de Lisse une opposition basée sur le préjudice financier que cette distraction causerait à la commune.

La cession du territoire aboutirait, en effet, pour la commune de Lisse, à une diminution de recettes de 130 fr. 90 cent., et le conseil général, dans un but de conciliation, avait proposé d'imposer à la commune de Bassuet l'obligation de payer à celle de Lisse une indemnité égale à la moitié du préjudice causé, sauf rachat facultatif de cette indemnité. Cette condition, acceptée par le conseil municipal de Bassuet, avait été insérée dans le projet soumis à l'examen du conseil d'État; mais cette assemblée a émis l'avis qu'il n'y avait pas lieu, même en présence de l'accord intervenu entre les parties, de déroger à la règle d'après laquelle la diminution de la valeur des impôts résultant de modifications appor-

(1) Sénat, session ordinaire, 1888. Annexe n° 529 à la séance du 12 juillet 1888. — *Journ. offic.*, doc. part., 1888, session ordinaire, p. 418.

tées aux circonscriptions territoriales ne saurait donner lieu à indemnité au profit de la commune démembrée.

Toutefois, considérant que la commune de Lisse est imposée jusqu'en 1895 de 7 centimes extraordinaires affectés au remboursement d'un emprunt contracté à la caisse des chemins vicinaux dans l'intérêt de la commune entière, le conseil d'État a pensé qu'il était juste de laisser à la charge du territoire détaché une part proportionnelle de l'imposition dont il s'agit, part qui doit être fixée à 75 francs.

La nouvelle délimitation des communes de Lisse et de Bassuet modifiant légèrement la circonscription des cantons de Vitry-le-Français et de Heinz-le-Maurupt, l'intervention du pouvoir législatif est rendue nécessaire; mais, sous le rapport judiciaire, ainsi que le constate M. le garde des sceaux, le projet ne comporte aucune objection.

D'après ces données, le Gouvernement a fait préparer un projet de loi en ce sens, qu'il soumet à votre examen et que la 6me commission d'intérêt local vous propose d'adopter tel qu'il vous est présenté (1).

SECTION IV

—

Déplacement de chef-lieu.

Le chef-lieu de chaque commune a été établi par le décret de l'Assemblée constituante du 20 janvier 1790, art. 1er, dans l'agglomération où s'élève le clocher ; et c'est généralement cette agglomération qui a donné son nom à la commune.

Mais plus tard, on fit observer que toutes les communes n'avaient pas de clocher ; et on est d'accord aujourd'hui pour admettre que le chef-lieu d'une commune est à l'endroit où se trouve le siège de l'administration municipale (2).

(1) Ce projet a été adopté par une loi du 1er août 1888.

(2) Voir Dalloz, *Répert. alphab.*, V° *Commune*, n° 173, et *Code des lois administratives*, V° *Commune*, n° 149. — On lit, d'autre part, dans le *Code de la constitution des communes*, de M. Bost (p. 114, n° 137) : « Suivant les décrets des 20 janvier, 26 février et 4 mars 1790, le chef-lieu d'une commune est l'endroit où se trouve le clocher. Lorsque ces lois furent promulguées, il s'agissait de remplacer, dans toute la France, par des divisions purement civiles, des circonscriptions qui, jusque-là, n'avaient eu d'autre base que l'exercice du culte. En un mot, de substituer la commune à la paroisse ; et comme un grand nombre de paroisses dépendaient à la fois de différentes provinces et de différentes administrations, lorsqu'on voulut en former des communes, il fallut bien nécessairement fixer leur chef-lieu sur le point le plus important de leur territoire. Naturellement ce choix devait se fixer sur l'endroit où se trouvait le clocher. Aujourd'hui la définition donnée par les lois précitées ne serait plus exacte, car il existe un grand nombre de communes réunies à d'autres pour le culte, et qui n'ont pas de clocher. Il est mieux, en conséquence, de dire que le chef-lieu d'une commune est le lieu où se trouve le siège de l'administration municipale. C'est là que se font tous les

Il peut être utile de transférer le chef-lieu de la commune d'une section dans une autre. Il peut arriver, en effet, à la suite de différentes circonstances, telles que l'établissement d'une industrie, la création d'un chemin de fer, etc., qu'un des hameaux de la commune, qui n'avait auparavant qu'une population et une importance tout à fait secondaires, s'accroisse, se développe et finisse par acquérir une influence supérieure à celle de la section où était fixé le chef-lieu. Il demande alors à son profit la dépossession de cette section.

« Le déplacement de la vie commerciale, dit M. Roussel (1), pourra motiver la déchéance de fait d'une agglomération au profit d'une autre. La création d'une agglomération autour d'une gare nouvelle et l'amoindrissement constant de l'ancien centre de la commune est, aujourd'hui, une des causes les plus légitimes d'un transfert de chef-lieu. »

Mais c'est là une question très délicate et qui demande les plus grands ménagements. Le plus souvent, même en présence de ces déplacements d'activité, le respect des habitudes et des droits acquis sera encore la meilleure des solutions.

« Il y a rarement à gagner à froisser ces habitudes, et grandement à se défendre contre les ambitions de clocher. » (2).

En effet, ordinairement, tous les bâtiments publics, églises, mairies, écoles, etc., ont été construits dans l'ancien chef-lieu, alors qu'il était le village le plus populeux, le plus central et le plus riche (3) ; et le transfèrement du chef-lieu aurait pour effet de rendre

actes qui peuvent intéresser les citoyens en tant que membres d'une commune ; c'est là qu'ils doivent exercer leurs droits politiques, faire leurs actes civils et payer leurs contributions publiques. »

(1) *Répert. du droit administratif*, V° *Commune*, n° 330.

(2) M. Roussel, *op. et loc. cit.*

(3) On lit dans l'*Ecole des communes*, année 1882, p. 181, n° 19 : « *Question.* — Une commune est formée de la réunion de plusieurs sections. Existe-t-il un texte de loi, un décret, une ordonnance ou une circulaire qui rende obligatoire la construction, soit de la mairie, soit de l'école, au chef-lieu de la commune plutôt que dans l'une des sections ?

« *Réponse du comité.* — Il n'est pas à la connaissance du comité qu'il existe un texte positif rendant obligatoire la construction de la mairie ou de l'école au chef-lieu d'une commune composée de sections. La loi du 18 juillet 1837, art. 5, dispose bien qu'en cas de réunion de deux communes, les édifices servant à un usage public deviennent propriété de la commune à laquelle sera faite la réunion, c'est-à-dire de la commune chef-lieu. Mais faut-il conclure de ce texte que le siège des édifices affectés à un service public doit être forcément établi dans la commune chef-lieu ? Le comité ne le croit pas. On peut imaginer des circonstances particulières qui justifient la dérogation à cet usage, et l'on ne trouve dans la législation aucun texte en opposition avec l'exercice de cette faculté.

« Il faut, bien entendu, que des motifs plausibles expliquent une mesure qui semble, au premier abord, assez étrange. Si ces motifs n'étaient pas présentés par la commune, ou si ces édifices inutiles et d'exiger la construction de nouveaux immeubles dans le nouveau chef-lieu, ce qui occasionne toujours de fortes dépenses.

Aussi, l'administration se montre-t-elle assez difficile sur les conditions que doivent remplir les sections qui demandent à former le chef-lieu de la commune.

Elle exige, en général (1) :

1° Que cette section soit située au centre du territoire communal (2) ;

2° Qu'elle soit la plus populeuse et la plus riche. En effet, comme c'est là que sera le siège de l'administration, que se réunira le conseil municipal, il importe que l'on y trouve le plus grand nombre de personnes capables de remplir les fonctions municipales (3) ;

3° Enfin, que le nouveau chef-lieu proposé soit le chef-lieu de la succursale. « Il est, en effet, plus convenable de placer le chef-lieu de la circonscription au siège de la succursale, afin que les habitants des sections ne soient pas obligés de se rendre à la fois dans un lieu pour les affaires du culte et dans un autre pour les affaires concernant l'état-civil et la commune. » (4).

Remarquons en terminant, avec M. Bost (5), que, dans le cas de formation de nouvelles communes, l'administration a également pour principe de fixer le chef-lieu dans la section qui se trouve placée au point le plus central du territoire communal, qui contient le plus grand nombre d'habitants et qui possède le plus de ressources.

les raisons alléguées ne paraissaient pas assez bonnes, l'administration supérieure trouverait dans l'exercice de son droit de tutelle, le moyen d'empêcher l'exécution de ces travaux. »

Voir dans le même sens : Bost, *Code de la constitution des communes*, p. 115, n° 140.

(1) Voir un article très intéressant de M. Gérard sur *Le changement de nom des communes*, inséré dans la *Rev. gén. d'adm.*, 1880, tome II, p. 385 et suiv., principalement p. 400.

(2) Avis du comité de l'Intérieur du conseil d'Etat du 28 avril 1842, commune de Gandaille, M. Laffon-Ladébat, rapporteur.

(3) Avis du comité de l'Intérieur du 9 mars 1838, commune de Prudhomat (Lot), M. de Bussières, rapporteur. — On lit également dans l'*Ecole des communes*, année 1857, p. 69, n° 490 : « La translation des mairies ou chefs-lieux de communes est une question d'appréciation. On les place généralement au point le plus central du territoire communal et qui contient le plus grand nombre d'habitants, car il importe que l'autorité municipale soit à portée de toutes les parties de la commune et au milieu des relations les plus actives des administrés. Mais il n'est pas toujours facile de trouver un chef-lieu qui réunisse ces deux conditions. Il appartient alors à l'administration supérieure de juger quelle est celle des deux qui doit obtenir la préférence, suivant l'état des localités, l'importance des intérêts et les nécessités du service municipal. »

(4) Avis du comité de l'Intérieur du 18 avril 1845, commune de Loubert (Charente), M. de Puységur, rapporteur. — *Idem* du 28 février 1851, commune de Tocqueville-Bénarville (Seine-Inférieure), M. de Sahune, rapporteur.

(5) *Code de la constitution des communes*, p. 115, n° 139.

APPENDICE

(Extrait du *Code de la constitution des communes,* de M. Bost, p. 116, n° 141.)

Des difficultés s'étaient élevées dans les circonstances suivantes : Le chef-lieu de la commune de Notre-Dame-de-M... est beaucoup moins considérable que l'un des villages qui en font partie. Ce dernier est depuis longtemps érigé en paroisse. Le maire, ainsi que la majeure partie des conseillers municipaux, y ont leur demeure. Il y a lieu de remarquer, d'ailleurs, que ce village, étant situé à 7 kilomètres du chef-lieu de la commune, l'autorité supérieure, par application de l'art. 2, § 2, de la loi du 21 mars 1831, a cru devoir y établir un adjoint spécial pour tenir les registres de l'état-civil.

La commune de Notre-Dame-de-M... présente ainsi cette singularité remarquable, que toute la vie communale semble s'être concentrée dans une localité autre que le chef-lieu, et que celui-ci parait livré à un complet abandon.

Dans cet état de choses, on nous consulta sur le point de savoir si le maire de la commune de Notre-Dame-de-M... ne pourrait pas faire enlever les archives communales du chef-lieu, où il n'y avait pas de maison de mairie, pour les transporter dans son domicile particulier. — On nous demandait encore si le village, qui se trouvait être la principale localité de la commune, ne pourrait pas en devenir le chef-lieu, sauf à faire établir un adjoint spécial pour les registres de l'état-civil dans le chef-lieu dépossédé.

Réponse. — La solution de la première question ne dépend pas de règles positives, mais bien de circonstances qui tombent sous l'appréciation de l'autorité supérieure. En principe, toute commune doit avoir un local servant de mairie. Si une commune est trop pauvre pour remplir cette obligation, il y a lieu de la considérer comme ne pouvant suffire aux conditions d'une individualité distincte, et, par suite, comme devant être réunie à une autre. Toutefois, des motifs graves peuvent décider l'administration à conserver dans son état actuel la commune dont il s'agit, malgré l'insuffisance de ses ressources. Force est donc alors de permettre au maire de recueillir dans son domicile, sous sa responsabilité personnelle, les archives de la mairie qui ne peuvent être logées ailleurs.

Dans le cas qui nous est soumis, le maire n'habite pas le chef-lieu de la commune. La situation est donc plus embarrassante. Cependant, si l'autorité supérieure, après avoir pesé les avantages et les inconvénients de la mesure, croit devoir l'autoriser, nous ne connaissons aucune disposition de loi qui s'y oppose.

Du reste, on ne peut se dissimuler que, par cette translation des archives, le chef-lieu réel de la commune ne soit, de fait, transporté dans le lieu où réside le maire ; car les délibérations du conseil municipal et les principales opérations administratives concernant la commune se feront nécessairement dans cette dernière localité.

Pour donner à cet état provisoire un caractère définitif, il faudrait une ordonnance royale rendue après les formalités d'enquête qui sont prescrites par les art. 2 et 3 de la loi du 18 juillet 1837 ; car s'il ne s'agit pas de changer la circonscription territoriale de la commune ni de porter atteinte à son individualité, il est du moins question de modifier les conditions de son existence, de changer sa manière d'être, et l'on peut dire à la rigueur que le nom étant changé, et le chef-lieu transporté dans une autre localité, l'ancienne commune n'existe plus.

APPENDICE A LA PREMIÈRE PARTIE

RÈGLES SPÉCIALES A L'ALGÉRIE ET AUX COLONIES

Les différentes règles que nous venons d'exposer, relativement à l'autorité compétente pour statuer en matière de changements dans la circonscription territoriale des communes, ou de transfèrements de leurs chefs-lieux, à la procédure à suivre dans ce cas et aux conditions de fond, sont-elles également applicables dans nos colonies ?

Pour répondre à cette question, nous nous occuperons successivement et dans deux sections distinctes :

1° De l'Algérie ;

2° Des autres colonies.

SECTION Ire

L'ALGÉRIE

SOUS-SECTION Ire

RÈGLES DE COMPÉTENCE ET DE PROCÉDURE

La loi du 5 avril 1884 ne contient, sur la matière qui nous intéresse, qu'un seul texte relatif à l'Algérie : l'art. 164, qui est ainsi conçu :

La présente loi est applicable aux communes de plein exercice de l'Algérie.

Par dérogation aux art. 5 et 6 de la présente loi, les érections de communes, les changements projetés à la circonscription territoriale des communes, quand ils devront avoir pour effet de modifier les limites d'un arrondissement, seront décidés par décret pris après avis du conseil général.

Ainsi, la seule différence qui semble résulter de ce texte, au point de vue des changements dans leur circonscription territoriale, entre les communes de France et les communes de plein exercice de l'Algérie, consiste en ce que les érections de communes d'une part, et, d'autre part, les changements à leurs circonscriptions, quand ils ont pour effet de modifier les limites d'un arrondissement, doivent être décidés par un décret pris après avis du conseil général, au lieu de l'être par une loi après avis du conseil général et du conseil d'Etat.

Ces dérogations aux dispositions des art. 5 et 6 de la loi municipale sont assez simples, et nous n'aurions presque rien à ajouter s'il n'y avait en Algérie que des communes de plein exercice. Mais il n'en est pas ainsi. Tandis qu'en France le législateur s'est borné à reconnaître, à consacrer l'existence des communes et à les réglementer, en Algérie, il a dû les créer de toutes pièces, sauf de rares exceptions, pour la Kabylie et pour les villes importantes des autres régions. Trouvant devant lui des populations généralement nomades et réfractaires à tout esprit municipal, il lui a fallu, pour les habituer peu à peu à l'organisation communale telle qu'elle existe chez nous, les faire passer successivement, et suivant le degré de leur développement, par différents états juridiques, avant d'ériger le territoire sur lequel elles s'étaient fixées en véritables communes.

« Le manque d'aptitude de la plus grande partie de la population pour la vie municipale telle que nous l'entendons, dit M. Eugène Godefroy (1), a rendu nécessaire en Algérie la création d'états juridiques intermédiaires par lesquels passe le centre de population avant d'être une commune véritable, une commune de plein exercice. Les deux périodes de cet enfantement sont l'état de commune indigène et l'état de commune mixte. »

Les communes indigènes se trouvent uniquement dans le territoire militaire ou de commandement ; les communes mixtes, à la fois dans le territoire militaire et dans le territoire civil ; enfin, les communes de plein exercice, exclusivement dans le territoire civil.

Ces dernières, nous l'avons dit, sont régies, sauf sur certains points, par la loi du 5 avril 1884. Les communes mixtes sont encore sous l'empire de l'arrêté du gouverneur général du 20 mai 1868, rendu en exécution du décret du 27 décembre 1866. Enfin, les communes indigènes sont régies par ce même arrêté et par celui du 13 novembre 1874.

(1) Etude sur *Les communes de plein exercice de l'Algérie sous l'empire de la loi du 5 avril 1884*, publiée dans la *Revue algérienne et tunisienne*, année 1888, p. 7 à 12, 30 à 37, 60 à 67.

Aujourd'hui, les territoires de ces diverses catégories de communes s'enchevêtrent dans toute l'étendue de l'Algérie, et, en présence des législations différentes qui les régissent, on comprend que les changements dans leurs circonscriptions territoriales, qui peuvent porter simultanément sur des territoires appartenant aux unes et aux autres, donnent naissance à des difficultés qu'il importe d'examiner avec soin.

Tantôt, en effet, le changement de circonscription territoriale, la réunion ou la distraction de communes, ne concernera que des territoires appartenant à des communes mixtes ou indigènes; — tantôt, au contraire, il n'atteindra que des communes de plein exercice; — parfois il s'agira de créer une commune de plein exercice avec des territoires empruntés exclusivement à des communes mixtes ou indigènes; — dans d'autres circonstances, enfin, le changement de circonscription communale concernera à la fois des communes de plein exercice et des communes mixtes ou indigènes.

Telles sont les différentes hypothèses qu'il nous faut maintenant examiner. Pour faciliter cette étude, nous verrons en premier lieu les cas où la solution est à peu près certaine, et ensuite ceux qui peuvent soulever des controverses : en d'autres termes, nous irons du simple au composé.

§ 1.

Changements de circonscriptions communales portant uniquement sur des territoires appartenant à des communes de plein exercice.

« Les centres de population en Algérie pourront être érigés en communes par ordonnances royales, lorsqu'ils auront acquis le degré de développement nécessaire. »

Ainsi s'exprimait l'art. 1er de l'ordonnance du 28 septembre 1847, posant le principe de l'organisation communale de l'Algérie.

« Cette sage disposition, dit M. Godefroy (1), dont l'application progressive et régulière a été l'origine de tout le développement municipal de l'Algérie, fut un instant remplacée par le texte bizarre et sans application possible de l'arrêté du chef du pouvoir exécutif du 16 août 1848, qui était ainsi conçu : « Tout le territoire civil de l'Algérie est érigé en communes. La circonscription administrative des communes non encore érigées sera fixée par des arrêtés ultérieurs du ministre de la Guerre. » — Cet arrêté ne modifia pas en

(1) *Op. cit.*, p. 8.

fait la marche régulière des choses; il ne reçut, en effet, que quelques applications particulières qui en étaient, à vrai dire, la violation, puisqu'il contenait l'érection en communes de tout le territoire civil, quitte à préciser ensuite ce qu'on érigeait. Un décret du 8 juillet 1854 l'abrogea expressément; et à partir de cette époque, l'étendue du territoire civil et le nombre des communes de plein exercice s'accrurent considérablement. » (1).

Ces communes furent successivement régies par les différentes lois municipales qui ont été promulguées en France (2); nous savons que la loi du 5 avril 1884 leur est aujourd'hui applicable, sous certaines réserves (art. 164, § 1).

Voyons donc quelles sont exactement, d'après ce texte, les règles de procédure et de compétence qui président aux changements de circonscriptions, distractions ou réunions de communes, désignations de nouveaux chefs-lieux, concernant exclusivement des territoires appartenant à ces communes.

A) — Règles de compétence.

a) On se rappelle que, d'après l'art. 5 de la loi du 5 avril 1884, il ne peut être procédé à l'érection d'une commune nouvelle qu'en vertu d'une loi, après avis du conseil général et le conseil d'Etat entendu.

En Algérie, pour ériger une commune de plein exercice avec des terrains empruntés uniquement à des communes appartenant à la même catégorie, il suffit d'un décret, pris après avis du conseil général (art. 164, § 2, même loi) (3).

b) Pour les autres changements de circonscriptions:

I. — En France, il faut une loi pour statuer sur la modification proposée, si elle doit avoir pour effet d'altérer la circonscription du département, d'un arrondissement ou d'un canton (art. 6, § 2).

En Algérie, si le changement projeté ne laisse pas intacte la circonscription du département, une loi est nécessaire, comme en

(1) Voir : Circulaire du gouverneur général du 21 mai 1868 ; — Décrets du 24 décembre 1870, du 11 septembre 1873, du 10 août 1875 ; — Arrêtés du gouverneur général des 25 août, 1er et 21 décembre 1880, et du 7 mars 1881.

(2) Nous citerons par exemple un décret du 19 décembre 1868, qui a appliqué à l'Algérie les principes de la loi du 24 juillet 1867 sur les attributions des conseils municipaux.

(3) Conf. arrêt du conseil d'Etat du 18 juillet 1890. — S. 1892, 3. 131. — Commune de Bouïnan.

France; mais s'il a pour effet simplement de modifier les limites d'un arrondissement, au lieu d'une loi rendue après avis du conseil général et du conseil d'Etat, il suffit d'un décret pris après avis du conseil général; enfin, il ne peut être question, en Algérie, de changements de circonscriptions ayant pour effet d'altérer les limites d'un canton; car le canton n'existe pas en Algérie: au-dessus de la commune, la première circonscription territoriale est l'arrondissement (art. 164, § 2).

II. — En France, si le projet laisse intacte la circonscription du département, de l'arrondissement ou du canton, la décision appartient au conseil général, à la condition:

1° Qu'il y ait accord entre les conseils municipaux et les commissions syndicales;

2° Que cet accord existe quant au fond et quant aux conditions de la réalisation de l'opération;

3° Que le conseil général approuve purement et simplement le projet (art. 6, § 4).

Il en est de même en Algérie, sauf la différence qui résulte de l'absence de circonscription cantonale (art. 6, § 4, et art. 164).

III. — Enfin, en France, — lorsque, d'une part, le projet ne touche pas à la circonscription du canton, de l'arrondissement ou du département, et que, d'autre part, les conseils municipaux et les commissions syndicales ne sont pas d'accord, ou bien que, malgré l'accord de tous, le conseil général ne l'approuve pas ou veut lui faire subir quelque changement, — il doit être statué par un décret rendu dans la forme des règlements d'administration publique (art. 6, § 3).

Il en sera encore de même en Algérie; mais il suffira, pour que cette règle s'applique, que tous les territoires, sur lesquels doit porter la modification, soient situés dans le même arrondissement (art. 6, § 3, et art. 164).

B). — Règles de procédure.

Comme en France, l'initiative de l'opération peut être prise: soit par le tiers des électeurs inscrits de la commune ou de la section intéressée, — soit par le conseil municipal de cette commune, — soit par le préfet.

Pour l'instruction de la demande, certaines différences doivent être signalées.

Comme en France, cette instruction devra porter tant sur le

projet en lui-même que sur ses conditions ; le préfet prescrira une enquête *de commodo et incommodo,* qui aura lieu d'après les formes que nous avons exposées ; le conseil municipal ou les conseils municipaux donneront leur avis ; si le projet concerne une section de commune, un arrêté du préfet décidera la création d'une commission syndicale pour la représenter et donner son avis sur la modification proposée ; des plans et des tableaux de renseignements statistiques devront alors être fournis, s'ils ne l'ont déjà été. Mais, en France, il faut que le conseil d'arrondissement donne son avis (art. 3). — Cette disposition de la loi est, par la force même des choses, inapplicable en Algérie, où il n'y a pas de conseils d'arrondissement.

Le conseil général exprimera son opinion, dans les cas où il ne statue pas.

Ici, une difficulté surgit. On sait que, lorsque la décision n'appartient pas au conseil général, le préfet du département dans lequel se trouvent les communes intéressées doit transmettre le dossier, dont nous avons énuméré les diverses pièces, au ministre de l'Intérieur. Mais, en Algérie, la haute administration est confiée à un gouverneur général civil, assisté d'un conseil de gouvernement, composé de tous les chefs de service et de six conseillers généraux par département. Il y a donc lieu de se demander si le préfet doit, avant d'envoyer le dossier au ministre de l'Intérieur, prendre l'avis du conseil de gouvernement et du gouverneur général.

Plusieurs opinions sont soutenues.

Pour comprendre la question, il faut savoir qu'avant la loi du 5 avril 1884, cette matière était régie par le décret du 19 décembre 1868, sur les attributions des conseils municipaux en Algérie (art. 6 et 8), en vertu duquel les décrets impériaux portant érections des communes, ou changements dans leurs circonscriptions, devaient être rendus « d'après les propositions du gouverneur général de l'Algérie, le conseil de gouvernement entendu », — et par le décret du 30 avril 1861 (art. 1er, § 1), confirmé par celui du 11 août 1875 (art. 5), aux termes duquel le conseil facultatif institué auprès du gouverneur général était appelé à donner nécessairement son avis sur l'établissement ou la modification des circonscriptions communales.

Il est vrai qu'un décret postérieur du 26 août 1881, dit décret de rattachement, fit passer sous l'autorité directe du ministre de l'Intérieur l'administration départementale et communale, en territoire civil et en territoire de commandement. Mais nous montrerons (1)

(1) Voir ci-dessous même, sous-section Ire, § 3, p. 290.

que ce décret doit être écarté de la discussion, et qu'il n'a porté aucune atteinte à l'autorité du gouverneur général.

Il y a, par conséquent, toujours lieu de se demander si les dispositions des décrets du 19 avril 1868 et du 30 avril 1861 sont encore applicables, ou bien si la loi du 5 avril 1884 les a abrogées.

Dans un premier système, qui est adopté par M. Godefroy, tout en reconnaissant que le décret du 26 août 1881 n'a pas eu pour effet d'annuler les prescriptions des décrets antérieurs de 1868 et de 1861, on soutient néanmoins qu'il est impossible d'ajouter aux formalités que la loi du 5 avril 1884 énumère d'une manière précise et complète, la nécessité de l'avis préalable du conseil de gouvernement et du gouverneur général, nécessité, dit-on, qui ne résultait que de décrets, et de décrets rendus à une époque où l'organisation communale de l'Algérie ne reposait que sur des actes du pouvoir exécutif.

« La loi du 5 avril 1884, dit M. Godefroy, abroge le décret du 19 décembre 1868 et ne fait aucune mention du gouverneur général. Or, la loi de 1884 se suffit à elle-même, et l'intention plusieurs fois exprimée du législateur a été d'en faire un code complet de l'organisation municipale, de faire un pas de plus dans la voie de l'assimilation des communes de l'Algérie à celles de la France continentale et de simplifier autant que possible les opérations dont nous nous occupons. — Quant au décret du 30 avril 1861, qui mettait les changements aux circonscriptions communales au nombre des matières sur lesquelles le conseil de gouvernement devait donner son avis, on ne peut s'y arrêter ; il n'est pas rare, en effet, de voir les attributions, données à telle ou telle autorité par la loi ou le décret qui institue cette autorité, augmentées, modifiées ou diminuées implicitement ou explicitement par une loi ou un décret qui vient, par la suite, réglementer d'une manière complète telle ou telle partie de ces attributions. » (1).

Et M. Godefroy cite, comme exemple, les modifications que la loi du 5 avril 1884 a apportées, dans ses art. 137 et 138, à la compétence des conseils généraux en matière d'octroi, compétence qui avait été réglée par les art. 46, § 25, et 48, § 4, de la loi sur les conseils généraux du 10 août 1871.

« Il est vrai, dit-il, qu'en l'espèce, la loi de 1884 (2) abroge expressément le texte de 1871 auquel nous faisons allusion. Mais

(1) Voir *op. cit.*, p. 62.

(2) Art. 168, § 17.

cela n'affaiblit pas notre raisonnement, parce que cette abrogation expresse était certainement inutile. »

Les arguments de M. Godefroy ne nous paraissent pas absolument concluants. Sans doute, la loi du 5 avril 1884 ne parle ni du gouverneur général, ni du conseil de gouvernement; mais les décrets de 1861 et de 1868 voulaient que ces autorités fussent consultées au sujet des changements de circonscriptions des communes de plein exercice. Si donc le législateur de 1884 avait entendu enlever au conseil de gouvernement et au gouverneur général leurs attributions en cette matière, il aurait inséré dans la loi une disposition expresse en ce sens. Or l'art. 168, qui prononce l'abrogation de nombreux textes relatifs à la France ou aux colonies, ne parle nullement des décrets de 1861 et de 1868. — D'autre part, il nous semble plus exact de dire que ces décrets, loin d'être contraires à la loi du 5 avril 1884, complètent simplement ses dispositions, en tant qu'elles sont applicables à l'Algérie. — Enfin, les communes ne sauraient se plaindre de cette formalité supplémentaire de l'avis préalable du conseil de gouvernement et du gouverneur général; elles ont ainsi une garantie de plus que leurs intérêts seront sérieusement étudiés.

Nous pensons donc que depuis la loi de 1884, comme avant, le conseil de gouvernement et le gouverneur général de l'Algérie devront être consultés au sujet des projets de changements dans les circonscriptions des communes de plein exercice.

Ce système, adopté en partie par M. Morgand (1), est celui qui est suivi dans la pratique par l'administration.

Enfin, la dernière formalité de l'instruction consiste, comme on le sait, dans l'avis du conseil d'Etat. Mais tandis que, en France, cet avis doit être pris toutes les fois que le changement de circonscription doit être prononcé par une loi ou par un décret (art. 5 et 6 de la loi du 5 avril 1884), en Algérie, il faut établir des distinctions.

S'agit-il de la création d'une nouvelle commune ou d'une modification de circonscription devant avoir pour effet d'altérer seulement les limites d'un arrondissement, le conseil d'Etat ne sera pas consulté (art. 164, § 2, de la même loi), bien que, dans ces deux hypothèses, il doive être statué par un décret.

Au contraire, il faudra prendre son avis, comme en France, en cas de changement de circonscription modifiant le département (art. 6, § 2), ou en cas de remaniements territoriaux à opérer dans

(1) Voir *Commentaire de la loi du 5 avril 1884*, 3e édit., t. II, p. 540. — L'auteur admet seulement la nécessité de l'avis préalable du conseil de gouvernement.

l'intérieur d'un arrondissement, lorsqu'un désaccord se produit, soit entre les conseils municipaux ou les commissions syndicales, soit entre ces assemblées et les conseils généraux (art. 6, § 3).

Ces solutions manquent peut-être de logique, mais elles sont indiscutables.

§ 2.

Changements de circonscriptions communales ne concernant que des territoires appartenant à des communes mixtes ou indigènes.

A). — Règles de compétence.

Aux termes de l'arrêté du 20 mai 1868 et de l'arrêté du 13 novembre 1874, les communes indigènes sont créées par arrêtés du gouverneur général pris en conseil de gouvernement.

Ce sont également, d'après l'art. 16 du décret du 27 décembre 1866, de simples arrêtés du gouverneur général, délibérés en conseil de gouvernement, qui pourvoient à la création des communes mixtes.

Enfin, c'est encore au gouverneur général qu'il appartient de modifier les circonscriptions territoriales des communes mixtes ou indigènes (1).

B). — Règles de procédure.

Ces règles devant être étudiées également dans le paragraphe suivant, à propos des créations de communes de plein exercice avec des territoires enlevés à des communes mixtes ou indigènes, nous nous bornerons, pour éviter des redites, à y renvoyer purement et simplement le lecteur.

§ 3.

Changements de circonscriptions communales ayant pour but d'enlever des territoires à des communes mixtes ou indigènes, pour les ériger en communes de plein exercice.

On ne peut songer, dans ce cas, pas plus que dans le précédent, à chercher une solution dans la loi du 5 avril 1884. Cette loi, en effet (art. 164), ne s'applique qu'aux communes de plein exercice.

(1) *Répertoire du droit administratif*, V° *Algérie*, n° 159.

Or, il ne s'agit pas ici d'une commune qui a déjà ce titre, mais bien d'une commune, mixte ou indigène, qui va l'acquérir.

Voyons donc quelles sont, d'après les textes spéciaux à ces différentes communes, les règles de compétence et de procédure à suivre dans cette hypothèse.

A). — Règles de compétence.

La création d'une commune de plein exercice avec des territoires empruntés à des communes mixtes ou indigènes ne peut avoir lieu que par décret. En effet, aux termes de l'art. 1er de l'ordonnance du 28 septembre 1847, « les centres de population en Algérie pourront être érigés en communes par ordonnances royales, lorsqu'ils auront acquis le degré de développement nécessaire ».

Malgré l'évidence de ce texte, qui est toujours en vigueur, l'administration a quelquefois admis que des communes de plein exercice pouvaient être constituées par de simples arrêtés du gouverneur général (1). Mais cette pratique ne s'appuye sur aucun texte, elle est purement arbitraire, et, par un arrêt en date du 27 février 1880 (2), le conseil d'Etat a reconnu formellement qu'il fallait, en Algérie, un décret pour créer une commune de plein exercice.

Remarquons toutefois que, d'après l'ordonnance du 28 septembre 1847 (art. 1er), c'était le ministre de la Guerre qui était chargé du soin de faire rendre par le chef de l'Etat le décret d'érection. Aujourd'hui cette attribution est passée au ministre de l'Intérieur, en vertu du décret du 24 octobre 1870.

B). — Règles de procédure.

Aucun texte ne donnant aux habitants ou aux assemblées municipales le droit de demander l'enquête, il faut admettre que l'initiative n'en peut être prise que par l'administration.

Cette enquête aura lieu, comme en France, d'après les formes tracées par la circulaire ministérielle du 20 août 1825 (3).

Mais on sait qu'en France, une fois l'enquête terminée, on doit consulter le conseil municipal ou les conseils municipaux de la

(1) Voir M. Sautayra, *Législation de l'Algérie*, Paris, 1878, p. 97, note 1.

(2) Voir *Recueil Lebon*, p. 211, commune de Chébli. — Voir également : Arrêt du conseil d'Etat du 16 mai 1884 (*Recueil*, p. 379, et *Revue générale d'administration*, 1884, t. II, p. 318), commune de Mustapha, — et arrêt précité du 18 juillet 1890. — S. 1892. 3. 131.

(3) Voir De Peyre, *Administration des communes mixtes*, p. 337.

commune ou des communes intéressées. Or, en Algérie, les communes mixtes ou indigènes sont administrées non par un conseil municipal, mais par une commission municipale (1). Il y a donc lieu de se demander si ces commissions municipales devront, dans l'espèce, donner leur avis sur le projet.

« Pour les commissions municipales des communes mixtes, dit M. Godefroy (2), l'arrêté du 20 mai 1868 (art. 11), pris en vertu de l'art. 16 du décret du 27 février 1866, se borne, pour régler leurs attributions, à renvoyer à celles des conseils municipaux des communes de plein exercice, qui étaient alors réglées par l'ordonnance du 28 septembre 1847. Or cette ordonnance, dans l'énumération qu'elle contient des attributions des conseils municipaux, ne mentionne pas qu'ils doivent donner leur avis au sujet des changements à apporter dans les circonscriptions communales ; l'énumération de ces attributions se termine par ce paragraphe assez vague : « 11° Les actions judiciaires et transactions et tous les autres objets sur lesquels les lois, ordonnances et arrêtés appellent les conseils municipaux à délibérer ». — Ce n'est que le décret du 19 décembre 1868, qui remplace l'ordonnance de 1847 au point de vue des attributions des conseils municipaux, qui parle très explicitement, dans son art. 8, de l'attribution qui nous occupe. Etait-ce une innovation? Si l'affirmation est exacte, il est certain que l'avis des commissions municipales des communes mixtes n'est pris que facultativement. »

Malgré ces arguments, nous n'hésitons pas à voir dans les expressions générales du § 11 de l'art. 34 de l'ordonnance du 28 septembre 1847 un texte suffisant pour nous permettre d'affirmer que, dès cette époque, les conseils municipaux des communes algériennes devaient être consultés sur les changements à apporter dans les circonscriptions communales.

« Il y avait, en effet, à cette époque une loi, la loi du 18 juillet 1837, qui, dans son art. 2, exigeait que les conseils municipaux fussent appelés à délibérer sur cet objet ; et puisque ce paragraphe 11 confère d'une manière générale aux conseils municipaux de l'Algérie compétence pour délibérer sur tous les objets sur lesquels la loi appelle les conseils municipaux à délibérer ; puisque, d'autre part, l'arrêté du 20 mai 1868 confère aux commissions municipales des communes mixtes les mêmes attributions qu'aux conseils municipaux des communes de plein exercice, nous en concluons que leur

(1) Arrêté du 20 mai 1868, art. 6 et 16. — Arrêté du 13 novembre 1874, art. 4.

(2) *Op. cit.*, p. 32.

avis doit être pris par l'autorité supérieure, et que l'érection de tout ou partie d'une commune mixte en commune de plein exercice, sans que sa commission municipale ait été consultée, serait entachée d'excès de pouvoir. » (1).

En ce qui concerne les commissions municipales des communes indigènes, dans le cas où des territoires sont empruntés à ces communes pour former une nouvelle commune de plein exercice, M. Godefroy pense qu'il n'est pas nécessaire de les consulter.

« En effet, dit-il (2), l'arrêté du 13 novembre 1874, qui substitue les communes indigènes aux anciennes communes subdivisionnaires, ne modifie les attributions ni de l'administrateur (commandant supérieur du cercle ou chef de l'annexe), ni de la commission municipale, qui est l'ancien conseil subdivisionnaire. Ces attributions restent donc telles qu'elles étaient énumérées dans l'arrêté du 20 mai 1868 (art. 24 et 29), et on ne voit rien figurer dans cette énumération touchant la constitution du territoire en commune de plein exercice. »

Quoi qu'il en soit, en pratique, on consulte toujours les commissions municipales, soit des communes mixtes, soit des communes indigènes, et leurs délibérations sont toujours visées dans le préambule des décrets portant création d'une nouvelle commune de plein exercice.

Si le projet concerne une section d'une commune mixte ou indigène, y aura-t-il lieu de nommer une commission syndicale pour représenter ses intérêts et donner son avis sur l'opération proposée ?

« La loi du 5 avril 1884, dit M. Godefroy (3), ne s'applique qu'aux communes de plein exercice ; en ce qui concerne les communes mixtes ou indigènes, nous ne voyons aucun texte qui ordonne au préfet d'instituer des commissions syndicales pour les sections qu'elles peuvent contenir, ou qui l'autorise à le faire. Nous n'avons pas à nous occuper ici des commissions syndicales du décret du 16 avril 1856. Dans ce texte, en effet, l'expression « commission syndicale » correspond à ce que nous appelons aujourd'hui « commission municipale », et n'a aucun rapport avec la représentation des sections de communes. Enfin, l'arrêté du 20 mai 1868, qui énumère dans son art. 63 les attributions des djemâas (municipalités indigènes), ne leur confère non plus aucune compétence pour donner leur

(1) M. Godefroy, *op. et loc. cit.*

(2) *Op. cit.*, p. 32.

(3) *Op. cit.*, p. 33.

avis en cas de rattachement de leur territoire à une commune de plein exercice. »

En conséquence, il estime que l'institution des commissions syndicales pour les sections de communes mixtes ou indigènes, et leur consultation sur les projets de changements de circonscriptions, ne sont nullement obligatoires.

Il est bon, toutefois, de faire remarquer que l'usage de l'administration est contraire, et que ces commissions syndicales sont toujours nommées et consultées.

La production de plans et tableaux statistiques n'est pas exigée par les textes ; mais comme elle est pour l'administration une source de renseignements précieux, celle-ci est dans l'usage de les demander.

Il n'y a pas lieu de prendre l'avis des conseils d'arrondissement, puisque ces assemblées n'existent pas en Algérie. Mais le conseil général devra-t-il être consulté ?

La solution n'est pas douteuse, lorsque la création de la nouvelle commune de plein exercice a pour effet de faire passer des communes ou des parties de communes mixtes ou indigènes d'un arrondissement ou d'un département dans un autre. En effet, aux termes de l'art. 50, § 1, du décret du 23 septembre 1875, sur l'organisation des conseils généraux en Algérie : « Le conseil général donne son avis : 1° sur les changements proposés à la circonscription du territoire du département, des arrondissements, des districts et des communes, et la désignation des chefs-lieux, sauf le cas où il statue définitivement, conformément à l'art. 46, n° 25. » (1).

Mais que faut-il décider dans le cas où les limites du département ou de l'arrondissement ne sont en rien modifiées ?

« L'art. 50, § 1, du décret de 1875, dit M. Godefroy (2), ne paraît s'appliquer qu'aux changements à la circonscription des communes déjà érigées en communes de plein exercice, ce qui est en dehors de notre hypothèse présente ; la réserve concernant l'art. 46, n° 25, semble indiquer, en effet, que le décret ne prévoit ici que des hypothèses dans lesquelles des conseils municipaux sont appelés à jouer un rôle ; or, il n'y a de conseils municipaux que dans les communes de plein exercice déjà constituées. »

Quelle que soit la valeur de ces arguments, l'administration, se

(1) Art. 46. — Le conseil général statue définitivement : 25° Sur les changements à la circonscription des communes des mêmes arrondissements ou districts, et à la désignation de leurs chefs-lieux, lorsqu'il y a accord entre les conseils municipaux.

(2) *Op. cit.*, p. 34.

basant sur la généralité des termes du décret de 1875 précité, exige toujours que le conseil général donne son avis sur l'opération projetée.

Ces diverses formalités accomplies, le préfet doit-il transmettre le dossier de l'affaire directement au ministre de l'Intérieur, ou bien doit-il auparavant le soumettre au gouverneur général ?

Aux termes de l'ordonnance du 28 septembre 1847 (art. 1er, § 2), le décret portant érection d'une commune mixte ou indigène en commune de plein exercice devait être rendu « sur la proposition du gouverneur général, le conseil supérieur (aujourd'hui le conseil de gouvernement) entendu ».

Mais un décret du 26 août 1881, dont nous avons déjà parlé (1), ayant fait passer sous l'autorité immédiate du ministre de l'Intérieur l'administration départementale et communale, en territoire civil et en territoire militaire, on pourrait croire que l'ordonnance de 1847 n'est plus en vigueur sur ce point. D'autant plus que l'arrêté du 26 août 1881, par lequel le ministre de l'Intérieur a délégué au gouverneur général, le jour même où le décret de rattachement était rendu, la plus grande partie des attributions que ce décret lui conférait, ne contenait, sur cette question, que la disposition suivante : « Le gouverneur général de l'Algérie statuera par délégation du ministre de l'Intérieur et des Cultes sur les objets déterminés ci-après : ..... propositions concernant les annexions à la zone soumise au régime civil des portions de territoire à détacher de la zone de commandement ; délimitation, organisation et fonctionnement des communes mixtes. » (2).

Ce serait là une erreur, selon nous. Sans doute, pas plus que M. Godefroy, nous ne croyons qu'il soit possible « de faire sortir de l'arrêté de délégation la nécessité pour l'administration supérieure de provoquer l'avis du gouverneur général, car cet arrêté ne s'occupe que du pouvoir de statuer qu'il confère à ce fonctionnaire dans certaines hypothèses, et dès que ce pouvoir de statuer vient à cesser, l'arrêté n'a plus d'objet » ; — et, comme lui, nous pensons « qu'il faut écarter l'arrêté de délégation et chercher ailleurs le rôle du gouverneur général et du conseil de gouvernement ».

(1) Voir ci-dessus, section Ire, sous-section Ire, § 1, p. 282.

(2) « Malgré ce texte, dit M. Godefroy (*op. cit.*, p. 34), il est certain que, quand l'annexion en territoire civil d'une partie de territoire à détacher de la zone de commandement se fera par l'érection de ce territoire en commune de plein exercice, le gouverneur général ne sera plus appelé à statuer, car s'il a compétence pour statuer sur l'annexion à une commune mixte située en territoire civil de telle ou telle partie de commune mixte faisant partie du territoire militaire, ou de commune indigène, il ne s'en suit pas qu'il ait compétence pour en faire une commune de plein exercice. »

A notre avis, tout dépend de la manière dont on envisage la situation qu'a faite au gouverneur général le décret de 1881, relativement aux matières dont la connaissance ne lui a pas été spécialement attribuée par les arrêtés de délégation qui l'ont suivi.

« Or, dit M. Béquet (1), la règle générale de l'arrêté du 1er septembre 1834, qui a placé sous son autorité tous les fonctionnaires civils et militaires, subsistant toujours, les services rattachés ne cessent pas d'être sous la direction effective du gouverneur général. Et cette direction paraît être tellement dans la nature des choses que l'on doit considérer comme établi que le gouverneur général est toujours, en Algérie, le représentant direct et l'intermédiaire de tous ministres auprès de tous les chefs de service. En conséquence, le gouverneur général rend compte de ses actes aux ministres compétents et donne préalablement son avis ou fait ses propositions sur toutes les nominations et les mutations du personnel des différents services publics. Et quant aux actes de haute administration et de gouvernement qui doivent émaner du Président de la République, à l'exception de ceux qui intéressent la justice, les cultes et l'instruction publique des Européens, les décrets présentés à la signature du Président de la République doivent l'être par le ministre compétent, qui contresigne le décret sur l'avis du gouverneur général. » (2).

De son côté, M. Godefroy, tout en faisant quelques réserves, adopte la même solution.

« D'après l'explication donnée par M. Béquet, dit-il (3), le décret du 26 août 1881 a eu pour but et pour effet non pas d'annihiler le gouvernement général et, en quelque sorte, de faire passer les affaires par-dessus sa tête, mais de lui donner, au lieu d'un chef unique, le ministre de l'Intérieur, tous les ministres chacun en ce qui le concerne, et de le placer ainsi dans la situation d'un préfet. Cette interprétation a l'immense avantage d'être conforme à la pratique et au bon sens; mais, s'il faut la considérer comme exacte, ont peut exprimer le regret de voir l'art. 1er du décret de 1881 placer en termes formels les différents services sous l'autorité directe des différents ministres. Le sens grammatical des termes employés implique évidemment la suppression de certains intermédiaires; quels intermédiaires a-t-on pu vouloir supprimer, sinon le gouverneur général et le conseil de gouvernement? Ce n'est qu'avec beaucoup de bonne

(1) *Répert. du droit administratif*, Vo *Algérie*, no 100.

(2) Déc. 30 juin 1876, art. 1er. — Conseil d'Etat, 27 décembre 1877.

(3) *Op. cit.*, p. 36.

volonté que l'on peut entendre ces mots « autorité directe » dans le sens de « répartition entre les différents ministres » d'attributions qui précédemment n'appartenaient qu'au ministre de l'Intérieur. Le conseil d'Etat n'a pas encore eu à se prononcer sur le sens du décret de 1881 ; il est certain que si son interprétation n'était pas celle de M. Béquet, on aboutirait dans la pratique à des résultats au moins bizarres. »

Quoi qu'il en soit et jusqu'à décision formelle du conseil d'Etat en sens contraire, on doit considérer l'art. 1er de l'ordonnance de 1837 comme étant toujours en vigueur. — Le préfet sera donc, par suite, obligé de soumettre le dossier de l'affaire au gouverneur général, avant de l'envoyer au ministre de l'Intérieur. — Il faut même aller plus loin et décider que c'est seulement sur la proposition du gouverneur que le ministre pourra soumettre le décret d'érection à la signature du Président de la République. — Enfin, le conseil de gouvernement devra également donner son avis, mais sans que le ministre soit tenu de s'y conformer (1).

Remarquons en terminant que le Gouvernement n'a pas à consulter le conseil d'Etat sur le projet de création d'une commune de plein exercice avec des territoires appartenant à des communes mixtes ou indigènes.

En conséquence, sitôt que le conseil de gouvernement a exprimé son avis et que le gouverneur général a fait ses propositions, le ministre de l'Intérieur peut faire rendre le décret d'érection par le Président de la République.

Telles sont les règles à suivre pour la création d'une nouvelle commune de plein exercice avec des territoires empruntés exclusivement à des communes mixtes ou indigènes. S'il s'agissait, à l'inverse, de faire redescendre une commune de plein exercice au rang de commune mixte ou indigène, comme le cas n'a pas été prévu par le législateur, on devrait raisonner par analogie.

« En l'absence de toute disposition expresse de la loi, dit M. Godefroy (2), il y aurait lieu de se référer aux principes généraux du droit; par suite, cette déchéance ne pourrait résulter que d'un décret rendu sur l'avis de toutes les autorités qui doivent être consultées au sujet des réunions et distractions de communes de plein exercice. Il en serait de même s'il s'agissait seulement d'appliquer cette déchéance à une portion du territoire de la commune

(1) Ordonnance du 28 septembre 1847. — Décret du 30 avril 1861, art. 1er. — Décret du 7 octobre 1871.

(2) *Op. cit.*, p. 37.

en question : le décret d'érection a créé, en effet, pour toutes les parties de ce territoire, une situation juridique qui ne peut cesser que par l'effet d'un acte de même valeur. »

Nous avons supposé jusqu'ici qu'il s'agissait de créer une commune de plein exercice avec des territoires pris exclusivement dans des communes mixtes ou indigènes.

Mais s'il était question, soit d'annexer à une commune de plein exercice déjà existante une commune mixte ou une commune indigène, ou bien une partie du territoire de ces communes, soit de détacher d'une commune de plein exercice une de ses sections pour la réunir à une commune mixte ou à une commune indigène, on rentrerait alors dans la quatrième hypothèse que nous allons maintenant examiner.

§ 4.

Changements de circonscriptions communales portant simultanément sur des communes de plein exercice, mixtes ou indigènes.

Ce cas est le plus compliqué. En effet, comme le fait avec raison remarquer M. Godefroy (1), ces opérations peuvent comporter à la fois des modifications aux circonscriptions de communes de plein exercice, et des modifications aux circonscriptions de communes mixtes ou indigènes. « Supposons, en effet, dit-il, que le projet ait pour but d'augmenter le territoire d'une commune de plein exercice, en y faisant entrer des portions de communes limitrophes mixtes ou indigènes : cette opération, qui n'est qu'une modification de territoire en ce qui concerne la commune de plein exercice, est une véritable érection en ce qui concerne le territoire qu'il s'agit de lui annexer, bien qu'on ne crée pas là une nouvelle personne morale. A l'inverse, le projet peut avoir pour objet de diminuer le territoire d'une commune de plein exercice en en détachant certaines portions trop peu considérables pour former de nouvelles communes, et qui devront dès lors être nécessairement rattachées aux communes mixtes ou indigènes voisines ; cette opération est à la fois un changement de circonscription à une commune de plein exercice et une déchéance pour le territoire qui en est détaché, et rattaché à une commune mixte ou indigène. »

(1) *Op. cit.*, p. 64.

Quelles seront donc les règles de compétence et de procédure à appliquer dans ces cas?

On pourrait soutenir que, « la loi du 5 avril 1884 étant seule applicable aux communes de plein exercice et à toutes les parties de leur territoire, ce serait porter atteinte aux franchises municipales qui leur sont octroyées que de ne pas s'en tenir uniquement à son texte et d'en modifier l'application en tenant compte des règles qui régissent les communes mixtes et indigènes. Il résulterait de ce système que, par ce seul fait qu'une commune de plein exercice serait intéressée au changement de circonscription, la législation des communes mixtes ou indigènes devrait être laissée complètement de côté, et que des modifications seraient apportées indirectement au territoire de ces communes, sans que cette législation fût mise en œuvre » (1).

Mais ce système, d'un caractère trop absolu, nous paraît porter une grave atteinte aux droits de l'administration sur les communes mixtes ou indigènes.

Dans une autre opinion, qui est adoptée par M. Morgand (2) et aussi par l'administration (3), on soutient que, « la loi de 1884 ne s'appliquant qu'aux communes de plein exercice, il n'y a pas lieu de s'y référer lorsque, des deux communes dont il s'agit de modifier le territoire, l'une est une commune mixte ».

On restreint ainsi, d'une façon tout à fait arbitraire, la sphère d'application de la loi du 5 avril 1884.

Pour nous, nous estimons, avec M. Godefroy (4), que la vérité réside dans une opinion intermédiaire, qui consiste à combiner les deux législations (loi du 5 avril 1884, arrêté du 20 mai 1868 et arrêté du 13 novembre 1874), quand les deux sortes de territoires sont intéressées à la même opération.

Nous admettrons donc les solutions suivantes :

A). — Règles de compétence.

Le changement proposé doit-il avoir pour effet de modifier les limites du département ? Alors une loi sera, comme toujours, nécessaire.

(1) M. Godefroy, *op. et loc. cit.*

(2) *Commentaire de la loi du 5 avril 1884*, 3e édit., t. II, p. 540.

(3) Voir par exemple : Avis du conseil de gouvernement du 24 octobre 1884. — Décision du ministre de l'Intérieur du 3 décembre 1884.

(4) *Op. cit.*, p. 65.

Au contraire, le remaniement territorial porte-t-il uniquement sur des communes situées dans un même département? Il suffira, dans ce cas, d'un décret.

Comme le fait remarquer M. Godefroy, le conseil général qui, lorsque les conditions énumérées dans l'art. 6, § 4, de la loi du 5 avril 1884 sont réunies, a le droit de modifier lui-même la circonscription des communes de plein exercice, ne pourra jamais statuer définitivement ici, car sa compétence ne saurait s'étendre aux communes mixtes ou indigènes.

B). — RÈGLES DE PROCÉDURE.

A qui appartient le droit de demander l'enquête?

« L'initiative de l'opération, dit M. Godefroy (1), s'il ne s'agissait que de communes mixtes ou indigènes, n'appartiendrait qu'au préfet; mais comme il s'agit aussi, dans notre hypothèse, d'une commune ou section de commune de plein exercice, nous croyons qu'elle appartient aussi aux électeurs et au conseil municipal de cette commune. La loi de 1884 confère, en effet, une véritable capacité aux électeurs et aux conseils municipaux pour exiger cette enquête ; or, aucun texte ne nous apprend que cette capacité vienne à cesser par ce fait que le projet concerne partiellement des territoires appartenant à des communes mixtes ou indigènes. Le préfet ne pourrait donc, sans commettre un excès de pouvoir, refuser l'enquête qui lui serait demandée par un tiers des électeurs d'une commune ou d'une section de commune de plein exercice, ou par le conseil municipal d'une de ces communes (2). Mais la capacité dont nous venons de parler ne s'étend pas aux habitants des communes mixtes et indigènes, ni à leurs commissions municipales. Une demande d'enquête, formulée par eux, n'aurait donc rien d'obligatoire pour le préfet. »

Cette enquête aura lieu suivant les formes ordinaires ; et l'on consultera successivement les diverses autorités intéressées, savoir : le conseil municipal ou les conseils municipaux de la commune ou des communes de plein exercice ; la commission ou les commissions municipales de la commune ou des communes mixtes et indigènes ; les commissions syndicales des sections de ces diverses communes, ayant des intérêts distincts de ceux de la commune dont elles font partie ; le conseil général ; le conseil de gouvernement ; le gouver-

(1) *Op. cit.*, p. 66.

(2) Voir, en sens contraire : Décision du ministre de l'Intérieur du 3 décembre 1884. — Avis du conseil de gouvernement de l'Algérie du 24 octobre 1884.

neur général ; enfin, le conseil d'Etat, mais seulement lorsque les limites du département devront être atteintes par le remaniement territorial, ou bien lorsque, le projet laissant intacte la circonscription de l'arrondissement, il y aura eu désaccord, soit entre les conseils municipaux et les commissions syndicales, soit entre ces assemblées et le conseil général.

SOUS-SECTION II

RÈGLES DE FOND

Les conditions de fond auxquelles sont soumises, en France, les créations, réunions et divisions de communes, ne sauraient s'appliquer en Algérie.

« Le principe de la fixité des circonscriptions territoriales, dit M. Morgand (1), principe qui est, pour la France continentale, une règle de sage administration, ne saurait s'appliquer à un pays de formation nouvelle, où la création de nouveaux centres de population et leur transformation au fur et à mesure des progrès réalisés sont une des conditions essentielles de la colonisation. »

Il appartiendra donc à l'administration, seule juge de la question, de décider dans quel cas il y aura lieu d'ériger une commune indigène ou une commune mixte en commune de plein exercice, et quand il conviendra d'apporter des modifications à la circonscription de ces communes, soit pour les dédoubler, soit pour les réunir.

Rappelons seulement que, dans un rapport adressé à l'empereur le 9 mai 1868, il était dit formellement que « la commune mixte pourrait être, sans difficulté, érigée en commune de plein exercice, le jour où l'élément européen serait suffisamment développé, et où, de son côté, l'élément indigène serait façonné à nos idées et aurait fait un nouveau pas en avant » (2).

Voici, pour terminer, quelques chiffres qui prouveront que l'esprit municipal fait tous les jours de nouveaux progrès en Algérie.

Au 31 décembre 1879, l'Algérie comprenait 181 communes de plein exercice et 61 communes mixtes, dont 44 en territoire civil et 17 en territoire de commandement (3).

Au 1er octobre 1884, le nombre des communes de plein exercice était de 209, celui des communes mixtes de 75 (4).

(1) *Op. cit.*, t. II, p. 539.

(2) *Répert. du droit administratif*, Vº *Algérie*, nº 167.

(3) *Répert. du droit administratif*, Vº *Algérie*, nº 50.

(4) Morgand, *op. cit.*, t. II, p. 529.

D'après le rapport du ministre de l'Intérieur, annexé au décret des 31 décembre 1886-6 janvier 1887 (1), les communes de l'Algérie étaient réparties de la manière suivante :

Territoires administrés par l'autorité civile :

Alger	89 communes de plein exercice ;	23 communes mixtes.
Constantine	69 — —	35 —
Oran	74 — —	20 —
Totaux	232 communes de plein exercice ;	78 communes mixtes.

Territoires de commandement :

Alger	3 communes mixtes ;	6 communes indigènes.
Constantine	» —	5 —
Oran	3 —	2 —
Totaux (2)	6 communes mixtes ;	13 communes indigènes.

Au 30 septembre 1887, il y avait en Algérie :

En territoire civil :

239 communes de plein exercice, comprenant 2,219,861 hectares et 1,101,375 habitants ;

78 communes mixtes, comprenant 10,372,536 hectares et 2,201,181 habitants.

En territoire militaire :

6 communes mixtes, comprenant 5,796,716 hectares et 73,219 habitants ;

10 communes indigènes, comprenant 35,297,259 hectares et 449,640 habitants (3).

Enfin, le rapport du ministre de l'Intérieur annexé au décret du 31 décembre 1891 (4) établit, pour l'Algérie, la situation suivante :

(1) *Journal officiel* du 6 janvier 1887, p. 65 et suiv.

(2) Le *Bulletin des lois*, où ce même rapport a été inséré (1887, t. I, n° 1068, p. 249), donne, au contraire, pour les territoires de commandement :

Alger	3 communes mixtes ;	6 communes indigènes.
Constantine	» —	5 —
Oran	5 —	4 —
Totaux	8 communes mixtes ;	15 communes indigènes.

(3) Voir *Tableau général au* 30 *septembre* 1887 *des communes de l'Algérie*, publié par le gouverneur général ; — et M. Godefroy, *op. cit.*, p. 9.

(4) *Journ. offic.* du 12 janvier 1892, p. 213 ; — et *Dénombrement de la population*, 1891. — Paris, 1892, p. 847.

DÉPARTEMENTS	TERRITOIRES administrés par l'autorité civile		TERRITOIRES de commandement		POPULATION NON COMPRIS l'armée		
	NOMBRE des communes de plein exercice	NOMBRE des communes mixtes	NOMBRE des communes mixtes	NOMBRE des communes indigènes	Des territoires administrés par l'autorité civile	Des territoires de commandement	TOTAL
ALGER	100	21	3	5	1.275.650	192.477	1.468.127
ORAN	78	18	3	2	817.450	124.616	942.066
CONSTANTINE...	71	34	»	4	1.543.867	170.672	1.714.539
Totaux...	249	73	6	11	3.636.967	487.765	4.124.732

RÉSUMÉ GÉNÉRAL.

	Communes de plein exercice.	Communes mixtes.	Communes indigènes.
Au 31 décembre 1879. . . .	181	61	»
Au 1er octobre 1884	209	75	»
Au 1er janvier 1887	232	84	13
Au 30 septembre 1887 . . .	239	84	10
Au 1er janvier 1892	249	79	11

SECTION II

LES COLONIES

Aux termes de l'art. 165 de la loi du 5 avril 1884 :

La présente loi est également applicable aux colonies de la Martinique, de la Guadeloupe et de la Réunion, sous les réserves suivantes : ..... Les attributions conférées au ministre de l'Intérieur et aux préfets par l'art. 4 de la présente loi sont dévolues au gouverneur.

Ainsi, la seule différence à signaler entre les règles suivies en France et celles applicables dans ces colonies consiste en ce que ce sera un arrêté du gouverneur, et non un arrêté du préfet, qui décidera la création des commissions syndicales appelées à représenter les sections de commune ayant des intérêts particuliers.

Mais il faut ajouter, avec M. Morgand (1), que ce sera également le gouverneur qui remplacera le préfet pour ordonner l'enquête préalable prescrite par l'art. 3. La loi a omis de le dire ; mais cette omission est purement fortuite et provient d'une erreur d'imprimerie.

Quant aux colonies autres que la Martinique, la Guadeloupe et la Réunion, elles restent soumises exclusivement au régime des décrets (2).

Mais, comme l'a fait remarquer M. Alype (3), la loi nouvelle pourra être étendue par voie de simple décret aux autres colonies, si on le juge nécessaire.

C'est ainsi qu'un décret des 29 avril-1er mai 1889 déclare applicable aux colonies de la Guyane, du Sénégal, de la Nouvelle-Calédonie et de Saint-Pierre et Miquelon, les art. 1 à 9 inclusivement de la loi du 5 avril 1884.

(1) *Op. cit.*, t. II, p. 546.

(2) Chambre des députés, séance du 6 novembre 1883. (*Journ. offic.* du 7 novembre, p. 2236, col. 3.) Déclaration de M. DE MARCÈRE, rapporteur. — « De ce que nous ne mentionnons pas les autres colonies françaises, il en résulte que ces colonies sont soumises à la législation existante, qui est la législation des décrets. » — Voir *Répert. du droit administratif*, Vᵒ *Colonies*, nᵒˢ 816 et suiv.

(3) Chambre des députés, séance du 8 novembre 1883. Rectification au procès-verbal de la séance du 7 novembre. (*Journ. offic.* du 9 novembre 1883, p. 2253, col. 2.)

DEUXIÈME PARTIE

EFFETS DES CHANGEMENTS DE CIRCONSCRIPTION DES COMMUNES

GÉNÉRALITÉS

Nous avons examiné les règles qui président aux changements de circonscription des communes. Nous connaissons la procédure à suivre, les autorités compétentes pour statuer et les cas dans lesquels il y a lieu d'autoriser la modification proposée.

Mais ces remaniements territoriaux ne peuvent être opérés sans entraîner forcément avec eux certaines conséquences, et sans nécessiter le règlement de certaines questions.

En effet, les communes, étant des personnes morales, peuvent, comme les personnes physiques, posséder des biens, contracter des dettes, passer des marchés, etc. De plus, elles sont administrées par un conseil municipal, chargé de veiller à leurs intérêts; elles ont un budget, des règlements de police particuliers, un nom distinct, etc.

Lors donc qu'une commune vient à être réunie à une autre commune, ou qu'une section d'une commune en est distraite, soit pour être érigée en municipalité distincte, soit pour être réunie à une autre commune, l'être moral étant ainsi profondément troublé dans son existence, des difficultés nombreuses ne manqueront pas de surgir relativement aux intérêts multiples qui se trouvent atteints par le changement de circonscription; — et il sera nécessaire qu'une autorité intervienne pour les résoudre.

Mais ici une question se pose. Faut-il que le législateur édicte *a priori*, dans une loi générale, des règles applicables à toutes les hypothèses qui peuvent se présenter; ou bien doit-il laisser à l'autorité qui prononcera la modification territoriale le soin d'en déterminer elle-même toutes les conditions, sans être obligée de se conformer à des principes invariables et en s'inspirant uniquement des circonstances?

Lorsqu'on eut à s'occuper de cette question, pendant la discussion de la loi du 18 juillet 1837, on partit de cette idée que la loi organique devait déterminer d'avance, une fois pour toutes et pour tous les cas, les conditions des modifications territoriales.

« Les conséquences de la réunion ou de la distraction, disait à ce propos M. Vivien (1), doivent autant que possible être déterminées par la loi elle-même. Il est bon que les communes consultées sur les projets sachent à l'avance quels effets seront attachés à la mesure proposée. »

Mais on reconnut bien vite qu'il était impossible d'énumérer et de réglementer dans un seul texte toutes les conséquences des remaniements territoriaux, et que les circonstances sont trop diverses, les usages trop variés, les intérêts trop différents, pour qu'une loi municipale puisse prévoir tous les détails et établir utilement des règles applicables à toutes les réunions ou divisions de communes.

« La loi, disait encore M. Vivien (2), ne peut statuer à l'avance sur les nombreuses hypothèses qui peuvent se présenter et sur toutes les difficultés qui résulteront de la modification. Des intérêts si variés ne sont pas susceptibles d'être soumis à l'avance à un règlement uniforme, à des principes fixes et absolus. Les droits se modifient selon les circonstances ; des indemnités, des partages seront quelquefois justes et nécessaires ; quelquefois l'équité en serait blessée ; le plus souvent il y aura lieu à des compensations, opération délicate et qui ne peut pas être effectuée *a priori*. »

En présence de ces difficultés, on dut donc apporter au principe que l'on avait posé tout d'abord de sérieux tempéraments, et l'on s'en tint au parti suivant : on réglementa, dans la loi municipale, d'une manière fixe et invariable, certains effets attachés à tous les remaniements territoriaux ; et on laissa à l'administration le soin de déterminer dans chaque espèce, et dans l'acte même prononçant la réunion ou la distraction, ou dans un acte postérieur, toutes les autres conditions, au mieux des intérêts engagés.

En d'autres termes, on divisa ces conditions en deux catégories : les unes, les principales, qui se présentent à peu près dans tous les cas et de la même manière, comme, par exemple, les questions de

(1) Séance de la Chambre des députés du 26 avril 1836.

2) Séance de la Chambre des députés du 26 avril 1836.

propriété, de renouvellement du conseil municipal de la commune augmentée ou amoindrie, etc., furent tranchées une fois pour toutes par le législateur (art. 5, 6 et 8); les autres, les accessoires, qui varient dans chaque espèce particulière, selon les circonstances, telles que les questions de liquidation des dettes, de partage de l'actif, d'indemnités, de contribution au remboursement des emprunts, etc., furent abandonnées, dans de certaines limites, à l'administration (art. 7).

Ce système mixte avait ses avantages. D'abord, il ne laissait qu'une place assez restreinte à l'arbitraire de l'administration. De plus, les communes et sections de communes connaissaient ainsi d'avance, sinon complètement, du moins en grande partie et dans la limite du possible, quelles seraient les conséquences d'une modification de leur circonscription ; et elles pouvaient se guider sur ces indications, soit pour demander ou pour approuver le changement, soit, au contraire, pour le repousser.

Mais ces règles étaient absolues et inflexibles ; et il n'y avait nul moyen de les corriger, de les adoucir, alors même qu'elles auraient été de nature, dans telle ou telle circonstance particulière, à susciter de sérieux obstacles à une modification désirable. Et il résultait de là de graves inconvénients, sur lesquels insiste avec complaisance M. Roussel (1).

« Les intéressés, dit-il, sont dans l'impossibilité de se soustraire aux prescriptions de la loi, même par l'accord des volontés. L'administration eût-elle voulu poursuivre, eût-elle été en mesure d'obtenir de deux communes, qu'elle fusionne administrativement, la fusion simultanée des patrimoines, elle devra renoncer à ce résultat si désirable et sans lequel les réunions de communes ne donnent le plus souvent à l'intérêt public qu'une satisfaction très imparfaite. Ainsi le veut la loi qui ne permet de déterminer, par voie d'accord, que *les autres conditions* des réunions ou distractions, et qui ne permet pas même aux communes réunies de se fusionner *a posteriori*, dans leurs patrimoines, en leur enlevant le seul moyen d'y parvenir par la disposition qui oblige à régler, par l'acte même, toutes les conditions de la réunion. Assurément, des transactions sont encore réalisables, une fois la nouvelle organisation territoriale en fonction. Mais tout alors est à faire ; l'administration a perdu toute action possible. C'est dire qu'il n'y a plus rien à espérer. C'est donc ici un fonctionnement automatique. »

(1) Voir *Répert. du droit administratif*, V° *Commune*, n° 255.

Ces défauts, que présentait le système de la loi du 18 juillet 1837, avaient vivement frappé la Chambre des députés, lors de la discussion du projet de loi municipale, qui est devenu la loi du 5 avril 1884; et, pour y remédier, elle se jeta à l'extrême opposé.

Le projet de loi qui lui fut présenté par M. de Marcère, au nom de la commission, et qu'elle vota sans discussion en première lecture (1), mettait dans les mains des intéressés eux-mêmes, conseils municipaux et commissions syndicales, le règlement de toutes les conditions de la réunion ou de la distraction, sans apporter aucune restriction à la liberté des conventions et sans distinguer entre les conditions principales et les conditions accessoires ; il ne laissait à l'autorité compétente pour statuer sur la modification que le droit pur et simple de les homologuer, de les enregistrer. Ce n'est qu'à défaut de conventions particulières qu'il édictait, en les empruntant à la loi de 1837, certaines règles relatives à la propriété et à la jouissance des biens des communes ou des sections sur lesquelles la modification devait porter.

Le rapporteur donna même sur ce point des explications très nettes. En effet, pendant la deuxième délibération (2), un membre de la Chambre des députés, M. Hippolyte Morel, ayant demandé quelle était la signification précise d'une légère modification qu'on avait apportée au texte voté en première lecture (3), le rapporteur, M. de Marcère, répondit:

« L'art. 7 vise les conditions de la réunion ou de la distraction des communes, de l'opération matérielle, en un mot, qui se fait entre deux communes ou sections de communes. — Des communes se réunissent, des sections se rapprochent, d'autres se séparent. — Elles peuvent *arrêter*, c'est le mot dont nous nous sommes servis, régler, si vous voulez, les conditions de ces opérations, la jouissance de leurs biens, les situations respectives des diverses sections qui s'écartent ou se rapprochent les unes des autres. Elles font ainsi une convention analogue à celle qui s'établit entre deux citoyens qui règlent les conditions de leurs rapports mutuels. — Une fois que les conditions de réunion ou de distraction seront

(1) Séance du 10 février 1883 (*Trav. prép.*, p. 29) : Art. 7. — Les conditions des réunions ou distractions de communes sont fixées par les actes qui les prononcent. — Art. 8. — A défaut de conventions particulières, etc.

(2) Séance de la Chambre des députés du 30 juin 1883. (*Trav. prép.*, p. 125.)

(3) Le texte avait été modifié de la manière suivante : Art. 7. — Les conditions des réunions ou distractions de communes, arrêtées par les communes ou sections de communes intéressées, sont fixées par les actes qui les prononcent. — Art. 8. — A défaut de conventions particulières, etc.

arrêtées, réglées, déterminées, elles seront consignées dans un acte émanant de l'autorité qui prononce sur le sort de ces communes et sur les résultats de l'enquête ; ce sera une loi, si c'est une loi qui doit intervenir ; ce sera une délibération du conseil général, si une délibération du conseil général doit suffire ; ce sera le conseil d'Etat, si c'est le conseil d'Etat qui doit déterminer la situation nouvelle de cette commune. — Dans cet acte, émanant de l'autorité compétente, seront indiquées les conditions antérieurement arrêtées entre ces personnes morales qui s'appellent la commune, la section de commune, conditions qui auront été convenues entre elles avant de demander l'avis de l'autorité compétente. »

M. Morel demanda encore si les conditions intervenues entre les communes ou sections intéressées pourraient être modifiées par les pouvoirs qui statueraient définitivement. — Le rapporteur répondit : « Non. Et s'il n'y a pas eu de conditions, la loi détermine quels sont les rapports de ces nouvelles communes, ou des sections qui se sont réunies à une commune. » Et à la suite de ces déclarations, la Chambre adopta purement et simplement le système de la commission.

Mais, par contre, la commission du Sénat se montra peu favorable à cette innovation ; et le rapporteur, M. Demôle, la combattit de la manière suivante (1) :

« Le système adopté par la Chambre des députés, dit-il, ne nous a pas paru absolument logique. Nous avons pensé que, pour deux raisons principales, deux raisons considérables, on ne pouvait pas laisser les communes dans cette situation, libres et maîtresses de disposer, comme elles l'entendraient, de leurs biens actifs et passifs.

« Nous sommes partisans absolus de cette règle de garantie et de prévoyance qu'on appelle la tutelle de l'Etat ; vous comprenez donc que si, dans ce cas particulier, dont la gravité, dont l'importance est cependant considérable, nous avions laissé les communes faire ce qu'elles voudraient, sans que l'autorité supérieure eût rien à y voir, si nous les avions laissées disposer de leurs biens actifs, faire entre elles la répartition de leurs dettes comme elles l'auraient entendu, cette disposition ainsi conçue eût été sans doute au détriment probable des communes elles-mêmes ; dans tous les cas, elle aurait placé les communes, au cas particulier dont nous parlons, dans une situation toute différente du régime général que fait la loi à toutes les communes de France.

(1) Sénat, première délibération. — Séance du 5 février 1884. (*Trav. prép.*, p. 291.)

« Et, d'un autre côté, puisque nous faisons cette loi, il ne faut pas l'exposer à venir échouer misérablement devant une résistance intéressée. Deux communes qu'il s'agirait de réunir désireront-elles la réunion ? On peut supposer que non. S'il y en a une qui voie clair dans son intérêt et qui comprenne que l'intérêt particulier de la commune, comme l'intérêt général, commandent la réunion, on peut craindre que l'autre ne pense pas de même ; et si, dans ces conditions de désaccord sur le fond de la mesure, alors que l'une des communes veut la réunion et que l'autre ne la veut pas, vous dites aux communes : « Arrêtez vos conventions ; la mesure n'aboutira qu'à la condition que les conventions passeront telles quelles », vous préparez à la loi un échec inévitable, en donnant aux communes les moyens d'imposer des conditions inacceptables et auxquelles il ne sera pas possible de faire droit.

« A ces deux points de vue, il nous a paru qu'il était absolument impossible d'entrer dans la voie indiquée par la Chambre des députés. »

La commission trouvait donc que le système adopté par la Chambre désarmait trop le pouvoir et lui enlevait tous ses moyens d'action. Pour éviter ces inconvénients, elle en proposa un autre, qui en était exactement le contrepied et qui l'armait trop.

En effet, les articles du projet qu'elle présenta au Sénat étaient ainsi conçus :

Art. 7, § 2. — Les actes qui prononcent des réunions ou des distractions de communes en déterminent expressément *toutes* les conditions.

Art. 8. — A défaut de dispositions contraires, etc. (1).

Ainsi, dans ce système, on laissait à l'autorité supérieure le droit absolu de régler arbitrairement toutes les conditions de la distraction ou de la réunion, sans tenir compte des vœux exprimés par les communes, sans distinguer entre les questions de propriété et les autres : et ce n'est qu'à défaut par elles de les avoir établies que la loi organique édictait certaines dispositions.

Pour défendre la rédaction proposée par la commission, le rapporteur, M. Demôle, présenta les observations suivantes :

« Précisons bien, dit-il, la situation telle qu'elle va s'établir dans les conditions dont nous nous occupons. Une section de commune est propriétaire d'un territoire particulier. Elle va être réunie à une autre commune dont elle ne dépend pas actuellement.

« Il est très évident que si la propriété de cet immeuble, de cette

(1) Séance du 5 février 1884. (*Trav. prép.*, p. 291.)

pâture, de ce communal, lui est contestée par quelqu'un, par exemple par la commune dont elle va être détachée, il n'y a et nous ne connaissons dans notre pays qu'une seule autorité pour trancher cette contestation, c'est le pouvoir judiciaire. Personne ne peut dire, si ce n'est le pouvoir judiciaire, que telle ou telle propriété foncière appartient à telle ou telle section de commune, à la commune mère ou à la section. En sorte que, si une contestation s'élève au moment de la modification territoriale, quand la section de commune qui va s'en aller dans une autre commune se voit contester par la commune mère ou par une commune voisine la propriété de biens qu'elle va emporter avec elle, il est bien évident que les tribunaux judiciaires sont seuls compétents pour se prononcer sur la contestation ; cela va de soi, et nous n'avons pas pensé que la question de propriété, c'est-à-dire la question de savoir à qui appartient, à l'instant même de la modification territoriale, tel ou tel immeuble, telle ou telle pâture, tel ou tel champ, tel ou tel édifice, eût besoin d'être indiquée dans le texte de la loi.

« Mais nous nous trouvons ici dans une situation tout autre. Cette propriété, qui appartient à la section, qui ne lui est pas contestée, qu'elle va emporter avec elle, que va-t-elle devenir? C'est à cela que nous répondons : nous disons qu'il convient que cette propriété puisse passer des mains de la section aux mains de la commune tout entière à laquelle elle va être réunie ; nous pensons qu'il y a là un ensemble de circonstances très complexes, très diverses, beaucoup de considérations qu'il faut avoir sous les yeux, que l'administration supérieure seule peut avoir sous les yeux, que seule elle peut avoir compétence et autorité pour trancher d'une façon satisfaisante. »

Et, plus loin, revenant sur les mêmes idées, il précisait encore plus nettement la portée de l'innovation qu'il proposait.

« La modification assez sérieuse, disait-il, que nous apportons à la loi de 1837 et au projet de loi adopté par la Chambre des députés, c'est que, quand tous les droits de propriété sont bien régulièrement et définitivement assis au moment de l'opération, ces biens communaux, ces biens qui appartiennent à la section, que personne ne lui conteste, la loi va régler le point de savoir si la section va, en entrant dans la commune nouvelle, en conserver la propriété exclusive; ou si, au contraire, moyennant les compensations qui seront fixées dans un décret ou dans une loi, suivant l'appréciation de l'autorité supérieure, ces mêmes biens ne deviendront pas la propriété de l'être moral tout entier qu'elle va contribuer à former.

« D'ailleurs, les inconvénients d'une décision de cette nature sont singulièrement atténués, si même ils ne disparaissent pas complètement, en présence du dernier paragraphe de l'art. 8, qui dispose en termes généraux qu'en cas de séparation, de division, la section reprend la propriété de tous les biens et toutes les facultés qui ont été apportées par elle dans le nouvel être moral dont elle va faire partie (1).

« ..... Je sais que le décret ou la loi intervient peut-être dans une matière neuve; mais n'y a-t-il pas un intérêt considérable à ce que des modifications de cette nature puissent avoir lieu conformément à l'intérêt public? On ne peut avoir des appréhensions sérieuses. Croit-on que l'acte législatif ou le décret du Président de la République, appréciant l'intérêt des deux fractions de territoire, puisse aller jusqu'à opérer ou consacrer une spoliation? Ne pense-t-on pas, au contraire, que si on laisse les tribunaux juges de la question de savoir comment les biens doivent être attribués, et les dettes partagées, on arrivera à des difficultés considérables, à un enchevêtrement de prétentions inconciliables, que la justice aura beaucoup de peine à distinguer?

« Quant à moi, je persiste à croire que les dispositions du projet de loi, qui ont sans doute des inconvénients — toutes les dispositions légales en ont — sont encore les meilleures que nous puissions adopter. »

Mais cette omnipotence de l'administration dans une matière aussi délicate parut, à juste titre, excessive à différents membres du Sénat.

« Il faut, dit M. Batbie (2), que le Sénat se rende bien compte du changement qui lui est proposé, car c'est une modification grave à la législation municipale. Dans la loi de 1837, les questions de propriété sont d'abord réglées dans les art. 4, 5 et 6. On pouvait bien reprocher à ces dispositions de n'être pas complètes; elles avaient, en effet, laissé aux tribunaux le soin de résoudre un grand nombre de questions, et il y a beaucoup de monuments de jurisprudence sur cette matière.

« Mais il n'en est pas moins vrai que la loi avait commencé par résoudre les questions de propriété, et par les résoudre au moyen de dispositions générales qui, s'appliquant à toutes les affaires, ne laissaient pas de place à l'arbitraire. C'est après avoir fixé l'attribution des propriétés par une disposition générale, que la loi ajoutait

(1) Cette disposition forme le § 6 et dernier de l'art. 7 de la loi du 5 avril 1884.

(2) Même séance. (*Trav. prép.*, p. 292.)

dans son art. 7: « Les autres conditions de la réunion ou de la distraction seront fixées par l'acte qui la prononcera ».

« Ainsi, toutes les questions de propriété étaient réservées. La loi commençait par les trancher au moyen de dispositions qui, je le reconnais, avaient besoin d'être complétées; mais elle ne laissait nullement à l'acte qui prononçait la distraction ou la réunion le soin de prononcer sur les questions de propriété. Elle disait que les autres questions, c'est-à-dire les questions autres que ces questions de propriété, seraient décidées par le décret ou par la loi spéciale qui prononcerait la distraction ou la réunion des communes.

« La commission renverse cet ordre; elle commence par dire: toutes les questions seront décidées par le décret ou par la loi spéciale qui prononcera la réunion ou la distraction des communes, et ce n'est que pour suppléer au silence de ce décret ou de cette loi spéciale qu'elle édicte des dispositions générales sur les questions de propriété.

« ..... Eh bien, il y a là un changement très grave que je signale à l'attention du Sénat; et, pour ma part, j'aimerais mieux l'ordre qui était suivi dans la loi de 1837. »

Et il se résumait en disant:

« Voici ma thèse: je suppose que des questions de propriété divisent les communes séparées ou distraites; je n'ai pas la crainte que par un décret ou par une loi spéciale on spolie une commune; je n'ai pas à me prononcer sur le degré d'appréhension ou de confiance que je pourrais avoir dans ces actes spéciaux; ce que je demande, ce n'est pas, comme parait le croire M. le rapporteur, que les questions de ce genre soient résolues par les tribunaux, — les tribunaux n'ont à s'occuper que des questions litigieuses; — je conclus seulement à ce que les attributions de propriété soient l'objet de dispositions générales, et décidées par la loi que vous faites. »

De son côté, M. Clément insista vivement sur les inconvénients du système proposé par la commission.

« Les questions, très importantes, dit-il (1), que font naître les réunions et les distractions de communes sont multiples.

« Les habitants, en passant d'une circonscription dans une autre, voient leur situation, leurs charges, leurs avantages subir des modifications de toute espèce, que je n'ai pas besoin d'énumérer, que chacun de vous comprend. Mais il y a un point capital, qui intéresse au plus haut degré les propriétaires et les habitants de la

(1) Même séance. (*Trav. prép.*, p. 286.)

section, c'est la propriété même des biens qui leur appartiennent exclusivement.

« En ce qui concerne la propriété de ces biens, la loi de 1837 avait pris les plus grandes précautions pour qu'il ne leur fût porté aucune atteinte. Le législateur seul pouvait statuer sur les questions de propriété, et il s'était posé à lui-même des règles générales et invariables dans la loi organique... Toutes les questions de propriété se trouvaient absolument réservées.

« ..... Or, dans le système qui nous est proposé aujourd'hui, les questions de propriété, comme les autres, se trouvent livrées, soit aux conseils généraux, soit aux décrets rendus par le chef de l'Etat, contrairement à ce qui s'était fait jusqu'ici.

« ..... La loi de 1837 avait voulu préserver le droit de propriété contre l'arbitraire... ; on avait pensé que le législateur lui-même ne devait pas pouvoir exproprier une commune ou une section de commune pour porter ses biens à une autre commune, parce que le droit de propriété avait paru supérieur à la puissance du législateur lui-même. Mais elle se défiait surtout de l'arbitraire des autorités administratives. Or, l'autorité administrative pouvant prononcer, sous l'empire de la loi de 1837, il n'y en avait qu'une : c'était le conseil d'Etat. Eh bien, on avait dit, même pour le conseil d'Etat : Il ne sera pas permis de toucher à la propriété.

« Aujourd'hui, c'est bien autre chose, et ce que vous feriez aurait une gravité infiniment plus considérable. Vous donneriez ce droit à tous les conseils généraux ! (1). Je ne veux évidemment rien dire qui puisse faire penser que j'élève quelque suspicion contre les lumières et l'autorité des conseils généraux ; mais, enfin, les conseils généraux n'ont pas le droit de transférer la propriété, ils ne peuvent pas l'avoir.

« Quand, dans notre législation actuelle, on n'admet pas que l'autorité administrative supérieure, que le chef de l'Etat par décret rendu en conseil d'Etat, puisse toucher à la propriété, comment voulez-vous qu'on admette que les conseils généraux aient ce pouvoir ? Vous leur donnerez un droit d'expropriation pour cause d'utilité publique dans un cas particulier, sans aucune des garanties que le droit privé peut réclamer et sans la moindre indemnité.

« M. le rapporteur disait tout à l'heure que, s'il y avait une contestation judiciaire, il était bien entendu que l'autorité administrative s'abstiendrait de rien décider et laisserait l'autorité judiciaire statuer sur les contestations soulevées avant la réunion.

(1) Voir l'art. 6, § 4, de la loi du 5 avril 1884.

« Mais c'est bien plus grave. Comment! voilà une section qui a plaidé contre la commune voisine, qui a épuisé toutes les juridictions et qui, ayant gagné son procès, s'est fait attribuer la propriété disputée; et, le lendemain, elle en serait expropriée, le lendemain le conseil général la donnera gracieusement à la commune voisine à laquelle elle l'a disputée, et contre laquelle elle a gagné son procès?

« ..... La propriété, même la propriété communale, a droit à des garanties plus sérieuses.

« Le législateur de 1837 avait raison de placer la propriété audessus de tous ces hasards. Il fixait son droit par des règles générales qui le liaient lui-même. Voilà la vérité.

« Vous ne pouvez pas aujourd'hui abandonner la propriété à la merci de l'autorité administrative et des conseils généraux. Cela serait absolument contraire à toutes nos traditions et au respect supérieur que nous devons à la propriété. Il y a là une question de principe qui ne doit pas être sacrifiée par le Sénat.

« Vous l'avez, d'ailleurs, si bien senti, que vous nous disiez: La section de commune emportera ses biens si elle vient à subir un autre changement, si elle est plus tard érigée en commune ou annexée à une autre agglomération communale. Mais elle ne s'en ira peut-être jamais! Du reste, si ces biens qu'elle a apportés comme une dot, qu'elle a mis dans le patrimoine de la commune, cessent de lui appartenir, la propriété est perdue; elle ne peut plus se retrouver au jour de la séparation. Ce serait une incohérence. Comment, du reste, la retrouverait-elle, si elle n'existe plus, si elle a été aliénée par la commune? Où ira-t-elle la prendre? Fera-t-elle résoudre l'aliénation? Tout cela constitue une innovation inacceptable. »

Finalement, on ne put s'entendre, et les art. 7 et 8 du projet furent renvoyés à la commission. Plus tard, dans la séance du 7 février 1884 (1), le rapporteur présenta une nouvelle rédaction, dans laquelle il adoptait purement et simplement les dispositions de la loi de 1837. Et c'est ce système qui a définitivement triomphé dans la loi du 5 avril 1884, art. 7.

En résumé, dans la loi de 1884 comme dans la loi de 1837, le législateur a réglé lui-même, par voie de disposition générale, certaines questions qui se rattachent plus particulièrement à la propriété ou à la jouissance des biens immeubles. Quant aux autres conditions, qui peuvent se diversifier à l'infini, qu'il est impossible

(1) *Trav. prép.*, p. 298.

de prévoir, et pour la décision desquelles il faut envisager une foule de considérations très complexes et très multiples que l'administration seule est susceptible d'apprécier sainement, la loi en renvoie la détermination à l'autorité supérieure, compétente pour prononcer la modification territoriale elle-même.

C'est donc, comme le dit M. Roussel (1), condensé dans un seul article, le système des art. 5, 6 et 7 de la loi du 18 juillet 1837, avec ses avantages, ses inconvénients et ses lacunes antérieures.

On avait bien tenté de la compléter sur ce point. Dans la séance du Sénat, du 7 février 1884 (2), M. Batbie avait fait remarquer qu'il était à désirer que la matière relative aux sections fût traitée dans un titre particulier et par un ensemble de dispositions complet. Il avait même manifesté l'intention de faire ce travail d'ici à la seconde délibération et de proposer un titre particulier sur le droit des sections.

Mais lors de la deuxième délibération (3), le rapporteur demanda l'ajournement à une séance ultérieure de la discussion du projet de M. Batbie; et, enfin, dans la séance du 8 mars 1884 (4), M. Batbie retira purement et simplement son projet.

« Sans être, dit-il, en désaccord avec moi sur le fond des amendements, la commission m'a fait observer qu'ils étaient de nature à soulever des contestations qui sont maintenant à peu près pacifiées dans la pratique ; que la discussion de ces amendements réveillerait de nombreux débats, et qu'il ne serait pas sage d'aborder de telles difficultés à la fin d'une seconde lecture ; que deux lectures n'auraient pas été de trop pour aborder des controverses de cette difficulté. Je me suis rendu à ces observations et j'ai consenti à retirer mes amendements, laissant les questions dans le *statu quo,* telles qu'elles sont résolues par la jurisprudence. »

Nous aurons donc à étudier les divers monuments de cette jurisprudence.

Mais auparavant, il nous faut faire encore une remarque et indiquer une innovation de la loi du 5 avril 1884.

En 1837, on avait été d'accord, comme nous l'avons vu, pour admettre que le droit de déterminer les conditions accessoires des réunions et des séparations de communes devait appartenir à l'au-

(1) *Répert. du droit administratif,* V° *Commune,* nos 348 et 353.

(2) *Trav. prép.*, p. 299.

(3) Séance du Sénat du 28 février 1884. (*Trav. prép.*, p. 420.)

(4) *Trav. prép.*, p. 496.

torité administrative. Mais quand il s'agit de choisir cette autorité, des discussions s'élèvèrent : plusieurs systèmes furent proposés, que le rapporteur de la Chambre des députés résumait ainsi dans son rapport (1) :

« A quelle autorité, disait-il, le règlement sera-t-il confié ? La commission a longtemps hésité sur cette question. Le projet du Gouvernement voulait qu'une ordonnance royale fût chargée de ce soin, et comme il y recourait dans tous les cas, sa pensée était que, même lorsque la séparation aurait été prononcée par une loi, cette forme fût suivie.

« Il nous a paru difficile de traiter distinctement deux objets qui se lient de la façon la plus intime. Si l'ordonnance était rendue avant la loi, elle se trouverait en quelque sorte déférée au jugement du pouvoir législatif, qui aurait ensuite à prononcer ; on ne pourrait exiger de lui qu'il la respectât dans toutes ses dispositions ; il pourrait songer à la modifier et, dès lors, ce ne serait plus l'ordonnance, mais, en réalité, la loi qui prononcerait. — Si l'ordonnance devait être rendue après la loi, d'autres difficultés se présenteraient : les Chambres hésiteraient à prononcer une séparation, une réunion dont elles n'auraient pas à régler les suites, dont elles craindraient parfois que les conséquences ne fussent injustes. Ces objections ont engagé la commission à rejeter la proposition du Gouvernement.

« On avait demandé que le règlement fût soumis au jugement du conseil général. Cette attribution était de nature à créer des embarras analogues à ceux que l'ordonnance royale laissait prévoir ; mais surtout il a paru difficile de donner un semblable pouvoir à un conseil général. La liquidation qui suit une distraction de commune a quelque chose des caractères d'un jugement : elle règle des intérêts privés : les conseils généraux n'ont pas reçu jusqu'ici de la loi le droit de rendre de semblables décisions.

« Ce dernier motif avait fait penser que le soin de prononcer aurait pu être attribué aux tribunaux civils ou à la juridiction administrative ; mais ces autorités ne sont appelées à connaître que des différends qui donnent lieu à l'application d'une loi ou d'un principe de droit. Le règlement des intérêts de la section séparée et de la commune dont elle dépendait n'est subordonné à aucun principe constant, à aucune règle fixe : il dépend des circonstances ; il ne saurait donc appartenir à des autorités dont la loi et les principes de droit sont les seuls guides.

« Toutes ces impossibilités ont amené la commission à penser

(1) Séance du 26 avril 1836.

que la loi même, qui prononcera la séparation ou la réunion, devra en déterminer les effets et opérer la liquidation de tous les droits actifs et passifs qui s'y rattacheront; il est convenable que le pouvoir qui ordonne une mesure susceptible d'influer sur des intérêts particuliers, décide aussi dans quelle mesure ces intérêts seront affectés.

« Du reste, le projet ne s'oppose pas à ce que la loi de séparation délègue la liquidation à une autre autorité, si la nature des intérêts à régler le permet. Lorsqu'elle fera elle-même cette liquidation, toutes les précautions propres à éclairer la décision seront prises dans la longue instruction qui la précèdera ; dès son origine, les conditions du projet seront soumises, avec le projet lui-même, aux critiques de l'enquête, à l'avis des conseils municipaux, des conseils d'arrondissement et de département : et, après des informations aussi multipliées, il est permis de penser que le règlement sera fait en pleine connaissance et en toute justice. »

Mais dans le rapport qu'il présenta à la Chambre des Pairs, dans la séance du 27 mars 1837, M. Mounier se déclara nettement partisan du système du Gouvernement.

« Quand l'autorité législative, dit-il, prononce sur de pareilles questions, elle fait descendre la solennité de la loi dans la sphère de l'administration. On doit appréhender que la multiplicité des lois de ce genre ne vienne entraver la délibération des intérêts généraux de la nation et qu'il n'en résulte de fâcheux retards ou une nuisible précipitation. C'est une alternative qu'il est bon d'éviter. »

En conséquence, il demandait que, lorsque l'autorité compétente pour statuer sur les séparations ou les réunions de communes était le législateur même, celui-ci fût obligé, dans tous les cas, de renvoyer à une ordonnance royale ultérieure le règlement des conditions de la séparation ou de la réunion, sans pouvoir jamais prononcer lui-même sur ce point.

Finalement, le projet du Gouvernement ne fut pas adopté ; et ce fut le système de M. Vivien que l'on inséra dans la loi du 18 juillet 1837.

En effet, les art. 5 et 6 de cette loi réglaient, par voie de disposition générale, le sort des biens appartenant aux communes ou sections de commune, en cas de remaniement dans leur circonscription territoriale ; et l'art. 7 ajoutait : « Les autres conditions de la réunion ou de la distraction seront fixées par l'acte qui la prononcera. Lorsqu'elle sera prononcée par une loi, cette fixation *pourra* être renvoyée à une ordonnance royale ultérieure, sauf réserve, dans tous les cas, de toutes les questions de propriété. »

En fait, on usa largement de cette permission.

« Il était assez rare, dit M. Morgand (1), que le règlement eût lieu en même temps que la réunion ou séparation. Il est bien difficile de prévoir à l'avance toutes les difficultés auxquelles peut donner lieu ce règlement; certains points, tels que la liquidation de l'actif et du passif, ne peuvent guère être réglés qu'au moment de la mise à exécution. D'autre part, l'instruction des projets, déjà si compliquée lorsqu'elle ne porte que sur le fond même de la demande, se trouvait considérablement allongée lorsqu'on voulait la faire porter en même temps sur tous les détails des conditions. »

Aussi, dans la plupart des cas, et à moins qu'il ne s'agit de conditions essentielles auxquelles le projet était subordonné, les lois particulières ne parlaient pas des conditions de la séparation ou de la réunion; elles se bornaient, dans un article spécial, à renvoyer à un décret ultérieur le règlement de ces conditions.

On allait même encore plus loin dans cette voie.

D'après la loi du 18 juillet 1837, on l'a vu, lorsque le projet était de la compétence du pouvoir exécutif, le décret qui prononçait la réunion ou la distraction aurait dû statuer en même temps sur toutes les difficultés que peuvent faire naître ces remaniements. Mais dans la pratique, ce procédé n'était guère suivi que dans les cas où les parties intéressées étant d'accord, l'acte réglementaire n'avait qu'à sanctionner à cet égard leurs conventions.

En 1848, le ministre de l'Intérieur essaya bien de remettre en vigueur les dispositions mêmes de la loi. Une circulaire du 29 janvier déclara qu'il ne serait désormais donné suite à aucune proposition de changement de circonscription territoriale, qu'autant qu'il aurait été procédé à une instruction qui donnât à l'autorité le moyen d'apprécier tous droits, intérêts ou prétentions ayant quelque connexité avec le changement de délimitation. Mais les difficultés particulières que présente le règlement des intérêts communs après les remaniements, et les délais considérables qu'entraîne inévitablement l'instruction de cette partie du projet, firent que l'administration supérieure se départit peu à peu de sa rigueur.

Aussi, depuis 1854, voici comment on procédait.

Une fois la loi ou le décret rendu, les conseils municipaux étaient appelés à se prononcer sur le règlement de leurs intérêts réciproques. S'ils étaient d'accord, une simple approbation préfectorale homologuait leurs délibérations. En cas de difficulté, un décret spé-

(1) *Commentaire de la loi municipale du* 5 avril 1884, 3ᵉ édit., t. I, p. 91.

cial était rendu, dans la forme des règlements d'administration publique.

La loi, qui, en dehors des points qu'elle précisait, ne fixait point de règles absolues, laissait par cela même une très grande latitude au Gouvernement, qui réglait *ex æquo et bono* ces difficultés, tant pour le partage de l'actif et du passif que pour les dédommagements et compensations qu'il pouvait y avoir lieu d'accorder à l'une des parties (1).

Les raisons n'avaient pas manqué, en 1837, pour justifier le système qu'on voulait établir ; on en a trouvé d'autres en 1884 pour le modifier.

En effet, dans un article du projet de loi municipale, qui a passé dans la loi du 5 avril 1884 (art. 7, § 5), on déclarait que les actes qui prononcent des réunions ou des distractions de communes en détermineraient expressément toutes les conditions, autres que celles établies dans les premiers paragraphes de l'article, bien entendu.

Lorsque ce texte fut soumis à la discussion du Sénat, un membre de cette assemblée, M. Clément, demanda s'il serait permis à la loi, comme c'était d'usage alors, de renvoyer à un décret le règlement des conditions accessoires de la réunion ou de la distraction. Et le rapporteur, M. Demôle, lui répondit en s'efforçant de justifier l'innovation (2).

« La commission, dit-il, n'a pas cru devoir maintenir sur ce point le renvoi que la loi pouvait faire à une ordonnance royale, ou à un décret du Président de la République, pour déterminer les conditions accessoires de la distraction ou de la réunion.

« Nous avons pensé que les conditions accessoires qui portent sur les questions de propriété et de partage se reliaient d'une façon tellement étroite à la modification en elle-même, qu'il était impossible de les séparer quant à la compétence et quant à la juridiction.

« Puisque c'est devant le Parlement que vient la question de savoir si la modification doit être faite, c'est à lui d'examiner les conditions de réunion ou de partage proposées par les communes, et de les déterminer expressément.

(1) Voir Morgand, *op. et loc. cit.* — P. Gérard, *Du partage des biens des pauvres à la suite des démembrements de communes,* article publié dans la *Revue générale d'administration,* 1883, t. I, p. 257 et suiv., principalement p. 258.

(2) Séance du Sénat du 5 février 1884, première délibération. (*Trav. prép.*, p. 292.)

« Nous y voyons un autre avantage. Le Sénat comprendra facilement l'intérêt qu'il y a pour les sections de communes intéressées à avoir leurs chartes sous les yeux, et à ne pas être obligées, lorsqu'elles veulent savoir quelle est leur situation vis-à-vis de la commune à laquelle elles ont été réunies, ou de laquelle elles ont été détachées, de recourir d'abord à un décret, et ensuite de retourner à une loi.

« On veut que, dans les archives de la commune, il y ait un acte unique, facile à consulter, que la mairie, le conseil municipal et les intéressés de la commune aient toujours sous les yeux, où ils trouvent toutes les conditions de réunion ; on évitera ainsi toutes les contestations qui pourraient s'élever, si nous avions reproduit dans ce projet de loi la faculté pour le législateur, quand c'est lui qui prononce, de renvoyer à un décret du Président de la République.

« Il s'agit d'un acte de naissance ; nous avons voulu qu'il fût complet. »

Ainsi donc, aujourd'hui, toute décision relative à des réunions ou des séparations de communes, ou sections de communes, que la compétence appartienne au pouvoir législatif, au Président de la République ou au conseil général, qu'il s'agisse d'une loi, d'un décret ou d'une délibération, devra en même temps statuer expressément sur toutes les conditions accessoires de la modification.

Aussi, dans la circulaire du 15 mai 1884, le ministre de l'Intérieur recommande-t-il instamment aux préfets de faire instruire simultanément les projets de modifications aux circonscriptions territoriales des communes et les conditions auxquelles ces modifications doivent être opérées ; de provoquer à ce sujet les délibérations des conseils municipaux et commissions syndicales intéressées, et il leur indique que les principales questions à résoudre sont celles relatives aux biens indivis, au partage des dettes et à leur acquittement, ainsi qu'aux compensations à accorder, dans quelques circonstances extraordinaires, en raison de l'abandon forcé des immeubles servant à un usage public.

Les conseils municipaux et commissions syndicales des communes ou sections de communes intéressées pourront donc débattre entre eux les conditions auxquelles ils entendent que le changement de circonscription soit subordonné ; et lorsqu'ils seront arrivés à un accord complet sur tous les points, l'autorité supérieure, qui sera appelée à statuer sur le remaniement territorial et qui conserve toujours le droit de modifier, comme elle l'entend et selon qu'il lui paraît équitable, les conventions conclues par les parties intéressées, se bornera parfois à approuver purement et simplement ces conventions, sans même les énumérer (1).

Dans d'autres circonstances, elle détermine d'une façon précise certaines conditions, en renvoyant, pour les autres, aux accords intervenus entre les parties intéressées (2).

Parfois, au contraire, elle prendra expressément acte de certaines conventions conclues entre les conseils municipaux ou commissions syndicales (3).

D'autres fois, enfin, et c'est là le cas le plus fréquent, l'acte même qui prononcera le changement de circonscription énumérera en même temps toutes les conditions auxquelles il sera subordonné (4).

(1) C'est ainsi que la loi du 11 décembre 1886, qui distrait de la commune de Balaruc-les-Bains la section de Balaruc-le-Vieux (Hérault), et l'érige en commune distincte, dispose dans son art. 3 :

« Sont approuvées, pour sortir leur plein et entier effet, les délibérations du conseil municipal de Balaruc-les-Bains et de la commission syndicale de Balaruc-le-Vieux, en date des 15 février et 1er mars 1885, constatant l'accord intervenu entre le conseil municipal et la commission syndicale au sujet de l'attribution à chacune des deux communes des immeubles affectés à un usage public, situés sur son territoire, et du partage tant des droits mobiliers et immobiliers indivis entre les deux sections de l'ancienne commune de Balaruc-les-Bains que des dettes contractées par cette dernière pour des travaux d'intérêt communal. »

On avait quelquefois procédé de cette même façon sous l'empire de la loi du 18 juillet 1837.

Ainsi, une loi du 11 juillet 1866, qui enlève à la commune d'Agneaux une partie de son territoire pour la réunir à la ville de Saint-Lô, dispose dans son art. 2 : « Les dispositions qui précèdent auront lieu sans préjudice des droits d'usage ou autres qui peuvent être respectivement acquis, et conformément aux conditions acceptées par le conseil municipal de Saint-Lô, dans sa délibération du 5 février 1865. »

(2) Ainsi, la loi du 15 avril 1886, qui érige en commune distincte la section paroissiale de Pont-Trambouze, distraite à cet effet des communes de Mardore, Bourg-de-Thizy et Cours (Rhône), après avoir déclaré que la dite opération aurait lieu sans préjudice des droits d'usage et autres respectivement acquis, ajoute dans son art. 3 :

« Les autres conditions de la séparation seront réglées conformément aux délibérations des conseils municipaux et des commissions administratives des bureaux de bienfaisance des communes de Mardore, Bourg-de-Thizy et Cours, et aux délibérations des commissions syndicales de Pont-Trambouze, en date des 3-10 août, 7-14 septembre, 6-17 novembre et 14 décembre 1884. »

(3) Ainsi, la loi du 29 janvier 1885, portant réunion des villes de Calais et Saint-Pierre-les-Calais en une seule municipalité, contient un art. 2 où il est dit :

« Il est pris acte des conventions conclues entre les communes de Calais et Saint-Pierre-les-Calais au sujet de l'emplacement du nouvel hôtel de ville à construire après la réunion. »

De même la loi du 10 avril 1888, qui annexe à la commune de Rouen certaines portions de territoires dépendant des communes du Petit-Quevilly et de Canteleu (Seine-Inférieure), dispose dans son art. 3 :

« Il est donné acte de l'engagement pris par le conseil municipal de Rouen, dans sa séance du 6 janvier 1888, de consacrer, pendant le temps nécessaire à la construction du chemin projeté de Rouen à Croisset, un tiers des centimes communaux affectés aux chemins vicinaux. »

(4) Nous citerons, par exemple, la loi du 1er avril 1888, qui a divisé la commune de Vénissieux en deux municipalités distinctes. Cette loi était ainsi conçue :

Mais résulte-t-il de la disposition précitée du § 5 de l'art. 7 de la loi du 5 avril 1884, que l'acte qui prononcerait un changement de circonscription sans énumérer en même temps toutes les conditions de l'opération, soit par cela même entaché de nullité?

Le conseil d'Etat, devant qui la question a été portée récemment, l'a résolue négativement par un arrêt en date du 5 juin 1891 (1).

Mais nous nous réservons de revenir avec plus de détails sur ce point dans notre troisième partie, qui est consacrée aux voies de recours ouvertes contre les actes qui modifient la circonscription des communes.

Remarquons, enfin, qu'aux termes des art. 164 et 165 de la loi du 5 avril 1884, ces règles sont applicables, non seulement en France, mais encore en Algérie et dans les colonies de la Martinique, de la Guadeloupe et de la Réunion, ainsi que dans les autres colonies où la loi municipale aurait été déclarée postérieurement exécutoire, en vertu de décrets spéciaux (2).

ARTICLE PREMIER. — La section de Saint-Fons est distraite de la commune de Vénissieux (canton de Villeurbanne, arrondissement de Lyon, département du Rhône) et formera à l'avenir une municipalité distincte, dont le chef-lieu est fixé à Saint-Fons, et qui en portera le nom.

La limite entre les deux communes est déterminée conformément au liseré bleu figuré au plan d'assemblage, et développé pour partie au plan parcellaire, l'un et l'autre annexés à la présente loi.

ART. 2. — Les dispositions qui précèdent recevront leur exécution sans préjudice des droits d'usage et autres qui peuvent être respectivement acquis.

ART. 3. — Les autres conditions de la séparation sont réglées comme il suit :

1° Les biens indivis immobiliers de la commune de Vénissieux, consistant en terrains vagues délaissés, chemins et gravières, d'une contenance de 2 hectares 42 ares environ, seront, si la demande en est faite, soit par Vénissieux, soit par Saint-Fons, partagés entre ces deux communes à raison du nombre de feux existant dans chacune d'elles. A défaut de partage des dits biens, leurs produits, s'il en existe, seront répartis d'après les mêmes bases entre les dites communes ;

2° La rente de 5,081 francs appartenant à l'ancienne commune de Vénissieux, et provenant de la vente de terrains communaux, sera partagée entre Vénissieux et Saint-Fons à raison du nombre de feux existant dans chacune de ces communes ;

3° Les dettes restant actuellement à rembourser par la commune de Vénissieux seront réparties entre Vénissieux et Saint-Fons proportionnellement aux forces contributives de chacune des deux communes, basées sur le principal des quatre contributions;

4° Pendant le délai d'un an à partir de la promulgation de la présente loi, la commune de Saint-Fons aura droit de faire inhumer ses morts dans le cimetière de Vénissieux ;

5° Les biens affectés aux indigents seront répartis avec la même affectation entre les deux communes proportionnellement au chiffre de leur population municipale, sous réserve des droits que les indigents de l'une ou l'autre commune, ou une partie de ces indigents, tiendraient privativement d'actes de fondations.

(Voir ci-dessus : partie Ire, chap. III, sect. Ire, appendice, p. 246, le rapport de M. le sénateur Le Monnier, à la suite duquel cette loi a été votée.

(1) *Rec.*, p. 411, — et *Rev. gén. d'adm.*, 1891, t. II, p. 435 et suiv.

(2) « Considérant qu'il est de principe qu'à moins de dispositions contraires de la loi, les conditions attachées à la distraction des communes doivent être réglées par l'autorité qui

Nous pouvons maintenant étudier en détail les divers effets des changements de circonscriptions communales.

prononce cette distraction, sauf réserve de toutes les questions de propriété ; — considérant que la législation spéciale à l'Algérie ne contient aucune dérogation à cette règle ; — considérant qu'en vertu de l'ordonnance du 28 septembre 1847, à laquelle au surplus n'a pas dérogé l'art. 164 de la loi du 5 avril 1884, c'est par décret qu'en Algérie une section de commune peut être érigée en commune ; — qu'ainsi, à la suite du décret du 18 septembre 1883, qui a érigé en commune distincte la section de Bouïnan, il n'appartenait pas au préfet d'Alger d'arrêter entre l'ancienne et la nouvelle commune la répartition de l'actif et du passif; que dès lors le préfet, en procédant à cette répartition par l'arrêté attaqué, a excédé la limite de ses pouvoirs ; — Article premier. — L'arrêté du préfet d'Alger est annulé. » (Arrêt du conseil d'Etat du 18 juillet 1890. — S. 1892. 3. 131.) — Conf. conseil d'Etat, 27 février 1880, commune de Chébli (*Rec.*, p. 211), — et 16 mai 1884, commune de Mustapha (*Rec.*, p. 379).

CHAPITRE Ier

EFFETS DES REMANIEMENTS TERRITORIAUX SUR LES BIENS DES COMMUNES

PRÉLIMINAIRES

Les communes, étant des personnes morales reconnues par la loi, sont, comme les personnes physiques, susceptibles d'avoir des droits et de devoir des obligations.

Parmi ces droits, le plus important est le droit de propriété. Les communes peuvent, en effet, avoir un patrimoine propre et être propriétaires de certains biens, que l'on divise généralement en trois catégories.

D'abord, les édifices et autres immeubles consacrés à un usage ou à un service public, situés sur leur territoire, tels que les mairies, les églises, les presbytères, les maisons d'école, les salles d'asile, les fontaines, les cimetières, les chemins publics, les halles et marchés, les abattoirs, etc.

En second lieu, les biens dont la jouissance commune est abandonnée aux habitants, qui en perçoivent directement les produits; par exemple des prairies, des bruyères, des pâturages sur lesquels les habitants ont le droit de conduire leurs bestiaux ; des bois et des forêts dont les coupes sont réparties entre eux pour leur chauffage ou pour leurs constructions (1) ; des marais, d'où ils peuvent extraire de la tourbe ; des terres vaines et vagues, des landes, etc.

Ces biens constituent ce qu'on appelle des biens communaux proprement dits.

On peut encore comprendre dans cette catégorie de biens les droits d'usage et les servitudes que les communes exercent, par

(1) On appelle *affouage* le droit qu'ont les habitants d'une commune de prendre le bois nécessaire à leur usage dans les bois qui appartiennent à cette commune. — MIGNERET, *Traité de l'affouage*, p. 2 et 3.

leurs habitants, sur des propriétés qui ne leur appartiennent pas, tels que la faculté de faire paître les bestiaux dans des prairies et dans des bois, à des époques déterminées ; le droit de prendre dans des forêts de l'Etat, d'autres communes ou même de particuliers, certains bois d'œuvre ou de chauffage, etc. (1).

Enfin, les biens dits patrimoniaux ; les habitants n'en ont pas la jouissance en nature : c'est la commune elle-même, en tant que personne morale, qui en jouit, comme le ferait un propriétaire ordinaire, en percevant les revenus qu'ils produisent au profit de la caisse communale et pour subvenir aux dépenses de la communauté.

Ce sont tantôt des immeubles, comme les biens affermés ou donnés à bail, par exemple des prairies, des terres labourables, des bois dont elle vend les coupes, des maisons, halles, métairies, moulins, usines, etc. ; — tantôt des meubles, tels que des capitaux, des rentes sur l'Etat ou sur des particuliers, des créances, etc.

Comme les communes, les sections de commune jouissent de la personnalité civile : elles peuvent donc, comme elles, avoir un patrimoine qui leur soit propre ; mais, et c'est là un point sur lequel nous aurons l'occasion de revenir plus tard, elles ne peuvent être propriétaires, sauf dans des cas tout à fait exceptionnels, que de biens communaux ou de biens patrimoniaux ; les communes seules ont la propriété des édifices ou autres immeubles servant à un usage public, situés dans l'intérieur de leur circonscription.

Si donc une commune ou une section de commune, qui possédait de tels biens, vient à subir une modification dans son territoire, cette modification exercera-t-elle une influence sur ses droits de propriété ?

Ainsi, pour préciser, une commune est réunie à une autre commune : est-ce que ses biens vont demeurer sa propriété exclusive, ou vont-ils, au contraire, devenir la propriété de la commune entière à laquelle elle est rattachée ?

De même, une section de commune est enlevée à une commune pour être rattachée à une autre : va-t-elle emporter ses biens propres et les conserver, ou, au contraire, ces biens seront-ils attribués à la commune dont elle va désormais faire partie ?

Enfin, une section ou une portion d'une commune en est détachée, soit pour être érigée en commune distincte, soit pour être

(1) On appelle *droit d'affouage* le droit qu'ont les habitants d'une commune de prendre le bois nécessaire à leur usage dans des bois appartenant à autrui. — MIGNERET, *op. et loc. cit.* — Conf. BRAFF, *Principes d'administration communale*, V° *Affouage*, p. 42, 43 et 56.

réunie à une autre commune : la commune démembrée conserve-t-elle intacts tous ses droits de propriété, ou doit-elle les partager avec la partie qui lui est enlevée ?

Toutes ces questions sont très délicates ; on se trouve, en effet, en présence de nécessités qui ne peuvent guère se concilier : réunir les petites communes et fondre les sections dans les communes. Pour encourager les réunions, pour faciliter l'agglomération des communes, il ne faut pas dépouiller la commune qu'on réunit des droits dont elle pouvait jouir individuellement ; il faut, au contraire, lui laisser sa personnalité et son patrimoine. D'un autre côté, si l'on veut fusionner à tous les points de vue la commune réunie avec la commune annexante, cela pour en simplifier l'administration, on aboutit ainsi à créer un obstacle presque insurmontable à la suppression des petites communes (1).

Aussi, lors de la discussion de la loi du 18 juillet 1837, deux opinions opposées se trouvèrent en présence.

Les uns, dans le but d'établir avec les communes réunies en une seule municipalité une communauté définitive et complète, et d'éviter des complications, voulaient absorber complètement les sections dans les communes et ne plus leur laisser aucun droit distinct. Des deux caractères de la commune, entité administrative et personne civile, ils faisaient donc prévaloir le premier sur le second.

C'est en ce sens que se prononça M. Mounier, dans le rapport qu'il présenta à la Chambre des Pairs au nom de la commission chargée d'examiner le projet de loi sur les attributions municipales (2).

« Le principe, disait-il, que chaque section doit conserver la propriété des biens qu'elle possédait, paraît conforme à la justice, mais sa stricte application entraînerait de fâcheux résultats. Rien n'est plus contraire à la constitution de la commune, plus fâcheux pour son administration, plus propre à diviser ses habitants, que ces propriétés qui ne sont pas celles de tous, que ces avantages appartenant à une fraction de la communauté.

(1) M. Roussel dit également (*Répert. du droit administratif*, V° *Commune*, n° 368) : « Si les difficultés abondent, on le comprend, puisqu'il s'agit de résoudre au mieux ce problème insoluble de fusionner ce qui reste divisé. Le respect des droits privés acquis par les habitants des unités administratives que l'on transforme est tout à fait contradictoire avec la transformation même. Les difficultés ne cesseront que lorsque l'harmonie entrera dans la loi, et qu'il sera permis à l'administration de poursuivre ce que la loi lui interdit encore, c'est-à-dire la fusion complète, aussi bien des personnes civiles que des organes d'administration. »

(2) Séance du 19 mars 1835.

« La commune est une association née du besoin d'une assistance mutuelle et de la gestion des communs intérêts. Du moment que les intérêts se divisent, qu'il peuvent se choquer, elle est attaquée dans son essence; et si le nom subsiste encore, la chose n'est plus. Réunir les communes sans fondre leurs droits, laisser à chaque section la jouissance de propriétés distinctes, c'est juxtaposer ces portions de territoire et les assujettir à l'administration d'une même municipalité; mais ce n'est pas former une commune.

« Il est donc à désirer qu'à moins de circonstances impérieuses, qui se font rarement sentir, les communes qui possèdent des biens dont chacune voudrait conserver la propriété particulière conservent aussi leur existence indépendante. »

De son côté, dans le rapport qu'il lut à la séance de la Chambre des députés, du 26 avril 1836, M. Vivien se déclarait partisan des mêmes idées.

« Conserver, disait-il, à la commune réunie à une autre commune la jouissance exclusive des biens qui rapportent un revenu en argent, tels que fermes, fonds de terre, rentes, etc., ce serait détruire tous les effets de la réunion; ce serait maintenir à jamais des intérêts et des droits distincts, rendre nécessaires deux budgets, deux comptabilités et presque deux conseils municipaux.

« Quand la réunion est prononcée, la loi doit s'attacher à effacer toutes les causes de séparation; la réunion n'est avantageuse qu'autant que les diverses fractions réunies peuvent se fondre entièrement ensemble et établir une communauté définitive et complète. »

D'autres, au contraire, voulaient conserver aux communes réunies la propriété et la jouissance exclusives de tous leurs biens, de quelque nature qu'ils fussent et quel que fût le mode de jouissance. Ils donnaient ainsi, à la commune personne civile, la préférence sur la commune entité administrative.

En faveur de ce deuxième système, un député, M. Gillon, parlant au nom de la commission (1), invoquait les arguments suivants:

« Il y a, disait-il, une foule de petites communes riches en revenus et renfermant des populations extrêmement faibles. On y arrive difficilement à composer un conseil municipal. Il importerait, pour le bien de l'administration, pour placer à la tête de l'administration des citoyens plus capables, que ces communes fussent réunies à des communes voisines; car, alors, on aurait une latitude plus grande pour le choix du personnel.

(1) Séance du 30 janvier 1837, *Moniteur* du 31, p. 212 et 213.

« Vous comprenez que si vous voulez faire, si je puis me servir de cette expression, ce mariage communal entre une section de commune qui possède beaucoup et une autre qui ne possède rien, la section qui possède beaucoup se refusera à cette alliance. En effet, que gagnerait-elle à cette union? Rien, car ses revenus suffisaient pour ses besoins; elle n'avait pas la nécessité de se frapper de centimes facultatifs ou extraordinaires, tandis que vous allez l'agréger à une commune qui ne possède rien, d'où l'obligation, pour la section réunie, de supporter des impôts qui lui avaient été épargnés jusqu'à présent.

« Comme l'alliance des communes est chose souhaitable, il faut, autant que possible, écarter de suite ce qui pourrait faire obstacle aux réunions, et, pour cela, déclarer que la commune ou section de commune conserve la propriété de tous les biens qui lui appartiennent, sans aucune distinction possible autre que l'exception relative aux immeubles servant à une utilité communale.

« Mais il y a une objection. On a dit: Il faudra donc faire deux budgets?

« D'abord, remarquez que deux budgets ne seront pas toujours indispensables, et il ne faut pas être un habile administrateur pour le comprendre. D'ailleurs, il est incontestable qu'il y a déjà dans le royaume une foule de communes qui présentent cette administration bicéphale, passez-moi le mot. En effet, dans les communes qui se composent de plusieurs sections, on trouve fréquemment cette singularité, c'est qu'une section de commune a eu le bonheur de trouver un bienfaiteur qui l'a mise à même de pourvoir à ses besoins.

« Elle a des revenus en rentes dont elle profite exclusivement: et pourquoi? Parce que son bienfaiteur a voulu la doter et l'enrichir elle seule, et non pas la commune tout entière qui, souvent, se compose de plusieurs villages.

« Dans ce cas fait-on deux budgets? On suit la règle générale. La section qui possède des revenus contribue à une portion des charges communales sur ses revenus, sans s'imposer de centimes facultatifs, tandis que cette charge des centimes est supportée par les autres villages de la commune qui ne possèdent rien.

« Eh bien! messieurs, ce qui existe déjà pour les communes anciennes, vous le tolèrerez pour les communes nouvelles. Il n'en peut pas être autrement; vous ne voudrez pas qu'une section de commune, parce qu'elle aura des revenus, paye les dépenses de celle qui n'en a pas.

« Sans doute, les alliances de communes sont un bien réel; mais le désir que nous avons de rendre l'administration plus facile ne doit pas nous entraîner jusqu'à dépouiller une commune pour en enrichir une autre; ce serait là un aveuglement qu'on devrait qualifier d'iniquité. »

Et plus loin, il s'efforçait encore de démontrer que les nécessités de l'administration municipale pouvaient être satisfaites sans que les droits des sections fussent sacrifiés.

« Quand vous proposerez de réunir une section riche à une commune pauvre, si vous offrez comme excitation à l'alliance communale de réserver à la section ses revenus, elle ne fera pas de difficulté de s'unir. Je sais bien qu'en définitive il faut pourvoir aux frais de l'administration; mais la section qui est riche abandonnera une portion de ses revenus pour sa part proportionnelle de ces frais, ou bien elle gardera ses revenus tout entiers et se laissera imposer pour fournir son contingent dans les frais d'administration. Quelle plainte pourra faire entendre à ce sujet la commune pauvre? Son sort n'est pas empiré, il s'en faut, puisque la section vient à son aide.

« On a proposé de distinguer entre les revenus en nature et les revenus en argent; mais cette distinction n'a pas un fondement bien solide; j'en appelle aux députés dont les départements offrent beaucoup de prairies et de pâturages; il arrive souvent que les habitants d'une commune louent une partie de ces propriétés pour subvenir à des dépenses, suivant que l'intérêt de la commune l'exige, et que tantôt ils récoltent en nature, par exemple en faisant faire pâturage: comment règlerez-vous le sort de ces biens-là? »

Ce deuxième système était plus conforme à la tradition historique. En effet, c'est dans ce sens que l'administration s'était toujours prononcée jusque là. Ainsi, l'instruction donnée par l'Assemblée constituante pour l'application de la loi des 23 novembre-1er décembre 1790, sur la contribution foncière, contenait, à propos des changements de limites des communes qui avaient été prononcés ou qui pourraient l'être, un passage ainsi conçu :

« Les communes n'ont rien à craindre de ces délimitations, puisqu'elles n'auront d'effet que pour la répartition de la contribution foncière... Ces limites ne préjudicieront point aux droits de pâturage, parcours, usage, chaumage et glanage, qui appartiennent à chaque communauté et dont elles jouissent comme par le passé. »

« Le même principe, dit M. Aucoc (1), s'appliquait de plein droit

(1) *Sections de commune*, n° 38.

aux réunions de communes. Aussi, l'on ne trouve pas dans les lois émanées de l'Assemblée constituante, de l'Assemblée législative, de la Convention, la réserve expresse des droits propres à chacune des communes réunies. Mais l'esprit de la législation de cette époque se révèle par les considérants d'un arrêté du directoire du département du Jura, en date du 4 octobre 1790, qui prononce la réunion des communes de Montliboz, Châtelet et Les Granges-des-Prés-de-Crans à celle de Foncines et Les Planches, à l'effet de ne former qu'une seule municipalité. Le directoire « invite les deux derniers villages à se prêter à cette réunion, avec déclaration, au surplus, que cette association n'emporte pas avec elle la confusion des bois et autres communaux particuliers à chacun des villages, mais que, au contraire, chacun d'eux les conservera en propre et en jouira exclusivement aux autres, de la manière et ainsi qu'il en jouissait par le passé ».

« Plus tard, le Gouvernement crut bon de faire cette même réserve d'une manière expresse et l'on trouve notamment dans divers décrets et ordonnances portant réunion de communes, rendus à la date des 9 mai 1811, 29 juillet 1811, 5 avril 1813, 30 octobre 1815 et 1er septembre 1819, un article spécial qui est généralement ainsi conçu : « Les dites communes continueront à jouir séparément des droits de propriété, usage et autres qui pourraient leur appartenir. »

« A partir de 1823, la formule employée, soit dans les lois, soit dans les ordonnances ou décrets, s'est légèrement modifiée ; le mot de propriété a disparu ; on se borne à réserver les droits d'usage ou autres qui pourraient être respectivement acquis ; mais il n'en faut tirer aucune conséquence. » (1).

D'un autre côté, cette même doctrine était admise également par la jurisprudence qui, dans maints arrêts, décida que les distractions ou réunions de communes ne devaient porter aucune atteinte aux droits de propriété ou de jouissance des habitants.

D'ailleurs, cette question des effets des changements de circonscriptions territoriales, quant à la propriété des biens des communes, fut examinée solennellement en conseil d'Etat, le 17 janvier 1813, à propos d'une contestation entre les habitants du hameau des Soupois et la commune de Tourmont, à laquelle ledit hameau avait été

(1) Nous verrons que cette formule est restée usitée sous l'empire de la loi de 1837, et qu'on la retrouve encore aujourd'hui dans tous les actes statuant sur des créations ou suppressions de communes, bien qu'elle n'ajoute rien aux dispositions obligatoires contenues dans la loi municipale (art. 7).

annexé. Les habitants du hameau prétendaient avoir droit, en vertu de leur seule annexion, à la distribution de l'affouage de la commune annexante, et celle-ci refusait de les admettre à cette distribution.

« Cette affaire, rapporte M. Aucoc (1), fut, à deux reprises, l'objet de l'examen du conseil. Un rapport fut fait au nom de la commission du contentieux ; un second rapport au nom de la section de l'Intérieur (ce dernier travail, où la législation de la matière et les précédents étaient soigneusement relevés, fut imprimé); et, après cette étude approfondie, le conseil d'Etat décida que, « en principe général, la réunion des communes ne devait porter aucune atteinte à leurs droits respectifs de propriété. »

Afin de donner plus d'importance à ce décret, qui ne faisait que statuer sur une contestation entre deux parties et qui ne pouvait, dès lors, avoir force de chose jugée qu'entre elles, on l'inséra au *Bulletin des lois* (2) comme une règle générale.

Aussi, les principes qu'il contenait ont-ils servi dans la suite de base à de nombreuses décisions administratives et judiciaires, que nous aurons à étudier plus loin en détail.

On les trouve encore rappelés dans une circulaire du ministre de l'Intérieur, en date du 7 avril 1828 (3), relative aux changements de circonscription des communes, où on lit :

Les changements concernant la circonscription des communes et ayant pour objet, soit des réunions, soit des rectifications de limites, ont pour résultat de distraire d'une commune une portion plus ou moins considérable de territoire, et quelquefois un certain nombre d'habitants, pour les réunir à ceux d'une autre commune. Ces dispositions ne doivent avoir d'autre effet, quant au territoire, que de le faire imposer au rôle de la commune à laquelle il est réuni, et, quant aux habitants, que de les placer sous une autre administration municipale; elles ne font point obstacle à ce que l'une et l'autre commune conservent les droits d'usage ou autres qu'elles peuvent avoir sur le territoire dont il s'agit. C'est par ces motifs que les ordonnances royales qui prononcent sur des changements dans la délimitation ou dans la circonscription des communes, énoncent toujours de la manière la plus générale la réserve des droits de toute nature qui pourraient être acquis (4).

(1) *Op. cit.*, n° 88.

(2) Année 1813, n° 8610.

(3) Voir *Bull. offic. min. Int.*, 1828, p. 29.

(4) Voir dans le même sens : Vuillefroy et Monnier, *Principes d'administration*, 1837, p. 281, n° XXXIII. — Il résulte également de plusieurs avis du conseil d'Etat antérieurs à la loi du 18 juillet 1837, que « les changements de circonscription laissent, en principe général, subsister pour chaque communauté d'habitants séparément les droits de propriété ou de jouissance qui lui appartiennent en propre ». (Avis du comité de l'Intérieur du 19 avril 1833, commune de Mancenans (Doubs), rapporteur Tournoüer.)

Quoi qu'il en soit, aucun de ces deux systèmes ainsi proposés en 1837 ne parvint à obtenir l'approbation de la majorité, et l'on finit par transiger et par adopter un système mixte qui passa dans les art. 5, 6 et 7 de la loi du 18 juillet 1837.

Ces articles étaient ainsi conçus :

Art. 5. — Les habitants de la commune réunie à une autre commune conserveront la jouissance exclusive des biens dont les fruits étaient perçus en nature.

Les édifices et autres immeubles servant à usage public deviendront propriété de la commune à laquelle sera faite la réunion.

Art. 6. — La section de commune érigée en commune séparée ou réunie à une autre commune emportera la propriété des biens qui lui appartenaient exclusivement.

Les édifices et autres immeubles servant à usage public, et situés sur son territoire, deviendront propriété de la nouvelle commune ou de la commune à laquelle sera faite la réunion.

Art. 7. — Les autres conditions de la réunion ou de la distraction seront fixées par l'acte qui la prononcera. Lorsqu'elle sera prononcée par une loi, cette fixation pourra être renvoyée à une ordonnance royale ultérieure, sauf réserve, dans tous les cas, de toutes les questions de propriété.

Enfin, nous avons vu que, lors de la discussion de la loi du 5 avril 1884, après avoir essayé de repousser le système de la loi de 1837 et de donner, soit aux communes elles-mêmes, soit à l'autorité compétente pour statuer sur le changement de circonscription, le droit d'arrêter, de régler toutes les conditions de la réunion ou de la séparation, sans exception, on ne put s'entendre, et que, faute de mieux, on se borna à reproduire à peu près textuellement, dans l'art. 7 de la loi nouvelle, les dispositions des art. 5, 6 et 7 de l'ancienne loi municipale.

Aux termes de cet art. 7 :

Art. 7. — *La commune réunie à une autre commune conserve la propriété des biens qui lui appartenaient.*

Les habitants de cette commune conservent la jouissance de ceux de ces mêmes biens dont les fruits sont perçus en nature.

Il en est de même de la section réunie à une autre commune pour les biens qui lui appartenaient exclusivement.

Les édifices et les autres immeubles servant à un usage public, et situés sur le territoire de la commune ou de la section de commune réunie à une autre commune, ou de la section érigée en commune séparée, deviennent la propriété de la commune à laquelle est faite la réunion ou de la nouvelle commune.

Les actes qui prononcent des réunions ou des distractions de communes en déterminent expressément toutes les autres conditions.

En cas de division, la commune ou la section de commune réunie à une autre commune, ou érigée en commune séparée, reprend la pleine propriété de tous les biens qu'elle avait apportés.

Tel est aujourd'hui le seul texte législatif qui réglemente les effets des changements de circonscription territoriale sur les biens des communes et des sections de commune; et c'est de là que nous devrons déduire, en nous appuyant sur les documents de la jurisprudence, de l'administration et des tribunaux, toutes les règles que nous allons maintenant exposer.

TITRE Ier

—

DES BIENS AFFECTÉS A UN USAGE PUBLIC

On entend par l'expression de « biens servant à un usage public » d'une commune tous ceux qui sont affectés, soit à l'usage de tout le monde, soit à l'usage de la commune.

Ces biens peuvent faire partie du domaine public ou du domaine privé de la commune.

Ainsi, font partie du domaine public communal : les chemins vicinaux et ruraux, les rues, places, passages, boulevards, ponts, ainsi que les arbres, statues, colonnes, becs de gaz, fontaines publiques, monumentales ou simples bornes-fontaines, canaux, aqueducs, et généralement tous les accessoires de la voie publique placés pour son embellissement ou son utilité et faisant corps avec elle ; — les églises catholiques et chapelles paroissiales, les temples protestants consistoriaux, etc.

Font, au contraire, partie du domaine privé de la commune : les bâtiments consacrés à la maison commune, aux bureaux et aux différents services dépendant de la commune ; les bâtiments servant aux établissements d'instruction publique, facultés, lycées, collèges communaux, écoles et bibliothèques communales ; les casernes, les cimetières, les salles de spectacle, les lavoirs, abattoirs, halles et marchés, lorsque ces immeubles ont été acquis ou construits par les communes, etc. (1).

SECTION Ire

—

Sort de ces biens.

Lorsque une commune, sur le territoire de laquelle sont situés un ou plusieurs de ces immeubles, servant à usage public et faisant par-

(1) Voir la loi des 16 octobre 1790-30 janvier 1791, art. 2, 3 et 4 ; — les décrets du 23 avril 1810 et du 9 avril 1811. — Voir également : FOUCART, *Eléments de droit public et administratif*, 2e édit., Ve *Biens publics communaux*, n° 90. — SIMONET, *Traité de droit public et administratif*, nos 738 à 749. — DUCROCQ, *Cours de droit administratif*, 6e édit., 1881, t. II, nos 1364 à 1420.

tie, soit de son domaine public, soit de son domaine privé, vient à subir une modification dans ses limites, une augmentation ou une diminution de territoire, quel va être l'effet de ce changement de circonscription sur le sort de ces immeubles ?

La loi du 10 juin 1793, concernant le mode de partage des biens communaux, avait bien disposé d'une façon formelle (section Ire, art. 5) que les places, promenades, voies publiques et édifices à l'usage des communes devraient toujours être exceptés du partage ; — mais elle n'indiquait pas si les immeubles dont il s'agit devaient, en cas de changement de circonscription territoriale, continuer à appartenir à la commune qui en était auparavant propriétaire, ou bien être attribués à la commune sur le territoire de laquelle ils allaient se trouver situés désormais.

Aussi, tandis que l'on avait admis sans difficulté que les biens du domaine public communal devaient, lorsqu'une modification était apportée aux limites d'une commune, passer au pouvoir de la commune à qui était attribué le territoire sur lequel ils étaient situés, des controverses s'étaient élevées, dans cette même hypothèse, sur le sort des biens du domaine privé servant à usage public.

Ainsi, un maire ayant demandé au journal l'*Ecole des communes* si, lorsqu'une partie du territoire d'une commune en a été distraite pour être réunie à une autre, et que sur cette portion distraite se trouve situé l'édifice servant de mairie, la commune doit conserver son droit de propriété sur cet édifice, ou bien s'il a passé en la possession de l'autre commune en même temps que le territoire réuni, le comité consultatif de ce journal répondit (1) :

Cette question se rattache à la partie, sans contredit, la plus épineuse de l'administration communale.

Le principe est simple, net et incontesté, sans doute : la division ou le fractionnement des communes ne change rien au droit de propriété tel qu'il existait antérieurement. Mais l'application présente presque toujours les plus graves difficultés.

Dans l'espèce qui nous est soumise, nous ne doutons pas qu'il n'y ait lieu d'écarter péremptoirement les prétentions que soulèverait la commune qui s'est agrandie aux dépens de l'autre ; non, l'édifice public n'a pas suivi, par le seul fait du dénombrement, le sort du territoire distrait. La commune agrandie n'est pas devenue propriétaire. Maintenant, quelle est la nature du droit conservé par l'autre commune ?

Pour le décider bien nettement, il serait indispensable, en premier lieu, de savoir si la partie démembrée formait une section de commune ; en deuxième lieu, de remonter à l'origine même de la propriété de l'édifice, c'est-à-dire de

(1) Voir l'*Ecole des communes*, année 1836, p. 16.

connaître si primitivement il appartenait ou en général à l'ensemble de la commune, ou privativement soit à la section démembrée, soit à la section chef-lieu.

Selon chacun de ces différents cas, la solution se modifierait : en l'absence de renseignements nécessaires, nous supposerons l'espèce la plus probable, celle où le territoire distrait formait avant sa distraction une section de commune, et où l'édifice appartenait, non à l'une ou à l'autre section, mais à l'ensemble de la commune.

Dans ce cas l'édifice, avant la distraction, appartenait en commun à toutes les sections. D'après le principe que nous avons rappelé en commençant, le fractionnement n'ayant rien changé au droit de propriété, toutes les sections sont encore propriétaires en commun, aussi bien la section démembrée que celle qui est restée dans l'ancienne commune. Que résulte-t-il de là ? D'abord que, pour la vente de l'édifice, il faut nécessairement le consentement, non pas seulement du conseil municipal de cette dernière commune, mais aussi du conseil municipal de la commune agrandie, qui représente la section démembrée ; en deuxième lieu, que le prix de vente devra se partager entre la commune qui a subi le démembrement et la section démembrée, et cela par feux et sans acception de l'étendue du territoire, conformément à l'avis du conseil d'Etat du 20 juillet 1807.

Tels sont les principes qui nous paraissent incontestablement devoir dominer l'affaire, sauf les modifications qu'ils devraient subir dans l'application, en cas de circonstances particulières qu'on ne nous a pas fait connaître.

Pour éviter toutes ces contestations, le législateur de 1837 inséra, dans la loi municipale, les dispositions suivantes :

Art. 5, § 2. — Les édifices et autres immeubles servant à usage public (de la commune réunie à une autre commune) deviendront propriété de la commune à laquelle sera faite la réunion.

Art. 6, § 2. — Les édifices et autres immeubles servant à usage public (de la section de commune érigée en commune separée ou réunie à une autre commune), et situés sur son territoire, deviendront propriété de la nouvelle commune ou de la commune à laquelle sera faite la réunion.

De son côté, la loi du 5 avril 1884 contient la même règle. On lit, en effet, dans son art. 7, § 4 :

Les édifices et autres immeubles servant à un usage public, et situés sur le territoire de la commune ou de la section de commune réunie à une autre commune, ou de la section érigée en commune séparée, deviennent la propriété de la commune à laquelle est faite la réunion ou de la nouvelle commune.

Ainsi, la loi de 1884, comme celle du 18 juillet 1837, statue d'une façon générale sur le sort des immeubles affectés à un service public, sans distinguer entre les biens du domaine public et ceux du domaine privé.

Par suite, lorsqu'une commune est réunie à une autre commune, tous les biens consacrés à un usage public qui étaient situés sur son territoire deviennent la propriété de la commune dont elle fait désormais partie ; et, inversement, lorsqu'une fraction de commune est distraite d'une commune, elle emporte avec elle la propriété des édifices et autres immeubles servant à un usage public, situés sur son territoire. Si, après sa séparation, elle forme une commune nouvelle, tous ces biens lui restent et constituent son patrimoine ; si elle est rattachée à une autre commune, la propriété de ces biens est attribuée à la commune à laquelle elle est annexée.

En un mot, lorsqu'un changement est apporté à la circonscription d'une ou de plusieurs communes, les édifices et autres immeubles servant à un usage public deviennent la propriété de la commune sur le territoire de laquelle ils se trouvent situés ; et, bien que la loi ne le dise pas, cette même commune en aura seule la jouissance et devra seule pourvoir à leur entretien.

Ainsi, dans le cas de réunion de communes, « tous les habitants de la commune y ont évidemment droit, et les habitants de la commune ou section réunie participent, lors même qu'ils n'apporteraient aucun bien de cette nature, à la jouissance de ceux de ces biens qu'ils trouvent dans la commune à laquelle ils sont réunis. C'est une des conditions essentielles de l'association communale » (1). Et comme certains de ces immeubles produisent un revenu, par exemple les halles, les marchés, les abattoirs, les cimetières, les salles de spectacle, etc., ces revenus tomberont dans la caisse communale pour être affectés aux dépenses, non pas seulement de la section qui les a apportés, mais de la commune tout entière (2).

Par contre, c'est au moyen des fonds de la commune et non pas seulement avec ceux de la section réunie, que la commune devra pourvoir à l'entretien des édifices publics qui lui viennent des sections. *Ubi emolumentum, ibi onus* (3).

Réciproquement, en cas de distraction, les habitants de la section distraite perdent toute participation à la jouissance des immeubles consacrés à un service public, dont ils avaient jusque-là joui avec tous les habitants de la commune dont ils sont séparés (4).

Ces effets, attachés par la loi de 1837 et par la loi du 5 avril 1884

(1) Voir Aucoc, *Sections de commune*, n° 101.

(2) Voir Simonet, *Traité de droit public et administratif*, p. 417.

(3) Voir Deshaires, *Traité de l'administration départementale et communale*, 1866, p. 267.

(4) Voir Dufour, *Droit administratif appliqué*, 1870, t. III, n° 465.

aux changements dans la circonscription territoriale des communes, n'ont jamais été critiqués dans leur application aux biens du domaine public communal ; mais il n'en a pas été de même relativement aux biens du domaine privé.

Ainsi, dit à ce sujet M. Chaudé (1), « les mairies, écoles, casernes, cimetières, situés sur le territoire de la portion distraite, cesseront d'appartenir à la commune démembrée, aussi bien que les chemins, rues, places, églises, etc. C'est un résultat très rigoureux pour cette commune, car si l'on comprend que la section distraite emporte la propriété des chemins qui ont uniquement pour but de la desservir, et qui, une fois la distraction opérée, n'auraient plus aucune utilité pour la commune démembrée, il aurait pu fort bien n'en être pas de même pour celles des dépendances du domaine privé qui ont été affectées à un service public. Une mairie ou une école ne sont pas, comme des chemins, destinés à desservir les besoins d'un groupe de population ; ils ont une utilité générale pour toute la commune ; les attribuer à la section, sur le territoire de laquelle ils sont situés, ce sera souvent favoriser un groupe peu nombreux au détriment de toute une population. Ce sera souvent causer un préjudice considérable à la commune démembrée, qui va se trouver obligée de remplacer à ses frais des édifices absolument indispensables à son existence ».

Mais, en réalité, ces biens, par cela seul qu'ils sont affectés à un usage public, doivent, à raison de leur destination d'utilité publique, servir à tous les habitants de la commune.

« L'usage public des biens dont il s'agit prime les droits de propriété privative. La commune qui les possédait à usage de tous, les perd par cela seul qu'elle perd le territoire où ils étaient situés. La commune qui reçoit ce territoire, les reçoit sous réserve pour l'usage public de la population agrandie. » (2).

D'autre part, dans le rapport qu'il présenta à la Chambre des députés le 26 avril 1836, M. Vivien montrait clairement pourquoi il en devait être ainsi.

« Il y aurait de l'inconvénient, disait-il, à ce que la commune, dont la section a été distraite, possédât des édifices publics hors de son domaine ; elle n'en jouirait qu'en exerçant sur l'autre commune une espèce de droit de servitude, dont l'usage donnerait souvent naissance à des contestations ; l'administration communale en souffrirait.

(1) *Des biens des communes*, thèse pour le doctorat. Paris, 1878, p. 309.

(2) *Répert. du droit administratif*, V° *Commune*, n° 349.

« D'un autre côté, la section ou la commune réunie à une autre commune apporte avec elle ces immeubles; mais on a pensé qu'il y avait principalement des charges attachées à cette propriété, et la loi décide que ces immeubles deviendront la propriété de la nouvelle commune, qui les emploiera à l'usage général.

« En résumé, il est donc convenable de décider, comme le fait le projet, que les édifices et immeubles servant à usage public suivront la propriété du sol. » (1).

D'ailleurs, les auteurs mêmes qui s'étendent sur les inconvénients du système adopté par les lois de 1837 et de 1884 reconnaissent qu'il était bien difficile de les éviter, et ils ajoutent qu'ils devront seulement être pris en considération par l'autorité supérieure lorsqu'il s'agira d'autoriser une fraction de commune à se détacher de cette commune pour aller s'adjoindre à une autre, et que ce devra être là souvent une cause de refus.

Il est évident, d'ailleurs, que les immeubles servant à un usage public, dont la loi s'occupe ici, sont exclusivement ceux qui appartenaient à la commune avant le changement de territoire.

« Par exemple, dit M. Aucoc, s'il s'agissait d'une église ou d'un presbytère qui, au lieu d'être la propriété de la commune comme lui ayant été rendu par l'Etat, en exécution de la loi du 18 germinal an X, fût exceptionnellement la propriété d'une fabrique qui l'aurait acquis, soit à titre gratuit, soit à titre onéreux, ou qui l'aurait fait bâtir de ses deniers, les droits de la fabrique ne seraient en rien modifiés. » (2).

Il est à remarquer, d'autre part, que, comme dans le cas où il s'agirait de biens non affectés à un usage public, il appartiendrait, en principe, aux tribunaux judiciaires seuls de statuer sur les contestations ayant pour objet la question de savoir si, au moment de la réunion ou de la distraction, la commune ou la section de commune

(1) Il est regrettable que M. Vivien se soit servi de cette expression, et ait semblé ainsi reconnaître à la commune un droit de propriété sur son sol. — Comme le fait remarquer M. Roussel, « cela n'est pas admissible, ni d'ailleurs soutenu par personne. Il y a évidemment dans cette philosophie de la loi une pure inadvertance. Les immeubles dont il s'agit suivent une tout autre loi : c'est l'affectation à usage public qui les entraine dans le domaine de la nouvelle commune. On est à l'opposé d'une question de propriété privée ».

Voir *Répert. du droit administratif*, V° *Commune*, n° 349, note 1. — Voir aussi Dalloz, *Code des lois administratives*, V° *Commune*, n° 277.

(2) Aucoc, *Sections de commune*, n° 98. — Conf. *Ecole des communes*, année 1854, p. 197 et 252. — Bost, *Code de la constitution des communes*, p. 55, n° 57. — Il faudrait évidemment faire la même réserve pour le cas où la commune serait simplement locataire de l'immeuble dans lequel était installé un service public.

était réellement propriétaire des édifices ou immeubles qui servaient à un usage public sur son territoire (1).

Ce serait également aux tribunaux judiciaires qu'il appartiendrait exclusivement, en cas de litige, de décider si tel immeuble doit être ou non considéré comme un bien rentrant dans la catégorie des immeubles affectés à un usage public.

La question s'est présentée devant la cour d'Orléans, à l'occasion d'arbres plantés sur une route. Voici dans quelles circonstances :

Un arrêté du Gouvernement du 20 décembre 1803 avait réuni la commune de Saint-Gervais à la commune de Blois. A peu près à la même époque, la grande route qui conduit de Blois à Saint-Gervais fut plantée, partie en peupliers, partie en ormeaux. Plus tard, une ordonnance royale du 13 mars 1828 rétablit la commune de Saint-Gervais en commune particulière et fixa les limites des deux communes en prenant pour ligne de démarcation l'axe de la route, de telle sorte que moitié de l'avenue, c'est-à-dire une ligne d'arbres, se trouvait sur Saint-Gervais, et l'autre moitié sur Blois. Plusieurs années après, des contestations s'étant élevées au sujet de la fixation de ces limites, une ordonnance royale du 19 octobre 1835 confirma sur ce point les dispositions de l'ordonnance du 13 mars 1828.

Sur ces entrefaites, la commune de Saint-Gervais ayant voulu faire ébrancher les ormeaux et les peupliers plantés sur le côté de la route qui se trouvait compris dans son territoire, la commune de Blois prétendit que ces arbres, plantés et payés par elle avant la réunion des deux communes, c'est-à-dire avant 1803, étaient demeurés sa propriété exclusive, et forma une demande en revendication. Subsidiairement, elle soutenait qu'il y avait lieu tout au moins à un partage proportionnel de la plantation, c'est-à-dire eu égard à l'importance respective des deux communes dans la communauté dissoute.

Mais ses conclusions principales et subsidiaires furent successivement rejetées par un jugement du tribunal civil de Blois, rendu à la date du 25 janvier 1848, et par un arrêt de la cour d'Orléans.

L'arrêt de la cour d'Orléans, en date du 15 décembre 1848, porte :

En droit : Considérant qu'aux termes du § 2 de l'art. 5 de la loi du 18 juillet 1837, les arbres litigieux, tant qu'ils tiennent au sol par racines, doivent être considérés comme immeubles ;

Que leur valeur somptuaire dépasse leur valeur pécuniaire et les rend, par

(1) Circulaire du 15 mai 1884.

conséquent, un objet d'usage public, plutôt qu'un objet de rapport, pour la commune qui les possède;

Que, dès lors, ils appartiennent à la commune sur le territoire de laquelle ils sont complantés, savoir à la commune de Saint-Gervais.

En ce qui touche les conclusions subsidiaires de la commune de Blois :

Considérant que les motifs qui viennent d'être donnés contre les conclusions principales repoussent également les conclusions subsidiaires, la loi du 18 juillet 1837 ne permettant aucune distinction de la nature de celle provoquée pour les immeubles d'usage public,

Confirme, etc. (1).

Une autre difficulté s'est élevée, en 1866, au sujet de la propriété d'un champ de foire, dans les circonstances suivantes :

Une fraction de la commune de A... en avait été distraite par une loi pour former la commune de B... Au moment de régler les conditions de cette séparation, une contestation s'éleva entre les deux communes, l'ancienne et la nouvelle, au sujet d'un terrain compris dans la circonscription de la nouvelle et sur lequel se tenaient annuellement deux foires.

La commune de B... prétendait que ce terrain devait être considéré comme un immeuble affecté à un usage public, et qu'à ce titre il était devenu sa propriété exclusive en vertu du § 2 de l'art. 6 de la loi du 18 juillet 1837.

La commune de A... soutenait, au contraire, qu'elle en était restée propriétaire par indivis avec la commune de B...

Le préfet, consulté sur la question, proposa de décider que cet emplacement était la proprieté indivise des deux communes; et le ministre de l'Intérieur lui donna raison dans les observations qu'il lui adressa à ce sujet.

« Les prétentions de la commune de B..., disait-il, à la propriété exclusive du terrain en litige paraissent, sans aucun doute, dénuées de fondement. Ce terrain sert, à la vérité, depuis quelque temps à la tenue des foires; mais ces réunions commerciales n'ont lieu que deux jours par an et n'empêchent pas de l'affermer comme pâture; l'usage qui en est fait momentanément comme champ de foire ne suffit donc pas pour lui donner le caractère des immeubles auxquels s'applique l'art. 6 de la loi du 18 juillet 1837, et c'est avec raison, dès lors, que la commune de A... le considère comme étant demeuré indivis entre elle et B...

« Toutefois, ajoutait-il, comme leur débat soulève une véritable question de propriété, il n'appartient pas à l'autorité administra-

(1) Voir Dalloz, 1849. 2. 163.

tive de s'en constituer juge, et il n'y a que les tribunaux qui pourraient la trancher si B... persistait dans ses prétentions. » (1).

Ainsi, les édifices et autres immeubles affectés à un service public appartiennent, en principe, à la commune sur le territoire de laquelle ils sont situés.

M. Aucoc se demande à ce propos (2) s'il n'existe plus, depuis la loi du 18 juillet 1837, aucun immeuble servant à usage public qui soit la propriété d'une section et si, en vertu de cette loi, tous ces immeubles ont dû devenir la propriété des communes dont les sections dépendent; — et il estime avec raison que la loi n'a pas eu cette sorte d'effet rétroactif.

D'autre part, il ne pense pas non plus que la règle posée par la loi du 18 juillet 1837 (3) doive désormais être appliquée à toute acquisition d'immeuble affecté à un usage public qui serait faite par une section.

« Cette règle, dit-il, est une dérogation au droit commun ; elle n'a été établie que pour faciliter les modifications de circonscriptions territoriales, elle doit donc être restreinte aux cas pour lesquels elle a été expressément faite. A notre avis, l'état ancien des choses a été maintenu, et rien n'empêche que si, aujourd'hui, une section acquérait, à titre gratuit ou à titre onéreux, un immeuble de ce genre, elle n'en conservât la propriété jusqu'au jour où elle serait distraite de la commune à laquelle elle appartient. »

Et il ajoute :

« Ce n'est, d'ailleurs, pas dans un pur intérêt théorique que nous examinons cette question ; la propriété entraîne des bénéfices et des charges et nous estimons par suite que la section jouirait des uns et supporterait les autres à elle seule, à moins qu'elle ne voulût partager avec la commune et les bénéfices et les charges. » (4).

On peut même citer des hypothèses où une commune sera propriétaire d'un immeuble affecté à un service public situé sur une commune voisine: nous voulons parler du cimetière.

En principe, il est vrai, les communes doivent avoir les terrains consacrés aux inhumations sur leur propre territoire. Des raisons

(1) Voir *Bull. offic. min. Int.*, 1866, p. 485, n° 64. — Conf. arrêt de la cour de cassation du 27 janvier 1851 (Dalloz, 1851. 1. 334), que nous rapportons plus loin, — et Bost, *Code de la constitution des communes*, p. 56, n° 58.

(2) *Sections de commune*, n° 100.

(3) Nous avons vu que la loi du 5 avril 1884 renferme une disposition identique.

(4) Voir en sens contraire : Houdoy, *Des communes et sections de communes considérées comme personnes morales*, 1875, p. 703. — Caffin, *Des droits de propriété des communes et des sections de commune*, nos 363 à 367, p. 367 et suiv.

d'ordre et de surveillance justifient cette règle. Mais il se peut qu'une commune se trouve dans l'impossibilité d'avoir sur son territoire un terrain qui remplisse les conditions exigées par le décret du 23 prairial an XII.

Ainsi, un cimetière doit être, la salubrité publique l'exige et le décret de prairial est formel sur ce point, à 34 ou 40 mètres au moins de l'enceinte de la commune; or, il y a des villes qui n'ont pas de territoire rural en dehors de leur enceinte ou de l'agglomération des habitants.

Ainsi encore, le territoire rural d'une commune peut être, par son humidité ou parce qu'il est exposé aux inondations d'un cours d'eau, impropre aux sépultures.

Dans toutes ces circonstances et dans d'autres analogues, que l'administration reste chargée d'apprécier, la commune peut être autorisée à établir un cimetière sur le territoire d'une commune voisine (1).

Nous aurons, d'ailleurs, à revenir plus tard sur ce point.

Il y a, enfin, des cas où un immeuble servant à un usage public, au lieu d'appartenir exclusivement à une commune, sera indivis entre deux municipalités.

Ainsi, deux communes sont séparées par une rivière traversée par un pont. Dans ce cas, le pont appartient ordinairement aux deux communes, et chacune doit contribuer pour sa part à son entretien (2).

Comme la loi de 1837, la loi du 5 avril 1884 ne parle que des immeubles affectés à un service public; elle ne dit rien des meubles qu'ils peuvent contenir, par exemple les meubles meublants, les objets d'art, tableaux, statues, bustes, bibliothèques, etc.; les objets d'utilité publique, comme la pompe à incendie, qui peuvent avoir été achetés par la commune ou lui avoir été donnés par dons ou legs.

Il faut décider que ces meubles doivent rester là où ils ont été placés et suivre le sort de l'immeuble dans lequel ils se trouvent. C'est là, d'ailleurs, la règle que l'on suit dans la pratique (3).

(1) Voir décision ministérielle, insérée au *Bull. offic. min. Int.*, 1857, p. 179, n° 45. — Arrêt du conseil d'Etat du 29 mai 1867. (*Recueil*, p. 530.) — *Bull. offic. min. Int.*, 1868, p. 160, n° 22. — Arrêt du conseil d'Etat du 4 décembre 1874. (*Recueil*, p. 944.)

(2) C'est ce qu'a décidé, par exemple, une loi du 11 décembre 1888, qui a distrait de la commune de Bosdarros (Basses-Pyrénées) la section dite Le Haut-de-Bosdarros, et l'a érigée en commune distincte. — Son art. 3, § 3, est ainsi conçu : « Chacune des dites communes contribuera pour moitié à l'entretien du pont dit de Etchaas, construit sur le ruisseau Le Gest. »

(3) Ainsi la loi du 1er avril 1885, qui distrait de la commune de Maisons-Alfort la section

Mais si tel est le droit commun, il faudrait toutefois adopter une règle différente dans le cas où un de ces meubles était, au moment où le remaniement territorial a eu lieu, la propriété exclusive d'une des sections; il continuerait alors à appartenir à cette section seule, à l'exclusion de toute autre (1).

Il est une sorte de meubles sur lesquels il nous faut dire quelques mots; nous voulons parler des archives. Elles sont, en général, déposées dans la mairie, qui est un immeuble affecté à un service public. Mais résulte-t-il de là qu'elles devront toujours suivre le sort de cet immeuble ?

Si l'on suppose que deux ou plusieurs communes sont réunies pour n'en former qu'une seule à l'avenir, il n'y a pas de doute possible : les archives appartiendront à cette commune unique et seront transportées dans la mairie du chef-lieu (2).

Si, au contraire, c'est une section qui est distraite d'une commune pour former une municipalité distincte, on peut se demander si les archives doivent être attribuées à la nouvelle commune, ou, au contraire, rester au pouvoir de l'ancienne.

Il ne sera pas indifférent à une commune de conserver ses archives ou de les voir passer en d'autres mains. Le plus souvent, les communes tiennent à leurs archives ; c'est là, d'ailleurs, un sentiment bien naturel, car elles peuvent avoir une grande importance et une grande valeur. On y trouvera quelquefois des documents précieux pour l'histoire locale ou même générale du pays, des pièces sur les corporations, des chartes, des coutumes locales, des terriers, des lettres adressées par les rois aux magistrats, aux gouverneurs ou

d'Alfortville (Seine), pour l'ériger en municipalité distincte, dispose dans son art. 3 : « La bibliothèque communale de Maisons-Alfort restera la propriété de cette commune. »

De même la loi du 28 février 1887, qui distrait la section dite Le Perreux de la commune de Nogent-sur-Marne (Seine), et l'érige en commune distincte, contient, dans son art. 3, un § 3 ainsi conçu : « Les établissements municipaux, avec le mobilier qu'ils comportent, resteront la propriété de la commune où ils sont situés, sans répétition de part ni d'autre. »

Conf. *Journal des communes*, année 1883, p. 73.

(1) C'est ainsi, par exemple, qu'une loi du 17 novembre 1890, qui distrait de la commune de Vaux (Rhône) les sections de Perréon et de La Creuse, pour en former une nouvelle commune sous le nom de Le Perréon, décide dans son art. 3, § 6 : « La pompe à incendie, acquise par les habitants de La Creuse, demeurera la propriété de cette section. »

(2) Cette règle toute naturelle, et qui est de droit commun, a été quelquefois édictée expressément par les actes qui prononcent des réunions de communes. — Ainsi, le décret du 29 juillet 1811, qui a réuni la commune de Beuvange-sous-Saint-Michel à la commune de Volkrange, contenait un art. 2 ainsi conçu : « La municipalité de Beuvange est supprimée : ses registres et papiers seront transportés aux archives de la municipalité de Volkrange. »

Voir également décret du 30 octobre 1813, supprimant la commune d'Harprich et la réunissant à celle de Vallerange (Moselle).

intendants, etc. C'est là que seront réunies toutes les pièces relatives aux procès que la commune aura été appelée à soutenir, aux contrats qu'elle a passés ; ses titres de propriété, les actes et les arrêtés des conseils municipaux et des maires, les décisions de l'administration, les plans du cadastre, tant anciens que nouveaux, les tableaux des chemins vicinaux, la correspondance et les instructions de l'autorité supérieure, etc. Enfin, les registres de l'état-civil font partie des archives, et l'on comprend sans peine que les habitants de la commune trouvent plus de commodité à les consulter dans leur propre mairie que dans celle d'une autre commune (1).

Or, il résulte de diverses décisions ministérielles, insérées au *Journal des communes* (2), que les archives, en cas de distraction de commune, restent à la commune mère, qui, avant la séparation, a été le centre de la vie communale. — Mais il en serait autrement des actes, pièces et documents qui intéresseraient directement et exclusivement la section distraite : dans ce cas, ce serait à la nouvelle commune que ces archives seraient attribuées (3).

Nous connaissons maintenant quel est le sort des édifices et autres immeubles consacrés à un usage public en cas de modification dans la circonscription territoriale des communes. Nous avons vu que, par suite de ce changement de limites, une commune pouvait perdre un bâtiment affecté à un service public, tandis qu'une de ses sections en emportait la propriété, et qu'il y avait là comme une vraie expropriation au détriment d'une commune.

Ne serait-il pas juste que, dans ce cas, la commune, qui devient ainsi propriétaire exclusive d'un immeuble enlevé à une autre commune, fût obligée de payer à celle-ci une indemnité en compensation du préjudice qui lui est causé ?

Telle est la question que nous allons maintenant examiner.

(1) Voir BRAFF, *Principes d'administration communale*, V° *Archives*, p. 87. — *Répert. d'administration municipale*, V° *Archives*, n° 10. — Notons, en passant, que les remaniements territoriaux présentent à ce point de vue de graves inconvénients, les dédoublements de communes surtout, puisqu'ils entraînent la division des registres de l'état-civil, ce qui a pour conséquence de rendre les recherches plus difficiles.

(2) T. XLIII, p. 106, et t. XL, p. 350. — Voir également : *Répert. d'administration municipale*, V° *Section*, n° 6, — et le supplément (1880), V° *Commune*.

(3) Il arrive quelquefois, d'ailleurs, que l'acte qui prononce la séparation des communes statue en même temps sur le sort des archives. — C'est ainsi que la loi du 26 juin 1885, qui distrait la section de La Mulatière de la commune de Sainte-Foy-lès-Lyon, et l'érige en municipalité distincte, dispose dans son art. 3, lettre *e* : « Les archives de l'ancienne commune de Sainte-Foy-lès-Lyon seront déposées à la mairie de la commune de ce nom. »

SECTION II

Questions d'indemnité.

La loi du 18 juillet 1837 ne contenait aucune disposition à ce sujet. Mais l'indemnité avait été prévue dans plusieurs des projets de lois qui avaient été soumis aux Chambres. Ainsi, dans le projet présenté le 27 mars 1837 à la Chambre des députés (1), il était dit formellement : « La section de commune dont la distraction aura été prononcée, soit pour la réunir à une autre commune, soit pour l'ériger en commune séparée, emportera la propriété :..... 2° des édifices et autres immeubles servant à usage public, situés sur son territoire, *sauf indemnité s'il y a lieu.* »

Dans le rapport qu'il présenta à la Chambre des Pairs, dans la séance du 27 mars 1837, M. Mounier expliquait ainsi ce texte :

« On a fait considérer, disait-il, que lorsqu'un édifice important pour une commune, une église, par exemple, lui serait enlevé avec la section sur le territoire de laquelle cet édifice était placé, il serait juste d'indemniser la commune d'une perte qu'elle serait peut-être obligée de remplacer à grands frais. Le projet de loi a admis, en conséquence, le principe du paiement d'une indemnité : mais, en l'énonçant, le projet n'est point entré dans les moyens d'exécution ; il ne parle point de l'évaluation de cette indemnité, il ne déclare point sur qui retomberait la charge ; nous pensons qu'on y rencontrerait de grandes difficultés.

« Une section peu considérable est distraite d'une commune ; les habitants de cette section seront-ils tenus de payer la valeur d'un édifice public construit sur son sol ? Ce serait leur imposer un fardeau accablant et arriver parfois à l'impossible. A la vérité, dans notre système, qui fait passer la propriété de l'édifice à la nouvelle commune, ce serait à elle à supporter le paiement de l'indemnité ; il n'y aurait plus la même impossibilité. Mais nous ferons remarquer que les cas de cette nature seront évidemment bien rares ; qu'il ne faut pas s'en préoccuper et mentionner dans la loi une mesure d'une application difficile et qui éveillerait tant de prétentions.

« Si l'on peut supposer des circonstances dans lesquelles il serait équitable d'indemniser une commune de la privation de certains

(1) *Moniteur* du 28 janvier, p. 185.

immeubles servant au public, ce serait dans l'acte de séparation qu'on stipulerait cette indemnité, soit en en fixant immédiatement la quotité, soit en annonçant qu'elle serait fixée dans des formes déterminées. »

Devant la Chambre des Pairs, les mots : « *sauf indemnité s'il y a lieu* » disparurent. Mais il fut expliqué que la suppression n'avait d'autre objet que de faire comprendre que l'indemnité ne devait être allouée que par exception, que cette question était subordonnée à l'appréciation de grandes difficultés d'exécution et de considérations des ressources des localités, et des résultats à attendre de la distraction ou de la réunion; qu'il fallait, par conséquent, se garder d'éveiller les espérances en énonçant le principe du paiement d'une indemnité, et ne point consacrer une disposition dont l'application pût être réclamée devant les tribunaux ordinaires; et que ce serait dans l'acte de séparation qu'on stipulerait l'indemnité, soit en fixant sa quotité, soit en annonçant qu'elle serait fixée dans des formes déterminées (1).

Voici, d'ailleurs, comment s'exprimait M. Vivien dans son dernier rapport à la Chambre des députés, dans la séance du 16 mai 1837 :

« Les derniers articles du titre Ier, disait-il, ont subi quelques changements. Le principe de l'indemnité que vous aviez voulu consacrer au profit de la commune à qui la distraction d'une partie de son territoire enlevait un de ses édifices publics, ne se trouve plus écrit dans la loi, mais il n'est pas contesté. Les cas où l'indemnité sera due se présenteront très rarement: ils pourront être réglés par l'acte même qui opérera la distraction, et peut-être une disposition générale et expresse aurait, comme on l'a craint, eucouragé de nombreuses prétentions, le plus souvent dénuées de tout fondement. »

Ainsi donc, il était bien entendu que, si l'on ne mentionnait plus le principe de l'indemnité, il n'en subsistait pas moins. Il y a, en effet, des cas où il est de toute justice qu'une commune reçoive une indemnité à raison des édifices publics dont la propriété lui est enlevée par une section qui est détachée de son territoire, édifices qu'elle avait élevés ou acquis de ses deniers et qu'elle sera obligée de remplacer.

« Supposons, dit M. Morgand (2), une section A qui possède à

(1) Voir DUFOUR, *Droit administratif appliqué*, 3e édit., t. III, p. 504, n° 464.— TROLLEY, *Traité de la hiérarchie administrative*, t. I, p. 82, n° 41.

(2) *Commentaire de la loi du 5 avril 1884*, t. I, p. 95.

elle seule tous les édifices publics, construits aux frais de la généralité des habitants de la commune, et qui demande à se séparer de la section B, laquelle ne possède aucun édifice. Cette section B, qui a payé sa part dans les édifices publics qui deviennent la propriété exclusive de la section A, érigée en commune, serait obligée d'en construire de nouveaux avec ses seules ressources et un territoire réduit de moitié. Evidemment, après la séparation, la commune A devra, en équité, tenir compte à la commune B de cette inégalité de situation. »

Et inversement, il peut se faire que les édifices publics se trouvent tous situés sur la commune dont on détache une section ; cette section, qui avait coopéré à leur édification, perdra ainsi tout droit à la propriété ou à la jouissance de ces immeubles. Cette perte, il est vrai, pourra se trouver compensée lorsqu'elle sera réunie à une autre commune, car ses habitants seront alors admis à la participation aux biens de même nature dans la nouvelle communauté. Mais si la section est érigée en commune distincte, cette perte pourra lui être très onéreuse, car elle sera obligée de faire construire, à elle seule, de nouveaux édifices : il serait donc juste qu'elle reçoive une indemnité de la commune dont elle est détachée.

Aussi le ministre de l'Intérieur, dans une circulaire du 29 janvier 1848, relative aux changements de circonscription (1), prescrivait-il aux préfets de faire procéder à une instruction spéciale sur ce point, lorsqu'ils auraient à préparer des projets de réunion ou d'érection de communes.

A l'égard des édifices servant à usage public, disait-il, et qui, aux termes de la loi, doivent suivre le sort du territoire sur lequel ils se trouvent situés, les indemnités ou compensations auxquelles leur délaissement forcé pourra peut-être donner lieu, dans quelques circonstances extraordinaires, devront être réglées par l'ordonnance royale qui changera la circonscription. A cet égard, il n'existe aucune règle précise. Le législateur a eu l'intention évidente de tout laisser à l'appréciation de l'autorité administrative, parce qu'il n'était pas possible de régler *a priori* les cas si divers qui peuvent se présenter, ni même de rappeler des principes généraux dont l'application pût servir à résoudre les difficultés nées de la séparation. Ce sera donc à vous, M. le préfet, à examiner dans chaque espèce, d'après les demandes des parties et surtout d'après les circonstances qui auront précédé ou déterminé le projet de séparation, ce qu'il serait juste ou convenable de décider en même temps qu'on la prononcerait. Cette appréciation sera souvent très délicate et exigera de la part de l'administration une attention toute particulière. Je vous recommande donc d'y accorder un très grand soin, afin que vos propositions soient toujours motivées sur des faits

(1) Insérée au *Bull. offic. min. Int.*, 1848, p. 16.

positifs. Plus le pouvoir attribué en cette matière à l'autorité administrative est indéfini, plus elle doit s'attacher à ce que ses décisions ne soient jamais fondées que sur une stricte équité.

Comme le dit le ministre, la question de l'indemnité à accorder aux communes à la suite des modifications de circonscriptions territoriales est excessivement complexe, et ne saurait être résolue dans un sens absolu.

« Elle dépend, en effet, dit M. Trolley (1), de mille circonstances qu'il convient d'apprécier avec une sorte d'arbitraire. La commune éprouve-t-elle un véritable préjudice? Quand et avec quels deniers ces édifices furent-ils construits? N'appartenaient-ils pas dans l'origine à la section elle-même? Quelles sont les autres conditions de la réunion? Voilà ce qu'il faut apprécier. »

De son côté, M. Dufour, dans son traité de *Droit administratif appliqué* (2), s'exprime ainsi :

« Tantôt les habitants de la fraction distraite devront être indemnisés par la commune dont ils seront séparés, tantôt ils devront eux-mêmes une indemnité à la commune à laquelle ils seront réunis. Ces compensations ne comportent aucune règle absolue. Les bases à adopter varient à l'infini; on consultera l'étendue du territoire emporté par la section distraite et le revenu imposable de ce territoire; on aura aussi égard à la population; enfin, des circonstances de fait tout à fait spéciales, particulières, devront être prises en considération. La loi ne pouvait statuer à l'avance ni soumettre à des principes fixes un droit éminemment susceptible de se modifier selon les circonstances. »

Enfin, on lit dans le *Traité des droits de propriété des communes et des sections de commune*, de MM. Caffin (3) : « La loi n'a pas soumis les indemnités à des règles invariables, elle ne pouvait le faire; elle s'est bornée à poser des principes généraux, et elle s'en est remise aux circonstances pour la fixation des indemnités. Ainsi on pourra, selon les cas, consulter l'étendue des territoires divisés, l'importance des populations laissées dans l'ancienne commune et emportées par les sections distraites, le revenu imposable des deux territoires, la fortune respective des agglomérations séparées. On pourra aussi avoir égard à la situation des édifices, au service qu'ils rendaient et qu'ils pourront continuer à rendre à la commune et aux

(1) *Traité de la hiérarchie administrative*, t. I, p. 82, n° 41.

(2) T. III, p. 504.

(3) N° 361, p. 365. — Conf. Bost, *Code de la constitution des communes*, p. 53, n° 56, et p. 60, n° 66.

populations qui les perdent, et aux avantages qu'ils procureront à la commune qui les reçoit et aux habitants de cette commune qui s'en rapprochent le plus. »

Il appartient donc aux parties intéressées, conseils municipaux ou commissions syndicales, de conclure des arrangements amiables; à défaut d'entente, l'autorité qui prononce la modification aura à fixer d'office des conditions propres à remédier à toutes les anomalies et à prévenir ou trancher toute difficulté.

Nous pouvons citer quelques applications pratiques de ces idées.

Ainsi, une loi du 4 juin 1859 (1) prononça la réunion à la commune de Granville (Manche) d'une partie du territoire des communes de Saint-Nicolas et de Donville, entre lesquelles cette commune, bordée de l'autre côté par la mer, se trouvait resserrée. Mais par suite de l'application de l'art. 5 de la loi du 18 juillet 1837, la modification des circonscriptions communales enlevait à la commune de Saint-Nicolas un presbytère bâti récemment sur la partie de son territoire qu'elle perdait. Aussi, un article spécial de la loi de réunion disposa que la commune de Granville demeurerait chargée de payer à la commune de Saint-Nicolas une indemnité égale au préjudice qu'elle éprouverait par suite de la privation de son presbytère, et qui serait réglée administrativement.

Dans d'autres circonstances, l'administration s'est refusée à accorder aucune indemnité.

En voici un exemple : Une loi avait distrait une fraction de la commune de A... pour l'ériger en municipalité distincte sous le nom de commune de B... Au moment de régler les conditions de cette séparation, une difficulté surgit entre les deux communes au sujet d'un terrain compris dans la circonscription de la nouvelle commune de B... et sur lequel se tenaient annuellement deux foires.

La commune de B... prétendait que ce terrain devait être considéré comme un immeuble affecté à un usage public, et qu'à ce titre il était devenu sa propriété exclusive, en vertu de l'art. 6, § 2, de la loi du 18 juillet 1837. La commune de A... soutenait, au contraire, qu'elle en était restée propriétaire par indivis avec la commune de B...; elle consentait, d'ailleurs, à céder à celle-ci son droit de copropriété et réclamait de la commune de B..., non seulement le prix de cette cession, mais encore une indemnité pour le préjudice que lui causerait l'attribution à la commune de B... de deux foires qui se tenaient sur l'emplacement en litige.

(1) Nous empruntons cet exemple à M. Aucoc, *Sections de commune*, n° 99.

Le préfet, appelé à donner son avis sur la question, proposa de décider : que le dit emplacement était la propriété indivise des deux communes ; que les deux foires seraient attribuées à la commune de B... ; que celle-ci n'aurait à payer aucune indemnité à la commune de A... à raison de cette attribution, mais qu'elle serait tenue d'acquérir le droit de copropriété de la commune de A... sur le terrain litigieux.

Le ministre de l'Intérieur, comme nous l'avons indiqué plus haut, admit que ce terrain était demeuré la propriété indivise des deux communes de A... et de B... ; mais, après s'être concerté avec le ministre de l'Agriculture, voici les observations qu'il adressa au préfet au sujet de la question d'indemnité :

Le ministre de l'Agriculture, Commerce et Travaux publics, dit-il, reconnaît que les deux foires, qui se tiennent sur le terrain litigieux, devront être attribuées à la commune de B..., aucun emplacement aussi convenable n'existant sur le territoire de la commune de A... ; mais il n'y a pas lieu de statuer à cet égard par décret, et il suffit de modifier le tableau général du département. Il n'est pas douteux, d'ailleurs, qu'aucune indemnité ne peut être réclamée par la commune de A... à la commune de B... pour la privation de ces deux foires. L'autorisation de tenir des foires est accordée dans l'intérêt exclusif du commerce et de l'industrie, et non dans le but de procurer aux communes des ressources plus ou moins considérables. Cette autorisation est, en outre, essentiellement précaire, c'est-à-dire suceptible d'être retirée à chaque instant. Dès lors, l'acte qui en opère le retrait pour la transférer d'une commune à une autre commune ne peut rendre la seconde passible d'une indemnité envers la première.

Il n'appartient pas à l'administration supérieure de contraindre une commune à acquérir d'une autre commune un droit de copropriété, l'initiative en pareille matière étant exclusivement réservée par la loi aux conseils municipaux. C'est donc seulement par la voie de la persuasion qu'il y aurait lieu d'agir sur la commune de B... pour l'amener à s'assurer la toute propriété du terrain litigieux, dans le but de prévenir les difficultés que pourrait faire naître la possession indivise de ce terrain, notamment dans le cas où la commune de A..., se prévalant de sa qualité de copropriétaire, s'opposerait à ce que les foires se tinssent sur cet emplacement (1).

Telle était la pratique suivie sous l'empire de la loi du 18 juillet 1837.

La loi du 5 avril 1884 ne contient non plus aucune disposition relative à l'indemnité. Le principe même en fut contesté pendant la discussion de la loi. En effet, lors de la première délibération à la

(1) Voir *Bull. offic. min. Int.*, année 1866, p. 485, n° 64 ; année 1873, p. 60 ; année 1877, p. 221 et 382.

Chambre des députés, dans la séance du 10 février 1883 (1), M. Lorois, provoquant une explication à cet égard, avait demandé qu'en cas de fractionnement de commune, la propriété des immeubles servant à usage public fût laissée à la section sur le territoire de laquelle ils sont construits, sans que cette section eût à payer aucune indemnité de ce chef à l'autre section.

« Je voudrais, dit-il, appeler l'attention de la commission sur un cas qui se présente quelquefois et qui ne me paraît pas prévu par le projet. Dans l'état actuel, quand on divise une commune en deux communes, on force celle qui conserve la propriété de l'église, de la maison d'école, à payer à la section qui forme une nouvelle commune une part de la valeur de ces édifices communaux. Cela devient une cause de ruine pour la commune qu'on divise, car, non seulement on lui enlève une partie de son territoire, et, par conséquent, de ses ressources, pour former une commune nouvelle, mais on lui impose la charge de payer à la nouvelle commune une part de la valeur des édifices communaux. Je connais dans le Morbihan des communes qui ont été absolument ruinées parce qu'on les a ainsi forcées de payer aux communes nouvelles séparées d'elles une part de la valeur des bâtiments communaux qu'elles conservaient. Les sommes que l'on doit payer de ce chef sont quelquefois très élevées. Dans certaines campagnes, l'église a souvent une très grande valeur ; il en résulte que la commune, à qui on enlève déjà une partie de son territoire, est forcée de s'imposer de nombreux centimes additionnels pour désintéresser la nouvelle commune. Je crois qu'il serait juste, lorsque l'on crée une commune nouvelle, de laisser à la commune ancienne la propriété des édifices communaux, sans indemnité pour la commune nouvelle. C'est celle-ci qui a demandé à être érigée en commune distincte : qu'elle n'en fasse pas supporter les charges à la commune dont elle s'est séparée, souvent contre le gré de cette dernière. »

Un membre répondit que la loi ne prévoyait pas d'indemnité, et M. Lorois n'insista pas sur son observation.

Mais au Sénat, en première lecture, dans la séance du 5 février 1884 (2), le rapporteur, M. Demôle, a nettement indiqué, au contraire, que la fixation des indemnités qui pouvaient être dues de part ou d'autre était un des points principaux sur lesquels porterait le règlement des conditions à faire par le conseil général, le Président de la République ou le législateur.

(1) *Trav. prép.*, p. 29.

(2) *Trav. prép.*, p. 291.

« Ainsi, a-t-il dit, toutes les questions de partage de biens actifs, de répartition de dettes, d'indemnités quelquefois, — car si une commune possède sur son territoire une école, un bâtiment construit aux frais de tous les contribuables, et qu'on la sépare en deux, qu'une des fractions conserve l'école pour elle seule, il est certain qu'on doit quelque chose à ceux qui sont privés de l'édifice d'intérêt public qu'ils ont contribué à élever, — eh bien, toutes ces conditions, nous disons qu'il faut que ce soit l'autorité publique qui les détermine. »

Aussi, dans la circulaire du 15 mai 1884, le ministre de l'Intérieur adresse-t-il aux préfets les recommandations suivantes :

« Vous devrez, dit-il, faire instruire simultanément les projets de modifications aux circonscriptions territoriales des communes, et les conditions auxquelles ces modifications doivent être opérées. Vous provoquerez à ce sujet les délibérations des conseils municipaux et des commissions syndicales intéressées. Les principales questions à résoudre sont celles relatives... aux compensations à accorder, dans quelques circonstances extraordinaires, en raison de l'abandon forcé des immeubles servant à un usage public. La circulaire d'un de mes prédécesseurs, en date du 29 janvier 1848, trace la marche à suivre en pareil cas : je vous invite à vous y référer. »

En pratique, les actes qui statuent sur le changement de circonscription communale contiennent assez souvent une disposition expresse relativement à l'indemnité, soit pour l'accorder, soit pour la refuser à la commune ou à la fraction de commune expropriée.

C'est ainsi que la commune du Vésinet, formée de démembrements des trois communes du Pecq, de Chatou et de Croissy, a reçu, dans le règlement intervenu (1), des indemnités relativement élevées de chacune de ces trois communes, « pour lui tenir compte de la privation de jouissance des écoles, des mairies, des cimetières, à l'établissement desquels ses habitants avaient contribué, chaque groupe de son côté » (2).

Ainsi encore, la loi du 1er avril 1885, qui érige en municipalité distincte la section d'Alfortville, distraite de la commune de Maisons-Alfort (Seine), dispose dans son art. 3 : « La bibliothèque communale de Maisons-Alfort restera la propriété de cette commune, qui payera à celle d'Alfortville, à titre de compensation, une somme de 1,500 francs. »

De même, la loi du 6 décembre 1888, qui distrait la section de Saint-Michel-de-Rivière de la commune de La Roche-Chalais (Dordogne), et l'érige en municipalité distincte, décide dans son art. 6 : « La section de La Roche-Chalais ver-

(1) Conseil d'Etat, 4 juin 1885, délibération approuvant le projet de règlement

(2) Voir *Répert. du droit administratif*, V° *Commune*, n° 365.

sera à celle de Saint-Michel une somme de 6,000 francs, pour contribuer à l'établissement, dans la nouvelle commune, d'une mairie et d'un presbytère. »

Enfin, le décret du 22 juillet 1889, qui annexe au territoire de la commune de La-Ferté-Bernard (Sarthe) la commune de Saint-Antoine-de-Rochefort et une certaine portion des communes de Cherré et de Cherreau, contient un art. 3 ainsi conçu : « Conformément à l'engagement pris dans la délibération du conseil municipal de La-Ferté-Bernard, en date du 20 février 1889, cette commune payera à la commune de Cherré : 1° une somme de 5,000 francs, pour lui permettre de construire un cimetière sur son territoire ; — 2° une somme de 25,000 francs, mais dans le cas seulement où la commune de Cherré viendrait à être séparée de celle de La-Ferté-Bernard sous le rapport du culte, pour être érigée en succursale distincte. La commune de La-Ferté-Bernard contribuera pour moitié dans la dépense qu'occasionnera à la commune de Cherré la construction d'une école de filles. »

En sens inverse, la loi du 26 juin 1885, qui distrait la section de La Mulatière de la commune de Sainte-Foy-lès-Lyon, et l'érige en municipalité distincte, dispose dans son art. 3, lettre *f* : « Il n'y a pas lieu à l'indemnité ou compensation au profit de l'une ou de l'autre des deux communes, en raison de l'abandon forcé des édifices et autres immeubles servant à usage public, situés sur le territoire de chacune d'elles. »

La loi du 28 février 1887, qui érige en municipalité distincte la section dite Le Perreux, distraite de la commune de Nogent-sur-Marne (Seine), contient un art. 3 ainsi conçu : « § 3. — Les établissements municipaux, avec le mobilier qu'ils comportent, resteront la propriété de la commune où ils sont situés, sans répétition de part ni d'autre. »

La loi du 24 mars 1888, qui distrait la section de Sainte-Croix de la commune de Pavezin (Loire), et l'érige en commune distincte, dispose dans son art. 2 : « La commune de Pavezin et la nouvelle commune de Sainte-Croix seront propriétaires des immeubles affectés aux services publics et qui sont situés sur leurs territoires respectifs, sans qu'il y ait lieu à indemnité de part et d'autre, chacune d'elles conservant la propriété des biens qui lui appartenaient exclusivement. »

La loi du 29 mai 1888, qui distrait la section des Clérimois des communes de Foissy et de Chigy (Yonne), et l'érige en commune distincte, décide (art. 2) : « Les nouvelles communes de Foissy, de Chigy et des Clérimois seront propriétaires des immeubles situés sur leurs territoires respectifs et appartenant aux anciennes communes de Foissy et de Chigy, à titre de domaine public ou de biens affectés à un service public, sans qu'il y ait lieu à indemnité de part ou d'autre. »

Enfin, la loi du 20 juillet 1889, qui forme à Saint-Yzan-de-Soudiac une nouvelle commune dont les éléments sont empruntés aux communes de Saint-Savin et de Saint-Mariens, contient un art. 2 où on lit : « Les communes de Saint-Savin et de Saint-Yzan-de-Soudiac seront propriétaires des immeubles situés sur leurs territoires respectifs et affectés à un service public, sans qu'il y ait lieu à indemnité au profit de l'une ou de l'autre des dites communes. »

Nous avons dit que les communes pouvaient avoir droit à des

compensations pour les indemniser de la perte d'édifices ou autres immeubles affectés à un service public, occasionnée par un changement dans leur circonscription.

Mais, comme le fait remarquer M. Roussel (1), « ces indemnités doivent représenter une privation réelle de jouissance. Elles ne sauraient être stipulées entre deux communes, soit avant la séparation, comme prix du consentement de l'une d'elles, et pour le seul fait de la distraction du territoire, soit *a fortiori* après l'acte accompli ».

On lit également dans le *Répertoire alphabétique* de M. Dalloz (2): « Les communes n'ont point le droit de réclamer une indemnité de celles à qui elles sont obligées d'abandonner une partie de leur territoire. Elles ne peuvent exiger d'indemnité ni en terrain, ni en argent. »

C'est que l'acte qui modifie les circonscriptions des communes est un acte de gouvernement, et que les actes de cette nature ne peuvent donner matière à des marchés ou à des demandes en réparation. C'est, d'ailleurs, en ce sens que s'est prononcé le comité de l'Intérieur du conseil d'Etat, dans un avis du 9 janvier 1835.

« Les communes, dit M. Roussel, ne sont pas propriétaires de leur sol; — et les tractations permises relativement à leurs propriétés réelles, à leurs biens immobiliers propres, n'ont aucune base légale lorsqu'elles ne s'appliquent qu'à la nouvelle distribution du sol national entre elles. » (3).

Par suite, dans le cas où deux communes auraient été d'accord pour passer, avant le changement de circonscription, un traité semblable, il serait du devoir de l'administration supérieure, qui règle les conditions de la modification territoriale, de l'annuler; et tout traité conclu postérieurement serait entaché d'une nullité d'ordre public.

Cependant il est arrivé que, dans des circonstances où l'on détachait d'une commune la partie la plus fertile en ressources, on a admis que la commune démembrée avait pu recevoir de l'autre, à titre de compensation, une fondation de bienfaisance. C'est l'équité, c'est l'intérêt des pauvres qui a fait, sur ce point, fléchir la rigueur des principes (4). Mais ce n'est là qu'une exception, et les auteurs

(1) *Répert. du droit administratif*, V° *Commune*, n° 366.

(2) V° *Commune*, n° 179.

(3) *Op. et loc. cit.* — Conf. Bost, *Code de la constitution des communes*, p. 59, n°s 64 et 65, et p. 105, n° 122.

(4) Voir *Répert. du droit administratif*, V° *Commune*, n° 367. — Dalloz, *Répert. alphab.*, V° *Commune*, n° 179, — et *Code des lois administratives*, V° *Commune*, n° 313.

estiment que ces précédents, contraires à la vraie doctrine, ne doivent pas être pris pour règle (1).

Nous avons montré que, lorsqu'une fraction de territoire était détachée d'une commune pour être réunie à une autre commune, l'édifice affecté à un usage public situé sur cette fraction de territoire devenait la propriété de la nouvelle commune tout entière, et que, par suite, celle-ci devait tout entière en percevoir les produits et en supporter les charges correspondantes.

Si donc, pour indemniser la commune démembrée de la perte de cet édifice, l'acte qui a prononcé le changement de circonscription lui a accordé une indemnité, cette indemnité devra être acquittée, non pas par la section seule qui l'a apporté, mais par la nouvelle commune tout entière.

C'est en ce sens que M. Gillon s'était prononcé, au nom de la commission, lors de la discussion de la loi du 18 juillet 1837.

En effet, un député, M. Chamaraule, ayant demandé par qui l'indemnité devait être payée dans ce cas, M. Gillon répondit : « Ce ne sera pas par la section seulement qui emporte la propriété, cela serait tout à fait injuste. Mais l'indemnité sera fournie par la nouvelle commune tout entière qui va se composer par l'adjonction

(1) Dalloz, *Répert. alphab.* et *Code des lois administratives, loc. cit.* — On lit également dans les *Principes d'administration,* de MM. Vuillefroy et Monnier (p. 272, n° XXII) : « Les communes ne pouvant être regardées comme propriétaires de leur territoire, et leurs limites devant être fixées uniquement par des motifs d'ordre public, la commune dont on propose de distraire une portion de son territoire pour la réunir à celui d'une autre commune n'est pas en droit d'exiger que cette dernière lui concède une autre portion de son territoire à titre de compensation. (*Avis du comité de l'Intérieur du 10 février* 1832, *commune de Ciran* (*Indre-et-Loire*), *rapporteur Fellecourt.*) Cependant, dans un intérêt de justice facile à comprendre, autant que dans le but de prévenir entre des communes voisines des rivalités fâcheuses, on cherche généralement à dédommager celles qui souffrent de ces distractions, en leur réunissant, lorsque les compensations sont possibles, des portions de territoire à peu près équivalentes et appartenant à la commune qui en profite ; mais ces compensations ne doivent être admises qu'autant qu'elles n'ont pas elles-mêmes pour effet de nuire à la régularité des circonscriptions où à toute autre condition d'intérêt général. (*Même avis du comité de l'Intérieur.*)

« Il est inutile de dire que des compensations pécuniaires de la part d'une commune envers une autre ne pourraient jamais être autorisées ; car le droit absolu d'administrer telle ou telle portion de territoire n'appartenant à aucune commune, il ne peut être acquis ni aliéné à prix d'argent.

« Toutefois, on a autorisé des fondations de bienfaisance par une commune au profit des indigents d'autres communes, dont une délimitation nouvelle diminuait les ressources à son avantage, par la considération que ces fondations n'avaient pas le caractère de vente ou de marché. »

Conf. avis du comité de l'Intérieur, 9 janvier 1835, communes de Clermont, Agnès et Breuille-Levert, rapporteur Tournoüer ; — 19 juillet 1836, communes de Marchiennes ville et Marchiennes campagne (Nord), rapp. de Gasparin ; — 17 mai 1833, commune de Foissy (Yonne), rapp. Ternaux ; — 3 septembre 1836 (Manche), rapp. Ternaux ; — 9 janvier 1835, rapp. Tournoüer.

dè la section ; car c'est cette commune-là qui va avoir le profit et en retirer l'utilité. » (1).

La même solution est adoptée par M. Aucoc. « Lorsqu'il y a lieu, dit-il, de payer une indemnité par suite de changement de circonscription territoriale, ces indemnités ne peuvent jamais être à la charge de la section seule; car aux termes de l'art. 6 de la loi de 1837 la section ne garde pas pour elle la propriété des immeubles affectés à un usage public, comme elle le fait pour ceux qui produisent des revenus : la loi en attribue la propriété à la commune dont la section fait partie. C'est donc la commune tout entière qui devra supporter les charges de la propriété qu'elle acquiert. » (2).

Enfin, nous avons vu plus haut qu'une loi du 4 juin 1859, qui réunit à la commune de Granville une partie du territoire des communes de Saint-Nicolas et de Donville, pour indemniser la commune de Saint-Nicolas de la perte d'un presbytère situé sur la partie de territoire qu'elle perdait, imposa à la commune de Granville tout entière l'obligation de payer une indemnité à la commune de Saint-Nicolas.

Lorsque l'autorité qui a prononcé le changement de circonscription a statué expressément sur la question de l'indemnité, aucune difficulté ne peut s'élever. Ainsi, si l'acte de distraction a déclaré d'une façon formelle qu'il n'y avait pas lieu à indemnité (3), tout est dit, et la commune qui a perdu un édifice public ne peut réclamer à l'autre aucune compensation. De même si cet acte a accordé une indemnité à une commune et en a fixé le chiffre (4), la commune, à la charge de qui elle a été mise, sera ainsi grevée d'une dette et devra l'acquitter conformément au droit commun (5).

Mais il se peut que la loi, le décret ou la délibération du conseil général, qui a prononcé la modification territoriale, se soit borné à déclarer le droit à indemnité pour l'une des communes intéressées, sans en fixer le chiffre. C'est ainsi qu'une loi du 4 juin 1859, dont nous avons déjà parlé, disposait que la commune de Granville

(1) Voir DUVERGIER, *Collection complète des lois, etc.*, t. XXXVII, p. 231, note 4 sous l'art. 6, § 2, de la loi du 18 juillet 1837.

(2) *Sections de commune*, n° 159.— Voir également en ce sens : *Répert. d'administration municipale*, V° *Section*, n° 71. — CAFFIN, *Des droits de propriété des communes et des sections de commune*, n° 362, p. 366.

(3) Voir par exemple les lois précitées des 26 juin 1885, 28 février 1887, 24 mars 1888, 29 mai 1888 et 20 juillet 1889.

(4) Voir par exemple les lois précitées des 1er avril 1885 et 6 décembre 1888.

(5) Voir loi du 5 avril 1884, art. 110, 136, § 17, 141 et 142.

serait tenue de payer à la commune de Saint-Nicolas une indemnité égale au préjudice qu'elle éprouverait par suite de la privation de son presbytère.

Dans ce cas, il nous paraît naturel d'accorder aux deux communes le droit de débattre le chiffre de cette indemnité par la voie contentieuse, devant la juridiction administrative (1).

Enfin, dernière hypothèse, l'acte qui a statué sur la modification territoriale était complètement muet sur la question de l'indemnité. La commune qui, par suite du changement apporté à ses limites, se trouve avoir perdu un édifice public, peut-elle encore réclamer à la commune qui en est devenue propriétaire une compensation, une indemnité, et quelle autorité serait compétente pour statuer sur sa prétention ?

Bien avant la loi du 5 avril 1884, les tribunaux de l'ordre administratif et les tribunaux de l'ordre judiciaire avaient successivement reconnu leur incompétence en cette matière.

Voici dans quelles circonstances :

Une ordonnance du 2 mars 1837 avait distrait la section de La-Chapelle-Saint-Aybert de la commune de Crespin (Nord), et l'avait érigée en commune particulière. Cette ordonnance était muette sur les conditions de la distraction : mais les édifices affectés à un usage public se trouvaient pour la plupart situés sur le territoire laissé à la commune de Crespin. Plus tard, lorsqu'il s'agit de partager les biens de la commune démembrée, la commune de Saint-Aybert demanda au conseil de préfecture du Nord de condamner la commune de Crespin à lui payer une indemnité, à raison de ces établissements publics qui ne pouvaient être partagés. Ce tribunal, s'étant reconnu compétent, rejeta la demande de la commune de Saint-Aybert, par un arrêté en date du 7 octobre 1839. Mais celle-ci se pourvut devant le conseil d'Etat, qui statua en ces termes (2) :

En ce qui touche la demande en indemnité, à raison des établissements publics dont le partage ne peut s'effectuer :

Considérant que les conditions attachées à la distraction ou à la réunion des communes doivent être faites par l'autorité qui prononce cette distraction ou cette réunion ; que, dès lors, ce n'est ni devant le conseil de préfecture du Nord, ni devant nous en notre conseil d'Etat, par la voie contentieuse, que peut être portée la demande d'indemnité formée par la commune de Saint-Aybert, sauf à

(1) Voir en ce sens Aucoc, *Sections de commune*, n° 146. — Cette hypothèse est, d'ailleurs, très peu pratique, les actes spéciaux ne contenant plus aujourd'hui de mentions pareilles.

(2) Arrêt du 25 août 1841. (*Recueil*, p. 469.)

elle à se retirer par devant l'administration pour être, s'il y a lieu, donné suite à ladite demande ;

Article premier. — La requête de la commune de Saint-Aybert est rejetée.

Art. 2. — L'arrêté du conseil de préfecture du Nord est annulé pour cause d'incompétence dans la disposition par laquelle il a statué sur la demande en indemnité formée par la commune de Saint-Aybert.

Dans l'autre espèce, un arrêté du préfet des Vosges, en date du 12 août 1824, avait distrait de la commune de Fontenay les hameaux du Haut-du-Mont et de Trémeurs et les avait incorporés à la commune de Trémonzey.

Des difficultés s'étant élevées plus tard entre les communes de Fontenay et de Trémonzey, au sujet du partage des différents biens de la commune démembrée, le tribunal d'Epinal y statua par un jugement du 25 novembre 1844, dont le dispositif est ainsi conçu :

Le tribunal déclare les hameaux bien fondés en leur demande en partage des biens restés indivis entre eux et la commune de Fontenay, déboute cette dernière des exceptions par elle opposées à ladite demande ; — ordonne, en conséquence, que le partage sera effectué par feux actuellement constants, et portera généralement sur les biens et droits formant le domaine privé de la commune de Fontenay, et spécialement :

1° Sur tous les terrains communaux et propriétés foncières, à l'exception des forêts déjà partagées ;

2° Sur les créances, rentes, cens, argent comptant et autres valeurs mobilières isolées ;

3° Sur les droits d'usage et autres servitudes actives dont les produits sont perçus par les habitants ;

4° Sur les bâtiments communaux de toute nature, à l'exception de ceux consacrés au culte ou affectés à l'usage et à l'utilité générale des habitants de la commune ; dit que, sur ces biens ainsi exceptés du partage par feux et sur leurs dépendances et accessoires nécessaires, les hameaux conserveront un droit, soit certain, soit éventuel : certain à l'égard des bâtiments, meubles et propriétés appartenant à l'hospice et au bureau de bienfaisance ; éventuel à l'égard des maisons commune et d'école et de leurs dépendances, ainsi que des pompes à incendie et leurs accessoires ; mais que le règlement de ce droit ne peut être déterminé que par l'autorité administrative, devant laquelle les parties sont en conséquence renvoyées, tant pour ces objets que pour procéder à toutes les autres opérations de partage.

Sur l'appel de la commune de Fontenay, la cour de Nancy, par arrêt du 9 juillet 1846, confirma le jugement en adoptant les motifs des premiers juges. La commune de Fontenay se pourvut alors en cassation, pour excès de pouvoirs et empiètement sur les attributions de l'autorité administrative, ainsi que pour violation, tant des art. 5, section Ire, et 1er, section V, de la loi du 10 juin 1793, que de la loi du 16 fructidor an III, en ce que la cour de Nancy avait constaté au profit d'une section de commune distraite, par suite d'un changement de circonscriptions territoriales de la commune à laquelle elle appartenait, l'existence d'un droit certain ou éventuel d'indemnité, à raison de la privation de la jouissance d'édifices publics à l'égard desquels aucune question de propriété ne pouvait être soulevée, et avait ainsi empiété sur les attributions de l'autorité administrative, seule compétente pour statuer, en dehors des questions de propriété, sur les effets des actes administratifs portant des changements de circonscriptions territoriales.

Et la cour de cassation admit le pourvoi, dans l'arrêt suivant (1) :

Attendu que, pour décider à qui, de la commune de Fontenay ou des hameaux distraits, appartenait, soit intégralement, soit en partie, la propriété de certains biens, tels que bois, forêts, pâtis communaux, tels aussi que les créances, rentes, cens, argent comptant et autres valeurs mobilières isolées, l'autorité judiciaire était compétente, puisque c'est à elle seule à statuer sur les questions de propriété ;

Attendu qu'il ne peut pas en être de même relativement aux édifices et autres immeubles servant à usage public ; qu'aux termes de l'art. 5, section Ire, de la loi du 10 juin 1793, ces objets sont exceptés de tout partage ; — que par leur nature ils ne peuvent donner lieu à aucun litige sur l'attribution de propriété ; — qu'en effet, ils demeurent nécessairement la propriété de la commune sur le territoire de laquelle ils se trouvent situés ; — que lorsque, par l'effet du changement de circonscription territoriale, une section de commune cesse d'en avoir l'usage, la section ainsi devenue étrangère à la commune sur le territoire de laquelle les immeubles sont situés ne peut prétendre, s'il y a lieu, qu'à des indemnités représentatives de la privation de jouissance qui résulterait du changement de circonscription, et qui l'exclurait de l'usage de tout ou de partie de ces immeubles ;

Attendu que le règlement de telles indemnités constitue, non un jugement sur des questions de propriété, mais l'appréciation et la détermination des conditions expresses ou tacites, moyennant lesquelles un changement a été opéré entre deux circonscriptions communales, et qu'il n'appartient qu'à l'autorité administrative, appréciatrice et interprète des actes administratifs, de statuer sur les difficultés qui peuvent s'élever à cet égard ;

Attendu qu'aux termes de l'art. 1er, section V, de la loi du 10 juin 1793, c'est également à l'autorité administrative qu'est dévolu le droit de statuer sur les opérations et les contestations relatives au mode des partages de biens entre les communes ;

Attendu qu'en décidant que les hameaux distraits conserveront un droit certain d'indemnité à l'égard des bâtiments, meubles et propriétés, appartenant à

(1) Arrêt du 27 janvier 1851. — D. 1854. 1. 334.

l'hospice et au bureau de bienfaisance, et un droit éventuel à l'égard des maisons commune et d'école et de leurs dépendances, ainsi que des pompes à incendie et de leurs accessoires, l'arrêt attaqué a excédé sa compétence et violé les lois précitées,

Casse.

De leur côté, les auteurs s'étaient accordés à reconnaître que cette matière n'avait rien de contentieux; que la question de savoir si l'indemnité est due et quel en est le montant ne pouvait être considérée comme une question de propriété; qu'il s'agissait là d'une question d'équité beaucoup plus que d'une question de droit, et que seul le chef de l'Etat, dans le décret complétant les conditions de la loi, avait autorité pour statuer sur la demande d'indemnité (1).

Aujourd'hui, en vertu de la disposition de l'art. 7, § 5, de la loi du 5 avril 1884, les actes qui prononcent des réunions ou des distractions de communes en déterminent expressément toutes les conditions autres que celles prévues dans les paragraphes précédents. C'est donc au conseil général, au chef de l'Etat ou au législateur qu'il appartient, suivant les cas, de décider, dans l'acte même qui statue sur le changement de circonscription, s'il y a lieu ou non au paiement d'une indemnité. Si donc l'autorité compétente a omis de se prononcer sur cette question, son silence doit, suivant nous, être interprété comme un refus. La question est vidée, et les communes ou sections de communes intéressées n'ont plus désormais aucun titre ni aucun moyen pour réclamer le moindre dédommagement (2).

Cependant, un commentateur de la nouvelle loi municipale, M. de Ramel (3), a soutenu que, lorsque l'acte qui a prononcé une séparation de commune n'aurait pas statué sur la question de l'indemnité, il y serait pourvu, sur la demande des intéressés, par voie d'interprétation; et que cette interprétation appartiendrait au con-

(1) Conf. BOST, *Code de la constitution des communes*, p. 79, n° 92. — AUCOC, *Sect. de commune*, n° 146. — DALLOZ, *Réper. alphab.*, V° *Commune*, n°s 179, 315, 316 et 1827. — *Réper. d'adm. municip.*, V° *Section*, n°s 62 et 63. — M. CHAUDÉ disait également (*Des biens des communes*, p. 309) : « L'indemnité accordée à la commune démembrée constitue une pure faveur ; non seulement l'indemnité ne constitue pas un droit, mais encore l'acte qui accorde cette indemnité étant un acte du pouvoir discrétionnaire, ne saurait donner lieu à aucun recours contentieux. » — Et M. LANGLOIS (*Des biens des sections de commune*, thèse, p. 199) : « Les tribunaux ne sont pas compétents pour statuer sur les questions d'indemnité qui pourront être soulevées ; il n'y a là aucune question de droit... Ce sera donc l'autorité administrative qui règlera les indemnités dues à la section ou par la section. Cette question rentre dans les conditions diverses appréciées par l'acte qui prononce la réunion ou la distraction de communes. »

(2) En ce sens : DALLOZ, *Code des lois administratives*, V° *Commune*, n° 312. — Conf. Observations présentées par le ministre de l'Intérieur au sujet d'un arrêt du conseil d'Etat du 5 juin 1891. — *Rev. gén. d'adm.*, 1891, t. II, p. 435 et suiv.

(3) *Commentaire de la loi sur l'organisation municipale*, note sous l'art. 7.

seil d'Etat si c'est un décret qui a statué, tandis qu'elle ne pourrait émaner que d'une loi nouvelle ou d'une nouvelle décision du conseil général si le remaniement territorial a été opéré par une loi ou par une décision du conseil général. Et cet auteur examine à ce propos une situation bizarre qui, dit-il, pourra se rencontrer en ce qui concerne le conseil général : celle où la commune et la section de commune n'étant pas d'accord pour l'évaluation de l'indemnité, alors qu'elles étaient d'accord sur les autres conditions de la distraction, saisiront le conseil général de l'interprétation de sa décision. Dans ce cas l'interprétation dépassera son pouvoir, puisqu'il n'est compétent que lorsqu'il y a accord des communes et sections, aux termes de l'art. 6. — M. de Ramel incline à penser que, dans cette hypothèse, ce serait à l'autorité qui est chargée de statuer, en cas de désaccord entre les conseils municipaux et les commissions syndicales, à régler les conditions de cette indemnité. En effet, ajoute-t-il, le conseil général ne pouvait et n'a pu valablement statuer que parce que l'accord existait sur toutes les autres conditions ; dès l'instant qu'il n'existe pas sur celle-là, ses pouvoirs cessent, et il ne peut en avoir plus par voie d'interprétation qu'il n'en aurait eu par une première décision.

Nous verrons plus tard ce qu'il faut penser de ces règles d'interprétation, et nous rechercherons si cette mission incombe véritablement aux autorités précitées. Qu'il nous suffise pour le moment d'affirmer de nouveau que la question d'indemnité ne saurait être résolue par la voie de l'interprétation ; qu'elle doit être tranchée dans l'acte même qui prononce le changement de circonscription, et que si cet acte est muet sur ce point, tout est fini par là.

Remarquons, en terminant, que l'indemnité qui pourra être mise à la charge de la section qui conserve les édifices publics, ne consistera pas toujours nécessairement dans le paiement effectif d'une somme d'argent, et que l'acte qui prononce le changement de circonscription pourra tout aussi bien lui imposer une autre prestation équivalente, par exemple lui faire supporter une plus forte part dans le remboursement ou le paiement de l'intérêt des dettes contractées par l'ancienne municipalité (1).

(1) C'est ainsi qu'une loi du 17 novembre 1890, qui divise en deux municipalités distinctes la commune de Vaux (Rhône), et crée une nouvelle commune sous le nom de Le Perréon, dispose dans son art. 3, § 1 : « En compensation de l'abandon fait par les sections du Perréon et de La Creuse de tous les droits pouvant leur appartenir sur les édifices ou immeubles servant à l'usage public dans la commune de Vaux, la nouvelle commune du Perréon sera dispensée de contribuer au remboursement de l'emprunt de 24,200 francs, contracté le 15 septembre 1883 par la commune de Vaux pour la construction d'une école de filles. »

APPENDICE

DES CIMETIÈRES

Le cimetière étant un immeuble affecté à un service public, doit avoir le même sort que les autres biens de la même nature.

Par suite on peut dire, avec la loi du 5 avril 1884 (art. 7, § 4), que le cimetière situé sur le territoire de la commune ou de la section de commune réunie à une autre commune, ou de la section érigée en commune séparée, devient la propriété de la commune à laquelle est faite la réunion ou de la nouvelle commune. — Sauf indemnité s'il y a lieu, bien entendu (1).

Mais il s'élève au sujet de cet immeuble, soit lorsqu'il s'agit d'une distraction, soit lorsqu'il s'agit d'une réunion de communes, certaines difficultés dont il nous faut dire quelques mots.

§ 1.

Réunion de communes.

Lorsqu'une commune ou une fraction de commune est réunie à une autre commune, le cimetière situé sur le territoire annexé devient, comme le cimetière de la commune annexante lui-même, la propriété de la nouvelle commune tout entière.

Nous n'aurions rien à ajouter si les cimetières étaient des biens improductifs : mais on sait qu'il en est tout autrement, et que ces immeubles produisent des fruits et des revenus que l'on peut diviser en trois catégories :

1° Les produits naturels. Parmi ces produits, le décret du 30

(1) Nous ne nous occuperons ici que du cas où le cimetière est la propriété de la commune : car les hypothèses où le cimetière appartient à une fabrique sont si rares et si exceptionnelles, qu'il est inutile d'en parler.

Voir sur ce point : M. Daniel Lacombe, *Des sépultures en droit romain et en droit français*, thèse de doctorat. Poitiers, 1886, p. 333 à 337, n° 124 à 130. — M. E. Bonduel, *Inhumations et sépultures*, thèse de doctorat. Lille, 1886, p. 231 à 234. — M. E. Faÿ, *Les cimetières et la police des sépultures*, Paris, 1890, 2e édit.

décembre 1809 avait, dans son art. 36, § 4, établi une distinction. — Les produits spontanés (et l'on entendait généralement par là tout ce qui vient naturellement sans que la main de l'homme l'ait planté ou semé) appartenaient aux fabriques ; les autres, les produits naturels ou industriels, étaient attribués aux communes.

Mais ce texte avait été en pratique la source de nombreux conflits. On s'était demandé, par exemple, s'il fallait comprendre parmi les produits spontanés, non seulement les herbes, mais encore les arbres et arbustes croissant sans culture ; et le conseil d'Etat avait eu à se prononcer sur ce point (1).

La loi du 5 avril 1884 a, dans son art. 133, § 9, mis fin à toutes ces difficultés, en attribuant sans distinction aux communes tous les produits que peuvent donner les terrains communaux affectés aux inhumations (2).

2° C'est également aux communes qu'appartiennent, à l'expiration des concessions temporaires, les matériaux et autres objets provenant des tombes et monuments, lorsque ceux-ci n'ont pas été réclamés par leurs propriétaires, après une mise en demeure formelle. — Ces objets ne doivent être employés par elles que pour l'entretien ou l'amélioration des cimetières (3).

3° Enfin, les communes ont une source de revenus bien plus considérable, la seule vraiment importante, dans ce que l'on appelle les concessions.

En effet, aux termes de l'art. 10 du décret du 23 prairial an XII, titre III, « lorsque l'étendue des lieux consacrés aux inhumations le permettra, il pourra y être fait des concessions de terrains aux personnes qui désireront y posséder une place distincte et séparée, pour y fonder leur sépulture et celle de leurs enfants ou successeurs, et y construire des caveaux, monuments ou tombeaux ».

L'art. 3 de l'ordonnance du 6 décembre 1843, titre II, ajoute : « Les concessions de terrains dans les cimetières communaux, pour fondations de sépultures privées, seront, à l'avenir, divisées en trois classes : 1° concessions perpétuelles ; — 2° concessions trentenaires ; — 3° concessions temporaires. »

(1) Voir par exemple : Avis du conseil d'Etat du 22 janvier 1841. — Lettre du ministre de l'Intérieur du 18 janvier 1839 ; — rapportés dans Dalloz, *Répert. alphab.*, V° *Culte*, n° 809.

(2) L'art. 36, § 4, du décret du 30 décembre 1809 était ainsi abrogé implicitement. Toutefois, pour ne laisser à cet égard aucun doute sur sa pensée, le législateur l'a abrogé formellement dans l'art. 168, n° 5, de la même loi du 5 avril 1884.

(3) Voir : Décision du ministre des Finances en date du 18 décembre 1843. — Circulaire du ministre de l'Intérieur du 30 décembre 1843, insérée au *Bull. offic. min. Int.*, 1843, p. 251.

Enfin, aux termes de l'art. 3 de la même ordonnance, « aucune concession ne peut avoir lieu qu'au moyen du versement d'un capital, dont deux tiers au profit de la commune et un tiers au profit des pauvres ou des établissements de bienfaisance ».

Mais si la commune a ainsi le droit de percevoir les produits et revenus de son cimetière, elle doit, par contre, pourvoir à son entretien.

Le décret du 30 décembre 1809 qui concédait, dans son art. 36, § 4, les produits spontanés des cimetières aux fabriques, mettait également à leur charge les dépenses d'entretien (art. 37). Ces deux dispositions étaient considérées comme corrélatives et comme se compensant l'une l'autre. Aussi, la loi du 5 avril 1884 qui a, comme nous l'avons montré, enlevé aux fabriques le produit des revenus spontanés des cimetières, et abrogé ainsi l'art. 36, § 4, du décret de 1809, aurait dû, logiquement, décharger en même temps les fabriques des dépenses d'entretien. Elle ne l'a pas fait. Faut-il conclure de là que les fabriques, privées désormais des recettes, vont néanmoins continuer à être grevées des dépenses ? On l'a soutenu (1).

Mais l'administration n'a pas hésité, et avec raison selon nous, à admettre la solution contraire. On lit, en effet, dans la circulaire du ministre de l'Intérieur du 15 mai 1884, sous le commentaire de l'art. 136, § 13, de la loi du 5 avril : « La loi municipale, attribuant par son art. 133 tous les produits des cimetières aux communes, et abrogeant par ses dispositions finales l'art. 36, § 4, du décret du 30 décembre 1809, l'entretien des cimetières cesse d'incomber aux établissements religieux. » (2).

En résumé, les communes ont droit aux fruits et produits des cimetières (3), et sont seules chargées de leur entretien.

Lors donc qu'une réunion de communes aura été opérée, ce sera la nouvelle commune tout entière, devenue propriétaire des cimetières, soit de la section annexée, soit de la section annexante, qui en percevra les revenus et qui devra pourvoir à leur entretien.

D'un autre côté, il s'élève parfois, surtout en cas d'annexion de communes suburbaines à de grandes villes, une nouvelle difficulté qu'il nous faut maintenant examiner.

(1) Voir : R. Audibert, *De la liberté des funérailles et des sépultures*, Paris, 1885, p. 194. — Daniel Lacombe, *op. cit.*, p. 344, n° 140.

(2) Voir cependant en sens contraire un arrêt de la cour d'Amiens du 29 avril 1885, confirmé par la cour de cassation le 30 mai 1888. (D. 1888. 1. 258.)

(3) « Les recettes du budget ordinaire se composent : ..... 9° du produit des terrains communaux affectés aux inhumations et de la part revenant aux communes dans le prix des concessions dans les cimetières. » — (Loi du 5 avril 1884, art. 133.)

En effet, aux termes des art. 1er et 2 du décret du 23 prairial an XII, sur les sépultures, titre Ier :

« ARTICLE PREMIER. — Aucune inhumation n'aura lieu dans l'enceinte des villes et bourgs.

« ART. 2. — Il y aura, hors de chacune de ces villes ou bourgades, à la distance de 35 à 40 mètres au moins de leur enceinte, des terrains spécialement consacrés à l'inhumation des morts. »

En outre, le préfet est chargé, aux termes de l'art. 2 de l'ordonnance du 6 décembre 1843, sur les cimetières, de prendre des arrêtés pour forcer les villes et bourgs à exécuter les dispositions du décret de prairial (1).

En raison de ces diverses dispositions, il peut arriver qu'une commune soit obligée, à la suite d'une annexion de territoire opérée, soit à son profit, soit à son préjudice, de renoncer à se servir de son cimetière et d'en acquérir un nouveau.

Or, que deviennent les anciens cimetières abandonnés par suite de translation?

Les art. 8 et 9 du décret du 23 prairial an XII, titre II, nous donnent la réponse:

« ART. 8. — Aussitôt que les nouveaux emplacements seront disposés à recevoir les inhumations, les cimetières existants seront fermés et resteront dans l'état où ils se trouveront, sans que l'on en puisse faire usage pendant cinq ans.

« ART. 9. — A partir de cette époque, les terrains servant maintenant de cimetières pourront être affermés par les communes auxquelles ils appartiennent ; mais à condition qu'ils ne seront qu'ensemencés ou plantés, sans qu'il puisse y être fait aucune fouille ou fondation pour des constructions de bâtiment, jusqu'à ce qu'il en soit autrement ordonné. »

Si donc, par le fait d'une réunion de communes, les cimetières

(1) Le décret du 23 prairial an XII ne visait que les cimetières dépendant des villes et bourgs, et non les cimetières des simples communes. Cette distinction, toute de fait d'ailleurs, était assez raisonnable. Il est certain, en effet, que l'intérêt d'éloigner les sépultures apparait beaucoup moins lorsqu'il s'agit de cimetières de villages que lorsqu'on est en présence d'agglomérations urbaines, où les conditions de l'hygiène sont tout autres.

Mais l'art. 1er de l'ordonnance du 6 décembre 1843, relative aux cimetières, décide : « Les dispositions des titres Ier et II du décret du 23 prairial an XII, qui prescrivent la translation des cimetières hors des villes et bourgs, pourront être appliquées à toutes les communes du royaume. »

Il y a cependant encore, à ce point de vue, une différence au moins théorique entre les villes et bourgs d'une part, et les communes de l'autre : pour les villes et les bourgs, l'obligation de transférer les cimetières est de rigueur, d'après le décret de prairial ; pour les simples communes, elle dépend de l'administration, qui peut l'imposer ou non, à son gré. — Conf. conseil d'Etat, 12 juillet 1850. D. 1862. 3. 1.

de la ville annexante, d'une part, situés auparavant hors de son enceinte, et, d'autre part, les cimetières des communes réunies se trouvent compris dans l'enceinte de la ville, ces cimetières ne pourront plus servir aux inhumations. La nouvelle commune agrandie tout entière devra en acquérir de nouveaux, à ses frais, et répondant aux conditions exigées par la loi. Les anciens devront être désaffectés, et, le délai légal expiré, elle pourra en disposer, à la charge par elle, bien entendu, de se conformer aux règlements prescrits dans le but de satisfaire à la décence et à l'hygiène publiques.

Mais quel va être le sort des concessions accordées jadis dans le cimetière désaffecté ?

Il est juste que le déplacement de ce cimetière ne porte pas atteinte aux droits conférés par l'acte de concession.

Aussi, l'ordonnance du 6 décembre 1843 dispose-t-elle (titre II, art. 5) : « En cas de translation de cimetière, les concessionnaires ont droit d'obtenir, dans le nouveau cimetière, un emplacement égal en superficie au terrain qui leur avait été concédé, et les restes qui y avaient été inhumés seront transportés aux frais de la commune. » (1).

Ces frais seront à la charge de la nouvelle commune agrandie tout entière.

Mais que faut-il comprendre dans ces frais et comment les évaluer ?

Dans la circulaire du 30 décembre 1843 (art. 6), en commentant l'art. 5 de l'ordonnance du 6 décembre, le ministre de l'Intérieur disait : « A l'égard des frais que les communes auront à supporter (en cas de translation de cimetière), il ne peut être question que des frais matériels, tels que creusement des fosses et transport des restes, et, au besoin, des matériaux des tombes érigées sur les terrains abandonnés, toute dépense accessoire de pompe funèbre ou autre devant rester à la charge des familles. »

Une décision ministérielle, rapportée dans le *Bulletin officiel du ministère de l'Intérieur* (1870, n° 20, p. 206), adoptait les mêmes principes.

« D'après l'art. 5 de l'ordonnance royale du 6 décembre 1843, disait le ministre, en cas de translation d'un cimetière, l'obligation imposée à la commune envers les concessionnaires consiste seule-

(1) Ce texte est général ; il ne distingue pas entre les diverses concessions. Le droit d'exiger la translation appartient donc à toute famille en possession d'une concession qui n'est pas expirée.

ment à leur fournir, dans le nouveau lieu de sépulture, un emplacement égal en superficie au terrain qui leur avait été concédé dans l'ancien, et à payer les frais indispensables, non seulement pour l'exhumation des restes déposés dans ce terrain, mais encore pour leur réinhumation dans ledit emplacement. D'après la jurisprudence, la dépense qu'entraîne le transport des matériaux des tombes est également considérée comme incombant à la commune. Mais aucune disposition de loi ou de règlement d'administration publique ne met à sa charge les frais de reconstruction des monuments funèbres, tels qu'une chapelle de famille. Au surplus, si les concessionnaires persistaient dans leur prétention, l'autorité judiciaire serait seule compétente pour trancher la difficulté. »

C'est encore la même solution que l'on retrouve dans un arrêté du conseil de préfecture du Nord, en date du 8 septembre 1869 (1), où il a été décidé que la commune n'est pas obligée, en cas de fermeture du cimetière, à la réédification des tombeaux érigés sur les terrains concédés ni au remboursement des frais de reconstruction de ces tombeaux dans le nouveau cimetière.

Cette jurisprudence de l'administration laissâit ainsi certaines dépenses à la charge des familles et cela contre toute justice, d'après nous.

En effet, puisqu'il n'est pas dans l'intention de la loi que le contrat de concession soit résolu au cas de translation du cimetière, la commune doit, aux termes du droit, réintégrer exactement le concessionnaire dans l'entier bénéfice qui résultait pour lui d'un contrat qui persiste, et le désintéresser de tous les frais qui sont la conséquence de la translation. Or, le transport dont parle l'art. 5 de l'ordonnance du 6 décembre 1843 comprend à la fois l'exhumation, le déplacement des restes et leur réinhumation, sans distinguer s'ils sont ou non recouverts de monuments funèbres. Tout le monde admet que ces opérations sont exclusivement à la charge de la commune quand il n'y a pas de tombeaux : pourquoi soulever une difficulté quand il en existe ? Sans doute, les frais sont plus considérables en cette occasion ; mais ce n'est pas une raison suffisante pour établir une distinction. Enfin, le but ordinaire et légitime du contrat de concession est le projet d'ériger un tombeau, ainsi qu'il résulte des art. 10 et 11 du décret de prairial an XII.

Aussi est-ce avec raison, selon nous, que le tribunal civil d'Agen a décidé, dans un arrêt en date du 1er juillet 1870, que la commune, en cas de translation de son cimetière, est tenue envers les conces-

(1) Voir *Journal des conseils de fabrique*, 1870, p. 164.

sionnaires de faire à ses frais transporter les restes inhumés dans les terrains concédés et de les réinhumer dans des tombeaux exactement pareils à ceux existants, sauf à utiliser les matériaux provenant de la démolition de ces derniers (1).

Il résulte également d'un arrêt de la cour de cassation du 16 janvier 1868 (2), et d'une décision ministérielle insérée au *Bulletin officiel du ministère de l'Intérieur* (3), que les honoraires du médecin et la rétribution donnée au commissaire de police doivent, en cas de translation de cimetière, être mis à la charge de la commune et non du concessionnaire. C'est, en effet, le déplacement du cimetière qui a nécessité l'exhumation, et le médecin et le commissaire de police doivent assister à cette dernière opération dans l'intérêt de la salubrité et de la décence publiques.

Au reste, il semble que l'administration tende à abandonner son ancienne jurisprudence et à se rapprocher de la solution donnée par le tribunal civil d'Agen.

C'est en ce sens qu'elle se prononça lorsqu'il fut question, vers 1869, de la translation des cimetières de Paris.

Plus récemment encore, en 1880, le préfet du département du Gers, dans le but, disait-il, d'éviter toutes difficultés, prescrivait aux maires de son département d'insérer textuellement dans les actes de concessions les réserves ou conditions suivantes :

« En cas de translation de cimetière, le concessionnaire n'aura droit à aucune indemnité. La commune ne sera tenue que de lui livrer dans le nouveau cimetière un emplacement égal en superficie, et de faire transporter les restes dans des fosses creusées à ses frais, ainsi que les matériaux des monuments funèbres. Les dépenses de reconstruction de ces monuments resteront entièrement à la charge de la famille. » (4).

Quoi qu'il en soit, les dépenses que les communes ont à supporter à la suite de la désaffectation de leur cimetière peuvent être considérables et même ruineuses pour leurs finances. Il serait donc

(1) Dalloz, 1874. 3. 80. — Sirey, 1870. 2. 299. — Voir cependant en sens contraire un arrêt tout récent et fortement motivé de la cour de Douai, en date du 8 mars 1892 (*Journal de droit administratif*, 1892, p. 130, n° 42), duquel il résulte que, en cas de translation de cimetière, les concessionnaires ont droit d'obtenir dans le nouveau cimetière un emplacement égal en superficie au terrain qui leur avait été concédé, et que les restes qui y avaient été inhumés doivent être transportés aux frais de la commune ; mais que la commune n'est pas obligée de réédifier à ses frais les monuments et caveaux érigés sur la concession.

(2) Dalloz, 1868. 1. 354.

(3) Année 1861, p. 160, n° 14.

(4) Voir *Revue générale d'administration*, 1880, t. III, p. 240.

bon, afin de dégager les réunions de communes de cette question de la translation de leur cimetière, et pour éviter toute difficulté sur ce point, que l'acte même qui prononce le changement de circonscription dispose expressément que les art. 1er et 2 du décret du 23 prairial an XII ne seront pas *ipso facto* et de plein droit applicables aux cimetières des communes réunies.

C'est, d'ailleurs, ainsi qu'on a procédé, lors de la réunion à la ville de Paris des communes suburbaines. L'art. 10 de la loi du 16 juin 1859, qui a prononcé l'annexion, disposait en effet :

« Les dispositions des lois et décrets qui interdisent les inhumations dans l'enceinte des villes ne deviendront pas, par le seul fait de la présente loi, applicables aux cimetières actuellement existants dans l'intérieur de l'enceinte nouvelle de Paris. »

M. Riché, dans le rapport qu'il fit au nom de la commission du Corps législatif, présenta à ce sujet d'intéressantes observations, que nous croyons utile de reproduire (1) :

Une déclaration de 1776, dit-il, une loi de 1791 et les art. 1er et 2 du décret du 23 prairial an XII, prescrivent la cessation des inhumations dans l'enceinte des villes et la création des cimetières extérieurs. Cette dépense est classée par la loi municipale de 1837 au rang des dépenses obligatoires (2).

Par le fait de l'annexion, les cimetières actuels de la ville de Paris, placés tous hors de son enceinte présente (mais dont l'un se trouve au milieu d'une ville de 30,000 âmes), et les cimetières des communes agrégées, vont tous être compris dans l'enceinte d'une ville. Tomberont-ils sous l'application du décret précité? Que l'on cesse d'y enterrer, qu'on les supprime pour l'avenir, sous la réserve des conventions passées pour les monuments et caveaux qui attendent les membres encore vivants de la famille indivisible à laquelle ils sont consacrés, c'est là une mesure qui, sans être exempte d'inconvénients, ne blesserait pas profondément le sentiment public. Seulement, il serait fâcheux pour les finances de la ville, pour les mœurs funéraires actuelles, qu'il ne faut pas altérer en décourageant les cortèges ou les visites pieuses par l'énormité des distances, que la suppression parût obligatoire d'après les lois et décrets précités.

Quoique l'administration parisienne ne nous ait semblé nullement disposée à créer beaucoup de nouveaux cimetières, votre commission a jugé utile d'écarter de la question des scrupules de légalité qui pourraient un jour la compliquer, et de préserver de l'application forcée du décret de l'an XII les cimetières circonscrits par la nouvelle enceinte.

Cet amendement, devenu l'art. 10, nous a paru conforme pour la pensée à celui de M. le comte de Champagny, dont l'intention aurait dépassé la nôtre si, par le mot que les cimetières actuels seraient « conservés », il avait entendu qu'on

(1) *Moniteur* du 1er juin 1859, p. 630, col. 5.

(2) Art. 30, § 17. — Cette disposition a été reproduite par la loi du 5 avril 1884, art. 136, § 13.

serait obligé d'y continuer les inhumations, et non pas seulement qu'on n'y troublerait pas les restes qui y sont inhumés, et sur lesquels il a été dit: « Qu'ils reposent en paix ! ».

Que l'on continue plus ou moins longtemps de se servir des cimetières actuels, la perturbation qui froisserait la population dans ses fibres les plus intimes, ce serait que l'établissement de nouveaux cimetières pût entraîner la translation des sépultures actuelles. Exproprier les morts est un sacrilège, si l'on n'est excusé par l'intérêt le plus impérieux des vivants; on ne le serait pas par un changement de circonscription administrative.

Une ordonnance et une circulaire de décembre 1843, prévoyant le cas de translation des concessions même faites antérieurement pour une durée perpétuelle, ont traduit dans ce cas l'obligation de la ville concédante en celle de transférer à ses frais les sépultures dans un terrain égal en étendue à celui de la concession primitive, ce qui comprend nécessairement l'obligation de reconstruire les monuments déplacés.

Nous n'avons pas à discuter le degré de force obligatoire que cette ordonnance et cette circulaire obtiendraient devant la juridiction contentieuse, si on leur opposait la foi de concessions perpétuelles intervenues avant ces actes du pouvoir. Mais nous disons, par rapport aux cimetières actuels de Paris, que ce serait une calamité publique si les déplacements prévus par les règlements de 1843 leur étaient appliqués, à moins que l'intérêt public ne l'exigeât d'une manière inexorable. La translation des mausolées serait ruineuse pour les finances de Paris.

Quant aux fosses communes, à défaut de l'égide des contrats, elles sont protégées par la piété publique, par le sentiment de l'égalité dans la mort ; et si les décrets ont permis de superposer, sans attendre plus de cinq ans, des ossements à ceux qu'ont recueilli les tombes sans nom, si ces ossements sont confondus dans la terre, ils le sont aussi dans notre respect, et ils ne doivent être exhumés qu'au nom de la nécessité la plus irrésistible et la plus éclatante.

§ 2.

Distraction de communes.

Lorsqu'une commune est démembrée, la portion de territoire sur laquelle se trouve le cimetière, et c'est ordinairement la section chef-lieu, en demeure seule propriétaire. L'autre fraction, c'est-à-dire la partie qui en est détachée, devient, quand elle est réunie à une autre commune, copropriétaire du cimetière de cette commune. Mais si elle est érigée en commune séparée, elle perd tout droit à la propriété et à la jouissance du cimetière qui est situé sur le territoire de l'ancienne commune. Le tout sauf les questions d'indemnité qui pourraient être accordées à l'ancienne ou à la nouvelle commune pour la privation dudit immeuble affecté à un usage public.

Mais dans ce dernier cas s'élève une question délicate.

Sans doute, les habitants de la nouvelle commune, qui avaient acquis des concessions dans le cimetière de la commune dont ils faisaient antérieurement partie, conserveront le droit d'y être inhumés, malgré le changement de circonscription. Ce point ne saurait faire de difficulté.

Mais où devront être enterrées les personnes non concessionnaires? Le plus souvent, la nouvelle commune ne sera en possession d'aucun terrain propre aux inhumations; elle s'empressera, il est vrai, de créer un lieu de sépulture pour les besoins de ses habitants, mais cette acquisition demandera un certain temps.

Il faudra d'abord procéder à une enquête *de commodo et incommodo* portant sur le choix du terrain; puis le conseil municipal sera appelé à délibérer et le préfet devra prendre un arrêté. Parfois même il faudra, si le propriétaire du terrain ne consent pas à le céder à l'amiable, recourir à la procédure de l'expropriation pour cause d'utilité publique. Puis, le terrain une fois acquis, il devra être procédé à des travaux de terrassement, de nivellement, de maçonnerie, construit des murs de clôture, etc.

Cette situation serait pleine d'inconvénients pour la nouvelle commune; aussi, pour les lui éviter, les lois qui prononcent la distraction ont-elles soin, dans ce cas, de lui accorder expressément le droit de faire inhumer ses morts dans le cimetière de l'ancienne commune, pendant un délai déterminé (1).

Cette situation n'a, d'ailleurs, rien de spécial au cas de changement de circonscription; on trouve, en effet, dans le *Bulletin officiel*

(1) Ainsi la loi du 1er avril 1885, qui érige en municipalité distincte la section d'Alfortville, distraite de la commune de Maisons-Alfort, décide dans son art. 3, § 2 : « La commune d'Alfortville pourra faire inhumer ses morts dans le cimetière de Maisons-Alfort pendant une période de temps qui ne pourra excéder trois années. »

De même la loi du 26 juin 1885, qui détache la section de La Mulatière de la commune de Sainte-Foy-lès-Lyon (Rhône), et l'érige en commune particulière, contient un art. 3 où il est dit : « *d*) Le cimetière de Sainte-Foy continuera à servir pendant deux ans aux inhumations des habitants de La Mulatière. »

Ainsi encore la loi du 28 février 1887, qui enlève à la commune de Nogent-sur-Marne (Seine) la section dite Le Perreux, pour en former une nouvelle municipalité, dispose : « Art. 3, § 4. — La commune de Nogent-sur-Marne aura le droit de faire inhumer ses morts dans le cimetière du Perreux jusqu'à ce qu'elle ait créé un lieu de sépulture, et au maximum pendant une période de trois ans, à partir de la promulgation de la présente loi. »

Enfin la loi du 1er avril 1888, prononçant l'érection en commune particulière de la section de Saint-Fons, distraite de la commune de Vénissieux (Rhône), accorde, dans son art. 3, § 4, à la commune de Saint-Fons le droit de faire inhumer ses morts dans le cimetière de Vénissieux pendant le délai d'un an à partir de la promulgation de la loi.

On trouve encore des dispositions analogues dans les lois du 19 juin 1889, art. 4, et du 17 novembre 1890, art. 3, *fine*; — dans le décret du 22 juillet 1889, — etc.

du ministère de l'Intérieur, diverses décisions par lesquelles le ministre autorise telle commune à faire usage du cimetière d'une commune voisine (1).

Mais quel est, d'une façon exacte, le droit que ces lois spéciales confèrent ainsi à la nouvelle commune sur le cimetière de l'ancienne ?

Ce ne peut être un droit de copropriété ; le cimetière appartient, en effet, uniquement et exclusivement à la commune sur le territoire de laquelle il est situé, cela en vertu de la loi du 5 avril 1884 même (art. 7, § 4).

Selon nous, ces textes imposent simplement à l'ancienne commune l'obligation de laisser la nouvelle municipalité faire usage de son cimetière, comme cela avait lieu avant leur séparation, et ils établissent ainsi, au profit de cette dernière, une simple tolérance, ou, si l'on peut s'exprimer ainsi, le droit d'y être tolérée.

Par suite, la nouvelle commune n'aura aucun droit dans le produit des concessions délivrées dans ce cimetière, pas même dans le prix des terrains concédés aux familles résidant sur son territoire.

Cette solution avait été adoptée par le ministre de l'Intérieur dans une hypothèse analogue.

En effet, une commune de X, qui ne possédait pas de cimetière et se servait de celui d'une commune voisine, moyennant une indemnité annuelle destinée à concourir aux frais d'entretien, ayant voulu réclamer à cette dernière le produit des concessions de terrains délivrées à ses habitants pour sépultures privées, le ministre de l'Intérieur, consulté par le préfet, se prononça négativement.

Aux termes des art. 10 et 11 du décret du 23 prairial de l'an XII, disait-il, et de l'art. 3 de l'ordonnance du 6 décembre 1843, le produit de ces concessions appartient pour les deux tiers à la commune qui a le droit de les faire, et pour l'autre tiers aux pauvres et aux établissements de bienfaisance de la localité. Or, dans l'espèce, il n'est pas douteux que la commune propriétaire exclusive du cimetière plus spécialement affecté aux inhumations de ses habitants, peut seule y concéder des terrains à titre temporaire ou perpétuel ; que, dès lors, aucune portion du prix de ces terrains ne saurait être attribuée à une autre commune, admise par tolérance à faire usage du même lieu de sépulture (2).

(1) Voir par exemple *Bulletin officiel,* 1856, p. 169, n° 35, — 1857, p. 171, n° 48, — 1859, p. 107, n° 33.

(2) Voir *Bull. offic. min. Int.,* 1864, p. 294, n° 33.

On trouve, il est vrai, dans le même Bulletin, de nombreuses décisions dans lesquelles le ministre statue sur le point de savoir comment doivent être répartis les produits des concessions et les dépenses d'entretien d'un cimetière où plusieurs communes enterrent leurs morts. Mais dans tous ces cas, il était établi que ces communes en étaient copropriétaires.

Mais si nous admettons que la nouvelle commune ne pourra prétendre à aucune part dans le prix des concessions, par contre nous croyons qu'elle ne sera nullement tenue de subvenir aux dépenses d'entretien du cimetière. Ces dépenses seront supportées exclusivement par l'ancienne commune.

Autre difficulté. On sait que, lorsque le cimetière d'une commune est situé sur son propre territoire, la police en est attribuée exclusivement au maire de cette commune (1).

Mais lorsque l'acte qui a prononcé la distraction a accordé à la nouvelle commune le droit d'user du cimetière de l'ancienne, à qui appartiendra la police de ce cimetière, pendant la période durant laquelle il devra recevoir les morts des deux communes ?

Nous pouvons nous guider, pour répondre à cette question, sur les solutions qui ont été données dans des cas analogues.

Ainsi, lorsque deux communes n'ont qu'un cimetière qui leur est commun, il est admis que la police de ce cimetière appartient exclusivement au maire de la commune sur le territoire de laquelle il est situé.

« Le fait que deux communes usent du cimetière pour l'inhumation de leurs habitants n'a pas pour conséquence d'attribuer aux maires des deux communes la police du lieu de sépulture. Les maires ne peuvent exercer les pouvoirs de police qui leur appartiennent que dans les limites du territoire de leurs communes respectives, et la police du cimetière appartient uniquement au maire de la commune qui possède le cimetière sur son territoire. L'usage commun du cimetière peut donner lieu à des conventions financières entre les communes intéressées, mais ne saurait modifier des règles de compétence. » (2).

Dans ces circonstances, il a été jugé que, lorsqu'un arrêté municipal ordonne qu'aucune inhumation n'aura lieu dans le cimetière de la commune sans une autorisation de l'officier de l'état-civil,

— On lit, par exemple, dans le *Bulletin officiel* (1859, p. 143, n° 49) : « Si deux communes sont propriétaires d'un cimetière, et supportent les charges y relatives en raison de leurs droits, on ne s'expliquerait pas pourquoi elles ne partageraient pas dans la même proportion le produit des concessions de terrains. Mais dans le cas où l'une d'elles, ayant établi le cimetière avec ses propres ressources, accorderait à l'autre la faculté d'en faire usage à titre gratuit, ou moyennant une simple redevance locative, il n'y aurait pas de motifs pour que la première ne recueillit pas seule le même produit. »

Voir également : *Bulletin officiel*, 1859, p. 148, — 1869, p. 333, n° 26. — *Ecole des communes*, 1887, p. 279, n° 50. — *Répert. d'administration municipale*, V° *Cimetière*, n° 28.

(1) Décret du 23 prairial an XII, titre IV, art. 16. — Loi du 5 avril 1884, art. 97, 4°.

(2) *Ecole des communes*, 1881, p. 22, n° 2. Réponse du comité consultatif du journal. — Voir également MORGAND, *Commentaire de la loi du 5 avril* 1884, 3° édit., t. II, p. 75.

l'individu poursuivi pour avoir fait opérer une inhumation sans cette autorisation ne peut être relaxé de la poursuite par le motif qu'un permis d'inhumer lui avait été délivré par le maire de la commune de son domicile (1).

D'autre part, il peut arriver, nous l'avons montré, qu'une commune ait établi son cimetière sur le territoire d'une commune voisine.

Dans ce cas, le droit de police attribué au maire de la commune propriétaire du sol du cimetière est restreint à ce qui concerne les inhumations. A celui de la commune du lieu reste dévolue la juridiction de police municipale, comme sur les autres parties du territoire communal dont cet emplacement ne cesse pas de faire partie, c'est-à-dire qu'en cas de désordre, de tumulte, de vol ou de tout autre délit ou crime qui pourrait s'y commettre, c'est à ce dernier magistrat d'intervenir, de verbaliser et de provoquer les poursuites nécessaires (2).

On doit donc admettre *a fortiori* que, dans notre hypothèse, où la nouvelle commune n'est admise que par une simple tolérance à inhumer ses morts dans le cimetière de l'ancienne, le maire de cette nouvelle commune ne pourra exercer aucun droit de police sur ce cimetière.

(1) Cassation, 19 juin 1874 (Febvay). — DALLOZ, 1875. 1. 88.

(2) Décision ministérielle, insérée au *Bull. offic. min. Int.*, 1857, p. 170, n° 45. — Voir également MORGAND, *op. et loc. cit.*

TITRE II

DES BIENS NON AFFECTÉS A UN SERVICE PUBLIC

SOUS-TITRE Ier

BIENS APPARTENANT EXCLUSIVEMENT A UNE COMMUNE OU A UNE SECTION DE COMMUNE

SECTION Ire

Biens communaux proprement dits.

Les biens communaux proprement dits sont ceux dont la jouissance en nature est laissée aux habitants de la commune ou de la section de commune à laquelle ils appartiennent. Tels sont les pâturages, les prairies sur lesquelles les habitants ont le droit d'envoyer leurs bestiaux ; les bois et forêts, dont les coupes leur sont distribuées pour leur chauffage ou pour leurs constructions ; les marais, d'où ils peuvent extraire de la tourbe ; les servitudes, les droits d'usage, d'affouage, etc. (1).

La loi du 18 juillet 1837 réglait ainsi le sort de ces biens, en cas de changement dans la circonscription territoriale des communes ou sections de commune qui en possédaient :

ART. 5, § 1. — Les habitants de la commune réunie à une autre commune conserveront la *jouissance* exclusive des biens dont les fruits étaient perçus en nature.

ART. 6, § 1. — La section de commune érigée en commune séparée ou réunie à une autre commune emportera la *propriété* des biens qui lui appartenaient exclusivement.

Ces textes manquaient de précision ; dans l'art. 5, la loi ne parlait que de la jouissance, sans s'expliquer relativement à la pro-

(1) Voir, d'ailleurs, ce que nous disons à ce sujet dans les préliminaires du chapitre Ier de la deuxième partie, p. 321 et suiv.

priété; et dans l'art. 6, elle ne décidait que sur la propriété, sans s'expliquer relativement à la jouissance. Or, chacun de ces articles traitait un cas différent de modification de circonscription territoriale.

Mais il y avait, entre ces deux hypothèses, une telle analogie au fond et si peu de raison de distinguer entre l'une et l'autre, qu'on admit sans difficulté les mêmes règles dans chaque espèce.

Ainsi, une section de commune possédait des biens dont la jouissance en nature était laissée à ses habitants. Venait-elle à être érigée en municipalité distincte, elle emportait la propriété de ces biens, et ses habitants continuaient, après comme avant la séparation, à en percevoir directement les fruits.

De même, une commune était propriétaire de biens communaux proprement dits. En cas de réunion à une autre commune, elle en gardait exclusivement la propriété et la jouissance; chacune des deux communes conservait alors intacte son individualité, quant à ces biens, et formait une personne morale distincte, une section de commune (1).

Enfin, lorsqu'une section de commune, qui avait dans son patrimoine des biens de cette nature, était distraite d'une commune pour être rattachée à une autre commune, elle en emportait et conservait la propriété et la jouissance exclusives; mais, par contre, elle n'acquérait, pas plus dans ce cas que dans le précédent, aucun droit de propriété ni de jouissance sur les biens communaux de la commune à laquelle elle était rattachée (2).

(1) L'art. 5, § 1, de la loi du 18 juillet 1837 ne parlait, il est vrai, que de la commune *réunie*, sans rien dire de la commune *annexante*; mais on avait admis sans difficulté que la même règle devait s'appliquer, pour identité de motifs, à l'une et à l'autre.

« On peut se demander, disait par exemple M. Foucart (*Eléments de droit public et administratif*, t. III, n° 30), si les deux communes qui s'unissent constituent une nouvelle commune, ou si l'une d'elles est absorbée par l'autre, comme cela paraît résulter du texte même de l'art. 5. Cette question a une grande importance, quant à la participation des habitants de la commune réunie à la jouissance des biens communaux qui appartenaient à l'autre. Nous croyons que l'on ne peut pas dire que l'une des communes absorbe l'autre, parce que ce système serait contraire au principe que les communes ont des droits qui survivent à leur réunion. Il aurait d'ailleurs pour résultat une injustice, puisqu'il donnerait aux habitants de la commune réunie le droit de participer à la jouissance des biens communaux appartenant à la commune principale, tandis que les habitants de cette commune n'auraient pas le même droit, d'après l'art. 5, sur les biens de la même nature appartenant à la commune réunie. Nous pensons donc que par ces mots : les habitants de la commune réunie, etc., la loi entend parler des habitants de l'une et de l'autre communes, devenues sections de la commune nouvelle, et qu'ils conservent exclusivement la jouissance de leurs communaux, même après la réunion. »

(2) Il résulte d'une décision du ministre de l'Intérieur du 3 avril 1839, rapportée par M. Bost (*Code de la constitution des communes*, p. 135, n° 155), que lorsqu'un conseil

Lors de la discussion de la loi du 5 avril 1884, on essaya, comme nous l'avons montré, de modifier complètement sur ce point les règles qui résultaient de la loi du 18 juillet 1837. — Les uns voulaient laisser aux communes ou fractions de communes intéressées, représentées par leurs conseils municipaux ou leurs commissions syndicales, le soin de fixer elles-mêmes toutes les conditions du changement de circonscription, même le règlement des questions de propriété et de jouissance des biens communaux. Les autres, au contraire, leur refusaient ce droit, mais pour l'accorder à l'autorité chargée de prononcer la modification territoriale, c'est-à-dire au conseil général, au Président de la République ou au législateur, suivant les cas.

Mais on ne put s'entendre et, finalement, on inscrivit dans la loi municipale les dispositions suivantes:

ART. 7, § 1. — *La commune réunie à une autre commune conserve la propriété des biens qui lui appartenaient.*

§ 2. — *Les habitants de cette commune conservent la jouissance de ceux de ces mêmes biens dont les fruits sont perçus en nature.*

§ 3. — *Il en est de même de la section réunie à une autre commune, pour les biens qui lui appartenaient exclusivement.*

..... § 6. — *En cas de division, la commune ou la section de commune réunie à une autre commune, ou érigée en commune séparée, reprend la* pleine propriété *de tous les biens qu'elle avait apportés.*

La loi du 5 avril 1884 a donc adopté le même système que celle du 18 juillet 1837. Les biens communaux proprement dits, malgré les changements de circonscription, restent dans les mains qui les détenaient antérieurement, et les remaniements territoriaux laissent les droits de propriété et de jouissance de ces biens absolument intacts.

Comme le fait remarquer le ministre de l'Intérieur dans la circulaire du 15 mai 1884, le législateur suppose que la propriété des biens que la commune ou la section considère comme lui appartenant, au moment où elle est réunie à une autre commune, ou érigée en municipalité distincte, n'est pas contestée. Les difficultés qui s'élèveraient à ce sujet seraient de la compétence exclusive des tribunaux judiciaires.

municipal a délibéré le partage de jouissance des biens communaux de toutes les sections, quelle que soit l'étendue de ces biens, il ne peut décider que tous ces communaux ne formeront qu'une masse qui sera partagée d'une manière uniforme entre tous les habitants de la communauté, parce que, d'après les lois des 10 juin 1793 et 18 juillet 1837, chaque section conserve séparément la propriété et la jouissance des biens ruraux qui lui appartiennent en propre.

Il est arrivé parfois que des préfets se sont adressés aux ministres pour savoir dans quel sens il convenait de trancher un conflit qui menaçait de s'élever entre deux communes, à la suite d'un changement opéré dans leur circonscription, et à propos de l'attribution de ces biens communaux.

Ainsi, on lit dans le *Bulletin officiel du ministère de l'Intérieur* (1) qu'un préfet consulta le ministre de l'Intérieur au sujet de difficultés qui avaient surgi entre les communes de T... et de M..., relativement à des terrains communaux situés dans l'enclave de plusieurs villages, distraits de M... et réunis à T... par une loi du 3 juillet 1844. La commune de T... prétendait que cette loi lui avait transféré la propriété des dits terrains ; la commune de M... soutenait que le même acte législatif n'avait pas une telle portée.

La prétention de la commune de T... ne parut pas fondée au ministre, qui répondit :

« Aux termes de l'art. 2 de la loi précitée du 3 juillet 1844, la réunion des hameaux en question au territoire de cette commune a eu lieu sans préjudice des droits d'usage et autres respectivement acquis. D'où il suit que si les terrains litigieux étaient des biens sectionnaires, les hameaux ou villages auxquels ils appartenaient en ont conservé la propriété exclusive, en vertu des art. 5 et 6 de la loi du 18 juillet 1837. Dans le cas contraire, c'est-à-dire si toute la commune de M... était propriétaire des dits terrains à l'époque de la loi de 1844, ils appartiendraient par indivis, d'après cette loi, à la commune de M... et aux sections qui en ont été séparées. »

Mais cette difficulté, soumise ainsi par la voie hiérarchique par un préfet au ministre de l'Intérieur, n'aurait pu être portée que devant les tribunaux judiciaires, dans le cas où les communes ne se seraient pas conciliées. Il ne s'agissait pas là, en effet, de l'interprétation d'un acte administratif, mais de l'application légale d'actes de distraction ou de réunion de communes.

En résumé, il ne peut pas s'élever de difficulté sérieuse au sujet de ces biens communaux. Mais il n'en est pas de même des biens dont nous allons maintenant nous occuper.

(1) Année 1859, p. 205.

SECTION II

Biens patrimoniaux.

Nous avons défini les biens patrimoniaux des biens dont la jouissance en nature n'est pas abandonnée aux habitants et dont la commune jouit elle-même, comme pourrait le faire un propriétaire ordinaire, en percevant les revenus qu'ils produisent.

Nous avons montré également que ces biens pouvaient être, soit des immeubles, comme les biens affermés ou donnés à bail, terres labourables, maisons, métairies, moulins, usines, etc.; soit des meubles, tels que des capitaux, des rentes sur l'Etat ou sur des particuliers, des créances, etc.

Voyons donc quels sont les effets que produisent sur ces biens les changements apportés à la circonscription territoriale des communes qui les possèdent.

Pour plus de clarté, nous étudierons d'abord les règles qui avaient été admises sous l'empire de la loi du 18 juillet 1837, puis nous rechercherons si la loi du 5 avril 1884 a introduit quelques innovations sur ce point.

ARTICLE Ier

SOUS LA LOI DU 18 JUILLET 1837

§ 1.

Réunion de communes.

Une commune, qui possède des biens dits patrimoniaux, est rattachée à une autre commune : doit-elle en conserver la propriété et la jouissance exclusives, ou bien, au contraire, cette propriété et cette jouissance doivent-elles être attribuées à la nouvelle commune tout entière?

Nous examinerons successivement les règles relatives à la propriété et les règles relatives à la jouissance.

A). — Propriété.

La loi du 18 juillet 1837 n'avait pas résolu la question, du moins d'une manière explicite. Elle s'était bornée à disposer, comme nous l'avons vu, dans son art. 6 :

« La section de commune érigée en commune séparée *ou réunie à une autre commune* emportera la propriété des biens qui lui appartenaient exclusivement. »

Ainsi, la loi ne tranchait pas la question de savoir si la section réunie devait *conserver* la propriété des biens qu'elle *emportait*. Loin de là, elle fournissait même un argument *a contrario* à l'affirmative et à la négative. On pouvait soutenir, en effet, que la loi ne conservant aux habitants de la commune absorbée que les biens dont ils avaient la jouissance en nature, c'est que les biens affermés cessaient de leur appartenir après la réunion ; — ou bien affirmer que, puisque la loi n'attribuait à la commune absorbante que les immeubles affectés à un service public, il en résultait naturellement que les biens amodiés ne devaient pas lui appartenir (1).

Aussi, en présence de ces raisons de douter, les auteurs ne tardèrent pas à se diviser en deux camps complètement opposés.

Dans un premier système, on admit qu'une section de commune ne pouvait être propriétaire, à titre privatif, que de biens communaux proprement dits, et que, par suite, les biens patrimoniaux qui appartenaient à une commune devenaient de plein droit, lorsque cette commune était réunie à une autre commune, la propriété de la nouvelle commune tout entière, comme les édifices et autres immeubles affectés à un usage public.

C'est en ce sens que se prononça M. Trolley, dans son *Traité de la hiérarchie administrative* (2).

« Si ce n'est pour les biens communaux, disait-il, la section ne peut avoir d'individualité distincte de l'individualité communale, et sa fortune se confond nécessairement avec la fortune de la commune... En effet, l'indivisibilité de la commune, voilà la règle générale ; le fractionnement en sections, c'est un accident, une exception. Il faut un texte positif qui la consacre. Or, quand les lois s'occupent-elles de la section? Quand lui reconnaissent-elles la qualité de propriétaire? Quand il s'agit de biens communaux, et seulement dans ce cas. Cela suffit. Par suite, nous n'hésitons pas à penser que

(1) Batbie, *Traité de droit public et administratif*, 1re édit., 1862-1868, t. V, n° 155, p. 207. — Houdoy, *Des communes et sections de communes*, 1875, p. 705.

(2) T. I, nos 38 et 41, p. 62 et 76.

les biens patrimoniaux, les immeubles affermés, les rentes et les créances de la commune réunie deviennent *ipso jure* la propriété de la nouvelle commune. La commune, par sa réunion, a été frappée de mort civile ; elle a été absorbée par une autre commune ; comme association politique, elle n'existe plus ; comme section, elle ne peut posséder des biens patrimoniaux. »

M. Trolley allait même plus loin : il pensait que si une donation ou un legs de biens patrimoniaux était fait à une section, le produit devait en être attribué à la commune tout entière dont elle fait partie.

De son côté, M. Migneret, dans son *Traité de l'affouage dans les bois communaux* (1), admettait en partie la même opinion.

« A la vérité, disait-il, la loi du 18 juillet 1837 ne s'explique point sur la propriété des fonds qui produisent des revenus en argent au moment de la réunion ; mais il est évident que la propriété en reste toujours à la commune qui les possédait avant la réunion, puisque le § 2 de l'art. 5 a soin de préciser quels sont les immeubles qui tombent dans le domaine de la commune nouvelle, et que ce sont seulement les édifices et les immeubles servant à usage public (églises, fontaines, promenades, etc.). — Quant aux propriétés mobilières, telles que rentes, capitaux, mobilier, etc., il est évident qu'elles se confondent dans une seule et même masse. » (2).

Dans un deuxième système, au contraire, on se prononça pour le maintien des droits de propriété et l'on déclara que la commune réunie à une autre commune, et devenue ainsi une section de cette commune, devait conserver la propriété exclusive des biens patrimoniaux, meubles ou immeubles, qu'elle possédait au moment de l'annexion.

« L'art. 5, disait M. Aucoc, qui avait adopté cette opinion (3), article qui prévoit le cas de formation de sections par suite de la réunion de deux ou plusieurs communes, ne parle que de la jouissance des biens dont les fruits sont perçus en nature, et de la propriété des immeubles affectés à usage public. L'art. 6 dispose, en termes exprès, que la section de commune réunie à une autre commune emporte la propriété des biens qui lui appartiennent exclusivement, et c'est seulement pour les édifices et autres immeubles

(1) Paris, 1840, p. 360.

(2) Voir dans le même sens : CAFFIN, *Des droits de propriété des communes*, nos 231 à 304, p. 230 et suiv.

(3) *Sections de commune*, n° 106, p. 237.

servant à usage public qu'elle en attribue la propriété à la commune à laquelle est faite la réunion. Il suit de là que la section conserve la propriété de tous les autres biens qu'elle a emportés ; la loi ne fait aucune distinction entre les biens communaux proprement dits et les biens patrimoniaux. Cette distinction toute doctrinale, rappelée encore dans l'art. 3 du titre Ier de la loi du 10 juin 1793, sans qu'on en ait d'ailleurs tiré aucune conséquence, n'est même plus mentionnée dans l'art. 642 du Code civil. Peut-on d'ailleurs admettre, comme le voudrait M. Trolley, que le silence de la loi suffit pour supprimer les droits qu'elle ne consacre pas ? Les droits de propriété des sections sont consacrés par le droit commun comme ceux des individus, et ils ne sont pas moins respectables. La législation spéciale aux communes ne les modifie pas ; ils subsistent, par conséquent, dans leur entier. »

On faisait remarquer également dans ce système qu'il était juste que la commune réunie à une autre commune conservât la propriété exclusive de ses biens, patrimoniaux ou communaux, afin que si plus tard elle venait à en être distraite, soit pour être rétablie en municipalité distincte, soit pour être rattachée à une autre commune, elle pût les retrouver et les emporter avec elle ; et que, sans cela, elle aurait, contre toute équité, perdu, au profit de la commune absorbante, et dans cette réunion transitoire, peut-être la plus grande partie de son patrimoine.

Cette opinion avait été adoptée par la majorité des auteurs.

Nous citerons, par exemple : M. Block (1), M. Batbie (2), M. Jèze (3), M. Houdoy (4).

Ce dernier auteur comparait les biens patrimoniaux apportés par la fraction absorbée à une dot. « La dot apportée par une femme, disait-il, lui reste propre ; elle en garde la propriété, mais les revenus en sont employés à subvenir aux dépenses de la vie commune, sans distinction aucune entre les besoins personnels de l'un ou l'autre époux ; mais la vie commune venant à cesser, il faut que la femme retrouve intact l'apport qu'elle a fait. Les deux situations sont

(1) *Dictionnaire de l'administration française*, 1877, 2e édit., Vo *Organisation communale*, no 19.

(2) *Traité de droit public et administratif*, 1re édit., t. V, no 155, p. 207 et 208.

(3) Art. *Commune*, inséré au *Dictionnaire général d'administration*, de M. Blanche, nouvelle édition, 1884, p. 422, col. 2.

(4) *Des communes et sections de communes*, 1875, p. 705.

analogues, les effets en sont identiques et parfaitement conformes aux principes. » (1).

C'était également le système qui était suivi en pratique par l'administration.

En effet, dans la circulaire du 29 janvier 1848 (2), le ministre de l'Intérieur rappelait aux préfets que, « lorsque deux communes étaient réunies, les édifices et autres immeubles servant à usage public devenaient *seuls, ipso facto,* la propriété de la nouvelle commune » ; et plus loin, il indiquait que le partage des biens mobiliers de la commune démembrée, tels que rentes, créances et deniers, devait être réglé en même temps que la séparation.

B). — JOUISSANCE.

Nous avons vu que les communes réunies à d'autres communes conservaient respectivement, comme sections de communes, la propriété exclusive de leurs biens, meubles ou immeubles, qui produisent des revenus. Mais en conservaient-elles également la jouissance exclusive ? En d'autres termes, les revenus de ces biens devaient-ils être employés uniquement aux besoins de la section propriétaire, ou bien, au contraire, être affectés aux dépenses générales de la nouvelle commune tout entière ?

La question avait été longuement discutée pendant la préparation de la loi du 18 juillet 1837.

Les uns voulaient que les communes ou sections de commune, réunies à une autre commune, profitassent exclusivement de la jouissance de leurs biens, de quelque nature qu'ils fussent, comme conséquence du principe qu'elles restent propriétaires de tous les biens, droits et usages qui leur appartiennent.

Les autres, au contraire, soutenaient que, la réunion une fois prononcée, la loi devait s'appliquer à effacer toutes les causes de séparation ; — que la réunion n'était avantageuse qu'autant que les diverses fractions réunies pouvaient se fondre entièrement ensemble et établir une communauté définitive et complète ; — qu'on n'aurait pu conserver à la commune ou à la section de commune réunie la jouissance exclusive de ses biens produisant un revenu en argent, tels que des fermes, des fonds de terre, des rentes, etc., sans détruire

(1) Voir également : *Répertoire d'administration municipale,* V° *Distraction,* p. 724, n° 2. — DUCROCQ, *Cours de droit administratif,* 5° édit., 1877, t. II, n° 1490, p. 581. — CHAUDÉ, *Des biens des communes,* Paris, 1878, p. 314.

(2) Insérée au *Bull. offic. min. Int.,* 1848, p. 16.

les avantages de la réunion ; — que c'eût été maintenir à jamais des intérêts et des droits distincts, rendre nécessaires deux budgets, deux comptabilités et presque deux conseils municipaux ; — et que le produit de ces biens devait entrer au budget de la nouvelle commune et contribuer à ses charges, de manière à former pour ainsi dire la dot de la section ou de la commune réunie.

Ce dernier système avait rencontré un grand nombre d'adhérents ; et même, dans plusieurs des projets qui furent successivement adoptés par les Chambres, de 1831 à 1837, à la suite de la disposition de l'art. 6 qui réserve aux sections la jouissance exclusive des biens dont les fruits sont perçus en nature, se trouvait un paragraphe portant : « Les revenus des autres biens, meubles et immeubles, entreront au budget de la nouvelle commune. »

Mais, finalement, ce paragraphe disparut (1) ; et la loi du 18 juillet 1837 disposa simplement, dans son art. 5, § 1 : « Les habitants de la commune réunie à une autre commune conserveront la jouissance exclusive des biens dont les fruits étaient perçus en nature. »

Ce texte, en réservant ainsi aux communes ou sections réunies la jouissance exclusive des biens jouis en nature, semblait *a contrario* rendre commune la jouissance des biens donnant lieu à une perception de revenus.

Néanmoins, trois opinions furent émises sur l'interprétation de cet art. 5.

D'après les uns, on devait raisonner de la manière suivante : En règle générale, c'est le propriétaire qui a le droit de percevoir les revenus de ses biens ; la loi de 1837 fait une exception pour les biens affectés à un usage ou à un service public, mais cette exception ne saurait être étendue en dehors des termes de la loi. Par conséquent, les revenus des biens patrimoniaux de la nouvelle section ne peuvent pas tomber dans la caisse municipale au même titre que les autres revenus communaux ; ils doivent être employés exclusivement aux besoins de la section propriétaire.

Tel était l'avis de M. Chauveau Adolphe. « Si le législateur de 1837, disait-il (2), ne s'est occupé dans l'art. 5 que des biens dont les fruits étaient perçus en nature et des édifices servant à usage

(1) Aucoc, *Sections de commune*, n° 107. — *Répertoire d'administration municipale*, V° *Distraction ou réunion des communes*, p. 723, col. 2. — Migneret, *Traité de l'affouage dans les bois communaux*, 1840, n° 239, p. 357.

(2) Voir *Journal de droit administratif*, t. X, p. 474. — Note sous une décision du ministre de l'Intérieur de 1862, que nous rapportons plus loin.

public, et si, pour les premiers, il n'a pas voulu admettre tous les habitants de la commune à venir participer à cette jouissance, ce n'est pas une raison pour qu'il ait voulu, par prétérition, attribuer le revenu des biens affermés à la nouvelle commune. L'art. 6 de la même loi explique même comment la section de commune réunie à une autre commune emporte la propriété de tous ses biens, et la commune à laquelle elle est réunie ne devient propriétaire que des immeubles servant à un usage public. Que les biens sectionnaires aient donné, avant ou après la réunion, un produit en argent, cet argent ne doit pas tomber dans la caisse communale au même titre que les revenus généraux de la commune. Sous ce rapport, je ne partagerais donc pas l'opinion de M. le ministre, et ce n'est pas seulement par voie d'équité que les revenus de ces biens doivent être employés aux besoins particuliers de la section propriétaire, c'est par voie de rigoureuse justice. »

La même opinion avait été adoptée par M. Batbie (1). « Selon nous, disait-il, il faut interpréter le silence de la loi dans le sens favorable au droit de la section ; car ce droit ne pourrait céder qu'à une disposition formelle et, dans le doute, le droit d'usufruit doit être respecté tout autant que le droit de propriété dont il n'est que la conséquence. Sans doute, on ne dresserait pas deux budgets, un pour la commune et un autre pour la section ; mais, dans l'emploi des deniers provenant du fermage des biens sectionnaires, l'administration communale devrait tenir compte de l'origine des biens et appliquer ces revenus aux besoins de la section. »

Dans une deuxième opinion, diamétralement opposée, on partait de ce principe qu'il n'y a dans toute la commune qu'une seule administration, qu'un seul budget et une seule comptabilité. Par suite, disait-on, les deniers provenant des biens affermés doivent tomber dans la caisse communale, où ils seront confondus avec les autres revenus communaux, pour être employés aux dépenses générales de la commune, sans distinction d'origine.

Ainsi M. Trolley qui, comme nous l'avons montré, avait admis que les sections ne peuvent être propriétaires que de biens communaux proprement dits, pensait également que la jouissance exclusive des sections était impossible pour tous les biens autres que les biens communaux.

« En effet, disait-il, la section n'est jamais une association politique ; elle n'a pas de charges publiques ; elle n'a que les charges et les dépenses de ses biens mêmes ; elle n'a pas de budget, partant pas

(1) *Op. cit.*, 1re édit., t. V, n° 156, p. 209, et n° 157.

de possibilité de dépenser le produit net de ses revenus et d'en profiter. Une section a 10,000 francs de rentes sur l'Etat : comment en jouira-t-elle ? Comment les dépensera-t-elle ? L'art. 30 de la loi du 18 juillet 1837 énumère toutes les dépenses de la commune : or, quel article peut être mis à la charge de la section ? Aucun. »

Et, se demandant quel était le motif de cette différence entre les biens communaux et les biens patrimoniaux, il répondait : « Parce que la jouissance exclusive de la section est possible, parce que la jouissance des habitants était un fait, un intérêt que la loi devait respecter. Nous le répétons, un bien est communal quand la commune ou la section propriétaires en abandonnent la jouissance aux habitants. On conçoit parfaitement que les habitants d'un hameau jouissent seuls de tel marais communal, que les autres en soient exclus. Sans doute, cette jouissance des individus n'est pas un droit, elle est toute précaire ; la commune peut toujours la faire cesser en affermant ou en vendant les communaux ; mais, enfin, cette jouissance est un fait, un avantage pour ceux qui en profitent. Quand, dans un intérêt administratif, la circonscription de la commune s'est trouvée modifiée, il a paru juste de respecter ce fait, de ne pas enlever aux habitants cet avantage, et l'on a maintenu à la section la propriété de ses communaux pour en conserver la jouissance aux habitants. » (1).

Cette opinion avait été adoptée également par M. Bost, qui la défendait de la manière suivante :

« Si les habitants de la commune réunie conservent la jouissance exclusive des biens dont les fruits se percevaient en nature (art. 5, § 1, loi du 18 juillet 1837), *a contrario* les biens dont les revenus étaient portés au budget de l'ancienne commune passeront au budget de la nouvelle... Cette disposition est de toute justice. En effet, quant aux fruits qui se percevaient en nature, les habitants de la commune réunie se les partageaient autrefois entre eux ; ils en jouissaient individuellement et les appliquaient à leurs besoins particuliers. Ces fruits, en un mot, n'avaient pas de destination communale. — Il n'en était pas de même des revenus provenant des propriétés ou des fonds appartenant à la commune. Ces revenus entraient dans la caisse communale, pour être employés à divers services dont les habitants de la commune ne profitaient que collectivement. Si donc, lorsqu'une commune a été réunie à une autre, il est juste que les habitants de la première continuent à jouir des fruits qu'ils percevaient en nature, la justice veut également qu'ils contribuent de

(1) *Op. cit.*, t. I, n°s 38 et 41, p. 62 et 76.

leurs revenus, précédemment communaux, aux dépenses de la nouvelle commune, qui leur offre, sous le rapport des services publics, les mêmes avantages que la première. » (1).

A l'appui de ce système, on invoquait un arrêt du conseil d'Etat du 3 février 1843 (2), rendu dans les circonstances suivantes :

Les deux communes d'Harprich et de Vallerange (Moselle) avaient été réunies par un décret du 30 octobre 1813. Mais plus tard, une ordonnance royale du 12 janvier 1833 les avait érigées de nouveau en communes distinctes. Par suite de cette mesure, il avait été procédé à la liquidation des dettes et créances de la communauté dissoute, et cette liquidation avait donné un reliquat actif de 11,750 fr. 29 cent., composé de 300 francs en numéraire et 11,450 fr. 28 cent. en valeurs diverses, savoir : 2,808 francs de traites souscrites par les adjudicataires des coupes des bois de la section d'Harprich, et 8,642 fr. 28 cent. placés au trésor ; sur ces 8,642 fr. 28 cent., 3,474 francs provenaient également de coupes effectuées dans les bois d'Harprich.

Lorsqu'il s'agit de partager ce reliquat, des contestations s'élevèrent entre les deux communes.

La commune de Vallerange soutenait que cette somme devait être partagée entre elle et la commune d'Harprich suivant la règle ordinaire, c'est-à-dire par feux, sans avoir égard aux sources dont elle pouvait provenir.

La commune d'Harprich, au contraire, raisonnait d'une manière toute différente. Dans l'espèce, disait-elle, il s'agit moins de procéder à un partage de biens indivis entre deux communes, que de prononcer au profit de chacune d'elles l'attribution de valeurs qui ont une origine connue et qui appartiennent en propre à l'une ou à l'autre. Les valeurs appartenant à la commune d'Harprich, qui étaient confondues avec celles de Vallerange pendant le temps de leur union, doivent demeurer sa propriété exclusive dès qu'elles ont cessé, par suite de l'ordonnance de 1833, d'être appliquées à des besoins communs. Le but qu'on s'était proposé en 1813, par la réunion des deux communes, c'était de rendre moins onéreuses pour la commune de Vallerange les dépenses de son administration. A

(1) *Code de la constitution des communes*, p. 48, n° 51. — Voir dans le même sens : FOUCART, *Eléments de droit public et administratif*, 2e édit., 1839, t. III, n° 30. — DUFOUR, *Droit administratif appliqué*, 3e édit., 1868, t. III, p. 504, n° 464. — HOUDOY. *Des communes et sections de commune*, 1875, p. 704. — M. JÈZE, article *Commune*, inséré au *Dictionnaire général d'administration*, de M. BLANCHE, nouvelle édition, 1884, p. 423. — DUCROCQ, *Cours de droit administratif*, 5e édit., 1877, t. II, n° 1490, p. 581. — MIGNERET, *Traité de l'affouage dans les bois communaux*, 1840, p. 360. — CAFFIN, *op. et loc. cit.*

(2) *Recueil*, p. 47.

cet effet, la jouissance des ressources dont chaque commune pouvait disposer restait indivise entre elles. Mais cette indivision ayant cessé par le fait de la séparation prononcée par l'ordonnance de 1833, chaque commune doit naturellement reprendre dans la caisse communale ce qui lui appartenait en propre. — En conséquence, la commune d'Harprich demandait qu'on lui remboursât la somme de 6,282 francs provenant de ses propres ressources.

Mais le conseil d'Etat repoussa cette prétention, par le motif « qu'au moment de la séparation des deux communes d'Harprich et de Vallerange, les fonds restant libres dans la caisse communale étaient, quelle que fût leur origine, indivis entre les deux communes, et que, d'après les dispositions des avis du conseil d'Etat des 20 juillet 1807 et 26 avril 1808, le partage des biens indivis entre communes devait être fait en raison du nombre des feux de chacune d'elles » (1).

Enfin, dans un troisième système, on adoptait une opinion intermédiaire.

Sans doute, disait-on, il n'y a dans la commune qu'une seule administration, qu'un seul budget, et, en toute rigueur, les revenus des biens sectionnaires doivent être versés dans la caisse communale pour être affectés aux besoins généraux de la commune. Mais dans le cas où la section propriétaire éprouverait des besoins particuliers, n'est-il pas équitable, n'est-il pas naturel de décider que ces revenus lui soient attribués avant tout pour les satisfaire? En conséquence, on décidait que les revenus des biens patrimoniaux appartenant à la commune réunie à une autre commune, et devenue ainsi une section, devaient, dans la mesure du possible, être employés à acquitter des dépenses qui lui fussent spéciales; par exemple au pavage de ses rues, à l'entretien de ses chemins, etc.

C'est en ce sens que se prononça M. Aucoc. « Il faut reconnaître, disait-il, qu'en se bornant à donner aux sections la jouissance exclusive des biens dont les fruits sont perçus en nature, la loi semble avoir voulu exclure la jouissance privative des biens qui donnent lieu à une perception de revenus. Les explications contenues dans les rapports et celles qui ont été échangées dans la discussion conduisent à cette conclusion... Cependant, comme la loi ne s'est pas formellement prononcée sur ce point, tout en admet-

(1) Comme le fait remarquer M. Aucoc, qui rapporte cette décision (*Sections de commune*, n° 107), la loi du 18 juillet 1837 n'est pas visée dans cet arrêt qui, bien qu'il ait été rendu après la promulgation de cette loi, n'a pas eu à en faire l'application, attendu qu'il s'agissait d'interpréter et d'exécuter une ordonnance rendue en 1832, par conséquent avant la loi.

tant ce principe, on doit admettre également que, lorsque les sections éprouvent des besoins qui leur sont propres, il est juste d'y appliquer autant que possible le produit de leurs biens. » (1).

Ce système était, du reste, conforme à la jurisprudence suivie par l'administration, soit avant, soit après la loi du 18 juillet 1837.

On lit, en effet, dans une lettre du ministre de l'Intérieur en date du 15 février 1834 (2):

L'unité d'administration municipale, d'où résulte celle de la comptabilité et du budget dans une commune complexe, quels que soient le nombre et les droits distincts des sections dont elle se compose, ne permet pas d'admettre le concours de deux caisses communales différentes; et il est de principe, il est naturel que les deniers de revenus versés dans la commune caisse servent aux besoins généraux de la communauté, comme il est de règle aussi que les revenus ordinaires soient employés avant toutes ressources extraordinaires, telles que la vente et l'impôt. La section propriétaire est, d'ailleurs, obligée de contribuer, pour sa part, aux dépenses d'administration commune, et, à cet égard, elle n'a point à se plaindre de la destination que reçoivent ses revenus libres.

Mais, d'un autre côté, si cette même section éprouve des besoins réels qui lui soient propres, il n'est pas moins juste et naturel qu'elle puisse y pourvoir sur ses propres ressources. C'est alors que, réalisant les avantages de sa position particulière, elle profite effectivement de sa propriété ; c'est en ce sens que doit être comprise la distinction établie par les instructions ministérielles.

Dans une autre décision, insérée au *Bulletin officiel du ministère de l'Intérieur* de 1862 (3), le ministre adoptait la même solution.

En ce qui touche les biens sectionnaires, disait-il, dont les produits étaient perçus en argent à l'époque de la réunion des sections en une seule commune, le législateur ne semble pas avoir eu l'intention d'en laisser la jouissance exclusive aux sections. Les revenus de ces biens peuvent, dès lors, être considérés

(1) *Sections de commune*, n° 107, p. 117. — Voir également : Block, *Dictionnaire de l'administration française*, 1877, 2e édit., V° *Organisation communale*, n° 19. — *Répertoire d'administration municipale*, V° *Distraction*, p. 723, col. 2. — On lit encore dans l'*Ecole des communes* (1835, p. 249) : « Une section de commune ne peut pas, en principe, user toujours dans son intérêt particulier des sommes provenant des biens dont elle est privativement propriétaire. Sa réunion à la commune entraîne pour elle des conséquences qu'elle doit subir ; mais si, constamment, et par une disposition aussi malveillante que peu équitable, le conseil municipal de la commune lui refuse de faire sur ces fonds des dépenses utiles pour elle, nul doute qu'elle n'ait le droit de se plaindre à l'autorité, qui est chargée d'approuver le budget communal, c'est-à-dire au préfet ; nul doute aussi que cette plainte ne puisse être adressée par quelques habitants de cette section de commmune. »

(2) Rapportée dans l'*Ecole des communes*, année 1840, p. 50, — et dans Aucoc, *Sections de commune*, n° 107.

(3) P. 158, n° 26.

comme tombant dans la caisse municipale, pour être employés dans l'intérêt de toute la commune.

Toutefois, il est équitable de les appliquer en premier lieu, autant que possible, aux besoins particuliers des sections.

Et, en conséquence, sans prescrire l'établissement d'un budget par section, le ministre conseillait d'ajouter aux articles des recettes et des dépenses du budget communal certaines annotations permettant de distinguer l'intérêt sectionnaire de l'intérêt communal proprement dit (1).

Il est, d'ailleurs, certain que le produit tout au moins des coupes faites dans le quart en réserve des bois d'une commune réunie à une autre commune ne constitue pas un revenu, mais une recette extraordinaire, et que, par suite, il ne doit être affecté au paiement des dépenses générales de la nouvelle commune que dans la proportion de la part contributive de la section dans ces dépenses, le surplus devant être supporté par les habitants des autres sections.

Le conseil d'Etat l'a décidé formellement dans un arrêt en date du 10 juillet 1869 (2).

(1) Dans son *Traité du régime administratif et financier des communes*, 1844, p. 224. M. Davenne cite deux lettres analogues du ministre de l'Intérieur, l'une en date du 1er février 1837, l'autre en date du 28 juin 1844. — Il résulte également d'une décision ministérielle du mois d'août 1842, citée dans le *Répert. d'adm. municipale*, Ve *Section*, n° 83, que, « si les sections ont des revenus propres, l'une d'elles ne pourrait réclamer à titre de droit que ces revenus fussent affectés à une dépense faite exclusivement dans son intérêt ; qu'elle devrait s'adresser à l'administration supérieure pour obtenir qu'il fût donné satisfaction à ses besoins ; et qu'une réclamation de cette nature ne pourrait changer l'affectation des fonds déjà versés dans la caisse communale. »

(2) D. 1871. 3. 26. Section de Montmartin c. commune d'Huanne-Montmartin :

« Considérant qu'aux termes des art. 5 et 6 de la loi du 18 juillet 1837, les sections de commune conservent la propriété des biens non affectés à un service public qui leur appartenaient privativement au moment de leur réunion à la commune dont elles font partie ; — que si, aux termes des mêmes articles, les revenus de ces biens, lorsqu'ils sont perçus en argent, sont versés dans la caisse municipale pour être employés aux dépenses générales de la commune, il n'en est pas de même du produit des coupes du quart en réserve de leurs bois ; — que ces coupes ne peuvent être considérées comme constituant un revenu, puisqu'elles sont rangées par l'art. 32 de la loi de 1837 au nombre des recettes extraordinaires, et qu'aux termes de l'art. 140 de l'ordonnance du 1er août 1827, elles ne doivent être autorisées qu'en cas de dépérissement du quart en réserve ou pour cause de nécessité bien constatée, et à défaut d'autres moyens de pourvoir à cette nécessité ; — qu'il suit de là que les habitants de la section de Montmartin ont des droits exclusifs à la propriété et à la jouissance du quart en réserve des biens appartenant à la dite section, et qu'ils sont fondés à soutenir que le produit des coupes qui y ont été faites ne doit être affecté au paiement des dépenses générales de la commune que dans la proportion de leur part contributive dans ces dépenses, et que le surplus doit être supporté par les habitants de la section d'Huanne ;

« Considérant qu'il résulte de l'instruction que si le produit des coupes faites depuis 1858, dans le quart en réserve des bois appartenant à la section de Montmartin, a été employé en partie à couvrir des dépenses faites dans l'intérêt général des habitants de cette section,

§ 2.

Distraction de commune.

Etant donné qu'une section de commune pouvait être propriétaire de biens patrimoniaux, si cette section venait à être distraite de la commune dont elle faisait partie, soit pour être érigée en commune particulière, soit pour être réunie à une autre commune, elle emportait avec elle et conservait la propriété exclusive des biens de cette nature qu'elle possédait; — quant à la jouissance, elle lui appartenait tout entière dans le premier cas : dans le second cas, au contraire, elle était attribuée à l'ensemble de la nouvelle commune, d'après les principes et avec les restrictions que nous avons exposés ci-dessus (1).

Telle était l'opinion généralement adoptée. Toutefois, nous devons reconnaître que certains auteurs estimaient que les sections devaient, même dans ce dernier cas, conserver la jouissance exclusive de leurs biens patrimoniaux.

C'est ainsi, par exemple, que M. Bost qui, ainsi que nous l'avons vu dans le paragraphe précédent, soutenait que les revenus des biens patrimoniaux appartenant à une commune réunie à une autre commune devaient passer au budget de la nouvelle commune, pour être employés, sans distinction, aux dépenses de la communauté, ajoutait (2):

« Les observations que nous venons de faire au sujet des communes réunies à d'autres, ne peuvent s'appliquer aux sections qui possédaient des biens particuliers, dont elles n'employaient les fruits ou les revenus qu'à l'avantage particulier de leurs membres et non point à des objets d'utilité communale ; parce que ces sec-

une autre partie de ce produit a servi à acquitter intégralement des dépenses faites dans l'intérêt général de la commune, notamment le prix des travaux exécutés dans l'église paroissiale ; que, dans ces circonstances, c'est à tort que, par la décision attaquée, le ministre de l'Intérieur a rejeté la réclamation des habitants de la section de Montmartin;

« Article premier. — Est annulée la décision du 24 mai 1867 par laquelle le ministre de l'Intérieur a approuvé les actes par lesquels le conseil municipal de la commune d'Huanne-Montmartin a affecté le produit des coupes du quart en réserve des bois de la section de Montmartin au paiement intégral des dépenses générales de la commune, au lieu de se borner à prélever sur ce produit la somme nécessaire pour représenter la part contributive des habitants de ladite section dans ces dépenses. »

(1) Loi du 18 juillet 1837, art. 6, § 1. — Houdoy, *Des communes et sections de commune*, 1875, p. 704.

(2) *Op. cit.*, p. 49, nos 52 à 54.

tions, en percevant, soit des fruits en nature, soit des revenus en argent, en jouissaient dans les deux cas à titre privatif.

« Ainsi, à leur égard, les revenus sont une propriété tout aussi sacrée que les fruits qui se perçoivent en nature; fondre dans le budget de la nouvelle commune les revenus dont la section jouissait, ce serait blesser la justice et commettre une véritable spoliation, attendu que la section qui jouissait autrefois d'un revenu certain, ne jouirait plus que d'une portion, quelquefois très faible, de ce même revenu. »

ARTICLE 2.

SOUS LA LOI DU 5 AVRIL 1884

La loi du 5 avril 1884 dispose, dans son art. 7 :

§ 1. — *La commune réunie à une autre commune conserve la propriété des biens qui lui appartenaient.*

§ 2. — *Les habitants de cette commune conservent la jouissance de ceux de ces mêmes biens dont les fruits sont perçus en nature.*

§ 3. — *Il en est de même de la section réunie à une autre commune, pour les biens qui lui appartenaient exclusivement.*

..... § 6. — *En cas de division, la commune ou la section de commune réunie à une autre commune, ou érigée en commune séparée, reprend la pleine propriété de tous les biens qu'elle avait apportés.*

Comme on le voit, la nouvelle loi municipale n'est pas plus explicite que l'ancienne sur l'effet des remaniements territoriaux relativement aux biens patrimoniaux que peuvent posséder les communes ou les sections de communes.

Entre la première et la seconde délibération au Sénat, M. Batbie avait proposé d'introduire dans la loi nouvelle diverses dispositions destinées à régler certains points qui avaient fait difficulté sous l'empire de la loi de 1837, et notamment celui qui nous occupe. Mais, sur l'observation qui lui fut faite que ces dispositions pouvaient réveiller des contestations résolues en pratique, il renonça à maintenir ses propositions (1).

En conséquence, les solutions qui avaient fini par triompher avant 1884 sont encore aujourd'hui applicables.

Par suite, la commune réunie à une autre commune demeurera propriétaire exclusive de ses biens patrimoniaux. C'est en ce sens

(1) Sénat, séances des 7 février, 28 février et 8 mars 1884. (*Trav. prép.*, p. 299, 420 et 496.)

que se prononce M. Batbie dans son *Traité de droit public et administratif* (1).

« La loi du 5 avril 1884, dit-il, ne s'occupe pas des biens affermés, dont la commune annexée tirait un revenu en argent, catégorie intermédiaire entre les biens dont les habitants jouissent en nature et les immeubles consacrés à un service public. Si la commune réunie avait des biens amodiés, la section résultant de cette réunion aurait-elle un droit exclusif à la propriété de ces biens, ou la commune tout entière en serait-elle propriétaire? L'art. 7, loin de résoudre cette difficulté, fournit un argument *a contrario* à l'affirmative et à la négative ; car, puisque la loi ne conserve aux habitants de la commune absorbée que les biens dont ils avaient la jouissance en nature, on peut conclure que les biens affermés cessent de leur appartenir après la réunion ; d'autre part, la loi n'attribuant à la commune absorbante que les immeubles affectés à un service public, on peut en tirer la conséquence que les biens amodiés ne lui sont pas attribués. La solution est donc flottante entre les deux arguments *a contrario*, tirés de la même disposition. — Ainsi posée, la question est, selon nous, d'une solution facile ; car dans le doute, la propriété doit l'emporter par la puissance du droit antérieur. Entre deux arguments *a contrario*, dont l'un s'éloigne du droit de propriété tandis que l'autre y ramène, l'hésitation est impossible, et il faut adopter celui qui tend à consacrer l'état de choses préexistant. Il est juste, d'ailleurs, que la commune réunie ne soit pas privée de la propriété de ces biens, parce que si, plus tard, elle venait à être de nouveau distraite, il serait de toute justice qu'elle retrouvât les biens qui lui appartenaient avant sa réunion. Sinon elle aurait perdu son patrimoine dans cette réunion transitoire, et, contre toute équité, la commune absorbante aurait gagné, par cette union temporaire, tous les biens de la section. » (2).

Quant à la jouissance de ces mêmes biens, elle appartiendra désormais à la nouvelle commune tout entière ; mais si tel est le droit strict, l'équité veut que les revenus de ces biens soient employés avant tout à satisfaire les besoins particuliers à la section qui en est propriétaire.

Tel est encore l'avis de M. Batbie (3).

(1) 2e édit., 1885, t. V, n° 162, p. 168.

(2) Voir dans le même sens : SIMONET, *Traité de droit public et administratif*, 1885, p. 417 et 418. — DUCROCQ, *Cours de droit administratif*, 6e édit., 1881, n° 1490, p. 657. — BLOCK, *Dict. de l'adm. franç.*, 3e édit., 1891, V° *Organisation communale*, n° 619.

(3) *Op. cit.*, t. V, n° 163, p. 169.

« Si la propriété des biens affermés reste à la section, dit-il, en est-il de même des revenus qu'ils produisent ? Sur les fruits comme sur la propriété, la loi garde le silence. Mais autant il serait injuste de faire perdre à la section la propriété des biens par suite d'une incorporation qui peut n'être pas éternelle, autant il convient de mettre en commun les revenus de ces biens. Autrement on arriverait à faire de la section une commune dans la commune. La section profite des avantages de sa réunion, il est juste qu'elle apporte sa part dans cette espèce de vie en commun. — Il serait juste cependant, au moins de convenance, que l'emploi fût fait de manière à faire profiter spécialement la section de ces revenus. » (1).

Enfin, si une section de commune, qui possède des biens patrimoniaux, est distraite de cette commune pour être érigée en municipalité distincte, elle emporte la propriété de ces biens, pour en jouir désormais seule et sans partage. — Est-elle, au contraire, détachée d'une commune pour être réunie à une autre, elle emporte encore et conserve seule la propriété de ces mêmes biens ; mais la jouissance en appartiendra désormais à la nouvelle commune dont elle fait à l'avenir partie intégrante (2).

(1) Voir également : Ducrocq, *op. et loc. cit.* — Conclusions de M. l'avocat général Rau, rapportées avec l'arrêt de la cour de Paris du 23 décembre 1887, dans la *Revue générale d'administration*, 1888, t. I, p. 69. — Dalloz, notes sous l'art. 7 de la loi du 5 avril 1884 (1884. IV. 29). — Block, *op. cit.*, V° *Organisation communale*, n° 620.

(2) En ce sens : Batbie, *op. cit.*, t. V, n° 167, p. 172.

APPENDICE

DES BIENS AMODIÉS POSTÉRIEUREMENT A LA RÉUNION DES COMMUNES

Les règles que nous avons adoptées relativement à la propriété et à la jouissance des biens patrimoniaux appartenant à une commune ou à une section de commune réunie à une autre commune, devraient-elles être appliquées également aux biens dont la commune ou la section avait la jouissance en nature au moment de sa réunion et qui auraient été amodiés postérieurement ?

Nous n'hésitons pas à répondre négativement.

Il est vrai que la loi du 5 avril 1884, comme la loi du 18 juillet 1837, ne contient aucune disposition expresse sur ce point.

Mais sous l'empire de l'ancienne loi municipale, le conseil d'Etat et le ministre de l'Intérieur — s'appuyant sur les art. 17 et 19 de cette loi (1), et partant de cette idée que, en ne donnant pas de représentant spécial aux sections pour tous les actes d'administration et de disposition de leurs biens qui ont le caractère de biens communaux, elle avait par cela même consacré le pouvoir du conseil municipal à cet égard — avaient décidé que les conseils municipaux avaient le droit de changer le mode de jouissance des biens des sections et d'affermer, de vendre ou d'échanger les biens abandonnés jusque là à la jouissance en nature, sans que la section fût mise à même de faire ses observations par l'organe d'un syndicat nommé *ad hoc* (2).

On ne pouvait, en effet, condamner les sections de commune

(1) ART. 17. — Les conseils municipaux règlent par leurs délibérations les objets suivants : 1° le mode d'administration des biens communaux ; — 2° les conditions des baux à ferme ou à loyer, dont la durée n'excède pas dix-huit ans pour les biens ruraux et neuf ans pour les autres biens ; — 3° le mode de jouissance et la répartition des pâturages et fruits communaux... — ART. 19. — Le conseil municipal délibère : .... 3° sur les acquisitions, aliénations et échanges des propriétés communales..., et tout ce qui intéresse leur conservation et leur amélioration...

(2) Voir en ce sens : Décision du ministre de l'Intérieur du 31 janvier 1839 (*Bull. offic.*, 1839, p. 331) ; — décision du 3 avril 1839 (*Bull. offic.*, 1840, p. 145) ; — et d'autres décisions sans date, insérées au *Bull. offic.*, en 1857, p. 215 ; — en 1858, p. 177 ; — en 1861, p. 254, n° 39 ; — en 1866, p. 42, n° 8, p. 185, n° 19, et p. 385, n° 48.

Voir également : Arrêt du conseil d'Etat du 24 janvier 1856, section de Saint-Louand c. commune de Beaumont (*Recueil*, p. 65) ; — arrêt du 17 mars 1857, habitants de la

à jouir éternellement de leurs biens dans les mêmes conditions. « Une pareille immutabilité d'affectation serait souvent contraire aux intérêts mêmes des sections, et l'intérêt général du pays exige que, à moins de circonstances exceptionnelles, la jouissance en commun des pâtures communales disparaisse pour faire place à une exploitation plus fructueuse des terrains » (1).

Enfin, ce système aurait été en contradiction formelle avec les principes contenus dans la loi du 28 juillet 1860, sur la mise en valeur des marais et terres incultes appartenant aux communes (2).

Toutefois, on avait admis que les revenus provenant de l'amodiation des anciens communaux devaient rester propres à la section, comme cela avait lieu pour les fruits perçus en nature.

Cette solution, il est vrai, n'avait pas été tout d'abord accueillie favorablement par le ministre de l'Intérieur.

Pendant quelque temps, de 1837 à 1856, il avait décidé qu'il n'y avait aucune distinction à faire entre les revenus produits par un changement de mode de jouissance des biens sectionnaires, et ceux qui étaient déjà perçus sous cette forme à l'époque de la réunion, et que les uns comme les autres devaient être versés dans la caisse municipale pour servir aux dépenses générales de la communauté (3).

Mais on comprend facilement combien cette théorie était contraire aux intérêts des sections de commune et à l'intention du législateur, manifestée dans les art. 5 et 6 de la loi du 18 juillet 1837.

« Si le législateur, disait avec raison M. Aucoc (4), a maintenu la jouissance exclusive des habitants des sections sur les biens dont les fruits sont perçus en nature, c'est pour ne pas amener des occa-

section de Saint-Jean c. ville de Louviers (*Recueil*, p. 195) ; — Avis du comité de l'Intérieur du conseil d'Etat du 17 août 1832, section de By, commune de Bégadan (Gironde).

Voir enfin : *Ecole des communes*, 1839, p. 226 ; 1840, p. 50 ; 1863, p. 246. — Aucoc, *Sections de commune*, n°s 76 et 77. — Jèze, article *Commune*, inséré dans le *Dictionnaire général d'administration*, de M. Blanche, édit. 1884, p. 489, 491 et 492. — Caffin, *Des droits de propriété des communes*, p. 198, n° 196.

(1) Aucoc, *Sections de commune*, n° 103.

(2) Remarquons que, contrairement à la règle générale que nous avons énoncée, l'art. 2 de cette loi dispose que, « s'il s'agit de biens appartenant à une section de commune, une commission syndicale, nommée conformément à l'art. 3 de la loi du 18 juillet 1837, est préalablement consultée. »

(3) Voir, par exemple, une décision du ministre de l'Intérieur du 3 avril 1839, insérée au *Bull. offic.*, 1840, p. 155, questions troisième et quatrième. — La même théorie avait été adoptée par M. Davenne, chef de division au ministère de l'Intérieur, dans son ouvrage sur le *Régime administratif et financier des communes*, 1844, p. 223 ; — et par M. Jèze, qui avait rempli les mêmes fonctions, dans l'article *Commune*, inséré dans le *Dict. gén. d'adm.*, de M. Blanche, 1re édit., p. 437. — Conf. Caffin, *op. cit.*, n°s 231 à 304, p. 231 et suiv.

(4) *Op. cit.*, n° 109, p. 246.

sions de trouble dans les communes et ne pas créer d'obstacles aux réunions par une fusion trop absolue des droits des sections. Or, que deviendraient ces droits exclusifs, si le changement de mode de jouissance de ces biens suffisait pour en attribuer les produits à la commune tout entière? Nous avons vu que c'est au conseil municipal seul qu'il appartient de délibérer sur la gestion des biens des sections. Le conseil municipal pourrait donc, le lendemain de la réunion, anéantir les droits exclusifs de la section, en faisant cesser la jouissance en nature et en amodiant ou en vendant les biens! Il eût été dérisoire de reconnaître des droits aussi précaires. On ne peut sans doute prétendre que les biens des sections doivent toujours être abandonnés à la jouissance en nature, si ce mode de jouissance était établi au moment de la réunion. Rien dans la loi n'autorise cette prétention, et les intérêts de l'agriculture doivent la faire écarter. Mais il faut que le nouveau mode de jouissance ne porte pas atteinte aux droits exclusifs de la section. »

Aussi le conseil d'Etat, ayant été appelé à statuer au contentieux sur la question, n'hésita pas à déclarer que si les conseils municipaux avaient le droit d'amodier les biens des sections, les revenus provenant du nouveau mode de jouissance devaient, par contre, profiter exclusivement à la section propriétaire, c'est-à-dire « être employés en premier lieu à la satisfaction de ses besoins particuliers, notamment à des travaux qui lui seraient spécialement utiles, puis, lorsque ces besoins seraient satisfaits, à contribuer au paiement des dépenses générales de la commune, pour une part proportionnelle au montant des quatre contributions directes payées par les habitants de la section, en déchargeant ces habitants, jusqu'à due concurrence, des contributions établies pour faire face aux dépenses communales » (1).

Cette jurisprudence du conseil d'Etat fut adoptée depuis lors sans réserve par le ministre de l'Intérieur (2).

(1) Voir notamment les arrêts du conseil d'Etat du 4 septembre 1856, section de Parilly c. commune de Chinon (*Recueil*, p. 570);— du 17 mars 1857, habitants de la section de Saint-Jean c. la ville de Louviers (*Rec.*, p. 195); — du 10 février 1859, sections de Paisy et des Chainettes c. commune de Paisy-Cosdon (*Rec.*, p. 111); — du 5 mai 1859, section de Massonay c. commune de La Chapelle (*Rec.*, p. 335); — du 2 février 1860, section de Saint-Louand c. commune de Beaumont (*Rec.*, p. 73); — du 24 août 1864, Aff. Bellinet (*Rec.*, p. 723); — du 28 janvier 1865, section de Dinay (*Rec.*, p. 129); — du 21 novembre 1873, Demoiselle Lecœur et autres (*Rec.*, p. 831).

(2) Voir en ce sens de nombreuses décisions ministérielles rapportées dans le *Bulletin officiel* de 1857, p. 215, n° 50; — de 1858, p. 228, n° 62; — de 1860, p. 119, n° 17; — de 1862, p. 158, n° 26.

Dans cette même décision, le ministre de l'Intérieur, à qui on avait demandé si, en pareil

Enfin, la plupart des auteurs qui avaient eu à s'occuper de cette question s'étaient nettement prononcés dans ce sens (1).

Quant aux biens qui appartenaient exclusivement à une section de commune, au moment de la réunion, et qui étaient plus tard, non plus amodiés, mais aliénés par le conseil municipal de la commune dont elle faisait partie (2), on admettait que le prix de la vente devait appartenir exclusivement à cette section, au même titre que le bien dont elle était dépossédée ; et la jouissance de cette somme était attribuée, soit à la commune tout entière et avec les restrictions que nous avons formulées, si le bien aliéné était un bien patrimonial ; soit à la section propriétaire seule, s'il s'agissait d'un bien communal proprement dit (3).

cas, il était nécessaire d'établir un budget et un compte pour chaque section, répondit que cette mesure était inadmissible. « Elle aurait pour résultat, disait-il, de compliquer sans nécessité la comptabilité. De même qu'il n'y a qu'une caisse pour la commune, il ne doit y avoir qu'un budget et qu'un compte de gestion. Il convient donc de ne rien changer sous ce rapport à ce qui existe, sauf à l'administration supérieure, lorsqu'elle règle le budget, à ajouter aux articles des recettes et des dépenses certaines annotations qui permettent de distinguer l'intérêt sectionnaire de l'intérêt communal proprement dit. » — En rapportant cette décision, M. Aucoc (*Sections de commune*, n° 112) faisait remarquer que cette distinction devait être faite également par l'administration municipale lorsqu'elle propose et qu'elle vote le budget. — On peut citer encore d'autres décisions du ministre de l'Intérieur, insérées au *Bulletin officiel* de 1862, p. 193, n° 27, et p. 488, n° 57 ; — de 1866, p. 42, n° 8, et p. 185, n° 19.

(1) Nous citerons notamment : Duvergier, *Collection complète des lois, etc.*, t. XXXVII, p. 231, note 2 sous l'art. 5 de la loi du 18 juillet 1837. — Dalloz, *Répert. alphab.*, V° *Commune*, n° 1823, et *Rec. périod.*, 1857. 3. 31 ; note sous l'arrêt précité du conseil d'Etat du 4 septembre 1856. — M. Chauveau Adolphe, *Journal de droit administratif*, 1856, p. 413 ; 1857, p. 508, n° 176 ; 1858, p. 31, et p. 471, n° 273 ; 1862, p. 474. — *Ecole des communes*, 1863, p. 246, art. 326, n° 659. — Batbie, *Traité de droit pub. et adm.*, 1re édit, t. V, n° 157, p. 209 et suiv. — Deshaires, *Traité de l'administration départementale et communale*, p. 164. — Aucoc, *Sections de commune*, nos 109 à 117. — *Répertoire d'administration municipale*, V° *Section*, n° 83, et V° *Distraction*, art. 3, p. 723. — M. Jèze, article *Commune*, inséré dans le *Dictionnaire général d'administration*, de M. Blanche, édit. 1884, p. 466. — Ducrocq, *Cours de droit administratif*, 6e édit., 1881, t. II, n° 1490, p. 657. — M. du Miral, Rapport présenté au nom de la commission du corps législatif chargée d'examiner le projet de loi sur la mise en valeur des marais et terres incultes appartenant aux communes (loi du 28 juillet 1860). — M. Jules Simon, Exposé des motifs du projet de loi sur les attributions du pouvoir municipal, présenté à la Chambre des députés, séance du 15 mars 1877. (*Journ. offic.* du 2 mai 1877, p. 3194.) — Block, *Dictionnaire de l'administration française*, 2e édit., V° *Organisation communale*, n° 19.

Voir cependant, en sens contraire : M. Serrigny, *Revue critique de législation et de jurisprudence*, 1857, p. 199. — M. Caffin, *op. et loc. cit.*

(2) Nous avons montré que le conseil municipal avait le droit de vendre les biens des sections. Voir à ce sujet, outre les diverses autorités citées plus haut, un arrêté du Gouvernement rendu en conseil d'Etat le 25 mars 1848 (Fonteilles), rapporté dans Aucoc, *Sections de commune*, nos 78 et 84 ; — et un arrêt de la cour de cassation du 25 avril 1855, section de Saint-Mexmes-les-Champs c. commune d'Huismes (S. 1855. 1. 637), confirmant un arrêt de la cour d'Orléans du 7 juin 1851 (D. 1851. 2. 165).

(3) M. Jèze (article *Commune*, inséré dans le *Dictionnaire général d'administration*,

Toutefois, et par exception, on reconnaissait à la section propriétaire le droit d'abandonner de son plein gré le produit de la vente de ses biens au profit de la commune tout entière : on exigeait seulement, dans ce cas, que l'assentiment de la section intéressée fût exprimé par une commission syndicale créée suivant les prescriptions de l'art. 3 de la loi du 18 juillet 1837 (1).

Enfin, en cas d'échange, la commune et la section avaient respectivement, sur le bien nouvellement acquis, les mêmes droits que sur l'immeuble aliéné. Cet immeuble était-il donc un bien dont les habitants de la section avaient seuls la jouissance en nature, la commune n'en profitait aucunement ; était-ce, au contraire, un bien patrimonial dont la commune percevait les revenus, elle conservait

p. 490) rapporte un avis du comité de l'Intérieur du conseil d'Etat du 9 janvier 1833, duquel il résulte que le conseil municipal de la commune de Castera-Verduzan avait excédé ses pouvoirs en votant l'aliénation d'une rente sur l'Etat appartenant en propre à la section de Castera, pour subvenir à la construction d'une halle, par cette raison que la section ne devait pas contribuer seule à la dépense, à moins que la halle ne dût lui appartenir en propre. — M. Bost (*Code de la constitution des communes*, p. 134, n° 154) rapporte également une décision du ministre de l'Intérieur du 3 avril 1839, aux termes de laquelle un conseil municipal ne peut proposer l'aliénation des biens communaux appartenant exclusivement à une section, pour employer le produit de la vente à l'amortissement d'une dette communale, parce qu'une seule section n'est pas tenue de subvenir au paiement d'une dette qui porte sur toute la commune, et qu'elle ne doit y contribuer que dans la proportion, soit du nombre de ses feux, soit du montant de ses contributions, suivant la nature de l'obligation.

(1) « Le produit de la vente des biens d'une section ne peut être employé au paiement complet des frais d'achèvement d'une église, sans l'assentiment d'une commission syndicale créée suivant les prescriptions de l'art. 3 de la loi du 18 juillet 1837. Le conseil municipal, en effet, ne saurait valablement représenter une section qui réclame, pour un cas particulier, une dérogation aux règles concernant la répartition des charges communales ». (Décis. min. Int., insérée au *Bull. offic. min. Int.*, 1863, p. 89, n° 22.)

« En principe, les sections ne sont tenues de contribuer aux dépenses générales de la commune, telles que la construction d'une église, que pour une part proportionnelle au chiffre des quatre contributions directes payées par leurs habitants. Mais rien ne s'oppose à ce que le contingent légal des sections dans les dépenses de cette nature soit dépassé lorsqu'elles y consentent par l'organe de commissions syndicales instituées conformément aux dispositions de l'art. 3 de la loi du 18 juillet 1837. En conséquence, si des commissions ainsi formées dans les deux sections de la commune de..., qui avaient manifesté l'intention d'aliéner leurs biens propres au profit de la commune, dans le but de lui procurer les ressources nécessaires pour la construction d'une église, et auxquelles auraient été communiquées les observations qui précèdent, déclaraient que les sections consentent à ce que leurs biens particuliers soient vendus pour le produit en être affecté à la construction de l'église projetée, l'autorité préfectorale pourrait, sur la demande du conseil municipal, et après enquête, autoriser la vente dont il s'agit. » (Décis. min. Int., insérée au *Bull. offic.*, 1868, p. 452, n° 56.)

« Aux termes des art. 17-20 de la loi du 18 juillet 1837, le conseil municipal d'une commune a le droit, sous le contrôle ou l'approbation de l'administration supérieure, non seulement de régler le mode de jouissance des biens appartenant aux sections qui dépendent de la commune, mais encore de voter l'aliénation de ces biens ou de leurs produits. Mais les fonds provenant de l'aliénation, soit des biens, soit de leurs produits, qui étaient perçus en nature par les habitants, à l'époque de la réunion des sections à la commune, restent la propriété exclusive des sections. La commune ne peut, en principe, d'après la jurisprudence du conseil d'Etat, le même droit de jouissance sur le bien nouvellement entré dans le patrimoine de la section (1).

Les mêmes solutions doivent encore être appliquées aujourd'hui.

En effet, pendant la discussion du projet de loi municipale, M. Batbie, on s'en souvient, avait manifesté le désir que la matière relative aux sections fût traitée dans un titre particulier et par un ensemble de dispositions complet. Il se proposait de faire lui-même ce travail. Mais la commission lui fit remarquer que ses amendements étaient de nature à soulever des contestations à peu près pacifiées dans la pratique; que leur discussion réveillerait de nombreux débats; et M. Batbie, se rendant à ces observations, consentit à retirer son projet, « laissant les questions dans le *statu quo*, telles qu'elles sont résolues par la jurisprudence » (2).

Aussi, les auteurs qui ont commenté la loi du 5 avril 1884 se bornent-ils à reproduire sur ce point les solutions qui avaient fini par triompher sous l'empire de la loi du 18 juillet 1837, et que nous avons essayé de résumer (3).

employer ces fonds à des dépenses d'intérêt général, telles que l'acquisition ou la construction d'une maison d'école, que pour une part proportionnelle au chiffre des quatre contributions directes payées par les habitants des sections auxquelles appartenaient les biens aliénés, et en déchargeant ces habitants jusqu'à due concurrence des impositions établies pour faire face aux dites dépenses. Toutefois, rien ne s'oppose à ce que le contingent légal d'une section dans une dépense intéressant toute la commune soit dépassé, lorsque la section y consent par l'organe d'une commission syndicale instituée conformément aux dispositions de l'art. 3 de la loi du 18 juillet 1837. » (Décis. min. Int., insérée au *Bull. offic.*, 1870, p. 70, n° 1.)

(1) Voir sur tous ces points : Avis du comité de l'Intérieur du conseil d'Etat du 18 juillet 1836, commune de Bois-Arnault. — *Id.* du 18 novembre 1858, commune de Faverolles. — Décision du ministre de l'Intérieur du 3 août 1839 (*Bull. offic.*, 1840, p. 155, question 5°). — *Id.* du 3 avril 1859. — *Id.* du 10 janvier 1863. — Décret adopté par la section de l'Intérieur du conseil d'Etat le 25 avril 1862, commune de Pionnat. — *Id.* du 24 juin 1862, ville de Châlon (*Bull. offic.*, 1862, p. 314). — Arrêt du conseil d'Etat du 4 août 1864, Bellinet (*Rec.*, p. 723). — *Journal de droit administratif*, 1862, p. 474. — AUCOC, *op. cit.*, n°s 115, 116 et 117. — CHAUDÉ, *Des biens des communes*, p. 320 et 321. — *Répert. d'adm. municipale*, V° *Distraction*, 4°. — MM. DU MIRAL et JULES SIMON, rapports précités. — *Journal des communes*, 1883, p. 73. — DUCROCQ, *Cours de droit administratif*, 6° édit., 1881, n° 1490. — BLOCK, *Dict. de l'adm. française*, 2° édit., V° *Organisation communale*, n° 19. — BATBIE, article inséré dans le *Journal de droit administratif*, t. II, p. 406.

En sens contraire : DAVENNE, *op. cit.*, 1844, p. 223. — TROLLEY, *Traité de la hiérarchie administrative*, t. I, p. 78. — CAFFIN, *op. cit.*, n°s 231 à 304, p. 231 et suiv.

(2) Voir ci-dessus, p. 390, note 1.

(3) Voir notamment : MORGAND, *Commentaire de la loi du 5 avril* 1884, 3° édit., t. I, p. 96. — DALLOZ, *Code des lois administratives*, V° *Commune*, n°s 275, 7142 et suiv., — et *Rec. périod.*, notes sous l'art. 7 de la loi du 5 avril 1884 (1884. IV. 29). — BATBIE, *Traité de droit public et administratif*, 2° édit., t. V, n° 164, p. 170, et n° 162, p. 169. — On pourrait encore, en faveur de cette théorie, tirer un argument de l'art. 7, § 6, de la loi du 5 avril 1884, aux termes duquel, « en cas de division, la commune ou la section de commune réunie à une autre commune, ou érigée en commune séparée, *reprend la pleine propriété de tous les biens qu'elle avait apportés* ».

SOUS-TITRE II

—

DES BIENS INDIVIS

Nous ne nous sommes occupés jusqu'à présent que des biens qui appartenaient à une commune ou à une section de commune d'une manière exclusive. Nous avons montré que les changements de circonscriptions communales étaient sans influence sur la propriété de ces biens, qu'ils fussent communaux ou patrimoniaux, et que les communes ou sections de communes qui les détenaient ainsi privativement conservaient intacts sur eux leurs droits de propriété ou d'usage, malgré la modification apportée à leur circonscription. Nous avons vu, enfin, que seule la jouissance d'une commune ou d'une section de commune sur ses biens patrimoniaux pouvait recevoir quelque atteinte à la suite des remaniements territoriaux.

Mais la section distraite d'une commune ne doit-elle pas emporter une part des biens de la commune dont elle est séparée? — Et inversement, la commune ou la section de commune réunie à une autre commune n'acquiert-elle aucun droit de copropriété ou de jouissance sur les biens de la commune à laquelle elle est rattachée?

Telles sont les deux questions que nous allons maintenant étudier. Mais, pour plus de commodité, nous examinerons d'abord les règles qu'on avait admises sous l'empire de la loi du 18 juillet 1837; puis nous rechercherons si les mêmes solutions sont encore applicables aujourd'hui.

SECTION Ire

Sous la loi du 18 juillet 1837.

ARTICLE 1er.

DISTRACTION

§ 1.

Distraction d'une section de commune.

Une section est détachée d'une commune, soit pour être érigée en commune distincte, soit pour être réunie à une autre commune.

Nous savons quels effets sont produits par ce changement de circonscription sur le patrimoine qu'elle possédait en propre et dont elle jouissait exclusivement. Mais à côté de ces biens, qui étaient ainsi sa propriété privée, la section pouvait avoir sur le domaine de la commune, dont elle dépendait antérieurement, des droits égaux à ceux qui étaient attribués au surplus du territoire communal.

Lors donc qu'une situation de cette nature se rencontre, quels sont les effets de l'acte qui vient la distraire de son ancienne circonscription administrative?

Nous supposons, bien entendu, que la section distraite n'avait pas de titre établissant qu'elle était copropriétaire par indivis avec la commune dont elle faisait précédemment partie, et qu'elle avait simplement joui, comme tous les autres habitants de la commune démembrée, des divers biens de cette commune; car, en présence d'un titre, la question ne se poserait même pas.

Le projet de loi qui est devenu la loi du 18 juillet 1837 renfermait une disposition ainsi conçue: « Les portions distraites d'une commune conserveront, proportionnellement à leur contingent dans la contribution foncière, tous leurs droits sur les biens de cette commune. » — Cette disposition avait été maintenue lors de l'examen que la Chambre des Pairs fit du projet (1). Mais à la Chambre des députés, et à la suite de l'exposé fait par l'organe du Gouvernement, M. Vivien, elle disparut (2).

(1) *Moniteur* du 31 mars 1835.

(2) *Moniteur* du 1er février 1837, p. 222.

La loi définitive se bornait à disposer, dans son art. 6, § 1 : « La section de commune érigée en commune séparée ou réunie à une autre commune emportera la propriété des biens qui lui appartenaient exclusivement »; et son art. 7 se terminait par ces mots : « sauf réserve, dans tous les cas, de toutes les questions de propriété ».

La loi du 18 juillet 1837 était donc muette sur la question que nous examinons. Aussi, en présence de ce silence des textes, les auteurs proposèrent plusieurs solutions.

Dans un premier système, on soutint que la section distraite n'emportait aucune part dans la propriété ou dans la jouissance des biens de la commune dont elle était détachée.

La loi de 1837, disait-on, ne parle pas des biens que la section distraite possédait indivisément avec la commune dont elle a été séparée; elle se borne à régler l'attribution des biens que la section possédait exclusivement. Le législateur fait manifestement connaître par là qu'il n'a entendu conserver à la section distraite que cette nature de biens, et que tous ses droits indivis périssent avec la séparation. D'ailleurs, ajoutait-on, la propriété de ces biens appartient à la commune considérée comme personne morale, et cette personne ne change pas, car la nouvelle délimitation du territoire est un accident sans influence sur la nature juridique de l'être moral. Elle doit donc continuer à rester propriétaire. De plus, lorsqu'un habitant cesse de demeurer dans une commune, il perd tous ses droits de jouissance sur les biens de cette commune ; pourquoi en serait-il autrement lorsque c'est le territoire même, sur lequel il habitait, qui cesse de faire partie de la commune? Les habitants de la section distraite n'avaient le droit de jouir des biens de la commune dont ils sont séparés que parce qu'ils étaient habitants de cette commune même; par le fait de la distraction, ils cessent d'en faire partie et doivent perdre, par suite, tous les avantages qui étaient attachés à la qualité d'habitants de cette commune.

En faveur de cette opinion, on invoquait une décision du conseil d'Etat, rendue à la date du 7 février 1848 (1) dans les circonstances suivantes :

Une loi du 11 juin 1842 avait distrait de la commune de Jandun la section dite du Haut-Chemin et l'avait réunie à la commune de Launois.

L'art. 2 de cette loi portait, comme d'ordinaire, que cette réu-

(1) *Recueil*, p. 63.

nion aurait lieu sans préjudice des droits d'usage ou autres qui seraient respectivement acquis.

Se fondant sur cette dernière disposition, un arrêté du conseil de préfecture des Ardennes, en date du 26 juin 1844, avait décidé que les sieurs Champenois et Frérot, bien qu'appartenant à la section définitivement distraite de la commune de Jandun, avaient néanmoins conservé dans cette dernière commune tous les droits d'affouage dont ils jouissaient antérieurement, et, en conséquence, le conseil de préfecture avait ordonné leur inscription sur le rôle des affouages de ladite commune.

Mais la commune de Jandun se pourvut contre cet arrêté, qu'elle attaqua d'abord pour incompétence et subsidiairement au fond.

Suivant elle, la question était de savoir, par interprétation d'un titre de 1551 qu'elle produisait, si la section du Haut-Chemin avait des droits de copropriété dans les bois communaux de Jandun, et la solution de cette question, disait-elle, ne pouvait appartenir qu'à l'autorité judiciaire.

Au fond, elle soutenait qu'en perdant la qualité d'habitants de Jandun par l'effet de la distraction, les sieurs Champenois et Frérot avaient perdu en même temps tous les droits exclusivement inhérents à cette qualité, et par suite le droit à l'affouage de la commune. C'est là, disait-elle, une des conséquences inévitables de la loi de séparation, et il n'est pas possible d'admettre que la loi du 11 juin 1842, par son art. 2, ait voulu, dans l'espèce, mettre obstacle à cette conséquence. Cette disposition ne doit être considérée que comme la consécration, la confirmation des art. 5 et 6 de la loi du 18 juillet 1837; les habitants de la section du Haut-Chemin pourront l'invoquer, si on leur conteste les droits dont ils jouissent comme habitants de la section; mais ils n'y sauraient puiser une arme pour prétendre avoir conservé le droit dont ils ne jouissaient qu'en qualité d'habitants d'une commune à laquelle ils n'appartiennent plus.

Le conseil d'Etat rendit, alors, l'arrêt suivant :

Sur la compétence : Considérant qu'il n'est point contesté que, avant la loi du 11 juin 1842, les membres de la section du Haut-Chemin, notamment les sieurs Champenois et Frérot, eussent, comme habitants et seulement en qualité d'habitants de la commune de Jandun, droit à l'affouage; que la commune se borne à soutenir, contrairement aux prétentions des dits sieurs, qu'ayant, par suite de la loi qui a prononcé la réunion du territoire de la section du Haut-Chemin à la commune de Launois, perdu la qualité d'habitants de la commune de Jandun, ils ont, en même temps et par l'effet de ladite loi, perdu leurs droits à l'affouage dans cette dernière commune; qu'ainsi il ne s'agissait pas, dans l'espèce, de statuer sur une question de propriété ou de copropriété entre la section du Haut-Chemin et la commune de Jandun, ni d'interpréter, à cet égard, l'acte de 1551, mais uniquement de déclarer quel est, par rapport aux sieurs Champenois et Frérot, habitants du territoire du Haut-Chemin, l'effet de la séparation prononcée par la loi de 1842 en ce qui concerne la distribution des affouages de la commune; que l'autorité administrative est compétente pour apprécier sur ce point les effets et les conséquences de ladite loi;

Au fond: Considérant que le droit de participer aux affouages est, aux termes des lois susvisées, inhérent à la qualité d'habitant; que l'art. 2 de la loi de 1842, portant que cette réunion aurait lieu sans préjudice des droits d'usage ou autres qui seraient respectivement acquis, n'est point relatif aux avantages dont jouissait chaque habitant, seulement en sa qualité d'habitant de la commune dont est distrait le territoire qu'il habite; considérant que, par l'effet de la distraction du territoire déterminé au plan annexé à la loi de 1842 et de la réunion de ce territoire à la commune de Launois, les sieurs Champenois et Frérot, habitants dudit territoire, ont perdu la qualité d'habitants de la commune de Jandun et ne peuvent, dès lors, participer à la jouissance et à la distribution des affouages appartenant à cette dernière commune;

ARTICLE PREMIER. — L'arrêté du conseil de préfecture des Ardennes du 26 juin 1844 est annulé.

Mais, d'abord, cette solution est restée isolée et n'a pas fait jurisprudence : le motif sur lequel elle reposait était tout à fait erroné, car si la nouvelle commune est copropriétaire, les habitants remplissent les conditions légales pour la part qui lui appartient (1).

D'ailleurs, comme l'a fait remarquer M. Aucoc (2), « ce que cet arrêt dit des droits d'affouage, il faudrait le dire des droits de vive pâture et des divers droits d'usage exercés par les habitants des communes, soit dans les forêts de l'Etat, soit dans les forêts des particuliers. Tous ces droits sont inhérents à la qualité d'habitants des communes, et, dès lors, les habitants des sections s'en trouveraient dépouillés par suite des distractions. — On comprend que les habitants d'une commune qui cessent d'y résider perdent les droits attachés à l'habitation de son territoire; mais ici c'est le territoire lui-même qui est divisé: les droits doivent donc se diviser en même temps, ou rester indivis si le partage n'a pas lieu. — D'autre part, dans ce système, il faudrait, par compensation, donner aux habitants des sections ainsi dépouillés, des droits de jouissance analogues dans la commune à laquelle ils se trouveraient réunis. Or le législateur a voulu, au contraire, conserver aux habitants des territoires déplacés les avantages individuels dont ils jouissaient, et de pareils résultats

(1) Voir BATBIE, *Traité de droit public et administratif*, 1re édit., t. V, n° 159, note 1, et 2e édit., t. V, n° 166, note 1.

(2) *Sections de commune*, n° 122. — Conf. *Ecole des communes*, année 1853, p. 141.

apporteraient à la réunion des petites communes, mesure souvent utile et considérée comme telle par le législateur, des obstacles que la loi a précisément eu en vue d'écarter. »

D'autre part, ce système était en contradiction avec les véritables principes de la matière. S'il est exact de dire que les biens de la commune lui appartiennent en tant qu'être moral, il n'en est pas moins vrai que ses habitants ont sur eux un droit personnel, un véritable droit acquis. Ce droit leur a été reconnu de tout temps par la législation positive, qui même, à certaines époques, lui a fait produire des effets importants : c'est ainsi que la loi du 10 juin 1793 autorisait le partage des biens de la commune entre ses habitants. — Au point de vue rationnel, d'ailleurs, il est bien évident que c'est dans l'intérêt des habitants que les biens ont été donnés ou reconnus aux communes, et il serait injuste, il serait impossible d'enlever leurs droits à quelques-uns d'entre eux, en assimilant à un abandon volontaire du territoire la modification apportée aux limites de la commune par l'autorité, dans un intérêt purement administratif.

Enfin, on se souvient que la loi du 18 juillet 1837 faisait, dans son art. 7, réserve de toutes les questions de propriété ; et cette disposition, sans être complètement décisive, était loin d'être favorable à cette opinion, qu'on finit par écarter.

D'autres auteurs, moins absolus, tout en admettant que la section distraite devait conserver tous ses droits sur les biens communaux de la commune démembrée, lui refusaient, au contraire, toute part dans les biens patrimoniaux de cette commune.

C'est en ce sens que se prononça M. Batbie, dans son *Traité de droit public et administratif* (1).

« La section, dit-il, n'aura-t-elle aucune part aux biens de la commune dont elle est séparée ?

« Supposons d'abord que dans la commune, dont une fraction est détachée, il y eût des immeubles dont les habitants jouissaient en nature. La séparation ne portera pas atteinte à la jouissance des habitants séparés, et, par suite, la nouvelle commune sera copropriétaire, avec l'ancienne, des immeubles soumis à l'usage individuel. Ainsi, le pâturage et l'affouage appartiendraient en commun aux habitants, et la propriété aux deux communes.

« ..... Quant aux biens affermés dont les habitants ne retiraient aucun avantage individuel, ils ne se partagent pas, pour deux rai-

(1) 1re édit., t. V, nos 158, 159 et 160, p. 212 et suiv.

sons : 1° parce que la commune qui en était propriétaire survit à la séparation ; — et 2° parce que les habitants de la fraction séparée trouveront dans le patrimoine de la commune, à laquelle ils sont réunis, une compensation à la perte du patrimoine de la commune qu'ils quittent. Il est vrai que ce motif ne s'appliquerait pas dans le cas où la fraction est érigée en commune séparée ; mais la loi ne distingue pas entre l'érection d'une fraction en commune séparée et sa réunion à une autre commune, et n'a fait qu'une seule disposition pour les deux cas, se bornant à dire que la section emporte les biens dont elle avait la propriété exclusive. Donc elle n'emporte pas une part dans la propriété des biens appartenant à la commune. Si l'on fait exception pour ceux dont la possession donnait quelque avantage individuel aux habitants, c'est par équité, et pour se conformer à l'esprit de la loi qui est manifesté dans l'art. 5. »

La même opinion était partagée par M. Trolley (1), par M. Houdoy (2) et quelques autres auteurs.

Mais ce deuxième système n'était guère plus admissible que le premier. La distinction qu'il établissait entre les biens communaux et les biens patrimoniaux ne reposait ici sur aucune base solide : elle était purement arbitraire.

« En effet, disait avec raison M. Chaudé (3), si les habitants de la portion démembrée ne jouissaient pas en nature des revenus des biens patrimoniaux, il est incontestable qu'ils profitaient comme les autres de l'emploi de ces sommes ; comme les autres, ils profitaient des travaux que la commune pouvait entreprendre avec les fonds provenant de ces biens ; or, n'est-il pas juste que, ne pouvant plus désormais participer à l'emploi de ces revenus, ils emportent une partie de la propriété des biens qui les produisaient ? Si, comme le dit M. Batbie, la commune propriétaire survit à la séparation, elle survit avec une population amoindrie, ses dépenses seront par suite moins considérables, et, dès lors, il est naturel que ses revenus se trouvent eux aussi diminués. Enfin, il n'est pas exact de dire que les habitants de la fraction séparée trouveront dans le patrimoine de la commune à laquelle ils sont réunis une compensation à la perte du patrimoine de la commune qu'ils quittent.

« La commune à laquelle la section est réunie n'avait peut-être déjà qu'un domaine fort restreint ; l'accroissement de population qui

(1) *Traité de la hiérarchie administrative*, t. I, p. 80, n° 41.

(2) *Des communes et sections de commune*, 1875, p. 707.

(3) *Des biens des communes*, thèse pour le doctorat. Paris. 1878, p. 311.

va résulter pour elle de cette annexion, en augmentant ses dépenses, rendra cette fortune tout à fait insuffisante, ce qui se traduira pour tous les habitants, y compris ceux de la section, en une augmentation de centimes additionnels ; et cependant, la commune démembrée, qui était peut-être déjà riche, va voir diminuer d'autant ses dépenses. Au lieu de payer trois centimes comme dans leur ancienne commune, les habitants de la section en payeront dix ou quinze dans la nouvelle : voilà quelle sera la compensation. Etant donné deux communes également riches, il a pu arriver que l'une ait converti tous ses biens en patrimoniaux, tandis que l'autre les affectait tous à une jouissance commune ; le système que nous combattons conduirait alors à ce résultat au moins singulier, que la fraction qui serait séparée de la première n'emporterait avec elle aucune espèce de biens, tandis que la fraction qui serait séparée de la seconde en emporterait une part considérable. »

Nous verrons également, chemin faisant, que cette doctrine était en contradiction avec les solutions données par la jurisprudence (1).

Enfin, dans un troisième système, sans faire aucune distinction entre les biens communaux proprement dits et les biens patrimoniaux, on déclarait qu'il y avait ici des droits acquis qu'il fallait respecter, et l'on admettait que la section distraite d'une commune conservait tous ses droits de copropriété ou de jouissance sur les biens de cette commune. La séparation, disait-on, ne constitue en aucune façon une aliénation : la section était dans l'indivision avec la commune pendant son union avec elle, elle reste dans l'indivision après sa séparation, à moins qu'un partage ne soit effectué. La section était, en d'autres termes, une fraction de la commune propriétaire, de l'être moral : on scinde le propriétaire ; il faut donc aussi scinder le droit de propriété, les droits d'usage et les autres.

Cette doctrine était admise par l'autorité administrative et par l'autorité judiciaire déjà avant la loi du 18 juillet 1837.

En effet, plusieurs cours d'appel et la cour de cassation avaient décidé que les habitants d'une section de commune conservaient leur quote-part dans les droits de copropriété et de jouissance sur les biens de la commune dont ils avaient été distraits.

Ainsi, un arrêté du 12 avril 1824 ayant détaché les hameaux de Trémeurs et du Haut-du-Mont de la commune de Fontenay, pour

(1) Voir par exemple : Arrêt de la cour de cassation du 20 avril 1831, commune de Rouceux c. ville de Neufchâteau (Dalloz, *Répert. alphab.*, V° *Commune*, n° 1818, note 3). — Arrêt de la cour de Paris du 23 décembre 1887, commune de Larzicourt c. commune d'Arrigny, section de La Rue-sur-Blaise (Dalloz, *Rec. périod.*, 1888, 2, 217).

les incorporer à la commune de Trémonzey, et la commune de Fontenay ayant prétendu que les habitants de ces territoires se trouvant, par cette séparation, dispensés de toute participation aux charges communales, ne pouvaient plus jouir des bénéfices de l'affouage, cette prétention fut rejetée par un jugement que la cour de Nancy (1) confirma en ces termes :

Attendu que les hameaux de Trémeurs et du Haut-du-Mont, quoique ayant cessé, depuis l'arrêté du 12 avril 1824, de faire partie de la commune de Fontenay pour être réunis à celle de Trémonzey, n'ont pas perdu les droits qu'ils avaient antérieurement sur les forêts situées sur le territoire de Fontenay; qu'il est reconnu, en principe fondé sur la justice et le droit commun, que la réunion des communes ne doit porter aucune atteinte à leurs droits respectifs de propriété, etc.

Et la cour de cassation, par arrêt en date du 13 mai 1828 (2), rejeta le pourvoi formé contre cet arrêt.

La cour de cassation avait admis la même solution dans les circonstances suivantes :

Une ordonnance royale du 4 août 1824 avait détaché des communes de Rouceux et de Noncourt une partie de leur territoire et l'avait réunie à la ville de Neufchâteau (Vosges).

A la suite de ce changement de circonscription, une première difficulté s'éleva au sujet des droits d'affouage. Les communes démembrées prétendirent en effet que, ne percevant plus les droits d'octroi sur les fractions ou sections qu'on avait détachées d'elles pour les réunir à la ville, les habitants de ces sections ne pouvaient plus prétendre au partage de leurs bois d'affouage. Mais par décision du 13 août 1826, portant approbation de l'avis du préfet des Vosges du 26 juillet 1825, le ministre des Finances déclara que, conformément au décret du 17 janvier 1813, la réunion d'une section de la commune de Rouceux à la ville de Neufchâteau ne devait préjudicier en rien aux droits d'affouage et autres, dont les habitants détachés jouissaient antérieurement comme membres de la communauté ; — que les octrois sont établis pour suppléer à l'insuffisance des revenus municipaux et faire face aux dépenses de l'administration, et qu'en conséquence il ne voyait pas à quel titre la commune de Rouceux pourrait réclamer le produit d'un octroi établi sur des habitants qui lui étaient devenus étrangers ; qu'il ne voyait pas non plus de quelle

(1) Arrêt du 18 avril 1826, D. 1828. 2. 7. — Cet arrêt fut rendu sur les conclusions conformes de M. Troplong, alors avocat général.

(2) Voir Dalloz, *Rec. périod.*, 1828. 1. 245. — et *Répert. alphab.*, V° *Commune*, n° 1752, note.

nature pourrait être l'indemnité réclamée par la commune de Rouceux en remplacement du droit d'octroi, car l'indemnité doit être le produit lui-même, dans les cas prévus par la loi du 28 avril 1816 ; que le produit des patentes et des centimes additionnels appartient de plein droit à la mairie de laquelle dépendent les habitants soumis à ces dispositions ; d'où il résultait que la commune de Rouceux était sans droit pour les réclamer.

Plus tard, en 1826, une partie du quart en réserve appartenant à la commune de Rouceux fut vendue, moyennant la somme de 14,490 francs. Le conseil municipal de Neufchâteau, pensant alors qu'il était convenable de paver une rue Saint-Pierre, dépendante de la section de Rouceux nouvellement réunie, décida que, pour subvenir à cette dépense d'utilité publique, le maire de la ville devait être autorisé à percevoir une somme de 2,174 francs, prix estimatif du pavage projeté, sur le produit du quart en réserve, récemment vendu par la commune de Rouceux.

Mais cette commune s'étant refusée à la délivrance d'aucune partie de ce prix, la ville de Neufchâteau l'assigna devant le tribunal civil pour voir dire que le quart en réserve de la commune de Rouceux faisait partie de la forêt communale ; que, par conséquent, les droits de copropriété des habitants de la section s'étendaient sur cet objet comme sur tous les autres biens et usages de la commune de Rouceux.

Cette commune répondit que si, nonobstant la réunion à une autre commune, les habitants distraits n'en conservaient pas moins l'exercice des droits utiles et des jouissances appartenant individuellement à chaque membre de la communauté, et dont la nu-propriété seule restait à l'être moral, tels que les droits d'affouage, de pâturage et autres analogues, il n'en était pas ainsi des biens spécialement affectés à des besoins d'utilité communale, dont la jouissance comme la propriété appartient privativement à la commune en corps et non pas à chacun des habitants en particulier ; — que, d'après les dispositions de l'ordondance de 1669 et d'autres lois et règlements postérieurs, le produit des quarts en réserve était exclusivement consacré à l'entretien et à la construction des édifices publics ou à d'autres besoins d'utilité générale, sans qu'il pût jamais être réparti entre les habitants ; que si, sous le rapport de la communauté des intérêts et jouissances purement individuels, l'on pouvait soutenir que l'ordonnance de 1824 n'avait apporté aucune modification aux droits préexistants, elle avait cependant eu pour objet de mettre fin aux réclamations d'administration commune, de faire verser dans la caisse de Neufchâteau le produit des charges et prestations destinées à faire face aux dépenses de l'administration municipale; que, malgré la distraction d'une partie de ses habitants, la commune de Rouceux avait conservé ses anciennes charges, ses besoins publics; et qu'il serait, par conséquent, de toute injustice de faire paver à ses frais l'une des rues nouvelles de la ville de Neufchâteau.

Sur ces débats, le tribunal civil de Neufchâteau rendit, à la date du 6 mars 1828, un jugement ainsi conçu:

Attendu que les quarts en réserve, par la destination qui est donnée à leurs produits, ne cessent pas de faire partie intégrante de la masse dont ils ont été distraits;

Attendu que la mesure de prévoyance qui les affecte ne change pas pour cela leur nature, qu'ils restent biens communaux, que l'art. 542 du Code civil n'admet d'ailleurs aucune distinction;

Attendu qu'il est reconnu en principe que la réunion des communes ou sections de communes ne porte aucune atteinte à leurs droits respectifs; qu'une section de commune conserve ceux dont elle jouissait avant sa distraction et son incorporation;

Attendu que la section de Rouceux, réunie à la ville de Neufchâteau, avait, comme ont tous les habitants composant cette commune, des droits acquis sur le quart en réserve des bois de cette même commune; qu'ils doivent donc être maintenus aujourd'hui dans ces droits que leur réunion à la ville de Neufchâteau n'a pu leur enlever;

Par ces motifs, le tribunal déclare que le quart en réserve de la commune de Rouceux fait partie de la forêt communale; déclare que le droit de copropriété des habitants de la section réunie s'étend sur ce quart en réserve comme sur tous les autres biens de la commune; ordonne que les dits habitants seront maintenus dans la possession et jouissance de leurs droits d'usage et de copropriété dans le quart en réserve des bois appartenant à ladite commune de Rouceux, etc.

Sur l'appel de la commune de Rouceux, la cour de Nancy, par arrêt en date du 15 juin 1829, confirma purement et simplement le jugement du tribunal de Neufchâteau.

La commune de Rouceux se pourvut alors en cassation contre cet arrêt, en invoquantles deux motifs suivants:

1° Contravention à l'art. 13, titre II, de la loi des 16-24 août 1790, et à la loi du 16 fructidor an III, en ce que l'autorité judiciaire est incompétente pour statuer sur le sens ou sur le mode d'exécution des actes administratifs.

Dans l'espèce, disait-elle, il n'existerait aucun doute si, au lieu d'avoir été séparée administrativement de leur ancienne commune, une partie des habitants de Rouceux se fût volontairement fixée sur le territoire d'une autre commune. Alors ils auraient incontestablement perdu toute espèce de droit aux émoluments communaux. C'est donc dans la mesure toute spéciale de la distraction administrative que les habitants, réunis à la ville, ont prétendu trouver un titre au partage ou à la copropriété des produits du quart en réserve ; ils ont soutenu qu'en changeant leurs anciennes relations communales, sous le rapport de la police territoriale, l'ordonnance n'avait altéré en rien leurs droits de copropriété, et qu'elle avait expressément réservé les droits d'usage ou autres des habitants séparés. Toute la question portait donc sur l'interprétation et le mode d'exécution de l'ordonnance royale, seule base de la réclamation élevée par la ville défenderesse. Déjà la question s'est présentée en matière d'affouage, et c'est à l'autorité administrative qu'on s'est adressé. Au reste, une raison plus forte pour que l'on procède ainsi, c'est que la matière elle-même rentrait dans les attributions de cette autorité.

Sans doute, entre deux communes ou entre deux sections distinctes, s'il s'agit de statuer sur des questions litigieuses, sur la manière dont le partage doit être fait, l'autorité judiciaire est seule compétente, car il s'agit alors d'une question de propriété. Mais si, au contraire, un certain nombre d'habitants, auparavant confondus dans la communauté, en sont administrativement détachés pour former à l'avenir une section distincte et être incorporés à une autre municipalité, l'acte administratif, qui a donné naissance à ce nouvel être moral, devra déterminer aussi les conditions sous lesquelles il a reçu l'existence, les droits qui lui sont dévolus. Si des doutes s'élèvent à ce sujet, l'administration seule en sera juge ; elle seule peut indiquer les effets et les conséquences d'un acte émané d'elle. Alors, en effet, la nouvelle section qui vient réclamer le partage ou la cojouissance des biens de la commune ne peut se prévaloir ni de titres qui lui soient propres, ni de son ancienne possession, ni du droit commun ; elle demande simplement le partage de propriétés communales jusqu'alors indivises, et sur lesquelles les habitants distincts, considérés *ut singuli*, n'avaient antérieurement aucune espèce de droit. Son seul titre est l'ordonnance de distraction.

Or, l'autorité administrative est seule compétente pour statuer sur le partage ou sur le mode de jouissance des biens communaux, et, en général, sur toutes les difficultés qui s'y rattachent, lorsque, comme ici, la qualité communale des biens n'est pas contestée. En effet, comme tuteur suprême des communes, le roi n'a pas seulement la faculté de diriger et de surveiller l'administration des biens communaux ; il peut encore en changer la destination, et même en autoriser l'échange ou l'aliénation, d'après des convenances dont il est l'arbitre. Si donc il a jugé à propos de scinder le corps moral de la commune en plusieurs sections distinctes et de l'incorporer en partie dans une autre agrégation, il a également le droit d'ordonner entre les nouvelles sections ainsi divisées le partage du patrimoine de l'ancienne communauté, et, pour en déterminer le mode et les proportions, de n'avoir exclusivement égard qu'à des raisons de convenance ou de justice, dont il est l'appréciateur souverain.

De même qu'un simple particulier, la commune, agissant par ses représentants légaux, peut disposer arbitrairement des biens dont elle est propriétaire, sans qu'un nombre plus ou moins considérable de ses habitants ait seulement qualité pour y former opposition par la voie contentieuse, judiciaire ou administrative. Car, considérés *ut singuli*, les habitants n'ont aucun droit propre ; à plus forte raison n'en ont-ils aucun lorsque, comme dans l'espèce, il s'agit de biens dont le produit, affecté à des objets d'utilité publique, tel que le quart en réserve, ne peut jamais se partager entre les habitants ; à l'administration appartient donc exclusivement le droit d'en régler la répartition et l'emploi : introduire les tribunaux dans une appréciation de cette nature, ce serait transporter dans leur sein une partie de l'administration publique.

On objectera peut-être qu'en se bornant à maintenir les habitants détachés dans leur droit de copropriété sur le quart en réserve, l'autorité judiciaire n'a porté aucune atteinte à l'ancien état de choses, et qu'ainsi elle ne peut avoir entravé l'autorité administrative ; mais jusqu'à présent le quart en réserve a appartenu exclusivement à l'être moral représentant la commune ; le conseil municipal a seul le droit d'en voter l'affectation et l'emploi. C'est donc par suite de l'arrêt attaqué qu'il est maintenant décidé que le quart en réserve n'appartient plus seulement à l'unité morale de la commune, mais bien encore à une nouvelle corporation d'habitants détachés de son sein, et que ce produit devra à l'avenir payer les embellissements d'une autre commune.

2° Contravention à l'art. 8, titre XXV, de l'ordonnance de 1669 : violation et fausse application de l'art. 542 du Code civil.

Il est reconnu en principe, dit l'arrêt dénoncé, que la réunion de communes ou sections de commune ne porte aucune atteinte à leurs droits respectifs. Ce principe est effectivement consacré par le décret du 17 janvier 1813. Or, d'après ce décret, l'acte administratif qui opère la fusion en une seule municipalité de deux communes ou sections de commune auparavant distinctes quant aux jouissances communales, ne peut, nous en convenons, altérer en aucune manière la constitution des communes ainsi réunies, en tant qu'elles sont considérées comme corps propriétaires ; chacun des membres qui les composent continue à exercer, sur les bois qui leur appartiennent séparément, les droits d'affouage, de vaine pâture et autres de même nature qu'il avait auparavant ; en d'autres termes, l'autorité administrative ou municipale est tout à fait distincte et indépendante des diverses communautés ou associations d'intérêts locaux qui peuvent la composer.

Mais la réunion a essentiellement pour but de confondre les deux communautés en une seule et même administration, de les faire participer dorénavant aux mêmes avantages, et, conséquemment aussi, de les soumettre aux mêmes charges, et, sous le rapport de l'utilité publique, de les comprendre dans les mêmes rôles de contributions et dans les mêmes budgets de dépenses municipales.

C'est aussi ce qui résulte de la décision du ministre des Finances, lors des premières difficultés élevées entre les parties.

Ainsi, maintien des droits et usages communaux, en tant qu'ils se résolvent en avantages individuels, rupture du lien administratif, de la communauté des charges et des dépenses d'utilité publique : tels sont les résultats de la distraction d'une partie des habitants de la commune et de leur incorporation à une autre municipalité. Donc, en ce qui concerne les charges et les produits municipaux, il n'est pas exact de dire avec l'arrêt dénoncé que les réunions de communes ne portent aucune atteinte à leurs droits respectifs. Par suite de leur incorporation à la ville de Neufchâteau, c'est à la caisse de cette ville que les habitants réunis devront payer à l'avenir toutes les charges et contributions municipales qu'ils apportaient auparavant à la commune de Rouceux. Par conséquent aussi, c'est au conseil et à l'administration municipale de la ville de Neufchâteau que les mêmes habitants devront dorénavant s'adresser, comme ils l'ont déjà fait, non pas seulement pour faire voter les établissements ou les constructions d'utilité publique dont ils pourraient avoir besoin, mais encore pour y obtenir l'allocation des fonds nécessaires. Comment concevoir qu'une commune puisse conserver à sa charge partie des dépenses d'utilité publique d'une section distraite, alors même qu'elle ne perçoit pas les fonds destinés par la loi à faire face à ces mêmes dépenses, et que, d'ailleurs, la distraction d'une portion de son territoire et de ses habitants n'a réduit, en aucune manière, ses dépenses d'utilité communale ?

Voilà précisément ce qui arrive dans la circonstance. En effet, les habitants détachés occupent un territoire de peu d'étendue, et sur lequel il n'existe aucun édifice ou établissement public. D'un autre côté, l'ancienne commune conserve à sa charge une église paroissiale, la maison commune, l'école publique, le logement du maître d'école et celui du pâtre, une maison de sœurs institutrices, les chemins, la maison curiale et une foule d'autres charges, et l'on voudrait contraindre une modeste commune rurale, qui ne se pave pas elle-même, à paver à ses frais l'une des rues de la ville voisine ? Mais une prétention aussi étrange n'est pas moins contraire aux principes mêmes de la loi qu'à la simple équité.

En effet, à la distinction par nous établie plus haut, entre l'unité municipale et administrative et l'association de jouissances et d'intérêts communaux, correspond une distinction analogue dans les biens et revenus communaux ; elle est fondée sur la nature même des choses, et tous les auteurs s'accordent à la reconnaître. Au reste, l'acte administratif paraît avoir adopté, dans ses véritables conséquences, la distinction qui existe réellement entre les biens communaux selon leur divers modes de destination. S'agit-il de ceux dont les revenus sont consacrés aux besoins municipaux et dont la propriété comme la jouissance appartient exclusivement à l'être moral de la commune ? L'ordonnance n'y touche pas ; et, en effet, ces sortes de biens suivent toujours le sort de l'unité municipale ; destinés à faire face à ses besoins, ils sont indivisibles comme elle. S'agit-il, au contraire, des jouissances ou des usages communaux auxquels participe individuellement chacun des habitants détachés ? Le fait de la séparation n'altère en aucune manière le mode de jouissance auquel ils étaient précédemment soumis. S'il eût été dans la pensée de l'ordonnance d'admettre indistinctement la section distraite au partage ou à la propriété de tous les biens communaux, elle n'eût pas employé les expressions beaucoup plus restreintes de droits d'usage et autres.

Les charges, lieux ou édifices publics n'ont pas été partagés entre la commune de Rouceux et la section distraite; dès lors les biens et les revenus, inséparablement affectés à ces besoins, n'étaient pas plus qu'eux-mêmes susceptibles d'être partagés.

S'il est vrai que les habitants qui, sans avoir réellement quitté leur commune natale et le sol où ils sont fixés, en sont cependant administrativement détachés, ne peuvent pas être privés sans injustice des usages communs auxquels ils avaient droit, tels que ceux de pâturage ou d'affouage, ils trouvent la satisfaction de tous leurs besoins publics et municipaux dans la nouvelle commune à laquelle ils sont annexés; et sous ce rapport ils n'ont rien à réclamer de leur ancienne municipalité, avec d'autant plus de raison, dans l'espèce, que les habitants distraits ont eux-mêmes sollicité l'acte de réunion. Or, les produits des quarts en réserve sont, par la loi même de leur institution, consacrés à des dépenses d'utilité communale. C'est ce qui résulte de l'art. 8, titre XXV, de l'ordonnance de 1669.

Méconnaissant tous ces principes, dont nous venons de donner le développement, c'est sur la disposition de l'art. 542 du Code civil que les juges de première instance et d'appel se sont uniquement fondés pour accueillir la prétention de la ville de Neufchâteau. Les biens communaux, dit cet article, sont ceux à la propriété ou aux produits desquels les habitants d'une ou plusieurs communes ont un droit acquis. Cet article, comme on le voit, se borne à déclarer que les habitants de la commune ont des droits acquis à la propriété ou au produit des biens que possède l'être moral; mais il ne s'explique en aucune manière (et à cet égard, nous devons le dire, toute notre législation est muette) sur les conséquences, quant à ces mêmes biens, de la rupture administrative du lien communal.

Ainsi, c'est à la qualité seule d'habitant de la commune qu'est attachée la jouissance ou la copropriété des biens communaux. Dès lors, si l'on veut appliquer dans toute sa rigueur le principe du Code civil, toute jouissance ou participation aux émoluments communaux doit cesser de plein droit et sans distinction, du moment que la qualité s'efface, du moment que les relations qui attachaient l'habitant à la commune ont cessé d'exister.

Telles seraient, nous le croyons, les conséquences ordinaires et légales de la distraction administrative, si l'autorité qui la prononce n'avait généralement soin d'apporter sur ce point de justes tempéraments à la rigueur du droit commun, et de consulter, pour l'exacte répartition du patrimoine de l'ancienne communauté, les règles de l'équité, les convenances locales et les besoins respectifs. Toujours, en effet, la libre disposition des communaux, de ceux-là même dont la jouissance est individuellement subordonnée aux membres de l'association, existe dans ses mains à titre de haute tutelle. C'est donc à elle à en régler équitablement le partage, entre les diverses fractions communales, en même temps qu'elle opère la division du corps municipal. S'il est certaines matières dont il importe de bannir l'arbitraire et où chaque détail doit être déterminé d'avance par des principes fixes et invariables, il en est d'autres où l'extrême variété des circonstances doit nécessairement échapper aux prévisions législatives, et où, dans l'intérêt même des administrés, il est convenable de confier à l'administration un pouvoir à peu près discrétionnaire.

Mais ce pourvoi fut rejeté par la cour de cassation, dans un arrêt en date du 20 avril 1831 qui était ainsi conçu :

Attendu qu'il s'agit dans l'affaire d'une question de jouissance et de copropriété, laquelle est exclusivement de la compétence des tribunaux ;

Attendu que l'arrêt maintient les habitants de la portion de la commune de Rouceux réunie à celle de la ville de Neufchâteau dans la jouissance et la propriété du quart en réserve des bois appartenant à ladite commune de Rouceux, décision qui ne viole en rien les dispositions de l'art. 542 du Code civil qui n'admet aucune distinction entre les diverses espèces de biens communaux,

Rejette (1).

On pourrait citer encore, dans le même sens, un arrêt de la cour de Besançon, en date du 31 juillet 1835 (commune d'Oselle c. Gueydans (2), que la cour de cassation a confirmé dans un arrêt de rejet du 21 décembre 1836 (3).

Notons, enfin, un arrêt de la cour de cassation du 24 avril 1833, duquel il résulte que si, après la séparation d'une ou plusieurs sections d'une commune, cette commune continue à jouir seule des biens indivis, elle doit, en sa qualité de communiste, et sans qu'il soit nécessaire d'examiner sa bonne ou sa mauvaise foi, restituer à la section distraite la portion de fruits qui lui est due, à compter du jour même de la distraction et non pas seulement à partir du jour de la demande (4).

De son côté, le comité de l'Intérieur du conseil d'Etat avait reconnu les mêmes principes, par un avis en date du 13 février 1833 (5) qui était ainsi conçu :

La section distraite d'une commune emporte avec elle et conserve tous les droits réels de propriété et de jouissance, tant séparés qu'indivis, qu'elle exerçait sur le territoire de son ancienne commune ; il s'en suit que, si une portion de biens communaux, sur laquelle elle exerçait des droits indivis, vient à être aliénée et le prix versé dans la caisse municipale, même après la séparation, la propriété, pour avoir changé de nature et d'immobilière être devenue mobilière, n'a pas cessé pour cela d'être la propriété commune de toutes les sections, et que les droits de l'une d'elles n'ont pu être détruits par cette transformation de la chose. Ainsi, les objets mobiliers qui la représentent sont frappés des

(1) Voir Sirey, 1832. 1. 77. — Dalloz, *Répert. alphab.*, V° *Commune*, n° 1818, n° 2, note 3, et n° 1825.

(2) Dalloz, 1837. 1. 195.

(3) Sirey, 1837. 1. 156. — Dalloz, *Répert. alphab.*, V° *Commune*, n°s 1818, 4°, et 1913.

(4) Sirey, 1833. 1. 695. — Conf. Dalloz, *Répert. alphab.*, V° *Commune*, n° 1824, — et *Code des lois administratives*, V° *Commune*, n° 6861.

(5) Communes de Fux et Beauvoir (Seine-Inférieure), rapporteur Tournoüer.

mêmes droits et soumis aux mêmes actions, et ils peuvent être l'objet d'une demande en partage par la nouvelle commune à laquelle appartient la section distraite, au nom de cette dernière et pour sa part à elle afférente.

Toutefois, il en serait autrement des fonds provenant, non de l'aliénation de la propriété même, mais d'une coupe de bois, du produit des halles et marchés, ou de toute autre source de revenus communaux qui auraient une destination d'utilité générale, telle que les réparations et constructions des édifices municipaux, les dépenses obligées du culte, celles de l'instruction primaire, et toute autre dépense à la charge des communes (1).

Cette jurisprudence n'a changé en rien depuis la loi du 18 juillet 1837.

Nous citerons, par exemple, un arrêt de la cour de cassation du 18 juillet 1861 (2), arrêt très intéressant à cause des principes qu'il établit. Voici dans quelles circonstances il a été rendu :

Une ordonnance royale en date du 23 décembre 1832 avait distrait une partie du territoire de la commune de Poussay pour la joindre à celui de la commune de Mirecourt. L'art. 2 de cette ordonnance portait, comme d'habitude, que la réunion aurait lieu « sans préjudice des droits d'usage et autres qui seraient réciproquement acquis ».

Cette portion du territoire de Poussay, connue sous le nom de Maisons-Rouges, jouissait, lors de sa réunion, de tous les émoluments communaux, notamment de l'affouage dans les bois de la commune, et elle continua à user de ce droit jusqu'en 1848. Mais depuis cette dernière époque, la commune de Poussay cessa de comprendre les habitants de Maisons-Rouges dans le rôle des affouages.

Sur l'action exercée par l'administration municipale de Mirecourt contre la commune de Poussay, pour faire maintenir les habitants de la section de Maisons-Rouges dans le droit d'affouage dont ils jouissaient jusqu'alors, la commune de Poussay déclina la compétence du tribunal civil et demanda le renvoi de l'affaire devant l'autorité administrative. Mais, par jugement en date du 26 décembre 1857, le tribunal rejeta ce déclinatoire et reconnut en principe le droit des habitants de Maisons-Rouges à l'affouage dans la forêt de Poussay, mais restreignit ce droit aux seuls habitants des maisons existantes au moment de la réunion de Maisons-Rouges au territoire de Mirecourt.

(1) Conf. Vuillefroy et Monnier, *Principes d'administration*, p. 282, n° XXXV. — Aucoc, *Sections de commune*, n° 120.

(2) Dalloz, 1862. 1. 85. — Sirey, 1862. 1. 886.

La ville de Mirecourt forma appel contre cette décision, et, par arrêt en date du 7 janvier 1860, la cour de Nancy infirma le jugement quant au chef qui restreignait les droits d'affouage aux seules maisons existantes à l'époque de l'ordonnance du 23 décembre 1832.

Cet arrêt était ainsi motivé :

Considérant qu'en vertu d'une ordonnance ministérielle du 23 décembre 1832, une section de la commune de Poussay, appelée Les Maisons-Rouges, a été distraite de la commune primitive pour être réunie à la ville de Mirecourt ;

Qu'il est de principe qu'une semblable ordonnance ne peut concerner que les nouveaux rapports administratifs et de police applicables tant au territoire distrait de Poussay qu'à ses habitants, mais qu'elle reste sans influence sur les questions de propriété ;

Que la section distraite conserve, à cet égard, tous ses anciens droits, qu'elle peut les exercer de la même manière qu'auparavant, et absolument comme les exerce la commune elle-même dont elle est séparée ;

Considérant que les droits réclamés par l'ancienne section de Maisons-Rouges sont des droits d'affouage sur une forêt communale ; que, dans ce cas, l'affouage constitue une véritable copropriété et un droit réel qui n'est pour les habitants, suivant l'expression du rapporteur de la loi forestière, qu'un mode de jouissance de leur propre chose ;

Considérant que ce droit de propriété ne s'applique pas à une seule génération, mais à ses successeurs et à toute la population qui, à quelque époque que ce soit, viendra habiter le territoire duquel dépendent les droits qu'il s'agit de régler ;

Que si cela est vrai pour l'ancienne commune, cela doit être vrai aussi pour la fraction qui en a été distraite administrativement ;

D'où il suit que le droit aux affouages ne devait pas être restreint, comme l'ont fait les premiers juges, aux maisons existantes en 1832 dans la section réunie administrativement à la ville de Mirecourt, mais qu'il devait être reconnu comme appartenant au même titre à tous les habitants, réunissant d'ailleurs les conditions voulues, qui sont venus ou qui viendraient dans la suite bâtir des maisons sur le territoire dépendant de l'ancienne circonscription de la commune de Poussay.

La commune de Poussay se pourvut en cassation contre cet arrêt. Elle se basait sur les moyens suivants :

1° Excès de pouvoirs, en ce que l'arrêt attaqué, en appréciant les effets d'une ordonnance qui prononce la distraction d'une section de commune et sa réunion à une commune différente, a empiété sur les attributions de l'autorité administrative ;

2° Violation des art. 105 du Code forestier et 542 du Code civil ; fausse interprétation des art. 5 et 6 de la loi du 18 juillet 1837, en ce que l'arrêt attaqué a décidé que les habitants d'une section distraite d'une commune conservent, après l'ordonnance de distraction, leurs droits à l'affouage dans les bois de la commune dont cette section a cessé de faire partie, et que ce droit appartient même aux individus qui viendraient habiter ladite section postérieurement à cette ordonnance (1).

(1) La commune de Poussay raisonnait ainsi :

L'art. 105 du Code forestier dispose que le partage du bois d'affouage se fait par feu, c'est-à-dire par chef de famille ayant domicile réel et fixe dans la commune. La qualité d'habitant de la commune est donc la condition essentielle du droit à l'affouage. De ce principe il résulte que, du jour où une section a cessé de faire partie d'une commune, les habitants ont perdu, par cela même, tout droit aux distributions affouagères dans les biens de cette commune. Là où cesse la cause, l'effet doit cesser également.

L'arrêt objecte que l'ordonnance de distraction ne concerne que les nouveaux rapports administratifs applicables au territoire, mais qu'elle est sans influence sur les droits de propriété qui appartenaient à la section. Ce principe n'est exact qu'avec une distinction.

Si les habitants de la section distraite ont des droits à l'affouage des bois communaux en qualité de membres de cette section, ils les conservent après la distraction ; mais si leurs droits sont attachés à la qualité d'habitants, ils les perdent en perdant cette qualité. — En d'autres termes, la section a-t-elle, en tant que section, des droits privatifs résultant de quelque texte à tout ou partie des bois communaux, elle emporte ces droits avec elle et ne les communique pas aux habitants de la commune à laquelle elle est réunie : c'est le cas des art. 5 et 6 de la loi de 1837. — N'a-t-elle, au contraire, d'autres droits que ce qui lui appartenait comme faisant partie de la commune propriétaire, elle perd ces droits du jour qu'elle cesse de faire partie de la commune. C'est le cas d'appliquer l'art. 105 du Code forestier.

Or, dans l'espèce, la section de Maisons-Rouges n'avait aucun droit privatif sur le bois de Poussay. A plus forte raison faut-il en dire autant de ceux qui ne sont venus s'établir sur le territoire de cette section que postérieurement à l'ordonnance de distraction. Ces individus n'avaient pas de droits acquis au jour de la distraction, puisqu'ils n'étaient pas alors habitants de la commune ; ils n'en pouvaient acquérir désormais, puisqu'ils étaient étrangers à ladite commune de Poussay.

Si donc les habitants qui perdent cette qualité ne peuvent pas conserver le droit à l'affouage, comment ceux qui ne l'ont jamais eu seraient-ils admis à prétendre à une participation qu'elle seule peut conférer ?

L'arrêt attaqué suppose que les diverses sections d'une commune forment autant de personnes morales distinctes de la commune elle-même, et dont la personnalité, endormie pour ainsi dire pendant la durée de la communauté, se réveille au moment de la distraction pour se poser en face de la commune avec des droits distincts et des prétentions rivales. Alors, en effet, il pourrait être vrai de dire que la section distraite conserve ses droits comme les exerce la commune elle-même ; mais ce raisonnement est inacceptable en ce qui touche les biens communaux proprement dits, et spécialement les bois communaux. A l'égard de ces bois, la section n'a pas de droits particuliers ; elle n'est qu'une simple circonscription géographique. Sur ces bois, il n'y a que deux espèces de droits : d'une part, les droits de la commune, *ut universitas*; de l'autre, les droits des habitants, *ut singuli*, c'est-à-dire les droits de la société et les droits des sociétaires. Entre les deux termes de cette division, il n'y a pas place pour les prétendus droits de la section. Il n'est donc pas exact de dire que la section conserve ses anciens droits et peut les exercer comme la commune dont elle est séparée. Elle ne conserve et ne peut exercer aucun droit, puisqu'elle n'en possédait aucun.

En tous cas, s'il fallait reconnaître les droits des individus que l'ordonnance de distraction a trouvés établis sur le territoire de la section distraite, pour ceux-là, du moins, qui sont venus postérieurement à l'ordonnance se fixer sur le territoire de cette section, ils pourront avoir des droits sur le territoire de la commune à laquelle ils ont été réunis, mais non sur ceux de la commune dont ils n'ont jamais été et dont ils ne sont pas habitants.

Mais la cour de cassation rejeta ce pourvoi, dans un arrêt ainsi conçu :

Sur la recevabilité du premier moyen, fondé sur l'incompétence de la juridiction civile :

Attendu que si l'autorité administrative est seule compétente pour connaître de tout ce qui concerne le mode de jouissance des biens communaux, et spécialement de la répartition des affouages, il n'en saurait être de même lorsqu'il s'agit de contestations qui ont pour objet l'existence du droit d'affouage réclamé par quelques habitants d'une commune ou par une section de commune ;

Attendu que la loi du 18 juillet 1837, en attribuant aux conseils municipaux le pouvoir de régler, sous le contrôle de l'administration supérieure, les jouissances affouagères (art. 17), n'a pas eu pour but de modifier l'ordre des juridictions ni de déroger au droit commun touchant la compétence exclusive des tribunaux civils pour statuer sur toutes les questions relatives au droit de propriété;

Sur le second moyen :

Attendu que l'affouage n'est qu'un mode particulier de la jouissance des produits de la chose commune et indivise ; que sous ce rapport l'exercice du droit d'affouage n'est que l'exercice même du droit de propriété;

Attendu que le décret du 17 février 1813 décide, en termes exprès, que la réunion des communes ne doit porter aucune atteinte à leurs droits de propriété respectifs ;

Attendu que les décisions de l'autorité publique qui, par des considérations purement administratives, réunissent ou divisent plusieurs communes ou sections de commune, ne peuvent, en effet, exercer aucune influence sur les droits de propriété ou de copropriété qui leur appartenaient avant les décrets qui règlent les nouvelles circonscriptions communales ; — qu'il résulte de ce principe que la section de commune réunie à une commune voisine n'acquiert aucun droit sur les biens de cette commune dont les produits se perçoivent en nature, et que, par suite, elle doit conserver tous ses droits sur les biens de la communauté dont elle est administrativement séparée ; — que, d'après ce qui précède, il est manifeste que l'arrêt attaqué, en décidant que la section de Maisons-Rouges conservera, pour l'avenir, son droit aux affouages de Poussay, et que le bénéfice en sera étendu à toutes les maisons construites sur son territoire, a fait une saine application des règles du droit en cette matière, et qu'il y a lieu de rejeter le pourvoi...,

Rejette, etc.

On retrouve les mêmes principes formulés dans un autre arrêt de la cour de cassation du 26 avril 1865 (1), rendu dans les circonstances suivantes :

En 1863, la ville de Mâcon, à laquelle une loi du 23 avril 1856

(1) D. 1865. 1. 301.

avait réuni deux sections détachées des communes de Charnay et de Flacé, actionna ces communes en partage de divers communaux sur lesquels elle soutenait que les deux sections séparées avaient conservé les droits indivis qui leur appartenaient comme fractions des communes dont elles avaient été distraites.

Les communes de Charnay et de Flacé, entre autres moyens de défense, répondirent que cette séparation avait fait perdre aux sections, au nom desquelles l'action était intentée, tous leurs droits aux communaux litigieux.

Un jugement du tribunal civil de Mâcon rejeta, conformément aux conclusions des communes de Charnay et de Flacé, la demande en partage formée par le maire de Mâcon. Mais sur l'appel de celui-ci, la cour de Dijon rendit, à la date du 20 janvier 1864, un arrêt infirmatif, où il était dit :

Considérant que la loi du 18 juillet 1837 a non seulement prévu et réglé les formalités qui doivent accompagner les demandes en distraction ou en réunion de communes, mais encore les effets qu'elles doivent produire relativement aux biens communaux ;

Considérant qu'il ressort des dispositions comprises dans les art. 5, 6 et 7 de cette loi que, si les sections de commune emportent la propriété des biens qui leur appartenaient exclusivement, elles ont aussi droit de conserver leur part dans la propriété des biens communaux dont elles jouissaient indivisément avec les habitants des communes dont elles faisaient précédemment partie ; — que la doctrine qui ferait admettre une décision opposée serait injuste et contraire à la disposition finale de l'art. 7 de la loi de 1837 ; — qu'en effet on lit dans cet article qu'un décret postérieur à la loi qui prononcera la séparation pourra être rendu pour en régler les conditions, sauf réserve, dans tous les cas, de toutes les questions de propriété ;

Considérant que c'est donc à tort que tous les droits de copropriété dans les biens communaux de Charnay et de Flacé ont été refusés aux sections distraites...

Pourvoi des communes de Charnay et Flacé, pour violation et fausse application des art. 5, 6 et 7 de la loi du 18 juillet 1837, en ce que l'arrêt attaqué déclare que les sections distraites d'une commune ont droit, non seulement aux biens dont la propriété leur appartient exclusivement, mais aussi à une fraction de ceux dont elles avaient joui indivisément avec la commune. Or, la loi de 1837 ne dit rien des biens que la section distraite possédait indivisément avec la commune dont elle a été séparée ; elle se borne à régler l'attribution des biens que la section possédait exclusivement. Le législateur fait donc manifestement connaître par là qu'il n'a entendu conserver à la section que cette nature de biens et que tous ses droits indivis périssent avec la séparation.

Mais par arrêt en date du 26 avril 1865, la cour de cassation rejeta ce pourvoi. Cet arrêt est ainsi motivé :

Sur le moyen tiré de la violation des art. 5, 6 et 7 de la loi du 18 juillet 1837 :

Attendu que le décret du 17 janvier 1813 décide d'une manière expresse que les réunions de communes ne peuvent porter atteinte à leurs droits de propriété respectifs ;

Attendu qu'il n'a été apporté aucune dérogation à ce principe par la loi de 1837 ; qu'en effet, on ne comprendrait pas que les décisions de l'autorité publique qui, par des considérations de simple administration, prescrivent la distraction des sections de communes plus ou moins étendues, puissent avoir aucune influence sur les droits de propriété ou de copropriété qui leur appartenaient avant cette séparation ;

Attendu que l'arrêt attaqué, en maintenant les sections distraites des communes de Charnay et de Flacé dans les droits indivis qu'elles possédaient, n'a fait qu'une juste application de la loi de 1837...

Ainsi la jurisprudence, sans distinguer entre les biens communaux et les biens patrimoniaux, admettait que la section distraite d'une commune, soit pour être érigée en commune distincte, soit pour être réunie à une autre commune, conservait tous ses droits de propriété et de jouissance sur les biens de la commune dont elle était détachée.

La même doctrine était également professée par un grand nombre d'auteurs qui avaient écrit, soit avant la loi du 18 juillet 1837, soit après (1).

Enfin, le ministre de l'Intérieur s'était prononcé dans le même sens (2).

Mais lorsque la section distraite n'avait pas toujours fait partie de la commune sur les biens de laquelle elle réclamait un droit de copropriété, devait-elle auparavant démontrer qu'elle était déjà rattachée à cette commune au moment où celle-ci avait acquis le bien litigieux ?

(1) Nous citerons par exemple : M. Aucoc, *Sections de commune*, n°s 118 et 122. — M. Jèze, article *Commune*, inséré dans le *Dict. gén. d'adm.*, de M. Blanche, édit. 1884, p. 490. — M. Migneret, *Traité de l'affouage dans les bois communaux*, édit. 1840, p. 360. — M. Dalloz, *Répert. alphab.*, V[o] *Forêts*, n° 1803. — M. Langlois, *Des biens des sections de commune*, 1869, p. 187 et 188. — M. Meaume, *Commentaire du Code forestier*, 1845, t. II, n° 846, p. 200. — MM. Proudhon et Curasson, *Traité des droits d'usage*, 2e édit., 1836, t. III, p. 264, n° 860. — M. Block. *Dict. de l'adm. franç.*, 2e édit., 1877, V[o] *Organisation communale*, n° 24. — M. Dufour, *Droit administratif appliqué*, 3e édit., 1870, t. III, n° 465, p. 511. — Voir également *Répert. d'adm. municip.*, V[o] *Distraction*, art. 4, p. 725, — et V[o] *Affouage*, p. 91, n° 61. — Bost, *Code de la constitution des communes*, p. 63, n° 70.

(2) Voir décision ministérielle, insérée au *Bull. offic. min. Int.*, 1860, p. 73, n° 7.

Le comité consultatif de l'*Ecole des communes* avait été appelé à se prononcer sur la question dans les circonstances suivantes :

Une commune de X... avait acquis une forêt à prix d'argent en 1563. Avant la Révolution, cette forêt était en partie abandonnée au maraudage, en partie couverte de haute futaie. Plus tard, les chênes furent abattus, et, pendant quelques années, les habitants jouirent de l'affouage. Puis la forêt étant épuisée, resta inexploitée pendant plusieurs années, et, en dernier lieu, il y était fait des coupes annuelles qui étaient vendues au profit de la commune.

Une section ayant été détachée de cette commune pour être réunie à une commune voisine, demanda sa part de la forêt. Mais cette section n'avait pas toujours appartenu à la commune de X...: à une certaine époque, elle faisait partie d'une paroisse transformée en commune au moment de la Révolution, et à laquelle elle se trouvait de nouveau réunie.

On demandait si ce n'était pas à cette section à prouver qu'elle faisait partie de la commune de X... au moment de l'acquisition de la forêt, et si elle pouvait se prévaloir, pour appuyer sa demande, de la participation de ses habitants à la jouissance, soit de l'affouage, soit des revenus quelconques de la forêt.

Le comité, après en avoir délibéré, émit l'avis que, « si la section a depuis de longues années participé sans contestation à la jouissance de la forêt, ce n'est pas à elle à justifier qu'elle était réunie à la commune de X... en 1563, à l'époque de l'acquisition de la forêt. La section était en possession jusqu'ici au même titre que les autres parties de la commune ; elle est donc également présumée propriétaire pour partie, et sa demande ne pourrait être repoussée que si la commune actuelle de X... prouvait que, en 1563, la section ne faisait pas partie de la communauté d'habitants qui a acquis la forêt. Encore la section pourrait-elle opposer qu'elle a acquis par la prescription sa part de copropriété de la forêt par une jouissance exercée pendant trente ans, dans les conditions prévues par les art. 2229 et suivants du Code civil » (1).

§ 2.

Distraction d'une simple fraction de commune.

Nous avons supposé jusqu'ici que le territoire sur lequel avait porté la distraction formait déjà une section à part dans la commune

(1) *Ecole des communes*, 1859, p. 320, n° 572.

d'avec laquelle il était séparé. — Mais la règle à suivre était-elle différente dans le cas où il s'agissait simplement d'une portion de commune n'ayant pas d'existence distincte au sein de la commune dont elle faisait partie ou d'une portion de section ?

On ne l'avait pas pensé. Les droits des habitants d'une fraction de territoire n'ayant pas d'individualité propre dans la commune avaient paru aussi respectables que ceux des habitants d'une section. Il n'y avait, d'ailleurs, aucune raison juridique de distinguer. Au reste, comme on le verra plus loin, de nombreux auteurs, ainsi que la jurisprudence des tribunaux et de l'administration, avaient admis que les simples fractions de territoires annexées à une autre commune n'acquéraient, pas plus que les communes ou sections réunies, aucun droit à la propriété ou à la jouissance des biens de la commune annexante ; et il est impossible d'enlever à la fraction distraite ses droits de copropriété ou de jouissance sur les biens de l'ancienne commune, si on l'exclut de la propriété ou de la jouissance des biens de la commune nouvelle.

D'un autre côté, lors de la préparation de la loi du 18 juillet 1837, le rapporteur de la commission chargée d'examiner le projet de loi présenté en 1833, M. Persil, s'était expliqué fort nettement sur ce point dans les observations qu'il avait soumises à la Chambre des députés en 1834 (1).

« Supposez, disait-il, que ce ne soit pas une section entière, mais une portion de cette section qu'il s'agisse de réunir : alors, quels seront les droits de cette portion de section? Les principes, à ces égard, sont absolument les mêmes (que dans le cas où une section entière est séparée d'une commune et réunie à une autre). Si ce sont des droits de propriété sur un bois, sur un champ, sur un pré, il y aura propriété indivise entre la portion de section qu'on sépare et la portion de section qui reste. Cela est conforme au principe de notre article, qui consiste à dire qu'il n'appartient pas à la loi de juger les questions de propriété.

« Ainsi, quand toute une section est propriétaire, et qu'on sépare la moitié de la section, la propriété est possédée par indivis. Si les deux portions de section veulent partager, et que le partage soit possible, on le fera, ou bien on licitera d'après les formes établies par la loi. En tout état de choses, on agira entre commune et section de commune comme on agit entre simples particuliers... Il y aura indivision des droits de pâturage comme il y aura indivision

(1) Séance du 27 février 1834. (*Moniteur* du 28 février, p. 438)

des droits de propriété. On les partagera et on les licitera de la même manière. »

De son côté, M. Aucoc, qui examinait la question dans son *Traité des sections de commune*, n'hésitait pas à déclarer que les deux situations étaient identiques, et que la fraction distraite avait droit à la même protection que la section.

« Une portion de commune, dit-il, qui n'avait pas d'existence distincte au sein de la commune dont elle faisait partie, et qui en est distraite pour être réunie à une autre commune, devient, par l'effet de ce changement de territoire, une section de commune, et, dès lors, elle serait fondée à revendiquer sa part dans la propriété des biens donnant lieu à une perception de revenus, et des biens qui donnent lieu à une jouissance en nature. » (1).

Il est à remarquer, d'ailleurs, que les auteurs qui, comme M. Batbie, avaient établi sur ce point une distinction entre les biens communaux et les biens patrimoniaux, n'hésitaient pas à déclarer que la simple fraction de territoire distraite d'une commune devait avoir, sur les biens de cette commune, les mêmes droits qu'une véritable section (2).

Enfin, nous verrons que cette doctrine a été défendue par M. l'avocat général Rau devant la cour de Paris, qui, dans un arrêt du 23 décembre 1887, que nous rapportons plus loin, admit, implicitement du moins, ses conclusions (3).

En résumé donc, sous l'empire de la loi du 18 juillet 1837, comme auparavant, il était admis, par la jurisprudence, administrative ou judiciaire, et par la grande majorité des auteurs, que les *sections* ou *fractions* de communes distraites d'une commune, soit pour être érigées en municipalités distinctes, soit pour être réunies à une autre commune, conservaient tous leurs droits de propriété et de jouissance sur les biens communaux ou patrimoniaux de la commune dont elles cessaient de faire partie.

(1) *Op. cit.*, n° 119. — Voir, dans le même sens : LANGLOIS, *op. cit.*, p. 187 et 188. — *Répert. d'adm. municipale*, V° *Distraction*, art. 4, p. 725. — MEAUME, *op. cit.*, t. II, p. 201. — CHAUDÉ, *Des biens des communes*, p. 310. — PROUDHON, *Traité des droits d'usage*, 2e édit. (Observations de M. CURASSON), t. III, n° 860. — JÈZE, article *Commune*, inséré dans le *Dict. gén. d'adm.*, de M. BLANCHE, p. 490. — Et d'une façon générale les auteurs cités dans le § 1.

(2) Voir par exemple : BATBIE, *Traité de droit public et administratif*, 1re édit., t. V, nos 158 à 160. — TROLLEY, *Traité de la hiérarchie administrative*, t. I, p. 80, n° 41. — HOUDOY, *Des communes et sections de commune*, 1875, p. 702.

(3) Voir DALLOZ, 1888. 2. 217. — *Revue générale d'administration*, année 1888, t. I, p. 69. — *Revue critique*, année 1889, p. 82, article de M. BRÉMOND. — Et ci-dessous, section II.

ARTICLE 2.

RÉUNION

Une commune est réunie à une autre commune, ou bien une section ou une fraction d'une commune en est distraite pour être rattachée à une autre commune : les habitants du territoire annexé conservent-ils la propriété et la jouissance exclusives de leurs biens, et n'acquièrent-ils aucun droit de copropriété ou de jouissance sur les biens de la commune dont ils vont désormais faire partie ; — ou, au contraire, les biens de chaque fraction deviennent-ils la copropriété indivise de la nouvelle commune tout entière ?

§ 1.

Réunion d'une commune ou d'une section de commune.

La solution de cette question dépend de l'opinion que l'on a adoptée dans le cas de distraction de commune (1).

Les deux propositions sont, en effet, liées intimément l'une à l'autre. Il est impossible d'enlever à la section distraite tout droit aux biens communaux ou patrimoniaux de l'ancienne commune, si on l'exclut de la copropriété ou de la cojouissance des biens communaux ou patrimoniaux de la nouvelle commune dont elle fait désormais partie ; — et, inversement, on ne peut accorder à la commune ou à la section de commune réunie un droit de copropriété ou de cojouissance sur les biens de la commune à laquelle elle est rattachée, si on lui reconnaît déjà des droits identiques sur les biens de la commune dont elle est distraite.

Aussi, de même que trois opinions avaient été soutenues sur le point de savoir si la section distraite devait demeurer copropriétaire, avec la commune dont elle cessait de faire partie, des biens de la communauté, trois solutions furent proposées à la question que nous examinons en ce moment.

Les uns, qui avaient prétendu que la section perdait tout droit à la copropriété ou à la jouissance des biens communaux ou patrimoniaux de la commune dont elle était détachée, affirmèrent par contre que cette section, réunie à une autre commune, devenait copropriétaire des biens de celle-ci, et acquérait, par le simple fait de la

(1) Voir ci-dessus, article 1er, p. 400 et suiv.

réunion, le droit de jouir de ses biens au même titre que les habitants de la commune même (1).

Mais nous avons montré déjà que ce système, contraire à tous les principes de la matière, n'avait rencontré qu'un très petit nombre d'adhérents, et avait été vite abandonné.

Les autres, qui avaient admis que la section distraite conservait intacts ses droits de copropriété et de jouissance sur les biens communaux proprement dits de la commune démembrée, mais non sur ses biens patrimoniaux, soutinrent que, dans le cas où elle était annexée à une autre commune, elle n'acquérait aucun droit sur les biens communaux de cette commune, mais que, par contre, elle devait trouver, dans ses biens patrimoniaux, l'équivalent de ce qu'elle avait perdu par suite de la séparation.

Cette opinion fut adoptée, entre autres, par MM. Batbie (2), Trolley (3) et Houdoy (4).

Mais l'on a vu que cette distinction entre les biens patrimoniaux et les biens communaux était ici inadmissible et que la jurisprudence l'avait toujours repoussée (5).

Enfin, dans un troisième système, où l'on avait décidé que la distraction ne faisait perdre à la section aucun droit ni à la propriété, ni à la jouissance des biens de la commune dont elle était séparée, qu'il s'agît de biens communaux ou de biens patrimoniaux, on admit que, malgré son annexion à une autre commune, elle demeurait, comme cette commune même, propriétaire exclusive de tous ses biens ; que chaque section de la nouvelle commune devait être exclue de toute participation à la jouissance des biens communaux appartenant à l'autre ; mais que les revenus de leurs biens patrimoniaux devaient être confondus en une seule masse, pour être affectés indifféremment à l'acquittement des dépenses de la nouvelle commune tout entière ; sauf, pour des raisons de convenance et d'équité, à appliquer le produit de ces biens à satisfaire en premier lieu les besoins de la section propriétaire.

(1) Les biens, disait-on, appartiennent au corps de la commune, considérée *ut universitas*. Puisque des particuliers auraient eu le droit d'en jouir, s'ils étaient venus bâtir et résider sur le territoire de la commune propriétaire, on ne voit pas pourquoi il en serait autrement lorsque le domaine et les bâtiments qui en dépendent lui ont été réunis par l'administration. — En ce sens : conseil d'Etat, 21 décembre 1808. (Dalloz, *Répert. alphab.*, V° *Forêts*, n° 1805.)

(2) *Traité de droit public et administratif*, 1re édit., t. V, nos 158-160, p. 212...

(3) *Traité de la hiérarchie administrative*, t. I, p. 80, n° 41.

(4) *Des communes et sections de commune*, 1875, p. 707.

(5) Voir, par exemple, l'arrêt précité de la cour de cassation du 20 avril 1831, commune de Rouceux c. ville de Neufchâteau.

Bien avant la loi du 18 juillet 1837, cette doctrine était déjà suivie par l'administration ; elle était le droit commun : et parfois même, pour éviter toute difficulté, les actes qui prononçaient des réunions de communes disposaient expressément que chaque section de la commune nouvelle conserverait la propriété exclusive des biens qu'elle possédait avant la réunion, sans acquérir aucun droit sur les biens de l'autre (1).

De son côté, la jurisprudence se prononçait constamment dans le même sens.

Ainsi, un décret du conseil d'Etat rendu au contentieux, en date du 17 janvier 1813, avait décidé que la commune ou section qui avait été réunie à une autre commune n'était pas fondée à prétendre à la distribution de l'affouage de celle-ci ; mais que, par contre, elle ne devait pas être assujettie à une portion des charges inhérentes aux bois affouagés.

Dans l'espèce, un arrêté de l'administration municipale du canton de Grozon, en date du 20 thermidor an IV, avait réuni à la commune de Tourmont le hameau des Soupois. Quelques années après, le préfet du département du Jura prit un arrêté, en date du 29 novembre 1810, pour enjoindre au maire de la commune de Tourmont de comprendre, dans la distribution de l'affouage de cette commune, les habitants du hameau des Soupois. Mais ladite commune demanda à l'empereur, en conseil d'Etat, l'annulation de cet arrêté du préfet, et soutint que la réunion qui avait été prononcée au point de vue de l'administration ne donnait aux habitants du hameau aucun droit sur les propriétés de la commune.

La contestation fut jugée dans les termes suivants par le conseil d'Etat :

NAPOLÉON...,

Vu, etc...

Considérant que, en principe général, la réunion des communes ne doit porter aucune atteinte à leurs droits respectifs de propriété, et que, s'il se présentait quelque cas d'exception, il devrait être consacré par un décret spécial ;

Considérant que les habitants du hameau des Soupois ne présentent, indépendamment de l'acte de leur réunion à la commune de Tourmont, aucun titre qui les constitue copropriétaires des bois appartenant à cette dernière commune ;

(1) Voir, par exemple, le décret du 9 mai 1811, qui réunit la commune de Guerting (Moselle) à la commune de Ham-sous-Wasberg (*Bulletin des lois*, 1811, n° 6799); — le décret du 29 juillet 1811, qui réunit la commune de Beuvange-sous-Saint-Michel à la commune de Volkrange (*Bulletin des lois*, 1811, n° 7146), — etc.

Qu'en conséquence, leur prétention à la distribution de l'affouage dont il s'agit n'est pas fondée;

Que, par suite et en vertu du même principe, les habitants du hameau des Soupois ne doivent être assujettis à aucune portion des charges inhérentes aux bois appartenant à la commune de Tourmont;

Notre conseil d'Etat entendu,

Nous avons décrété et décrétons ce qui suit:

ARTICLE PREMIER. — L'arrêté du préfet du département du Jura, du 29 novembre 1810, est annulé.

ART. 2. — Les habitants du hameau des Soupois sont renvoyés devant le préfet, à l'effet de faire, par lui, procéder, s'il y a lieu, au dégrèvement en leur faveur des sommes qui pourraient leur être indûment imposées à titre de part contributive aux charges inhérentes aux propriétés de la commune de Tourmont.

Toutefois, le conseil municipal de Tourmont sera autorisé à délibérer sur la question de savoir s'il convient à cette commune de faire participer les habitants du hameau des Soupois à la distribution de l'affouage, à la charge, par ces derniers, de supporter une part proportionnelle des contributions et des frais (1).

Une ordonnance du conseil d'Etat décida également que les réunions de communes étaient sans influence sur la jouissance des affouages, et que, malgré la réunion, la commune propriétaire conservait la jouissance exclusive de ses affouages (2).

De son côté, la cour de cassation avait jugé pareillement que la réunion de deux communes ne faisait acquérir ni à l'une, ni à l'autre des anciennes communes devenues sections, aucun droit de copropriété sur les biens qu'elles possédaient respectivement avant leur

(1) Voir *Bull. des lois*, année 1813, n° 8610. — On y avait inséré ce décret qui, on l'a vu, statuait simplement sur une contestation entre deux parties, et qui ne pouvait, dès lors, avoir force de chose jugée qu'entre elles, pour servir de règle générale à l'avenir.

(2) Arrêt du conseil d'Etat du 27 mai 1816 (DALLOZ, *Répert. alphab.*, V° *Forêts*, n° 1803, note 2), commune de Treveray c. hameau de Neuville :

« Louis, etc... Vu la requête à nous présentée au nom des habitants de la commune de Treveray, département de la Meuse, tendante à obtenir l'annulation d'un arrêté du conseil de préfecture de la Meuse, en date du 29 décembre 1813, qui admet les habitants du hameau de La Neuville-Treveray à la jouissance des affouages de la commune de Treveray ;

« Vu le mémoire en défense des habitants du hameau de La Neuville-Treveray, dans lequel ils établissent qu'ils sont de temps immémorial réunis à la commune de Treveray, et non depuis la Révolution seulement ;

« Vu le décret du 17 janvier 1813 ;

« Considérant que le droit que prétendent les habitants du hameau de La Neuville au partage des affouages de la commune de Treveray ne peut dépendre de leur réunion plus ou moins ancienne à cette commune, puisqu'il est constant qu'ils n'ont joui en aucun temps d'une part dans les affouages, et qu'il est de principe que la réunion des communes ne doit porter aucune atteinte à leurs droits respectifs de propriété ;

« ARTICLE PREMIER. — L'arrêté du conseil de préfecture du département de la Meuse, en date du 29 décembre 1813, est annulé... »

réunion, et notamment sur les terres vaines et vagues situées dans le territoire de chacune d'elles (1).

C'est également en ce sens que s'était prononcé le comité consultatif de l'*Ecole des communes* (2), dans un avis où il était dit :

Il est de principe que la réunion administrative des communes ou sections n'apporte aucun changement dans les droits respectifs de propriété ou d'usage des parties réunies. Ce principe, établi par l'art. 2, section Ire, de la loi du 10 juin 1793, et consacré définitivement par l'application qu'en a faite à l'affouage le décret du 17 janvier 1813, n'a point cessé d'être en vigueur ; il n'a rien, d'ailleurs, que de conforme à la justice et à l'intérêt bien compris des localités dont les droits particuliers ne doivent recevoir aucune atteinte par suite des changements que l'autorité supérieure juge convenable d'apporter dans leur circonscription, pour rendre leur administration plus facile.

En conséquence, lorsqu'une section ne possédait, avant sa réunion à une autre, aucun droit de propriété ou d'usage sur les biens appartenant à cette dernière, ses habitants ne sont nullement fondés à réclamer une portion d'affouages. C'est à tort qu'ils prétendraient que, parce qu'ils supportent leur part des charges municipales ordinaires, ils doivent participer au bénéfice dont il s'agit ; ce raisonnement n'est pas admissible, et, en effet, il faut considérer :

1° Que les charges auxquelles ils sont assujettis dans la commune dont ils viennent à faire partie, ils les supportaient dans la commune à laquelle ils appartenaient précédemment ;

2° Que s'ils jouissaient de l'affouage dans leur ancienne commune, ils doivent continuer à y être admis, et que, dans le cas contraire, ils n'ont rien perdu par l'effet de leur réunion ;

(1) Arrêt de la cour de cassation du 18 avril 1815 (DALLOZ, *Répert. alphab.*, V° *Commune*, n° 1817, note 2), commune de Roquefort c. commune de Montpezat :

« Attendu qu'il est jugé en fait par l'arrêt dénoncé que les communes de Montpezat et de Roquefort étaient, dans l'origine, deux communes distinctes et séparées, et qu'elles n'ont été réunies qu'en 1790... ;

« Que, depuis la réunion, la commune de Montpezat est devenue une section de la commune de Roquefort ; qu'ainsi, aux termes des art. 1er et 2, section Ire, de la loi du 10 juin 1793, et de l'art. 1er, section IV, de la même loi, les habitants de la section de Montpezat auraient eu seuls le droit de revendiquer, comme biens communaux, les terres vaines et vagues situées dans le territoire de l'ancienne commune de Montpezat, et que ce droit n'est pas devenu commun aux habitants de l'ancienne commune de Roquefort, qui sont restés étrangers au territoire et aux propriétés de la commune réunie, de même que les habitants de l'ancienne commune de Montpezat n'ont acquis, par la réunion, aucun droit sur les terres vaines et vagues qui peuvent être situées dans le territoire de la commune de Roquefort, telle qu'elle existait avant la réunion ; d'où il suit que l'arrêt dénoncé (de la cour de Montpellier du 10 juillet 1813), loin d'avoir violé, dans l'espèce, la loi du 10 juin 1793, en a fait, au contraire, une juste application...,

« Rejette. »

Voir également : Cass., 28 février 1828 ; — conseil d'Etat, 26 février 1823 (commune d'Asnières), et 17 mars 1835 (Carpentier) — (arrêts rapportés dans le *Dict. gén. d'adm.*, de M. BLANCHE, 1884, V° *Commune*, p. 491) ; — et Cass., 20 novembre 1865, D. 1866. 1. 274.

(2) Année 1833, p. 163, n° 16.

3° Enfin, que les charges qu'ils supportent sont communes à tous les contribuables, soit qu'ils aient ou n'aient pas d'affouages, et qu'il suffit qu'ils ne contribuent pas, comme ils en ont le droit, aux charges assises sur les bois affouagés, pour qu'ils ne puissent se prévaloir du paiement de tout autre impôt local.

Enfin, la même opinion avait été adoptée par de nombreux auteurs, soit antérieurs, soit postérieurs à la loi du 18 juillet 1837 (1).

§ 2.

Réunion d'une simple fraction de commune.

Si, au lieu d'une commune ou d'une section de commune, la réunion ne comprenait qu'une ferme ou quelques domaines ou maisons, la solution était-elle la même? On n'hésitait pas à répondre affirmativement, et l'on admettait que, quelque petite que fût la fraction de territoire annexée à une commune, quand même elle ne se serait composée que d'une seule habitation, ses habitants conservaient les droits de copropriété ou de jouissance qu'ils pouvaient avoir sur les biens de la commune ou de la section dont ils faisaient antérieurement partie, mais n'en acquéraient aucun sur ceux de la commune dont ils devenaient membres.

C'est ce qu'avait décidé un arrêt de la cour de Besançon, du 28 février 1828, qui était intervenu dans les circonstances suivantes (2):

(1) Nous citerons par exemple : MM. Proudhon et Curasson, *Traité des droits d'usage*, 2e édit., 1836, t. III, n° 860. — M. Jèze, article *Commune*, inséré dans le *Dict. gén. d'adm.*, de M. Blanche, 1884, p. 490. — M. Ducrocq, *Cours de droit administratif*, 5e édit., 1877, t. II, p. 584, n° 1490. — M. Block, *Dict. de l'adm. franç.*, 2e édit., 1877, Vo *Organisation communale*, p. 1360, n° 22. — M. Aucoc, *Sections de commune*, nos 121 et 122. — M. Dufour, *Droit administratif appliqué*, 3e édit., 1870, t. III, p. 508, n° 464. — M. Dalloz, *Répert. alphab.*, Vo *Forêts*, n° 1803, et Vo *Commune*, nos 1816 et 186.

« Ainsi, disait cet auteur, ce que chaque habitant aurait pu acquérir individuellement par la translation de son domicile dans une commune, la généralité ne peut l'obtenir par la réunion légale et simultanée de leur commune à une autre commune. La raison en est que le Gouvernement qui a le pouvoir, pour l'exercice de la police ou pour régler le ressort territorial des juridictions, de réunir plusieurs communes ou sections en une seule municipalité, est évidemment sans qualité pour modifier le droit de propriété, et pour adjuger ainsi à des étrangers, par le seul fait d'une réunion prononcée, un droit de participation dans les biens d'une commune. Une pareille conséquence, si elle pouvait exister, serait aussi étrangère au fait dont on voudrait la tirer que contraire à tous les principes du droit sur le mode d'acquérir et de transmettre la propriété. »

Voir également : *Répertoire d'administration municipale*, Vo *Distraction*, p. 725, art. 4.

(2) Voir Dalloz, *Répert. alphab.*, Vo *Commune*, n° 1818, note 3, — ou *Rec. périod.*, 1828. 2. 220.

Le 16 mars 1807, un décret avait réuni à la commune de Champagney une partie de la ferme ou domaine du Carouget, qui, jusque là, avait dépendu de la commune de Champvans ; et, par l'effet de cette réunion, les bâtiments de la ferme se trouvèrent compris dans la circonscription territoriale de la commune de Champagney. Sur ces entrefaites, la veuve Bonnet, propriétaire, et le sieur Marle, fermier du domaine du Carouget, prétendirent avoir droit à la distribution de l'affouage et des futaies dans les bois de cette commune.

Le 28 août 1826, le tribunal de Besançon rejeta cette prétention ; puis, le 28 février 1828, la cour d'appel de cette ville confirma ce jugement et s'en appropria les motifs ainsi conçus :

Attendu que le décret du 16 mars 1807 n'a réuni le domaine du Carouget à la commune de Champagney que sous le rapport de la police administrative, et n'a pu porter atteinte aux droits respectifs de propriété de l'un ou de l'autre, droits qui, d'ailleurs, ont été formellement réservés par le décret; — attendu que les biens communaux sont la propriété du corps de la commune, et que leurs produits sont dévolus à ses habitants; — qu'à la vérité le domaine du Carouget fait aujourd'hui partie de la commune de Champagney, et que ses habitants sont devenus membres de cette commune; mais que de l'égalité des droits qu'établit, quant à l'administration, cet état de choses entre les anciens et les nouveaux habitants de Champagney, ne suit pas nécessairement une égalité pareille quant à la propriété et à la jouissance des biens communaux appartenant à la commune défenderesse avant la réunion;

Que les biens communaux étant originairement laissés en commun pour l'avantage des habitants, les droits à la propriété et à la jouissance sont des droits réels, inhérents à l'ancien territoire; en sorte que les rapports de ces sortes de biens aux autres fonds du territoire sont ceux d'un fond servant à un fond dominant; — qu'en étendre la participation aux terres nouvellement réunies, ce serait blesser le droit de propriété à l'égard des terres anciennes, qu'on dépouillerait évidemment;

Qu'il n'existe aucune raison de différence entre l'hypothèse actuelle et celle d'un village ou hameau qui, par l'effet d'une réunion semblable, devient section d'une autre commune; — que, dans ce cas, il est reconnu que la commune ainsi accrue et le village qui lui est réuni conservent réciproquement leur territoire et leur propriété; — qu'il en doit être de même dans l'espèce et que les habitants du Carouget n'ont pas plus de droit, par suite de la réunion, de prendre part aux affouages ou aux futaies de Champagney que cette commune n'en aurait à comprendre parmi ses bois celui qui dépend de ce domaine,

Rejette...

Le comité de l'Intérieur du conseil d'Etat s'était prononcé dans le même sens par un avis en date du 25 octobre 1833.

Dans l'espèce, une ordonnance royale du 8 février 1832 avait réuni à la commune de Puilly une fraction de territoire qui ne comprenait qu'une ferme, et, à la suite de cette ordonnance, le préfet du département des Ardennes avait pris un arrêté qui autorisait le sieur Lustoubourg, propriétaire de cette ferme, à participer à la distribution des affouages de la commune annexante. Le conseil municipal de cette commune forma une réclamation devant le ministre de l'Intérieur, et le comité, consulté sur cette affaire, fut d'avis qu'il y avait lieu d'annuler l'arrêté du préfet par les motifs suivants (1):

Considérant que l'ordonnance qui a prononcé la réunion de la ferme du sieur Lustoubourg à la commune de Puilly a expressément statué que cette réunion avait lieu sans préjudice des droits d'usage et autres réciproquement acquis; — qu'aux termes de la loi du 10 juin 1793 et du décret du 17 janvier 1813, le bénéfice des fruits communaux appartient exclusivement, sauf titres ou usages contraires, aux habitants demeurant sur le territoire de la commune ou de la section propriétaire du fonds; — que le sieur Lustoubourg ne produit aucun titre et n'allègue aucun usage dans la commune de Puilly qui puisse appuyer sa prétention, et qu'en fait la ferme du sieur Lustoubourg, composée de plusieurs bâtiments, ne peut être considérée que comme une section réunie au corps de la commune de Puilly, pour l'ordre de l'administration, mais n'ayant acquis par cette réunion aucun droit sur les propriétés qui appartenaient à la commune avant la réunion.

Enfin, les mêmes principes avaient été nettement adoptés par de nombreux auteurs, notamment par MM. Proudhon et Curasson (2), par M. Meaume (3), par M. Aucoc (4), par M. Jèze (5), par M. Dalloz (6), etc.

Seul le ministre de l'Intérieur, dans deux décisions en date du 23 vendémiaire an XI et du 16 juin 1814 (7), avait repoussé cette doctrine; mais il n'avait pas tardé à se rallier à l'opinion de la majorité.

Ainsi donc et en résumé, lorsqu'une commune, une section de commune ou une fraction de commune était réunie à une autre commune, chaque section ou fraction de territoire conservait ses droits propres et n'en acquérait aucun sur les biens de l'autre.

On avait conclu de là que les propriétaires des maisons bâties, sur le territoire d'une ancienne commune ou d'un hameau rattaché

(1) Nous empruntons cet avis à M. Aucoc, *Sections de commune*, n° 121.

(2) *Traité des droits d'usage*, 2e édit., t. III, n° 966, p. 466...

(3) *Commentaire du Code forestier*, 1845, t. II, n° 846, p. 201.

(4) *Sections de commune*, n° 121, p. 281.

(5) Article *Commune*, dans le *Dict. gén. d'adm.*, 1884, p. 489.

(6) *Répert. alphab.*, V° *Forêts*, n° 1806,—et *Code forestier annoté*, art. 105, n°s 242, 252 à 256.

(7) Ces décisions sont rapportées et combattues par M. Proudhon, *op. cit.*, n°s 966 à 973

à une autre municipalité, postérieurement à la réunion, devaient avoir, comme les propriétaires des maisons bâties sur ce même terrain, mais avant l'annexion, droit aux seuls affouages de leur section, mais non à ceux de l'autre.

La question avait été soumise au journal l'*Ecole des communes*, dont le comité consultatif répondit (1) :

Il est de principe que les réunions de communes ne peuvent porter aucune atteinte aux droits de propriété ou d'usage dont elles jouissaient respectivement avant leur réunion.

En demandant si les propriétaires de maisons bâties depuis cette réunion doivent participer aux droits d'usage de la nouvelle commune, telle qu'elle se trouve composée par sa réunion à une autre, on objecte contre l'application du principe que nous venons de rappeler que les propriétaires de ces maisons nouvellement bâties tirent leurs droits de leur qualité d'habitants, qu'ils n'ont que depuis la réunion, et l'on en conclut que, n'ayant joui précédemment d'aucun droit d'usage ni dans l'une, ni dans l'autre localité, ils doivent se trouver naturellement appelés à profiter de ces droits dans les deux communes qui, pour eux, n'en ont jamais formé qu'une seule.

Cette objection est plus spécieuse que fondée ; et, en effet, si l'exercice des droits d'usage dans une commune est attaché essentiellement à la qualité d'habitant, d'un autre côté ces droits sont inhérents au territoire même dont la circonscription, à leur égard, est et doit rester invariable ; et ils ne sont dès lors susceptibles d'aucune autre modification que de celle qui résulte du nombre plus ou moins grand des habitants de ce territoire.

Ainsi, tous ceux qui habitent ou viendront habiter par la suite dans l'enceinte de la circonscription territoriale d'une commune réunie à une autre, ont seuls droit aux affouages, et c'est dans ce sens seulement qu'il faut entendre que la réunion des communes n'opère pas la confusion des droits particuliers à chaque localité.

Il en est de même, sans aucun doute, à l'égard des fractions de communes qui sont distraites d'une localité pour être réunies à une autre, puisque, comme on vient de le dire, c'est au territoire, avant tout, que sont attachés les droits d'usage auxquels les habitants ont droit.

Toutefois, et pour remédier aux inconvénients pratiques qui pouvaient résulter de cet état de choses, on avait admis que des arrangements amiables pouvaient intervenir entre les parties intéressées au sujet des biens qu'elles possédaient.

Ainsi M. Migneret s'était demandé si une commune, à laquelle on aurait réuni un hameau privé d'affouages, ne pourrait pas l'admettre à participer à ceux qu'elle possédait ; et, réciproquement, si une section distraite d'une commune et conservant son affouage dans le bois de celle-ci, ne pourrait pas y renoncer

(1) *Ecole des communes*, année 1834, p. 368.

par voie d'arrangement amiable. — « Ces arrangements, disait-il, peuvent avoir lieu à deux époques différentes. — Si le traité se conclut au moment même de l'acte de réunion ou de séparation, il sera parfaitement légal et obligatoire, car il aura pour cause cet acte même, et sera considéré comme une des conditions qui l'ont fait consentir. Il nous a paru résulter de la discussion de la loi à la Chambre des députés que le droit pour les communes de régler les effets de leur séparation ou de leur réunion, sous la tutelle et la surveillance du Gouvernement, avait été expressément reconnu. — Si, au contraire, c'est postérieurement à la réunion qu'un arrangement, par lequel une section réunie serait admise aux affouages de la commune à laquelle elle a été réunie, est proposé, il nous paraît évident qu'il peut être adopté, et le décret du 17 janvier 1813 le reconnait également, parce qu'en repoussant la réclamation des habitants du hameau des Soupois contre la commune de Tourmont, il appelle le conseil municipal de cette commune à délibérer s'il ne lui conviendrait pas de faire participer les habitants du hameau, à la charge de supporter une part proportionnelle des contributions et des frais. Il est, en effet, une foule de raisons qui peuvent légitimer un pareil acte. Qu'on ne dise pas que c'est une pure libéralité, et que la donation n'est jamais pour la commune une juste cause d'aliéner; car d'une part il n'y a point ici aliénation d'une propriété communale au profit d'une autre commune, mais simplement admission aux avantages communs des nouveaux habitants qui, appelés par la réunion à suivre la fortune et à partager la vie civile de la commune, y seront d'autant plus attachés qu'ils y seront placés avec une plus parfaite égalité. La réunion a augmenté l'importance de la commune, et l'admission aux bénéfices communs est un moyen de l'accroître encore. — Il y aurait plus de difficultés pour le cas où une section séparée voudrait renoncer à un droit qu'elle aurait conservé dans le bois de la commune dont elle est distraite. Il ne reste plus entre elle et cette commune aucun lien moral, et, par conséquent, il n'y a plus de raison de bonne administration qui puisse motiver un semblable abandon. Il faudrait, dès lors, qu'il eût pour motif l'avantage réel de cette section, et que le sacrifice qu'elle proposerait fût la compensation d'un sacrifice analogue de la commune mère. Ce serait à l'administration supérieure à juger du mérite de ce contrat, dans l'intérêt commun, avant de l'autoriser. » (1).

(1) *Traité de l'affouage*, 1840, n° 241, p. 371 et suiv. — Voir dans le même sens : MEAUME, *Comment. du Code forestier*, t. II, n° 846, p. 202. — On lit également dans le *Code municipal annoté*, de MM. LEBER et DE PUIBUSQUE (p. 348) : « Les Chambres ont compris que les intérêts de jouissance, nés de positions, d'habitudes et de besoins qui varient à l'infini, peuvent se modifier par tant de circonstances propres à leur donner une importance dominante dans le pacte du changement, qu'un droit inflexible et absolu, tel que celui que la loi du 18 juillet 1837 établit (art. 6), n'aurait fait qu'accroître les inconvénients d'une mesure déjà trop féconde en difficultés; qu'il aurait rendu le pacte impossible et le changement désastreux dans une foule de circonstances où la conciliation des intérêts ne peut s'effectuer que par des transactions. C'est au ministre de l'Intérieur qu'il appartiendra d'examiner et d'apprécier la position et les demandes des parties intéressées, pour l'exécution de l'art. 7. Et rien n'empêchera sans doute que les conditions, réglées sur sa proposition, ne soient le résultat d'arrangements amiables, consentis par les conseils municipaux, appuyés de l'avis favorable du préfet. Ce sera même le cas le plus ordinaire ; les droits de commune jouissance surtout seront réglés bien moins par des actes de juge que par des transactions. »

Il était enfin reconnu que l'ancienneté de la réunion n'avait aucune influence sur les droits réciproques des communes annexées, à moins, bien entendu, que la commune réunie ne pût invoquer en sa faveur le bénéfice d'une prescription acquise par une longue possession nettement caractérisée.

On lit, par exemple, dans l'*Ecole des communes :*

« QUESTION. — La paroisse de L... a été réunie en 1790 à celle de P..., et toutes deux réunies n'ont formé qu'une seule commune jusqu'en 1875, époque à laquelle L... a été érigée en commune distincte. La commune de P... possède des biens communaux situés sur le territoire de L..., et ce, en vertu d'un titre ancien (1496). Ce titre ne reconnait aucun droit à L... — Le fait de la réunion de L... à P... pendant 85 ans, accompagné de la jouissance commune de ces biens par les deux sections, a-t-il procuré à celle de L... un droit quelconque, et comment pourrait-on le faire valoir ?

« RÉPONSE DU COMITÉ CONSULTATIF. — La loi qui a érigé en commune distincte L... réserve expressément les droits d'usage et autres qui peuvent être respectivement acquis (lois des 11-28 septembre 1875). L'exposé qui précède établit-il que L... ait acquis des droits particuliers sur les communaux de P... ? Le comité hésite à le croire. En effet, si pendant 85 ans P..., qui avait le droit, en vertu d'un titre incontesté, de jouir seule de ses communaux, a admis à cette jouissance les habitants de L..., ceux-ci n'ont pu, par cela seul, acquérir un droit de copropriété. Ce droit n'aurait pu s'établir qu'autant que L... aurait, à une certaine époque, manifesté la prétention de jouir comme copropriétaire des biens dont il s'agit. Si les faits constitutifs de cette prétention se sont produits, s'ils ont été établis par des preuves admissibles en justice, si, par conséquent, la section (aujourd'hui commune) de L... peut les invoquer, alors, mais seulement alors, la prescription trentenaire lui aurait procuré le droit qu'elle semble désirer, parce qu'elle aurait joui en qualité de copropriétaire. Dans ce cas, elle aurait agi sagement en faisant valoir ces droits au moment de son érection en commune distincte. Toutefois, il serait encore temps de les faire consacrer, s'ils existent. Mais si rien de semblable ne peut être allégué contre la commune de P..., si son droit exclusif de propriété a toujours été reconnu, ce droit semble inattaquable, et le comité ne pense pas que le conseil de préfecture autoriserait L... à entamer un procès d'une issue aussi peu douteuse. » (1).

(1) *Ecole des communes*, 1882, p. 313, n° 41. — Conf. *Répert. d'adm. municip.*, V° *Affouage*, n° 61.

SECTION II

Sous la loi du 5 avril 1884.

Telles étaient les règles que l'on suivait dans la pratique et qui avaient été adoptées par la jurisprudence et par la grande majorité des auteurs, lorsque survint la loi du 5 avril 1884.

Cette loi qui contient, comme on l'a vu, certaines dispositions relatives aux biens appartenant à une section de commune d'une manière exclusive (art. 7, § 3), ne fait nulle part mention des biens dont la section était copropriétaire avec la commune dont elle faisait antérieurement partie. D'autre part, pendant la préparation de cette loi, loin de songer à déroger aux traditions, on y a, au contraire, renvoyé formellement M. Batbie (1).

Nous croyons donc pouvoir établir, comme vraies et bien fondées, les règles suivantes :

ARTICLE 1er

DISTRACTION

Lorsqu'une section, ou plus simplement lorsqu'une fraction de territoire est distraite de la commune dont elle faisait partie, soit pour être érigée en municipalité distincte, soit pour être réunie à une autre commune, cette parcelle détachée conserve, malgré la séparation, tous les droits de propriété et de jouissance qu'elle pouvait avoir sur les biens communaux ou patrimoniaux de la commune démembrée.

C'est en ce sens que s'est prononcée la cour de Paris, dans un arrêt en date du 23 décembre 1887 (2), intervenu dans les circonstances suivantes :

Une loi, en date du 12 mai 1883, avait distrait de la commune de Larzicourt (Marne) une de ses sections connue sous le nom de La Rue-sur-Blaise, pour la réunir à une autre commune, celle d'Arrigny. Des contestations s'étant élevées sur différents points, entre autres sur celui de savoir si la section distraite avait droit à une part des biens de la commune de Larzicourt, le maire de la commune

(1) Sénat, séances des 7 février, 28 février et 8 mars 1884. (*Trav. prép.*, p. 299, 420 et 496.)

(2) Voir *Revue générale d'administration*, 1888. 1. 69, — et DALLOZ, 1888. 2. 217.

d'Arrigny, agissant au nom de la section de La Rue-sur-Blaise, assigna la commune de Larzicourt devant le tribunal civil de Vitry-le-François, qui rendit, à la date du 4 juin 1885, un jugement où nous relevons les considérants suivants :

Sur la propriété :

Attendu que les parties ont plaidé et conclu sur ce chef sans le distinguer, il est vrai, de la demande en partage, mais d'une façon assez explicite pour que le tribunal doive retenir la cause, et y statuer ainsi qu'il lui appartient ;

Attendu qu'il n'y a pas lieu de s'occuper des édifices et des immeubles servant à un usage public, la loi elle-même en ayant réglé la propriété, sauf au pouvoir administratif à régler les indemnités, s'il y a lieu ;

Qu'il en est de même pour le règlement du budget et des frais réclamés pour la séparation de La Rue-sur-Blaise d'avec Larzicourt ;

Attendu que si les biens *communaux* et *patrimoniaux* sont la propriété de l'être moral appelé commune, les habitants n'en ont pas moins sur les dits biens un droit personnel inhérent au fait de l'habitation ;

Attendu que les habitants de la fraction ou section de La Rue-sur-Blaise étaient et sont restés jusqu'au jour de la séparation habitants de Larzicourt ;

Attendu qu'ils ont joui, à ce titre, de tous les droits des habitants, et que cet état, qu'on le fasse remonter à 1672, époque où les registres de l'état-civil témoignent de l'existence de La Rue-sur-Blaise, ou à une époque antérieure à 1597, date à laquelle Gabrielle d'Estrées acquit la baronnie de Larzicourt et le duché de Beaufort, était plus que deux fois séculaire ;

Que les habitants de La Rue-sur-Blaise ne sont donc pas des étrangers à Larzicourt ;

Qu'ils ont, au contraire, toujours exercé leurs droits dans les biens de Larzicourt, dont ils étaient habitants ;

Attendu que la distraction d'un groupe d'habitants d'avec la commune de Larzicourt ne peut avoir pour effet de rien modifier aux droits préexistants, et de faire perdre à La Rue-sur-Blaise ce qui lui appartient ;

Qu'il y a donc lieu de reconnaître la copropriété de La Rue-sur-Blaise dans les biens communaux de Larzicourt ;

Par ces motifs,

Sans s'arrêter aux biens affectés à un usage public ni à la demande en paiement des crédits budgétaires et des frais de séparation,

Dit que La Rue-sur-Blaise est copropriétaire avec la commune de Larzicourt des biens communaux et patrimoniaux appartenant à cette commune.

La commune de Larzicourt interjeta appel contre ce jugement ; mais la cour de Paris, par arrêt en date du 23 décembre 1887, confirma purement et simplement le jugement du tribunal de Vitry, en adoptant les motifs des premiers juges.

A propos de cette affaire, M. l'avocat général Rau présenta d'intéressantes conclusions que nous croyons devoir reproduire. On y trouvera un excellent résumé des règles que nous avons jusqu'ici exposées (1).

Après avoir recherché, en premier lieu, si l'agglomération connue sous le nom de La Rue-sur-Blaise avait eu, dès avant la séparation, le caractère d'une véritable section de commune, et après s'être prononcé dans le sens de l'affirmative, en se fondant sur ce que l'administration avait toujours reconnu une personnalité juridique particulière à cette fraction, qui était, d'ailleurs, propriétaire exclusive de différents immeubles affectés à des services publics, M. Rau ajoutait :

Les sections de commune, à raison de leur condition juridique spéciale, ont fréquemment des droits de deux natures différentes. Elles possèdent en propre un patrimoine dont elles jouissent exclusivement. Mais à côté des biens qu'elles détiennent ainsi privativement, elles peuvent avoir sur le domaine de la commune dont elles dépendent des droits égaux à ceux qui sont attribués au surplus du territoire communal.

Tel était précisément le cas de La Rue-sur-Blaise, dont les habitants ont, depuis un temps immémorial, joui des biens communaux de Larzicourt, exactement au même titre que les citoyens fixés sur les autres portions du sol de cette commune.

Lorsqu'une situation de cette nature se rencontre, quels sont les effets de la loi qui vient distraire la section de son ancienne circonscription administrative pour la rattacher à une commune voisine ?

Question délicate, dont la solution, en ce qui concerne notre affaire, doit être cherchée exclusivement dans la loi du 18 juillet 1837, en vigueur au moment où La Rue-sur-Blaise a été réunie à Arrigny. *Il convient, d'ailleurs, de remarquer que les règles posées par cette loi ont été maintenues et simplement développées sur certains points par la nouvelle loi municipale du 5 avril 1884.*

Or, aux termes de l'art. 6 de la loi de 1837, en cas d'annexion d'une section à une nouvelle commune, les édifices et autres immeubles servant à usage public deviennent, de plein droit, la propriété de cette nouvelle commune. Il y a là une sorte d'expropriation, mais qui est tout à l'avantage de la section, car, ainsi que le faisait remarquer le rapporteur de la loi, M. Vivien, la propriété des biens affectés à un service public entraîne beaucoup plus de charges que de profits. Remarquons en passant que cette mutation pourra, dans certains cas, donner ouverture à des réclamations d'indemnité, mais leur règlement est une de ces questions de détail que doit trancher le décret complétant la loi d'annexion.

Voilà pour les immeubles affectés à un service public. Que décider relativement aux autres biens ? L'art. 6 porte que la section de commune érigée en

(1) Nous empruntons ces conclusions à la *Revue générale d'administration*, *loc. cit.*, — et au journal *Le Droit*, du 30 décembre 1887.

commune séparée ou réunie à une autre commune emportera la propriété des biens qui lui appartiennent exclusivement.

La disposition est très incomplète. D'une part, l'art. 6 ne statue que sur la propriété et non sur la jouissance des biens dont il fixe le sort. D'autre part, ce texte ne renferme aucune réglementation en ce qui concerne les biens que la section possédait indivisément avec la commune dont elle s'est trouvée détachée.

Ce laconisme de la loi a nécessité l'intervention de la jurisprudence. Voici les résultats auxquels elle est arrivée.

Occupons-nous d'abord de la jouissance des biens dont la section emporte avec elle la propriété. A cet égard, il a été fait une distinction : appliquant par analogie l'art. 5, l'on a admis que la section conservait la jouissance exclusive des biens dont les fruits étaient perçus en nature, mais que le produit des biens patrimoniaux devait, au contraire, tomber dans la caisse de la nouvelle commune. Cette double solution a été consacrée par l'art. 7 de la loi du 5 avril 1884.

Arrivons aux biens dont la section n'avait pas la propriété exclusive. Le législateur de 1884 ne les mentionne pas plus que son devancier de 1837, et cette circonstance, rapprochée de la rédaction des textes, porterait à croire que la distraction fait perdre à la section tout droit sur cette catégorie de biens. Nous estimons qu'une solution de cette nature serait en opposition avec les véritables principes de la matière.

Il est parfaitement vrai que le domaine communal est la propriété de l'être moral, la commune. Mais il n'est pas moins constant que les habitants de la commune ont, à la jouissance de ce domaine, un véritable droit acquis. C'est l'exercice d'une sorte de copropriété, que la loi du 10 juin 1793 avait même temporairement transformée en une copropriété ordinaire.

Eh bien ! ce droit, attaché au sol, on ne saurait y porter atteinte contre le gré du communiste, et il est impossible d'assimiler à un abandon volontaire du territoire la modification apportée aux limites de la commune par l'autorité, dans un intérêt purement administratif. Réciproquement il faut reconnaître, en vertu du même droit acquis, que les habitants de la nouvelle commune sont fondés à exclure l'annexé de toute participation aux biens dont ils jouissaient exclusivement avant la réunion. Ce principe du maintien des droits respectifs, déjà proclamé par un décret du 17 janvier 1813, a été appliqué d'une manière constante par la jurisprudence, qui est venue sur ce point compléter l'art. 6 de la loi de 1837.

M. Rau citait ensuite un arrêt de la Chambre des requêtes du 18 juillet 1861 (1), un arrêt de la Cour de Poitiers du 8 juin 1862 (2), un arrêt de la cour de cassation du 26 avril 1865 (3); puis il ajoutait :

(1) D. 1862. 1. 85. — Rapporté ci-dessus, section Ire, art. Ier, § 1, p. 415 et suiv.

(2) D. 1862. 2. 38. — Nous reviendrons sur cet arrêt lorsque nous nous occuperons, dans le chapitre II ci-dessous, des effets des remaniements territoriaux sur les biens de l'assistance publique.

(3) D. 1865. 1. 301. — Voir également ci-dessus, section Ire, art. Ier, § 1, p. 418 et suiv.

Jusqu'à présent, j'ai raisonné dans l'hypothèse où il serait admis que La Rue-sur-Blaise constituait une section proprement dite de Larzicourt. Si la cour hésitait à lui reconnaître ce caractère, la solution du procès devrait-elle être différente? Nous ne le pensons pas. Les droits des habitants d'une fraction de commune n'ayant pas d'individualité propre dans la commune sont aussi respectables que ceux des habitants d'une section. Il n'existe aucune raison juridique de distinguer. C'est en ce sens que s'est prononcé M. Aucoc (1); et cette doctrine nous semble irréprochable.

Cet arrêt de la cour de Paris a été confirmé par un arrêt de la cour de cassation du 16 avril 1889 (2), qui est ainsi conçu :

La cour,

Sur le moyen unique tiré de la fausse application des art. 5 et suivants de la loi du 18 juillet 1837, des art. 7 et suivants de la loi du 5 avril 1884, de la violation de l'art. 542 du Code civil et d'un défaut de motifs ;

Attendu que l'arrêt attaqué reconnaît un droit de copropriété sur les biens communaux et patrimoniaux de Larzicourt, non pas aux habitants de La Rue individuellement, mais à La Rue-sur-Blaise considérée comme section de commune, qualité dont ce groupe d'habitations s'est trouvé investi *ipso facto*, du moment où sa séparation d'avec la commune de Larzicourt lui a créé des intérêts distincts de ceux de ladite localité;

Attendu que les décisions de l'autorité publique qui, dans un intérêt administratif, séparent des fractions de communes, ne peuvent exercer aucune influence sur les droits de propriété ou de copropriété dont ces fractions étaient précédemment saisies;

Que de ce principe, formellement réservé par la loi du 12 mai 1883 sur la délimitation de la commune de Larzicourt, il résulte que le village de La Rue-sur-Blaise doit être maintenu dans la copropriété indivise des biens de la communauté dont il a été distrait par ladite loi;

Qu'en statuant ainsi, la cour d'appel de Paris, loin de violer les dispositions de lois visées plus haut, en a fait, au contraire, une juste application,

Rejette, etc.

Nous pouvons citer dans le même sens un jugement du 3 juin 1889, par lequel le tribunal de Baume-les-Dames a décidé que la séparation d'un hameau d'une commune pour être incorporé à une autre commune n'empêche pas ses habitants d'être maintenus au rang des affouagistes de la commune dont ils ont été séparés administrativement.

Voici dans quels termes est conçu ce jugement:

(1) *Sections de commune*, n° 119.

(2) Sirey, 1890. 1. 12. — D. 1890. 1. 224, et la note.

Le tribunal,

Attendu que Courtot conclut à ce que la commune de Châtillon-Guyotte soit condamnée à l'inscrire sur la liste affouagère et à lui délivrer les affouages depuis l'année 1886, sinon à lui en payer la valeur ;

Attendu que la commune défenderesse soutient que Courtot, étant domicilié sur le territoire de la commune de Pouligney, doit être débouté de sa demande ;

Attendu qu'il est constant que le Moulin-de-Quennecey, habité par le demandeur, faisait partie de la commune de Châtillon-Guyotte jusqu'à l'année 1825, époque à laquelle il a été réuni par mesure administrative à la commune de Pouligney ;

Attendu que le tribunal doit donc rechercher si le droit d'affouage que possédaient les habitants d'un hameau, en tant que faisant partie d'une commune, peut être anéanti en vertu d'une simple décision administrative rattachant ce hameau à une autre commune ;

Attendu que le droit d'affouage dérive directement d'un droit de propriété appartenant à la collectivité des habitants d'une commune ;

Attendu que la propriété est un droit essentiellement réel, qu'un arrêté émanant de l'administration ne peut modifier ;

Attendu que Courtot ou ses auteurs avaient, antérieurement à 1826, des droits incontestables sur les domaines communaux de Châtillon-Guyotte ;

Attendu qu'il n'a jamais manifesté l'intention de renoncer à ses avantages et que ses droits doivent subsister, puisqu'aucune loi n'est intervenue pour l'en priver ;

Attendu que c'est par le seul fait de l'administration que les habitants du Moulin-de-Quennecey ne remplissent plus les conditions exigées par l'art. 105 du Code forestier pour être compris au rang des affouagistes de la commune de Châtillon-Guyotte, qu'ainsi il ne peut être fait aux dits habitants un grief d'exercer leur droit de citoyen à Pouligney ;

Attendu que cette théorie a déjà été consacrée par deux jugements de ce siège en date des 15 juillet 1831 et 14 février 1833 ; que, d'ailleurs, la commune défenderesse s'était soumise, depuis cette époque jusqu'en 1886, à délivrer l'affouage aux habitants du Moulin-de-Quennecey ;

Par ces motifs,

Condamne la commune de Châtillon-Guyotte à inscrire le demandeur sur la liste affouagère de l'année courante... (1).

D'un autre côté, les auteurs qui ont commenté la loi du 5 avril 1884 n'ont pas hésité à adopter les mêmes principes. Nous citerons,

(1) Voir *Rev. gén. d'adm.*, 1889, t. III, p. 434. — La loi du 5 avril 1884 n'est pas visée dans ce jugement, pas plus, d'ailleurs, que dans l'arrêt précité de la cour de Paris du 23 décembre 1887. Ces décisions, en effet, bien qu'elles aient été rendues après la promulgation de la nouvelle loi municipale, n'ont pas eu à en faire l'application, attendu qu'il s'agissait d'interpréter et d'exécuter des lois ou ordonnances bien antérieures. Mais il est certain que la solution eût été la même, si la matière eût été régie par la loi du 5 avril 1884.

par exemple, M. Roussel (1), M. Morgand (2), M. Dalloz (3), M. Batbie (4).

Toutefois, cet auteur maintient, sous la nouvelle législation, la distinction qu'il avait établie dans sa première édition entre les biens communaux proprement dits et les biens patrimoniaux. « Supposons d'abord, dit-il, que dans la commune dont une fraction est détachée, il y eût des immeubles dont les habitants jouissaient en nature. La séparation ne portera pas atteinte à la jouissance des habitants séparés. Ainsi, le pâturage et l'affouage appartiendraient aux habitants, comme par le passé, et la portion distraite sera copropriétaire avec la commune dont elle est détachée. — Mais, ajoute-t-il, la section distraite, qui, d'après la loi, emporte la propriété des biens (patrimoniaux) qui lui appartiennent exclusivement, n'aura-t-elle donc aucun droit sur les biens (de même nature) appartenant à la commune dont elle est séparée ? Ces biens, à notre avis, appartiennent à la commune personne morale, non aux habitants comme propriétaires indivis, et, en cas de distraction, la commune subsiste et reste propriétaire des biens qui lui appartenaient. La fraction détachée n'a jamais été propriétaire de ces objets ; ses habitants n'ont eu sur ces biens aucun droit spécial ; la distraction ne lui donne pas un droit qu'elle n'avait pas antérieurement. Réunie à une autre commune, elle trouvera une compensation dans le patrimoine de celle-ci. Si elle est constituée en commune séparée, l'acte, qui lui donnera une existence propre, fixera les conditions de la séparation et pourra, en suivant les conditions légales, lui attribuer une part de biens. On pourrait procéder dans le même sens, dans le cas d'annexion, si la commune à laquelle la fraction serait réunie n'avait pas de biens communaux, tandis que la commune dont elle est séparée en avait de considérables. » (5).

Enfin, les lois portant distraction de communes réservent souvent d'une manière expresse les droits de la section distraite sur les biens meubles ou immeubles de la commune démembrée ; elles disposent alors tantôt que ces biens seront partagés de suite et dans des proportions déterminées (6) ; tantôt qu'ils resteront provisoire-

(1) *Répert. du droit adm.*, V° *Commune*, n° 359.

(2) *Comment. de la loi du 5 avril* 1884, 3e édit., t. I, p. 93.

(3) *Code des lois administratives*, V° *Commune*, nos 6844 et suiv., — et *Suppl. au Répert. alphab.*, V° *Commune*, nos 52 et suiv.

(4) *Traité de droit pub. et adm.*, 2e édit., t. V, nos 166 et 167.

(5) M. Batbie entend manifestement désigner ici par « *biens communaux* » les biens qui étaient affermés avant la distraction, c'est-à-dire les biens patrimoniaux.

(6) Voir, par exemple, les lois des 28 février 1887, art. 3, — 29 mai 1888, art. 3, — 19 juin 1889, art. 5 et 6, — 24 juin 1889, art. 4, — 20 juillet 1889, art. 3, —17 novembre 1890, art. 3, etc.

ment dans l'indivision, et, dans ce dernier cas, elles fixent soigneusement la base d'après laquelle devront être répartis entre les parties intéressées les fruits qu'ils sont susceptibles de rapporter (1).

ARTICLE 2.

RÉUNION

Lorsqu'une commune est réunie à une autre commune, ou qu'une fraction de territoire est distraite d'une commune pour être rattachée à une autre, chacune des sections de la nouvelle commune conserve la propriété exclusive de ses biens patrimoniaux ou communaux. Elles continuent également à jouir seules de leurs biens communaux ; mais le produit de leurs biens patrimoniaux doit être versé dans la caisse municipale pour servir aux dépenses de la nouvelle commune tout entière, avec cette réserve, toutefois, que l'administration doit, autant que possible, affecter les revenus des biens de la section à satisfaire ses propres besoins (2).

Remarquons enfin que, comme sous l'empire de la loi du 18 juillet 1837 et par dérogation au droit commun, les sections ou fractions de territoire distraites d'une commune pour être rattachées à une autre commune pourraient encore, par voie d'arrangement amiable, renoncer aux droits indivis qu'elles conservent sur les biens de la commune dont elles cessent de faire partie, ou être admises, moyennant compensation, à la jouissance des biens de la commune annexante, au même titre que les habitants de cette commune même, et que les autorités compétentes pour statuer sur le changement de circonscription pourraient parfaitement sanctionner les traités conclus en ce sens (3).

(1) Conf. les lois des 26 juin 1885, art. 3, *a*, — 1er avril 1888, art. 3, 1°, — 11 décembre 1888, art. 3, 1°, — 8 juin 1889, art. 3. — 12 décembre 1889, art. 3, — 21 juillet 1891, art. 4, 2°, 3°, — 23 juillet 1891, art. 3, — etc.

(2) Voir à ce propos les auteurs cités dans l'art. 1er et DALLOZ, *Code des lois adm.*, V° *Commune*, nos 6858, 6860, 6861. — Notons seulement que l'on trouve quelquefois cette mention formulée expressément dans les actes ordonnant des réunions de communes. C'est ainsi, par exemple, que la loi du 29 janvier 1885, portant réunion des villes de Calais et de Saint-Pierre-les-Calais en une seule municipalité, dispose dans son art. 4 : « Les communes réunies continueront à jouir, comme sections de communes, des droits d'usage ou autres qui pourraient être respectivement acquis. »

(3) Nous citerons notamment une loi du 15 avril 1886, qui a distrait des communes de Mardore, Bourg-de-Thizy et Cours (Rhône) la section paroissiale de Pont-Trambouze, et l'a érigée en commune distincte. Aux termes de l'art. 3 de cette loi : « La commune de Pont-Trambouze n'aura aucun droit sur l'actif mobilier ou immobilier, ni sur le patrimoine charitable des anciennes communes. Par contre, elle n'aura à payer aucune part des dettes des dites communes. »

SOUS-TITRE III

EXCEPTIONS

Nous avons vu que les réunions ou distractions de communes sont sans influence sur les droits de propriété, d'usage ou autres que les communes peuvent posséder.

Il y a, toutefois, deux espèces de droits d'usage d'une nature particulière pour lesquels la règle ne s'applique pas, et qui peuvent être perdus ou acquis par suite d'un changement de circonscription.

C'est, en premier lieu, le droit de recueillir le varech ou goémon sur les rochers attenants au rivage de la mer ; et, en second lieu, le droit de vaine pâture.

SECTION Ire

Droit de récolter le varech.

On désigne sous le nom de warech ou varec (de l'anglais *wrack, wreck,* naufrage), goémon ou sart, certaines plantes marines qui croissent dans les bas fonds ou sur les rives de l'Océan.

Durant de longs siècles, ces herbes ne furent exploitées que par les populations des côtes, qui s'en servaient comme engrais pour améliorer leurs terres. Mais les développements incessants de l'industrie ont fini par leur trouver des emplois multiples et par les faire entrer largement dans la consommation générale (1).

Aussi, le varech a-t-il pris place, sinon parmi les principales richesses, du moins parmi les produits vraiment utiles que l'on doit à l'Océan. On comprend donc sans peine que le droit de récolter ces

(1) Ainsi, en faisant incinérer le varech, on récolte de l'iode, cette substance si précieuse dans la thérapeutique ; avec du varech, on fabrique de la soude, de la pâte à papier ; mais où la consommation atteint les proportions les plus considérables, et assure désormais une valeur commerciale à cette matière, c'est dans l'industrie de l'ameublement, où l'on s'en sert pour faire des matelas, des oreillers, pour rembourrer les sièges, etc.

herbes marines soit d'une grande importance pour les habitants des côtes.

Cette matière, qui fut réglementée pour la première fois par l'ordonnance sur la marine du mois d'août 1681, est régie actuellement par le décret du 8 février 1868 (1). Aux termes de l'art. 1er de ce décret :

> Les varechs ou goémons sont ainsi classés :
> 1° Goémons de rive ;
> 2° Goémons poussant en mer ;
> 3° Goémons venant épaves à la côte.
> Les goémons de rive sont ceux qui tiennent au sol et que l'on peut atteindre du pied aux basses mers d'équinoxe ;
> Les goémons poussant en mer, ceux qui, tenant aux fonds et aux rochers, ne peuvent être atteints du pied à la basse mer des marées d'équinoxe ;
> Les goémons d'épaves, ceux qui, détachés par la mer, sont portés à la côte par le flot.

Toute personne peut recueillir les goémons qui sont jetés à la côte par le flot ; et tous les marins inscrits peuvent aller récolter ceux qui poussent en mer ; mais les goémons de rive sont exclusivement réservés aux habitants des communes riveraines de la mer, parce que, dans ce cas, cette plante, tenant au sol par sa racine, est considérée comme faisant partie du territoire où elle croît (2).

Nous n'avons à nous occuper ici que des goémons de rive.

L'abandon de ces herbes aux seuls riverains de la mer leur a été fait par l'ordonnance sur la marine de 1681 (livre IV, titre X), et il a été consacré par les déclarations du roi en date des 30 mai 1731 et 30 octobre 1772, sous certaines conditions destinées à assurer la conservation du poisson, dont le frai est déposé parmi ces plantes pendant une partie de l'année.

M. Aucoc nous apprend (3) que, au milieu des troubles de la Révolution, un représentant du peuple, envoyé en mission dans le département de la Manche, avait rendu, le 12 vendémiaire an II, un arrêté qui enlevait ce droit exclusif aux communes riveraines de ce département, « par le motif que l'exclusion des communes non limitrophes était injurieuse à l'égalité, préjudiciable à la fécondité de la terre, et qu'il en résultait une déperdition sensible du varech, dont le surplus n'était pas consommé par les privilégiés ». Mais

(1) Modifié successivement par les décrets du 31 mars 1873 et du 28 janvier 1890.

(2) Braff, *Principes d'adm. comm.*, 2e édit., 1861, Vo *Varech*, p. 727.

(3) *Sections de commune*, no 124.

cette décision révolutionnaire, qui abrogeait des ordonnances et déclarations royales, fut annulée par un arrêté du Gouvernement, en date du 18 thermidor an X, qui donnait aux préfets le pouvoir de déterminer, par des réglements conformes aux lois, tout ce qui était relatif à la pêche en goëmon et varech.

Le droit exclusif des riverains fut maintenu en principe par les décrets réglementaires du 4 juillet 1853, rendus en exécution de l'art. 3 du décret ayant force de loi, en date du 9 janvier 1853, et qui portent règlement sur la pêche maritime côtière dans chacun des quatre arrondissements maritimes, et par le décret du 8 février 1868, art. 2 (modifié par le décret du 31 mars 1873).

Enfin, l'art. 2 du décret du 28 janvier 1890 décide : « La récolte des goëmons de rive appartient aux habitants des communes riveraines et aux propriétaires de terres cultivées situées dans ces communes, lorsqu'ils sont de nationalité française ou admis à domicile en France... »

Il résulte de ces textes que si une commune ou si une fraction d'une commune non contiguë à la mer était réunie à une commune riveraine, les habitants du territoire annexé acquerraient le droit de récolter le goëmon de rive au même titre que les habitants de la commune annexante.

Et inversement si une commune, riveraine de la mer et ayant le droit de récolter le varech, était dédoublée et divisée parallèlement au rivage en deux parties, qui formeraient à l'avenir deux municipalités distinctes, la commune qui longerait le bord de la mer conserverait seule le droit au varech.

C'est, d'ailleurs, en ce sens que s'est prononcé le conseil d'Etat par un arrêt en date du 21 octobre 1835 (1), rendu dans les circonstances suivantes :

Des terrains d'une contenance d'environ 30 arpents, dépendant de la commune de Flamanville (Manche), formaient une enclave dans le terrain de la commune de Siouville. Ces terrains étaient bordés par la mer, dont le rivage offrait, en cet endroit, des rochers sur lesquels croissait le varech. La commune de Flamanville, aux termes de l'ordonnance sur la marine de 1681, récoltait chaque année cette herbe, à raison de la contiguïté de cette portion de son territoire avec les rochers qui la produisaient.

Lors de la confection du cadastre, conformément à un règlement général du 10 octobre 1821, concernant l'exécution des dispositions de l'ordonnance royale du 3 octobre de la même année, relatives

(1) Voir *Recueil*, p. 560.

aux opérations cadastrales, et portant que « les portions de terrain enclavées dans une commune, quoique administrées par une autre, sont de droit réunies à la commune sur le territoire de laquelle elles sont situées », les 30 arpents de terrain appartenant au territoire de la commune de Flamanville furent réunis par le cadastre au territoire de Siouville.

Par suite de cette réunion, les habitants de cette dernière commune se considérèrent comme investis du droit de recueillir le varech croissant sur les rochers dont ils étaient devenus riverains, et se mirent en possession de ce droit; les habitants de la commune de Flamanville prétendirent, au contraire, que ce droit n'avait pas cessé de leur appartenir.

La contestation fut portée devant le conseil de préfecture de la Manche qui, sans attendre que la délimitation nouvelle fût approuvée par une ordonnance royale, conformément à l'art. 3 de l'ordonnance du 3 octobre 1821 sur le cadastre, considéra la réunion des 30 arpents à la commune de Siouville comme parfaite et définitive, mais décida que cette réunion ne pouvait porter aucune atteinte aux droits de la commune de Flamanville (1).

Puis une ordonnance royale du 5 septembre 1834 homologua la délimitation des deux communes; et le 21 octobre 1835, le conseil d'Etat décida que le changement des limites des deux communes, en enlevant à celle de Flamanville la partie de son territoire contiguë à la mer, lui avait fait perdre tous droits à la récolte du goémon de rive, et qu'il ne pouvait plus s'élever de débat que sur la question de savoir si elle avait droit à une indemnité à raison de ce que ses habitants avaient été privés de récolter le goémon avant que l'ordonnance précitée eût rendu définitive la modification des territoires (2).

(1) « On pourrait se demander, dit M. Aucoc en citant cet arrêt (*Sections de commune*, n° 124), à quel titre le conseil de préfecture avait été saisi de cette contestation. Mais cette question de compétence ne paraît pas avoir été soulevée. Et comme, pendant l'instruction de l'affaire, une ordonnance royale avait fixé définitivement les limites des deux communes, le conseil d'Etat a sans doute préféré trancher la question du fond. »

(2) Voici, au reste, les termes mêmes de cet arrêt :

« Vu l'ordonnance de la marine du mois d'août 1681 ; vu l'arrêté du 18 thermidor an X ; vu notre ordonnance du 5 septembre 1834 ;

« Considérant qu'à l'époque où est intervenu l'arrêt du conseil de préfecture qui nous est déféré, la délimitation cadastrale des communes intéressées n'était encore qu'un projet ;

« Que, depuis, cette délimitation a été modifiée et homologuée par notre ordonnance du 5 septembre 1834 ;

« Que cette ordonnance a fixé définitivement les limites des dites communes, sur les côtes et rivages de la mer où se récolte le varech, et qu'il n'existe aucune contestation relative à ces limites ;

« Que, dès lors, la question se réduit à celle de l'indemnité qui pourrait être due pour la

« Il paraît d'ailleurs, dit M. Aucoc (1), que dans le département du Finistère, où les questions de varech ont une grande importance à cause de l'abondance de ces herbes marines, lors de la création des nouvelles municipalités, en vertu de la loi du 22 décembre 1789, les parties des anciennes paroisses détachées des communes riveraines de la mer ont presque toutes subi, sans réclamer, la privation du droit de récolter le varech, qu'entraînait leur nouvelle situation. Et, en 1858, il n'existait plus qu'une seule commune non riveraine qui eût conservé la participation à la jouissance de la récolte du varech. »

Ainsi donc si, par suite d'une modification de circonscription communale, une fraction de territoire se trouvait détachée d'une commune riveraine de la mer, les habitants de cette parcelle perdraient le droit de recueillir le goémon de rive ; et ils ne pourraient pas se prévaloir, pour conserver leurs droits, de leur longue possession, « car, à cause de la nature particulière du droit de récolter le varech ou goémon, droit qui s'exerce sur le rivage de la mer, partie intégrante du domaine public, on ne peut invoquer en pareil cas la prescription » (2).

C'est là un point sur lequel la jurisprudence et l'administration ont été appelées à se prononcer plusieurs fois (3).

Tel est le droit commun. Mais il faut reconnaître, cependant, que

jouissance antérieure à la dite ordonnance, et que cette question est de la compétence des tribunaux ;

« Article premier. — L'arrêté du conseil de préfecture de la Manche du 30 janvier 1829 est annulé.

« Art. 2. — Les parties sont renvoyées devant les tribunaux sur la question d'indemnité. »

(1) *Op. cit.*, n° 124.

(2) Aucoc, *op. cit.*, n° 124.

(3) Nous citerons, par exemple, un arrêt de la cour de Caen du 11 décembre 1840, confirmé par un arrêt de la cour de cassation du 2 février 1842 (commune de Glatigny c. commune de Surville). Sirey, 1842. 1. 547. — Un autre arrêt de la cour de Rouen du 21 novembre 1851. Dalloz, 1856. 5. 477. (Commune de Bricqueville c. commune de Bréhal). — « Considérant, dit cet arrêt, que l'ordonnance de 1681 et la déclaration du roi de 1731 attribuent aux communes riveraines de la mer le droit de récolter les plantes marines excrues sur les rochers situés vis-à-vis de leur territoire, et suivant l'étendue de ce territoire ; considérant que ce droit, que l'ordonnance et la déclaration du roi accordent ainsi aux communes limitrophes de la mer comme un dédommagement des envahissements et des dangers auxquels elles sont exposées par ce voisinage, appartient exclusivement aux habitants des communes riveraines ; que ce droit n'est pas dans le commerce, qu'il ne peut faire l'objet ni d'une prescription, ni d'une convention, et que les communes ne peuvent pas, par des accords réciproques, aliéner la concession qui leur a été faite... » — On peut consulter également un arrêt du conseil d'Etat, rendu sur conflit le 14 décembre 1857 (communes de Taulé et d'Henvic c. commune de Carantec). *Rec.*, p. 823.

le décret ou la loi qui statue sur la modification de circonscription communale pourrait maintenir expressément à la section ou à la fraction distraite le droit de recueillir le goémon, bien qu'elle ne soit plus contiguë à la mer.

Cette solution fait d'autant moins de difficulté que, dans certains cas, le Gouvernement n'a pas hésité à modifier le privilège accordé aux riverains, lorsque leurs besoins étaient complètement satisfaits.

Nous citerons, par exemple, un décret du 17 octobre 1857. — Aux termes de ce décret :

> L'art. 105 du décret du 4 juillet 1853, portant qu'abandon est fait exclusivement aux habitants de chaque commune du goémon attenant au rivage de cette commune, est modifié ainsi qu'il suit :
>
> Par dérogation à cette disposition, les habitants des communes de Morsallines et Quettehou sont autorisés à prendre part, concurremment avec ceux de la commune de Saint-Waast-la-Hougue, à la récolte du goémon sur le littoral de cette dernière, sous la réserve que les dix premiers jours de coupe seront exclusivement attribués aux habitants de ladite commune de Saint-Waast.

Une mesure semblable a été prise pour trois autres communes par un décret du 17 mai 1859 (1).

Pour terminer, nous dirons quelques mots d'une difficulté qui a été tranchée récemment par la cour de cassation.

Nous avons vu quelle était la solution à admettre dans le cas où la section distraite d'une commune riveraine cessait, par le fait même de la distraction, d'être contiguë à la mer.

Mais quand une section d'une commune située sur le bord de la mer est détachée de cette commune pour former une nouvelle municipalité, il se peut que cette nouvelle commune soit également riveraine de la mer. Alors, l'acte qui prononce la distraction dispose quelquefois que les habitants des deux communes participeront concurremment à la récolte du goémon attenant au rivage de chacune d'elles.

Dans ces circonstances, il a été jugé par un arrêt de la cour de cassation, en date du 29 octobre 1886 (2), que le maire de l'une

(1) Voir sur tous ces points : Aucoc, *Sections de commune*, n°s 123, 124 et 147. — *Ecole des communes*, 1859, p. 329, n° 1087, — 1865, p. 136, n° 1451. — *Répert. d'adm. mun.*, V° *Distraction*, p. 726, et V° *Varech*, p. 1268. — Langlois, *Des biens des sections de commune*, 1869, p. 196 et 197. — Dalloz, *Répert. alphab.*, V° *Usage*, n° 217. — Batbie, *Traité de droit pub. et adm.*, 1re édit., t. V, n° 159, p. 213, note 1, et 2° édit., t. V, n° 166, note. — Chaudé, *Des biens des communes*, 1878, p. 312. — Caffin, *Des droits respectifs de propriété des communes et des sections de commune*, 1868, n°s 384 à 388, p. 392 et suiv.

(2) Voir *Revue gén. d'adm.*, année 1887, t. I, p. 77. — Dalloz, 1887. 1. 237. — Sirey, 1889. 1. 46.

ou de l'autre de ces communes, en prenant un arrêté pour fixer la coupe du goémon sur sa commune, ne pouvait, sans excès de pouvoir, autoriser cette coupe au profit des habitants de ladite commune seulement, à l'exclusion de ceux de la commune voisine ; que, par suite, ces derniers ne commettaient aucune contravention en participant à cette récolte en même temps que les habitants de l'autre commune ; et, enfin, que les vices dont pourrait être entaché un arrêté municipal autorisant la coupe du goémon, ainsi que le mode irrégulier de sa publication, ne sauraient engager la responsabilité pénale de ceux qui se seraient conformés aux prescriptions de cet arrêté (1).

(1) Voici, d'ailleurs, les termes mêmes de cet arrêt, que nous croyons utile de citer en entier :

« La Cour,

« *Sur le moyen unique du pourvoi, pris de la violation, par refus d'application, des art. 9 du décret du 9 janvier* 1852 *et* 4 *du décret du* 8 *février* 1868 ;

« Attendu que, par décret en date du 1er février 1867, le hameau de Gâvres, qui formait auparavant une section de la commune de Riautec (Morbihan), a été érigé en une commune distincte, et que l'art. 4 de ce décret dispose que « les habitants des deux communes participeront concurremment à la récolte du goémon attenant au rivage de chacune d'elles » ;

« Attendu qu'aux termes des art. 107 du décret du 4 juillet 1853 et 4 du décret du 8 février 1868, la coupe du goémon de rive ne peut avoir lieu que dans la période comprise entre le 1er octobre et le 31 mars ; — que deux coupes peuvent être autorisées chaque année ; — qu'il appartient à l'autorité municipale de fixer les époques consacrées à ces deux coupes, et que des affiches apposées dix jours au moins à l'avance doivent faire connaître le jour de l'ouverture de la récolte ;

« Attendu qu'il résulte des constatations de l'arrêt attaqué qu'à la date du 15 février 1885, le maire de Gâvres a, par une lettre adressée au maire de Riautec, informé ce dernier qu'il venait de prendre un arrêté pour l'ouverture de la coupe du goémon sur la commune de Gâvres, mais pour les habitants de sa commune seulement ; que l'arrêt ajoute que, dans cette lettre, le maire de Gâvres avait vraisemblablement à dessein omis d'indiquer la date des jours pendant lesquels la coupe devait avoir lieu ; mais qu'en présence de cette lettre, laquelle a été publiée le dimanche à la sortie de la messe, les habitants de Riautec ont dû croire la coupe du goémon sur la commune de Gâvres autorisée pendant une certaine période non déterminée, à partir du 15 février ;

« Attendu qu'en cet état des faits constatés, l'arrêt attaqué a pu, sans violer l'art. 9 du décret du 9 janvier 1852, refuser d'appliquer ledit article, et prononcer la relaxe du prévenu ;

« Attendu en effet, d'une part, que, s'il entrait dans les attributions du maire de Gâvres, aux termes des décrets ci-dessus visés, de fixer l'époque de la coupe du goémon sur sa commune, il n'a pu, sans commettre un excès de pouvoir, autoriser cette coupe au profit des habitants de la commune seulement, à l'exclusion des habitants de la commune de Riautec, alors que l'art. 4 du décret du 1er février 1867 attribue aux habitants des deux communes le droit de participer concurremment à la récolte du goémon ; que l'ouverture de la coupe sur la commune de Gâvres, publiée par le maire de cette commune, autorisait tous les habitants de Riautec à participer à cette coupe, et qu'à ce premier point de vue la poursuite manquait de base légale ;

« Attendu, d'autre part, que les vices signalés par le pourvoi, et dont peut être entaché l'arrêté du maire de Gâvres ainsi que le mode irrégulier de sa publication dans les communes de Gâvres et de Riautec, ne sauraient engager la responsabilité pénale du prévenu ; que ce dernier, en présence d'un arrêté pris et publié par l'autorité compétente, a pu et dû

SECTION II

Droits de parcours et de vaine pâture.

La deuxième catégorie de droits d'usage qui, avec le droit de recueillir le varech ou goémon sur les rivages de la mer, font exception à la règle générale, comprend la vaine pâture et le parcours.

La vaine pâture est un droit réciproque appartenant aux habitants d'une commune d'envoyer en dépaissance leurs bestiaux sur les fonds non clos les uns des autres, situés dans l'intérieur de cette commune, lorsque ces fonds sont en jachère ou après qu'ils ont été dépouillés de leurs fruits.

Le droit de parcours est un droit réciproque appartenant, non plus aux habitants d'une seule commune, mais bien aux habitants de deux ou plusieurs communes voisines, de mener leurs bestiaux paître sur les terrains non clos les uns des autres, situés dans leurs circonscriptions respectives, après l'enlèvement de la récolte.

Ainsi, la différence légale entre le parcours et la vaine pâture est facile à saisir. L'un s'exerce entre plusieurs communes, au profit de tous les habitants de ces diverses communes, réciproquement obligées de souffrir cette espèce de servitude. L'autre ne s'exerce que sur une commune, par les habitants mêmes de cette commune. La vaine pâture peut donc exister sans le parcours, mais le parcours ne peut pas exister sans la vaine pâture.

Quel sera donc l'effet d'un changement de circonscription sur les droits des communes où les terrains sont soumis au parcours ou à la vaine pâture?

Dans l'instruction faisant suite à la loi des 23 novembre-1er décembre 1790, l'Assemblée constituante avait déclaré que « les délimitations de communes ne préjudicieraient pas aux droits de pâturage, parcours, usage, chaumage et glanage, dont elles jouiraient comme par le passé ».

Mais cette règle avait été modifiée, en ce qui concerne le parcours

croire à sa régularité, alors d'ailleurs que les prescriptions de l'art. 4 du décret du 8 février 1868, quant au nombre des coupes et à la période pendant laquelle elles doivent avoir lieu, ont été exactement observées ;

« Rejette onze pourvois du procureur général de Rennes contre onze arrêts de cette cour, acquittant un nombre considérable d'habitants de la commune de Riantec. »

et la vaine pâture, par la loi des 28 septembre-6 octobre 1791. L'art. 18 de la section IV du titre Ier de cette loi portait, en effet : « Si quelques sections de paroisse se trouvent réunies à des paroisses soumises à des usages différents des leurs, soit relativement au parcours ou à la vaine pâture, soit relativement au troupeau en commun, la plus petite partie dans la réunion suivra la loi de la plus grande, et les corps administratifs décideront des contestations qui naîtraient à ce sujet. Cependant, si une propriété n'était point enclavée dans les autres et qu'elle ne gênât point le droit provisoire de parcours ou de vaine pâture, auquel elle n'était point soumise, elle serait exceptée de cette règle. »

« L'exception qui termine cette disposition, dit M. Aucoc (1), fait ressortir les motifs qui ont amené à poser la règle. Quoique le législateur de 1790 considère, et avec raison, la liberté de la culture comme un principe fondamental, et la servitude de vaine pâture et de parcours comme un obstacle regrettable au développement de l'agriculture, il n'en veut pas moins établir, autant que possible, l'ordre dans l'exercice de cette servitude, et il croit nécessaire, dans ce but, de ne pas laisser subsister sur le territoire d'une même commune des usages différents. »

Il résultait de cette disposition que les droits de cette nature, accordés aux habitants d'une commune, pouvaient se trouver soit restreints, soit étendus, par suite d'une modification de territoire. En d'autres termes, le changement de circonscription pouvait entraîner la suppression du droit de parcours ou de vaine pâture, dont jouissaient les habitants d'une section de commune, ou bien amener l'extension de ce droit et même le créer au profit de ceux qui n'en jouissaient pas.

En effet, si une section était détachée d'une commune où la vaine pâture était en usage pour être réunie à une autre commune où ce droit n'existait pas, cette section perdait son droit de parcours ou de vaine pâture sur les biens de l'ancienne commune, sans l'acquérir sur ceux de la nouvelle ; mais, par compensation, ses fonds étaient soustraits désormais au parcours des troupeaux appartenant aux habitants de la commune démembrée.

En sens inverse, si une section dépendant d'une commune où la vaine pâture n'était pas autorisée en était distraite pour être rattachée à une nouvelle commune où elle était en usage, les habitants de cette section acquéraient ainsi le droit d'envoyer leurs

(1) *Sections de commune*, n° 123.

bestiaux en dépaissance sur les fonds situés dans cette dernière commune; mais, par contre, les propriétés situées sur son propre territoire devenaient de plein droit soumises à la même servitude.

Enfin, et cela résultait de la nature même des choses, si deux communes, qui exerçaient l'une sur l'autre le droit de parcours, étaient réunies en une seule municipalité, ce droit de parcours était, par ce seul fait, converti en vaine pâture; mais les droits des habitants n'en étaient ni diminués, ni augmentés; ils jouissaient de la même chose sous un autre nom, voilà tout.

Lorsque survint la loi du 18 juillet 1837, qui, on l'a vu, contenait dans ses art. 5, 6 et 7 certaines dispositions relatives aux effets des changements de circonscription sur les biens des communes, on dut se demander si cette loi avait abrogé la règle qui résultait de la loi de 1791.

Mais les auteurs admirent sans hésitation que les droits de parcours et de vaine pâture n'étaient pas compris parmi ceux dont parlaient ces articles de la loi municipale; que c'étaient des droits d'une nature particulière, qui dérivaient d'une sorte d'association entre propriétaires pour établir sur leurs terres une servitude réciproque dans les limites fixées par la loi, et avec une participation à ce droit dans une certaine mesure en faveur d'habitants non propriétaires; que, pour exercer ce droit, il fallait être habitant de la commune ou propriétaire y exploitant des terres; et, enfin, que l'art. 18 de la section IV du titre Ier de la loi des 28 septembre et 6 octobre 1791 était resté complètement en vigueur (1).

Toutefois, certains auteurs n'avaient admis cette solution qu'avec des réserves.

« Ainsi, disait M. Aucoc (2), de ce que la loi de 1791 a voulu que, dans le cas où deux communes réunies auraient des usages différents quant à la vaine pâture ou au troupeau en commun, la plus petite partie dans la réunion suivît la loi de la plus grande, faut-il en conclure que, dans le cas où les usages sont les mêmes, il doive également s'opérer une fusion complète entre les deux parties de la commune pour

(1) Voir en ce sens : DALLOZ, *Répert. alphab.*, V^{o} *Droit rural*, n°s 27 à 38. — JÈZE, article *Commune*, inséré dans le *Dict. gén. d'adm.*, de M. BLANCHE, édit. 1884, p. 492. — BATBIE, *Traité de droit publ. et adm.*, 1re édit., t. V, p. 213, n° 159, note 1. — *Répert. d'adm. mun.*, V^{o} *Distraction*, p. 726 et 727, et V^{o} *Parcours et vaine pâture*, p. 646 et suiv. — CHAUDÉ, *Des biens des communes*, 1878, p. 313. — AUCOC, *Sections de commune*, n° 123. — LANGLOIS, *Des biens des sections de commune*, Paris, 1869, p. 194. — *Ecole des communes*, 1853, p. 141. — *Journal des communes*, 1883, p. 37. — Conf. DEMOLOMBE, *Servitudes*, t. I, n° 286. — PROUDHON, *Traité des droits d'usage*, 2e édit., t. I, n° 329. — CAFFIN, *Des droits de propriété des communes...*, n°s 375 à 383, p. 384 et suiv.

(2) *Op. et loc. cit.* — Voir dans le même sens : LANGLOIS, *op. et loc. cit.*

l'exercice de la vaine pâture, et que les habitants de la fraction nouvellement réunie acquièrent le droit d'envoyer leurs troupeaux à la vaine pâture sur tout le territoire de la commune dont ils font désormais partie, en perdant ce droit sur le territoire de la commune à laquelle ils appartenaient? La disposition de la loi de 1791 nous paraît trop exceptionnelle pour comporter une telle extension. » Et il invoquait à l'appui de sa thèse un arrêt du conseil d'Etat du 17 mars 1835, que nous rapportons plus loin, et qui, on le verra, se bornait, en réalité, à déclarer que les tribunaux judiciaires étaient seuls compétents pour apprécier les effets d'un changement de circonscription communale sur l'exercice du droit de vaine pâture, sans tenir compte de la règle contenue dans l'art. 18 de la loi de 1791.

La pratique de l'administration s'était également établie en ce sens.

M. Jèze cite (1), en effet, une lettre du ministre de l'Intérieur au préfet du département de l'Oise, du mois de novembre 1842, faisant l'application de ces idées.

Aussi, pour modifier cette pratique et pour revenir à des principes qu'elle croyait plus justes, la commission de l'Assemblée législative, chargée d'examiner le projet de loi sur l'administration intérieure, rédigé en 1850, avait proposé une disposition expresse tendant à maintenir aux habitants des communes réunies ou fractionnées leurs droits à la vaine pâture ou au parcours qu'elles avaient avant la modification des circonscriptions communales.

Dans ce but, elle proposait de rédiger un des paragraphes de l'art. 4 du projet de loi présenté par le conseil d'Etat de la manière suivante : « Les habitants de la commune ou section de commune réunie à une autre commune conservent la jouissance exclusive de *tous* les biens dont les fruits étaient perçus en nature. »

Le rapporteur du projet de loi, M. de Vatimesnil, expliquait ainsi cette nouvelle rédaction :

« Nous proposons, disait-il (2), d'insérer dans le troisième paragraphe de l'art. 4 le mot *tous*, et de dire *tous les biens* au lieu *des biens*. Voici le motif de cette addition. Des difficultés se sont élevées sur les mots *des biens* qui se trouvaient dans la loi de 1837 (art. 5). On a prétendu que ces expressions ne s'appliquaient ni à la vaine pâture, ni au glanage ; que chacune des communes réunies ne conservait pas l'exercice séparé de ces droits ; que

(1) *Op. et loc. cit.*

(2) Assemblée législative, séances du 20 juin et du 8 juillet 1851. (*Moniteurs* du 21 juin et du 9 juillet 1851.)

le fait de la réunion en opérait, au contraire, la promiscuité. Cette interprétation a paru à votre commission complètement erronée ; il est évident, en outre, qu'elle serait sujette à de graves inconvénients si elle était admise. Dans les campagnes, il est impossible de changer les habitudes établies et la possession existante, relativement aux droits dont nous venons de parler et autres de même nature, sans exciter des mécontentements qui dégénèrent quelquefois en inimitiés violentes et en rixes. Il importe donc que la réunion laisse les choses complètement intactes relativement à la vaine pâture, au glanage et, en général, aux jouissances ou perceptions de fruits quelconques, à moins que, d'après le consentement des communes, dont la réunion était proposée à l'Assemblée nationale, la loi spéciale de réunion n'ait consacré la promiscuité. »

Cette nouvelle rédaction était-elle suffisante pour consacrer la réforme désirée ? Il est permis d'en douter.

« Nous comprenons, disait M. Aucoc (1), les préoccupations qui animaient la commission de l'Assemblée législative, et le désir qu'elle avait de maintenir, autant que possible, les usages établis relativement à la vaine pâture et au glanage. Peut-être une disposition formelle de loi, abrogeant la disposition de la loi de 1791 et consacrant la pensée de la commission, eût-elle été utile, si la vaine pâture n'est pas appelée à disparaître. Mais ce qui nous semble difficile à admettre, c'est que cette pensée ait été celle du législateur de 1837, et même qu'elle eût été clairement exprimée par la rédaction que proposait la commission de 1851. En effet, il s'agit, dans l'art. 5 de la loi de 1837, et il s'agissait, dans le troisième paragraphe de l'art. 4 du projet de 1851, des *biens communaux,* et quand la loi dit que les habitants de la commune réunie à une autre commune conservent la jouissance exclusive des biens (ou de *tous* les biens) communaux dont les fruits étaient perçus en nature, il ne s'en suit nullement qu'ils doivent conserver dans les mêmes conditions la jouissance de la vaine pâture, servitude qui s'exerce sur les propriétés particulières. »

On sait, d'ailleurs, que ce projet n'a pas eu de suite.

De leur côté, les tribunaux avaient eu à se prononcer plusieurs fois sur la question des effets des changements de circonscription communale relativement aux droits de parcours et de vaine pâture. On trouve, en effet, sur cette matière, deux décisions antérieures à 1837 et deux postérieures à la loi du 18 juillet.

(1) *Op. et loc. cit.*

Nous parlerons tout d'abord d'un arrêt du conseil d'Etat, rendu dans les circonstances suivantes :

En 1790, la commune d'Achy et celle de Marseilles (Oise) étaient en discussion au sujet de certains terrains dépendant du hameau de La Rue-du-Bois, qu'elles prétendaient respectivement faire partie de leurs territoires. L'intérêt de cette discussion consistait dans la vaine pâture qui appartenait exclusivement, d'après les statuts des localités, aux habitants de la commune dont ces terrains dépendaient. En l'an III, les limites territoriales de ces communes furent fixées pour l'assiette des contributions. Les habitants de Polhay, section d'Achy, continuaient à user du droit de vaine pâture, lorsque, en 1831, ils furent querellés par le sieur Camusat, propriétaire dans le hameau de La Rue-du-Bois, section de Marseilles. Ce propriétaire soutint que les terrains en question faisaient partie du territoire de Marseilles, et que, par conséquent, les habitants de la commune d'Achy n'avaient aucun droit à y prétendre. Il invoqua en sa faveur un arrêté du préfet, du 5 septembre 1807, qui avait ainsi fixé les limites des deux communes et réglé, d'après ces limites, l'exercice du droit de vaine pâture.

Les habitants du hameau de Polhay attaquèrent alors cet arrêté, en se fondant sur ce que le préfet n'avait pu, sans excéder ses pouvoirs, préjuger des questions de propriété, de servitude et de pacage, qui, d'après les principes du droit commun, sont du ressort des tribunaux.

Le ministre de l'Intérieur présenta quelques observations desquelles il résultait qu'il y avait lieu de prononcer l'annulation de l'arrêté pour cause d'incompétence, ou, du moins, de déclarer qu'il n'était maintenu qu'en ce qui concernait la délimitation administrative des deux communes, et qu'ainsi il ne faisait point obstacle à ce que la question du droit de vaine pâture fût portée devant les juges compétents.

Et le conseil d'Etat statua dans les termes suivants, par arrêt en date du 17 mars 1835 (1) :

Vu la loi des 22 et 23 novembre 1790 ;

Vu l'arrêté réglementaire du 24 germinal an XI ;

Considérant que, s'il appartient à l'autorité administrative de reconnaître et déclarer les limites des territoires de deux communes voisines, ces délimitations, purement administratives, n'ont aucune influence sur l'exercice du droit de vaine pâture que des sections de ces communes ont à prétendre respectivement sur

(1) *Recueil*, p. 211.

tout ou partie de ces territoires; lesquels droits ne peuvent être appréciés que par l'autorité judiciaire, d'après les titres anciens et les règles du droit commun;

Que, par son arrêté du 5 septembre 1807, le préfet du département de l'Oise ne s'est pas borné à reconnaître et déclarer les limites des territoires des communes de Marseilles et d'Achy, mais qu'il a réglé entre deux sections de ces mêmes communes, d'après ces limites, le droit de vaine pâture respectivement prétendu par les contendants sur les terrains litigieux; en quoi il a excédé sa compétence et commis un excès de pouvoirs;

ARTICLE PREMIER. — L'arrêté du préfet... est annulé dans celles de ses dispositions par lesquelles il a réglé entre les sections d'Achy et de Marseilles l'exercice du droit de vaine pâture en litige;

ART. 2. — Les parties sont renvoyées devant les tribunaux, pour y faire statuer sur l'exercice de ce droit.

Comme on le voit, cet arrêt n'avait pour but que de statuer sur une question de compétence, et renvoyait le jugement de la contestation aux tribunaux civils. Il n'avait, dès lors, pas à tenir compte de l'art. 18 de la loi de 1791, et, par suite, on ne peut pas en tirer un argument à opposer à la théorie que nous avons exposée.

L'autre décision, également antérieure à la loi du 18 juillet 1837, avait été rendue par le tribunal civil de Béthune, qui, par un jugement en date du 30 août 1827, avait décidé que les modifications apportées aux circonscriptions des communes ne devaient point préjudicier aux droits de pâturages, parcours, usages, qui appartenaient à chaque communauté (1).

Sur l'appel de la commune de Festubert, la cour de Douai avait confirmé le jugement attaqué par un arrêt en date du 9 avril 1829, que voici :

(1) Ce jugement était ainsi conçu :

« Le tribunal,

« Vu la loi des 23 novembre-1er décembre 1790;

« Considérant qu'il résulte d'une déclaration des baillis, hommes de fiefs et principaux habitants du village de Cuinchy-les-la-Bassée, en date du 28 juillet 1760, dont expédition authentique est produite en la cause, que le hameau dit Festubert-Cuinchy était, à cette époque, compris dans l'étendue et le vain pâturage dudit village de Cuinchy; — que si, postérieurement et à l'époque de la nouvelle division des communes en 1791, le hameau Festubert-Cuinchy a été distrait du territoire de Cuinchy pour être réuni à un autre hameau dit Festubert-Richebourg et former une commune actuellement connue sous le seul nom de Festubert, il résulte d'une disposition de la loi des 23 novembre-1er décembre 1790 que les nouvelles délimitations ne devaient avoir d'effet que pour la répartition de la contribution foncière; que les limites ne préjudicieraient point aux droits de pâturages, parcours, usages, qui appartenaient à chaque communauté, et qu'elles en jouiraient comme par le passé;

« Attendu, par suite, que la commune de Cuinchy a conservé le droit qu'elle avait au vain pâturage sur l'ancien hameau de Festubert-Cuinchy; que, dès lors, c'est sans aucun fondement que le maire de Festubert, en sa qualité, s'oppose à l'exercice de ce droit, etc... »

La Cour,

Attendu que l'instruction annexée à la loi des 23 novembre-1er décembre 1790, pour lui servir d'interprétation et en assurer l'exécution, émane de l'Assemblée constituante et a reçu la sanction royale; que, dès lors, ses dispositions ont évidemment force de loi;

Attendu que le droit de pâturage comprend la vaine pâture; qu'ainsi la loi, en maintenant ce droit pour les communes dont la délimitation aurait subi des changements, a nécessairement embrassé la vaine pâture dans sa disposition;

Attendu que cette disposition n'a point été abrogée par l'art. 18 de la loi du 6 octobre 1791, lequel n'a enlevé ni concédé aucun droit aux communes, et dont le véritable objet est de régler l'exercice de droits déjà existants;

Attendu qu'une multitude de décrets et d'ordonnances ont été rendus postérieurement à la loi du 6 octobre 1791, en conformité du principe consacré par ladite instruction;

Adoptant au surplus les motifs des premiers juges,

Confirme, etc. (1).

La cour de cassation semble avoir admis la doctrine contraire dans un arrêt en date du 28 novembre 1848 (2), qui porte que les habitants d'une section de commune peuvent mener paître leurs troupeaux sur la totalité du territoire de la commune, lorsqu'il n'existe aucune prohibition à cet égard dans l'acte administratif portant règlement du droit de vaine pâture (3).

Enfin, la véritable doctrine avait été formellement admise et clairement exposée dans un jugement du tribunal civil de Clermont

(1) Voir DALLOZ, *Supplément au Répert. alphab.*, V° *Commune*, n° 982.

(2) DALLOZ, 1848. V. 363.

(3) Cet arrêt est ainsi conçu :

« La Cour,

« Vu l'art. 18 de la loi des 26 septembre-6 octobre 1791, section IV, titre Ier, et l'art. 471, n° 15, du Code pénal;

« *Au fond* : Attendu que la prévention contre Godet et Lesage consistait en ce que, étant domiciliés sur l'ancienne section de Basville, ils avaient mené un troupeau de moutons sur la section de Berville à la vaine pâture;

« Attendu que, pour les condamner à l'amende, le jugement aurait dû constater de leur part la violation d'un règlement administratif;

« Que le seul règlement de ce genre qui existe dans la cause est celui du 7 mars 1847 pour les communes réunies de Berville, Basville et Angoville;

« Attendu que cet acte, loin de prohiber les faits de la prévention, suppose, au contraire le droit de vaine pâture de chaque section sur la totalité du territoire de la commune, et n'a d'autre objet que de régler le droit proportionnel de chaque propriétaire à la vaine pâture;

« Attendu, dès lors, qu'en condamnant les demandeurs à l'amende dans cet état des faits, le jugement attaqué a violé l'art. 471, n° 15, du Code pénal,

« Casse et annule le jugement du tribunal de police du canton de Bourgtheroulde (Eure). »

(Oise), en date du 26 janvier 1870, que nous croyons utile de reproduire (1) :

Le tribunal,

Attendu que la vaine pâture que la commune de Crèvecœur entend exercer sur les fonds qui auraient été, suivant elle, détachés de son territoire pour être réunis à celui de Rotangy, consiste, non dans un droit de pacage expressément consenti aux habitants de Crèvecœur par les anciens propriétaires de ces fonds, mais dans la vaine pâture coutumière ;

Attendu que cette vaine pâture, tirant son origine de l'association tacite où se trouvent naturellement les habitants d'un même territoire, ne saurait être confondue avec un droit d'usage ou de servitude réelle ; qu'elle constitue une jouissance promiscue plutôt qu'un droit, une simple tolérance dont peut profiter tout propriétaire associé, à la charge d'une complète réciprocité et sauf les règlements de police sur la manière d'en user ; que tel est si bien le caractère de la vaine pâture coutumière que chacun des propriétaires du territoire a toujours, au moyen de la clôture de ses fonds, la faculté de se retirer de l'association, mettant ainsi fin tout à la fois à la tolérance dont il usait envers ses communistes et à celle que lui accordaient ceux-ci ; que s'il s'agissait là, au contraire, d'un véritable droit de la nature de l'usage ou de la servitude réelle, le propriétaire assujetti serait impuissant à y soustraire ses fonds au moyen de la clôture ;

Attendu qu'étant ainsi constaté que la vaine pâture dérive de l'association des propriétaires compris dans un même territoire, et constitue entre eux une tolérance réciproque, il est naturel et logique d'en conclure qu'elle suit le sort de cette association ; que, spécialement, elle s'étend ou se restreint suivant les extensions ou les restrictions de territoire que l'autorité compétente fait subir à l'association ;

Qu'on ne saurait, en effet, admettre, lorsque des fonds ont été administrativement retranchés du territoire de l'association pour être annexés à une autre circonscription, que ces fonds soient encore et perpétuellement assujettis à la dépaissance exercée comme par le passé, alors que leur retranchement de l'association territoriale ne permettrait plus à leurs propriétaires d'exercer la jouissance réciproque sur les fonds qui restent compris dans le périmètre de la commune ; qu'à défaut de cette réciprocité, cause première de la vaine pâture, et qui, dès lors, est de son essence, la jouissance des anciens communistes cesse donc forcément sur les fonds distraits de leur circonscription territoriale ;

Attendu qu'au surplus ce résultat se trouve confirmé par l'art. 18, section IV, de la loi des 28 septembre-6 octobre 1791, où il est dit que si, par la nouvelle division du royaume, une section de paroisse se trouve réunie à une autre paroisse soumise à des usages différents des siens, la plus petite partie dans la réu-

(1) Voir Dalloz, *Supplément au Répert. alphab.*, V° *Commune*, n° 982.

nion suivra la loi de la plus grande; d'où suit qu'en tout cas, la section réunie a cessé d'être obligée par la loi de la paroisse dont elle ne fait plus partie, et, par conséquent, d'être astreinte par la dépaissance au profit de celle-ci;

Que, dans l'espèce, cette disposition est applicable aux fonds détachés de Crèvecœur et réunis à Rotangy, qui, dans cette réunion, forment évidemment la moindre portion de cette dernière commune; que, dès lors, étant soumis, quant à la vaine pâture, à la loi de cette commune, ils ne sauraient être encore assujettis à la loi de la paroisse dont ils ont été distraits;

Attendu que vainement, pour repousser cette conséquence, la commune de Crèvecœur prétend invoquer l'instruction de l'Assemblée nationale, sur la contribution foncière, placée à la suite du décret des 23 novembre-1er décembre 1790, où il est dit que les limites nouvelles données aux communautés d'habitants ne préjudicieront pas aux droits de pâturage, parcours, usage et autres, qui appartiennent à chaque communauté et dont elles jouiront comme par le passé; que cette énonciation peut bien être invoquée relativement aux pâturages, pacages, etc., qui, dérivant de concessions expresses aux communautés, leur appartiennent à titre de droit d'usage ou de servitude réelle, mais n'est point applicable à la vaine pâture coutumière qui, comme il vient d'être dit, a simplement le caractère de jouissance promiscue et de tolérance réciproque, et se trouve subordonnée dans son exercice, ainsi que cela résulte de l'art. 18 précité, à la loi de l'association territoriale toujours susceptible de modification; — que, quelles que soient les différentes sortes de dépaissance mentionnées dans l'instruction de 1790, cette instruction, qui avait pour unique objet l'assiette de l'impôt foncier, n'a pu avoir pour effet de changer la nature légale et le caractère de ces dépaissances, desquelles elle parle *transeundo*, et de les déclarer maintenues toutes indistinctement; — qu'en tout cas, l'art. 18 précité de la loi de 1791, qui a réglé la situation, étant postérieur à l'instruction de 1790, celle-ci ne saurait, en ce qui touche la vaine pâture, avoir force obligatoire;

Attendu, enfin, en ce qui concerne les faits articulés par la commune de Crèvecœur, desquels subsidiairement elle offre la preuve, que la vaine pâture ne constituant pas, au profit de Crèvecœur, une servitude apparente et continue, la jouissance que les habitants de cette commune en auraient eue depuis plus de trente ans ne saurait produire les effets de la possession civile;

Par ces motifs, sans s'arrêter ni avoir égard aux faits articulés, lesquels sont déclarés non pertinents ni admissibles, rejette la demande de la commune de Crèvecœur contre la commune de Rotangy; — dit, en conséquence, que la première de ces communes n'a, sur les fonds actuellement dépendants de la seconde, aucun droit de vaine pâture, etc. »

Telles étaient les règles en vigueur sous l'empire de la loi du 18 juillet 1837.

La nouvelle loi municipale, en reproduisant en grande partie les dispositions des art. 5 et 6 de cette loi, a consacré implicitement les solutions antérieures.

C'est, d'ailleurs, en ce sens que se sont prononcés les auteurs qui ont commenté la loi du 5 avril 1884 (1).

Mais, depuis lors, deux lois récentes, en supprimant purement et simplement le droit de parcours, et en rendant le droit de vaine pâture de plus en plus rare, sont venues enlever à toutes ces questions une grande partie de leur intérêt.

La première, la loi du 9 juillet 1889, dispose, en effet, dans ses art. 1, 2 et 3 :

Article premier. — Le droit de parcours est aboli. La suppression de ce droit ne donne lieu à indemnité que s'il a été acquis à titre onéreux. Le montant de l'indemnité est réglé par le conseil de préfecture, sauf renvoi aux tribunaux ordinaires en cas de contestation sur le titre.

Art. 2. — Est également aboli le droit de vaine pâture, s'il appartient à la généralité des habitants et s'applique en même temps à la généralité du territoire d'une commune ou d'une section de commune.

Toutefois, dans l'année de la promulgation de la présente loi, le maintien du droit de vaine pâture, fondé sur une ancienne loi ou coutume, sur un usage immémorial ou sur un titre, pourra être réclamé au profit d'une commune ou d'une section de commune, soit par délibération du conseil municipal, soit par requête d'un ou plusieurs ayants droit adressée au préfet.

En cas de réclamation particulière, le conseil municipal sera mis en demeure de donner son avis dans les six mois ; à défaut de quoi il sera passé outre.

Art. 3. — La demande de maintien, qu'elle émane d'un conseil municipal ou qu'elle émane d'un ou plusieurs ayants droit, sera soumise au conseil général, dont la délibération sera définitive si elle est conforme à la délibération du conseil municipal. S'il y a divergence, la question sera tranchée par décret rendu en conseil d'Etat.

Si le droit de vaine pâture a été maintenu, le conseil municipal pourra seul, ultérieurement, après enquête *de commodo et incommodo*, en proposer la suppression, sur laquelle il sera statué dans les formes ci-dessus indiquées.

La seconde, en date du 22 juin 1890, est ainsi conçue :

Article unique. — Les art. 2, 5 et 12 de la loi du 9 juillet 1889 sont abrogés et demeurent remplacés par les dispositions suivantes :

Art. 2. — Le droit de vaine pâture, appartenant à la généralité des habitants et s'appliquant en même temps à la généralité du territoire d'une commune ou d'une section de commune, cessera de plein droit un an après la promulgation de la présente loi.

Toutefois, dans l'année de cette promulgation, le maintien du droit de vaine pâture, fondé sur une ancienne loi ou coutume, sur un usage immémorial ou sur

(1) Voir par exemple : Batbie, *Traité de droit publ. et adm.*, 2e édit., t. V, n° 166, note ; — Dalloz, *Supplément au Répert. alphab.*, 1888, V° *Commune*, n° 982 ; — et *Code des lois administratives*, V° *Commune*, n° 988.

un titre, pourra être réclamé au profit d'une commune ou d'une section de commune, soit par délibération du conseil municipal, soit par requête d'un ou plusieurs ayants droit adressée au préfet.

En cas de réclamation particulière, le conseil municipal sera mis en demeure de donner son avis dans les six mois, à défaut de quoi il sera passé outre.

Si la réclamation, de quelque façon qu'elle se soit produite, n'a pas été, dans l'année de la promulgation, l'objet d'une décision, conformément aux dispositions du § 1er de l'art. 3 de la loi du 9 juillet 1889, la vaine pâture continuera à être exercée jusqu'à ce que cette décision soit intervenue.

Art. 5. — Dans aucun cas et dans aucun temps, la vaine pâture ne peut s'exercer sur les prairies artificielles.

Le rétablissement de la vaine pâture sur les prairies naturelles, supprimée de plein droit par la loi du 9 juillet 1889, pourra être réclamé dans les conditions où elle s'exerçait antérieurement à cette loi, et en se conformant aux dispositions édictées par les articles précédents.

Elle ne peut avoir lieu sur aucune terre ensemencée ou couverte d'une production quelconque faisant l'objet d'une récolte, tant que la récolte n'est pas enlevée.

Art. 12. — Néanmoins, la vaine pâture fondée sur un titre et établie sur un héritage déterminé, soit au profit d'un ou plusieurs particuliers, soit au profit de la généralité des habitants d'une commune, est maintenue et continuera à s'exercer conformément aux droits acquis. Mais le propriétaire de l'héritage grevé pourra toujours s'affranchir, soit moyennant une indemnité fixée à dire d'experts, soit par voie de cantonnement.

Pour terminer, nous ferons une remarque très importante.

C'est qu'il ne faut pas confondre avec les droits de parcours ou de vaine pâture le droit de pâturage.

Ce droit s'exerce sur les bois ou forêts de l'Etat ou des communes, soit sur les prairies, landes, terres vaines et vagues et autres propriétés communales, qui ne sont pas affermées et que l'on destine à cet usage (1). Il constitue un bien communal, et un bien communal proprement dit ; il est donc régi actuellement par la loi du 5 avril 1884, art. 7, comme il l'était auparavant par la loi du 18 juillet 1837, art. 5 et 6 ; — et en cas de changement de circonscription, il suit le même sort que les autres biens dont les habitants avaient la jouissance en nature.

Par suite, la commune qui avait des pâturages communaux continuera, lorsqu'elle aura été réunie à une autre commune, à en avoir la jouissance exclusive ; et, en sens inverse, si une commune, qui avait des biens de cette nature, vient à être démembrée et qu'une de ses sections en soit distraite, soit pour être réunie à une autre com-

(1) Braff, *Principes d'adm. commun.*, V° *Pâturage*, t. II, p. 567.

mune, soit pour être érigée en municipalité distincte, cette section ou cette nouvelle commune continuera à jouir de ces pâturages avec l'ancienne commune, comme avant le changement de circonscription, à moins qu'un partage ne soit opéré (1).

Enfin, il nous faut dire quelques mots de certains autres droits qui peuvent appartenir aux communes : les droits de glanage, de râtelage, de grappillage, de chaumage.

On entend par glanage ou chaumage la faculté donnée aux habitants d'une commune de ramasser, après la moisson, les épis laissés dans les champs situés dans l'intérieur de cette commune. — Le râtelage et le grappillage sont des droits analogues exercés, le premier, dans les prairies, le second, dans les vignes.

A la vérité, ce ne sont pas là des droits véritables ni même des servitudes; — c'est plutôt une tolérance accordée à certaines personnes, en vertu de certains usages consacrés successivement par une ordonnance de saint Louis de 1261, un édit de novembre 1554 (2), et par l'art. 21 du titre II de la loi des 28 septembre-6 octobre 1791 (3).

Par suite, la loi de 1884 qui, comme la loi de 1837, ne s'occupe que des *biens* des communes, n'est pas applicable ici.

Toutefois, comme M. Aucoc (4), nous pensons que les anciennes jouissances doivent être maintenues malgré les changements de circonscription, en vertu du texte formel de l'instruction placée par l'Assemblée constituante à la suite de la loi des 23 novembre-1er décembre 1790, et portant que « les délimitations de communes ne préjudicieraient pas aux droits de pâturage, parcours, usage, chaumage et glanage, dont elles jouiraient comme par le passé (5) ».

(1) Voir DALLOZ, *Répert. alphab.*, V° *Droit rural*, n° 38.

(2) L'art. 10 de cet édit ne permettait le glanage qu'aux « gens vieils ou débilitez de membres, petits enfants ou autres personnes qui n'ont pouvoir ny force de seyer. »

(3) Il est encore question du glanage, du râtelage et du grappillage dans les art. 471, § 10, et 473 du Code pénal.

(4) *Sections de commune*, n° 123.

(5) Voir également LANGLOIS, *Des biens des sections de commune*, Paris, 1869, p. 194.

SOUS-TITRE IV

—

PARTAGE DES BIENS INDIVIS

Nous avons vu que, lorsqu'une section ou une fraction de territoire était distraite de la commune dont elle faisait antérieurement partie, elle emportait avec elle une portion indivise des biens de la communauté.

Mais chaque commune doit-elle forcément se contenter de cet état d'indivision, ou peut-elle exiger qu'un partage soit effectué ?

Telle est la question que nous allons maintenant examiner.

Comme d'ordinaire, nous étudierons successivement les règles qui étaient suivies dans la pratique sous l'empire de la loi du 18 juillet 1837 et celles qu'il faut appliquer aujourd'hui.

SECTION Ire

—

Sous la loi du 18 juillet 1837.

ARTICLE 1er.

AUTORITÉ COMPÉTENTE POUR PRONONCER LE PARTAGE

L'ancienne loi municipale étant muette sur ce point, comme sur tant d'autres, la pratique avait dû suppléer à son silence.

On ne pouvait songer, en effet, à contraindre la commune démembrée et la nouvelle commune à demeurer indéfiniment dans l'indivision ; car l'indivision peut être quelquefois très nuisible aux intérêts des deux communes copropriétaires. C'est un état gênant pour la gestion et pour l'aliénation de la propriété. On est généralement peu porté à faire des frais pour une chose qu'on n'est pas seul à posséder ; on craint toujours que les améliorations faites avec les deniers communs ne portent justement sur la part qui, lors du partage, sera attribuée à l'autre copropriétaire. Enfin, elle est une source d'embarras et de fréquentes difficultés : elle encourage les usurpations et peut, dès lors, compromettre gravement les intérêts des personnes à qui appartiennent les biens laissés dans cet état.

Aussi, dans la circulaire du 29 janvier 1848 (1), le ministre de l'Intérieur recommandait-il aux préfets de mettre les parties intéressées en demeure d'exprimer leurs intentions à cet égard, pendant l'instruction de la demande en changement de circonscription.

Quant aux biens indivis, disait-il, il n'est pas absolument nécessaire que le partage des biens immeubles soit toujours opéré en même temps que la séparation ; car il peut y avoir des cas où le maintien de l'indivision soit préférable, dans l'intérêt des deux parties ; mais elles devront être mises en demeure d'exprimer leurs intentions à cet égard, et, si elles s'accordent pour demander le partage, vous en ferez préparer l'instruction, conformément aux règles de la matière.

..... A l'égard des biens mobiliers, notamment des rentes, créances et deniers, le partage doit en être réglé en même temps que la séparation, parce qu'il serait sans avantage et qu'il pourrait n'être pas sans inconvénient de les conserver dans l'indivision.

Mais, en pratique, l'acte qui prononçait la distraction ne statuait jamais sur les conditions de l'opération, pas plus sur la question du partage que sur les autres ; il se bornait simplement à renvoyer le règlement de ces conditions à un décret ultérieur, qui n'intervenait que bien rarement.

Le plus souvent, voici comment on procédait :

Aussitôt que chaque nouvelle commune avait nommé un conseil municipal, conformément aux dispositions de l'art. 8 de la loi du 18 juillet 1837, ces assemblées délibéraient sur le point de savoir si le maintien de l'indivision était ou non préférable au partage.

Et alors, ou bien ils étaient d'accord pour désirer la conservation de l'indivision ; ou bien ils demandaient tous deux le partage ; ou bien l'un se prononçait dans un sens, l'autre dans un autre.

De là, trois situations bien différentes, que nous allons examiner dans les trois paragraphes suivants.

(1) Insérée au *Bull. offic. min. Int.*, 1848, p. 16.

§ 1.

Les conseils municipaux demandaient le maintien de l'indivision.

Dans ce cas, l'administration supérieure n'avait aucun moyen pour forcer les deux communes à sortir de l'indivision. Nous verrons, en effet, que le préfet n'avait en cette matière qu'un droit de contrôle et non un droit d'initiative.

Les biens restaient donc la propriété indivise des deux communes.

Quant à la manière suivant laquelle devait être répartie la jouissance de ces mêmes biens, il fallait distinguer. S'agissait-il de biens communaux proprement dits, c'est-à-dire de ces biens dont la jouissance en nature est abandonnée aux habitants, ceux-ci continuaient, après la séparation comme avant, à en jouir de la même façon et dans les mêmes conditions. Pour les biens patrimoniaux, au contraire, c'est-à-dire pour cette catégorie de biens qui donnent un revenu en argent, il fallait bien déterminer d'une façon précise quelle part, dans ces produits, devait être attribuée, chaque année, à chacune des deux communes. Mais comme la base de la répartition de ces revenus était la même que celle adoptée pour le partage des biens eux-mêmes (1), nous étudierons ces deux points en même temps (2).

D'ailleurs, pour rendre l'administration de ces biens plus facile, la loi du 18 juillet 1837 (art. 70 et 71) (3) permettait aux communes de demander dans ce but au chef de l'Etat l'institution d'une commission syndicale.

§ 2.

Les conseils municipaux demandaient le partage.

Lorsque les conseils municipaux étaient d'accord pour procéder au partage, leur délibération était alors soumise à l'approbation préfectorale, conformément à la loi du 18 juillet 1837, art. 19, § 4, et

(1) Voir par exemple TROLLEY, *Traité de la hiérarchie admin.*, t. I, p. 80, n° 41.

(2) Voir ci-dessous, art. 2, p. 472 et suiv.

(3) Voir ces textes rapportés dans la première partie, chap. III, Préliminaires, p. 197.

art. 20 (1), au décret du 25 mars 1852, tableau A, § 41, et au décret du 13 avril 1861, tableau A, § 48.

Si les communes copropriétaires appartenaient à des départements différents, les préfets se concertaient pour donner de part et d'autre à la commune de leur ressort l'autorisation nécessaire.

Mais dans un cas comme dans l'autre, l'autorité administrative, c'est-à-dire le préfet avec recours au ministre de l'Intérieur, conservait toujours le droit de refuser son consentement au partage et de maintenir l'indivision, quand elle la jugeait plus avantageuse pour les communes copropriétaires (2).

Les instructions ministérielles exigeaient de plus que le projet de partage fût soumis à une enquête *de commodo et incommodo* (3), aussi bien dans ce cas que lorsqu'il y avait désaccord entre les conseils municipaux.

Enfin, les autres formalités du partage étaient les mêmes dans les deux cas, et c'est dans le paragraphe suivant que nous nous réservons de les étudier (4).

§ 3.

Les conseils municipaux n'étaient pas d'accord pour procéder au partage.

Lorsque l'un des conseils municipaux demandait à sortir de l'indivision et que l'autre s'y refusait, le partage était-il absolument impossible, ou bien existait-il un moyen de vaincre la résistance de la commune opposante?

La question avait été très controversée.

Dans un premier système, on décidait qu'il fallait appliquer ici le principe posé par l'art. 815 du Code civil, aux termes duquel nul n'est tenu de demeurer dans l'indivision.

Le conseil municipal de la commune qui veut faire procéder au

(1) Les délibérations des conseils municipaux devaient être approuvées par le chef du pouvoir exécutif, lorsqu'il s'agissait d'une valeur excédant 3,000 fr., pour les communes dont le revenu était au-dessous de 100,000 francs, et 20,000 francs pour les autres communes. (Loi du 18 juillet 1837, art. 46.)

(2) Voir circulaire précitée du 29 janvier 1848. — Arrêt du conseil d'Etat du 26 février 1863 (communes de Bescat, Buzy et Sévignacq), *Recueil*, p. 178. — Décret du 25 mars 1852, art. 6, et décret du 13 avril 1861, art. 7.

(3) Voir par exemple circulaire du ministre de l'Intérieur du 5 mai 1852. (*Bull. offic.*, p. 228.)

(4) Conf. Bost, *Code de la constitution des communes*, nos 73 à 87, p. 65 et suiv.

partage, disait-on, prendra à ce sujet une délibération qui sera soumise à l'approbation du préfet, conformément aux dispositions précitées de la loi du 18 juillet 1837, et des décrets de 1852 et de 1861.

Comme dans le cas où l'accord existe, le préfet pourra, sauf recours au ministre de l'Intérieur, donner ou refuser son approbation à cette délibération. En cas de refus, la commune ne pourra donner d'autre suite à sa demande. Mais lorsque celle-ci aura été agréée, elle appellera alors la commune adverse devant le tribunal civil de l'arrondissement pour faire rendre contre elle un jugement qui ordonne le partage (art. 49 et suivants de la loi du 18 juillet 1837).

D'ailleurs, ajoutait-on aussitôt, cette décision de l'autorité judiciaire n'enlèvera pas à l'administration le droit d'apprécier, en vertu de son pouvoir de tutelle, l'opportunité du partage, et, une fois le jugement rendu, d'en permettre ou non l'exécution.

Telle était la jurisprudence du ministère de l'Intérieur. On trouve, en effet, au *Bulletin officiel* de ce ministère, de nombreuses circulaires ou décisions ministérielles consacrant cette solution (1).

La même opinion était également professée par un grand nombre d'auteurs (2).

Enfin, les tribunaux civils, les cours d'appel et la cour de cassation s'étaient maintes fois prononcés dans ce sens (3).

(1) Voir par exemple : Circ. min. Int. du 5 mai 1852 (*Bull. offic.*, p. 228). — Lettre au préfet des Hautes-Alpes du 2 février 1856 (*Bull. offic.*, p. 57) : « Lorsque l'une des communes copropriétaires déclare s'opposer au partage, il faut avant tout que les autres s'adressent à l'autorité judiciaire pour faire prononcer en principe la cessation de l'indivision... Mais l'autorité judiciaire déclare seulement le droit de la commune défenderesse à obtenir la cessation de l'indivision ; l'administration supérieure accorde ensuite ou refuse son approbation au partage, dont elle est toujours libre d'apprécier l'opportunité. » — Décisions de 1857 (*Bull. offic.*, p. 23, n° 4) ; — de 1859 (*Bull. offic.*, p. 106, n° 30); — de 1860 (*Bull. offic.*, p. 72), — etc. — Voir également Circ. min. Int. du 25 juillet 1839, commentant l'art. 46 de la loi du 18 juillet 1837.

(2) Nous citerons par exemple : MM. FOUCART, *Eléments de droit publ. et adm.*, 2e édit., t. III, n° 162. — BRAFF, *Principes d'adm. commun.*, 2e édit., t. I, p. 132. — JÈZE, article *Commune*, inséré dans le *Dict. gén. d'adm.*, de M. BLANCHE, V° *Commune*, p. 468 et 469. — AUCOC, *Sections de commune*, nos 126 et 140. — BLOCK, *Dict. de l'adm. franç.*, 2e édit., V° *Organisation communale*, n° 305. — CHAUDÉ, *Des biens des communes*, 1878, p. 293. — CAFFIN, *Des droits de propriété des communes*, n° 390, p. 405 et suiv., n° 401, p. 412. — BOST, *Code de la constitution des communes*, p. 64, n° 71 ; p. 92, n° 104.

Voir également : *Répert. d'adm. municipale*, V° *Distraction*, p. 727 ; V° *Biens communaux*, p. 255, n° 83. — *Ecole des communes*, 1855, p. 278, n° 709 ; 1859, p. 194 ; 1864, p. 333, n° 1438 ; 1864, p. 106, n° 674 ; 1880, p. 336, n° 92 ; 1882, p. 219, n° 27 ; 1884, p. 89, 26e question, p. 90, 27e question, p. 185, 32e question.

(3) Voir par exemple : Cassation, 4 thermidor an VIII, DALLOZ, *Répert. alphab.*, V° *Commune*, n° 2221 (communes de Dettviller et de Saverne) ; 9 août 1833, S. 1833. 1. 662 (comm. de Saint-Denis-de-Vaux) ; 24 avril 1833, S. 1833. 1. 695 (comm. de Carnay). — Cour de Grenoble, 24 janvier 1849, S. 1849. 2. 540 (comm. de Lavalette). — Tribunal des conflits, 2 mai 1850, *Recueil*, p. 416 (comm. d'Echillais).

Mais ce premier système avait trouvé dans M. Ducrocq un adversaire acharné (1). Cet auteur refusait à la commune le droit de demander au tribunal civil l'application de l'art. 815 du Code civil.

Cet article, disait-il, est intimément lié aux autres dispositions du Code civil et du Code de procédure civile (art. 815 à 842 C. civ., 966 et suivants C. pr. civ.), qui règlent les formalités à remplir en cas de partage, qui en déterminent les bases et qui prescrivent le tirage au sort des lots. Or, la doctrine et la jurisprudence sont unanimes à reconnaître que tous ces textes sont inapplicables aux partages des biens des communes, partages exclusivement soumis à la loi du 10 juin 1790, aux avis du conseil d'Etat des 20 juillet 1807 et 26 avril 1808, et aux art. 19 et 20 de la loi du 18 juillet 1837 (2). Comment alors ce partage serait-il judiciaire à son principe, pour devenir administratif dans toutes les formalités qui le préparent ou l'environnent, et dans toutes les opérations qui le constituent?

D'autre part, admettre qu'un tribunal civil puisse être appelé à ordonner un partage entre communes, ce serait attribuer à ce tribunal un pouvoir qui ne lui appartient pas, ce serait l'immiscer dans l'examen des convenances et de l'utilité du partage, c'est-à-dire dans un examen qui dépend essentiellement du pouvoir administratif. Ce serait, enfin, attenter au grand principe de la séparation des autorités administratives et judiciaires, puisqu'on devrait subordonner l'effet du jugement à un arrêté préfectoral, ou, en cas de recours, à une décision du ministre, qui pourraient en empêcher l'exécution.

D'après lui, le partage ne pouvait avoir lieu que du consentement de toutes les communes intéressées, et l'une d'elles n'avait aucun moyen juridique pour vaincre la résistance des autres.

L'autorité judiciaire et l'autorité administrative étaient également incompétentes pour ordonner le partage.

Par suite, ajoutait-il, le conseil de préfecture, et, en cas de recours, la section de l'Intérieur du conseil d'Etat, devraient refuser l'autorisation qui leur serait demandée par une commune d'intenter contre une autre commune une action en partage devant le tribunal

(1) Voir Ducrocq, *Traité des partages de biens communaux et sectionnaires*, Paris, 1865. — *Cours de droit administratif*, 6e édit., 1881, t. II, p. 585 et suiv., nos 1429 à 1432. — *Revue critique de législation et de jurisprudence*, 1865, p. 348 à 376.

(2) Nous verrons en effet que, à défaut de titres, les biens des communes ne se partagent pas par portions d'une quotité déterminée, *pro parte virili*, mais proportionnellement au nombre de leurs feux respectifs, et que chaque commune doit être lotie, par attribution, de la part la plus rapprochée de son territoire.

civil ; et si, par hasard, cette autorisation était accordée, le tribunal civil devrait se déclarer incompétent.

D'un autre côté, le conseil de préfecture, et, en cas de recours, le conseil d'Etat délibérant au contentieux, saisis, non plus d'une demande en autorisation de plaider, mais d'une demande tendant à ce qu'il leur plaise d'ordonner directement le partage, ne pourraient davantage l'accueillir ; ils devraient se déclarer purement et simplement incompétents pour en connaître.

Enfin, le préfet et le ministre de l'Intérieur devraient également rejeter toute demande de partage ; — car, si à eux seuls il appartient, à l'exclusion des tribunaux civils, d'apprécier l'opportunité du partage, ils ne peuvent faire cette appréciation que dans le cas où toutes les parties sont d'accord (1).

Mais ce système présentait de graves inconvénients.

On arrivait à ce résultat, qu'il pouvait dépendre du mauvais vouloir d'une commune d'empêcher un partage sollicité par les autres communes copropriétaires, reconnu avantageux et presque indispensable par l'administration : on donnait seulement au préfet le droit d'agir, par la voie de la persuasion, sur les conseils municipaux intéressés, pour arriver ainsi à un accord indispensable.

D'autre part, on était dans la nécessité d'admettre des distinctions qui n'existent pas dans la loi. En effet, en présence des termes formels de l'art. 92, § 2, du Code forestier, on était bien obligé de reconnaître, contrairement au principe qu'un partage de biens indivis entre communes ne peut avoir lieu que de leur consentement unanime, qu'il pouvait être procédé au partage de bois indivis entre communes, sans qu'il y eût pour cela accord entre elles.

Pareillement, M. Ducrocq n'hésitait pas à reconnaître, et avec raison, d'ailleurs, que, lorsque l'indivision existait, non plus entre

(1) M. Ducrocq cite à l'appui de sa thèse les opinions de MM. Macarel, *Eléments de jurisprudence administrative*, t. I, p. 167, n° 62 ; — Proudhon, *Traité des droits d'usage*, 2e édit., t. III, n° 825, p. 211 ; — Meaume, *Commentaire du Code forestier*, 1845, t. II, art. 92, § 2, p. 23... ; — et Dufour, *Droit administratif appliqué*, 3e édit., t. III, p. 558.

Or M. Proudhon pense, au contraire, que l'on rentre ici dans la règle du droit commun, qui ne veut pas que les propriétaires puissent être forcés à demeurer dans l'indivision (*op. cit.*, n° 823). Seulement il admet, comme M. Macarel, comme M. Meaume, comme M. Dufour, que l'autorité administrative, c'est-à-dire en premier ressort le préfet, avec recours au ministre de l'Intérieur, est seule compétente pour prononcer le partage.

De son côté M. Trolley, dans son *Traité de la hiérarchie administrative* (t. IV, n° 1827), admet bien, comme M. Ducrocq, que les tribunaux civils sont incompétents pour ordonner un partage de biens communaux proprement dits : mais il pense que, dans ce cas, il appartient au préfet de prononcer le partage ; — et il ajoute que c'est aux tribunaux civils à appliquer le principe de l'art. 815 du Code civil, dans le cas où les biens indivis sont des biens patrimoniaux.

deux communes, mais entre une commune ou une section de commune et un particulier, l'art. 815 du Code civil était pleinement applicable.

De sorte que tout le résultat de ce système aboutissait à forcer indirectement une commune, qui ne pouvait sortir directement de l'indivision contre le gré de l'autre commune, à vendre ses droits indivis à un particulier, qui exerçait alors sans opposition l'action en partage !

D'un autre côté, les arguments invoqués par M. Ducrocq n'étaient pas irréfutables.

On avait fait remarquer, en effet (1), que, bien que l'application de l'art. 815 au partage des biens indivis entre communes eût pour résultat de subordonner l'exécution du jugement à un arrêté préfectoral ou à une décision du ministre de l'Intérieur, chaque autorité n'en continuait pas moins à se mouvoir dans la sphère de ses attributions, sans empiéter sur les pouvoirs de l'autre.

Le tribunal, disait-on, fait office de juge en ordonnant le partage ; il constate que les communes sont dans l'indivision et que l'une d'elles veut en sortir ; il n'examine pas les convenances du partage.

Le préfet fait acte de tuteur : il recherche si le partage présente des avantages et des inconvénients, et si, par suite, il y a lieu de consacrer les droits reconnus par le tribunal.

Pour qu'il y ait empiètement du pouvoir judiciaire, il faudrait que celui-ci, au lieu de se borner à ordonner le partage, prescrivît qu'il aura lieu suivant les règles ordinaires : or, loin de là, le tribunal renvoie pour l'exécution aux dispositions de la loi du 10 juin 1793. Le tribunal n'empiète pas plus sur l'autorité administrative que ne le fait le juge de paix lorsqu'il ordonne l'inscription sur la liste électorale d'un individu omis à tort, ou la radiation d'un nom irrégulièrement inscrit.

D'ailleurs, ajoutait-on, est-il à présumer que lorsque le tribunal civil aura ordonné le partage, l'autorité administrative refuse d'y laisser procéder ? N'a-t-elle pas été suffisamment consultée avant que le tribunal ait pu être saisi ? Avant de parvenir au tribunal, la demande a dû être soumise à la double approbation du préfet et du conseil de préfecture. Les moyens de s'éclairer ne leur ont pas manqué : en même temps qu'il recevait la délibération du conseil municipal de la commune demanderesse, le préfet recevait celle du conseil municipal

(1) Voir SERRIGNY, article inséré dans la *Revue critique de législation et de jurisprudence*, 1865, p. 175 à 189. — CHAUDÉ, *Des biens des communes*, 1878, p. 295...

de la commune opposante : il a donc pu connaître les motifs de son refus. Or, si le préfet a approuvé la délibération du conseil municipal demandant le partage, si le conseil de préfecture a autorisé le maire à former sa demande en justice, n'est-ce pas une présomption bien forte que le partage est avantageux aux deux communes ? N'est-il pas certain qu'une fois le jugement rendu, l'autorité administrative n'hésitera pas à faire procéder à un partage qu'elle approuve d'avance ?

Enfin, disait-on, en admettant même que le préfet usât de son droit pour s'opposer au partage, ce ne serait pas, dans notre législation, le seul cas où un jugement rendu par la juridiction civile ne peut être exécuté sans l'intervention de l'autorité administrative ; le créancier d'une commune, muni d'un titre exécutoire, même émanant d'un tribunal, ne peut saisir ni les biens, ni les deniers de cette commune, si le conseil municipal refuse de payer sa dette ; il faut l'intervention du préfet ou du chef de l'Etat, qui l'inscrit au budget de la commune, et, à défaut de ressources suffisantes, ordonne la vente d'un bien communal (1).

Entre ces deux opinions, M. Batbie (2) avait ouvert un troisième avis, en se fondant sur les art. 70 et suivants de la loi du 18 juillet 1837.

« Ces dispositions, disait-il, prévoient le cas où des biens sont indivis entre deux ou plusieurs communes, et donnent au chef de l'Etat, lorsqu'une des communes en fait la demande, le pouvoir d'instituer une commission syndicale composée de délégués élus par les conseils municipaux des communes intéressées. Le nombre des délégués que chaque commune aura le droit d'envoyer est déterminé par le décret qui institue la commission ; et la commission est renouvelée tous les trois ans. Or, quelles sont les attributions de cette commission syndicale ? D'abord et principalement, elle est chargée de la gestion des biens indivis : en effet, aux termes de l'art. 71, § 2, « les attributions de la commission syndicale et du syndic, en ce qui touche les biens et les droits indivis, sont les mêmes que

(1) Loi du 18 juillet 1837, art. 46, modifié par le décret du 25 mars 1852, tableau A, n° 48. — Voir également loi du 5 avril 1884, art. 110.

M. Serrigny (*Revue critique*, 1865, p. 188) avait même soutenu qu'une fois le jugement autorisant le partage rendu, l'administration n'avait plus le droit de s'opposer à son exécution. Il regardait comme incontestable que si elle s'y opposait, et voulait maintenir indéfiniment l'indivision entre les communes copropriétaires, le conseil d'Etat devait voir dans ce refus d'exécution un excès de pouvoir, et le réformer, en statuant au contentieux sur le recours de la commune demanderesse.

(2) *Traité de droit publ. et adm.*, 1re édit., t. V, n° 114, p. 134.

celles des conseils municipaux et des maires, pour l'*administration* des propriétés communales ».

« Mais ce mot *administration* ne doit pas être pris ici dans un sens restrictif par opposition au mot *aliénation*, mais dans le sens étendu de *gestion*, comme il l'est, par exemple, au titre de la tutelle (livre I, titre X, section VIII, du Code civil). Sous la rubrique *administration du tuteur*, la loi traite de tous les actes que le tuteur peut faire, et des conditions auxquelles il a le droit d'y consentir (art. 450 à 468). Si l'aliénation des biens indivis était jugée profitable aux communes syndiquées, s'il fallait plaider, si la transaction était possible et utile, tous ces actes pourraient être faits en vertu d'une délibération de la commission approuvée par le préfet. Pourquoi en serait-il autrement du partage ? Pour demander le partage des biens indivis, la commission remplacera le conseil municipal, et le partage se fera en vertu de cette délibération approuvée par le préfet, comme il a lieu en vertu de la délibération des conseils municipaux lorsqu'ils sont d'accord. »

Toutefois, lorsqu'il n'y avait pas de commission syndicale, M. Batbie pensait que l'art. 815 du Code civil était applicable.

« A défaut de syndicat, disait-il (1), le conseil municipal de la commune qui veut le partage prendra une délibération qui sera soumise à l'approbation du préfet. Si le préfet approuve, la commune demandera au conseil de préfecture l'autorisation de plaider pour agir en justice, et cette autorisation accordée, le maire assignera en partage la commune copropriétaire. Quant à la commune défenderesse, le conseil de préfecture lui accordera certainement la permission de plaider, puisque celle-ci ne peut se dispenser de répondre à l'action en partage. »

Mais ce système était contraire à la jurisprudence du ministère de l'Intérieur, qui admettait que les pouvoirs des commissions syndicales ne dépassaient pas les actes de pure administration (2).

ARTICLE 2.

BASES DU PARTAGE

Lorsqu'il y avait lieu de partager les biens indivis entre les communes, d'après quelles bases devait se faire ce partage ?

(1) *Op. cit.*, nos 115 et 116

(2) Voir, par exemple, décis. min. Int. de 1859 (*Bull. offic.*, p. 207, no 62).

Il y avait tout d'abord un cas qui ne soulevait aucune difficulté.

Si la commune démembrée et la section distraite avaient des titres, tels qu'une vente, une donation, une transaction ou une décision judiciaire, établissant leurs droits respectifs d'une manière précise, on se conformait à ces titres et l'on suivait le mode de partage par eux déterminé.

Nous pouvons citer, en ce sens, plusieurs arrêts de la cour de cassation (1).

D'autre part, cette doctrine était professée par la grande majorité des auteurs et adoptée dans la pratique par l'administration (2).

A défaut de titres, la possession ne pouvait-elle y suppléer ?

Le conseil d'Etat, saisi de la question, avait décidé, par arrêt en date du 28 décembre 1825 (commune de Lahayeville contre commune de Richecourt), qu'en l'absence de titres, le partage ne pouvait se faire que proportionnellement au nombre des feux de chaque commune.

La juridiction civile s'était également prononcée dans le même sens, dans plusieurs circonstances particulières (3).

(1) Voir notamment : Cassation, 26 août 1816, DALLOZ, *Répert. alphab.*, V° *Commune*, n° 2223 (commune de Villiers-Laforêt) ; 19 juillet 1820, MEAUME, *Comment. du Code forestier*, t. II, p. 26, note (comm. de Ville-sous-Corbie) ; 15 avril 1840, D. 1840. 1. 221 (comm. de Saint-André-de-Cubzac) ; 13 mai 1840, D. 1841. 1. 221 (comm. de Dun-le-Roi) ; 14 février 1841, D. 1841. 1. 135 (comm. de Colonne) ; 12 avril 1841, D. 1841. 1. 172 (comm. de Pomarez) ; 7 août 1849, D. 1849. 1. 320 (comm. de Villy-en-Trodes) ; 21 janvier 1852, D. 1852. 1. 276 (comm. d'Eysus). — Cour de Pau, 9 août 1865, D. 1866. 2. 49 (comm. de Boumours). — Cassation, 26 mars 1867, D. 1868. 1. 36 (comm. de Boumours) ; 26 mai 1869, D. 1869. 1. 319 (comm. de Garn) ; 28 décembre 1869, D. 1870. 1. 150 (comm. de Sexfontaines) ; 17 décembre 1872, D. 1873. V. 111 (comm. de Raucourt) ; 22 août 1881, D. 1882. 1. 463 (comm. de Fozzano).

(2) Voir par exemple : FOUCART, *Eléments de droit publ. et adm.*, 2e édit., t. III, n° 162. — BRAFF, *Principes d'adm. commun.*, 2e édit., t. I, p. 134, rapportant en ce sens une décision du ministre de l'Intérieur du 3 novembre 1840. — JÈZE, article *Commune*, inséré dans le *Dict. gén. d'adm.*, de M. BLANCHE, p. 468. — AUCOC, *Sections de commune*, n° 129. — BATBIE, *Traité de droit publ. et adm.*, 1re édit., t. V, n° 112, p. 130. — BLOCK, *Dict. de l'adm. franç.*, 2e édit., V° *Organisation communale*, n° 306. — CHAUDÉ, *Des biens des communes*, 1878, p. 292. — DUCROCQ, *Traité des partages de biens communaux et sectionnaires*, p. 78. — TROLLEY, *Traité de la hiérarchie administrative*, t. IV, n° 1825. — PROUDHON, *Traité des droits d'usage*, 2e édit., t. III, nos 831, 837 et 839. — *Journal de droit administratif*, t. XIX, p. 63. — *Répert. d'adm. municipale*, V° *Distraction*, p. 727 et 728; V° *Biens communaux*, p. 255. — BOST, *Code de la constitution des communes*, p. 71, n° 87. — *Ecole des communes*, 1841, p. 54, n° 374; 1864, p. 333, n° 1438; 1884, p. 186, 33e question, p. 89, 26e question. — MEAUME, *Commentaire du Code forestier*, t. II, art. 92, § 2, n° 732, p. 30. — CAFFIN, *Des droits de propriété des communes...*, n° 414, p. 422.

Voir également : Lettre du ministre de l'Intérieur au préfet des Basses-Alpes du 3 novembre 1837, insérée dans l'*Ecole des communes*, 1837, p. 284. — Circ. min. Int. du 5 mai 1852 (*Bull. offic.*, 1852, p. 228). — Décis. min. de 1869 (*Bull. offic.*, 1869, p. 569, n° 43).

(3) Voir notamment un arrêt de la cour de cassation du 28 mai 1838 (commune de Bidon c. commune de Saint-Remèze), conclusions contraires de M. LAPLAGNE-BARRIS, premier avocat général. (SIREY, 1838. 1. 806.)

C'etait déroger à ce principe de notre droit, que la possession peut, quand elle réunit les qualités exigées à cet effet par la loi, conduire à la propriété des choses prescriptibles ; et, cependant, aucun texte n'autorisait une pareille dérogation.

Aussi, le plus grand nombre des auteurs avait-il adopté la solution contraire (1) ; et la cour de cassation, revenant sur sa jurisprudence, avait décidé que la possession pouvait, comme le titre, faire admettre pour le partage d'autres bases que le nombre de feux (2).

Mais c'est avec raison également qu'elle imposait à la commune copropriétaire, qui prétendait avoir acquis par la possession une part plus forte que celle qui devait lui revenir par application de la règle ordinaire, l'obligation de justifier que sa possession avait été, pendant tout le temps requis pour prescrire, exclusive de tous actes de possession de la part de l'autre commune copropriétaire (3).

Enfin, lorsque ni les titres, ni la possession ne fournissaient une preuve suffisante du droit des copartageants, quelles étaient les règles à suivre pour le partage ?

Le projet de loi, qui est devenu la loi du 18 juillet 1837, contenait une disposition ainsi conçue : « Les portions distraites d'une commune conserveront, proportionnellement à leur contingent dans la contribution foncière, tous leurs droits sur les biens de cette commune ». Cette disposition avait été maintenue lors de l'examen que la Chambre des Pairs fit du projet (4) ; mais, à la Chambre des députés, et à la suite de la remarque faite par M. Vivien, que ce point

(1) Voir par exemple : PROUDHON, *op. cit.*, t. III, nos 832 à 834, 837, 839 à 856. — FOUCART, *op. cit.*, t. III, n° 162. — TROLLEY, *op. cit.*, t. IV, n° 1825. — BRAFF, *op. cit.*, p. 134, citant en ce sens une décision ministérielle du 3 novembre 1840. — Circ. min. Int. du 5 mai 1852 (*Bull. offic.*, p. 228). — CAFFIN, *op. cit.*, nos 416 à 418, p. 423... — BOST, *op. cit.*, n° 87, p. 72. — *Ecole des communes*, 1859, p. 320, n° 572. — *Répert. d'adm. municipale*, V° *Biens communaux*, n° 92. — DUCROCQ, *Traité des partages...*, p. 90 et 91. — AUCOC, *op. cit.*, n° 129.

Contra : MEAUME, *Commentaire du Code forestier*, t. II, p. 32.

(2) En ce sens : Cassation, 19 juillet 1820 (commune de Ville-sous-Corbie) ; — Cour de Nancy, 23 novembre 1835 (comm. de Neufchâteau) : ces deux arrêts rapportés dans le *Commentaire du Code forestier*, de M. MEAUME, t. II, p. 26 ; — Cass., 21 janvier 1852, D. 1852. 1. 276 (comm. d'Eysus) ; 28 décembre 1869, D. 1870. 1. 150 (comm. de Sexfontaines) ; 14 août 1872, S. 1872. 1. 332 (comm. de Larches) ; 17 décembre 1872, D. 1873. V. 111 (comm. de Raucourt).

(3) Cassation, 26 août 1856 (commune de Saint-Maurice-de-Remens c. section de Châtillon-la-Palud), D. 1856. 1. 340. — Conf. Cass., 1er février 1865 (comm. de Fozzano), D. 1865. 1. 299. — Cour de Dijon, 15 février 1867 (comm. de Solutré c. hameau de Pouilly), D. 1867. 2. 219.

(4) *Moniteur* du 31 mars 1835.

ne pouvait être réglé dans la loi, elle disparut et il ne subsista que l'art. 6, qui, on le sait, était complètement muet sur la question (1).

En présence du silence de ce texte, on dut recourir aux règles suivies antérieurement dans cette matière.

Or, l'art. 2 de la section IV de la loi du 10 juin 1793, interprété et complété par une loi du 19 brumaire an II (9 septembre 1793), portait que « le partage des biens indivis entre deux ou plusieurs communes se ferait de la même manière que le partage des biens d'une commune ou d'une section de commune entre ses habitants, c'est-à-dire par tête d'habitant domicilié, de tout âge et de tout sexe ».

Mais ce mode de partage ayant soulevé de nombreuses protestations, un avis du conseil d'Etat du 4 juillet 1807, approuvé par l'empereur le 20 du même mois et inséré au *Bulletin des lois*, ayant, par conséquent, force législative, décida que le partage des biens indivis entre communes aurait lieu, non pas d'après l'étendue du territoire de chacune d'elles, ni d'après le nombre de leurs habitants, mais « à raison du nombre de feux par chaque commune ».

Un autre avis du conseil d'Etat du 12 avril 1808, approuvé par l'empereur le 26 du même mois, décida que la même règle serait applicable au partage des bois indivis entre plusieurs communes ou sections de commune.

Et, depuis lors, ce mode de partage a été constamment suivi par la jurisprudence de la cour de cassation et du conseil d'Etat (2), et adopté par les auteurs (3).

(1) *Moniteur* du 1er février 1837.

(2) Voir par exemple : Cassation, 19 juillet 1820 (commune de Ville-sous-Corbie) ; 15 avril 1840, D. 1840. 1. 221 (comm. de Saint-André-de-Cubzac) ; 13 mai 1840, D. 1841. 1. 221 (comm. de Dun-le-Roi) ; 7 août 1849, D. 1849. 1. 320 (comm. de Villy-en-Trodes) ; 26 mars 1867, D. 1868. 1. 36 (comm. de Boumours ; 26 mai 1869, D. 1869. 1. 319 (comm. de Garn) ; 28 décembre 1869, D. 1870. 1. 150 (comm. de Sexfontaines) ; 17 décembre 1872, D. 1873. 5. 111 (comm. de Raucourt).

Conseil d'Etat, 25 août 1841, *Rec.*, p. 469 (commune de Saint-Aybert):

« Vu la requête présentée par la commune de Saint-Aybert (Nord), ladite requête tendant à ce qu'il nous plaise annuler un arrêté du conseil de préfecture du département du Nord en date du 7 octobre 1839 ; ordonner que les biens communaux indivis entre les communes de Saint-Aybert et de Crespin seront partagés entre ces deux communes à raison de l'étendue de leur territoire ;

« Vu notre ordonnance du 2 mars 1837, qui a distrait la section de La Chapelle-Saint-Aybert de la commune de Crespin et l'a érigée en commune particulière ;

« Vu la loi du 10 juin 1793, les avis du conseil d'Etat des 20 juillet 1807 et 26 avril 1808 ;

« *En ce qui touche le mode de partage des biens demeurés indivis entre les deux communes* : Considérant qu'aux termes de l'avis du conseil d'Etat du 20 juillet 1807, les communes propriétaires par indivis de biens communaux doivent les partager à raison du nombre de feux existant dans chacune d'elles ; que c'est avec raison que le conseil de préfecture a ordonné que le partage à faire entre les communes de Saint-Aybert et de Crespin aurait lieu d'après cette base... »

(3) Voir notamment : AUCOC, *op. cit.*, n° 128. — JÈZE, article *Commune*, inséré dans

Cependant, dans son *Traité de la hiérarchie administrative* (1), M. Trolley avait prétendu qu'il fallait distinguer entre le cas où les biens indivis étaient des biens communaux proprement dits, et celui où c'étaient des biens patrimoniaux ; et que les dispositions de la loi du 10 juin 1793 et des avis du conseil d'Etat du 20 juillet 1807 et du 26 avril 1808, n'étaient applicables qu'aux biens de la première catégorie.

« Le partage des biens patrimoniaux indivis entre deux communes, disait-il, est soumis à d'autres règles. Le droit des copropriétaires ne se détermine pas par le nombre de feux. Les avis du conseil d'Etat de 1807 et 1808 n'appliquent cette présomption qu'aux communaux proprement dits, et quand les habitants ne jouissent pas en nature des biens indivis, le nombre plus ou moins considérable des ménages ou des familles est un fait complètement indifférent. On consulte les titres, et s'ils se bornent à attribuer tel immeuble aux deux communes, elles sont réputées propriétaires chacune pour moitié. »

Mais cette distinction était contraire aux termes généraux de la loi du 10 juin 1793 (section Ire, art. 3), qui soumettait également au partage « tous les biens appartenant aux communes, soit communaux, soit patrimoniaux, de quelque nature qu'ils puissent être », — et des décrets de 1807 et 1808, qui ont établi le principe du partage par feux. Aussi a-t-elle été condamnée plusieurs fois par le conseil d'Etat.

Il a été jugé, en effet, que le produit de la vente du quart en réserve des bois de la commune de Rouceux, sur lequel des droits de copropriété avaient été reconnus à une fraction de la commune qui en avait été détachée pour être réunie à la commune de Neufchâteau, devait être partagé entre cette section et la commune de Rouceux d'après le nombre des feux de chacune d'elles (2).

Le conseil d'Etat a jugé de même, dans un arrêt du 3 février 1843 (3), relatif à une contestation qui s'était élevée entre les communes d'Harprich et de Vallerange, au sujet du partage des fonds et

le *Dict. gén. d'adm.*, de M. Blanche, p. 468. — Chaudé, *Des biens des communes*, 1878, p. 323. — Ducrocq, *Traité des partages...*, p. 80. — Proudhon, *Traité des droits d'usage*, 2e édit., t. III, nos 837 et 839. — *Ecole des communes*, 1884, p. 89, 26e question, p. 186, 33e question. — Dufour, *Droit administratif appliqué*, 3e édit., t. III, p. 504. — Bost, *op. cit.*, no 87, p. 70 et suiv.; nos 105, 106 et 107, p. 93 et suiv. — Caffin, *op. cit.*, no 408, p. 418 et suiv. — Conf. Circ. min. Int. du 5 mai 1852 (*Bull. offic.*, p. 228).

(1) T. IV, p. 249, no 1823, et p. 256, no 1828.

(2) Arrêt du conseil d'Etat du 18 mars 1841 (commune de Rouceux c. ville de Neufchâteau), *Recueil*, p. 111.

(3) *Recueil*, p. 47.

valeurs restant libres dans la caisse de l'ancienne commune de Vallerange, dont celle d'Harprich venait d'être distraite. Voici, d'ailleurs, quelles étaient les circonstances qui avaient nécessité l'intervention du conseil d'Etat.

Les communes d'Harprich et de Vallerange (Moselle), après avoir été réunies par un décret du 30 octobre 1813, dans le but de procurer à la commune de Vallerange les moyens de pourvoir aux dépenses de son administration en joignant à ses ressources celles d'Harprich, qui possédait des bois très productifs, avaient été de nouveau érigées en municipalités distinctes par une ordonnance royale du 12 janvier 1833. Par suite de cette mesure, il fut procédé à la liquidation des dettes et créances de la communauté, et cette liquidation donna un reliquat actif de 11,750 fr. 29, composé de 300 francs en numéraire et 11,450 fr. 28 en valeurs diverses. Le partage de ce reliquat donna lieu à des contestations. En effet, dans les valeurs diverses qu'il comprenait, figuraient 2,808 francs, traites souscrites par les adjudicataires de coupes de bois de la section d'Harprich, et sur les 8,642 fr. 28 restant, lesquels étaient placés au trésor, 3,474 francs avaient la même origine.

La commune d'Harprich prétendait que les deux sommes qui provenaient de ses ressources devaient lui retourner en entier.

Le conseil de préfecture, saisi de la question, décida qu'il y avait lieu de totaliser les valeurs apportées par les sections à la masse commune, depuis leur réunion jusqu'au 12 janvier 1833, et d'opérer la répartition du reliquat actif au marc le franc du contingent versé par chacune d'elles. A cet effet, un commissaire délégué par le préfet fut chargé de faire le relevé des comptes annuels de l'administration communale durant la réunion. Ce travail fut fait jusqu'en 1817, l'absence de documents suffisants n'ayant pas permis de le continuer pour les années antérieures; et il donna le résultat suivant : recette pour Harprich : 34,041 fr. 90 ; recette pour Vallerange : 45,466 fr. 03. Le délégué fit, en outre, le calcul des diverses dépenses faites, soit dans l'intérêt commun des deux sections, soit dans l'intérêt particulier de chacune d'elles, et la commune d'Harprich demanda qu'on lui attribuât sur le reliquat une somme égale à la différence qui se trouvait entre sa part dans les dépenses et sa part dans les recettes.

Le conseil de préfecture statua définitivement par arrêté du 12 juin 1838. Faisant l'application de la base de répartition qu'il avait adoptée par sa première décision, il fixa la part de la commune d'Harprich à 4,969 fr. 47, et comme cette commune avait déjà reçu avant partage une somme de 6,561 fr. 34, le conseil de préfecture la déclara débitrice envers la commune de Vallerange de 1,591 fr. 87.

La commune d'Harprich se pourvut alors contre l'arrêté du 12 juin 1838 et reproduisit la prétention que le conseil de préfecture avait repoussée.

Le ministre de l'Intérieur, dans les observations qu'il fut appelé à fournir sur le pourvoi, fit d'abord remarquer que le montant du reliquat était inférieur d'environ 3,000 francs à l'excédent des recettes des deux sections sur leurs dépenses, et que si la section d'Harprich était admise à prélever en entier la différence existant entre sa part dans les recettes et sa part dans les dépenses, la commune de Vallerange se trouverait dans l'impossibilité de faire le même prélèvement en ce qui la concernait. Il soutint ensuite que la seule règle à suivre pour le partage du reliquat actif que la caisse municipale se trouvait avoir au moment de la séparation, était celle établie par les arrêts du conseil d'Etat des 20 juillet 1807 et 26 avril 1808, pour le partage des bois et communaux indivis entre plusieurs communes, c'est-à-dire le mode de partage par feux.

La commune d'Harprich présenta alors un nouveau système; d'après elle, il s'agissait moins de procéder à un partage de biens indivis entre deux communes, que de prononcer au profit de chacune d'elles l'attribution de valeurs qui avaient une origine connue et qui appartenaient en propre à l'une ou à l'autre. Les valeurs appartenant à la commune d'Harprich, qui étaient confondues avec celles de Vallerange pendant le temps de leur réunion, devaient naturellement demeurer sa propriété exclusive dès qu'elles avaient cessé, par suite de l'ordonnance de 1833, d'être appliquées à des besoins communs. Le but qu'on s'était proposé en 1813, par la réunion des deux communes, c'était de rendre moins onéreuses pour la commune de Vallerange les dépenses de son administration; à cet effet, la jouissance des ressources dont chaque commune pouvait disposer restait indivise entre elles. Mais cette indivision ayant cessé par le fait de la séparation prononcée par l'ordonnance de 1833, chaque commune devait naturellement reprendre dans la caisse communale ce qui lui appartenait en propre.

En conséquence, la commune d'Harprich déclarait borner sa demande au remboursement de la somme de 6,282 francs, provenant de ses propres ressources.

Le conseil d'Etat rendit alors l'arrêt suivant:

Vu le décret du 30 octobre 1813;
Vu notre ordonnance du 12 janvier 1833;

Vu la loi du 10 juin 1793, art. 1er, section V ;

Vu les avis du conseil d'Etat des 20 juillet 1807 et 26 avril 1808 ;

Considérant qu'au moment de la séparation des deux communes d'Harprich et de Vallerange, les fonds restant libres dans la caisse communale étaient, quelle que fût leur origine, indivis entre les deux communes ; et que, d'après les dispositions des avis du conseil d'Etat des 20 juillet 1807 et 26 avril 1808, le partage des biens indivis entre plusieurs communes doit être fait en raison du nombre des feux de chacune d'elles ;

ARTICLE PREMIER. — L'arrêté du conseil de préfecture du département de la Moselle est annulé.

ART. 2. — Les communes d'Harprich et de Vallerange sont renvoyées devant le même conseil de préfecture pour y faire procéder au partage des fonds restant libres dans la caisse communale au moment de leur séparation, d'après les bases déterminées par le présent arrêt ;

ART. 3. — Le surplus des conclusions de la commune d'Harprich est rejeté (1).

De son côté, le ministre de l'Intérieur, dans sa circulaire du 29 janvier 1848 (2), où il donnait des instructions aux préfets sur les questions que soulèvent les changements de circonscription des communes, s'exprimait ainsi au sujet des biens indivis : « Vous savez que ces sortes de partages doivent se faire à raison du nombre de feux existant dans chaque section, à moins qu'il n'y ait des titres ou des usages contraires. A l'égard des biens mobiliers, notamment des rentes, créances et deniers, le partage doit en être réglé en même temps que la séparation... Du reste, la règle du partage de ces biens est la même que pour les biens immobiliers (3).

Il était reconnu qu'il fallait entendre par *feux* les chefs de famille ou de ménage ayant domicile réel et fixe dans la commune, sans distinguer s'ils étaient propriétaires ou locataires, célibataires ou mariés, s'ils payaient ou non des impôts (4).

A quelle époque devait-on se placer pour compter les feux des communes copartageantes, et pour fixer la part revenant à chacune

(1) Voir également : Arrêt du conseil d'Etat du 5 décembre 1866 (communes de Louvigny, de Venoix et de Caen), *Rec.*, p. 1089. — *Ecole des communes*, 1867, p. 164, n° 1548.

(2) Insérée au *Bull. offic. min. Int.*, 1848, p. 16.

(3) Voir sur ce point AUCOC, *Sections de commune*, n° 130.

(4) Voir sur ce point : *Code forestier*, art. 105. — MIGNERET, *Traité de l'affouage dans les bois communaux*, édit. 1840, p. 203, n° 130. — DESHAIRES, *Traité de l'adm. départ. et commun.*, édit. 1866, p. 161 à 172.— AUCOC, *op. cit.*, n° 128. — *Répert. d'adm. mun.*, V° *Distraction*, p. 727. — Décis. min. de 1853, insérée au *Journal de droit administratif*, t. IV, p. 452. — *Ecole des communes*, 1859, p. 320, n° 572 ; 1864, p. 106, n° 674. — Trib. civ. de Guéret, 19 avril 1877, D. 1878. 3. 47. — Cass., 28 décembre 1869, D. 1870. 1. 150 (commune de Sexfontaines).

d'elles dans les biens qu'elles voulaient diviser? En d'autres termes, le partage des biens indivis devait-il s'effectuer suivant le nombre de feux existant dans les deux communes au moment où leur érection en municipalités distinctes avait opéré, en droit, la division des biens qui leur appartenaient en commun; ou bien suivant le nombre de feux qui se trouvaient dans les deux communes au moment où le partage de leurs biens était prononcé en fait, par une décision judiciaire?

Les avis étaient partagés.

Les uns, comme M. Bost (1), pensaient que, quelle que fût l'époque à laquelle remontât la séparation officielle des deux communes, c'était le nombre des feux existant à cette époque, dans chacune d'elles, qu'on devait prendre pour base du partage de leurs biens jusque là indivis. C'est en effet, disait-on, au moment même où les sections, auparavant réunies, se sont trouvées, par l'effet d'une décision du pouvoir compétent, érigées en communes distinctes, que leurs droits respectifs de propriété sur les biens qu'elles possédaient indivisément ont été ouverts.

De son côté, la cour de cassation, qui avait été appelée à se prononcer sur la question, avait admis, voici dans quelles circonstances, une solution conforme à cette doctrine:

La commune d'Illhausern formait jadis une section de la commune de Guémar, avec laquelle elle possédait un terrain communal en nature de bois et de pâturages, dit la Gemein-Marck. A partir de 1792, la section d'Illhausern s'administra comme une municipalité distincte; mais cette séparation légale n'empêcha pas la continuation d'une communauté d'intérêts et de droits entre les deux communes. Ce ne fut qu'en 1833, et par ordonnance royale du 18 mai de cette même année, que Illhausern obtint une banlieue propre et distincte, et que sa séparation absolue de Guémar fut effectuée. En 1836, le maire d'Illhausern intenta une action en partage de la Gemein-Marck. Un jugement du tribunal de Colmar accueillit cette demande et décida que le partage se ferait d'après le nombre des feux, mais sans fixer l'époque que les experts auraient à prendre en considération pour faire le dénombrement de ces feux. La commune de Guémar interjeta alors appel de ce jugement, et prétendit notamment qu'il fallait déterminer les bases du partage d'après le nombre des feux existant en 1792, époque de la séparation des deux communes. Mais la cour de Colmar n'admit pas cette prétention, et décida que les experts devaient consulter le nombre des feux exis-

(1) *Code de la constitution des communes*, n° 87, p. 73.

tant dans les deux communes à l'époque du 18 mai 1833, parce que c'était à cette dernière époque seulement que la séparation des deux communes avait été prononcée dans les formes légales, leur disjonction antérieure n'ayant eu lieu que sous quelques rapports politiques et administratifs.

L'arrêt de cette cour, en date du 31 juillet 1839, était ainsi motivé :

Considérant que, s'il est vrai de dire qu'en principe général cette époque (celle qui sert de règle au partage par feux) doit être celle où a lieu la séparation, c'est-à-dire l'érection en communes distinctes de deux communautés ou sections antérieurement réunies, ce principe doit recevoir exception lorsque, comme au cas particulier, la séparation n'a eu lieu que de droit, et seulement sous les rapports politiques et administratifs, et lorsque, du reste, la communauté d'intérêts a continué de subsister de fait ; — que, dans l'espèce, cette continuation de communauté d'intérêts est suffisamment établie, puisqu'il est justifié par titres que, postérieurement à la création des municipalités et l'érection d'Illhausern en commune, en vertu des lois de 1790 et de l'an VIII, cette commune a contribué avec Guémar au paiement des condamnations prononcées par jugements des 10 prairial et 6 messidor an XI, ainsi qu'aux charges de guerre de 1814 et 1815 ; — que ce n'est qu'en 1833, et par ordonnance du 18 mai, que Illhausern, encore qualifiée de section de commune, a obtenu une banlieue propre et distincte, et que la séparation absolue de Guémar a été effectuée ; — que c'est donc dans la proportion des feux existant à cette dernière époque que devra être opéré le partage à faire...

Là-dessus, pourvoi en cassation de la commune de Guémar, fondé sur la violation des art. 1872 et 815 et suivants du Code civil, en ce que l'arrêt attaqué avait prorogé arbitrairement les effets de l'indivision entre deux communes, à une époque postérieure à leur séparation administrative légale (1).

(1) « La séparation de deux communes, disait-elle, produit les effets d'une dissolution de société. L'art. 1872 rend applicables aux associés en général les règles concernant le partage des successions. Aux termes des art. 815 et suivants, qui régissent cette matière, les droits des copartageants sont définitivement fixés aussitôt que le partage a pu être demandé, nonobstant toutes jouissances contraires en commun ou séparément. La convention même de suspendre le partage ne proroge point la communauté et ne change point la proportion des droits respectifs, chacun des intéressés conservant toujours la même part, telle qu'elle lui est échue primitivement. Il suit de là que, quand la société prend fin par une demande en partage, les droits des copartageants ne remontent pas au-delà de cette demande ; que si la demande en partage, au contraire, est la conséquence de la dissolution antérieure de la société, le partage remonte à l'époque de cette dissolution, qui a eu pour effet d'ouvrir et d'arrêter définitivement les droits individuels des associés entre eux. De ces principes, qui gouvernent les sociétés communales comme toute autre, il résultait, dans l'espèce, que le partage par feux devait remonter à l'année 1792, époque de la séparation administrative des deux communes. La continuation de fait d'une communauté d'intérêts entre elles postérieurement à cette séparation ne pouvait prévaloir sur les conséquences légales de la dissolution légale de leur société. Cette société ne pouvait être prorogée que par la loi, la volonté des

Mais la cour de cassation, sans toucher aux raisons invoquées par la commune de Guémar, et par arrêt en date du 13 juillet 1841, rejeta le pourvoi et confirma purement et simplement l'arrêt de la cour de Colmar.

Cet arrêt était ainsi conçu :

Considérant que, pour régler les droits des deux communes sur la Gemein-Marck, l'arrêt attaqué constate en fait que les deux communes, qui n'en formaient auparavant qu'une, n'ont été réellement et de fait séparées, pour en former deux, que par l'ordonnance royale de 1833 ;

Que, jusqu'à cette époque, elles avaient constamment joui en commun de la Gemein-Marck, payé les impôts, supporté proportionnellement les charges, qu'elles avaient eu le même pâtis ; qu'ainsi l'arrêt n'a pas violé les articles de loi invoqués,

Rejette (1).

D'autre part, le comité consultatif de l'*Ecole des communes*, consulté sur le point de savoir si l'on devait compter les feux au moment de la séparation des deux communes, ou au moment de la signification de l'arrêté qui avait autorisé le partage, ou au moment de l'assignation en partage, avait répondu :

En principe, il y a lieu de prendre pour base l'état de choses existant au moment de la cessation de l'indivision. Mais la cessation de l'indivision ne résulte pas nécessairement, en cette matière, de l'événement qui ouvre le droit de la faire cesser ; en d'autres termes, de l'acte de l'autorité publique qui a prononcé la séparation des deux communes, puisque celles-ci peuvent continuer, après cette séparation, à jouir indivisément des biens qui appartenaient antérieurement à la commune unique dont elles ont été formées : il ne faut donc pas s'attacher à la date de l'acte de séparation... Cela posé, l'époque à considérer doit être celle où l'une des deux communes a régulièrement manifesté, par la demande qu'elle a formée en justice, l'intention de faire cesser l'indivision, car le jugement et les actes d'exécution qui suivent cette demande ne sont que déclaratifs du droit réclamé ; ils ne font qu'en constater l'existence à la date de cette réclamation, et c'est dès lors à cette date, c'est-à-dire à la date de l'exploit introductif de l'instance du partage, que le nombre des feux doit être compté (2).

Enfin, M. Aucoc avait admis, avec M. Jèze et M. Meaume, que

parties ou la prescription. Le consentement tacite des parties à demeurer dans l'indivision ne changeait pas les bases du partage. En jugeant le contraire, l'arrêt attaqué a violé les principes de la matière. »

(1) Voir Dalloz, *Répert. alphab.*, V° *Commune*, n° 2219 ; — et Sirey, *Rec. périod.* 1841. 1. 835. — Conf. Cass. 20 juillet 1840, arrêt rapporté par M. Bost, *op. cit.*, n° 108, p. 96.

(2) *Ecole des communes*, 1864, p. 106, n° 674.

c'était le nombre des feux existant au moment où le partage était demandé qui devait servir de base au partage (1).

Il était, d'ailleurs, reconnu que, en l'absence de titres, les communes pouvaient, d'un commun accord, adopter pour le partage un autre mode que celui par feux ; mais qu'il se formait par là même entre elles une véritable transaction, pour la validité de laquelle on devait avoir recours aux formalités prescrites pour ces sortes d'actes (2).

REMARQUE. — Lorsque les communes étaient restées dans l'indivision, il était admis également que, à défaut de titre ou de possession contraire, la part qui revenait à chacune d'elles dans les revenus de leurs biens patrimoniaux indivis devait être calculée sur la même base, c'est-à-dire d'après le nombre de leurs feux (3).

ARTICLE 3.

OPÉRATIONS MATÉRIELLES DU PARTAGE

Connaissant quelle autorité était compétente pour autoriser le partage entre les communes copropriétaires et la base d'après laquelle ce partage devait être effectué, il nous reste à voir comment on procédait matériellement à cette opération.

Or, on se conformait purement et simplement aux dispositions de la loi du 10 juin 1793 (section IV, art. 3 et 4).

Si les communes avaient été d'accord pour demander le partage, chacune d'elles nommait un expert. En cas de division entre eux, un tiers expert était nommé par le préfet, qui a hérité des attributions du directoire de département de la loi de 1793.

Lorsque, au contraire, il y avait eu désaccord entre les conseils municipaux, le maire de la commune demanderesse notifiait, par l'intermédiaire du préfet, à la commune défenderesse le jugement du tribunal ordonnant le partage, et la mettait en demeure d'avoir à nommer un expert. Si le maire de cette commune déférait à l'injonction qui lui était faite, les choses suivaient leur cours régulier ;

(1) AUCOC, *Sections de commune*, n° 128, p. 309. — JÈZE, article *Commune*, inséré dans le *Dict. gén. d'adm.*, p. 469. — MEAUME, *Comment. du Code forestier*, t. II, p. 30, n° 731. — Conf. CAFFIN, *Des droits de propriété des communes*, n°s 412 et 413, p. 420...

(2) Art. 2044 et 2045 du Code civil. — Arrêté 21 frimaire an XII, art. 1er. — Loi du 18 juillet 1837, art. 59. — Décret du 25 mars 1852, tableau A, n° 43. — Conf. BOST, *Code de la constitution des communes*, n° 87, p. 75.

(3) Arrêt du conseil d'Etat du 5 décembre 1837 (section de Rouceux), *Recueil*, p. 514. — Conf. *Ecole des communes*, 1838, p. 245, n° 690.

— s'il refusait de nommer un expert, le préfet le nommait lui-même, conformément à l'art. 15 de la loi du 18 juillet 1837 (1).

Les experts se livraient aux travaux d'arpentage, de délimitation et d'évaluation nécessaires pour composer les lots, d'après les bases qui leur étaient imposées (titres, prescription ou feux), sans tenir compte des règles contenues dans les art. 832 à 835 du Code civil ; et, au lieu de tirer ces lots au sort, ce qui eût été s'exposer « à nantir des communes ou sections de commune de lots les plus éloignés d'elles, placés sur le territoire des sections ou des communes voisines, dans les conditions les moins favorables à la jouissance en nature des habitants, et, par suite, en raison inverse des considérations d'utilité publique qui servent de base à la propriété communale » (2), on admettait que le préfet devait attribuer à chaque commune le lot qu'il jugeait le mieux propre à satisfaire ses intérêts (3).

Le ministre de l'Intérieur avait recommandé, dans sa circulaire du 5 mai 1852 (*Bulletin officiel*, p. 228), d'éviter autant que possible une composition des lots pouvant entraîner le paiement de soultes considérables en argent.

S'il s'agissait d'un bien patrimonial qui ne fût pas de nature à être partagé, ou du moins à l'être commodément, par exemple une maison, une carrière, une usine, une ferme, etc., on admettait qu'il fallait suivre alors la règle de droit commun établie par l'art. 827 du Code civil, et procéder pour cet immeuble à la vente par licitation.

Le prix de vente était ensuite partagé entre chaque commune d'après les bases et les formes ordinaires (4).

C'était également au préfet qu'il appartenait d'homologuer les différentes opérations du partage.

Quant à la prise de possession des lots qui étaient définitivement attribués aux communes copartageantes, elle pouvait avoir lieu *etiam manu militari*.

Enfin, il était reconnu que chaque commune devait commencer à jouir exclusivement de son lot, non pas à l'époque où avait eu lieu

(1) S'il y avait plus de deux communes intéressées, il ne devait être désigné également que deux experts, soit par le choix des communes, soit, à défaut d'entente, par le préfet.

En ce sens : Arrêts du conseil d'Etat du 10 septembre 1864 (communes de Bescat, Buzy et Sévignacq), *Recueil*, p. 875, et du 29 août 1865 (comm. d'Arudy), *Recueil*, p. 877. — Décis. min. Int. de 1869 (*Bull. offic.*, p. 329, n° 20). — AUCOC, *Sections de commune*, n° 134. — *Ecole des communes*, 1884, p. 89, 26e question.

(2) DUCROCQ, *Traité des partages de biens communaux et sectionnaires*, p. 77.

(3) Voir par exemple : AUCOC, *op. cit.*, n° 134. — BATBIE, *Traité de droit publ. et adm.*, 1re édit., t. V, n° 112, p. 131. — CHAUDÉ, *Des biens des communes*, p. 293. — *Répert. d'adm. mun.*, V° *Distraction*, p. 728. — *Ecole des communes*, 1884, p. 89, 26e question.

(4) En ce sens : AUCOC, *op. cit.*, n° 132. — *Répert. d'adm. mun.*, V° *Distraction*, p. 728.

la séparation, ni à la date du rapport des experts, mais au moment où elle devenait seule propriétaire, c'est-à-dire au moment où le partage avait été rendu définitif par la passation de l'acte.

On avait en effet décidé, et avec raison, qu'on ne pouvait invoquer ici l'art. 883 du Code civil, pour soutenir que chaque commune devait être considérée comme ayant eu seule droit à la propriété et à la jouissance de son lot dès l'instant de la distraction, car ces dispositions ne sont applicables que dans les rapports des copartageants avec les tiers, et non dans les rapports des copartageants entre eux (1).

ARTICLE 4.

QUESTIONS CONTENTIEUSES

Les difficultés qui peuvent surgir au cours du partage étaient tantôt de la compétence de l'autorité administrative, tantôt de la compétence de l'autorité judiciaire.

Les contestations relatives aux opérations et au mode du partage étaient réservées à la connaissance de l'autorité administrative (2).

Mais quelle était, d'une manière précise, l'autorité administrative qui devait statuer? Il fallait distinguer.

D'après la jurisprudence constante de l'administration, le préfet était exclusivement compétent, sauf recours au ministre de l'Intérieur, pour trancher les difficultés relatives aux opérations purement matérielles du partage, telles que celles qui consistent dans la nomination des experts, dans la formation des parts à attribuer ou dans le mode d'attribution des lots (3).

(1) *Ecole des communes*, 1881, p. 153, 31e question.

(2) En ce sens : Tribunal des conflits, 2 mai 1850 (comm. d'Echillais), *Recueil*, p. 416. — Cassation, 21 janvier 1852 (comm. d'Eysus), D. 1852. 1. 276. — Cour de Pau, 30 janvier 1854 (comm. de Cadéac), D. 1854. 2. 230. — Cassation, 26 août 1856 (comm. de Saint-Maurice-de-Remens), D. 1856. 1. 340. — Conseil d'Etat, 14 mars 1860 (comm. de la Villeneuve), *Recueil*, p. 225 ; 1er février 1871 (comm. de Fozzano), *Recueil*, p. 13 ; 19 août 1878 (Marret, Tarrit et autres), *Recueil*, p. 703 : — et les conclusions de M. le commissaire du Gouvernement David. — *Ecole des communes*, 1859, p. 194 ; 1884, p. 90, 27e question. — Bost, *Code de la constitution des communes*, p. 79, n° 90.

(3) Voir par exemple : Circ. min. Int. du 5 mai 1852 (*Bull. offic.* p. 228). — Décis. min. Int. de 1860 (*Bull. offic.*, p. 72, n° 4). — Conseil d'Etat, 7 mai 1823 (commune de Laucié) ; 25 janvier 1839 (comm. de Continvoir), *Recueil*, p. 55 ; 26 août 1848 (comm. de Rivière-Devant), *Recueil*, p. 543. — Article de M. Lespinasse, premier avocat général à la cour de Paris, inséré dans la *Revue critique de législation*, 1872-1873, p. 449. — Caffin, *op. cit.*, n° 426, p. 433. — *Ecole des communes*, 1880, p. 46, n° 19. — Bost, *op. cit.*, p. 83, n° 98, et p. 84, n° 100.

Mais il n'appartenait pas au préfet de statuer sur les difficultés qui pouvaient s'élever relativement à la fixation des honoraires des experts : les tribunaux civils étaient seuls compétents pour en connaître.

Ainsi l'avait décidé, avec raison, un arrêt du conseil d'Etat du 30 juillet 1857 (1), confirmant une décision du ministre de l'Intérieur du 26 février 1849 et renvoyant les parties à se pourvoir devant l'autorité judiciaire (2).

Lorsqu'il s'agissait, au contraire, d'une contestation sur le mode même du partage, on avait pensé pendant quelque temps qu'elle pouvait être vidée par le préfet. On citait à l'appui de cette opinion deux décrets des 21 décembre 1808 et 28 novembre 1809, rendus par la voie contentieuse. Mais on reconnut plus tard que la difficulté devait être portée devant le conseil de préfecture, sauf recours au conseil d'Etat.

En effet, l'art. 1er, section V, de la loi du 10 juin 1793 disposait : « Les contestations qui pourront s'élever à raison du mode de partage entre les communes seront terminées sur simple mémoire par le directoire du département, d'après l'avis de celui du district » ; et l'on sait que la loi du 28 pluviôse an VIII a fait passer aux conseils de préfecture les attributions des directoires de département (3).

« Ainsi, disait Proudhon, à supposer que l'une des parties soutienne contre l'autre que le partage doit être fait par portions égales, en considérant chacune des communes comme une unité individuelle, sans produire aucun titre à l'appui de cette prétention et sans se prévaloir de la force d'aucune possession pour la justifier ; comme encore à supposer que l'une veuille que le partage soit fait dans la proportion du nombre des habitants ou dans celle de l'étendue des territoires respectifs, tandis que l'autre soutient qu'il doit être opéré en suivant le rapport comparatif du nombre des feux, ce sera au conseil de préfecture à prononcer sur ces diverses espèces de débats, puisqu'il ne s'agira que de statuer sur le mode du par-

(1) *Recueil*, p. 602 (Bouvard).

(2) Aux termes de cette décision : « C'est, il est vrai, au préfet qu'il appartient de statuer sur les difficultés concernant les opérations matérielles des partages de biens indivis entre communes, telles que la nomination des experts, la formation des parts à distribuer et le tirage des lots au sort ; mais ses pouvoirs ne sauraient s'étendre aux difficultés relatives à la fixation des honoraires et à la répartition des frais d'expertise. Il s'agit ici, non plus des opérations purement matérielles d'un partage, mais des suites d'un mandat salarié, de l'existence et de l'étendue d'une créance pour services rendus dans un intérêt privé ; en un mot, d'une contestation à laquelle s'appliquent les principes du droit civil et rentrant dans la compétence exclusive de l'autorité judiciaire. »

(3) Voir également loi du 9 ventôse an XII, art. 6.

tage, sans mélange de question de propriété sur le fond des droits des parties. » (1).

Le conseil d'Etat et la cour de cassation avaient, du reste, reconnu cette compétence du conseil de préfecture dans de nombreux arrêts (2).

C'était également au conseil de préfecture qu'il appartenait de statuer sur les contestations relatives à l'existence, à la validité et aux effets du partage opéré par l'administration (3).

Mais si la contestation soulevait une question de propriété, le conseil de préfecture cessait d'être compétent, et c'était devant les tribunaux ordinaires que l'affaire devait être portée. L'art. 4 de la section V de la loi du 10 juin 1793 l'avait expressément reconnu (4).

Ainsi, les tribunaux judiciaires étaient compétents pour dire si une commune ou une section de commune, que les autres voulaient écarter du partage, était réellement copropriétaire et devait, en cette qualité, y être admise (5); pour vérifier si les titres de propriété des communes ou sections dans l'indivision, ou si une longue possession leur donnait droit à des parts déterminées et diffé-

(1) *Traité des droits d'usage*, 2e édit., t. III, n° 826, p. 214.

On peut consulter encore sur cette question : MEAUME, *Comment. du Code forestier*, 1845, t. II, p. 25. — JÈZE, article *Commune*, inséré dans le *Dict. gén. d'adm.*, de M. BLANCHE, p. 469. — DUFOUR, *Droit administratif appliqué*, 3e édit., t. III, nos 513..., p. 556 et suiv. — AUCOC, *op. cit.*, n° 141. — *Ecole des communes*, 1859, p. 194; 1867, p. 164, n° 1548; 1880, p. 46, n° 19. — CAFFIN, *op. cit.*, n° 425, p. 432. — BOST, *op. cit.*, p. 84, n° 99.

(2) Voir notamment: Conseil d'Etat, 10 septembre 1835 (commune de Surrain), *Recueil*, p. 544; 5 décembre 1837 (comm. de Rouceux), *Rec.*, p. 514; 25 août 1841 (comm. de Saint-Aybert), *Rec.*, p. 469; 3 février 1843 (comm. d'Harprich), *Rec.*, p. 47; 6 mai 1858 (comm. de Saulx-en-Barrois), *Rec.*, p. 346; 5 décembre 1866 (comm. de Louvigny), *Rec.*, p. 1089; 1er février 1871 (comm. de Fozzano), *Rec.*, p. 13. — Arrêté du conseil de préfecture de la Creuse du 27 septembre 1876 (section de Féniers c. section de la commune de Saint-Setiers), *Ecole des communes*, 1878, p. 49. — Circ. min. Int. du 5 mai 1852 (*Bull. offic.* p. 228).

(3) Voir en ce sens : Conseil d'Etat, 17 mai 1855 (commune de Valergues), *Recueil*, p. 344; 23 juillet 1857 (comm. d'Ennery), *Rec.*, p. 562. — Cour de cassation, 17 mars 1869 (comm. de Saint-Firmin), D. 1871. 1. 280. — Conseil d'Etat, 19 juillet 1878 (Marret et autres), D. 1879. 3. 17; 16 mai 1884 (comm. de Mustapha), *Rec.*, p. 379.

(4) Voir circ. min. Int. du 5 mai 1852 (*Bull. offic.*, p. 228). — *Ecole des communes*, 1859, p. 194. — BOST, *op. cit.*, p. 78, nos 89 et suiv. — PROUDHON, *Traité des droits d'usage*, 2e édit., t. III, nos 827, 828 et 856 à 859. — CAFFIN, *Des droits de propriété des communes...*, n° 424, p. 431. — MEAUME, *Comment. du Code forestier*, t. II, p. 25. — AUCOC, *Sections de commune*, n° 140. — Cassation, 9 août 1833 (comm. de Carnay), D. 1833. 1. 695; S. 1833 1. 661. — Conseil d'Etat, 25 janvier 1839 (comm. de Continvoir), *Recueil*, p. 55; 2 mai 1850 (comm. d'Echillais), *Rec.*, p. 416; 22 juin 1854 (comm. d'Arganchy), *Rec.*, p. 588; 17 mai 1855 (comm. de Valergues), *Rec.*, p. 344; 14 mars 1860. (comm. de Villeneuve), *Rec.*, p. 225. — Cassation, 22 juin 1868 (comm. de Pouilly), D. 1869. 1. 374.

(5) Cassation, 24 avril 1833 (commune de Carnay), S. 1833. 1. 695. — Conseil d'Etat, 16 avril 1863 (section de Courcelles), *Recueil*, p. 374.

rentes de celles fixées par les décrets de 1807 et 1808 (1); pour décider si le droit de propriété invoqué par une commune ou une section de commune s'était éteint par prescription (2).

C'était également à l'autorité judiciaire qu'il appartenait de prononcer sur les feux contestés, de les maintenir ou de les rejeter (3); de statuer sur la prétention des communes copartageantes qui refusaient d'accepter les lots à elles attribués dans le projet de partage préparé par les experts, en soutenant que ces lots n'avaient pas une valeur proportionnée à leurs droits dans la propriété à partager (4); ou encore de connaître des demandes en garantie formées par les communes à raison des incidents de partage (5).

Il est à remarquer, d'ailleurs, que toute contestation sur la propriété, exigeant l'intervention de l'autorité judiciaire, entraînait, conformément à l'art. 49 de la loi du 18 juillet 1837, la nécessité de l'autorisation du conseil de préfecture ; et que le tribunal civil, devant lequel les communes étaient appelées à comparaître, devait se borner à statuer sur la question de propriété qui lui était soumise, puis, cela fait, les renvoyer devant l'administration afin que celle-ci procédât au partage, conformément aux règles que nous avons exposées et sur les bases fixées judiciairement (6).

Pour terminer, nous citerons un arrêt de la cour de Nancy, du 23 novembre 1835 (commune de Neufchâteau contre commune de Rouceux), qui présente un résumé très clair de toutes les règles qui précèdent.

Cet arrêt était ainsi conçu :

Attendu qu'il n'appartient qu'à l'autorité administrative de statuer sur les contestations qui s'élèvent entre des communes ou sections de commune à rai-

(1) Conseil d'Etat, 23 avril 1836 (commune de Lavallée), *Recueil*, p. 188 ; 20 juin 1844 (comm. de Mairieux), *Rec.*, p. 345 ; 28 novembre 1809 (comm. de Vauvey) ; 7 mai 1823 (comm. de Laucié). — Cassation, 15 avril 1840 (comm. de Saint-André-de-Cubzac), D. 1840. 1. 221 ; 28 décembre 1869 (comm. de Sexfontaines), D. 1870. 1. 150. — Décis. min. Int. du 3 novembre 1837 (*Ecole des communes*, 1837, p. 284), et du 13 novembre 1840 (*Ecole des communes*, 1840, p. 304, n° 387). — Trib. civ. de Rodez, jugement du 8 janvier 1850, rapporté par Bost, *op. cit.*, p. 87, n° 101.

(2) Conseil d'Etat, 28 janvier 1848 (commune de Dampierre), *Recueil*, p. 34 ; 17 mai 1855 (comm. de Valergues), *Rec.*, p. 344.

(3) Conseil d'Etat, 1er février 1871 (commune de Fozzano), *Recueil*, p. 13. — Cassation, 22 août 1881 (comm. de Fozzano), D. 1882. 1. 463.

(4) Conseil d'Etat, 26 février 1863 (commune de Bescat), *Recueil*, p. 178 ; 10 septembre 1864 (comm. de Bescat), *Rec.*, p. 875 ; 29 août 1865 (comm. d'Arudy), *Rec.*, p. 877. — Décis. min. Int. de 1866 (*Bull. offic.*, p. 189, et p. 383, n° 45). — *Ecole des communes*, 1864, p. 333, n° 1438. — M. Lespinasse, article publié dans la *Rev. crit. de législation*, 1872-1873, p. 449.

(5) Conseil d'Etat, 11 août 1869 (commune de Carquebut), *Recueil*, p. 783.

(6) Conf. Bost, *op. cit.*, p. 82, nos 93 à 96.

son du mode de partage des biens communaux possédés par elles en commun ou indivis;

Que ce mode de partage a été réglé par les décrets des 20 juillet 1807 et 26 avril 1808, qui décident : le premier, que le partage des biens communaux, sans distinction, indivis entre communes, aura lieu par feux, sans avoir égard à l'étendue du territoire, et le second qui fait aux bois, spécialement, l'application de cette règle;

Que cette attribution de compétence à l'autorité administrative, quant aux contestations entre communes sur le mode de partage, ne souffre d'exception qu'autant que l'on contesterait à l'une des communes ou sections, soit la qualité de communiste, soit la qualité qu'elle réclamerait en se fondant, non plus sur le droit pur et simple de communauté, de copropriété indivise, que les décrets ont envisagé seul, mais sur un droit spécial résultant de titres privés ou d'une possession capable d'en tenir lieu;

Que, dans le premier cas, c'est la propriété, et, conséquemment, le partage lui-même qui est en question; — que, dans le second, un mode de partage est prétendu qui diffère du mode général et réglementaire dont les décrets ont posé la base; — et que, dans l'un et l'autre cas, la décision à rendre doit résulter de l'appréciation des titres produits ou de la possession, appréciation qui appartient souverainement à l'autorité judiciaire;

Qu'il y a donc lieu d'examiner si la demande qui se trouve soumise à la cour rentre dans l'un ou l'autre de ces deux cas d'exception;

Qu'en premier lieu, le droit de copropriété dans les bois communaux de Rouceux, et notamment dans ceux qui forment le quart en réserve de cette commune, n'est plus aujourd'hui contesté et ne saurait l'être, ayant été formellement reconnu par un arrêt de la cour des 10 et 15 juin 1829;

Qu'en deuxième lieu, d'une part, la section intimée ne prétend pas, dans le partage qu'elle réclame du produit des coupes du quart en réserve, une quotité plus considérable que celle résultant du droit pur et simple de communiste; et, d'autre part, la commune de Rouceux, pour écarter le mode ordinaire de partage, pour en obtenir un plus favorable en dehors du droit commun, ne s'appuie que sur des considérations purement locales et complètement étrangères à toute prétention de propriété, fondée sur titre ou possession;

Qu'il s'agit donc conséquemment, dans la cause entre les parties, de l'application des décrets qui règlent le mode de partage des biens communaux indivis;

Que cette application et la connaissance des contestations auxquelles elle peut donner lieu, sont exclusivement de la compétence de l'autorité administrative;

La cour a mis l'appellation et ce dont est appel au néant, et se déclare incompétente.

Enfin, si la contestation portait tout à la fois sur le droit de propriété et sur les bases ou les convenances de partage, l'autorité judiciaire prononçait d'abord sur les droits des parties, en appréciant leurs titres ou leur possession. Après cette première décision préjudicielle sur la propriété, il ne pouvait plus rester que des contestations sur le mode ou les convenances du partage, qui devaient être soumises, comme nous l'avons vu, au conseil de préfecture et, en appel, au conseil d'Etat (1).

APPENDICE

—

Telles étaient les règles suivies dans la pratique, sous l'empire de la loi du 18 juillet 1837, lorsqu'il s'agissait de partager entre la commune démembrée et la nouvelle commune les biens qui appartenaient à l'ancienne communauté.

Toutefois, lorsqu'il s'agissait, non plus du partage de ces biens, mais de la répartition des sommes qui se trouvaient disponibles dans la caisse municipale au moment de la séparation, on admettait que l'art. 815 du Code civil devait être complétement écarté ; que l'autorité judiciaire n'avait plus aucune compétence pour connaître des réclamations qui pouvaient s'élever à ce sujet ; et que cette question rentrait dans les conditions de la distraction qui, aux termes de l'art. 7 de la loi du 18 juillet 1837, devaient être fixées par l'acte même qui prononçait la séparation, ou, à défaut, par un acte du chef du pouvoir exécutif, rendu ultérieurement sur le rapport du ministre de l'Intérieur.

Le conseil d'Etat, il est vrai, n'avait pas semblé tout d'abord favorable à cette doctrine. Nous avons vu, en effet, que dans un arrêt du 3 février 1843 (2), que nous avons rapporté plus haut, il avait ordonné que le partage des fonds disponibles qui se trouvaient dans la caisse communale au moment de la séparation des deux communes d'Harprich et de Vallerange, devaient être répartis entre ces deux communes conformément à la règle du droit commun, c'est-à-dire en raison du nombre des feux de chacune d'elles ; et qu'il les avait renvoyées, toujours par application des principes du droit commun, devant le conseil de préfecture du département, pour y faire procéder au partage des fonds litigieux d'après les bases déterminées.

Mais on se rappelle que, dans l'espèce, il s'agissait d'interpréter une ordonnance qui avait été rendue antérieurement à la loi du 18

(1) Voir en ce sens : MEAUME, *Comment. du Code forestier*, 1845, t. II. art. 92, § 2, citant un décret du 21 décembre 1808 (commune de l'Hôpital-sous-Conflans). — BOST, *op. cit.*, p. 83, n° 97. — Cassation, 12 novembre 1862 (comm. de Piana), D. 1863. 1. 469.

(2) *Recueil*, p. 47.

juillet 1837; et que, par suite, il n'y avait pas eu lieu d'appliquer les dispositions de la nouvelle loi municipale.

Plus tard, dans un arrêt en date du 18 mai 1854 (1), à propos d'une difficulté qui s'était élevée entre la commune de Catillon et la section de La Groise, qui en avait été distraite par une loi du 13 juillet 1841 pour être érigée en municipalité distincte, il trancha la question d'une manière définitive dans le sens que nous avons indiqué.

Cet arrêt était ainsi conçu :

Le conseil d'Etat,

Vu la requête présentée par la commune de Catillon, agissant poursuites et diligence de son maire, ladite requête enregistrée au secrétariat du contentieux le 30 juillet 1849 et tendant à ce qu'il plaise : 1° annuler, attendu qu'elle aurait pour résultat de détruire les effets des deux ordonnances royales des 5 janvier 1839 et 21 juin 1841, la disposition d'un arrêté en date du 7 mai 1849, par laquelle le préfet du Nord a déclaré la commune de Catillon débitrice envers celle de La Groise, au 1er janvier 1849, d'une somme de 12,995 fr. 37, pour fonds disponibles et fruits perçus, à la charge par la commune de La Groise de continuer à payer à celle de Catillon un loyer annuel de 671 fr. 80, pour l'usage de l'église, jusqu'à ce qu'elle ait obtenu son érection en succursale ; — 2° condamner la commune de La Groise aux dépens ;

Vu le jugement en date du 17 juillet 1844, par lequel le tribunal civil de l'arrondissement de Cambrai ordonne qu'il sera procédé au partage des biens communaux de l'ancienne commune de Catillon entre cette commune et celle de La Groise, que ce partage sera effectué par feux, qu'il sera également procédé au partage des fruits perçus depuis que la section de La Groise a été séparée de Catillon et érigée en commune distincte ; renvoie les parties devant l'autorité administrative pour les formalités du partage ; condamne la commune de Catillon au frais du procès ;

Vu l'arrêté en date du 7 mai 1849, par lequel le préfet du Nord, après avoir approuvé un procès-verbal d'experts en date du 29 août 1845, contenant le partage et la division des biens immeubles de l'ancienne commune de Catillon entre la nouvelle commune de ce nom et celle de La Groise, déclare que la commune de Catillon est débitrice envers celle de La Groise, au 1er janvier 1849, de la somme de 12,995 fr. 37, pour fonds disponibles et fruits perçus, à charge par la commune de La Groise de continuer à lui payer un loyer annuel de 671 fr. 80, pour l'usage de l'église, jusqu'à ce qu'elle ait obtenu son érection en succursale ;

Vu la délibération en date du 14 mai 1849, par laquelle le conseil municipal de Catillon autorise le maire à se pourvoir au conseil d'Etat contre l'arrêté ci-dessus visé, dans la disposition portant liquidation de l'encaisse entre la commune et l'ancien hameau de La Groise ;

(1) *Recueil*, p. 465.

Vu les observations du ministre de l'Intérieur, en réponse à la communication qui lui a été donnée du pourvoi de la commune de Catillon, les dites observations enregistrées au secrétariat du contentieux le 1er juin 1850 ;

Vu le mémoire contenant des observations additionnelles et des conclusions nouvelles pour la commune de Catillon, ledit mémoire enregistré comme dessus le 7 novembre 1850 et tendant à ce qu'il nous plaise annuler l'arrêté attaqué pour excès de pouvoirs, attendu : 1° que, d'après l'art. 7 de la loi du 18 juillet 1837, lorsqu'une loi a autorisé la séparation de deux communes sans déterminer les conditions de cette séparation, c'est par un acte, non de l'autorité préfectorale, mais du chef du pouvoir exécutif, que ces conditions doivent être ultérieurement réglées ; 2° que, d'après l'art. 46 de la même loi, c'est encore au chef du pouvoir exécutif et non aux préfets qu'il appartient d'approuver le partage de biens dont la valeur excède 3,000 francs ;

Vu le mémoire en défense pour la commune de La Groise, représentée par son maire, ledit mémoire enregistré comme ci-dessus le 16 décembre 1850 et tendant à ce qu'il plaise déclarer le pourvoi de la commune de Catillon non recevable, comme s'attaquant à un acte d'instruction et non à un acte de juridiction ; subsidiairement déclarer le pourvoi mal fondé, et, dans tous les cas, condamner la commune de Catillon aux dépens ;

Vu les autres pièces produites et jointes au dossier ;

Vu la loi du 18 juillet 1837, sur l'administration municipale, notamment l'art. 7 ;

Vu la loi du 13 juin 1841, qui distrait de la commune de Catillon la section de La Groise et l'érige en commune, notamment l'art. 3, portant : « Les dispositions qui précèdent auront lieu sans préjudice des droits d'usage et autres qui seraient respectivement acquis ; les autres conditions de la distraction prononcée seront, s'il y a lieu, ultérieurement déterminées par une ordonnance du roi » ;

Vu la loi des 7-14 octobre 1790 ;

Considérant que, par son jugement en date du 17 juillet 1844, passé en force de chose jugée, le tribunal civil de l'arrondissement de Cambrai, après avoir décidé que la commune de La Groise avait droit au partage des biens communaux de l'ancienne commune de Catillon et à celui des fruits perçus depuis la séparation, a renvoyé les parties devant l'autorité administrative pour la formalité du partage ; qu'en suite de ce jugement, il a été procédé par experts au partage, entre la nouvelle commune de Catillon et celle de La Groise, des immeubles possédés par indivis, et à la répartition des fruits perçus depuis la séparation ; que la commune de Catillon a contesté cette répartition, comme ayant été faite en violation de droits acquis, en tant qu'elle comprenait une somme de 23,000 francs provenant du défrichement d'un bois communal, qui se trouvait dans la caisse municipale au moment de la séparation, mais qui aurait été spécialement affectée, par des ordonnances royales du 5 janvier 1839 et 21 juin 1841, au paiement des frais de construction d'une église ; que, d'après sa nature et le renvoi fait par le tribunal de Cambrai, cette contestation devait être appréciée par l'autorité administrative ; mais qu'aux termes de l'art. 7 de la loi du 18 juillet 1837 et de l'art. 3 de la loi du 13 juin 1841, c'est au chef du pouvoir exécutif qu'il appartient de régler la situation des deux communes ; que, d'ailleurs, il y avait lieu de déterminer le sens et les effets de deux ordonnances royales invoquées par la commune de Catillon à l'appui de ses prétentions ; qu'il suit de là que l'arrêté du 7 mai 1849 a été pris par le préfet du Nord en dehors de la limite de ses pouvoirs ; que la commune de Catillon est recevable, aux termes de la loi des 7-14 octobre 1790, à nous déférer cet arrêté en notre conseil d'Etat, et qu'il y a lieu pour nous d'en prononcer la réformation ;

ARTICLE PREMIER. — L'arrêté pris le 7 mai 1849 par le préfet du Nord est annulé, pour excès de pouvoirs, dans la disposition par laquelle il a déclaré la commune de Catillon débitrice, envers celle de La Groise, d'une somme de 12,995 fr. 37, pour fonds disponibles au moment où la section de La Groise a été érigée en commune distincte, et pour fruits perçus depuis cette érection. Il sera statué ultérieurement par nous, sur le rapport de notre ministre de l'Intérieur, sur les prétentions respectives des communes de Catillon et de La Groise.

Et, depuis lors, le ministre de l'Intérieur et les auteurs admirent sans interruption « que lorsqu'une section de commune, érigée en commune distincte, réclamait, après sa séparation, des droits de propriété et de jouissance sur les biens de l'ancienne commune, c'était à l'autorité judiciaire qu'il appartenait d'apprécier le mérite de cette réclamation ; et que, si elle la reconnaissait fondée, elle pouvait, sur la demande de la commune, décider qu'il y avait lieu à partage pour faire cesser l'indivision, en renvoyant devant l'autorité administrative pour faire opérer le partage ; mais que s'il s'agissait, non plus du partage des biens communaux, mais de la répartition des sommes qui se trouvaient disponibles dans la caisse communale au moment de la séparation, l'autorité judiciaire n'était pas compétente pour connaître de cette répartition ; qu'elle rentrait dans les conditions de la séparation qui, d'après l'art. 7 de la loi du 18 juillet 1837, sont fixées par l'acte même qui prononce cette séparation, ou, à défaut de cet acte, par un acte du chef du pouvoir exécutif, rendu ultérieurement sur le rapport du ministre de l'Intérieur » (1).

SECTION II

—

Sous la loi du 5 avril 1884.

Aujourd'hui, aux termes de l'art. 7, § 5, de la loi municipale, les actes qui prononcent des distractions de communes en déterminent expressément toutes les conditions.

(1) *Bull. offic. min. Int.*, 1854, p. 291. — BOST, *Code de la constitution des communes*,

Aussi, dans sa circulaire du 15 mai 1884, le ministre de l'Intérieur, — après avoir recommandé aux préfets de faire instruire simultanément les projets de modification aux circonscriptions territoriales des communes et les conditions auxquelles ces modifications doivent être opérées ; de provoquer à ce sujet les délibérations des conseils municipaux et commissions syndicales intéressés ; et de se référer à la circulaire du ministre de l'Intérieur du 29 janvier 1848, qui traçait la marche à suivre en pareil cas et les bases sur lesquelles peuvent ou doivent être réglées les diverses opérations de partage, — ajoutait-il :

Lorsqu'il devra être statué par un décret ou par une loi, vous aurez à me transmettre vos propositions, en y joignant :

1° Les délibérations des conseils municipaux et commissions syndicales ;

2° Des documents établissant la contenance et l'évaluation des biens indivis immobiliers, si le partage en est demandé ;

3° Un certificat du receveur municipal, faisant connaître la nature, la provenance et la quotité des biens actifs mobiliers à partager. Vous indiquerez d'une manière précise la part à attribuer à chacune des communes et sections intéressées dans ces différents biens indivis, en suivant les règles énoncées dans la circulaire du 29 janvier 1848.

Ainsi donc, pendant l'instruction du projet de modification territoriale, les communes ou les sections de commune intéressées pourront, suivant leur intérêt, demander le partage ou le maintien de l'indivision ; et l'autorité supérieure, qui prononcera la distraction, sera libre d'adopter leurs conclusions ou de les modifier.

Lorsque l'acte de distraction aura décidé que la commune démembrée et la commune nouvelle demeureraient dans l'indivision, ce qui a lieu quelquefois, pour les immeubles (1), chaque commune ou chaque section de commune continuera à jouir, après la séparation, des biens communaux indivis, de la même façon et dans les mêmes conditions qu'auparavant.

Quant aux biens patrimoniaux, l'acte de distraction indiquera le plus souvent d'après quelles bases leurs produits devront être répartis entre elles.

Nous savons que, à moins de titre ou de possession contraire, la

p. 79, n° 91, et p. 137, n° 159. — AUCOC, *Sections de commune*, n° 142, p. 349. — CAFFIN, *Des droits de propriété des communes...*, p. 178, n° 181. — JÈZE, article *Commune*, inséré dans le *Dict. gén. d'adm.*, de M. BLANCHE, p. 423. — *Ecole des communes*, 1855, p. 278, n° 709 ; et 1880, p. 46, n° 19. — *Journal de droit administratif*, t. XXIII, p. 253. — Conf. Conseil d'Etat, 27 février 1880 (commune de Chebli), *Rec.*, p. 211, et 16 mai 1884 (comm. de Mustapha), *Rec.*, p. 379.

(1) Voir par exemple : Loi du 26 juin 1885, commune de La Mulatière (Rhône). — Loi du 1er avril 1888, comm. de Saint-Fons (Rhône). — Loi du 11 décembre 1888, comm. du Haut-

règle générale est le partage par feux (1). C'est donc cette règle qu'il faudrait suivre dans le cas où l'acte qui a opéré la distraction aurait gardé le silence sur ce point; car elle constitue le droit commun et l'on sait qu'il faut toujours y recourir, lorsque l'autorité compétente pour statuer sur le changement de circonscription n'a pas jugé à propos d'y déroger (2).

Du reste, la loi du 5 avril 1884, comme la loi du 18 juillet 1837, autorise les communes qui possèdent des biens ou des droits indivis à réclamer, du Président de la République, l'institution d'une commission syndicale chargée de les administrer (3).

Mais le plus souvent l'acte qui statue sur le changement de circonscription ordonne en même temps le partage des biens de la commune démembrée.

Il est à remarquer d'ailleurs que, lors même que la loi qui prononce la distraction, usant des dispositions de la circulaire du ministre de l'Intérieur du 29 janvier 1848, qui, on l'a vu, permettait le maintien de l'indivision pour les immeubles, mais exigeait que les meubles fussent partagés de suite, autorise les communes à demeurer dans l'indivision relativement à leurs immeubles, elle a soin de prescrire le partage immédiat de leurs biens mobiliers (4).

de-Bosdarros (Basses-Pyrénées). — Loi du 12 décembre 1889, comm. de Tauriac (Tarn). — Loi du 21 juillet 1891, comm. de Malo-les-Bains (Nord). — Loi du 23 juillet 1891, comm. de Beaulieu (Alpes-Maritimes).

(1) Nous citerons, par exemple, la loi du 26 juin 1885, qui distrait de la commune de Sainte-Foy-lès-Lyon la section de La Mulatière et l'érige en commune distincte. L'art. 3 de cette loi, *lettre a*, porte : « Les immeubles, notamment ceux dits Les Saulées, pourront rester dans l'indivision ; et, tant qu'elle subsistera, les produits des amodiations ou des aliénations, qui continueront à en être faites par lots, se partageront entre les deux communes d'après le nombre de leurs feux respectifs. »

La loi du 1er avril 1888, qui érige en commune distincte la section de Saint-Fons distraite de la commune de Vénissieux, dispose également, dans son art. 3, § 1 : « Les biens indivis immobiliers de la commune de Vénissieux, consistant en terrains vagues, délaissés, chemins et gravières, d'une contenance de 2 hectares 42 ares environ, seront, si la demande en est faite, soit par Vénissieux, soit par Saint-Fons, partagés entre ces deux communes à raison du nombre de feux existant dans chacune d'elles. A défaut de partage, leurs produits, s'il en existe, seront répartis d'après les mêmes bases entre les dites communes. »

Les lois du 11 décembre 1888 (commune de Bosdarros); du 8 juin 1889 (comm. de Janville); du 12 décembre 1889 (comm. de Tauriac); du 21 juillet 1891 (comm. de Malo-les-Bains); du 23 juillet 1891 (comm. de Beaulieu), contiennent des dispositions identiques.

(2) Conf. Observations présentées par le ministre de l'Intérieur, à propos de l'arrêt du conseil d'Etat du 5 juin 1891. (*Rev. gén. d'adm.*, 1891, t. II, p. 435 et suiv.)

(3) Loi du 5 avril 1884, titre V, art. 161, 162 et 163. — Ces textes ont été rapportés par nous, partie 1re, chapitre III, Préliminaires, p. 212 et 213.

(4) Ainsi, la loi précitée du 26 juin 1885 disposait : « ART. 3. — L'actif mobilier de la commune de Sainte-Foy-lès-Lyon se partagera entre les deux nouvelles communes d'après le nombre de leurs feux respectifs... Quant aux immeubles, ... ils pourront rester dans l'indivision... »

De même, la loi du 1er avril 1888, après avoir accordé à la commune démembrée et à la

Dans tous les cas, et en règle générale, qu'il s'agisse de biens communaux ou de biens patrimoniaux, de meubles ou d'immeubles, le partage a lieu proportionnellement au nombre des feux de chaque commune (1).

Mais, par dérogation à ce principe de droit commun, les communes pourraient se mettre d'accord pour adopter d'autres bases, et les autorités compétentes pour statuer sur la modification territoriale pourraient, sans aucun doute, consacrer les arrangements qu'elles auraient pris à ce sujet (2).

Enfin, si l'acte de distraction a autorisé le maintien de l'indivision pour les immeubles, ou bien s'il a été complètement muet sur la question, il y a lieu de se demander quelle autorité doit être compétente pour prononcer le partage des biens demeurés indivis, lorsque plus tard les communes le demanderont (3).

Il faudra alors appliquer les règles de droit commun.

Or, deux cas peuvent se présenter.

nouvelle commune la faculté de demeurer dans l'indivision, par rapport à leurs biens immobiliers, ajoutait : « La rente de 5,081 francs appartenant à l'ancienne commune de Vénissieux et provenant de la vente de terrains communaux, sera partagée entre Vénissieux et Saint-Fons, à raison du nombre de feux existant dans chacune de ces communes. » — Conf. loi du 19 juillet 1886, commune de Saint-Bardoux (Drôme), art. 3.

(1) Loi du 29 mai 1888 : « Art. 3. — L'actif mobilier et immobilier de l'ancienne commune de Chigy sera partagé entre la nouvelle commune de ce nom et la commune des Clérimois, proportionnellement au nombre de feux existant dans chacune d'elles. »

Loi du 24 juin 1889 : « Art. 4. — Les biens immobiliers indivis entre la commune de Boissezon et la commune Saint-Salvy-de-la-Balme seront partagés proportionnellement au nombre de feux existant dans chacune d'elles. »

Loi du 20 juillet 1889 : « Art. 3. — Les fonds placés au Trésor, ou existant dans la caisse de la commune de Pressy-sous-Dondin au moment de la séparation, seront partagés entre cette commune et la nouvelle commune de Chidde, au prorata du nombre de feux existant dans chacune d'elles. »

Voir également : Lois des 19 juillet 1886, 28 février 1887, 2 avril 1887, 27 février 1888, 24 mars 1888, 7 décembre 1889, 12 décembre 1889, 17 novembre 1890, 21 juillet 1891, etc.

(2) C'est ainsi, par exemple, que la loi du 19 juin 1889, qui a distrait la section du Mazeau de la commune de Saint-Sigismond pour l'ériger en municipalité distincte, disposait expressément (art. 5) : « Les biens indivis immobiliers de la commune de Saint-Sigismond, consistant en : 1° un ancien cimetière ; 2° un marais de 82 ares ; 3° deux parcelles de terre, l'une de 23 ares 50 centiares et l'autre de 18 ares, seront partagés par moitié entre les communes de Saint-Sigismond et du Mazeau. »

Conf. loi du 15 avril 1886, commune de Pont-Trambouze (Rhône), art. 3 ; loi du 29 mai 1888, comm. des Clérimois (Yonne), art. 3 et 4.

(3) « Diverses causes, dit M. Bost (*op. cit.*, p. 65, n° 74), peuvent le faire désirer. L'indivision, par exemple, peut avoir produit des contestations qu'il importe de faire cesser ; ou bien la population de l'une des communes s'accroissant plus rapidement que celle de l'autre, et l'équilibre de jouissance tendant à s'altérer entre elles de plus en plus, l'indivision ne pourrait, en se prolongeant, que devenir de jour en jour plus onéreuse à la commune la moins favorisée ; ou bien l'une des communes peut avoir de justes motifs de donner une autre destination à la partie de ses biens qu'elle possédait indivisément, etc... »

Quand les conseils municipaux des communes copropriétaires seront d'accord pour demander le partage, les délibérations qu'ils prendront à ce sujet seront exécutoires sans qu'il soit besoin de l'approbation de l'autorité supérieure (1).

En effet, l'art. 68, § 2, de la nouvelle loi municipale ne soumet à l'approbation du préfet que les délibérations portant sur les aliénations et échanges des propriétés communales; — et il résulte de là que les partages sont régis par l'art. 61, § 1, de la même loi (2).

On a contesté, cependant, que l'autorisation préfectorale ne fût plus nécessaire. Il est vrai, a-t-on dit, que l'art. 68 de la loi du 5 avril 1884 ne nomme pas les partages parmi les actes qui ont besoin de l'autorisation du préfet, mais cet article exige ladite autorisation pour les aliénations et échanges; or, le partage est une sorte d'aliénation (3).

Mais M. Brémond (4) a fait remarquer, avec raison, que deux réponses ont été faites à ce raisonnement par la presque unanimité de la doctrine:

« 1° Dans la théorie juridique générale, le partage n'est pas considéré comme une aliénation ordinaire; il est soumis à des règles spéciales;

« 2° En matière d'administration municipale, les textes antérieurs à la loi du 5 avril 1884 distinguaient le partage de l'aliénation et énuméraient formellement les partages parmi les actes soumis à l'autorisation préfectorale. La loi nouvelle n'a pas voulu assimiler les partages aux aliénations, et c'est volontairement qu'elle a mis les premiers dans l'énumération de l'art. 68. »

Si les conseils municipaux ne sont pas unanimes sur la question de l'opportunité du partage, quelle autorité sera compétente pour le prononcer?

Nous avons vu que, sous l'empire de la loi du 18 juillet 1837, trois systèmes principaux avaient été proposés sur ce point.

Or, de ces trois opinions, il en est au moins une qui n'est plus soutenable aujourd'hui; c'est celle qui, s'appuyant sur l'art. 71 de l'ancienne loi municipale, donnait à la commission syndicale, insti-

(1) On se rappelle que cette autorisation était nécessaire sous l'empire de la loi du 18 juillet 1837 (art. 19, § 4, et art. 20), et des décrets de décentralisation des 25 mars 1852 (tableau A, § 41) et 13 avril 1861 (tableau A, § 48).

(2) En ce sens : Batbie, *Traité de droit publ. et adm.*, 2ᵉ édit., t. V, n° 123. — *Répert. du droit adm.*, V° *Commune*, n° 2732.

(3) Morgand, *Comment. de la loi du 5 avril 1884*, 3ᵉ édit., t. II, p. 12.

(4) Article publié dans la *Revue critique de législation*, 1889, p. 82.

tuée pour *administrer* les biens indivis, le droit d'en exiger le partage. — En effet, aux termes de l'art. 162, § 3, de la loi nouvelle, la commission syndicale n'est plus compétente que pour l'*administration* proprement dite. Les actes d'aliénation et de partage sont réservés aux conseils municipaux.

Aussi, en présence de ce texte formel, M. Batbie (1) n'hésite pas à admettre sur ce point l'application de l'art. 815 du Code civil et la compétence des tribunaux judiciaires.

Cette solution nous paraît, en effet, la seule admissible; — d'autant plus que l'une des plus sérieuses, sinon la principale objection que l'on faisait, il y a peu de temps encore, à ce système, la violation du grand principe de la séparation des autorités administratives et judiciaires, ne peut plus être reproduite aujourd'hui. En effet, par suite du silence de l'art. 68, § 2, de la nouvelle loi municipale, le jugement qui met fin à l'indivision est exécutoire par lui-même, sans avoir besoin de l'autorisation de l'administration supérieure.

Nous dirons donc que la commune, qui veut sortir de l'indivision, pourra appeler l'autre commune copropriétaire devant les tribunaux civils après s'être fait autoriser à ester en justice par le conseil de préfecture, conformément à l'art. 121 de la loi du 5 avril 1884, — et que ce tribunal sera compétent pour ordonner le partage.

Nous devons ajouter cependant que, dans un arrêt récent en date du 23 décembre 1887 (2), la cour de Paris, confirmant un jugement du tribunal civil de Vitry-le-François du 4 juin 1885 et adoptant les motifs des premiers juges, a cru devoir se déclarer incompétente pour ordonner le partage des biens indivis entre la commune de Larzicourt et la section de La Rue-sur-Blaise.

Ce jugement était ainsi conçu :

Sur le partage:

Attendu que le tribunal n'est pas compétent pour l'ordonner;

Attendu, en effet, que la loi du 10 juin 1793, section III, art. 1er, 2 et 7, après avoir déclaré que le partage est facultatif pour les municipalités, leur réserve le pouvoir de délibérer en cette matière;

Attendu que cette disposition n'a pas été abrogée;

Que la loi du 18 juillet 1837, art. 19, nº 4, énumérait le partage des biens communaux comme délibération du conseil municipal exécutoire après approbation préfectorale;

Que si la loi du 5 avril 1884 ne reproduit pas cette disposition, c'est que la délibération devient réglementaire;

(1) *Traité de droit publ. et adm.*, 2e édit., t. V, nº 125. — Conf. MORGAND, *Comment. de la loi municipale*, t. II, p. 8 et suiv.

(2) D. 1888. 2. 217, et la note. — *Rev. gén. d'adm.*, 1888, t. I, p. 69.

Attendu qu'il n'appartient pas aux tribunaux d'ordonner des actes qui rentrent, en vertu de lois précises, dans les attributions et la compétence de l'autorité administrative;

Que le partage de biens communaux est de ce nombre, et que l'art. 815 du Code civil ne peut être invoqué dans une matière régie par des lois administratives et exceptionnelles;

..... Par ces motifs..., se déclare incompétent pour ordonner le partage;

Renvoie les parties à se pourvoir devant l'autorité qui doit en connaître.

Mais, comme le fait remarquer M. Brémond en rapportant ces décisions (1), les arguments invoqués par le tribunal de Vitry-le-François et reproduits par la cour de Paris sont loin d'être concluants.

« Le premier, dit-il, s'il est exact, va bien loin. Ne pourrait-on pas, en effet, s'en servir pour décider que l'autorité judiciaire est incompétente pour ordonner l'exécution d'une obligation existant à l'encontre de la commune? Car l'exécution des obligations des communes rentre dans les attributions du conseil municipal. Le fait que ce conseil a qualité pour délibérer sur une affaire n'est pas suffisant pour attribuer compétence exclusive en cette affaire à l'autorité administrative. Tout le monde admet bien, en principe, la compétence des tribunaux judiciaires relativement aux actes de gestion passés dans l'intérêt des communes, et cependant ces actes ne sont-ils pas délibérés par les conseils municipaux ? »

L'autre motif, donné par le tribunal et par la cour d'appel, c'est que l'art. 815 est inapplicable aux partages entre communes, « qui sont régis par des lois administratives et exceptionnelles ».

Or, cette assertion est en grande partie inexacte.

« Nous comprenons, dit encore M. Brémond, que lorsqu'une matière est régie par une législation spéciale complète et suffisant à toutes les questions, on puisse dire qu'il n'y a pas à faire appel aux textes de la loi générale. Mais nous n'en sommes pas là, tant s'en faut, pour les partages entre communes. Les lois administratives qui s'en occupent présentent bien des lacunes; les effets du partage entre les copartageants, pour ne citer que cette question, ne sont réglés nulle part. Ne faut-il pas alors recourir aux art. 883 et 884 du Code civil?... Il ne suffit donc pas, pour exclure l'art. 815 du Code civil, de dire qu'il y a des dispositions spéciales pour les partages entre communes; il faut montrer que ces dispositions ont résolu elles-mêmes la question prévue par l'art. 815, ou tout au moins qu'elles ont posé des principes qui ne pourraient se concilier avec

(1) *Revue critique de législation*, 1889, p. 82.

l'application de ce texte. Mais cette démonstration est impossible... Il n'y a ni dans la loi de 1884, ni dans aucune autre loi en vigueur, aucun texte qui exige le consentement de tous les conseils municipaux intéressés pour les partages entre communes. »

On pourrait ajouter encore que les articles invoqués de la loi du 10 juin 1793 visent le partage des biens d'une commune entre ses habitants, et non le partage entre plusieurs communes des biens qu'elles possèdent par indivis.

En résumé, nous pensons donc, comme M. Brémond, que l'art. 815 s'applique aux communes comme aux particuliers, « d'autant mieux que les inconvénients de l'indivision sont les mêmes, quelles que soient les personnes entre lesquelles cette indivision existe », et nous croyons que « la règle de l'art. 815 est une règle d'organisation de la propriété foncière, qui doit s'appliquer à tout le territoire, sans qu'il y ait à se préoccuper de la personne des propriétaires ».

D'ailleurs, le conseil d'Etat l'a reconnu formellement dans un arrêt du 29 mars 1889 (1).

Quant aux bases du partage, on se conformera aux règles précédemment admises, c'est-à-dire qu'à défaut de titres ou de possession contraire, il aura lieu par feux, ou, en d'autres termes, en raison du nombre des chefs de famille ou de ménage ayant domicile réel et fixe dans la commune (2).

Tel est le droit commun; et telle est, d'ailleurs, la solution que l'on trouve dans la plupart des lois qui ordonnent le partage en même temps que le changement de circonscription. En effet, alors même que ces lois autorisent provisoirement le maintien de l'indivision, elles précisent avec soin que, si plus tard le partage vient à être demandé par l'une ou l'autre des deux communes, il aura lieu suivant la même proportion (3).

A quel moment précis faudra-t-il se placer pour compter les feux?

Si la loi qui prononce la distraction ordonne elle-même le partage, c'est au moment même où cette loi devient exécutoire que l'on devra compter les feux de chaque commune.

(1) Section du bourg de Feniers, *Recueil*, p. 421, D. 1890. 3. 57; S. 1891. 3. 41. — Voir également en ce sens: *Répert. du droit adm.*, V° *Commune*, n°s 2729 et 2743. — Dalloz, *Code des lois adm.*, V° *Commune*, n°s 7360 et suiv.

(2) Voir: *Répert. du droit adm.*, V° *Commune*, n° 360 et n°s 2733 à 2736. — M. Brémond, *Revue critique*, 1889, p. 87.

(3) Voir notamment les lois du 11 décembre 1888, du 12 décembre 1889, etc.

D'ailleurs, il arrive quelquefois que cette loi même fixe un délai pour faire le recensement des feux. Ainsi, la loi du 26 juin 1885, qui a distrait la section de La Mulatière de la commune de Sainte-Foy-lès-Lyon pour l'ériger en municipalité distincte, disposait dans son art. 3 : « L'actif mobilier de la commune de Sainte-Foy se partagera entre les deux nouvelles communes d'après le nombre de leurs feux respectifs. Ce nombre sera déterminé par un recensement spécial à opérer dans les trois mois qui suivront la promulgation de la présente loi. »

D'autre part, nous avons vu que, lorsque la loi qui ordonne la séparation des communes les autorise à demeurer provisoirement dans l'indivision, elle a, cependant, la précaution d'indiquer que, si plus tard le partage vient à être demandé par l'une ou par l'autre des deux communes, il aura lieu à raison du nombre de feux existant dans chacune d'elles.

Dans ce cas, nous n'hésitons pas à penser que c'est au moment même de la séparation qu'il faudra se placer pour compter les feux des communes copartageantes.

Enfin, si, par imprévu, l'acte qui a opéré le démembrement de la commune était complètement muet sur la question du partage, nous croyons qu'alors il faudrait en revenir à la règle qu'on avait adoptée sous l'empire de la loi du 18 juillet 1837, et décider que le nombre des feux, qui devrait servir plus tard de base au partage, serait celui existant au moment même où ce partage serait demandé (1).

Lorsque le partage aura été décidé, soit par la loi qui opère la distraction, soit par un jugement d'un tribunal civil, conformément à l'art. 815 du Code civil, les communes copropriétaires choisiront deux experts. En cas de division entre eux, le préfet nommera un tiers expert; et ceux-ci composeront les lots d'après les règles admises en pratique sous l'empire de la loi du 18 juillet 1837.

Du reste, la loi qui ordonne la séparation et prescrit le partage peut également indiquer de quelle façon ces lots seront composés.

C'est ainsi qu'une loi du 29 mai 1888, portant érection en municipalité distincte de la section des Clérimois, distraite à cet effet des communes de Foissy et de Chigy, disposait dans ses art. 3 et 4:

L'actif mobilier et immobilier de l'ancienne commune de Chigy sera partagé entre la nouvelle commune de ce nom et la commune des Clérimois, proportionnellement au nombre de feux de chacune d'elles.

(1) En ce sens *Répert. du droit adm.*, V° *Commune*, n° 2734.

Les biens immobiliers sont attribués à la nouvelle commune de Chigy, sauf par elle à en tenir compte à la commune des Clérimois dans la liquidation de leurs droits sur l'actif total.

Les nouvelles communes de Foissy et des Clérimois auront la propriété des biens immobiliers provenant de l'ancienne commune de Foissy et situés sur leurs territoires respectifs.

Les biens meubles provenant de l'ancienne commune de Foissy sont attribués à la nouvelle commune des Clérimois (1).

Au reste, le tribunal civil de Sens a été récemment appelé à se prononcer, à propos de cette loi du 29 mai 1888, sur une question de propriété qui divisait ces trois communes, et a rendu à ce sujet, le 15 janvier 1891, un jugement conforme, en la forme et au fond, aux principes que nous avons émis ci-dessus. Ce jugement est ainsi conçu :

Le tribunal, attendu qu'une loi du 29 mai 1888 a détaché du territoire des communes de Foissy et de Chigy plusieurs parties qui ont été réunies et érigées en commune distincte sous le nom de commune des Clérimois ; qu'il a été procédé, par ladite loi, au partage de l'actif communal mobilier et immobilier ayant appartenu à Foissy et à Chigy ; qu'il a été notamment stipulé que les nouvelles communes de Foissy et des Clérimois auraient la propriété des biens immobiliers provenant de l'ancienne commune de Foissy et situés sur leurs territoires respectifs (art. 4) ; que, néanmoins, l'art. 6 a expressément réservé tous les droits que pourraient avoir, à titre privatif, sur l'actif partagé, les habitants d'une ou de plusieurs portions des territoires de Foissy, Chigy et des Clérimois ;

Attendu que Les Clérimois revendiquent contre Foissy, en s'appuyant sur l'art. 4 de la loi du 29 juin 1888 : 1° 30 hectares 76 ares 10 centiares de terre ; et 2° 12 hectares 93 ares de bois au climat de Nervaux ; que Foissy résiste à cette demande, en excipant d'un droit privatif sur les terrains revendiqués ; que, demandeur à l'exception, il lui incombe de rapporter la preuve de la propriété exclusive qu'il allègue ;

Attendu qu'à cet effet Foissy produit à l'appui de ses prétentions une charte en date du 20 novembre 1493, par laquelle Etienne Piédefert, écuyer, seigneur haut justicier, moyen et bas de Foissy, aurait concédé la propriété des dits biens aux seuls manants et habitants de la ville de Foissy, à l'exclusion des manants et habitants hors de l'enceinte de Foissy ;

Attendu qu'il résulte de son examen que ce document a trait à trois ordres de biens distincts : à des usages, à des vacants, à des propres du seigneur ; que s'il est constitutif de droits nouveaux en ce qui concerne les vacants et les propres, il semble bien, à l'égard des usages, non pas créer, mais simplement confirmer les droits préexistants au profit des manants et habitants de la ville de Foissy, sur certaines pièces de bois, prés, royses et abîmes, qui sont dénommés dans l'acte, et parmi lesquelles il n'est pas contesté que figurent les deux

(1) Voir *Répert. du droit adm.*, V° *Commune*, n°s 2738 à 2741.

pièces revendiquées par Les Clérimois; qu'en effet, Etienne Piédefert y prend qualité « comme à cause de sa seigneurie et par certains moyens, il a droit et lui appartient de prendre de chacun feu dudit Foissy, à cause des usages de bois, prés, royses, pêcheries et abreuvages de leurs bêtes, chacun an la somme de six deniers tournois, payables au jour et fête Saint-Rémy, c'est à savoir une pièce de bois, etc... »; que plus loin on lit que « le seigneur a donné et donne par ces présentes aux dits manants et habitants des susnommés, tous les arérages en quoy ils pourraient être tenus envers ledit seigneur pour et à cause des dessus dites », de sorte que cette charte est, en ce qui concerne les usages, moins une concession qu'une transaction formant, en faveur des usagers, titre énonciatif et récognitif des droits qui leur avaient été antérieurement concédés;

Attendu qu'il résulte, tant d'un jugement du tribunal de district de Sens, du 6 octobre 1792, que des documents versés aux débats, que les usages dont s'agit constituaient de véritables titres de propriété ;

Attendu que, malgré les divergences d'opinion qui ont pu se former sur l'origine des biens communaux, on doit admettre que les communaux des habitants sont généralement provenus de la concession des premiers seigneurs qui ont occupé et établi les seigneuries; que cela est particulièrement exact en ce qui touche les communaux de Foissy; que les habitants de cette ville l'ont, à diverses reprises, reconnu et affirmé pour leurs usages, notamment dans une requête adressée le 12 septembre 1598 au maître réformateur des eaux et forêts au baillage de Sens;

Attendu que la charte de 1493 ne mentionne que les habitants de la ville de Foissy parmi les bénéficiaires des usages; qu'il n'y est nullement question des habitants des Clérimois, non plus d'ailleurs que dans les documents postérieurs produits; qu'il est même douteux que Les Clérimois, tout en faisant partie de la paroisse de Foissy, dépendissent de la seigneurie de Foissy; que certains baux à vente, reçus Cauchoix, notaire à Villeneuve-l'Archevêque, le 1er février 1756, et d'autres actes concernant l'installation d'un desservant aux Clérimois, reçus Hémard, notaire au même lieu, le 16 mai 1771, tendraient à faire ressortir Les Clérimois à la seigneurie de La Tournerie, et qu'on ne comprendrait pas les libéralités accordées par le sieur de Foissy aux habitants d'une autre seigneurie ;

Attendu que vainement Les Clérimois soutiennent que, faisant en 1792 partie de la paroisse de Foissy, ils sont fondés à se prévaloir du jugement du district de Sens, qui a été rendu le 6 octobre 1792 au profit de tous les habitants de ladite paroisse de Foissy; qu'en effet, si ce jugement a été rendu à la requête de la paroisse de Foissy, c'est, d'une part, parce que divers chefs de la demande intéressaient la paroisse entière, qui devait et pouvait seule agir en justice, et parce que, d'autre part, la revendication d'un immeuble n'appartenant qu'à la section de Foissy ne pouvait être poursuivie en justice qu'à la requête de ses représentants légaux, qui étaient précisément ceux figurant au dit jugement; que le tribunal n'avait alors à se prononcer que sur la nature des droits antérieurement concédés aux habitants de la ville de Foissy et non sur le point de savoir si ces droits appartenaient à tous les habitants de la paroisse ou seulement à une ou plusieurs sections de cette paroisse; que le jugement ne fait aucune mention des habitants des Clérimois ;

Et attendu que, d'ailleurs, le bois revendiqué par cette commune ne fait même pas l'objet du procès de 1792;

Attendu que vainement Les Clérimois invoquent la loi des 10 et 11 juin 1793, qui, d'après eux, formerait le véritable titre de propriété des communes en ce qui concerne les biens communaux ; qu'en effet, cette loi a formellement déclaré dans son art. 1er, titre IV, que « tous les biens communaux appartiennent à la généralité des habitants ou membres des communes, ou sections de communes, dans le territoire desquelles ils sont situés »; qu'elle a ainsi expressément réservé les droits des sections de commune ; que la loi de 1837 a respecté les mêmes droits, ainsi que la loi organique du 5 avril 1884, art. 7, § 5, et celle du 29 mai 1888 ;

Attendu enfin que, subsidiairement, la commune des Clérimois invoque la prescription, comme ayant joui, depuis 1792, des bois litigieux et des autres biens communaux, de la même façon et au même titre que les habitants de Foissy;

Mais attendu que sa possession ayant été, de son propre aveu, commune avec celle des habitants de Foissy, et n'étant par conséquent exclusive, ne pouvait donner naissance à la prescription ; qu'ainsi la section de Foissy justifie en fait et en droit de la propriété exclusive des immeubles revendiqués par elle ;

Par ces motifs, dit que la commune de Foissy a justifié de son droit de propriété exclusive sur : 1° les 30 hectares, etc...

Quant aux contestations qui peuvent s'élever au cours du partage, il faut distinguer suivant que le partage a été effectué par l'acte même qui a statué sur le changement de circonscription, ou par un acte postérieur.

Si le partage a été opéré à la suite d'une distraction, mais non en même temps qu'elle, les règles de compétence qui étaient en vigueur sous l'empire de la loi du 18 juillet 1837 sont encore applicables aujourd'hui (1).

Si, au contraire, ce partage a été effectué par l'acte même qui a opéré la séparation des communes, les compétences sont un peu différentes, et nous nous réservons de les exposer, en traitant d'une manière générale des questions contentieuses qui naissent à l'occasion des remaniements territoriaux (2).

(1) Voir sur ce point : Arrêt du Conseil d'Etat du 29 mars 1889, *Recueil*, p. 421. — *Répert. du droit adm.*, V° *Commune*, n°s 2742 à 2748. — Dalloz, *Code des lois adm.*, V° *Commune*, n°s 7479 à 7600.

(2) Voir ci-dessous, partie III, chap. Ier, section Ire.

CHAPITRE II

EFFETS DES CHANGEMENTS DE CIRCONSCRIPTION DES COMMUNES SUR LES BIENS DE L'ASSISTANCE PUBLIQUE

Une commune ou une section de commune possède des biens qui lui ont été donnés ou légués pour être employés à soulager ses pauvres; — ou bien elle est pourvue d'un bureau de bienfaisance; — ou bien encore elle possède un hospice ou une fondation de lits au profit de ses indigents dans un hôpital voisin.

Par suite d'un remaniement territorial, cette commune est réunie à une autre commune, ou bien une fraction de son territoire lui est enlevée, soit pour être rattachée à une autre commune, soit pour être érigée en municipalité distincte.

Quel sera l'effet de ce changement de circonscription sur les différentes sortes de biens que nous venons d'énumérer?

Comme nous l'avons fait jusqu'à présent, nous étudierons successivement les règles qu'on avait adoptées sous l'empire de la loi du 18 juillet 1837 et celles qui sont applicables aujourd'hui.

TITRE Ier

—

SOUS LA LOI DU 18 JUILLET 1837

Le législateur du 18 juillet 1837 qui, comme nous l'avons vu, avait édicté certaines prescriptions relatives à l'attribution des biens des communes, dans le cas où des modifications étaient apportées à leur circonscription territoriale, ne s'était nullement préoccupé du sort des biens de l'assistance publique dans les mêmes circonstances. Mais la jurisprudence des tribunaux et de l'administration avait, dans une certaine mesure, comblé cette lacune, et ce sont les règles qu'elle avait adoptées que nous allons exposer ici.

Nous envisagerons successivement les deux hypothèses où la question pouvait se présenter :

Distraction de commune,
Réunion de communes.

SECTION Ire

—

Distraction de commune.

Deux cas distincts pouvaient se présenter :

1° Les biens des pauvres appartenaient exclusivement à la section distraite ou à la section restante ;

2° Ces biens étaient la propriété de la commune tout entière.

Nous examinerons chacune de ces hypothèses dans deux articles différents.

ARTICLE 1er.

BIENS APPARTENANT EXCLUSIVEMENT A UNE SECTION DE COMMUNE

Il pouvait se faire qu'une section de commune possédât un patrimoine charitable propre.

Ainsi, des biens pouvaient lui avoir été donnés ou légués pour servir au soulagement de ses indigents, à l'exclusion des pauvres de la commune à laquelle elle était rattachée.

De même une section de commune pouvait avoir un bureau de bienfaisance spécial.

Le comité de l'Intérieur du conseil d'Etat, à qui la question avait été soumise, à propos d'un legs particulier fait à une section de commune, avait formulé, à la date du 25 août 1835, l'avis suivant :

Considérant que rien n'indique, ni dans la loi du 7 frimaire an V, ni dans l'ordonnance royale du 31 décembre 1821, qu'il ne doive y avoir nécessairement qu'un seul bureau de bienfaisance par commune;

Que si, en général, il est mieux de n'y en établir qu'un seul, il est des circonstances où il y a lieu de déroger à ce principe;

Considérant que, en faisant une donation à la section de Mousteiret, le donateur a formellement exprimé dans l'acte le désir qu'il soit établi un bureau de bienfaisance dans cette section, et qu'il impose diverses charges aux administrateurs de cet établissement; — que la donation faite à la section de Mousteiret est assez importante pour que ses intentions soient remplies; — que les conditions de la donation ne renferment rien que de licite, et qu'elles ne sont pas en opposition avec la loi; — que, dès lors, rien ne paraît motiver le refus d'établir un bureau de bienfaisance pour la section de Mousteiret...

De son côté, M. Aucoc, dans son traité *Des sections de commune* (1), cite plusieurs décrets faisant des applications de ces idées.

Ainsi, dit-il, un décret en date du 25 janvier 1860 a autorisé la création d'un bureau de bienfaisance dans la commune de Mont-Saint-Eloy (Pas-de-Calais) pour la section d'Ecoivres. Il existait déjà deux bureaux de bienfaisance dans cette commune, formée par la réunion de trois anciennes communes, et ce qui a conduit à en créer un pour la section d'Ecoivres, c'est, d'une part, qu'il avait été fait, en 1858, une donation d'immeubles aux pauvres de cette section, et, d'autre part, qu'il existait une distance assez considérable entre la section et le chef-lieu de la commune. — Un autre décret du 14 décembre 1861 a autorisé, dans la commune de Longwy (Moselle), la création d'un bureau de bienfaisance pour

(1) 2e édit., n° 7.

la section de Longwy-Bas. Cette création a été motivée par une donation d'une rente de 500 francs, qui avait été faite aux pauvres de cette section pour le cas où il y serait institué un bureau de bienfaisance spécial.—Enfin, la même mesure a été prise, dans des circonstances semblables, par un décret du 21 juillet 1862, pour la section d'Elbes, dépendant de la commune de Martial (Aveyron).

Si donc une section, possédant des biens de cette nature, venait à être distraite de la commune dont elle faisait antérieurement partie, elle en demeurait propriétaire, et ces biens conservaient la destination spéciale inhérente à leur origine (1). Mais, au lieu d'être administrés par le conseil municipal de l'ancienne commune, ils l'étaient désormais par le conseil municipal de la nouvelle.

Quant aux biens des bureaux de bienfaisance, on sait qu'ils sont administrés par une commission administrative composée du maire et de six membres renouvelables, dont deux élus par le conseil municipal et quatre nommés par le préfet (lois du 21 mai 1873 et du 5 août 1879). — Les commissions administratives des hospices sont composées de la même manière.

Ainsi donc, disaient MM. Caffin (2), « lorsqu'un avantage a été fait spécialement à une section, sous la condition qu'il servirait à fonder et à entretenir à son profit un bureau de bienfaisance, et que cette section change de commune, elle emporte et elle conserve les avantages qu'elle a reçus. Ses droits particuliers ne peuvent apporter aucun désordre dans les communes, celle qu'elle a quittée et celle dans laquelle elle est entrée, ni aucune modification dans le budget communal, l'établissement charitable ayant le sien particulier et des administrateurs spéciaux ».

De même si une section de commune possédait un hospice, ou avait droit à des lits dans un hôpital situé dans une commune voisine, elle conservait intacts, lors même qu'elle était enlevée à la commune à laquelle elle était auparavant réunie, tous ses droits sur ces différents biens.

Une seule difficulté pouvait s'élever. C'est lorsque l'hospice, qui appartenait exclusivement à une section de commune, était situé sur le territoire d'une autre section de la même commune. Dans ce cas, si la section non propriétaire était érigée en municipalité distincte, l'hospice de la commune démembrée se trouvait par là même sur le territoire de la nouvelle commune. Mais le ministre de l'Intérieur, à qui l'hypothèse avait été soumise, avait décidé que,

(1) Voir *Journal de droit adm.*, t. XXV, p. 119.

(2) *Des droits de propriété des communes*, n° 389, p. 401.

malgré le changement de territoire, l'administration, comme la propriété de l'hospice, devait appartenir à l'autorité locale qui était en possession antérieurement (1).

ARTICLE 2.

BIENS APPARTENANT A LA COMMUNE TOUT ENTIÈRE

§ 1.

Règles de fond.

Lorsque le patrimoine charitable, au lieu d'appartenir exclusivement à une section d'une commune, était la propriété de la commune tout entière, et qu'une fraction de cette commune venait à en être détachée, soit pour être érigée en municipalité distincte, soit pour être réunie à une autre commune, cette fraction de territoire perdait-elle par là même tout droit aux biens des pauvres de la commune dont elle cessait de faire partie, ou, au contraire, pouvait-elle en réclamer une portion indivise ?

Comme dans l'article précédent, nous distinguerons suivant que la commune démembrée possédait des biens affectés à la distribution de secours publics, un bureau de bienfaisance, un hospice, ou une fondation de lits au profit de ses indigents dans un hospice ou dans un hôpital voisin.

I. — La commune démembrée possédait des biens affectés à la distribution de secours publics.

La loi du 18 juillet 1837 ne s'occupait pas du sort de ces biens en cas de distraction de commune.

Mais, dit M. Gérard (2), « il était de règle d'insérer dans les actes législatifs ou réglementaires constitutifs de nouvelles communes un article ainsi conçu : « Les dispositions qui précèdent auront lieu sans préjudice des droits d'usage ou autres qui pourraient être respecti-

(1) Dépêche du ministre de l'Intérieur au garde des sceaux du 26 juillet 1841. — M. P. GÉRARD, *Du partage des biens des pauvres à la suite des démembrements de communes*, article inséré dans la *Revue gén. d'adm.*, 1883, t. I, p. 257 à 280, principalement p. 278.

(2) *Op. cit.*, p. 259.

vement acquis. » — Et cet article réservait les droits que pouvait avoir la nouvelle commune, comme représentant légalement ses indigents, sur les biens communaux affectés au soulagement de la généralité des pauvres de l'ancienne commune démembrée (art. 910 et 937 du Code civil, et art. 3 de l'ordonnance du 2 avril 1817) ».

C'est en ce sens que s'étaient prononcées l'autorité administrative et l'autorité judiciaire, étendant ainsi aux biens des pauvres les règles tracées par la loi municipale pour les biens communaux ordinaires.

Cette assimilation n'avait d'ailleurs rien d'anormal, car, ainsi que le faisait remarquer M. Gérard (1), ces biens, quoique affectés d'une condition spéciale, n'en constituent pas moins des ressources faisant partie du patrimoine de la commune mère, au même titre que des libéralités dont elle aurait été gratifiée pour l'entretien de ses écoles, de ses chemins, etc.

Nous pouvons citer en ce sens un arrêt de la cour de cassation du 24 mars 1863 (2), rendu dans les circonstances suivantes :

Le 7 mai 1855 le sieur Morin, habitant de la commune de Lagord, avait fait un testament par lequel il léguait à cette commune ses immeubles et ses tableaux, à la condition que le produit de ce legs serait employé à soulager les pauvres et à doter des jeunes gens choisis dans la classe indigente de la commune (3) ; et un décret du 3 août 1856 avait autorisé la commune de Lagord à accepter ce legs, mais seulement jusqu'à concurrence de moitié.

Quelque temps après, par une loi en date du 21 mai 1858, la section de Puilboreau, qui faisait partie de la commune de Lagord, en fut distraite et érigée en commune distincte, avec l'adjonction des

(1) *Op. et loc. cit.*

(2) D. 1863. 1. 422 ; S. 1863. 1. 364.

(3) Ce testament, entre autres dispositions, renfermait la suivante : « Quant à la propriété nue de tous mes biens immeubles, je la donne et lègue à la commune de Lagord, canton de La Rochelle (Charente-Inférieure), que j'institue à cet effet ma légataire universelle, et qui pourra s'emparer de tous mes dits immeubles, en nue-propriété, aussitôt mon décès, et en jouissance, aussitôt le décès de la demoiselle Euphémie-Théodose. — Le présent legs, fait à ladite commune de Lagord, est destiné : 1° à son bien-être et à sa prospérité ; 2° au soulagement des pauvres natifs de ladite commune, y domiciliés, par des secours de toute sorte ; 3° à l'ouverture d'ateliers de charité des deux sexes. — J'explique que les tableaux garnissant mes appartements ne sont donnés à la demoiselle Euphémie-Théodose qu'à titre d'usufruit, et qu'à son décès ils appartiendront à ladite commune de Lagord, lesquels seront alors placés par les soins de M. le maire dans la salle de la mairie, ainsi que mon portrait et une copie de mon testament. — Je veux et entends que tous les trois ans, il soit prélevé sur le revenu de mes biens immeubles ci-dessus légués une somme de 600 francs, qui servira à doter deux jeunes gens de la classe la plus indigente de ladite commune de Lagord, et dont la conduite sera irréprochable. »

deux sections de Dompierre et de Cognehars, prises à une commune autre que celle de Lagord.

Cette loi réservait, comme d'habitude, les droits d'usage qui pouvaient être respectivement acquis, et déclarait que les autres conditions de la réunion prononcée seraient, s'il y avait lieu, déterminées ultérieurement par un décret.

Mais aucun décret n'étant intervenu, la nouvelle commune de Puilboreau revendiqua, contre la commune de Lagord, une part indivise des biens légués, avec les droits et avantages qui y étaient attachés (1).

La commune de Lagord résista à cette prétention.

La difficulté fut alors soumise par le préfet au ministre de l'Intérieur, qui répondit (2) :

La libéralité a été faite à toute la commune de Lagord, c'est-à-dire aux diverses sections qui la composaient à l'époque du décès du testateur. Le village de Puilboreau, l'une de ses sections, avait donc droit à une part indivise dans le legs en question, lorsque est intervenue la loi précitée. Or, aucune clause du testament n'exige qu'elle continue à dépendre de la commune de Lagord pour la conservation de l'exercice de ce droit. D'un autre côté, il ne lui a pas été enlevé par l'acte législatif qui l'a réunie à une autre commune; et, d'après l'esprit des dispositions de la loi du 18 juillet 1837, art. 5 et 6, la section distraite emporte tous ses droits, non seulement sur les biens qui lui appartiennent exclusivement, mais aussi sur ceux non affectés à un service public qu'elle possédait indivisément avec le reste de la commune. D'où il suit que, dans l'espèce, la section de Puilboreau, comme chacune des autres sections comprises dans la commune de Lagord au décès du testateur, serait fondée à revendiquer une part indivise des biens légués, avec les avantages et les charges qui y sont attachés. Il appartient au préfet, en conséquence, de provoquer, s'il y a lieu, un arrangement qui serait de nature à assurer l'exécution des intentions du testateur, conformément aux droits respectifs de ces différentes sections.

Mais l'arrangement amiable provoqué par le préfet ne put avoir lieu. La commune de Lagord voulut soutenir, devant les tribunaux, qu'elle seule avait été gratifiée par le sieur Morin, et que les habitants du village de Puilboreau, en cessant de faire partie de la commune de Lagord, avaient perdu tout droit aux bénéfices de la libéralité du testateur.

Cette prétention fut accueillie favorablement par le tribunal civil

(1) Avant la distraction, la commune de Lagord comptait 977 habitants, parmi lesquels 312 appartenaient à la section de Puilboreau. Cette section, érigée en commune séparée, prétendait avoir droit à une part égale aux $\frac{312}{977^{mes}}$ des biens légués à la commune entière.

(2) Voir *Bull. offic. min. Int.*, 1860, p. 73, n° 7. — Voir également p. 73, n° 5.

de première instance de La Rochelle, dans un jugement en date du 30 avril 1861, dont les principaux motifs étaient les deux suivants (1) :

Attendu qu'aux termes du testament précité, la commune de Lagord a la nue-propriété des biens légués, dans la proportion établie par le décret du 3 août 1856 ; — qu'elle seule, à l'exclusion de toute autre, est fondée à se prévaloir de ce droit, à la condition (quand la propriété utile lui sera acquise) de faire jouir ses habitants du produit, conformément aux dispositions du testament, et que les habitants n'ont que le droit à la jouissance des revenus subordonnée aux mêmes conditions ; — d'où il suit que la commune de Puilboreau, ne pouvant fonder sa demande que sur les droits de ceux au nom desquels elle agit, ne peut invoquer en leur faveur un droit de nue-propriété, droit dont ils n'ont jamais été investis ni individuellement, ni collectivement, et dont ils ne sauraient trouver la source dans le fait de leur séparation de la commune de Lagord, telle que cette séparation a été ordonnée par la loi du 21 mai 1858 ;

Attendu que les biens dont il s'agit ne sont pas de ceux dont les fruits peuvent être perçus en nature par tous les habitants pris individuellement ; — que les revenus de ces biens doivent être compris dans les recettes de la commune ; — qu'ils sont destinés à être employés à son bien-être général, et surtout au soulagement des individus répandus sur son territoire, notamment par la création d'ateliers de charité et par des constitutions de dot en faveur de jeunes époux choisis parmi les plus indigents ; — que, conséquemment, le partage qui serait fait de ces biens d'après le nombre des individus qui étaient domiciliés dans la commune de Lagord à l'ouverture du testament, déclaratif de la nue-propriété exclusive d'une quotité déterminée au profit d'un certain nombre de ces individus habitant la portion du territoire qui en est aujourd'hui séparée, conduirait à des conséquences difficiles à concilier avec la volonté du testateur...

Mais sur l'appel interjeté par la commune de Puilboreau, la cour de Poitiers, par un arrêt du 8 janvier 1862, dans lequel elle reproduisait, en les développant, les motifs de la décision du ministre de l'Intérieur, statua en ces termes (2) :

Attendu que les questions de propriété sont de la compétence des tribunaux civils, si elles n'en ont pas été distraites exceptionnellement ;

Attendu que les réunions, divisions ou formations de communes amènent toujours des difficultés nées de la séparation d'intérêts longtemps confondus ; que la solution de ces contestations donne lieu à des opérations complexes, minutieuses, qui ne sont subordonnées à aucune règle absolue, et dont les bases, de nature diverse, sont généralement l'étendue des territoires, le revenu imposable, la population, les ressources et les charges des sections distraites et des

(1) Voir D. 1862. 2. 38 ; S. 1862. 2. 293.

(2) Voir D. 1862. 2. 38 ; S. 1862, 2, 293.

communes qui se modifient ou qui se forment ; — que le législateur a laissé avec raison au Gouvernement le soin de déterminer les conditions des réunions et des divisions par l'acte qui les prononce, ou par un décret ultérieur s'il a été statué par une loi ; — mais qu'en lui donnant ce pouvoir, la loi du 18 juillet 1837, art. 7, réserve toutes les questions de propriété pour être déférées aux tribunaux ordinaires ;

Attendu qu'il s'agit au procès de savoir si, d'après l'intention du sieur Morin et leur nature, les biens dont il a disposé par son testament du 7 mai 1855 appartiennent à la commune de Lagord seule, ou en partie à la section de cette commune enclavée depuis dans la nouvelle commune de Puilboreau ; que cette question est essentiellement de la compétence des tribunaux civils ordinaires ;

Attendu que la commune n'est pas seulement une parcelle du sol de l'empire, portant le nom de son chef-lieu ; que l'être moral appelé commune est la réunion des citoyens habitant cette parcelle ; que ce sont ces habitants qui partagent et supportent les revenus et les charges communes, qui profitent des bienfaits dont la commune a été l'objet ;

Attendu que, par son testament, le sieur Morin a légué ses immeubles et ses tableaux à la commune de Lagord, qu'il a fixé lui-même la destination de son legs : « Le présent legs, a-t-il dit, est destiné au bien-être et à la prospérité de la commune de Lagord, au soulagement des pauvres natifs de ladite commune, et y domiciliés, par des secours de toutes sortes ; à l'ouverture annuelle d'ateliers de charité » ;

Qu'il a voulu que tous les trois ans, 600 francs soient prélevés sur le revenu des immeubles pour doter deux jeunes gens de la classe la plus indigente de la commune ;

Attendu que la section de Puilboreau formait, à l'époque du testament et de la mort du sieur Morin, une notable fraction de la commune de Lagord ; — que les bienfaits du testateur s'étendaient à tous les pauvres nés et domiciliés dans cette commune ; — que tous les habitants, sans exception, devaient bénéficier de la libéralité ; — que le testateur n'a manifesté aucune préférence en faveur de ceux qui seraient fixés dans des localités spéciales ; — qu'il n'a pas exclu les habitants d'une section qui cesserait d'appartenir à la commune de Lagord ; — que c'est dans son testament seul qu'on doit chercher l'expression de sa volonté ; — qu'en écrivant le souhait que ses tableaux et son portrait soient placés, après son décès, dans la salle de la mairie de Lagord, il ne témoigne pas l'intention d'avantager l'agglomération seule des habitants qui demeureraient perpétuellement attachés à cette mairie ;

Attendu que les biens donnés peuvent être facilement partagés, surtout depuis la réduction du legs ;

Attendu que la section érigée en commune séparée, ou réunie à une autre commune, emporte la propriété des biens qui lui appartenaient exclusivement ; que les édifices et les autres immeubles servant à un usage public deviennent la propriété de la nouvelle agglomération, sauf indemnité envers la commune dont une partie a été distraite, s'il y a lieu ;

Attendu, quant aux autres biens qui ne font pas partie du domaine public municipal et dont les fruits ne sont pas perçus en nature, mais dont la section distraite jouissait en commun avec son ancienne commune, que cette section doit en avoir une part proportionnelle à son importance, soit qu'il s'agisse d'immeubles situés sur le territoire séparé, soit qu'il s'agisse d'immeubles restant dans la commune modifiée ;

Attendu qu'il serait injuste de laisser en entier les immeubles et leurs revenus à une commune dont les charges seraient diminuées nécessairement par la distraction même d'une partie de son territoire et de ses habitants, et de priver de cette ressource la nouvelle commune, à laquelle la section annexée doit apporter des biens comme elle lui apporte de nouvelles dépenses ;

Attendu que c'est à tort que les premiers juges ont attribué à la commune de Lagord la totalité des biens légués par le sieur Morin ; — qu'une portion de ces biens appartient à la section de Puilboreau, comprise dans la commune du même nom, mais qu'au Gouvernement seul il échoit de déterminer la quotité de cette portion ; — que la cour, en fixant les bases d'un partage, empiéterait sur les attributions de l'administration et sur le droit que le Gouvernement s'est réservé par la loi même qui a créé la commune de Puilboreau, de régler administrativement et suivant l'équité les conditions de sa formation par la séparation d'une partie de la commune de Lagord,

Dit qu'il a été mal jugé, etc.

Enfin, cet arrêt de la cour de Poitiers ayant été déféré par la commune de Lagord à la cour de cassation, pour violation des art. 5, 6 et 7 de la loi du 18 juillet 1837, excès de pouvoirs et violation du principe de la séparation des pouvoirs, le pourvoi fut rejeté par un arrêt du 24 mars 1863, dans les termes suivants (1):

(1) L'arrêt de la cour de Poitiers, disait la commune de Lagord, a violé les art. 5 et 6 de la loi de 1837, en ce qu'il a attribué à une section distraite d'une commune des droits de propriété, non sur des biens communaux, mais sur des biens patrimoniaux proprement dits provenant de dispositions à titre gratuit au profit de la commune, et qui devaient, dès lors, rester la propriété de celle-ci, à l'exclusion de toute section cessant d'en faire partie. Les biens communaux peuvent se diviser en trois classes : les biens publics communaux, qui sont les édifices publics, les églises, les chemins ; biens ou revenus patrimoniaux, dont le produit est versé dans la caisse municipale ; biens communaux proprement dits, dont la propriété est à la commune et l'usage abandonné à tous les habitants et à chacun d'eux, tels que les pâturages et les forêts. Les biens légués dans l'espèce à la commune de Lagord font partie de ses biens patrimoniaux. En effet, le testament exige qu'ils soient affermés, que les revenus en soient versés dans la caisse municipale ; il est donc exclusif de la jouissance en nature, qui caractérise les communaux proprement dits. Or, il est constant que les biens patrimoniaux appartiennent exclusivement à l'être moral de la commune, suivent toujours le sort de l'unité municipale, et, destinés à faire face à ses besoins, sont indivisibles comme elle. Nulle section distraite de la commune ne saurait donc être admise à réclamer aucun droit sur cette classe de biens. L'art. 6 de la loi de 1837 détermine, d'ailleurs, d'une façon très nette quels sont les biens dont la section distraite emporte avec elle la propriété. Ce sont d'abord les édifices publics situés sur son territoire, qui ne peuvent plus évidemment servir à l'usage public de la communauté à laquelle ce territoire n'appartient plus, et qui deviennent naturellement la propriété de la communauté nouvelle à laquelle la section vient se réunir. Ce sont ensuite les biens qui lui appartiennent en propre. Quant aux biens sur lesquels la section n'avait pas un droit exclusif, cette section n'en emporte pas la propriété,

Sur le moyen unique tiré de la violation des art. 5, 6 et 7 de la loi du 18 juillet 1837, d'un excès de pouvoirs et de la violation du principe de la séparation des pouvoirs :

Attendu qu'aux termes des art. 1er, 5, 6 et 7 de la loi du 18 juillet 1837, lorsqu'une section de commune est érigée en commune séparée ou réunie à une autre commune, soit en vertu d'un décret de l'empereur, soit en vertu d'une loi, c'est à l'autorité judiciaire qu'il appartient de statuer sur les questions de propriété ; que cette disposition formelle de la loi est conforme aux principes généraux du droit commun, qui attribuent aux tribunaux ordinaires le jugement des questions de propriété ;

Attendu que la cour de Poitiers s'est maintenue dans les limites de sa compétence en se bornant à juger une question de propriété; qu'ainsi le moyen fondé sur l'incompétence de l'autorité judiciaire se trouve repoussé par les termes mêmes de la loi ;

Attendu que ces mêmes dispositions prouvent que la cour de Poitiers n'a commis aucun excès de pouvoir ; qu'en effet, aux termes de l'art. 7, les conditions de la distraction ou de la réunion des communes doivent être fixées par l'autorité qui prononce cette distraction ou cette réunion, mais que ce même article fait réserve, dans tous les cas, de toutes les questions de propriété ;

Attendu que la cour de Poitiers a constaté, par l'interprétation des différentes clauses du testament du sieur Morin et par l'appréciation de sa volonté, que le testateur avait fixé lui-même la destination de son legs ; qu'il avait voulu que ses bienfaits s'étendissent à tous les pauvres nés et domiciliés dans cette commune, dont la section de Puilboreau formait à l'époque du testament et de la mort du sieur Morin une véritable fraction ; que son intention avait été de faire bénéficier de sa libéralité tous les habitants sans distinction, et sans exclusion de ceux d'une section qui cesserait d'appartenir à la commune de Lagord ;

Attendu qu'en jugeant par suite que la commune de Puilboreau avait droit à la propriété d'une partie des biens légués par le sieur Morin à la commune de Lagord et dont elles jouissaient en commun avant la distraction, la cour de Poitiers n'a pas violé le principe de la séparation des pouvoirs exécutif et judiciaire; qu'elle n'a réglé que ce qui se rapportait à la propriété, sans déterminer la quotité de la portion revenant à la commune de Puilboreau ; qu'elle a reconnu

même partielle. Ainsi, ses habitants ne peuvent réclamer aucun droit sur les biens communaux, et cela quoiqu'ils en aient eu la jouissance jusqu'à la séparation, parce que cette perte se trouve compensée par leur admission à la même jouissance dans la nouvelle communauté. Quant aux biens patrimoniaux, dont les revenus perçus par fermage ou intérêts sont versés dans la caisse municipale et profitent à la commune prise collectivement, on ne conçoit pas qu'une section distraite conserve, à un titre quelconque, un droit sur ces biens. En décidant le contraire, l'arrêt attaqué a violé la disposition de la loi précitée.

Il a, en outre, violé l'art. 7 de la loi du 18 juillet 1837 et le principe de la séparation des pouvoirs administratif et judiciaire, en ce qu'il a, sous prétexte de question de propriété, déterminé en réalité les conditions de la distraction d'une section de commune, bien qu'il soit de principe que les conditions des réunions et des divisions de communes sont réglées exclusivement par le Gouvernement dans l'acte qui prononce ces réunions ou distractions, ou par un décret ultérieur.

qu'en fixant les bases du partage elle empièterait sur les attributions de l'administration et sur le droit que le Gouvernement s'est réservé, par la loi même qui a créé la commune de Puilboreau, de régler administrativement les conditions de sa formation par la séparation d'une partie de la commune de Lagord,

Rejette...

Notons, en dernier lieu, que les auteurs qui s'étaient occupés de la question s'étaient prononcés dans le même sens.

Ainsi, disait M. Bost, « lorsqu'une section de commune est érigée en commune séparée ou réunie à une autre commune, elle conserve sa part de propriété des biens provenant de fondations charitables faites en faveur des habitants de la commune dont elle dépendait. En effet, les droits résultant d'anciennes fondations subsistent tant qu'ils n'ont pas été expressément abrogés par des lois postérieures, ou qu'ils ne sont pas devenus incompatibles avec les dispositions de ces lois. C'est ce qui a été reconnu par de nombreux arrêts des tribunaux administratifs et judiciaires. Or, si ces droits sont incontestables en faveur d'une section, tant qu'elle existe à l'état de simple portion d'une circonscription communale, en deviendront-ils moins positifs parce que cette section aura été érigée en commune distincte? On ne saurait admettre une telle conclusion sans violer tous les principes. La propriété ne se modifie ni ne s'anéantit par la division; elle ne fait que se diviser ellemême » (1).

II. — La commune possédait un bureau de bienfaisance (2)

Ce cas différait de celui que nous venons d'examiner, en ce que ce n'était plus la commune, mais un établissement public distinct, un être doué d'une individualité propre, qui était propriétaire des biens destinés à secourir les indigents. On ne se trouvait plus en présence de biens communaux affectés à une destination particulière, mais de biens appartenant à un établissement de bienfaisance communal.

Cette distinction avait été faite très nettement par la cour de

(1) *Code de la constitution des communes*, p. 89, n° 102. — Voir également : *Journal de droit adm.*, t. VIII, p. 225 ; t. XI, p. 279. — *Journal du Notariat* du 25 avril 1863, n° 1782. — Aucoc, *Sections de commune*, n° 125, p. 299.

(2) Cette hypothèse est assez fréquente. M. Block montre en effet, dans son *Annuaire de l'économie politique et de la statistique*, année 1891, qu'il y avait en France, au 31 décembre 1889, 15,308 bureaux de bienfaisance, ce qui correspond à quatre bureaux pour dix communes; que ces bureaux ont assisté 1,616,481 indigents et distribué plus de trente millions de secours, savoir : 10,088,272 francs en argent et 20,791,250 francs en nature.

cassation, dans un arrêt en date du 7 janvier 1863, que nous rapporterons plus loin et où il était dit que les biens des bureaux de bienfaisance ne pouvaient être confondus avec les biens communaux, « attendu que les bureaux de bienfaisance, dont l'organisation est réglée par la loi du 7 frimaire an V, avaient une existence indépendante, une administration et une dotation spéciales, qui ne se confondaient pas avec celle des communes ».

La même théorie avait encore été formulée d'une façon très claire par M. Henri Giraud et M. Martin-Feuillée, sous-secrétaire d'Etat au ministère de l'Intérieur, pendant la discussion au sein de la Chambre des députés de la loi du 5 août 1879, sur les commissions administratives des hospices et des bureaux de bienfaisance (1).

« Il s'agit de savoir, dit M. Giraud, si ces biens sont les biens des pauvres ou si ce sont les biens des communes. Je soutiens que ce ne sont pas des biens communaux. Vous dites que ce sont des biens communaux ayant une destination spéciale ; non, ils sont la propriété de l'établissement; l'établissement est une personne civile, c'est un établissement d'utilité publique qui possède et administre les biens des pauvres et non ceux de la commune. C'est bien compris, je crois : ce sont les biens des pauvres; la commune n'a le droit ni de les vendre, ni de les administrer. »

On aurait donc pu légitimement décider que le changement de circonscription communale ne produirait aucun effet sur la dotation charitable du bureau de bienfaisance, et que cet établissement, conservant la propriété intacte de tous ses biens, continuerait à exercer son action sur la même surface qu'auparavant, sans distinguer entre les indigents de la section distraite et ceux de l'ancienne commune.

Mais ce système n'avait pas été adopté. On avait, au contraire, admis que, dans notre hypothèse, il fallait assimiler les biens du bureau de bienfaisance aux biens communaux ordinaires et faire produire au remaniement territorial les mêmes effets sur les uns que sur les autres.

Ainsi, M. Gérard rapporte que, à la date du 13 avril 1830, le ministre de l'Intérieur répondait à une demande d'instruction formée par le préfet du Calvados que, quand une commune était démembrée, son bureau de bienfaisance devait être dissous et remplacé par un autre créé dans chaque nouvelle commune.

En vertu, disait-il, de la loi du 5 frimaire an V, qui rétablit les bureaux de bienfaisance et les met sous la surveillance de l'autorité municipale, il fut orga-

(1) Séance du 27 mars 1879, *Journ. offic.*, p. 2611...

nisé dans presque tous les départements un établissement de ce genre par canton. Mais à cette époque il n'existait qu'une administration municipale par canton, et la loi du 28 pluviôse an VIII ayant supprimé ces administrations et ayant établi une municipalité par commune, les bureaux de bienfaisance doivent, par une conséquence nécessaire, être circonscrits dans le même ressort. D'ailleurs, une organisation différente présenterait de graves inconvénients, car, d'une part, il deviendrait souvent impossible de réunir des administrateurs pris dans plusieurs communes; d'un autre côté, en n'appelant que des administrateurs pris dans une seule commune, les pauvres qui lui appartiendraient pourraient être favorisés aux dépens des indigents des autres localités. Ces considérations et les règles qui régissent la matière ne laissent aucun doute sur la nécessité d'organiser un bureau de bienfaisance dans la nouvelle commune qui a été créée dans votre département (1).

Et depuis lors, presque régulièrement, chaque création de commune était suivie, à un intervalle plus ou moins considérable, d'un décret ou d'un arrêté préfectoral (2) instituant un établissement de bienfaisance dans la nouvelle municipalité. — Mais jusque là, les habitants de la section distraite pouvaient continuer à réclamer des secours sur le montant des libéralités faites antérieurement au bureau de bienfaisance de la commune démembrée.

Remarquons en passant que, lorsque les biens qui composaient la dotation charitable du bureau de bienfaisance de la commune mère appartenaient, non pas à cette commune tout entière, mais uniquement à la section restante, comme ces biens demeuraient, malgré la séparation, la propriété exclusive de cette section, l'administration jugeait inutile de créer un bureau de bienfaisance dans la nouvelle commune, puisqu'elle n'avait ainsi aucun patrimoine charitable à administrer.

Remarquons, enfin, que la même doctrine était admise par la plupart des auteurs, notamment par MM. Caffin qui, dans leur *Traité des droits respectifs de propriété des communes et des sections de commune* (3), s'exprimaient de la manière suivante :

« Les sections, disaient-ils, emportent les droits qu'elles avaient dans les fondations charitables de la commune dont elles sont détachées, lorsque ces fondations résultaient de bienfaits, ou qu'elles avaient été établies dans l'intérêt de l'association entière, au moyen d'économies ou autrement. Ainsi, lorsqu'un hospice ou un bureau

(1) Dépêche du 13 avril 1830 au préfet du Calvados, commune de Cardigny. (*Mémorial des percepteurs*, 1830, p. 299.)

(2) On sait que la loi du 24 juillet 1867, art. 14, avait transféré du ministre de l'Intérieur aux préfets le pouvoir de créer les bureaux de bienfaisance.

(3) N° 389, p. 401.

de bienfaisance a été établi en conséquence de donations faites au profit de la commune entière, la section détachée conserve les avantages dont elle jouissait avant la séparation. Le bienfait s'appliquait à toutes les parties de la commune, par conséquent aussi bien à la fraction distraite qu'aux autres. Il n'y a, d'ailleurs, aucun inconvénient à conserver à une section incorporée dans une nouvelle commune des secours dans l'établissement d'une autre commune. La justice et l'équité exigent que les indigents auxquels ils ont été destinés continuent à les recevoir ; la loi ne s'y oppose pas, et l'administration communale n'a pas à en souffrir. L'établissement charitable a, en effet, sa caisse et son budget particuliers...

« Mais si un bureau de bienfaisance ne distribuait de secours qu'au moyen de perceptions qu'il ferait en vertu de la loi, par exemple sur les théâtres et sur les concessions dans les cimetières, et encore au moyen de souscriptions qu'il réclamerait, ou d'allocations qui lui seraient faites par la commune, la section détachée n'emporterait aucun droit dans les avantages que pourrait accorder un pareil bureau ; elle retrouverait, en échange de ces avantages, dans la commune à laquelle elle serait jointe, les secours que pourrait distribuer le bureau de cette commune. »

III. — La commune possédait un hospice.

« S'il existait un hospice, dit M. Gérard (1), le démembrement de la commune n'exerçait aucune influence sur la personnalité de cet établissement, qui est indépendante de celle des communes ; d'autre part, les habitants de la nouvelle commune qui avaient, avant la séparation, le droit d'être reçus dans l'hospice ou dans l'hôpital, conservaient cet avantage, malgré la distraction de leur territoire. En conséquence, la commission administrative de l'hospice devait tenir compte des droits acquis et recevoir indistinctement les malades appartenant aux deux communes.

« Mais le ministre de l'Intérieur avait décidé que, malgré cette jouissance commune, on ne devait pas composer la commission administrative de membres pris parmi les habitants des deux municipalités. Il avait craint qu'au sein d'une commission ainsi composée de représentants d'intérêts opposés, il ne s'élevât des conflits préjudiciables au bien général du service, et il avait décidé que la com-

(1) *Op. cit.*, p. 277.

mission instituée dans la commune, siège de l'hospice, en aurait seule l'administration. » (1).

Le comité consultatif du journal l'*Ecole des communes* avait adopté la même solution dans des circonstances un peu différentes.

Un hospice avait été fondé avec le produit d'un legs fait par le bienfaiteur dont il portait le nom ; d'après le testament, l'établissement hospitalier devait recevoir, non seulement les malades et les vieillards de la ville gratifiée, mais aussi ceux des plus nécessiteux du canton. L'acceptation du legs avait été régulièrement autorisée, puis la circonscription du canton avait été modifiée postérieurement à l'autorisation : sept communes avaient été détachées de ce canton pour former une nouvelle circonscription cantonale.

La commission administrative de l'hospice demandait si les malades et les infirmes appartenant à ces sept communes devaient continuer à être admis dans cet établissement.

Le comité répondit que ces communes devaient, sans aucun doute, continuer à bénéficier de la libéralité du testateur; qu'il était impossible d'admettre qu'une simple modification dans une circonscription administrative telle que le canton ait pu porter atteinte aux droits qui s'étaient définitivement constitués au profit de toutes les communes comprises dans son périmètre, à l'époque du décès du testateur; que si de nouvelles communes avaient été réunies à ce canton, elles n'auraient pas eu le droit de réclamer une part dans la libéralité ; mais que, par contre, celles qui avaient été détachées de ce canton ne pouvaient être privées de la part qui leur était acquise avant la séparation (2).

IV. — La commune possédait une fondation de lits au profit de ses indigents dans l'hospice ou l'hôpital d'une commune voisine.

On admettait alors que les habitants de la section ou de la fraction distraite conservaient, malgré la séparation, le droit d'être admis dans cet hospice, au même titre que les habitants de la commune démembrée.

(1) Dépêche au préfet du Cher du 6 novembre 1841.

(2) *Ecole des communes*, 1887, p. 244, n° 46.

§ 2.

Règles du partage.

A). — A QUELLE AUTORITÉ APPARTENAIT-IL DE PROCÉDER A LA LIQUIDATION DES DROITS RESPECTIFS DE L'ANCIENNE ET DE LA NOUVELLE COMMUNE SUR LES BIENS QUI CONSTITUAIENT LE PATRIMOINE DE LEURS PAUVRES?

Aux termes de l'art. 7 de la loi du 18 juillet 1837, lorsque la séparation avait été prononcée par une loi, le règlement de cette question pouvait être renvoyé à un décret ultérieur.

En pratique, ce procédé était suivi même lorsqu'il avait été statué par un acte du pouvoir exécutif; et le plus souvent cette liquidation, vu les difficultés qu'elle présentait, n'était opérée qu'assez longtemps après le changement de circonscription. Mais on avait admis qu'il fallait écarter complètement en cette matière la règle formulée par l'art. 815 du Code civil et la compétence des tribunaux judiciaires.

On reconnaissait que les tribunaux avaient qualité pour trancher les contestations qui pouvaient s'élever entre l'ancienne et la nouvelle commune sur des questions de propriété, par exemple pour décider si tel ou tel bien appartenait exclusivement à la commune démembrée, ou, à la fois, à cette commune et à la fraction de territoire qui en était détachée. Mais cela fait, leur compétence était épuisée, et l'autorité administrative seule avait le pouvoir d'opérer, par voie réglementaire, la liquidation des droits respectifs de chaque communauté (1).

(1) Nous devons reconnaître, cependant, que M. BOST avait adopté une opinion complètement opposée, et assimilé à ce point de vue les biens provenant de fondations charitables aux autres biens dont nous nous sommes occupés dans le chapitre précédent.

« De ce droit de propriété sur les biens dont il s'agit, disait-il (*op. cit.*, n° 102, p. 90), résulte-t-il, pour la section érigée en commune, le droit d'en provoquer le partage? Cette question ne peut être résolue qu'affirmativement. Nous avons établi qu'aux termes de l'art. 815 du Code civil, applicable aux communes comme aux particuliers, nul ne peut être contraint de demeurer dans l'indivision. La section érigée en commune a donc le droit de demander le partage des biens provenant de fondations charitables, dont elle avait la copropriété, et de revendiquer l'administration de la part proportionnelle revenant à ses pauvres. Ce principe s'applique à toute espèce de fondation; il s'appuie sur le droit commun; il est en harmonie, d'ailleurs, avec le système d'organisation municipale établi par la loi du 28 pluviôse an VIII, lequel tend à circonscrire dans les limites de chaque commune l'administration de ses biens et de tous ses intérêts en général... Ainsi, deux voies sont ouvertes aux parties intéressées : la voie administrative et la voie judiciaire. Il ne peut être statué administrativement, c'est-à-dire par arrêté préfectoral (loi du 18 juillet 1837, art. 46, et décret du 18 mars 1852, n° 41, tableau A), que lorsque les communes ou sections propriétaires de biens indivis

D'ailleurs, l'administration et les tribunaux avaient eu plusieurs fois à faire l'application de ces idées, dans chacun des quatre cas que nous avons déjà envisagés.

Ainsi :

I. — *S'agissait-il de biens donnés ou légués à l'ancienne commune pour être affectés au soulagement des pauvres?*

« Dans ce cas, disait M. Gérard (1), en principe, le conseil municipal de la commune nouvelle pourra prendre l'initiative d'une demande en partage ; mais cette demande devra être portée devant l'administration supérieure, qui pourra, si elle le croit préférable dans l'intérêt des communes, laisser subsister l'indivision. L'art. 7 de la loi du 18 juillet 1837, qui attribue expressément à l'autorité administrative le règlement des conditions de la séparation, ne permet pas, suivant nous, de contester la compétence de l'administration ; mais pour que l'administration ait une compétence exclusive, il faut qu'il s'agisse de biens reconnus communaux. Si l'une des sections de la commune se prétendait propriétaire unique des biens ; si, par exemple, la commune démembrée soutenait que les biens charitables dont une partie est revendiquée par la nouvelle commune n'appartenaient pas, d'après les titres de fondation, à la généralité des pauvres de l'ancienne commune, mais seulement à la commune mère, la solution de cette difficulté constituerait une question préjudicielle qui doit être renvoyée à l'examen des tribunaux judiciaires. L'art. 7 de la loi du 18 juillet 1837 le déclare formellement, lorsqu'il ajoute que la loi ou le décret prononceront, sauf réserve, dans tous les cas, de toutes les questions de propriété. »

C'est ainsi que, nous l'avons montré, le tribunal civil de La Rochelle, par jugement du 30 avril 1861 ; — la cour de Poitiers, par arrêt du 8 janvier 1862 (2) ; — et, enfin, la cour de cassation, par arrêt du 24 mars 1863 (3), s'étaient successivement reconnus compétents pour décider que la section de Puilboreau, distraite de la commune de Lagord, avait droit à une part indivise dans les biens

sont parfaitement d'accord sur les bases du partage. Pour que cette voie, qui est assurément la plus simple et la plus économique, puisse être suivie, il faut donc qu'on soumette à l'autorité administrative un projet de partage concerté à l'avance entre toutes les localités intéressées, et qui concilie leurs convenances respectives. Si elles ne peuvent parvenir à s'entendre, elles seront forcées de recourir aux tribunaux ordinaires, qui, seuls, sont appelés à connaître des contestations sur les questions de propriété. »

(1) *Op. cit.*, p. 260.

(2) D. 1862. 2. 38.

(3) D. 1863. 1. 422.

légués antérieurement par le sieur Morin à cette commune pour soulager ses pauvres et doter quelques jeunes gens choisis dans la classe la plus indigente (1); — mais avaient expressément refusé de fixer les conditions du partage, en déclarant que ce serait là empiéter sur les attributions de l'administration.

« Il est admis, disait également le ministre de l'Intérieur (2), que lorsqu'une commune, où il existe des biens constituant la dotation de la généralité des pauvres, vient à être fractionnée, la nouvelle commune ou section de commune a droit à une partie des dits biens proportionnelle à sa population. Mais, d'un autre côté, la commune demanderait à tort de porter devant les tribunaux une question qui est exclusivement du ressort de l'autorité administrative, et qui doit être réglée, par analogie, dans les formes indiquées par l'art. 7 de la loi du 18 juillet 1837. »

M. Gérard ajoute que l'administration laissait ordinairement aux préfets, lorsque les conseils municipaux étaient d'accord, le soin de rendre leurs délibérations exécutoires, et ne proposait de décret qu'en cas de dissentiment; qu'elle considérait, en cas d'accord, les délibérations intervenues comme un arrangement amiable qui faisait loi entre les parties, et qui rendait inutile le mode de règlement prévu par la loi; qu'enfin, ce mode de procéder ne paraissait pas avoir soulevé de difficulté (3).

II. — *Au contraire, la commune mère était-elle pourvue d'un bureau de bienfaisance?*

Dans ce cas, comme dans le cas précédent, on reconnaissait que c'était à l'administration seule, par application de l'art. 7 de la loi du 18 juillet 1837, qu'il appartenait de liquider, entre la nouvelle commune et l'ancienne, les biens que ce bureau de bienfaisance pouvait posséder.

Par suite, lorsque la distraction était prononcée par une loi, le règlement de cette question pouvait être renvoyé à un décret ultérieur. Mais quand la séparation était opérée par une décision du pouvoir exécutif, le même acte devait en déterminer lui-même toutes les conditions.

(1) Pour contester la compétence de l'autorité judiciaire en cette matière, la commune de Lagord soutenait qu'il s'agissait des conséquences d'une mesure essentiellement administrative; et que ces conditions devaient être réglées exclusivement par le Gouvernement, dans l'acte qui prononçait la séparation ou dans un décret ultérieur.

(2) Décision rapportée dans le *Bull. offic.*, 1860, p. 73, n° 5.

(3) Dépêche du 21 décembre 1872, commune de Montpezat-Bétracq (Basses-Pyrénées).

En pratique, il était bien rare que le décret qui créait une nouvelle commune procédât lui-même au partage des biens du bureau de bienfaisance de la commune démembrée. M. Gérard rapporte même que souvent, lorsque la séparation était prononcée par décret et que les parties étaient d'accord, il n'intervenait pas d'autre décret.

« Ainsi, dit-il (1), à la suite de la loi du 9 mai 1860, qui avait distrait la section de Saint-Paul-en-Jarret de la commune de La Grand'Croix (Loire), une transaction avait été préparée entre le bureau de bienfaisance de La Grand'Croix et la commune de Saint-Paul-en-Jarret ; le ministre de l'Intérieur jugea qu'un décret était indispensable. « Les termes de la loi du 9 mai 1860, dit la dépêche ministérielle du 27 février 1862, sont formels, et il est nécessaire qu'un décret statue sur les conditions du partage. L'accord qui est intervenu entre les deux parties ne saurait changer la compétence. Le décret pourra homologuer le décret de transaction. »

« Au contraire, un simple arrêté du préfet du Nord, du 22 septembre 1863, homologue l'arrangement intervenu entre le bureau de bienfaisance de Rosendaël et les municipalités de Teteghem et de Condekerque-Branche à défaut des bureaux de bienfaisance, à la suite du décret du 24 mars 1860, qui avait érigé en commune distincte la section de Rosendaël. »

Mais lorsque ce décret tardait à intervenir, et que des difficultés s'élevaient entre les parties intéressées au sujet du partage des biens de l'ancien bureau de bienfaisance, celles-ci pouvaient-elles en provoquer la prononciation ?

On l'admettait, seulement la demande en partage devait être dirigée, non pas contre la commune démembrée, mais contre le bureau de bienfaisance de cette commune. D'un autre côté, si la nouvelle commune avait été dotée d'un bureau de bienfaisance, c'était la commission administrative de cet établissement qui devait agir ; dans le cas contraire, c'était le maire, comme représentant légal des pauvres. Enfin, cette réclamation devait être portée, non pas devant les tribunaux judiciaires, mais devant l'administration. Sans doute, l'autorité judiciaire était compétente pour statuer sur les contestations qui pouvaient s'élever entre les communes relativement à leurs droits de propriété sur les biens de l'ancien établissement charitable ; mais, pour les autres questions, l'administration seule avait le droit d'en connaître.

(1) *Op. cit.*, p. 272.

Ces principes avaient été reconnus par la cour de cassation et par le conseil d'Etat dans plusieurs circonstances.

Ainsi M. Aucoc rapporte (1) que la section de Tanneron ayant été séparée de la commune de Carlian et érigée en municipalité distincte, demanda à l'autorité judiciaire le partage des biens du bureau de bienfaisance institué avant la séparation dans la commune de Carlian, et dont les ressources avaient servi jusque là à secourir les indigents de toute la commune; mais que cette demande fut repoussée par le tribunal de première instance et par la cour d'Aix, par le motif qu'aucune loi ne réglait le sort des bureaux de bienfaisance dans le cas où la commune dont ils dépendaient était morcelée, mais en reconnaissant que l'administration pouvait équitablement consacrer le principe d'un partage au profit de la commune demanderesse, ou lui faire payer par la commune défenderesse une indemnité en échange de sa privation de toute participation aux ressources du bureau de bienfaisance; et qu'enfin, cet arrêt ayant été attaqué devant la cour de cassation, celle-ci, par arrêt du 7 janvier 1863, rejeta le pourvoi par les motifs suivants :

Sur le moyen unique tiré de la violation des art. 6 et 7 de la loi du 18 juillet 1837, et des lois des 16-24 août 1790 et du 16 fructidor an III, sur la séparation des pouvoirs :

Attendu, *sous le premier rapport*, qu'il s'agit de biens légués privativement au bureau de bienfaisance de Carlian, avant que la commune de Tanneron fût séparée de celle de Carlian ;

Attendu que les biens des bureaux de bienfaisance ne peuvent être confondus avec les biens communaux ; que les bureaux de bienfaisance, dont l'organisation est réglée par la loi du 7 frimaire an V, ont une existence indépendante, une administration et une dotation spéciales qui ne se confondent pas avec celles des communes ;

Que sans doute, aux termes des art. 6 et 7 de la loi du 18 juillet 1837, en cas de distraction de commune, tous les biens productifs de revenus, à l'exception de ceux affectés au domaine public communal, doivent être partagés, mais que les effets de cette décision ne peuvent s'appliquer que lorsqu'il s'agit de biens appartenant à la commune ; qu'ainsi c'est à bon droit que la cour d'Aix a déclaré le maire de la commune de Tanneron mal fondé dans sa demande en partage ;

Sous le deuxième rapport :

Attendu que la Cour d'Aix a été régulièrement saisie de la demande formée par la commune de Tanneron, et que c'est régulièrement aussi qu'elle a prononcé sur cette demande ;

(1) *Sections de commune*, n° 127.

Qu'en effet la demande tendant au partage des biens du bureau de bienfaisance de Carlian impliquait nécessairement une question de propriété, et qu'il est de principe incontestable que toutes les questions de propriété, qui ne peuvent être résolues que par les règles du droit civil, sont de la compétence exclusive des tribunaux judiciaires ;

Que c'est donc sans fondement que la commune demanderesse reproche à l'arrêt attaqué d'avoir contrevenu à la loi des 16-24 août 1790 et à celle du 16 fructidor an III...

« On remarquera, ajoute M. Aucoc, que la cour de cassation a reconnu qu'il y avait une question de propriété engagée dans les affaires de cette nature, ainsi qu'elle l'a fait dans l'arrêt du 24 mars 1863. Aussi nons pensons que si, au lieu de demander à l'autorité judiciaire d'ordonner le partage des biens du bureau de bienfaisance de Carlian, la commune de Tanneron fût venue lui demander de décider que, malgré le démembrement de la commune de Carlian, les pauvres habitants de cette portion de son ancien territoire avaient droit à recevoir des secours sur le montant des libéralités faites à ce bureau, alors que la commune de Carlian n'avait pas été divisée, l'autorité judiciaire aurait dû consacrer cette prétention, parce qu'elle a le droit aussi bien que le devoir d'interpréter et de faire respecter les volontés des donateurs ou testateurs. Mais dans le silence de la législation relative aux bureaux de bienfaisance, la cour de cassation ne pouvait pas casser, pour violation de la loi, un arrêt qui rejetait une demande en partage des biens d'un bureau de bienfaisance, formée en conséquence d'une modification de circonscription communale. Il est évident que les art. 5 et 6 de la loi du 18 juillet 1837 n'ont pas prévu ce cas, et ne concernent que les biens des communes et des sections. » (1).

De son côté, la section de l'Intérieur du conseil d'Etat avait admis la même doctrine dans un avis en date du 3 décembre 1867, que voici (2) :

La section, qui a pris connaissance d'un projet de décret ayant pour objet d'excepter du partage prescrit par le décret du 18 juillet 1864 les biens meubles et immeubles qui appartenaient au bureau de bienfaisance de Noirmoutier antérieurement à la loi du 21 ventôse an VII, qui a réuni les deux communes de Barbâtre et de Noirmoutier ;

Vu la loi du 21 ventôse an VII ;

(1) Voir également : Jugement du tribunal civil de Clermont du 17 août 1870 (bureau de bienfaisance de Chepoix et commune de Bacouel (Ain). — *Ecole des communes*, 1863, p. 119. — *Journal de droit adm.*, t. XI, p. 470.

(2) M. Marbeau, rapporteur. — Nous empruntons cet avis à M. Gérard, *op. cit.*, p. 269.

Vu la loi du 21 mai 1858, qui a de nouveau érigé en commune distincte la section de Barbâtre;

Vu l'arrêt de la cour de Poitiers du 11 mars 1862;

Vu le décret du 18 juillet 1864;

Considérant qu'il résulte de l'instruction qu'après que la loi du 21 mai 1858 eut détaché de l'ancienne commune de Noirmoutier la section de Barbâtre pour l'ériger en commune distincte, un procès s'engagea entre les deux communes au sujet des biens des établissements de bienfaisance sur lesquels Noirmoutier prétendait avoir des droits exclusifs, et dont Barbâtre demandait qu'il lui fût attribué une part proportionnelle à sa population;

Qu'il a été jugé par un arrêt de la cour de Poitiers, en date du 10 mars 1862, que « toutes les valeurs mobilières et immobilières actuellement possédées par le bureau de bienfaisance appartiennent conjointement aux deux communes », à l'exception de trois rentes provenant de libéralités destinées exclusivement, l'une aux pauvres de Barbâtre, les deux autres à ceux de Noirmoutier;

Qu'un décret impérial du 18 juillet 1864 a autorisé le partage entre les deux communes « des propriétés mobilières et immobilières du bureau de bienfaisance », excepté les trois rentes désignées par l'arrêt;

Que lorsqu'il s'est agi de procéder au partage, la commune et le bureau de bienfaisance de Noirmoutier ont prétendu en excepter, et ont revendiqué comme leur propriété exclusive des biens actuellement possédés par le bureau de bienfaisance et provenant de l'ancien « Hôpital de Charité » de la paroisse de Saint-Philbert-de-Noirmoutier;

Que, pour motiver cette prétention, Noirmoutier alléguait :

1° Que, contrairement à ce qui a été admis par erreur dans l'instruction précédant le décret du 18 juillet 1864, les deux paroisses de Barbâtre et de Noirmoutier formaient, avant 1789, deux communautés distinctes, que l'hôpital de charité de la paroisse de Saint-Philbert ne secourait que les pauvres de Noirmoutier, et que les pauvres de Barbâtre n'ont jamais eu aucun droit sur les biens en question;

2° Que ces biens ne figurent pas dans l'énumération de ceux dont Barbâtre a, devant la cour de Poitiers, revendiqué sa part, et que, par conséquent, ils n'ont pas été compris dans la disposition de l'arrêt du 10 mars 1862;

Que, de son côté, Barbâtre a contesté les allégations de Noirmoutier relatives à la destination exclusive de l'ancien hôpital de charité, et, invoquant la généralité des termes de l'arrêt, a soutenu que la prétention de Noirmoutier était contraire à la chose jugée;

Que, pour mettre fin au litige, M. le ministre de l'Intérieur a saisi la section d'un projet de décret qui modifie le décret de 1864, et qui décide, conformément aux prétentions de Noirmoutier, que les biens qui appartenaient au bureau de bienfaisance avant la loi du 21 ventôse an VII ne seront pas compris dans le partage;

Considérant que le dissentiment qui divise les deux communes porte sur le point de savoir si les biens dont il s'agit appartiennent exclusivement aux habitants de Noirmoutier, ou collectivement aux habitants des deux communes;

Que c'est là une question de propriété qui ne peut être tranchée que par l'autorité judiciaire ;

Qu'il ne pourrait appartenir à l'autorité administrative d'excepter du partage les biens en litige, pour en laisser la possession à la commune de Noirmoutier, que si les droits exclusifs de cette commune étaient consacrés par une décision judiciaire dont l'interprétation ne fût pas douteuse ;

Qu'il n'en est pas ainsi dans l'espèce ;

Qu'en effet, la question de savoir si l'arrêt de 1862 est applicable aux biens dont il s'agit ne peut être résolue que par l'examen attentif des pièces de procédure qui ne sont pas toutes au dossier ;

Que, de plus, en admettant même que l'arrêt doive être interprété conformément aux prétentions de Noirmoutier, il n'en résultera pas que la cour de Poitiers a attribué à cette commune la propriété exclusive des biens en litige, mais seulement qu'elle n'a pas statué à leur égard, et que, par conséquent, l'autorité administrative se trouve aujourd'hui en présence des prétentions contradictoires des deux communes sur leur destination ;

Que, dans ces circonstances, il convient d'attendre que les droits respectifs des deux communes aient été déterminés par l'autorité judiciaire, soit par interprétation de l'arrêté de 1862, soit par application des anciens titres ;

Est d'avis :

Qu'il n'y a lieu, quant à présent, d'adopter le projet de décret.

En outre, le comité consultatif du journal l'*Ecole des communes* avait été appelé à se prononcer sur une question analogue ; voici dans quelles circonstances :

Un legs avait été fait aux pauvres d'une commune et avait donné lieu à un procès entre cette commune et les héritiers du testateur. Mais la commune ayant obtenu gain de cause, l'acceptation du legs avait été autorisée par l'administration. Sur ces entrefaites, la commune fut divisée en deux municipalités distinctes, l'actif et le passif du bureau de bienfaisance furent répartis entre les deux communes, mais, dans le passif, on omit de faire figurer les frais du procès qui avait été engagé avant la séparation. L'ancienne commune, qui avait acquitté la totalité de ces frais, demandait que la commune nouvelle lui en remboursât une partie, calculée d'après la proportion adoptée pour la répartition du passif du bureau de bienfaisance. Mais celle-ci refusait tout remboursement.

A quelle autorité fallait-il s'adresser pour triompher de sa résistance ?

Le comité répondit :

C'est à l'autorité qui a fait la répartition de l'actif et du passif du bureau de bienfaisance qu'il appartient de déterminer dans quelle proportion la nouvelle commune supportera les frais de l'instance engagée au sujet du legs fait aux pauvres. La question est d'ordre purement administratif : il s'agit uniquement de compléter le règlement des conditions de séparation de deux territoires comprenant antérieurement une même commune. Lorsque le contingent de la nouvelle commune aura été fixé par l'autorité compétente, si cette commune refuse de s'acquitter de sa dette, il y aura lieu de procéder à son égard à une inscription, et, au besoin, à une imposition d'office dans les formes ordinaires (1).

III et IV. — *Enfin, la commune démembrée possédait-elle un hospice ou une fondation de lits ?*

C'était encore à l'administration qu'il appartenait de procéder, par la même voie, au partage de l'hospice de l'ancienne commune et des biens qui formaient sa dotation, lorsque la jouissance commune donnait lieu à des difficultés ; — ou de déterminer d'une manière précise quels lits seraient attribués à l'ancienne municipalité, quels lits à la nouvelle.

Remarque. — On trouve, il est vrai, quelques décisions de l'autorité judiciaire faisant en cette matière l'application de l'art. 815 du Code civil, et ordonnant, sur la demande de l'une des parties, la cessation de l'indivision. Parfois même ces arrêts n'ont pas hésité à fixer eux-mêmes les bases d'après lesquelles ces biens devaient être répartis entre elles. — Mais nous verrons que, dans ces hypothèses, l'indivision ne provenait pas d'un changement de circonscription territoriale, et que, par suite, on ne peut les invoquer à l'encontre de la doctrine que nous avons exposée.

B). — Sur quelles bases se faisait cette liquidation ?

Lorsque les droits des parties étaient déterminés d'une façon positive, soit par des titres, soit par une longue possession, on suivait, pour le partage des biens charitables comme pour le partage des biens communaux ordinaires, les proportions qu'ils indiquaient, et on attribuait à chaque commune la part à laquelle ils lui donnaient droit.

Les tribunaux judiciaires étaient seuls compétents pour statuer sur les contestations qui pouvaient s'élever à ce sujet.

Mais, à défaut de titres ou de prescription, comment devaient être réparties ces différentes sortes de biens ?

Nous avons vu que, d'après la loi du 10 juin 1793 (section II, art. 1er, et section IV, art. 2), les biens indivis entre deux ou plusieurs com-

(1) *Ecole des communes*, 1880, p. 49, n° 25.

munes devaient être partagés entre elles par tête d'habitant domicilié, de tout âge et de tout sexe ; — mais que les décrets des 20 juillet 1807 et 26 avril 1808 avaient décidé que ces biens seraient à l'avenir partagés au prorata du nombre de leurs feux.

Il aurait donc été logique, puisqu'on assimilait d'une façon presque complète les biens donnés ou légués à une commune pour être affectés au soulagement de ses pauvres aux biens communaux ordinaires, d'appliquer également, en cas de partage de ces biens, le mode de computation prescrit par les décrets de 1807 et de 1808.

Mais on ne l'avait pas admis. L'administration qui, nous l'avons vu, était seule compétente pour statuer sur cette question, décidait au contraire que, à raison de l'affectation spéciale de ces biens, on devait faire le partage en tenant compte, non pas du nombre des chefs de famille domiciliés, mais du nombre total des habitants (1).

Comment établissait-on ce chiffre de la population ?

D'après M. Gérard (2), les chiffres qui devaient être pris pour base de calcul étaient, en principe, ceux qui étaient fournis par les états de population annexés au décret qui déclarait authentique le dénombrement antérieur à l'acte qui avait prononcé la séparation ; et cette règle devait s'appliquer, non seulement dans le cas où le partage avait lieu immédiatement après la séparation, mais encore dans l'hypothèse où ce partage était opéré longtemps après, les deux communes ayant préféré rester dans l'indivision ; « car, disait-il, c'est au moment même où les sections réunies ont été formées en communes séparées que leurs droits respectifs sur les biens charitables compris dans l'indivision ont été ouverts (3) ».

Lorsqu'il s'agissait de partager les biens du bureau de bienfaisance de la commune démembrée, l'administration suivait les mêmes bases de répartition ; et le partage avait lieu entre les bureaux de bienfaisance de chaque commune ou entre le bureau de bienfaisance de l'ancienne commune d'une part, et la nouvelle commune d'autre

(1) Voir par exemple : Décis. min. Int., insérée au *Bull. offic.*, 1860, p. 73, n° 5. — Aucoc, *Sections de commune*, n° 131. — *Répert. d'adm. mun.*, V° *Distraction ou réunion des communes*, p. 728. — Gérard, *op. cit.*, p. 264. — M. Béquet, qui rapporte cette jurisprudence, émet des doutes sur sa validité. « Les motifs de l'exception, dit-il, se comprennent et ils sont louables. Mais la mesure est-elle légale ? Nous ne le pensons pas. » (*Répert. du droit adm.*, V° *Commune*, n° 2737.)

(2) *Op. cit.*, p. 264. — M. Gérard cite en ce sens une dépêche ministérielle du 17 février 1882, communes du Vésinet et autres (Seine-et-Oise).

(3) Dépêche du ministre de l'Intérieur au préfet du Gard du 18 juin 1862 (commune de la Grand'Combe distraite de celle des Salles-du-Gardon).

part, si celle-ci n'avait pas de bureau de bienfaisance, proportionnellement au nombre des habitants calculé d'après le recensement officiel qui avait précédé la séparation.

Cette règle, qui avait été formulée dans de nombreuses décisions ministérielles (1), le ministre de l'Intérieur la motivait sur ce que la loi du 10 juin 1793 avait prescrit d'une manière générale le partage par tête d'habitant, et que les décrets de 1807 et de 1808, qui prévoient le partage par feux, n'étaient pas applicables aux biens charitables.

On la trouve exposée également dans le *Répertoire de l'administration et de la comptabilité des établissements de bienfaisance,* de MM. Durieu et Roche (2), dans le *Traité des établissements de bienfaisance,* de Lamarque (3), dans le *Journal de droit administratif* (4), dans l'article précité de M. Gérard (5), etc.

Quelquefois, cependant, l'autorité judiciaire s'était reconnue compétente pour ordonner un partage de biens charitables possédés indivisément par plusieurs communes ou bureaux de bienfaisance, et pour déterminer, d'après des proportions toutes différentes, la part à laquelle chacun des copropriétaires avait droit. Mais alors l'indivision provenait, non pas d'un démembrement de commune, mais de dispositions testamentaires, et les tribunaux avaient estimé qu'il y avait en jeu de simples questions de propriété, rentrant dans la sphère de leurs attributions.

Voici, au reste, dans quelles conditions ces affaires s'étaient présentées :

Une dame de Vaillé ayant fait, en 1805, un legs aux pauvres des deux communes de Volgré et de Senan, un décret du 20 juin 1812 avait ordonné, conformément à la loi du 7 frimaire an V, qu'un bureau de bienfaisance serait établi dans chaque commune, et autorisé ces établissements charitables à accepter la libéralité de la défunte. Mais ce décret n'avait pas été pleinement exécuté : un arrêté du préfet du département de l'Yonne avait créé un seul bureau de bienfaisance pour les deux communes, et ce bureau avait pour président né le maire de Senan. En 1834 seulement, la com-

(1) Voir par exemple : Dépêches du 13 avril 1830, commune de Cardigny (Calvados) ; — du 17 juin 1859 et du 23 avril 1863, comm. de Barbâtre distraite de Noirmoutier (Vendée) ; — du 19 février 1881, comm. du Vésinet (Seine-et-Oise) ; — du 22 novembre 1862, au préfet du Nord, comm. de Rosendaël.

(2) Edit. 1842, V° *Bureau de bienfaisance,* n° 18.

(3) Edit. 1862, p. 193, n° 522.

(4) T. XXV, p. 119.

(5) *Op. cit.*, p. 273.

mune de Volgré fut pourvue d'un bureau de bienfaisance spécial, qui obtint l'autorisation d'intenter en justice l'action en partage contre le bureau de bienfaisance de Senan.

Sur cette action, le tribunal de Joigny rendit, le 4 mai 1843, le jugement suivant (1) :

En ce qui touche le partage:

Considérant qu'aux termes de l'art. 815 du Code civil, nul n'est tenu de demeurer dans l'indivision; que ce principe général s'applique aussi bien aux communautés qu'aux simples particuliers; qu'au surplus la demande, quant à ce chef, n'est pas contestée ;

En ce qui touche la proportion et le mode suivant lequel doit s'opérer le partage :

Considérant qu'en matière d'interprétation de dispositions testamentaires, c'est surtout l'intention du testateur qu'il faut rechercher; — considérant que, dans l'espèce, Mme de Vaillé, en léguant indivisément des sommes d'argent aux pauvres des communes de Senan et de Volgré, n'a pas entendu comprendre dans son legs les pauvres de chacune des deux communes comme deux individualités, deux personnes morales entre lesquelles ce legs dût être partagé par moitié ; qu'elle a eu l'intention que l'argent en provenant fût réparti entre chacun de ces pauvres individuellement, de manière à ce que chacun d'eux fût gratifié également, quelle que fût la commune à laquelle il appartint ; — considérant que, dès lors, et pour se conformer au vœu de la légatrice, le legs devra être réparti et divisé entre les deux communes proportionnellement au nombre des pauvres de chacune d'elles; considérant que, pour évaluer cette proportion, le nombre des feux de chaque commune n'est pas une base suffisamment exacte et sûre, parce que le nombre des pauvres peut n'être pas dans chacune dans la même proportion avec le nombre de ses habitants, et que, ne s'agissant pas de partage de biens communaux entre tous les habitants, l'avis du conseil d'Etat du 20 juillet 1807 n'est pas applicable ;

Considérant que, sur le rôle des contribuables, chaque année ceux qui sont signalés comme indigents par l'autorité municipale et les répartiteurs sont exemptés de la contribution personnelle et mobilière ; que, dès lors, pour avoir le véritable nombre des pauvres, il suffit de faire sur ces rôles le relevé des habitants exemptés de la contribution personnelle et mobilière, à raison de leur indigence, dans chaque commune; qu'en prenant ce relevé sur les rôles des dix dernières années, et en prenant la moyenne comme le chiffre de la véritable population indigente de chacune de ces deux communes, on peut espérer d'obtenir une base de répartition suffisamment exacte ;

En ce qui touche l'époque à laquelle doit remonter l'effet du partage :

Considérant qu'aux termes de la loi de l'an VII, les pauvres ne peuvent recueillir individuellement les libéralités dont ils sont l'objet, et sont à cet égard considé-

(1) Nous empruntons ces détails à M. Gérard, *op. cit.*, p. 273.

rés comme une communauté et représentés par le bureau de bienfaisance de leur commune, et qu'en fait et pendant longtemps il n'a existé qu'un seul bureau de bienfaisance pour les deux communes de Senan et de Volgré ; que, tant qu'il en a été ainsi, ce bureau unique a eu qualité pour toucher, administrer et répartir, ainsi qu'il l'a jugé convenable, le revenu du legs de Mme de Vaillé, mais que, depuis qu'il a été créé un bureau particulier pour la commune de Volgré, les pauvres de cette commune ont eu un droit distinct et séparé dans ce revenu, dans la proportion de leur nombre comparé à celui des pauvres de Senan, calculé d'après les bases sus énoncées ; que la composition de ce bureau, remontant à 1834, c'est à cette époque que le partage doit remonter ;

Le tribunal ordonne que les testaments faits par Mme de Vaillé en faveur des pauvres de Senan et de Volgré seront exécutés selon leurs forme et teneur ;

Ordonne que les capitaux des dits legs seront partagés entre les deux bureaux de bienfaisance de Senan et de Volgré, comme représentant les dits pauvres, en proportion du nombre des pauvres de chacune des deux communes, calculé d'après le chiffre moyen des indigents qui ont été, comme tels, exempts de la contribution personnelle et mobilière sur le rôle de chaque commune pendant les dix dernières années ; dit que l'effet du partage sus énoncé remontera jusqu'à l'époque où le bureau de bienfaisance de Volgré a commencé d'exister séparément de celui de Senan, en 1834 ; qu'en conséquence, le bureau de bienfaisance de Senan sera tenu de rendre compte devant qui de droit de la portion des fruits et revenus des dits legs revenant aux pauvres de Volgré, d'après la proportion sus établie, depuis ladite époque de 1834, en faisant compte par ledit bureau de Volgré sur cette proportion à lui attribuée de toutes les sommes reçues pendant ledit temps pour les pauvres de Volgré, et notamment la provision à lui précédemment allouée.

Sur l'appel interjeté par le bureau de bienfaisance de la commune de Senan, la cour de Paris, par arrêt en date du 23 décembre 1843, confirma la sentence des premiers juges, en tant qu'elle avait déclaré recevable l'action en partage ; — mais proscrivit le mode de constatation adopté par eux « comme erroné et pouvant conduire à des résultats diamétralement contraires à ceux qu'ils avaient en vue », et déclara que, dans la cause, le nombre des pauvres étant le même dans chacune des deux communes, le partage devait avoir lieu par moitié.

Il est à remarquer que ces décisions avaient été critiquées par plusieurs auteurs, notamment par M. Gérard, qui avait déclaré que, même dans cette hypothèse, les tribunaux auraient dû se borner à reconnaître en principe un droit égal aux deux établissements, sans effectuer eux-mêmes le partage et sans en fixer les bases (1).

Il nous faut dire également quelques mots d'une autre décision judiciaire, rendue dans les circonstances suivantes :

(1) *Op. et loc. cit.* — Voir également *Répert. d'adm. mun.*, V° *Legs*, p. 346, col. 2.

Le 9 octobre 1731, un hôpital avait été fondé à Maintenon, par le duc et la duchesse de Noailles, pour le soulagement des pauvres, tant du marquisat de Maintenon que des châtellenies de Villiers et de Chartainvilliers.

« Dans ledit hôpital, disait l'acte de donation, seront reçus les pauvres vieillards et infirmes et hors d'état de travailler, de même que les pauvres malades et les pauvres filles orphelines. Il sera aussi fourni, aux pauvres malades externes dans le lieu de Maintenon, les bouillons et remèdes qui leur seront portés dans leurs maisons, et autres secours. »

Jusqu'en 1793, les conditions de cette fondation furent remplies ; mais à partir de cette époque, et à raison des lois révolutionnaires, l'hospice ne joua plus que le rôle de bureau de bienfaisance. Cet état de choses dura jusqu'en 1844, époque à laquelle, par une ordonnance du 20 mai, l'hospice fut transformé légalement en bureau de bienfaisance. Vingt-deux ans après, en 1866, les deux communes de Villiers et de Chartainvilliers, qui, paraît-il, avaient été exclues des distributions de secours faites par cet établissement, demandèrent à l'autorité administrative l'autorisation d'introduire contre le bureau de bienfaisance et la commune de Maintenon une action civile tendant au rétablissement, dans son état primitif, de l'hôpital fondé en 1731, ou tout au moins au partage des revenus affectés audit hôpital, au prorata de leur population et de leurs pauvres.

Par arrêté du 30 décembre 1866, le conseil de préfecture d'Eure-et-Loir leur refusa l'autorisation de plaider. Mais sur leur recours, le conseil d'Etat, par un arrêt en date du 9 novembre 1867 (1), annula cet arrêté et leur accorda l'autorisation demandée, malgré les observations du ministre de l'Intérieur, qui, au contraire, soutenait que l'action des communes requérantes ne pouvait être portée devant les tribunaux judiciaires (2).

Le tribunal civil de Chartres, régulièrement saisi de la demande des communes de Villiers et de Chartainvilliers, se déclara, par juge-

(1) *Recueil*, p. 1112, n° 19.

(2) « Les deux communes, disait le ministre dans une dépêche adressée le 20 août 1867 au président de la section de législation, demandent avant tout le rétablissement de l'hospice de Maintenon, elles ne sollicitent que subsidiairement l'attribution d'une part de la dotation hospitalière ou de ses revenus. Le rétablissement de l'hospice ne peut être l'objet d'une instance civile. Les communes doivent s'adresser au ministre de l'Intérieur, qui fera instruire leur requête et donnera à l'affaire la suite qu'elle comportera. Dans le cas où l'administration ne prononcerait pas le rétablissement de l'hospice, les communes auraient encore le droit de s'adresser au ministre de l'Intérieur pour demander le partage de la dotation ; ce partage ne pourrait, pas plus que le rétablissement de l'hospice, être l'objet d'une décision judiciaire. »

ment du 15 janvier 1869, incompétent en ce qui concernait le rétablissement de l'hospice dans son état primitif, et ordonna le partage annuel des revenus affectés à l'ancien hôpital de Maintenon.

Attendu, disait à cet égard le jugement, que la demande est justifiée par les titres et documents de la cause ; attendu qu'il n'appartient pas au tribunal d'ordonner le rétablissement de l'ancien hôpital, que les différentes donations antérieures à la Révolution se sont confondues dans le fonds de l'hôpital du ci-devant marquisat de Maintenon ; que, par suite, ce fonds tout entier appartient indivisément aux trois communautés qui en dépendaient, en proportion du nombre de leurs pauvres ;

Par ces motifs, ordonne le partage annuel des revenus affectés à la dotation de l'ancien hôpital de Maintenon entre les communes de Villiers, Chartainvilliers et Maintenon, dans la proportion de leur population et de leurs pauvres, savoir : 10/15 à Maintenon, 3/15 à Villiers, 2/15 à Chartainvilliers.

La commune de Maintenon ayant intejeté appel contre cette décision, la cour de Paris, par un arrêt en date du 18 mars 1872, confirma la sentence des premiers juges.

Considérant, dit cet arrêt, que les territoires des communes de Villiers et de Chartainvilliers faisaient autrefois partie, soit du marquisat de Maintenon, soit de la châtellenie de Villiers, et que le droit des habitants de ces communes de profiter pour leurs pauvres et leurs malades du bénéfice des libéralités consenties par le duc et la duchesse de Noailles est incontestable ; — qu'il existe, il est vrai, dans l'acte de 1731, une clause dans laquelle il est dit que si, après avoir satisfait à tous les besoins de l'hospice, il restait un excédent, il serait employé à des distributions à domicile aux habitants de Maintenon, mais qu'il est établi que, tant qu'a subsisté l'hospice, il n'y a jamais eu d'excédent, et qu'il y a toujours eu, au contraire, insuffisance ;

Qu'il est inadmissible qu'après avoir supprimé l'hospice, la commune de Maintenon puisse se faire un titre de cette clause, pour absorber à son profit le bénéfice d'une donation dont les biens étaient affectés à un usage commun ;

Considérant qu'il appartient à la juridiction civile ordinaire de statuer sur toutes les questions de propriété, soit qu'elles concernent les particuliers, soit qu'elles concernent les communes ou établissements publics ; — que ce droit emporte celui de déterminer la quotité dans les propriétés indivises, puisque la différence entre le plus et le moins est l'affirmation pour l'un et la négation pour l'autre du droit de propriété quant à cette différence ; — que les bases fixées et la proportionnalité admise par les premiers juges sont justes et équitables, et qu'il y a lieu de les maintenir ;

Sur le rétablissement de l'hospice : Considérant que les principes sur la séparation des pouvoirs s'opposent à ce que la cour ordonne le rétablissement de l'hospice qui a été supprimé et remplacé par le bureau de bienfaisance ;

Sur la demande en partage : Considérant que le partage a pour objet de spécifier et de déterminer les choses sur lesquelles pourra s'exercer le droit de propriété; qu'en y procédant, les communes font des actes de propriétaires et non des actes administratifs;

Adoptant, au surplus, les motifs des premiers juges,

Confirme...

Enfin, cet arrêt avait été confirmé par la cour de cassation le 16 décembre 1873 (1).

On remarquera que, dans ce cas comme dans le précédent, il s'agissait avant tout d'interpréter un testament, un acte de donation, qui avaient attribué à plusieurs communes une part déterminée dans la copropriété des biens donnés ou légués; — et, comme nous l'avons vu, lorsque les droits des communes copropriétaires étaient fixés par des titres, c'était d'après la proportion par eux indiquée que les biens indivis devaient être partagés, et les tribunaux judiciaires étaient seuls compétents pour les interpréter.

Lorsque la commune démembrée possédait un hospice ou un hôpital, et que la nouvelle et l'ancienne municipalité ne parvenaient pas à s'entendre pour en jouir indivisément, l'administration pouvait, pour éviter des conflits, déterminer d'une manière précise le nombre de lits auxquels auraient droit exclusivement les indigents de chaque commune. Elle pouvait même, lorsque ce moyen n'avait pas réussi à donner pleine satisfaction aux parties intéressées, procéder à la liquidation de l'hospice ou de l'hôpital. Mais c'était là une mesure grave qui ne devait être adoptée qu'à la dernière extrémité.

D'après quelles règles devait alors être opéré ce partage ?

Dans leur *Répertoire de l'administration et de la comptabilité des établissements de bienfaisance* (2), MM. Durieu et Roche disaient simplement :

« Lorsqu'une commune est divisée en deux, les biens appartenant à son hospice sont divisés de la manière indiquée par la décision qui prononce la séparation. En pareil cas, si la division n'est pas possible, ou qu'elle ne puisse s'opérer sans dommage, la section qui conserve l'établissement paye à l'autre une indemnité dont l'importance est réglée par l'autorité administrative (3). Lorsque la décision qui prononce la séparation ne s'est pas expliquée relativement aux établissements de bienfaisance qui appartenaient à l'ancienne com-

(1) S. 1875. 1. 203.

(2) Edit. 1842, V° *Hospice*, n° 19.

(3) Voir arrêt du conseil d'Etat du 25 août 1841 (comm. de Saint-Aybert), *Rec.*, p. 469.

mune, les parties intéressées peuvent en demander l'interprétation à l'autorité dont elle est émanée. »

Mais M. Gérard avait formulé quelques règles plus précises.

« En cas de séparation de communes, disait-il (1), le partage de l'hospice aurait lieu de la façon suivante : les immeubles affectés au service public seraient attribués aux pauvres de la commune démembrée, à charge d'indemniser l'autre commune. Quant aux meubles et immeubles composant la dotation de cet établissement, ils seraient partagés au prorata de la population des deux communes, moyennant quoi l'hospice serait totalement étranger à la nouvelle commune, qui pourrait faire usage des ressources qui lui seraient attribuées par ce partage pour fonder un hospice, ou leur donner une autre destination charitable. »

Enfin, si, au lieu de posséder un établissement hospitalier, la commune démembrée était seulement titulaire de lits dans un hospice ou dans un hôpital voisin, l'administration les répartissait entre l'ancienne commune et la fraction de territoire qui en était distraite.

Mais suivant quelle proportion ?

« Pour opérer ce partage, disait M. Gérard (2), on peut se placer à deux points de vue : ou décider que chacune des deux communes aura droit consécutivement à occuper les lits au fur et à mesure qu'ils seront vacants, ou attribuer à chaque commune la propriété d'un nombre déterminé de lits au prorata de sa population, sauf à permettre aux communes de s'entendre pour occuper, suivant leurs besoins, les lits vacants. »

Cette dernière solution fut adoptée plusieurs fois par le Gouvernement, notamment en 1868, dans les circonstances suivantes :

Une loi du 3 juillet 1867 avait distrait de la commune de Saint-Martin-la-Plaine la section de Saint-Joseph et l'avait érigée en commune séparée. Un article de cette loi disposait, comme d'ordinaire, que les conditions de la séparation seraient réglées ultérieurement par un décret, s'il y avait lieu.

Plus tard, lorsqu'il s'agit de partager les trois lits auxquels l'ancienne commune de Saint-Martin-la-Plaine avait droit dans l'hospice de Rive-de-Gier, des difficultés surgirent entre ladite commune de Saint-Martin-la-Plaine et la nouvelle commune de Saint-Joseph.

Le Gouvernement fut saisi de l'affaire et consulta le conseil

(1) *Op. cit.*, p. 278.
(2) *Op. et loc. cit.*

d'Etat, dont la section de l'Intérieur émit, le 24 novembre 1868, un avis ainsi conçu :

La section a adopté en principe le projet de décret qui règle le partage des biens charitables de l'ancienne commune de Saint-Martin-la-Plaine (Loire) entre cette commune et l'ancienne section de St-Joseph, érigée en commune distincte par la loi du 3 juillet 1867 ; mais elle a modifié la disposition relative au partage de trois lits fondés en faveur des habitants dans l'hospice de Rive-de-Gier.

La commune de Saint-Martin offre d'abandonner l'un des trois lits, mais demande qu'on lui réserve la faculté d'en disposer toutes les fois qu'il ne serait pas occupé par un malade de Saint-Joseph.

La commune de Saint-Joseph y consent, mais à la double condition : 1° que chaque fois elle sera préalablement consultée ; 2° que le lit lui sera rendu aussitôt qu'un de ses malades en aura besoin.

C'est donc à tort que le projet de décret consacrait la réserve en faveur de Saint-Martin et la déclarait consentie par Saint-Joseph, sans mentionner la double condition à laquelle ce consentement était subordonné.

Il a paru à la section :

1° Qu'il ne serait pas juste d'établir un droit en faveur de Saint-Martin sans créer par réciprocité une réserve semblable en faveur de Saint-Joseph ;

2° Qu'il était à craindre qu'une rédaction trop absolue ne donnât à la commune de Saint-Martin le moyen de se maintenir indéfiniment en possession des trois lits et de rendre illusoire la réserve d'un lit au profit de la section de Saint-Joseph ;

En conséquence, la section a maintenu dans le projet de décret l'attribution à Saint-Joseph d'un lit déterminé, mais elle a supprimé la mention de la réserve faite uniquement en faveur de Saint-Martin, et elle y a substitué une disposition générale portant que les deux communes auraient à s'entendre pour l'occupation des lits qui deviendraient vacants (1).

Et conformément à cet avis du conseil d'Etat, le Gouvernement rendit, à la date du 26 décembre 1868, un décret dont l'art. 1er portait :

Les biens formant la dotation charitable de l'ancienne commune de Saint-Martin-la-Plaine (Loire) seront partagés entre le bureau de bienfaisance de cette dernière commune et celui de la commune de Saint-Joseph, distraite de la première par la loi du 3 juillet 1867, proportionnellement au chiffre des habitants existant dans chaque commune, savoir :

1° . . . . .

2° Sur les trois lits fondés à l'hospice de Rive-de-Gier pour les indigents de Saint-Martin-la Plaine, deux seront entièrement réservés aux pauvres de cette dernière commune ; le troisième, celui fondé par le sieur Bertenot, sera réservé aux pauvres de Saint-Joseph, sauf aux deux communes à s'entendre pour l'occupation des lits qui deviendraient vacants.

(1) M. E. Marbeau, rapporteur.

« Ce mode de procéder, ajoutait M. Gérard (1), nous semble de nature à servir de règle pour l'avenir. Il présente, en effet, l'avantage, sinon d'empêcher les conflits entre les administrations municipales, lorsqu'il s'agira de l'occupation des lits par les indigents, du moins d'en indiquer le nombre, en réservant à chaque commune la jouissance de lits déterminés. »

Enfin, pour terminer cette section, nous croyons intéressant de reproduire ici les sages idées qu'émettaient à ce propos MM. Caffin dans leur *Traité des droits respectifs de propriété des communes et des sections de commune* (2).

Une fondation charitable, disaient-ils, a pu être faite au profit d'une commune entière, en faveur, par conséquent, de tous les villages dont elle se composait, ou au profit de plusieurs communes, ou d'une commune et de certains villages, ou encore au profit de plusieurs sections. En cas de fractionnement des communautés ainsi associées, les portions détachées emportent les droits qui leur appartiennent dans les biens affectés au soulagement des pauvres; mais peuvent-elles toujours demander et obtenir, au moyen d'un partage, la part qui leur revient dans ces biens pour en jouir séparément? Nous ne le croyons pas, et voici les raisons sur lesquelles nous nous appuyons.

Les bureaux de bienfaisance et les hospices ont chacun une administration particulière, sinon indépendante de la commune, du moins séparée. L'administration des communes est réglée par la loi du 18 juillet 1837, et, suivant cette loi, dans les cas de division des communes ou des sections de commune, tous les biens communaux, autres que ceux affectés à des services publics, peuvent être partagés et doivent l'être, quand il n'y a aucun inconvénient à le faire, dans la forme et suivant les bases indiquées dans les lois de 1793 et de 1807.

Mais ni les lois concernant les bureaux de bienfaisance et les hospices, ni celles relatives aux communes, ne sont applicables au partage de la fortune des établissements charitables. Aucune autre loi ne règle non plus spécialement le sort d'un bureau de bienfaisance ou d'un hospice, dans le cas où la commune dont il dépend est morcelée. Il faut, pour fixer et délivrer, s'il y a lieu, la part revenant à chaque fraction détachée dans les biens des pauvres, se reporter aux intentions des fondateurs si on peut le faire, et dans tous les cas, s'en remettre par analogie aux dispositions de l'art. 7 de la loi du 18 juillet 1837. La haute sagesse et les sentiments d'équité de l'autorité administrative parviendront toujours à amener un résultat satisfaisant.

Un hospice est ordinairement propriétaire de biens qui lui donnent les revenus dont il a besoin, et d'édifices qui sont destinés à recevoir les malades, ou les infirmes, ou les indigents, et souvent ces diverses catégories de malheu-

(1) *Op. cit.*, p. 279.

(2) Nos 421 et 422, p. 427 et suiv.

reux. On ne pourrait pas toujours, il ne faut que du bon sens pour le comprendre, morceler sa fortune sans le ruiner, ou au moins sans jeter une grande perturbation dans ses moyens d'action. Le partage de ses biens ne saurait donc être réclamé et effectué que dans des circonstances exceptionnelles.

Un bureau de bienfaisance trouve aussi les revenus qui lui sont nécessaires dans les biens qui ont été affectés à sa fondation. Nous n'entendons pas parler ici des ressources qui lui adviennent de par la loi, ou au moyen de souscriptions ; elles sont étrangères à la fondation qui peut seule être indivise entre les groupes de populations qui avaient été appelées à en profiter. Nous ne nous occupons que des populations et des rentes qui ont originairement été affectées à ses besoins, ou qui, par suite de sages économies, ont été acquises, et nous pensons qu'elles ne peuvent pas non plus toujours être partagées suivant le droit commun. Leur division compromettrait souvent l'existence des bureaux.

Mais si les propriétés des établissements charitables ne peuvent pas, dans tous les cas, être morcelées, il ne s'en suit pas que des sections distraites d'une commune, dans laquelle se trouvaient de pareilles fondations, perdront les avantages qu'elles y trouvaient. Si un partage est possible, sans nuire sensiblement à l'établissement, il aura lieu ; dans le cas contraire, les fractions transportées dans une autre commune continueront, comme par le passé, à envoyer leurs malades ou infirmes indigents dans l'hospice qui était tenu de les recevoir, ou à se faire délivrer par le bureau de bienfaisance les secours auxquels elles avaient droit, à moins que la commune renfermant les œuvres charitables et la commune à laquelle la réunion aura eu lieu, ne préfèrent s'entendre et ne parviennent à le faire. Dans le cas d'entente, une portion des biens formant la fondation pourra être attribuée à la section détachée, ou bien encore la commune qui aura subi la distraction pourra donner à l'autre une indemnité proportionnelle à la population dont cette dernière se sera accrue. La fondation ayant été faite pour les habitants, il est juste de faire la fixation des droits en raison de leur nombre.

SECTION II

—

Réunion de communes.

Une commune, qui possédait des biens affectés au soulagement de ses indigents, un bureau de bienfaisance, un hospice ou une fondation de lits dans l'hospice d'une commune voisine, était réunie à une autre commune ; — ou bien une fraction de territoire, distraite d'une commune qui possédait des biens de cette nature, était rattachée à une autre commune. La propriété et la jouissance de ces biens charitables continuaient-elles à appartenir exclusivement à la commune ou à la section qui les apportaient, ou, au contraire, devaient-elles être attribuées à la nouvelle commune tout entière?

La jurisprudence laissait en cette matière une grande latitude à l'administration. Mais quelques principes avaient fini par se dégager et l'on avait reconnu que les réunions de communes devaient, comme les distractions, respecter les droits de propriété des communes ou sections de commune dont la circonscription était modifiée.

Ainsi, lorsque la commune ou la section réunies, sans être dotées d'un bureau de bienfaisance, possédaient cependant un patrimoine charitable, l'administration pouvait créer pour elles un bureau de bienfaisance spécial et attribuer à cet établissement les ressources qui leur appartenaient (1).

Elle pouvait encore, comme le faisait remarquer M. Gérard (2), si elle trouvait ce procédé plus avantageux pour les pauvres, attribuer l'administration de ces biens au bureau de bienfaisance de la commune annexante, et, à défaut de bureau de bienfaisance, à cette commune même. Ces établissements étaient alors chargés de distribuer aux pauvres de la commune ou de la section réunies, à l'exclusion de ceux de la commune annexante, les secours auxquels ils avaient droit privativement.

D'un autre côté, si la commune ou la section réunies, d'une part, et la commune annexante, d'autre part, étaient pourvues chacune d'un bureau de bienfaisance, le changement de circonscription ne soulevait aucune difficulté, et les secours continuaient à être distribués par ces établissements de la même manière et dans les mêmes conditions qu'auparavant.

Mais lorsque la commune ou la section réunies, ou bien la commune annexante, possédaient seules des biens charitables et un bureau de bienfaisance chargé de leur administration, il y avait lieu de se demander si les pauvres de la section, qui en était privée, devaient être exclus des secours distribués par le bureau de bienfaisance de l'autre.

On estimait que la question n'était pas susceptible d'une solution absolue.

« En effet, disait M. Aucoc (3), les ressources des bureaux de bienfaisance ont diverses origines ; elles ne se composent pas seulement des libéralités faites par donation ou autrement, qui peuvent avoir une affectation spéciale. On y compte aussi des ressources

(1) Nous avons vu, en effet, au début de ce chapitre, que rien n'empêchait d'instituer plusieurs bureaux de bienfaisance dans une même commune.

(2) *Op. cit.*, p. 276.

(3) *Sections de commune*, n° 125, p. 302.

qui se renouvellent chaque année, comme des quêtes ou des souscriptions. Il n'y aurait aucun motif de ne pas affecter cette seconde catégorie de revenus à la distribution de secours aux indigents de toute la commune, sans distinction entre ses diverses fractions. »

C'est, d'ailleurs, en ce sens que s'était prononcé, antérieurement à la loi du 18 juillet 1837, le comité de l'Intérieur du conseil d'Etat, dans un avis en date du 24 septembre 1836 (sections de Rocques et de Recquignies, département du Nord) (1).

Si la commune ou la section de commune réunies possédaient un hospice ou un hôpital, ces établissements continuaient à recevoir comme auparavant les vieillards ou les malades de cette commune ou de cette section de commune.

Le changement de circonscription n'avait nullement pour effet de conférer aux indigents de la commune annexante le droit d'y être admis (2). Seulement, comme il était de principe que tous les établissements hospitaliers d'une même ville devaient être administrés par la même commission administrative, si une commune ayant un hospice était réunie à une autre commune ayant un établissement de même nature, l'autorité supérieure devait prendre les mesures nécessaires pour que les deux établissements fussent régis par une seule administration (3).

Enfin, si la commune ou la section réunies possédaient seulement une fondation de lits dans un hospice situé sur le territoire d'une commune voisine, elles en demeuraient seules propriétaires, et leurs indigents conservaient seuls le droit d'y être admis, à l'exclusion de ceux de la commune annexante.

En un mot, les conditions d'admission, antérieurement établies, continuaient purement et simplement à être appliquées.

(1) Voir dans le même sens : *Ecole des communes*, 1853, p. 141. — GÉRARD, *op. cit.*, p. 277. — CAFFIN, *Des droits de propriété des communes...*, n° 389, p. 403.

(2) Voir *Ecole des communes*, 1887, p. 244, n° 46.

(3) *Répert. de l'administration et de la comptabilité des établissements de bienfaisance*, de MM. DURIEU et ROCHE, V° *Hospice*, n° 12.

TITRE II

—

SOUS LA LOI DU 5 AVRIL 1884

Telles étaient les règles suivies en cette matière par la jurisprudence des tribunaux et de l'administration.

Les auteurs faisaient des vœux pour que cette jurisprudence fût consacrée législativement.

M. Gérard, par exemple (1), demandait au législateur de décider qu'à l'avenir le même acte, qui prononcerait une distraction ou une réunion de communes, devrait en fixer lui-même toutes les conditions, et par suite régler le mode de partage des biens et dotations charitables, réserve faite au profit des tribunaux de l'ordre judiciaire de toutes les questions de propriété ; — et en outre de déclarer que ce partage aurait lieu, s'il n'y avait titres ou fondations contraires, proportionnellement au nombre des habitants de chaque section.

« Il nous paraîtrait difficile, ajoutait-il, d'entrer dans plus de détails, vu la diversité des cas qui peuvent se produire. Ce serait à l'administration à provoquer, comme elle le fait aujourd'hui, la solution qui concilie le mieux les divers intérêts en jeu. Les enquêtes et les délibérations des conseils locaux permettent à tous ces intérêts de faire entendre leur voix, et ils trouvent dans le ministre et dans le conseil d'Etat des juges impartiaux et éclairés. »

Ces réformes ont été en partie accomplies par la nouvelle loi municipale du 5 avril 1884. Nous avons vu, en effet, qu'aux termes de l'art. 7, § 5, de cette loi, « *les actes qui prononcent des réunions ou des distractions de communes en déterminent expressément toutes les autres conditions* » (2).

Il résulte de ce texte que l'instruction du projet de modification territoriale devra porter tout particulièrement sur les conditions re-

(1) *Op. cit.*, p. 260.

(2) C'est-à-dire les conditions autres que celles déterminées par les premiers paragraphes de cet article.

latives aux biens des pauvres. Mais la loi municipale qui, comme la loi du 18 juillet 1837, a édicté certaines dispositions concernant le mode d'attribution des biens communaux ordinaires en cas de changement de circonscription de communes, ne s'est pas occupée de réglementer spécialement les effets de ces remaniements sur les biens affectés au soulagement des indigents. Aussi admet-on que les règles établies antérieurement par la jurisprudence sont encore aujourd'hui presque toutes applicables.

C'est, du reste, en ce sens que s'est prononcé le ministre de l'Intérieur, dans sa circulaire du 15 mai 1884.

Quoique, dit-il, les biens des indigents, administrés soit par un bureau de bienfaisance, soit, à défaut d'établissement spécial, par la municipalité, ne constituent pas, à proprement parler, des biens communaux, et que, par suite, l'art. 7 de la loi du 5 avril ne leur soit pas directement applicable, il y a lieu de maintenir la jurisprudence antérieure, d'après laquelle on étendait, par analogie et à défaut de dispositions spéciales, aux biens des pauvres les règles posées par la loi du 18 juillet 1837, pour les partages résultant des modifications apportées dans la circonscription des communes.

Il conviendra donc de faire instruire, en même temps que les projets de modifications territoriales, les conditions concernant le patrimoine charitable. Les commissions administratives des bureaux de bienfaisance, quand il en existera, seront appelées à délibérer, et, dans ce cas, les conseils municipaux n'auront qu'un avis à émettre. Dans l'hypothèse contraire, il appartiendra aux conseils municipaux et aux commissions syndicales de délibérer sur une question comme sur les autres.

Lorsqu'il s'agira d'ériger une section en commune distincte, et que le chiffre de sa population, ainsi que l'importance de la part qui reviendra à ses pauvres dans la dotation charitable, permettra la création d'un bureau de bienfaisance, vous devez en proposer la constitution.

Je vous rappelle qu'en principe les biens des pauvres doivent être partagés au prorata de la population des circonscriptions intéressées, conformément à la règle posée par la loi du 10 juin 1793 (1).

I. — Aujourd'hui donc, comme sous l'empire de l'ancienne loi municipale, la section ou la fraction distraite d'une commune emportera la propriété du patrimoine charitable qui lui appartenait exclusivement ; — et, en outre, elle aura droit à une part, proportionnelle à sa population, dans les biens de cette nature appartenant à la commune dont elle cesse de faire partie.

Aussi, presque toutes les lois qui enlèvent à une commune une

(1) Voir également le *Traité de l'assistance publique en France*, de M. F. Ravarin, auditeur au conseil d'Etat, 1885, p. 137... et p. 261...

fraction de son territoire, soit pour l'ériger en municipalité distincte, soit pour la réunir à une autre commune, disposent, dans un article spécial, sans distinguer si la commune démembrée possède ou non un bureau de bienfaisance, que les biens affectés aux indigents seront répartis avec la même affectation entre la commune démembrée et la section distraite, proportionnellement au chiffre de la population municipale de chacune d'elles, sous réserve des droits que les indigents de l'une ou de l'autre commune, ou une partie de ces indigents, tiendraient privativement d'actes de fondation (1).

Parfois la loi qui opère la distraction indique d'une façon précise la part à attribuer, dans les biens du bureau de bienfaisance de la commune démembrée, à cette commune et à la section qui en est distraite.

Ainsi, la loi du 1er avril 1885, qui érige en municipalité distincte la section d'Alfortville, distraite à cet effet de la commune de Maisons-Alfort (Seine), disposait dans son art. 3 : « La part revenant aux indigents d'Alfortville dans la rente sur l'Etat de 955 francs, qui constitue l'actif du bureau de bienfaisance de Maisons-Alfort, est fixée à 426 francs de rente. » (2).

Quelquefois l'acte qui prononce la séparation entre encore dans plus de détails.

Ainsi, la loi du 11 décembre 1888, qui distrait de la commune de Bosdarros (Basses-Pyrénées) la section dite Le Haut-de-Bosdarros et l'érige en municipalité distincte, disposait dans son art. 3, § 4 :

Les biens appartenant aux indigents de l'ancienne commune de Bosdarros seront partagés entre cette commune et Le Haut-de-Bosdarros, proportionnellement à leur population municipale, sous réserve des droits que la population de l'une ou de l'autre commune, ou une partie de cette population, tiendrait privativement d'actes de fondation.

(1) Voir par exemple : Lois des 26 juin 1885, commune de Sainte-Foy-lès-Lyon (Rhône); — 30 avril 1886, comm. de Saint-Céré (Lot) ; cette loi étend le même mode de partage aux fondations existant au profit de l'instruction primaire dans l'ancienne commune ; — 19 juillet 1886, comm. de Clérieux (Drôme) ; — 11 décembre 1886, comm. de Vierzon-Village (Cher); — 24 février 1887, comm. de Chapdeuil-Saint-Just (Dordogne) ; — 28 février 1887, comm. de Nogent-sur-Marne (Seine) ; — 2 avril 1887, comm. de La Boussac (Ille-et-Vilaine) ; — 27 février 1888, comm. de Tourtouse-et-Lasserre (Ariège) ; — 24 mars 1888, comm. de Pavezin (Loire); — 1er avril 1888, comm. de Vénissieux (Rhône) ; — 1er août 1888, comm. de Chaudeyrac (Lozère) ; — 6 décembre 1888, comm. de La Roche-Calais (Dordogne) ; — 8 juin 1889, comm. de Janville (Seine-et-Oise) ; — 24 juin 1889, comm. de Boissezon (Tarn) ; — 21 juillet 1889, comm. de Saint-Savin (Gironde) ; — 10 décembre 1889, comm. de Poligné (Ille-et-Vilaine); — 12 décembre 1889, comm. de Montvalen-Tauriac (Tarn) ; — 17 novembre 1890, comm. de Vaux (Rhône) ; — 21 juillet 1891, comm. de Rosendaël (Nord).

(2) Voir également : Lois des 10 décembre 1889, commune de Poligné (Ille-et-Vilaine); — 12 décembre 1889, comm. de Montvalen-Tauriac (Tarn).

Toutefois, l'obligation du chemin de fer d'Orléans appartenant au bureau de bienfaisance restera en possession de cet établissement, jusqu'au moment où elle sera remboursée. Le capital provenant de ce remboursement sera réparti d'après la base ci-dessus indiquée ; en attendant, le bureau de bienfaisance devra remettre, à chaque trimestre, au représentant des pauvres du Haut-de-Bosdarros, une part des intérêts proportionnelle à la population municipale.

Enfin, aux termes de l'art. 3, § 2, de la loi du 2 avril 1887, qui a érigé en municipalité distincte la paroisse de Broualan, distraite à cet effet de la commune de La Boussac (Ille-et-Vilaine) :

Les fondations au profit des indigents existant dans l'ancienne commune de La Boussac seront partagées entre les deux nouvelles communes, proportionnellement à leur population municipale, sous réserve des droits que la population de l'une ou de l'autre commune, ou une partie de cette population, tiendrait respectivement des actes de fondation.

Toutefois, la fondation Délépine restera attribuée exclusivement à la commune de La Boussac.

Si la commune démembrée possède un hospice ou un hôpital, ou bien une fondation de lits dans l'établissement d'une commune voisine, ces biens seront partagés ou non entre l'ancienne commune et la nouvelle, d'après les règles ordinaires et suivant les convenances.

Ainsi, la loi du 30 avril 1886, qui distrait le territoire de Saint-Paul-de-Vern de la commune de Saint-Céré (Lot) et l'érige en municipalité distincte, dispose dans son art. 4 : « Les indigents de Saint-Paul-de-Vern auront droit à une place dans l'hospice de Saint-Céré, à titre de fondation perpétuelle. »

De même la loi du 11 décembre 1886, qui distrait la section de Bourgneuf de la commune de Vierzon-Village (Cher) et l'érige en commune distincte, après avoir disposé, dans son art. 3, que les biens affectés aux indigents seraient répartis, avec la même affectation, entre les deux communes, proportionnellement au chiffre de la population municipale de chacune d'elles, sous réserve des droits que les indigents de l'une ou de l'autre commune, ou une partie de ces indigents, tiendraient privativement d'actes de fondation, ajoutait : « Les droits aux lits dans l'hospice de Vierzon appartenant à l'ancienne commune de Vierzon-Village et les charges correspondantes seront répartis entre les deux communes suivant la même proportion. »

Enfin, la loi du 23 juillet 1891, qui distrait de la commune de Villefranche (Alpes-Maritimes) la section de Beaulieu pour l'ériger en commune distincte, dispose dans son art. 3, § 4 : « Les pauvres de la commune de Beaulieu ont droit, dans l'hospice de Villefranche, à autant de journées que le comporte la part proportionnelle des revenus dudit hospice, déduction faite des frais généraux, ladite part calculée d'après la population municipale respective des deux communes. »

Mais les questions de propriété sont toujours de la compétence de l'autorité judiciaire. Les lois qui statuent sur les distractions de communes, tout en décidant que le patrimoine des pauvres doit être partagé proportionnellement à la population municipale de chaque commune, réservent soigneusement les droits que les indigents de l'une ou de l'autre peuvent tenir de fondations spéciales.

Ce serait donc aux tribunaux judiciaires à décider si les biens en litige appartiennent à la commune entière ou seulement à une de ses sections ; quel est au juste le droit de cette commune ou de cette section sur ces biens, etc.

C'est, du reste, la règle que l'on trouve formulée dans la circulaire du ministre de l'Intérieur du 15 mai 1884 et que M. Ravarin a adoptée dans son *Traité de l'assistance communale en France* (1).

Enfin, lorsque la section de commune à ériger en municipalité distincte possède une population et un patrimoine charitable assez considérables pour permettre la création d'un bureau de bienfaisance dans cette nouvelle commune (2), le ministre de l'Intérieur, on l'a vu, recommande au préfet de le lui indiquer dans son rapport.

(1) P. 263 : « Des questions de propriété, dit-il, pourront néanmoins être soulevées, en dehors des actes administratifs intervenus. A ces questions, ni la loi, ni le décret, ni la délibération du conseil général ne peuvent toucher. Les droits de propriété, conférés aux pauvres d'une commune sur les biens légués, sont placés sous la sauvegarde de l'autorité judiciaire, et si un acte de l'administration les avait méconnus, le juge civil pourrait, sans aller à l'encontre du principe de la séparation des pouvoirs, constater le lien juridique établi entre une catégorie donnée d'indigents et un ensemble de biens déterminés. Saisi par les parties, il statuerait à côté de l'administration, sans lui imposer sa sentence, autrement que par sa force morale, puisque, en droit, l'autorité chargée de régler le partage opère en toute liberté. Les tribunaux seraient compétents pour juger des questions comme celle-ci : est-ce telle catégorie de pauvres qui est bénéficiaire d'un legs ? Quelle est l'étendue de son droit ? »

(2) Sous l'empire de la loi du 24 juillet 1867, art. 14, les préfets étaient compétents pour créer les bureaux de bienfaisance ; et le ministre leur recommandait, « dans l'intérêt de ces établissements et pour assurer leur stabilité, d'exiger qu'ils fussent pourvus d'une dotation d'au moins 50 francs, soit en revenus, soit en rentes ». Actuellement, la loi du 5 avril 1884, en abrogeant, dans son art. 168, 15°, la loi du 24 juillet 1867, a remis en vigueur le décret du 25 mars 1852 ; et par suite les bureaux de bienfaisance ne peuvent être créés que par un décret du Président de la République. — (Voir en ce sens *Circ. min. Int.*, 15 mai 1884. — RAVARIN, *op. cit.*, p. 197.) — Il est à croire que le ministre suivra lui-même la règle qu'il avait imposée à ses subordonnés.

Mais le bureau de bienfaisance n'est jamais institué par le même acte qui prononce la séparation ; et il s'écoule souvent un intervalle assez long entre la création de la nouvelle commune et la création du bureau de bienfaisance (1).

II. — Lorsqu'il s'agit d'une réunion de communes, la loi ou le décret qui la prononcent ne contiennent ordinairement aucune disposition spécialement applicable à leur patrimoine charitable.

Ces actes se bornent à disposer, d'une manière générale, que « les communes réunies continueront à jouir, comme sections de commune, des droits d'usage ou autres qui pourraient être respectivement acquis » (2).

Aussi, dans le silence de ces textes, croyons-nous qu'il faut, sans hésiter, appliquer les règles établies antérieurement par la jurisprudence et que nous avons exposées plus haut.

C'est, d'ailleurs, ce qu'a reconnu expressément le ministre de l'Intérieur, dans les observations qu'il a présentées devant le conseil d'Etat, à propos du recours pour excès de pouvoirs formé par les maires des communes de Saint-Antoine-de-Rochefort, de Cherré et de Cherreau, dûment autorisés par leurs conseils municipaux respectifs, et par divers propriétaires de ces mêmes communes, agissant individuellement, contre un décret en date du 22 juillet 1889, qui avait annexé au territoire de la commune de La-Ferté-Bernard (Moselle) la commune de Saint-Antoine-de-Rochefort et une certaine portion des communes de Cherré et de Cherreau, sans régler en même temps toutes les conditions de ce remaniement territorial et notamment sans s'expliquer sur la répartition des biens des pauvres, et en ce qui concernait l'hospice et les rapports des anciennes communes avec les populations annexées (3).

Après avoir montré que les actes qui prononcent des changements de circonscription ne peuvent pas en énumérer d'une façon complète toutes les conditions, qu'ils entraînent avec eux certaines

(1) Ainsi, une loi du 1er avril 1888 a distrait la section de Saint-Fons de la commune de Vénissieux pour l'ériger en municipalité séparée ; et ce n'est que treize mois plus tard, le 18 mai 1889, qu'un décret est venu autoriser la création d'un bureau de bienfaisance dans la nouvelle commune de Saint-Fons.

(2) Voir par exemple : Loi du 29 janvier 1885, communes de Calais... (Pas-de-Calais). — Décret du 13 juillet 1886, comm. de Cherres... (Sarthes). — Décret du 8 septembre 1886, comm. du Sel... (Ille-et-Vilaine). — Loi du 10 avril 1888, comm. de Rouen... (Seine-Inférieure). — Décret du 22 juillet 1889, comm. de Saint-Antoine-de-Rochefort... (Sarthe).

(3) Ces observations ont été insérées dans la *Revue gén. d'adm.*, 1891, t. II, p. 435 et suiv., avec l'arrêt du conseil d'Etat du 5 juin 1891, qui a rejeté le pourvoi.

conséquences qui en découlent de plein droit et qu'il est par suite inutile de formuler, il ajoutait :

Il existe pour ces actes des dispositions de droit commun tracées par la loi elle-même, et applicables dans le silence des parties. Par le fait même de leur réunion à une commune, les populations annexées participent aux bénéfices et aux charges dont jouissent ou sont grevés leurs nouveaux concitoyens. Les indigents, dont le domicile se trouve transporté sur le territoire annexé, sont réputés, en vertu d'une fiction légale, comme ayant toujours été domiciliés sur ce territoire, par une sorte de droit de *postliminium*, analogue à celui que certains jurisconsultes appliquent aux habitants des territoires passés sous une autre souveraineté. En un mot, le droit commun est que les habitants, anciens ou nouveaux, d'une commune annexée ou démembrée, sont soumis *ipso facto* à la condition des habitants de la commune dont ils se trouvent faire partie en dernier lieu, et, dans le silence de l'acte intervenu, ce droit commun s'applique de lui-même. Que si, au contraire, les conditions de la réunion ou de la distraction contiennent une dérogation à ce droit commun, il est indispensable de les indiquer, puisque ce sont des exceptions ; je ne parle pas, bien entendu, de celles que la loi indique elle-même aux quatre premiers alinéas de l'art. 7 de la loi du 5 avril 1884.

Il s'en suit que si les conditions exceptionnelles ne sont pas indiquées, la réunion ou la distraction est pure et simple, et sans conditions autres que celles que je viens de rappeler. Mais le plus souvent des raisons d'équité motivent des exceptions nouvelles...

Ainsi, la commune morcelée possède des biens destinés à secourir les indigents. L'application du droit commun conduirait à décider que les indigents établis sur les territoires annexés passent à la charge de la commune à laquelle ils sont rattachés sans aucune indemnité, puisque en principe toute commune doit secourir les indigents établis sur son territoire. Mais comme ici cette règle générale serait contraire à l'équité, il est d'usage, en pareil cas, que les biens des pauvres soient partagés entre les deux communes. Cette disposition étant une dérogation au droit commun, doit être inscrite dans le texte.

Il résulte de ces principes que, du moment où il ne semblait pas qu'il y eût lieu d'introduire, dans le décret du 22 juillet 1889, une dérogation de ce genre, il était superflu de s'expliquer expressément sur la répartition des biens des pauvres. En effet, en ce qui concerne Saint-Antoine de-Rochefort, la commune tout entière a été annexée à celle de La Ferté-Bernard, et les biens appartenant aux pauvres se sont trouvés de plein droit passer sous l'administration du bureau de bienfaisance de cette dernière commune. Quant aux communes de Cherré et de Cherreau, le conseil d'Etat a estimé que l'application du droit commun était conforme à l'équité. Il a, en conséquence, supprimé l'art. 5 du projet de décret, d'après lequel les biens des pauvres devaient être partagés entre les nouvelles communes de Cherré et de Cherreau, d'une part, et les parties distraites, d'autre part, proportionnellement à leur population municipale.

Le conseil d'Etat a donc fait lui-même l'application, en les circonstances, de la règle que je rappelais tout à l'heure, puisqu'il a jugé inutile d'insérer des dispositions qui consacraient le droit commun au lieu d'y déroger.

En ce qui concerne les hospices, il existe à La Ferté-Bernard un établissement de ce genre. Les conditions auxquelles sont admis les malades et vieillards, tant de la ville que des communes voisines, étaient fixées lors du décret d'annexion; celui-ci n'y ayant apporté aucune modification, elles continueront nécessairement à être appliquées en vertu des principes rappelés ci-dessus...

CHAPITRE III

EFFETS DES REMANIEMENTS TERRITORIAUX SUR LES DETTES DES COMMUNES

Nous avons dit que les communes, étant des personnes morales, pouvaient avoir des droits et devoir des obligations.

Nous connaissons les effets que les changements de circonscription exercent sur les droits, ou, plus exactement, sur les biens des communes.

Il nous faut maintenant examiner les conséquences que ces modifications territoriales peuvent entraîner en ce qui concerne leurs obligations, et, en premier lieu, relativement à leurs dettes.

On sait, en effet, que les communes ont, comme les particuliers, la faculté de contracter des dettes ; et il n'est pas rare de voir figurer au *Journal officiel* (1) soit des lois, soit des décrets autorisant telle ou telle commune à emprunter des sommes relativement importantes pour construire une école, une mairie, un pont, pour réparer ses chemins, etc.

Lorsqu'une commune est ainsi grevée d'une dette, elle établit sur ses habitants une contribution extraordinaire, des centimes additionnels, destinés à l'acquitter ; et, par suite, toute contribution extraordinaire suppose une dette à éteindre.

Si donc un changement est apporté aux limites d'une commune qui avait ainsi des dettes, et qui, par suite, supportait une imposition extraordinaire, quel effet va-t-il exercer sur la répartition de cette contribution ?

Ainsi, pour préciser, si une commune ou une fraction d'une commune est réunie à une autre commune, sur laquelle était établie une contribution extraordinaire, cette imposition doit-elle s'étendre

(1) Voir loi du 5 avril 1884, art. 143.

sur la portion de territoire annexée, ou bien, au contraire, va-t-elle continuer à frapper uniquement les habitants de la commune annexante ? Et inversement, quand une commune, qui supportait une imposition extraordinaire, vient à être démembrée, et qu'une de ses sections en est distraite, soit pour être réunie à une autre commune, soit pour être érigée en municipalité distincte, cette section doit-elle continuer à supporter sa part dans cette imposition extraordinaire, ou, au contraire, doit-elle en être complètement exonérée ?

Telles sont les questions que nous allons maintenant examiner. Pour suivre la méthode que nous avons adoptée dans les chapitres précédents, nous étudierons d'abord les règles qui avaient été admises avant la loi du 5 avril 1884 ; puis nous rechercherons si cette nouvelle loi municipale a introduit quelques innovations en cette matière.

SECTION Ire

—

RÈGLES ADMISES AVANT LA LOI DU 5 AVRIL 1884

§ 1.

Réunion de communes.

Lorsqu'une commune, qui supportait une imposition extraordinaire, était réunie à une autre commune, cette contribution devait-elle être, à l'avenir, acquittée par tous les habitants de la nouvelle commune ainsi constituée, ou, au contraire, rester exclusivement à la charge de la commune annexée ?

La loi du 18 juillet 1837 ne contenait aucune disposition à ce sujet ; et, d'autre part, les actes qui prononçaient des réunions de communes gardaient ordinairement sur la question le plus complet silence. Mais on avait admis que si la contribution extraordinaire établie sur une commune pouvait, dans certains cas, être étendue au territoire annexé, cette extension ne pouvait, du moins, avoir lieu de plein droit. Et cela, pour plusieurs raisons.

La première, disait-on, c'est qu'une contribution ne peut être établie, si elle n'a été auparavant votée par les représentants des citoyens appelés à la supporter.

« Sans doute, faisait remarquer M. Aucoc (1), celui qui vient s'établir sur le territoire d'une commune ne peut pas se prévaloir de ce principe pour refuser de payer les impositions extraordinaires, votées et autorisées avant son arrivée ; il est censé avoir connu les charges qu'il avait à supporter en s'établissant dans la commune. Mais on aperçoit aisément qu'il n'en est pas de même quand le territoire de la commune est modifié. Cette modification entraîne nécessairement un changement dans la représentation des habitants de la commune... (2). On pourrait encore ajouter, s'il en était besoin, que les modifications de territoire sont fréquemment faites sans le consentement et malgré l'opposition des habitants de la commune annexée et de leurs représentants. »

D'autre part, ajoutait-on, si l'extension de l'imposition extraordinaire eût été de droit, l'équilibre des prévisions qui avaient servi de base aux autorisations d'impôt ou d'emprunt aurait été évidemment rompu.

« L'autorité supérieure, disait M. Aucoc (3), lorsqu'elle autorise une imposition extraordinaire communale pour obtenir une somme déterminée en vue de certaines dépenses, fixe le nombre des centimes additionnels et le nombre des années pendant lesquelles ils seront perçus, en raison de la population de la commune au moment où l'imposition est autorisée. Or, si une imposition extraordinaire établie dans une commune pouvait s'étendre de plein droit à une commune ou fraction de commune qui y serait annexée postérieurement, elle produirait une somme bien plus considérable que celle dont la commune avait besoin, et qu'elle avait reçu l'autorisation de percevoir. Il est donc nécessaire que l'autorité supérieure intervienne à nouveau pour limiter le nombre des centimes additionnels ou la durée de la perception, en raison de l'accroissement de la population provenant de la modification du territoire. »

Voici donc comment on procédait en pratique.

Aussitôt élu, le nouveau conseil municipal nommé par les électeurs de la commune agrandie devait examiner la question de savoir s'il convenait ou non de voter l'extension de la contribution extraor-

(1) Voir *Ecole des communes*, 1864, p. 225.

(2) En effet, la loi du 18 juillet 1837 disposait dans son art. 8 : « *Dans tous les cas de réunion ou fractionnement de communes, les conseils municipaux seront dissous. — Il sera procédé immédiatement à des élections nouvelles.* » — Nous verrons plus tard que cette règle a été reproduite, sauf une légère modification, dans la loi du 5 avril 1884, art. 9.

(3) Voir *Ecole des communes, loc. cit.*

dinaire. Si l'accord s'établissait sur ce point entre les représentants légaux des deux sections de la commune, et si la solution admise lui paraissait juste et acceptable, le préfet prenait un arrêté pour approuver purement et simplement la délibération du conseil municipal. Dans le cas contraire, c'était au ministre de l'Intérieur qu'il appartenait de statuer définitivement par un décret sur le point en litige, conformément à l'art. 7 de la loi du 18 juillet 1837.

Tels étaient les principes contenus dans une lettre du ministre de l'Intérieur adressée au ministre présidant le conseil d'Etat, à l'occasion d'un projet de loi voté par le Corps législatif dans la séance du 8 janvier 1864.

Dans l'assemblée du Corps législatif du 5 de ce mois, disait le ministre, l'ordre du jour ayant appelé la discussion d'un projet de loi relatif à l'annexion de la section du Pas-Bruzat à la commune de Terrasson, M. Paul Dupont a soulevé la question de savoir de quelle manière les impôts seront répartis, et si les contributions extraordinaires, qui grèvent actuellement la commune de Terrasson, devront être supportées par les habitants de la section qu'il s'agit d'annexer.

Vous avez bien voulu me consulter au sujet de cette question. Les impositions extraordinaires qui frappent aujourd'hui la commune de Terrasson ne sauraient être appliquées à la section annexée. Le fait même de la réunion ne saurait avoir cette conséquence forcée. Pour faire participer à ces impositions les contribuables de la section du Pas-Bruzat, il faudrait préalablement une délibération prise par le conseil municipal, issu d'élections nouvelles, conformément à l'art. 8 de la loi du 18 juillet 1837, et auquel seraient réunis, art. 42 de la même loi, les plus imposés au rôle de la commune telle qu'elle aura été constituée.

Jusque là, les rôles de recouvrement des impositions dont la commune de Terrasson se trouve grevée doivent être dressés comme avant l'annexion. Le projet de loi soumis à la délibération du Corps législatif porte, d'ailleurs, qu'un décret spécial, rendu en exécution de l'art. 7 de la loi de 1837, fixera ultérieurement les conditions de la réunion, et règlera les droits respectifs des parties (1).

Quant à la solution qui devait intervenir au fond, on reconnaissait qu'il fallait laisser à l'administration les pouvoirs les plus larges pour décider si les impositions extraordinaires communales devaient subsister telles quelles, ou bien s'étendre à la suite des modifications de circonscription ; mais que, pour prendre une décision, elle agirait prudemment en s'inspirant des circonstances spéciales dans lesquelles s'opérait le changement de limites, en tenant compte, par exemple, de la situation respective des communes ou fractions de communes annexées, et de la commune à laquelle l'annexion

(1) Voir *Moniteur* du 9 janvier 1864. — *Bull. offic. min. Int.*, 1864, p. 320, n° 43.

était faite, de la nature des besoins auxquels l'imposition avait eu pour but de pourvoir, du profit que la portion de territoire nouvellement annexée pourrait retirer des dépenses qu'il s'agissait d'acquitter, etc. (1).

Cependant, certaines règles avaient fini par prévaloir, et l'on avait admis qu'en principe, la commune réunie à une autre commune ne devait pas contribuer à l'acquittement des dettes antérieures de cette dernière, mais que, par contre, elle ne devait lui faire supporter aucune part des siennes propres.

Cette règle était en quelque sorte la contrepartie du principe que nous connaissons bien, à savoir que, en cas de réunion de plusieurs communes ou sections de commune, chacune d'elles conserve ses droits particuliers de propriété ou de jouissance sur les biens non affectés à un usage public qu'elle possédait avant le changement de circonscription.

Telle était, d'ailleurs, la solution qu'avait admise le ministre de l'Intérieur dans la circulaire du 29 janvier 1848, où il était dit :

« Quant aux dettes dont les communes pourraient être grevées au moment de la réunion, elles demeurent respectivement à leur charge et doivent être acquittées au moyen, soit d'une imposition extraordinaire, soit de la vente d'une portion des biens qui leur appartiennent privativement. Rien n'empêche, d'ailleurs, qu'il ne soit pourvu à cette libération par des actes ultérieurs. »

Cette règle, si naturelle, était en même temps des plus équitables, surtout lorsque les contribuables de la fraction annexée ne devaient profiter en rien de la dépense en vue de laquelle l'imposition extraordinaire avait été établie dans la commune annexante, ou réciproquement.

C'est ainsi, pour citer quelques exemples, qu'une loi du 14 juin 1845, qui réunit la commune de Saint-Etienne *extra muros* à la ville de Tours (Indre-et-Loire), disposait dans son art. 3 : « Le territoire de la commune supprimée sera exempt des contributions extraordinaires imposées à la ville de Tours pour la construction d'un quartier de cavalerie, par la loi du 24 juillet 1843. »

De même le décret du 14 décembre 1863, qui réunit la commune de Saint-Front à la commune de Domfront (Orne), contenait un art. 2 où il était dit que « les dettes antérieures de l'ancienne ville de Domfront resteraient exclusivement à sa charge ».

(1) Voir *Ecole des communes*, 1864, p. 225, article de M. Aucoc.

Les auteurs s'étaient également prononcés dans le même sens (1).

Nous devons reconnaître, cependant, que le conseil d'Etat, par arrêt en date du 7 juillet 1853 (2), avait adopté une solution différente, dans les circonstances suivantes.

Une ordonnance royale du 21 mars 1830 avait réuni les deux communes de Roquemartine et d'Eyguières, situées dans le département des Bouches-du-Rhône. L'art. 2 de cette ordonnance portait : « Les communes réunies continueront, s'il y a lieu, à jouir séparément, comme sections de commune, des droits d'usage ou autres qui pourraient leur appartenir, sans pouvoir néanmoins se dispenser de contribuer en commun aux charges municipales. »

Antérieurement à la réunion, la commune d'Eyguières était débitrice, envers les héritiers Pin et Cartier, d'une somme de 52,000 francs qui avait été avancée par leurs auteurs pour l'acquittement de ses impositions en 1789 et 1790. Cette dette avait été reconnue par diverses ordonnances rendues au contentieux par le conseil d'Etat, et la commune s'était engagée à payer par annuités.

C'est dans ce but que, postérieurement à la réunion, le conseil municipal de la nouvelle commune d'Eyguières vota, pour les années 1851 et 1852, une contribution extraordinaire de vingt centimes additionnels, en comprenant sur les rôles non seulement les propriétés qui avaient toujours fait partie de la commune d'Eyguières, mais encore celles qui composaient autrefois l'ancienne commune de Roquemartine.

Le marquis de Benault de Lubières, propriétaire d'immeubles situés dans la circonscription de l'ancienne commune de Roquemartine, demanda décharge de la taxe mise à son compte pour chacune des années 1851 et 1852. Mais ses réclamations furent rejetées par deux arrêtés du conseil de préfecture des Bouches-du-Rhône, en date des 19 février et 30 septembre 1852, fondés sur ce que le fait de la réunion de deux municipalités rendait communes à tous les habitants de la nouvelle circonscription les charges municipales.

Le sieur de Lubières se pourvut devant le conseil d'Etat. Il soutint que l'ordonnance de réunion du 21 mars 1830, en rendant communes les charges municipales, n'avait statué que pour l'avenir, et ne pou-

(1) Voir notamment : BATBIE, *Traité de droit publ. et adm.*, 1re édit., t. V, n° 162, p. 215. — AUCOC, *Sections de commune*, n° 158, — et *Ecole des communes*, 1864, p. 225. — BRAFF, *Principes d'adm. comm.*, 2e édit., t. I, V° *Dettes*, p. 303. — BLOCK, *Dict. de l'adm. franç.*, 2e édit., V° *Organisation communale*, n° 26. — *Répert. d'adm. mun.*, V° *Section de commune*, n° 70. — *Journal de droit administratif*, t. XXIII, p. 253.

(2) *Recueil*, p. 671.

vait, sans injustice, régir le passé des deux communes, puisque, entendue autrement, elle aurait eu pour conséquence de faire payer aux propriétaires de Roquemartine, qui avaient toujours acquitté leurs impositions, une portion de celles que la commune d'Eyguières n'avait pas payées en 1789 et 1790.

Le ministre de l'Intérieur appuya vivement ce pourvoi.

Il est évident, dit-il, que l'ordonnance du 21 mars 1830, en déclarant que les deux sections de Roquemartine et d'Eyguières contribueront en commun aux charges municipales, n'a entendu régler que l'avenir des deux communes réunies ; autrement, elle aurait porté atteinte au grand principe de non rétroactivité consacré par l'art. 2 du Code civil. D'ailleurs, d'après l'économie des art. 6 et 7 de la loi du 18 juillet 1837, il est de jurisprudence que les réunions ou distractions de communes laissent intacts les droits des parties, et que celles-ci, conservant les biens qu'elle possédaient privativement avant le changement de circonscription, sont tenues, par suite, de pourvoir respectivement à leurs dettes antérieures.

Dans l'espèce, il est vrai, l'autorité locale objecte que Roquemartine a retiré de la réunion certains bénéfices, et qu'elle a profité notamment des sommes que Eyguières aurait pu affecter au remboursement de la créance dont il s'agit. Mais si la réunion a procuré aux habitants de Roquemartine quelques avantages, elle a dû nécessairement leur occasionner des charges dans une proportion à peu près égale.

Au surplus, il n'existe aucune corrélation entre la dette ancienne d'Eyguières et les avantages plus ou moins grands qui ont pu résulter pour Roquemartine de son annexion à cette commune ; dès lors, il n'y a pas lieu d'établir, entre ces deux objets distincts et indépendants l'un de l'autre, une sorte de compensation qui permette de faire peser sur tous les contribuables de la nouvelle communauté l'imposition extraordinaire destinée au paiement de la créance des héritiers Pin et Cartier.

Néanmoins, le pourvoi fut rejeté par le motif suivant :

Considérant que l'ordonnance royale du 21 mars 1830 dispose que les deux communes réunies ne pourront se dispenser de contribuer en commun aux charges municipales, et que ladite ordonnance ne contient aucune réserve à l'égard des dettes particulières qui pouvaient exister à la charge de chacune d'elles antérieurement à leur réunion ; que, dès lors, c'est avec raison que le sieur Benault de Lubières a été imposé à ladite contribution en sa qualité de propriétaire d'immeubles situés dans la circonscription de l'ancienne commune de Roquemartine,

Rejette.

Mais cette décision était critiquée, comme contraire aux principes, par plusieurs auteurs, notamment M. Foucart (1), M. Dufour (2),

(1) *Cours de droit publ. et adm.*, 4ᵉ édit., t. III, p. 385.

(2) *Droit administratif appliqué*, 3ᵉ édit., t. III, n° 464, p. 504.

M. Aucoc (1), qui tous faisaient remarquer qu'il s'agissait là d'une décision d'espèce, qui était d'autant moins appelée à faire jurisprudence que la clause sur laquelle elle était fondée, à savoir que « les communes ne pourraient se dispenser de contribuer en commun aux charges municipales », avait cessé d'être en usage dans les lois ou décrets portant réunion de communes.

Par contre, le conseil d'Etat avait décidé que, lorsque la loi qui réunissait à une commune une partie du territoire d'une autre commune avait exempté les habitants de ce territoire de contribuer au remboursement des dettes anciennes de la commune annexante, ceux-ci ne pouvaient être imposés aux centimes additionnels établis postérieurement pour le paiement de ces dettes ; mais que, à l'inverse, ils devaient payer les centimes additionnels destinés à subvenir à la dépense de travaux dont l'exécution avait été autorisée au moment de l'annexion.

Voici, d'ailleurs, les termes de cet arrêt du 29 novembre 1872 (2) :

Considérant qu'aux termes de la loi du 11 juillet 1866, qui fixe les limites de la commune de Saint-Lô et de la commune d'Agneaux, la réunion d'une partie de la commune d'Agneaux à celle de Saint-Lô doit se faire conformément aux conditions acceptées par le conseil municipal de Saint-Lô, dans sa délibération du 5 février 1865 ; que, d'après cette délibération, les habitants du territoire annexé à la ville de Saint-Lô doivent être exonérés des centimes additionnels établis par ladite ville pour l'acquittement de sa dette antérieure à l'annexion ;

Qu'ainsi le sieur Borel est fondé à demander décharge des centimes additionnels établis par la délibération du conseil municipal de Saint-Lô en date du 12 janvier 1868, approuvée par arrêté préfectoral du 5 février suivant, pour concourir au remboursement d'un emprunt destiné à la conversion des dettes anciennes de la ville ;

Mais considérant que le sieur Borel demande également la décharge des centimes additionnels autorisés par la loi ci-dessus visée du 11 juillet 1866 ; qu'aux termes de cette loi cette contribution est destinée, non à acquitter des dettes anciennes, mais à subvenir à l'exécution des travaux énumérés dans la délibération du conseil municipal en date du 16 novembre 1865 ;

Que, dans ces circonstances, le sieur Borel n'est pas fondé à soutenir que c'est à tort qu'il a été imposé pour l'année 1869 aux dits centimes additionnels...

Le conseil d'Etat avait décidé également, à propos de la même loi du 11 juillet 1866, que lorsqu'une loi, qui modifiait les limites de deux communes, avait déclaré que l'annexion se ferait confor-

(1) *Sections de commune*, n° 158. — Voir également *Ecole des communes*, 1854, p. 108, n° 46.

(2) Voir *Recueil*, p. 659. — D. 1873. 3. 45.

mément aux conditions acceptées dans une délibération du conseil municipal de la commune annexante, et que, d'après cette délibération, les contribuables du territoire annexé devaient être exonérés des centimes additionnels établis par la commune annexante pour l'acquittement de sa dette antérieure à l'annexion, ces contribuables devaient être déchargés des centimes additionnels imposés dans l'autre commune pour concourir au remboursement d'un emprunt destiné à la conversion des dettes antérieures à l'annexion (1).

Lorsque, au contraire, les habitants du territoire annexé devaient profiter de la dépense faite par la commune annexante avant le changement de circonscription territoriale, mais dans un intérêt qui leur devenait commun, on décidait alors qu'ils devaient être assimilés aux contribuables de la commune à laquelle ils venaient s'adjoindre.

Toutefois, on admettait qu'il pouvait être dérogé à ces règles lorsqu'il s'agissait de l'annexion d'une petite commune à une grande ville. On mettait alors à la charge de la ville agrandie tout entière les dettes de la commune qui lui était réunie.

C'est ainsi que la loi du 16 juin 1859, qui avait annexé à la ville de Paris les communes suburbaines comprises dans les limites des fortifications, disposait dans son art. 9 : « Les dettes des communes supprimées, qui ne seraient pas couvertes par l'actif de ces communes au moment de leur suppression, seront acquittées par la ville de Paris. »

Ces diverses règles avaient été, d'ailleurs, très bien résumées par M. Bost (2), qui s'exprimait ainsi :

(1) Arrêt du 14 mai 1875 (ville de Saint-Lô), *Recueil*, p. 467. — La ville de Saint-Lô avait fondé son pourvoi contre un arrêté du conseil de préfecture de la Manche accordant au sieur Borel décharge des centimes additionnels contestés, sur ce fait que le conseil municipal de la ville de Saint-Lô, dans sa délibération en date du 5 février 1865, à laquelle s'était référée la loi d'annexion, n'avait entendu exonérer les contribuables du territoire annexé que des centimes additionnels extraordinaires existant avant l'annexion. Or, disait-elle, les centimes auxquels le sieur Borel a été imposé, en 1873, ont été autorisés après l'annexion ; ils n'avaient pour but qu'une transformation de la dette de la ville, qui contractait un emprunt, mais qui aurait pu acquitter son passif à l'aide de l'excédent annuel de ses revenus ordinaires ; — et le sieur Borel n'est pas plus fondé à demander décharge des centimes votés en 1863, qu'il ne serait fondé à se refuser de payer les taxes additionnelles d'octroi votées à la même époque.

Mais le sieur Borel répondait simplement que les centimes additionnels, dont il demandait décharge, avaient pour but d'assurer le paiement des anciennes dettes de la ville de Saint-Lô, et que, d'après la loi du 11 juillet 1866, les contribuables du territoire annexé par ladite loi à la ville de Saint-Lô ne devaient pas contribuer au paiement de ces dettes.

On a vu que le conseil d'État fit droit à sa requête.

(2) *Code de la constitution des communes*, p. 60, nos 67 et 68.

La liquidation des dettes qui doivent tomber respectivement à la charge de chaçune des communes ou des sections dont on prépare la réunion est certainement l'une des matières qui exigent, de l'autorité administrative, le plus d'attention, de prudence et de sagacité. Il est évident que l'origine des dettes doit jouer un rôle important dans la solution des questions qui pourront se présenter à ce sujet. Il importe surtout de ne pas se laisser dominer par certains principes exclusivement applicables à certaines parties du droit civil. Ainsi, par exemple, lorsqu'il s'agit de communauté conjugale, il peut bien être stipulé que chacun des époux paiera séparément ses dettes personnelles ; mais il serait quelquefois d'une souveraine injustice d'admettre une telle stipulation dans les actes qui doivent régler les conditions de la réunion de deux communes ou de deux sections. Supposons, en effet, que l'une d'elles ait contracté une dette considérable et grevé son avenir pour la création d'un établissement qui doit profiter aux générations futures de la commune autant qu'à la génération actuelle. Puisque, par l'effet de la réunion, les habitants de la commune ou de la section réunie sont appelés à profiter de l'établissement dont la création a causé la dette, serait-il juste qu'ils fussent exonérés d'avance de toute participation à l'acquittement d'une telle charge, sous le prétexte qu'elle était antérieure à la réunion ?

Mais il en serait autrement si la dette provenait d'une condamnation à des réparations civiles prononcée, en vertu de la loi du 10 vendémiaire an IV, contre une commune, pour des actes de dévastation dont ses habitants seuls se seraient rendus coupables. Certes, dans ce cas, la commune ou la section qui viendrait à lui être ultérieurement réunie ne devrait, sous aucun rapport, participer au paiement de la dette. Il serait facile de multiplier ces exemples ; mais les deux que nous venons de citer nous paraissent suffire pour faire bien comprendre dans quel esprit doit être réglée la liquidation des dettes entre deux communes ou sections qu'on veut réunir.

§ 2.

Distraction de commune.

Lorsqu'une fraction d'une commune, sur laquelle était établie une contribution extraordinaire, venait à en être détachée, soit pour être érigée en municipalité distincte, soit pour être réunie à une autre commune, devait-elle continuer à supporter une part dans cette imposition ?

Comme la loi municipale même, les actes qui statuaient sur les distractions de communes ne s'occupaient presque jamais de régler cette difficulté.

Mais les nouveaux conseils municipaux des communes ainsi transformées, élus conformément aux dispositions de l'art. 8 de la loi du 18 juillet 1837, délibéraient à ce sujet. S'ils parvenaient à s'entendre, le préfet homologuait leur décision par un simple arrêté. Sinon, la contestation était portée devant le ministre de l'Intérieur, qui la tranchait par un décret.

Bien que l'on s'accordât à dire qu'il fallait laisser en cette matière une grande latitude à l'administration, on avait pourtant admis quelques principes, et fondés sur la logique sur l'équité.

On distinguait suivant la nature de la dépense à laquelle l'imposition extraordinaire avait eu pour but de pourvoir.

I. — La dette avait-elle été contractée dans l'intérêt exclusif de l'ancienne commune, par exemple pour subvenir aux frais de construction ou d'acquisition d'une maison d'école, d'une église, d'une mairie, qui se trouvaient situées sur son propre territoire, et qui, par suite, continuaient à lui appartenir malgré la distraction d'une de ses sections, en vertu des art. 5 et 6 de la loi municipale, ou encore pour acquitter les frais d'un procès relatif à la propriété de biens lui appartenant exclusivement, on décidait que l'imposition extraordinaire, qui avait été établie en vue de son amortissement, devait rester entièrement à la charge de cette commune même, et que la section détachée de son territoire devait en être complètement exonérée.

II. — Si, au contraire, la contribution extraordinaire avait eu pour cause une dette dont la section détachée allait à l'avenir retirer seule le profit, on admettait que cette contribution devait être dorénavant supportée tout entière par cette section, à l'exclusion de l'ancienne commune dont elle était séparée.

Cependant, dans ce dernier cas, comme il eût été parfois très rigoureux de mettre ainsi une dette peut-être très lourde à la charge d'une commune de création nouvelle, et, par suite, sans grandes ressources, l'autorité supérieure, usant des larges pouvoirs qu'on lui reconnaissait, se bornait alors à maintenir le *statu quo*, sans l'aggraver.

C'est ainsi qu'un décret en date du 27 février 1864, qui détachait de la commune de Saint-Martin-Rivière (Aisne) la section de la Vallée-Mulâtre et l'érigeait en commune distincte, disposait dans son art. 3 : « L'imposition extraordinaire de 20 centimes additionnels au principal des quatre contributions directes, autorisée par décret impérial du 2 décembre 1858, continuera, même après la distraction, à être recouvrée, aux fins indiquées par ledit décret, tant sur la Vallée-Mulâtre que sur Saint-Martin-Rivière, comme si la séparation n'avait pas été prononcée. »

Or, cette imposition extraordinaire avait été établie pour créer les ressources nécessaires à la construction d'une église dans le hameau de la Vallée-Mulâtre, c'est-à-dire dans la fraction distraite.

« On aperçoit facilement, dit M. Aucoc qui rapporte ce texte (1), les motifs qui ont pu amener cette décision. D'une part, l'imposition ne devait plus être perçue que pendant un petit nombre d'années. D'autre part, la nouvelle commune aurait pu être très embarrassée s'il lui avait fallu payer à elle seule une dépense encore assez considérable. Enfin, on pourrait tenir compte de ce que, jusqu'au moment de la séparation, la section de la Vallée-Mulâtre avait supporté sa part des contributions destinées à payer les édifices publics qui restaient à la commune dont elle était distraite. »

Comme on le voit, les situations pouvaient comporter une foule de tempéraments.

« Ainsi, disait l'auteur d'un article inséré dans le *Journal de droit administratif* (2), supposons, par exemple, une commune composée de deux sections, ayant chacune une église succursale ; l'une des églises exige de grandes réparations, une reconstruction totale ; un projet est approuvé, une imposition extraordinaire est votée et mise en recouvrement : plusieurs annuités sont encaissées, lorsqu'une distraction érige l'une des sections en commune distincte.

« Or, il résulte de la jurisprudence du conseil d'Etat (3) que si, dans les communes divisées en plusieurs paroisses, il y a lieu de reconstruire une des églises, l'imposition extraordinaire qu'il faut établir pour cet objet doit embrasser la commune tout entière et non pas seulement la section ou portion de territoire directement intéressée ; avec cette réserve, cependant, que la fraction dont le concours est réclamé par le chef-lieu paroissial serait fondée à répondre négativement à l'appel qui lui est adressé, si elle était déjà en instance pour obtenir sa séparation religieuse et si sa demande était de nature à être accueillie favorablement (4).

« Les charges de l'imposition extraordinaire pesaient donc sur tous les contribuables des deux sections, bien que ceux de la section distraite n'y eussent pas un intérêt direct pendant la réunion. Fau-

(1) Voir *Ecole des communes*, 1864, p. 225.

(2) T. XXIII, p. 253.

(3) Avis des 25 novembre-5 décembre 1858, rapporté dans le *Journal de droit administratif*, 1858, t. VIII, p. 405, n° 489.

(4) Voir Décis. min., insérée au *Bull. offic. min. Int.*, 1860, p. 379, n° 48, — et *Journal de droit administratif*, t. IX, p. 71, n° 563.

dra-t-il, dès la séparation, mettre fin aux sacrifices d'un côté, pour les concentrer sur la section réduite comme unité communale?

« Nous pencherions vers l'affirmative si le recouvrement de l'imposition était à ses débuts, s'il y avait encore d'assez nombreuses années à courir, si la portion conservée n'avait, depuis longtemps, concouru à aucune dépense profitant à la portion séparée, si, enfin, la charge ne devait pas devenir excessive pour la première. — Suivant l'état plus ou moins avancé des annuités de recouvrement, que nous considèrerions comme acquises à l'édifice, quelle que fût leur provenance, jusqu'à l'année de la séparation inclusivement, nous ferions, entre les deux groupes de contribuables, une répartition transactionnelle, pour concilier, autant que possible, les deux intérêts. — Nous ne changerions rien si l'imposition devait arriver prochainement à son terme. — Enfin, dans tous les cas douteux, nous n'hésiterions pas à appliquer la règle posée pour les dettes dans la circulaire de 1848, qui proportionne chaque part contributive au montant des contributions publiques payées par chaque section. »

III. — Si, en effet, et c'est là une troisième hypothèse, la dépense avait été contractée dans un but qui continuait à intéresser aussi bien les habitants de la section distraite que ceux de l'ancienne commune, on reconnaissait qu'aucune des deux sections ne pouvait se soustraire à la charge de l'imposition extraordinaire, et que chacune devait continuer à en supporter sa part.

Quant à la proportion suivant laquelle devait être répartie dans ce cas la contribution extraordinaire entre l'ancienne commune et la section qui en était détachée, on avait admis qu'elle devait être calculée à raison des contributions directes payées par chacune d'elles.

La jurisprudence administrative était constante en ce sens. Ainsi, M. Jèze (1) rapporte une décision ministérielle de 1844 Wazemmes et les Moulins (Nord), faisant une application de ces idées; et dans la circulaire du 29 janvier 1848, le ministre de l'Intérieur s'exprimait ainsi :

« Quant aux dettes qui seraient communes aux deux sections, comme, par exemple, si elles provenaient d'un procès soutenu à l'occasion de biens indivis, ou de travaux de construction d'édifices, de chemins, etc., la répartition doit en être faite entre les parties à raison des contributions publiques payées dans chacune d'elles, et

(1) Article *Commune*, inséré dans le *Dict. gén. d'adm.*, 1884, p. 492.

non pas d'après le nombre de leurs feux respectifs. Cette règle, confirmée par la jurisprudence, trouve son principe dans les dispositions des lois relatives au paiement des dépenses des communes (loi de finances du 15 mai 1818, art. 39, 40 et 41, — loi du 18 juillet 1837, art. 39). »

Soit, par exemple, une commune dont le principal des quatre contributions pour l'exercice en cours était de 45,436 fr. 80.

Cette commune est démembrée et une de ses sections est érigée en municipalité distincte.

On établit, d'après les moyens que nous indiquerons dans le chapitre V, que l'ancienne commune doit supporter dans ce contingent une somme de 22,471 fr. 10, et la nouvelle commune une somme de 22,965 fr. 70.

Il résulte de là que l'ancienne commune devra prendre à sa charge une quote-part des dettes égale à $\frac{22,471\ 10}{45,436\ 80}$ soit 49,45 %, — et la nouvelle une quote-part égale à $\frac{22,965\ 70}{45,436\ 80}$ soit 50,54 %.

Les diverses règles que nous venons d'exposer avaient été admises par la plupart des auteurs qui s'étaient occupés de la question.

Ainsi, on avait demandé au comité consultatif du *Journal des communes* (1) si, lorsqu'une section de commune avait été distraite de la commune dont elle faisait partie pour être érigée en municipalité séparée, elle devait contribuer au paiement d'une dette contractée envers l'architecte qui avait été chargé de dresser les plans et devis d'une église construite sur le territoire de la commune, et restée la propriété de celle-ci.

Voici, d'ailleurs, dans quelles circonstances la question s'était posée.

La commune A, ayant une section B, avait fait faire par un architecte les plans et devis d'une église à élever sur son territoire ; après la construction de l'église, la section B fut érigée en commune distincte et devint ainsi la commune B. En même temps que cette séparation était opérée par un décret, complètement muet relativement à la contribution aux dettes de l'ancienne association communale, l'architecte obtint du conseil de préfecture un arrêté condamnant la commune A à lui payer une somme de..., pour les plans et devis ci-dessus mentionnés. La commune A demandait si elle ne

(1) Année 1880, p. 70.

pourrait pas recourir contre la commune B, à l'effet de l'obliger à payer sa part de la dette.

Le comité répondit qu'il y avait trois cas à distinguer :

1° Autrefois, la commune A et la section B étaient réunies quant au culte, avaient ainsi un intérêt commun dans la construction de l'église, et cette réunion comme aussi cet intérêt commun subsistent dans le nouvel état de choses : il est alors certain que la nouvelle commune B doit supporter sa part proportionnelle de la dépense, à raison de l'usage de l'église dont elle continue à jouir ;

2° Il n'y avait pas réunion pour le culte ; la construction de l'église n'intéressait que la commune A, et, bien entendu, cette séparation a continué à exister après l'érection en commune de la section B. Alors, celle-ci n'est en rien tenue à la dépense, car il est de principe que les sections érigées en communes ne sont grevées d'une part proportionnelle des dettes contractées par la commune dont elles dépendaient, que lorsque les dépenses intéressaient l'ensemble des habitants ;

3° Les deux sections étaient autrefois réunies quant au culte ; la construction de l'église projetée intéressait alors l'ensemble de leurs habitants ; mais plus tard, en même temps que la section B a été érigée en commune distincte, une séparation quant au culte est intervenue. Pour soutenir que, dans ce cas, la commune A serait fondée à demander à sa voisine une contribution dans la dépense dont il s'agit, on peut dire : au moment où la dépense a eu lieu, elle concernait l'ensemble de la communauté ; la dette qui en est résultée a donc également porté sur l'une et l'autre section. C'est un fait accompli auquel l'acte postérieur de séparation n'a pu, sauf réserve expresse et contraire, porter atteinte. Sans doute, c'était le cas, pour l'administration supérieure, de régler ce point dans l'acte même de séparation ; elle aurait pu, eu égard à cette situation, alléger la charge de la commune B ; mais, dans le silence du décret, il faut s'en tenir au droit strict.

Mais nous croyons que la question doit se résoudre par d'autres principes. C'est la commune qui avait contracté la dette, pour une église située sur son territoire. Si à ce moment la section B aurait dû contribuer au paiement de cette dette, c'est parce que les charges communales se répartissent entre tous les membres de la communauté. Après la distraction, la section perd toute espèce de droit sur cette église, l'obligation de payer la dépense ne peut pas l'avoir suivie, puisque la commune n'a plus sur elle le droit de contribution qu'elle a perdu par sa séparation. Si le droit de la commune, pour cette dépense, existait encore, il faudrait admettre la même règle s'il s'agissait d'une église qui aurait été construite sur le territoire de cette section et dont la dépense ne serait pas entièrement acquittée ; il faudrait décider que la dette ayant été contractée pendant l'existence de la communauté, elle doit se répartir encore sur la commune et sur la section. Mais il n'en pourrait être ainsi ; supposons, en effet, qu'au lieu de devenir commune nouvelle, la section eût été réunie à une autre commune : son église serait devenue la propriété de la nouvelle commune ; comment admettre, dans ce cas, que l'ancienne commune A pourrait être forcée de payer une dépense pour une église qui deviendrait la propriété d'une autre commune ?

Donc, dans ce troisième cas, la commune B ne doit supporter aucune part dans la dette : celle-ci doit être mise tout entière à la charge de la commune A (1).

SECTION II

—

SOUS LA LOI DU 5 AVRIL 1884

Comme la loi du 18 juillet 1837, la loi du 5 avril 1884 ne contient aucune disposition relative aux effets des changements de circonscription des communes sur les impositions extraordinaires qui pesaient sur elles. Mais tandis que, sous l'empire de la loi de 1837, l'acte qui prononçait la réunion ou la distraction de communes pouvait renvoyer la fixation des conditions à un décret ultérieur, aujourd'hui toute décision relative à des réunions ou des séparations de communes ou sections doit statuer en même temps sur les conditions autres que celles déterminées aux §§ 1, 2, 3 et 4 de l'art. 7 (2).

Aussi, dans sa circulaire du 15 mai 1884, relative à l'application de la loi du 5 avril, le ministre de l'Intérieur recommande-t-il aux préfets de faire instruire simultanément les projets de modifications aux circonscriptions territoriales des communes et les conditions auxquelles ces modifications doivent être opérées ; il leur enjoint également de provoquer à ce sujet les délibérations des conseils municipaux et commissions syndicales intéressées.

Les principales questions à résoudre, dit-il, sont celles relatives... au partage des dettes et à leur acquittement.

La circulaire d'un de mes prédécesseurs, en date du 29 janvier 1848, insérée au *Bulletin officiel du ministère de l'Intérieur* de la même année, trace la marche à suivre en pareil cas et les bases sur lesquelles peuvent ou doivent être réglées les diverses opérations de partage. Je vous invite à vous y référer.

Lorsqu'il devra être statué par un décret ou par une loi, vous aurez à me transmettre vos propositions..., en faisant connaître les causes des dettes en même temps que leur montant, la part afférente à chacune des communes et sections, ainsi que le mode de paiement à employer.

(1) Voir également : BATBIE, *Traité de droit publ. et adm.*, 1re édit., t. V, n° 162, p. 215. — AUCOC, *Sections de commune*, n° 158, — et *Ecole des communes*, 1864, p. 225. — JÈZE, article *Commune*, inséré dans le *Dict. gén. d'adm.*, de M. BLANCHE, V° *Commune*, p. 492. — BLOCK, *Dict. de l'adm. franç.*, 2e édit., V° *Organisation communale*, n° 26. — *Répert. d'adm. mun.*, V° *Section de commune*, n° 70. — TROLLEY, *Traité de la hiérarchie adm.*, t. I, p. 78, n° 41.

(2) Loi du 5 avril 1884, art. 7, § 5.

Par suite, les différentes règles de fond qui avaient été admises sous l'empire de l'ancienne loi municipale sont donc encore applicables aujourd'hui.

Tel est l'avis des auteurs qui ont commenté la loi du 5 avril 1884.

« Le règlement des dettes, dit M. Roussel, donne souvent lieu à de sérieux embarras. Leur cause est toujours à prendre en considération très sérieuse : une fraction de commune séparée et rattachée à une autre commune pouvant souvent n'avoir nullement profité, pendant sa réunion à la commune dont elle se sépare, des dettes contractées par la communauté. C'est même là l'un des motifs les plus sérieux de la séparation, que rien ne justifie mieux qu'une administration égoïste et partiale, sacrifiant un groupe communal au profit de tel autre, même au profit d'une majorité. Par suite, une agglomération distraite d'une commune peut, selon les circonstances, en sortir libre et franche de toute dette commune ; ou, au contraire, rester associée à la commune qu'elle quitte pour l'acquittement des dettes contractées en commun. — Une agglomération annexée peut également, selon les circonstances, entrer dans une commune nouvelle, libre et franche des dettes antérieurement contractées par cette commune, et se voir, par suite, exonérée des centimes additionnels destinés à faire face à ces obligations. » (1).

Telles sont également les règles que l'on trouve le plus souvent formulées dans les actes qui statuent sur les réunions, divisions ou formations de communes.

Ainsi, et en résumé :

I. — Lorsque deux communes sont réunies, chacune d'elles continue, en principe, à supporter seule l'imposition extraordinaire qui pesait sur elle au moment de la modification territoriale.

Ainsi, le décret du 23 juillet 1886, qui supprime les communes de Cherré et de Saint-Antoine-de-Rochefort et les réunit à la commune de La Ferté-Bernard, porte dans son art. 3 : « Les dettes contractées par chacune des communes de La Ferté-Bernard et de Saint-Antoine-de-Rochefort antérieurement à leur réunion, continueront à être acquittées séparément par La Ferté-Bernard et par Saint-Antoine-de-Rochefort, jusqu'à extinction complète des dites dettes. »

Toutefois, lorsque la commune ou fraction annexée doit profiter à l'avenir de la dépense au sujet de laquelle une imposition extraordinaire avait été établie sur la commune annexante, la contribution

(1) *Répert. du droit adm.*, V° *Commune*, n°s 361 et 362. — Voir, sur le même point, BATBIE, *Traité de droit publ. et adm.*, 2e édit., t. V, n° 169.

doit être désormais supportée par la nouvelle commune tout entière ainsi constituée.

Ainsi, la loi du 12 décembre 1890, qui distrait de la commune de Toulx-Sainte-Croix (Creuse) la section de Ventenat et l'annexe à la commune de Troisfonds, dispose dans son art. 3 : « La commune de Toulx-Sainte-Croix restera seule chargée des emprunts contractés en vertu des décrets des 27 novembre 1880, 30 décembre 1881, 26 septembre 1882, 3 septembre 1883, 15 décembre 1884. A partir de sa réunion à la commune de Troisfonds, la section de Ventenat supportera, avec les sections de Troisfonds et des Bruyères, l'imposition extraordinaire établie par décret du 26 mai 1885, en vue du remboursement d'un emprunt de 4,960 francs, contracté pour la reconstruction de l'église. »

II. — En sens inverse, lorsqu'une fraction d'une commune, sur laquelle était établie une imposition extraordinaire, en est détachée, soit pour être réunie à une autre commune, soit pour être érigée en commune distincte, la dépense qu'elle avait eu pour but d'amortir doit être mise exclusivement à la charge, soit de l'ancienne commune, soit de la section distraite, selon qu'elle a été contractée dans l'intérêt exclusif de l'une ou de l'autre.

Ainsi, la loi du 28 février 1887, qui distrait la section dite Le Perreux de la commune de Nogent-sur-Marne (Seine) et l'érige en municipalité distincte, contient un art. 3 où il est dit : « La nouvelle commune de Perreux prendra à sa charge la somme restant à payer à la date de la présente loi sur le montant de la dette contractée par la commune de Nogent-sur-Marne pour l'acquisition de terrains devant servir à la construction d'écoles au Perreux. »

De même la loi du 20 juillet 1889, qui distrait de la commune de Pressy-sous-Dondin (Saône-et-Loire) la section de Chidde et plusieurs hameaux pour former une commune distincte, dispose dans son art. 4 : « Les sommes restant à rembourser sur le montant de deux emprunts, l'un de 8,000 francs, l'autre de 2,500 francs, contractés par la commune de Pressy-sous-Dondin pour la construction d'une école et d'un chemin sur le territoire de Chidde, seront exclusivement à la charge de la commune de Chidde. »

De même encore la loi du 10 décembre 1889, qui distrait la section de Crevin de la commune de Poligné (Ille-et-Vilaine) pour l'ériger en municipalité distincte, contient un art. 3 où on lit : « 1° Après la séparation, la commune de Poligné prendra à sa charge exclusive le remboursement des deux emprunts qu'elle a été autorisée à contracter pour la construction de ses maisons d'école : le premier de 14,000 francs, en vertu d'un décret du 21 avril 1882, le second de 2,300 francs, en vertu d'un arrêté préfectoral du 8 septembre 1884. »

Enfin, la loi du 14 décembre 1889, qui érige en commune distincte la section de Locmaria dépendant actuellement de la commune de Grandchamp (Morbihan), dispose dans son art. 3 : « Les sommes restant à rembourser sur le montant de l'emprunt contracté par la commune de Grandchamp pour la construction d'une école dans la section de Locmaria, seront exclusivement à la charge de la nouvelle commune, à dater du jour de la séparation. »

Au contraire, si la dette avait été contractée dans un intérêt commun à tous les habitants de la commune, la section qui en est détachée doit, comme l'ancienne commune elle-même, supporter une part dans la contribution extraordinaire qui pesait sur toute la commune.

Dans ce cas, l'acte qui prononce la distraction se borne le plus souvent à déclarer que chaque commune supportera, dans cette dette, une part proportionnelle au montant des quatre contributions directes.

Ainsi, la loi du 26 juin 1885, qui distrait la section de La Mulatière de la commune de Sainte-Foy-lès-Lyon (Rhône) et l'érige en municipalité distincte, dispose dans son art. 3, *lettre c* : « Les dettes communes existant au moment de la séparation seront réparties entre la commune de Sainte-Foy-lès-Lyon et la commune de La Mulatière, d'après le montant de leurs quatre contributions directes. »

De même la loi du 19 juillet 1886, qui érige en municipalité distincte la section de Saint-Bardoux, distraite à cet effet de la commune de Clérieux (Drôme), contient un art. 3 où il est dit : « La nouvelle commune de Saint-Bardoux participera, à raison des contributions directes payées par elle, au remboursement intégral de l'emprunt de 55,000 francs, contracté par la commune de Clérieux pour la construction d'une église et approuvé par décret du 10 août 1880. »

De même encore le décret du 8 septembre 1886, qui réunit à la commune de La Bosse la section de Pouchard dépendant de la commune du Sel (Ille-et-Vilaine), déclare, dans son art. 2, que : « La section de Pouchard, après sa réunion à la commune de La Bosse, contribuera au paiement de l'imposition extraordinaire de 5 centimes à percevoir dans la commune du Sel jusqu'en 1892, pour la reconstruction de l'église, proportionnellement au chiffre de ses contributions directes. »

Pareillement la loi du 24 février 1887, qui divise la commune de Chapdeuil-Saint-Just (Dordogne) en deux municipalités distinctes, dispose dans son art. 3 : « Les dettes contractées par la commune de Chapdeuil-Saint-Just, avant la division, pour la construction de maisons d'école et de chemins vicinaux des deux sections qui la composent, continueront à être supportées par les deux nouvelles communes de Chapdeuil et de Saint-Just, d'après le montant de leurs contributions directes. »

La loi du 24 mars 1888, qui distrait la section de Sainte-Croix de la commune de Pavezin et l'érige en commune distincte, contient une mention analogue. En effet, aux termes de son art. 3 : « L'emprunt de 3,500 francs, contracté par l'ancienne commune de Pavezin pour le paiement des travaux du chemin vicinal n° 2, sera remboursé par les deux nouvelles communes, à raison des contributions directes payées par chacune d'elles. »

De même aux termes de l'art. 3, § 3, de la loi du 1er avril 1888, qui détache la section de Saint-Fons de la commune de Vénissieux pour en former une municipalité distincte : « Les dettes restant actuellement à rembourser par la commune de Vénissieux seront réparties entre Vénissieux et Saint-Fons, proportionnellement aux forces contributives de chacune des deux communes, basées sur le principal des quatre contributions directes. »

La loi du 11 décembre 1888, qui distrait de la commune de Bosdarros (Basses-Pyrénées) la section dite Le Haut-de-Bosdarros et l'érige en commune distincte, dispose dans son art. 3, § 2 : « Les dettes restant actuellement à rembourser par la commune de Bosdarros, seront réparties entre Bosdarros et Le Haut-de-Bosdarros, proportionnellement aux forces contributives de chacune des deux communes, basées sur le principal des quatre contributions directes. »

La loi du 20 juillet 1889, qui forme à Saint-Yzan-de-Soudiac une nouvelle commune avec des éléments empruntés aux communes de Saint-Savin et de Saint-Mariens (Gironde), contient la même mention. Aux termes de l'art. 3 de cette loi : « La commune de Saint-Yzan-de-Soudiac prendra annuellement à sa charge, dans l'amortissement de la dette contractée par la commune de Saint-Mariens pour la construction de sa mairie et de ses écoles, et pendant toute la durée de cet amortissement, une part correspondant au produit du principal des quatre contributions directes, dans la partie du territoire de l'ancienne commune de Saint-Mariens annexée à la nouvelle commune de Saint-Yzan-de-Soudiac. »

Aux termes de l'art. 3, § 4, de la loi du 12 décembre 1889, qui distrait de la commune de Montvalen-Tauriac (Tarn) la section de Tauriac pour l'ériger en commune distincte : « Les sommes pouvant rester dues par la commune de Montvalen-Tauriac pour l'acquisition des terrains incorporés aux chemins vicinaux et pour l'agrandissement du cimetière, seront réparties entre les deux communes, d'après le montant de leurs quatre contributions directes. »

D'après l'art. 3, § 2, de la loi du 21 juillet 1891, qui érige en commune distincte la section de Lacam-d'Ourcet, distraite à cet effet de la commune de Lentilhac (Lot) : « Après la séparation, les communes de Lacam-d'Ourcet et de Lentilhac contribueront chacune, au prorata du produit des quatre contributions directes, au remboursement de l'emprunt de 5,000 francs, réalisé auprès de la caisse des chemins vicinaux, en vertu du décret du 12 mars 1883. »

Une autre loi de la même date, qui distrait une portion de territoire de la commune de Rosendaël (Nord) pour l'ériger en commune distincte sous le nom de Malo-les-Bains, porte dans son art. 4, § 4 : « Les dettes restant actuellement à rembourser par l'ancienne commune de Rosendaël et provenant, d'une part, de l'emprunt de 15,700 francs, contracté pour travaux de réparations aux chemins vicinaux classés dans le réseau subventionné ; d'autre part, de l'emprunt de 30,000 francs, réalisé en 1884, pour le rachat des ponts à péage du canal de Furnes, seront réparties entre Rosendaël et Malo-les-Bains, proportionnellement aux forces contributives de chacune de ces deux communes, basées sur le principal des quatre contributions. »

Enfin, la loi du 23 juillet 1891, qui distrait de la commune de Villefranche (Alpes-Maritimes) la section de Beaulieu pour l'ériger en commune distincte, dispose dans son art. 3, § 3 : « La commune de Beaulieu contribuera, soit au paiement des intérêts des sommes pouvant rester dues par la commune de Villefranche, soit au remboursement des dites sommes en principal, proportionnellement au montant des quatre contributions directes. »

Parfois, l'acte qui statue sur le changement de circonscription fixe lui-même, d'une façon précise, la part qui revient à chaque commune dans la dette contractée par l'ancienne municipalité.

Ainsi, la loi du 1er avril 1885, qui érige en municipalité distincte la section d'Alfortville, distraite à cet effet de la commune de Maisons-Alfort (Seine), dispose dans son art. 2 : « La commune d'Alfortville payera pendant dix années à celle de Maisons-Alfort une annuité de 1,477 fr. 40, représentant le contingent mis à sa charge pour le rachat du pont d'Ivry. »

De même la loi du 27 février 1888, qui distrait la succursale de Lasserre de la commune de Tourtouse-et-Lasserre et de la commune de Montardit (Ariège), et l'érige en municipalité distincte, déclare expressément dans son art. 3 que « le paiement de l'annuité de 748 fr. 15, destiné à l'amortissement de l'emprunt de 16,000 francs contracté par la commune de Tourtouse-et-Lasserre en vue de la construction d'écoles, incombera jusqu'à concurrence de 475 fr. 65 à la nouvelle commune de Lasserre, et pour le surplus, soit 273 fr. 50, à la commune de Tourtouse ».

Pareillement la loi du 19 juin 1889, qui distrait la section du Mazeau de la commune de Saint-Sigismond (Vendée) et l'érige en commune distincte, porte dans son art. 7 : « La nouvelle commune du Mazeau versera à la commune de Saint-Sigismond, pour l'amortissement de deux emprunts contractés en vertu d'un décret du 22 janvier 1881 et d'un arrêté préfectoral du 22 septembre 1887, savoir : pendant cinq ans, à partir de 1888, une somme de 151 francs, et pendant dix-huit ans, à partir de 1893, une somme de 48 francs. »

Enfin, aux termes de l'art. 3, § 2, de la loi du 17 novembre 1890, qui divise en deux municipalités distinctes la commune de Vaux (Rhône) et crée une nouvelle commune sous le nom de Le Perréon : « La nouvelle commune du Perréon contribuera au remboursement des sommes restant à payer sur l'emprunt de 10,600 francs contracté le 27 décembre 1886 par la commune de Vaux, pour travaux de vicinalité, au moyen du paiement d'une annuité de 222 francs. »

Dans certains cas même, la répartition des dettes est l'objet de dispositions encore plus détaillées.

Ainsi, la loi du 11 décembre 1886, qui distrait la section de Bourgneuf de la commune de Vierzon-Village (Cher) et l'érige en commune distincte sous le nom de Vierzon-Bourgneuf, dispose dans son art. 2 : « La commune de Vierzon-Bourgneuf contribuera au remboursement de deux emprunts de 65,000 francs et 93,000 francs que la commune de Vierzon-Village a contractés à la caisse des écoles, en vertu des décrets des 28 janvier 1880 et 23 janvier 1883, par le versement d'une annuité de 1,104 francs pour le premier et de 176 francs pour le second.

« Après la séparation, les communes de Vierzon-Bourgneuf et de Vierzon-Village continueront à participer, proportionnellement au principal de leurs quatre contributions directes, au remboursement de quatre emprunts que celle-ci a réalisés auprès de la caisse des chemins vicinaux, en vertu des décrets des 26 juin 1869, 19 août 1881, 27 novembre 1882 et 26 décembre 1883.

« La commune de Vierzon-Village demeurera seule chargée du remboursement de l'emprunt de 10,000 francs qu'elle a été autorisée à contracter auprès de la caisse des écoles, par décret du 19 janvier 1886. En conséquence, la commune de Vierzon-Bourgneuf cessera de supporter l'imposition de 1 centime 75 centièmes établie par ledit décret. »

— De même la loi du 6 décembre 1888, qui distrait la section de St-Michel-de-Rivière de la commune de La Roche-Chalais (Dordogne) et l'érige en municipalité distincte, contient, dans ses art. 3, 4 et 5, les dispositions suivantes :

« Art. 3. — La section de La Roche-Chalais acquittera seule : 1° le reliquat d'un emprunt de 40,000 francs contracté pour dépenses afférentes à la construction de son église, à l'établissement d'un champ de foire et à l'ouverture d'une place sur l'ancien emplacement des halles ; — 2° le reliquat d'une dette de 6,800 francs s'appliquant également à la dépense dudit champ de foire ; — 3° les annuités afférentes à l'installation du télégraphe.

« Art. 4. — Les sommes restant dues, tant sur un emprunt de 15,000 francs contracté à la caisse des écoles que pour les travaux supplémentaires des maisons d'école de l'ancienne communauté, seront payées jusqu'à concurrence des deux tiers par la section de La Roche-Chalais, et pour l'autre tiers par la section de Saint-Michel-de-Rivière.

« Art. 5. — Chacune des sections de La Roche-Chalais et de Saint-Michel-de-Rivière contribuera pour moitié au remboursement des trois emprunts de 8,000 francs, 15,000 francs et 2,800 francs contractés pour travaux de vicinalité, mais sous la réserve de l'affectation des sommes restant à réaliser, sur ces deux derniers emprunts, à certains travaux déterminés par les délibérations du conseil municipal de La Roche-Chalais et de la commission syndicale de Saint-Michel-de-Rivière, en date des 4 et 17 janvier 1888. »

— De même encore la loi du 8 juin 1889, qui érige en municipalité distincte le hameau de Janville dépendant de la commune d'Auvers-Saint-Georges, porte dans son art. 4 :

« Le passif de la commune d'Auvers-Saint-Georges, tel qu'il existera à la date de la promulgation de la présente loi, sera partagé entre les communes d'Auvers-Saint-Georges et de Janville, proportionnellement au principal des quatre contributions directes payées dans chacune d'elles.

« Toutefois, la part contributive annuelle de la commune de Janville au remboursement de l'emprunt de 10,500 francs que l'ancienne commune d'Auvers-Saint-Georges a contracté à la caisse des chemins vicinaux, en vertu du décret du 24 avril 1869, sera de 214 fr. 35 jusqu'en 1897.

« La commune d'Auvers-Saint-Georges demeurera seule chargée de l'emprunt de 2,000 francs qu'elle a été autorisée à contracter auprès de la même caisse, par décret du 18 octobre 1875. »

— Enfin, aux termes de l'art. 5 de la loi du 24 juin 1889, qui crée une nouvelle commune dans la section de Saint-Salvy-de-la-Balme, distraite à cet effet de la commune de Boissezon (Tarn) : « Après la séparation, les communes de Saint-Salvy-de-la-Balme et de Boissezon continueront à participer, proportionnellement au principal de leurs quatre contributions directes, au remboursement de l'emprunt de 6,000 francs que celle-ci a été autorisée à réaliser auprès de la caisse des chemins vicinaux, en vertu d'un décret du 31 août 1880. Le surplus du passif communal restera à la charge de la commune de Boissezon. »

Nous pouvons citer une loi qui, au lieu de faire supporter à chaque section une part proportionnelle dans la dette de la commune mère, a mis cette dette tout entière à la charge de l'une d'elles, mais en disposant formellement, par contre, que l'autre section n'aurait droit à aucune portion des biens indivis de l'ancienne commune, et en établissant ainsi une sorte de compensation entre l'actif et le passif.

C'est la loi du 15 avril 1886, qui érige en commune distincte la section paroissiale de Pont-Trambouze, distraite à cet effet des communes de Mardore, Bourg-de-Thizy et Cours (Rhône).

Aux termes de l'art. 3 de cette loi : « La commune de Pont-Trambouze n'aura aucun droit sur l'actif mobilier ou immobilier, ni sur le patrimoine charitable des anciennes communes.

« Par contre, elle n'aura à payer aucune part des dettes des dites communes.

« Toutefois, en cas de réalisation de l'emprunt de 15,000 francs voté par le conseil municipal de Mardore, pour la construction d'écoles tant sur le territoire de cette commune que sur celui de Pont-Trambouze, la commune de Pont-Trambouze prendra à sa charge une partie dudit emprunt, fixée à 6,000 francs. »

III. — Enfin, lorsqu'une fraction d'une commune, qui supportait une imposition extraordinaire, en est détachée pour être réunie à une autre commune, la part qui revient de droit à cette fraction de territoire dans la dette de l'ancienne commune est mise ordinairement à la charge de la commune annexante tout entière.

Ainsi, la loi du 10 avril 1888, qui annexe à la ville de Rouen (Seine-Inférieure) certaines portions de territoire dépendant des communes du Petit-Quevilly et de Canteleu, dispose dans son art. 3 : « La ville de Rouen versera, lors de l'annexion, pour sa part contributive dans le remboursement des emprunts, savoir : à la commune du Petit-Quevilly, une somme de 1,872 francs, et à celle de Canteleu, une somme de 3,128 francs. »

Pareillement la loi du 1er août 1888, qui distrait une certaine portion du territoire de la commune de Lisse (Marne) et l'annexe à la commune de Bassuet, contient une disposition analogue. En effet, aux termes de son art. 2 : « La commune de Bassuet payera à la commune de Lisse une somme de 75 francs, représentant la valeur de la part afférente au territoire detaché dans l'imposition extraordinaire de 7 centimes à recouvrer jusqu'en 1895, pour l'amortissement de l'emprunt communal contracté en 1880 à la caisse des chemins vicinaux. »

Parfois même on va encore plus loin ; et lorsque la fraction distraite est rattachée à une ville importante, on met à la charge de celle-ci la dette de l'ancienne commune tout entière, c'est-à-dire à la fois la portion qui logiquement serait revenue au territoire détaché et celle qui serait restée à la commune démembrée.

C'est là une sorte d'indemnité qu'on lui accorde pour la dédommager de la perte d'une partie de son territoire et de ses habitants.

Ainsi, le décret du 6 août 1887, qui distrait de la commune de Fagnières (Marne) une partie de son territoire et l'annexe à la ville de Châlons-sur-Marne, dispose dans son art. 4 :

« La ville de Châlons-sur-Marne :

« 1° Prendra à sa charge l'amortissement de l'emprunt de 44,600 francs contracté par l'ancienne commune de Fagnières pour la construction d'un groupe scolaire au Petit-Fagnières;

« 2° Rendra la commune de Fagnières indemne de l'établissement de l'éclairage au gaz ;

« 3° Payera les annuités de 24 francs chacune nécessaires à l'amortissement de l'emprunt de 600 francs que la commune de Fagnières a contracté à la caisse des chemins vicinaux pour la construction du chemin vicinal n° 2 ;

« 4° Acquittera au lieu et place de la commune de Fagnières les contingents s'élevant à environ 700 francs que cette dernière commune doit fournir pour l'entretien des chemins vicinaux de grande communication n°s 2 et 5 ;

« 5° Entretiendra la totalité des chemins limitrophes ;

« 6° Fournira à la commune de Fagnières un titre de rentes sur l'Etat de 250 francs, pour les arrérages de cette rente être exclusivement affectés à l'entretien des chemins vicinaux de Fagnières. »

Il ne peut, d'ailleurs, s'élever aucune difficulté sérieuse lorsque la loi, le décret du Président de la République ou la décision du conseil général, qui a prononcé le changement de circonscription, a statué en même temps sur la liquidation des dettes des communes ou sections de commune démembrées ou réunies. Ces actes, en effet, comme nous le verrons plus tard, ne sont susceptibles d'être attaqués que par la voie du recours pour excès de pouvoirs, pour incompétence ou vice de forme. Mais il se peut que ces mêmes actes aient omis de régler certains points relatifs à la matière qui nous occupe, et l'on doit alors se demander ce qu'il faudrait décider en pareil cas.

Le ministre de l'Intérieur a eu récemment à examiner la question, à propos d'un recours pour excès de pouvoirs formé contre un décret du 22 juillet 1889, qui avait annexé à la commune de La Ferté-Bernard (Sarthe) la commune de Saint-Antoine-de-Rochefort et une fraction des communes de Cherré et de Cherreau.

Ce décret portait, art. 3 :

Conformément à l'engagement pris dans la délibération du conseil municipal de La Ferté-Bernard, en date du 20 février 1889, cette commune payera à la commune de Cherré : 1° une somme de 5,000 francs, pour lui permettre de construire un cimetière sur son territoire ; 2° une somme de 25,000 francs, mais dans le cas seulement où la commune de Cherré viendrait à être séparée de celle de La Ferté-Bernard sous le rapport du culte, pour être érigée en succursale distincte. La commune de La Ferté-Bernard contribuera pour moitié dans la dépense qu'occasionnera à la commune de Cherré la construction d'une école de filles.

Ce décret fut déféré au conseil d'Etat pour violation de l'art. 7, § 5, de la loi du 5 avril 1884, aux termes duquel les actes qui prononcent des réunions ou des distractions de communes doivent en déterminer expressément toutes les conditions autres que celles qui sont énumérées aux premiers alinéas. Or, disaient les requérants, le décret précité a omis, notamment, de trancher les difficultés qui pourraient s'élever sur les points suivants :

1° Aux termes de ce décret, la commune de La Ferté-Bernard doit payer à celle de Cherré une indemnité de 30,000 francs, pour lui permettre de construire un cimetière et une église ; mais cet acte ne s'explique pas sur le point de savoir si les nouveaux annexés doivent ou non contribuer au paiement de cette indemnité ;

2° De même on aurait omis de trancher la question relative à l'érection d'une succursale dans la commune de Cherré, en sorte que les habitants de cette commune ne savent s'ils seront privés d'un édifice consacré au culte et d'un presbytère ;

3° Le décret serait également muet sur la mesure dans laquelle les populations annexées doivent contribuer au remboursement des emprunts contractés par La Ferté-Bernard.

En réponse à ces allégations, le ministre de l'Intérieur s'efforça tout d'abord de montrer que les actes qui prononcent des changements de circonscription ne peuvent pas en énumérer d'une façon complète toutes les conditions ; qu'ils entraînent avec eux certaines conséquences qui en découlent de plein droit, et qu'il est, par suite, inutile de formuler ; puis il ajoutait :

Il existe pour ces actes, comme pour les contrats de mariage, des dispositions de droit commun, tracées par la loi elle-même et applicables dans le silence des parties. Par le fait même de leur réunion à une commune, les populations annexées participent aux bénéfices et aux charges dont jouissent ou sont grevés leurs nouveaux concitoyens. En un mot, le droit commun est que les habitants, anciens ou nouveaux, d'une commune annexée ou démembrée sont soumis *ipso facto* à la condition des habitants de la commune dont ils se trouvent faire partie en dernier lieu, et, dans le silence de l'acte intervenu, ce droit commun s'applique de lui-même. Que si, au contraire, les conditions de la réunion ou de la distraction contiennent une dérogation à ce droit commun, il est indispensable de les indiquer, puisque ce sont des exceptions. Je ne parle pas, bien entendu, de celles que la loi indique elle-même, aux quatre premiers alinéas de l'art. 7 de la loi du 5 avril 1884.

Il s'en suit que si les conditions exceptionnelles ne sont pas indiquées, la réunion ou la distraction est pure et simple, et sans conditions autres que celles que je viens de rappeler. Mais le plus souvent, des raisons d'équité motivent des exceptions nouvelles. Ainsi, lorsqu'une école ou un chemin ont été construits sur le territoire annexé ou distrait, à l'aide d'un emprunt non encore remboursé, il est juste que la commune à laquelle ce territoire est réuni, et qui profite des travaux, contribue au remboursement des dépenses effectuées, ou même les supporte entièrement, si les travaux ont eu lieu dans l'intérêt exclusif de son territoire. Au contraire, d'après le droit commun, la commune qui a contracté l'emprunt devrait seule rester engagée, tandis que les constructions deviendraient la propriété de la commune qui profite de l'annexion. Il faut donc que les dispositions par lesquelles on déroge à ce droit commun soient insérées expressément dans le décret ou la loi...

Il résulte de ces principes que, du moment où il ne semblait pas qu'il y eût lieu d'introduire dans le décret du 22 juillet 1889 une dérogation de ce genre, le décret attaqué n'avait pas à dire par qui serait supporté le passif actuel et futur de la commune de La Ferté-Bernard, puisque, ainsi que l'a fait observer le conseil d'Etat lui-même, dans une note du 18 juillet 1889, les charges communales sont, de plein droit, supportées par l'universalité des contribuables de la commune. C'est pourquoi cette assemblée a supprimé l'art. 4 du projet, qui contenait à cet égard une disposition jugée inutile...

Enfin, les requérants commettent une erreur de fait lorsqu'ils disent que la question relative à l'érection d'une succursale dans la commune de Cherré demeure pendante et aurait dû être tranchée. Il résulte, en effet, de l'art. 3 du décret que la commune de Cherré n'est pas séparée de celle de La Ferté-Bernard sous le rapport du culte. Cet article décide seulement que, si plus tard la commune de Cherré vient à être érigée en succursale distincte, la commune de La Ferté-Bernard lui payera, à titre d'indemnité, la somme de 25,000 francs. Je me bornerai, sur ce point, à rappeler que cette disposition émane de la seule initiative du conseil d'Etat, et qu'elle a été introduite dans le décret sur ses observations (1).

(1) Conf. *Rev. gén. d'adm.*, 1891, t. II, p. 435 et suiv.

CHAPITRE IV

EFFETS DES REMANIEMENTS TERRITORIAUX SUR LES CONTRATS ET MARCHÉS PASSÉS PAR LES COMMUNES

SECTION Ire

Distraction de commune.

Lorsqu'une fraction de territoire ou une section est distraite d'une commune qui avait passé un bail, conclu un marché, un traité, avec un tiers, un simple particulier ou une compagnie, par exemple pour l'éclairage au gaz, pour la distribution de l'eau, pour les fournitures nécessaires à l'entretien des écoles, de la mairie, etc..., et érigée en commune séparée, reste-t-elle tenue d'observer le traité, comme la commune même dont-elle est séparée ? Demeure-t-elle liée, malgré la distraction, par les conventions qu'avait passées la commune dont elle faisait alors partie ?

La loi du 5 avril 1884, comme la loi du 18 juillet 1837, garde sur cette question un silence complet. Pour la résoudre, nous croyons qu'il est nécessaire d'établir une distinction.

Si le marché avait été conclu dans l'intérêt exclusif d'une section de la commune démembrée, cette section resterait seule tenue de l'observer.

Si, au contraire, le marché avait été passé dans l'intérêt de la commune tout entière, ni la section restante, ni la section érigée en municipalité distincte ne pourraient se refuser à l'exécuter, chacune pour leur part et portion.

En effet, avant la séparation, le conseil municipal de l'ancienne commune avait été nommé par tous les membres de la communauté, pour administrer ses biens et pour la représenter dans les diverses manifestations de la vie civile. Il ne pouvait donc accomplir aucun acte sans engager la responsabilité de la commune tout entière. Qu'importe qu'après cela une partie de cette commune en soit détachée, soit pour être réunie à une autre commune, soit pour être érigée en municipalité distincte? Il n'en reste pas moins vrai que cette section a été liée, au même titre que la commune mère, par les délibérations des mandataires communs; — et nous ne voyons pas comment le fait seul de la séparation pourrait la soustraire aux obligations qu'elle avait contractées par l'intermédiaire du conseil municipal, son seul et unique représentant légal à l'époque où ces contrats ont été passés. Ce serait là, nous semble-t-il, un résultat manifestement contraire au principe de l'art. 2 du Code civil, qui dispose que la loi n'a point d'effet rétroactif.

Au reste, les actes qui prononcent une distraction de commune ont soin de déclarer, dans un article spécial, que le changement de circonscription aura lieu sans préjudice des droits d'usage ou autres qui pourraient être respectivement acquis. — Et cette disposition nous paraît suffisante pour assurer à chaque partie le respect des droits qui lui appartiennent.

C'est, d'ailleurs, cette solution qui est admise en droit international, lorsqu'un Etat vient à être démembré et divisé en plusieurs Etats particuliers.

« Dans ce cas, dit M. Pasquale Fiore (1), la règle à suivre ce serait de tenir compte de la nature du contrat et de la cause de l'obligation, et de considérer l'un ou l'autre Etat comme obligé, suivant que l'obligation est née à l'occasion d'un intérêt relatif à l'une ou à l'autre des parties de l'Etat divisé, ou de répartir l'obligation en parties égales entre tous les nouveaux Etats. »

La question s'était présentée en 1848 devant le tribunal civil de Saint-Etienne, voici dans quelles circonstances :

Le 12 février 1841, un traité avait été passé par un simple acte sous seing privé, entre la compagnie de l'éclairage au gaz de Saint-Etienne et la commune de Montaud, pour l'éclairage au gaz d'une portion de ladite commune. Par l'art. 13 de ce traité, la commune déclarait s'interdire expressément, durant dix ans, d'accorder à aucun autre individu ou compagnie le droit de placer dans les rues, places ou carrefours de la commune des tuyaux conducteurs de gaz.

Au moment où cet acte était intervenu, la commune de Beaubrun faisait partie de la commune de Montaud stipulante. Ultérieurement,

(1) *Nouveau droit international public*, édit. 1885, t. I, n° 359, p. 315.

elle en fut détachée, et c'est alors qu'elle éleva la prétention de se soustraire, en ce qui la concernait et eu égard à sa position nouvelle, à l'exécution du marché du 12 février 1841.

La compagnie la fit aussitôt assigner devant le tribunal civil de Saint-Etienne.

Mais ce tribunal n'eut pas à statuer sur cette question, le préfet de la Loire ayant proposé un déclinatoire d'incompétence, fondé sur ce que la contestation soulevée était relative à l'exécution d'un marché de travaux publics, et rentrait, par suite, dans les attributions de l'autorité administrative (1).

D'autre part, le ministre de l'Instruction publique s'est formellement prononcé en faveur de notre doctrine dans les circonstances suivantes.

Par une délibération en date du 9 novembre 1870, le conseil municipal de la ville d'Alger avait décidé qu'il serait notifié aux instituteurs communaux congréganistes qu'à partir du 1er janvier 1871, la ville n'aurait plus besoin de leur concours. Cette délibération fut approuvée par le préfet d'Alger le 27 décembre 1870, et aussitôt mise à exécution.

Sur ces entrefaites, la section de Mustapha, qui faisait à cette époque partie du territoire d'Alger, fut érigée en commune distincte par un décret en date du 26 janvier 1871. Puis, par un arrêté du 21 mars 1872, le gouverneur général civil de l'Algérie, chargé, aux termes du décret du 27 octobre 1870, du gouvernement et de la haute administration de l'Algérie, déclara « nulle et non avenue » l'approbation donnée par le préfet à la délibération du conseil municipal d'Alger ; — et le préfet, par des dépêches en date des 28 et 29 septembre 1873, adressées au maire de la commune de Mustapha, invita ce magistrat à prendre les mesures nécessaires pour l'exécution de l'arrêté du gouverneur général civil et à rétablir les sœurs dans les écoles dont, aux termes dudit arrêté, la direction leur appartenait.

La commune de Mustapha s'y refusa, en disant : Nous avons été érigée en commune distincte, par décret du 26 janvier 1871. Or, l'école de filles, qui est devenue à cette époque la propriété de la nou-

(1) Le tribunal de Saint-Etienne, par jugement en date du 8 décembre 1847, rejeta le déclinatoire, par le motif qu'il ne s'agissait aucunement dans la cause d'un marché de travaux publics, mais seulement d'un simple marché pour fournitures, passé entre une commune et une compagnie agissant privativement, sans cahier des charges administrativement dressé, et sans adjudication. Mais le conseil d'Etat, par arrêt en date du 15 février 1848 (*Recueil*, p. 85), confirma purement et simplement l'arrêté de conflit pris par le préfet du département de la Loire, et renvoya les parties devant le conseil de préfecture.

velle commune, était dirigée par une institutrice laïque ; de plus, aucune modification n'a été apportée à l'organisation de ladite école par les autorités compétentes ; dès lors, le préfet d'Alger a excédé ses pouvoirs en prescrivant au maire de la commune de Mustapha de remettre les religieuses en possession de l'école de filles de ladite commune.

Le conseil d'Etat fut saisi de l'affaire.

Le ministre de l'Instruction publique présenta à ce sujet les observations suivantes :

L'unique point en litige, dit-il, serait de savoir si le fait seul de l'érection d'une section de commune en commune particulière suffit pour dégager la nouvelle personne morale de toute obligation antérieure, et pour couvrir les illégalités qui auraient pu être commises sur son territoire par les municipalités des communes dont elle faisait partie.

La question ainsi posée n'est même plus discutable.

Peu importe que la création de la commune de Mustapha ait été faite sans conditions. L'érection de cette annexe en commune séparée ne peut évidemment avoir eu pour effet de rendre définitives, à l'égard de la nouvelle commune, les mesures déclarées nulles et non avenues par l'arrêté du gouverneur général civil du 21 mars 1872, et de la soustraire aux obligations d'une situation créée et léguée par la commune mère.

Et le conseil d'Etat, sans statuer au fond, se borna à décider, par l'arrêt du 26 février 1875 (1), que ces actes ne constituaient pas des décisions de nature à être déférées au conseil d'Etat par la voie contentieuse.

Par le même arrêt du 26 février 1875, le conseil d'Etat a décidé que la décision rendue contre une commune postérieurement à l'érection d'une partie de son territoire en une commune distincte, n'était pas opposable à celle-ci, et que, par suite, la nouvelle commune n'était pas recevable à former tierce opposition à cette décision.

Il résulte, au contraire, d'un arrêt du conseil d'Etat du 25 juin 1857 (2), que, lors même qu'une commune a été distraite d'une ancienne commune dont elle faisait partie, elle doit être considérée comme ayant été représentée par cette dernière dans une instance contentieuse qui a eu lieu postérieurement à la loi de distraction, mais relativement à des impositions arriérées antérieures à cette loi, entre l'ancienne commune et les héritiers d'anciens receveurs qui réclament ces impositions arriérées.

(1) *Recueil*, p. 180.

(2) *Recueil*, p. 508.

Considérant, dit cet arrêt, que la commune de Septèmes prétend qu'elle doit être mise hors de cause parce qu'elle n'était pas partie dans l'arrêté du conseil de préfecture des Bouches-du-Rhône du 8 octobre 1816 (1), et parce qu'elle avait été distraite, par une loi du 4 mars 1790, de la commune des Pennes, qui figure dans cet arrêté ;

Considérant qu'à l'époque à laquelle remontent les impositions arriérées dont la commune des Pennes a été déclarée débitrice envers les héritiers Pin par ledit arrêté, la commune de Septèmes faisait encore partie de cette dernière commune ; qu'ainsi la commune de Septèmes a été représentée devant le conseil de préfecture par la commune des Pennes ; que, dès lors, l'arrêté rendu par ce conseil lui est applicable, et qu'elle a été valablement mise en cause.

Enfin, nons pouvons citer un arrêt du 1er août 1867 (2), dans lequel la cour de cassation a décidé que lorsque, dans le cours d'une contestation élevée entre une commune et un particulier au sujet d'un contrat d'échange, la section sur le territoire de laquelle sont situés les terrains à livrer au particulier en vertu de ce contrat est érigée en commune distincte, la commune contractante peut être mise hors d'instance et l'obligation de délivrance être imposée à la nouvelle commune, sauf recours du demandeur contre la première, au cas où la nouvelle commune ne réaliserait pas la délivrance mise à sa charge.

Voici, d'ailleurs, quels étaient les faits :

En 1860, les sieurs G... et D... avaient abandonné à la commune d'Oran diverses parcelles de terrains retranchés de leurs propriétés, pour l'ouverture de rues et de places publiques dans la section de Mers-el-Kébir, avec offre de prendre en échange de ces parcelles, au lieu d'une indemnité, des terrains appartenant à la commune et situés dans la même section. Mais plus tard, les sieurs G... et D..., soutenant que leur proposition d'échange n'avait pas été acceptée, la rétractèrent, et réclamèrent une indemnité pour les terrains par eux abandonnés.

Le 12 janvier 1864, un jugement du tribunal d'Oran rejeta cette demande, par le motif que l'échange proposé avait été suivi d'acceptation et devait recevoir son exécution.

Appel des sieurs G... et D...

Au cours de l'instance d'appel, et par décret impérial en date du 27 mai 1864, la section de Mers-el-Kébir fut érigée en commune

(1) Dans cet arrêté, le conseil de préfecture avait déclaré débitrices d'impositions arriérées envers les héritiers Pin trente communes, dont la commune des Pennes (sans parler de la commune de Septèmes), comprises dans la circonscription de l'ancienne viguerie d'Aix.

(2) D. 1868. 1. 69.

séparée. La commune d'Oran appela alors dans l'instance la nouvelle commune, et conclut à sa propre mise hors de cause. La commune de Mers-el-Kébir déclara, en effet, prendre le fait et cause de la commune d'Oran, et conclut à la confirmation pure et simple du jugement. Mais les appelants s'opposèrent à la mise hors d'instance de la commune d'Oran, sur le motif qu'il s'agissait d'une obligation contractée par cette commune avant le décret de 1864, obligation qui devait demeurer à sa charge personnelle.

Le 4 décembre 1865, la cour d'Alger rendit un arrêt par lequel elle mettait la commune d'Oran hors d'instance, donnait acte à la commune de Mers-el-Kébir de la déclaration qu'elle prenait son fait et cause, et confirmait le jugement au fond.

Les sieurs G... et D... se pourvurent en cassation contre cet arrêt, pour fausse application du décret du 27 mai 1864 et pour violation de l'art. 6 de la loi du 18 juillet 1837, ainsi que des art. 2 et 1165 du Code civil et 181 du Code de procédure civile, en ce que l'arrêt attaqué, intervenu sur une contestation relative à un contrat passé entre une commune et un particulier, à propos de terrains situés dans l'une des sections de cette commune, depuis érigée en commune distincte, avait mis hors d'instance la commune que liait le contrat litigieux, et avait admis la nouvelle commune à prendre son fait et cause, méconnaissant ainsi la règle qui limite aux parties contractantes l'effet des conventions, en maintient par cela même entre elles la force obligatoire, et ne permet pas de substituer un tiers à l'une des parties dans le débat auquel le contrat peut donner lieu.

Mais la cour de cassation rejeta leur pourvoi, par arrêt en date du 1er août 1867.

Attendu, dit cet arrêt, que, du moment où il est jugé que les demandeurs en cassation ont droit, pour la valeur de leurs terrains, non à une indemnité en argent, ainsi qu'ils le prétendaient, mais seulement à d'autres terrains acceptés par eux en échange, et que ces terrains se trouvant en la possession, non de la ville d'Oran, mais de la commune nouvelle de Mers-el-Kébir, c'est évidemment à bon droit que la commune d'Oran a été mise hors d'instance, et l'obligation de délivrer les terrains en contre-échange imposée à la seule commune qui fût en position de faire cette délivrance ; — que cette solution, d'ailleurs, n'implique point que la ville d'Oran ne pût être ultérieurement recherchée par les demandeurs en cassation, si la commune de Mers-el-Kébir ne pouvait réaliser la délivrance mise à sa charge ; . . . . . .

Attendu qu'une telle décision, conforme à la raison et à la nature des choses, ne peut faire grief aux demandeurs en cassation et qu'elle ne heurte, d'ailleurs, aucun principe de droit.

. . . .

Il arrive parfois que des particuliers, dans le but de rendre l'administration favorable à un changement de circonscription, le plus souvent à une création de commune, qu'ils estiment indispensable à la prospérité de leur entreprise, s'engagent, soit à livrer gratuitement à la nouvelle commune des terrains pour la construction des édifices nécessaires à l'installation des divers services municipaux, mairie, école, etc., soit à lui fournir des subventions pécuniaires.

Dans ce cas, l'acte qui prononce la modification territoriale prend ordinairement acte des engagements ainsi conclus.

C'est ainsi, par exemple, que la loi du 21 juillet 1891, qui distrait une portion de territoire de la commune de Rosendaël (Nord) pour l'ériger en commune distincte sous le nom de Malo-les-Bains, dispose dans son art. 3 :

Il est pris acte :

1° Des engagements du sieur Malo, propriétaire à Rosendaël, en date des 27 et 29 septembre 1887, et par lesquels il déclare abandonner à la commune de Malo-les-Bains les terrains nécessaires à la construction de la mairie et des écoles de cette commune, ainsi que les chemins qui y existent et qui lui appartiennent ;

2° De la cession gratuite faite à ladite commune par l'association dite de l'Eglise des bains de mer de Dunkerque, qui en est propriétaire, de la chapelle et du presbytère sis sur son territoire, ainsi que des terrains sur lesquels ils sont construits et qui les entourent, aux clauses et conditions stipulées dans sa délibération du 17 septembre 1887.

Ces engagements sont pleinement valables, et la nouvelle commune a le droit de les faire respecter par ceux qui les ont pris ; mais à quelle autorité doit-elle s'adresser en cas de refus par eux de les exécuter ?

La question s'est présentée récemment devant le conseil d'Etat, dans une hypothèse où une compagnie houillère avait offert de concourir à des travaux d'utilité publique en faveur d'un hameau à ériger en commune distincte, et où son offre avait été acceptée par l'administration. Des difficultés s'étant élevées sur la portée des engagements de la compagnie, la nouvelle commune porta devant le conseil de préfecture une action, afin de faire reconnaître dès à présent leur caractère et leur étendue ; mais la compagnie, se trouvant lésée par l'arrêté rendu à ce sujet, en demanda l'annulation au conseil d'Etat, qui rendit, le 14 décembre 1883, l'arrêt suivant (1) :

(1) *Recueil*, p. 932.

Vu la requête pour la compagnie des houillères d'Ahun, tendant à ce qu'il plaise au conseil annuler un arrêté du 6 janvier 1881, par lequel le conseil de préfecture de la Creuse l'a condamnée à livrer gratuitement à la commune de Lavaveix-les-Mines, conformément aux engagements qu'elle a pris en 1867 vis-à-vis de l'administration préfectorale, pour obtenir la création de cette commune, les terrains qui seront nécessaires pour la construction des édifices communaux, et a décidé que, pour subvenir aux charges de l'emprunt qui devra être contracté, elle sera tenue de payer à la commune une somme de 8,000 francs pendant quinze ans; — ce faisant, attendu que le conseil de préfecture était incompétent pour connaître de la contestation; — qu'il s'agissait, en effet, non d'une offre de concours faite en vue de l'exécution de travaux publics, mais d'une offre faite dans le but d'obtenir l'érection en commune distincte du hameau de Lavaveix, qui dépendait antérieurement de la commune de Saint-Pardoux; — que, d'ailleurs, la compagnie requérante ne saurait être tenue de payer la somme précitée de 8,000 francs qu'après le vote par le conseil municipal de 0 fr. 15 cent. additionnels extraordinaires, et que le montant de ladite somme devrait être réduit dans le cas où l'emprunt qui sera contracté par la commune serait réalisé dans des conditions plus favorables que celles qui ont été prévues en 1867; — qu'en outre, avant toute cession de terrains, la compagnie et la commune devront s'entendre sur la détermination de ces terrains, et qu'en aucun cas la compagnie ne pourra être obligée de livrer des terrains autres que ceux qu'elle possédait en 1867; — annuler l'arrêté attaqué; — déclarer la demande de la commune de Lavaveix-les-Mines prématurée, en tous cas exagérée, et condamner ladite commune aux dépens;

Vu le mémoire présenté pour la compagnie des houillères d'Ahun, par lequel elle déclare persister dans ses précédentes conclusions, notamment dans celles qui tendent à l'annulation pour incompétence de l'arrêté attaqué;

Vu le mémoire en défense présenté par la commune de Lavaveix-les-Mines, tendant au rejet du pourvoi, avec toutes les conséquences de droit, par le motif que la promesse de céder, en vue de la construction d'édifices communaux, des terrains indéterminés, constitue une offre de subvention immobilière qui rentre dans la compétence du conseil de préfecture; — qu'en outre, la demande de la commune tendait à la réalisation des engagements dont s'agit, et qu'ainsi son action était parfaitement née; — que les offres de concours, faites en 1867 par la compagnie requérante, l'ont été sans aucune réserve; — ensemble le recours incident tendant à l'annulation de l'arrêté attaqué, en tant que ledit arrêté a refusé de statuer sur la contestation relative à la cession des terrains nécessaires à l'ouverture des rues, par le motif que les rues sont l'accessoire des édifices indiqués au contrat, et que, dès lors, les terrains qui doivent leur être affectés se trouvaient implicitement compris dans la demande principale;

Vu la loi du 29 avril 1869, érigeant en commune le hameau de Lavaveix;

Vu la loi du 28 pluviôse an VIII;

Sur la compétence : Considérant que les engagements pris par la compagnie requérante avaient pour objet l'exécution, par la commune nouvelle qu'il s'agissait de créer, de divers travaux d'utilité publique; — que, dès lors, la contestation à laquelle ils ont donné lieu rentrait dans celles dont il appartient aux conseils de préfecture de connaître, en vertu de l'art. 4 de la loi du 28 pluviôse an VIII.

Sur le moyen tiré de ce que la demande présentée par la commune de Lavaveix-les-Mines devant le conseil de préfecture de la Creuse était prématurée : Considérant que cette demande tendait à la réalisation des engagements pris en 1867 par la compagnie requérante ; — que ladite compagnie, qui avait été invitée à fournir à la commune de Lavaveix-les-Mines les subventions, soit en terrains, soit en argent, qu'elles lui avait promises, s'y était refusée, en alléguant qu'elle ne devait opérer la cession des terrains nécessaires à la construction des édifices communaux qu'après accord entre elle et le conseil municipal sur la désignation des dits terrains, et qu'elle ne saurait être tenue de céder des terrains autres que ceux qu'elle possédait déjà en 1867 ; — qu'elle prétendait également ne devoir, au lieu d'une somme fixe de 8,000 francs pendant quinze ans, que la somme qui serait nécessaire pour parfaire, avec le produit d'une imposition de 15 centimes additionnels qui devraient être préalablement votés par le conseil municipal, l'amortissement d'un emprunt de 92,000 francs ; — que la commune de Lavaveix-les-Mines soutenait, au contraire, que les engagements pris vis-à-vis d'elle n'étaient subordonnés à aucune condition, et qu'une somme de 8,000 francs lui était due dans tous les cas ; que, par suite, elle avait un intérêt suffisant pour demander au conseil de préfecture de la Creuse de reconnaître dès à présent le caractère et l'étendue des engagements précités, et de condamner la partie requérante à les réaliser à son égard ; — que, dès lors, c'est avec raison que ledit conseil de préfecture a statué sur cette demande.

En ce qui touche l'engagement pris par la compagnie de livrer gratuitement les terrains nécessaires à la construction des édifices communaux : Considérant qu'afin de déterminer l'administration à créer la nouvelle commune de Lavaveix-les-Mines, la compagnie des houillères d'Ahun s'est, dès 1865, engagée à céder gratuitement les terrains nécessaires à l'emplacement de l'école, de l'église et autres bâtiments municipaux ; — que si, dans deux lettres par elle adressées au préfet, le 22 novembre et le 6 décembre 1866, elle a exprimé le vœu qu'en compensation des services qu'elle s'imposait, l'emplacement des édifices dont il s'agit ne fût arrêté par la commune que d'accord avec elle, il résulte des pièces du dossier que cette réserve n'a pas été acceptée ; — que notamment le conseil général de la Creuse, appelé à donner son avis sur le projet de formation de la commune de Lavaveix-les-Mines, n'a émis, dans sa séance du 28 août 1867, un vote favorable à ce projet qu'à la condition que la compagnie, conformément à ses propositions primitives, ferait l'abandon gratuit des terrains nécessaires à cette commune ; — qu'il suit de là que la compagnie requérante n'est pas fondée à réclamer, en ce qui concerne la désignation des terrains qu'elle s'est engagée à céder gratuitement, le bénéfice d'autres garanties que celles qui résultent de l'application régulière des dispositions contenues dans les art. 19 et 20 de la loi du 18 juillet 1837.

En ce qui touche la part contributive de la compagnie des houillères d'Ahun dans l'amortissement de l'emprunt qui devra être réalisé par la com-

mune : Considérant que, conformément à la demande formelle qui lui en a été faite, la compagnie s'est engagée, par une lettre du 21 septembre 1867, adressée au préfet, à affecter au remboursement de cet emprunt une somme fixe de 8,000 francs pendant quinze ans ; — qu'elle n'est fondée à soutenir ni que le montant de cette somme pourrait être réduit, dans le cas où la commune obtiendrait, pour la réalisation de son emprunt, des conditions plus favorables que celles qui ont été prévues en 1867 ; ni que ladite somme cesserait d'être due par elle, dans le cas où la commune serait autorisée à consacrer à l'amortissement de son emprunt d'autres ressources que celles qui seraient produites par le vote d'une imposition extraordinaire ; — qu'il suit de là que c'est avec raison que le conseil de préfecture a décidé que la compagnie était tenue de contribuer à l'amortissement de l'emprunt dont s'agit, au moyen du paiement d'une somme fixe de 8,000 francs pendant quinze ans ; et que cette somme pourra être réclamée pour la première fois dès que le service de l'emprunt rendra son versement nécessaire.

En ce qui touche les terrains sur lesquels devront être établies les voies publiques de la commune : Considérant qu'aucune demande relative à ces terrains n'a été présentée devant le conseil de préfecture, et que, dès lors, ledit conseil n'avait pas à statuer sur la difficulté qui s'est élevée sur ce point entre la compagnie et la commune...

SECTION II

—

Réunion de communes.

Lorsqu'une commune ou une section d'une commune, qui avait passé des marchés ou des contrats avec des tiers, est réunie à une autre commune, la commune annexante est-elle tenue de les respecter et de les prendre à sa charge, ou bien ces conventions sont-elles annulées de plein droit par le seul fait de la réunion ? — De même les traités qui liaient la commune annexante sont-ils de plein droit applicables au territoire annexé ?

Si nous jetons un coup d'œil sur les solutions admises en droit international, nous constatons qu'en principe les remaniements territoriaux sont sans effet sur les obligations des parties contractantes.

Ainsi, dit M. Pasquale Fiore (1), « lorsqu'un Etat cesse d'exister et est réuni à un autre Etat, tout ce qui appartient à l'Etat qui disparaît devient activement et passivement la propriété de l'Etat auquel

(1) *Nouveau droit international public*, t. I, nos 355 et 356, p. 311.

l'autre a été annexé, cet Etat devenant en quelque sorte un héritier à titre universel de l'autre Etat... De là il résulte que les droits acquis par des particuliers subsistent dans leur intégrité, et que les obligations contractées envers eux par l'Etat qui a cessé d'exister ne sont pas complètement annulées, mais passent à l'Etat auquel celui qui est détruit a été incorporé...

« .....Mais lorsqu'un Etat a cédé une partie de son territoire à un autre Etat, on doit supposer implicitement consacrée la règle suivante, si on n'a pas expressément disposé en sens contraire : Le Gouvernement cessionnaire succède aux droits et aux obligations résultant des contrats régulièrement stipulés par le Gouvernement cédant, dans un but d'intérêt public relatif au territoire cédé. En appliquant cette règle, on pourra en déduire, à titre d'exemple, que sont obligatoires pour le nouveau Gouvernement les contrats de fournitures conclus par l'ancien Gouvernement avec des particuliers pour des travaux à faire dans les établissements publics des provinces cédées, etc... » (1).

Et nous ne voyons pas pourquoi la commune, qui voit son territoire augmenté, ne serait pas tenue, aussi bien que l'Etat annexant, d'exécuter les contrats et marchés conclus par la commune ou par la section de commune qui lui est réunie.

Au reste, le conseil d'Etat a été appelé à se prononcer sur cette question, et il l'a résolue dans ce sens.

Voici quels étaient les faits :

Les fabriques des communes de Bercy, Belleville, La Villette, La Chapelle, Montmartre, Batignolles, Les Thermes, Passy, Auteuil, Grenelle, Montrouge, Vaugirard et Gentilly, formant la banlieue de Paris, avaient passé avec les sieurs Langlé et Cie, pour le service des pompes funèbres, des traités dont la durée devait excéder le 1er janvier 1860.

A la vérité, ces traités n'avaient pas reçu, à leur origine, l'approbation de l'autorité supérieure, mais ils s'étaient toujours exécutés de bonne foi de part et d'autre ; ils étaient connus tant de l'administration diocésaine que de l'administration départementale ; ils avaient suivi leur cours sans qu'à aucune époque l'une ou l'autre de ces administrations y fît obstacle ; les fabriques et les communes portaient à leurs budgets dûment approuvés la part leur revenant dans les produits de l'entreprise de la compagnie.

(1) Voir dans le même sens : Carnazza-Amari, *Traité de droit international public*, 1880, t. II, p. 515. — Despagnet, *Précis de droit international privé*, 1886, p. 38, n° 31.

Sur ces entrefaites, une loi du 16 juin 1859 annexa ces diverses communes à la ville de Paris. L'art. 9 de cette loi portait :

« Les dettes des communes supprimées qui ne seraient pas couvertes par l'actif de ces communes au moment de leur suppression, seront acquittées par la ville de Paris. »

Quelque temps après, le 30 septembre de la même année, le conseil municipal de la ville de Paris prit une délibération dans laquelle il émettait l'avis qu'il y avait lieu de confier l'exécution du service des pompes funèbres, pour toute l'étendue du nouveau Paris, à une seule et même entreprise, et qu'il convenait de prononcer la résiliation du bail de l'entreprise des pompes funèbres pour Paris ancien, ledit bail devant expirer à la fin de l'année 1861, et de procéder ensuite à une réadjudication du service, avec concurrence, pour une période de onze ans, à partir du 1er janvier 1860.

Par arrêté du 30 septembre 1859, le préfet de la Seine prononça la résiliation de l'ancien bail, et un décret en date du 4 novembre 1859, qui approuvait cet arrêté, ordonna l'adjudication du nouveau service des pompes funèbres, comprenant l'ensemble de la circonscription communale de Paris agrandi.

Les sieurs Langlé et Cie, par acte extrajudiciaire en date du 24 novembre 1859, dûment notifié au préfet de la Seine, déclarèrent protester et faire toute réserve contre l'adjudication annoncée du service des inhumations, tant dans l'ancienne enceinte que dans les communes annexées.

Cette adjudication eut lieu le 30 novembre 1859. Et alors, le 6 mars 1860, la compagnie Langlé présenta devant le conseil de préfecture de la Seine une requête à l'effet de faire condamner la ville de Paris à lui payer une indemnité à raison de la cessation forcée, à partir du 1er janvier 1860, du service des pompes funèbres dont elle était chargée, dans la partie de l'ancienne banlieue annexée à la ville de Paris.

Le conseil de préfecture de la Seine ayant repoussé cette demande par un arrêté du 7 février 1862, la compagnie Langlé se pourvut devant le conseil d'Etat, en s'appuyant sur les motifs suivants :

Attendu que des traités avaient été passés, pour le service des pompes funèbres, entre les fabriques de la banlieue et la compagnie Langlé ;

Que ces traités étaient des contrats de location et de fournitures mobilières, pour lesquels l'approbation expresse de l'autorité supérieure n'était point nécessaire, et auxquels suffisait, comme sanction, l'approbation générale du budget des fabriques par l'évêque diocésain ;

Qu'ils avaient été, d'ailleurs, tacitement ratifiés par le préfet de la Seine et l'archevêque de Paris ;

Que les arrêtés des maires rendus pour l'exécution de ces traités, et sans opposition de la part de l'administration supérieure, impliquaient l'approbation préalable et virtuelle des traités eux-mêmes;

Que l'adjudication nouvelle de l'entreprise des pompes funèbres, pour l'ensemble de Paris agrandi, n'avait pu avoir lieu que sous la réserve des droits des sieurs Langlé et Cie;

Que les marchés de ces derniers n'avaient pu, par suite, être résiliés qu'à la charge par la ville de Paris, qui devait profiter de la résiliation, de réparer le dommage causé à la compagnie requérante;

Qu'aux termes de l'art. 9 de la loi du 16 juin 1859, la ville de Paris, ayant succédé aux engagements des communes annexées, était directement obligée à l'égard des sieurs Langlé et Cie;

Que ceux-ci ne sont point tenus de s'adresser aux fabriques, lesquelles répondraient nécessairement que la rupture des traités n'est point leur fait;

Que l'indemnité due à la compagnie Langlé doit être évaluée d'après le préjudice qu'elle éprouve et le gain dont elle est privée.

Et la compagnie requérante conclut à ce que la ville de Paris fût tenue de lui payer une indemnité à régler par le conseil d'Etat, d'après les quatre chefs suivants:

1° Réparation du préjudice résultant de la perte des bénéfices que la compagnie aurait recueillis pendant la durée des traités;

2° Réparation de la perte de la clientèle des communes annexées;

3° Réparation de la perte résultant de l'élévation du loyer et autres engagements aujourd'hui en disproportion avec les besoins de l'entreprise;

4° Réparation de la perte résultant de la détérioration d'un matériel de plus de 500,000 francs, restant en majeure partie sans emploi.

Et, enfin, les intérêts de la somme qui serait arbitrée, à partir du jour de la demande, et les dépens.

Le préfet du département de la Seine, au contraire, sollicita, au nom de la ville de Paris, le rejet pur et simple de la demande, par les motifs suivants:

Attendu que la cessation du service de la compagnie Langlé a été la conséquence nécessaire de la loi d'annexion et de la mesure légale de la mise en adjudication du service des pompes funèbres pour Paris agrandi, mesure dont l'administration était seule juge;

Que les traités passés entre la compagnie Langlé et les fabriques de l'ancienne banlieue n'engageaient pas les communes annexées, et, par suite, ne sauraient engager la ville de Paris;

Que ces traités, dissimulés sous le nom de contrats de location et qui, au fond, étaient de véritables marchés d'entreprise, manquent de conditions propres à leur assurer une existence légale ;

Qu'en effet ils n'ont été soumis à aucune des formalités prescrites par la loi, savoir : la délibération des règlements et tarifs par les conseils municipaux, l'adjudication aux enchères publiques et l'approbation par l'autorité supérieure ;

Que cette approbation, notamment, est d'ordre public, doit être expresse et ne peut être suppléée par le silence de l'administration ou le visa de l'évêque diocésain sur le budget de la fabrique ;

Que, par suite, les traités dont s'agit ne peuvent donner naissance à un droit d'indemnité pour inexécution, et qu'en aucun cas il n'en pouvait sortir une action contre la ville de Paris.

Le conseil d'Etat trancha la conflit par un arrêt du 7 avril 1864 (1), ainsi conçu :

Considérant qu'avant l'annexion à la ville de Paris, opérée en exécution de la loi du 16 juin 1859, des communes de Bercy, Belleville, etc..., les fabriques de ces communes avaient passé avec les sieurs Langlé et Cie, pour le service des pompes funèbres, des traités dont la durée devait excéder le 1er janvier 1860 ;

Que si ces traités n'avaient point reçu, à leur origine, l'approbation de l'autorité supérieure, ils s'étaient toujours exécutés de bonne foi de part et d'autre ; — qu'ils étaient connus tant de l'administration diocésaine que de l'administration départementale ; — qu'ils avaient suivi leur cours sans qu'à aucune époque l'une ou l'autre de ces administrations y fît obstacle, et que les communes portaient à leurs budgets dûment approuvés la part leur revenant dans les produits de l'entreprise des sieurs Langlé et Cie ;

Considérant que, d'après l'art. 9 de la loi d'annexion, la ville de Paris a été subrogée aux communes suburbaines pour l'accomplissement de leurs engagements envers les tiers ;

Que si la plupart de ces communes n'ont point concouru avec les fabriques à la fixation des tarifs et à la conclusion des marchés, elles ont toutes participé à l'exécution de ces marchés, et qu'elles ne pouvaient en retirer un revenu et le porter en recette à leurs budgets, avec l'approbation de l'autorité supérieure, sans être engagées, comme les fabriques elles-mêmes, envers les sieurs Langlé et Cie ;

Considérant que, dans ces circonstances, une nouvelle entreprise du service des pompes funèbres embrassant l'ensemble de la circonscription communale de Paris n'a pu être substituée dans les communes annexées à celle des requérants, à partir du 1er janvier 1860, qu'à la charge par la ville de Paris d'indemniser les sieurs Langlé et Cie du préjudice que leur aurait causé la rupture de leurs traités :

Article premier. — L'arrêté du conseil de préfecture de la Seine, en date du 7 février 1862, est annulé.

Art. 2. — Les sieurs Langlé et Cie sont renvoyés devant le préfet dudit dépar-

(1) Voir *Recueil*, p. 321.

tement, à l'effet de faire régler l'indemnité qui pourrait leur être due, à raison du dommage qui serait résulté pour eux de la rupture de leurs traités, sauf, en cas de contestation, à porter leurs réclamations devant le conseil de préfecture.

ART. 3. — La ville de Paris est condamnée aux dépens.

En exécution de cet arrêt du conseil d'Etat, un arrêté préfectoral du 23 juin 1866 fixa l'indemnité due aux requérants.

Mais alors la ville de Paris ayant exercé un recours contre les fabriques des communes annexées, tendant à leur faire supporter une part des dommages-intérêts dus par elle à la compagnie Langlé, le conseil de préfecture de la Seine, par arrêté en date du 21 avril 1868, déclara ces fabriques responsables envers la ville de Paris du montant des condamnations prononcées contre elle envers ladite compagnie.

Pourvoi de ces fabriques devant le conseil d'Etat, tendant à ce qu'il lui plaise : réformer cet arrêté, ce faisant, attendu que la ville a été subrogée par l'art. 9 de la loi du 16 juin 1859 aux communes qui étaient tenues envers les fabriques de faire exécuter les traités conclus avec la société Langlé ; que, dès lors, elle n'a pu rompre ces traités sans indemnité pour la société, et qu'elle n'a à exercer aucun recours contre les fabriques qui sont restées étrangères à l'inexécution des dits traités ; rejeter les conclusions prises par la ville de Paris contre les dites fabriques...

La ville de Paris conclut au rejet de ce pourvoi, « par le motif que la ville n'a pu être condamnée par la juridiction administrative à payer indemnité à la société Langlé, qu'à raison du préjudice résultant de l'inexécution des marchés dont les communes auxquelles elle est subrogée étaient tenues d'assurer l'exécution au même titre que les fabriques ; qu'à l'égard de ces communes, le fait de l'annexion et la résiliation des traités qui en a été la conséquence sont des faits étrangers qui ne peuvent leur être imputés à faute ; que, dès lors, la ville ne peut, du chef de ces communes, être condamnée que sous la réserve de faire partager aux fabriques obligées solidairement avec elle une part dans ces frais proportionnée à leur intérêt, et qu'en fait, les fabriques qui percevaient seules tous les bénéfices de ces marchés doivent supporter, en définitive, toutes les conséquences desdits marchés ».

D'un autre côté, la compagnie Langlé avait présenté au conseil d'Etat une requête tendant à lui faire fixer définitivement le montant de l'indemnité avec les intérêts ; et le conseil d'Etat, considérant que les deux pourvois étaient connexes, et qu'il y avait lieu de les joindre pour être statué en même temps sur tous deux, rendit, à la date du 6 juin 1872, l'arrêt suivant (1) :

En ce qui concerne la fixation de l'indemnité que le décret rendu au contentieux, le 7 avril 1864, a condamné la ville de Paris à payer à l'entreprise générale des pompes funèbres de France :

Considérant que les parties sont d'accord pour admettre que cette indemnité doit comprendre les bénéfices que la compagnie aurait réalisés si elle avait continué son service, dans les communes annexées à la ville de Paris, pendant les années restant à courir sur la durée des marchés en cours d'exécution ; — qu'elles sont également d'accord pour prendre les résultats de l'année 1859 comme base de ce calcul... ;

— *En ce qui concerne les frais généraux d'administration :*

Considérant qu'il résulte de l'instruction que ces frais, consistant en frais de direction et d'assemblées générales, abonnements et autres dépenses analogues, n'etaient susceptibles d'aucune diminution appréciable par suite de la cessation des services de la banlieue annexée; que, dès lors, la compagnie est fondée à demander la suppression des déductions opérées de ce chef sur le montant de ses bénéfices par le conseil de préfecture ;

— *Sur les conclusions de la compagnie tendant à ce qu'il lui soit tenu compte de la progression dans les bénéfices qui aurait eu lieu dans les années postérieures à 1859 :*

Considérant que, du consentement des deux parties, les bénéfices ont été calculés sur l'année 1859, la plus avantageuse de toutes pour la compagnie, et que les chances de progression dans les bénéfices nets ont un caractère trop hypothétique pour servir de base à une indemnité distincte ;

— *Sur les conclusions de la compagnie tendant à obtenir une indemnité pour perte sur la vente de la partie du matériel devenue sans emploi par suite de la suppression de son service dans les communes annexées :*

Considérant que si la requérante avait continué son service jusqu'à l'expiration de ses traités, son matériel serait resté à cette époque sans emploi, après avoir subi une détérioration considérable, et que la compagnie ne justifie pas que la vente immédiate de ce matériel ait été plus désavantageuse que celle qui aurait eu lieu à la fin des marchés en cours d'exécution;

— *Sur les conclusions tendant à obtenir une indemnité pour perte de la chance de renouvellement des traités :*

Considérant que la ville substituée aux communes annexées n'était tenue que d'exécuter les traités en cours d'exécution, et aurait pu refuser de les renouveler sans que ce refus pût donner ouverture à aucun droit à indemnité pour l'entrepreneur ;

(1) Voir *Recueil*, p. 363.

— *Sur les intérêts...*

— *Sur le recours des fabriques de la banlieue annexée, tendant à l'annulation de l'arrêté attaqué, qui les a déclarées responsables des condamnations prononcées contre la ville en faveur des sieurs Langlé et Cie :*

Considérant que si la plupart des communes n'ont pas concouru avec les fabriques à la fixation des tarifs et à la conclusion des marchés, elles ont toutes participé à l'exécution de ces marchés, et étaient toutes engagées comme les fabriques elles-mêmes envers les sieurs Langlé et Cie;

Que la ville, subrogée aux dites communes par l'art. 9 de la loi du 16 juin 1859, était tenue, comme ces communes elles-mêmes, de faire exécuter ces marchés ;

Que, loin de là, agissant en vertu des pouvoirs que cette subrogation lui donnait sur les territoires annexés, l'administration municipale a adjugé à un autre entrepreneur le service des pompes funèbres sur ces territoires, sans tenir compte des droits du sieur Langlé et Cie;

Que les fabriques sont restées complètement étrangères à la rupture des traités conclus avec cette compagnie, et n'ont pas même été appelées à délibérer sur les questions auxquelles donnait lieu la nouvelle adjudication projetée;

Considérant que l'inexécution des traités qui liaient la ville et les fabriques étant imputable à la ville seule, c'est à elle à en supporter les conséquences, sans aucun recours contre les fabriques :

Article premier. — L'indemnité que la ville de Paris est tenue de payer à la société Langlé est augmentée d'une somme de...

..... Art. 4. — La ville de Paris n'aura aucun recours à exercer contre les fabriques dénommées ci-dessus, à raison des condamnations prononcées contre elle en faveur des sieurs Langlé et Cie.

Remarque. — Cette indemnité a dû être payée à la compagnie Langlé par la ville de Paris tout entière, c'est-à-dire telle qu'elle se trouvait constituée après l'annexion. Il est de règle, en effet, que les sections doivent contribuer aux charges des communes dont elles font partie, lorsque ces charges proviennent d'une cause postérieure à la rénuion.

CHAPITRE V

EFFETS DES REMANIEMENTS TERRITORIAUX SUR LES CONTRIBUTIONS SUPPORTÉES PAR LES COMMUNES

On peut diviser les contributions en trois grandes catégories :

1° Les impositions perçues au profit de l'Etat ;

2° Les impositions perçues au profit du département ;

3° Les impositions perçues au profit des communes.

TITRE Ier

CONTRIBUTIONS PERÇUES AU PROFIT DE L'ETAT

Ces contributions se divisent en deux grandes classes : les contributions directes et les contributions indirectes.

Les contributions directes sont celles qui se perçoivent directement sur les citoyens, en vertu de rôles nominatifs.

Les contributions indirectes, au contraire, se perçoivent généralement sur des objets de consommation, en vertu de tarifs. Elles sont variées presque à l'infini.

SECTION Ire

CONTRIBUTIONS INDIRECTES

Les changements dans la circonscription territoriale des communes étant sans effet sur la répartition de ces contributions, nous ne nous en occuperons pas, et nous passerons de suite aux contributions directes.

SECTION II

CONTRIBUTIONS DIRECTES

Les contributions directes, relativement à leur assiette, sont distinguées en impôts de répartition et en impôts de quotité.

L'*impôt de répartition* est celui dont la somme totale est fixée d'avance et se répartit de degrés en degrés entre les départements, les arrondissements, les communes et les contribuables. Le pouvoir législatif fixe chaque année, par une loi qu'on appelle la loi du budget ou loi de finances, le montant du produit qu'il veut obtenir des contributions de répartition, et en même temps il détermine la part que chaque département doit prendre dans la somme totale, ou autrement dit son contingent. Le conseil général de chaque département fait la répartition du contingent départemental entre les arrondissements (répartement); les conseils d'arrondissement font la répartition entre les communes du contingent assigné à l'arrondissement (sous-répartement); enfin, le contingent de la commune est réparti entre les contribuables au prorata des bases de cotisation de chacun d'eux.

L'*impôt de quotité*, au contraire, est celui dont les taxes résultent de l'application de tarifs ou de quotités déterminées à des éléments variables.

En un mot, dans le premier, les cotes du contribuable résultent du montant de l'imposition; — dans le second, le montant de l'imposition résulte des cotes des contribuables. Dans l'un, le produit est assuré et la proportion incertaine; — dans l'autre, la proportion est fixe et le produit éventuel (1).

On distingue quatre sortes de contributions directes :

1° La contribution foncière;

2° La contribution personnelle et mobilière;

3° La contribution des portes et fenêtres;

4° La contribution des patentes.

(1) Voir *Répertoire général des contributions directes*, par M. LEMERCIER DE JAUVELLE V° *Contributions directes*, passim.

SOUS-SECTION Ire

—

CONTRIBUTION FONCIÈRE

GÉNÉRALITÉS

La contribution foncière est un impôt de répartition qui frappe le revenu net des propriétés immobilières, bâties ou non bâties (1).

Aux termes de l'art. 2 de la loi du 3 frimaire an VII (23 novembre 1798), qui en a fixé définitivement l'assiette et le recouvrement, « la répartition de l'imposition foncière est faite par égalité proportionnelle sur toutes les propriétés foncières, à raison de leur revenu net imposable, sans autres exceptions que celles déterminées ci-après, pour l'encouragement de l'agriculture ou pour l'intérêt général de la société ».

Ce principe était plus facile à formuler qu'à appliquer.

Pour donner une base certaine à l'assiette de cette contribution, pour déterminer d'une façon précise le revenu net imposable, il était indispensable d'établir dans chaque commune la contenance, la nature et la valeur de chaque parcelle de propriété. Ce résultat a été obtenu par une série d'opérations très complexes et très délicates, appelées *opérations cadastrales,* et dont il nous faut dire quelques mots.

La première opération du cadastre a consisté dans la détermination exacte des *limites* de chaque commune. Nous ne reviendrons pas sur ce point, que nous avons déjà étudié plus haut (2).

Cela fait, pour rendre plus facile la confection du plan général et pour fournir aux propriétaires les moyens de reconnaître plus aisément la situation de leurs immeubles, on a divisé le territoire communal en *sections,* et, dans chaque section, on a levé le plan et calculé la contenance de chaque *parcelle* de propriété, à laquelle on a assigné un numéro distinct.

On a ainsi obtenu un *tableau indicatif* contenant, dans l'ordre des numéros du plan et en regard de chacun de ces numéros, le nom du propriétaire de chaque parcelle, le nom de la partie du ter-

(1) Remarquons de suite que cette définition n'est plus exacte aujourd'hui qu'en ce qui concerne la propriété non bâtie ; nous verrons, en effet, qu'une loi du 8 août 1890 a transformé la contribution foncière de la propriété bâtie en impôt de quotité.

(2) Partie Ire, appendice aux chapitres Ier et II, p. 121 et suiv.

ritoire où elle est située et sa nature de culture : terre, pré, bois, vigne, etc.

La réunion de ces tableaux indicatifs constitue le *tableau d'assemblage.*

Le *plan cadastral* est donc une sorte de registre, rédigé en feuilles d'atlas et comprenant toutes les parcelles ou propriétés séparées, situées dans la commune, avec leur contenance.

Ces diverses opérations matérielles ou *opérations d'art* terminées, on a procédé ensuite à l'évaluation du revenu imposable de toutes les propriétés comprises dans la commune et rapportées sur le plan, au moyen d'une *expertise cadastrale* contenant :

1° *La classification,* c'est-à-dire la division en classes des différents genres de propriétés, d'après le degré de fertilité du sol ;

2° *Le classement,* c'est-à-dire la répartition de chacune des parcelles de propriété dans les classes établies ;

3° *Le tarif des évaluations,* c'est-à-dire la détermination du revenu attribué à chaque classe dans chaque nature de propriété.

Il ne restait plus alors qu'à procéder à la répartition individuelle de l'impôt afférent à chaque parcelle.

Dans ce but, le directeur des contributions directes a dû dresser d'abord les *états de sections.*

On entend par là des tableaux indiquant le nom et les limites de chacune des sections de la commune, qui sont désignées par les différentes lettres de l'alphabet.

Chaque état comprend les propriétés bâties ou non bâties, et contient :

1° Les noms des propriétaires ;
2° Les numéros du plan cadastral ;
3° Les cantons ou lieux dits ;
4° La nature de la propriété ;
5° La contenance de chaque parcelle ;
6° L'indication de la classe à laquelle elle appartient ;
7° Son revenu et le nombre des portes et fenêtres (1).

Puis, faisant le dépouillement de toutes les parcelles appartenant à un même propriétaire, il a transcrit, dans l'ordre alphabétique, sur un livre appelé *matrice cadastrale,* les noms des propriétaires, à la suite desquels il a inscrit en détail, c'est-à-dire en indiquant le numéro du plan, du lieu dit, de la nature de culture, de la contenance et du revenu, les parcelles appartenant à chacun d'eux.

(1) Règlement du 10 octobre 1821, art. 26.

La réunion de toutes les parcelles d'un même propriétaire forme un *article* de matrice, et indique le revenu total qui lui est attribué.

Ce revenu, inscrit aux matrices cadastrales, porte les noms différents de *revenu cadastral*, *revenu matriciel* ou *allivrement cadastral*.

Il ne change pas. C'est là une base immuable dont on se sert pour la répartition individuelle du contingent communal dans l'intérieur de la commune.

La matrice cadastrale indiquant le revenu imposable de chaque propriétaire de la commune, pour obtenir le *revenu net matriciel total* dans chaque commune, il suffit de faire la somme des revenus de chaque propriétaire porté sur la matrice du rôle.

C'est proportionnellement aux revenus constatés par la matrice cadastrale que le *contingent foncier* de la commune, c'est-à-dire le montant de la contribution foncière qui lui est imposée, est réparti entre tous les propriétaires de cette commune.

Le résultat de cette répartition est consigné sur le rôle annuel, qu'on appelle *rôle cadastral*.

Ce rôle annuel indique le nom de chaque contribuable, son revenu et sa *cote*, ou autrement dit la somme qu'il doit payer.

Enfin, on appelle *centime le franc* le rapport du principal de l'impôt au revenu matriciel. C'est le nombre de centimes que chaque contribuable doit payer par chaque franc de son revenu. Il s'obtient en divisant le contingent dans la contribution foncière afférent à la commune par son revenu cadastral.

Soit, par exemple, une commune ayant un revenu matriciel total de 25,000 francs et un contingent foncier en principal de 10,000 francs. — Pour avoir le centime le franc, il suffit de diviser 10,000 par 25,000, ce qui donne un centime le franc de 0 fr. 40. — Chaque contribuable de cette commune devra donc payer 0 fr. 40 par chaque franc de son revenu foncier. — Pour obtenir ensuite la cotisation de chaque contribuable, on n'a qu'à multiplier son revenu cadastral par le centime le franc ainsi obtenu (1).

Ces explications préliminaires étaient nécessaires pour bien comprendre ce qui va suivre. Voici, en effet, la question qui se pose.

Etant donné que chaque commune supporte dans la contribution foncière un contingent fixe, quels vont être les effets d'une modification apportée à la circonscription territoriale d'une commune sur la répartition de ce contingent ?

(1) Voir, sur tous ces points, M. D. Millet, *Conférences écrites sur les contributions directes*, 2e édit., 1879, p. 38 et suiv.

Ces effets sont multiples. Les changements de limites entraînent la rectification des différentes pièces cadastrales, et obligent le directeur des contributions directes à exécuter certaines opérations qui sont préparées par le contrôleur, à l'aide des répartiteurs ; ils rendent ensuite nécessaires des transports de contributions ; enfin, ils entraînent des remaniements de pièces cadastrales.

Telles sont les trois questions que nous allons maintenant étudier. Mais comme la loi du 8 août 1890, relative aux contributions directes et aux taxes y assimilées de l'exercice 1891, a introduit en cette matière d'importantes réformes, nous étudierons tout d'abord, dans un article premier, les règles qui ont été en vigueur jusqu'à cette époque ; puis, dans un article deuxième, nous rechercherons celles qui sont applicables aujourd'hui.

ARTICLE 1er

RÈGLES APPLICABLES AVANT LA LOI DU 8 AOUT 1890

§ 1.

Opérations à exécuter par le directeur et le contrôleur des contributions directes.

Nous distinguerons deux cas :

1° Une partie d'une commune en est détachée, soit pour être érigée en commune séparée, soit pour être rattachée à une autre commune ;

2° Une commune est réunie à une autre commune.

Mais avant de donner les explications relatives à chacune de ces hypothèses, rappelons que, parmi les pièces du dossier que le préfet doit transmettre au ministre de l'Intérieur, pour l'instruction des projets de changements de circonscriptions communales, et lorsque la décision n'appartient pas au conseil général, figure (1) le rapport du directeur des contributions directes, portant non seulement sur les limites proposées, examinées au point de vue du cadastre, mais encore sur les conséquences du projet en ce qui concerne l'assiette de l'impôt et les forces contributives des diverses communes intéressées.

(1) Circ. min. Int., 15 mai 1884, art. 3 et 4, 5° et 6°, n° 13.

Le directeur doit dresser à l'avance l'état des contributions à transporter d'une commune dans une autre, et calculer avec le plus grand soin les contributions en principal (1).

A). — Distraction de commune

Toutes les fois qu'une loi, un décret ou une décision du conseil général enlève à une commune une de ses sections, soit pour l'ériger en commune distincte, soit pour la réunir à une autre commune, le contrôleur détermine la masse des revenus imposables à distraire, soit à l'aide de feuilles de mutation qui servent plus tard à la rédaction d'un état dans la forme de l'état de situation ancienne et nouvelle, ou autrement.

Le directeur établit le principal à l'aide d'un extrait de la matrice de rôle dressé par le contrôleur, de concert avec les répartiteurs.

A cet effet, il divise le contingent en principal de la commune par le total des revenus imposables, et la proportion en résultant étant appliquée aux revenus matriciels des propriétés à distraire, détermine le principal y afférent.

Prenons un exemple pour mieux préciser.

Soit une commune A, ayant un revenu matriciel de 25,000 francs, un contingent foncier en principal de 10,000 francs, et un centime le franc de $\frac{10,000}{25,000}$ ou 0 fr. 40.

Une partie B en est détachée, pour former une commune B.

Le contrôleur ayant établi la masse des revenus matriciels à distraire, soit par hypothèse 7,000 francs (il reste donc à la commune A un revenu de 18,000 francs), le directeur, pour déterminer le contingent afférent aux 7,000 francs de revenu qui reviennent à la commune B, divise le contingent en principal de l'ancienne commune A par le total des revenus imposables, soit $\frac{10,000}{25,000}$; et la proportion (ou centime le franc) qui en résulte, et qui est de 0 fr. 40, il l'applique aux revenus matriciels des propriétés à distraire, et détermine ainsi le contingent foncier en principal afférent à la commune B. Ainsi $7,000 \times 0,40 = 2,800$ francs. Par suite, le contingent qui reste à la commune A est de $18,000 \times 0,40$ ou 7,200 francs.

(1) Voir *Répert. gén. des contrib. dir.*, V° *Réunions... de communes*, § 4.

En résumé, le contingent foncier en principal que supportait jadis la commune A, soit 10,000 francs, doit être réparti ainsi :

	2,800	francs pour la nouvelle commune B.
	7,200	— pour l'ancienne commune A.
TOTAL	10,000	francs.

On connait ainsi la part que la fraction distraite doit emporter dans le contingent que supportait la commune dont elle faisait antérieurement partie.

L'opération, en somme, est assez simple : il n'en est pas de même en cas de réunion de communes.

B). — RÉUNION DE COMMUNES

Si le revenu cadastral était le même que le revenu réel, il n'y aurait pas de difficulté ; il suffirait de transporter, dans la matrice de la commune qui prend, les bases de cotisation telles qu'elles figurent dans la matrice de la commune annexée, et chaque parcelle de terrain, bâtie ou non bâtie, continuerait à supporter, après la réunion, une imposition égale à celle qu'elle payait avant : seulement cette somme figurerait dans le contingent d'une commune au lieu de figurer dans celui d'une autre.

Mais il n'en est pas ainsi. Dans l'évaluation du revenu cadastral, ce n'est pas le revenu vrai qui est indiqué ; en fait, l'évaluation sur le cadastre est très inférieure au revenu réel. C'est que la base, qui a servi à la fixation du contingent d'une commune entière, prise dans son universalité, n'a pas été la même que la base de cotisation pour la distribution individuelle de ce contingent entre les habitants de la même commune.

« En effet, disait M. Léon Say, ministre des finances, dans son exposé des motifs du projet qui est devenu la loi du 12 août 1876 (1), la loi du 31 juillet 1821 (art. 20) et l'ordonnance royale du 3 octobre de la même année ayant circonscrit les opérations cadastrales dans l'intérieur des communes, les commissions chargées des évaluations ont adopté des revenus cadastraux qui se trouvent, avec les revenus réels, dans des rapports variant considérablement de commune à commune. Il en est résulté que les revenus inscrits sur les matrices cadastrales de deux communes, mêmes limitrophes, représen-

(1) Voir *Journ. offic.* du 23 avril 1876, Annexe n° 33, p. 2882.

tent, dans l'une le quart, par exemple, du revenu réel; dans l'autre le tiers, le dixième, etc..., et que par suite un allivrement égal supporte, dans chacune, un impôt différent. »

En d'autres termes, le revenu cadastral, loin de représenter le revenu réel, est un revenu de convention, ou mieux un chiffre de proportion entre les habitants d'une commune, telle qu'elle se composait au moment de l'opération du cadastre, et non entre les habitants de toute la France. Par suite, ce chiffre varie d'un département à un autre, et même d'une commune à une autre commune voisine.

Ces anomalies font désirer, sans doute, que la contribution foncière soit établie sur des bases plus simples et meilleures. Mais, en fait, elles n'ont pas d'inconvénients sérieux tant que les communes sont séparées, la répartition étant établie d'une manière équitable entre les contribuables d'une même commune.

Les difficultés surgissent seulement quand il s'agit de réunions ou d'annexions de communes, car ces réunions sont déterminées par des motifs d'intérêt administratif tout à fait étrangers à la question de la proportion de l'impôt foncier (1).

Lors donc que deux ou plusieurs communes sont réunies en une seule municipalité, et que le rapport entre le revenu cadastral et le revenu réel n'est pas le même entre ces diverses communes, comment doit-on procéder?

Faut-il maintenir à ces divers territoires le contingent relativement fort ou faible de l'impôt foncier qu'ils supportaient avant l'annexion, et laisser subsister au sein de la nouvelle commune la différence dont ils souffraient ou bénéficiaient, quand ils appartenaient à des associations distinctes, de manière que ces communes réunies n'aient aucunement à pâtir à ce point de vue, par suite de leur réunion, et que les contribuables soient, sous le rapport de l'impôt foncier, après l'annexion des communes, dans la même situation que celle où ils se trouvaient quand les communes étaient séparées? — Ou bien faut-il, au contraire, fondre ces contingents et établir l'équilibre entre toutes les parties de la nouvelle agglomération, en prenant une moyenne?

Chacun de ces procédés soulève des objections.

Si, en effet, on conserve à chaque partie de la nouvelle munici-

(1) Voir Rapport fait au nom de la commission des finances chargée d'examiner le projet de loi voté par la Chambre des députés, concernant le transport de la contribution foncière dans le cas de réunion des communes, par M. Oscar de Lafayette, sénateur (*Journ. offic.* du 9 octobre 1876, Annexe n° 171, p. 7394).

palité le contingent qu'elle supportait avant la réunion, on va avoir, dans la même commune, différentes fractions qui seront imposées diversement. Or, la loi organique sur la contribution foncière (1) porte que l'imposition foncière sera répartie par égalité proportionnelle sur toutes les propriétés foncières, à raison de leur revenu net imposable.

D'autre part, si l'on procède en prenant une moyenne, alors une des communes va se trouver surchargée au profit d'une autre.

« Si on se bornait, disait M. Léon Say (2), à transporter dans la matrice de la commune qui prend les bases de cotisation telles qu'elles figurent dans la matrice de la commune annexée, on arriverait, par la fusion des contingents et l'application d'un facteur commun pour déduire la contribution du revenu, à créer pour chaque commune une situation contributive non seulement nouvelle, mais encore différente de celle de l'autre commune. »

Soient, en effet (3), deux communes, A et B, ayant, la première, un revenu matriciel total de 25,000 francs et un contingent foncier en principal de 10,000 francs, ce qui donne un centime le franc de $\frac{10{,}000}{25{,}000}$ ou 0 fr. 40, — et la seconde, un revenu matriciel de 20,000 francs et un contingent foncier en principal de 6,000 francs, soit un centime le franc de $\frac{6{,}000}{20{,}000}$ ou 0 fr. 30.

Si l'on additionnait les deux contingents (10,000 et 6,000), et si l'on divisait le total (16,000) par le total des revenus matriciels (25,000 + 20,000, ou 45,000), on aurait pour quotient un centime le franc commun de 0 fr. 355555, qui, appliqué au revenu matriciel de chaque commune isolément, donnerait pour la commune A un contingent de 8,889 francs (25,000 × 0,355555), au lieu de 10,000 francs ; — et, pour la commune B, un contingent de 7,111 francs (20,000 × 0,355555), au lieu de 6,000 francs.

La cotisation des contribuables de la commune A se trouverait, par suite, diminuée de 11 fr. 11 %, tandis que celle des contribuables de la commune B serait augmentée de 18 fr. 50 %.

Enfin, nous avons vu que le revenu cadastral est très différent du revenu réel, et n'est plus qu'un chiffre de proportion entre les habitants d'une commune prise isolément, et non entre les habitants de toutes les communes de France.

(1) Loi du 3 frimaire an VII, art. 2.

(2) Exposé des motifs précité (*Journ. offic.* du 23 avril 1876).

(3) C'est l'exemple donné par M. Léon Say (*loc. cit.*).

Dès lors il est impossible, au cas de réunion de territoires appartenant à des communes différentes, de transporter d'une commune à l'autre les bases matricielles de cotisation pour les fusionner et en dégager le facteur commun, déterminant le revenu d'où se déduit la contribution. Les éléments comparables font défaut (1).

Jusqu'en 1876, aucun texte formel de loi ne tranchait ces difficultés; mais elles avaient toujours été résolues uniformément par l'administration des finances, et il était admis que le passage d'une commune à l'autre ne modifiait pas la somme d'impôt afférente à chaque section, et que chacune entrait dans l'association avec son chiffre primitif.

On lit, en effet, dans une circulaire en date du 26 décembre 1836 (2), adressée par le directeur général des contributions directes aux directeurs particuliers, les recommandations suivantes :

A l'égard des travaux de remaniement occasionnés par des réunions de communes ou des changements de limites postérieurs au cadastre, j'ai à vous faire part des modifications apportées aux dispositions de la circulaire du 12 mai 1830.

D'après cette circulaire on devait, quand il s'agissait de communes cadastrées depuis 1822, faire procéder à un nouveau classement de la commune ou des terrains réunis, par comparaison avec les types de la commune qui gagnait; — s'il s'agissait de communes cadastrées avant 1822, on se bornait à porter les parcelles de la commune supprimée, ou les parcelles cédées, dans la matrice de la commune à laquelle elles étaient réunies, sans changer aucunement les évaluations.

On a représenté avec raison qu'un nouveau classement des objets réunis, fait d'après l'état des choses au moment de la réunion, ne pouvait être proportionnel au classement des propriétés de la commune prenante, effectué plusieurs années auparavant; — que de la sorte on atteignait les améliorations obtenues dans les cultures depuis l'exécution du cadastre;— et qu'enfin, ce mode de procéder était contraire aux principes d'après lesquels les propriétaires de biens cadastrés sont garantis de tous changements dans leurs revenus imposables.

Quant aux communes cadastrées suivant le mode ancien, on a fait observer que la fusion des revenus n'était juste et praticable qu'autant que la répartition cantonale arrêtée à l'époque du cadastre, en conformité de l'art. 790 du recueil méthodique, était demeurée en vigueur, ou n'avait subi que des augmentations ou des diminutions proportionnelles; — que si les contingents avaient été changés par suite des opérations de la sous-répartition, le simple transport des revenus assignés aux fonds réunis avait nécessairement pour résultat, soit de surcharger

(1) Voir le Rapport fait au nom de la commission chargée d'examiner le projet de loi concernant le transport de la contribution foncière dans le cas de réunion de communes, par M. Bastid Raymond, député (*Journ. offic.* du 4 juillet 1876, Annexe n° 229, p. 4825).

(2) Insérée au *Bulletin des contributions directes*, 5ᵉ année, 1836, p. 215 et 216.

ces fonds au profit des propriétés de la commune dans laquelle ils étaient transportés, soit de grever ces dernières d'une partie de la contribution supportée par les propriétés réunies, — tandis que les lois et ordonnances royales prononçant des réunions, disposent expressément que les biens passant en d'autres communes emportent leurs contingents et supportent dans la nouvelle commune la même contribution qu'avant leur réunion.

L'administration a reconnu la justice de ces observations, et, rapportant les dispositions précitées de la circulaire du 12 mai 1830, elle a adopté une marche telle que les fonds distraits d'un territoire et ceux de la commune à laquelle ils sont rattachés conservent respectivement leur précédente cotisation.

Cette marche ne diffère pas de celle que la circulaire de 1830 a réglée pour les communes non cadastrées, sauf les additions nécessitées par la nature des pièces.

En conséquence, quelle que soit l'époque où le cadastre a été exécuté, il ne peut plus y avoir lieu de changer le classement primitif des terrains qui passent en un autre territoire.

L'auteur de cette circulaire ajoutait qu'on devait par suite se borner, pour ordre et sans toucher au chiffre de l'impôt, uniquement pour la régularité de la matrice cadastrale, à modifier, par des « *opérations de cabinet* » que nous aurons à étudier plus tard, les revenus imposables de ces terrains, de telle sorte qu'ils eussent à supporter dans la nouvelle commune la même contribution que dans l'ancienne.

Ce mode de procéder était conforme au principe de la fixité de l'impôt foncier, proclamé par la loi du 15 septembre 1807. Il respectait les droits acquis ; enfin, il offrait de sérieux avantages lorsqu'il s'agissait d'annexion de faubourgs et de territoires suburbains à de grandes agglomérations de population. Les états contributifs de ces divers groupes sont alors nécessairement fort différents les uns des autres ; et il n'est pas équitable de faire participer de suite les communes annexées à un contingent d'impôt fondé sur un degré de richesse et de bien-être encore très éloigné d'elles, et qu'elles ne sauraient atteindre de longtemps. D'autre part, les territoires annexés ne recueillent pas ordinairement, au même degré que ceux du centre de la cité, les avantages des dépenses communes ; et c'est déjà une surcharge appréciable pour leurs habitants que l'assujettissement aux droits d'octroi, qu'avant la réunion ils ne supportaient pas (1). Il est donc équitable, il est même nécessaire de ménager dans ces cas, pour les communes annexées, la transition d'un état contributif modéré à une situation plus lourde : et le système adopté par

(1) Voir le Rapport de M. Bastid précité.

l'administration des finances permettait d'arriver facilement à ces résultats.

A la rigueur, ces traditions constantes de l'administration pouvaient suppléer à l'absence d'une loi générale sur la matière, d'autant plus que chaque loi particulière, qui prononçait une réunion de communes, contenait ordinairement une disposition en ce sens (1).

Mais lorsque les actes décrétant des réunions de communes étaient muets sur la question de la répartition de la contribution foncière, on se trouvait en présence de graves difficultés.

En effet, le conseil d'Etat, contrairement à la pratique suivie par l'administration des finances, refusait de conserver à chaque fraction réunie son contingent particulier ; et il décidait que, lorsqu'une commune était annexée à une autre commune, à moins qu'il n'en ait été autrement décidé par une disposition spéciale et formelle de la loi ou du décret de réunion des deux communes, cette réunion pouvait et devait entraîner la formation d'un contingent unique pour la commune nouvelle, dans la répartition de la contribution foncière ; — et qu'après l'attribution de ce contingent unique, il devait être procédé, conformément à l'art. 2 de la loi du 3 frimaire an VII, à la répartition de ce contingent entre tous les propriétaires de la nouvelle commune, proportionnellement aux revenus de leurs immeubles.

En conséquence, il déclarait que les propriétaires de la commune supprimée n'étaient pas fondés à se plaindre de l'augmentation d'impôt qui résultait pour eux de cette opération, s'ils n'établissaient pas que les règles de l'égalité proportionnelle avaient été violées à leur égard.

C'est ainsi qu'il se prononça par un arrêt en date du 23 janvier 1864 (2), rendu dans les circonstances suivantes :

Une loi du 14 juin 1845 avait réuni la commune de Saint-Etienne à celle de Tours. Cette loi ne contenait aucune disposition relative à la répartition de la contribution foncière ; mais elle disposait, dans son art. 3 : « Le territoire de la commune supprimée sera

(1) M. Dalloz fait remarquer (note sous l'arrêt du conseil d'Etat du 23 janvier 1864, D. 1865. 3. 27, que nous rapportons plus loin) qu'une telle disposition, bien que dérogatoire à l'art. 2 de la loi du 3 frimaire an VII, pouvait se rencontrer non seulement dans les lois, mais même dans les décrets portant réunion de deux ou plusieurs communes ; et qu'elle trouvait sa base légale dans l'art. 7 de la loi du 18 juillet 1837, aux termes duquel « les autres conditions de la réunion ou de la distraction seront fixées par l'acte qui la prononcera ».

(2) *Recueil*, p. 41. — D. 1865. 3. 27.

exempt des contributions extraordinaires imposées à la ville de Tours pour la construction d'un quartier de cavalerie. »

En raison de cette disposition, l'administration locale maintint à chaque fraction le contingent particulier qui lui avait été assigné, avant la réunion, pour la répartition de la contribution foncière.

Mais ces contributions extraordinaires, prévues par l'art. 3 de la loi d'annexion précitée, ayant pris fin en 1854, l'administration s'occupa, quelques années après, de supprimer cette distinction de deux contingents et de procéder à la confection d'un contingent unique pour la commune nouvelle. Cette opération fut réalisée en 1860. C'est alors que les habitants de l'ancienne commune de Saint-Etienne, se trouvant lésés par l'effet de cette mesure, qui augmentait l'impôt foncier qu'ils supportaient auparavant, présentèrent devant le conseil de préfecture d'Indre-et-Loire des réclamations à l'effet d'obtenir réduction de la contribution foncière à laquelle ils avaient été imposés pour l'année 1861, sur le rôle de la ville de Tours. Ils soutenaient que les contingents des deux anciennes communes de Saint-Etienne et de Tours, dans la contribution foncière, auraient dû rester séparés, et que c'était à tort qu'on avait fixé leur cote en comparant le revenu de leurs immeubles avec celui de la généralité des habitations de la nouvelle ville de Tours.

Le conseil de préfecture s'étant déclaré incompétent pour statuer sur leur demande, par le motif qu'il ne saurait connaître de la légalité de la réunion des contingents des deux communes, et des opérations préliminaires, le conseil d'arrondissement et le conseil général étant appelés à en juger, aux termes de la loi du 10 mai 1838, les requérants se pourvurent devant le conseil d'Etat.

Ils invoquaient le principe de la loi du 18 juillet 1837, d'après laquelle lorsqu'une commune est réunie à une autre, les habitants de l'une et de l'autre conservent la jouissance exclusive des droits privatifs qui leur appartenaient avant la réunion, principe reproduit par l'art. 4 de la loi spéciale de réunion des communes de Tours et de Saint-Etienne.

Ils invoquaient en outre la loi du 2 messidor an VII (art. 91), le règlement du 15 mars 1827, sur le cadastre, et la circulaire du 26 décembre 1836.

Aux termes de l'art. 91 de la loi du 2 messidor an VII, disaient-ils, lorsqu'une réunion de communes est prononcée, l'administration est tenue de changer ses mandements de contributions foncières, d'après les rôles existants ; — le règlement du 15 mars 1827 établit que le terrain qui passe d'une commune dans une autre emporte avec lui son contingent ; — enfin, la circulaire du 26 décembre 1836 porte : « Les réunions de communes ou portions de communes, prononcées après la confection du cadastre, n'entraînent point un nouveau classement des propriétés réunies ; on doit se borner à modifier les revenus imposables de ces propriétés, de telle sorte qu'elles supportent, dans la nouvelle commune, les mêmes contributions que dans l'ancienne. »

Le ministre des Finances, consulté sur ce pourvoi, en appuya les conclusions quant à la question de compétence ; mais, sur le fond, il présenta les observations suivantes :

Les requérants, dit-il, ne peuvent pas se plaindre de payer l'impôt dans une proportion plus forte que les propriétaires de Tours. S'il en était ainsi, rien n'eût été plus facile pour eux que d'obtenir la réduction à laquelle ils auraient eu droit, en comparant, dans leurs réclamations, leurs maisons à d'autres maisons de la ville de Tours, et au besoin en demandant, en vertu de l'art. 29 de la loi du 21 avril 1832, une vérification par voie d'experts, qui aurait nécessairement abouti au rétablissement de l'égalité proportionnelle. Mais ils se sont bien gardés de suivre cette marche simple et légale, parce que c'est, non la justice et l'égalité proportionnelle qu'ils veulent, mais uniquement la continuation de la faveur dont jouissait Saint-Etienne, par suite d'une situation exceptionnelle qui a dû cesser par la réunion à la ville de Tours.

Les requérants ne disent pas : Notre contribution foncière est trop élevée. Ils ne sauraient le prouver. Ils disent : Notre contribution foncière est plus élevée que quand Saint-Etienne avait son contingent particulier ; nous voulons conserver ce contingent qu'on n'avait pas le droit d'augmenter. — Et tous leurs efforts n'ont pour but que de soutenir cette dernière prétention. Il sera facile de démontrer qu'elle est mal fondée.

Pour justifier leur opinion que Saint-Etienne devait garder son ancien contingent, les requérants invoquent la loi du 2 messidor an VII, le recueil méthodique des lois et règlements sur le cadastre, une circulaire du 26 décembre 1836, et la loi de réunion elle-même, dont ils semblent croire que l'art. 4, portant que les communes réunies conserveront leurs droits d'usage et autres, s'applique aussi aux contributions.

J'écarterai d'abord les conséquences que l'on voudrait faire découler du texte de la loi de réunion. Son art. 4 ne s'applique évidemment qu'à des droits de propriété et non aux contributions. La preuve en est que, dans tous les cas de l'espèce où l'on a voulu suspendre l'application des règles relatives aux contributions, l'exception a toujours été mentionnée dans le décret ou dans la loi de réunion. Je citerai le décret du 24 mars 1852, le décret du 13 octobre 1858, la loi du 16 juin 1859, concernant l'extension des limites des villes de Lyon, Lille et Paris. Or, la loi du 14 juin 1845, relative à l'agrandissement de Tours, ne contient aucune exception semblable en faveur de Saint-Etienne.

Je ferai remarquer ensuite que les requérants interprètent mal la loi du 2 messidor an VII et le recueil méthodique.

Les dispositions qu'on y trouve sur la question ne signifient nullement ce que les requérants voudraient y voir ; elles signifient simplement que, quand une commune est augmentée par la réunion d'une commune ou d'une portion de commune, on ne doit augmenter le contingent de la commune agrandie que de l'impôt que payait précédemment la commune ou la portion de commune réunie ; or, c'est ce qui a été fait pour la ville de Tours, à l'ancien contingent de laquelle on s'est borné à ajouter, sans augmentation, l'ancien contingent de Saint-Etienne. La loi du 2 messidor et le recueil méthodique ne disent nullement que l'impôt du territoire réuni continuera d'être exclusivement attribué aux propriétés qui le composaient, car une telle disposition serait en contradiction avec le principe de l'égalité proportionnelle consacré par l'art. 2 de la loi du 3 frimaire an VII. Elle serait également en contradiction avec la loi du 2 messidor elle-même, dont le principal objet est de donner les moyens d'obtenir le rappel à cette égalité, lorsqu'elle n'a point été observée.

Quant à la circulaire du 26 décembre 1836, qui émanait, non du ministre, mais du directeur des contributions directes, elle a eu pour objet de pourvoir, pour le moment, à la fusion indispensable des rôles de communes qui ne pouvaient faire procéder au renouvellement de leurs cadastres ; cette circulaire ne peut, dès lors, s'appliquer à l'espèce.

Enfin, le conseil d'Etat trancha la difficulté dans l'arrêt suivant :

Sur la compétence :

Considérant que les réclamations présentées par les requérants devant le conseil de préfecture avaient pour objet de faire décider que leurs cotes foncières devaient être réduites, pour l'année 1861, au taux fixé pour les années précédentes, attendu que la loi du 14 juin 1845, en ordonnant la réunion de l'ancienne commune de Saint-Etienne à la ville de Tours, aurait entendu maintenir les anciennes évaluations cadastrales pour les propriétés bâties comprises dans le territoire de Saint-Etienne ;

Considérant que, aux termes de l'art. 4 de la loi du 28 pluviôse an VIII, le conseil de préfecture est chargé de prononcer sur les demandes des particuliers tendant à obtenir la décharge ou la réduction de leurs cotes de contributions directes ; qu'au cas où ces demandes sont fondées sur ce que les contributions dont le dégrèvement est demandé n'auraient pas une base légale, il appartient au conseil de préfecture d'apprécier si cette réclamation est bien fondée ; qu'il suit de là que c'est à tort que le conseil de préfecture d'Indre-et-Loire s'est déclaré incompétent pour prononcer sur les réclamations des requérants, en se fondant sur ce qu'il ne lui appartenait pas de connaître de la question de savoir si la loi, en autorisant la réunion des anciennes communes de Tours et de Saint-Etienne en une seule commune, a permis de réunir les contingents fonciers de ces deux communes, et de procéder à une nouvelle évaluation du revenu des propriétés bâties sur le territoire de Saint-Etienne ;

Au fond :

Considérant que l'art. 3 de la loi du 14 juin 1845 s'est borné à ordonner que le territoire de la commune supprimée de Saint-Etienne serait exempt des contributions extraordinaires imposées à la ville de Tours pour la construction d'un quartier de cavalerie, par une loi antérieure du 14 juillet 1841 ;

Que la loi précitée de 1845 ne faisait pas obstacle à ce que, pour l'année qui suivait la réunion des deux communes, il fût assigné dans la répartition de la contribution foncière un seul contingent pour la commune nouvelle ; — que, cependant, la séparation des contingents, pour l'ancienne commune de Tours et pour l'ancienne commune de Saint-Etienne, a duré jusqu'en 1860, quoique les contributions extraordinaires autorisées par la loi du 14 juillet 1841 eussent cessé dès l'année 1854 ; — qu'après l'attribution d'un contingent unique à la ville de Tours, telle qu'elle était constituée par la loi précitée de 1845, il a dû être procédé, conformément à la loi du 3 frimaire an VII, à la répartition de ce contingent entre tous les propriétaires de ladite commune, proportionnellement aux revenus de leurs immeubles ;

Considérant que, pour arriver à cette répartition, le conseil municipal de la ville de Tours avait demandé que, par application de l'art. 7 de la loi du 7 août 1850, il fût procédé à la révision et au renouvellement du cadastre, tant pour les propriétés non bâties que pour les propriétés bâties ;

Que le conseil général d'Indre-et-Loire avait émis un avis conforme à cette demande ; mais que, postérieurement, le conseil municipal a décidé que l'opération serait bornée à une nouvelle évaluation des propriétés bâties ; — que les lois et règlements sur le cadastre l'autorisaient à procéder ainsi ;

Qu'il résulte de l'instruction que les évaluations des propriétés bâties, situées sur le territoire de l'ancienne commune de Saint-Etienne, ont été rapprochées des évaluations qui avaient été arrêtées en 1837, pour les propriétés bâties de la ville de Tours ; — que la même proportion d'atténuation du revenu réel des immeubles a été admise pour les deux territoires ; — que les résultats de ce travail ont servi de base pour la rédaction de la matrice du rôle de l'année 1861, en ce qui concerne les propriétés bâties situées sur le territoire de Saint-Etienne ; — que les requérants ne justifient pas que les cotes inscrites en leurs noms sur ce rôle n'aient pas été assises d'après le revenu de leurs immeubles comparé à celui de la généralité des habitants de la ville de Tours ; — que, dès lors, leurs demandes en réduction doivent être rejetées...

Le conseil d'Etat décida également, dans un arrêt du 15 janvier 1868 (1), rendu au sujet d'une loi du 18 mai 1864 qui avait annexé la section de la Bastide à la ville de Bordeaux, que, lorsqu'une commune était réunie à une autre commune, un contingent foncier unique devait être attribué à la nouvelle commune, conformément à la loi du 3 frimaire an VII, et que l'administration ne pouvait maintenir, pour la répartition de ce contingent, la séparation des contingents précédemment attribués à chacune des deux parties de ladite commune, ni appliquer à des immeubles situés sur le territoire de la section réunie la proportion d'atténuation admise précédemment

(1) *Recueil*, p. 22. (Chemins de fer de Paris à Orléans.)

pour cette section, et moins élevée que celle qui avait été adoptée pour la ville à laquelle elle avait été réunie ; que, par suite, les propriétaires de ces immeubles étaient fondés à demander que leur cote foncière fût assise d'après les règles d'évaluation et la proportion d'atténuation admises pour la généralité des propriétés bâties comprises dans le territoire de la ville, tel qu'il avait été fixé par la loi de réunion.

Ainsi, l'absence d'une loi générale sur la matière offrait déjà des inconvénients sous l'empire de la loi du 18 juillet 1837, qui (art. 4) n'accordait qu'au législateur et au chef de l'Etat le droit de prononcer des réunions de communes.

Ces inconvénients augmentèrent encore avec les lois du 24 juillet 1867 (art. 13) et du 10 août 1871 (art. 46, § 26), qui, on se le rappelle, accordaient aussi au préfet et au conseil général, en cas d'accord entre toutes les parties intéressées, le droit de statuer sur les réunions de communes. Ces autorités étaient, en effet, sans pouvoir pour régler le sort des contingents affectés à chaque section, une semblable question étant d'ordre législatif ; et alors le conseil d'Etat décidait constamment, comme il le fit encore par un arrêt en date du 7 janvier 1876 (1), que la répartition de la contribution foncière devait être opérée, après l'annexion, par voie de comparaison entre l'ensemble des propriétés du territoire actuel de la commune et non suivant les conditions spéciales usitées, soit dans l'ancien territoire de la commune, soit dans chacune des communes annexées.

Dans l'espèce, un décret du 24 mars 1852 avait annexé à la ville de Lyon les communes de Vaise, la Croix-Rousse et la Guillotière ; et ce décret d'annexion ne contenait aucune disposition relative à la répartition de la contribution foncière.

Conformément aux instructions contenues dans la circulaire précitée du 26 décembre 1836, l'administration maintint à chaque section son contingent particulier.

Mais un sieur Sève, propriétaire d'un immeuble situé dans l'ancien territoire de la ville de Lyon, trouvant que sa maison était imposée d'après un revenu plus élevé que celui qui aurait dû lui être attribué par comparaison avec la généralité des propriétés bâties du territoire actuel de la commune, demanda au conseil de préfecture du Rhône réduction de sa contribution foncière.

Sa demande fut rejetée par un arrêté dudit conseil de préfecture en date du 30 octobre 1874. Le requérant forma alors un recours

(1) Voir *Recueil*, p. 8.

devant le conseil d'Etat, basé sur ce que, contrairement aux prescriptions de l'art. 2 de la loi du 3 frimaire an VII, la contribution foncière n'était pas répartie à Lyon par égalité proportionnelle sur toutes les propriétés de la commune à raison de leur revenu net imposable ; — que le rapport entre le revenu réel des maisons et le revenu matriciel sur lequel porte l'impôt variait de maison à maison ; — que d'après les explications mêmes fournies par l'administration, la proportion d'atténuation qui servait, étant donné le revenu réel, à établir le revenu matriciel, n'était pas la même dans l'ancien territoire de la ville de Lyon et dans les anciennes communes de Vaise, la Croix-Rousse et la Guillotière, annexées à la ville de Lyon par le décret du 24 mars 1852 ; — et que ce mode de procéder était contraire audit décret d'annexion, qui ne contenait aucune dérogation aux règles ordinaires de la répartition de la contribution foncière.

Et le conseil d'Etat, après avoir décidé que c'était à tort que le conseil de préfecture s'était déclaré incompétent, admit son pourvoi, au fond, dans un arrêt ainsi motivé :

Au fond: Considérant que le décret du 24 mars 1852, qui réunit à la ville de Lyon les anciennes communes de Vaise, la Guillotière et la Croix-Rousse, ne contient aucune règle relative à la répartition de la contribution foncière;

Que, dès lors, le contingent attribué à la ville de Lyon dans son état actuel doit être réparti, conformément à l'art. 2 de la loi du 3 frimaire an VII, par égalité proportionnelle sur toutes les propriétés foncières à raison de leur revenu net imposable, déterminé, pour les propriétés bâties, suivant les règles prescrites par l'art. 82 de la loi du 3 frimaire an VII;

Que le ministre des Finances reconnaît que la contribution foncière a été répartie à Lyon, non par voie de comparaison entre l'ensemble des propriétés du territoire actuel de ladite ville, mais suivant les règles spéciales usitées, soit dans l'ancien territoire de Lyon, soit dans chacune des communes de Vaise, la Guillotière et la Croix-Rousse, avant le décret du 24 mars 1852, qui a réuni ces trois communes à la ville de Lyon;

Qu'il résulte de l'instruction que, par suite de ce mode de procéder, la maison du requérant, située sur l'ancien territoire de la ville de Lyon, est imposée d'après un revenu plus élevé que celui qui aurait dû lui être attribué par comparaison avec la généralité des habitations bâties du territoire actuel de la ville;

Que, dès lors, le requérant est fondé à se prétendre surtaxé, et qu'il y a lieu de renvoyer devant le conseil de préfecture pour y faire déterminer le revenu imposable de sa maison, et l'atténuation qui doit lui être appliquée, par rapport avec l'ensemble des revenus des habitations du territoire de la ville de Lyon, tel qu'il a été fixé par le décret du 24 mars 1852;

Arrêté annulé; — Renvoi devant le conseil de préfecture du Rhône pour y faire déterminer le revenu, d'après les bases ci-dessus indiquées.

Cet arrêt mettait donc encore mieux en évidence les désavantages qui résultaient de l'absence d'un texte formel de loi sur cette question du transport de la contribution foncière dans le cas de réunion de communes.

M. Bastid les résumait en ces termes, dans son rapport précité à la Chambre des députés :

« Le défaut d'une prévision législative, disait-il, entraine les plus graves conséquences, surtout lorsqu'il s'agit de l'annexion de faubourgs et de communes suburbaines. L'écart est nécessairement grand entre les deux états contributifs ; par suite, la participation immédiate des communes annexées à un contingent d'impôt reposant sur un niveau de richesse et de prospérité dont elles sont loin, et qu'elles ne peuvent atteindre en un jour, serait injuste, et, dans tous les cas, prématurée. Il suffit, cependant, qu'un propriétaire de la grande agglomération s'émeuve, qu'il signale la différence des contingents respectifs, qu'il prenne pour terme de comparaison les terrains annexés. Dans le silence de la loi, tout est remis en question ; et si le conseil d'Etat est saisi, il est dans la nécessité, comme il l'a fait par l'arrêt du 7 janvier 1876, de décider que la contribution foncière doit être répartie, non suivant les règles spéciales usitées dans chacune des communes primitives, mais par voie de comparaison entre l'ensemble des propriétés du territoire entier formé par la réunion.

« S'il ne se produit que des réclamations et des décisions individuelles, c'est un nouveau disparate, une nouvelle illégalité qui s'introduit dans l'assiette de l'impôt. Cette révision partielle donne naissance à une troisième classe de cotisés.

« Si la révision prend le caractère d'une mesure d'ensemble, c'est la double opération de la révision des évaluations pour les propriétés bâties et d'un nouveau cadastre général de la commune. Il serait, du reste, impossible de distinguer entre les deux éventualités. La première conduit nécessairement à la seconde, les atténuations obtenues par les uns devant être reportées sur les autres.

« C'est devant ces complications que les pouvoirs publics ont toujours reculé. »

Enfin, le Gouvernement s'émut, et le 23 mars 1876, M. Léon Say, ministre des Finances, présenta à la Chambre des députés un projet de loi « *concernant le transport de la contribution foncière dans le cas de réunion de communes* ».

C'est ce projet qui est devenu la loi du 12 août 1876.

L'article unique de cette loi est ainsi conçu :

Article unique. — *Dans le cas de réunion d'une commune ou d'une portion de commune à une autre commune, les évaluations cadastrales des propriétés bâties et non bâties comprises dans les territoires réunis doivent être modifiées de manière à maintenir pour chaque parcelle le chiffre de la cotisation foncière en principal qu'elle supportait antérieurement, sans préjudice des changements que pourrait éprouver cette cotisation, soit par suite d'une nouvelle répartition des contingents entre les communes, soit par suite du renouvellement total ou partiel des opérations cadastrales.*

Les frais nécessités par les opérations effectuées en exécution de ces dispositions sont supportés par les communes auxquelles les territoires en question ont été annexés, à moins que le conseil général n'en autorise le prélèvement sur les fonds départementaux.

Sont et demeurent confirmées les opérations exécutées conformément aux dispositions du § 1 ci-dessus, dans les communes qui ont fait l'objet de réunions antérieurement à la promulgation de la présente loi (1).

Comme on a pu le voir par la lecture de ce texte, cette loi n'a pas pour but d'innover ; ses dispositions sont purement interprétatives et ne font que confirmer le mode de procéder prescrit par la circulaire du 26 décembre 1836.

Son unique but, ont dit les rapporteurs (2), a été de mettre la législation en parfait accord avec l'équité ; — de maintenir dans notre service financier une règle désormais invariable et nécessairement applicable dans tous les cas de réunion ou d'annexion ; — de régulariser législativement ce qui avait été fait dans le passé ; d'empêcher dans l'avenir les contestations judiciaires auxquelles peuvent se laisser entraîner les intéressés ; — et surtout de dégager les questions de réunions de communes des questions souvent irritantes de contributions, et d'en faciliter ainsi la solution dans bien des cas.

Enfin, les auteurs de la loi ont été inspirés par cette idée que, peut-être, dans un avenir prochain, la loi prescrirait la révision générale du cadastre ; et ils ont pensé qu'il serait mauvais de rompre avec la tradition non interrompue qui faisait entrer chaque section dans l'agglomération nouvelle avec l'impôt qu'elle payait déjà, et de jeter dès à présent les communes de formation nouvelle dans des opérations de nivellement qui seraient à renouveler, si cette prévision législative se réalisait.

D'ailleurs, comme on l'a fait remarquer, cette loi n'a rien de

(1) Cette loi est toujours en vigueur : l'art. 168, § 20, de la loi municipale du 5 avril 1884 a bien abrogé une loi du 12 août 1876 ; mais il s'agit d'une loi relative à la nomination des maires et adjoints, et non de la loi dont nous nous occupons.

(2) Voir : Rapport de M. Bastid Raymond à la Chambre des députés. — Rapport de M. Oscar de Lafayette au Sénat. — Exposé des motifs de M. Léon Say.

contraire au principe de l'égalité des charges publiques, car elle ne fait, en réalité, qu'appliquer à l'impôt foncier un tempérament momentané analogue à celui que l'art. 5 de la loi du 25 avril 1844 (reproduit dans l'art. 5 de la loi du 15 juillet 1880) accorde expressément aux patentables dans le cas d'accroissement du chiffre de la population (1).

Ainsi donc, le passage d'une commune à une autre commune ne modifie pas la somme d'impôt afférente à chaque section : chacune entre dans l'association avec son chiffre primitif. On se contente, pour ordre et sans toucher au chiffre de l'impôt, uniquement pour la régularité de la matrice cadastrale, de remanier les revenus matriciels, en ramenant à un taux commun le centime le franc.

Pour obtenir ce résultat, on suit le procédé qui était indiqué dans la circulaire du 26 décembre 1836, à laquelle renvoie la circulaire du 22 août 1876.

Cette circulaire de 1836 est ainsi conçue :

Quand des terrains passent d'une commune dans une autre, tout se réduit à des opérations de cabinet dont voici le détail.

On commence par déterminer la proportion existant entre le revenu cadastral et le contingent en principal (2), tant dans la commune qui cède que dans la commune qui prend. Si cette proportion est la même, ou si elle ne diffère que dans la troisième décimale, il n'y a qu'une simple transcription à faire d'une matrice sur l'autre ; et l'on suit ce qui est dit dans la circulaire du 12 mai 1830, à l'égard des communes cadastrées dans le système ancien.

Si la proportion diffère plus sensiblement, il est indispensable de mettre les évaluations des parcelles réunies de niveau avec celles des propriétés de la commune dans laquelle elles entrent, ainsi qu'il suit :

1° On divise le contingent foncier en principal de la commune qui perd par le centime le franc en principal de la commune qui gagne, et l'on a pour quotient un revenu imposable dont la comparaison avec le revenu cadastral de la commune perdante fait connaître la proportion d'après laquelle le tarif des évaluations de l'hectare des différentes natures de culture de cette dernière commune doit être haussé ou baissé pour être mis en rapport avec les évaluations de la commune qui gagne (3).

(1) Voir, sur ce point, la sous-section IV ci-dessous, où nous nous occuperons spécialement de la contribution des patentes.

(2) C'est-à-dire le centime le franc.

(3) Exemple. — Soit B la commune perdante ou annexée, et A la commune gagnante.

La commune A avait un revenu matriciel de 25,000 francs, un contingent foncier en principal de 10,000 francs, et un centime le franc de 0 fr. 40.

La commune B avait un revenu matriciel de 20,000 francs, un contingent foncier en principal de 6,000 francs, et un centime le franc de 0 fr. 30.

Je divise donc le contingent foncier de la commune B, qui perd, par le centime le franc

2° On applique le tarif modifié au classement des parcelles qui changent, ou, ce qui revient au même, on augmente ou on diminue leur revenu cadastral ancien d'après la proportion ci-dessus.

3° On rectifie l'état de sections et l'on ajoute les parcelles avec leurs nouveaux revenus aux articles de la matrice cadastrale de la commune prenante ; on a soin de désigner par un signe quelconque la lettre indicative de la section ou de la fraction de section renfermant les objets réunis, afin d'en reconnaître facilement l'origine.

4° On porte le tarif modifié avec l'indication de la portion de territoire à laquelle il s'applique sur la feuille de tête de la matrice cadastrale, pour pouvoir ultérieurement effectuer les mutations entraînant des divisions de parcelles.

5° Enfin, on refait une récapitulation générale et on rectifie la table alphabétique.

C'est le même procédé que l'on trouve indiqué dans l'exposé des motifs de M. Léon Say, où on lit :

Dans le cas de réunion d'une commune ou d'une fraction de commune à une autre commune, on modifie les revenus matriciels de l'ensemble de la commune annexée, de manière à ce qu'ils se trouvent, avec l'impôt, dans le même rapport que les revenus matriciels de la commune qui prend, opération qui s'effectue par un simple calcul d'arithmétique.

Ainsi, soient deux communes, A et B, ayant, la première, un revenu matriciel total de 25,000 francs et un contingent foncier en principal de 10,000 francs (centime le franc $\frac{10,000}{25,000}$ soit 0,40) ; et la seconde, un revenu matriciel de 20,000 francs et un contingent foncier en principal de 6,000 francs (centime le franc $\frac{6,000}{20,000}$ soit 0,30).

Dans ce cas, l'opération consiste à ramener le centime le franc de la commune B au centime le franc de la commune A.

Or, ce résultat s'obtient en modifiant, dans un sens inverse, le revenu matriciel de la commune B.

Le centime le franc de la commune A étant de 0 fr. 40, et celui de la commune B de 0 fr. 30, le rapport entre ces deux chiffres est représenté par 0,40 divisé par 0,30, ou $\frac{0,40}{0,30}$, et le rapport inverse par 0,30 divisé par 0,40, ou $\frac{0,30}{0,40}$.

en principal de la commune A, qui gagne, soit 6,000 : 0,40 ou $\frac{6,000}{0,40}$; j'obtiens ainsi pour quotient un revenu imposable de 15,000 francs, dont la comparaison avec le revenu cadastral de la commune B perdante, lequel est de 20,000 francs, donne une proportion de 25 °/ₒ, d'après laquelle le tarif des évaluations de l'hectare des différentes natures de culture de cette dernière commune devra être baissé pour être mis en rapport avec les évaluations de la commune A gagnante.

C'est donc par cette proportion qu'il convient de multiplier le revenu matriciel de la commune B.

On obtient ainsi, pour le nouveau revenu, $20{,}000 \times \frac{0{,}30}{0{,}40} =$ 15,000 fr.

et celui de la commune A restant de. 25,000

on a un total de. 40,000 fr.

En appliquant à ce total le centime le franc de la commune A (0,40), on obtient un contingent de (40,000 × 0,40) 16,000 francs, dont 10,000 francs pour la commune A et 6,000 francs pour la commune B, sommes égales à celles que chacune d'elles supportait précédemment.

Enfin, pour effectuer la répartition de l'impôt entre les contribuables de l'ancienne commune B, on réduit le revenu matriciel de chacune des parcelles inscrites sous leur nom à la matrice, dans la proportion suivant laquelle se trouve réduit le revenu total de la commune.

Le revenu total ayant été ramené de 20,000 francs à 15,000 francs, le revenu matriciel de chacune des parcelles est réduit de 25 % et ramené à 75 % de ce qu'il était.

Tels sont les moyens pratiques à employer pour mettre à exécution les prescriptions de la loi du 12 août 1876.

Mais d'après ce texte même, et ainsi que l'a déclaré M. Léon Say dans son exposé des motifs précité, ce mode de procéder ne fait pas obstacle à ce que les conseils municipaux qui le jugeraient à propos usent des dispositions de l'art. 102 de la loi du 3 frimaire an VII (1), ou de l'art. 7 de la loi du 7 août 1850 (2), pour procéder, après le terme fixé par ces lois, soit à la révision des évaluations des propriétés bâties de l'ensemble de la commune, soit au renouvellement du cadastre général.

§ 2.

Transports de contributions.

Nous connaissons maintenant les opérations auxquelles doivent procéder le directeur et le contrôleur des contributions directes, en cas de changements dans la circonscription territoriale des communes.

(1) Art. 102. — L'évaluation du revenu imposable des maisons et usines sera révisée et renouvelée tous les dix ans.

(2) Art. 7. — Dans toute commune cadastrée depuis trente ans au moins, il pourra être procédé à la révision et au renouvellement du cadastre, sur la demande du conseil municipal de la commune et sur l'avis conforme du conseil général du département, à la charge par la commune de pourvoir aux frais des nouvelles opérations.

Il nous reste à voir comment et par qui va être effectué le transport des contributions (1).

Il faut, pour cela, distinguer trois cas :

1° La distraction ou la réunion des communes a été opérée dans l'intérieur d'un même arrondissement. Il appartient alors au conseil d'arrondissement, dans la circonscription duquel se trouvent les communes ainsi transformées, d'augmenter ou de diminuer les contingents de ces communes, l'année qui suit la date de l'acte qui a prononcé la modification (2);

2° Si la distraction ou la réunion a porté sur des communes situées dans des arrondissements différents, comme la mesure affecte le contingent des arrondissements dont elle change les limites, c'est au conseil général du département à transporter de l'arrondissement qui la perd à l'arrondissement qui la gagne la contribution de la portion du territoire cédé. — Cela fait, les conseils d'arrondissement feront, à leur tour, la répartition dans les communes de leur circonscription (3);

3° Enfin, s'il s'agit de territoires qui passent d'un département dans un autre, le préfet communique les états qui lui ont été remis par le directeur au préfet du département où passent les territoires distraits. Celui-ci, après en avoir vérifié l'exactitude, renvoie les états, revêtus de ses observations, à son collègue, qui fixe alors, par un arrêté spécial, le montant en principal des contributions à transporter.

Cet arrêté est transmis au ministre des Finances, qui provoque les changements nécessaires dans la circonscription des deux départements.

Les préfets mettent une copie des divers états et arrêtés sous les yeux du conseil général et des conseils d'arrondissement, qui augmentent ou diminuent le contingent des arrondissements et des

(1) Art. 2 de la loi du 2 messidor an VII (20 juin 1799) : « Toute propriété foncière doit être imposée dans la commune où elle est située. »

(2) Art. 92 (même loi) : « Toutes les fois que le Corps législatif (ou une autre autorité compétente) aura distrait une portion de commune pour l'incorporer à une autre commune, ou qu'il aura réuni plusieurs communes en une seule, ou que de plusieurs portions de communes il aura formé une commune nouvelle, le tout dans le même canton (ou arrondissement), l'administration municipale de ce canton (le conseil d'arrondissement) sera tenue de changer ses mandements de contribution foncière, d'après les rôles et cotisations existants. »

(3) Art. 91 (même loi) : « Toutes les fois que le Corps législatif (ou une autre autorité compétente) aura distrait une commune ou portion de commune d'un canton (d'un arrondissement) pour l'incorporer à un autre, dans le même département, l'administration centrale du département (le conseil général) sera tenue de changer ses mandements de contribution foncière, d'après les rôles existants. »

communes, en raison des réunions ou distractions qui ont eu lieu (1).

Lorsque le conseil d'arrondissement n'a pas assigné de contingents distincts à la nouvelle commune créée, il y a lieu de ne faire qu'un seul rôle général pour les deux territoires ; mais il convient d'établir des rôles spéciaux pour le recouvrement des impositions locales qui ne sont pas les mêmes de part et d'autre (2).

§ 3.

Remaniements de pièces cadastrales.

Toutes ces opérations, nécessitées par ces transports de contributions en cas de changements de circonscriptions communales, entraînent des remaniements de pièces cadastrales.

Il nous faut voir : à quel moment le directeur doit y procéder, quels frais ils entraînent et qui les supporte.

I. — *Quand le directeur devra-t-il procéder à ces diverses opérations?*

La circulaire du 22 août 1876 répond ainsi à cette question : « MM. les directeurs continueront à se conformer à la circulaire du 22 décembre 1836, tant pour les opérations à exécuter que pour les propositions qu'ils ont à soumettre préalablement à l'administration, concernant le travail et la dépense. »

Or, cette circulaire du 26 décembre 1836 renvoie sur ce point à la circulaire du 26 janvier 1836, adressée par le directeur de l'administration des contributions directes aux directeurs particuliers, et dans laquelle on lit (3) :

(1) Art. 93 (même loi) : « Si une distraction quelconque du territoire, ordonnée par le Corps législatif (ou une autre autorité compétente), a opéré une réunion à un autre département, le directoire exécutif (le chef de l'Etat) transportera par un arrêté (un décret) le montant de la contribution foncière, d'après les rôles existants, sur le département auquel la réunion aura été faite. »

Voir également : *Répert. gén. des contributions directes*, V° *Réunions... de communes*, § 8. — Conf. Arrêté du directoire exécutif du 29 nivôse an VII (*Bull. des lois*, an VII, n° 2938), relatif à l'exécution de la loi du 24 germinal an VI, sur les transports de contributions à raison de distraction ou d'augmentation de territoire. — Règlement sur le cadastre du 15 mars 1827.

(2) Décis. adm. du 4 novembre 1872 (Loire), insérée au *Répert. gén. des contributions directes*, V° *Réunions... de communes*, § 8, *fine*.

(3) Voir *Bull. des contributions directes*, année 1836, p. 37.

Il se peut que des changements dans la démarcation des territoires occasionnent la rectification ou la refonte des pièces cadastrales.

La circulaire du 12 mai 1830 ayant spécifié ce qu'il convenait de faire, selon les cas, pour régulariser les pièces (1), quelques directeurs ont pensé que l'autorisation de l'administration pour l'exécution des travaux de rectification n'était pas nécessaire, et la dépense a même été parfois acquittée par les communes sans qu'elle eût été approuvée.

Cette marche est contraire aux instructions ministérielles qui veulent qu'aucun remaniement des matrices de rôles n'ait lieu sans avoir été l'objet d'une approbation spéciale du ministre ; et comme aucune des garanties reconnues nécessaires ne saurait être négligée sans inconvénients, je vous prie, lorsqu'une ordonnance royale (ou, plus généralement, lorsqu'un acte) portant distraction ou réunion de territoires vous a été notifiée, ou que toute autre circonstance entraînera un changement dans les pièces cadastrales d'une commune, de transmettre à l'administration, avant de rien entreprendre, par l'intermédiaire de M. le préfet, un état indicatif du travail et de la dépense (2).

Ce n'est qu'après que cet état aura été approuvé, ou, s'il y a lieu, modifié, que vous devez entreprendre les travaux de rectification ou de refonte.

II. — *Quels frais entraîne le remaniement des pièces cadastrales, dans le cas de changement de circonscription de communes?*

Ce point a été résolu une fois pour toutes par le directeur des contributions directes qui, pour prévenir la reproduction des questions qui lui étaient fréquemment adressées à ce sujet, a établi le tarif de ces divers frais dans une circulaire du 8 mai 1867, qui est toujours en vigueur et que nous reproduisons (3).

(1) Nous avons vu que la circulaire du 26 décembre 1836 l'avait corrigée sur ce point.

(2) Cet état indicatif du travail et de la dépense doit être dressé d'après le tarif annexé à la circulaire du 8 mai 1867, dont nous allons nous occuper.

(3) Voir *Bull. offic. min. Int.*, 1867, p. 149. — « Je rappelle, dit en effet le directeur général des contributions directes, dans la circulaire du 22 août 1876 (*Bull. offic. min. Int.*, 1876, p. 605), que les frais de remaniement des pièces cadastrales, dans le cas de changement de circonscription de communes, ont été réglés par le tarif annexé à la circulaire du 8 mai 1867. »

CIRCULAIRE DU 8 MAI 1867

REFONTE DES MATRICES CADASTRALES

§ 1. — *Travaux à exécuter sur les atlas.*

	INDEMNITÉ	
	par hectare	par parcelle
Copie du plan des parcelles cédées, soit sur une ou plusieurs feuilles, à ajouter à l'atlas de la commune qui gagne, soit sur la marge de feuilles de cet atlas, savoir :		
1° Dessin (chaque exemplaire).	3c, 00	2c, 00
2° Ecritures du plan (chaque exemplaire)	0c, 50	0c, 13
3° Numérotage (chaque exemplaire).	»	0c, 12
Report sur le tableau d'assemblage de la commune qui prend, de la partie retranchée de la commune qui cède (par expédition)	1c, 50	»

Remarque I. — On sait que chaque parcelle est représentée par une feuille spéciale, insérée dans l'atlas de la commune où elle est située. Si donc une ou plusieurs parcelles sont distraites de cette commune, soit pour être érigées en communes distinctes, soit pour être réunies à une autre commune, de deux choses l'une : ou bien une feuille du plan peut être utilisée, alors on la retire de l'atlas de la commune qui perd pour la joindre à celui de la commune qui gagne ; ou bien elle ne le peut, et il faut alors en faire une copie.

Remarque II. — Il n'est rien alloué pour les teintes plates et annotations à porter sur l'atlas de la commune qui cède les parcelles.

Le prix, pour l'une des expéditions du tableau d'assemblage, est double, s'il y a lieu à développement ou à réduction.

Quand une feuille peut être utilisée, on la retire d'un atlas pour la joindre à l'autre, et il n'est alloué d'autre indemnité que celle relative à la rectification des écritures, c'est-à-dire moitié de celle concernant les écritures elles-mêmes.

En cas de réunion de communes, il n'est fait aucun changement aux atlas.

§ 2. — *Travaux à exécuter sur les états de sections, matrices, etc.*

	INDEMNITÉ	
	par hectare	par parcelle
1º Extrait et remaniement des relevés par nature de culture (direction)	»	1c, 00
2º Rehaussement ou abaissement des évaluations et transcription des nouveaux revenus sur les états de sections, pour les parcelles qui doivent passer d'une commune dans une autre (direction et commune)	»	1c, 00
3º Copie des états de sections (direction et commune)	»	3c, 00
4º Transcription, en double expédition, des parcelles sur la matrice de la commune qui prend, après rehaussement ou abaissement des évaluations, radiation des mêmes parcelles sur la matrice de la commune qui cède, réaddition des articles, récapitulations, tables alphabétiques, matrices générales, impression, reliure, etc... (direction et commune)	»	5c, 00

NOTA. — Les relevés par nature de culture ne doivent être remaniés que dans le cas de formation d'une nouvelle commune.

Le prix de ce travail et le prix de la copie des états de sections (art. 3) sont réduits de moitié lorsqu'il est possible de détacher les cahiers d'un volume pour les réunir à un autre, en se bornant à changer les chiffres.

Il n'est rien dû dans ce cas, si les revenus ne doivent pas être changés.

Il n'y a pas lieu de modifier les revenus lorsque le rapport du revenu imposable au contingent en principal est le même dans les deux communes ou lorsque la différence ne porte que sur la troisième décimale.

En cas de réunion de communes et lorsque les revenus ne doivent pas être modifiés, on conserve les anciennes matrices et on se borne à réunir sur l'une d'elles les parcelles des contribuables qui possèdent des propriétés dans plusieurs des communes réunies.

Les frais de reliure et de transport des plans et des états de sections sont réglés sur facture.

Toutefois, il convient de profiter autant que possible des relations des contrôleurs ou des maires avec la direction pour le transport des pièces.

En cas de formation d'une nouvelle commune, les frais de reliure des matrices sont compris dans l'indemnité de 5 centimes par parcelle qui figure au n° 4 du § 2 du tarif annexé à la circulaire du 8 mai 1867. Les frais de transport des matrices et des autres pièces, ainsi que ceux de reliure des plans et des états de sections, doivent être réglés sur facture et indépendamment des rétributions afférentes aux divers travaux spécifiés au tarif (décision administrative du 31 août 1876, Ille-et-Vilaine) (1).

L'indemnité relative aux travaux à exécuter sur la matrice cadastrale des propriétés bâties peut être fixée à 7 centimes 85 par parcelle (décision administrative, 1883, Vendée) (2).

III. — *A qui incombe le paiement de ces frais ?*

Dans le cas de réunion de communes, la solution était déjà donnée par une circulaire du directeur de l'administration des contributions directes en date du 26 décembre 1836 (3), où on lit :

Il arrive quelquefois que des communes déjà cadastrées obtiennent dans leur démarcation des changements qui nécessitent un remaniement des pièces et occasionnent des dépenses que les communes supportent, à moins que le conseil général ne consente à ce que les frais soient imputés sur les frais généraux.

Dans ce dernier cas, les dépenses doivent faire partie de celles qui sont comprises dans le dernier chapitre du compte annuel du cadastre ; dans le premier cas, elles font l'objet d'un état particulier que le directeur est tenu de former en fin d'année, et dans lequel, outre les détails ordinaires, ce chef de service énonce la date de la lettre approbative du travail et de la dépense.

La loi du 12 août 1876 n'a guère fait que résumer ces dispositions dans son § 2, où il est dit :

« *Les frais nécessités par les opérations effectuées en exécution des dispositions ci-dessus sont supportés par les communes auxquelles les territoires en question ont été annexés* (4), *à moins que le conseil général n'en autorise le prélèvement sur les fonds départementaux.* »

Mais lorsque deux communes viennent à être séparées pour former deux municipalités distinctes, quelle est celle qui doit supporter les frais de la division de la matrice cadastrale ?

(1) Rapportée au *Répert. gén. des contributions directes*, p. 1234, col. 2.

(2) Rapportée au *Répert. précité, loc. cit.*

(3) *Bull. des contributions directes*, année 1836, p. 212.

(4) C'est là une dépense obligatoire pour cette commune. — Voir MORGAND, *Commentaire de la loi du 5 avril 1884*, 3ᵉ édit., t. II, p. 397. — Voir aussi *Répert. gén. des contributions directes*, Vᵒ *Réunions... de communes*, § 9.

La simple équité veut que la commune qui a demandé la distraction supporte les frais qu'elle entraîne. C'est elle, en effet, qui est présumée y avoir le plus d'intérêt. Et même elle devra y pourvoir, en cas d'insuffisance de ses revenus ordinaires, par la voie des centimes additionnels, comme pour les dépenses obligatoires (1).

ARTICLE 2.

RÈGLES APPLICABLES DEPUIS LA LOI DU 8 AOUT 1890

Nous connaissons les règles qui, jusqu'à ces derniers temps, furent constamment suivies dans la pratique en cas de changement apporté à la circonscription territoriale des communes.

Mais une loi récente, la loi du 8 août 1890, est venue introduire en cette matière d'importantes modifications, qui étaient en préparation depuis une dizaine d'années.

En effet, une première loi du 29 juillet 1881 prescrivit tout d'abord d'inscrire dans des matrices cadastrales distinctes les propriétés bâties et les propriétés non bâties qui étaient alors réunies dans les mêmes documents. Une autre loi du 8 août 1885 disposa qu'à partir du 1er janvier 1886, l'administration des contributions directes procèderait au recensement de toutes les propriétés bâties avec évaluation de la valeur locative de chacune d'elles. Cette opération fut terminée en novembre 1889.

Enfin, dit M. Block (2), « dans le projet de budget de 1891, déposé le 26 février 1890, le Gouvernement proposa d'accorder, sur le principal de la contribution foncière des propriétés non bâties, un dégrèvement de près de 16 millions, afin de faire disparaître les inégalités de répartition de cette contribution ; pour couvrir cette diminution de recettes, le Gouvernement proposa en même temps de convertir la contribution foncière des propriétés bâties en impôt de quotité, et d'imposer ces propriétés, à partir du 1er janvier 1891, à raison de 3,97 % de leur revenu net imposable ».

Le Parlement admit, en effet, le principe de la quotité pour l'assiette de la contribution des propriétés bâties, et ce fut la loi du 8 août 1890 qui consacra définitivement cette importante innovation.

(1) Voir en ce sens : *Ecole des communes*, année 1833, p. 401. — DAVENNE, *Régime administratif et financier des communes*, 3e édit., 1842, p. 340, en note. — Lettre du ministre de l'Intérieur au préfet du Puy-de-Dôme du 25 octobre 1833.

(2) *Dict. de l'adm. franç.*, 1891, Vo *Contributions directes*, nos 62-64.

Aux termes des art. 4, 5, 6, 8 et 13 de cette loi :

Art. 4. — *A partir du 1er janvier 1891, il ne sera plus assigné de contingents aux départements, arrondissements et communes, en matière de contribution foncière des propriétés bâties.*

Art. 5. — *La contribution foncière des propriétés bâties sera, à partir de la même date, réglée en raison de la valeur locative de ces propriétés, telle qu'elle a été établie conformément à l'art. 34 de la loi du 8 août 1885, sous déduction d'un quart pour les maisons et d'un tiers pour les usines, en considération du dépérissement et des frais d'entretien et de réparation.*

. . . .

Art. 6. — *Le taux de la contribution foncière des propriétés bâties est fixé en principal, pour 1891, à 3,20 % de la valeur locative établie comme il est dit à l'article précédent, et après les déductions spécifiées audit article.*

. . . .

Art. 8. — *Les évaluations servant de base à la contribution foncière des propriétés bâties seront révisées tous les dix ans.*

. . . .

Art. 13. — *Sont et demeurent abrogées toutes les dispositions contraires à celles des art. 4 à 12 de la présente loi.*

Ainsi donc, rien n'est changé à l'assiette de la contribution foncière, en tant qu'elle porte sur les propriétés non bâties ; et, par suite, il faut continuer à appliquer aujourd'hui, en cas de changement de circonscription de communes, les mêmes règles que nous avons exposées ci-dessus.

Quant à la contribution foncière des propriétés bâties, elle cesse d'être un impôt de répartition et devient un impôt de quotité. Le revenu réel de chaque propriété bâtie a été évalué une fois pour toutes, pour une période de dix ans, à un chiffre fixe et invariable, et c'est à ce chiffre que l'on applique le coefficient, le taux, qui est le même pour toutes les communes de la France.

Il résulte de là que, quel que soit le changement apporté à la circonscription territoriale d'une commune, les propriétés bâties situées dans cette commune n'en continueront pas moins à payer, après comme avant, exactement la même contribution foncière en principal.

En conséquence, en cas de distraction de commune, le contrôleur se bornera désormais à déterminer, comme il le faisait auparavant, la masse des revenus imposables à distraire, et, l'année suivante, la contribution foncière correspondant à ces revenus cessera d'être imposée à l'ancienne commune pour être mise à la charge de la nouvelle.

D'autre part, en cas de réunion de communes, il suffira de

transporter, dans la matrice de la commune qui prend, les bases de cotisation telles qu'elles figurent dans la matrice de la commune annexée, sans qu'il y ait à modifier les évaluations cadastrales des propriétés bâties comprises dans les territoires annexés ; et chaque parcelle de terrain bâti continuera à supporter, après la réunion, une imposition en principal identique à celle dont elle était grevée auparavant. Seulement, cette somme figurera dans le contingent d'une commune au lieu de figurer dans celui de l'autre.

Quant aux remaniements des pièces cadastrales que peuvent entraîner es changements de circonscription, ils continuent à être régis, *mutatis mutandis*, par la circulaire du 8 mai 1867 et par les autres principes que nous avons exposés dans le § 3 ci-dessus.

. . . .

SOUS-SECTION II

—

CONTRIBUTION PERSONNELLE-MOBILIÈRE

La contribution personnelle et mobilière est un impôt de répartition qui se compose, comme son nom l'indique, de deux taxes distinctes : la taxe personnelle et la taxe mobilière.

La taxe personnelle frappe quiconque a des moyens suffisants d'existence ; elle se compose de la valeur de trois journées de travail, variant entre 0,50 et 1,50 l'une.

La taxe mobilière frappe les loyers d'habitation.

Quels effets sont produits sur la répartition de cette contribution par un changement de circonscription de commune ?

§ 1.

Opérations à exécuter par le directeur et le contrôleur des contributions directes.

A). — Distraction de commune.

Lorsqu'une section d'une commune en est détachée, soit pour être réunie à une autre commune, soit pour former une nouvelle municipalité, le contrôleur est chargé de faire un relevé des taxes personnelles et des loyers d'habitation attribués aux contribuables dont les habitations sont distraites, afin que le directeur puisse calculer le principal à retrancher de celui de la commune démembrée et à attribuer à la commune nouvelle, ou bien à la commune annexante (1).

« Dans ce but, dit M. de Jauvelle (2), le directeur détermine d'abord, à l'aide de la matrice générale, pour tous les contribuables dont les habitations sont distraites, la somme de leurs cotisations mobilières (soit 220 fr. 40), et l'on déduit du contingent communal en principal le montant des taxes personnelles. Soit pour reste le chiffre de 335 fr. 40, et supposons que le contingent en principal et centimes additionnels correspondant soit de 804 fr. 20. En ce cas, on établit la proportion suivante :

$$\frac{804,20}{335,40} = \frac{220,40}{x} = 91 \text{ fr. } 95, \text{ ou } 92 \text{ francs.}$$

« Ce dernier nombre représente le principal mobilier à distraire, auquel on ajoute le montant des taxes personnelles concernant les contribuables dont les habitations sont comprises dans la distraction (3).

« Il paraît plus simple d'opérer comme suit : Etablir le total des loyers d'habitations afférents aux contribuables dont les habitations sont distraites ; — appliquer à ce total le centime le franc mobilier en principal de la commune qui perd ; — ajouter au produit le montant des taxes personnelles afférentes aux contribuables dont les habitations sont distraites ; — la réunion de ces deux sommes donnera le contingent personnel mobilier à transporter. » (4).

(1) Voir *Répert. gén. des contributions directes*, V° *Contribution personnelle et mobilière*, § 18, *fine*, — et V° *Réunions... de communes*, § 8.

(2) *Op. et loc. cit.*

(3) Nous préférons expliquer l'opération de la manière suivante :

Le total des loyers d'habitations de l'ancienne commune était, par hypothèse, de 804 fr. 20, pour lesquels elle payait un contingent de 335 fr. 40. — D'autre part, le total des loyers d'habitations afférents aux contribuables dont les habitations sont distraites est, par hypothèse, de 220 fr. 40. — Pour établir le principal y afférent, on dira :

Pour 804 fr. 20 de loyers, le contingent était de 335 francs 40.

Pour 1 franc de loyers, le contingent serait de $\frac{335,40}{804,20}$.

Pour 220 francs de loyers, le contingent sera de $\frac{335,40 \times 220,40}{804,20}$, soit 91 fr. 92.

(4) Exemple. — Le total des loyers afférents aux contribuables de l'ancienne commune était de 804 fr. 20, auxquels correspondait un contingent de 335 fr. 40. — Le centime le franc mobilier principal de cette commune était donc de $\frac{335.40}{804.20} = 0,41707$.

D'autre part, le total des loyers afférents à la fraction distraite est de 220 fr. 40.

Pour établir le contingent mobilier correspondant, on multiplie le centime le franc de la commune qui perd par le total des loyers d'habitations de la nouvelle commune, soit : $0,41707 \times 220,40 = 91,92$. — On ajoute alors au produit ainsi obtenu le montant des taxes

B). — RÉUNION DE COMMUNES.

On ajoute le contingent personnel mobilier de la commune ou de la fraction de commune réunie à celui de la commune annexante ; et le contingent de la première doit se confondre, pour l'année qui suit l'annexion, dans celui de la seconde. Il n'y a donc aucune distinction à faire entre elles : un contingent unique doit être assigné à la commune nouvelle pour la répartition de la contribution personnelle-mobilière, et il doit être ensuite procédé à la répartition de ce contingent entre tous les habitants.

D'aillèurs, on ne rencontre plus ici, dans l'application de cette fusion des contingents, la même difficulté que pour la contribution foncière ; il n'est pas besoin, en effet, pour répartir cette contribution personnelle-mobilière, de renouveler les opérations du cadastre.

REMARQUE. — De tout ce qui précède, il résulte : 1° qu'une réunion de communes pourra avoir pour effet de surcharger une commune au profit d'une autre ; 2° que les réunions ou les distractions de communes peuvent, en outre, modifier indirectement l'assiette de la contribution personnelle, puisque le taux de la journée pour la fixation de la taxe personnelle est déterminé surtout d'après la population des communes.

§ 2.

Transports de contributions.

Cette opération a lieu dans les mêmes conditions que celles que nous avons étudiées pour la contribution foncière ; nous nous bornerons donc à y renvoyer.

SOUS-SECTION III

—

CONTRIBUTION DES PORTES ET FENÊTRES

La contribution des portes et fenêtres est un impôt de répartition qui a pour base les portes et fenêtres des bâtiments et usines ;

personnelles afférentes aux contribuables dont les habitations sont distraites, soit, par hypothèse : 57 fr. 30. Et la réunion de ces deux sommes (91,92 + 57,30) donnera le contingent personnel-mobilier à transporter, soit 149 fr. 22.

c'est une taxe additionnelle à la portion d'impôt qui frappe sur les propriétés bâties ; elle atteint le luxe probable des habitations, manifesté par le nombre et la nature des ouvertures qui les éclairent (1).

Lorsqu'un changement est apporté à la circonscription d'une commune, quelles en sont les conséquences relativement à la répartition de cette contribution ?

§ 1.

Opérations à exécuter par le directeur et le contrôleur des contributions directes.

A). — Distraction de commune

Lorsqu'une fraction d'une commune en est séparée, soit pour être érigée en commune particulière, soit pour être rattachée à une autre commune, le contrôleur est chargé de faire un relevé des ouvertures de toute nature des maisons et usines distraites, afin que le directeur puisse calculer le principal à retrancher de celui de la commune qui perd et à assigner à la commune nouvelle, ou à ajouter au contingent de la commune annexante (2).

« Pour cela, dit M. de Jauvelle (3), on prend sur la feuille de tête de la matrice générale de la commune qui cède le total résultant du tarif d'après la loi (soit 225 fr. 45), et sur les états de sous-répartement le contingent en principal (soit 205 francs). On divise le contingent en principal par le produit du tarif de la loi $\left(\frac{205}{225,45}\right)$ et l'on obtient une proportion (0,9093) que l'on multiplie pour chaque catégorie d'ouvertures par le tarif d'après la loi. Les résultats de ces multiplications partielles donnent des taxes qui sont appliquées aux différentes ouvertures afférentes aux habitations comprises dans le territoire de la commune qui cède. Les produits en résultant forment le principal à transporter dans la commune nouvelle. »

(1) Voir *Répert. gén. des contributions directes*, V° *Contributions directes.*

(2) Voir *Répert. gén. des contributions directes*, V° *Portes et fenêtres*, § 12, *fine*, — et V° *Réunions... de communes*, § 8.

(3) *Op. et loc. cit.*

B). — Réunion de communes

Comme nous l'avons montré pour la contribution personnelle-mobilière, on ajoute au contingent de la commune qui prend celui de la commune ou de la section réunie, on les fusionne l'année suivante, et il y a dorénavant une assimilation complète entre les diverses parties de la nouvelle commune.

Remarque. — On sait que la contribution des portes et fenêtres est assise d'après un tarif qui en fait varier le montant suivant la population de la commune.

Cette population est divisée en six catégories :

1° Communes au-dessous de 5,000 âmes ;
2° — de 5,000 à 10,000 —
3° — de 10,000 à 25,000 —
4° — de 25,000 à 50,000 —
5° — de 50,000 à 100,000 —
6° — au-dessus de 100,000 — (1).

Lors donc qu'une petite commune, qui appartenait à la première catégorie, vient à être annexée à une autre commune appartenant à une catégorie supérieure, elle devra, quelle que soit la charge qui en résulte pour elle, être assujettie de plein droit à la taxe plus forte qui pesait sur la commune annexante. — Il se peut également qu'après l'annexion d'une commune, une petite ville qui avait auparavant, par exemple, 9,600 habitants, et qui appartenait, par conséquent, à la deuxième catégorie, en ait ensuite plus de 10,000 et passe ainsi dans la troisième. — Enfin, il peut se faire qu'une commune dont la population dépassait, par hypothèse, 5,000 habitants, soit démembrée, et passe, à la suite de cette modification à sa circonscription territoriale, dans la catégorie inférieure. Par suite, le contingent du département est augmenté ou diminué proportionnellement à la différence existant entre le produit de l'ancien tarif légal et celui du nouveau. (Loi du 4 août 1884, art. 3.)

Soit, par exemple, une commune ayant 9,500 habitants ; on lui annexe une autre commune qui la fait alors passer dans la catégorie des communes de 10,000 à 25,000 âmes.

L'ancien tarif légal, appliqué au nombre des ouvertures portées

(1) Loi du 21 avril 1832, art. 24.

dans la matrice, produit 10,050 francs; — le nouveau tarif légal, appliqué au même nombre d'ouvertures, produit 12,020 francs.

L'ancien contingent étant de 8,800 francs, le nouveau contingent est déterminé au moyen de la proportion :

$$\frac{10,050}{12,020} = \frac{8,800}{x}$$

$$x = \frac{8,800 \times 12,020}{10,050} = 10,525.$$

On opérerait de la même manière en cas de passage d'une commune dans une catégorie inférieure (1).

§ 2.

Transports de contributions.

Cette opération a lieu, pour la contribution des portes et fenêtres, conformément aux règles que nous avons étudiées pour la contribution foncière et la contribution personnelle-mobilière. (Loi du 21 avril 1832, art. 25.)

Notons toutefois que les augmentations ou les diminutions occasionnées par les variations du chiffre de la population n'incombent d'une manière obligatoire qu'au département, et qu'il appartient au conseil général et aux conseils d'arrondissement d'en régler respectivement l'attribution définitive aux arrondissements et aux communes (2).

SOUS-SECTION IV

—

CONTRIBUTION DES PATENTES

La contribution des patentes est un impôt de quotité auquel est assujetti tout individu français ou étranger qui exerce en France un commerce, une industrie ou une profession non expressément compris dans les exceptions déterminées par la loi.

Quels sont, sur cette contribution, les effets d'un changement de circonscription de commune ?

(1) Voir *Répert. gén. des contributions directes*, V° *Population*, § 4.

(2) Voir *Répert. gén. des contributions directes*, V° *Population*, § 4.

§ 1.

Opérations à exécuter par le contrôleur et le directeur des contributions directes.

A). — Distraction de commune

Le contrôleur rédige une matrice des patentes distincte pour chaque commune (l'ancienne et la nouvelle) (1).

Dans chaque commune, cette matrice nouvelle ainsi dressée reste déposée pendant dix jours au secrétariat de la mairie, afin que les intéressés puissent en prendre connaissance et remettre au maire leurs observations. Puis, à l'expiration d'un second délai de dix jours, le maire, après avoir consigné ses observations sur la matrice, la transmet au directeur des contributions directes, qui établit les taxes conformément à la loi. (Loi du 15 juillet 1880, art. 25.)

Ces taxes entrent ordinairement en vigueur dans l'année qui suit immédiatement l'acte qui a prononcé le changement de circonscription.

B). — Réunion de communes

Le contrôleur fusionne les matrices de la commune ou de la fraction de commune réunie et de la commune annexante, et confectionne une matrice unique pour la nouvelle commune ainsi formée.

On procède ensuite comme nous l'avons montré ci-dessus.

Remarques. — I. — Pour la contribution des patentes comme pour la contribution des portes et fenêtres, c'est la population qui sert de base à l'assiette de l'impôt, du moins en ce qui concerne la plupart des professions sujettes à patentes, et qui sont énumérées dans le tableau A annexé à la loi du 15 juillet 1880.

D'après ce tableau A, le droit fixe va en augmentant, suivant l'importance de la population, qui est ainsi classée :

1re classe.	— Communes	de 2,000 âmes et au-dessous.	
2e —	—	de 2,001 à	5,000 âmes.
3e —	—	de 5,001 à	10,000 —
4e —	—	de 10,001 à	20,000 —
5e —	—	de 20,001 à	30,000 —
6e —	—	de 30,001 à	50,000 —
7e —	—	de 50,001 à	100,000 —
8e —	—	au-dessus de	100,000 —

(1) *Répert. gén. des contributions directes*, V° *Réunions... de communes*, § 8.

On comprend par suite que, ainsi que nous l'avons montré pour la contribution des portes et fenêtres, un changement de circonscription puisse avoir pour effet d'augmenter fortement les charges des patentables d'une commune annexée à une grande ville, puisqu'ils sont, de plein droit, mis sur le même pied que les patentables de cette dernière.

De même une réunion de communes peut faire passer une ville dans une catégorie supérieure ; — et, inversement, une commune peut, à la suite de la distraction d'une de ses sections, tomber dans une catégorie inférieure.

Une difficulté s'est élevée à ce sujet.

D'après l'art. 5 de la loi du 15 juillet 1880, qui n'est que la reproduction pure et simple de la disposition contenue dans l'art. 5 de la loi du 25 avril 1844, pour les professions dont le droit fixe varie en raison de la population du lieu où elles sont exercées, les tarifs doivent être appliqués d'après la population telle qu'elle a été déterminée par le dernier décret de dénombrement. — Néanmoins, lorsque ce dénombrement fait passer une commune dans une catégorie supérieure à celle dont elle faisait précédemment partie, les patentables de cette commune ont droit à un tempérament momentané, en ce sens que l'augmentation du droit fixe ne doit être appliquée que pour moitié pendant les cinq premières années.

Faut-il admettre la même solution dans le cas où une petite commune, étant annexée à une grande ville, passe ainsi dans une catégorie plus élevée que celle où elle était classée antérieurement?

Nous n'hésitons pas à répondre négativement : la disposition de l'art. 5 est spéciale et ne saurait être étendue à une autre hypothèse que celle qu'elle a eu pour but de prévoir.

La jurisprudence du conseil d'Etat est, d'ailleurs, constante en ce sens.

Ainsi, d'après cette jurisprudence, en cas de réunion de communes, les patentables de la commune annexée sont, sans transition aucune, imposables d'après le tarif afférent à la population de la ville annexante, aussitôt que ce tarif peut être appliqué dans les rôles primitifs, ce qui doit ordinairement avoir lieu dans l'année qui suit immédiatement l'acte qui a prononcé la réunion des communes.

De même le patentable qui exerçait, dans un territoire précédemment considéré comme banlieue d'une ville, une profession imposée en raison de la population, ne peut, lorsque son quartier vient à être compris dans la partie agglomérée de la ville, par l'effet d'un décret de dénombrement, demander à profiter de la disposition de l'art. 5 de la loi du 15 juillet 1880, et par conséquent doit être, sans retard ni tempérament, cotisé comme les autres patentables compris dans la population agglomérée.

Dans ce cas, comme dans le précédent, le patentable ne serait fondé dans sa demande qu'autant que la réunion ou le dénombrement aurait eu pour effet de faire passer la ville ainsi augmentée dans une catégorie supérieure à celle dont elle faisait précédemment partie (1).

II. — Lorsque, à raison de retards apportés à la régularisation des pièces cadastrales, on se trouve forcé de ne faire qu'un seul rôle général comprenant la commune nouvelle et celle dont elle est détachée, il convient de faire deux rôles des patentes, si la commune nouvelle est imposable d'après un tarif moins élevé. (Décision administrative du 5 novembre 1872, Ille-et-Vilaine.) (2).

III. — Ainsi la contribution des portes et fenêtres et la contribution des patentes sont établies d'après un tarif qui en fait varier le chiffre suivant la population de la commune.

Il résulte de là que, lorsqu'une petite commune est annexée à une grande ville, comme c'est d'après la population de la nouvelle commune que ces contributions seront établies l'année qui suivra l'annexion, l'augmentation des contingents sera parfois très sensible pour la commune annexée.

Aussi, dans ces circonstances, il a été parfois dérogé temporairement à la règle générale par des dispositions expresses de plusieurs lois qui annexaient à de grandes villes des communes d'une population beaucoup moindre. Pour ne pas leur faire sentir immédiatement les effets d'un changement considérable dans les contributions des portes et fenêtres et des patentes, il a été décidé que, pendant les premières années qui suivraient l'annexion, ces deux contributions seraient assises, dans les communes réunies, d'après le chiffre de leur propre population ; ou, s'il s'agissait de fractions de communes, d'après le chiffre de la population de la commune dont elles faisaient antérieurement partie (3).

(1) Arrêts du conseil d'Etat : du 6 janvier 1858 (Thuillier), *Recueil*, p. 18 ; — du 11 mars 1863, Lapierre (Finistère), *Recueil*, p. 229 ; — du 14 mars 1879, Raphanel (Bouches-du-Rhône), *Recueil*, p. 213. — Voir également Instruction ministérielle sur la patente, du 6 avril 1881, art. 13.

(2) Voir *Répert. gén. des contributions directes*, V° *Réunions... de communes*, § 8.

(3) Voir *Ecole des communes*, 1864, p. 225, article de M. Aucoc.

Ainsi, le décret du 24 mars 1852, portant réunion des communes de Vaise, la Guillotière et la Croix-Rousse à la ville de Lyon, disposait dans son art. 6 : « Les contributions directes dont le taux est déterminé à raison de la population, continueront provisoirement à être établies, dans ces communes, d'après la population particulière de chacune d'elles. »

De même la loi du 16 juin 1859, sur l'extension des limites de Paris, contenait un art. 8 ainsi conçu :

« Les contributions directes, dont le taux est déterminé à raison de la population, continueront, pendant cinq ans, à partir du 1er janvier 1860, à être établies d'après les tarifs actuels dans les communes ou portions de communes annexées à Paris.

« Après ce délai, ainsi que l'art. 5 de la loi du 25 avril 1844 l'a réglé pour les communes passant d'une catégorie dans une autre, l'augmentation que devront subir les droits fixes de patentes pour être portés au niveau de ceux de Paris n'aura lieu que pour moitié, et ne sera complétée qu'après une seconde période de cinq années. »

La même mesure fut prise dans le décret du 13 octobre 1858, art. 4, qui réunit les communes de Wazemmes et de Moulins-Lille, Esquermes et Fives à la ville de Lille ; et dans la loi du 18 mai 1864, art. 3, qui réunit à la ville de Bordeaux une partie des communes de Cenon-La-Bastide, de Floiriac, de Lormont, de Begle, Talence, Caudereau et du Bouscat.

Enfin, tout dernièrement, la loi du 29 janvier 1885, portant réunion des villes de Calais et Saint-Pierre-les-Calais en une seule municipalité, contenait un art. 5 ainsi conçu :

« Les contributions, dont le taux est déterminé à raison de la population, continueront, pendant dix ans, à partir du 1er janvier 1885, à être établies dans chacune des deux communes d'après le chiffre de sa population particulière. » (1).

(1) Cette disposition avait été insérée dans la loi de réunion pour faire droit à une condition exigée par la commune annexée.

TITRE II

—

CONTRIBUTIONS PERÇUES AU PROFIT DU DÉPARTEMENT

Lorsqu'une commune subit une modification territoriale sans changer de département, elle continue à payer, comme auparavant, les impositions ou centimes additionnels affectés aux besoins de ce département.

Au contraire, lorsque le changement de circonscription a pour effet de faire passer une commune ou une fraction de commune d'un département dans un autre, les habitants de cette commune ou fraction de commune cessent de contribuer aux charges du département dont ils ne font plus partie, et ils doivent dorénavant acquitter les centimes additionnels qui constituent les ressources du département dans lequel ils entrent.

Cela va de soi, et aucune difficulté ne peut, croyons-nous, s'élever sur ce point. Aussi nous garderons-nous d'insister davantage.

TITRE III

—

CONTRIBUTIONS PERÇUES AU PROFIT DES COMMUNES

Comme nous l'avons montré dans le chapitre III, en principe, et pour des raisons d'équité, la contribution extraordinaire établie sur une commune ne doit pas s'étendre sur la commune ou sur la portion de commune qui lui est annexée ; — et, réciproquement, la section distraite d'une commune qui supportait une imposition extraordinaire doit continuer à acquitter une partie de cette contribution proportionnelle à son contingent dans les quatre contributions directes. — Mais en fait, l'administration jouit en cette matière de pouvoirs très étendus, et, pour résoudre cette question, elle doit tenir un grand compte des circonstances dans lesquelles le changement de circonscription territoriale est opéré et de la nature de la dépense à laquelle la contribution extraordinaire a eu pour but de pourvoir.

Enfin, nous l'avons dit, l'acte qui statue sur la réunion ou sur la distraction de communes doit contenir et contient le plus souvent une disposition expresse sur ce point.

Nous ajouterons seulement que lorsqu'une commune ou une fraction de commune est réunie à une autre commune qui possédait un *octroi*, le rayon de cet octroi ne s'étend pas de plein droit, et par le seul fait de la réunion, aux territoires annexés. Mais comme la commune annexante pourrait avoir la tentation de soumettre, à ce point de vue, les nouveaux territoires au même régime que les anciens, les actes qui prononcent des réunions de communes contiennent souvent, en pareil cas, une disposition expresse pour leur interdire, au moins pendant un certain temps, cette faculté.

C'est ainsi que la loi du 16 juin 1859, qui a réuni à Paris les communes suburbaines, portait dans son art. 4 :

« A partir du 1er janvier 1860, le régime de l'octroi de Paris sera étendu jusqu'aux nouvelles limites de cette ville. »

De même le décret du 14 décembre 1863, qui a réuni la commune de Saint-Front à la commune de Domfront (Orne), disposait dans son art. 2 :

« Les habitants de l'ancienne commune de Saint-Front, qui sont en dehors de l'agglomération urbaine, n'auront point à supporter les charges de l'octroi que pourra établir la commuue de Domfront, et les dettes antérieures de l'ancienne ville de Domfront resteront exclusivement à sa charge. »

D'un autre côté, lorsqu'une commune qui possédait un octroi est réunie à une autre commune qui avait également le sien, l'acte qui prononce la réunion autorise quelquefois expressément chacune d'elles à conserver pendant quelque temps le rayon actuel de son octroi.

C'est ainsi que le décret du 24 mars 1852, qui a réuni à la ville de Lyon les communes de la Guillotière, la Croix-Rousse et Vaise, portait, art. 6 :

« Les communes réunies conservent provisoirement les rayons actuels de leurs octrois et les tarifs d'après lesquels ils sont perçus actuellement. » (1).

(1) On peut consulter sur ce point : *Ecole des communes*, 1855, p. 110, n° 233 ; 1860, p. 52. — Braff, *Principes d'administration communale*, V° *Octrois*, p. 529. — Cass., 2 janvier 1855 (ville de Dunkerque c. Ducloy), D. 1855. 1. 39.

CHAPITRE VI

EFFETS DES CHANGEMENTS DE CIRCONSCRIPTION DES COMMUNES RELATIVEMENT A LEUR ADMINISTRATION

Dans ce chapitre nous examinerons successivement les conséquences que ces modifications territoriales peuvent entraîner en ce qui concerne la représentation municipale des communes transformées, les règlements municipaux qui étaient en vigueur dans ces communes, les pouvoirs de leurs agents municipaux, et, enfin, l'exécution de leur budget.

SECTION Ire

CONSÉQUENCES RELATIVES A LA REPRÉSENTATION MUNICIPALE

Le conseil municipal est une assemblée instituée pour représenter spécialement la commune qui lui a confié ses intérêts.

Il résulte de cette proposition que si une commune vient à subir un changement dans sa circonscription territoriale, son conseil municipal, qui avait reçu son mandat de l'ancienne commune, se trouvera sans pouvoir pour représenter la nouvelle, et devra disparaître pour faire place à un nouveau corps délibérant, qui corresponde exactement à la commune telle qu'elle sera constituée après la modification.

C'est là une règle très juste et très raisonnable, quel que soit d'ailleurs le changement survenu dans la circonscription de la commune, soit qu'elle ait vu son territoire augmenter en même temps que sa population, soit qu'elle ait été dépouillée d'une fraction de son sol et d'une partie de ses habitants ; car il est évident que, dans un cas comme dans l'autre, la composition du corps électoral ne se trouve plus la même qu'auparavant. L'ancien conseil municipal peut avoir été nommé par des électeurs qui n'auraient plus le droit de voter, et réciproquement. Enfin, les conditions d'existence de la commune étant changées, il va naître le plus souvent des besoins, des intérêts nouveaux, qui n'auraient pas de représentation au sein de l'ancien conseil municipal.

Cette règle avait même paru si naturelle, lors de la discussion de la loi de 1837, qu'on avait soutenu que la dissolution des conseils municipaux, en cas de remaniements dans la circonscription des communes, était de droit, et qu'il n'était pas nécessaire de l'insérer dans la loi.

Mais on l'admit néanmoins pour prévenir tous les doutes. La loi du 18 juillet 1837 disposait, en effet, dans son art. 8 :

« *Dans tous les cas de réunion ou fractionnement de communes, les conseils municipaux seront dissous. Il sera procédé immédiatement à des élections nouvelles.* »

La loi du 5 avril 1884 reproduit, à peu de choses près, cette disposition, dans son art. 9 qui est ainsi conçu :

« *Dans tous les cas de réunion ou de fractionnement de communes, les conseils municipaux sont dissous de plein droit. Il est procédé immédiatement à des élections nouvelles.* »

Ainsi la loi du 5 avril 1884, comme la loi du 18 juillet 1837, exige, en cas de remaniements territoriaux, la dissolution des conseils municipaux et la convocation des électeurs.

Il semble même, au premier abord, que ces deux textes soient absolument identiques et que la nouvelle loi municipale n'ait fait que reproduire les expressions de la loi de 1837. Mais si on les lit et si on les compare avec soin, on s'aperçoit bien vite que le nouveau texte diffère profondément de l'ancien. En effet, tandis que l'ancien art. 8 disait : « *les conseils municipaux seront dissous* », le nouvel art. 9 s'exprime ainsi : « *les conseils municipaux sont dissous de plein droit* ». Or, cette simple modification est toute une révolution de la matière, et soulève des questions assez sérieuses que nous devons examiner.

Sous l'empire de la loi de 1837, le changement apporté à la circonscription d'une commune, réunion ou distraction, n'avait par lui-même aucun effet immédiat sur la composition du conseil municipal de cette commune; ce conseil pouvait continuer à siéger, après comme avant le changement de circonscription, et c'était au Gouvernement qu'il appartenait de prononcer, par un décret spécial, la dissolution de cette assemblée. En pratique, le même décret qui prononçait la dissolution du conseil municipal convoquait en même temps les électeurs pour en nommer un nouveau.

Ce système n'était pas sans avantages. D'abord, et nous aurons à revenir sur ce point, il laissait au Gouvernement le soin d'apprécier ce qu'il fallait entendre par l'expression de « *fractionnement de commune* », sans lui indiquer aucune limite. C'était donc le Gouvernement seul qui était responsable de la mesure, et, comme le fait remarquer M. Roussel (1), il ne paraît pas que cette confiance fût mal placée, puisque nous ne trouvons sur la question aucun monument de jurisprudence trahissant une difficulté d'application.

De plus, comme le même acte qui prononçait la dissolution de l'ancien conseil municipal convoquait en même temps les électeurs pour procéder à de nouvelles élections, la commune sur laquelle avait porté le changement de circonscription ne se trouvait jamais sans représentants légaux.

Avec l'art. 9 de la nouvelle loi municipale, il n'en est plus ainsi: plus n'est besoin de décret de dissolution; sitôt la réunion ou la distraction prononcées par une loi, un décret ou une décision du conseil général, suivant les cas, et par l'effet même de ce décret, de cette délibération du conseil général ou de cette loi, les conseils municipaux des communes modifiées sont dissous de plein droit. Ils sont tenus de cesser immédiatement leurs fonctions; ils n'ont plus aucun pouvoir. Et tant que le préfet n'a pas convoqué les électeurs pour en nommer de nouveaux, la commune se trouve nécessairement sans représentants légaux. Il s'écoule donc forcément un certain laps de temps, qui peut varier selon le degré d'activité du préfet, pendant lequel ces communes sont sans conseil municipal et, par suite, sans maire.

Il y a, en un mot, un interrègne forcé dans la vie municipale de ces communes.

C'est là un sérieux inconvénient que M. de Gavardie avait signalé lors de la discussion de la loi devant le Sénat (2).

« Remarquez, disait-il, que si on prend le texte de l'art. 9 dans le sens où il faut nécessairement le prendre, si l'on maintient l'ex-

(1) *Répert. du droit adm.*, V° *Commune*, n° 341.

(2) Troisième lecture, séance du 28 mars 1884. (*Trav. prép.*, p. 630.)

pression « *sont dissous de plein droit* », dès que le fractionnement ou la réunion aura été opéré, *ipso facto* les conseillers municipaux en exercice n'auront plus aucune espèce de pouvoirs. Dès lors, il y aurait un interrègne dans la commune ; or, il ne doit pas y avoir d'interrègne. Il est de principe général de droit public que lorsqu'une assemblée siège régulièrement, elle doit rester en fonctions jusqu'à ce qu'elle soit légalement remplacée. Or, le conseil municipal ne pourra être légalement remplacé que lorsque des élections nouvelles auront eu lieu, et il peut s'écouler un laps de temps considérable entre l'accomplissement des formalités relatives au fractionnement ou à la réunion des communes et l'accomplissement des nouvelles élections. »

Il proposait, en conséquence, de revenir purement et simplement au système de la loi de 1837.

Le rapporteur, M. Demôle, lui répondit que ces craintes étaient exagérées, et que, pour éviter que l'interrègne se prolonge, ce serait au Gouvernement, c'est-à-dire au préfet, à convoquer immédiatement les électeurs (1).

« M. de Gavardie, dit-il, semble se préoccuper de l'inconvénient qu'il y aurait à ce qu'un interrègne eût lieu dans la commune, en ce sens que, dans l'intervalle qui séparera la dissolution des anciens conseils municipaux et la nomination des nouveaux, la commune pourrait se trouver privée de tout représentant légal. Il est certain que si le Gouvernement retarde la convocation des électeurs des nouveaux territoires constitués en communes, ce retard peut donner lieu à des inconvénients sérieux ; mais il est non moins certain que l'obligation morale du Gouvernement est de donner aux communes réunies ou séparées la possibilité d'être administrées d'une façon normale et régulière, par des mandataires qu'aura choisis le suffrage universel. Je crois donc que, sous sa responsabilité, le Gouvernement nous offre à cet égard toutes garanties. »

Ces explications parurent satisfaire M. de Gavardie, et le Sénat vota l'art. 9.

Quoi qu'il en soit, il n'y en aura pas moins, dans tous les cas de réunion ou de distraction de communes, à partir d'un jour donné, sans sursis possible et quelles que soient les circonstances (2), un interrègne dans la vie municipale de ces communes, l'ancien conseil municipal étant dissous et le nouveau n'étant pas encore nommé.

(1) Cette règle se trouve reproduite dans la circulaire du 15 mai 1884.

(2) Voir *Répert. du droit adm.*, V° *Commune*, n° 344.

Sans doute, aux termes de l'art. 45 de la loi du 5 avril 1884, toutes les fois qu'un conseil municipal a été dissous, il est procédé à la réélection du conseil municipal dans les deux mois à dater de la dissolution. Mais pendant ces deux mois, et nous verrons que souvent ce délai sera à peine suffisant pour accomplir toutes les formalités préalables à de nouvelles élections, la commune se trouvera absolument dépourvue de tout représentant légal. Or, il peut être urgent de prendre une décision dans l'intérêt de la commune : par exemple, d'interrompre une prescription sur le point de s'accomplir ; de renouveler un marché ; — il faut constater les mariages, les décès, etc., etc.

En droit public, lorsqu'un ministère remet sa démission au Président de la République, celui-ci le charge ordinairement d'expédier les affaires courantes, jusqu'à ce qu'un nouveau ministère soit constitué. Ici, rien de tel. Il y aura forcément un espace de temps, un moment, entre l'assemblée qui n'est plus et celle qui n'est pas encore.

C'est là ce que M. de Gavardie aurait voulu éviter.

« En effet, disait-il (1), ces expressions, dissous de plein droit, peuvent donner lieu à des difficultés. Il faudra quelquefois pourvoir à des intérêts qui peuvent être urgents. La commission a-t-elle songé à cette circonstance ? Si le conseil municipal est dissous d'une façon absolue et par le seul fait du fractionnement ou de la réunion, alors même qu'il resterait encore certaines formalités, comme il arrive très souvent, à remplir, il est évident que des intérêts urgents peuvent être en souffrance. »

Mais le rapporteur, M. Demôle, lui répondit :

« Les scrupules exprimés par M. de Gavardie sur la rédaction de notre art. 9 ne paraissent pas pouvoir être pris en considération, ni donner lieu à un changement de rédaction. Il s'agit de communes qui viennent d'être réunies ou fractionnées : la réunion ou le fractionnement est opéré. Il est clair que l'ancien conseil municipal de la commune fractionnée ne peut pas continuer à gérer les intérêts de la nouvelle commune, et que celle-ci, composée maintenant de deux territoires réunis, doit être administrée par un nouveau conseil municipal. Dans ce cas, nous disons que les conseils municipaux dissous cessent leur fonctionnement de plein droit. Je ne crois pas qu'il y ait l'ombre d'une appréhension quelconque sur la clarté de l'application d'une mesure de cette nature. Les conseils

(1) Sénat, séance du 28 février 1884, deuxième lecture. (*Trav. prép.*, p. 420.)

municipaux cesseront immédiatement leurs fonctions ; ils n'auront plus le droit de fonctionner, à partir de la réunion ou du fractionnement. Et immédiatement, on donnera aux communes réunies ou fractionnées leur représentation légale, en faisant procéder à de nouvelles élections. »

M. de Gavardie n'insista pas davantage, et la rédaction de l'art. 9 fut maintenue telle qu'elle existe dans la loi du 5 avril 1884.

Plus tard, l'art. 44 est venu compléter sur ce point l'art. 9 et combler la lacune que ce texte avait laissé subsister.

En effet, aux termes de cet art. 44 :

En cas de dissolution d'un conseil municipal ou de démission de tous ses membres en exercice, et lorsqu'un conseil municipal ne peut être constitué, une délégation spéciale en remplit les fonctions.

Dans les huit jours qui suivent la dissolution ou l'acceptation de la démission, cette délégation spéciale est nommée par décret du Président de la République, et, dans les colonies, par arrêté du gouverneur.

Le nombre des membres qui la composent est fixé à trois dans les communes où la population ne dépasse pas 35,000 habitants. Ce nombre peut être porté jusqu'à sept dans les villes d'une population supérieure.

Le décret ou l'arrêté qui l'institue en nomme le président et, au besoin, le vice-président.

Les pouvoirs de cette délégation spéciale sont limités aux actes de pure administration, conservatoire et urgente. En aucun cas il ne lui est permis d'engager les finances municipales au-delà des ressources disponibles de l'exercice courant. Elle ne peut ni préparer le budget communal, ni recevoir les comptes du maire ou du receveur, ni modifier le personnel ou le régime de l'enseignement public.

Et l'art. 87 ajoute :

Au cas prévu et réglé par l'art. 44, le président et, à son défaut, le vice-président de la délégation spéciale remplit les fonctions de maire.

Ses pouvoirs prennent fin dès l'installation du nouveau conseil.

Il est vrai que, lorsque cet art. 44 a été discuté, soit à la Chambre, soit au Sénat, les divers membres de ces assemblées qui ont pris la parole pour présenter des amendements ou pour défendre la rédaction proposée, ont tous supposé que l'art. 44 était le complément de l'art. 43, et qu'il visait simplement le cas où un conseil municipal avait été dissous « *par un décret motivé du Président de la République, rendu en conseil des ministres et publié au* Journal officiel » (1).

(1) Chambre des députés, séances des 12 février, 6 et 7 juillet 1883 et 20 mars 1884. (*Trav. prép.*, p. 42, 152, 161, 600.) — Sénat, séance du 7 février 1884. (*Trav. prép.*, p. 302.

Le ministre de l'Intérieur, dans sa circulaire du 15 mai 1884, paraît bien s'être placé au même point de vue.

Mais les termes de l'art. 44 sont tout à fait généraux, et il nous semble que ses dispositions doivent s'appliquer sans hésitation à la dissolution des conseils municipaux prévue par l'art. 9.

Nous pensons donc que, dans ce cas, des délégations spéciales devront être instituées à la fois dans la commune démembrée, dans la commune augmentée et dans la nouvelle commune, et cela dans la huitaine qui suivra la promulgation de la loi ou du décret, ou la publication de la décision du conseil général qui a modifié la circonscription territoriale des communes.

Tel est, du reste, le procédé qui, croyons-nous, est constamment suivi dans la pratique.

Cette doctrine vient, d'ailleurs, d'être exposée tout récemment avec la plus grande netteté par M. Marcel Juillet Saint-Lager, sous-chef de bureau au ministère de l'Intérieur (1).

« Il y a lieu, dit-il (2), de nommer une délégation syndicale lorsqu'il est impossible de constituer l'assemblée communale. Dans ce dernier cas il faut comprendre celui où il n'a pas encore été possible d'élire un conseil municipal dans une *commune nouvellement créée*. Dès sa naissance administrative, celle-ci a des droits, des intérêts, des devoirs; son existence de personne morale commence, mais elle n'a pas encore de conseil municipal. Qui sera chargé de l'administration jusqu'au jour où une représentation régulière sera installée? Qui présidera les opérations électorales?

« Quand la commune nouvelle est formée d'une ancienne section ou d'une portion de territoire d'une seule commune, quelques personnes ont pensé que cette mission incombe au premier conseiller municipal inscrit domicilié dans la nouvelle commune. Cette théorie ne s'appuie sur aucun principe bien assuré, car les conseils municipaux étant dissous de plein droit, en cas de réunion ou de fractionnement de communes, les pouvoirs de tous les conseillers se trouvent par là même expirés; seuls le maire et l'adjoint conservent provisoirement les leurs en vertu de l'art. 81 de la loi du 5 avril 1884. Par suite, les conseillers domiciliés dans la section nouvellement érigée ne peuvent plus fonctionner ni dans l'ancienne commune, ni dans celle qui vient d'être constituée.

« Dans tous les cas, si la nouvelle commune est formée de portions de territoire appartenant à plusieurs communes, cette solution elle-même serait inapplicable. Pour des conseillers municipaux appartenant à des assemblées différentes, il n'y a plus d'ordre d'inscription. Quel serait alors l'administrateur provisoire? On répond : un délégué nommé par le préfet en vertu de ses pouvoirs généraux d'administration.

(1) *Les délégations spéciales*, article inséré dans la *Rev. gén. d'adm.*, 1892, t. II, p. 129 à 147 et 257 à 272.

(2) *Op. cit.*, p. 136 et suiv.

« Pourquoi deux solutions si différentes, dont l'une, d'ailleurs, est contraire à la loi, et l'autre ne s'appuie sur aucun texte législatif ou réglementaire ? Celle qui consiste à nommer, en pareille circonstance, une délégation spéciale, a pour elle l'interprétation logique de la loi municipale, elle coupe court à toutes difficultés. Enfin, elle a été appliquée par le ministère de l'Intérieur chaque fois que l'occasion s'en est présentée depuis 1884.

« Nous croyons également utile de faire observer qu'il y a lieu de nommer une délégation spéciale lorsque la dissolution d'un conseil municipal est prononcée, non par décret du pouvoir exécutif, mais d'office, en vertu de l'art. 9 de la loi du 5 avril, par suite de *modifications apportées à la circonscription territoriale de la commune.*

« Plusieurs cas peuvent se présenter. On peut distraire des portions de territoire d'une ou plusieurs communes pour en créer une nouvelle (c'est le cas que nous avons en partie examiné plus haut) ; — on peut prendre à une ou plusieurs communes des portions de territoire pour les annexer à une autre ; — on peut opérer un échange de portions de territoire entre deux communes ; — on peut réunir deux ou plusieurs communes en une seule.

« Dans ces diverses hypothèses, il est nécessaire de remplacer immédiatement par une délégation spéciale le conseil municipal de chaque commune, démembrée ou augmentée par ces annexions.

« Pour les communes créées, nous avons déjà vu ce qu'il y a à faire, et nous ajoutons que si, comme nous venons de l'établir, il y a nécessité de nommer une délégation dans les communes fractionnées ou réunies qui avaient un conseil municipal, cette nécessité est, *a fortiori*, plus impérieuse encore dans une commune nouvellement créée, où tout est à faire.

« La nomination des délégations doit, aux termes de l'art. 43, intervenir dans les huit jours qui suivent la promulgation de la loi, la date du décret présidentiel ou celle de l'arrêté préfectoral, suivant les espèces prévues par l'art. 5 et les §§ 2, 3 et 4 de l'art. 6.

« On ne comprendrait pas, en effet, pourquoi la dissolution d'office ne produirait pas les mêmes conséquences que la dissolution prononcée par décret. La situation est identique ; les besoins auxquels il s'agit de pourvoir sont pareils ; il n'y a donc aucune distinction à établir. On peut objecter, il est vrai, que l'art. 9 dispose qu'en cas de dissolution de plein droit, les élections nouvelles doivent avoir lieu immédiatement, tandis que l'art. 45, visant l'art. 44, donne à l'administration supérieure un délai de deux mois pour reconstituer l'assemblée communale.

« La raison de cette différence vient de ce que le Gouvernement ne prononce la dissolution d'un conseil municipal que pour des motifs graves, dans les cas notamment où, par suite des divisions existant tant au sein de l'assemblée que dans le corps électoral, il convient de donner aux esprits le temps de se calmer. Le législateur a pensé qu'un laps de temps de deux mois serait alors suffisant pour atteindre ce but. Au contraire, la dissolution d'office résultant d'un fractionnement, d'une création ou d'une réunion de communes, est simplement la conséquence légale des modifications apportées aux circonscriptions territoriales.

On n'avait donc aucune raison pour ajourner à une date éloignée les élections nouvelles, et on était en droit d'exiger qu'elles eussent lieu sans délai, afin de faire cesser le plus tôt possible une situation essentiellement transitoire.

« Nous pourrions citer des exemples où, en pareil cas, le préfet a convoqué les électeurs très peu de jours après avoir demandé au ministre de provoquer la nomination de la délégation ; et cette manière de procéder est certainement la plus conforme à l'esprit de la loi. »

Bien que l'ancien conseil municipal soit dissous et n'ait plus aucun pouvoir, on peut se demander cependant s'il n'y a pas au moins un cas dans lequel il aura encore qualité pour représenter les intérêts de la commune qui l'a nommé.

Le conseil d'Etat a été appelé à se prononcer récemment sur la question, dans les circonstances suivantes :

Un décret en date du 23 juillet 1886 avait réuni à la commune de La Ferté-Bernard (Sarthe) les deux communes de Cherré et de Saint-Antoine-de-Rochefort. Mais l'enquête n'ayant pas eu lieu dans les conditions réglementaires, les conseils municipaux des deux communes supprimées déférèrent au conseil d'Etat le décret d'annexion pour violation des formes légales.

Le ministre de l'Intérieur conclut à la non recevabilité des requêtes, les conseils municipaux ayant été dissous de plein droit par le fait de la modification de la circonscription communale, et ne pouvant plus, dès lors, ester en justice.

Mais le conseil d'Etat admit, au contraire, la recevabilité de la requête des conseils municipaux, par un arrêt en date du 18 mai 1888 (1), dont l'un des considérants était ainsi conçu :

Considérant que si, aux termes de l'art. 9 de la loi du 5 avril 1884, dans tous les cas de réunion ou de fractionnement de communes, les conseils municipaux sont dissous de plein droit, cette disposition ne peut faire obstacle à ce que les communes de Cherré et de Saint-Antoine-de-Rochefort viennent soutenir devant le conseil d'Etat que le décret même qui les a réunies à la commune de La Ferté-Bernard n'a pas été précédé des formalités légales, et que, par suite, il doit être annulé ; qu'ainsi le pourvoi des communes de Cherré et de Saint-Antoine-de-Rochefort est recevable.

En effet, si, par le fait de la suppression des communes et par application de l'art. 9 de la loi municipale, les conseils municipaux sont dissous de plein droit, c'est à la condition que la suppression ait été légalement prononcée ; et il est de toute justice que les conseils municipaux aient qualité pour discuter de l'acte qui a prononcé

(1) Voir *Rev. gén. d'adm.*, 1888, t. III, p. 58.

cette suppression, et, par suite, mis fin à leur mission. D'autant plus que, presque toujours, ils auront seuls intérêt à cette discussion, de sorte que si on ne la leur permettait pas, nul n'aurait plus qualité pour la soulever ; et l'excès de pouvoir commis par l'administration serait ainsi soustrait à tout contrôle et à toute répression.

Remarquons en passant que l'arrêt du conseil d'Etat, qui annule un décret portant réunion de deux ou plusieurs communes en une seule municipalité, peut avoir des résultats singuliers.

Si on suppose, en effet, que des élections ont eu lieu dans la nouvelle commune, formée de la réunion de plusieurs autres, avant le prononcé de l'arrêt, ce qui arrivera toujours (1), cet arrêt ayant pour conséquence d'annuler la réunion et, par suite, de remettre les choses dans l'état même où elles étaient auparavant, va rendre aux anciennes communes supprimées leur existence distincte ; les élections qui ont eu lieu seront annulées *ipso facto;* le nouveau conseil municipal, élu dans la nouvelle commune, sera sans pouvoir, et les anciens conseils municipaux vont rentrer en fonctions ; à moins toutefois que, dans l'intervalle qui s'est écoulé entre le décret qui a opéré la réunion et l'arrêt du conseil d'Etat qui l'a annulé, il n'ait dû être procédé au renouvellement intégral de tous les conseils municipaux, conformément à l'art. 41 de la loi du 5 avril 1884. Dans ce cas, il serait indispensable de procéder à des élections nouvelles dans chacune des communes ainsi restaurées.

Tout cela peut, au premier abord, sembler étrange ; mais c'est la conséquence nécessaire de l'art. 9 de la loi municipale (2).

L'innovation contenue dans cet article a eu encore un autre résultat.

La loi de 1837, pas plus que la loi du 5 avril 1884, il est vrai, ne précisait la portée du mot « *fractionnement* », et ne disait dans quelles limites il y avait lieu de l'entendre. Mais, nous l'avons dit, sous l'empire de l'ancienne loi municipale, c'était au Gouvernement, chargé de prononcer le décret de dissolution du conseil municipal de la commune transformée, à apprécier si le remaniement territorial avait une importance assez grande pour nécessiter une pareille mesure.

Actuellement, la loi fonctionnant d'une façon en quelque sorte automatique, le Gouvernement n'a plus ce droit d'interprétation.

(1) Dans l'espèce, le décret qui avait prononcé la réunion portait la date du 23 juillet 1886, et l'arrêt du conseil d'Etat qui l'annulait était du 18 mai 1888.

(2) Voir, sur ce point, un intéressant article de M. Brémond, professeur à la faculté de Montpellier, inséré dans la *Revue critique de législation*, 1890, p. 172 et suiv.

Comme dit M. Roussel (1), le Gouvernement n'a qu'un devoir, celui de convoquer les électeurs, sans s'inquiéter des circonstances.

C'est donc à l'interprète à décider ce qu'il faut entendre par cette expression de « *fractionnement de communes* ».

Or, faut-il admettre que l'art. 9 s'applique aussi bien dans le cas où il s'agit d'une modification territoriale d'une importance minime, par exemple de la distraction et de la réunion de quelques hectares de terrain sans habitants, que dans le cas où on aura enlevé ou adjoint à une commune une grande étendue de territoire habité ?

Les auteurs qui se sont occupés de la question ne sont pas d'accord sur la solution qu'il convient de lui donner.

Dans son *Commentaire sur la loi du 5 avril 1884* (2), M. Morgand pense que l'interprétation de la loi comporte certains tempéraments, et que la dissolution des corps municipaux ne doit pas résulter de tout changement, si minime qu'il soit, apporté aux limites d'une commune.

« Supposons, dit-il, une modification de limites entre deux communes importantes (de 10,000 ou 20,000 habitants) et qui ait pour seule conséquence de faire passer de l'une dans l'autre quelques hectares et deux ou trois habitants ; faudra-t-il considérer les pouvoirs des deux conseils municipaux comme brisés *ipso facto ?* Nous hésitons à le croire. La loi parle de communes réunies ou fractionnées. Il faudra l'appliquer raisonnablement dans ses termes et dans son esprit. Ce qu'elle veut, cst que' quand l'unité communale se trouve modifiée sa représentation soit reconstituée. »

M. Morgand cite même, à l'appui de sa thèse, un avis du ministre de l'Intérieur, en date du 5 juillet 1884, donné à titre d'instruction à un préfet de la Seine-Inférieure (3).

M. Roussel, au contraire, tout en reconnaissant que ce serait là un tempérament souhaitable et raisonnable, et que l'esprit, la volonté de la loi est en ce sens, se prononce pour un système complètement opposé.

« Ce n'est pas la première fois, dit-il (4), que le texte et l'esprit de la loi sont contradictoires, et que la contradiction est irrémédia-

(1) *Répert. du droit adm.*, V° *Commune*, n° 345.

(2) 3° édit., t. I, p. 98.

(3) M. Block dit également (*Dict. de l'adm. franç.*, 1891, V° *Organisation communale*, n° 31 : « Nonobstant la dissolution de plein droit du conseil municipal, nous croyons que le préfet, chargé de procéder à de nouvelles élections, conserve, en fait, le droit d'apprécier l'importance des modifications survenues. »

(4) Voir *Répert. du droit adm.*, V° *Commune*, n° 343.

ble. Nous pensons que c'est ici le cas. Car de deux choses l'une : ou tout fractionnement, si faible qu'il soit, entraîne dissolution des deux conseils de plein droit, comme le texte de la loi semble le dire, et, sans qu'il y ait lieu à plus ample informé ni à déclaration quelconque, le Gouvernement est tenu de convoquer les électeurs, et toute délibération des deux conseils postérieure au fractionnement est illégale et également nulle de plein droit; ou il faut que le Gouvernement apprécie, non seulement s'il a ou non à convoquer les électeurs, mais s'il a ou non à interdire toute réunion ultérieure des conseils, et qu'il en juge d'après l'importance du fractionnement : c'est précisément le droit que lui donnait la loi de 1837, et que lui retire la nouvelle rédaction. » (1).

Notons, enfin, que le ministre de l'Intérieur a été appelé tout récemment, et à deux reprises différentes, à se prononcer sur la question.

Dans le premier cas, une décision du conseil général de la Savoie ayant prononcé l'annexion à la commune de la C... de deux hameaux distraits à cet effet de la commune de L..., le préfet expo-

(1) M. ROUSSEL ajoutait qu'il ne pouvait manquer de se former, à cet égard, une jurisprudence, soit par voie de recours contre les décisions des conseils municipaux qui auraient fonctionné après un fractionnement jugé trop minime pour entraîner la dissolution de plein droit, soit par voie de recours contre les élections ordonnées après un fractionnement jugé suffisant pour entraîner cette dissolution.

Mais à l'heure où nous écrivons, le conseil d'Etat n'a pas encore eu à se prononcer sur la question. — Notons seulement que M. BOST avait exprimé une opinion analogue à celle de M. ROUSSEL, dans son *Code de la constitution des communes* (p. 47, nos 48 et 49) : « Il ne peut, disait-il, y avoir aucune incertitude sur la nécessité de la dissolution, en ce qui concerne le conseil municipal de la commune la plus faible, de celle qui est absorbée par une autre plus considérable, laquelle conserve son individualité. Mais doit-il en être de même de cette dernière ? Son conseil municipal est-il également dissous ? Cette question ne peut être résolue qu'affirmativement. Il importe peu que l'une des deux communes soit plus forte que celle qui lui est adjointe. Tous les éléments de l'existence de cette commune, sa circonscription, sa population, ses revenus, etc., n'en sont pas moins modifiés. L'ancienne commune n'existe plus, elle a fait place à une individualité communale nouvelle. Il faut donc que celle-ci soit représentée par un nouveau conseil municipal.

« Mais ces principes devront-ils encore recevoir leur application lorsqu'au lieu d'une commune tout entière qui se réunit à une autre commune, il ne s'agit que du démembrement d'une très petite fraction de territoire n'apportant qu'une modification très peu importante à la commune qui l'aura subi, comme à celle qui en aura profité ? Dissoudra-t-on alors les conseils municipaux des deux communes pour un si mince intérêt ? Devra-t-on jeter des communes dans les embarras du renouvellement de leurs conseils municipaux pour une modification de quelques arpents de terre, lorsque la commune n'en éprouvera aucun surcroît ou aucune diminution de population capable de changer le nombre de ses conseillers municipaux ? Le doute sur cette nouvelle question n'est pas plus permis que sur la première. La loi est formelle. Elle ne fait pas de distinction. Elle veut que les conseils municipaux soient dissous, même dans le cas de simple fractionnement. De cette modification ont surgi des intérêts nouveaux. L'élément électoral est changé. L'ancien conseil municipal n'en est donc plus une représentation sincère. Il faut donc qu'il subisse l'épreuve d'un renouvellement intégral. »

sait que, dans cette dernière commune, dont la représentation devait être réduite de deux membres, il y avait nécessairement lieu de renouveler la municipalité, mais il se demandait s'il devait en être de même pour la C..., étant donné que l'adjonction des habitants des dits hameaux ne devait pas avoir pour effet de modifier le nombre des membres de l'assemblée communale.

Le ministre de l'Intérieur répondit :

« L'application de l'art. 9 de la loi du 5 avril 1884 portant que, dans tous les cas de réunion ou de fractionnement de communes, les conseils municipaux sont dissous de plein droit, n'est nullement subordonnée à la question de savoir si le nombre des conseillers des communes intéressées doit se trouver modifié. L'art. 9 est formel et ne fait aucune distinction. La raison de cette disposition se trouve dans le principe même du suffrage universel. Les conseils élus doivent représenter aussi exactement que possible les opinions et les intérêts de la masse des électeurs. Toute modification *d'une importance appréciable* dans le corps électoral d'une commune entraîne donc, dans les cas prévus par l'art. 9, une nouvelle consultation du suffrage universel.

« On ne s'expliquerait pas pourquoi les habitants annexés à la C..., et qui constituent plus d'un cinquième de sa population, n'auraient aucune représentation au sein du conseil municipal. J'estime dès lors qu'il y a lieu de procéder à un renouvellement intégral des deux conseils municipaux » (1).

Dans l'autre espèce, un conseil général ayant prononcé l'annexion à une commune du département de hameaux distraits à cet effet d'une autre commune, la question se posa de savoir s'il y avait lieu de procéder au renouvellement des deux assemblées communales, alors que le conseil municipal de la dernière commune seulement devait être réduit de deux membres, tandis que, pour la première, la nouvelle répartition de la population ne devait pas modifier l'ancien nombre des conseillers municipaux.

Consulté sur ce qu'il y avait à faire en la circonstance, le ministre de l'Intérieur fit identiquement la même réponse que dans le cas précédent (2).

Pour nous, la solution de cette question ne saurait faire de difficulté. Nous avons, en effet, admis et montré que la loi du 5 avril 1884, comme la loi du 18 juillet 1837 d'ailleurs, ne s'appliquait pas aux simples rectifications de limites. Ces opérations seront donc sans

(1) Avis du 14 septembre 1891, inséré dans la *Rev. gén. d'adm.*, 1892, t. III, p. 212.

(2) Avis du 14 septembre 1891, inséré dans la *Rev. gén. d'adm.*, 1893, t. I, p. 74.

effet sur la composition des conseils municipaux des communes sur lesquelles elles porteront. Mais dans tous les autres cas, la loi de 1884 devra s'appliquer. C'est, d'ailleurs, en ce sens que se prononce M. Simonet (1).

« Nous pensons, dit-il, qu'une simple rectification de limites, qui ne modifierait en rien l'association communale, ne serait pas suffisante pour opérer la dissolution des conseils municipaux ; mais du moment où un groupe d'habitants, quelque faible qu'il soit, est détaché d'une comm une pour être rattaché à une autre, la loi s'applique ; autrement on ne saurait pas à quel chiffre s'arrêter, et on tomberait dans l'arbitraire. »

Maintenant, dans quel cas y aura-t-il réunion ou distraction de communes ? Dans quel cas simple rectification de limites ?

Nous avons longuement insisté sur ce point dans la première partie de cet onvrage. Nous prions donc le lecteur de vouloir bien s'y reporter (2).

En résumé donc, dans tous les cas de *fractionnement* de communes, en prenant ce mot dans le sens que nous lui avons donné, il y aura lieu de procéder à des élections nouvelles ; et ces élections devront avoir lieu à la fois dans la commune augmentée et dans la commune dépouillée, quelles que soient l'étendue ou la population de l'une ou de l'autre commune.

Cette solution ne saurait faire de difficulté ; mais, cependant, des communes ont parfois cherché à s'y soustraire.

Ainsi le comité consultatif du *Journal des communes* (3) a eu à examiner la question de savoir si, lorsqu'une fraction d'une petite commune en est détachée pour être réunie à une grande commune, des élections nouvelles sont nécessaires dans les deux communes.

La grande commune, qui le consultait, en faisant valoir le peu de modifications que devait causer à sa situation l'adjonction d'une faible portion de territoire et de quelques centaines d'habitants, signalait les inconvénients d'un renouvellement des conseillers municipaux, et le peu d'intérêt qu'il y aurait à se jeter dans les embarras d'élections nouvelles, alors surtout que le nombre des conseillers municipaux ne serait pas changé. Elle ajoutait que la ville était divisée en sections électorales, que le territoire annexé se joindrait à l'une de ces sections, et que ce serait tout au plus les conseillers

(1) *Traité élémentaire de droit public et administratif*, 1885, n° 754.

(2) Voir ci-dessus, p. 121 et suiv.

(3) Année 1875, p. 324.

municipaux de cette section qu'il faudrait soumettre à une élection nouvelle.

Le comité répondit :

« Nous ne pouvons partager cette opinion. Le territoire annexé peut faire modifier les sections électorales. D'ailleurs, la loi ne permet pas les élections partielles d'une section dans ce cas. Le conseil municipal est un, chaque conseiller représente la commune entière. Quelque peu importante que soit l'annexion, elle apporte des intérêts nouveaux. Il peut y avoir des jouissances communes modifiées, des intérêts distincts entre la grande commune et l'annexe. Comment confier ces intérêts de la fraction à un conseil municipal qu'elle n'aura pas élu ? C'est pour ces motifs que la loi veut que les conseils municipaux soient dissous, même au cas de simple fractionnement. »

En conséquence, lorsqu'une commune est réunie à une autre commune, ou lorsqu'une fraction de territoire est enlevée à une commune, soit pour être érigée en municipalité distincte, soit pour être rattachée à une autre commune, il faut procéder à de nouvelles élections à la fois dans la commune au profit de laquelle a eu lieu l'annexion, dans la commune démembrée et dans la commune nouvellement créée.

Mais qui va prendre part à ces élections ? Comment sera composé le corps électoral de chacune de ces communes ?

Par suite de la modification territoriale, la population de l'une s'est accrue, celle de l'autre a diminué. Or, on sait qu'aux termes de l'art. 10 de la loi du 5 avril 1884, le nombre des conseillers municipaux à élire dans chaque commune doit être déterminé par le chiffre de sa population.

D'autre part, la population dont il y a lieu de tenir compte est la population normale, telle qu'elle est fixée par le dernier dénombrement quinquennal (1). Mais, dit avec raison M. Roussel (2), « les chiffres des dénombrements s'appliquent à la totalité de la population d'une commune. Ils n'ont plus de sens légal en cas de distraction ou d'annexions partielles ».

Comment, dès lors, connaître le nombre des habitants de la commune, telle qu'elle est constituée après le démembrement ou la réunion ?

(1) Morgand, *Comment. de la loi du 5 avril 1884*, 3e édit., t. I, p. 101. — Décis. conseil d'Etat du 4 juin 1875, Lacapelle-Marival.

(2) *Répert. du droit adm.*, V° *Commune*, n° 347.

Il faudra nécessairement faire un nouveau dénombrement, au moins partiel, et l'opération demandera un certain temps.

Avec le système de la loi du 18 juillet 1837, l'inconvénient n'était pas très grave. Le Gouvernement, qui avait la liberté de prononcer au moment qui lui semblait le plus opportun la dissolution du conseil municipal, pouvait attendre que ce dénombrement fût opéré avant d'y procéder ; et alors, en même temps qu'il prononçait la dissolution des anciens conseils municipaux, il convoquait les électeurs pour en nommer de nouveaux.

Aujourd'hui, on l'a vu, la dissolution des conseils municipaux a lieu de plein droit.

De plus, d'après l'art. 45 de la nouvelle loi municipale, le Gouvernement n'a qu'un délai de deux mois, à dater de la dissolution de l'ancien conseil municipal, c'est-à-dire à partir de l'acte qui a prononcé la réunion ou la distraction, pour opérer ce dénombrement et convoquer les électeurs.

Parfois même il faudra, pendant le même délai, procéder au sectionnement électoral de la commune. Or, d'après l'art. 12 de la loi du 5 avril 1884, ce sectionnement doit être fait par le conseil général, qui ne peut prendre une décision à ce sujet que dans sa session d'août, et à la condition que la demande de sectionnement ait été formée au cours de la session d'avril au plus tard.

Enfin, aux termes de l'art. 15 de la même loi, l'élection ne peut avoir lieu qu'un dimanche et quinze jours seulement après que l'arrêté de convocation a été publié dans la commune.

Dans ces conditions, il est donc à peu près matériellement impossible, malgré l'art. 45, que les nouveaux conseils municipaux soient élus dans le délai de deux mois (1). L'interrègne dans la vie municipale de ces communes va donc se prolonger, au grand détriment de leurs intérêts.

Aussi, pour abréger cette situation, les actes prononçant des réunions ou des distractions de communes autorisent parfois les parties intéressées à déroger à la loi municipale sur ces divers points.

Ainsi, la loi du 29 janvier 1885, qui a prononcé la réunion des communes de Calais et de Saint-Pierre-les-Calais en une seule municipalité, disposait dans son art. 3 :

« Par dérogation à l'art. 12 de la loi du 5 avril 1884, le conseil

(1) Aussi le ministre de l'Intérieur, dans sa circulaire du 15 mai 1884, déclare-t-il que la délégation continuera de fonctionner jusqu'à ce qu'il soit possible de constituer le nouveau conseil.

général du département du Pas-de-Calais pourra, dans sa prochaine session, ordinaire ou extraordinaire, diviser la ville de Calais en sections électorales. »

Comment seront dressées les listes électorales des nouvelles communes ?

En droit commun, d'après l'art. 1er de la loi du 7 juillet 1874, la liste électorale est dressée dans chaque commune par une commission composée du maire, d'un délégué de l'administration désigné par le préfet et d'un délégué choisi par le conseil municipal.

Conformément aux art. 1er à 8 du décret réglementaire du 2 février 1852, cette liste doit être révisée chaque année, du 1er janvier au 31 mars. Elle reste telle jusqu'au 31 mars de l'année suivante, et toute élection qui a lieu pendant l'année doit être faite sur cette liste ainsi révisée.

Mais lorsque la circonscription territoriale de la commune aura été modifiée dans le courant de l'année, la liste électorale de cette commune devra-t-elle être dressée à nouveau dans les formes que nous venons d'indiquer ?

Le conseil d'Etat a été appelé à se prononcer sur la question et il a décidé que, pour établir la liste électorale de la commune ainsi transformée, l'administration devait se borner à retrancher de la liste arrêtée le 31 mars précédent les électeurs domiciliés sur le territoire qui lui était enlevé.

Voici, au reste, les termes mêmes de cet arrêt du 30 janvier 1868 (1) :

Sur le moyen tiré de ce que la liste des électeurs aurait été irrégulièrement dressée :

Considérant qu'aux termes de l'art. 8 du décret réglementaire du 2 février 1852, la liste électorale arrêtée le 31 mars de chaque année ne doit subir, jusqu'au 31 mars de l'année suivante, d'autres changements que ceux qui y auraient été ordonnés par décision du juge de paix, ou qui proviendraient de la radiation des noms des électeurs décédés ou privés des droits civils et politiques par jugement ayant force de chose jugée ;

Que, dès lors, les requérants ne sont pas fondés à prétendre qu'après la distraction de la section du Cayrol, la liste électorale de la nouvelle commune aurait dû être dressée à nouveau dans les formes prescrites par les décrets du 2 février 1852 ;

Que l'administration municipale s'est conformée à la loi en se bornant, pour établir la liste des électeurs de la nouvelle commune d'Espalion, à retrancher de la liste arrêtée le 31 mars précédent les noms des électeurs domiciliés dans la section du Cayrol et ceux des électeurs décédés ;

(1) *Recueil*, p. 116. (Elections d'Espalion.)

Que, dans ces circonstances, c'est avec raison que le conseil de préfecture a décidé qu'il n'y avait pas lieu d'annuler par ce motif les opérations électorales ;

Rejet...

Réciproquement, pour dresser la liste électorale de la commune à laquelle a été réunie une fraction de territoire détachée d'une autre commune, il suffira d'ajouter à la liste électorale de cette commune les électeurs domiciliés sur le territoire annexé.

Enfin, pour établir la liste électorale de la section érigée en municipalité distincte, l'administration n'aura qu'à retrancher de la liste électorale de la commune démembrée les électeurs domiciliés dans la section distraite.

Mais une difficulté peut alors s'élever. En effet, aux termes de l'art. 14 de la loi du 5 avril 1884, la liste électorale de chaque commune comprend en premier lieu tous les électeurs qui y ont leur domicile réel, ou qui y habitent depuis six mois au moins, au moment de la clôture définitive de la liste, c'est-à-dire avant le 31 mars (art. 14, § 4).

Or, supposons qu'un citoyen qui avait résidé depuis le 1er septembre 1889 sur le territoire d'une section A d'une commune, vienne s'établir, le 15 novembre de la même année, sur le territoire d'une autre section B de la même commune. Au 31 mars de l'année suivante, il aurait donc plus de six mois de résidence dans la nouvelle commune, et, par suite, il devrait être inscrit sur la liste électorale de cette commune.

Mais, par hypothèse, le 15 décembre 1889, la section B sur laquelle il habite est distraite de la commune dont elle faisait partie et érigée en municipalité distincte.

On procédera alors, naturellement, à de nouvelles élections dans les deux communes, d'après les règles que nous avons exposées.

Mais au 31 mars 1890, ce citoyen pourra-t-il être inscrit sur la liste électorale de l'ancienne commune ou bien sur celle de la nouvelle ?

On comprend la raison de douter : il ne peut invoquer six mois de résidence ni dans l'une, ni dans l'autre.

La question avait été soumise, à peu près dans les mêmes termes, au comité consultatif de l'*Ecole des communes*, sous l'empire de la loi du 7 juillet 1874, qui exigeait la confection de deux listes, l'une pour les élections municipales, l'autre pour les élections politiques (1), et qui, dans son art. 5, ordonnait l'inscription sur la liste

(1) On sait que la loi du 5 avril 1884 a rétabli l'unité de liste.

des électeurs municipaux de ceux « qui étaient nés dans la commune ou y avaient satisfait à la loi du recrutement, et, s'ils n'y avaient pas conservé leur résidence, étaient venus s'y établir de nouveau depuis six mois au moins ».

On lui avait demandé si, lorsqu'une commune venait d'être divisée en deux communes distinctes, on devait considérer l'ancienne commune comme entière, ou seulement le territoire de chacune des nouvelles communes, pour former les diverses catégories d'électeurs à inscrire sur la liste des électeurs municipaux.

Le comité, après en avoir délibéré, exprima l'avis suivant :

En principe, dit-il, les lois et décrets n'ont pas d'effet rétroactif; la loi qui prononce le sectionnement d'une commune en deux ou plusieurs communes distinctes ne peut produire d'effet que pour les années qui suivent celle où la division s'est opérée, pour l'application de l'art. 5 de la loi du 7 juillet 1874, relative à l'électorat municipal notamment.

Ainsi, un citoyen né dans l'ancienne commune et qui, après l'avoir quittée depuis dix ans, revient habiter, après le sectionnement, non la partie du territoire où il était né, mais l'autre partie qui a servi à former la deuxième commune, doit être considéré comme s'il était né dans cette partie, qui a formé la seconde commune, par ce motif que cette commune n'est autre qu'une partie de l'ancienne commune dans laquelle est né ce citoyen.

Le fait de la naissance dans la commune donne la qualité d'électeur municipal ; la résidence dans une des sections localise seulement l'exercice du droit électoral. D'une manière générale, si la commune nouvelle est formée exclusivement de la section spéciale, la liste électorale sera dressée avec les noms des électeurs retranchés de la liste de la commune à laquelle la section a été enlevée (1).

Pour nous, nous estimons que tous les citoyens qui se trouveront dans le cas que nous avons supposé, devront être inscrits, au 31 mars, sur la liste électorale de la commune nouvellement créée. Sans doute, ils ne peuvent pas justifier de six mois de résidence dans cette commune. Mais si l'ancienne commune n'avait pas été démembrée, ils auraient eu, au 31 mars, un droit acquis à figurer parmi les électeurs de cette commune ; et nous ne voyons pas comment l'acte qui opère la distraction, et qui réserve toujours les droits acquis, pourrait avoir indirectement pour effet de priver ces personnes du droit de prendre part aux nouvelles élections.

Enfin, pour les opérations électorales, il n'y a qu'à se référer aux dispositions des art. 17 et suivants de la loi du 5 avril 1884.

Notons seulement que les bureaux de vote seront présidés, non

(1) *Ecole des communes*, 1883, p. 215, n° 31.

pas par le maire, les adjoints ou conseillers municipaux dans l'ordre du tableau (art. 17), mais par le président ou le vice-président de la délégation spéciale, instituée conformément à l'art. 44. (Circulaire du ministre de l'Intérieur du 15 mai 1884.) (1).

Remarque. — Nous venons de voir que, en cas de changement de circonscriptions communales, les conseils municipaux de ces communes sont dissous *ipso facto*.

Mais lorsque le remaniement territorial a pour résultat de modifier les limites d'un canton, de l'arrondissement ou du département, doit-on décider que le conseil d'arrondissement ou le conseil général sont également dissous de plein droit?

Logiquement, il aurait fallu aller jusque là. Mais on ne l'a jamais admis. On a pensé qu'il était inutile de mettre en mouvement tout le corps électoral de l'arrondissement ou du département, à propos d'une modification de peu d'importance relativement à l'étendue de ces deux circonscriptions.

SECTION II

—

CONSÉQUENCES RELATIVES AUX RÈGLEMENTS MUNICIPAUX

PRINCIPES

Les maires des communes sont investis par la loi du pouvoir de prendre des arrêtés ou règlements municipaux obligatoires. (Loi du 5 avril 1884, art. 94.)

Ces arrêtés peuvent s'adresser à l'universalité des habitants de la commune, ou bien à tel ou tel individu en particulier. — Nous ne nous occuperons ici que des arrêtés contenant des dispositions générales.

Ces arrêtés municipaux ont pour but d'ordonner des mesures locales sur les objets confiés par les lois à leur vigilance et à leur autorité.

Ils peuvent avoir pour objet, soit les biens des communes ou sections de commune : ils sont alors relatifs à l'administration, à la surveillance ou au mode de jouissance de ces biens; — soit la police

(1) En ce sens, M. Marcel Juillet Saint-Lager, *op. cit.*, p. 270 et 271.

municipale ou rurale : ces derniers concernent, par exemple, le maintien de l'ordre, de la sûreté, de la salubrité publique, les approvisionnements, les fléaux et les accidents, les épidémies, la voirie municipale, etc. (Loi du 5 avril 1884, art. 97.)

Mais l'autorité du maire ne peut s'étendre en aucun cas au-delà de la circonscription de sa commune, et les arrêtés qu'il prend ne peuvent être appliqués hors de cette circonscription (1).

Ces arrêtés ne deviennent obligatoires, dans la commune où ils doivent recevoir leur exécution, que lorsqu'ils y ont été régulièrement publiés. Les citoyens ne sont tenus de les observer que quand ils en ont eu légalement connaissance. Jusque là, ils ne sauraient être punis pour avoir enfreint des dispositions qu'ils sont réputés ignorer. (Loi du 5 avril 1884, art. 96, § 1.)

Par contre, ces arrêtés municipaux, légalement pris, conservent toute leur force et tout leur effet tant qu'ils n'ont point été formellement ou implicitement annulés ou rapportés par des actes émanés des mêmes autorités, ou des autorités supérieures. Cette règle est admise par tous les auteurs (2) et consacrée par une jurisprudence constante (3).

Enfin, les arrêtés municipaux sont inscrits à leur date sur le registre de la mairie. (Loi du 5 avril 1884, art. 96, § 4.)

Si donc on suppose qu'une section d'une commune est érigée en commune distincte, ou que deux communes sont réunies pour ne former à l'avenir qu'une seule municipalité, ou, enfin, qu'une fraction de territoire est détachée d'une commune pour être annexée à une autre commune, quels effets vont être produits par ces changements de circonscriptions sur l'autorité des règlements municipaux en vigueur dans les communes transformées ?

Telle est la question que nous allons maintenant étudier dans les trois paragraphes suivants.

(1) Voir Dalloz, *Répert. alphab.*, V° *Commune*, n° 651.

(2) Voir par exemple : M. Guilbon, *Traité des règlements et des arrêtés administratifs et municipaux*, Paris, 1859, p. 214. — M. de Champagny, *Traité de la police municipale*, Paris, 1862, p. 422.

(3) Voir par exemple : Cass., 23 juillet 1836. S. 1837. 1. 271; — 22 septembre 1836, S. 1837. 1. 500; — 19 septembre 1856, S. 1856. 1. 920 ; — 17 janvier 1868, D. 1868. 1. 363 ; — 5 juillet 1873. D. 1871. 1. 42 ; — 3 décembre 1880, D. 1881. 1. 280 ; — 30 novembre 1891 D. 1892. 1. 122.

§ 1.

Distraction et érection de commune.

Une fraction du territoire d'une commune lui est enlevée pour être érigée en commune particulière.

L'ancienne commune, quoique démembrée, reste placée, cela va sans dire, sous l'autorité de ses règlements municipaux.

Mais la nouvelle commune continue-t-elle, elle aussi, à être régie par les arrêtés municipaux qui étaient en vigueur dans la commune dont elle a été détachée, ou bien, au contraire, ces règlements sont-ils abrogés de plein droit par le seul fait de la distraction ?

Nous avons établi ci-dessus que les règlements municipaux légalement pris et publiés par l'autorité administrative ne cessaient d'être exécutoires qu'autant qu'ils étaient régulièrement rapportés.

La conséquence de ce principe, c'est que les règlements qui étaient en vigueur dans la commune démembrée resteront obligatoires dans la nouvelle commune, tant que le nouveau maire, élu conformément aux dispositions de l'art. 9 de la loi du 5 avril 1884, ne les aura pas formellement abrogés.

C'est en ce sens que s'était prononcée implicitement la cour de cassation, dans un arrêt en date du 16 avril 1858, sur lequel nous aurons à revenir dans le paragraphe suivant.

Il résulte de là que si la nouvelle commune est formée de diverses fractions de territoire empruntées à plusieurs communes qui avaient des règlements municipaux différents, chaque section de la nouvelle commune va être régie par ses règlements particuliers, tant que le nouveau maire ne les aura pas expressément annulés.

La situation sera peut-être quelque peu embrouillée, mais nous ne voyons pas comment on pourrait éviter ce résultat. Qu'on remarque, d'ailleurs, qu'elle est simplement transitoire, et qu'il sera très facile au président de la délégation spéciale ou au nouveau maire de la commune d'y établir l'unité, en abrogeant les arrêtés qui seraient contradictoires.

§ 2.

Réunion de communes.

Une commune est réunie à une autre commune. Les règlements municipaux qui étaient en vigueur dans la commune annexée sont-ils abrogés de plein droit et par le seul fait de la réunion, et les règlements de la commune annexante deviennent-ils, également de plein droit, exécutoires dans la commune annexée ; — ou bien, au contraire, la commune annexée conserve-t-elle ses règlements municipaux particuliers tant qu'ils ne sont pas abrogés formellement par le nouveau représentant de la commune, élu conformément à l'art. 9 de la loi du 5 avril 1884, — et les règlements de la commune annexante n'y sont-ils exécutoires qu'en vertu d'une publication expresse ?

Nous supposons, bien entendu, que ces règlements n'étaient pas les mêmes dans les deux communes : sans cela, la question ne présenterait pas d'intérêt.

D'après les principes que nous avons admis au début de cette section, les arrêtés municipaux ne deviennent obligatoires que lorsqu'ils ont été publiés, mais ils restent en vigueur tant qu'ils n'ont pas été régulièrement abrogés.

Il résulte de là que la commune réunie à une autre commune, et devenue ainsi une section de celle-ci, doit continuer à être régie par ses règlements propres ; — et que, tant que ces règlements n'auront pas été abrogés par la nouvelle administration municipale, soit expressément, soit implicitement, par exemple par la publication de règlements contraires déjà en vigueur dans la commune à laquelle elle est incorporée, les actes faits par les habitants de la section, conformément aux anciens règlements, seront inattaquables, quand même ils seraient répréhensibles d'après les règlements municipaux de la commune agrandie.

D'un autre côté, les arrêtés municipaux en vigueur dans la commune annexante ne deviendront exécutoires dans le territoire annexé que lorsqu'ils y auront été l'objet d'une publication expresse. Car, s'il est facile de comprendre que des arrêtés municipaux puissent être abrogés tacitement par la publication de règlements contraires, il est impossible d'admettre que le seul fait de l'abrogation expresse, par le nouveau maire, des règlements de la section réunie entraîne la mise en vigueur implicite, dans cette même section, des règlements municipaux de la commune annexante.

On a élevé différentes objections contre ce système.— Comment, a-t-on dit, une personne vient habiter ou se trouve simplement de passage dans une commune : elle est soumise de plein droit aux arrêtés municipaux en vigueur dans cette commune. Pourquoi admettre une solution différente lorsqu'il s'agit, non plus d'une seule personne, mais d'un certain nombre d'individus qui se trouvent, à la suite d'une décision administrative, habiter sur le territoire de cette commune ?

Il est facile de voir qu'il y a entre ces deux hypothèses une différence considérable. Dans le premier cas, c'est une personne qui vient résider dans la commune ; dans l'autre, c'est un territoire qui lui est réuni.

Or, nous l'avons montré, un arrêté n'a de valeur que dans l'intérieur de la commune où il a été publié, dans ses limites telles qu'elles étaient établies au moment de la publication.

Sans doute, celui qui vient se fixer sur le territoire d'une commune ne peut pas se prévaloir de ce principe pour refuser de se conformer aux arrêtés ou règlements municipaux légalement pris avant son arrivée : il est censé n'avoir pas ignoré les obligations auxquelles il se soumettait en s'établissant dans la commune.

La loi attache, en effet, au fait que ces arrêtés ont été publiés la présomption irréfragable, *juris et de jure,* que toute personne se trouvant momentanément ou à demeure fixe sur le territoire de cette commune, est réputée en avoir eu connaissance. Mais on aperçoit aisément qu'il n'en est pas de même quand le territoire de la commune est modifié.

On pourrait encore ajouter, s'il en était besoin, que les changements de circonscription sont fréquemment prononcés sans le consentement et même malgré l'opposition des habitants de la commune annexée et de leurs représentants légaux ; tandis qu'on ne vient pas, à moins de circonstances tout-à-fait exceptionnelles, habiter malgré soi dans une commune.

On a opposé encore cette idée, que l'autorité qui a prononcé la réunion des communes a eu pour but de simplifier leur administration, d'établir entre elles, dans la mesure la plus large possible, l'unité, l'uniformité. Or, a-t-on dit, si l'on maintient à chaque section ses règlements particuliers, on va précisément à l'encontre de ce but, et l'on obtient un résultat complètement opposé à celui que l'autorité voulait atteindre. D'ailleurs, la commune, une fois annexée à une autre commune, ne peut plus être régie par une autorité municipale qui n'est plus la sienne ; elle passe aussitôt sous l'autorité qui régit la commune annexante (1).

Mais on comprend la nécessité d'une abrogation spéciale des règlements de la commune annexée, car quelques-uns peuvent être relatifs à l'exercice de droits de jouissance qui continuent d'appartenir exclusivement aux habitants de la section, et se trouver ainsi de nature à survivre au fait de l'annexion (2).

Au reste, ce n'est là qu'une situation transitoire, et il sera facile au nouveau maire de cette commune ainsi agrandie d'abroger les règlements de la commune annexée et de publier sur son territoire les règlements de la commune annexante.

En effet, aux termes de l'art. 94, § 2, de la loi du 5 avril 1884 : « Le maire prend des arrêtés à l'effet de publier de nouveau les lois et les règlements de police, et de rappeler les citoyens à leur observation. »

D'autre part, l'acte qui a prononcé la réunion des communes ne peut avoir d'effet rétroactif. Sans doute, les arrêtés qui seront pris, à l'avenir, par la nouvelle administration municipale, seront applicables dans toute la commune, à la condition, bien entendu, d'y être régulièrement publiés. Mais le domaine d'application des anciens arrêtés ne saurait être modifié que par une disposition expresse, soit de l'autorité supérieure, qui a prononcé le changement de circonscription, soit du nouveau représentant de la commune agrandie.

Qu'on remarque, enfin, combien il serait rigoureux de soumettre, sans les avertir en aucune façon, les habitants d'une commune réunie à une autre commune à des règlements qui n'ont pas été publiés sur leur territoire et que, par suite, ils ignorent forcément.

Les principes que nous venons d'exposer sont ceux qui sont suivis en droit international, lorsqu'un Etat est réuni, en tout ou en partie, à un autre Etat.

Dans ce cas, il est admis que les lois, ordonnances, décrets ou règlements en vigueur dans le pays annexant ne deviennent obligatoires dans le pays annexé qu'autant qu'ils y ont été l'objet d'une publication spéciale : mais jusque là, le territoire annexé reste soumis à sa législation particulière.

(1) Voir Langlois, *Des biens des sections de commune*, Paris, 1869, p. 214. — *Répert. d'adm. mun.*, V° *Distraction et réunion de communes*, p. 727.

(2) Voir Dalloz, 1859. 1. 288, note sous l'arrêt de la cour de cassation du 16 avril 1858.

« En droit politique, dit M. René Selosse (1), l'unité de législation est une nécessité. Une loi en principe est générale, et comme telle s'applique à tout le royaume. Cette règle existe même dans le cas d'une annexion ; s'il n'intervient aucune exception spéciale aux pays annexés, les lois françaises sont applicables dans leur intégrité, sans distinguer si elles sont d'intérêt général ou d'intérêt privé. Mais il ne faut pas dire que la législation française est de plein droit applicable aux pays annexés, par la seule raison que ceux-ci font, dès l'instant de l'annexion, partie intégrante de la France.

« S'il y a, en effet, un principe qui déclare applicables à tout le royaume les lois françaises, il y en a un autre qui le domine et qui exige, pour que ces lois soient exécutoires, une promulgation réelle pour chaque partie du royaume. Lorsque la promulgation de nos lois antérieures à l'annexion a eu lieu, les pays annexés ne faisaient point partie de la France ; elle n'a donc pu produire aucun effet quant à eux, et une promulgation spéciale de ces mêmes lois dans les pays annexés sera nécessaire pour qu'elles puissent y devenir exécutoires.

« ..... La conséquence de cette solution est que, jusqu'à la promulgation des lois françaises, la législation du pays restera en vigueur, et les actes faits par les particuliers dans l'intervalle de temps qui s'écoulera entre l'annexion et cette promulgation, conformément aux anciennes lois du pays, seront inattaquables.

« La promulgation des lois françaises antérieures à l'annexion se fera le plus souvent au moyen d'une formule générale, ainsi conçue : A partir de telle époque (ordinairement le 1er janvier de l'année suivante), les lois françaises seront exécutoires dans les pays annexés.

« Elle aura lieu d'une façon spéciale, lorsqu'il importera de consacrer au profit des pays annexés des exceptions momentanées ou permanentes à nos lois existantes. » (2).

C'est le système qui a été suivi lors de l'annexion de la Savoie et de Nice à la France, en 1860. Des décrets ont mis en vigueur dans les territoires annexés, successivement, les lois pénales et d'instruction criminelle (3), les lois, ordonnances, décrets et régle-

(1) *Traité de l'annexion au territoire français*, Paris, 1880, p. 176.

(2) Voir également DALLOZ, *Répert. alphab.*, V° *Lois*, nos 145, 146, 147, etc. — PASQUALE FIORE, *Nouveau droit international public*, 1885, t. I, n° 354, note 1.

(3) Décret du 12 juin 1860. (*Bull. des lois*, 1860, n° 7752.)

ments concernant le régime des douanes en France (1), les lois civiles, commerciales et de procédure civile (2), etc.

On a procédé de même, lorsque l'Alsace et la Lorraine furent réunies à l'empire d'Allemagne (3).

Le Gouvernement allemand a, par des lois successives, rendu exécutoires dans les provinces annexées la législation allemande sur les douanes et les impôts (4), la loi allemande du 10 juin 1869 sur les droits de timbre de change (5), le Code pénal de l'empire d'Allemagne (6), la loi sur les postes dans l'empire allemand (7), la loi de l'empire du 7 avril 1869 concernant les mesures à prendre contre la peste bovine (8), la législation allemande sur la lettre de change et le Code général de commerce (9).

Mais l'Alsace et la Lorraine sont restées soumises à la législation du Code civil français, aucune loi allemande ne l'ayant abrogé dans ces provinces.

Or, nous ne voyons pas pourquoi on devrait procéder autrement lorsque, au lieu de l'annexion d'une province à un Etat, il s'agit simplement de la réunion d'une commune ou d'une fraction de commune à une autre commune.

La question s'est présentée deux fois devant la cour de cassation.

Par un premier arrêt en date du 16 avril 1858 (10), elle a décidé que les arrêtés municipaux, légalement pris et promulgués pour une commune dépendant d'un département, conservaient leur force obligatoire nonobstant la réunion de cette commune à une autre d'un autre département, tant qu'ils n'avaient pas été abrogés et que les règlements de la commune dans laquelle elle avait été incorporée n'y avaient pas été régulièrement publiés.

Voici dans quelles circonstances cet arrêt fut rendu :

Le maire de la commune de Saint-Esprit, située dans le département des Landes, avait pris, le 22 septembre 1855, un arrêté enjoi-

(1) Décret du 18 juin 1860. (*Bull. des lois*, 1860, n° 7789.)

(2) Décret du 22 août 1860. (*Bull. des lois*, 1860, n° 8131.)

(3) Loi du 9 juin 1871. — Voir *Annuaire de législation étrangère*, année 1872, p. 375.

(4) Loi du 17 juillet 1871. (*Annuaire*..., 1872, p. 379.)

(5) Loi du 14 juillet 1871. (*Annuaire*..., 1872, p. 388.)

(6) Loi du 30 août 1871. (*Annuaire*..., 1872, p. 393.)

(7) Loi du 4 novembre 1871. (*Annuaire*..., 1872, p. 400.)

(8) Loi du 11 décembre 1871. (*Annuaire*..., 1872, p. 403.)

(9) Loi du 19 juin 1872. (*Annuaire*..., 1873, p. 510.)

(10) D. 1859. 1. 288, et S. 1858. 1. 776.

gnant aux propriétaires des maisons de déverser les matières fécales dans un ruisseau situé à l'extrémité de la commune.

Plus tard, une loi du 1er juin 1857 prononça la réunion de cette commune à la ville de Bayonne (département des Basses-Pyrénées); — et, alors, un sieur Jean Lousteau, habitant sur le territoire de l'ancienne commune de Saint-Esprit, refusa de se soumettre à l'arrêté précité du 22 septembre 1855, sous prétexte que la commune de Saint-Esprit étant réunie à une autre commune, ses règlements municipaux n'avaient plus aucune valeur.

Un procès-verbal de contravention fut dressé contre lui ; mais un jugement du tribunal de police de Bayonne le renvoya des fins de la poursuite. Le ministère public forma alors contre ce jugement un recours devant la cour de cassation, qui admit son pourvoi dans les termes suivants :

La cour,

Vu l'art. 471, nº 15, du Code pénal (1) ;

Attendu que si la commune de Saint-Esprit a été distraite par la loi du 1er juin 1857 de l'arrondissement de Dax et du département des Landes, et réunie à la ville de Bayonne, département des Basses-Pyrénées, il n'en résulte nullement que cette commune ait cessé, à compter du jour de cette réunion, d'être régie par les règlements municipaux qui avaient été légalement promulgués ;

Que ces règlements doivent conserver leur vigueur tant qu'ils n'ont pas été abrogés, et que les règlements de la commune dans laquelle la ville de Saint-Esprit a été incorporée n'y ont pas été régulièrement publiés ;

Que, par conséquent, l'arrêté du maire de Saint-Esprit, du 22 septembre 1855, qui enjoint aux propriétaires des maisons qu'ils déversent les matières fécales dans un ruisseau situé à l'extrémité de la ville, a conservé toute sa force depuis la loi du 1er juin 1857, et que le jugement attaqué, en renvoyant Jean Lousteau des fins de la poursuite dirigée contre lui, a commis une violation formelle de cet arrêté et, par suite, de l'art. 471, nº 15, du Code pénal ;

Casse le jugement du tribunal de police de Bayonne du 16 janvier dernier, etc.

Dans un second arrêt en date du 15 février 1862 (2), elle a jugé, au contraire, que, dans le cas d'agrandissement d'une commune, les règlements qui lui sont spéciaux deviennent de plein droit obliga-

(1) L'art. 471, nº 15, du Code pénal est ainsi conçu : « Seront punis d'amendes, depuis un franc jusqu'à cinq francs inclusivement..., ceux qui auront contrevenu aux règlements légalement faits par l'autorité administrative et ceux qui ne se seront pas conformés aux règlements ou arrêtés publiés par l'autorité municipale en vertu des art. 3 et 4, titre XI, de la loi des 16-24 août 1790, et de l'art. 46, titre 1er, de la loi des 19-22 juillet 1791. »

(2) D. 1862. 1. 448, et S. 1862. 1. 768.

toires pour les habitants du territoire annexé, comme pour les habitants de l'ancien territoire, sans qu'il soit besoin d'une publication nouvelle.

Dans l'espèce, une loi du 10 juillet 1856 avait réuni la commune de Saint-Sulpice à celle de Saint-Vigor-le-Grand.

Il s'agissait de savoir si un arrêté municipal du 26 juillet 1853, qui avait été publié à Saint-Vigor-le-Grand avant l'annexion, était devenu, par le seul fait de la réunion et de plein droit, obligatoire pour les habitants du territoire annexé.

Un jugement du tribunal de simple police de Bayeux avait décidé que non, par le motif que le règlement dont il s'agit n'avait pas été de nouveau publié dans la partie de Saint-Sulpice. Mais la cour de cassation cassa ce jugement, dans un arrêt ainsi conçu :

La cour,

Vu l'art. 471, nº 15, du Code pénal ;

Attendu que cette disposition n'a fait que confirmer le principe de droit public d'après lequel les règlements de police, légalement publiés, obligent de plein droit tous ceux qui habitent le territoire soumis à leur empire ; — que les art. 5 et 6 de la loi du 18 juillet 1837, et la loi du 10 juillet 1856, qui a réuni la commune de Saint-Sulpice à celle de Saint-Vigor-le-Grand, n'ont pas innové ;

Attendu que l'arrêté municipal du 26 juillet 1853 avait été publié à Saint-Vigor-le-Grand avant la réunion opérée par la loi du 10 juillet 1856, et qu'il est ainsi devenu obligatoire pour les habitants du territoire annexé comme pour ceux de l'ancien territoire ;

D'où il suit que, en décidant le contraire sur le motif que le règlement dont s'agit n'avait pas été de nouveau publié dans la partie de Saint-Sulpice, le jugement attaqué du tribunal de simple police de Bayeux a violé l'art. 471, nº 15, du Code pénal ;

Casse le jugement du dit tribunal de simple police de Bayeux du 13 août 1861, etc.

La doctrine contenue dans ce dernier arrêt nous semble impossible à admettre.

Comme on a pu le voir, d'ailleurs, il se borne à poser un principe sans indiquer sur quelles bases il repose. Les règlements de police, dit-il, légalement publiés, obligent de plein droit tous ceux qui habitent le territoire soumis à leur empire. Or, le règlement dont il s'agit avait été publié dans la commune annexante avant l'annexion. Donc il est de plein droit obligatoire dans la commune annexée. Mais c'est justement là ce qu'il faudrait prouver. Pourquoi les règlements de police obligent-ils tous les citoyens qui habitent sur le territoire de la commune ? Parce qu'ils y ont été régulièrement publiés. Or, dans l'hypothèse, les règlements avaient bien été publiés dans la commune annexante, mais non dans la commune annexée. Et nous croyons être dans le vrai en soutenant que, par suite, ils n'étaient pas obligatoires dans cette dernière commune.

§ 3.

Distraction et réunion de communes.

Une portion du territoire d'une commune lui est enlevée pour être rattachée à une autre commune. La section ainsi créée reste-t-elle placée sous l'empire des règlements municipaux en vigueur dans la commune démembrée, ou, au contraire, les règlements de la commune agrandie lui sont-ils de plein droit applicables ?

Nous devons admettre ici, et pour les mêmes raisons, les solutions que nous avons adoptées dans les deux paragraphes précédents.

Nous dirons donc que, tant qu'ils n'auront pas été abrogés par la nouvelle administration municipale, la section conservera les règlements de la commune dont elle est séparée ; et que les arrêtés, en vigueur dans la commune dont elle fait désormais partie, ne seront obligatoires sur son territoire qu'autant qu'ils y auront été régulièrement publiés.

Remarque Ire. — Tout ce que nous avons dit des arrêtés municipaux s'applique également aux arrêtés préfectoraux, dans le cas où une commune ou une fraction de commune passe d'un département dans un autre. Cette commune ou cette fraction de commune continuent alors à être régies par les arrêtés préfectoraux qui étaient en vigueur dans le département dont elles cessent de faire partie, jusqu'à ce qu'ils aient été abrogés par le préfet du nouveau département ; — et les arrêtés préfectoraux qui étaient exécutoires dans ce département ne deviendront applicables dans le territoire de la commune ou de la fraction de commune qui lui est réunie, que lorsqu'ils y auront été expressément publiés.

Remarque II. — Pour éviter toute difficulté, il serait à désirer que l'acte qui statue sur le changement de circonscription, se conformant aux dispositions de l'art. 7, § 5, de la loi du 5 avril 1884, — d'après lesquelles, on s'en souvient, les actes qui prononcent des réunions ou des distractions de communes en déterminent expressément toutes les conditions, — prononçât en même temps sur la question du maintien ou de l'abrogation des règlements municipaux ou préfectoraux en vigueur dans les communes transformées.

Mais, dans tous les cas, lorsque cet acte est muet, ce qui est le cas ordinaire, nous ne saurions trop recommander aux maires des communes qui ont subi une modification dans leur circonscription, ou aux préfets des départements agrandis, de prendre des arrêtés, soit pour maintenir ou pour abroger, dans ces communes, les règlements municipaux ou préfectoraux qui y étaient obligatoires, soit pour y publier les règlements déjà en vigueur sur le territoire auquel elles sont rattachées.

REMARQUE III. — Si les changements de circonscription territoriale n'ont, suivant nous, aucune influence directe sur la sphère d'application des règlements ou arrêtés municipaux qui étaient en vigueur dans les communes intéressées, nous devons reconnaître cependant que l'administration a plusieurs fois rejeté cette solution en ce qui concerne les usages relatifs au pavage.

On admet, en effet, que lorsqu'une commune est réunie à une autre commune, les anciens usages relatifs aux frais de pavage, en vigueur dans la commune principale, deviennent applicables de plein droit à la commune annexée (1).

Cette solution a été adoptée expressément par le conseil d'Etat, dans un arrêt en date du 22 août 1868 (2).

Dans l'espèce, un décret du 13 octobre 1858 avait annexé la commune de Wazemmes à la ville de Lille. Ce décret ne contenait aucune disposition relative à l'extension à la commune réunie des anciens usages de la ville de Lille ; et il s'agissait de savoir si, par le seul fait de l'annexion, les anciens usages en vigueur dans la ville de Lille, en ce qui concerne le pavage, étaient devenus de plein droit applicables aux propriétés situées sur le territoire de la commune de Wazemmes.

Le conseil d'Etat, devant qui la question fut portée, répondit affirmativement. Nous croyons bon de citer les deux considérants sur lesquels il appuya sa décision.

Considérant, dit-il, que le décret du 13 octobre 1858, en décidant que la commune de Wazemmes ferait à l'avenir partie intégrante de la ville de Lille, a eu pour effet de rendre applicables aux habitants de cette commune toutes les

(1) Voir DALLOZ, *Code des lois administratives*, V° *Commune*, nos 319, 9293 à 9296.

(2) *Recueil*, p. 959.

charges que les habitants de la ville étaient tenus de supporter, sous les seules réserves indiquées par ledit décret;

Que, dès lors, l'administration municipale peut réclamer d'eux l'exécution de toutes les obligations qu'elle justifiera résulter des anciens usages en vigueur dans la ville, en ce qui concerne le pavage ;

..... Art. 2. — Il est déclaré que le décret du 13 octobre 1858 a rendu applicables aux propriétés situées sur le territoire de la commune de Wazemmes les anciens usages en vigueur dans la ville de Lille.

Le conseil d'Etat a jugé également, par plusieurs arrêts, que la loi du 16 juin 1859, qui avait annexé à la ville de Paris les communes suburbaines comprises dans les limites des fortifications, et qui était complètement muette sur la question de l'extension des anciens usages de Paris au territoire des communes qui lui étaient réunies, avait eu pour effet de rendre applicables au territoire des communes annexées à la ville de Paris les usages existant dans cette ville, en ce qui concerne la matière du pavage (1).

Mais une difficulté s'éleva à ce sujet. Il résulte, en effet, des anciens règlements sur le pavé de Paris, et notamment de l'art. 24 de l'arrêt du Conseil du 30 décembre 1785, que les propriétaires des terrains et maisons bordant les rues ne sont tenus de supporter, chacun en droit soi, que les frais du « *premier établissement* » du pavage.

Ces anciens règlements furent, comme nous l'avons vu, déclarés applicables de plein droit aux communes annexées à la ville de Paris. Mais la ville de Paris prétendait que les propriétaires des terrains et maisons bordant les rues des communes annexées devaient contribuer aux frais d'établissement d'un pavage conforme aux règlements en vigueur dans la ville de Paris, alors même que les dites rues avaient été pavées, antérieurement à l'annexion, de la manière en usage dans la commune où elles étaient situées. En d'autres termes, elle considérait comme « *premier établissement de pavage* » tout pavage exécuté dans les rues des communes annexées, alors même qu'il existait déjà un pavage dans ces rues, mais non conforme au mode voulu par les règlements de Paris.

Les habitants des communes annexées prétendaient, au contraire, qu'il ne s'agissait pas là d'un « *premier établissement de pavage* », mais bien d'un nouveau pavage, et que, par conséquent, ils devaient être dispensés de contribuer aux dépenses qu'il entrai-

(1) Voir : Arrêts du 10 février 1865, *Recueil*, p. 187 (affaire Bayeux) ; — du 29 décembre 1870, *Rec.*, p. 1114 ; — du 14 novembre 1879, *Rec.*, p. 678 (Cie des Entrepôts et Magasins généraux de Paris) ; — du 14 novembre 1891, *Rec.*, p. 667 (sieur et dame Delaperche).

nait et de payer la taxe établie dans ce but ; ils soutenaient qu'il ne s'agissait plus là que d'un travail de réfection, dont les frais ne pouvaient être mis à leur charge.

Et le conseil d'Etat, dans de nombreux arrêts, decida que, lorsque le revers d'une rue d'une ancienne commune annexée à la ville de Paris était, antérieurement à l'annexion, recouvert d'un pavage établi avec les matériaux employés habituellement, conformément à l'usage en vigueur, les propriétaires ne pouvaient pas être tenus de contribuer aux frais d'établissement d'un nouveau pavage aux points dont il s'agissait (1).

Mais il résulte également de la jurisprudence du conseil d'Etat que c'est aux habitants qui se prétendent affranchis de cette obligation à démontrer qu'antérieurement à l'annexion, leur rue avait reçu un pavage ou un empierrement régulier et exécuté conformément aux usages en vigueur dans la commune annexée (2).

Remarque IV. — Lorsqu'une commune suburbaine est annexée à une ville, l'acte de réunion n'a pas pour effet, à moins qu'il ne contienne une clause expresse relativement à ce sujet, de classer parmi les rues de la ville toutes les voies de communication de la commune annexée.

Cette observation peut offrir un grand intérêt, par exemple en cas d'annexion à la ville de Paris des communes suburbaines.

Il résulte, en effet, comme nous l'avons vu, des anciens règlements sur le pavé de Paris, et particulièrement de l'art. 24 de l'arrêt du Conseil du 30 décembre 1785, que les propriétaires des terrains et maisons bordant les rues sont tenus de supporter, chacun en droit soi, les frais de premier établissement du pavage. Mais cet article ne s'applique qu'aux voies publiques de Paris ayant le caractère de rues.

Si donc, dans la commune réunie, une voie de communication avait, au moment de l'annexion, le caractère de chemin rural, et si des travaux y ont été exécutés, depuis la réunion, pour l'établisse-

(1) Voir par exemple : Arrêts du 23 novembre 1865, *Recueil*, p. 930 (commune de La Villette) ; — du 17 avril 1869, *Rec.*, p. 376 (affaire Sanson) ; — du 3 juin 1869, *Rec.*, p. 572 (commune de Batignolles) ; — du 18 décembre 1869, *Rec.*, p. 983 (aff. Migeon) ; — du 29 décembre 1870, *Rec.*, p. 1114 (aff. Duval) ; — du 6 janvier 1882, *Rec.*, p. 3 (commune de La Villette) ; — du 2 février 1883, *Rec.*, p. 102 (aff. Pereire) ; — du 22 février 1884, *Rec.*, p. 156 (Vve Lempérière).

(2) Voir, par exemple, l'arrêt précité du 14 novembre 1879, *Recueil*, p. 678 (Cie des Entrepôts et Magasins généraux de Paris).

ment d'un premier pavage, ces travaux ne pourront être mis à la charge des propriétaires riverains.

Il en serait autrement si l'acte qui a prononcé l'annexion avait opéré expressément ce classement; ou bien encore si ces travaux avaient été exécutés après un décret qui aurait classé ce chemin parmi les voies de communication de la capitale (1).

SECTION III

—

CONSÉQUENCES RELATIVES AUX ATTRIBUTIONS DES AGENTS OU EMPLOYÉS MUNICIPAUX

Les principaux agents qui peuvent être employés au service de la commune sont : le secrétaire de la mairie, le receveur municipal, le garde champêtre, le pâtre commun, le cantonnier.

Le secrétaire de la mairie, le pâtre commun, le cantonnier sont nommés par le maire et suspendus ou révoqués par lui. (Loi du 5 avril 1884, art. 88.)

Quant au receveur municipal, c'est ordinairement le percepteur qui en remplit les fonctions. Néanmoins, dans les communes dont les revenus ordinaires excèdent 30,000 francs, ces fonctions peuvent être confiées, sur la demande du conseil municipal, à un receveur municipal spécial. Ce receveur spécial est pris sur une liste de trois noms présentée par le conseil municipal. Il est nommé par le préfet dans les communes dont le revenu ne dépasse pas 300,000 francs, et par le Président de la République, sur la proposition du ministre des Finances, dans les communes dont le revenu est supérieur. En cas de refus, le conseil municipal doit faire de nouvelles présentations. (Loi du 5 avril 1884, art. 156.) Le traitement du receveur municipal constitue une dépense obligatoire pour les communes. (Même loi, art. 136, 5°.)

Enfin, le ou les gardes champêtres (toute commune peut en avoir un ou plusieurs) sont nommés par le maire ; ils doivent être agréés ou commissionnés par le sous-préfet ou par le préfet dans l'arron-

(1) Voir, en ce sens, arrêts du conseil d'État du 1er avril 1869, *Rec.*, p. 305 (affaire Deguingand), — et du 11 mai 1870, *Rec.*, p. 558 (commune de Batignolles).

dissement du chef-lieu. Le préfet ou le sous-préfet doit faire connaître son agrément ou son refus d'agréer dans le délai d'un mois. Ils doivent être assermentés. Ils peuvent être suspendus par le maire. La suspension ne pourra durer plus d'un mois. Le préfet seul peut les révoquer. — En dehors de leurs fonctions, relatives à la police rurale, les gardes champêtres sont chargés de rechercher, chacun dans le territoire pour lequel il est assermenté, les contraventions aux règlements et arrêtés de police municipale. Ils dressent des procès-verbaux pour constater ces contraventions. (Même loi, art. 102.)

Tel est le droit commun. Mais ce droit commun doit-il s'appliquer dans le cas où une modification est apportée à la circonscription de la commune ?

I. — Tout d'abord, lorsqu'une commune est réunie à une autre commune, les agents employés au service de cette commune continuent-ils à demeurer en fonctions, jusqu'à ce qu'ils aient été remerciés d'une manière expresse, ou, au contraire, doivent-ils être considérés comme étant révoqués de plein droit par le seul fait du changement de circonscription ?

On pourrait être tenté de croire que, seule, l'autorité qui leur a confié leur emploi a qualité pour le leur retirer, et que par suite le receveur, le secrétaire de la mairie, le garde champêtre, le cantonnier, le pâtre commun doivent continuer purement et simplement à exercer leur fonctions jusqu'à ce qu'ils aient été révoqués expressément par le président de la délégation nommé en vertu de la loi du 5 avril 1884, art. 44 (1), par le maire ou par le préfet, suivant les distinctions établies par la loi (2).

Mais nous croyons que ce serait là une erreur, et, à notre avis, dès que la réunion des communes a été officiellement prononcée, les agents qui étaient employés au service de la commune annexée n'ont plus désormais aucun pouvoir ni aucune compétence, et ils doivent immédiatement, et sans autre avis, cesser l'exercice de leurs fonctions.

Par contre, nous pensons que les agents municipaux de la com-

(1) Conf. MORGAND, *Comment. de la loi du* 5 *avril* 1884, t. I, p. 264 et 265.

(2) Il est à remarquer, du reste, que, lors même que l'on admet cette manière de voir, on est bien forcé de reconnaître que les agents de la commune annexée seront le plus souvent inutiles à la commune annexante, que le personnel de cette dernière commune sera généralement suffisant pour assurer la marche des services de la nouvelle commune tout entière, et que, pour éviter des frais inutiles, elle s'empressera de mettre le plus vite possible fin à leur mission.

mune annexante ont aussitôt et de plein droit qualité pour remplir leur emploi dans tout le territoire de la commune ainsi agrandie, dans celui de l'ancienne comme dans celui de la nouvelle.

Cette solution semblera peut-être inexacte au premier abord, tout au moins en ce qui concerne certains fonctionnaires, le garde champêtre, par exemple. Le garde champêtre, dira-t-on, n'est compétent que dans le territoire pour lequel il a été assermenté. Or, au moment où il a prêté serment, la commune ne comprenait pas le territoire, qui lui a été ensuite annexé, et il semble par suite naturel d'exiger de sa part, pour qu'il puisse exercer sa fonction dans toute l'étendue de la commune ainsi agrandie, une nouvelle prestation de serment. Nous ne croyons pas, cependant, que ce raisonnement soit bien fondé. Sans doute, les gardes champêtres ne sont compétents que dans le territoire pour lequel ils ont été assermentés. Mais lorsque le garde d'une commune prête serment, il est bien entendu qu'il devient par là même compétent pour remplir son emploi dans le territoire tout entier de la commune qui l'a nommé, sans qu'il y ait lieu de tenir compte des augmentations ou des diminutions que cette commune pourra être appelée à subir dans la suite. Nous n'admettrions d'exception à cette règle que dans le cas où la commune annexante aurait eu à son service plusieurs gardes champêtres, assermentés chacun pour une étendue de territoire déterminée. Dans ce cas, en effet, leur compétence a été, dès l'origine, étroitement délimitée, et elle ne saurait, à aucun titre, être étendue à de nouveaux territoires, à moins d'une nouvelle prestation de serment.

Enfin, et cette solution nous paraît concorder pleinement avec celles que nous venons d'admettre, si la commune annexante jugeait à propos de maintenir dans sa fonction le garde champêtre de la commune annexée, celui-ci ne serait compétent pour dresser des procès-verbaux dans le territoire de l'une ou de l'autre section qu'après y avoir été autorisé expressément, conformément aux prescriptions de la loi.

Quant au receveur municipal, pas de difficulté. Le receveur de la commune annexée devra cesser immédiatement ses fonctions qui, dorénavant, seront remplies par le receveur de la commune annexante. Notons seulement que, par suite de la réunion des deux communes en une seule, la nouvelle communauté pourra voir ses revenus ordinaires portés à plus de 30,000 francs, ce qui lui permettra, si elle le trouve bon, de confier à l'avenir les fonctions de receveur municipal à un receveur spécial.

II. — Lorsqu'une portion de territoire est distraite d'une commune pour être érigée en commune distincte, les agents municipaux de l'ancienne commune continuent, cela est évident, à exercer leurs fonctions sur le territoire ainsi restreint de cette commune. Mais ont-ils encore qualité pour les remplir, du moins jusqu'à nouvel ordre, sur le territoire de la nouvelle commune ? Le garde champêtre, par exemple, pourrait-il comme auparavant dresser ses procès-verbaux dans toute l'étendue de l'ancienne communauté ?

Nous croyons qu'il faut répondre négativement. La séparation, en effet, a eu pour but de créer deux personnes morales complètement distinctes ; et, par conséquent, les agents de l'ancienne communauté, tout en demeurant attachés au même titre à la commune qui les avait nommés, perdent, par le seul fait de la distraction, toute qualité pour gérer les intérêts de la nouvelle commune, à qui il appartiendra désormais exclusivement de choisir ses propres fonctionnaires.

L'ancienne commune et la nouvelle ne pourraient-elles tout au moins, pour s'épargner des dépenses sensibles surtout dans les premiers temps de la séparation, s'associer pour n'entretenir à elles deux qu'un seul garde champêtre, qu'un seul cantonnier, qu'un seul pâtre commun ? Un pareil accord serait-il valable ?

Tout d'abord, en ce qui concerne le garde champêtre, aux termes du décret des 28 septembre-6 octobre 1791, concernant les biens et usages ruraux et la police rurale (titre Ier, section VII, art. 2), lorsqu'une commune était trop pauvre pour supporter à elle seule la dépense du traitement du garde champêtre, elle pouvait, avec l'autorisation de l'autorité supérieure, s'associer avec une ou plusieurs communes voisines. Et d'autre part, s'il y avait dans la commune un garde forestier, il pouvait être nommé en même temps garde champêtre, avec l'autorisation de l'administration forestière. Enfin, l'institution des gardes champêtres était purement facultative pour les communes.

Le décret du 20 messidor an III, art. 1er et 3, imposa à toute commune l'obligation d'avoir un garde champêtre. Il paraît toutefois que l'administration supérieure n'appliqua pas rigoureusement cette disposition aux communes pauvres.

Enfin, la loi du 18 juillet 1837, en déclarant obligatoire, dans son art. 30, la dépense résultant du traitement du garde champêtre, maintint ainsi indirectement le caractère obligatoire de la fonction elle-même.

Le projet de loi municipale, qui est devenu la loi du 5 avril 1884, revenait, dans son art. 79, au système du décret de 1791, et permettait à plusieurs communes de se réunir, avec l'autorisation du préfet, pour avoir un seul garde champêtre.

Dans la séance de la Chambre des députés du 27 octobre 1883 (1), un membre de cette assemblée, M. Bernier, avait même proposé, sous l'art. 102, l'amendement suivant, tendant à régler la question :

« Plusieurs communes peuvent se réunir pour avoir un seul garde champêtre.

« Il est statué sur sa nomination et sur le règlement relatif à l'exercice de ses fonctions par des délégués en nombre égal à celui des communes intéressées, et dont un est choisi au sein de chaque conseil municipal.

« Ce garde champêtre est agréé par le préfet, qui peut le suspendre ou le révoquer. »

Mais il le retira purement et simplement; et dans le rapport qu'il présenta devant le Sénat (2), M. Demôle combattit en ces termes le système qu'avait adopté la Chambre des députés :

« Votre commission, dit-il, ne croit pas devoir adopter l'innovation qui consiste à donner à plusieurs communes la faculté de se réunir pour avoir un seul garde champêtre. Quand plusieurs communes auront le même garde champêtre, le service de cet agent sera certainement fait dans chacune d'elles d'une façon incomplète et défectueuse. D'un autre côté, comment faire concorder cela avec le droit de suspension par le maire et de révocation par le préfet? Un garde champêtre pourrait donc être suspendu ou révoqué dans une commune, et continuer sa fonction dans la commune voisine? Ce résultat bizarre nous a paru inadmissible. »

Ces observations du rapporteur ont porté leur fruit. L'art. 102 de la loi du 5 avril 1884 décide simplement que « *toute commune peut avoir un ou plusieurs gardes champêtres* ».

D'un autre côté, le traitement du garde champêtre ne figure plus parmi les dépenses obligatoires de la commune (art. 136, § 6).

Il résulte donc de ces textes que l'institution des gardes champêtres est facultative pour toutes les communes; mais que plusieurs communes ne peuvent se réunir pour avoir un seul garde.

C'est d'ailleurs en ce sens que s'est prononcé le ministre de l'Intérieur dans la circulaire du 15 mai 1884, où on lit :

« Chaque commune est actuellement libre, soit de n'avoir aucun garde champêtre, soit d'en avoir un ou plusieurs. Mais d'après

(1) *Trav. prép.* Loi du 5 avril 1884, p. 205.

(2) Première lecture, séance du 5 février 1884. (*Trav. prép.*, p. XL.)

l'esprit, sinon le texte de la nouvelle loi municipale, plusieurs communes ne peuvent s'associer pour entretenir un seul garde champêtre. La Chambre des députés avait admis cette faculté. Mais le Sénat n'a pas cru devoir la maintenir, par le motif que le service d'un garde unique pour deux communes ou un plus grand nombre serait fait le plus souvent d'une manière incomplète dans chacune d'elles, et que les maires pourraient ne pas se mettre d'accord sur les questions de nomination ou de suspension. »

Par contre, les deux communes pourraient-elles s'associer pour n'avoir à leur service qu'un seul cantonnier, qu'un seul pâtre? Ici nous ne trouvons aucun texte qui s'y oppose : la mesure est donc permise (1).

Mais alors une question se pose, c'est celle de savoir à qui il appartiendrait de fixer les époques de l'emploi des prestations en nature, pour chacune des communes ainsi associées, de façon à répartir entre elles les journées du cantonnier commun.

L'art. 90, § 5, de la loi du 5 avril 1884, dispose : « *Le maire est chargé, sous le contrôle du conseil municipal et la surveillance de l'administration supérieure..., de pourvoir aux mesures relatives à la voirie municipale.* »

Il résulte de là que c'est au maire qu'il appartient de diriger les travaux des chemins vicinaux ordinaires, qui ne sont pas, comme les chemins de grande communication, placés directement sous l'autorité du préfet. C'est par suite au maire qu'il appartient de fixer les époques de l'accomplissement des prestations en nature, dans les limites établies par le préfet, en vertu du pouvoir qu'il tient de l'art. 21 de la loi du 21 mai 1836 sur les chemins vicinaux, le lieu où elles doivent être acquittées, de convoquer les prestataires et de donner des ordres au cantonnier pour l'exécution des travaux.

Si donc plusieurs communes sont associées pour entretenir un cantonnier chargé de diriger l'atelier de travail des prestations, et s'il est nécessaire qu'elles s'entendent afin d'avoir à tour de rôle un certain nombre de journées du cantonnier, il serait conforme à la loi que la répartition des journées du cantonnier entre les communes intéressées fût faite par les maires des communes, sous l'autorité du préfet, et à défaut d'entente entre les maires, par le préfet lui-même (2).

Une autre difficulté peut s'élever, en cas de distraction de commune, relativement au receveur municipal. Si l'on suppose en effet

(1) En ce sens, *Répert. du droit adm.*, V° *Commune*, n° 808.

(2) *Ecole des communes*, année 1861, p. 105, n° 614.

qu'une commune, dont les revenus ordinaires excédaient 30,000 francs et qui avait confié la charge de receveur à un fonctionnaire spécial, vienne à être démembrée et que, par suite de cette mesure, ses revenus soient ramenés à une somme inférieure à 30,000 francs, on pourrait être tenté de croire que, par suite de cette diminution du chiffre de ses revenus ordinaires, cette commune doive renoncer à entretenir désormais un receveur municipal spécial. Or il n'en est rien. Il résulte, en effet, de l'instruction générale sur les finances du 20 juin 1859, art. 1217, que le receveur reste en fonctions alors même que, pendant sa gestion, les revenus ordinaires descendent au-dessous de 30,000 francs (1).

III. — Enfin, lorsqu'une portion de territoire est distraite d'une commune pour être réunie à une autre commune, les agents municipaux de la commune agrandie et ceux de la commune amoindrie continuent à exercer chacun respectivement, dans les nouvelles limites de la commune qui les avait choisis, les fonctions qu'ils remplissaient auparavant.

SECTION IV

CONSÉQUENCES RELATIVES A L'EXÉCUTION DU BUDGET

On sait que chaque conseil municipal doit, dans la session du mois de mai, voter pour l'année suivante le budget de la commune qu'il représente, et établir ainsi, pour cet exercice, un état préventif des recettes et des dépenses de la commune.

Or, pour dresser cet acte, il est de règle que l'on doit se baser sur les ressources et sur les besoins actuels de la commune, sans tenir aucun compte des modifications qui pourraient plus tard être apportées à sa circonscription.

Si donc on suppose, et c'est là ce qui arrivera presque toujours, qu'une réunion ou qu'une distraction de communes est prononcée pendant le cours de l'exercice du budget, il y a lieu de se demander quelles doivent être les conséquences de ce remaniement territorial relativement à l'exécution du budget de la commune aux dépens ou au profit de laquelle il est opéré.

(1) Conf. DALLOZ, *Code des lois adm.*, V° *Commune*, n° 10529.

I. — *Réunion de communes.*

Lorsqu'une commune est réunie à une autre commune, le budget de la commune annexée et celui de la commune annexante sont fusionnés ; les recettes des deux anciennes communes sont dès lors perçues et les dépenses acquittées au nom de la nouvelle commune tout entière, et l'année suivante le conseil municipal vote, pour cette commune, un budget unique, dans lequel figurent, en principe sans aucune distinction, les recettes et les dépenses afférentes à chaque section.

La règle ici est des plus simples et des plus naturelles, et il serait par suite inutile d'insister davantage.

II. — *Distraction de commune.*

Lorqu'une commune est démembrée et qu'une fraction de son territoire en est distraite, soit pour être érigée en municipalité distincte, soit pour être rattachée à une autre commune, il est évident que le budget de l'ancienne commune ne peut plus être exécuté dans les conditions où il avait été voté, et que, de même qu'il y a lieu en pareil cas de partager, entre l'ancienne commune et la section qui en est détachée, les biens qui pouvaient appartenir à la communauté et les dettes dont elle était grevée, il faut également procéder, entre les deux communes, à la liquidation du budget commun, et répartir entre chacune d'elles les recettes et les dépenses qui y avaient été inscrites.

Mais comment devra s'opérer cette liquidation ? A notre avis, de la manière suivante.

Comme les actes qui prononcent des distractions de communes interviennent généralement dans le courant de l'année, il faudra tout d'abord commencer par régler, au point de vue financier, la situation de l'ancienne commune sur le budget commun, pendant le laps de temps qui s'est écoulé entre le 1er janvier et le jour où la loi qui a statué sur le changement de circonscription est devenue exécutoire, et établir, article par article, le chiffre des recettes communes revenant pour cette période à cette ancienne commune, recettes destinées à faire face, jusqu'à due concurrence, aux dépenses qui incombaient à la communauté.

On devra toutefois s'abstenir de porter au budget commun les articles de recettes qui sont propres à l'une d'elles, par exemple les revenus de biens lui appartenant exclusivement. Ces revenus devront être, pour la liquidation, attribués en entier à la commune propriétaire des biens qui les ont produits.

Puis, une fois le compte établi pour le chapitre Ier du budget des recettes ordinaires, on procédera de même pour établir le compte du chapitre II, relatif aux recettes extraordinaires ; enfin, on établira par des moyens identiques le montant des recettes supplémentaires, s'il y a lieu.

Supposons donc que le budget de la commune A-B, dressé pour l'exercice 1892, prévoyait les recettes suivantes :

Recettes ordinaires.	2,400 fr.
Recettes extraordinaires	1,000
Recettes supplémentaires	600
TOTAL.	4,000 fr.

Le 1er juillet 1892, par hypothèse, c'est-à-dire alors qu'il s'était déjà écoulé six mois depuis l'ouverture de l'exercice du budget et qu'il restait encore six mois à courir, intervient une loi qui distrait de cette commune A-B la section B et l'érige en commune distincte.

Il suffira, pour établir la quotité des recettes à attribuer au budget commun, de calculer, conformément au procédé que nous venons d'indiquer, article par article, la moitié des recettes budgétaires, et d'imputer cette première moitié à la commune A.

Nous trouvons ainsi, en suivant l'exemple que nous avons pris au début :

Recettes ordinaires. . . .	2,400 fr.,	dont la moitié est de	1,200 fr.
Recettes extraordinaires .	1,000	—	500
Recettes supplémentaires	600	—	300
TOTAUX . . .	4,000 fr.,	—	2,000 fr.

Il devra donc être attribué tout d'abord, à la commune A, sur les recettes de l'ancien budget, une somme de 2,000 fr., afférente au budget commun.

On prendra ensuite le budget des dépenses et l'on procédera de même, article par article. Tout d'abord, le chapitre Ier des dépenses ordinaires.

Il est possible que, sous ce chapitre, on rencontre certaines dépenses qui, en raison de leur caractère et de leur nature, devront être supportées par l'ancienne commune A-B tout entière, quelle que soit l'époque où elles aient été effectuées, et qui, par conséquent, devront être portées au budget commun, pour la totalité et non seulement pour une quotité correspondante à la période écoulée au moment où la distraction a été prononcée. Certaines dépenses peuvent, en effet, avoir été faites dans l'intérêt de l'ancienne commune A-B, alors que l'on ne savait pas encore, alors que l'on ne pouvait pas savoir si la demande en séparation serait adoptée ou rejetée. Nous comprendrions dans cette catégorie, par exemple, les frais d'achat de registres de l'état civil. Cette dépense devrait, selon nous, incomber en entier au budget commun ; il fallait, en effet, prévoir des registres pouvant contenir tous les actes de l'état civil pour la commune, telle qu'elle existait alors. Il en serait de même des sommes inscrites au budget de la commune pour faire face aux dépenses nécessitées pour les enfants assistés, pour les aliénés et les indigents ; elles devraient être imputées pour la totalité sur le budget commun, attendu qu'elles ne sont que le contingent qui est assigné chaque année par le département à la commune. Enfin, nous en dirions tout autant des sommes affectées à l'entretien des bâtiments communaux de l'ancienne commune ; elles devraient être également portées au budget commun, mais à la condition seulement qu'elles aient été dépensées avant le 1er juillet 1892, époque à laquelle la commune A-B a été divisée en deux municipalités.

On passe ensuite au chapitre II des dépenses extraordinaires, et l'on établit de la même façon quelle en est la quotité qu'il convient de porter au budget commun. Enfin, l'on procède encore de même pour les dépenses supplémentaires, s'il y a lieu.

Exemple. — Le budget de la commune A-B, dressé pour l'exercice 1892, prévoyait les dépenses suivantes :

Dépenses ordinaires.	3,600 fr.
Dépenses extraordinaires	960
Total.	4,560 fr.

En suivant les procédés indiqués plus haut, nous trouvons que, sur cette somme, il doit être porté au budget commun, pour les six premiers mois écoulés au moment où la loi de distraction est intervenue :

Dans les recettes ordinaires.	1,800 fr.
Dans les recettes extraordinaires . . .	480
Total.	2,280 fr.

Le budget commun se composera donc de la manière suivante :

Actif	2,000 fr.
Passif	2,280

soit un déficit de 280 francs, qui devra être supporté, par chacune des communes A et B, suivant la proportion qui est de droit commun en matière de partage des dettes entre deux communes, c'est-à-dire en raison des forces contributives de chacune d'elles, basées sur le principal des quatre contributions directes (1) ; soit, par hypothèse, 150 francs à la charge de la commune A et 130 francs à la charge de la commune B.

En résumé, il devra être attribué à la commune A, sur les 4,000 francs de recettes et les 4,560 francs de dépenses que comprenait le budget primitif de la commune A-B, une somme de 2,000 francs dans l'actif et 2,280 francs dans le passif, dont se compose le budget commun ; et elle restera de ce chef créancière de la commune B pour une somme de 130 francs.

Après avoir ainsi réglé la situation financière de l'ancienne commune sur le budget commun, pour la période écoulée entre le 1er janvier et le jour où la loi qui a prononcé la distraction est devenue exécutoire, il reste à établir, pour chacune des nouvelles communes et pour le reste de l'exercice, le compte particulier des recettes et des dépenses qui doivent leur être respectivement attribuées.

Suivant quelles bases devra-t-on procéder à cette répartition ?

On sait que, d'après le droit commun, les biens d'une commune morcelée, son actif, doivent être partagés entre cette commune et la fraction qui en est distraite, proportionnellement au nombre de leurs feux respectifs, et que ses dettes, son passif, doivent être supportées par chacune d'elles, proportionnellement à leurs forces contributives, basées sur le principal des quatre contributions directes.

Or, les mêmes règles sont-elles également applicables dans l'espèce, et, une fois le prélèvement fait des recettes et des dépenses nécessaires pour l'établissement du budget commun, devra-t-on suivre les mêmes principes pour répartir, entre l'ancienne commune et la nouvelle, le surplus des recettes et des dépenses prévues pour l'exercice budgétaire en cours ? (2).

(1) Si, au contraire, le budget commun se soldait par un excédent de recettes, cet excédent devrait être, comme nous le verrons plus loin, réparti entre l'ancienne commune et la nouvelle, suivant la règle ordinaire du partage proportionnel au nombre des feux de chacune d'elles.

(2) Remarquons en passant que, aux termes de l'art. 145 de la loi du 5 avril 1884, le budget de chaque commune est proposé par le maire, voté par le conseil municipal et réglé

Deux opinions ont été soutenues à ce propos.

Dans un premier système que, pour notre part, nous n'hésitons pas à adopter, on admet qu'il n'y a pas lieu de déroger en cette matière au droit commun, et que les valeurs budgétaires existantes d'après le budget en cours, qu'elles soient ordinaires, extraordinaires ou supplémentaires, doivent être partagées entre les deux communes, proportionnellement au nombre des feux de chacune d'elles.

Telle est, en effet, la règle que l'on trouve nettement formulée dans la circulaire du ministre de l'Intérieur du 29 janvier 1848 (1), à laquelle renvoie la circulaire du ministre de l'Intérieur du 15 mai 1884.

« Vous savez, dit le ministre, que ces sortes de partages (de biens immeubles indivis entre communes) doivent se faire à raison du nombre de feux existant dans chaque section, à moins qu'il n'y ait des titres ou des usages contraires. A l'égard des biens mobiliers, notamment des rentes, créances et deniers, la règle du partage est la même que pour les biens immobiliers. »

Or, les recettes budgétaires d'une commune constituent, au même titre que ses biens meubles ou immeubles, que ses rentes, créances ou deniers, un élément de son actif; de même que ses dépenses budgétaires constituent, aussi bien que ses dettes, un élément de son passif.

Qu'est-ce, en effet, que l'actif, le passif d'une commune?

En droit civil, comme en droit administratif, on compte comme faisant partie de l'actif d'un individu ou d'une personne morale, les différentes ressources que possède cet individu ou cette personne morale, quelle que soit leur origine. Ainsi, pour une commune, on considère comme ressources faisant partie essentielle de l'actif toutes les recettes portées soit au budget ordinaire, soit au budget extraordinaire, quelle que soit leur nature (2).

On doit donc considérer, dans notre hypothèse, comme faisant partie de l'actif de l'ancienne commune aujourd'hui démembrée, au même titre que les biens meubles ou immeubles, prairies, maisons, fermes, rentes sur l'Etat, créances, deniers qu'elle pouvait posséder,

par le préfet ; et que, s'il venait à s'élever entre les deux nouvelles communes un conflit au sujet de la liquidation du budget primitif, le préfet serait naturellement compétent pour en connaitre.

(1) Insérée au *Bull. offic. min. Int.*, p. 16.

(2) Dans son *Dictionnaire de la langue française*, M. Littré définit l'actif : Les dettes actives, les sommes dont on est créancier, par opposition aux dettes passives, celles dont on est débiteur.

les centimes additionnels au principal des contributions foncière et personnelle-mobilière, les centimes attribués aux communes sur le produit brut de la contribution des patentes, les centimes alloués par l'Etat pour insuffisance de revenus, pour le service de l'instruction primaire, les centimes résultant d'impositions extraordinaires, etc.

Ce sont là, en effet, des ressources faisant partie de l'actif qui ont été établies sur des rôles, au nom de l'ancienne commune, pour l'exercice en cours, et, bien que l'acte qui a détaché de cette commune une de ses sections soit intervenu après l'ouverture de cet exercice, ces rôles n'en ont pas moins été exécutés tels qu'ils avaient été confectionnés primitivement (1).

Au reste, qu'une ressource soit privilégiée, c'est-à-dire destinée à une affectation spéciale, comme la plupart des centimes constituant les recettes d'un budget communal, elle n'en fait pas moins partie de l'actif de la commune ; car ce n'est pas la destination à laquelle elle est affectée qui peut lui enlever son caractère de ressource active.

Par contre, dans un budget communal, les dépenses constituent les dettes, c'est-à-dire le passif d'une commune, qu'on les appelle ordinaires ou extraordinaires. En conséquence, dans le partage, elles doivent être considérées comme telles. Toute dépense, du moment où elle est adoptée et inscrite au budget, devient un élément du passif, qu'elle soit obligatoire ou facultative.

Dans la pratique, il a toujours été d'usage de comprendre dans l'actif d'une commune toutes les recettes du budget, et dans le passif toutes les dépenses, de quelle nature qu'elles soient.

Dans la doctrine également, les auteurs qui ont eu à s'occuper du budget ont fait la même distinction (2).

C'est donc, suivant nous, d'après une seule et même base qu'il y a lieu de partager, entre la commune démembrée et la section qui en

(1) Que si, au lieu de se placer, comme nous le faisons, dans l'hypothèse où le partage des valeurs budgétaires est effectué postérieurement à la clôture de l'exercice qui était en cours d'exécution lorsque le changement de circonscription a été prononcé, on suppose, au contraire, que ce partage a lieu le lendemain même de la promulgation de l'acte qui a prononcé la distraction, ce qui n'est d'ailleurs guère probable, il ne pourra néanmoins être fait que sur les prévisions énoncées dans les budgets de l'exercice en cours à ce moment, en prenant pour base la proportionnalité des feux : et l'encaissement des diverses ressources s'effectuera alors au nom de chacune des deux nouvelles communes dans ces conditions.

(2) Nous citerons, par exemple, M. Foucart, qui, dans ses *Eléments de droit public et administratif*, t. III, p. 99, consacre au budget communal le chapitre V, et fait la division suivante : § 1. *De l'actif des communes*, et, sous ce titre, il fait l'énumération de toutes les recettes ordinaires et extraordinaires : — et § 2. *Du passif des communes*, avec le détail de toutes les dépenses.

est distraite, l'ensemble des biens et valeurs qui constituaient l'actif de l'ancienne communauté; et, par suite, c'est proportionnellement au nombre des feux de chacune d'elles que devront être partagées, entre l'ancienne commune et la nouvelle, les valeurs budgétaires figurant au budget primitif de la commune aujourd'hui divisée. Quant aux dépenses qui y avaient été inscrites, elles devront, suivant la règle ordinaire, être supportées par chacune d'elles à raison de leurs forces contributives, basées sur le principal des quatre contributions directes (1).

Dans un deuxième système, au contraire, on soutient que les recettes qui ont pour base les centimes ou une des quatre contributions, ne sont pas des éléments qui doivent être considérés comme faisant partie de l'actif de la commune; que ces recettes ne sont autre chose que la constatation des forces contributives de chaque commune, et qu'à ce titre, elles doivent être retirées par chacune d'elles dans une proportion égale à celle qui sert de base à la répartition des dépenses. En un mot, on affirme que les deux communes devant contribuer au paiement des dettes de l'ancienne communauté dans une proportion déterminée, il est juste que, pour faire face à ce paiement, chacune d'elles retire sur les centimes imposés une somme égale au montant de sa contribution.

Mais cette manière de voir nous paraît complètement inexacte; il n'y a, selon nous, aucune injustice à ce que la nouvelle commune, par exemple, qui a le moins de feux, ne retire de l'actif qu'une somme moindre, et qu'elle contribue au passif pour une somme plus forte que l'ancienne. Plus, en effet, une commune a un nombre de feux considérable, plus aussi elle a des besoins et des charges; il est donc naturel qu'elle retire du patrimoine commun une part en rapport avec ses besoins et ses charges. N'est-il pas également de toute justice que la section de commune la plus riche, ce qui est constaté par la valeur de son centime au principal des quatre contributions, contribue au paiement des dettes communes à raison de cette valeur?

Au reste, le système que nous combattons a été de tout temps repoussé par l'administration.

C'est ce que reconnaît expressément M. Deshaires (2).

(1) Bien entendu, si l'ancienne commune avait payé, pour le compte de la commune nouvelle, certaines sommes, qui avaient été inscrites au budget primitif dans son intérêt exclusif, ces sommes devraient, dans la liquidation, être mises toutes entières à la charge de cette commune.

(2) *Traité de l'adm. départ. et comm.*, p. 268.

« Si les biens communaux, dit cet auteur, doivent être divisés au prorata du nombre des feux, il semblerait qu'il ne devrait pas en être de même à l'égard du partage des dettes actives ou passives. En effet, l'actif d'une commune, au moment d'un démembrement de territoire, provient presque toujours, soit du produit des centimes communaux, soit du produit des impositions extraordinaires. Or, ces ressources frappent le principal des quatre contributions directes, et lorsque la commune a des dettes, c'est presque toujours aussi l'imposition extraordinaire qui lui donne le moyen d'en effectuer le paiement, à moins qu'elle ne puisse se créer des ressources par une autre voie, ce qui est rare. Il résulte de là qu'il paraîtrait rationnel de prendre pour base de la répartition de l'actif ou du passif d'une section et d'une commune, au moment de leur séparation, le principal des quatre contributions directes. Cependant, la jurisprudence du ministère de l'Intérieur a adopté une marche opposée, et le partage, comme celui des biens communaux, doit être opéré en prenant pour base le nombre des feux. »

En outre, lorsque les lois qui prononcent des distractions de communes jugent à propos de déterminer d'une manière expresse les bases de répartition de l'actif de l'ancienne communauté, elles ne décident jamais que cet actif sera partagé, entre l'ancienne commune et la nouvelle, suivant les mêmes proportions que le passif; elles déclarent, au contraire, formellement que cet actif sera partagé entre elles à raison du nombre respectif de leurs feux.

C'est ainsi, par exemple, qu'une loi du 2 avril 1887, qui a érigé en municipalité distincte la paroisse de Broualan, distraite à cet effet de la commune de La Boussac (Ille-et-Vilaine), disposait dans son art. 3, nº 1 :

« L'actif existant dans la caisse municipale de la commune de La Boussac, lors de la promulgation de la présente loi, sera partagé entre cette commune et la nouvelle commune de Broualan, proportionnellement au nombre de feux existant dans chacune d'elles. »

De même la loi du 8 juin 1889, qui a érigé en commune distincte le hameau de Janville, dépendant de la commune d'Auvers-Saint-Georges (Seine-et-Oise), contenait les dispositions suivantes :

« Art. 3. — L'actif de l'ancienne commune d'Auvers-Saint-Georges, tel qu'il existera à la date de la promulgation de la présente loi, sera partagé entre Auvers-Saint-Georges et Janville, au prorata du nombre des feux dont se composent les deux nouvelles communes...

« Art. 4. — Le passif de la commune d'Auvers-Saint-Georges,

tel qu'il existera à la date de la promulgation de la présente loi, sera partagé entre les communes d'Auvers et de Janville, proportionnellement au principal des quatre contributions directes payées dans chacune d'elles. » (1).

En résumé donc, et pour conclure, nous pouvons tenir pour certain que, lorsqu'une fraction de territoire est distraite d'une commune, soit pour être érigée en municipalité distincte, soit pour être rattachée à une autre commune, l'actif, quel qu'il soit, de l'ancienne commune doit se partager entre elle et la fraction distraite, à raison du nombre des feux de chacune d'elles ; et le passif, proportionnellement à leurs forces contributives, basées sur le principal des quatre contributions directes.

Si nous revenons maintenant à l'exemple que nous avons choisi dès le début, et si nous nous rappelons que, une fois le budget commun de l'ancienne commune A-B établi, il restait à partager, entre les deux communes A et B, pour la période correspondant au deuxième semestre 1892 :

RECETTES :	Recettes ordinaires. . . .	1,200 fr.
	Recettes extraordinaires . .	500
	Recettes supplémentaires. .	300
	TOTAL.	2,000 fr.
DÉPENSES :	Dépenses ordinaires . . .	1,800 fr.
	Dépenses extraordinaires .	480
	TOTAL.	2,280 fr.

En suivant les bases indiquées ci-dessus, nous trouvons qu'il revient :

A la commune A :

Recettes ordinaires	650 fr.	Dépenses ordinaires . . .	980 fr.
Recettes extraordinaires .	280	Dépenses extraordinaires	250
Recettes supplémentaires.	190		
Totaux. . .	1,120 fr.		1,230 fr.

(1) Voir également : Lois du 19 juin 1889, commune du Mazeau ; — du 20 juillet 1889, comm. de Chidde ; — du 7 décembre 1889, comm. de Montpeyroux ; — du 12 décembre 1889, comm. de Tauriac ; — du 21 juillet 1891, comm. de Malo-les-Bains ; — du 23 juillet 1891, comm. de Beaulieu.

A la commune B :

Recettes ordinaires . . .	550 fr.	Dépenses ordinaires . . .	820 fr.
Recettes extraordinaires.	220	Dépenses extraordinaires	230
Recettes supplémentaires	110		
Totaux. . .	880 fr.		1,050 fr.

Par suite, sur les 4,000 francs de recettes et 4,560 francs de dépenses inscrites au budget primitif de l'ancienne commune A-B, la commune A touchera :

1° 2,000 fr. représentant l'actif du budget commun;
2° 1,100 fr. représentant sa part dans l'actif du budget à liquider.

Total. . . 3,100 fr.

et supportera :

1° 2,150 fr. représentant le passif du budget commun;
2° 1,230 fr. représentant sa part dans le passif du budget à liquider.

Total. . . 3,380 fr.

De son côté, la commune B touchera 880 francs, représentant sa part dans l'actif du budget à liquider, et supportera : 1° 130 francs pour sa part dans l'excédent de dépenses par lequel se soldait le budget commun; — et 2° 1,050 francs pour sa part dans le passif du budget à liquider.

De sorte que, finalement, la commune A touchera 3,120 francs et payera 3,380 francs; — et la commune B touchera 880 francs et payera 1,180 francs; — et que, dans le déficit de 560 francs, par lequel se soldait le budget primitif de l'ancienne commune A-B, la commune A supportera 3,380 francs moins 3,120 francs, soit 260 francs; — et la commune B, 1,180 francs moins 880 francs, soit 300 francs.

Nous connaissons ainsi comment doivent être liquidées, en cas de distraction de commune, les recettes et les dépenses qui figuraient au budget en cours d'exercice au moment où est devenu exécutoire l'acte qui a opéré le changement de circonscription.

Nous savons également qu'en vertu de l'art. 9 de la loi du 5 avril 1884, dans tous les cas de fractionnement de communes, les conseils municipaux sont dissous de plein droit, et qu'il doit être procédé immédiatement, dans l'ancienne et dans la nouvelle commune, à l'élection de nouveaux conseillers municipaux.

Aussitôt élus, ces conseils municipaux devront s'empresser de voter, pour leur commune, un budget que le maire est tenu de leur présenter. (Loi du 5 avril 1884, art. 145, § 1.)

Il peut arriver cependant, par suite de circonstances diverses qui ont retardé la constitution du conseil municipal, que le budget de la nouvelle commune ne puisse pas être établi en temps utile, c'est-à-dire avant le commencement de l'exercice qui, on le sait, se place au 1er janvier.

Dès lors, comment devra-t-on procéder ?

La loi du 18 juillet 1837 avait bien décidé, dans son art. 35, que, « *dans le cas où, pour une cause quelconque, le budget d'une commune n'aurait pas été approuvé avant le commencement de l'exercice, les recettes et dépenses ordinaires continueraient, jusqu'à l'approbation de ce budget, à être faites conformément à celui de l'année précédente* ».

Mais elle n'avait pas prévu l'hypothèse que nous supposons, d'une commune de création récente et qui n'a eu encore aucun budget. On ne pouvait songer, en pareil cas, à maintenir le précédent budget, puisqu'il n'en avait encore jamais existé.

La lacune était d'autant plus regrettable qu'il arrive parfois que des conseils municipaux, mécontents des limites qui ont été attribuées à leur commune, se refusent énergiquement à voter aucun budget.

M. Gérard raconte même à ce propos (1) qu'à la suite d'un décret en date du 31 mai 1876, qui avait prononcé l'érection de la section de Chenereilles (Haute-Loire), distraite des communes de Saint-Jeures et de Tence, les habitants de la commune nouvelle, mécontents de la limite qui avait été fixée par l'acte précité, refusèrent de nommer leur conseil municipal, et que toutes les tentatives de l'administration échouèrent devant leur parti pris d'empêcher l'exécution du décret.

« Les électeurs de la nouvelle commune, dit-il, furent convoqués à trois reprises différentes à l'effet de nommer un conseil municipal. Ces convocations restèrent sans résultat ; le délégué du préfet ne put même parvenir à constituer le bureau électoral. Pendant deux années, la commune de Chenereilles demeura sans budget ; le préfet établit pour 1879 un budget composé seulement des dépenses obligatoires, et comme les recettes étaient insuffisantes pour couvrir ces dépenses, le ministre de l'Intérieur fut forcé de présenter aux Cham-

(1) *Des créations de communes*, article inséré dans la *Rev. gén. d'adm.*, 1880. t. I, p. 160.

bres un projet de loi tendant à imposer d'office sur la commune une imposition extraordinaire de 122,5 centimes additionnels, pour le produit en être affecté à couvrir le déficit du budget. »

Finalement, l'administration en fut réduite à rapporter la mesure qu'elle avait prise et à rattacher cette commune de Chenereilles aux communes de Saint-Jeures et de Tence, dont elle faisait partie auparavant.

La nouvelle loi du 5 avril 1884 a prévu le cas. En effet, après avoir reproduit, dans le § 1 de l'art. 150, la disposition qui était contenue dans l'art. 35 de la loi du 18 juillet 1837, elle ajoute, dans le § 2:

« *Dans le cas où il n'y aurait eu aucun budget antérieurement établi, le budget sera établi par le préfet en conseil de préfecture.* »

Pour bien comprendre la portée de ce texte, il faut savoir que le budget de toute commune comprend deux sortes de dépenses : des dépenses obligatoires et des dépenses facultatives.

Les dépenses obligatoires sont celles qui affectent l'Etat et les intérêts généraux, qui ont pour objet l'exécution d'une loi, l'accomplissement d'une obligation publique ou privée, ou qui touchent essentiellement à l'existence même de la commune. Elles peuvent être imposées aux localités malgré elles, et l'administration peut établir d'office des contributions extraordinaires pour en assurer le paiement, en se bornant, bien entendu, aux taxes autorisées chaque année par la loi de finances.

Les dépenses facultatives sont celles que chaque localité est libre de faire ou de ne pas faire ; elles ne résultent pour elles que du vote du conseil municipal (1).

Ceci posé, il résulte de l'art. 150, § 2, de la loi du 5 avril 1884, que le préfet, statuant en conseil de préfecture, pourra établir d'office le budget de la commune nouvellement créée, lorsque ce budget n'aura pas été voté à temps par le conseil municipal, et qu'il pourra y inscrire, non seulement les dépenses obligatoires, mais encore des dépenses facultatives (2).

Toutefois, il est bon de faire observer, avec M. Morgand (3), que la même règle ne serait pas applicable si le conseil, régulièrement constitué, avait refusé de voter le budget. « On ne se trouverait plus

(1) Rapport sur la loi municipale présenté au nom de la commission par M. DE MARCÈRE à la Chambre des députés, titre V, chap. II. (*Trav. prép.*, p. 8.)

(2) En ce sens : MORGAND, *Comment. de la loi du* 5 *avril* 1884, t. II, p. 466. — *Répert. du droit adm.*, V° *Commune*, n° 3077.

(3) *Op. et loc. cit.* — Conf. *Répert. du droit adm.*, V° *Commune*, n°s 3075 et 3077.

alors, en effet, dans les prévisions de l'art. 150, mais dans celles de l'art. 149, et le préfet, investi seulement du droit d'établir un budget d'office, ne devrait y inscrire que des dépenses strictement obligatoires, après avoir rempli toutes les formalités prescrites par ce dernier article. »

Notons enfin que, en ce qui concerne les colonies de la Martinique, de la Guadeloupe et de la Réunion, les attributions conférées aux préfets par l'art. 150 de la loi du 5 avril 1884 sont dévolues au gouverneur (art. 165, § 4).

CHAPITRE VII

DU NOM ET DES CHANGEMENTS DE NOM DES COMMUNES

Les changements de circonscriptions territoriales, les créations ou réunions de communes peuvent avoir pour effet de rendre nécessaires des modifications dans la dénomination des communes.

Nous n'aurions que quelques rapides observations à présenter à ce sujet si le législateur du 5 avril 1884 n'avait inséré dans le titre Ier de la loi municipale, que nous avons entrepris de commenter, quelques dispositions générales relatives au nom des communes.

Pour étudier ces différentes règles d'une façon méthodique et à peu près complète, il nous a semblé indispensable de réunir dans un même chapitre tout ce qui a trait à cette matière.

Nous examinerons donc tout d'abord comment ce nom générique de « *commune* » a été attribué à toutes les communautés d'habitants, et les dérogations que le temps et l'usage ont apportées à cet état de choses ; nous verrons ensuite comment se sont formés les noms individuels de ces communes et les diverses transformations qu'ils ont subies ; puis nous exposerons les règles qui président aujourd'hui aux divers changements de nom des communes.

SECTION Ire

NOM GÉNÉRIQUE DES COMMUNES. BONNES VILLES. ARMOIRIES

« Le nom générique de *commune* embrasse aujourd'hui tous les centres d'administration municipale, quel que soit leur degré d'importance ou de cohésion. L'Assemblée nationale avait trouvé là des divergences analogues à celles qui différenciaient les administrations municipales mêmes. Et comme il existait officiellement des *mairies*, des *échevinats*, des *consulats*, des *hôtels de ville*, les réunions d'habitants administrées sous ces divers titres formaient officiellement aussi, soit des *villes*, soit des *bourgs*, soit des *paroisses*, soit des *communautés de campagne*. — En ces temps de privilèges, ces variétés mêmes se subdivisaient. Au-dessus des villes, il y avait les *bonnes villes* ; au premier rang, pour les rois, leur *bonne ville de Paris*. » (1).

Enfin, la plupart de ces villes avaient des bannières, que, à l'imitation des seigneurs féodaux, elles décoraient d'écussons blasonnés, d'armoiries.

La Révolution passa le niveau sur toutes ces inégalités. La Constitution des 3-14 septembre 1791, titre II, disposa dans son art. 8 : « Les citoyens français considérés sous le rapport des relations qui naissent de leur réunion dans les villes, et dans certains arrondissements du territoire des campagnes, forment les communes. » Et plus tard, la Convention, dans un décret du 10 brumaire an II (31 octobre 1793), consacra officiellement ce nom générique de communes, en décidant que « toutes les dénominations de ville, bourg ou village sont supprimées, et que celle de commune leur est substituée » (2).

Mais ces anciens usages, que l'on s'efforçait ainsi de détruire, étaient si bien entrés dans les mœurs, qu'ils ne tardèrent pas à reparaître. Le lendemain même du jour où elle avait décidé qu'il n'y aurait plus désormais que des communes, la Convention ordonnait que toute *ville* rebelle, coupable d'avoir secouru les brigands, même de ne pas s'être suffisamment défendue, aurait ses biens confisqués et serait rasée (3). Et depuis lors, bon nombre de lois administratives ont employé l'expression de ville par opposition à celle de commune.

Ainsi la loi du 28 pluviôse an VIII, « *contenant la division du territoire de la République et l'administration* », donne, dans son art. 4, compétence aux conseils de préfecture pour prononcer « sur les demandes qui seront présentées par les communautés des villes, bourgs ou villages, pour être autorisées à plaider ».

De même la loi du 23 prairial an XII, sur les sépultures, décide,

(1) *Répert. du droit adm.*, V° *Commune*, n° 385.

(2) Dans le même décret, la Convention décidait, en outre, que l'inscription à mettre dans la salle du Jeu de Paume de Versailles, conformément à un précédent décret du 7 brumaire de la même année (où Versailles était qualifiée ville), serait ainsi rectifiée : La commune de Versailles a bien mérité de la Patrie.

(3) Décret du 11 brumaire an II.

dans son art. 1er, que « aucune inhumation n'aura lieu... dans les enceintes des villes et bourgs ».

La loi du 18 juillet 1837, sur l'administration municipale, appelait, dans son art. 21, § 3, le conseil municipal à donner son avis « sur les projets d'alignement de grande voirie dans l'intérieur des villes, bourgs et villages ».

Enfin, des distinctions analogues se retrouvent dans la loi du 16 septembre 1807, relative au dessèchement des marais (art. 52); dans le décret du 25 mars 1852, sur la décentralisation administrative; dans la loi du 24 juillet 1867, sur les conseils municipaux, et jusque dans la loi du 5 avril 1884 (art. 10).

Le Code civil lui-même a suivi les mêmes errements : l'art. 663 dispose, en effet : « Chacun peut contraindre son voisin, dans les villes et faubourgs, à contribuer aux constructions et réparations de la clôture faisant séparation de leurs maisons, cours et jardins assis ès-dites villes et faubourgs, etc. »

D'autre part, dans la pratique, on se sert quotidiennement de ces dénominations diverses, qui répondent à des distinctions réelles et matérielles.

Il importe donc de savoir d'une manière précise comment on peut distinguer une ville d'une commune. Pour faire cesser toute indécision à cet égard, le ministre du Commerce et des Travaux publics, alors chargé de l'administration des départements et des communes, avait soumis, en 1832, un projet de loi à l'examen du conseil d'Etat, à l'effet de fixer le sens de la qualification de ville. « Les dispositions législatives qui concernent les villes, disait le projet, ne peuvent être appliquées que dans les communes ayant une population agglomérée de 2,000 âmes et au-dessus. »

Mais ce projet de loi fut repoussé par le comité de l'Intérieur du conseil d'Etat, dans un avis en date du 25 septembre 1832 (M. Baude, rapporteur).

Considérant, disait cet avis, que, lorsque le mot de ville est employé dans la législation, c'est, Paris excepté, sans impliquer aucune différence dans les caractères et les attributions de l'autorité, entre les lieux auxquels s'applique cette locution et les autres communes;

Que les villes de quelque importance portant ce titre sans aucune contestation, le projet n'intéresserait réellement que les communes dont la population agglomérée est voisine de 2,000 habitants;

Que, pour ces communes, la qualification de ville, bourg et village n'est point uniquement réglée sur la population, abstraction faite de toutes autres circonstances locales;

Qu'ainsi le projet enlèverait le titre de ville à plusieurs communes qui n'en seraient peut-être pas privées sans inconvénient et sans regrets, tandis qu'en le conférant à certaines agglomérations de cultivateurs, il y porterait peut-être le trouble, en y rendant exigible l'application de l'art. 663 du Code civil relatif à la hauteur des murs mitoyens;

Qu'en conséquence le projet de loi n'est pas commandé par l'état de la législation, et que les avantages en paraissent douteux.

Le ministre n'insista pas, et l'administration adopta pleinement l'opinion du conseil d'Etat. Aussi, depuis lors, chaque fois qu'une commune a demandé à prendre la qualification de ville ou de bourg, elle a répondu simplement que la collation de ces titres ne pouvait être l'objet d'une décision gouvernementale (1). Et lorsque, pour l'application d'un texte, il importe de savoir si l'on se trouve en présence d'une ville ou d'une commune, c'est à la jurisprudence qu'il appartient de résoudre la difficulté, aux tribunaux civils ou aux tribunaux administratifs, « selon que le litige, où intervient cette question comme élément de décision, est judiciaire ou administratif en soi ».

Tel est du moins le système adopté par la majorité des auteurs (2.)

Quelques-uns, au contraire, soutiennent qu'il appartient exclusivement à l'administration de déterminer si une agglomération constitue ou non une ville, et que, lorsque la question se présente devant les tribunaux civils, ceux-ci doivent surseoir et renvoyer la question préjudicielle à l'administration (3).

Mais ce système ne nous parait pas soutenable. Comme le fait remarquer M. Roussel : « Administrativement, il n'y a pas de ville, il n'y a que des communes. Les lois qui se servent de cette expression courante ont condamné le juge à l'obscurité, et c'est à lui d'en sortir par ses propres lumières; il peut s'éclairer des plans du cadastre, de toute autre décision administrative comportant présomption. Mais il est matériellement impossible à l'administration

(1) VUILLEFROY et MONNIER, *Principes d'administration*, p. 288, n° 1. — GÉRARD, *Des changements de nom de communes*, article inséré dans la *Rev. gén. d'adm.*. 1880, t. II, p. 385 à 405, principalement p. 390. — *Répert. du droit adm.*, V° *Commune*, n° 389.

(2) Voir notamment : VUILLEFROY et MONNIER, *op. et loc. cit.* — DEMANTE, *Cours analytique de Code Napoléon*, 1853, t. II, n° 517 *bis*, II, p. 613. — AUBRY et RAU, *Cours de droit civil français*, 4° édit., t. II, p. 231. — DEMOLOMBE, *Traité des servitudes*, 5° édit., t. I, p. 433, n° 380. — LAURENT, *Principes de droit civil*, 1872, t. VII, n° 497, p. 569. — BAUDRY-LACANTINERIE, *Précis de droit civil*, 1re édit., t. I, p. 820, n° 1296. — GÉRARD, *op. et loc. cit.* — Cour de Rennes, arrêt du 9 mars 1820.

(3) En ce sens : PARDESSUS, *Traité des servitudes*, 1838, t. I, p. 352, n° 147. — DURANTON, *Cours de droit français*, 4° édit., t. V, n° 319, p. 314, note 1. — DELVINCOURT, *Cours de Code civil*, 1824, t. I, p. 392. — PAILLET, *Traité des servitudes*, art. 663. — FAVARD, *Répertoire*, V° *Servitudes*, section II, § 3, n° 1.

de lui répondre, par cette excellente raison que si la question se pose directement à l'administration elle-même, elle aura les mêmes obscurités devant elle, et le même critérium, le seul, son propre jugement. » (1).

D'un autre côté, la distinction entre les *villes* et les *bonnes villes*, que la Révolution avait supprimée, fut expressément rétablie sous le premier Empire.

Tout d'abord, un sénatus-consulte du 8 fructidor an X désigna vingt-quatre *principales villes* de la République, dont les maires devaient être présents à la prestation de serment du citoyen nommé pour succéder au premier consul (2).

Le sénatus-consulte organique du 28 floréal an XII, qui établit l'Empire, parlait également des *principales villes*. L'art. 52 de ce sénatus-consulte portait : « Dans les deux ans qui suivent son avènement ou sa majorité, l'empereur, accompagné des titulaires des grandes dignités de l'Empire, des ministres, des grands officiers de l'Empire, prête serment au peuple français, sur l'Evangile, et en présence... des maires des trente-six principales villes de l'Empire. » Et le décret du 3 messidor an XII désignait les trente-six villes dont les maires devaient assister au serment de l'empereur, en exécution de l'art. 52 du sénatus-consulte du 28 floréal an XII (3).

Le titre même de *bonne ville* reparut officiellement dans le décret impérial du 1er mars 1808, concernant les titres. Aux termes des art. 8 et 9 de ce décret : « Art. 8. — ..... Les maires des trente-sept *bonnes villes*, qui ont droit d'assister à notre couronnement, porteront pendant leur vie le titre de baron, lorsqu'ils auront dix ans d'exercice et qu'ils auront rempli leurs fonctions à notre satisfaction. — Art. 9. — ..... Ils seront tenus de justifier d'un revenu de 15,000 francs, dont le tiers sera affecté à la dotation de leur titre, et passera avec lui sur toutes les têtes où ce titre se fixera. » (4).

(1) *Répert. du droit adm.*, V° *Commune*, n° 390. — Voir également : Dalloz, *Répert. alphab.*, V° *Servitude*, nos 550 à 553. — Dépêches du 27 octobre 1838 (Marne) ; du 5 août 1851 (Oise) ; du 10 juillet 1867 (Loir-et-Cher). — etc.

(2) Ces villes étaient les suivantes :
Paris — Lyon — Bordeaux — Marseille — Rouen — Nantes — Bruxelles — Mayence — Anvers — Liège — Lille — Toulouse — Strasbourg — Orléans — Versailles — Montpellier — Rennes — Caen — Reims — Nancy — Amiens — Genève — Dijon — Nice.

(3) Ces villes étaient énumérées dans l'ordre suivant par ce décret :
Paris — Marseille — Bordeaux — Lyon — Rouen — Turin — Nantes — Bruxelles — Anvers — Gand — Lille — Toulouse — Liège — Strasbourg — Aix-la-Chapelle — Orléans — Amiens — Angers — Montpellier — Metz — Caen — Alexandrie — Clermont — Besançon — Nancy — Versailles — Rennes — Genève — Mayence — Tours — Bourges — Grenoble — La Rochelle — Dijon — Reims — Nice.

(4) On retrouve encore cette expression de *bonnes villes* dans un décret impérial du 17 mai 1809, relatif aux armoiries, et dont nous parlerons bientôt.

La Restauration ne pouvait moins faire que de consacrer ce rétablissement des anciens usages ; elle alla même plus loin, et, malgré les vides faits dans la liste impériale par les mutilations de territoire, une ordonnance du 23 avril 1821 porta le nombre des *bonnes villes* à quarante, et détermina solennellement l'ordre dans lequel elles prendraient rang (1).

Et depuis lors, comme le fait remarquer M. Roussel (2), il n'en est plus parlé au *Bulletin des lois*.

Enfin, nous avons dit que la Révolution, considérant les *armoiries* comme des privilèges et comme des vestiges de noblesse, en avait décidé la suppression.

Mais lorsque l'empereur eut rétabli la noblesse et créé de nouveaux nobles, pour remplacer ceux qui avaient disparu, il dut, pour être logique, permettre aux villages d'avoir des armoiries spéciales (3).

En conséquence, un décret du 17 mai 1809, qui n'a pas été inséré au *Bulletin des lois*, accorda aux communes et aux corporations la faculté d'obtenir des armoiries, et précisa les conditions qu'elles auraient à remplir (4).

(1) Ces villes étaient les suivantes :
Paris — Lyon — Marseille — Bordeaux — Rouen — Nantes — Lille — Toulouse — Strasbourg — Orléans — Amiens — Angers — Montpellier — Metz — Caen — Clermont-Ferrand — Besançon — Nancy — Versailles — Rennes — Tours — Bourges — Grenoble — La Rochelle — Dijon — Reims — Montauban — Troyes — Nîmes — Antibes — Cette — Carcassonne — Avignon — Aix — Pau — Vesoul — Toulon — Colmar — Cambrai — Abbeville.

(2) *Répert. du droit adm.*, V° *Commune*, n° 385. — Conf. Bost, *Code de la constitution des communes*, p. 120, n° 147.

(3) Dalloz, *Répert. alphab.*, V° *Commune*, n° 176.

(4) Décret du 17 mai 1809 :

Article premier. — Aucune ville, commune, corporation ou association civile, ecclésiastique ou littéraire, ne jouira du droit d'armoiries qu'après en avoir reçu la concession expresse par lettres patentes délivrées à cet effet. En conséquence, les sceaux des villes, communes et corporations qui n'auront pas obtenu de concessions pareilles, ne porteront, pour toute empreinte, que le nom ou la désignation littérale des dites villes, communes ou corporations.

Art. 2. — Les villes, communes ou corporations qui désireront obtenir des lettres patentes portant concession d'armoiries, pourront en solliciter, après s'être fait préalablement autoriser en la forme ordinaire, par les autorités administratives compétentes.

Art. 3. — Les demandes seront formées par le ministère d'un avocat au conseil d'Etat, selon qu'il en est ordonné par le décret du 24 juin 1808, concernant les demandes en institution de majorats.

Art. 4. — Les frais d'expédition des lettres patentes portant concession d'armoiries à des villes, communes ou corporations, seront réglés ainsi qu'il suit, savoir : pour les bonnes villes, comme il est fixé pour les ducs au décret du 17 mars 1808 ; pour les villes dont les maires sont nommés par le Gouvernement, comme il est fixé pour les comtes, si elles ont plus de 20,000 francs de revenus, et comme il est fixé au même décret pour les barons, si elles ont un revenu moindre ; et pour les autres villes et communes, comme il est fixé pour les chevaliers.

En transmettant aux préfets une ampliation de ce décret, le ministre de l'Intérieur traçait les formalités à suivre pour les communes qui demanderaient des armoiries (1).

« Les formalités qui doivent constater cette autorisation, disait le ministre, sont une délibération du conseil municipal, confirmée, s'il y a lieu, sur l'avis du sous-préfet de l'arrondissement, par le préfet, et soumise à l'approbation du ministre. A cette délibération sera joint le budget de la commune. »

La Restauration ne s'en tint pas là. Une première ordonnance du 26 septembre 1814 décida que les villes et communes du royaume reprendraient leurs anciennes armoiries, et que celles qui n'en avaient jamais eu pourraient en obtenir (2). Puis une ordonnance du 26 décembre 1814 détermina le tarif des droits de sceau pour l'expédition des lettres patentes qui seraient délivrées aux villes et communes du royaume, soit pour renouvellement d'armoiries anciennes, soit pour concessions d'armoiries nouvelles (3).

(1) Circulaire du 4 juillet 1809. — *Bull. offic. min. Int.*, 1809, p. 148.

(2) Ordonnance du 26 septembre 1814 :

« Toutes les villes et communes de notre royaume reprendront les armoiries qui leur ont été attribuées par les rois, nos prédécesseurs, et en appliqueront le sceau sur les actes de leur administration, à la charge par elles de se pourvoir par devant la commission du sceau, pour les faire vérifier et obtenir le titre à ce nécessaire; nous réservant d'en accorder, après l'avis de nos ministres, à celles des villes, communes ou corporations qui n'en auraient pas obtenu de nous ou de nos prédécesseurs. »

(3) Ordonnance du 26 décembre 1814 :

ARTICLE PREMIER. — Les droits à payer pour l'expédition et sceau des lettres patentes qui seront délivrées par la chancellerie de France aux villes et communes, soit pour renouvellement d'armoiries anciennes, soit pour concessions d'armoiries nouvelles, sont réglés ainsi qu'il suit :

ART. 2. — Les villes et communes sont divisées en trois classes. — Dans la première sont placées les villes chefs-lieux de département, ou qui, n'ayant pas de préfecture, sont cependant le siège d'une cour royale. — Dans la seconde, les villes chefs-lieux d'arrondissement, ou qui, n'ayant pas de sous-préfecture, sont le siège d'un tribunal civil ou d'un tribunal de commerce. — Dans la troisième, les villes et communes qui, n'ayant point d'établissements, ne peuvent être rangées dans aucune des deux premières classes.

ART. 3. — Les lettres patentes portant renouvellement d'anciennes armoiries pour les villes qui en avaient déjà et qui les auront fait vérifier, en conformité de notre ordonnance du 26 septembre dernier, ne seront soumises qu'aux droits suivants :

Renouvellement, savoir :	Droits du sceau.	Droits des référendaires.
Pour les villes de 1re classe..................	150 fr.	40 fr.
Pour les villes de 2e classe..................	100 fr.	30 fr.
Pour les villes de 3e classe..................	50 fr.	20 fr.

ART. 4. — A l'égard des villes et communes qui n'auraient pas encore obtenu d'armoiries et auxquelles nous jugerons à propos d'en accorder, elles seront soumises aux droits suivants, savoir :

	Droits du sceau.	Droits des référendaires.
Pour les villes de 1re classe..................	600 fr.	100 fr.
Pour les villes de 2e classe..................	400 fr.	50 fr.
Pour les villes de 3e classe..................	200 fr.	25 fr.

De son côté le ministre de l'Intérieur, auquel plusieurs demandes avaient été adressées par des villes, fit parvenir aux préfets une nouvelle instruction sur la marche à suivre pour faire exécuter les dispositions des deux ordonnances précitées (1).

A son retour de l'île d'Elbe, Napoléon Ier s'empressa naturellement, par un décret du 15 avril 1815, d'annuler les ordonnances des 26 septembre et 26 décembre 1814.

Enfin, après les Cent jours, le ministre de l'Intérieur jugea à propos d'adresser aux préfets une nouvelle circulaire, rappelant les dispositions de la circulaire précédente et contenant quelques dispositions nouvelles (2).

En résumé, lorsqu'une commune désirait obtenir une marque de distinction de ce genre, son conseil municipal devait prendre une délibération à cet effet ; cette demande était adressée par le maire au sous-préfet, avec certaines pièces et après l'acquit de certains droits, pour être transmise, par l'intermédiaire et avec l'avis du

(1) Circulaire du 10 janvier 1815 (*Bull. offic. min. Int.*, 1815, p. 556):

« Pour faire exécuter d'une manière plus uniforme et plus régulière les dispositions des ordonnances des 26 septembre et 26 décembre 1814, j'ai jugé convenable de réunir au ministère toutes les demandes relatives aux armoiries des communes, et de provoquer directement, à la commission du sceau, la vérification qui doit être faite et la délivrance du titre de confirmation.

« Je vous invite, en conséquence, à vous faire remettre par toutes les villes et communes de votre département auxquelles l'ordonnance précitée du 26 septembre est applicable : 1° les délibérations prises par les conseils municipaux, pour demander ces titres : — 2° un dessin des armoiries : — 3° des copies certifiées des chartes ou lettres patentes en vertu desquelles a eu lieu la concession primitive.

« La justification du paiement des droits se fait en présentant la demande. Il est donc indispensable que vous vous fassiez remettre et que vous adressiez, avec les pièces, les sommes nécessaires pour acquitter les droits de sceau et ceux des référendaires ; le tarif porté en l'ordonnance du 26 décembre ayant déterminé à quelle classe appartient telle ou telle commune, il ne peut y avoir d'incertitude sur la quotité des droits. Il faudra ajouter à ces droits 2 francs pour chaque demande, pour les déboursés du timbre des requêtes. »

(2) Circulaire du 1er avril 1816 (*Bull. offic. min. Int.*, 1816, p. 32) :

« Les événements survenus en 1815 me donnent lieu de croire que plusieurs villes ou communes ne connaissent pas les dispositions des ordonnances de 1814 et de la circulaire de 1815.

« Je crois devoir, en conséquence, vous prier de leur rappeler ces ordonnances et de les instruire que toutes les demandes relatives aux armoiries doivent être adressées, par votre intermédiaire, appuyées : 1° de la délibération du conseil municipal ; 2° d'un dessin des armoiries ; 3 des copies certifiées des chartes ou patentes en vertu desquelles la concession primitive a eu lieu. — Les fonds nécessaires pour payer les droits de sceau et des référendaires, dans les proportions déterminées par l'ordonnance, doivent être envoyés en même temps.

« A ces droits il faut ajouter 2 francs par chaque demande pour le timbre des requêtes et 8 francs pour la boite de fer-blanc, jugée depuis nécessaire.

« Vous préviendrez également les maires des villes et communes qui auraient obtenu des concessions d'armoiries de l'ancien Gouvernement, qu'elles doivent en faire le renvoi, et que, sans cela, elles ne pourraient en obtenir de nouvelles. »

préfet et du ministre de l'Intérieur, au garde des sceaux. Et c'était sur le rapport de ce dernier ministre que les armoiries étaient accordées, s'il y avait lieu, par une ordonnance royale, et plus tard par un décret impérial (1).

Que faut-il décider sous l'empire de la loi du 5 avril 1884?

« Cette loi, dit M. Roussel (2), n'a pas touché à cette législation surannée; et comme l'usage des bannières tend à renaître sous nos yeux mêmes, il se pourrait qu'une ville se réclamât de ces ordonnances presque oubliées. Nous ne voyons pas sur quel texte on pourrait appuyer un refus. Mais ce sont là pures faveurs discrétionnaires s'il en fut.—Quelques villes avaient aussi leur drapeau. Celui de Paris s'est marié avec l'ancien drapeau des rois pour former le drapeau tricolore. On le voit de nouveau flotter sur quelques édifices municipaux. Nous ne voyons pas non plus sur quel texte on pourrait se fonder pour proscrire ces emblèmes, tant qu'ils ne prendraient pas le caractère d'emblèmes séditieux. »

SECTION II

—

NOM INDIVIDUEL DES COMMUNES

De même que tout individu est désigné par un nom particulier, qui permet de le distinguer des autres citoyens, chaque commune, constituant une personne morale, porte un nom qui lui est propre, et dont l'origine se perd souvent dans la nuit des temps (3).

« Tandis que les communes urbaines, dit M. Gérard (4), sont pour la plupart d'ancienne création, qu'elles remontent en général aux *civitates* romaines, la plus grande partie des villages et des hameaux, dont le groupement forme les municipalités rurales actuelles, se sont formés au cours du moyen âge, à la suite du défrichement des terres, opéré par les moines et les seigneurs. Des travaux récents

(1) Conf. Bost, *Code de la constitution des communes*, p. 119. n° 145.

(2) *Répert. du droit adm.*, V° *Commune*, n° 386.

(3) « On pouvait à la rigueur, dit M. Roussel, imaginer une commune sans territoire: ainsi la commune des Arts, supprimée le 8 brumaire an II par la Convention. On ne peut imaginer une commune sans nom. » (*Répert. du droit adm.*, V° *Commune*, n° 391.)

(4) *Op. cit.*, p. 386.

ont démontré jusqu'à l'évidence que le choix des noms qui ont servi à désigner les nouvelles agglomérations d'habitants n'a pas été absolument arbitraire, et que les fondateurs de ces villages ont obéi à des influences qu'on peut encore, à plusieurs siècles de distance, observer et mettre en lumière. »

C'est ce qu'ont essayé de faire, non sans succès, MM. Quicherat (1), A. Houzé (2), H. Cocheris (3), d'Arbois de Jubainville et G. Dottin (4). Ces noms des communes leur avaient été donnés le plus souvent par leurs premiers habitants, et étaient pris ordinairement du lieu où était situé le clocher de la paroisse (5).

Mais à partir du seizième siècle, ils subirent de nombreuses modifications; fréquemment, des lettres royales érigèrent des terres seigneuriales en baronnies, comtés et marquisats, en déclarant qu'à l'avenir la terre perdrait son ancien nom pour prendre celui de son nouveau maître; et alors la paroisse ou la communauté villageoise, qui devenait le siège de la nouvelle seigneurie, avait le même sort. Nous citerons comme exemple des lettres patentes du mois de septembre 1648, par lesquelles Louis XIV érigeait en comté, au profit du sieur Urbain le Roy de la Potherie, la terre seigneuriale et haute justice de Chalain. Ces lettres étaient ainsi conçues :

« Créons, érigeons et élevons ladite terre seigneuriale et haute justice, ses circonstances et dépendances, en titre, nom, prééminence et dignité de comté, sous la dénomination de la Potherie, à l'effet de quoy, nous avons changé et commué, commuons et changeons ledit nom de Chalain en celui de la Potherie, voulons et nous plait que ladite terre, seigneurie et haute justice, ses circonstances et dépendances, soient à l'avenir tenues et possédées aux dits nom, titre et dignité de comté de la Potherie... »

On pourrait en citer bien d'autres.

« C'est ainsi, dit M. Gérard (6), que la paroisse d'Enghien ou Auguien (aujourd'hui Seine-et-Oise) fut érigée, par lettres patentes de 1690, en duché pairie, au profit de la famille de Montmorency, dont elle prit le nom.

« C'est ainsi encore que la terre et seigneurie de Magny (aujour-

(1) *De la formation française des anciens noms de lieu.*

(2) *Etudes sur la formation des noms de lieux en France.*

(3) *Origine et formation des noms de lieux.*

(4) *Recherches sur l'origine de la propriété foncière et des noms de lieux habités en France.*

(5) Dalloz, *Répert. alphab.*, V° *Commune*, n° 174, — et *Code des lois administratives* V° *Commune*, n° 120.

(6) *Op. cit.*, p. 386.

d'hui département de l'Oise) fut réunie à celle de Chauny-sur-Oise, et érigée en marquisat sous le nom de Guiscard, par lettres patentes du mois de janvier 1703, enregistrées le 20 avril 1705, en faveur de Louis de Guiscard, lieutenant général des armées du roi.

« Enfin, à la veille de la Révolution, des lettres patentes du 6 août 1780 érigeaient la seigneurie de Wagnon (aujourd'hui dans le département des Ardennes) en marquisat, au profit du sieur de la Rosière, et ce nom remplaça celui de la paroisse. »

Ces substitutions soulevaient bien parfois quelques protestations de la part des communautés ainsi transformées, mais alors des arrêts du conseil du roi, donnant gain de cause aux réclamations des seigneurs, rappelaient les habitants à la résignation, et mettaient fin à leur résistance. Parfois même, les seigneurs employaient des arguments d'un autre genre. M. Gérard raconte, en effet (1), que le village de Châtre ayant été érigé en seigneurie au profit d'un sieur Arpajon, comme les habitants se souciaient peu de voir leur communauté prendre le nom de leur nouveau seigneur, celui-ci, vexé de ce que la transformation ne s'opérait pas assez rapidement à son gré, allait se poster sur la grande route à l'entrée du village, et demandait aux passants le nom de l'endroit qu'ils allaient traverser. Si ceux-ci répondaient Châtre, le seigneur les faisait rouer de coups; s'ils répondaient Arpajon, il les récompensait.

On comprendra sans peine combien des procédés aussi... énergiques avaient dû engendrer de rancunes et de haines.

Pourtant, lorsque survint la Révolution, l'Assemblée constituante n'apporta d'abord aucune modification à cet état de choses. « De même, dit M. Roussel (2), que cette assemblée, créant les départements de toutes pièces, créa pour eux en même temps une nomenclature plus ou moins heureuse, et presque exclusivement tirée de l'orographie et de l'hydrographie nationales ; de même, recevant les communes du passé et respectant leur individualité historique (3), elle respecta leurs anciens noms, le plus souvent tirés du lieu obscur où la commune s'était formée, quelques-uns conservant encore, sous les transformations successives du langage, la trace de leur origine gauloise ou gallo-romaine. »

Mais bientôt, cédant aux réclamations pressantes des communes, qui avaient été dépouillées de leurs noms par les seigneurs et revê-

(1) *Op. cit.*, p. 387, note 1.

(2) *Répert. du droit adm.*, V° *Commune*, n° 391.

(3) Loi du 22 décembre 1789, art. 7.

tues par eux de leurs propres noms patronymiques, elle les autorisa, par un décret en date des 20-30 juin 1790, à reprendre leurs anciennes dénominations (1).

La Convention alla plus loin dans cette voie. « Prise de cette maladie à laquelle nous n'échappons pas nous-mêmes, de répudier les noms de l'histoire pour la glorification d'idées ou de faits contemporains » (2), elle s'efforça de supprimer partout les noms des communes qui rappelaient quelques-unes des idées alors proscrites.

Tous les saints furent impitoyablement destitués du droit dont ils jouissaient depuis longtemps de donner leur nom aux communes qui s'étaient placées sous leur protection.

Ainsi, Saint-Maixent reçut le nom de Liberté-Vauclaire, et Saint-Maure, près de Paris, celui de Vivant-sur-Marne. Saint-Germain-en-Laye dut changer son nom contre celui de Montagne-du-Bon-Air ; Saint-Pierre-le-Moutier devint Brutus-le-Magnanime ; Saint-Denis, Ile-Franciade ; Saint-Lô, Le Rocher-de-la-Liberté ; Saint-Gemme-le-Robert, Mont-Rochart ; Sainte-Ménéhould, Montagne-sur-Aisne ; Saint-Etienne, Armeville ; Saint-Jean-de-Losne, Belle-Défense (3), etc.

Les rois, les princes furent également proscrits. Ainsi, Château-Thierry dut s'appeler à l'avenir Egalité-sur-Marne ; Montmorency, Emile ; Condé, Vallon-Libre ; — les châteaux disparurent : Châteaulin devint Ville-sur-Aône ; Châteauroux, Indreville ; Pagny-le-Château, Pagny-l'Egalité. — On ne reculait même pas devant les jeux de mots, et l'on changea Montmartre en Montmarat.

Parfois le changement de dénomination était infligé à une ville comme punition. C'est ainsi que, après son occupation par les armées républicaines, un décret du 1er juin 1793 supprima le nom de la ville de Lyon et le remplaça par celui de Commune-Affranchie (4).

Et comme les municipalités ne se pressaient pas suffisamment, au gré de la Convention, de donner à leurs communes des noms plus

(1) Beaucoup de communes usèrent de cette autorisation ; d'autres, au contraire, oubliant le passé, conservèrent leur ancien nom seigneurial : c'est dans ce sens que se prononcèrent les municipalités de Guiscard (Oise) et d'Arpajon (Seine-et-Oise) ; les arguments des seigneurs les avaient, paraît-il, entièremernt convaincues.

(2) *Répert. du droit adm.*, V° *Commune*, n° 393.

(3) En souvenir de la conduite héroïque de ses habitants qui, en 1636, forcèrent les forces combinées de l'Empire germanique et de l'Espagne à lever le siège de leur ville.

(4) Voir sur tous ces points : *Histoire administrative des communes*, par le baron Dupin, p. 157, — et de nombreux décrets de brumaire an II dans la *Collection complète des lois, décrets, etc.*, de Duvergier.

en rapport avec les idées du jour, un décret du 25 vendémiaire an II vint les rappeler à l'ordre (1).

Plus tard, la Convention elle-même et le Directoire, revenant à des idées plus justes, permirent, en vertu de lois spéciales, à quelques-unes de ces communes de reprendre leur ancien nom.

C'est ainsi qu'une loi du 16 vendémiaire an III disposait : « Commune-Affranchie reprendra son ancien nom de Lyon : elle n'est plus en état de rébellion et de siège. »

Enfin, un arrêté du Gouvernement consulaire du 9 fructidor an IX ramena la nomenclature à peu près au point où la Convention l'avait prise, en décidant qu'à l'avenir « il ne pourrait être donné aux communes d'autres noms que ceux portés aux tableaux qui devaient contenir la division du territoire de la République en justices de paix ».

Des arrêtés, rendus successivement pour chaque département, opérèrent cette division ; et les « tableaux » se succédèrent dès lors sans interruption au *Bulletin des lois*.

Ces arrêtés ou ces tableaux contenaient, pour chaque département, la nomenclàture des cantons de justice de paix et l'énumération des communes de chaque ressort (2).

Le premier Empire n'apporta aucune modification à cet état de choses.

Mais sitôt installé en France, le Gouvernement de la Restauration s'empressa d'autoriser les communes à reprendre l'ancien nom qu'elles portaient avant la Révolution.

Une ordonnance du 8 juillet 1814, rendue dans ce but, était ainsi conçue :

« Plusieurs communes de notre royaume nous ayant fait représenter que leur ancien nom avait été changé par des actes des gouvernements qui se sont succédé en notre absence, et nous ayant fait demander la permission de le reprendre, nous avons reconnu que leur nouvelle dénomination, inconnue même dans les départements dont ces communes font partie, est nuisible aux relations de

(1) Décret du 25 vendémiaire an II :

« La Convention nationale décrète que les communes qui ont changé de nom depuis 1789 feront passer au comité de division la nouvelle dénomination qu'elles ont adoptée, et invite celles qui changeront les noms qui peuvent rappeler les souvenirs de la royauté, de la féodalité ou de la superstition, de s'en occuper incessamment, et de faire passer, dans le courant du second mois, les délibérations de leurs communes au comité de division de la Convention. »

(2) M. Gérard (*op. cit.*, p. 338, note 1) rapporte, par exemple, que la commune de la Roche-Bernard (Morbihan), qui avait pris le nom de la Roche-Sauveur, reprit son ancien nom dans l'arrêté du 3 brumaire an X, qui fixa la circonscription du territoire des justices de paix de ce département.

commerce ; à ces causes, voulant donner à nos fidèles sujets de ces communes un témoignage de notre bienveillance et de notre sollicitude pour leurs intérêts, nous avons ordonné et, par ces présentes, nous ordonnons que celles des communes de notre royaume, à l'exception de notre bonne ville de Bourbon-Vendée, qui ont changé l'ancien nom qu'elles avaient antérieurement à 1790, et qui ont conservé une nouvelle dénomination, reprendront cet ancien nom. »

« L'exécution de cette ordonnance, dit M. Gérard (1), fut confiée aux préfets ; et ceux-ci prirent, dans leurs départements respectifs, des arrêtés spéciaux pour approuver les divers changements de nom, proposés par les communes, qui se trouvaient dans les conditions déterminées par l'ordonnance. »

De retour en France, Napoléon Ier, « considérant que l'ordonnance du 8 juillet 1814 n'avait pour but que de faire disparaître des dénominations qui rappelaient des souvenirs glorieux ou des temps et des événements dont on voulait anéantir la mémoire », décida, par un décret du 14 avril 1815, qui abrogeait cette ordonnance, que les communes reprendraient le nom qu'elles avaient le 1er avril 1814.

Ce décret ne fut abrogé expressément par aucun texte postérieur ; mais il fut considéré comme inconstitutionnel, et, par suite, comme étant sans valeur par le Gouvernement de la Restauration, de nouveau rétabli (2), et, dans un grand nombre d'arrêtés, les préfets approuvèrent des changements de nom demandés en vertu de l'ordonnance du 8 juillet 1814 (3).

Mais à partir de 1830, le Gouvernement de Juillet, abandonnant les traditions de son prédécesseur, déclara, au contraire, que le décret de 1815 avait conservé toute son autorité, et que, dorénavant, une ordonnance seule pourrait changer le nom d'une commune (4).

(1) *Op. cit.*, p. 388.

(2) « Du reste, dit M. Dalloz (*Répert. alphab.*, V° *Commune*, n° 174), il peut, jusqu'à un certain point, être réputé avoir été abrogé implicitement par une ordonnance du 9 juillet 1815, qui a obligé la ville de Paris à rendre à ses places, ponts et édifices publics les noms qu'ils portaient avant le 1er janvier 1790. » — Voir sur tous ces points : Vuillefroy et Monnier, *Principes d'administration*, p. 219, n° 1. — Bost, *Code de la constitution des communes*, p. 117, n° 142.

(3) M. Gérard cite, par exemple, un arrêté du préfet de l'Ariège du 27 juin 1817, approuvé par le ministre de l'Intérieur le 17 juillet suivant, par lequel la commune de Villeneuve-Durfort reprend son ancien nom de Durfort ; un arrêté du 14 janvier 1828, par lequel le préfet de Maine-et-Loire autorise la commune de Milon à reprendre son ancien nom de Fontaine-Milon, etc.

(4) Ainsi, une ordonnance du 29 novembre 1832 autorisa la commune de Montmorency, qui, depuis 1815, portait le nom d'Enghien, à reprendre son ancien nom ; — de même un décret impérial du 16 février 1859 rendit à la commune de Chienné le nom de Saint-Georges-de-Chesné, qu'elle portait avant 1790, etc.

Tels sont les divers textes qui, successivement et pour des motifs tout à fait spéciaux, ont modifié d'une façon générale et pour ainsi dire en bloc les noms des communes.

Mais, comme le fait remarquer M. Roussel (1), « cette législation de circonstance laissait debout le décret du 9 fructidor an IX, puisqu'elle n'avait trait qu'à des changements de nom, conservant intacts les noms officiels, c'est-à-dire ceux des tableaux de fructidor, tant qu'une commune n'en aurait pas sollicité la modification. Cependant, c'est ailleurs qu'il faut chercher les noms officiels des communes. Les décrets successifs, portant déclaration d'authenticité des résultats des dénombrements quinquennaux, contiennent en annexe la liste intégrale des communes, et c'est à cette liste qu'il faut désormais se référer » (2).

SECTION III

—

CHANGEMENTS DE NOM DES COMMUNES

Nous avons jusqu'ici étudié historiquement les diverses transformations qu'ont subies les noms des communes avant d'arriver jusqu'à nous : transformations pour ainsi dire politiques, puisque presque toutes étaient inspirées par le désir d'effacer les idées qui auraient pu rappeler un gouvernement déchu.

Nous avons montré que les noms officiels des communes étaient contenus dans les tableaux de population publiés par le ministère de l'Intérieur à la suite des décrets portant déclaration d'authenticité des résultats des dénombrements quinquennaux.

Nous allons maintenant examiner, en droit, quelles sont les règles qui président aux changements de nom des communes, règles de compétence, de procédure et de fond.

Mais avant d'entrer dans cette étude, nous ferons remarquer que

(1) *Répert. du droit adm.*, V° *Commune*, n° 395.

(2) Circulaires du ministre de l'Intérieur des 12 décembre 1877 et 19 novembre 1881. — Ces tableaux ont été dressés avec le plus grand soin en 1876 et révisés en 1881, puis en 1886. — Le dernier décret quinquennal (31 décembre 1891) porte, comme les précédents : « ARTICLE PREMIER. — Les tableaux de la population ci-annexés : 1° des départements de la France ; 2° des arrondissements et des cantons ; 3° des communes, sont considérés comme seuls authentiques à partir du 1er janvier 1887. »

les noms des communes peuvent être modifiés dans deux sortes de circonstances bien différentes. Tantôt ce sera d'une façon accessoire, à la suite d'un changement de circonscription communale, d'une création ou d'une réunion de communes, ou d'un simple transfèrement de chef-lieu ; tantôt le changement sera opéré d'une façon principale, sans que les limites de la commune soient en rien modifiées.

SOUS-SECTION Ire

RÈGLES DE COMPÉTENCE ET DE PROCÉDURE

§ 1.

Avant la loi du 5 avril 1884.

Avant la loi du 5 avril 1884, le législateur, qui avait réglé avec assez de soin tout ce qui est relatif aux noms, prénoms et changements de nom des personnes (loi du 11 germinal an XI), ne s'était presque pas occupé des noms et changements de nom des communes. Les lois municipales des 21 mars 1831, 18 juillet 1837 et 5 mai 1855, ne contenaient aucune disposition sur ce point; et l'on suivait uniquement dans cette matière les règles tracées par la pratique et par la jurisprudence, soit du ministère de l'Intérieur, soit du conseil d'Etat.

Ce sont ces règles que nous allons tout d'abord exposer.

A). — RÈGLES DE COMPÉTENCE

Quelle était l'autorité compétente pour statuer sur les changements de nom des communes?

I. — CHANGEMENT DE NOM PRINCIPAL

« Il ne pourra, à l'avenir, être donné aux communes d'autres noms que ceux que porteront les tableaux contenant la division du territoire de la République en justices de paix. »

Ainsi l'avait décidé le Gouvernement consulaire dans l'arrêté du 9 fructidor an IX.

Or, cet arrêté ayant été rendu dans la forme des règlements d'administration publique, ainsi que les tableaux qui opérèrent successivement cette division pour chaque département, il eût semblé que, postérieurement à cette date, la même forme eût dû être de rigueur pour apporter un changement dans le nom d'une commune (1).

Cependant, M. Gérard nous apprend (2) que cette opinion ne prévalut pas tout d'abord. Il rapporte, en effet, que les habitants de Pontivy (Morbihan) ayant demandé, par une pétition du 29 messidor an XII, que leur ville prît le nom de Napoléonville, leur requête fut accueillie favorablement par l'empereur; mais que le ministre de l'Intérieur, au lieu de présenter à la signature du chef de l'Etat un projet de décret en ce sens, se contenta de notifier au préfet du Morbihan que la ville de Pontivy était autorisée à porter le nom de Napoléonville, et que le préfet prit un simple arrêté pour l'exécution de cette décision (3).

Un peu plus tard encore, les habitants de l'ancienne commune de Saint-Jean-de-Losne, dont la Convention avait changé le nom en celui de Belle-Défense, prièrent l'empereur de lui rendre son ancienne dénomination. — M. de Champagny, ministre de l'Intérieur, trouvant leur demande bien fondée, fit un rapport favorable, et présenta à l'empereur un projet de décret conforme. Mais l'empereur refusa de le signer, en disant « qu'un décret était inutile pour cet objet, et qu'il suffirait de donner à Belle-Défense, dans tous les actes et dans la correspondance impériale, son ancien nom de Saint-Jean-de-Losne, en lui écrivant qu'elle était autorisée à le prendre » (4). Et, se conformant à cette décision, le ministre de l'Intérieur adressa en ce sens une dépêche au préfet de la Côte-d'Or.

« Mais, dit M. Gérard (5), le bureau qui avait préparé au ministère le décret repoussé par l'empereur ne se tint pas pour battu, et saisit la première occasion pour tenter de faire revenir le Gouvernement sur sa décision. La commune de Vic-sur-Cosne (Gers) ayant de-

(1) On sait que, les départements ayant été délimités par une loi (décret de l'Assemblée nationale des 14-28 juin 1791, — loi du 28 pluviôse an VIII), on a admis qu'il ne pouvait être apporté de changements dans leurs limites que par une loi spéciale.

(2) *Op. cit.*, p. 391.

(3) Dépêche du ministre de l'Intérieur du 5 vendémiaire an XII (Morbihan). — Archives nationales, section administrative, F[2], 843.

(4) Cette note, écrite de la main du ministre, est aux Archives nationales, section administrative, F[2], 843.

(5) *Op. cit.*, p. 392.

mandé à reprendre son ancien nom de Vic-Fésensac, le chef du bureau d'administration générale adressa au ministre de l'Intérieur un rapport dans lequel il exposait les objections que soulevait théoriquement et pratiquement la jurisprudence adoptée dans les deux affaires rappelées plus haut. Après avoir indiqué que c'était par décrets en conseil d'Etat que les noms des communes avaient été fixés, que le *Bulletin des lois* en contenait la nomenclature, le rapport exposait qu'une simple lettre ministérielle autorisant ces changements de nom n'était connue de personne, et se trouvait oubliée au bout d'un certain temps par le bureau même qui l'avait préparée; tandis que le *Bulletin des lois* contenant la nomenclature des noms anciens, et les modifications ne parvenant pas à la connaissance du public, il en résulterait infailliblement des confusions fâcheuses. Le rapport allait même plus loin; il concluait à ce qu'aucun changement de nom ne fût autorisé à l'avenir. »

C'était là une mesure un peu exagérée.

« Pourtant, le ministre adopta les conclusions du rapport, au moins quant à l'espèce pour laquelle elles lui avaient été soumises, et pendant quatre années l'administration supérieure rejeta diverses demandes de changements de nom qui lui avaient été adressées par les municipalités. » (1).

Mais en 1810, le conseil municipal de la commune de Pagny-l'Egalité ayant demandé à l'empereur de lui rendre son ancien nom de Pagny-le-Château, qu'elle portait avant 1790, le ministre soumit un projet de décret en ce sens à l'empereur, qui le renvoya au conseil d'Etat, et cette assemblée l'ayant adopté, un décret du 8 janvier 1810 changea le nom de Pagny-l'Egalité en celui de Pagny-le-Château.

Et depuis lors, à moins qu'il ne s'agit de cas exceptionnels prévus par l'ordonnance du 8 juillet 1814 (2), les changements de nom des communes furent toujours édictés par des décrets rendus en conseil d'Etat (3).

(1) Dépêche du ministre de l'Intérieur du 19 juin 1806 (Gers). — M. Gérard, *op. et loc. cit.*

(2) On se rappelle que cette ordonnance avait pour but de permettre d'une façon générale aux communes « qui avaient changé l'ancien nom qu'elles portaient avant 1790, et qui avaient conservé une nouvelle dénomination, de reprendre leur antique dénomination », et que les préfets furent chargés de son exécution.

(3) « Le changement de nom d'une commune, disaient MM. Vuillefroy et Monnier, dans leurs *Principes d'administration* (1837, p. 229, II), est, s'il y a lieu, autorisé, sur l'avis du sous-préfet et du préfet, par l'ordonnance délibérée dans le comité de l'Intérieur du conseil d'Etat, et rendue sur le rapport du ministre de l'Intérieur. » — On lit également dans une circulaire du ministre de l'Intérieur du 29 août 1849, relative à l'instruction des projets de

M. Gérard rapporte même (1) qu'à la suite d'un décret du Gouvernement provisoire en date du 29 février 1848, portant : « Tous les anciens titres de noblesse sont abolis, les qualifications qui s'y rattacheraient sont interdites ; elles ne peuvent être prises publiquement, ni figurer dans un acte public quelconque », le commissaire du gouvernement délégué dans le département de l'Yonne crut devoir, sans avoir reçu aucune instruction, prendre un arrêté pour prononcer les modifications suivantes : le nom de Villeneuve-le-Roi est changé en Villeneuve-sur-Yonne ; Malay-le-Roi en Malay-le-Petit ; Malay-le-Vicomte en Malay-le-Grand ; — mais que le ministre ayant considéré ce procédé comme irrégulier, un arrêté du pouvoir exécutif du 21 juillet 1848, rendu sur sa proposition, après avis du conseil d'Etat, consacra ces modifications.

II. — Changement de nom accessoire.

On sait que la loi du 18 juillet 1837 accordait, soit au pouvoir exécutif, soit au pouvoir législatif, suivant les circonstances, le droit de statuer sur les changements de circonscription des communes.

Dans le premier cas, le même décret qui prononçait la modification territoriale statuait en même temps sur le changement de nom : les deux opérations étant également de la compétence du Gouvernement (2).

Lorsque, au contraire, la modification de territoire était du domaine de la loi, on pensa tout d'abord que le législateur devait se borner à statuer sur le changement de circonscription, et laisser à une ordonnance ultérieure la question d'attribution du nom.

modification aux circonscriptions territoriales des communes (*Bull. offic. min. Int.*, 1849, p. 383) : « La Constitution de 1848, en obligeant à soumettre à la sanction du pouvoir législatif tous les projets qui ont pour but de modifier les circonscriptions territoriales des départements, arrondissements, cantons et communes, n'a rien innové en ce qui concerne... les changements de nom, qui continuent à être l'objet d'une décision du pouvoir exécutif. » — Voir par exemple : Décrets du 13 août 1810, commune de Sainte-Marie-la-Blanche (Côte-d'Or) ; du 3 novembre 1810, comm. de Saint-Maurice-sur-Vigeanne (Côte-d'Or), etc. — Voir également : Avis du comité de l'Intérieur du conseil d'Etat du 2 avril 1845, rapporté plus loin. — Circulaires du ministre de l'Intérieur du 20 mars 1872 et du 13 mars 1873, que nous avons rapportées dans la 1re partie, chapitre Ier, p. 29 et suiv. — Conf. Bost, *Code de la constitution des communes*, p. 118, n° 143.

(1) *Op. cit.*, p. 389, n° 2.

(2) Voir par exemple : Ordonnance du 14 juillet 1836 ; décret du 18 février 1860, etc. — Conf. Bost, *Code de la constitution des communes*, p. 118, n° 144.

Ainsi l'avait décidé le comité de l'Intérieur du conseil d'Etat, dans un avis en date du 2 avril 1845 (1).

Cette assemblée, saisie d'un projet de loi tendant à fixer les limites des communes de Saint-Martin-la-Fosse et de Saint-Pierre-de-Bossenay, et à changer le nom de cette dernière en celui de Rigny-la-Noneuse, exprima l'opinion que « le nom à donner aux communes était du domaine de l'administration et d'une ordonnance royale, et qu'il n'était pas nécessaire de recourir à une loi ».

« Cet avis, dit M. Gérard (2), fut adopté par le ministre, et une ordonnance royale, rendue postérieurement à la loi qui prononça la rectification de limites, statua sur le changement de nom. » Et il ajoute : « Le conseil d'Etat exagérait les conséquences d'une doctrine parfaitement juste, et compliquait inutilement la marche des affaires ; il n'a d'ailleurs pas persisté dans cette décision, car il a adopté depuis un grand nombre de projets de loi qui lui ont été soumis, portant création ou réunion de communes, et dans lesquels le nom de la nouvelle municipalité est donné par la loi elle-même. » (3).

Mais on sait que la loi du 10 août 1871 décida, dans son art. 46, § 26, que le conseil général statuerait définitivement sur... la désignation des chefs-lieux de communes, lorsqu'il y aurait accord entre les conseils municipaux. Le conseil général allait-il donc pouvoir prononcer également sur le changement de nom qui en est presque toujours la conséquence ? On admit que non ; et il fut décidé que, compétent pour changer le chef-lieu d'une commune, ses pouvoirs n'allaient pas au-delà ; que, par suite, lorsque le conseil général ayant prononcé, en exécution de la loi de 1871, la translation du chef-lieu d'une commune, il était nécessaire de modifier le nom de cette commune, c'était au Gouvernement à statuer (4).

Ces règles, on le voit, étaient assez compliquées, et il était à désirer qu'une loi vînt édicter sur ce point quelques principes simples et faciles à appliquer.

Nous montrerons que la loi du 5 avril 1884 a réalisé cette réforme.

(1) M. Germain, rapporteur.

(2) *Op. cit.*, p. 393.

(3) Voir, par exemple, une loi du 15 février 1857, qui crée, dans le département de la Moselle, une commune sous le nom de Styring-Wendel ; une loi du 29 décembre 1879, qui érige en commune distincte la section de Connac (Aveyron), et lui assigne pour chef-lieu le village de Connac, dont elle prendra le nom, etc.

(4) Voir : Dépêche du ministre de l'Intérieur du 2 décembre 1875 (Gers) ; — décret du 28 décembre 1879, commune de Boyeux-Saint-Jérôme, — et GÉRARD, *op. et loc. cit.*

B). — RÈGLES DE PROCÉDURE

—

I. — Changement de nom principal.

Aucune loi n'avait déterminé les formalités à suivre pour l'instruction des projets de changements de nom des communes ; mais, en pratique, on admettait que l'initiative de ces changements appartenait à la fois à la commune et à l'administration. Le plus souvent, cette mesure était prise sur la demande de la commune intéressée. — Le conseil municipal prenait à cet effet une délibération que le maire adressait au sous-préfet. Celui-ci la transmettait au préfet, qui donnait son avis ; et le Gouvernement statuait par décret, après avoir consulté le conseil d'Etat (1).

Mais après la promulgation de la loi du 18 juillet 1837, et bien que cette loi fût absolument muette sur les changements dont nous nous occupons, on lui emprunta en partie la procédure qu'elle prescrivait pour les changements de circonscriptions ; et, dès lors, voici comment on procéda.

Comme auparavant, l'initiative pouvait être prise par la commune intéressée elle-même ou par l'administration.

Le conseil municipal de cette commune, de son propre mouvement ou sur la demande de l'administration, prenait à ce sujet une délibération.

M. Gérard fait remarquer (2) qu'on n'a jamais pensé à faire ici délibérer le conseil municipal avec les plus imposés ; « le changement proposé n'étant pas de nature à réfléchir sur la situation financière de la commune, il n'y avait évidemment pas lieu d'appliquer l'art. 2 de la loi du 18 juillet 1837 ».

Cette délibération était adressée au sous-préfet par les soins du maire ; le préfet, à qui elle était transmise, devait prendre l'avis du conseil d'arrondissement et du conseil général. Puis le dossier, composé des délibérations des conseils et de l'avis du préfet, était ensuite adressé au ministre de l'Intérieur, qui consultait le comité de l'Intérieur du conseil d'Etat (3).

(1) Avis du comité de l'Intérieur du 26 septembre 1832, commune de Sauzon (Morbihan). M. Tournoüer, rapporteur. — Vuillefroy et Monnier, *Principes d'administration*, p. 220, n° 11.

(2) *Op. cit.*, p. 396.

(3) Voir : Dépêche du ministre de l'Intérieur du 4 juillet 1868 (Lot-et-Garonne). — Dalloz, *Répert. alphab.*. V° *Commune*, n° 174. — Block, *Dict. de l'adm. franç.*, 2e édit.. V° *Organisation communale*, n° 38. — Bost, *Code de la constitution des communes*, p. 118, n° 143.

L'administration de l'Intérieur avait aussi la sage habitude de communiquer le dossier au ministre dans les attributions duquel était placé le service des postes. Celui-ci était, en effet, un des plus intéressés et un des plus compétents dans la matière.

M. Roussel fait même observer que c'est à la seule requête du service des postes qu'un grand nombre de communes ont vu modifier leurs noms, « dans l'intérêt de la distribution des correspondances, où la multiplicité des homonymes jette un trouble profond » (1).

Enfin, M. Gérard (2) rapporte que, dans quelques départements, il était d'usage d'ouvrir une enquête *de commodo et incommodo* dans la commune intéressée, et que même, quand il s'agissait du changement de nom d'une commune formée de plusieurs sections, ou d'une modification opérée à la suite d'un changement de chef-lieu, quelques préfets faisaient élire des commissions syndicales dans chacune des sections intéressées. — Et le ministre de l'Intérieur, loin de blâmer ces procédés d'instruction, en recommandait parfois l'usage, mais sans les exiger formellement (3).

Lorsque toutes ces formalités d'instruction avaient été accomplies et que le Gouvernement jugeait qu'il y avait lieu d'autoriser le changement de nom, il donnait cette autorisation par décret.

Un point cependant avait soulevé quelque difficulté. Nous avons dit que le Gouvernement avait la faculté de prendre lui-même l'initiative du changement de nom d'une commune ; mais pouvait-il prononcer ce changement de dénomination malgré l'opposition du conseil municipal de la commune intéressée ?

« Il semble que primitivement, dit M. Gérard (4), le ministre de l'Intérieur et le conseil d'Etat ne l'aient pas pensé (5). Mais depuis 1837, une autre doctrine semble avoir prévalu. Du moment, en effet, où la loi du 18 juillet 1837 permettait de supprimer une commune par simple ordonnance, contrairement à l'avis de son conseil municipal, rien n'empêchait qu'on pût, dans les mêmes conditions, changer sa dénomination. »

Et il cite en ce sens un avis du conseil d'Etat rendu dans les circonstances suivantes.

(1) *Répert. du droit adm.*, V° *Commune*, n° 402.

(2) *Op. cit.*, p. 397.

(3) Dépêche du ministre de l'Intérieur du 5 mars 1873 (Finistère).

(4) *Op. cit.*, p. 396.

(5) Dépêche du 25 octobre 1814 (Morbihan). — Avis du comité de l'Intérieur du 26 décembre 1832, commune de Sauzon (Morbihan). M. Tournoüer, rapporteur. — Conf. Vuillefroy et Monnier, *Principes d'administration*, p. 220, n° 11.

« La section de Peyre, dit-il, dépendant. de la commune de Comprégnac (Aveyron), se basant sur l'importance qu'elle avait prise à la suite de la création d'une halte de chemin de fer, avait demandé que le nom de la commune fût changé en celui de Comprégnac-et-Peyre. Le ministre de l'Intérieur soumit au conseil d'Etat un projet de décret conforme ; mais cette assemblée (section de l'Intérieur) émit, à la date du 28 décembre 1875, un avis de rejet ainsi conçu :

« Considérant que le conseil municipal de la commune de Comprégnac s'oppose à ce que le nom de la commune soit modifié, et que les motifs invoqués à l'appui de la modification ne sont pas suffisants pour qu'il soit passé outre à l'opposition du conseil municipal. »

« Ainsi, ajoute-t-il, le conseil d'Etat s'est fondé sur l'opposition du conseil municipal pour contester l'opportunité d'un changement, mais il n'a pas considéré cette opposition comme un empêchement de droit. »

Il ressort donc de tout ceci que le Gouvernement avait le droit d'imposer d'office à une commune un changement dans sa dénomination.

« Mais, dit M. de Ramel (1), « on ne pourrait pas citer un cas où le Gouvernement ait imposé un changement de nom à une commune. En pratique, c'est toujours sur l'avis conforme, et le plus souvent sur l'initiative de la commune intéressée, que le changement de nom a eu lieu. »

II. — Changement de nom accessoire.

Il n'y avait pas ici de procédure spéciale. La procédure du changement de nom était la même que celle du changement de circonscription ; ou plutôt la question de la dénomination à donner à la commune transformée était un des points sur lesquels devait porter l'instruction de la modification territoriale. Le ministre de l'Intérieur a plusieurs fois rappelé cette règle (2).

Telles étaient les règles de compétence et de procédure suivies,

(1) *Comment. de la loi sur l'organisation municipale*, notes sous l'art. 2.

(2) C'est ainsi que, dans la circulaire du ministre de l'Intérieur du 29 août 1849, « sur l'instruction des projets de modification aux circonscriptions territoriales actuelles », il était dit : « J'ai remarqué que les conseils électifs appelés à délibérer sur les projets de circonscription omettent généralement, en cas de formation ou de réunion de communes, de désigner la localité où sera établi le chef-lieu ainsi que le nom à donner à la commune nouvelle. Je vous prie de veiller à ce qu'il en soit autrement à l'avenir. » (*Bull. offic. min. Int.* 1849, p. 383.)

dans la pratique, en matière de changement de nom des communes, avant la loi du 5 avril 1884.

On avait bien essayé, en 1850, de réglementer législativement cette matière, et dans le projet de loi relatif à l'administration intérieure, préparé par le conseil d'Etat et adopté par la commission de l'Assemblée législative, on avait inséré un article portant :

« Le changement de nom d'une commune est autorisé, sur l'avis du conseil municipal, par un décret du chef du pouvoir exécutif, le conseil d'Etat entendu. — Le conseil général est préalablement consulté. » (1).

Mais on sait que ce projet n'a pas eu de suite.

---

§ 2.

Sous l'empire de la loi du 5 avril 1884.

Contrairement aux lois municipales antérieures, la loi du 5 avril 1884 s'est occupée de la question des changements de nom des communes ; et elle contient sur ce sujet deux articles, les art. 2 et 8 du titre Ier :

Art. 2. — *Le changement de nom d'une commune est décidé par décret du Président de la République, sur la demande du conseil municipal, le conseil général consulté et le conseil d'Etat entendu.*

Art. 8. — *Les dénominations nouvelles qui résultent, soit d'un changement de chef-lieu, soit de la création d'une commune nouvelle, sont fixées par les autorités compétentes pour prendre ces décisions.*

Tels sont les deux textes qu'il nous faut maintenant étudier.

A). — RÈGLES DE COMPÉTENCE

I. — Changement de nom principal.

Ce changement est décidé par un décret du Président de la République, pris après avis du conseil d'Etat. La loi du 5 avril 1884 (art. 2) a donc purement et simplement adopté sur ce point les règles de compétence suivies auparavant.

(1) Voir *Documents relatifs à l'adm. intér.* 1851, Impr. Impériale, mars 1870.

Bien que, à la différence de ce qui a lieu pour les changements et additions apportés au nom des particuliers (1), aucun texte de loi ne prescrive cette formalité, le décret qui statue sur le changement de dénomination des communes est inséré au *Bulletin des lois*. On ne saurait, en effet, donner une publicité trop grande aux actes de cette nature (2).

II. — Changement de nom accessoire.

Les dénominations nouvelles qui résultent d'un remaniement dans la circonscription des communes, sont fixées par les autorités compétentes pour prendre ces décisions (art. 8) (3).

La loi semble n'édicter cette règle que lorsqu'il est question d'un transfèrement de chef-lieu ou de la création d'une nouvelle commune ; mais il n'y a aucune bonne raison pour distinguer entre ces deux hypothèses et les cas où il s'agit d'une suppression de commune ou d'une simple modification de circonscription territoriale. Aussi, tous les auteurs s'accordent-ils à donner à l'art. 8 cette portée extensive (4).

La même doctrine est adoptée aussi par le ministère de l'Intérieur. — On lit, en effet, dans la circulaire du 15 mai 1884 : « Quant aux nouvelles dénominations qui résultent, soit des transfèrements de chefs-lieux, soit des créations de communes, ou d'autres changements aux circonscriptions territoriales, elles sont, pour la procédure et la compétence, soumises aux règles fixées par les changements dont elles sont la conséquence. »

Par suite, le choix de la dénomination nouvelle appartiendra : au conseil général ou au chef de l'Etat, lorsqu'il s'agira d'un transfèrement de chef-lieu (art. 6); — au conseil général, au chef de l'Etat ou au législateur, suivant les cas, lorsqu'il s'agira d'une modification dans la circonscription des communes (art. 5 et 6). — Et

(1) Loi du 11 germinal an XI, art. 6.

(2) Avis du comité de l'Intérieur du conseil d'Etat du 4 mai 1825, M. de Senones, rapporteur. — Gérard, *op. cit.*, p. 404. — Dalloz, *Code des lois administratives*, V° *Commune*, n° 140.

(3) Cet article formait le § 2 de l'art. 2 du projet voté en seconde lecture par la Chambre des députés. Dans les remaniements effectués par le Sénat, il est devenu successivement l'art. 7, § 1, puis l'art. 8 actuel.

(4) Voir par exemple : Morgand, *Comment. de la loi du 5 avril 1884*, 3° édit., t. I, p. 96. — *Répert. du droit adm.*, V° *Commune*, n°s 407 et 408. — Dalloz, *Code des lois administratives*, V° *Commune*, n° 323.

ces diverses autorités devront nécessairement statuer à la fois et sur le changement de circonscription, et sur le changement de nom, sans pouvoir, comme autrefois, remettre le règlement des conditions du remaniement territorial à un acte postérieur (art. 7, § 5).

B). — RÈGLES DE PROCÉDURE

I. — Changement de nom principal.

L'initiative du changement de nom de la commune appartient désormais à la commune seule. Telle est la règle contenue dans l'art. 2 de la loi du 5 avril 1884. Toutefois, ce principe n'a pas été admis, soit par la Chambre des députés, soit par le Sénat, sans une assez vive opposition.

Le texte adopté en première délibération par la Chambre des députés reconnaissait à l'administration comme à la commune le droit de prendre l'initiative du changement de dénomination. Mais il ne permettait au Gouvernement de statuer que dans le cas où le conseil municipal de la commune intéressée avait émis un *avis conforme*.

Entre la première et la deuxième délibération, la commission modifia cette rédaction et demanda seulement l'*avis* du conseil municipal.

Enfin, la commission du Sénat, adoptant un système complètement opposé, substitua aux mots « *sur l'avis* », les mots « *sur la demande du conseil municipal* ».

« Votre commission, disait dans son rapport M. Demôle (1), a pensé que, s'agissant ici de supprimer une dénomination consacrée dans presque tous les cas par un usage immémorial, et que la commune a le droit de considérer comme une véritable propriété, l'initiative de la modification ne peut être attribuée rationnellement qu'à la commune elle-même. »

Pendant la discussion (2), le commissaire du gouvernement, M. le Guay, présenta à ce sujet quelques observations.

« Il résulterait, disait-il, de cette disposition, si elle était adoptée par le Sénat dans les termes où elle est présentée, que vous consacreriez au profit exclusif de la commune le droit d'initiative en

(1) *Trav. prép.*, p. XXXVII.

(2) Sénat, séance du 5 février 1884. (*Trav. prép.*, p. 285.)

matière de changement de nom ou de dénomination qu'elle porte.

« ..... Je ne pense pas que l'assimilation que la commission a voulu faire entre les communes — c'est-à-dire la collectivité — et l'individu, soit exacte ; je ne crois pas que la dénomination des communes soit une question purement locale ; c'est aussi une question d'intérêt général, et il ne faudrait point que, dans certains cas, la décision du Gouvernement, inspirée par l'intérêt général, fût entravée par des oppositions locales.

« En effet, vous pouvez, dès à présent, prévoir la nécessité pour le Gouvernement, dans un intérêt postal, de modifier la dénomination de certaines communes qui ont un certain nombre d'homonymes. D'un autre côté, chaque jour, notre réseau de chemins de fer s'étend et se complète par l'adjonction de nouveaux chemins d'intérêts départementaux et locaux, et il arrive très fréquemment que, pour des distances très courtes à parcourir, on rencontre plusieurs communes qui portent le même nom ; il en résulte de fausses directions et des perturbations dans le service des postes.

« Nous n'avons pas l'intention d'imposer aux communes de nouvelles dénominations ; dans la pratique, en effet, il n'y a peut-être pas d'exemple que le Gouvernement ait imposé un changement de ce genre ; mais la loi doit prévoir toutes les éventualités, même les moins probables. C'est pourquoi nous demandons qu'au lieu de ces mots « *sur la demande du conseil municipal* », on dise « *après avis du conseil municipal* ». Cette concession n'est pas excessive ; nous voulons simplement donner au Gouvernement le même droit que vous voulez établir exclusivement au profit des communes. »

Mais le rapporteur, M. Demôle, demanda, au contraire, au Sénat d'adopter le texte tel que l'avait proposé la commission.

« C'est très délibérément, dit-il, et de parti pris que votre commission a décidé la substitution des mots « *sur la demande du conseil municipal* » aux mots « *sur l'avis du conseil municipal* ».

« De quoi s'agit-il ? Il s'agit d'une commune qui, dans la plupart des cas, est connue depuis un temps immémorial sous la dénomination que l'usage a consacrée ; et vous me permettrez de dire que cette dénomination a quelque chose de profondément respectable, et que les habitants de la commune ont toutes sortes de raisons pour y tenir.

« Je ne me dissimule cependant pas qu'il y a certains inconvénients de fait à ce que des communes portent des noms à peu près similaires. Ainsi, dans mon département (Saône-et-Loire), il y a deux communes dont l'une porte le nom de Saint-Germain-du-Bois et l'autre le nom de Saint-Germain-des-Bois. Qu'il puisse en résulter quelque confusion dans les services postaux ou dans les services de transit, je ne me le dissimule pas davantage ; mais, enfin, cette confusion est généralement au détriment des habitants de la commune eux-mêmes. Il me semble donc qu'il est excessivement sage de leur laisser le soin d'apprécier s'ils veulent demander une modification qui leur évite ces petits inconvénients.

« Dans cet état, j'ai fait une assimilation avec un particulier, assimilation qui n'est pas sans doute absolue, mais qui me semble cependant avoir beaucoup de motifs de justification.

« Est-ce que le nom d'une commune ne lui appartient pas ? Est-ce que ce n'est pas sa propriété ? Est-ce que la collectivité, l'être moral, n'a pas un intérêt considérable à ce qu'on ne vienne pas lui imposer une nouvelle dénomination ?

« ..... Nous avons pensé, au sein de la commission, qu'il y avait un intérêt respectable devant lequel il fallait s'incliner. Nous avons pensé que les habitants de la commune pourraient réclamer contre un inconvénient qui porte en grande partie sur eux, et qui résulte de l'assimilation d'un nom entre deux communes plus ou moins voisines, et qu'il fallait que le pouvoir central en prît son parti... La commission croit que la disposition qu'elle propose ne peut présenter aucun obstacle, et qu'elle est respectueuse du droit de la commune et des usages établis. »

Et le Sénat adopta le système proposé par M. Demôle.

Ainsi donc, le conseil municipal seul peut demander que le nom de la commune qu'il représente soit modifié.

M. Roussel en conclut avec raison (1) que, une fois qu'il aura sollicité un changement de nom, le conseil municipal pourra se dédire à tout moment de l'instance, et qu'il en reste maître jusqu'au décret rendu. C'est là, dit-il, une conséquence logique de la théorie.

Lorsque le conseil municipal aura pris une délibération relative à une modification du nom de la commune, cette demande sera adressée par les soins du maire au sous-préfet ; celui-ci la transmettra, avec son avis, au préfet, qui consultera le conseil général. L'avis du conseil d'arrondissement, qu'on avait l'habitude de recueillir avant la loi de 1884, n'est plus exigé. — Par suite, les dossiers des projets de cette nature devront comprendre les pièces suivantes :

(1) *Répert. du droit adm.*, V° *Commune*, n° 406.

1° Demande du conseil municipal ;
2° Avis du sous-préfet ;
3° Avis du conseil général ;
4° Rapport détaillé du préfet (1).

Le dossier, ainsi formé, est adressé par le préfet au ministre de l'Intérieur, qui consulte le conseil d'Etat ; et, s'il y a lieu à autoriser le changement de nom, cette autorisation est donnée par décret.

Bien que la loi municipale ne l'exige pas, l'administration de l'Intérieur, conservant une excellente habitude qu'elle avait depuis longtemps contractée, consulte aujourd'hui encore, en cette matière, le service des postes, intéressé à ce que les noms adoptés ne fassent pas double emploi (2).

Enfin, nous avons dit que, avant la loi du 5 avril, le ministre de l'Intérieur conseillait quelquefois de soumettre la demande du conseil municipal à une enquête *de commodo et incommodo :* cette formalité, qui constitue un bon élément d'instruction, n'est pas exigée par la nouvelle loi municipale, du moins pour les changements de nom dont nous nous occupons ici ; mais nous allons voir qu'elle devra être remplie pour les changements de dénomination qui sont la conséquence d'un remaniement territorial.

II. — Changement de nom accessoire.

La loi ne trace pas de procédure spéciale pour le cas où le changement de nom est la conséquence d'une modification de circonscription territoriale ou d'un transfèrement de chef-lieu. Dans ce cas, en effet, le changement de nom est soumis aux mêmes formalités que la mesure principale : enquête *de commodo et incommodo,* avis du conseil municipal ou des conseils municipaux, des commissions syndicales, du conseil d'arrondissement, du conseil général, etc. En d'autres termes, l'instruction portera en même temps sur le remaniement territorial et sur la nouvelle dénomination à attribuer à la commune transformée ; et les diverses autorités appelées à donner leur avis sur l'un devront aussi exprimer leur opinion sur l'autre (3).

(1) Circulaire du ministre de l'Intérieur du 15 mai 1884.

(2) Dalloz, *Code des lois adm.*, V° *Commune*, n° 137.

(3) Arg. art. 3, § 1 : « *L'enquête portera sur le projet en lui-même et sur ses conditions.* » — Circulaire du 15 mai 1884.

M. Roussel (1) fait remarquer que cette règle est substantielle, « dans l'espèce comme dans les autres » ; et il se demande si, pour respecter le droit de prétendue propriété que l'art. 2 reconnaît aux communes sur leurs noms, il faut encore, dans les divers cas de l'art. 8, que la demande émane des conseils municipaux intéressés.

« Le cas de création de commune excepté, dit-il, la question se pose nécessairement. Elle peut souvent même se poser dans ce dernier cas. Voici une commune composée de deux centres et portant réunis leurs deux noms : on en fait deux communes. Chaque commune emportera-t-elle de plein droit le nom de l'agglomération qui la forme ? Voici une commune dans le même cas : on annexe un des deux centres à une commune voisine. Le nom de ce centre ira-t-il s'annexer aussi de plein droit au nom de la commune qui le reçoit ? Suffira-t-il, sur ces questions très capables d'éveiller des susceptibilités et des querelles locales, de consulter les conseils municipaux, comme pour les remaniements mêmes des territoires ? Ou faudra-t-il leur avis conforme, c'est-à-dire l'impossible dans certains cas, l'excessif dans tous ? »

A cette question ainsi posée, M. Roussel répond négativement et pense que ces remaniements de nom suivront le sort des autres conditions du remaniement territorial.

Cela nous paraît évident. Ici, en effet, le changement de nom n'est que l'accessoire ; le changement de circonscription est le principal ; et on connaît le principe : *accessorium sequitur principale.*

APPENDICE

—

QUE FAUT-IL ENTENDRE PAR L'EXPRESSION " CHANGEMENT DE NOM " ?

Les règles que nous venons d'exposer s'appliquent sans aucun doute au cas où le nom d'une commune est modifié d'une façon complète. Mais sont-elles également applicables lorsqu'il s'agit d'un changement beaucoup moins considérable, par exemple d'une simple rectification d'orthographe ?

On sait que, pour le nom des citoyens, le droit civil établit une grande différence entre les changements de nom et les rectifications d'orthographe. Pour les premiers, on applique la loi du 11 germinal an XI, et l'on décide qu'un décret du chef de l'Etat est néces-

(1) *Répert. du droit adm.*, V° *Commune*, n° 409.

saire ; pour les autres, au contraire, on admet qu'il suffit d'un simple jugement rendu à la requête de la partie intéressée, conformément aux art. 99 à 101 du Code civil.

Faut-il donc admettre ici une distinction analogue ?

« Lorsque la question se présenta pour la première fois, dit M. Gérard (1), le ministre décida qu'un décret n'était pas nécessaire ; qu'il suffisait d'une simple décision ministérielle pour autoriser les maires des communes intéressées à faire la rectification sur le sceau de la commune, d'après l'étymologie et les anciens titres (2).

« Mais, ajoute-t-il, cette opinion était évidemment erronée ; dès lors qu'on admettait que le décret du 9 fructidor an IX contenait seul la nomenclature authentique des noms des communes, toute modification, si petite qu'elle fût, apportée au nom d'une commune, tel qu'il résultait de ce décret, ne pouvait être faite que par un décret spécial. Et c'est ce que le ministre a reconnu lui-même dès 1857. » (3).

Nous avons montré d'autre part que, d'après une circulaire adressée par le ministre de l'Intérieur aux préfets à la date du 12 décembre 1877 (4), « on doit considérer comme seule officielle l'orthographe que donnent les tableaux de population publiés par le ministère de l'Intérieur à la suite de chaque dénombrement quinquennal ».

M. Roussel fait remarquer (5) que, de cette recommandation, on pourrait induire que ces tableaux sont arrêtés par décision ministérielle, « auquel cas il serait difficile de leur reconnaître l'autorité légale nécessaire pour modifier, s'il y lieu, pour consacrer même l'orthographe de noms antérieurement fixés par arrêtés consulaires, c'est-à-dire gouvernementaux. Mais, ajoute-t-il, il n'y a là qu'une erreur de rédaction. En réalité, ces tableaux ne sont que préparés par le ministère. Ils sont annexés aux décrets quinquennaux et en font partie intégrante, à ce point que le décret se réduit à leur promulgation. Par suite, ces décrets font foi, aujourd'hui, du véritable nom des communes, et c'est là que les communes doivent chercher leur état civil ».

(1) *Op. cit.*, p. 394.

(2) Voir dépêches du 28 juin 1820 ; — du 11 mars 1843 (Aisne) ; — du 16 novembre 1853 (Meurthe).

(3) Décrets du 16 mars 1857, commune de La Romieu (Gers) ; — du 12 juin 1872, comm. de Vaulx (Haute-Savoie), — etc.

(4) Voir également Circ. min. Int., 19 novembre 1881.

(5) *Répert. du droit adm.*, V° *Commune*, n° 395.

De tout cela, il résulte que, aujourd'hui encore, un décret est nécessaire pour modifier le nom qu'un décret a fixé.

Telle est, d'ailleurs, la doctrine admise par le ministère de l'Intérieur. On lit, en effet, dans la circulaire du 15 mai 1884 :

« Il faut entendre par changement de nom, non seulement la substitution d'un nom à un autre, mais aussi les additions de noms ou les simples rectifications d'orthographe. » (1).

Par conséquent, les règles de compétence et de procédure seront les mêmes dans tous ces cas ; et dans tous ces cas également, l'initiative de la modification appartiendra exclusivement au conseil municipal de la commune intéressée (2).

En résumé, nous dirons donc que le changement de nom comprend toute altération à faire subir au nom, c'est-à-dire :

1° Le remplacement du nom par un autre ;

2° L'addition au nom d'un autre nom ;

3° La suppression d'un ou plusieurs des mots qui forment le nom ;

4° Les modifications au nom lui-même, relatives soit à l'orthographe du nom, comme par exemple l'addition, la suppression ou le changement d'une ou plusieurs lettres ou syllabes ; soit à sa forme grammaticale ; soit la séparation du nom en deux ou plusieurs mots, ou vice versa (3).

SOUS-SECTION II

—

RÈGLES DE FOND

Le changement de nom d'une commune est une mesure grave, qui ne peut être prise sans que des motifs tout à fait sérieux la justifient. En effet, des changements trop fréquents auraient pour résultat d'effacer les traditions historiques, toujours respectables ; de jeter le trouble dans les relations locales, en rendant plus diffi-

(1) Voir, par exemple, un décret du 8 janvier 1887, décidant que le nom de la commune de Piène-Selve s'écrira à l'avenir Pleine-Selve.

(2) Voir *Répert. du droit adm.*, V° *Commune*, n° 411.

(3) SALVETON, *Le nom en droit romain et en droit français*. Thèse de doctorat, Lyon, 1887, n° 495. — Voir, dans la *Rev. gén. d'adm.*, un intéressant article de M. B. DU B., sur *la fixation de l'orthographe des noms des communes en Belgique* (1886, t. II, p. 356, et t. III, p. 350).

ciles les recherches qu'il y a lieu de faire dans l'intérêt de l'état civil des particuliers, et en faisant planer de fâcheuses incertitudes dans les titres de propriété et dans les autres actes publics ; il obligerait les citoyens à faire sans cesse une étude fatigante de la géographie de leur pays, qui serait bientôt moins connue que celle des pays étrangers. Enfin, il faut tenir compte de ce fait que « souvent, bien qu'un acte du pouvoir exécutif ait substitué un nom nouveau à l'ancienne dénomination d'une commune, le nom ancien subsiste néanmoins dans la mémoire des hommes, et continue à se perpétuer par la tradition et par l'usage, concurremment avec le nom officiel » (1).

Aussi, les auteurs et la jurisprudence, soit du ministère de l'Intérieur, soit du conseil d'Etat, s'accordent-ils à dire que la dénomination d'une commune ne doit être modifiée que dans des circonstances tout à fait exceptionnelles (2), que nous étudierons dans deux paragraphes distincts.

§ 1.

Changement de nom principal.

I. — Une des causes les plus fréquentes des changements de nom est la suppression des homonymes.

Il y a, en effet, en France, beaucoup de communes qui portent des noms, sinon identiques, du moins à peu près semblables ; et il résulte de ce fait de sérieux inconvénients, des confusions fâcheuses dans le service des postes et dans le service des transits (3).

« Pour y remédier, dit M. Gérard (4), l'administration des postes a quelquefois modifié, sur le timbre de ses bureaux, le nom des loca-

(1) Gérard, *op. cit.*, p. 398.

(2) Dépêche du ministre de l'Intérieur du 7 octobre 1809 (Deux-Sèvres). — *Id.* du 25 octobre 1814 (Morbihan). — Avis du comité de l'Intérieur du 21 août 1829, commune de Musinens (Ain), M. Lucas, rapporteur. — *Id.* du 26 septembre 1832, comm. de Sauzon (Morbihan), M. Tournoüer, rapp. (Cités par MM. Vuillefroy et Monnier, *op. et loc. cit.*, et par M. Gérard, *op. et loc. cit.*). — Foucart, *Eléments de droit publ. et adm.*, 2ᵉ édit., t. I, n° 37. — Simonet, *Traité de droit publ. et adm.*, 1885, n° 749, p. 413. — Dalloz, *Répert. alphab.*, V° *Commune*, n° 174.

(3) C'est ainsi que nous avons trouvé 13 communes de Saint-Agnan ou Saint-Aignan ; 6 communes de Saint-Alban ; 6 communes de Saint-Amand ou Saint-Amans. — Les noms de Saint-Martin, Saint-Laurent, Saint-Hilaire, sont portés par 14 communes ; ceux de Saint-Antoine, Saint-Barthélemy, Saint-Christophe, Saint-Georges, Saint-Germain, ne son guère moins rares. — Le nom de Saint-André est répété 18 fois ; celui de Saint-Maurice 19 fois, etc.

(4) *Op. cit.*, p. 401.

lités. En 1845, à l'occasion de la réimpression du dictionnaire des postes, elle avait même préparé un travail d'ensemble tendant à attribuer à tous les bureaux de poste des surnoms distincts, lorsqu'il existait plusieurs communes du même nom. La mesure peut être bonne en elle-même, nous la croyons même excellente, mais elle ne saurait être réalisée par une simple décision de l'administration des postes. Attribuer aux bureaux de poste des noms autres que le nom légal des communes, serait augmenter la confusion au lieu de la faire disparaître. Consulté sur la valeur des modifications apportées par l'administration des postes, le ministre de l'Intérieur a toujours répondu que ces changements n'avaient aucun effet légal, et que le nom des communes ne pouvait être modifié que par un décret (1). Mais comme l'inconvénient des homonymes est très sérieux pour le service postal, toutes les fois que l'administration des postes a demandé un changement en se fondant sur ce motif, le ministre de l'Intérieur s'est empressé d'y faire droit (2). »

Nous savons qu'aujourd'hui (art. 2 de la loi du 5 avril 1884), dans ce cas comme dans tous les autres, la commune seule peut demander que son nom soit modifié.

En quoi consistera ici la modification ? « En général, dans cette hypothèse, dit encore M. Gérard (3), les noms des communes reçoivent l'addition d'un surnom distinctif. Les surnoms puisés dans les circonstances topographiques naturelles et invariables sont les meilleurs ; on ajoutera, par exemple, au nom de la commune celui de la rivière qui la traverse, ou on rappellera sa situation près d'une montagne ou de la mer, etc. »

C'est ainsi que des décrets récents ont décidé : que la commune de Vivier s'appellerait désormais Vivier-sur-Mer (4) ; Tours, Tours-sur-Meymont (5) ; Saint-Aubin, Saint-Aubin-sur-Aire (6) ; Mézières, Mézières-sur-Issoire (7) ; Cazères, Cazères-sur-l'Adour (8) ; La Seyne, La Seyne-sur-Mer (9), etc., etc.

Toutefois, il est certains changements auxquels l'administration se

(1) Dépêche du ministre de l'Intérieur du 6 juin 1846 (Ariège).
(2) Dépêche du 30 septembre 1846 (Moselle).
(3) *Op. cit.*, p. 402.
(4) Décret du 3 décembre 1888.
(5) Décret du 3 décembre 1888.
(6) Décret du 27 juillet 1888.
(7) Décret du 27 août 1888.
(8) Décret du 21 août 1888.
(9) Décret du 13 février 1889.

montre peu favorable. — Ainsi, M. Gérard rapporte qu'en 1847, le conseil municipal d'Andlau (Bas-Rhin) ayant proposé de prendre, pour éviter la confusion avec Andelot (Haute-Marne), la dénomination d'Andlau-Bas-Rhin, le ministre s'y opposa, l'adjonction du nom d'un département ne lui paraissant pas constituer un véritable surnom (1).

Mais ce n'est pas là une règle absolue, et l'on trouve au *Bulletin des lois* de nombreux décrets autorisant des communes à ajouter à leur nom celui du département où elles sont situées (2).

« Dans une autre occasion, ajoute le même auteur, le conseil municipal de Marolles-lès-Arpajon ayant demandé à prendre le nom de Marolles-en-Hurepoix, le conseil d'Etat refusa son adhésion au projet qui lui fut présenté, cette dénomination rappelant une de ces divisions territoriales que les lois de l'Assemblée constituante avaient eu précisément pour but de supprimer. » (3).

C'était pousser un peu loin la crainte de réveiller des souvenirs d'un passé déjà bien éloigné, et M. Gérard faisait remarquer non sans raison qu'un assez grand nombre de communes avaient conservé, sans inconvénients, le nom de leurs anciennes provinces, par exemple Beaumont-en-Romagne, Castelnau-de-Messe, Clermont-en-Argonne, Valence-d'Albigeois, etc. ; et que les raisons qui avaient déterminé l'Assemblée constituante n'avaient plus la même valeur, aujourd'hui que les noms des anciennes provinces ne constituent plus que des souvenirs historiques.

Aussi le conseil d'Etat a-t-il abandonné sa théorie, et des décrets assez nombreux n'ont pas hésité à ajouter à des noms de communes, pour les distinguer d'autres communes portant des dénominations identiques ou similaires, le nom de l'ancienne province dans laquelle elles se trouvent situées.

C'est ainsi que l'ancienne commune de Norrey s'appelle aujour-

(1) Ordonnance du 30 juillet 1847, commune d'Andlau-le-Val (Bas-Rhin).

(2) Nous citerons, par exemple, un décret du 8 décembre 1887, qui décide que la commune de Saint-Mamert s'appellera désormais Saint-Mamert-du-Gard ; — un décret du 2 mars 1888 changeant le nom de la commune de Noyant en celui de Noyant-d'Allier ; — un décret du 27 juillet 1888, en vertu duquel la commune de Poix devra porter à l'avenir le nom de Poix-du-Nord ; — un décret du 21 août 1888, autorisant la commune de Castres à s'appeler Castres-Gironde, etc.

(3) Avis du comité de l'Intérieur du 15 février 1848, M. Richaud, rapporteur. — C'est à peu près la même idée qui avait inspiré aux rédacteurs du Code civil la prohibition contenue dans l'art. 1390 : « Les époux ne peuvent plus stipuler d'une manière générale que leur association sera réglée par l'une des coutumes, lois ou statuts locaux qui régissaient ci-devan es diverses parties du territoire français, et qui sont abrogés par le présent Code. »

d'hui Norrey-en-Auge (1). De même, la commune de Ham est devenue Ham-en-Artois (2); Valence, Valence-en-Brie (3); Temple, Temple-de-Bretagne (4); Sens, Sens-de-Bretagne (5); Château-Renard, Châteaurenard-Provence (6), etc., etc.

Enfin, le conseil d'Etat et le ministre de l'Intérieur recommandent d'éviter autant que possible l'addition, à titre de surnoms, des noms de communes voisines, « ce changement n'obviant qu'imparfaitement aux inconvénients résultant des erreurs dans l'acheminement des dépêches » (7).

II. — Le changement de nom d'une commune peut encore être inspiré par le désir de rendre un hommage public à un personnage illustre et influent.

Avant la loi du 5 avril 1884, une question assez délicate s'était posée à ce sujet.

On sait, en effet, que, d'après l'ordonnance du 10 juillet 1816, aucun hommage public ne pouvait être décerné sans l'autorisation préalable du Gouvernement, qui l'accordait par décret. Par suite, on s'était demandé si l'attribution du nom d'une personne à une commune constituait un hommage public dans le sens de l'ordonnance du 10 juillet 1816, ou un simple changement de nom de commune.

« La question, dit M. Gérard (8), présentait un double intérêt : d'une part, en effet, s'il s'agit d'un hommage public, les conseils municipaux ne peuvent qu'émettre un simple vœu, conformément à l'art. 24 de la loi du 18 juillet 1837 ; or, nous avons vu que le conseil municipal doit nécessairement délibérer sur la demande de changement de nom. En outre, l'approbation du Gouvernement, quand il s'agit d'hommage public, est accordée par un décret sim-

(1) Décret du 24 novembre 1887.

(2) Décret du 18 juin 1887.

(3) Décret du 25 juin 1888.

(4) Décret du 27 juillet 1888.

(5) Décret du 3 décembre 1888.

(6) Décret du 27 juillet 1888.

(7) GÉRARD, *op. et loc. cit.* — Avis du comité de l'Intérieur du 28 septembre 1847, commune de Flines-les-Râches (Nord), M. François, rapporteur. — *Id.* du 6 juin 1848, comm. de Marolles-lès-Arpajon (Seine-et-Oise), M. Richaud, rapp.

On trouve cependant des décrets dérogeant à cette règle, par exemple le décret du 13 février 1889, qui décide que la commune de Mirandol s'appellera à l'avenir Mirandol-Bourgnonnac ; — le décret du 27 août 1888, autorisant la commune de Saint-Léger à porter le nom de Saint-Léger-sous-Cholet, — etc.

(8) *Op. cit.*, p. 403.

ple, au lieu d'un décret rendu en conseil d'Etat, qui est nécessaire quand il s'agit d'un changement de dénomination d'une commune. »

Et le même auteur nous apprend que l'administration supérieure considérait ordinairement ces affaires comme de simples changements de nom (1).

Aujourd'hui, la question ne peut plus faire de doute : l'art. 2 de la nouvelle loi municipale ne faisant aucune distinction, tout changement de nom, quel qu'il soit, quand même il serait proposé à titre d'hommage public, doit être soumis à la même procédure et prononcé par décret du Président de la République, après avis du conseil d'Etat.

En pratique, ces changements présentent des inconvénients multiples ; ils entraînent, en effet, le plus souvent des modifications et des rectifications sans fin. Tout le monde connait, c'est là un exemple classique, les transformations successives qu'a subies de ce chef le nom du chef-lieu du département de la Vendée. Fondé sous le nom de Napoléon-Vendée, il prit plus tard, en vertu d'une ordonnance du 25 avril 1814, le nom de Bourbon-Vendée ; reprit ensuite le nom de Napoléon-Vendée, en vertu de l'arrêté du pouvoir exécutif du 18 mars 1848, et fut enfin dénommé, par décret du 27 septembre 1870, La-Roche-sur-Yon (2).

Cela nous explique pourquoi ces changements sont assez rares et pourquoi le Gouvernement, suivi dans cette voie par le conseil d'Etat, s'est toujours montré peu disposé à les autoriser, surtout quand ils s'appliquaient à des personnages vivants.

III. — Enfin, d'autres causes, telles que des sentiments politiques ou religieux, l'amour-propre, la difficulté de prononciation, peuvent encore justifier, dans certaines circonstances, un changement de dénomination.

Ainsi, un décret du 19 janvier 1889 a permis à la commune de Licy-les-Moines de prendre le nom de Licy-Clignon ; — un autre décret du 17 avril 1882 a décidé que la commune de Saint-Gengoux-le-Royal prendrait dorénavant le nom de Saint-Gengoux-le-Natio-

(1) En ce sens : Avis du 26 décembre 1832, commune de Sauzon (Morbihan), M. Tournoüer, rapporteur. — Décret du 23 novembre 1878, comm. de Ferney-Voltaire (Ain). — Décret du 20 novembre 1864, comm. de Louptière-Thénard (Aube). — *Secus* : décret du 15 avril 1852, comm. de Labastide-Murat (Lot).

(2) M. Gérard rapporte également qu'un décret du 16 juin 1852 avait ajouté le nom de Napoléon à la commune de Saint-Leu-Taverny, et qu'un décret récent a rétabli l'ancien nom de Saint-Leu-Taverny.

nal. — De même la commune de Nampty-Coppegueule a été autorisée, par décret du 15 mai 1886, à s'appeler à l'avenir simplement Nampty ; — un décret du 27 août 1888 portait que la commune des Petites-Chiettes (Jura) prendrait désormais le nom de Bonlieu (1) ; — un autre décret du 3 août 1885 a changé le nom de la commune de Ws en celui de Us (Seine-et-Oise) ; — un autre, en date du 12 novembre 1890, a changé le nom de la commune de La Vache encelui de Beauvallon, etc.

En résumé, et pour conclure, nous dirons, avec M. Gérard, que « le nom des communes ne devrait jamais être changé que quand la mesure est motivée par une utilité réelle, un intérêt général ; et qu'il ne devrait pas suffire d'une simple convenance ou même d'un sentiment, quelque respectable qu'il puisse être, pour faire renoncer aux appellations vulgarisées par l'usage ou consacrées par le temps » (2).

§ 2.

Changement de nom accessoire.

—

I. — Transfèrement de chef-lieu.

« Ce serait, dit M. Gérard, une erreur de croire que le changement de chef-lieu entraîne *ipso facto* le changement de dénomination de la commune. Il est admis que ces deux modifications sont indépendantes l'une de l'autre, et, à plusieurs reprises, le ministre de l'Intérieur a rappelé aux préfets qu'ils devaient émettre, ainsi que les corps électifs, un avis spécial sur la demande de changement de nom et sur la demande de changement de chef-lieu, quand le projet soumis à leur approbation portait sur ces deux modifications. » (3).

Mais en fait, lorsqu'une section demande à devenir chef-lieu à la place du chef-lieu actuel, elle demande ordinairement en même temps à lui donner son nom ; et, le plus souvent, le changement de chef-lieu est suivi du changement de dénomination.

En quoi consiste ici le changement de nom ?

(1) Où l'amour-propre va-t-il se nicher, s'écriait, en rapportant ce décret, un journaliste facétieux, qui avouait être curieux de savoir par quel vocable on désignait les habitants des Petites-Chiettes, et aussi comment allaient s'appeler les habitants de Bonlieu !

(2) Dépêche du ministre de l'Intérieur du 26 novembre 1858 (Morbihan).

(3) *Op. cit.*, p. 398. — Dépêche du 5 octobre 1844 (Lot-et-Garonne).

C'est encore M. Gérard qui va nous l'indiquer.

« Lorsque, dit-il (1), la translation du chef-lieu a pour résultat le changement de dénomination, la commune prend ordinairement le nom du nouveau chef-lieu (2). Quand la commune porte le nom de plusieurs de ses sections, il se fait un changement qui consiste en ce que la nouvelle section chef-lieu prend la première place dans la dénomination (3). Parfois la commune ajoute à son nom le nom de la section nouvellement érigée en chef-lieu (4). Parfois enfin, mais ceci est plus rare, pour éviter les rivalités d'amour-propre entre les diverses sections, le nom nouveau est emprunté à des circonstances topographiques. » (5).

II. — Création de commune.

Lorsqu'une commune nouvelle est créée, il faut distinguer plusieurs cas.

Si la commune mère portait, réunis par un trait d'union, les noms de ses deux sections, chacune d'elles, devenant désormais une commune particulière, conserve le nom qu'elle portait auparavant (6).

Si la commune mère était partagée en plusieurs agglomérations, sans porter le nom de toutes ses sections, elle conserve son ancien

(1) *Op. et loc. cit.*

(2) Ordonnance du 8 mars 1846 : « Le chef-lieu de la commune de Boucard (Creuse) est transféré au village dit Le Noyer. La commune de Boucard portera à l'avenir le nom de commune du Noyer. »

Décret du 19 février 1889 : « Le chef-lieu de la commune de La Rouvière (Lozère) est transféré de La Rouvière à Pelouse. La commune prendra à l'avenir le nom de Pelouse. »

Voir également décret du 23 novembre 1887.

(3) Ordonnance du 25 août 1846 : « Le chef-lieu de la commune de Reilhac-et-Champniers (Dordogne) est fixé à Champniers ; la commune prendra le nom de Champniers-et-Reilhac. »

(4) Décret du 1er décembre 1868 : « Le chef-lieu de la commune de Saint-Angel est transféré à Sceau. La nouvelle commune prendra le nom de Sceau-Saint-Angel. »

Décret du 11 mai 1886 : « Le chef-lieu de la commune d'Augmontel (Tarn) est transféré du village d'Augmontel dans celui de Payrin. La commune prendra à l'avenir le nom de Payrin-Augmontel. »

(5) Ordonnance du 2 avril 1831, commune de Marcenat-sur-Allier (Allier).

(6) Loi du 24 février 1887 : « Article premier. — Les sections de Chapdeuil et de Saint-Just, qui composent la commune actuelle de Chapdeuil-Saint-Just (Dordogne), formeront à l'avenir deux municipalités distinctes, dont les chefs-lieux seront respectivement fixés à Chapdeuil et à Saint-Just et dont elles porteront les noms. »

Loi du 12 décembre 1889 : « Article premier. — Le territoire de Montvalen-Tauriac (canton de Salvagnac, arrondissement de Gaillac, département du Tarn) est divisé en deux communes, dont les chefs-lieux sont fixés aux villages de Montvalen et de Tauriac et qui en porteront respectivement les noms. »

nom, tandis que la nouvelle commune porte à l'avenir le nom qu'elle avait auparavant comme section (1).

Enfin, si la nouvelle commune est formée avec des territoires empruntés à plusieurs communes, elle prend généralement le nom de la section la plus importante (2).

III. — Réunion de communes.

Il se peut que le territoire de la commune supprimée soit réparti entre plusieurs communes voisines. Alors le nom de cette commune disparaît complètement (3).

Au contraire, lorsque deux communes sont réunies en une seule municipalité, il arrive quelquefois que l'acte même qui prononce la réunion décide que la nouvelle commune portera à l'avenir les deux noms, réunis par un trait d'union (4).

Mais dans tous les cas, la commune annexée forme une section de la commune annexante, et, comme telle, continue à porter son ancien nom.

IV. — Simple changement de circonscription.

Cette opération n'entrainant ordinairement aucun changement dans la dénomination des communes augmentées ou diminuées, nous n'avons pas à en parler ici (5).

(1) Loi du 10 décembre 1889 : « Article premier. — La section de Crevin est distraite de la commune de Poligné (canton de Bain, arrondissement de Redon, département d'Ille-et-Vilaine), et érigée en commune distincte sous le nom de Crevin, avec ce village pour chef-lieu. »

Loi du 14 décembre 1889 : « Article premier. — Le territoire de la commune de Grandchamp (canton du dit, arrondissement de Vannes, département du Morbihan) formera à l'avenir deux communes distinctes, dont les chefs-lieux seront fixés aux villages de Grandchamp et de Locmaria et dont elles porteront respectivement les noms. »

(2) Loi du 21 juillet 1889 : « Article premier. — Les deux polygones figurés aux plans ci-annexés... sont distraits, le premier, de la commune de Saint-Savin ; le deuxième, de la commune de Saint-Mariens, et formeront à l'avenir une municipalité distincte, qui aura son chef-lieu au village de Saint-Yzan-de-Soudiac et qui en portera le nom. »

(3) Décret du 22 mai 1885 : « Article premier. — La commune des Hameaux (Deux-Sèvres) est supprimée. — Art. 2. — Les territoires composant cette commune, et figurés au plan ci-annexé par des teintes rose, verte, jaune et violette, sont rattachés : les deux premiers, à la commune de Thouar ; le troisième, à la commune de Sainte-Radegonde, et le quatrième, à la commune de Sainte-Verge. »

(4) Décret du 12 décembre 1887 : « Les communes du Chaffaut et de Lagremuse (Basses-Alpes) sont réunies en une seule commune, dont le chef-lieu est fixé au Chaffaut et qui prendra le nom de Chaffaut-Lagremuse. »

(5) Voir par exemple : Décret du 8 septembre 1886 ; — décret du 6 août 1887 ; — loi du 1er août 1888, — etc.

APPENDICE

LE NOM EST-IL LA PROPRIÉTÉ DE LA COMMUNE?

Nous avons vu, dans le cours de ce chapitre, que l'on a soutenu quelquefois, et notamment pendant la discussion de la loi du 5 avril 1884 (1), que le nom était la propriété de la commune (2).

Il nous faut maintenant rechercher si cette théorie est absolument exacte, et s'il s'agit là d'une véritable propriété.

On sait que le droit de propriété comprend le *jus utendi*, le *jus fruendi* et le *jus abutendi*. Or, il est certain que la commune n'a pas sur son nom un droit de propriété aussi complet, puisque, nous l'avons montré, elle ne peut en changer que dans des formes très étroites, établies d'abord par la jurisprudence et confirmées par la loi du 5 avril 1884. — Nous croyons donc que lorsqu'on affirme qu'une commune est propriétaire de son nom, cela veut dire simplement qu'elle a sur lui les mêmes droits qu'un particulier sur le sien.

« Mais, dit M. Roussel (3), les particuliers ont-ils eux-mêmes, sur leurs noms, la propriété sans épithète? Ils n'en ont pas l'*abusus*, tout au moins. Ils ne peuvent ni le changer sans l'intervention des pouvoirs publics, ni le céder, ni le vendre. Ils n'en ont pas l'*usus* personnel et le partagent avec toute leur famille directe, avec une partie de leurs collatéraux, avec quiconque doit au hasard l'*usus* d'un nom identique. »

Ils ont seulement le droit, lorsqu'un décret autorisant un citoyen à changer de nom a été inséré au *Bulletin des lois*, de produire, pendant un délai d'un an à compter de cette publication, toutes les oppositions qu'ils croiront avoir à faire au changement de nom accordé (4), et, en dernier lieu, d'attaquer le décret pour excès de pouvoirs; ils ont encore la faculté de poursuivre directement, devant les tribunaux civils, toute personne qui aurait usurpé directement leur propre nom (5).

(1) Sénat, séance du 5 février 1884. (*Trav. prép.*, p. 285.)

(2) Voir également SIMONET, *Traité de droit publ. et adm.*, 1885, n° 749, p. 413.

(3) *Répert. de droit adm.*, V° *Commune*, n° 397.

(4) Loi du 11 germinal an XI, art. 7.

(5) *Répert. du droit adm.*, V° *Commune*, n° 397. — Conf. J.-A. LALLIER, *De la propriété des noms et des titres*. Paris, 1890, n°s 1 à 5, p. 1 et suiv.

Que faut-il décider à l'égard de la commune? On aurait pu, considérant les dénominations communales comme de simples expressions géographiques, déclarer que la commune n'aurait, pas plus que le département d'ailleurs, aucune qualité pour s'opposer à ce que son nom soit pris indûment par un tiers.

Mais il n'en est rien ; et, en vertu d'une jurisprudence fort ancienne, la commune a, comme un particulier, le droit de faire opposition au décret qui permettrait à un individu de prendre ou d'ajouter à son propre nom le nom de cette commune même.

Ainsi l'avait décidé, d'une façon fort laconique d'ailleurs, un premier arrêt du conseil d'Etat en date du 27 décembre 1820 (1).

« A s'en rapporter aux termes de cet arrêt, dit M. Roussel (2), il semblerait que la commune invoquât un droit absolu. Toutes les circonstances de fait paraissaient militer en faveur de son adversaire. Et le conseil d'Etat motive la révocation de l'ordonnance antérieure sur le seul fait de l'opposition du maire et de sa régularité. Nous pensons que c'était trop peu. Les communes peuvent avoir sur leurs noms les droits des particuliers ; elles ne peuvent en avoir de plus énergiques. Les particuliers ne sont admis à s'opposer aux attributions de leurs noms à des tiers que s'ils justifient d'un intérêt (3). Les communes ne peuvent être dispensées de cette justification. C'est le principe de toute action. Combien plus encore en matière quasi gracieuse. Car ce n'est pas ici un contentieux de jurisprudence au sens propre ; c'est comme un appel à la sagesse du Gouvernement, avec les formes contentieuses par surcroît. Il n'y a lieu, d'ailleurs, à révocation, aux termes mêmes de l'art. 7 de la loi

(1) Cet arrêt était conçu dans les termes suivants :

Louis, etc.

Vu la délibération du conseil municipal de Juvigny, du 14 novembre 1819, portant opposition à notre ordonnance du 14 avril 1819 (qui a autorisé le sieur Godard, payeur du trésor à Châlons, à ajouter à son nom celui de la commune de Juvigny) ;

Vu les déclarations faites les 4 et 13 décembre 1819 par un grand nombre d'habitants et de propriétaires de la commune de Juvigny, qui disent ne point s'opposer à cette ordonnance ;

Vu divers autres actes, tant administratifs que notariés ou sous signatures privées, dans lesquels actes le surnom de Juvigny est donné au sieur Godard ;

Considérant que l'insertion du nom de Juvigny dans des actes de l'état civil, antérieurement à notre ordonnance du 14 avril 1819, ne peut lui constituer un titre ;

Considérant qu'il s'agit du nom d'une commune, et que le maire s'y oppose en vertu d'une délibération du conseil municipal dûment autorisée ;

ARTICLE PREMIER. — Notre ordonnance du 14 avril 1819 est révoquée.

(2) *Répert. du droit adm.*, V° *Commune*, n° 399.

(3) Conf. Arrêts du conseil d'Etat du 10 janvier 1832 (De Bray), *Recueil*, p. 15 ; — du 16 décembre 1858 (Colonna d'Ornano), *Rec.*, p. 721 ; — du 5 décembre 1860 (D'Aubigny), *Rec.*, p. 714 ; — du 6 août 1861 (de Goncourt), *Rec.*, p. 689.

du 11 germinal an XI, qui règle la matière, que si le Gouvernement juge l'opposition fondée. Dans l'espèce citée, le conseil d'Etat a bien jugé que l'opposition était recevable, il a omis d'établir qu'elle fût fondée. »

On ne pourrait adresser le même reproche à un autre arrêt du conseil d'Etat du 16 août 1862 (1), que nous reproduisons ici :

Vu la requête de la commune de Lorgues, tendant à ce qu'il nous plaise la recevoir opposante à notre décret en date du 15 décembre 1860, inséré au *Bulletin des lois* le 1er janvier suivant, par lequel nous avons autorisé le sieur Rosselly à ajouter à son nom patronymique celui de *de Lorgues*, et à s'appeler à l'avenir Rosselly de Lorgues ; — ce faisant, rapporter notre dit décret et condamner le sieur Rosselly aux dépens ;

Vu le mémoire en défense présenté par le sieur Rosselly, qui conclut au rejet de la requête ;

Vu les observations de notre garde des sceaux, ministre de la Justice ;

Vu la loi du 11 germinal an XI ;

Considérant que, aux termes de la loi du 11 germinal an XI, les additions ou substitutions de noms autorisées par des décrets rendus sur le rapport de notre garde des sceaux, ministre de la Justice, ne sont accordées que sous la réserve expresse du droit des tiers ;

Considérant que les communes ont qualité et peuvent avoir intérêt pour s'opposer à ce que l'autorisation de porter leur nom soit accordée à des particuliers ;

Considérant que la commune de Lorgues justifie de motifs suffisants à l'appui de l'opposition qu'elle a formée à notre décret en date du 15 décembre 1860, par lequel nous avons autorisé le sieur Rosselly à ajouter à son nom patronymique celui de ladite commune, et à s'appeler à l'avenir Rosselly de Lorgues ; que, dès lors, notre décret précité doit être rapporté ;

Article premier. — Est rapporté notre décret du 15 décembre 1860...

Art. 2. — Le sieur Rosselly est condamné aux dépens.

Maintenant, quand les motifs invoqués par la commune demanderesse seront-ils suffisants pour faire rapporter le décret qui a autorisé un particulier à porter son nom ? C'est là une question de fait à résoudre suivant les circonstances. Toutefois, M. Roussel fait remarquer que l'opposition de la commune sera rarement fondée.

« On comprend aisément, dit-il, l'intérêt d'un particulier à s'opposer au partage de son nom avec un tiers. Mais en quoi, sauf des cas bien rares, une commune peut-elle souffrir d'un tel partage ? C'est pousser loin le respect de la personne civile que de l'assimiler, en une matière aussi personnelle, à une véritable personne privée. » (2).

(1) *Recueil*, p. 679.

(2) *Op. cit.*, n° 400. — Voir également avis de la section de l'Intérieur du 3 mai 1864, M. de Bernon, rapporteur.

Notons seulement, avec M. Lallier (1), que l'intérêt le plus sérieux que puisse invoquer une commune pour s'opposer à ce que son nom soit concédé à un tiers sera le suivant : un industriel ou un commerçant veut prendre le nom d'une localité réputée par ses produits ; on comprend alors que la commune s'oppose à la concession à ce tiers d'un nom qui le recommanderait aux consommateurs, et lui permettrait de faire concurrence aux habitants de la localité.

La cour de cassation a jugé d'ailleurs, par un arrêt récent en date du 1er mai 1889 (2), que les noms de lieu sont dans le domaine public, en ce sens que l'usage commercial en est permis à tous pour indiquer la provenance des produits réellement tirés des lieux indiqués.

Nous avons supposé jusqu'ici que l'opposition était formée au nom de la commune par le maire, sur délibération conforme du conseil municipal. Mais ce droit appartient-il exclusivement à la commune et, dans le cas où ses représentants resteraient inactifs, ses habitants ne pourraient-ils l'exercer à sa place ?

Avant 1837, un arrêt du conseil d'Etat en date du 8 janvier 1817 avait repoussé l'action d'un maire agissant en son nom personnel (3).

Mais la loi du 18 juillet 1837 ayant disposé dans son art. 49 : « Tout contribuable inscrit au rôle de la commune a le droit d'exercer, à ses frais et risques, avec l'autorisation du conseil de préfecture,

(1) *Op. cit.*, p. 227, n° 129.

(2) S. 1892. 1. 348. — Conf. Cour de Grenoble, 11 février 1870, S. 1870. 2. 76, et la note.

(3) Voici les termes mêmes de cet arrêt :

Louis, etc.

Vu la requête à nous présentée par le sieur Louis-Joseph Leroy de Rieulle, maire de la commune de Romenay, département de Saône-et-Loire, ladite requête enregistrée au secrétariat du comité du contentieux de notre conseil d'Etat le 9 octobre 1816, tendante à la révocation de notre ordonnance du 11 juin précédent, qui a permis au sieur Claude-François-Nicolas Bouthillou de la Servette de changer son surnom en celui de Romenay, et à ce qu'il nous plaise autoriser le sieur Leroy de Rieulle lui-même à ajouter à son nom celui de Romenay ;

Vu la requête en défense dudit Bouthillou de la Servette, signifiée le 29 novembre 1816, tendante à ce que le sieur Leroy de Rieulle soit débouté de son opposition et condamné aux dépens ;

Vu la délibération du conseil municipal de la commune de Romenay, par laquelle ledit conseil exprime le vœu que notre dite ordonnance du 11 juin 1816 soit révoquée, et que l'autorisation demandée par ledit sieur Leroy de Rieulle d'ajouter à son nom celui de Romenay lui soit accordée ;

Considérant que le sieur Leroy est sans qualité, sans intérêt et sans droit pour demander, en son nom personnel, la révocation de notre dite ordonnance ; mais ayant égard au vœu exprimé par le conseil municipal de la commune de Romenay, relativement à la concession qui avait été faite, audit sieur Bouthillou de la Servette, d'un nom qui appartient à ladite commune ;

Article premier. — La requête du sieur Leroy de Rieulle est rejetée.

les actions qu'il croirait appartenir à la commune ou section, et que la commune ou section, préalablement appelée à en délibérer, aurait refusé ou négligé d'exercer », il devenait certain que « tout contribuable inscrit au rôle de la commune » avait le droit, moyennant l'autorisation du conseil de préfecture, de se pourvoir contre le décret par lequel un particulier aurait reçu la permission de prendre le nom de la commune ou de l'ajouter au sien.

Cette doctrine a, d'ailleurs, été reconnue implicitement par le conseil d'Etat, dans un arrêt en date du 1er septembre 1860 (1).

La même solution doit encore être admise aujourd'hui, la loi du 5 avril 1884 ayant reproduit, dans son art. 123, les dispositions contenues dans l'art. 49 de l'ancienne loi municipale (2).

Enfin, lorsqu'un décret, autorisant une commune à changer de dénomination, lui attribue un nom qui appartenait déjà à une autre commune, cette autre commune peut-elle former opposition à ce décret ?

Nous ne le pensons pas. La règle posée dans les art. 6 et 7 de la loi du 11 germinal an XI ne régit que les changements de nom des particuliers. Ici le décret du Gouvernement est exécutoire de suite, et la seule voie de recours ouverte à la commune qui se prétendrait lésée serait celle du recours pour excès de pouvoir.

Au reste, la question est peu pratique, attendu que les changements de nom des communes ont surtout pour but de supprimer les homonymes, et non d'en créer.

SECTION IV

NOM DES VILLAGES OU HAMEAUX

Les règles que nous avons étudiées jusqu'à présent étaient relatives au nom des communes. Faudra-t-il les appliquer également aux dénominations qui servent à désigner, dans la pratique, les diverses agglomérations dont elles se composent ?

(1) Lallemand et consorts (*Rec.*, p. 691, et D. 1861.3. 38). — « Considérant, dit cet arrêt, que l'autorisation d'exercer les droits de la commune a été demandée par les sieurs Lallemand et consorts, et que cette demande est encore pendante ; — que dans ces circonstances il y a lieu de surseoir à prononcer jusqu'à ce qu'il ait été statué sur la demande d'autorisation, etc... »

(2) Voir sur tous ces points : Dalloz, *Répert. alphab.*, Vº *Nom*, nº 60. — Salveton, *op. cit.*, nºs 509 et 511. — Gérard, *op. cit.*, p. 404. — Lallier, *op. et loc. cit.*

Pour répondre à cette question, et pour déterminer d'une façon précise quels sont les droits de ces villages ou hameaux sur les noms qui les distinguent, M. Roussel raisonne de la manière suivante (1):

La propriété, dit-il, implique la personnalité. En règle générale, cette personnalité n'existe que pour la commune même, et les agglomérations intérieures ne l'ont pas. Exceptionnellement, les sections de commune la possèdent. Donc les sections de commune peuvent être admises à exercer, pour la protection de leur nom, les mêmes droits que les communes elles-mêmes.

Mais une fois cette règle posée, l'auteur s'empresse de lui apporter des restrictions.

« Il faut, ajoute-t-il (2), que ces sections aient un nom. Presque toujours elles n'auront qu'une simple désignation géographique, aucune nomenclature officielle n'étant faite pour elles. Ce nom toutefois, au sens légal, peut résulter d'actes administratifs. Telle section, née par l'adjonction d'une commune déjà en possession d'un nom à une commune voisine, entrera dans cette commune avec un nom réel. Elle aura pour ce nom à elle, vis-à-vis des tiers, la même protection que la commune pour le sien; par suite, droit d'opposition à ce qu'il soit pris par un particulier à son préjudice, puisque ce droit exorbitant est reconnu aux communes par la jurisprudence. »

Mais si l'on doit ainsi reconnaître à la section de commune le droit de s'opposer, comme la commune même, à ce que son nom soit attribué à un tiers, ou usurpé par lui, faut-il, poussant l'assimilation jusqu'au bout, lui appliquer également, en cas de changement de nom, les règles de procédure et de compétence contenues dans l'art. 2 de la loi du 5 avril 1884?

M. Roussel n'hésite pas à répondre négativement.

« Cet art. 2, dit-il, est exclusif. Il ne vise que les communes. Il faut se garder de l'étendre au-delà. On pourra donc passer outre à ses résistances, et, la loi se taisant, l'administration reste maîtresse de la procédure et de la compétence. Un arrêté ministériel sans enquête sera légal. Un décret rendu après enquête, le conseil d'Etat même entendu, vaudra mieux; car il n'y a aucune raison de supprimer, pour les groupes secondaires, les garanties que la loi, qui les oublie, établit pour les groupes plus importants. »

Mais si telles sont les solutions applicables dans le cas où il s'agit d'une section de commune ayant un nom établi d'une façon cer-

(1) *Répert. du droit. adm.*, V° *Commune*, n° 412.

(2) *Op. cit.*, n° 413.

taine dans un acte administratif, que faudra-t-il décider lorsqu'il s'agira simplement d'une section dont la dénomination n'aura été consacrée par aucun titre, ou d'un petit village ne jouissant pas de la personnalité civile ?

La jurisprudence du ministère de l'Intérieur a varié sur ce point.

« La question, rapporte M. Gérard (1), se présenta pour la première fois dans les circonstances suivantes : Un habitant du hameau de Granvillers, dépendance de la commune de la Chapelle-Gautier (Seine-et-Marne), demanda que le nom de ce hameau fût changé en celui de Chautemont, par le motif que la dénomination de ce village était la même que celle d'une commune du département de l'Aisne, et qu'il en résultait des erreurs dans le service des postes. Le ministre de l'Intérieur refusa de donner suite à la demande, en faisant remarquer que la dénomination des sections de commune n'étant en usage que pour les habitants du lieu et des environs, se confondait avec celle du chef-lieu de la commune, sous laquelle elles étaient connues ; que, d'ailleurs, il était facile de prévenir toute espèce d'erreur d'adresse, en ayant soin d'ajouter à la suscription des lettres l'indication de cette commune. » (2).

Le ministre de l'Intérieur estimait donc que les dénominations des villages ou hameaux n'ayant rien d'officiel, et ne correspondant à aucune circonscription administrative, l'usage seul, qui les avait établies, pouvait les modifier. Mais plus tard, un revirement se produisit.

« En 1862, dit encore M. Gérard, les habitants de la section de Merdogne, dépendance de la commune de La Roche-Blanche (Puy-de-Dôme), demandèrent que le nom de leur section fût changé en celui de Gergovia. Le ministre communiqua la pétition au préfet, en demandant qu'elle fût soumise à l'examen du conseil municipal et du conseil général (3). Quand le dossier ainsi complété parvint au ministre, celui-ci maintint d'abord la jurisprudence créée par son prédécesseur en 1822 (4). Mais le préfet ayant insisté, le ministre

(1) *Op. cit.*, p. 394.

(2) Dépêche du ministre de l'Intérieur à M. de Chasseloup-Laubat, du 5 janvier 1822.

(3) Dépêche du 20 novembre 1862.

(4) « Il m'a paru, après examen, disait le ministre dans une dépêche du 1er février 1864, que le Gouvernement n'a point à intervenir pour attribuer des dénominations à des hameaux ou fractions de communes qui ne constituent pas une circonscription administrative. Ces dénominations ont été établies par l'usage, l'usage seul pourrait les modifier. J'estime, en conséquence, qu'il n'y a pas lieu de provoquer une décision sur le vœu des habitants de Merdogne. »

présenta au conseil d'Etat un projet de décret tendant au changement de nom demandé. La section de l'Intérieur, sans faire aucune objection sur la possibilité de changer officiellement le nom d'une section, émit un avis défavorable basé sur l'opposition du propriétaire d'un domaine situé dans la commune et désigné par le nom de Gergovia (1). Malgré cet avis, un décret du 11 janvier 1865 attribua au hameau le nom de Gergovie. »

Enfin, M. Gérard rapporte que, vers la même époque, un incendie ayant détruit le village de Menée, commune de Treschenu (Drôme), et un don de l'empereur ayant permis aux incendiés de reconstruire leurs habitations, le conseil municipal de Treschenu demanda que, pour perpétuer le souvenir de ce bienfait, le nom de Napoléon fût ajouté à celui du village ; — et qu'un simple décret du 2 novembre 1864, rendu sans instruction et sans avis du conseil d'Etat, décida que le hameau porterait à l'avenir le nom de Napoléon-Menée.

En résumé, l'administration a, dans cette matière, un pouvoir à peu près absolu ; et tout en reconnaissant qu'elle agirait prudemment en prenant pour modèles les règles que la loi municipale a tracées relativement au nom des communes, on est bien forcé d'avouer que rien ne l'y oblige, et que tout dépend de sa volonté.

Remarque. — Les règles que nous venons d'exposer, relatives au nom et aux changements de nom des communes de France, sont également applicables aux communes de l'Algérie et aux communes de la Martinique, de la Guadeloupe et de la Réunion, les art. 164 et 165 de la loi du 5 avril 1884 n'ayant apporté sur ce point aucune dérogation au droit commun.

Les mêmes règles devront également être appliquées dans les autres colonies auxquelles des décrets spéciaux auraient étendu les dispositions de la nouvelle loi municipale (2).

(1) Avis de la section de l'Intérieur du 3 mai 1864, M. de Bernon, rapporteur.

(2) C'est ainsi qu'un décret des 29 avril-1er mai 1889 déclare applicables aux colonies de la Guyane, du Sénégal, de la Nouvelle-Calédonie et de Saint-Pierre et Miquelon, les art. 1 à 9 inclusivement de la loi du 5 avril 1884.

TROISIÈME PARTIE

DES VOIES DE RECOURS OUVERTES CONTRE LES ACTES QUI MODIFIENT LA CIRCONSCRIPTION DES COMMUNES

Nous avons montré quelles sont les autorités compétentes pour statuer sur les changements de circonscriptions communales, et les diverses formalités que la loi a prescrites pour l'instruction des projets de cette nature.

Nous avons vu également quels effets pouvaient être produits par ces modifications territoriales sur les biens des communes, sur leurs dettes, sur leurs contrats et marchés, sur leurs impositions, sur leur administration, sur le nom qui sert à les désigner, etc., et par qui devaient être réglées les conditions des réunions ou des distractions de communes.

Mais nous avons parlé, chemin faisant, de débats contentieux qui pouvaient s'élever à ce sujet.

Nous devons donc maintenant, pour terminer cette étude, examiner d'une manière plus précise dans quels cas ces contestations peuvent naitre, quelles personnes ont qualité pour les soulever, et quelles autorités sont compétentes pour les trancher.

« Or, dit M. Roussel (1), un principe domine toute la matière : c'est que tous les actes qui délimitent, rectifient ou modifient d'une manière quelconque les territoires communaux sont des actes d'administration pure... Ainsi, voilà une limite précise, nettement posée : en cette matière, il n'y a pas de contentieux ni adminis-

(1) *Répert. du droit adm.*, V° *Commune*, n°s 370 et suiv.

tratif, ni judiciaire sur le fond. Il n'y a place que pour un contentieux administratif d'excès de pouvoir ou d'interprétation. Cette règle est absolue. Elle s'applique aussi bien aux effets légaux des actes qui ont délimité, rectifié ou remanié les territoires communaux qu'aux dispositions intrinsèques de ces actes mêmes. »

On lit également dans le *Répertoire alphabétique* de M. Dalloz (V° *Commune*, n° 177) : « De ce que le Gouvernement a le droit d'intervenir dans les discussions relatives aux changements de circonscription des communes, il résulte que les résolutions à cet égard sont entièrement administratives. Ce n'est point là une matière contentieuse. Le pouvoir du Gouvernement s'exerce dans cette sphère comme pouvoir suprême agissant dans l'intérêt de tous. Les tribunaux ne peuvent donc ni approuver, ni blâmer les actes qu'il accomplit dans cet ordre d'idées, car il ne leur appartient pas de s'immiscer dans l'administration. »

Enfin, M. Trolley constate également que, lorsque l'ordonnance qui a prononcé un changement de circonscription communale était compétente, et que toutes les formalités prescrites ont été remplies, comme elle a statué sur une matière administrative et d'ordre public et qu'elle ne lèse pas de droits acquis, elle ne peut être attaquée devant le conseil d'Etat dans la forme contentieuse (1).

Le conseil d'Etat a eu plusieurs fois à faire des applications de ces principes.

C'est ainsi que, par un arrêt en date du 3 décembre 1817 (2), il a rejeté la requête par laquelle les habitants de la commune de Moulineaux demandaient l'annulation d'un décret qui avait réuni cette commune à la commune de la Bouille.

Cet arrêt était ainsi conçu :

Vu les requêtes à nous présentées au nom des habitants du hameau de Moulineaux, département de la Seine-Inférieure, les dites requêtes tendantes à ce qu'il nous plaise recevoir lesdits habitants opposants à un décret du 31 janvier 1813 et à une ordonnance du 1er février 1815, qu'ils prétendent avoir été rendus par défaut à leur préjudice ; annuler les dits décret et ordonnance, et, en conséquence, ordonner que le hameau de Moulineaux sera rétabli comme par le passé, régi et administré en corps particulier de commune, ou que du moins il sera réuni, non à la commune de la Bouille, ainsi que le porte ledit décret du 31 janvier 1813, mais à celle de Grand-Couronne, et que, dans l'un ou l'autre cas,

(1) *Traité de la hiérarchie administrative*, t. I, p. 68, n° 39. — Conf. Dalloz, note 1 sous l'arrêt du conseil d'Etat du 18 mai 1888 (1889. 3. 83), — et *Code des lois administratives*, V° *Commune*, n° 264.

(2) Rapporté dans Dalloz, *Répert. alphab.*, V° *Avocat*, n° 543.

l'église de Moulineaux sera érigée en chapelle et régie selon les lois et règlements relatifs aux annexes; — subsidiairement, si nous jugions que les territoires de la Bouille et de Moulineaux ne doivent former qu'une seule commune, à ce qu'il soit ordonné que le hameau de Moulineaux sera le chef-lieu, tant sous le rapport de l'administration municipale que de l'exercice du culte; — enfin, à ce que la commune de la Bouille soit condamnée aux dépens;

Vu les requêtes en défense présentées au nom du maire et de la commune de la Bouille, tendantes à ce que les habitants de Moulineaux soient déclarés non recevables, ou du moins mal fondés dans leur opposition, et condamnés aux dépens;

Vu la requête en intervention présentée au nom des communes du Grand-Couronne et du Petit-Couronne, département de la Seine-Inférieure, et tendante à ce que, quelle que soit la décision qui interviendra sur les contestations pendantes entre les habitants de Moulineaux et la commune de la Bouille, les portions des territoires des dites communes du Grand-Couronne et du Petit-Couronne, qui avaient été précédemment réunies au territoire de Moulineaux, en soient détachées pour rester à l'avenir incorporées à la commune du Grand-Couronne, et à ce que celle des parties adverses qui succombera soit condamnée aux dépens;

Vu le décret du 31 janvier 1813, qui prononce la réunion de la commune de Moulineaux à celle de la Bouille, tant pour l'administration municipale que pour l'exercice du culte;

Vu notre ordonnance du 1er février 1815, qui rejette la demande d'érection en chapelle de l'église du hameau de Moulineaux;

Considérant que la circonscription des communes et des paroisses appartient à l'ordre public, et que si les communes et les particuliers sont recevables à nous présenter toutes pétitions contre les actes de l'administration relatifs à ces objets, les dits actes ne peuvent jamais être l'objet d'un litige devant nous en notre conseil d'Etat, dans la forme des affaires contentieuses...

ARTICLE PREMIER. — Les requêtes susdites présentées sous le nom des habitants de Moulineaux, et la requête en intervention des communes du Grand-Couronne et du Petit-Couronne, sont rejetées, sauf tout recours devant nous par voie de pétition.

On pourrait citer dans le même sens et en grand nombre d'autres arrêts du conseil d'Etat contenant des décisions analogues (1).

(1) Voir par exemple: Arrêts du 26 février 1823, commune d'Ozan c. commune d'Asnières (DALLOZ, *Répert. alphab.*, Vº *Commune*, nº 186); — du 19 décembre 1834, affaire Demangeat (DALLOZ, *op. cit.*, Vº *Impôts directs*, nº 93); — du 27 février 1836, aff. comm. de Gajan (DALLOZ, *op. et loc. cit.*); — du 21 avril 1836, fabrique de Saint-Jean-Baptiste de Bastia c. fabrique de Sainte-Marie de la même ville (DALLOZ, *op. cit.*, Vº *Conseil d'Etat*, nº 84, — et *Recueil*, p. 181); — du 16 novembre 1836, comm. de Saint-Cyr-au-Mont-d'Or (DALLOZ, *op. cit.*, Vº *Commune*, nº 186, — et *Rec.*, p. 491); — du 18 novembre 1838, comm. de Ploumilliau (*Rec.*, p. 610).

« Ces vieux arrêts, dit M. ROUSSEL (*Répert. du droit adm.*, Vº *Commune*, nº 370), sont sommaires : ils se bornent à de simples affirmations. Mais ils sont passés en force de juris-

Il faut décider également que le décret qui autorise le changement de nom d'une commune est un acte d'administration qui ne peut jamais donner lieu à un débat par la voie contentieuse; mais que l'omission des formalités prescrites par l'art. 2 de la loi du 5 avril 1884 pourrait autoriser le recours pour excès de pouvoir (1).

En un mot, les seuls recours possibles contre les actes qui modifient la circonscription des communes, ou qui les autorisent à changer de nom, sont le recours pour excès de pouvoir et le recours en interprétation.

Nous examinerons les règles qui leur sont propres dans deux chapitres différents; et dans un troisième chapitre nous étudierons les difficultés qui peuvent s'élever entre communes ou sections de communes voisines relativement à la détermination de leurs limites.

prudence avec raison, puisque depuis la loi du 19 avril 1790, qui donne à l'administration la décision souveraine des contestations de limites entre communes, aucun acte législatif n'est venu faire échec à cette souveraineté. »

(1) DALLOZ, *Répert. alphab.*, V° *Commune*, n° 174, — et *Code des lois administratives*, V° *Commune*, n°s 138 et 139.

CHAPITRE Ier

DU RECOURS POUR EXCÈS DE POUVOIR

Nous verrons successivement : dans quels cas ce recours est recevable ; — quelles personnes ont qualité pour le former, — et quels en sont les effets.

SECTION Ire

Quand un recours pour excès de pouvoir est-il possible contre l'acte qui prononce un changement de circonscription communale ?

On sait que tout acte administratif, émané d'une des autorités comprises dans la hiérarchie administrative, peut être déféré au conseil d'État pour excès de pouvoir, lorsque cette autorité est sortie des limites de sa compétence, ou bien lorsqu'elle n'a pas suivi les formes dans lesquelles la loi ou les règlements lui prescrivaient de prononcer, ou, enfin, lorsqu'elle a employé le pouvoir dont elle disposait dans un but différent de celui que le législateur avait eu en vue.

Faisant à notre matière l'application de ces principes, nous étudierons d'abord les recours qui peuvent être formés contre les actes qui ont prononcé des réunions ou des distractions de communes, sans que les règles de procédure ou de compétence contenues dans les art. 2, 3, 4, 5 et 6 de la loi du 5 avril 1884 aient été rigoureusement observées ; — puis nous rechercherons s'il est possible d'attaquer par la même voie les actes de cette nature, en se fondant sur une réglementation vicieuse ou incomplète des conditions de l'opération (art. 7 et 8 de la même loi).

Mais avant d'aborder cette étude, nous devons faire une remarque d'une haute importance.

On se rappelle, en effet, que, d'après les art. 5 et 6 de la loi du 5 avril 1884, le pouvoir de modifier la circonscription des communes appartient tantôt au législateur, tantôt au Président de la République, tantôt, enfin, au conseil général, suivant des distinctions qu'il est inutile de rappeler.

Or, quand il a été statué par une loi, il est certain qu'aucun recours ne peut être formé devant la juridiction administrative. Sans doute, comme nous le verrons plus tard, lorsque nous rechercherons quelle est l'autorité compétente pour interpréter les actes qui prononcent des changements de circonscription de communes, les lois qui ont pour but d'opérer une réunion ou une distraction de communes sont de nature essentiellement administrative, car elles ont pour but d'appliquer la législation existante, et non de faire ou de modifier des lois.

« Les obligations que la législation générale impose au Parlement, dit M. Laferrière (1), sont différentes, selon qu'il exerce le pouvoir législatif ou qu'il participe au pouvoir exécutif. En matière législative, le Parlement peut toujours déroger par une loi particulière à la législation existante ; en matière administrative, il est obligé, comme le pouvoir exécutif, d'observer les lois qui régissent l'acte d'administration qu'il a mission d'accomplir. Ainsi la loi, comme le décret, ne peut régulièrement... modifier une circonscription communale que dans les formes prescrites par la loi du 5 avril 1884. Obligée de se conformer aux règles de formes, elle doit, à plus forte raison, observer les règles du fond. »

D'un autre côté, il est évident que le remaniement territorial opéré contrairement aux prescriptions de la loi municipale ne serait pas moins abusif s'il résultait d'une loi que s'il résultait d'un décret ou d'une délibération d'un conseil général.

Mais, comme le dit très bien M. Laferrière (2), « si un acte d'administration, émané du Parlement, peut être entaché d'irrégularités, s'en suit-il qu'il puisse être attaqué devant la juridiction administrative ?

« Non, parce que l'autorité parlementaire, même quand elle fait des actes d'administration, n'est pas au nombre des « *corps administratifs* », des « *diverses autorités administratives* », dont le conseil d'Etat peut annuler les actes pour excès de pouvoirs, en vertu

(1) *Traité de la juridiction administrative*, 1888, t. II, p. 16.

(2) *Op. et loc. cit.*

des lois des 7-14 octobre 1790 et du 24 mai 1872. Pour qu'un recours puisse s'exercer, il faut que le caractère administratif apparaisse à la fois dans la décision et dans l'autorité dont elle émane ; cette dernière condition faisant défaut, le recours en annulation ne saurait être recevable. Si donc il y avait lieu de former des réclamations contre des actes d'administration faits par l'autorité parlementaire, elles ne pourraient être portées que devant cette autorité, mieux informée, soit par voie de pétition, soit par le dépôt d'un projet de loi tendant à rapporter ou à modifier la décision irrégulière. »

M. de Ramel fait également observer que, « lorsqu'il est statué par une loi, aucun recours n'est possible, le débat public devant les Assemblées étant considéré comme un moyen suffisant de faire respecter les prescriptions de la loi organique, et une loi ne pouvant d'ailleurs être réformée que par une loi nouvelle qui l'abrogerait » (1).

En résumé, pour que le recours pour excès de pouvoir soit possible, il faut toujours supposer que la modification territoriale a été prononcée par un décret du Président de la République ou par une décision du conseil général.

Cela posé, nous pouvons maintenant aborder l'examen des diverses questions qui peuvent se présenter.

§ 1.

Du recours pour excès de pouvoir comme sanction des art. 2, 3, 4, 5 et 6 de la loi du 5 avril 1884.

Lorsque le changement de circonscription a été opéré par un décret ou par une décision du conseil général, un recours pour excès de pouvoir serait ouvert contre ce décret ou contre cette décision, soit pour incompétence, soit pour vice de forme.

Ainsi serait annulable le décret qui aurait statué sur une érection de commune nouvelle ou sur une autre modification territoriale, expressément réservées à la loi. (Loi du 5 avril 1884, art. 5 et 6, § 2.)

Serait également annulable la décision par laquelle un conseil général aurait prononcé une réunion ou une distraction de com-

(1) *Comment. de la loi sur l'organisation municipale du* 5 *avril* 1884, notes sous l'art. 4. — Voir également : *Répert. du droit admin.*, V° *Commune*, n° 376, — et les Observations présentées par le ministre de l'Intérieur, à propos d'un arrêt du conseil d'Etat du 5 juin 1891, que nous rapportons plus bas.

munes en dehors des conditions étroites déterminées par l'art. 6, § 4, de la loi municipale.

On se rappelle, en effet, qu'aux termes de cet article : « Le conseil général statue définitivement, s'il approuve le projet, lorsque les communes ou sections sont situées dans le même canton, et que la modification projetée réunit, quant au fond et quant aux conditions de la réalisation, l'adhésion des conseils municipaux et des commissions syndicales intéressées. »

Le conseil d'Etat a été plusieurs fois appelé à se prononcer sur ces questions.

Ainsi, sous l'empire de la loi du 18 juillet 1837, — dont l'art. 4 portait que les réunions ou distractions de communes qui ne modifieraient pas la composition d'un département, d'un arrondissement ou d'un canton, pourraient être prononcées par ordonnances du roi, en cas de consentement des conseils municipaux, délibérant avec les plus imposés, et, à défaut de ce consentement, pour les communes ayant moins de 300 habitants, sur l'avis affirmatif du conseil général du département, — le conseil d'Etat a annulé pour excès de pouvoir un décret qui avait opéré une distraction de commune dans un cas où le conseil municipal d'une commune de plus de 300 habitants, délibérant avec les plus imposés, avait adhéré en principe au changement de circonscription projeté, mais alors qu'en fait l'étendue de territoire dont il avait consenti l'abandon était moindre que celle portée au décret de distraction (1).

De même, sous l'empire de la loi du 24 juillet 1867, qui disposait dans son art. 13 : « Les changements dans la circonscription territoriale des communes faisant partie d'un même canton, sont définitivement approuvés par les préfets..., en cas de consentement des conseils municipaux et sur avis conforme du conseil général. — Tous autres changements dans la circonscription territoriale des communes sont autorisés par des décrets rendus dans la forme des règlements d'administration publique », — le conseil d'Etat a décidé que le préfet excédait ses pouvoirs en prononçant la réunion de deux communes faisant partie du même canton, sans tenir compte des conditions sous lesquelles le conseil municipal de l'une des dites communes avait consenti à cette réunion.

Dans l'espèce, le conseil municipal de la commune de Lys-lès-Lannoy ayant été appelé à donner son avis sur un projet tendant à réunir les deux communes de Lys-lès-Lannoy et de Lannoy en une

(1) Arrêt du conseil d'Etat du 26 août 1858 (commune de Poix), *Rec.*, p. 601, et D. 1859. 3. 38.

seule municipalité, avait déclaré, par deux délibérations en date des 26 janvier et 17 juin 1867, consentir à la réunion proposée, mais à la condition qu'on lui garantirait l'exécution intégrale de certaines conditions relatives : 1° à l'emplacement de la place publique ; 2° à la construction, autour de cette place, de divers édifices publics ; 3° à la dénomination de la nouvelle commune, et 4° au pavage de plusieurs voies de communication.

Mais ces conditions ne furent pas acceptées par le conseil municipal de la commune de Lannoy. Néanmoins, le préfet du département du Nord crut pouvoir passer outre, et, par un arrêté en date du 17 septembre 1867, il décida que les communes de Lys-lès-Lannoy et de Lannoy seraient réunies pour ne former qu'une seule commune, qui prendrait le nom de Lannoy-Lys et dont le chef-lieu serait fixé à Lannoy.

La commune de Lys-lès-Lannoy déféra alors au conseil d'Etat, pour excès de pouvoir, l'arrêté du préfet du Nord, et soutint que, dans l'espèce, la réunion ne pouvait être prononcée que par un décret rendu dans la forme des règlements d'administration publique.

Le ministre de l'Intérieur présenta des observations dans le même sens, et, le 18 mars 1868, le conseil d'Etat annula purement et simplement l'arrêté par lequel le préfet du Nord avait prononcé la réunion des deux communes (1).

Il faudrait encore décider de même aujourd'hui si un conseil général avait prononcé un changement de circonscription qui n'aurait pas réuni, quant au fond et quant aux conditions de la réalisation, l'adhésion des conseils municipaux et des commissions syndicales des communes ou fractions de communes intéressées.

(1) Arrêt du conseil d'Etat du 18 mars 1868 (*Rec.*, p. 292, et D. 1870. 3. 53) :

« Considérant, dit cet arrêt, que, d'après le § 1 de l'art. 13 de la loi du 24 juillet 1867, les changements dans la circonscription territoriale des communes faisant partie d'un même canton ne peuvent être définitivement approuvés par le préfet qu'en cas de consentement des conseils municipaux et sur avis conforme du conseil général ; qu'à défaut du consentement des conseils municipaux, les changements doivent être autorisés par décrets, rendus dans la forme des règlements d'administration publique, conformément à la disposition du § 3 du même article ;

« Considérant qu'il résulte des délibérations ci-dessus visées, en date des 23 janvier et 17 juin 1867, que le conseil municipal de Lys-lès-Lannoy, assisté des plus imposés de cette commune, n'a consenti à la réunion de ladite commune à celle de Lannoy que sous les conditions stipulées dans la première de ces délibérations ; — que, par son arrêté en date du 17 septembre 1867, le préfet du département du Nord a prononcé la réunion de la commune de Lys à celle de Lannoy sans tenir compte de la plupart des conditions sous lesquelles le conseil municipal de Lys avait consenti à cette réunion ; — que dans ces circonstances la commune de Lys est fondée à demander l'annulation de cet arrêté pour excès de pouvoir... »

Voir, comme analogie, un arrêt du conseil d'Etat du 8 février 1878, Sortais et autres (*Rec.*, p. 126).

Mais pourrait-on attaquer pour excès de pouvoir le décret qui aurait statué dans un des cas où une décision du conseil général aurait suffi ?

Nous croyons qu'il faut répondre affirmativement. En effet, la loi a déterminé d'une manière précise les cas dans lesquels chacune de ces autorités pourrait statuer. Elle n'a pas décidé que le conseil général serait compétent pour prononcer tel ou tel changement de circonscription, et que le pouvoir exécutif aurait le droit à la fois de statuer dans les mêmes circonstances que le conseil général, et d'opérer des changements de circonscription d'une plus haute importance. Elle a assigné à chaque pouvoir une compétence propre ; et il n'y a pas lieu d'appliquer ici la règle d'après laquelle qui peut le plus peut le moins.

On pourrait invoquer, à l'appui de ce système, l'opinion professée par M. Laferrière, dans un cas où la raison de douter était bien plus forte.

M. Laferrière (1) se demande, en effet, s'il y aurait lieu d'annuler pour incompétence la décision directement prise par le supérieur hiérarchique, dans une affaire relevant d'un de ses subordonnés ; ce qu'il faudrait décider, par exemple, si le ministre se substituait au préfet dans une des affaires que le décret du 25 mars 1852 a décentralisées, et pour lesquelles il a expressément donné un droit de décision au préfet. — Et il répond que, d'après lui, le pouvoir hiérarchique ne va pas jusqu'à permettre au ministre de prendre lui-même la décision aux lieu et place du préfet, et que ce serait là un véritable cas d'incompétence.

« S'il en était autrement, ajoute-t-il, il dépendrait du ministre de mettre à néant la répartition des compétences créées par la loi, et de statuer seul sur toutes les affaires attribuées au préfet. » (2).

De même nous avons montré qu'une demande de changement de circonscription pouvait être formée, soit par le préfet, soit par le tiers des électeurs inscrits de la commune ou de la fraction de commune intéressée, soit par le conseil municipal : et que, dans ces deux derniers cas, le préfet était tenu d'ordonner l'enquête. (Loi du 5 avril 1884, art. 3, § 2.)

Si donc il s'y refusait, il s'exposerait à un recours pour excès de pouvoir.

(1) *Traité de la juridiction administrative*, 1888, t. II, p. 482.

(2) On pourrait citer en ce sens un arrêt du 16 mai 1884 (commune du Lac, *Rec.*, p. 383), par lequel le conseil d'Etat a annulé pour incompétence une décision du conseil général interprétant un arrêté de classement de chemins vicinaux aux lieu et place de la commission départementale.

Le recours pour excès de pouvoir serait ouvert également contre le décret ou la décision du conseil général qui aurait prononcé une distraction ou une réunion de communes sans que les diverses formalités prescrites par la loi municipale pour l'instruction de ces affaires aient été accomplies.

Comme nous l'avons montré, en effet, l'instruction de tout projet de changement de circonscription comprend nécessairement : une enquête *de commodo et incommodo*, la consultation du conseil municipal ou des conseils municipaux intéressés, la nomination de commissions syndicales, destinées à assurer la représentation des intérêts opposés des diverses fractions des communes intéressées, l'avis du conseil d'arrondissement, l'avis du conseil général, lorsque cette assemblée n'est pas compétente pour prononcer elle-même le changement de circonscription, et en outre, dans les mêmes cas, l'avis du conseil d'Etat.

Toutes ces formalités sont substantielles et doivent être suivies à peine de nullité; car ce serait en vain que les lois auraient statué sur ce sujet, s'il était permis aux magistrats administratifs de violer les règles qui leur sont imposées (1).

Ainsi, le conseil d'Etat n'a pas hésité à annuler, par un arrêt en date du 24 juillet 1848, une ordonnance royale qui avait prononcé la réunion d'une commune à une autre commune sans qu'il eût été procédé à une enquête préalable, et sans que le conseil municipal de la commune réunie eût été appelé à donner son avis (2).

Dans ce cas, il est vrai, deux des formalités de l'instruction avaient

(1) DALLOZ, *Répert. alphab.*, V° *Commune*, n° 188. — MORGAND, *Comment. de la loi du 5 avril* 1884, t. I, p. 80. — DE RAMEL, *Comment. de la même loi*, notes sous l'art. 4. — DALLOZ, notes sous l'art. 3 de la même loi, 1884. 4. 29. — *Répert. du droit adm.*, V° *Commune*, n° 376.

(2) Arrêt du conseil d'Etat du 24 juillet 1848 (*Rec.*, p. 445) :

« Vu la requête présentée par la commune de Renneville, représentée par son maire, ladite requête tendant à l'annulation d'une ordonnance royale du 25 juillet 1846, qui a prononcé la réunion de la commune de Renneville, arrondissement des Andelys (Eure), à la commune de Bourg-Baudoin ;

« Vu la loi du 18 juillet 1837 ;

« Considérant qu'aux termes de la loi susvisée, aucune réunion, division ou formation de commune ne pourra être ordonnée qu'après que le préfet aura prescrit préalablement dans les communes intéressées une enquête tant sur le projet en lui-même que sur ses conditions, et qu'après que les conseils municipaux, assistés des plus imposés en nombre égal à celui de leurs membres, les conseils d'arrondissement et le conseil général auront donné leur avis ;

« Considérant qu'il résulte de l'instruction que l'ordonnance royale du 25 juillet 1846, qui a prononcé la réunion de la commune de Renneville à celle de Bourg-Baudoin, n'a pas été précédée d'une enquête préalable, et que le conseil municipal de la commune de Renneville n'a pas été appelé à donner son avis ;

« Qu'ainsi les formalités exigées par la loi n'ont pas été remplies ;

« ARTICLE PREMIER. — L'ordonnance royale en date du 25 juillet 1846 est annulée. »

été omises. Mais nous sommes persuadé que la décision eût été la même, si l'enquête seule eût fait défaut.

Faut-il aller plus loin, et décider que les formes de détail de l'enquête que nous avons énumérées d'après la circulaire du ministre de l'Intérieur du 20 août 1825 sont également toutes substantielles ?

« Assurément non, dit M. Roussel (1). C'est une affaire de mesure. Il faut une enquête publique, libre, sérieuse. Chaque intéressé y a droit. Aucun n'a droit à plus. Si ces conditions se rencontrent, le vœu de la loi est rempli, et il appartient au juge administratif, sur chaque espèce, de le décider en fait. »

La délibération du conseil général ou le décret du Gouvernement pourraient être également annulés pour excès de pouvoir, si les règles tracées pour la constitution des commissions syndicales n'avaient pas été bien observées.

Nous avons vu en effet que, d'après l'art. 4 de la loi municipale, il appartient au préfet de décider, dans chaque cas particulier, s'il y a lieu de nommer une commission syndicale pour représenter les intérêts particuliers d'une fraction de la commune intéressée.

Mais il est évident que le préfet n'en décide pas souverainement.

« S'il se trompe, dit avec raison M. Roussel, si, étant donné un intérêt distinct de l'ensemble dans une partie quelconque de la commune, il ne provoque pas la constitution d'une commission, et autant de fois que cet intérêt distinct se montre, chaque omission est un motif à part d'annulation. » (2).

Enfin, il en serait de même si l'on avait omis de consulter les corps électifs intéressés, conseils municipaux, conseils d'arrondissement et conseils généraux.

M. Roussel examine à ce propos (3) la question de savoir si, après un premier rejet d'une proposition soumise aux conseils municipaux intéressés, il serait nécessaire de recourir, vis-à-vis d'eux, pour reprendre l'affaire, à une consultation nouvelle.

« Oui et non, répond-il. Oui assurément, si le conseil municipal a été renouvelé dans l'intervalle ; oui, *a fortiori*, et même devant le même conseil, si les conditions de l'affaire ne sont plus les mêmes. Non, si rien n'est changé, ni l'objet, ni le corps consultant. C'est là une question d'appréciation appartenant au juge de l'excès de pouvoir, le cas échéant. »

(1) *Répert. du droit adm.*, V° *Commune*, n° 377.

(2) *Répert. du droit adm.*, V° *Commune*, n° 311.

(3) *Répert. du droit adm.*, V° *Commune*, n° 309.

On pourrait se demander, par exemple, si, lorsqu'un projet de changement de circonscription communale a été écarté une première fois, sur l'avis défavorable du conseil d'Etat, et que le ministre de l'Intérieur a fait connaître aux parties intéressées qu'il ne serait pas donné suite à ce projet, l'affaire peut être de nouveau soumise au conseil d'Etat et la modification territoriale opérée par un décret du Président de la République, sans qu'il ait été procédé à nouveau aux formalités d'enquête et autres prescrites par la loi municipale.

En d'autres termes, une instruction administrative (enquête, avis des conseils électifs), régulièrement opérée, conserve-t-elle indéfiniment son autorité, et peut-elle servir de préalable légal à l'acte dont elle doit nécessairement précéder l'accomplissement, quel que soit le laps de temps qui se soit écoulé entre l'époque où l'instruction a été accomplie et celle où l'acte est intervenu ?

Il est impossible, on le comprend, de faire à cette question une réponse exclusive et absolue. Tout dépend des circonstances. Si les délais écoulés depuis la clôture de l'instruction sont trop considérables, si les faits qui se sont passés dans l'intervalle sont trop importants, pour qu'il soit possible de considérer qu'il y a une seule instruction momentanément interrompue, on pourra soutenir que le défaut d'instruction nouvelle équivaut à un défaut d'instruction absolu.

En cas de contestation, ce serait à la juridiction compétente à décider, dans chaque espèce, si cette instruction est assez récente pour avoir conservé son autorité, ou si on doit la considérer comme périmée et insuffisante pour justifier le décret du Président de la République.

De même, lorsqu'un projet de remaniement territorial, une fois les formalités de l'instruction accomplies, est abandonné par l'administration, puis repris plus tard par elle avec des modifications, une nouvelle instruction sera-t-elle nécessaire ?

Sans doute, en principe, on peut soutenir que l'instruction ne devra être recommencée que si les conditions substantielles du projet sont modifiées. Mais c'est là, avant tout, une question de mesure, à apprécier par la juridiction saisie de la contestation. Il n'y a pas en cette matière de règle précise et invariable, et l'on doit se borner à citer des exemples.

D'ailleurs, le conseil d'Etat a été plusieurs fois appelé à se prononcer sur des difficultés soulevées à ce sujet.

Ainsi, sous l'empire de la loi du 18 juillet 1837, dont l'art. 21 portait : « Le conseil municipal est toujours appelé à donner son avis sur les objets suivants : 1° les circonscriptions relatives au culte », — le conseil d'Etat a décidé, par arrêt du 14 juillet 1858 (1), que, lorsque le projet d'ériger une église en succursale a été soumis au conseil municipal, avec un plan de la circonscription, mais que postérieurement le projet a été modifié dans ses conditions essentielles, le projet ainsi modifié constitue un projet nouveau, et le décret intervenu sans nouvelle délibération du conseil municipal doit être rapporté pour violation des formes.

Dans l'espèce, la circonscription de la nouvelle succursale était empruntée au territoire, non plus, comme dans le projet primitif, de cinq succursales voisines, mais de deux seulement, et particulièrement de la succursale de la commune demanderesse à laquelle avait été enlevée une portion plus considérable de circonscription que ne le comportait le premier projet.

Le conseil d'Etat a jugé également que dans le cas où un cimetière a été déplacé en vertu d'un arrêté préfectoral, après une enquête régulière, cette même enquête ne peut être considérée comme servant de préalable à un second arrêté rapportant le premier (2).

Dans un autre arrêt en date du 23 mars 1880 (3), le conseil d'Etat a décidé : 1° que la circonstance que le ministre fait connaître aux intéressés un avis défavorable émis par le conseil d'Etat sur un projet de décret tendant à l'érection d'une nouvelle commune, et a déclaré qu'il ne serait pas donné suite à ce projet, ne fait pas obstacle à ce qu'un décret prononce ultérieurement cette érection ; et 2° que ce décret peut intervenir sans qu'il ait été procédé à nouveau aux formalités prescrites par l'art. 2 de la loi du 18 juillet 1837.

Voici quels étaient les faits :

En 1873, le conseil d'Etat fut saisi d'un projet de décret tendant à ériger en commune la section de Loubaresse, distraite de la commune de Chaliers (Cantal).

Toutes les formalités prescrites par le titre Ier de la loi de 1837 avaient été remplies : une enquête avait eu lieu, les conseils municipaux, le conseil d'arrondissement, le conseil général avaient été consultés.

(1) *Rec.*, p. 517, commune de Saint-Héand.

(2) Arrêt du 13 décembre 1878, *Rec.*, p. 1006, Anty et autres.

(3) Voir D. 1880. 3. 108, — *Rec.*, 1880, p. 338, — et *Rev. gén. d'adm.*, 1880, t. I, p. 445.

Le conseil d'Etat émis un avis contraire, à la date du 8 avril 1875, et par lettre du 14 avril 1875, le ministre de l'Intérieur informa le préfet du Cantal qu'en présence de cet avis du conseil d'Etat, le Gouvernement n'avait pas cru pouvoir passer outre.

En 1876, le conseil général insista pour que l'affaire fût reprise; le conseil d'Etat, consulté à nouveau, émit un avis favorable, en raison des faits nouveaux qui lui furent indiqués, et un décret du 7 février 1878 érigea la section en commune distincte.

C'est alors qu'un habitant d'un des hameaux composant la nouvelle commune, le sieur de Longevialle, déféra le décret au conseil d'Etat, pour excès de pouvoirs, comme n'ayant pas été précédé des formalités d'enquête et autres prescrites par la loi de 1837.

D'après lui, la première instruction avait été close par la lettre du ministre de l'Intérieur informant le préfet qu'il ne passerait pas outre à l'avis du conseil d'Etat. L'affaire, disait-il, ne pouvait être reprise à nouveau que sur une nouvelle enquête, alors surtout que, en fait, la situation respective des sections de la commune de Chaliers se trouvait modifiée par suite de la construction, sur la rivière de la Trueyre, qui les séparait, d'un pont destiné à faciliter les communications entre elles.

Le maire de la commune de Loubaresse présenta, au contraire, des observations tendant au rejet du pourvoi, par le motif que l'avis émis par le conseil d'Etat en 1875 ne constituait point une décision et ne faisait pas obstacle à ce que le chef de l'Etat, auquel seul il appartenait de prendre une décision, prononçât la distraction, sur l'avis affirmatif du conseil général et après avoir entendu le conseil d'Etat, alors qu'il avait été procédé sur le projet à l'instruction prescrite par l'art. 2 de la loi de 1837; par le motif que, d'ailleurs, et en fait, les conditions du projet ne se trouvaient pas modifiées; que notamment la construction du pont sur la Trueyre était imminente au moment de l'enquête, et que les conséquences en avaient été appréciées par le commissaire enquêteur.

A propos de cette affaire, le ministre de l'Intérieur exposa quelles sont sur ce point les règles administratives.

Il faisait remarquer d'abord que l'avis du conseil d'Etat est ici purement facultatif, en ce sens que le ministre pouvait s'en écarter; que la lettre par laquelle le ministre notifiait cet avis au préfet, en l'informant qu'en l'état il n'avait pas l'intention de donner suite à la demande, n'avait, pas plus que l'avis du conseil d'Etat, le caractère d'une décision définitive, entraînant la péremption de la procédure et s'opposant à ce qu'elle soit reprise.

Et il ajoutait : « Tous les jours il arrive qu'un projet ajourné ou écarté est repris sur les instances, soit des intéressés, soit des conseils électifs, et sans que l'on ait jamais jugé nécessaire de recommencer toutes les phases de l'instruction. Lorsque cette instruction est trop ancienne, le ministre de l'Intérieur et le conseil d'Etat lui-même, qui est appelé à examiner tous les dossiers, demandent que les corps électifs soient appelés à en délibérer de nouveau. Alors même que l'instruction n'est pas trop ancienne, mais que quelque incident peut faire supposer un revirement de la part des intéressés, les mêmes autorités ne manquent pas de prescrire de nouvelles enquêtes ; mais on n'a jamais considéré qu'une dépêche ministérielle refusant de pousser plus loin la préparation d'un projet de loi ou de décret anéantit le dossier entier de l'instruction première. »

Le conseil d'Etat rendit l'arrêt suivant :

Vu la loi du 18 juillet 1837, art. 2 et 4 ;

Vu la loi des 7-14 octobre 1790 ;

Vu la loi du 24 mai 1872 ;

Considérant qu'il résulte de l'instruction, et qu'il n'est d'ailleurs pas contesté, qu'il a été procédé, sur le projet de distraction et d'érection en commune distincte d'une portion de la commune de Chaliers, à l'instruction prescrite par l'art. 2 de la loi de 1837 ;

Considérant que si, à la date du 8 avril 1875, le conseil d'Etat avait émis un avis sur ledit projet, cette circonstance ne faisait pas obstacle à ce que le Président de la République prononçât, sur l'avis affirmatif du conseil général et après avoir au surplus consulté à nouveau le conseil d'Etat, la distraction dont s'agit dans les conditions du projet qui avait fait l'objet de l'enquête et des délibérations exigées par les art. 2 et 4 de la loi précitée ;

Rejette.

Comme le fit remarquer M. Le Vavasseur de Précourt, maître des requêtes au conseil d'Etat, l'arrêt constate que le décret érigeant la nouvelle commune est intervenu dans les conditions du projet, qui avait fait l'objet de l'enquête et des délibérations exigées par l'art. 2 de la loi de 1837.

« Cette constatation, dit-il, était indispensable ; en effet, la théorie ne s'appliquerait pas, et il devrait y avoir une enquête nouvelle, s'il s'agissait d'un projet nouveau ou même modifié; si, par exemple, on empruntait, pour former la nouvelle commune, une partie de territoire à une commune voisine, dont le premier projet n'aurait pas modifié la circonscription. »

On pourrait citer encore un arrêt du conseil d'Etat du 28 mars

1884 (1), duquel il résulte que lorsqu'il n'a pas été donné suite à un projet de classement d'un chemin vicinal au sujet duquel ont été consultés les conseils municipaux et d'arrondissement intéressés, conformément à l'art. 46, § 7, de la loi du 10 août 1871, le conseil général ne peut, sans commettre un excès de pouvoirs, classer comme chemin d'intérêt commun une voie ayant une direction autre que celle du projet abandonné, sans avoir pris l'avis du conseil municipal et du conseil d'arrondissement.

Enfin, par arrêt en date du 18 mai 1888 (2), le conseil d'Etat a décidé que, lorsqu'un projet de modification de la circonscription territoriale de deux communes, soumis à l'enquête prescrite par le titre Ier de la loi du 5 avril 1884, a été abandonné, le Gouvernement ne peut, sans excès de pouvoirs, en approuver un autre différant essentiellement du premier, avant d'avoir au préalable procédé à une nouvelle enquête.

Dans l'espèce, le décret du 23 juillet 1886, qui avait annexé à la commune de La Ferté-Bernard, chef-lieu de canton du département de la Sarthe, les deux communes de Cherré et de Saint-Antoine-de-Rochefort, différait absolument du projet soumis à l'enquête, en ce qu'il laissait en dehors de l'annexion projetée une commune entière, celle de Cherreau, contenant 934 habitants. De plus, les conditions financières de l'annexion étaient entièrement modifiées; enfin, un des projets, celui de la construction d'un abattoir, ne pouvait plus être mis à exécution dans de bonnes conditions : ce projet était en effet subordonné à la suppression des tueries particulières, et le maire de La Ferté-Bernard n'avait aucun droit d'ordonner cette suppression sur le territoire de la commune de Cherreau.

Le ministre de l'Intérieur soutenait qu'une nouvelle enquête n'était pas nécessaire en droit; il invoquait en ce sens l'arrêt du conseil d'Etat en date du 22 mars 1880, que nous avons rapporté plus haut; et il ajoutait qu'en fait cette enquête eût été d'une inutilité absolue, puisqu'elle n'aurait pu aboutir qu'à la reproduction des oppositions déjà formulées lors de la première enquête.

Mais il lui fut répondu, par les parties requérantes, que sans doute les oppositions à une nouvelle enquête auraient été les mêmes qu'à la première enquête; mais que les adhésions auraient peut-être été moins nombreuses, puisque beaucoup avaient pour cause le désir de voir La Ferté-Bernard devenir une ville importante, ce qui ne pouvait plus se réaliser avec le deuxième projet.

(1) *Rec.*, p. 247, commune de Chef-Boutonne.

(2) Voir *Rec.*, p. 451, — et *Rec. gén. d'adm.*, 1888, t. I, p. 58.

Et le conseil d'Etat rendit l'arrêt suivant :

Considérant qu'aux termes de l'art. 3 de la loi du 5 avril 1884, toutes les fois qu'il s'agit de transférer le chef-lieu d'une commune, de réunir plusieurs communes en une seule, ou de distraire une section de commune, soit pour la réunir à une autre, soit pour l'ériger en commune séparée, le préfet prescrit une enquête sur le projet en lui-même et sur ses conditions;

Considérant qu'il résulte de l'instruction que si, en 1879, un projet tendant à réunir à la commune de La Ferté-Bernard les trois communes de Cherreau, de Cherré et de Saint-Antoine-de-Rochefort a été soumis à l'enquête, cette formalité n'a pas été remplie préalablement au décret attaqué, qui a, dans des conditions essentiellement différentes, réuni à La Ferté-Bernard les deux communes de Cherré et de Saint-Antoine-de-Rochefort; qu'ainsi les requérants sont fondés à soutenir que l'annexion de ces deux communes seulement n'a jamais été soumise à l'enquête prescrite par la disposition de loi ci-dessus rappelée, et à demander en conséquence l'annulation du décret attaqué par application des lois des 7-14 octobre 1790 et 20 mars 1872;

Décide :

Le décret ci-dessus visé, en date du 23 juillet 1886, est annulé.

Autre question.

Lorsque le ministre de l'Intérieur, dans un des cas où le législateur est seul compétent pour prononcer le changement de circonscription territoriale, fait savoir aux parties intéressées qu'il ne consultera pas le conseil d'Etat et ne soumettra pas l'affaire aux Chambres, cette décision peut-elle faire l'objet d'un recours pour excès de pouvoirs devant le conseil d'Etat?

Nous avons eu déjà à nous occuper, en étudiant les règles de procédure (1), de la question de savoir si, lorsque l'instruction du projet de modification est complète, le Gouvernement pourrait se refuser à soumettre ce projet aux Chambres; et nous avons vu qu'il fallait répondre affirmativement.

Il nous faut envisager maintenant cette question au point de vue contentieux.

Or, le conseil d'Etat a eu dernièrement à trancher cette difficulté, qui se présentait dans les circonstances suivantes :

La commune de Meudon, peuplée de 7,621 habitants, comprenait deux sections, celles de Bellevue et du Bas-Meudon, qui, depuis longtemps, sollicitaient leur érection en communes distinctes.

Les électeurs de ces sections, usant du droit que leur reconnaît la loi du 5 avril 1884, art. 3, § 2, provoquèrent, par une demande déposée le 10 août 1884, une enquête administrative; des commissions

(1) Voir partie Ire, chapitre II, section II, § 8, p. 114.

syndicales furent nommées; le conseil d'arrondissement et le conseil général furent appelés à donner leur avis : le conseil général émit un avis favorable, mais le conseil d'arrondissement se prononça en sens contraire.

Puis, sur ces entrefaites, le ministre de l'Intérieur fit connaître aux parties intéressées, par une décision en date du 17 septembre 1887, qu'il s'abstiendrait de soumettre aucun projet de loi tendant à la création de la commune nouvelle à l'examen du conseil d'Etat et à la sanction du pouvoir législatif.

Les électeurs de Bellevue et du Bas-Meudon, se trouvant lésés, déférèrent au conseil d'Etat la décision du ministre, pour excès de pouvoirs, et le maire de Meudon intervint dans l'instance, en sa qualité de maire et en vertu d'une délibération du conseil municipal, pour opposer à la requête trois fins de non recevoir.

D'après lui, l'acte attaqué ne constituait pas une décision portant atteinte à des intérêts privés; les requérants étaient sans qualité pour l'attaquer; et enfin l'affaire, soulevant des questions relatives à l'exercice du droit d'initiative législative, devait échapper à la compétence du conseil d'Etat, et aurait pu même être revendiquée par l'administration devant le tribunal des conflits, à l'effet d'en dessaisir le conseil d'Etat, par application de l'art. 26 de la loi du 21 mai 1872.

Le commissaire du gouvernement, M. Le Vavasseur de Précourt, présenta à ce sujet les observations suivantes :

Les deux premières fins de non recevoir, dit-il, nous paraissent devoir être écartées, par un motif tiré de la loi du 5 avril 1884. Cette loi, dans son art. 3, reconnait un droit, celui de provoquer une enquête, au conseil municipal et au tiers des électeurs inscrits d'une section. C'est une des innovations de la loi; antérieurement, il appartenait à l'administration de ne pas donner suite aux demandes à fin de changement de circonscriptions communales; le préfet était seulement tenu de transmettre au conseil général les affaires instruites, lorsque la décision appartenait à ce conseil, par application de la loi du 10 août 1871 (avis du conseil d'Etat du 26 avril 1877). Dans les conditions de la loi nouvelle, l'acte par lequel le ministre arrête une instruction constitue une décision que les intéressés ont qualité pour attaquer.

La troisième fin de non recevoir tient au fond même de la question; elle pourrait trouver un appui dans un arrêt du conseil d'Etat du 12 mars 1853 (1), rendu à la suite de difficultés survenues entre l'Etat et le prince de Wagram, au sujet d'un échange de bois faisant partie du domaine de l'Etat et remontant à 1814.

Le prince de Wagram avait conclu à ce que le ministre des Finances fût tenu de soumettre à la confirmation législative l'échange conclu sur les bases

(1) *Recueil*, p. 329.

d'un décret du 6 janvier 1814, relatif audit échange, et les actes d'exécution qui l'avaient suivi.

Le conseil d'Etat a rejeté la requête, par le motif que les questions relatives à la présentation des projets de loi au corps législatif ne peuvent être soumises au conseil par la voie contentieuse. Cette formule de rédaction, quelque générale qu'elle soit, s'explique par la nature même de l'affaire; la difficulté portait, en réalité, sur l'exécution d'un précédent arrêt du conseil d'Etat du 12 juillet 1836 (1); et la décision a pour but d'affirmer qu'il n'appartient pas au conseil d'Etat de connaître des difficultés se rattachant à l'exécution de ses décisions, quand ces difficultés comportent l'intervention du pouvoir législatif : aucune loi n'était invoquée comme obligeant le Gouvernement à présenter un projet de loi relatif à un échange.

Dans l'affaire de Meudon, au contraire, il s'agit de l'interprétation d'un texte de loi; on soutient que le ministre a excédé ses pouvoirs, en prenant une véritable décision de rejet sur une affaire dont la solution n'était pas de sa compétence, et le conseil d'Etat peut donner cette interprétation, sans s'immiscer dans des questions d'ordre politique relatives aux rapports des pouvoirs publics.

Au fond, M. Le Vavasseur de Précourt concluait au rejet de la requête, et à la condamnation des requérants au remboursement des frais de timbre du mémoire en intervention.

Le conseil d'Etat, par arrêt en date du 17 février 1888 (2), statua dans les termes suivants :

Vu la loi du 5 avril 1884;

Vu la loi des 7-14 octobre 1790 et celle du 24 mai 1872;

Sur le pourvoi des sieurs Prévost et autres :

Considérant que, par la décision attaquée, le ministre de l'Intérieur s'est borné à faire connaître aux requérants, qui sollicitaient l'érection en commune distincte des sections de Bellevue et du Bas-Meudon, le refus du Gouvernement de donner suite à leur demande, en présentant à cet effet un projet de loi, le conseil d'Etat entendu;

Considérant que les actes du pouvoir exécutif concernant ses rapports avec le Parlement ne sont pas de nature à faire l'objet d'un débat par la voie contentieuse; que, dès lors, la requête des sieurs Prévost et consorts doit être rejetée comme non recevable...

Sans critiquer cette solution, il est permis cependant de douter de l'exactitude du motif sur lequel elle est fondée.

En effet, comme dit M. Brémond (3), « pourquoi le refus par le ministre de saisir le Parlement serait-il d'une nature telle qu'il ne

(1) *Recueil*, p. 240.

(2) Voir : *Rev. gén. d'adm.*, 1888, t. I, p. 328. — D. 1889. 1. 45, et la note. — *Rec.*, 1888, p. 148. — *Revue critique de législation*, 1889, p. 81.

(3) *Revue critique de législation*, 1889, p. 81.

pourrait devenir l'objet d'un débat contentieux? Si la loi du 5 avril 1884 avait formellement décidé que le ministre serait tenu de soumettre la question aux Chambres, ne faudrait-il pas admettre le recours pour excès de pouvoir contre le refus du ministre? Ce n'est pas la nature de l'acte qui s'oppose à la recevabilité du recours; c'est qu'en réalité la loi s'en est référée à l'appréciation discrétionnaire du Gouvernement ».

Par le même arrêt du 17 février 1888, le conseil d'Etat a décidé que la commune, dont on poursuit le démembrement, est recevable à intervenir dans une instance en excès de pouvoirs dirigée par des particuliers contre un ministre qui a refusé de présenter aux Chambres un projet de loi tendant à ce morcellement.

Enfin, un recours pour excès de pouvoir serait encore possible si l'on avait procédé, sous les apparences d'une simple délimitation, à un véritable changement de circonscription communale, c'est-à-dire si les règles de compétence et de procédure, prescrites par la loi du 5 avril 1884, avaient été laissées de côté (1).

§ 2.

Du recours pour excès de pouvoir comme sanction des art. 7 et 8 de la loi du 5 avril 1884.

Ainsi, un recours pour excès de pouvoir est ouvert contre les actes qui modifient la circonscription des communes, lorsque ces actes ont été accomplis par une autorité incompétente, ou bien lorsque les règles de procédure, tracées par la loi, n'ont pas été fidèlement observées.

Mais nous avons vu également que ces changements de circonscription nécessitaient le règlement de certaines conditions, dont les unes étaient déterminées, une fois pour toutes, par la loi municipale, et les autres devaient être fixées, dans chaque espèce, par l'autorité chargée de prononcer la modification territoriale. (Loi du 5 avril 1884, art. 7.)

Nous devons donc examiner maintenant si l'acte qui statue sur une réunion ou sur une distraction de commune est, à ce nouveau point de vue, susceptible d'être attaqué par les parties intéressées.

Or, comme nous l'avons déjà montré, les actes qui modifient la

(1) *Répert. du droit adm.*, V° *Commune*, n° 375. — Arrêt du conseil d'Etat du 26 août 1858, commune de Poix (*Rec.*, p. 601).

circonscription des communes sont des actes purement administratifs, et par suite le règlement des conditions des remaniements territoriaux échappe à toute action, soit devant l'autorité judiciaire, soit devant la juridiction administrative.

Mais, bien entendu, les parties intéressées auraient la ressource de s'adresser, par la voie gracieuse, à l'autorité qui aurait déterminé ces conditions, pour lui demander de modifier sa décision; et, d'un autre côté, le recours pour excès de pouvoir serait toujours ouvert contre l'acte par lequel une autorité incompétente aurait opéré un règlement même partiel des conditions d'un remaniement territorial (1).

Le conseil d'Etat a été appelé plusieurs fois à se prononcer sur des contestations de cette nature, sous l'empire de la loi du 18 juillet 1837 qui, comme nous l'avons vu, disposait dans son art. 7 : « Les autres conditions de la réunion ou de la distraction seront fixées par l'acte qui la prononcera. Lorsqu'elle sera prononcée par une loi, cette fixation pourra être renvoyée à une ordonnance royale ultérieure, sauf réserve, dans tous les cas, de toutes les questions de propriété. »

C'est ainsi que, par un arrêt en date du 25 août 1841 (2), le conseil d'Etat a annulé pour cause d'incompétence un arrêté du conseil de préfecture du département du Nord, qui avait statué sur une demande en indemnité formée par la commune de Saint-Aybert contre la commune de Crespin, dont elle avait été distraite, en raison des établissements publics qui ne pouvaient être partagés.

Considérant, dit cet arrêt, que les conditions attachées à la distraction ou à la réunion des communes doivent être faites par l'autorité qui prononce cette distraction ou cette réunion; que, dès lors, ce n'est ni devant le conseil de préfecture du Nord, ni devant nous en notre conseil d'Etat, par la voie contentieuse, que peut être portée la demande d'indemnité formée par la commune de Saint-Aybert, sauf à elle à se retirer par devant l'administration pour être, s'il y a lieu, donné suite à ladite demande...

De même, par un arrêt en date du 27 janvier 1851 (3), la cour de cassation a reconnu que l'autorité judiciaire était incompétente, soit pour régler l'indemnité qui peut être due à une section distraite d'une commune comme privée de la jouissance des édifices commu-

(1) Voir, par exemple, GÉRARD, article sur *Le partage des biens des pauvres à la suite des démembrements de communes*, inséré dans la *Rev. gén. d'adm.*, 1883, t. I, p. 261.

(2) *Rec.*, p. 469 (commune de Saint-Aybert).

(3) D. 1851. 1. 334. — Nous avons rapporté cet arrêt dans la deuxième partie de cet ouvrage, chapitre Ier, titre Ier, section II, p. 357.

naux, servant à usage public, soit même pour constater au profit de la section le droit à indemnité.

De même encore, par un arrêt en date du 18 mai 1854 (1), le conseil d'Etat a décidé que, lorsqu'une section de commune avait été érigée en commune distincte, les conditions de la distraction, si elles n'avaient pas été réglées par la loi qui l'avait prononcée, ne pouvaient être fixées par le préfet; que, dans ce cas, il appartenait au chef de l'Etat de les régler, sur le rapport du ministre de l'Intérieur; que le préfet, soit en statuant sur des contestations relatives au règlement de la situation des deux communes, soit en déterminant le sens et les effets d'ordonnances royales invoquées par l'une des communes à l'appui de ses prétentions, commettait un excès de pouvoir, et que, par suite, son arrêté devait être annulé.

Dans l'espèce, une loi du 13 juin 1841 avait distrait de la commune de Catillon la section de La Groise, et l'avait érigée en municipalité distincte. L'art. 3 de cette loi portait : « Les dispositions qui précèdent auront lieu sans préjudice des droits d'usage et autres qui seraient respectivement acquis. Les autres conditions de la distraction prononcée seront, s'il y a lieu, déterminées par une ordonnance du roi. »

Mais cette ordonnance n'étant pas intervenue, la commune de La Groise actionna l'ancienne commune de Catillon en partage des biens communaux qu'elles possédaient par indivis; et par jugement en date du 17 juillet 1844, le tribunal civil de l'arrondissement de Cambrai ordonna qu'il serait procédé au partage de ces biens; que ce partage aurait lieu par feux; qu'il serait également procédé au partage des fruits perçus depuis que la section de La Groise avait été séparée de la commune de Catillon, et renvoya les parties devant l'autorité administrative pour les formalités du partage.

Des experts furent nommés, et déposèrent, le 29 août 1845, un rapport contenant le partage et la division des biens immeubles de l'ancienne commune de Catillon entre la nouvelle commune de ce nom et celle de La Groise.

Par un arrêté en date du 7 mai 1849, le préfet du Nord, après avoir approuvé ce rapport, déclara que la commune de Catillon était débitrice envers celle de La Groise, au 1er janvier 1849, de la somme de 12,995 fr. 37 pour fonds disponibles et fruits perçus, à charge par la commune de La Groise de continuer à lui payer un loyer annuel de 671 fr. 80 pour l'usage de l'église, jusqu'à ce qu'elle ait obtenu son érection en succursale.

(1) *Rec.*, p. 465, commune de Catillon c. commune de La Groise.

Mais la commune de Catillon, s'appuyant sur l'art. 7 de la loi du 18 juillet 1837, demanda au conseil d'Etat d'annuler cet arrêté, dans sa disposition portant liquidation de l'encaisse entre la commune et l'ancien hameau de La Groise.

La commune de La Groise soutint, au contraire, que le pourvoi de la commune de Catillon était non recevable, comme s'attaquant à un acte d'instruction et non à un acte de juridiction.

Et le conseil d'Etat trancha le conflit dans un arrêt ainsi conçu :

Considérant que, par son jugement en date du 17 juillet 1844, passé en force de chose jugée, le tribunal civil de l'arrondissement de Cambrai, après avoir décidé que la commune de La Groise avait droit au partage des biens communaux de l'ancienne commune de Catillon et à celui des fruits perçus depuis la séparation, a renvoyé les parties devant l'autorité administrative pour la formalité du partage ; — qu'en suite de ce jugement, il a été procédé par experts au partage, entre la nouvelle commune de Catillon et celle de La Groise, des immeubles possédés par indivis et à la répartition du produit des fruits perçus depuis la séparation ; — que la commune de Catillon a contesté cette répartition, comme ayant été faite en violation de droits acquis, en tant qu'elle comprenait une somme de 23,000 francs provenant du défrichement d'un bois communal, qui se trouvait dans la caisse municipale au moment de la séparation, mais qui aurait été spécialement affectée, par des ordonnances royales du 5 janvier 1839 et 21 juin 1841, au paiement des frais de construction d'une église ; — que, d'après sa nature et le renvoi fait par le tribunal de Cambrai, cette contestation devait être appréciée par l'autorité administrative ; mais qu'aux termes de l'art. 7 de la loi du 18 juillet 1837 et de l'art. 3 de la loi du 13 juin 1841, c'est au chef du pouvoir exécutif qu'il appartient de régler la situation des deux communes ; — que, d'ailleurs, il y avait lieu de déterminer le sens et les effets de deux ordonnances royales invoquées par la commune de Catillon, à l'appui de ses prétentions ; qu'il suit de là que l'arrêté du 7 mai 1849 a été pris par le préfet du Nord en dehors de la limite de ses pouvoirs ; — que la commune de Catillon est recevable, aux termes de la loi des 7-14 octobre 1790, à nous déférer cet arrêté en notre conseil d'Etat, et qu'il y a lieu par nous d'en prononcer la réformation ;

Article premier. — L'arrêté pris le 7 mai 1849 par le préfet du Nord est annulé pour excès de pouvoir, dans la disposition par laquelle il a déclaré la commune de Catillon débitrice envers celle de La Groise d'une somme de 12,995 fr. 37, pour fonds disponibles au moment où la section de La Groise a été érigée en commune distincte et pour fruits perçus depuis cette érection. Il sera statué ultérieurement par nous, sur le rapport de notre ministre de l'Intérieur, sur les prétentions respectives des communes de Catillon et de La Groise.

On peut citer dans le même sens un autre arrêt du conseil d'Etat du 27 février 1880 (1), décidant que lorsqu'un changement

(1) *Rec.*, p. 211. — D. 1881. 3. 33.

de circonscription communale a dû être opéré par un décret, c'est également à un décret qu'il appartient de régler, entre les communes intéressées, les conditions de l'opération ; que dans le cas où une section de commune est érigée en commune distincte, la répartition de l'actif et du passif des deux communes, à l'époque de la séparation, est un acte d'administration dont le conseil d'Etat ne peut connaître que par la voie du recours pour excès de pouvoir ; qu'en conséquence, après avoir annulé l'acte qui l'avait opérée illégalement, il ne peut évoquer le fond et procéder lui-même à cette répartition, mais doit se borner à renvoyer les parties devant l'autorité administrative compétente, pour y être statué sur leurs prétentions.

Voici dans quelles circonstances la question se présentait :

Un décret du 10 août 1875 avait érigé en commune de plein exercice la section de Bistouïa, distraite de la commune de Chebli.

A la suite de ce décret, et pour répartir entre les deux communes l'actif et le passif existant à l'époque de la séparation, le préfet d'Alger prit, le 17 octobre 1876, un arrêté fixant à 3,770 fr. 11 la part de l'actif qui devait être versée par la commune de Chebli à celle de Bistouïa, et mettant à la charge de cette dernière commune le cinquième seulement des annuités dues au Crédit foncier de France pour l'amortissement d'un emprunt contracté auprès de cet établissement par la commune de Chebli avant la séparation. — La commune de Chebli, se trouvant lésée par cette décision, forma alors contre elle un recours devant le ministre de l'Intérieur. Puis, par un autre arrêté du 5 avril 1877, le préfet d'Alger inscrivit d'office au budget de cette commune la somme de 3,770 fr. 11, dont le précédent arrêté l'avait déclarée débitrice envers la commune de Bistouïa. Enfin, le ministre de l'Intérieur, par une décision en date du 19 septembre 1877, rejeta le recours de la commune de Chebli et maintint l'arrêté préfectoral attaqué.

C'est alors que la commune de Chebli demanda au conseil d'Etat d'annuler à la fois l'arrêté du préfet d'Alger et la décision du ministre de l'Intérieur qui l'avait confirmé.

A l'époque de la séparation, disait-elle, il n'existait pas dans l'ancienne commune d'actif à partager entre les deux communes nouvelles ; si, en effet, l'on établissait, à ladite époque, la situation financière en tenant compte de l'excédent laissé par le dernier exercice clos, des restes à recouvrer et à payer, et de la part des recettes en souffrance, qui devait être déduite comme irrécouvrable, cette situation se soldait par un déficit. Au surplus, la commune de

Chebli s'étant pourvue devant le ministre de l'Intérieur contre l'arrêté préfectoral portant répartition du passif et de l'actif prétendu, le versement mis à sa charge par ledit arrêté ne constituait pas une dette liquide et exigible, dont le montant pût être inscrit d'office à son budget. Enfin, en ce qui regardait la répartition du passif, consistant dans les annuités de l'emprunt contracté auprès du Crédit foncier, la moitié environ du produit dudit emprunt avait été employée, avant la séparation, à des dépenses intéressant exclusivement la section de Bistouïa ; et, dès lors, c'était à la moitié et non au cinquième des dites annuités que devait être fixée la part incombant à la commune de Bistouïa dans l'amortissement de la dette commune.

En conséquence, elle demandait au conseil d'Etat de décider qu'aucun versement n'était dû par la commune de Chebli à celle de Bistouïa ; qu'en inscrivant d'office au budget de la commune de Chebli une somme de 3,770 fr. 11, le préfet d'Alger avait excédé la limite de ses pouvoirs ; et que la commune de Bistouïa devait prendre à sa charge la moitié des annuités dues au Crédit foncier.

La commune de Bistouïa, au contraire, présenta un mémoire en défense tendant au maintien de l'arrêté et de la décision ministérielle attaqués, par le motif que l'arrêté préfectoral du 17 octobre 1876 et la décision ministérielle qui l'avait confirmé avaient fait une équitable répartition de l'actif et du passif des deux communes séparées ; que le versement imposé à la commune de Chebli au profit de celle de Bistouïa avait, par l'effet de l'arrêté préfectoral précité, le caractère d'une dette liquide et exigible, et qu'en conséquence l'inscription d'office du montant de ladite dette au budget de la commune de Chebli avait été régulièrement prononcée et maintenue.

Le ministre de l'Intérieur conclut dans le même sens. Et le conseil d'Etat trancha la contestation de la manière suivante :

Considérant que c'est par décret que, en Algérie, une section de commune peut être érigée en commune ;

Considérant qu'il est de principe que, à moins de dispositions contraires de la loi, les conditions attachées à la distraction ou à la réunion des communes doivent être réglées par l'autorité qui prononce cette distraction ou cette réunion, sauf réserve de toutes les questions de propriété ;

Considérant que la législation spéciale à l'Algérie ne contient aucune dérogation à cette règle ; qu'ainsi à la suite du décret du 10 août 1875, qui a érigé en commune la section de Bistouïa, distraite de la commune de Chebli, il n'appartient pas au préfet d'Alger d'arrêter entre l'ancienne et la nouvelle commune la répartition de l'actif et du passif ; que dès lors le préfet, en procédant à cette répartition, par son arrêté du 17 octobre 1876, et en inscrivant d'office au budget de la commune de Chebli, par son arrêté du 5 avril 1877, la somme dont, par son précédent arrêté, il avait déclaré la commune de Chebli débitrice envers celle de Bistouïa, et le ministre de l'Intérieur, en confirmant les deux arrêtés du préfet, par sa décision du 19 septembre 1877, ont excédé la limite de leurs pouvoirs ;

Sur les conclusions de la commune de Chebli tendant à ce que le conseil, évoquant et statuant au fond, règle, conformément aux bases spécifiées dans les mémoires de la commune requérante, la répartition de l'actif et du passif des deux communes à l'époque de la séparation ;

Considérant que cette répartition est un acte d'administration non susceptible d'être déféré au conseil d'Etat, par la voie contentieuse, et auquel il ne peut être procédé que par décret, aux termes des dispositions qui précèdent ;

..... ARTICLE PREMIER. — La décision du ministre et les arrêtés du préfet sont annulés.

ART. 2. — Le surplus des conclusions de la commune de Chebli est rejeté.

La *Revue générale d'administration* (1) rapporte également un arrêt de la cour de cassation de Rome, du 29 mars 1879, d'après lequel la réclamation d'une commune contre le ministre de l'Intérieur, fondée non sur l'inobservation des formes de garantie imposées par la loi pour la distraction d'une fraction de son territoire, mais sur l'insuffisance de la compensation qui lui a été accordée par suite de cette distraction, n'est pas de nature à donner lieu à une instance civile, mais reste dans le domaine de l'appréciation purement administrative. Par suite, l'autorité judiciaire doit en pareil cas se déclarer incompétente pour connaître d'une demande sous forme d'action en dommages-intérêts.

Nous devons dire encore quelques mots d'un arrêt du conseil d'Etat du 16 mai 1884 (commune de Mustapha) (2), intervenu dans les circonstances suivantes :

Peu après le 4 septembre 1870, les agglomérations suburbaines de Saint-Eugène, El-Biar et Bouzaréa furent distraites du territoire d'Alger et érigées en communes distinctes. Un décret du 26 janvier 1871 réalisa la même mesure pour la section de Mustapha ; mais ce décret n'ayant pas réglé les conditions de la distraction, un autre décret aurait dû, conformément à l'art. 7 de la loi du 18 juillet 1837, intervenir ultérieurement, afin de déterminer ces conditions, et spécialement de répartir les recettes et les charges entre la ville et ses anciennes annexes. Sans attendre ce décret, le préfet

(1) 1881, t. III, p. 352.

(2) *Rec.*, p. 379. — *Rev. gén. d'adm.*, 1884, t. II, p. 318. — D. 1885. 3. 115.

d'Alger, empiétant sur les pouvoirs de l'autorité centrale, crut pouvoir, par un arrêté du 24 décembre 1874, opérer entre l'ancienne commune et les nouvelles la répartition de l'actif et du passif, et statuer sur les frais d'hospitalisation des malades indigents, sur l'exécution des marchés en cours, sur le partage du matériel pour les travaux de prestations, enfin sur les questions concernant l'abattoir municipal.

Sur ce dernier point, l'arrêté préfectoral décidait que les revenus de l'abattoir devaient être attribués aux communes à raison de l'importance de leur population, mais en ne comptant les indigènes que pour un huitième de leur nombre effectif, conformément à une règle constamment suivie en Algérie pour la répartition des produits de l'octroi de mer. Cependant cette prescription ne fut pas observée, et pendant plusieurs années les revenus de l'abattoir furent partagés entre les communes intéressées d'après le nombre de leurs habitants, en comptant un indigène comme un Européen.

Ce mode de répartition était très avantageux pour Alger ; aussi la commune de Mustapha ne tarda pas à actionner cette ville devant le conseil de préfecture ; elle soutint que l'arrêté préfectoral du 24 septembre 1874 avait été violé à son préjudice, et réclama le paiement d'une somme de 44,638 francs, qui aurait dû lui être attribuée pour sa quote-part dans les produits de l'abattoir de la ville d'Alger, pour les années 1875 à 1878, telle qu'elle résultait dudit arrêté.

La ville d'Alger se défendit en arguant de nullité l'arrêté préfectoral invoqué contre elle ; elle représenta qu'il n'appartenait pas au préfet de régler les conséquences de la distraction de commune prononcée par le décret du 26 janvier 1871 ; elle fit connaitre qu'elle se proposait de déférer cet arrêté au ministre de l'Intérieur, et demanda au conseil de préfecture de surseoir à statuer jusqu'à ce que le ministre se fût prononcé (1).

Le conseil de préfecture refusa de surseoir ; mais par arrêté du 29 juillet 1880, il se déclara incompétent, en se fondant sur ce que les décisions prises par l'administration pour répartir l'actif et le passif entre deux communes récemment séparées sont des actes administratifs, dont il n'appartient pas au conseil de préfecture de connaître, et sur ce qu'il ne rentrait pas dans la compétence de ce tribunal d'apprécier les difficultés nées de l'exécution des actes dont il s'agit.

La commune de Mustapha se pourvut alors devant le conseil

(1) Cet arrêté préfectoral fut, en effet, annulé par le ministre de l'Intérieur le 11 mars 1882.

d'Etat, et demanda l'annulation de l'arrêté du conseil de préfecture, ce faisant « attendu que la réclamation ainsi soumise au conseil de préfecture était relative à l'exécution d'un partage administratif de biens communaux entre deux communes ; que, dès lors, aux termes de la loi du 10 juin 1793, elle rentrait dans la compétence de la juridiction administrative, et que le conseil de préfecture n'avait pu s'en dessaisir sans méconnaître l'étendue de ses pouvoirs ; qu'il lui appartenait, d'ailleurs, d'apprécier la régularité de l'arrêté préfectoral de partage invoqué à l'appui de la prétention de la commune requérante ; qu'ainsi la circonstance que la ville d'Alger défenderesse alléguait l'illégalité du dit arrêté pour se soustraire à son exécution n'était pas de nature à modifier la compétence. »

Et le conseil d'Etat, tout en annulant l'arrêté par lequel le conseil de préfecture s'était déclaré incompétent, rejeta au fond les conclusions de la commune de Mustapha, comme fondées sur un acte entaché d'excès de pouvoir.

Cet arrêt était ainsi conçu :

Sur la compétence :

Considérant que les difficultés auxquelles peut donner lieu, à la suite d'une distraction de commune, le partage des biens communaux, doivent être soumises aux mêmes règles que toutes les contestations en matière de partage de biens indivis entre plusieurs communes ;

Considérant qu'en vertu de la loi du 10 juin 1793 et de la loi du 9 ventôse an XII, c'est au conseil de préfecture qu'il appartient de reconnaître et de déclarer l'existence et les effets d'un partage de biens communaux opéré par l'administration ; que, dès lors, il appartient au conseil de préfecture d'examiner, à l'effet de reconnaître l'existence du partage invoqué devant lui par la commune de Mustapha, la légalité de l'arrêté préfectoral du 24 décembre 1874, par lequel le préfet du département d'Alger a réparti les ressources et les charges entre la ville d'Alger et la commune de Mustapha ; et que c'est à tort qu'il s'est déclaré incompétent pour statuer sur la demande à lui soumise par cette dernière commune à l'effet d'obtenir le paiement d'une quote-part des produits de l'abattoir qu'elle prétendait lui être due en vertu de l'arrêté précité ;

Au fond :

Sur les conclusions de la commune de Mustapha tendant à ce que la ville d'Alger soit condamnée, par application de l'arrêté du 24 décembre 1874, à lui payer la somme de 44,638 francs, montant de sa quote-part dans les produits de l'abattoir ;

Considérant qu'en vertu de la loi du 18 juillet 1837, de l'ordonnance royale du 28 septembre 1847..., c'est par décret qu'en Algérie une section de commune peut être érigée en commune ;

Considérant qu'il est de principe qu'à moins de disposition contraire à la loi, les conditions attachées à la distraction des communes doivent être réglées par l'autorité qui prononce cette distraction, sauf réserve de toutes les questions de propriété (loi du 18 juillet 1837, art. 7) ;

Considérant que la législation spéciale de l'Algérie ne contient aucune dérogation à cette règle ; qu'ainsi, à la suite du décret du 26 janvier 1871, qui a érigé en commune distincte la section de Mustapha, il n'appartenait pas au préfet du département d'Alger d'arrêter, entre l'ancienne et la nouvelle commune, la répartition de l'actif et du passif ; que, dès lors, la commune de Mustapha n'est pas fondée à se prévaloir de l'arrêté irrégulièrement pris par le préfet du département à la date du 24 décembre 1874, pour demander la liquidation d'une quote-part des produits de l'abattoir d'après les bases fixées par cet arrêté ; qu'ainsi sa réclamation doit être rejetée... (1).

Ainsi, aux termes de cet arrêt, la règle de droit commun d'après laquelle il appartient aux conseils de préfecture de reconnaître et de déclarer l'existence et les effets d'un partage de biens indivis effectué entre les communes par l'administration, et par suite d'apprécier la légalité de l'acte administratif produit devant lui comme ayant réglé les conditions de ce partage, devrait s'appliquer également au cas où le partage des biens communaux aurait été pratiqué par l'administration *à la suite* d'une distraction de commune.

Dans ce cas, en effet, l'acte de distraction n'étant pas en jeu, cette règle devait être scrupuleusement observée.

Mais aujourd'hui, aux termes de l'art. 7, § 5, de la loi du 5 avril 1884, les actes qui prononcent des changements de circonscription de communes en déterminent eux-mêmes toutes les conditions. C'est donc à l'autorité compétente pour statuer sur la modification territoriale à régler, dans l'acte même qui l'opère, les conditions relatives au partage des biens indivis. Par conséquent, ces partages suivent le sort de l'acte principal, et, comme lui, échappent à tout recours sur le fond.

Dès lors, les conseils de préfecture n'auraient pas plus le droit d'apprécier la légalité de ces partages que celui d'en déclarer et d'en reconnaître les effets.

Comme le dit très bien M. Roussel (2) : « Le partage des biens

(1) La décision par laquelle le ministre de l'Intérieur avait annulé l'arrêté du 24 décembre 1874 aurait dispensé le conseil d'Etat de statuer, s'il avait été saisi d'un recours pour excès de pouvoir ; en effet, l'acte incriminé n'existant plus, le recours eût été sans objet. Mais il s'agissait d'une réclamation par la voie contentieuse, et il y avait lieu pour le conseil d'Etat de se prononcer, puisque la commune de Mustapha demandait l'application rétroactive de l'arrêté du 14 décembre 1874, depuis la date de sa promulgation jusqu'au jour où le ministre de l'Intérieur l'avait réformé. Dans ces circonstances, le conseil d'Etat, en se fondant sur ce que cet arrêté n'était pas valable, devait refuser d'en faire l'application.

(2) *Répert. du droit adm.*, V° *Commune*, n° 374, note.

communaux, inséré à l'acte de distraction, perd son caractère individuel pour participer entièrement de la nature et, par conséquent, des immunités de l'acte dont il n'est qu'une des conditions. Il n'est plus qu'un simple partage d'actif qui est un acte d'administration pure, lorsqu'il se présente comme attaché à un remaniement territorial. La légalité n'en peut être soumise plus que le fond à un autre juge que l'acte même. Le conseil d'Etat, juge de l'excès de pouvoir, dont l'acte de distraction peut être entaché, est donc désormais le seul appréciateur possible de la légalité d'un partage ainsi lié à l'acte de distraction d'une manière indissoluble. » (1).

Enfin, par un arrêt en date du 5 juin 1891 (2), le conseil d'Etat a décidé que, bien que l'art. 7, § 5, de la loi du 5 avril 1884 exige que les actes qui prononcent des réunions ou des distractions de communes en déterminent expressément toutes les conditions autres que celles énumérées dans les alinéas précédents, il n'appartient cependant qu'à l'autorité compétente pour prononcer le changement de circonscription d'indiquer les conditions qu'elle estime devoir insérer dans l'acte modifiant les circonscriptions communales, et que les omissions que l'on pourrait relever à ce point de vue dans le décret ou dans la décision du conseil général ne sont pas un motif suffisant pour justifier l'annulation de ces actes pour excès de pouvoirs.

Cet arrêt est intervenu dans les circonstances suivantes :

Par une délibération en date du 30 août 1888, le conseil municipal de la commune de La Ferté-Bernard (Sarthe) demanda l'annexion à son territoire de la commune de Saint-Antoine-de-Rochefort et d'une portion des communes de Cherré et de Cherreau.

A la suite de l'instruction à laquelle fut soumise cette affaire, qui était déjà venue devant le conseil d'Etat en 1884 et en 1886 (3), un projet de réunion fut envoyé à l'examen de la haute assemblée.

Dans sa séance du 18 juillet 1889, le conseil d'Etat, tout en adoptant le projet, y apporta diverses modifications dont le Gouverne-

(1) Il est à remarquer, en effet, qu'il peut y avoir lieu à partage, non seulement lorsqu'une section est distraite d'une commune pour être érigée en commune séparée, cas auquel il faut une loi et où, par suite, le recours pour excès de pouvoir serait impossible ; mais encore lorsqu'une fraction de territoire est détachée d'une commune pour être réunie à une autre commune. Dans ce dernier cas, le conseil général ou le Président de la République étant compétents pour statuer, leur décision pourrait être, en raison de certaines circonstances que l'on connaît, déférée au conseil d'Etat pour excès de pouvoir.

(2) *Rec.*, p. 411, — et *Rev. gén. d'adm.*, 1891, t. II, p. 435 et suiv.

(3) Nous avons vu, en effet, que, par un arrêt en date du 18 mai 1888, le conseil d'Etat a annulé, pour excès de pouvoir, un décret du 23 juillet 1886, qui annexait à la commune de La Ferté-Bernard les deux communes de Cherré et de Saint-Antoine-de-Rochefort.

ment tint compte pour la rédaction définitive du décret, en date du 22 juillet 1889, modifiant la circonscription territoriale des communes de Cherré et de Cherreau, et annexant la commune de Saint-Antoine-de-Rochefort tout entière à la ville de La Ferté-Bernard.

Ce décret du 22 juillet, après avoir disposé, dans son art. 2, que le remaniement territorial aurait lieu sans préjudice des droits d'usage et autres qui pouvaient être respectivement acquis, ajoutait :

Art. 3. — Conformément à l'engagement pris dans la délibération du conseil municipal de La Ferté-Bernard, en date du 20 février 1889, cette commune payera à la commune de Cherré : 1° une somme de 5,000 francs pour lui permettre de construire un cimetière sur son territoire ; 2° une somme de 25,000 francs, mais dans le cas seulement où la commune de Cherré viendrait à être séparée de celle de La Ferté-Bernard sous le rapport du culte, pour être érigée en succursale distincte. La commune de La Ferté-Bernard contribuera pour moitié dans la dépense qu'occasionnera à la commune de Cherré la construction d'une école de filles.

Art. 4. — La commune de Cherré aura le droit de faire inhumer ses morts dans le cimetière de l'ancienne commune de Cherré, jusqu'à ce qu'elle ait établi un cimetière nouveau.

Sur ce, les communes de Saint-Antoine-de-Rochefort, de Cherré et de Cherreau, représentées par leurs maires en exercice, à ce autorisés par leurs conseils municipaux respectifs, et divers propriétaires de ces mêmes communes agissant individuellement, formèrent devant le conseil d'Etat au contentieux un recours pour excès de pouvoirs contre le décret précité. Ils alléguaient que ce décret n'avait pas été rendu conformément aux dispositions précises de la loi du 5 avril 1884, dont l'art. 7 exige que les actes qui prononcent des réunions ou des distractions de communes en déterminent expressément toutes les conditions autres que celles qui sont énumérées aux premiers alinéas.

Le décret attaqué, disait-on, a omis, notamment, de trancher les difficultés qui pourraient s'élever sur les points suivants :

1° Aux termes du décret du 22 juillet 1889, la commune de La Ferté-Bernard, conformément à l'engagement pris par son conseil municipal, doit payer à Cherré une indemnité de 30,000 francs pour lui permettre de construire un cimetière et une église. Mais cet acte ne s'explique pas sur le point de savoir si les nouveaux annexés doivent ou non contribuer au paiement de cette indemnité ;

2° De même on a omis de trancher la question relative à l'érection d'une succursale dans la commune de Cherré, en sorte que les habitants de cette commune ne savent s'ils seront privés d'un édifice consacré au culte et d'un presbytère;

3° Le décret est également muet sur la mesure dans laquelle les populations annexées doivent contribuer au remboursement des emprunts contractés par La Ferté-Bernard, et sur la répartition des biens des pauvres, laissant pendante la question de savoir si ces biens doivent être partagés proportionnellement au chiffre des habitants ou au nombre des indigents;

4° Le décret, enfin, ne s'est pas expliqué en ce qui concerne l'hospice et les rapports des anciennes communes avec les populations annexées.

Ces omissions, concluait-on, sont contraires au texte de l'art. 7 de la loi du 5 avril 1884, et justifient l'excès de pouvoirs allégué dans le recours.

Le ministre de l'Intérieur présenta sur le pourvoi d'intéressantes observations, et conclut au mal fondé de la requête par les considérations suivantes :

En rédigeant l'art. 7 de la loi du 5 avril 1884, dit-il, le législateur a voulu mettre les pouvoirs publics en demeure d'examiner, dans leurs conséquences immédiates et avant leur réalisation, les projets tendant à modifier les circonscriptions territoriales. En ordonnant l'insertion des conditions de la distraction ou de la réunion dans l'acte qui édicte ces mesures, il a eu pour objet de prévenir le retour de certaines difficultés qui s'étaient produites sous l'empire de la législation précédente. Mais si le vœu du législateur est formel, il convient de préciser la portée de ses prescriptions.

Il n'a pu entendre assimiler à un contrat de mariage, ainsi que le prétendent les requérants, ou plutôt, dans l'espèce, à l'acte qui règle la séparation de biens résultant d'un divorce, la loi ou le décret qui prononcent la réunion ou la distraction d'anciennes communes. En effet, les relations entre deux êtres moraux peuvent toujours se modifier, ce qui est impossible quand il s'agit des biens de deux époux, puisque leurs rapports pécuniaires sont régis d'une manière immuable par leur contrat de mariage. La disposition de l'art. 7 ne saurait donc être entendue d'une manière aussi rigoureuse que les art. 1395 et 1451 du Code civil, que les requérants semblent disposés à vouloir appliquer dans l'espèce actuelle. D'autre part, il n'est édicté par aucun texte que l'acte qui ne détermine pas expressément et sans exceptions toutes les conditions possibles d'une réunion ou d'une distraction de communes pourra être annulé.

Le vœu de l'art. 7 est donc dépourvu de sanction. Et il n'en saurait être autrement, car cet article vise indistinctement le cas où l'acte dont il s'agit est un décret ou une loi (art. 6). Or il est bien évident que, dans cette dernière hypothèse, le pouvoir du législateur est arbitraire et sans appel.

Faut-il appliquer une autre règle au décret rendu en conseil d'État ? Les principes généraux du droit administratif ne s'y opposent pas ; mais il serait étrange que la forme de l'acte déterminât seule la possibilité du recours, alors qu'en fait le décret rendu dans la forme des règlements d'administration publique statue en réalité par délégation du législateur.

Mais, sans insister sur ce point, le décret du 22 juillet 1889 me paraît en fait à l'abri du reproche qu'on lui adresse. Lorsqu'une commune ou une section est rattachée à une autre commune, le rattachement entraîne certaines conséquences qui en découlent de plein droit et qu'il est par suite inutile d'énumérer. Pour continuer la comparaison faite par les requérants, je dirai qu'il existe pour ces actes, comme pour les contrats de mariage, des dispositions de droit commun, tracées par la loi elle-même et applicables dans le silence des parties. Par le fait même de leur réunion à une commune, les populations annexées participent aux bénéfices et aux charges dont jouissent ou sont grevés leurs nouveaux concitoyens. Les indigents, dont le domicile se trouve transporté sur le territoire annexé, sont, en vertu d'une fiction légale, considérés comme ayant toujours été domiciliés sur ce territoire, par une sorte de droit de *postliminium*, analogue à celui que certains jurisconsultes appliquent aux habitants des territoires passés sous une autre souveraineté.

En un mot, le droit commun est que les habitants, anciens ou nouveaux, d'une commune annexée ou démembrée, sont soumis *ipso facto* à la condition des habitants de la commune dont ils se trouvent faire partie en dernier lieu, et, dans le silence de l'acte intervenu, ce droit commun s'applique de lui-même. Que si, au contraire, les conditions de la réunion ou de la distraction contiennent une dérogation à ce droit commun, il est indispensable de les indiquer. Je ne parle pas, bien entendu, de celles que la loi indique elle-même, aux quatre premiers alinéas de l'art. 7 de la loi du 5 avril 1884.

Il s'ensuit que si les conditions exceptionnelles ne sont pas indiquées, la réunion ou la distraction est pure et simple, et sans conditions autres que celles que je viens de rappeler. Mais le plus souvent, des raisons d'équité motivent des exceptions nouvelles. Ainsi, lorsqu'une école ou un chemin ont été construits sur le territoire annexé ou distrait, à l'aide d'un emprunt non encore remboursé, il est juste que la commune à laquelle ce territoire est réuni, et qui profite des travaux, contribue au remboursement des dépenses effectuées, ou même les supporte entièrement, si les travaux ont eu lieu dans l'intérêt exclusif de son territoire.

Au contraire, d'après le droit commun, la commune qui a contracté l'emprunt devrait seule rester engagée, tandis que les constructions deviendraient la propriété de la commune qui profite de l'annexion. Il faut donc que les dispositions par lesquelles on déroge à ce droit commun soient insérées expressément dans le décret ou la loi.

D'autres fois la commune morcelée possède des biens destinés à secourir les indigents. L'application du droit commun conduirait à décider que les indigents établis sur les territoires annexés passent à la charge de la commune à laquelle ils sont rattachés, sans aucune indemnité, puisque en principe toute commune doit secourir les indigents établis sur son territoire. Mais comme ici cette règle générale serait contraire à l'équité, il est d'usage, en pareil cas, que les biens des pauvres soient partagés entre les deux communes. Cette disposition étant encore une dérogation au droit commun, doit également être inscrite dans le texte.

Il résulte de ces principes que, du moment où il ne semblait pas qu'il y eût lieu d'introduire dans le décret du 22 juillet 1889 une dérogation de ce genre, le décret attaqué n'avait pas à dire par qui serait supporté le passif actuel et futur de la commune de La Ferté-Bernard, puisque, ainsi que l'a fait observer le conseil d'Etat lui-même, dans une note du 18 juillet 1889, les charges communales sont de plein droit supportées par l'universalité des contribuables de la commune. C'est pourquoi cette assemblée a supprimé l'art. 4 du projet, qui contenait à cet égard une disposition jugée inutile.

De même il était superflu de s'expliquer expressément sur la répartition des biens des pauvres. En effet, en ce qui concerne Saint-Antoine-de-Rochefort, la commune tout entière a été annexée à celle de La Ferté-Bernard, et les biens appartenant aux pauvres se sont trouvés de plein droit passer sous l'administration du bureau de bienfaisance de La Ferté-Bernard. Quant aux communes de Cherré et de Cherreau, le conseil d'Etat a estimé que l'application du droit commun était conforme à l'équité; il a, en conséquence, supprimé l'art. 5 du projet de décret, d'après lequel les biens des pauvres devaient être partagés entre les nouvelles communes de Cherré et de Cherreau d'une part, et les parties distraites d'autre part, proportionnellement à leur population municipale.

Le conseil d'Etat a donc fait lui-même l'application, en la circonstance, de la règle que je rappelais tout à l'heure, puisqu'il a jugé inutile d'insérer des dispositions qui consacraient le droit commun au lieu d'y déroger.

Mais, disent les requérants, il s'agit là d'un acte qui n'est pas public, et que les intéressés ignoreraient sans la communication du ministre de l'Intérieur. On ne saurait donc y rechercher le complément d'un décret qui n'en a point reproduit les termes. Cette observation serait juste, si la note du conseil d'Etat avait contenu des indications dérogeant au droit commun ; or, nous avons vu qu'il n'en est rien. Le conseil d'Etat n'a donc, pas plus que le décret attaqué, omis de statuer ; il a statué implicitement, quoique très nettement, en repoussant certaines dispositions, soit comme superflues, soit comme sans opportunité.

Enfin, les requérants commettent une erreur de fait lorsqu'ils disent que la question relative à l'érection d'une succursale dans la commune de Cherré demeure pendante, et aurait dû être tranchée. Il résulte, en effet, de l'art. 3 du décret que la commune de Cherré n'est pas séparée de celle de La Ferté-Bernard sous le rapport du culte. Cet article décide seulement que, si plus tard la commune de Cherré vient à être érigée en succursale distincte, la commune de La Ferté lui payera, à titre d'indemnité, la somme de 25,000 francs. Je me bornerai sur ce point à rappeler que cette disposition émane de la seule initiative du conseil d'Etat, et qu'elle a été introduite dans le décret sur ses observations.

En ce qui concerne les hospices, il existe à La Ferté un établissement de ce genre. Les conditions auxquelles sont admis les malades et vieillards, tant de la ville que des communes voisines, étaient fixées lors du décret d'annexion; celui-ci n'y ayant apporté aucune modification, elles continueront nécessairement à être appliquées, en vertu des principes rappelés ci-dessus.

L'énumération de toutes les conditions d'un changement de circonscription territoriale ne saurait, d'ailleurs, être complète. Il peut toujours se présenter des difficultés imprévues au moment où la réunion ou la distraction se sont effectuées, et si l'on admettait la théorie du recours, que tout doit être à jamais fixé à un moment donné, il n'est aucun acte de ce genre qui ne puisse, quelque minutieuse qu'ait été l'instruction, être annulé pour violation de l'art. 7 de la loi du 5 avril 1884.

Conformément à ces conclusions, le conseil d'Etat rejeta le recours formé devant lui par la décision suivante :

Vu la requête sommaire et le mémoire ampliatif présentés pour les communes de Saint-Antoine-de-Rochefort, de Cherré et de Cherreau, représentées par leurs maires en exercice, dûment autorisés par leurs conseils municipaux respectifs, et pour les sieurs Baine..., propriétaires à Cherré, à Saint-Antoine-de-Rochefort ou à Cherreau, agissant individuellement, ladite requête et ledit mémoire enregistrés au secrétariat du contentieux du conseil d'Etat les 13 août 1889 et 26 mars 1890, tendant à ce qu'il plaise au conseil annuler, pour excès de pouvoir, un décret en date du 22 juillet 1889, portant annexion à la commune de La Ferté-Bernard de la commune de Saint-Antoine-de-Rochefort et d'une partie des communes de Cherré et de Cherreau ;

Attendu que l'art. 7 de la loi du 5 avril 1884, après avoir édicté diverses dispositions relatives à la propriété des biens appartenant aux communes réunies, en tout ou en partie, à une autre commune, à la jouissance des biens dont les fruits sont perçus en nature, à la propriété des édifices et autres immeubles servant à un usage public, stipule que les actes qui prononcent des réunions de communes en déterminent expressément toutes les autres conditions ; qu'il suit de là qu'un décret ne peut modifier des circonscriptions communales sans fixer expressément toutes les conditions de la réunion ; que si le décret du 22 juillet 1889 dispose que la commune de La Ferté-Bernard doit payer à la commune de Cherré une indemnité de 30,000 francs pour lui permettre de construire un cimetière et une église, et prendre à sa charge la moitié de la dépense qu'occasionnera à la commune de Cherré la construction d'une école de filles, ledit décret ne s'explique pas sur le point de savoir si les nouveaux annexés doivent ou non contribuer au paiement de ces indemnités, ni sur la question relative à l'érection d'une succursale dans la commune de Cherré, ni sur la mesure dans laquelle les populations annexées doivent contribuer au remboursement des emprunts contractés par La Ferté-Bernard, ni sur la répartition des biens des pauvres ; qu'ainsi le décret attaqué a été rendu contrairement aux prescriptions de la loi du 5 avril 1884, et ne saurait être complété ni par un décret ultérieur, ni par les instructions émanées du ministre de l'Intérieur ; qu'il doit, par suite, être annulé pour excès de pouvoirs ;

Vu le décret attaqué ;

Vu les observations du ministre de l'Intérieur, en réponse à la communication qui lui a été donnée du présent pourvoi, les dites observations enregistrées comme ci-dessus le 21 juillet 1890, et tendant au rejet du pourvoi, attendu qu'en ordonnant l'insertion des conditions de la distraction ou de la réunion dans l'acte qui édicte ces mesures, le législateur de 1884 a entendu prévenir le retour de certaines difficultés qui s'étaient produites sous l'empire de la loi du 18 juillet 1837, mais n'a édicté par aucun texte que l'acte qui ne détermine pas expressément et sans exception toutes les conditions possibles d'une réunion ou d'une distraction de communes pourra être annulé; qu'en fait, le décret du 22 juillet 1889 a déterminé toutes les conséquences de l'annexion qu'il a prononcée, autres que celles dont l'énumération est inutile comme résultant de plein droit du rattachement; qu'ainsi les requérants ne sont en droit de se prévaloir d'aucune violation de l'art. 7 de la loi du 5 avril 1884;

Vu le mémoire en réplique présenté pour les communes de Cherré, Cherreau, Saint-Antoine-de-Rochefort, et pour les sieurs Baine et autres, ledit mémoire enregistré comme ci-dessus le 29 décembre 1890, par lequel les requérants déclarent persister dans leurs précédentes conclusions;

Vu les autres pièces produites et jointes au dossier;

Vu les lois du 5 avril 1884, des 7-14 octobre 1790 et du 24 mai 1872, art. 9;

Ouï...

Considérant qu'à l'appui du recours formé contre le décret du 22 juillet 1889, portant annexion à la commune de La Ferté-Bernard de la commune de Saint-Antoine-de-Rochefort et d'une partie des communes de Cherré et de Cherreau, les requérants n'invoquent aucun moyen tiré de ce que ledit décret, qui a modifié les circonscriptions communales, n'aurait pas été précédé des formalités prescrites par la loi du 5 avril 1884; qu'ils se bornent à soutenir que le décret attaqué n'aurait pas déterminé expressément toutes les conditions de la réunion des communes, ci-dessus mentionnées, contrairement aux prescriptions de l'art. 7 de la loi du 5 avril 1884;

Mais considérant que si les conditions attachées à la distraction ou à la réunion des communes doivent être réglées par l'autorité qui prononce cette distraction ou cette réunion, il n'appartient qu'à ladite autorité de déterminer les conditions qu'elle estime devoir insérer dans l'acte modifiant les circonscriptions communales; que le décret du 22 juillet 1889 a statué sur les conditions que le Gouvernement a cru devoir régler par des dispositions spéciales; qu'ainsi les requérants ne sont pas fondés à demander l'annulation du décret attaqué pour violation de l'art. 7 de la loi du 5 avril 1884;

Décrète :

Article premier. — La requête des communes de Saint-Antoine-de-Rochefort, Cherré et Cherreau, et des sieurs Baine et autres, est rejetée.

SECTION II

Quelles personnes ont qualité pour introduire devant le conseil d'Etat un recours pour excès de pouvoir contre l'acte qui prononce un changement de circonscription communale?

On sait qu'en principe, pour pouvoir attaquer un acte par la voie du recours pour excès de pouvoir, il faut avoir un intérêt direct et personnel à l'annulation de cet acte. Mais il n'est pas nécessaire que cet intérêt direct et personnel soit un intérêt pécuniaire ou matériel ; un intérêt moral peut suffire, pourvu qu'il touche directement l'auteur du recours. Toutefois, le recours serait non recevable pour défaut de qualité, si le requérant n'invoquait pas d'autre intérêt que celui du public ou de la généralité des habitants. Dans ce cas, en effet, ce n'est pas sa personne qui est en jeu, c'est la commune, la ville, la collectivité tout entière, laquelle a des représentants légaux, ayant seuls qualité pour agir en son nom (1).

Au reste, c'est au conseil d'Etat qu'il appartient d'examiner, dans chaque espèce, si les parties qui ont formé devant lui un recours pour excès de pouvoir avaient qualité pour le faire ; et les pouvoirs dont il jouit en cette matière sont des plus étendus.

Ainsi, il a décidé que les habitants d'une commune avaient qualité pour demander en leur nom personnel l'annulation d'un arrêté préfectoral prescrivant la translation d'un cimetière, estimant, non sans raison, que ces habitants avaient un intérêt, moral il est vrai, mais direct et personnel, à ce que les lieux de sépulture, où reposent les corps de leurs proches, ne fussent pas déplacés illégalement (2).

Mais il a rejeté le recours pour excès de pouvoir formé devant lui contre un décret autorisant une inhumation dans une église, par un particulier qui, sans invoquer un préjudice à lui causé par cet acte, soutenait simplement que tout habitant avait intérêt à l'obser-

(1) Voir Laferrière, *Traité de la juridiction administrative*, t. II, p. 405... — Dalloz, *Code des lois administratives*, V° *Conseil d'Etat*, n°s 809 et suiv.

(2) Arrêts du conseil d'Etat du 10 janvier 1856, Renout et autres (*Recueil*, p. 25); — du 13 décembre 1878, Anty et consorts (*Rec.*, p. 1006).

vation des prescriptions édictées, non seulement pour maintenir le principe de l'égalité civile, mais aussi par des motifs d'hygiène et de salubrité, et avait, par suite, qualité pour s'opposer à ce que ces prescriptions fussent violées (1).

De même, saisi, en vertu de l'art. 88 de la loi du 10 août 1871, d'un grand nombre de pourvois contre des décisions de commissions départementales classant des chemins vicinaux ordinaires, il a admis la recevabilité des requêtes émanant de propriétaires riverains du chemin à classer; et, au contraire, il a rejeté les pourvois d'autres habitants non riverains des chemins, en se fondant sur ce que les requérants ne justifiaient pas d'un intérêt direct et personnel, mais se prévalaient seulement de l'intérêt de la généralité des contribuables (2).

Si donc on suppose qu'une modification est apportée à la circonscription territoriale d'une commune, faut-il admettre que tout habitant de cette commune est recevable à déférer pour excès de pouvoir au conseil d'Etat la délibération du conseil général ou le décret qui l'a opérée?

Certains auteurs, comme M. de Ramel (3) et M. Godefroy (4), mettent complètement à part le cas où il a été statué sur le changement de circonscription par une décision du conseil général, conformément à l'art. 6, § 4, de la loi municipale. Dans cette hypothèse, ils soutiennent que le débat public est un moyen suffisant de faire respecter les prescriptions de la loi, et que le préfet seul, par application de l'art. 47 de la loi du 10 août 1871, aurait le droit de former un recours pour excès de pouvoir.

Mais cette doctrine nous paraît inadmissible, attendu que le recours qui appartient au préfet, en vertu de l'art. 47 de la loi du 10 août 1871, n'est pas un véritable recours pour excès de pouvoir.

On sait, en effet, que le recours pour excès de pouvoir doit être formé dans les trois mois qui suivent le jour où l'acte attaqué a été mis à exécution, et qu'il doit être porté devant le conseil d'Etat qui statue au contentieux.

Or, le recours dont parle l'art. 47, le préfet doit le former dans le délai de vingt jours, à partir de la clôture de la session du conseil

(1) Arrêt du conseil d'Etat du 8 août 1873, Delucq (*Rec.*, p. 729).

(2) Arrêt du conseil d'Etat du 5 décembre 1873, commune de Saint-Maurice (*Rec.*, p. 889). — Voir également l'arrêt du conseil d'Etat du 30 novembre 1877 (*Rec.*, p. 946).

(3) *Comment. de la loi du 5 avril* 1884, notes sous l'art. 7.

(4) Etude sur les communes de plein exercice de l'Algérie sous l'empire de la loi du 5 avril 1884. — *Revue algérienne et tunisienne*, 1888, p. 67.

général ; il doit l'adresser, non pas au conseil d'Etat, mais au ministre de l'Intérieur, et le notifier au président du conseil général et au président de la commission départementale. Cette double notification sert de point de départ à un délai de deux mois, pendant lequel le Président de la République peut prononcer l'annulation. Enfin, le décret par lequel le Président de la République annule la délibération du conseil général doit être rendu en assemblée générale du conseil d'Etat; c'est donc nécessairement un décret rendu dans la forme des règlements d'administration publique.

On voit donc que le recours accordé au préfet par l'art. 47 de la loi du 10 août 1871 constitue, en réalité, un recours hiérarchique, une sorte de contrôle administratif. Par suite, il n'y a pas de raison pour priver dans ce cas les habitants du droit de demander au conseil d'Etat, par la voie du recours pour excès de pouvoir, l'annulation de la délibération du conseil général lorsque, bien entendu, ils ont un intérêt direct et personnel à l'annulation de cet acte (1).

Nous allons voir, du reste, que le recours pour excès de pouvoir peut être ouvert aux habitants d'une commune contre le décret qui a modifié sa circonscription. Or, il serait étrange de leur refuser ce droit lorsque la modification a été opérée par le conseil général, c'est-à-dire par une autorité à laquelle la loi ne reconnaît que le droit de prononcer des changements de circonscriptions communales d'une moindre importance, et lorsque le conseil d'Etat n'a pas été consulté.

Il faut donc rechercher, sans distinguer si le changement de circonscription a été prononcé par un décret ou par une délibération du conseil général, si les habitants de la commune transformée ont qualité pour demander au conseil d'Etat l'annulation de l'acte qui l'a opéré.

Or, M. Roussel, qui s'est occupé de la question dans le *Répertoire du droit administratif* (2), reconnaît aux habitants le droit de former le recours pour excès de pouvoir contre l'acte qui a modifié la circonscription de leur commune, lorsque c'est l'enquête qui a été omise. « L'enquête, dit-il, est le point de départ de l'instruction. C'est la garantie maîtresse, pour les particuliers, puisqu'elle les appelle, l'un après l'autre, à exprimer librement et personnelle-

(1) Telle est, d'ailleurs, l'opinion adoptée par M. Marie, dans son *Traité de l'administration départementale*, 1882, p. 175. « Le recours de l'art. 47, dit-il, n'est ouvert qu'au préfet seul ; quant aux tiers, que l'exécution pourra atteindre ultérieurement, ils auront à leur disposition les voies ordinaires du droit. »

(2) V° *Commune*, n°s 376 et 381, *fine*.

ment ses vœux propres, en dehors de toute influence voisine. Aussi le recours contre les décisions entachées d'un vice de ce genre appartient-il à tout habitant; et quand nous disons à tout habitant, c'est à tout contribuable, même non résidant; en un mot, à toute personne individuellement appelée de droit à l'enquête. » Mais il le leur refuse dans tous les autres cas. « Le recours *ut singuli* des habitants, dit-il, est nécessairement limité aux phases de la procédure où un droit individuel est ouvert à chacun d'eux. »

Pour nous, il nous est impossible d'admettre cette restriction, et nous estimons que les habitants d'une commune auraient qualité pour demander au conseil d'Etat l'annulation de l'acte qui apporterait une modification à sa circonscription, en violant une des règles de compétence ou de procédure prescrites par la loi du 5 avril 1884, quelle que soit, d'ailleurs, la formalité de l'instruction qui ait été omise.

Toutes ces règles, en effet, ont été établies dans leur intérêt, et, comme le dit M. Trolley (1), en violant les règles protectrices de votre intérêt, on viole votre droit.

D'autre part, il est bon de rappeler que, aux termes de l'art. 3, § 2, de la nouvelle loi municipale, les habitants, ou mieux les électeurs inscrits d'une commune ou d'une section de commune, ont le droit de forcer le préfet à prescrire, dans les communes intéressées, une enquête sur le projet en lui-même et sur ses conditions, c'est-à-dire à ouvrir l'instruction. Il est donc juste que, cette instruction une fois commencée, ils puissent exiger qu'elle soit achevée conformément à la loi (2).

Enfin, comme le faisait remarquer M. Le Vavasseur de Précourt, maître des requêtes au conseil d'Etat (3), « dans ces circonstances, ce n'est pas seulement un intérêt général que défend le contribuable qui attaque un décret modifiant la circonscription de la commune à laquelle il appartient; il peut, soit comme contribuable, appelé à participer aux dépenses qu'entraîne le remaniement territorial, soit comme ayant sur les biens communaux certains droits, avoir un intérêt personnel qui justifie la recevabilité de son action ».

(1) *Traité de la hiérarchie administrative*, t. I, p. 68, n° 39.

(2) Il est vrai que cet art. 3 ne reconnaît le droit d'initiative en cette matière qu'au tiers des électeurs inscrits de la commune ou de la section de commune intéressée, et que l'on pourrait, par suite, soutenir que si le droit de recours découle du droit d'initiative, il faut le soumettre aux mêmes conditions. — Mais cette objection ne saurait nous arrêter, car nous ne fondons pas notre théorie sur cet unique argument.

(3) Observations sur l'arrêt du conseil d'Etat du 23 mars 1880. — *Rev. gén. d'adm.*, 1880, t. I, p. 447.

Telle est, d'ailleurs, l'opinion adoptée par M. Brémond.

« Nous croyons, dit-il (1), qu'on peut se montrer très large vis-à-vis des habitants; la modification de la circonscription de la commune peut, en somme, entraîner pour chacun d'eux une augmentation d'impôts, une gêne dans les communications avec le chef-lieu municipal, une diminution dans le bénéfice qu'il retirait de la jouissance ou de l'usage des biens communaux, et bien d'autres embarras ou entraves pour les affaires; ce sont là des intérêts suffisants pour justifier le recours pour excès de pouvoir. » (2).

Le conseil d'Etat a été appelé plusieurs fois à statuer sur des recours formés par des habitants individuellement, dans des cas où le motif invoqué était l'omission de l'enquête.

Ainsi, dans une hypothèse voisine de la nôtre, il a admis la recevabilité d'un recours formé par plusieurs habitants contre un décret du 22 janvier 1877, qui avait modifié la circonscription des paroisses de Blain et de Saint-Omer, sans qu'il ait été auparavant procédé à une enquête : mais, au fond, il a rejeté leur requête, par le motif que cette mesure d'instruction n'était exigée par aucune loi ou règlement, et que, dès lors, ils n'étaient pas fondés à prétendre que le décret attaqué était entaché d'excès de pouvoir (3).

La même question a été de nouveau portée devant lui dans les circonstances suivantes :

Le conseil d'Etat avait été saisi, en 1873, d'un projet de décret tendant à ériger en commune distincte la section de Loubaresse, distraite de la commune de Chaliers (Cantal). Toutes les formalités prescrites par le titre Ier de la loi du 18 juillet 1837 avaient été remplies ; une enquête avait eu lieu ; les conseils municipaux, le conseil d'arrondissement, le conseil général avaient été consultés. — Le conseil d'Etat émit un avis contraire, et le ministre de l'Intérieur, par lettre du 14 avril 1875, informa le préfet du Cantal qu'en présence de cet avis du conseil d'Etat, le Gouvernement n'avait pas cru devoir passer outre. Mais l'année suivante, le conseil général insista pour que l'affaire fut reprise ; le conseil d'Etat, consulté à nouveau, émit un avis favorable, en raison des faits nouveaux qui lui furent indiqués, et un décret du 7 février 1878 érigea la section en commune distincte.

Un habitant d'un des hameaux composant la nouvelle commune,

(1) *Revue critique de législation*, 1890, p. 175.

(2) Voir, dans le même sens, Dalloz, note 2 sous l'arrêt du conseil d'Etat du 18 mai 1888 (1889. 3. 83).

(3) Arrêt du conseil d'Etat du 8 février 1878, Sorlais, Sicard et autres (*Rec.*, p. 125).

le sieur de Longevialle, déféra alors le décret au conseil d'Etat pour excès de pouvoir, comme n'ayant pas été précédé des formalités d'enquête et autres prescrites par la loi de 1837 ; et le conseil d'Etat admit le pourvoi, mais rejeta la requête (1).

En outre, nous avons vu, dans la section précédente, que, dans un cas où l'initiative d'un changement de circonscription territoriale avait été prise par les habitants d'une commune, conformément à l'art. 3, § 2, de la loi du 5 avril 1884, le conseil d'Etat avait rejeté, par un arrêt du 17 février 1888, le recours pour excès de pouvoir formé devant lui par les habitants de cette commune, contre une décision par laquelle le ministre de l'Intérieur les informait qu'il s'abstiendrait de soumettre au conseil d'Etat et aux Chambres un projet de loi tendant à la création de la nouvelle commune, en se bornant à déclarer que les actes du pouvoir exécutif concernant ses rapports avec le Parlement ne sont pas de nature à faire l'objet d'un débat par la voie contentieuse et que, dès lors, la requête des habitants devait être rejetée comme non recevable.

On se rappelle que le commissaire du gouvernement avait présenté des conclusions contraires. Et bien que le conseil d'Etat n'ait pas explicitement décidé que les habitants étaient recevables à former dans l'espèce le recours pour excès de pouvoir, il est permis de supposer que s'il avait considéré les requérants comme étant sans qualité, il aurait opposé cette fin de non recevoir plutôt que celle qui était tirée de la nature de l'acte attaqué (2).

Rappelons enfin que, par un arrêt en date du 5 juin 1891 (3), le conseil d'Etat a admis implicitement la validité du recours formé devant lui par les maires et divers propriétaires des communes de Saint-Antoine-de-Rochefort, de Cherré et de Cherreau, contre un décret du 22 juillet 1889, qui avait opéré une modification dans la circonscription de ces communes sans en fixer en même temps toutes les conditions; tout en rejetant au fond leur requête par le motif qu'il appartient exclusivement à l'autorité compétente pour statuer sur le remaniement territorial de déterminer les conditions qu'elle estime devoir insérer dans l'acte qui intervient à cette occasion.

Mais le droit que nous avons ainsi accordé à un particulier de demander au conseil d'Etat l'annulation du décret ou de la délibé-

(1) Arrêt du conseil d'Etat du 23 mars 1880, *Rec.*, p. 338. — D. 1880. 3. 108, — et *Rev. gén. d'adm.*, 1880, 1, p. 445.

(2) Conf. loi du 5 avril 1884, art. 123.

(3) Voir cet arrêt rapporté dans la section précédente, p. 771 et suiv.

ration du conseil général qui a modifié irrégulièrement la circonscription de la commune qu'il habite, appartient-il également aux corps électifs, conseils municipaux, commissions syndicales, conseils d'arrondissement et conseils généraux, en leur qualité collective ?

Des distinctions sont nécessaires.

Ainsi, les commissions syndicales étant instituées uniquement pour représenter les fractions de territoire ayant des intérêts distincts et pour donner leur avis sur le projet de remaniement territorial, ne sauraient jouir de ce droit. Comme dit M. Roussel, ces commissions ne vivent qu'un jour ; à peine leur délibération prise, elles n'ont plus d'existence légale. Il ne pourrait donc être question pour elles d'un acte collectif quelconque en dehors de cette délibération même (1).

D'autre part, ajoute le même auteur (2), « les conseils généraux et les conseils d'arrondissement ne sont, dans l'affaire, que des organes d'administration publique, et nullement des personnes morales intéressées. Ils ont sur l'enquête leur droit de critique, mais ils n'en ont pas d'autre. Aucun recours contentieux ne peut, par suite, leur être ouvert ».

Quant aux conseils municipaux, la question ne saurait faire de doute, et il faut leur accorder sans hésitation le droit de former le recours pour excès de pouvoir.

En effet, dit encore M. Roussel (3), « les conseils municipaux sont à la fois organes d'administration et mandataires des communes intéressées. Or, c'est de la commune précisément et de ses intérêts vitaux qu'il s'agit. Le recours *ut singuli* que nous avons dû reconnaître aux habitants... compète *ut universi* à la généralité des habitants représentés par leurs mandataires légaux, et nous ne voyons pas comment on pourrait contester à une commune le droit d'invoquer au contentieux tous les vices de la procédure, depuis l'enquête jusqu'au bout... »

Une difficulté peut toutefois s'élever, dans ce dernier cas, par l'application de l'art. 9 de la loi du 5 avril 1884.

On sait, en effet, qu'aux termes de cet article, « dans tous les cas de réunion ou de fractionnement de communes, les conseils municipaux sont dissous de plein droit, et il est procédé immédiatement à des élections nouvelles ».

(1) *Répert. du droit adm.*, V° *Commune*, n° 380.

(2) *Op. cit.*, V° *Commune*, n° 381.

(3) *Op. et loc. cit.*

Or, s'il est certain que le droit d'introduire devant le conseil d'Etat le recours pour excès de pouvoir appartient aux nouveaux conseils municipaux, élus conformément à la loi postérieurement au changement de circonscription, on pourrait hésiter à reconnaître le même droit aux anciennes assemblées, dissoutes de plein droit par le fait même du remaniement territorial et n'ayant plus, par suite, aucun pouvoir (1).

Mais nous avons vu que si, par le fait de la modification territoriale, les conseils municipaux étaient obligés de cesser immédiatement leurs fonctions, c'était à la condition que cette modification ait été prononcée légalement ; et nous avons montré que les conseils municipaux avaient qualité pour discuter de la légalité de l'acte qui l'avait opérée (2).

Au reste, cette doctrine a été admise par le conseil d'Etat, dans un arrêt du 18 mai 1888 (3).

En effet, un décret du 23 juillet 1886 ayant réuni à la commune de La Ferté-Bernard (Sarthe) les deux communes de Cherré et de Saint-Antoine-de-Rochefort, les conseils municipaux de ces deux communes, ainsi que plusieurs électeurs à titre individuel, déférèrent ce décret au conseil d'Etat, pour violation des formes légales.

Le ministre de l'Intérieur déposa alors des conclusions tendant à la non recevabilité des requêtes, les conseils municipaux ayant été dissous de plein droit par le fait de l'annexion, et ne pouvant plus, dès lors, autoriser les maires à ester en justice, et les électeurs à titre individuel n'ayant pas qualité pour intervenir.

Mais le conseil d'Etat, sans examiner la recevabilité du recours formé par les habitants, recevabilité que M. Le Vavasseur de Précourt aurait été disposé à admettre, « la loi du 5 avril 1884 reconnaissant aux habitants un droit d'initiative en matière de modifications de territoires communaux », se borna à admettre la requête des conseils municipaux des communes supprimées, dans les termes suivants :

Considérant d'une part que si, aux termes de l'art. 9 de la loi du 5 avril 1884, dans tous les cas de réunion ou de fractionnement de communes, les conseils

(1) Conf. Code pénal, art. 197. — Dalloz, *Répert. alphab.*, V° *Forfaiture*, n° 180. — *Code pénal annoté*, art. 197, n°s 16 et suiv. — Arrêt du conseil d'Etat du 18 mai 1888 (D. 1889. 3. 83, note 1).

(2) Voir sur ce point partie II, chapitre VI, section Ire, p. 647.

(3) *Recueil*, p. 451.

municipaux sont dissous de plein droit, cette disposition ne peut faire obstacle à ce que les communes de Cherré et de Saint-Antoine-de-Rochefort viennent soutenir devant le conseil d'Etat que le décret même qui les a réunies à la commune de La Ferté-Bernard n'a pas été précédé des formalités légales, et que, par suite, il doit être annulé ; qu'ainsi, et sans qu'il soit besoin d'examiner si les sieurs Boinet et autres ont qualité pour déférer ledit décret au conseil d'Etat, le pourvoi des communes de Cherré et de Saint-Antoine-de-Rochefort est recevable...

SECTION III

—

Effets du recours pour excès de pouvoir.

Lorsque le conseil d'Etat annule pour excès de pouvoir le décret ou la décision du conseil général qui a réuni deux ou plusieurs communes en une seule municipalité, ou qui a distrait une fraction de territoire d'une commune pour la rattacher à une autre commune (loi du 5 avril 1884, art. 6) (1), toutes les choses sont remises dans la situation primitive, et au même état où elles étaient avant que le remaniement territorial ne soit opéré.

En sorte que, si le changement de circonscription a consisté dans la réunion de deux ou plusieurs communes, l'arrêt du conseil d'Etat qui annule l'acte qui l'a opérée aura pour résultat de restituer à chacune d'elles sa personnalité distincte et son individualité propre ; et, par suite, de mettre fin *ipso jure* aux pouvoirs du conseil municipal nouvellement élu, pour rétablir également de plein droit les anciennes assemblées des communes un moment supprimées.

En effet, elles n'avaient été frappées que d'une dissolution en quelque sorte conditionnelle ; leur effacement avait été le résultat de la modification territoriale. Cette modification venant à disparaître, ses effets doivent disparaître aussi : *cessante causa, cessat effectus ;* — et elles peuvent reprendre leurs fonctions, ou plutôt les continuer.

C'est ce que montre très bien M. Brémond (2).

(1) On sait, en effet, qu'une nouvelle commune ne peut être créée que par une loi, et qu'alors, comme dans les autres cas, du reste, où le législateur est seul compétent pour statuer sur une modification territoriale (loi du 5 avril 1884, art. 5 et art. 6, § 2), aucun recours n'est possible devant le conseil d'Etat.

(2) Article inséré dans la *Revue critique de législation*, 1890, p. 172 et suiv.

« Quelque extraordinaires qu'ils puissent paraître au premier abord, dit-il, ces résultats sont très corrects. Il est certain, en effet, que les décrets qui statuent sur les modifications à apporter au territoire des communes sont soumis au recours pour excès de pouvoir ; ils peuvent donc être annulés, et dans ce cas la situation qu'ils avaient pour objet de modifier est nécessairement rétablie. Dans notre hypothèse, le rétablissement de la situation antérieure amène forcément la création ou plutôt la restauration de deux communes, et s'il semble que ce résultat soit interdit par l'art. 5 de la loi municipale, qui ne permet de procéder à l'érection d'une commune nouvelle qu'en vertu d'une loi, ce n'est qu'une apparence, car l'art. 5 ne régit pas notre hypothèse, où il n'y a pas, à proprement parler, érection d'une commune nouvelle, mais conservation de deux anciennes communes. L'arrêt du conseil d'Etat entraîne en outre la dissolution du conseil municipal de la nouvelle commune. Car, puisque cette commune est supprimée, le conseil municipal qui avait été nommé pour elle n'a plus aucune raison d'être. L'art. 9 de la loi du 5 avril 1884 décide d'ailleurs que, dans tous les cas de fractionnement de communes, les conseils municipaux sont dissous de plein droit, et c'est bien ici un fractionnement. »

Le principe que nous avons établi, à savoir que seule l'autorité administrative, et plus spécialement le conseil d'Etat, a compétence pour décider si l'acte qui a modifié la circonscription d'une commune était entaché d'un vice pouvant en entraîner la nullité, conduit forcément à cette autre conséquence que les tribunaux judiciaires doivent admettre et appliquer sans discussion les actes administratifs qui ont opéré régulièrement une modification territoriale.

Ainsi il a été jugé que, lorsqu'il résulte d'actes administratifs, émanant de l'autorité compétente, qu'un terrain d'alluvion situé sur la rive d'un fleuve n'a pas cessé d'appartenir au territoire d'une commune située sur la rive opposée, parce que anciennement ce fleuve, quoique formant la ligne séparative de deux provinces, dépendait exclusivement de l'une d'elles, il y a lieu de maintenir cet état de choses, quant à la compétence territoriale, en absence d'un acte législatif qui le modifie ; — que, par suite, le litige relatif au terrain d'alluvion doit être porté devant le tribunal de la commune dont ce terrain dépend, et non devant le tribunal de la commune dont il joint le territoire (1).

La cour de cassation a décidé également, par arrêt en date du

(1) Cass., 9 juillet 1840 (Gordon et consorts c. Gaulier). — DALLOZ, *Répert. alphab.*, V° *Commune*, n° 187.

26 avril 1865 (1), que le décret qui distrait d'une commune l'une de ses sections, implique ainsi que cette section dépendait de la commune dont elle est séparée, et met obstacle à ce que l'autorité judiciaire décide que cette section faisait partie d'une autre commune, le droit de déterminer et de modifier les circonscriptions communales appartenant exclusivement à l'administration.

Voici comment la question s'était présentée. Une loi du 23 avril 1856 avait réuni à la ville de Mâcon deux sections détachées des communes de Charnay et de Flacé. En 1863, la ville de Mâcon actionna ces communes en partage des divers communaux sur lesquels elle soutenait que les deux sections séparées avaient conservé les droits indivis qui leur appartenaient comme fractions des communes dont elles avaient été distraites.

Les communes de Charnay et de Flacé répondirent que les sections au nom desquelles l'action était intentée avaient toujours été partie intégrante de la ville de Mâcon, et jamais des communes défenderesses, union que la loi du 23 avril 1856 n'avait fait que consacrer.

Un jugement du tribunal civil de Mâcon admit ce moyen de défense, et rejeta la demande en partage formée par le maire de Mâcon.

Mais sur l'appel de celui-ci, la cour de Dijon rendit, le 20 janvier 1864, un arrêt infirmatif où il était dit :

Considérant que la loi du 23 avril 1856, qui a prononcé la distraction des sections de Charnay et de Flacé, rend impossible toute discussion relativement à la question de savoir si en réalité les sections de Charnay et de Flacé, réunies à Mâcon, faisaient partie des communes de Charnay et de Flacé avant cette réunion ;

Que c'est une décision de haute administration, contre laquelle il est interdit aux tribunaux de s'élever ;

Qu'au surplus en fait, s'il apparait qu'à une certaine époque il a pu naitre quelque doute à ce sujet, il est néanmoins certain que les maisons bâties formant les hameaux réunis à Charnay et à Flacé l'ont été sur les territoires de Charnay et de Flacé ; qu'il n'existe donc aucune fin de non recevoir à opposer à la demande.

Pourvoi des communes de Charnay et de Flacé, pour violation des art. 5, 6 et 7 de la loi du 18 juillet 1837 ; — fausse application de l'art. 13, titre II, de la loi des 16-24 août 1790, et du principe de la séparation des pouvoirs ; — violation de l'art. 8 de la loi des 19-20

(1) D. 1865. 1. 301.

avril 1790, en ce que l'arrêt attaqué décide qu'une loi qui distrait d'une commune une ou plusieurs sections pour les réunir à une autre commune, ne permet pas aux tribunaux de rechercher si les sections distraites n'ont pas toujours été étrangères à la commune dont la loi les a séparées, et si elles n'ont pas toujours fait partie de celle à laquelle elles ont été unies, bien qu'une telle question n'implique point contradiction avec cette loi de réunion qui a pu ne consacrer qu'un fait préexistant.

Mais la cour de cassation rejeta ce pourvoi par les motifs suivants :

Attendu qu'il appartient à l'autorité administrative de déterminer les circonscriptions communales et de les modifier le cas échéant ;

Attendu que l'arrêt attaqué, en rappelant ce principe et en déclarant surabondamment que les énonciations des actes administratifs, en ce qui concerne les sections distraites des communes de Charnay et de Flacé, étaient justifiées par les documents du procès, n'a violé aucune des dispositions de lois précitées...

Conséquemment, le jugement ou l'arrêt par lequel un tribunal civil ou une cour d'appel usurperait sur les attributions de l'autorité administrative devrait être annulé.

Cependant, on comprend que les tribunaux ne doivent pas être réputés avoir excédé leur compétence, bien qu'ils aient abordé une question rentrant dans les attributions de l'administration, s'ils n'ont point eu réellement la volonté de la résoudre ; et, comme l'a décidé la cour de cassation, dans un arrêt du 15 janvier 1835 (affaire commune de Fayence) (1), on ne saurait imputer à un tribunal d'avoir usurpé sur l'administration le pouvoir de créer une commune pour avoir donné, par erreur, dans un jugement, la qualification de commune à une localité qui ne constituait pas réellement une commune.

Mais l'autorité judiciaire est-elle tenue de respecter l'acte qui a modifié illégalement la circonscription d'une commune, et de le tenir pour valable, tant que le conseil d'Etat ne l'a pas annulé ?

« Ce serait, dit M. Dalloz (2), pousser trop loin le respect dû au principe de la séparation des autorités administrative et judiciaire, ou du moins ce serait en faire une fausse application. Car, il faut bien le reconnaître, si les tribunaux étaient toujours tenus d'exécuter les ordonnances et les règlements sans examiner s'ils

(1) Dalloz, *Répert. alphab.*, V° *Compétence administrative*, n° 214.

(2) *Répert. alphab.*, V° *Commune*, n° 183.

sont ou non d'accord avec les lois, il en résulterait que les citoyens n'auraient aucune garantie contre l'arbitraire de l'administration. »

La cour de cassation s'est plusieurs fois prononcée dans ce sens.

Ainsi, par un arrêt en date du 23 mars 1830 (affaire commune de Montagnac), elle a décidé que le principe de la séparation des pouvoirs ne faisait pas obstacle à ce que l'autorité judiciaire considérât comme sans valeur légale un arrêté préfectoral qui avait réuni une portion de commune à une autre commune dépendant d'un autre département ou arrondissement (1).

Il résulte également d'un autre arrêt de la cour de cassation du 1er juin 1867 (Pantalacci et autres contre Fettiplace) (2), qu'un prévenu ne peut contester la compétence du tribunal correctionnel qui l'a jugé, en se fondant sur ce que le lieu où le délit a été commis aurait été, par arrêté du préfet, distrait de l'arrondissement formant le ressort du tribunal et réuni à un arrondissement voisin ; car un tel changement de délimitation ne peut être opéré que par une loi (3).

(1) Voir Dalloz, *Répert. alphab.*, V° *Requête civile*, n° 162.

Cet arrêt est ainsi conçu :

« Attendu qu'aux termes de la loi du 10 vendemiaire an IV, les communes ne sont responsables que des dommages commis sur leur territoire ; — attendu que, d'après l'art. 481 du Code de procédure civile, les communes sont recevables à attaquer, par la voie de la requête civile, les arrêts et les jugements rendus en dernier ressort, qui les ont condamnées sans qu'elles aient été valablement défendues ; — attendu qu'il résulte de l'arrêt du 5 août 1826 qu'on n'a pas opposé, devant la cour qui l'a rendu, pour la commune de Montagnac, le moyen tiré de ce qu'une partie du dommage que cette commune a été condamnée à réparer avait eu lieu sur un territoire étranger à sa circonscription ; — que l'arrêt attaqué n'a considéré ce moyen comme inconcluant qu'en supposant qu'un arrêté du préfet du département de l'Hérault, du 27 juillet 1812, avait suffi pour réunir une portion du territoire de la commune de Mèze à la commune de Montagnac, et à la faire passer de l'arrondissement de Montpellier à l'arrondissement de Béziers, quoiqu'il résulte en fait des actes produits et de l'aveu de Cazelles, que cette réunion n'avait été consommée qu'en 1819, et qu'en droit une pareille réunion d'une portion du territoire d'une commune au territoire d'une autre commune, et d'une portion d'un arrondissement à un autre arrondissement, qui opère un changement de juridiction civile et administrative, ne puisse être ordonnée que par un acte de l'autorité administrative compétente ; — d'où il suit qu'en admettant la vérité des faits allégués, le moyen omis aurait été de nature à influer sur la décision des juges, et qu'il devait être nécessairement employé pour que la commune de Montagnac eût été valablement défendue ; qu'en cet état de cause l'arrêt attaqué, en rejetant la requête civile, a violé l'art. 481 du Code de procédure civile...

« ..... Casse... »

(2) D. 1867. 1. 412.

(3) Voici les principaux considérants de cet arrêt :

« La cour...

« Sur le moyen unique tiré de la violation des règles de la compétence en ce que l'arrêt attaqué aurait déclaré le tribunal correctionnel de Corte compétent pour connaître du fait incriminé, tandis que le délit reproché à Pantalacci et autres ayant été commis au lieu dit La Rinella, situé, suivant les demandeurs, non dans la commune de Ventiseri, dépendant de

D'autre part, l'autorité judiciaire est seule compétente pour trancher toutes les questions de propriété qui pourraient s'élever entre communes ou sections de commune à propos d'un changement de circonscription territoriale.

Déjà, pendant la préparation de la loi du 18 juillet 1837, M. Vivien avait nettement déclaré qu'il n'avait jamais été dans son intention de faire régler par la loi ou l'ordonnance les questions de propriété.

« Nous n'entendons en aucune façon, disait-il, attribuer soit à la loi, soit à l'ordonnance royale, ce qui est de droit commun ; nous ne voulons nullement empiéter sur l'action et la compétence des tribunaux. Ce que nous attribuons à l'acte qui prononce la séparation, ou à la liquidation qui devrait être faite ultérieurement, ce sont ces opérations qui ne sont assujetties à aucun principe de droit, qui ont le caractère de questions complexes, transactionnelles, qui font partie de l'opération elle-même, et ne peuvent être attribuées qu'à une autorité qui ne soit assujettie à aucun principe de droit étroit. »

Et c'est pour exprimer cette distinction que l'art. 7 portait que les conditions de la réunion ou de la distraction seraient fixées par l'acte qui la prononcerait, sous réserve, dans tous les cas, de toutes les questions de propriété.

l'arrondissement de Corte, mais dans la commune de Cozzano, dépendant de l'arrondissement d'Ajaccio, c'était devant le tribunal siégeant dans cette dernière ville que devaient être cités les délinquants ;

« ..... Attendu qu'aux termes de la loi du 28 pluviôse an VIII et de l'ordonnance royale du 23 avril 1818, la commune de Ventiseri est comprise dans le canton de Prunelli, arrondissement de Corte, et la commune de Cozzano, dans le canton de Zicavo, arrondissement d'Ajaccio ; — attendu qu'un procès verbal régulier, en date du 4 janvier 1867, constate que les demandeurs ont été trouvés en délit dans le lieu dit La Rinella, situé dans la commune de Ventiseri ; — attendu, dès lors, que le tribunal de Corte était compétent pour connaître de ce délit ;

« Attendu que vainement les demandeurs, pour justifier le déclinatoire par eux proposé, ont excipé d'un arrêté pris en 1851 par le préfet de la Corse, et attribuant à la commune de Cozzano la partie du territoire de la commune de Ventiseri où est située La Rinella ; — attendu, d'une part, que l'art. 4 de la loi du 18 juillet 1837 porte que les réunions et distractions de communes qui modifient les circonscriptions d'un département, d'un arrondissement ou d'un canton, ne peuvent être prononcées que par une loi ; et, d'autre part, que le décret des 25-30 mars 1852 sur la décentralisation administrative excepte formellement des objets rentrant dans les attributions des préfets les changements proposés à la circonscription du département, des arrondissements, des cantons et des communes ; — attendu que la délimitation qui a fait l'objet de l'arrêté sus-indiqué ayant pour résultat de modifier une circonscription réglée par des lois antérieures, et de changer les limites respectives, non seulement de deux communes, mais encore de deux cantons et même de deux arrondissements appartenant exclusivement au pouvoir législatif ; — d'où il suit que l'arrêt attaqué, rendu par la cour de Bastia, le 3 janvier 1867, n'a fait que se conformer à la loi, en refusant de reconnaître à l'arrêté dont il s'agit les effets qui lui étaient attribués par le déclinatoire... Rejette... »

La loi du 5 avril 1884 ne contient pas une disposition aussi catégorique. Mais la même règle doit être appliquée néanmoins sans hésitation.

Le rapporteur, M. Demôle, l'a formellement déclaré pendant la discussion du projet de loi municipale (1).

« Précisons bien, disait-il, la situation telle qu'elle va s'établir dans les conditions dont nous nous occupons. Une section de commune est propriétaire d'un territoire particulier. Elle va être réunie à une autre commune dont elle ne dépend pas actuellement.

« Il est très évident que si la propriété de cet immeuble, de cette pâture, de ce communal lui est contestée par quelqu'un, par exemple par la commune dont elle va être détachée, il n'y a, et nous ne connaissons dans notre pays qu'une seule autorité pour trancher cette contestation, c'est le pouvoir judiciaire.

« Personne ne peut dire, si ce n'est le pouvoir judiciaire, que telle ou telle propriété foncière appartient à telle ou telle section de commune, à la commune mère ou à la section. En sorte que si une contestation s'élève au moment de la modification territoriale, quand la section de commune qui va s'en aller dans une autre commune se voit contester par la commune mère ou par une commune voisine la propriété de biens qu'elle va emporter avec elle, il est bien évident que les tribunaux judiciaires sont seuls compétents pour se prononcer sur la contestation ; cela va de soi, et nous n'avons pas pensé que la question de propriété, c'est-à-dire la question de savoir à qui appartient, à l'instant même de la modification territoriale, tel ou tel immeuble, telle ou telle pâture, tel ou tel champ, tel ou tel édifice, eût besoin d'être indiquée dans le texte de la loi. »

Le ministre de l'Intérieur, à son tour, a formulé les mêmes principes dans sa circulaire du 15 mai 1884, où on lit :

« Le législateur suppose que la propriété des biens que la commune ou la section considère comme lui appartenant au moment où elle est réunie à une autre commune n'est pas contestée. Les difficultés qui s'élèveraient à ce sujet seraient de la compétence exclusive des tribunaux judiciaires.

« ..... Comme dans le cas où il s'agit de biens non affectés à un usage public, il appartiendrait en principe aux tribunaux judiciaires seuls de statuer sur les contestations ayant pour objet la question de savoir si, au moment de la réunion, la commune ou la section

(1) Sénat, séance du 5 février 1884. (*Trav. prép.*, p. 291.)

de commune réunie était réellement propriétaire des édifices ou immeubles qui servaient à un usage public sur son territoire. »

Enfin, nous avons eu assez souvent occasion, dans le cours de cet ouvrage, de citer de nombreuses applications faites par la jurisprudence de cette règle, qui n'est d'ailleurs que le corollaire pur et simple du principe de la séparation des pouvoirs, pour qu'il soit inutile de les rappeler ici (1).

(1) Nous mentionnerons seulement un arrêt du conseil d'Etat du 24 janvier 1856 (section de Saint-Louand c. commune de Beaumont) (*Rec.*, p. 64), qui a annulé, pour excès de pouvoirs, l'acte par lequel un préfet avait décidé que tous les habitants d'une commune sans exception seraient admis à la jouissance de biens provenant d'une ancienne paroisse réunie à la commune, et déclaré qu'il y avait là une question de propriété, dont l'autorité judiciaire avait seule le droit de connaître; — et un arrêt de la cour de cassation du 20 novembre 1865, D. 1866. 1. 274.

CHAPITRE II

DU RECOURS EN INTERPRÉTATION

Lorsqu'un acte qui prononce une modification de circonscription communale est ambigu dans ses termes et qu'il s'élève une difficulté sur la portée ou sur le sens qu'il convient de lui donner, à quelle autorité appartient-il de l'interpréter ?

On sait que les actes qui autorisent les changements de circonscription peuvent être : une décision du conseil général, un décret ou bien une loi.

Examinons successivement chacune de ces hypothèses.

I. — Le changement de circonscription a été prononcé par le conseil général.

Il appartiendra alors à ce conseil d'interpréter sa décision, sauf recours au conseil d'Etat (1).

M. de Ramel qui se prononce dans le même sens examine à ce propos une situation bizarre, qui, dit-il, pourra se rencontrer : celle où l'acte, qui a statué sur la modification territoriale, ayant gardé le silence sur la question de l'indemnité à allouer à la commune démembrée, en raison de la perte d'un ou plusieurs édifices publics situés sur la portion de territoire qui lui est enlevée, les communes intéressées ne se trouveront plus d'accord pour évaluer cette indemnité, alors qu'elles étaient d'accord sur les autres conditions de la distraction, et saisiront le conseil général de l'interprétation de sa propre décision. « Dans ce cas, dit-il, l'interprétation dépassera son pouvoir, puisqu'il n'est compétent que lorsqu'il y a accord des communes, aux termes de l'art. 6 de la loi du 5 avril 1884. »

(1) En ce sens: SIMONET, *Traité de droit publ. et adm.*, 1885, n° 755. — DE RAMEL, *Comment. de la loi sur l'organisation municipale*, notes sous l'art. 7. — BLOCK, *Dict. de l'adm. franç.*, 3e édit., 1891, V° *Organisation communale*, n° 29.

M. de Ramel incline à penser que, « dans cette hypothèse, ce serait à l'autorité qui est chargée de statuer, en cas de désaccord entre les conseils municipaux et les commissions syndicales, à régler les conditions de cette indemnité. En effet, le conseil général ne pouvait et n'a pu valablement statuer que parce que l'accord existait sur toutes les autres conditions : dès l'instant qu'il n'existe pas sur celle-là, ses pouvoirs cessent, et il ne peut en avoir plus par voie d'interprétation qu'il n'en aurait eu par une première décision ».

Mais nous croyons que l'hypothèse prévue par M. de Ramel n'est pas appelée à se présenter jamais dans la pratique. La question de l'indemnité à attribuer aux communes, en cas de changement dans leur circonscription, est, en effet, une de celles qui doivent être réglées par l'acte même qui statue sur la réunion ou sur la distraction des communes. C'est donc pendant l'instruction qui a précédé cette mesure que les communes ou fractions de communes ont eu à discuter sur ce point, et c'est à ce moment seulement qu'il importe de rechercher si elles ont été ou non d'accord, et si, par suite, le conseil général a été ou non compétent pour statuer définitivement.

Une fois que la décision du conseil général est intervenue, dans les conditions de l'art. 6, § 4, de la loi du 5 avril 1884, sans contenir aucune mention relative au paiement d'une indemnité, les communes n'ont plus qu'à s'incliner; car le silence gardé par l'acte qui a modifié leur circonscription sur la question de l'indemnité doit être, ainsi que nous l'avons vu plus haut (1), interprété comme un refus pur et simple de tout dédommagement.

II. — Le changement de circonscription a été opéré par un décret du Président de la République.

On admet qu'en pareil cas, l'interprétation de ce décret ne peut être donnée que par le conseil d'Etat lui-même.

Cette règle est admise sans conteste par les auteurs (2) et par le

(1) Voir ci-dessus, partie II, chapitre Ier, titre Ier, section II, p. 358.

(2) Voir notamment BLOCK, *op. et loc. cit.* — DE RAMEL, *op. et loc. cit.* — SIMONET, *op. cit.*, n° 755. — Cet auteur fait remarquer à ce propos (n° 347) que l'acte émanant du chef de l'Etat, il serait naturel de demander au chef de l'Etat lui-même une décision interprétative, sauf recours au conseil d'Etat; que cependant le conseil d'Etat n'a pas hésité à se donner directement l'interprétation des décrets ou ordonnances; qu'avant 1872, cette dérogation au principe — que l'interprétation d'un acte ou d'un contrat soulevant toujours une question de droit, il a paru nécessaire d'assurer, en matière d'interprétation, les mêmes garanties qu'en matière de contentieux ordinaire, et d'ouvrir dans tous les cas un recours aux intéressés, — n'avait rien d'extraordinaire, puisque tous les décrets au contentieux étaient rendus par le chef de l'Etat en son conseil; mais que depuis la loi du 24 mai 1872, qui a attribué au conseil d'Etat un pouvoir propre en matière contentieuse, la dérogation est moins facilement explicable.

conseil d'Etat qui, dans un arrêt en date du 22 août 1863 (1), a décidé que lorsque la question de savoir si un décret, annexant une commune à une ville, a eu pour effet de rendre applicables aux propriétés situées sur le territoire de la commune annexée les anciens usages en vigueur dans la ville en ce qui concerne les trottoirs, est soulevée devant le juge de répression, à raison du refus d'un propriétaire de se conformer à un arrêté municipal lui enjoignant d'établir un pavage, — et lorsque le juge renvoie les parties devant l'autorité compétente pour faire déterminer le sens et la portée du décret d'annexion, — c'est seulement au conseil d'Etat qu'il appartient d'interpréter ce décret, comme aussi, en cas d'affirmative, de déclarer quelle est l'étendue des obligations résultant de ces usages pour les propriétaires riverains.

III. — Mais la question est plus douteuse lorsque la modification a été opérée par une loi.

Pour la résoudre convenablement, il nous semble qu'il faut avant tout chercher à déterminer quel est exactement le caractère de ces lois spéciales.

Or, pour établir d'une manière précise la nature d'un acte, il faut envisager cet acte en lui-même, et non l'autorité de laquelle il émane ; et il est bien évident qu'un changement de circonscription territoriale ne change pas de caractère, suivant qu'il est prononcé par une décision du conseil général, par un décret ou par une loi. Dans tous les cas, c'est un acte d'administration.

C'est ce que montre très bien M. Laferrière, dans son *Traité de la juridiction administrative* (2), où on lit :

« Il y a des actes administratifs qui sont faits, non par le pouvoir exécutif, mais par les Chambres, à raison de leur importance, ou de l'influence qu'ils peuvent avoir sur les finances de l'Etat et sur les intérêts généraux du pays. Telles sont les modifications apportées aux circonscriptions administratives, lorsqu'elles affectent le territoire d'un département, d'un arrondissement ou d'un canton, ou qu'elles ont pour conséquence la création d'une commune nouvelle.

« Ces décisions sont de nature administrative et non législative, car elles ont pour but d'appliquer la législation existante, non de faire ou de modifier des lois. Presque toutes, d'ailleurs, se partagent entre le Gouvernement et les Chambres, d'après des distinctions qui

(1) *Rec.*, p. 959, affaire Basquin.

(2) 1888, t. II, p. 15.

ont souvent varié et qui ne dépendent pas de la nature de l'acte, mais seulement de son importance... L'acte, qui est incontestablement un acte administratif quand il est fait par le pouvoir exécutif, ne cesse pas d'avoir ce caractère, quand il émane des Chambres.

« A la vérité, ces actes sont faits en forme de lois, et ils en portent le nom ; mais la forme des actes ne change pas leur nature intrinsèque ; de même que des actes législatifs peuvent être faits en forme de décrets, de même des actes administratifs peuvent être faits en forme de lois. Dans le premier cas, on les appelle décrets-lois ; et il serait désirable qu'on pût, dans le second cas, les appeler lois-décrets, pour les distinguer des actes législatifs proprement dits. » (1).

C'est parce que le caractère administratif de ces lois n'a pas été bien saisi, que des controverses se sont élevées, lorsqu'il s'est agi de déterminer l'autorité compétente pour les interpréter.

Ainsi, dans un premier système, on part du principe que « *ejus est interpretari, cujus est condere* », et l'on décide que l'interprétation doit être donnée par le législateur lui-même (2).

Mais ce système se heurte à des difficultés pratiques et à des objections théoriques très sérieuses. Il est matériellement impossible que le législateur soit appelé à intervenir dans la solution des nombreuses contestations qui s'élèvent entre les particuliers au sujet de l'interprétation de la loi.

Comme dit M. Laferrière (3), « les questions d'interprétation d'actes administratifs se présentent presque toujours sous forme de questions préjudicielles ; un jugement de sursis les renvoie à l'autorité compétente, en chargeant la partie la plus diligente de les faire résoudre dans un délai déterminé. Or, on ne voit pas comment cette partie pourrait saisir le Parlement. Serait-ce par voie de pétition, ou bien en sollicitant du Gouvernement la présentation d'une loi interprétative, ou bien encore en cherchant à mettre en mouvement l'initiative parlementaire ? — Aucune de ces procédures ne peut répondre aux nécessités d'une instance contentieuse, aucune ne peut assurer le jugement de la question préjudicielle, et le cours de la justice, suspendu par cette question, risquerait d'être définitivement arrêté. Il risquerait de l'être alors même que le Parlement consentirait à se saisir de l'interprétation litigieuse,

(1) Voir, en ce sens, Aucoc, *Sections de commune*, n° 146, p. 357, note 2.

(2) Voir, en ce sens, De Ramel, *Comment. de la loi sur l'organisation municipale* de 1884, notes sous l'art. 7.

(3) *Op. et loc. cit.*

car la loi interprétative exigerait le concours des deux Chambres, et tout désaccord entre elles paralyserait la solution.

« Enfin, et peut-être est-ce là l'objection la plus grave, il serait contraire à tous les principes de notre droit public que le Parlement intervînt directement dans une contestation privée. »

Un deuxième système attribue compétence aux tribunaux judiciaires, pour donner cette interprétation, par la raison que ce sont ces tribunaux qui ont en général la mission d'interpréter la loi (1).

Mais ce système doit être également écarté. Nous avons vu, en effet, que ces lois ne sont au fond que des actes administratifs faits par les Chambres ; or, ainsi que l'expose M. Laferrière (2), « le principe de la séparation des pouvoirs, qui interdit aux tribunaux la connaissance des actes d'administration, ne cesse pas d'être applicable quand ces actes émanent d'une autorité plus élevée que l'autorité administrative ordinaire. Leur importance exceptionnelle, qui rend nécessaire l'intervention du Parlement, n'est certainement pas une raison pour qu'ils deviennent justiciables des tribunaux judiciaires, et pour qu'ils soient ainsi moins protégés que les actes de même nature faits par le pouvoir exécutif ».

Aussi admettons-nous que ces actes d'administration, faits en forme de lois, doivent être soumis aux règles ordinaires de l'interprétation contentieuse ; et que, par suite, les parties peuvent se pourvoir devant l'autorité administrative, c'est-à-dire devant le conseil d'Etat, pour faire interpréter les questions préjudicielles auxquelles ces actes peuvent donner lieu (3).

Remarque. — Nous avons montré, dans le chapitre précédent, que le conseil d'Etat était incompétent pour examiner un recours formé devant lui contre une loi qui modifie la circonscription d'une commune, ou qui érige une section de commune en municipalité distincte.

Nous soutenons maintenant qu'il est compétent pour interpréter cette même loi.

Or, ces deux solutions ne sont-elles pas contradictoires ?

Nous ne le pensons pas.

(1) En ce sens, Block, *op. cit.*, V° *Organisation communale*, n° 29.

(2) *Op. et loc. cit.*

(3) Voir en ce sens : Laferrière, *op. et loc. cit.* — Simonet, *Traité de droit publ. et adm.*, 1885, n° 755. — *Répert. du droit adm.*, de M. Béquet, V° *Commune*, n° 383.— Dalloz *Code des lois adm.*, V° *Commune*, n° 1240. — Dufour, *Droit admin. appliqué*, 3e édit. t. III, n° 466, p. 513. — Conf. Conseil d'Etat, arrêt sur conflit du 24 décembre 1845 (de Nazelles), *Rec.*, p. 601. — Arrêt du 7 août 1883 (commune de Meudon), *Rec.*, p. 739.

« Sans doute, dit M. Laferrière (1), il y a un certain lien entre le pouvoir d'interpréter et celui de réformer, mais ces pouvoirs ne se confondent pas; c'est pourquoi on a toujours reconnu au conseil d'Etat le droit d'interpréter des actes d'autorités souveraines, par exemple les édits et lettres patentes, contre lesquels aucun recours ne pourrait être formé. En effet, les prérogatives de ces autorités seraient gravement méconnues si une juridiction quelconque s'arrogeait sur leurs actes un droit de réformation ou d'annulation, qu'elles seules peuvent exercer; mais lorsqu'il s'agit d'un droit d'interprétation contentieuse, que ces autorités ne peuvent pas retenir, le juge ne porte point atteinte à leurs prérogatives en l'exerçant dans la mesure où l'exige la solution des litiges. L'interprétation des lois en est la meilleure preuve, puisqu'elle appartient à toutes les juridictions, bien qu'aucune d'elles n'ait le droit d'infirmer l'autorité de la loi. »

(1) Voir *op. cit.*, t. II, p. 15.

CHAPITRE III

DES CONTESTATIONS DE LIMITES ENTRE COMMUNES OU SECTIONS DE COMMUNE

Il peut arriver que deux communes voisines soient en désaccord relativement à la fixation de leurs limites respectives. De même il se peut qu'une difficulté surgisse entre deux sections d'une même commune au sujet de la détermination des limites précises de chacune d'elles. Or, quelle est l'autorité qui est compétente pour trancher ces contestations ?

Nous étudierons, dans deux sections distinctes, les questions qui se posent à propos des conflits de ce genre, nés soit entre communes, soit entre sections de commune ; et dans une troisième section, nous dirons quelques mots du bornage des communes et des sections de commune.

SECTION Ire

CONTESTATIONS DE LIMITES ENTRE COMMUNES

Il importe de distinguer avec soin les limites de la commune et les limites des biens des communes. Ce sont là, en effet, deux choses tout à fait différentes.

« Sans doute, dit M. Brémond (1), le plus souvent les communes seront propriétaires de biens situés sur leur territoire, et lorsque

(1) *Revue critique*, 1889, p. 82. — Conf. Cass., 12 novembre 1862, commune de Piana c. commune de Marignana, D. 1863. 1. 469, note 1 ; — et 3 janvier 1872, comm. de Condat c. comm. de Chauffour, D. 1872. 1. 92.

deux communes auront leurs biens et leurs territoires contigus, ce sera presque toujours la même ligne de séparation qui limitera à la fois les biens et les territoires ; mais cela n'est pas nécessaire, et rien ne s'oppose à ce qu'une commune ait des propriétés sur le territoire de ses voisines. Il n'y a donc aucune relation obligatoire entre la frontière administrative et la limite des biens, et, par suite, la fixation de chacune de ces lignes séparatives doit, au point de vue de la compétence, être examinée séparément. »

C'est donc à l'autorité judiciaire, seule juge des questions de propriété, qu'il appartiendra de connaître des difficultés qui pourront s'élever entre deux communes au sujet de la détermination des limites respectives de leurs biens (1) ; mais il n'appartiendra qu'à l'autorité administrative de fixer les limites contestées des communes mêmes, les limites des circonscriptions communales (2).

Par suite, lorsque les tribunaux judiciaires seront saisis d'un litige dont la solution sera subordonnée à la détermination du territoire de deux communes, ils devront surseoir à statuer jusqu'à ce que les limites contestées aient été déterminées par l'autorité administrative compétente, en vertu du principe de la séparation des pouvoirs.

Ainsi, dit M. Trolley (3), « la reconnaissance des circonscriptions administratives est-elle une question administrative même dans le cas où elle s'élève devant les tribunaux ordinaires et incidemment à un débat d'intérêt purement privé ? On demande la nullité d'un acte notarié ; on soutient que la maison dans laquelle le notaire l'a reçu est située hors de son canton ou de son arrondissement. Le tribunal doit-il retenir cette question préjudicielle ou la renvoyer à l'autorité administrative ? On dit : cette question préjudicielle est, comme la question principale, d'intérêt purement privé. Qu'importe à l'administration ? Le jugement validera ou annulera l'acte, mais ne changera pas la circonscription administrative. — Il faut se placer à un autre point de vue. Les tribunaux ne peuvent ni réformer, ni interpréter les actes administratifs, et ce principe ne souffre pas d'exception, même dans le cas où il ne s'agit que d'intérêts purement privés. C'est à l'autorité administrative à déter-

(1) Quant aux bois communaux, leur délimitation est soumise à des règles particulières édictées par la législation forestière. (Code forestier, art. 90.) — Conf. DALLOZ, *Code forestier annoté*, art. 90, nos 259 et suiv.

(2) Conf. *Répert. d'adm. mun.*, Vo *Circonscription communale*, no 1. — DALLOZ, *Code des lois administratives*, Vo *Séparation des pouvoirs*, no 286. — BOST, *Code de la constitution des communes*, no 129, p. 109.

(3) *Traité de la hiérarchie administrative*, t. I, no 42, p. 83...

miner les limites des circonscriptions administratives. Quelles sont ces limites? Voilà la difficulté. Il ne s'agit donc pas d'appliquer, mais de rechercher l'acte administratif. C'est à l'administration à le faire connaître, à dire ce qu'elle a fait. Autrement l'autorité judiciaire s'exposerait à la réformer. Ajoutons que seule elle peut convenablement faire, par ses agents, ce grand bornage, cette grande expertise.

« Au reste, les tribunaux ne devraient surseoir que s'il se présentait un doute sérieux, une véritable incertitude, principes vulgaires et sur lesquels il est inutile d'insister. »

La jurisprudence de la cour de cassation est constante sur ce point.

C'est ainsi, par exemple, que, dans un arrêté du 8 ventôse an XII (1), elle a décidé que, lorsque sur une action possessoire relative à une île située au milieu d'un fleuve séparatif de deux départements, le défendeur allègue que l'immeuble en litige est hors du territoire du juge de paix saisi de la contestation, ce magistrat doit, si sa compétence lui paraît douteuse, surseoir à statuer jusqu'après la fixation par l'autorité administrative des limites respectives des deux départements.

Il résulte également d'un autre arrêt de la même cour, en date du 9 juillet 1849 (2), que le juge du possessoire, dont la compétence est contestée par le motif que le terrain litigieux n'est point situé dans son ressort, en ce qu'il dépend, par exemple, d'une commune appartenant à un canton limitrophe, ne peut, si les limites des deux cantons sont incertaines, en vérifier lui-même la délimitation ; il doit, avant de statuer sur le déclinatoire, renvoyer les parties devant l'autorité administrative, seule investie du droit de faire cette délimitation.

Dans l'espèce, une dame de Canna et un sieur Darréguy étaient propriétaires de deux terrains situés, celui de la première, dans la commune de Saint-Cricq, sur la limite extrême du département des Landes ; celui du second, dans la commune de Lahoutan, sur la limite contiguë du département des Basses-Pyrénées. Il se forma, auprès de la propriété de la dame de Canna, un terrain d'alluvion sur lequel le sieur Darréguy fit diverses entreprises qui provoquèrent de la part de cette dame une action en délaissement. Le sieur Darréguy, regardant cette action comme un trouble à sa possession

(1) Dalloz, *Répert. alphab.*, V° *Action possessoire*, n° 592, note 2.

(2) D. 1849. 1. 313. — S. 1849. 1. 690.

plus qu'annale, forma contre la dame de Canna une complainte possessoire.

La complainte fut portée devant le juge de paix du canton de Salies, dont faisait partie la commune de Lahoutan, où était situé le terrain du demandeur. La dame de Canna éleva un déclinatoire pris de ce que l'alluvion litigieuse dépendait, comme sa propriété, de la commune de Saint-Cricq, canton de Peyrerode, et de ce qu'en conséquence le juge de paix de ce dernier canton était seul compétent pour connaître de l'action possessoire du sieur Darréguy.

Le juge de paix du canton de Salies, considérant que, des explications des parties, et surtout de celles des maires de Saint-Cricq et de Lahoutan, il résultait que le terrain contentieux n'était pas compris dans la division territoriale ; que, dès lors, il ne pouvait encore statuer sur sa compétence, ordonna, avant faire droit, que les parties feraient placer, par l'autorité compétente, sur le cadastre qui leur conviendrait, la terre en contestation, pour, après ce fait, et faute de ce faire, être statué ce que de droit.

Mais sur l'appel, le tribunal civil d'Orthez rendit, le 26 juin 1847, un jugement infirmant la décision du juge de paix.

Là dessus, pourvoi de la dame de Canna, pour excès de pouvoirs, incompétence et violation de l'art. 13, titre II, de la loi des 16-24 août 1790, et du décret du 16 fructidor an III, en ce que le jugement attaqué avait décidé que l'autorité judiciaire était compétente pour déterminer la délimitation de deux communes, faire la reconnaissance de leurs limites et l'établissement de leurs cadastres, toutes opérations qui rentrent essentiellement dans les attributions de l'autorité administrative, puisqu'il s'agit d'interpréter des actes administratifs ou d'y suppléer.

Ce pourvoi fut admis par la cour de cassation, dans son arrêt précité du 9 juillet 1849, où nous relevons les considérants suivants :

« ..... Attendu que le juge de paix, considérant que le terrain contentieux n'avait pas été compris dans la division territoriale, avait renvoyé, avant faire droit, les parties à le faire placer par l'autorité compétente sur le cadastre qui lui convient ; — attendu qu'en effet, lorsqu'il y a incertitude sur les limites des circonscriptions entre lesquelles le territoire national est divisé, ce n'est point à l'autorité judiciaire à interpréter les actes dont l'obscurité donne lieu à un litige, ou de suppléer à leur silence ; — attendu qu'en décidant le contraire, et en ordonnant une descente de lieux et une expertise, à l'effet d'assigner au terrain litigieux sa circonscription communale, le tribunal d'Orthez a méconnu le principe de la séparation des pouvoirs et violé les lois précitées, casse... »

Il a été jugé pareillement que le juge dont la compétence est contestée par le motif que le terrain litigieux n'est pas situé dans son ressort, ne peut, en cas de doute sur le point de savoir à quelle circonscription territoriale appartient ce terrain, trancher lui-même la question, et doit attendre que l'autorité administrative ait interprété ou rectifié les actes de délimitation (1).

Enfin, aux termes d'un arrêt de la cour d'Agen en date du 11 janvier 1884, la délimitation d'une commune ou de toute autre circonscription administrative est un acte essentiellement administratif, dont les tribunaux ordinaires ne peuvent connaître ; et le tribunal civil, dont la compétence est contestée par le motif que l'immeuble est situé en dehors de son ressort, est tenu, si la ligne séparative de deux communes au regard de cet immeuble est incertaine, de surseoir à statuer jusqu'à la décision de l'autorité administrative, seule compétente pour trancher cette question de délimitation (2).

(1) Cass., 15 juillet 1872. D. 1872. 1. 442. — S. 1872. 1. 406. — Cet arrêt est ainsi conçu :

« Vu la loi des 16-24 août 1790, titre II, art. 13, et le décret du 16 fructidor an III ; — attendu que, dans l'instance possessoire engagée entre les parties, la demanderesse en cassation a décliné la compétence du juge de paix d'Audenge, en soutenant que la parcelle de landes en litige était située dans les limites de la commune du Teich et ressortissait à la justice de paix du canton de La Teste ; — que la commune de Mios a soutenu, au contraire, que cette parcelle était comprise dans le périmètre de son propre territoire et dépendait du canton d'Audenge ; — attendu que cette contestation était sérieuse ; que le juge de paix a vainement cherché dans une visite de lieux à quelle circonscription territoriale les landes litigieuses appartiennent réellement ; — qu'il a constaté que les limites des deux communes sont confuses ; — que les lignes de l'une chevauchent sur l'autre, et qu'il y a eu erreur dans les tracés de leurs périmètres respectifs ; que l'erreur est manifeste, puisqu'il est constant que les plans administratifs, se contredisant en cette partie, font figurer le même tènement de landes à la fois dans le territoire de la commune de Mios et dans celui de la commune du Teich ; — attendu qu'en cet état il était indispensable, pour statuer sur la question de compétence, de rectifier ou du moins d'interpréter les actes de délimitation des deux communes ; — que l'autorité judiciaire ne pouvait ni faire cette rectification ou interprétation, ni fixer elle-même la ligne de démarcation contestée ; — que l'administration a seule compétence, en cas d'incertitude sur les limites des circonscriptions entre lesquelles le territoire national est divisé, pour connaître des actes dont l'obscurité donne lieu à contestation ou pour suppléer à leur insuffisance ; — d'où il suit qu'en classant lui-même le terrain litigieux dans le périmètre de la commune de Mios et du canton d'Audenge, alors que les limites administratives de ces périmètres étaient incertaines, le tribunal civil de Bordeaux a méconnu les principes de la séparation des pouvoirs, excédé sa compétence et violé les lois ci-dessus visées ;

« Casse... »

(2) D. 1885. 2. 72 ; S. 1886. 2. 207. — « Considérant qu'il résulte du rapport de l'expert, commis par les premiers juges, que l'immeuble litigieux figure au plan de la commune de Sarrant (Gers), dressé en 1827, aussi bien qu'au plan de la commune de Maubec (Tarn-et-Garonne), dressé en 1833 ; — que l'expert cependant déclare qu'à son avis le document le plus ancien est celui qui doit inspirer le plus de confiance et faire foi sur la limite jusqu'à preuve contraire ; — que cette raison est loin d'être suffisamment juridique pour déterminer la cour à suivre le rapport de l'expert, comme l'ont fait les premiers juges ; — considérant qu'en présence de la contradiction flagrante des témoignages et de tous les documents cadastraux versés au procès, la ligne de délimitation entre les communes de Sarrant et de Mau-

Toutefois, comme le fait remarquer M. Bost (1), ce que nous venons de dire de la compétence exclusive de l'autorité administrative, en fait de reconnaissance des limites entre deux communes, ne serait plus applicable si l'action dont l'autorité judiciaire serait saisie, quoique renfermant par le fait une question de délimitation, ne tendait au fond qu'à faire statuer sur des droits de propriété ; par exemple, s'il s'agissait de savoir à laquelle de deux communes, séparées par une rivière, appartiennent des îles situées dans le lit de ce cours d'eau (2).

bec est incertaine au point où est situé l'immeuble litigieux ; — qu'il y a donc lieu de procéder à une délimitation plus claire et plus précise : — considérant que la délimitation des communes, comme de toute circonscription administrative, et, par suite, l'interprétation d'une délimitation, sont des actes essentiellement politiques et administratifs, dont les tribunaux ordinaires ne sauraient connaître ; — qu'il y a donc lieu de surseoir à statuer jusqu'à ce que l'autorité compétente ait indiqué la ligne séparative des deux communes de Sarrant et de Maubec, au regard de l'immeuble litigieux ; — par ces motifs, réformant, surseoit à statuer... »

Voir sur ce point : PROUDHON, *Domaine public*, n°s 74 et 334. — DALLOZ, *Répert. alphab.*, V° *Commune*, n° 189 et n° 1902. — « La délimitation des communes, dit-il, est un acte essentiellement politique et administratif, que les tribunaux ne peuvent aucunement modifier mais seulement appliquer. Par suite, s'il s'élève quelque difficulté d'interprétation, c'est à l'administration qu'il faut avoir recours pour donner l'explication de ces actes. Ainsi, en règle générale, si, dans un litige élevé entre deux communes, il est nécessaire de rechercher à quel territoire appartient le terrain que l'une et l'autre revendiquent, et qu'il y ait incertitude sur les limites respectives, les tribunaux doivent surseoir à statuer. C'est au préfet qu'il appartient d'indiquer d'abord la ligne de séparation des territoires. Les juges décideront ensuite le fond du procès par les autres moyens de fait et de droit. Mais les questions de délimitation de propriété entre communes sont du ressort des tribunaux civils. » — DALLOZ, *Code des lois adm.*, V° *Commune*, n°s 339 et 343. — Conseil d'Etat, 24 décembre 1810, affaire commune de Zévaco, — et 3 juin 1820, aff. comm. de Châtel-Neuf. — Cour de Caen, 20 mai 1850, D. 1850. 2. 118. — Cass., 13 juillet 1870, D. 1870. 1. 344.

(1) *Code de la constitution des communes*, n° 132, p. 111.

(2) En ce sens, arrêt du conseil d'Etat du 7 juin 1826. — Cet arrêt fut rendu dans les circonstances suivantes : La commune d'Orgon (Bouches-du-Rhône), séparée de celle de Cavaillon (Vaucluse) par la Durance, revendiquait la propriété de plusieurs îles qu'elle prétendait comprises dans son territoire, quoiqu'elles fussent plus rapprochées de la rive droite (celle de Vaucluse). La commune de Cavaillon s'appuyait, au contraire, sur cette proximité pour soutenir qu'aux termes du décret des 19-20 avril 1790, les îles lui appartenaient. Cette dernière commune avait en conséquence décliné la compétence du tribunal de Tarascon, devant lequel la commune d'Orgon l'avait citée. Le 2 août 1825, jugement par lequel ce tribunal déclare que sa juridiction s'étend jusqu'à la rive droite de la Durance, et conséquemment rejette le déclinatoire. Le conflit fut alors élevé par le préfet sur le motif que le tribunal de Tarascon avait implicitement résolu la question de délimitation entre les communes litigantes, question dont la solution ne pouvait appartenir qu'à l'autorité administrative. — Mais le conseil d'Etat statua ainsi qu'il suit : « Considérant qu'il s'agit, au fond, de savoir si les îles en litige appartiennent à la commune d'Orgon ou à celle de Cavaillon, et que cette question est dans les attributions de l'autorité judiciaire ; — considérant que, par son jugement du 2 août 1825, le tribunal de Tarascon, saisi de la contestation, s'est borné à déclarer que les îles litigieuses sont dans son ressort, et que le recours contre ce jugement ne peut être porté que devant l'autorité judiciaire supérieure : ARTICLE PREMIER. — L'arrêté de conflit est annulé. »

Il est à remarquer, du reste, que lorsqu'il est ainsi nécessaire de vérifier et de reconnaître les limites de deux communes uniquement dans l'intérêt de la solution d'un procès particulier, les frais de cette vérification doivent être supportés par ceux-là même au profit desquels elle a eu lieu, et ne peuvent dans aucun cas être mis à la charge des deux communes.

C'est ainsi qu'il a été jugé que les frais faits pour la vérification des limites de deux communes, à l'occasion d'un procès entre deux particuliers, étaient à la charge de celui qui l'avait demandée, et que la liquidation en appartenait au préfet (1).

Mais quelle est, d'une manière précise, l'autorité administrative compétente pour trancher les questions relatives aux limites des communes ?

L'art. 8 du décret de l'Assemblée constituante des 19-20 avril 1790, relatif aux administrations de département et de district, et à l'exercice de la police, portait : « Les limites contestées entre les communautés seront réglées par les administrations de district. »

On en a conclu que c'est aujourd'hui au préfet qu'il appartient, sauf recours au ministre de l'Intérieur (2), de déterminer, d'après les plans, les limites de deux communes de son département, lorsque celles-ci sont en désaccord sur ce point (3).

(1) Conseil d'Etat, 7 août 1812, Bérulle. — Dans l'espèce, il s'agissait de savoir si une forêt réclamée par le sieur de Bérulle faisait partie du territoire de la commune de Cérilly ou de celle de Bérulle ; un plan était produit, mais il était contesté. La cour de Paris ordonna que la vérification en serait faite par le préfet ; l'exactitude du plan fut reconnue, et le défendeur condamné. L'ingénieur qui avait vérifié le plan demanda alors au préfet le paiement de ses honoraires ; celui-ci les fixa à 553 francs, et décida que c'était à celui qui avait contesté le plan, et succombé, à les payer. Opposition. Arrêté qui la rejette. Enfin, recours fondé : 1° sur l'incompétence du préfet, en ce que le conseil de préfecture pouvait seul fixer les honoraires ; 2° en ce que les frais de délimitation des communes sont à leur charge. Là-dessus, arrêt du conseil d'Etat, ainsi conçu : « Napoléon... Considérant que cette délimitation a été faite sur la demande du requérant ; que les dépenses qu'elle a entraînées doivent être à sa charge, et que le préfet était compétent pour fixer les honoraires des ingénieurs et contrôleurs employés dans cette opération, décide : Article premier. — La requête du sieur de Bérulle est rejetée, et les arrêtés du préfet du département de l'Aube, en date des 14 novembre 1811 et 22 janvier 1812, sont maintenus. » — Conf. Bost, *Code de la constitution des communes*, n° 133, p. 112. — Dalloz, *Répert. alphab.*, V° *Commune*, n° 182, — et *Code des lois adm.*, V° *Commune*, n° 366.

(2) Et non au ministre des Finances : Règlement du 10 octobre 1821, art. 8, § 9. — Dalloz, *Code des lois adm.*, V° *Commune*, n° 338. — Conseil d'Etat, 2 février 1877, — et les Observations du ministre de l'Intérieur rapportées ci-dessous.

(3) Conf. Loi du 28 pluviôse an VIII. — Ordonnance du 3 octobre 1821, art. 3. — Règlements des 10 octobre 1821, art. 8, et 15 mars 1827, sur le cadastre. — Circ. min. Int., 29 août 1849 (*Bull. offic.*, p. 383) : « Quant aux simples contestations de limites entre communes d'un même département, elles doivent être résolues, comme par le passé, par un arrêté préfectoral, conformément à l'ordonnance du 3 octobre 1821 et au règlement de même date sur le cadastre. » — Arrêts du conseil d'Etat du 19 décembre 1834, Demangeat (*Rec.*, p. 831 ; —

On admet également que l'acte par lequel le préfet fait usage du droit qui lui est ainsi conféré, est un acte de pure administration, qui ne peut être déféré par la voie contentieuse au conseil d'Etat, si ce n'est par application des lois des 7-14 octobre 1790 et 24 mai 1872, art. 9.

« Le pourvoi dans la forme contentieuse, dit M. Trolley (1), serait-il reçu contre l'arrêté du préfet ou l'ordonnance royale? De deux choses l'une : ou l'on n'a fait que reconnaître les limites légales... de la commune; le pourvoi dans ce cas est non recevable et mal fondé; l'autorité administrative a fait ce qu'elle pouvait et ce qu'elle devait faire; — ou bien, au contraire, les véritables limites ont été déplacées, et l'on a réformé et violé la loi ou l'ordonnance qui les avaient déterminées; l'acte administratif est à la fois vicié d'incompétence et d'excès de pouvoir, et le pourvoi dans la forme contentieuse est recevable et fondé. »

C'est ce qu'a décidé, après plusieurs autres (2), un arrêt du conseil d'Etat du 2 février 1877 (3), qui est intervenu dans les circonstances suivantes :

Quelques parcelles de terrain ayant été imposées simultanément sur les rôles des deux communes de Rouen et de Sotteville-lès-Rouen, le préfet de la Seine-Inférieure prit, le 27 mars 1869, un arrêté par lequel il déterminait les limites respectives des deux communes, qui étaient indiquées différemment sur les plans ayant servi à la confection du cadastre. Mais cette délimitation excita les réclamations de la ville de Rouen, et, à la suite d'une nouvelle instruction, un arrêté en date du 25 décembre 1872 rapporta celui du 27 mars 1869, et attribua à ladite ville les parcelles litigieuses.

Sur le recours de la commune de Sotteville, le ministre de l'Intérieur déclara qu'au fond, la première délimitation était inexacte,

du 4 septembre 1840, commune de Fons (*Rec.*, p. 369); — du 2 février 1877 et du 15 juillet 1887, rapportés ci-dessous. — Dalloz, *Répert. alphab.*, V° *Commune*, n° 74, note 5, art. 8, et n° 181, — et *Code des lois adm.*, V° *Commune*, n° 328 et 336. — *Ecole des communes*, 1833, p. 38. — Trolley, *Traité de la hiérarchie administrative*, t. 1, n° 42, p. 82. — Dufour, *Droit administratif appliqué*, t. III, n° 463, p. 507. — Foucart, *Eléments de droit pub. et adm.*, n° 27. — Brémond, *Rev. crit.*, 1889, p. 82. — Block, *Dict. de l'adm. franç.*, 1891, V° *Organisation communale*, n° 7 et 10. — *Répert. d'adm. mun.*, V° *Circonscription communale*, n° 3, — et V° *Bornage*, n° 20.

(1) *Op. cit.*, n° 42, p. 83. — Conf. n° 40, p. 73.

(2) Voir notamment : Conseil d'Etat, 30 juillet 1831 (Joly de Bévy), *Rec.*, p. 293 ; — 27 février 1836 (commune de Gajan), *Rec.*, p. 93 ; — 16 novembre 1836 (comm. de Saint-Cyr), *Rec.*, p. 491 ; — 4 septembre 1840 (comm. de Fons), *Rec.*, p. 369.

(3) *Rec.*, p. 114. — *Bull. offic. min. Int.*, 1877, p. 222. — D. 1877. 3. 44.

et qu'en tant que de besoin il s'appropriait l'arrêté qui avait rapporté celui du 27 mars 1869.

Là-dessus pourvoi pour excès de pouvoir, fondé sur les moyens suivants : la contestation entre les communes ayant été définitivement tranchée par l'arrêté du 27 mars 1869, le préfet ne pouvait rapporter cet arrêté sans porter atteinte à des droits acquis ; et le ministre ne pouvait pas davantage annuler cet arrêté qui ne lui avait pas été déféré, et dont d'ailleurs il aurait appartenu exclusivement au ministère des Finances de connaître; enfin, l'opération faite d'abord par l'arrêté du 27 mars 1869, puis par la décision attaquée, constituait une véritable modification de circonscription.

La commune de Rouen présenta, de son côté, un mémoire en défense, dans lequel elle opposait à la commune une fin de non recevoir tirée de ce qu'elle n'avait pas attaqué en temps utile l'arrêté du 25 décembre 1872.

Le ministre de l'Intérieur fit sur le recours les observations suivantes :

La contestation, dit-il, qui, au débat, portait sur la reconnaissance de limites incertaines, puisqu'il s'agissait d'immeubles imposés simultanément sur le territoire de deux communes, n'a jamais perdu ce caractère. Le maire de Rouen a appelé du préfet au préfet mieux informé, qui a rapporté son premier arrêté. La décision rendue par le ministre sur l'appel de Sotteville et ces deux arrêtés sont les phases successives du même débat, et la question n'a pas changé de nature. La décision attaquée a donc été rendue régulièrement sur une contestation de limites en vertu de l'ordonnance de 1821.

Cette ordonnance étant applicable, c'était le ministre de l'Intérieur, et non le ministre des Finances, qui était compétent pour statuer en appel.

En effet, ainsi que le fait lui-même remarquer M. le ministre des Finances, il y a dans la confection du cadastre deux natures toutes différentes d'opérations : les unes relatives à l'arpentage, les autres à l'expertise. Les premières intéressent à certains points de vue la constitution matérielle de la commune, dont elles déterminent notamment la circonscription territoriale. Sous ce rapport elles relèvent exclusivement de l'autorité du ministre de l'Intérieur, et les prescriptions du règlement du 10 octobre 1821 ne laissent aucun doute à cet égard. Au § 9 de l'art. 8, il est dit, à propos des enclaves, « que les avis des conseils municipaux respectifs, des sous-préfets et des préfets sont envoyés au ministre de l'Intérieur ». Il va de soi que la compétence du département de l'Intérieur est la même quand il s'agit de contestations de limites.

La décision du 11 octobre 1875 ne saurait donc être arguée d'incompétence, et elle ne peut, au fond, être attaquée par la voie contentieuse, car elle constitue un acte de pure administration.

Enfin, le conseil d'Etat trancha le conflit par une décision ainsi conçue :

Vu la requête sommaire et le mémoire ampliatif présentés pour la commune de Sotteville, agissant poursuites et diligences de son maire en exercice, ladite requête et ledit mémoire enregistrés au secrétariat du contentieux du conseil d'Etat le 11 janvier et le 27 mars 1876, et tendant à ce qu'il plaise au conseil annuler pour excès de pouvoirs une décision du 11 octobre 1875, par laquelle le ministre de l'Intérieur a confirmé un arrêté en date du 25 décembre 1872, par lequel le préfet de Seine-Inférieure avait rapporté un précédent arrêté du 27 mars 1869, statuant sur une difficulté existant entre la commune requérante et la ville de Rouen, relativement à la délimitation de leurs territoires respectifs, et a fixé à ces territoires d'autres limites;

Ce faisant, condamner la ville de Rouen aux dépens, par le motif que la contestation existant entre les deux communes avait été définitivement tranchée par l'arrêté du 27 mars 1869; que, dès lors, le préfet ne pouvait rapporter ledit arrêté sans porter atteinte aux droits acquis par la commune requérante; que le ministre ne pouvait pas davantage rapporter ledit arrêté qui ne lui avait pas été déféré, et dont, d'ailleurs, il aurait appartenu exclusivement au ministre des Finances de connaître; qu'ainsi l'opération faite, d'abord par l'arrêté du 25 décembre 1872, puis par la décision attaquée, est une véritable modification de circonscriptions, à laquelle, d'après les lois du 24 juillet 1867 et du 10 août 1871, il n'aurait pu être procédé que par une loi, après avis du conseil général, les deux communes appartenant à des cantons différents et les conseils municipaux n'étant pas d'accord;

Vu la décision attaquée, par laquelle le ministre de l'Intérieur, après avoir examiné les motifs du pourvoi, développés par la commune de Sotteville à l'appui du pourvoi qu'elle avait formé contre l'arrêté du 25 décembre 1872, déclare s'approprier l'arrêté précité, et fait observer qu'il devient sans intérêt de rechercher si le préfet n'avait pas épuisé, en statuant une première fois sur la question, les pouvoirs de juridiction que lui confère l'ordonnance du 3 octobre 1821;

Vu le mémoire en défense présenté par la ville de Rouen, ledit mémoire enregistré comme ci-dessus le 9 mai 1876, et tendant au rejet du pourvoi comme non recevable, la commune de Sotteville n'ayant déféré l'arrêté du 25 décembre 1872 ni au ministre, ni au conseil d'Etat, dans le délai de trois mois après la notification qui lui en avait été faite, et, en tout cas, comme mal fondé;

Vu les observations du ministre de l'Intérieur, en réponse à la communication qui lui a été donnée du pourvoi et du mémoire en défense ci-dessus visés; les dites observations enregistrées comme ci-dessus le 29 septembre 1876, et tendant au rejet du pourvoi par le motif qu'il lui appartenait, en qualité de supérieur hiérarchique du préfet, de décider si la délimitation faite par ce fonctionnaire par l'arrêté du 27 mars 1869 devait être maintenue, et que la décision qu'il a prise à cet égard est un acte de pure administration; ensemble l'avis du ministre des Finances transmis par le ministre de l'Intérieur à l'appui de ses observations;

Vu le mémoire en réplique présenté par la commune de Sotteville, ledit mémoire enregistré comme ci-dessus le 23 décembre 1876, et par lequel elle déclare persister dans toutes ses conclusions;

Vu les arrêtés du préfet de Seine-Inférieure, en date des 27 mars 1869 et 25 décembre 1872 ;

Vu la délibération en date du 18 décembre 1875, par laquelle le conseil municipal de Sotteville autorise le maire de ladite commune à déférer au conseil d'Etat la décision du 11 octobre précédent ;

Vu les autres pièces ;

Vu le décret des 19-20 avril 1790 ; l'ordonnance royale du 3 octobre 1821, notamment l'art. 3, et le règlement en date du 10 du même mois ; vu les lois des 18 juillet 1837, 24 juillet 1867 et 10 août 1871 ; — vu les lois des 7-14 octobre 1790 et 24 mai 1872, art. 9 ; — vu le décret du 22 juillet 1806, art. 11 ;

Sur la fin de non recevoir opposée au pourvoi, et tirée de ce que la commune de Sotteville n'aurait pas attaqué l'arrêté du 25 décembre 1872 dans le délai fixé par l'art. 11 du décret du 22 juillet 1806 :

Considérant que la commune ayant déféré l'arrêté précité au ministre de l'Intérieur, ledit ministre a statué sur son recours le 11 octobre 1875, et que la commune a déféré sa décision au conseil d'Etat dans le délai fixé par l'art. 11 du décret du 22 juillet 1806 ;

Au fond :

Considérant qu'à la suite de l'imposition simultanée de quelques parcelles sur les rôles des deux communes de Rouen et de Sotteville, le préfet, usant du droit que lui conférait l'art. 3 de l'ordonnance du 3 octobre 1821, avait décidé, par son arrêté du 27 mars 1869, que, d'après les plans produits, les parcelles litigieuses faisaient partie de Sotteville ;

Que cet arrêté constituait un acte de pure administration, qui pouvait être annulé, soit sur la réclamation d'une des communes, soit d'office par le ministre sous l'autorité duquel le préfet avait agi ;

Que le maire de la ville de Rouen ayant réclamé dès le 6 janvier 1870 contre l'arrêté précité, le ministre de l'Intérieur a, par sa décision attaquée, déclaré l'annuler en tant que de besoin ;

Que, d'une part, cette décision ôte tout intérêt à la question de savoir si le préfet pouvait rapporter son arrêté du 27 mars 1869, et que, d'autre part, la commune de Sotteville n'est pas fondée à soutenir que le ministre avait opéré entre communes appartenant à des cantons différents, et dont les conseils municipaux étaient en désaccord, un changement de circonscription qui, d'après l'art. 13 de la loi du 24 juillet 1867 et les art. 46 et 50 de la loi du 10 août 1871, n'aurait pu être effectué que par une loi, après les avis du conseil général ;

Considérant enfin que les questions relatives à la délimitation administrative des communes rentrent, par leur nature, dans les attributions du ministre de l'Intérieur, chargé de l'administration départementale et communale ;

Qu'il n'a pas été apporté de dérogation à cette règle pour le cas où ces questions naissent à l'occasion d'opérations cadastrales, ce qui résulte notamment de l'art. 8 du règlement fait le 10 octobre 1821 pour l'exécution de l'ordonnance du 3 du même mois, qui charge le ministre de l'Intérieur de l'instruction des affaires dans le cas où la délimitation doit être fixée par une décision du chef de l'Etat ;

Qu'ainsi la commune qui avait porté sa réclamation devant le ministre de l'Intérieur n'est pas fondée à soutenir actuellement que c'était au ministre des finances qu'il aurait appartenu de statuer ;

Arrête : La requête de la commune de Sotteville-lès-Rouen est rejetée.

Cette doctrine a été confirmée une fois encore par un arrêt récent du conseil d'Etat du 15 juillet 1887 (1).

Dans l'espèce, à la suite d'une instance engagée entre les communes de Quirbajou et de Belvianes, relativement à la limite de leurs communaux, un jugement du tribunal de Limoux, confirmé par arrêt de la cour de Montpellier, avait décidé qu'au point litigieux, cette limite se trouvait indiquée par la ligne divisoire des communes, telle que ladite ligne était indiquée et fixée par le plan cadastral de Quirbajou. A la suite d'une nouvelle instance, un deuxième jugement, également confirmé par la cour, déclara qu'il n'y avait pas à statuer sur les prétentions de la commune de Belvianes, les décisions judiciaires antérieures délimitant d'une manière expresse et définitive les propriétés respectives des parties, et le juge de paix, saisi de la demande en bornage, n'ayant qu'à adapter sur le terrain le plan cadastral, et notamment le n° 302, section A, de ce plan, dont la contenance était de 532 hectares 69 ares 40 centiares, d'après la matrice cadastrale. La commune de Belvianes s'adressa alors au préfet et lui demanda de procéder à la délimitation administrative des deux territoires.

Le préfet de l'Aude prit, le 12 septembre 1883, un arrêté ordonnant qu'il serait procédé par des experts à la délimitation contradictoire des deux communes, et nomma d'office l'expert de la commune de Quirbajou, sur le refus du maire de faire cette désignation. Cette commune forma alors un pourvoi contre l'arrêté préfectoral. Sans contester qu'en principe il appartienne au préfet de procéder à la délimitation administrative des communes de son département, elle soutenait que, dans l'espèce, le préfet avait commis un détournement de pouvoirs en usant de ses attributions pour trancher indirectement une question de propriété définitivement jugée par l'autorité judiciaire, seule compétente pour en connaître; elle ajoutait qu'à un autre point de vue, le préfet avait également excédé ses pouvoirs en désignant d'office l'expert chargé de représenter la commune.

Le ministre de l'Intérieur présenta sur le pourvoi les observations suivantes :

(1) *Rec.*, p. 571. — D. 1888. 3. 118, — et S. 1889. 3. 41.

C'est, dit-il, dans la combinaison du décret de l'Assemblée constituante des 19-20 avril 1790, art. 8, et de l'ordonnance royale du 30 octobre 1821, art. 3, que se trouve l'attribution aux préfets, héritiers des pouvoirs conférés aux administrations de département, de la compétence en matière de fixation et de reconnaissance des limites contestées entre les communes de leur département. Il est reconnu par la jurisprudence que les lois des 18 juillet 1837, 24 juillet 1867 et 10 août 1871, non applicables dans l'espèce, ne se sont préoccupées que des modifications dans la circonscription territoriale des communes et ne visent pas les contestations de limites réglées par la loi de 1790.

Ces principes ne sont pas, d'ailleurs, contestés par le pourvoi ; mais d'après la requête, le préfet en aurait fait une fausse application et aurait commis un détournement de pouvoirs en ordonnant une expertise à l'effet d'étudier une délimitation qui serait en contradiction avec des décisions de l'autorité judiciaire passées en force de chose jugée.

Cette allégation me semble reposer sur une confusion entre deux opérations absolument différentes quant à leurs formes et quant à leurs conséquences. Il y a lieu, en effet, de distinguer la reconnaissance des limites par la voie administrative, de la fixation des limites opérée par l'autorité judiciaire, lorsqu'elle statue sur des contestations entre propriétaires.

La délimitation administrative n'apporte aucune atteinte aux droits des propriétaires dont elle attribue les héritages partiellement ou en entier à telle ou telle commune ; elle n'a d'action que dans le domaine du droit public et administratif, tel que la compétence des tribunaux, l'assiette des impôts, l'exercice du droit électoral, etc... Cette délimitation faite dans l'intérêt de l'administration générale ou locale ne peut, par suite, apporter aucun trouble à l'exercice des droits privés qui appartiennent soit aux particuliers, soit aux communes ou sections de commune. Il en résulte qu'un propriétaire ne saurait invoquer, à l'encontre, des droits acquis susceptibles de faire la base d'un recours à l'effet d'exiger que son héritage fasse partie d'une circonscription territoriale plutôt que d'une autre.

De là deux conséquences : alors même que des décisions judiciaires sont intervenues entre des communes sur des actions en bornage de leurs biens patrimoniaux, les communes, ainsi délimitées au point de vue de leurs propriétés, restent, au point de vue administratif, circonscrites dans le territoire délimité par des arrêtés ou des décrets émanés de l'autorité compétente en cette matière.

En deuxième lieu, en supposant qu'une décision de l'administration fasse passer la limite séparative d'une commune sur des fonds appartenant à une commune limitrophe, la première ne saurait revendiquer comme propriété privée les terrains situés sur le territoire administratif de sa voisine en se fondant sur l'acte de délimitation. Lorsque les tribunaux judiciaires compétents pour statuer sur les questions de propriété ou d'usage qui s'élèvent entre les communes ou les sections de commune prononcent sur la délimitation contestée des héritages, leurs décisions produisent des effets juridiques différents. Ils fixent les droits privés des communes ou de ces sections, sans que leurs jugements puissent réfléchir sur la délimitation administrative, qui ne peut résulter que d'un acte de la puissance publique. Cette distinction, basée sur le principe de la séparation des pouvoirs, a été consacrée à la fois par le conseil d'Etat et par la cour de cassation.

Or, le préfet de l'Aude a-t-il, dans l'arrêté attaqué, méconnu les principes qui viennent d'être rappelés ? Je ne le crois pas. L'opération prescrite par son arrêté du 12 septembre 1883 n'a pas eu, en effet, pour but de fixer la limite des propriétés des deux communes, limite sur laquelle le tribunal de Limoux et la cour d'appel de Montpellier ont statué définitivement, mais seulement d'établir la démarcation administrative des territoires sur un point contesté. Ainsi considéré, l'arrêté attaqué me semble avoir été rendu dans les limites de la compétence du préfet, et j'estime qu'il n'y a pas lieu de retenir le premier des griefs qui servent de base au recours.

Et le conseil d'Etat statua dans les termes suivants :

Vu la requête de la commune de Quirbajou..., tendant à ce qu'il plaise au conseil annuler un arrêté du 12 septembre 1883, par lequel le préfet de l'Aude a ordonné une expertise à l'effet de procéder à la délimitation administrative des territoires respectifs des communes de Quirbajou et de Belvianes, et a nommé d'office le sieur Roux comme expert de la commune de Quirbajou, en l'absence de désignation faite par le maire de cette commune ; — Ce faisant attendu que la commune de Quirbajou est limitrophe au nord de celle de Belvianes ; qu'un arrêté du préfet de l'Aude du 13 décembre 1826 a fixé les limites des deux communes, mais qu'il n'a pas été procédé au bornage ; que des difficultés s'étant élevées entre les communes au sujet de la propriété de terrains attribués à la commune de Quirbajou, et se trouvant sous le n° 302, section A, du plan cadastral, un jugement du tribunal de Limoux en date du 23 juillet 1861, confirmé par un arrêt de la cour de Montpellier du 3 avril 1862, a déclaré la commune de Quirbajou légitime et unique propriétaire de l'entier tènement en nature de vacant porté sur sa tête sous le n° 302, section A, du plan cadastral de ladite commune ; que l'arrêté du préfet de l'Aude, en date du 12 septembre 1883, est entaché d'un double excès de pouvoirs : 1° en ce qu'une nouvelle délimitation administrative aurait pour effet de faire revenir sur une question de propriété définitivement tranchée par l'autorité judiciaire ; 2° en ce que le préfet n'avait pas qualité pour nommer d'office, en se substituant au maire de Quirbajou, l'expert de cette commune ; — annuler l'arrêté attaqué ;

Vu le décret des 19-20 avril 1790, l'ordonnance du 3 octobre 1821, les lois des 7-14 octobre 1790 et 24 mai 1872 ;

En ce qui touche l'incompétence :

Considérant qu'aux termes du décret du 20 avril 1790 et de l'ordonnance du 3 octobre 1821, il appartient aux préfets de statuer sur les contestations relatives aux délimitations entre les communes d'un même département et, par voie de conséquence, de désigner les experts chargés de procéder aux opérations de délimitation ; que, par son arrêté du 12 septembre 1883, le préfet de l'Aude, en ordonnant une expertise à l'effet de procéder à la délimitation administrative des territoires respectifs des communes de Quirbajou et de Belvianes, a prononcé dans les limites de sa compétence ;

Au fond :

Considérant que l'arrêté attaqué est un acte de pure administration, ne pouvant ni porter atteinte au droit de propriété des communes, ni faire l'objet d'un recours par la voie contentieuse, alors qu'aucune violation de loi ou omission de formes n'est alléguée ;

ARTICLE PREMIER. — La requête est rejetée (1).

Mais lorsqu'il s'agit de contestations de limites nées entre deux communes situées dans des départements différents, est-ce aux préfets de ces départements qu'il appartient de les trancher ?

Evidemment non, puisque les préfets n'ont aucune autorité en dehors des limites de leur département. Et il faut décider sans hésiter que si un préfet statuait en pareil cas, sur une contestation née entre deux communes appartenant l'une au département qu'il dirige, l'autre à un département limitrophe, sa décision serait susceptible d'être déférée au conseil d'Etat pour excès de pouvoirs (2).

Sera-ce donc le ministre de l'Intérieur qui sera compétent ? On pourrait être tenté de le croire, puisque d'ordinaire, lorsqu'un acte d'administration intéresse des communes situées dans deux départements, et que les préfets de chacun de ces départements ne parviennent pas à s'entendre sur le règlement de la question, c'est au ministre qu'il appartient de mettre fin au désaccord, et de prononcer lui-même (3).

Toutefois, on admet qu'il y a lieu d'étendre à tous les cas la règle posée spécialement en ce qui concerne les opérations cadastrales par l'art. 3 du règlement sur le cadastre du 10 octobre 1821, et d'après laquelle, en pareille hypothèse, il est statué par un décret du chef de l'Etat (4).

Comme on a pu le voir dans les arrêts rapportés ci-dessus (5),

(1) Voir dans le même sens : DALLOZ, *Répert. alphab.*, V° *Commune*, n° 181, — et *Code des lois administratives*, V° *Commune*, n° 335, et V° *Conseil d'Etat*, n°s 430 et suiv. — BLOCK *Dict. de l'adm. franç.*, 1891, V° *Organisation communale*, n°s 7 et 10.

(2) En ce sens, *Répert. du droit adm.*, de M. BÉQUET, V° *Commune*, n° 375.

(3) Conf. Lettre du min. Int., 12 juillet 1839. — DALLOZ, *Répert. alphab.*, V° *Commune*, n° 2435, — et *Code des lois administratives*, V° *Département*, n° 115...

(4) En ce sens : *Ecole des communes*, 1833, p. 38. — *Répert. d'adm. mun.*, V° *Circonscription communale*, n° 3. — DALLOZ, *Code des lois adm.*, V° *Commune*, n°s 329-330. — BLOCK, *Dict. de l'adm. franç.*, 1891, V° *Organisation communale*, n°s 7 et 10. — M. LE VAVASSEUR DE PRÉCOURT, Conclusions sur l'arrêt du conseil d'Etat du 7 août 1883, *Rec.*, p. 741, communes de Meudon et de Clamart, rapportées ci-dessous.

(5) Notamment : Conseil d'Etat, 18 novembre 1838, commune de Ploumilliau, *Rec.*, p. 610; — 4 septembre 1840, comm. de Fons, *Rec.*, p. 369 ; — et 15 juillet 1887, comm. de Quirbajou, *Rec.*, p. 571.

les actes, par lesquels les préfets ou le chef de l'Etat tranchent les contestations nées entre communes voisines relativement à la fixation de leurs limites administratives, ne peuvent porter aucune atteinte aux droits de propriété de ces communes ; ils ne préjugent en quoi que ce soit les questions de propriété qui peuvent les diviser ; ils n'ont d'autre effet que de déterminer leur circonscription territoriale en tant que communes, mais nullement comme propriétaires (1).

Les tribunaux ont eu plusieurs fois à faire des applications de ce principe.

Ainsi, il résulte d'un arrêt du conseil d'Etat du 17 mars 1835 que s'il appartient à l'autorité administrative de déclarer les limites de deux communes voisines, ces délimitations n'ont aucune influence quant à l'exercice de leurs droits respectifs sur les terrains délimités, et que, par suite, un préfet excède ses pouvoirs lorsqu'en reconnaissant les limites de deux communes, il règle entre elles le droit de vaine pâture (2).

De même, la cour de cassation a décidé, par un arrêt en date du 12 novembre 1862 (3), qu'une commune peut, en vertu des titres par elle produits, ou des faits de possession dont elle rapporte la preuve, être déclarée propriétaire d'un terrain faisant partie du territoire administratif d'une autre commune ; que, par suite, les

(1) En ce sens : DUFOUR, *Droit administratif appliqué*, t. III, n° 463, p. 507. — *Répert. d'adm. mun.*, V° *Circonscription communale*, n° 3, et V° *Bornage*, n° 20. — DALLOZ, *Répert. alphab.*, V° *Commune*, n° 181, n° 1829. — BLOCK, *Dict. de l'adm. franç.*, 1891, V° *Organisation communale*, n°s 9 et 10. — DUCROCQ, *Cours de droit adm.*, n° 1489, 2°.

(2) *Rec.*, p. 211, communes d'Achy et de Marseilles. — « Vu la loi des 22 et 23 novembre 1790 ; — vu l'arrêté réglementaire du 24 germinal an XI ; — considérant que s'il appartient à l'autorité administrative de reconnaître et déclarer les limites des territoires de deux communes voisines, ces délimitations, purement administratives, n'ont aucune influence sur l'exercice du droit de vaine pâture que des sections de ces communes ont à prétendre respectivement sur tout ou partie de ces territoires ; lesquels droits ne peuvent être appréciés que par l'autorité judiciaire, d'après les titres anciens et les règles du droit commun : — que par son arrêté du 5 septembre 1807, le préfet du département de l'Oise ne s'est pas borné à reconnaître et déclarer les limites des territoires des communes de Marseilles et d'Achy, mais qu'il a réglé, entre deux sections de ces mêmes communes, d'après ces limites, le droit de vaine pâture respectivement prétendu par les contendants sur les terrains litigieux ; en quoi il a excédé sa compétence et commis un excès de pouvoir ;

« ARTICLE PREMIER. — L'arrêté du préfet du département de l'Oise, du 5 septembre 1807, est annulé dans ses dispositions par lesquelles il a réglé entre les sections d'Achy et de Marseilles l'exercice du droit de vaine pâture en litige. — ART. 2. — Les parties sont renvoyées devant les tribunaux pour y faire statuer sur l'exercice de ce droit. — ART. 3. — Est condamnée aux dépens celle des parties qui succombera en fin de cause devant les tribunaux. » — Conf. conseil d'Etat, 4 septembre 1840, commune de Fons, *Rec.*, p. 369.

(3) D. 1863. 1. 469, commune de Piana c. commune de Marignana, et les notes. — S. 1863. 1. 155.

tribunaux civils, saisis d'une contestation élevée entre deux communes contiguës, relativement à la propriété de terrains situés dans la circonscription de l'une d'elles, peuvent, d'après les faits de possession prouvés devant eux, fixer les limites patrimoniales de ces communes, sans s'arrêter à leur délimitation administrative et sans être tenus, dès lors, de surseoir à statuer, jusqu'à l'interprétation par l'autorité administrative des actes opérant cette délimitation; enfin, que ce pouvoir leur appartient même à l'égard des terres vaines et vagues qui sont réputées, aux termes de la loi du 10 juin 1793, être la propriété de la commune dans le territoire de laquelle elles sont situées, cette présomption de propriété cédant à la preuve contraire faite, soit par une autre commune, soit par un particulier, et puisée notamment dans des faits de possession immémoriale.

De même encore, la cour de cassation a jugé, par un arrêt en date du 13 février 1865 (1), que l'acte administratif portant délimitation du territoire d'une commune n'est pas attributif, au profit de cette commune, de la propriété des terrains compris dans sa circonscription, et, par conséquent, ne met pas obstacle à ce que ces terrains soient revendiqués par une autre commune.

Aux termes d'un autre arrêt de la cour de cassation, en date du 6 juin 1877 (2), en cas de dissentiment entre deux communes de la Corse sur les limites de leur territoire respectif, la délimitation provisoire à laquelle il a été procédé par des commissaires, conformément aux art. 23 et 24 de l'instruction du 1er août 1781, ne constitue pas, en général, un titre de propriété; mais il en est autrement lorsque cette opération a été exécutée après accord amiable des deux communes et avec le concours de leurs représentants légaux : cet accord des deux communes constitue un titre légal de propriété dont l'effet ne peut être détruit que par un titre contraire, ou la prescription acquise suivant les règles du droit civil.

Il résulte, enfin, d'un autre arrêt de la cour de cassation du 19 avril 1880 (3), que le droit de délimitation administrative des communes appartient à l'administration; mais que cette délimitation, faite dans l'intérêt principal de l'administration publique et communale, ne peut modifier les droits privés et patrimoniaux des communes, ni les droits conférés aux habitants de ces communes; —

(1) D. 1865. 1. 190, commune Trinité-Victor c. commune de Draps.

(2) D. 1877. 1. 432, commune de Cauro c. commune de Bastelica et autres.

(3) D. 1880. 1. 379. — S. 1881. 1. 81, commune de Liesville c. Tostain.

que, par suite, cette délimitation n'est point un préalable nécessaire pour que les tribunaux puissent statuer sur les questions de propriété ou d'usage soulevées par les habitants de ces communes et apprécier les droits mis en question, soit par rapport à la situation des biens, soit par rapport à la résidence de ceux qui en réclament l'exercice.

Nous devons faire observer en terminant que, par une dérogation au moins apparente aux principes ci-dessus, le conseil d'Etat a décidé, par un arrêt en date du 16 juillet 1886 (1), que le conseil de préfecture, et en appel le conseil d'Etat, saisi d'une demande en décharge des contributions directes, est compétent pour décider si les parcelles auxquelles ces contributions sont afférentes sont situées sur le territoire de la commune où elles ont été imposées ; — et que, dans le cas où, sur une demande en décharge des contributions directes portées sur le rôle d'une commune à raison d'immeubles que le réclamant prétend n'être pas situés sur le territoire de cette commune, le conseil de préfecture ordonne une expertise à l'effet de reconnaître les limites cadastrales de ladite commune, la commune limitrophe n'a pas le droit d'être représentée dans les opérations par un expert spécial.

Enfin, et par exception aux règles que nous avons exposées jusqu'ici, le préfet ne serait, pas plus que le ministre de l'Intérieur ou le conseil de préfecture, compétent pour statuer sur les contestations qui peuvent s'élever entre communes riveraines de la mer sur le point de savoir quelle est la portion de rivage de la mer sur laquelle les habitants de chacune d'elles ont le droit exclusif de récolter le varech ou goémon (2).

Le conseil d'Etat, il est vrai, par un arrêt en date du 3 août 1849 (3), avait décidé que c'est au préfet qu'il appartient de statuer sur une contestation de cette nature, en se fondant, d'une part, sur ce qu'aux termes de l'art. 8 de la loi des 19-20 novembre 1790, c'est à l'administration qu'il appartient de déterminer les limites des territoires des communes, et, d'autre part, sur ce que l'arrêté du Gouvernement du 18 thermidor an X donne aux préfets le droit de déterminer, par des règlements conformes aux lois, tout ce qui est relatif à la pêche du goémon et du varech.

(1) *Rec.*, p. 624. — D. 1888. 3. 2. — S. 1888. 3. 25. — Conf. conseil d'Etat, 10 juillet 1885 *Rec.*, p. 660. — D. 1887. 3. 9, — et *Rev. gén. d'adm.*, 1885, t. III, p. 298.

(2) Nous avons déjà étudié ce droit spécial : partie II, chapitre Ier, titre IV, section Ire p. 443 et suiv.

(3) *Rec.*, p. 455, commune de Tréflez c. commune de Plounévez-Lochrist.

Mais le conseil d'Etat a depuis longtemps abandonné cette doctrine et reconnu qu'il n'appartenait qu'aux autorités maritimes, c'est-à-dire au ministre de la Marine et en appel au conseil d'Etat, de délimiter les portions du rivage de la mer sur lesquelles chaque commune a un droit exclusif à la récolte du varech.

En effet, aux termes d'un arrêt en date du 31 mars 1865 (1) :

Considérant que, par les arrêtés attaqués, le préfet du département de la Manche a déterminé la portion du rivage de la mer sur laquelle les habitants d'Agon et de Blainville auraient le droit de couper et de récolter les varechs, en vertu de l'art. 105 du décret du 4 juillet 1853 ; que ces arrêtés auraient pour effet de procurer aux habitants de Blainville la jouissance des varechs croissant sur le rocher de la Dulvergée, à l'exclusion de la commune d'Agon, et nonobstant la jouissance ancienne qu'ils en auraient eue ;

Considérant que les varechs sont des fruits naturels du domaine public maritime ; que c'est sur le rapport de notre ministre de la Marine, chargé de la conservation et de la police du domaine public maritime, qu'ont été rendus les décrets qui règlent l'attribution de ces fruits et leur répartition entre les habitants du littoral ; que, dès lors, s'il y avait lieu de procéder à une nouvelle délimitation des portions de rivage sur lesquelles la commune d'Agon et celle de Blainville ont le droit exclusif de récolter les varechs, elle ne pourrait être faite, sous l'empire du décret précité du 4 juillet 1853, que par les autorités maritimes ; qu'il suit de là que le préfet du département de la Manche, en prenant les arrêtés attaqués, et notre ministre de l'Intérieur en les confirmant, ont excédé leurs pouvoirs ;

Annule...

Dans ce cas, en effet, comme l'a fait remarquer M. Aucoc, commissaire du gouvernement, dans ses conclusions, il s'agit bien moins de déterminer les limites des territoires des communes que de fixer la portion du rivage de la mer, du domaine public, qui correspond au territoire de chaque commune (2).

Nous avons vu par ce qui précède qu'il appartient au préfet ou au chef de l'Etat, suivant les circonstances, de statuer sur les contestations de limites qui peuvent s'élever entre communes voisines.

Mais il se peut qu'il soit nécessaire, pour trancher le conflit, de recourir aux actes antérieurs de délimitation et de les interpréter.

(1) *Rec.*, p. 371. — Cet arrêt a été rendu conformément aux conclusions de M. Aucoc, alors commissaire du gouvernement.

(2) Conf. Arrêt du conseil d'Etat du 14 décembre 1857, communes de Taulé et d'Heuvic, *Rec.*, p. 823. — Voir dans le même sens : Aucoc, *Sections de commune*, n° 147, p. 358 et suiv. — Blanche, *Dict. gén. d'adm.*, V° *Varech*, p. 1898, col. 2, note 4. — Dufour, *Droit administratif appliqué*, t. III, p. 507, n° 463, note 1. — *Ecole des communes*, 1859, p. 329 n° 1087 ; — et 1865, p. 136, n° 1451.

Le préfet et le chef de l'Etat seront-ils encore compétents dans ce cas?

Remarquons tout d'abord et avant tout que, lorsque les tribunaux judiciaires seront saisis d'un litige dont la solution nécessitera l'interprétation des actes qui ont déterminé les limites de deux communes voisines, ils pourront très légitimement les interpréter eux-mêmes et en faire l'application, lorsque le sens de ces actes ne présentera pas un doute sérieux, une incertitude véritable.

C'est ainsi, par exemple, que, dans un arrêt en date du 15 novembre 1864, la cour de cassation a jugé que l'autorité judiciaire, incompétente pour interpréter un acte administratif, est, au contraire, compétente pour en faire l'application, lorsque le sens et la portée de cet acte ne sont pas contestés;—que, spécialement, si l'indication, dans l'acte administratif de délimitation des territoires respectifs de deux communes, des points de repère à l'aide desquels cette délimitation a été opérée, ne soulève aucun débat, la juridiction civile est compétente pour en déterminer l'emplacement, à l'effet de rétablir la limite résultant de l'acte dont le sens était accepté par les parties; — qu'il n'y a là qu'une simple application d'un acte administratif (1).

La cour de cassation a jugé également, par un autre arrêt en date du 30 juin 1875, que la transaction par laquelle deux communes de la Corse ont, antérieurement au Code civil, et en observant les formes prescrites par l'ancien droit, fixé définitivement la ligne séparative de leurs territoires respectifs, a les effets d'un titre légal

(1) D. 1865. 1. 183, commune d'Albiez-le-Vieux c. commune d'Albiez-le-Jeune :

« *Sur le moyen tiré de la violation des règles de la compétence et du principe de la séparation des pouvoirs, en ce que l'arrêt attaqué aurait interprété des actes administratifs dont l'interprétation ne pouvait appartenir qu'à l'autorité de laquelle ils émanaient* :

« Attendu que si l'autorité judiciaire ne peut, sans excéder sa compétence, s'immiscer dans l'interprétation d'actes administratifs, elle a incontestablement le droit et le devoir de les appliquer pour la solution d'un litige dont elle est compétemment saisie;

« Attendu en fait que, devant la cour de Chambéry, toutes les parties étaient d'accord sur le sens et la portée des actes respectivement invoqués; qu'elles acceptaient la délimitation faite administrativement en 1729 et 1730, et qu'elles reconnaissaient que, des procès-verbaux alors dressés, il résultait clairement que la ligne de démarcation entre les deux territoires avait été tirée de la Roche-Parée à la Combe-de-Vernes; que le débat portait uniquement sur l'emplacement de ces deux points de repère, dont le temps avait effacé les anciennes dénominations;

« Attendu que, dans cet état du litige, la cour de Chambéry, pour le trancher, n'avait qu'à rapprocher des lieux les indications fournies par les actes, et à déterminer, à l'aide de ces indications, l'emplacement des points perdus, à l'effet de rétablir l'ancienne limite acceptée par les deux communes; qu'en opérant ainsi elle n'interprétait point des actes administratifs, qui, dans leurs textes, ne présentaient rien d'obscur, et se bornait à les appliquer, comme elle en avait le droit;

« Rejette... »

de propriété ; — et que lorsque cette transaction ne présente aucune ambiguïté dans ses termes, et n'appelle aucune interprétation, les tribunaux peuvent, sans violer le principe de la séparation des pouvoirs, lui reconnaître un caractère définitif (1).

Au contraire, lorsque le sens de ces actes de délimitation sera douteux et présentera quelque ambiguïté, les tribunaux devront surseoir à statuer jusqu'à ce que l'autorité administrative les ait elle-même interprétés (2).

Mais quelle sera, d'une manière précise, l'autorité administrative compétente pour donner cette interprétation ?

Nous avons montré, dans le chapitre précédent, que lorsqu'il s'agit d'interpréter les actes qui ont opéré un changement de circonscription de commune, l'autorité compétente pour donner cette interprétation est tantôt le conseil général, lorsque c'est cette assemblée elle-même qui a statué sur la modification territoriale, et tantôt le conseil d'Etat, dans le cas où le changement de circonscription a été autorisé par un décret du Président de la République ou par une loi.

Devons-nous donc admettre encore ici les mêmes règles de compétence ?

Nous n'hésitons pas à répondre affirmativement, les raisons de décider étant les mêmes.

Et, d'ailleurs, c'est en ce sens que s'est prononcé au moins implicitement le conseil d'Etat en 1883, dans une affaire concernant deux communes situées dans des départements différents. Voici dans quelles circonstances :

Un sieur Dusouchet, entrepreneur de maçonnerie, ayant dû payer à la fois à la commune de Meudon et à la commune de Clamart des droits d'octroi sur les matériaux employés à la construc-

(1) D. 1876. 1. 261, commune de Bastelica :

« *Sur le moyen tiré de la violation des règles concernant la séparation des pouvoirs* :

« Attendu que la transaction de 1782, fixant aux territoires respectifs des communes litigieuses des limites déterminées et certaines, ne présentait aucune ambiguïté dans ses termes et n'appelait aucune interprétation ; — qu'il s'est agi simplement de décider si cet accord avait un caractère provisoire ou définitif, et qu'en se référant, pour la solution de cette difficulté, aux dispositions de l'instruction réglementaire du 1er août 1781, l'arrêt attaqué n'a pu violer aucun des principes touchant la séparation des pouvoirs ;

« Rejette... »

— Conf. Cass., 24 février 1864, D. 1864. 1. 87 ; — 14 décembre 1864, D. 1864. 1. 174 ; — 20 novembre 1865, D. 1866. 1. 274 ; — 28 décembre 1874, D. 1875. 1. 228 ; — 6 décembre 1875, D. 1876. 1. 131. — Dalloz, *Code des lois administratives*, V° *Séparation des pouvoirs*, nos 1253... ; — V° *Commune*, n° 361.

(2) En ce sens : Cass., 9 juillet 1849, D. 1849. 1. 313 ; — et 15 juillet 1872, D. 1872. 1. 442. — Dalloz, *Code des lois administratives*, V° *Commune*, n° 355.

tion d'un orphelinat sur un terrain situé à la limite de ces deux communes, et que chacune d'elles prétendait être compris dans l'intérieur de sa circonscription, forma contre toutes deux solidairement une demande en restitution devant le juge de paix du canton de Sèvres ; mais ce magistrat, en présence de l'incertitude existant sur les limites des deux communes, renvoya, avant de statuer au fond, les parties à se pourvoir devant la juridiction administrative pour faire trancher par elle la question préjudicielle de délimitation.

En exécution de ce jugement, la commune de Meudon saisit le conseil d'Etat d'une demande tendant à faire décider, par interprétation des actes qui avaient déterminé les limites entre elle et la commune de Clamart, que la parcelle litigieuse faisait partie de son propre territoire.

Le commissaire du gouvernement, M. Le Vavasseur de Précourt, présenta à ce sujet les observations suivantes :

En 1877, dit-il, la duchesse de Galliéra a fait élever, sur la limite des communes de Meudon (Seine-et-Oise) et Clamart (Seine), une vaste construction destinée à la création d'un orphelinat ; une partie des bâtiments est édifiée sur un terrain, litigieux entre les deux communes, compris à la fois sur les deux cadastres, et cotisé dans chaque commune à la contribution foncière. L'entrepreneur, ayant été contraint de payer à la fois dans les deux communes les droits d'octroi sur les matériaux introduits dans ce terrain, a formé une demande en réclamation devant le juge de paix du canton de Sèvres, qui, par jugement du 8 mai 1880, a sursis à statuer jusqu'à ce qu'il ait été prononcé par l'autorité administrative sur le litige relatif à la délimitation ; la commune de Meudon a saisi le conseil d'Etat d'une demande en interprétation des actes qui ont délimité son territoire, par rapport à celui de la commune voisine de Clamart. Le conseil d'Etat est-il *de plano* compétent pour statuer sur la contestation ? Il y a là une grave question de compétence, qui ne peut être examinée qu'après un exposé sommaire des faits indiquant nettement le terrain du débat.

Le département de Paris, dénommé ensuite département de la Seine, devait, d'après le décret du 17 janvier 1790, former une circonférence ayant environ trois lieues de rayon, à partir du parvis Notre-Dame, excepté depuis Meudon jusqu'au-dessous de Saint-Cloud, où il serait borné par les murs du parc de Meudon et par une ligne qui, embrassant Clamart et les Moulineaux, irait finir au pont de Sèvres : le rétrécissement de la circonférence de ce côté avait pour but de laisser au département de Seine-et-Oise tout l'ancien parc de Meudon, et de ne pas reporter la limite de la Seine jusqu'aux portes de Versailles. Ces limites assez peu précises (car la première clôture du parc de Meudon, établie par la duchesse d'Etampes, en 1546, avait été modifiée) donnèrent lieu à une série de difficultés. Un décret du 12 janvier 1791 décida que le hameau des Moulineaux serait entièrement compris dans le département de la Seine et celui de Fleury dans Seine-et-Oise. Le 8 frimaire an II, la Convention détermina de nouveau, dans des termes assez peu précis, les limites des deux communes. — En 1808, on procéda à la confection du cadastre dans la commune de Clamart. Le procès-verbal de délimitation, dressé le 14 juillet 1808, en présence des maires de Clamart, Issy et Meudon, comprit le terrain aujourd'hui litigieux dans le territoire de Clamart. En 1816, lors de la confection du cadastre de Meudon, le croquis visuel rédigé sur le terrain à la suite de la reconnaissance des limites de la commune, conformément à l'arrêté du 12 brumaire an II, porte les mêmes limites que celles de 1808. La commune de Clamart invoque ces deux constatations qui concordent entre elles ; la commune de Meudon, au contraire, soutient, d'une part, que cette délimitation est contraire aux décrets qui ont fixé les limites des deux départements ; d'autre part, que les opérations ultérieures du cadastre, faites sur son territoire en 1816, et notamment le plan parcellaire rédigé par le géomètre du cadastre, ont compris dans Meudon le terrain litigieux. Le fait est exact, et les agents des contributions ont constaté que, depuis cette époque, le triangle de terrain litigieux était imposé à la contribution foncière dans les deux communes.

Il résulte de cet exposé sommaire qu'il ne s'agit pas de l'interprétation d'un acte administratif spécial, mais d'un véritable litige d'ordre administratif portant sur une série d'actes, et préjudiciel à la solution d'une action portée devant l'autorité judiciaire. Qui doit statuer ? Le pouvoir législatif, le pouvoir exécutif par voie de décret ou le conseil d'Etat statuant au contentieux par voie de décision ?

Au premier abord on est tenté de se référer, par voie d'assimilation, aux règles établies par la loi du 18 juillet 1837 et les lois ultérieures sur l'organisation communale, relativement aux modifications de territoire de communes ; dans l'espèce, les deux communes appartenant à deux départements différents, leurs territoires respectifs ne pourraient être modifiés que par une loi. Mais cette assimilation doit être repoussée. Le rapporteur de la loi de 1837, M. Vivien, a eu soin, en effet, de limiter sur ce point la portée de la loi. M. Mounier, rapporteur de la loi à la Chambre des Pairs, a déclaré également que la loi ne s'appliquait pas à une rectification de limites, à la question de savoir si quelques parcelles de terrain seraient comprises dans la circonscription d'une commune plutôt que dans celle d'une autre. Un avis du conseil d'Etat du 28 janvier 1838 a consacré les mêmes principes (1). Il n'y a donc pas lieu d'appliquer à une contestation, qui porte sur l'interprétation d'une délimitation ancienne de deux communes, les règles de compétence exclusivement applicables aux modifications de territoires effectuées pour l'avenir.

Doit-on admettre la compétence du conseil d'Etat statuant au contentieux ? Ce serait évidemment la solution la plus pratique, celle offrant aux parties les garanties les plus sérieuses d'obtenir une décision rapide. Mais quelque étendues que soient les attributions du conseil d'Etat, elles doivent toujours pouvoir être rattachées à un texte, et nous ne voyons pas sur quel texte on pourrait établir

(1) Voir ci-dessus, partie Ire, appendice aux chapitres Ier et II, p. 130 et 131.

cette compétence. Si nous ne trouvions aucun texte fixant une compétence, nous serions d'avis que la contestation, avant d'être soumise au conseil d'Etat, devrait être au préalable portée devant le ministre de l'Intérieur, chef de l'administration départementale et communale.

Mais nous ne proposerons pas cette solution, parce que nous estimons que la loi a établi une compétence spéciale en cette matière. La loi des 12-20 avril 1790 a chargé les administrations de district de résoudre les difficultés sur les limites entre deux communes du même département ; cette attribution appartient aujourd'hui aux préfets : ce sont, en effet, les préfets, et non les sous-préfets, institués comme simples agents de transmission, qui ont hérité en l'an VIII des attributions des administrations de district. La loi de 1790 ne s'occupe pas, il est vrai, du cas où il s'agit de contestations de limites entre deux communes appartenant à deux départements différents. Mais la loi nous paraît devoir être complétée sur ce point par l'ordonnance du 3 octobre 1821, art. 3, sur le cadastre, qui attribue la compétence au chef de l'Etat.

On peut objecter que la législation du cadastre a un caractère spécial, et qu'il ne s'agit pas ici d'une difficulté portant sur une question de cadastre, ou de contribution foncière. L'objection est sérieuse, et il est bien certain que les dispositions de procédure et de déchéance des lois et ordonnances sur le cadastre ne seraient pas applicables. Mais il ne s'ensuit pas qu'on puisse emprunter à cette législation spéciale des dispositions ayant un caractère étendu, et devant être appliquées d'une manière générale. Tel est, suivant nous, le caractère de la disposition que nous venons de citer, et qui complète la loi de 1790. Ce n'est pas la première fois qu'on trouve dans une loi spéciale des dispositions ayant, quant à leur application, un caractère de généralité. C'est ainsi que la loi du 15 juillet 1845, spéciale à la concession des chemins de fer du Nord, contient des dispositions relatives à la forme et à la procédure des adjudications, qui sont appliquées à toutes les concessions des chemins de fer.

Nous pensons donc que, par application des dispositions combinées de la loi des 12-20 avril 1790 et de l'ordonnance du 3 octobre 1821 sur le cadastre, c'est par un décret qu'il doit être statué sur la contestation pendante entre les deux communes de Clamart et de Meudon. Cette solution, appuyée sur des textes, a l'avantage d'être en concordance parfaite avec la jurisprudence sur l'interprétation des actes administratifs, qui reconnaît compétence, non pas *de plano* à la juridiction contentieuse du conseil d'Etat, mais à l'autorité administrative même de laquelle émane l'acte à interpréter.

Par ces motifs, la requête nous paraît non recevable devant le conseil d'Etat, et nous concluons au rejet de ladite enquête.

Le ministre de l'Intérieur déposa des conclusions dans le même sens.

Enfin, le conseil d'Etat, par un arrêt en date du 7 août 1883 (1), statua dans les termes suivants :

(1) *Rec.*, p. 741. — *Rev. gén. d'adm.*, 1883, t. III, p. 314. — D. 1885. 3. 38. — S. 1885. 3. 52.

Vu la requête... pour la commune de Meudon... par laquelle la commune requérante expose qu'au cours de l'instruction d'une demande en restitution de droits d'octroi formée contre elle et contre la commune de Clamart par le sieur Dusouchet, entrepreneur de maçonnerie, une difficulté s'est élevée sur la commune délimitation des territoires de Clamart et de Meudon, et que le juge de paix de Sèvres, par jugement du 8 mai 1880, a sursis à statuer au fond jusqu'à ce qu'il ait été décidé par la juridiction administrative sur la question préjudicielle de délimitation; pourquoi elle conclut à ce qu'il plaise au conseil : — attendu que la limite du département de Paris, aujourd'hui département de la Seine, a été fixée par le décret de l'Assemblée constituante du 19 janvier 1790; — qu'aux termes de ce décret, le département est borné de Meudon à Saint-Cloud par les murs du parc de Meudon et par une ligne qui embrasse Clamart et les Moulineaux, et que le plan annexé au décret figure la limite des départements de Paris et de Seine-et-Oise entre Clamart et Meudon, par une ligne droite allant des Moulineaux à l'extrémité des murs du parc vers Clamart ; qu'un second décret, en date du 12 janvier 1791, a spécifié que le lieu Fleury était entièrement dans le département de Seine-et-Oise, sous la municipalité de Meudon ; qu'ainsi la limite des deux départements, et par suite des deux communes de Clamart et de Meudon, est celle des anciens territoires de Clamart et de Fleury ; — que les décrets de la Convention des 8 frimaire et 14 ventôse an II n'ont pas modifié sur ce point la circonscription des départements ; — que la délimitation de la commune de Clamart, opérée en 1808, pour la confection du cadastre, a compris dans cette commune, contrairement à la délimitation précédemment établie, une portion considérable du territoire de Fleury, et notamment un triangle formant les nos 573 et 574 du plan cadastral ; que ce même triangle a été compris dans le territoire de Meudon par la délimitation de cette commune, opérée en 1816, qui rectifie, sur ce point seulement, celle de la commune de Clamart ; qu'en conséquence les parcelles qui le composent sont imposées à la contribution foncière dans les deux communes ; — que c'est à raison de cette contradiction des plans cadastraux de Clamart et de Meudon qu'est née la difficulté actuelle, mais que, pour la résoudre, il faut écarter les délimitations de 1808 et de 1816, qui ne sont ni l'une ni l'autre conformes aux décrets de 1790 et 1791 ; — déclarer en conséquence, par interprétation des textes ci-dessus rapportés, que la limite séparative de la commune de Meudon et de celle de Clamart doit être fixée à l'ancienne limite du lieu de Fleury, soit à la ligne qui prolonge la sente des Mâtins, après la rencontre du chemin de Fleury à Clamart, jusqu'au mur du parc de Meudon, et condamner tous défendeurs éventuels aux dépens ;

Vu le jugement du juge de paix du canton de Sèvres du 8 mai 1880 ;

Vu le mémoire présenté pour la commune de Clamart, tendant à ce que la requête de la commune de Meudon soit rejetée avec dépens, comme non recevable, attendu que la demande d'interprétation n'est qu'un moyen détourné d'attaquer les actes de délimitation de 1808 et 1816, opérations purement administratives, qui ne sont pas susceptibles de recours par la voie contentieuse, et, subsidiairement, attendu qu'il n'y a pas de désaccord entre les deux procès-verbaux de délimitation ci-dessous rappelés, dont le second se réfère expressément au premier, et qu'il n'y a pas non plus de désaccord entre ces actes et les décrets de l'Assemblée constituante, lesquels n'ont eu pour objet que de répartir entre les départements les groupes d'habitants formant les communes, et non de tracer géométriquement les limites de territoires ; — dire que la limite séparative des communes de Clamart et de Meudon est celle que consacrent le procès-verbal de délimitation de Clamart, dressé en 1808, et le plan cadastral de cette commune ;

Vu les décrets de l'Assemblée constituante des 19 janvier 1790 et 12 janvier 1791 ;

Vu les procès-verbaux de délimitation de la commune de Clamart et de la commune de Meudon ; ensemble les croquis visuels y annexés ;

Vu les lois des 16-24 août 1790 et celle du 24 mai 1872 ;

Considérant que le sieur Dusouchet, ayant dû payer à la fois à Meudon et à Clamart des droits d'octroi sur les matériaux employés à la construction d'un orphelinat sur un terrain situé à la limite de ces deux communes, et en un point que chacune d'elles prétend faire partie de son territoire, a formé contre toutes deux solidairement une demande en restitution ; que la double perception étant la conséquence de l'incertitude existant sur les limites des deux communes, le juge de paix du canton de Sèvres a, par jugement du 8 mai 1880, sursis à statuer au fond jusqu'à ce qu'il eût été, à la requête des parties défenderesses, prononcé par la juridiction administrative sur le litige relatif à leur commune délimitation ; qu'en exécution de ce jugement la commune de Meudon a saisi le conseil d'Etat d'une demande tendant à faire décider, par interprétation des actes qui ont déterminé, entre la commune de Clamart d'une part, et la commune de Meudon d'autre part, la limite des départements de la Seine et Seine-et-Oise, que là parcelle litigieuse fait partie de la commune de Meudon ;

Considérant que si, aux termes des décrets du 19 janvier 1790 et du 12 janvier 1791, la commune de Clamart fait partie du département de la Seine et celle de Meudon, à laquelle est rattaché le territoire de Fleury, du département de Seine-et-Oise, ces décrets ne contiennent aucune disposition qui ait pour objet de déterminer sur le terrain les limites de ces deux communes, et que le plan y annexé ne permet pas, à raison de son échelle restreinte, d'en reconnaître avec précision le tracé ; — qu'il y a donc lieu, pour rechercher ces limites, de se référer aux procès-verbaux de délimitation dressés en présence des maires des deux communes à l'occasion de la confection du cadastre ;

Considérant que si le procès-verbal de délimitation de la commune de Clamart, dressé en 1808, et celui de la commune de Meudon, en 1816, ne sont pas rédigés en termes identiques, il est déclaré dans ce dernier que la limite est établie conformément à ce qui a été fait antérieurement pour la commune de Clamart ; — qu'en outre, les dits procès-verbaux sont accompagnés de croquis visuels exactement conformes en ce qui concerne la limite aujourd'hui contestée, et qu'il résulte de ces croquis que le terrain de forme triangulaire désigné au plan parcellaire de la commune de Clamart sous les nos 573 et 574, et sur lequel porte ce litige, a été compris, par les opérations faites avec le concours des représentants des deux communes, dans les limites de la commune de Clamart ; que si, postérieurement, ledit terrain a été porté sur le plan parcellaire de la commune de Meudon, cette insertion ne saurait prévaloir contre le résultat des opérations de délimitation, qui ont seules un caractère contradictoire;

Décide :

ARTICLE PREMIER. — Il est déclaré que le terrain sur lequel porte le litige fait partie de la commune de Clamart.

ART. 2. — Les dépens seront supportés par la commune de Meudon.

Ainsi donc, et en résumé, le conseil d'Etat statuant au contentieux s'est déclaré compétent pour connaître, par voie d'interprétation, des décrets qui ont délimité les territoires de deux communes.

A-t-il eu raison?

M. Roussel ne le croit pas; il reconnait que les difficultés étaient graves, mais il pense qu'il appartenait au conseil d'Etat, si graves qu'elles fussent, de les surmonter.

« Avant 1872, dit-il (1), on pouvait soutenir que les interprétations directes du conseil d'Etat, au contentieux, équivalaient à des interprétations données par le chef de l'Etat. Le conseil d'Etat n'avait pas de pouvoir propre. Après 1872, on ne le peut plus. Le chef de l'Etat n'est plus rien dans les arrêts du conseil. L'arrêt de 1883, si la compétence d'interprétation appartenait au chef de l'Etat, la lui a prise. Or, nous pensons qu'elle lui appartenait.

« En ce qui touche les décrets de la Constituante, c'est certain: à moins de penser qu'elle appartenait au législateur. En ce qui touche les opérations cadastrales, ce sont de simples procès-verbaux de géomètre, l'accord des communes (elles étaient d'accord à ce moment) ayant arrêté là l'opération. A moins de soutenir que l'interprétation en appartienne par suite à la direction du cadastre, il faut la faire remonter à l'autorité qui eût statué à cette époque, s'il y avait eu contestation. Il n'y avait donc d'alternative qu'entre le chef supérieur du cadastre et le chef de l'Etat, puisque, s'agissant de deux départements différents, c'est le chef de l'Etat qui eût départagé les communes si, au lieu d'être d'accord, elles avaient contesté l'opération.

« Le chef supérieur du cadastre? Le ministre des Finances? Non, assurément. Si le procès-verbal de délimitation n'a pas été plus haut, c'est que les communes étaient consentantes; c'est que leur chef administratif supérieur, le ministre de l'Intérieur, était désintéressé. S'il l'était dans l'espèce, c'est un cas particulier. Il n'est pas moins en scène, ni moins virtuellement, dans toute opération cadastrale intéressant les limites mêmes des communes. Et c'est précisément

(1) *Répert. du droit adm.*, de M. BÉQUET, V° *Commune*, n° 334, p. 469.

pour cela que, lorsque tout ne peut être terminé par le préfet, qui a la représentation complète du pouvoir central, c'est le chef de l'Etat qui décide. Ainsi le veut l'ordonnance de 1821. Ainsi le veulent, avant et au-dessus d'elle, les principes de la hiérarchie administrative, et c'est assez. »

« Le conseil d'Etat, ajoute M. Roussel, n'a pas cru devoir s'en expliquer; et les arrêtistes répéteront désormais, jusqu'à décision contraire, que l'interprétation des décrets portant délimitation interdépartementale et des opérations cadastrales interdépartementales appartient au conseil d'Etat, directement. Là est l'importance de sa décision. Car nonobstant les principes veulent : que l'interprétation des décisions préfectorales de délimitation appartienne aux préfets en premier ressort, au ministre de l'Intérieur au second degré, au conseil d'Etat comme juge suprême, puisque la matière de l'interprétation est contentieuse; que l'interprétation des décrets de délimitation appartienne au chef de l'Etat, dans les mêmes conditions. »

Quelque fondées que soient ces critiques, il n'en est pas moins vrai, ainsi que le fait remarquer un des annotateurs de la décision du conseil d'Etat précitée (1), que cette solution est excellente au point de vue pratique, puisqu'elle offre aux parties intéressées un moyen certain de faire juger la question litigieuse, tandis que ces parties n'auraient aucun moyen pour provoquer un décret, si un décret était nécessaire (2).

SECTION II

—

Contestations de limites entre sections de commune.

Les mêmes autorités, qui ont qualité pour statuer sur les contestations de limites entre communes voisines, sont-elles également compétentes pour trancher les conflits de même nature qui peuvent surgir entre sections d'une même commune?

Il importe, à ce point de vue, de remarquer que, tandis que les communes ont des limites officiellement déterminées, le territoire

(1) *Rev. gén. d'adm.*, 1833, t. III, p. 314.

(2) Conf. DALLOZ, *Code des lois administratives*, V° *Commune*, n°s 355 à 363. — Conseil d'Etat, 24 décembre 1845, dame de Nazelles, *Rec.*, p. 601 ; — et 14 décembre 1859, *Rec.*, p. 726. — LAFERRIÈRE, *Traité de la juridiction administrative*, t. II, p. 15 et suiv.

des sections de commune, au contraire, n'a, le plus souvent, qu'une assiette tout à fait incertaine. Sans doute, les sections de commune qui ont été formées depuis 1789 par la réunion d'une commune ou d'une fraction de commune à une autre commune, ont une circonscription nettement établie par l'acte même qui a opéré le remaniement territorial, ou plutôt dans le plan qui est annexé à cet acte. Mais, outre qu'il existait déjà, en 1789, un grand nombre de sections de commune, on sait que ce ne sont pas seulement les réunions ou distractions de communes qui peuvent leur donner naissance, puisqu'on en voit chaque jour de nouvelles se former à la suite de libéralités faites exclusivement à des fractions de communes (1).

Dès lors, à quelle autorité doit-il appartenir de mettre fin aux contestations qui pourraient s'élever entre ces sections de commune, relativement à la détermination de leurs limites ?

La doctrine et la jurisprudence ne paraissent pas d'accord sur ce point. M. Aucoc, après avoir établi que le droit de reconnaître l'existence des sections appartient en règle générale à l'autorité judiciaire, lorsqu'il s'agit de décider si une collection de particuliers, qui prétend avoir des droits communs, constitue une communauté territoriale (2), et exceptionnellement à l'autorité administrative, dans le cas où des habitants qui prétendent être propriétaires en commun, et former une section de commune à raison des biens qu'ils soutiennent posséder collectivement, demandent à l'administration l'autorisation de plaider devant les tribunaux civils pour défendre leurs droits (3), affirme que l'autorité judiciaire est également seule compétente pour reconnaître les limites des sections.

« Les sections, dit-il (4), ne constituent pas des circonscriptions administratives, et elles ne se séparent de la commune dont elles font partie qu'au point de vue des droits de propriété ou d'usage. Reconnaître les limites d'une section de commune, c'est donc déci-

(1) Conf. AUCOC, *Sections de commune*, n° 39 à 44, p. 77 et suiv. — CAFFIN, *Des droits de propriété des communes et des sections de commune*, n° 99, p. 89. — *Journal de droit adm.*, 1854, p. 406. — Sur la délimitation des agglomérations dans les communes rurales en Belgique, voir *Rev. gén. d'adm.*, 1882, t. III, p. 109.

(2) *Op. cit.*, n° 148, p. 365. — Conf. CAFFIN, *op. cit.*, n° 313, p. 306. — DUCROCQ, *Cours de droit administratif*, 1881, n° 1489, 1°. — CHAUDÉ, *Des biens des communes*, p. 323. — Cass., 16 février 1859, Prieur, D. 1859. 1. 53 ; — et 6 avril 1859, commune de Toucy, D. 1859. 1. 223.

(3) *Op. cit.*, n° 149, p. 366. — Conf. CAFFIN, *op. cit.*, n° 314, p. 306. — DUCROCQ, *op. et loc. cit.* — Conseil d'Etat, 31 août 1847, Malagré et consorts, *Rec.*, p. 620.

(4) *Op. cit.*, n° 150 à 152, p. 367 et suiv.

der quelle est la consistance de la fraction de territoire dont les habitants ont certains droits de propriété, de jouissance et d'usage. Or, il nous paraît qu'il n'y a rien dans une pareille question qui soit de la compétence de l'autorité administrative. Ainsi, pour les communes, la jurisprudence établit une distinction marquée entre la fixation des limites de leur territoire et la délimitation de leurs propriétés. C'est à l'administration qu'il appartient, en vertu de la loi des 19-20 avril 1790, de reconnaître les limites de leur territoire, parce qu'il s'agit de déterminer une circonscription administrative. Mais il est de principe que les délimitations faites par les préfets, et qui attribuent des terrains litigieux à la circonscription d'une commune, ne portent pas atteinte aux droits que pourrait avoir une commune voisine sur ces terrains, et ne font pas obstacle à ce que l'autorité judiciaire statue ce qu'il appartiendra sur les questions de propriété.

« Pour les sections qui n'existent que par leurs droits exclusifs de propriété ou d'usage, et qui ne sont par suite que des êtres moraux, il n'y a pas lieu, en général, à faire une délimitation administrative ; et si leurs limites se trouvent parfois indiquées dans les lois ou dans les actes du Gouvernement qui modifient les circonscriptions des communes, cette indication n'a évidemment ni pour but, ni pour effet de modifier leurs droits propres. Si donc les principes peuvent exiger que, en cas de difficulté sur le sens et la portée d'une semblable indication de limites, l'autorité administrative soit appelée à en donner l'interprétation, l'autorité judiciaire n'en serait pas moins seule compétente, après que cette question préjudicielle aurait été résolue, pour reconnaître les limites des sections au point de vue des droits de propriété et d'usage. »

Enfin, pour conclure, M. Aucoc pense que « si l'on s'attache à se rendre un compte exact du caractère propre des sections de commune, on doit arriver à ne voir dans ces questions de limites que des questions de propriété, dont la connaissance appartiendrait exclusivement à l'autorité judiciaire ».

Cette opinion est adoptée également par plusieurs autres auteurs, qui se sont occupés de la question, notamment par MM. Caffin (1),

(1) *Op. cit.*, n° 315, p. 307. — « L'étendue des sections, disent ces auteurs, ne pourrait être recherchée par l'administration, en vertu de la loi des 19-20 avril 1790. Cette loi ne s'applique qu'à la fixation des limites des communes. Seules, en effet, les communes ont un territoire officiellement déterminé. Les sections n'en ont pas ; il est dès lors inutile, au point de vue administratif, de rechercher leur étendue. L'administration pourrait tout au plus, suivant les principes généraux, interpréter un acte qui aurait séparé ou réuni des sections de commune, ou des communes, si, à l'occasion des limites qu'elle indiquerait, il s'élevait, devant les tribunaux, des difficultés relatives à des droits de propriété. »

par M. Ducrocq (1), par M. Bernardeau (2), par M. Chaudé (3), etc. (4).

De leur côté, le conseil d'Etat et la cour de cassation ont eu plusieurs fois à s'occuper de ces questions, et nous pouvons citer plusieurs arrêts y relatifs.

Dans un premier arrêt en date du 28 novembre 1845 (5), le conseil d'Etat a décidé formellement qu'en matière de participation aux affouages, l'autorité administrative est seule compétente pour décider si les prétendant-droit remplissent les conditions d'aptitude spéciales exigées par les règlements, et notamment si leurs habitations sont situées dans l'intérieur de la circonscription de la commune ou de la section de commune ; et que, d'ailleurs, il appartient à l'autorité administrative seule de reconnaître les limites des communes et des sections de commune.

Cet arrêt est ainsi conçu :

Vu les lois des 19-20 avril 1790, 10 juin 1793 et 18 juillet 1837 ; vu les ordonnances royales des 1er juin 1828, 12 mars 1831 et 19 juin 1840, art. 35 ;

(1) *Op. cit.*, n° 1489, 2°. — « Les sections de commune, dit-il, n'étant pas des circonscriptions administratives, et n'ayant d'existence que par leurs droits exclusifs de propriété ou d'usage, la question de reconnaissance des limites des sections se confond avec les questions d'existence et de détermination des droits des sections, et toutes deux sont de la compétence des tribunaux judiciaires. »

(2) *Des biens des communes*, Thèse, Poitiers, 1876, p. 241. — « Il appartient, dit-il, à l'autorité judiciaire de déterminer les limites des sections. Cette doctrine semble anormale, au premier abord, et il paraît bien qu'il y a là quelque chose de contraire aux règles fondamentales du contentieux administratif. Statuer sur l'étendue et fixer le territoire d'une section de commune, n'est-ce pas une attribution naturelle de l'administration ? Il n'en est rien. S'il appartient à l'autorité administrative de délimiter les communes, c'est qu'elles sont des fractions de la puissance publique, et que la question de propriété subordonnée à cette délimitation s'efface devant cette considération d'un ordre bien autrement élevé, qu'il s'agit en cela de décider où commence tel pouvoir et où finit tel autre. Rien d'analogue ne se présente en matière de sections : leurs bornes présentent exclusivement un intérêt privatif ; il est même vrai de dire qu'à leur égard toute question de limite se résout et s'absorbe en une question de propriété. On comprend dès lors qu'il n'est point anormal de la faire juger par les tribunaux judiciaires. »

(3) *Des biens des communes*, p. 323. — « Les sections, dit-il, ne sont pas, comme les communes, des circonscriptions administratives ; l'administration n'a donc pas en général à intervenir pour les délimiter ; et si leurs limites se trouvent souvent indiquées dans les lois, les décrets ou les délibérations des conseils généraux, qui modifient les circonscriptions des communes, cette indication n'a évidemment ni pour but, ni pour effet de modifier leurs droits propres. Si donc, en cas de difficulté sur le sens et la portée d'une semblable indication de limites, l'autorité administrative doit, d'après les principes, être appelée à en donner l'interprétation, l'autorité judiciaire n'en serait pas moins seule compétente, après que cette question préjudicielle aurait été résolue, pour reconnaître les limites des sections au point de vue des droits de propriété et d'usage. »

(4) Conf. *Répert. d'adm. mun.*, V° *Section*, n° 66. — Dalloz, *Code des lois administratives*, V° *Commune*, n°s 8713 et suiv.

(5) *Rec.*, p. 504, héritiers Auribault et Rateau c. la commune de Savault.

Considérant que l'action intentée devant le tribunal de Château-Chinon par les héritiers des sieurs Auribault et Rateau a pour but de faire déclarer que les dits sieurs Auribault et Rateau avaient droit, comme habitants de la section de Savault, de prendre part aux affouages de cette section ; que le même droit appartient à leurs héritiers, et qu'en conséquence ceux-ci seront à l'avenir inscrits aux rôles, et que, pour le passé, il leur sera payé une indemnité ; que le conseil municipal conteste que les habitations des sieurs Auribault et Rateau et de leurs héritiers soient situées dans la circonscription de la section de Savault ;

Considérant que la loi a chargé les conseils municipaux du règlement des affouages, sous le contrôle de l'autorité administrative ; que s'il appartient à l'autorité judiciaire de statuer sur les questions de propriété qui peuvent s'élever à cette occasion, l'autorité administrative est seule compétente pour décider si les particuliers qui prétendent avoir droit aux affouages remplissent les conditions d'aptitude spéciale exigées par les lois et règlements ; *que d'ailleurs, aux termes des lois ci-dessus visées, il appartient pareillement à l'autorité administrative de reconnaître les limites des communes ou sections de commune* ;

Arrête : L'arrêté de conflit pris, le 4 août 1845, par le préfet de la Nièvre est confirmé (1).

Un autre arrêt du conseil d'Etat, du 18 janvier 1851 (2), est venu confirmer la même doctrine.

Dans l'espèce, le sieur Pracros, propriétaire à Briffons (Puy-de-Dôme), demandait à être admis à la jouissance des communaux de l'une des sections de cette commune, la section de Muratel. Sa demande fut rejetée par un arrêté du conseil de préfecture du Puy-de-Dôme, en date du 18 août 1846, motivé sur ce que rien ne constatait que la maison d'habitation du réclamant fît partie de cette section. Sur le pourvoi du sieur Pracros, le conseil d'Etat, à la date du 16 juin 1849, rendit une décision interlocutoire de laquelle il résultait que l'affaire n'étant pas suffisamment instruite, communication des pièces serait de nouveau donnée au ministre de l'Intérieur, avec invitation de transmettre au conseil tous les renseignements et documents de nature à faire reconnaître les limites de l'ancienne section de Muratel. Cette décision fut transmise au ministre de l'Intérieur qui, en l'absence de tout document ancien sur les

(1) Cette décision est vivement critiquée par M. Aucoc. — « C'est seulement par analogie, dit-il (*op. cit.*, n° 152, p. 371), qu'on a pu trouver dans les lois précitées le droit pour l'administration de reconnaître les limites des sections de commune ; car la loi des 19-20 avril 1790 dispose, dans son art. 8, que les limites contestées entre *les communautés* seront réglées par les administrations de district, et elle n'a sans doute entendu désigner par ce terme général, emprunté au langage d'avant 1789, que les communes et non les sections ; et quant à la loi de 1837, elle ne parle ni des limites des communes, ni de celles des sections ; or, il n'y a aucune analogie entre la circonscription des communes et celle des sections. »

(2) *Rec.*, p. 38.

limites contestées, fit dresser un acte de notoriété à ce sujet par les soins du juge de paix du canton, et envoya une expédition de cet acte au conseil. De nouvelles productions furent faites également dans l'intérêt du sieur Pracros.

Puis l'affaire ayant été rapportée et plaidée de nouveau à l'audience publique du conseil, le commissaire du gouvernement présenta les observations suivantes :

Depuis la décision du 16 juin 1849, dit-il, le tribunal des conflits a jugé (1), et cette jurisprudence nouvelle a été acceptée par le conseil, que toutes les questions d'aptitude personnelle à la participation, non seulement de l'affouage, mais de toutes les jouissances communales quelconques, sont de la compétence de l'autorité judiciaire. Or, la réclamation du sieur Pracros soulève une question de cette nature et, dès lors, il semble que c'est à l'autorité judiciaire seule qu'il doit appartenir d'y statuer. Dira-t-on qu'il y a ici une question préjudicielle de territoires et que c'est là une opération essentiellement administrative? Il en serait bien ainsi et il y aurait lieu au renvoi préalable devant l'autorité administrative, s'il s'agissait de délimiter le territoire de deux communes. Mais il s'agit de délimiter le territoire de deux sections; or, les sections ne constituent pas des divisions administratives; la question de délimitation n'est rien autre chose que la question de savoir si tels ou tels habitants de la commune ont droit à la jouissance de tels ou tels communaux; d'où l'on peut induire que l'autorité compétente pour statuer sur cette dernière question l'est également et par cela même pour statuer sur la première. Au surplus, et en supposant même qu'il y eût lieu au renvoi préalable des parties devant l'autorité administrative, l'autorité judiciaire n'en demeurerait pas moins compétente pour statuer ultérieurement sur le fond de la réclamation du sieur Pracros. Il y a donc lieu d'annuler pour incompétence l'arrêté attaqué du conseil de préfecture.

Mais le conseil d'Etat, sans s'arrêter à ces considérations et se reconnaissant par là même le droit de déterminer les limites des sections de commune, décida que le tènement du Murguel, sur lequel avait été construite l'habitation du sieur Pracros, faisait partie de l'ancienne section de Muratel, et annula la disposition contraire de l'arrêté du conseil de préfecture du Puy-de-Dôme (2).

(1) Le 10 avril 1850, S. 1850. 2. 487.

(2) « De là, — dit l'annotateur d'un autre arrêt du conseil d'Etat du 10 juillet 1885 (D. 1887. 3. 9.), que nous rapportons plus loin, — on a tiré cette conséquence que le conseil d'Etat avait entendu dénier à l'autorité judiciaire le droit de déterminer les limites des sections. Il paraît beaucoup plus vraisemblable que le désaccord entre le conseil d'Etat et le commissaire du gouvernement portait uniquement sur le partage de compétence existant entre le conseil de préfecture et l'autorité judiciaire, dans la matière spéciale des affouages et des droits d'usage sur les biens communaux, partage qui n'a cessé de donner lieu aux difficultés les plus délicates. Si, en effet, le conseil d'Etat avait entendu assimiler la délimitation des sections à celle des communes, il aurait dû renvoyer les parties devant l'administration pour faire statuer sur ce point, à titre de question préjudicielle, aucune disposition

D'autre part, la cour de cassation rendit, le 29 juillet 1856, un arrêt assez explicite (1) dans les circonstances suivantes :

Le 21 octobre 1822, les deux communes de Marzenay et de Chambéria furent réunies en une seule commune, dont elles formèrent ainsi deux sections distinctes. Au mois d'août 1841, une ancienne borne séparative du territoire des deux communes autrefois séparées fut détruite, et, à l'occasion du rétablissement de cette borne, des difficultés s'élevèrent sur la ligne où cette borne devait être replacée.

La section de Chambéria actionna celle de Marzenay devant le tribunal civil de Lons-le-Saunier, à fin de délimitation des territoires contigus, et elle conclut à ce que, par trois experts, il fût procédé, à vue des titres respectivement produits, des signes matériels et de tous autres documents, à la recherche de l'étendue de ces deux territoires.

Après l'expertise, un jugement définitif en date du 27 juin 1854 attribua à la section de Marzenay, dans les terrains à délimiter, comme en ayant la possession, une portion plus considérable que celle à elle reconnue par la section de Chambéria.

Sur l'appel, arrêt de la cour de Besançon, du 6 décembre 1855, qui, déclarant qu'il s'agit au procès d'une simple action en délimitation dans laquelle chacune des parties était respectivement demanderesse et défenderesse, et tenue à ce titre de faire preuve de sa propriété, fixa l'emplacement des bornes à planter, par appréciation des titres produits et des faits articulés de part et d'autre, et ramena ainsi le territoire de la section de Marzenay dans des limites plus restreintes que celles fixées par le tribunal.

Pourvoi de la section de Marzenay, fondé, entre autres motifs, sur la violation des règles de la compétence, en ce que la cour de Besançon avait procédé, entre deux sections de commune, à une délimitation de territoire, qui était placée dans les attributions exclusives de l'autorité administrative.

La cour de cassation statua dans les termes suivants :

de loi ne donnant compétence au conseil de préfecture pour statuer, à titre préjudiciel, sur la question de délimitation s'élevant dans des contestations dont le fond échappe à ses attributions. S'il a statué sur cette délimitation, par voie d'appel de l'arrêté du conseil de préfecture, c'est qu'il a considéré qu'il ne s'agissait pas là d'une de ces questions d'aptitude personnelle donnant droit à la jouissance des biens communaux, dont la nouvelle jurisprudence avait enlevé la connaissance à la juridiction administrative. Ainsi entendu, l'arrêt de 1851 n'est aucunement inconciliable avec la jurisprudence de la cour de cassation, et il est en parfaite harmonie avec la décision ci-dessus. »

(1) D. 1856. 1. 411. — S. 1857. 1. 655.

Sur le moyen, tiré de l'incompétence du tribunal et de la cour de statuer sur la contestation, tant que l'autorité administrative n'avait pas elle-même limité les deux sections :

Attendu que les questions de propriété, qui s'agitent entre les communes limitrophes ou sections de commune, sont exclusivement de la compétence des tribunaux ; — que le droit seul de limitation administrative des communes appartient à l'autorité préfectorale ; — que cette délimitation, faite dans l'intérêt de l'administration communale, ainsi que la réunion ou la séparation de sections de commune et leur délimitation nouvelle, ne changent rien aux termes des art. 5 et 6 de la loi du 18 juillet 1837, lesquels ne sont que la reproduction des principes précédemment admis, aux droits des propriétés patrimoniales des communes ou des sections de commune réunies ou séparées ; — qu'il suit de là que la délimitation des communes limitrophes ou des sections réunies ou séparées n'est point un préalable nécessaire pour que les tribunaux soient compétents pour statuer sur les questions de propriété entre ces communes ou sections de commune ; — attendu que la cour de Besançon, ainsi que l'expriment les motifs de l'arrêt attaqué, a cherché à connaître les divers renseignements de la cause qui pouvaient servir à déterminer les limites patrimoniales des deux sections réunies de Chambéria et de Marzenay ; — que si elle a pensé que les anciennes limites de ces deux sections pourraient aider à faire connaître la ligne séparative de leurs propriétés respectives, elle a aussi interrogé les titres et les autres documents produits ; — que la délimitation à laquelle elle est arrivée par le résultat de ses recherches s'applique seulement aux propriétés particulières des deux sections ; — que la cour n'a nullement voulu fixer par là les limites administratives des deux sections ; — que les motifs et le dispositif de son arrêt sont en opposition avec la pensée d'une délimitation administrative ; — qu'elle n'a voulu statuer et n'a statué, en effet, que sur les questions de propriété qui lui étaient soumises et qui étaient de sa compétence ;

Rejette...

Un autre arrêt de la cour de cassation intervint, le 19 avril 1880 (1), dans les circonstances suivantes :

Le village du Pommier, section de la commune de Liesville, possédait des droits de pâturage et de fauchage dans les marais du Trombe et les prés de Labbey. Le sieur Tostain, propriétaire d'une maison à Liesville, prétendit que cette maison se trouvait située sur le terrain du village du Pommier, et qu'il devait par suite jouir des droits d'usage ci-dessus mentionnés. L'administration municipale ayant repoussé cette réclamation, le sieur Tostain fit citer le maire de Liesville devant le tribunal de Valognes, pour faire décider qu'il avait les mêmes droits que les habitants du village du Pommier, et que de plus des dommages-intérêts lui étaient dus à titre de répa-

(1) D. 1880. 1. 379. — S. 1881. 1. 81.

ration du préjudice que lui avait causé la privation de ses droits pendant un certain nombre d'années.

Devant le tribunal de Valognes, le maire soutint que la section dite village du Pommier n'ayant pas été délimitée, il y avait lieu de renvoyer les parties devant l'autorité compétente pour faire opérer cette délimitation. Mais cette exception fut repoussée par un jugement du tribunal de Valognes, du 19 décembre 1878, qui était ainsi conçu :

Le tribunal..., attendu que M. Tostain a fait ajourner la commune de Liesville devant le tribunal aux fins de voir dire qu'il serait admis, comme habitant du village du Pommier, à la jouissance des marais du Trombe et du pré Labbey, et s'entendre condamner à une somme de 8,400 francs à titre de dommages-intérêts pour privation de cette même jouissance depuis 14 ans ;

Attendu qu'il est constant en fait que, par un acte qui n'est pas représenté, mais sur les termes et la portée duquel les parties paraissent d'accord, les marais du Trombe et du pré Labbey ont été donnés aux habitants du village ou du hameau du Pommier, mais que la commune de Liesville soutient que Tostain, satisfaisant d'ailleurs à toutes les autres conditions déterminées par l'arrêté municipal réglementant le mode de jouissance des immeubles dont s'agit, n'aurait pas droit à la jouissance des dits immeubles, parce qu'il n'habiterait pas le hameau du Pommier ;

Attendu en droit que s'il appartient à l'autorité municipale de réglementer par des arrêtés, sanctionnés par l'autorité administrative, le mode de jouissance des immeubles appartenant à des communes ou à des sections de commune, il appartient exclusivement aux tribunaux ordinaires de statuer sur les difficultés pouvant naître de l'application des arrêtés dont s'agit, de rechercher, en un mot, si tel ou tel individu se trouve dans les conditions d'aptitude personnelle prévues par les dits arrêtés ; que la commune soutient que Tostain, n'habitant pas le hameau du Pommier, ne remplirait pas la première des conditions exigées pour être admis à la jouissance des marais du Trombe et du pré Labbey ; qu'elle soutient en outre qu'il appartient à l'autorité administrative, à l'exclusion des tribunaux ordinaires, de statuer sur la question ;

Mais attendu que le village ou hameau ne constitue pas une circonscription administrative ; que si un village ou hameau a des droits de propriété ou d'usage distincts de ceux de la commune, il appartient à l'autorité judiciaire de déterminer quelle est la collection d'individus sur la personne desquels reposent ces droits de propriété ou d'usage résultant de titres qui ne peuvent être soumis qu'à son appréciation, de même qu'il lui appartiendrait incontestablement d'interpréter toutes dispositions testamentaires ou autres, conférant certains droits à toute autre collection d'individus qu'il s'agirait de déterminer ; que dans l'espèce la condition d'aptitude personnelle sur laquelle il y a lieu de statuer consistant dans le fait d'habitation sur une fraction de territoire, il s'agit uniquement de chercher quelle est la consistance de cette fraction de territoire dont les habitants ont certains droits de propriété à l'exclusion des habitants de la commune ; que l'on cherche vainement comment une pareille question pourrait être de la compétence de l'autorité administrative, alors qu'ainsi qu'il a été dit déjà, la fraction territoriale désignée sous le nom de village ou hameau n'est et n'a jamais été une circonscription administrative, et que les habitants des dites fractions territoriales n'ont, au point de vue administratif, aucuns droits spéciaux, à moins qu'elles n'aient été érigées en sections de la commune ; qu'il est à remarquer, du reste, qu'en fait le demandeur s'est adressé à diverses reprises, par voie de pétition, à l'autorité préfectorale qui, se reconnaissant implicitement incompétente, a donné suite à la demande en autorisant le pétitionnaire à se pourvoir devant les tribunaux civils, ou plutôt en l'avisant que le dépôt du mémoire produit par lui suffisait pour rendre son action recevable ; qu'il est d'ailleurs constant que la commune ne soutient pas que la donation faite aux habitants du village du Pommier ne dût s'appliquer, dans l'intention du donateur, qu'aux habitants de l'agglomération alors existante ; que la seule question à résoudre est donc de savoir si l'habitation du demandeur, située à une certaine distance du centre du village ou hameau, doit ou non être considérée en fait comme faisant partie dudit village ;

Attendu que l'on doit chercher les éléments de la solution de cette question, de pure appréciation juridique, dans la définition même du mot village ou hameau, et les circonstances de fait qui peuvent servir à déterminer la situation de l'habitation du sieur Tostain par rapport aux autres habitations faisant partie sans contestation du village du Pommier ; que le tribunal n'a pas, quant à présent, d'indications ou de renseignements suffisants à cet égard ; qu'il y a lieu, ainsi que Tostain le demande, de recourir à une expertise ;

Par ces motifs,

Sans avoir égard à l'exception d'incompétence invoquée par la commune de Liesville, nomme des experts à l'effet de déterminer la distance exacte séparant la maison de Tostain de celles qui peuvent être considérées comme formant le centre du hameau du Pommier, ainsi que la distance de ce même point à celle des habitations considérées comme faisant partie incontestablement du hameau qui en serait la plus éloignée ; d'indiquer également la distance de l'habitation de Tostain du marais du Trombe et de Labbey ; de rechercher en outre si quelque circonstance particulière résultant de la configuration du terrain, rendant plus faciles ou plus difficiles les rapports entre l'habitation de Tostain et celles composant le village ou hameau, ou quelques raisons d'analogie, devraient faire présumer que cette habitation fait ou non partie du dit village ou hameau ;

Dit que les experts s'entoureront, sur les lieux, de tous renseignements et annexeront à leur rapport un extrait du plan cadastral avec indication de la situation de l'habitation de Tostain (1).

(1) En cas de contestation sur le point de savoir à quelle section appartiennent des maisons éparses sur le territoire d'une commune, les juges doivent, non s'attacher à la distance respective de ces maisons par rapport aux centres d'agglomération de la commune et de ses sections, mais consulter les limites anciennes et nouvelles des circonscriptions territoriales et les documents administratifs ou autres dont l'examen est de nature à élucider la question.

Metz, 24 août 1863. — Dalloz, *Code forestier annoté*, art. 105, n° 56 ; — et *Code des lois adm.*, V° *Commune*, n° 8717.

La commune de Liesville forma appel de cette décision devant la cour de Caen, et produisit une consultation de Me Toutain, dont il est bon de donner quelques extraits (1):

La commune de Liesville, disait-il, soutient que le réclamant, le sieur Tostain, n'habite pas le hameau du Pommier, parce qu'en effet sa maison serait en dehors du hameau ou village du Pommier. Il n'y a pas et il ne peut pas y avoir d'incertitude sur la situation réelle de l'habitation du réclamant. Mais la question est de savoir si les limites du hameau du Pommier comprennent ou ne comprennent pas ladite habitation. Or, la commune de Liesville prétend que c'est là une question préjudicielle de délimitation, qui ne peut pas être résolue par l'autorité judiciaire, et dont la solution appartient, au contraire, à l'autorité administrative. On nous demande d'exprimer notre opinion à cet égard.

Tout d'abord, il faut éviter avec soin une confusion possible, et c'est cette confusion qui nous paraît avoir déterminé la solution adoptée par les premiers juges. La section de commune, village ou hameau, comprend une agglomération d'habitants, laquelle a des droits sur tels ou tels bois, et cela, abstraction faite de la commune. Il peut y avoir procès, discussion sur l'étendue ou la nature des droits qui appartiennent à la section de commune. La juridiction compétente sera certainement la juridiction ordinaire, puisqu'il s'agira de questions de propriété, relativement à des biens privés. Mais s'il s'agit de statuer, non pas sur l'étendue des droits de la section, lesquels droits et biens peuvent être situés même en dehors de la commune, mais, tout au contraire, sur l'étendue de la section elle-même, de l'agglomération des habitants, c'est une question tout autre gouvernée par des principes absolument différents.

L'étendue et la nature des droits et biens qui appartiennent à un hameau, ce sont là des points litigieux qui peuvent se débattre et se juger comme s'il s'agissait des intérêts d'un simple particulier. Au contraire, l'étendue, la consistance du hameau lui-même, c'est la détermination des limites d'une personne morale administrative. Pour procéder par voie de comparaison absolument certaine, un tribunal civil pourra juger si tel droit ou bien appartient à un département, à une commune; mais un tribunal civil n'aura aucune compétence pour statuer sur les limites d'un département, d'une commune.

Il suffit de lire les motifs du jugement rendu par le tribunal civil de Valognes pour reconnaître qu'il a mêlé et confondu deux ordres d'idées complètement différents.

Maintenant, la délimitation d'une section de commune comme agglomération, comme personne morale, doit-elle être assimilée à la délimitation d'une commune? Là est la vraie question à résoudre. Le tribunal considère que le hameau du Pommier n'est pas une circonscription administrative, et que les habitants du dit hameau n'ont, au point de vue administratif, aucuns droits spéciaux, à moins qu'il n'ait été érigé en section de commune. Le tribunal semble croire que l'existence d'une section de commune serait subordonnée à telles ou telles formalités. La loi du 18 juillet 1837 (art. 3, 5, 6, 56 et 57) démontre

(1) Cette consultation a été insérée dans le *Recueil de Caen*, 1880, p. 43...

l'erreur de cette proposition. La section de commune a une existence distincte comme personne morale. Mais lorsqu'elle plaide contre un tiers qui n'est ni la commune, ni une autre section dans la même commune, elle est représentée par la commune elle-même. C'est précisément ce qui arrive dans notre espèce. Le hameau du Pommier se trouve représenté par la commune de Liesville, parce qu'il a pour adversaire un tiers autre que cette commune.

Il faut donc laisser de côté ces considérations inexactes, et d'ailleurs inutiles, et aborder directement la question de délimitation ci-dessus posée. Or les textes, la jurisprudence du conseil d'Etat et celle de la cour de cassation paraissent unanimes pour proscrire la solution adoptée par le tribunal civil de Valognes.

D'abord, l'art. 8 du décret des 19-20 avril 1790 décide que « les limites contestées entre les communautés seront réglées par les administrations de district ». Cette expression *communautés* est générale, et elle peut s'appliquer aux hameaux, villages et paroisses, aussi bien qu'aux communes proprement dites. Le décret du 20 janvier 1790 emploie précisément le même terme dans le sens général que nous venons d'indiquer. Il en est de même du décret rendu les 26 février et 4 mars 1790 (art. 2, titre Ier).

La loi du 18 juillet 1837, loin d'être contraire à la règle proclamée en 1790, la confirme expressément, puisque toutes les questions de réunion, de distraction, de délimitation nouvelle, en ce qui concerne soit les communes, soit les sections de commune, doivent être tranchées administrativement.

Le conseil d'Etat a consacré ce principe dans plusieurs décrets, notamment le 28 novembre 1845 et le 18 janvier 1851, qui statuent sur des espèces identiques à celle sur laquelle nous sommes consulté.

La cour de cassation, dans son arrêt du 29 juillet 1856, a proclamé la même doctrine. Si l'on examine avec soin ce dernier arrêt, on reconnait la distinction que nous avons formulée au commencement de la présente consultation. S'agit-il de reconnaître, de rechercher les propriétés particulières à une section de commune ? La juridiction du droit commun est compétente. S'agit-il, au contraire, de déterminer les limites de la commune ou de la section comme agglomération, comme personne morale administrative ? C'est l'administration qui seule est compétente.

Cette jurisprudence est, d'ailleurs, déterminée par deux raisons graves, qui suffiraient pour dissiper tous les doutes. D'une part, on ne voit pas pourquoi la solution serait différente en ce qui concerne une commune et une section de commune. Dans les deux cas, il y a toujours une opération du même genre à entreprendre. Que la commune ait plus d'importance que la section, qu'elle corresponde à des intérêts sociaux plus nombreux, cela est incontestable. Mais il n'en est pas moins vrai que sur divers points, et notamment en ce qui concerne la jouissance en nature des biens dits communaux, les communes et les sections de commune ont des droits identiques. Pourquoi donc, dès lors, la délimitation de la commune serait-elle traitée différemment que la délimitation de la section de commune ? — D'autre part, une opération de ce genre est une mesure d'ensemble. L'autorité judiciaire, qui ne doit pas statuer par voie réglementaire, ne peut évidemment l'entreprendre. Les limites seraient différentes, suivant la solution donnée par tel tribunal et par tel autre. La chose jugée n'ayant qu'une portée purement relative, on pourrait arriver à des résultats contradictoires.

Les jurisconsultes s'occupant des matières du droit civil n'ont pas prévu directement cette difficulté. Toutefois, à propos de l'art. 643 du Code civil, qui prévoit l'usage des eaux nécessaires à une commune, à un village ou à un hameau, M. Pardessus (*Servitudes*, t. I, n° 138) et M. Demolombe (*Servitudes*, t. I, n° 93) enseignent que ce serait à l'autorité administrative à déterminer si telle ou telle agglomération constitue ou non un hameau. Il nous paraît que la question de délimitation est complètement dans le même cas, puisqu'il s'agit toujours d'une opération réglementaire, d'un intérêt collectif qui, par sa nature, échappe au pouvoir limité et relatif de la juridiction contentieuse.

Mais la cour de Caen rendit, le 21 avril 1879, un arrêt confirmatif ainsi conçu : « La cour, attendu que les considérations ainsi déduites par les premiers juges, à l'appui du jugement attaqué, justifient suffisamment la décision qu'il consacre, et qu'ainsi il y a lieu, sans s'arrêter autrement aux soutiens et prétentions du maire de la commune de Liesville, ès nom qu'il agit, de confirmer purement et simplement cette décision..., confirme... »

Là dessus, pourvoi en cassation par la commune de Liesville, pour violation des lois des 16-24 août 1790, titre II, art. 13, sur la séparation des pouvoirs, et des art. 3, 5, 6, 56 et 57 de la loi du 18 juillet 1837.

Sur ce pourvoi, M. le conseiller Féraud-Giraud présenta les observations suivantes :

Lorsque, dit-il, par mesure administrative, des communes sont réunies ou quelques-unes de leurs sections sont partiellement ou totalement distraites d'une commune et reportées dans une autre, ou lorsque, avant les opérations cadastrales, la délimitation des communes est opérée, les droits privés peuvent bien être pris en considération dans une certaine mesure, mais ils ne sont pas les seuls qui servent de base à l'opération de la délimitation. D'un autre côté, ce n'est pas la constatation et la sanction de ce qui existe qui détermine la délimitation, mais l'intérêt communal et administratif. Ainsi l'existence d'une voie de communication ou d'un accident physique apportant, au contraire, des difficultés dans les communications, pourra influer sur la ligne de démarcation. En dehors de ces faits matériels, résultat de l'aménagement et de la configuration du sol, des dispositions administratives peuvent encore faire varier ces limites, la création d'une paroisse ou d'une école rurale par exemple, le développement de la population sur un point, par suite d'exploitations industrielles ou autres, et son appauvrissement sur un autre point du territoire.

Nous le demandons, une délimitation faite dans ces conditions et sous l'influence de pareilles considérations pourra-t-elle modifier les droits privés acquis ou prétendus en exécution des titres anciens ou tout au moins préexistants ? Pourra-t-elle servir de règle pour déterminer l'existence ou l'étendue de ces droits, pour fixer l'étendue des territoires qui y sont soumis ou qui doivent en profiter ?

Spécialement, en prenant en considération le voisinage ou l'éloignement de l'église ou de l'école, d'un chemin vicinal ou d'une voie de grande communication, la population agglomérée ou éparse, la configuration du sol, l'administration assignera au quartier du Pommier telles limites qu'elle jugera convenables ; cela n'aura pas pour effet d'étendre à toutes les habitations contenues dans les nouvelles limites la jouissance des droits créés par des titres antérieurs, au profit de l'ancienne agglomération, dont le territoire aura été étendu ou rétréci. Ce sont ces anciens titres et les actes ou faits qui les expliquent et en précisent la portée, ce sera l'ancien état des lieux qui règleront les droits des parties et détermineront celles auxquelles appartiennent les droits concédés, et ce ne sera pas une délimitation territoriale faite administrativement dans un intérêt administratif actuel, et non au point de vue exclusif de l'exercice de certains droits privés préexistants.

Enfin, la cour de Cassation statua dans les termes suivants :

Sur le moyen unique du pourvoi fondé sur la violation de la loi des 16-24 août 1790, titre II, art. 13, sur la séparation des pouvoirs, et des art. 1er, 5, 6, 56 et 57 de la loi du 18 juillet 1837 :

Attendu que les questions de propriété ou de droit d'usage qui s'agitent entre les particuliers sont exclusivement de la compétence des tribunaux civils ; — que le droit de délimitation administrative des communes ou sections de commune appartient à l'administration, mais que cette délimitation, faite dans l'intérêt principal de l'administration publique et communale, ne peut modifier les droits privés et patrimoniaux des communes ou sections de commune, ni les droits conférés aux habitants de ces communes ou sections ; — qu'il suit de là que cette délimitation n'est point un préalable nécessaire pour que les tribunaux puissent statuer sur les questions de propriété ou d'usage soulevées par les habitants de ces communes ou sections, et apprécier les droits mis en question, soit par rapport à la situation des biens, soit par rapport à la résidence de ceux qui en réclament l'exercice ;

Attendu que la cour de Caen a cherché à reconnaître si Tostain était dans les conditions d'aptitude personnelles, et notamment de résidence voulues pour bénéficier des droits d'usage concédés aux habitants du hameau du Pommier sur les marais du Trombe et les prés de Labbey ; que cette cour n'a nullement entendu fixer les limites administratives de ce hameau ; que, par la mesure d'instruction qu'elle a ordonnée, elle s'est réservé uniquement de statuer sur les questions de droit d'usage qui lui étaient soumises, et qui étaient de sa compétence ; qu'elle n'a donc point violé les dispositions des lois précitées ;

Par ces motifs, rejette (1).

(1) Conf. Cass., 8 décembre 1885, Doucet et consorts, D. 1886. 1. 157, et la note. — S. 1887. 1. 357, et la note.

Nous mentionnerons, enfin, un arrêt du conseil d'Etat du 10 juillet 1885 (1), qui a été rendu dans les circonstances suivantes :

Un décret du 25 janvier 1881 ayant établi sur les habitants des sections d'Aubepeyre, d'Ars et de Bridieu, dépendant de la commune de Saint-Yrieix-la-Montagne (Creuse), une imposition extraordinaire de 89 centimes, recouvrable pendant cinq ans à partir de 1881, et destinée au paiement en capital et intérêts du contingent assigné à ces sections dans les dettes communales, la répartition de cette imposition fut faite par l'administration. Diverses cotisations furent réclamées aux sieurs Legrand et autres propriétaires ; mais ceux-ci en demandèrent décharge devant le conseil de préfecture de la Creuse, en se fondant sur ce qu'ils n'étaient propriétaires dans ces sections que depuis une époque postérieure aux dépenses que la contribution extraordinaire avait pour but de solder, et, en outre, sur ce que nombre de parcelles avaient été indûment cotisées comme faisant partie des sections imposées, bien qu'elles appartinssent réellement à d'autres sections.

Le 27 mai 1882, le conseil de préfecture de la Creuse rendit l'arrêt suivant :

« *En ce qui concerne la délimitation des sections :*

« Considérant qu'il n'appartient pas au conseil de préfecture de statuer; — arrête :

« Article premier. — Il est sursis à statuer jusqu'à ce que la question préjudicielle de délimitation des sections ait été jugée par l'autorité compétente. »

Les sieurs Legrand et autres déférèrent cette disposition de l'arrêté à la censure du conseil d'Etat. Ils soutenaient que le décret de l'Assemblée constituante des 19-20 avril 1790, art. 8 (2), ayant conféré aux administrateurs de district le droit de fixer les limites contestées entre les communautés, le conseil de préfecture, qui a hérité des attributions de ces administrateurs depuis la loi du 28 pluviôse an VIII, avait méconnu sa propre compétence, en refusant de statuer sur la délimitation des sections d'Aubepeyre, d'Ars et de Bridieu, à l'effet de fixer l'assiette de l'imposition extraordinaire. Ils invoquaient en outre, dans le sens de leur opinion, les deux arrêts du conseil d'Etat du 28 novembre 1845 et du 18 janvier 1851, et l'arrêt de la

(1) *Rec.*, p. 660, D. 1887. 3. 9. — *Rev. gén. d'adm.*, 1885, t. III, p. 298.

(2) Art. 8. — Les limites contestées entre les communautés seront réglées par les administrations de district; et, à l'égard des héritages qui, par suite de ces prétentions respectives, auraient été imposés sur plusieurs rôles, les administrations de district ordonneront et feront faire la radiation des taxes sur le rôle des communautés dans le territoire desquelles ces héritages ne sont pas situés.

cour de cassation du 19 avril 1880, que nous avons rapportés ci-dessus.

Le ministre de l'Intérieur présenta à ce sujet les observations suivantes :

Je n'entends pas, dit-il, adopter tous les motifs invoqués par l'auteur de la requête; je pense, en effet, que ce dernier se trompe étrangement sur le sens et la portée du décret des 19-20 avril 1790, et qu'il commet une grave erreur en soutenant que les conseils de préfecture ont hérité des attributions des administrateurs de district, en ce qui touche la fixation des limites contestées entre les communes. Il est, au contraire, de doctrine et de jurisprudence que, depuis la loi du 28 pluviôse an VIII, ce droit appartient aux préfets.

Mais la loi de 1790 ne vise pas les sections de commune; *les administrateurs fixent les limites contestées,* dit cette loi, *entre les communautés;* or, dans la langue administrative de l'époque, le mot *communautés* désigne les communes. La loi du 14 décembre 1789, qui organise les municipalités, et la loi du 22 décembre de la même année, relative à la constitution des assemblées primaires, ne laissent aucun doute à cet égard. L'art. 7 de cette dernière loi porte, en effet : Il y aura une municipalité en chaque ville, bourg, *paroisse ou communauté de campagne.*

Cette distinction entre la commune et la section de commune est, en effet, conforme à la nature des choses. Tandis que la commune constitue une circonscription administrative, la section ne se sépare de la commune dont elle fait partie qu'au point de vue des droits de propriété et d'usage dont sont investis ses habitants.

De là une différence importante : si l'administration a le droit, en vertu de la loi des 19-20 avril 1790, de reconnaître et de fixer les limites des circonscriptions communales, sans, d'ailleurs, porter atteinte aux droits de propriété ou autres que la commune ainsi délimitée peut avoir sur les terrains attribués à la commune voisine, il n'y a pas lieu à une délimitation administrative entre les sections de commune. Comme dit M. Aucoc, si les limites des circonscriptions de sections se trouvent parfois indiquées dans les lois ou les actes du Gouvernement qui modifient les circonscriptions communales, cette indication n'a évidemment ni pour but, ni pour effet de modifier leurs droits propres. Si donc les principes peuvent exiger qu'en cas de difficulté sur le sens et la portée d'une semblable indication de limites, l'autorité administrative soit appelée à en donner l'interprétation, l'autorité judiciaire n'en serait pas moins seule compétente, après que cette question préjudicielle aurait été résolue, pour reconnaître les limites des sections au point de vue des droits de propriété et d'usage. La jurisprudence de la cour de cassation est constante en ce sens. A l'arrêt du 19 avril 1880, cité par le requérant, on peut joindre les arrêts du 29 juillet 1856, section de Marzenay, et un arrêt récent du 25 juillet 1881, commune de Saint-Avit, D. 1882. 1. 464.

Le conseil d'Etat avait d'abord admis une doctrine contraire dans l'ordonnance sur conflit de 1845, et dans l'arrêt de 1851 relevé par la requête; mais je crois que le Conseil a, depuis, modifié sa jurisprudence, pour en adopter une autre plus conforme et aux principes et à la jurisprudence de la cour de cassation.

La compétence du préfet écartée, quel sera le juge lorsque, comme dans l'espèce, la question soumise au juge du fond n'est pas de la compétence judiciaire, mais est une question de taxe de la compétence du conseil de préfecture ?

A mon avis, le juge du fond est également juge de la question préjudicielle, ou plutôt il n'y a pas de question préjudicielle.

Les conseils de préfecture ont reçu de la loi du 28 pluviôse an VIII une attribution générale en matière de contributions directes et de taxes assimilées ; ils connaissent, non seulement des difficultés relatives à l'assiette et à la perception des contributions, mais même de la validité des actes réglementaires en vertu desquels les contributions sont perçues. Ils exercent en cette matière un contentieux de pleine juridiction. Or, la question de savoir si une imposition doit porter sur tels ou tels fonds compris dans une section plutôt que dans une autre, me semble constituer une difficulté relative à l'assiette de la contribution, et rentrer dans ce contentieux de pleine juridiction qui a été attribué aux conseils de préfecture par la loi même de leur institution. D'où il résulte que ces tribunaux doivent, sans renvoi préalable à l'administration, qui n'a pas qualité pour procéder à la délimitation administrative des sections, statuer sur la question de décharge ou de réduction de la contribution. C'est dans ce sens qu'on doit interpréter, à mon avis, un arrêt du conseil d'Etat du 14 décembre 1859 (*Rec.*, p. 726). Dans l'affaire qui a donné lieu à cette décision, il s'agissait d'une demande en décharge de contribution foncière, motivée sur ce que un même terrain avait été cotisé dans deux communes. Le conseil d'Etat, s'appuyant sur une vérification des inspecteurs des contributions directes, déclare que le terrain litigieux appartient à une commune déterminée, et prononce la décharge de la contribution imposée dans la commune voisine.

Cette doctrine présente l'avantage de concorder avec celle de la cour de cassation. Si celle-ci affirme sa compétence pour statuer sur les litiges relatifs à la reconnaissance des limites des sections, c'est qu'elle a plénitude de juridiction pour trancher les questions de propriété et d'usage. Comme les conseils de préfecture et le conseil d'Etat ont, de leur côté, plénitude de juridiction pour fixer l'assiette et la portée de la contribution imposée à la section, il leur appartient par identité de motifs de déterminer la limite et l'étendue de ladite section.

Et conformément à ces conclusions, le conseil d'Etat rendit l'arrêt suivant :

Vu les requêtes présentées par les sieurs Legrand, Moussard et Mouchet, tendant à ce qu'il plaise au conseil annuler quatre arrêtés en date des 27 mai 1882 et 22 janvier 1884, par lesquels le conseil de préfecture de la Creuse a sursis à statuer sur leurs demandes en décharge des centimes additionnels auxquels ils ont été imposés en exécution d'un décret du 25 janvier 1881, dans les sections d'Aubepeyre, d'Ars et de Bridieu, commune de Saint-Yrieix-la-Montagne, jusqu'à ce que la question préjudicielle de délimitation ait été jugée par l'autorité compétente ;

Vu le décret du 25 janvier 1881 ;

Vu le décret des 19-20 avril 1790, art. 8 ; — la loi du 28 août 1791, art. 4 ; — la loi du 2 messidor an VII, art. 9, 10 et 11 ; — l'ordonnance du 3 octobre 1821 ; — la loi du 18 juillet 1837 ;

Vu la loi du 28 pluviôse an VIII ;

Considérant que les sieurs Legrand, Moussard et Mouchet, pour demander décharge des centimes additionnels auxquels ils ont été assujettis, en exécution du décret du 25 janvier 1881, sur les rôles des sections d'Aubepeyre, d'Ars et de Bridieu, commune de Saint-Yrieix-la-Montagne, se sont fondés sur ce que tout ou partie de leurs propriétés n'était pas situé dans les dites sections :

Considérant qu'aux termes de l'art. 4 de la loi du 28 pluviôse an VIII, les conseils de préfecture sont chargés de prononcer sur les demandes des particuliers tendant à obtenir la décharge ou la réduction des contributions directes ; que dans l'exercice de cette juridiction ils sont nécessairement appelés à vérifier l'assiette et la répartition des impositions contestées ; que, par suite, il appartenait au conseil de préfecture du département de la Creuse de trancher la difficulté à laquelle était subordonné le maintien ou la rectification des rôles de la contribution extraordinaire établie dans les sections ci-dessus désignées ; que, dès lors, c'est à tort que le conseil de préfecture a sursis à statuer jusqu'à ce que la question de délimitation des sections ait été jugée par l'autorité compétente ;

Décide : Article premier. — Les arrêtés ci-dessus visés du conseil de préfecture de la Creuse sont annulés. — Art. 2. — Les sieurs Legrand et autres sont renvoyés devant le conseil de préfecture pour être statué ce qu'il appartiendra sur leurs réclamations, après une instruction régulière.

Tels sont les divers monuments de la jurisprudence qu'il importait de signaler dans cette matière de la délimitation des sections de commune.

Comme on a pu le voir, les principes qu'ils contiennent ne laissent pas que d'être quelque peu obscurs, et sont loin d'être en parfaite harmonie les uns avec les autres. Nous croyons cependant que l'on peut en dégager les solutions suivantes :

S'agit-il de contestations survenues entre sections voisines, au sujet de la fixation des limites de leurs biens, tels que prés, bois, vignes, etc. ? Dans ce cas, comme il ne s'agit là que d'une question de propriété, les tribunaux judiciaires seront évidemment seuls compétents pour en connaitre.

C'est la solution que nous avons admise dans l'hypothèse d'un litige né entre deux communes, et nous devons à plus forte raison l'appliquer ici.

La difficulté, au contraire, porte-t-elle sur le point de savoir, non plus quelles sont les limites précises des biens de deux sections limitrophes, mais quelles sont les limites et l'étendue des sections mêmes auxquelles ils appartiennent ; par exemple, s'agit-il de décider si telle ou telle habitation, si tel ou tel domaine doit être considéré comme étant compris dans le territoire d'une section plutôt que dans celui d'une autre?

Nous croyons qu'il faut alors écarter complètement la compétence du préfet. Sans doute, c'est au préfet qu'il appartient de statuer sur les contestations de limites entre communes voisines. Mais l'art. 8 du décret des 19-20 avril 1790, auquel il doit cette attribution, lui permet seulement de régler les limites contestées entre les *communautés*, et, dans le langage administratif de l'époque, le mot *communautés* désignait les communes et non les sections de commune ; par suite, la disposition de ce texte ne saurait être étendue aux difficultés de même nature qui peuvent surgir entre sections de commune.

Dès lors, à quelle autorité doit incomber la mission de trancher le conflit?

Nous savons que les sections de commune peuvent être constituées, soit à la suite de libéralités faites exclusivement à une fraction d'une commune, soit à la suite de remaniements territoriaux.

Dans le premier cas, aucun acte administratif n'indique d'une manière précise quelles sont les limites de la section ainsi formée ; et lorsqu'il devient nécessaire de les déterminer, on ne peut que recourir à l'acte même qui lui a donné naissance, c'est-à-dire au testament ou à la donation, et rechercher quel est exactement le territoire que le bienfaiteur a voulu comprendre dans sa libéralité.

Si donc une question de propriété ou de droit d'usage, soumise à un tribunal civil, était subordonnée à la détermination préalable des limites d'une ou plusieurs sections de commune ainsi constituées, ce même tribunal serait parfaitement compétent pour statuer sur les deux questions soulevées devant lui, pour décider si tel ou tel habitant a le droit de participer à la jouissance des biens de telle ou telle section, et pour déclarer dans quelle section est située telle ou telle habitation ; — puisque, nous le répétons, c'est un acte purement privé qui a donné naissance aux sections dont il s'agit, et que les tribunaux ordinaires ont évidemment le droit d'interpréter la volonté des donateurs ou des testateurs dont les actes leur sont déférés.

Si, au contraire, la question de la détermination des limites des sections se trouve soulevée devant un conseil de préfecture, à propos d'une demande en décharge d'impositions, ce tribunal administratif pourra, suivant nous, très légitimement statuer sur chacun des points contestés, et interpréter lui-même les actes qui leur ont donné naissance ; car la loi du 28 pluviôse an VIII, art. 4, en leur permettant de prononcer sur les demandes de particuliers tendant à obtenir la décharge ou la réduction de leur cote de contributions directes, leur a, par là même, reconnu le droit de vérifier l'assiette et la répartition des impositions contestées.

Dans le second cas, la section ayant été constituée à la suite d'une réunion de communes, ou de la distraction et de la réunion d'une fraction de commune à une autre commune, l'acte même qui a opéré le changement de circonscription, ou plutôt le plan qui lui est annexé, indique suffisamment quelles sont les limites de la nouvelle section. Ces limites sont donc établies administrativement. Dès lors, si une contestation vient à s'élever à leur sujet, c'est à cet acte qu'il faut recourir, c'est lui qu'il faut interpréter pour mettre fin au conflit.

Par suite, si la question de la détermination des limites d'une section ainsi constituée se pose devant un tribunal civil, à la suite d'une question de propriété ou de droit d'usage dont il est saisi, ce tribunal peut, à notre avis, interpréter lui-même l'acte auquel la section doit son existence, et en faire l'application, pourvu que cet acte ne présente aucune ambiguïté. Que si, au contraire, le sens en était douteux, ce tribunal devrait surseoir à statuer jusqu'à ce que l'interprétation en ait été donnée par l'autorité administrative compétente, c'est-à-dire, comme nous l'avons montré, soit par le conseil général, si le remaniement territorial est émané de lui, soit par le conseil d'Etat, dans le cas où il aurait été opéré par une loi ou par un décret du chef de l'Etat.

Par contre, si la difficulté surgit devant un conseil de préfecture, accessoirement à une demande en décharge d'impositions, nous pensons, pour les mêmes raisons que nous avons exposées ci-dessus, que ce tribunal serait compétent à la fois pour statuer sur les questions d'impôt, et pour interpréter l'acte administratif dont il s'agit, sauf, bien entendu, recours au conseil d'Etat.

SECTION III

Du bornage des communes et sections de commune.

Le bornage est l'acte par lequel deux personnes indiquent, en les fixant par des signes visibles et permanents, les limites de leurs territoires contigus.

Le bornage peut s'appliquer soit au territoire des communes ou sections de commune, soit à leurs propriétés.

Aussi, de même que nous avons soigneusement distingué, dans les deux sections précédentes, les limites du territoire des communes ou sections de commune et les limites de leurs biens, nous étudierons, dans deux paragraphes différents, en premier lieu, les questions relatives au bornage des communes ou sections de commune, et en second lieu, celles qui ont trait au bornage des biens qui peuvent leur appartenir.

§ 1.

Bornage des communes et sections de commune.

Lorsque, pendant la confection du cadastre, il fut procédé à la délimitation du territoire des communes, tout en reconnaissant que les plans et procès-verbaux dressés dans ce but fournissaient en principe un élément de preuve suffisant pour déterminer ultérieurement, en cas de contestation, les limites respectives des communes, l'administration, cependant, ne fut pas sans s'apercevoir que cette détermination eût été rendue encore plus facile si ces limites avaient été en outre indiquées sur le terrain même par des signes apparents. Sans doute cet avantage se rencontre partout où le territoire d'une commune est borné par une rivière, un chemin ou toute autre limite naturelle; mais partout ailleurs, on aurait pu l'obtenir en plaçant des bornes à tous le angles du territoire.

Ce fut dans ce but que, dès le commencement des opérations cadastrales, l'administration tenta de faire suivre la reconnaissance des limites des communes d'un abornement général.

« Cette mesure, disent MM. Vuillefroy et Monnier, échoua

devant les frais que devait entraîner pareille opération et l'absence de lois qui en imposassent la dépense aux communes. Pour vaincre ce dernier obstacle, le ministre de l'Intérieur prépara, en 1806, un projet de décret qui ordonnait le bornage, à leurs frais, de toutes les communes qui n'auraient pas de limites naturelles; mais ce projet fut repoussé par le conseil d'Etat. Tout en reconnaissant les avantages du bornage, le conseil pensa qu'on devait s'arrêter devant l'énormité de la dépense (elle était évaluée à quinze millions pour toute la France) d'une mesure qui n'était d'ailleurs pas indispensable, « puisque les plans des communes suffisaient pour reconnaître leurs limites » (1).

Comme le fait remarquer M. Roussel (2), cette affirmation n'est pas tout à fait exacte, vu l'impossibilité de tenir compte de toutes les courbes sur un plan réduit; mais néanmoins l'avis prévalut, et il fut décidé qu'on ne devrait poser de bornes aux frais des communes que sur les limites de celles qui ont des contestations entre elles (3).

Cette règle doit être considérée comme étant encore en vigueur aujourd'hui; et dans toute autre circonstance, où l'on voudrait faire le bornage des communes cadastrées, on ne pourrait, à notre avis, en imputer la dépense sur le budget de ces communes. Ces frais seraient alors supportés par l'administration qui aurait cru devoir recourir à ce moyen de délimitation, et la dépense serait imputée, soit sur les fonds destinés aux opérations cadastrales, soit sur le budget départemental, suivant que la plantation des bornes aurait été demandée pour le cadastre ou pour les départements.

Notons enfin que, lorsqu'il y a lieu à bornage, l'opération est faite par un géomètre délégué par le préfet, en présence des maires des communes intéressées; et que dans le cas où les frais doivent être à la charge des communes, « chacune d'elles doit être libre de fournir elle-même ces bornes, dont la façon et les formes doivent être subordonnées aux usages des localités et aux moyens des communes » (4).

(1) *Principes d'administration*, p. 262, nº VIII. — Avis du conseil d'Etat approuvé le 10 février 1806.

(2) *Répert. du droit adm.*, Vº *Commune*, nº 289.

(3) Arrêté du 12 brumaire an XI (3 novembre 1802). — Circ. min. Int. 13 mars 1806 (*Bull. offic. min. Int.*, 1806, p. 442).

(4) Circ. min. Int. 13 mars 1806. — Voir sur tous ces points : *Répertoire du droit adm.*, Vº *Commune*, nº 289. — Vuillefroy et Monnier, *op. cit.*, p. 261 à 263, nºs VIII et IX, et p. 264, nº XII. — Bost, *Code de la constitution des communes*, nºs 135 et 136, p. 113. — Dalloz, *Répert. alphab.*, Vº *Commune*, nº 182; — et *Code des lois adm.*, Vº *Commune*, nº 364 et suiv.

Quant aux sections de commune, nous croyons qu'il faut leur appliquer, *a fortiori*, les mêmes règles que nous venons d'exposer sur le bornage des communes.

§ 2.

Bornage des biens des communes et sections de commune.

Nous avons vu que lorsqu'il s'élevait entre communes ou sections de commune des contestations relativement à l'étendue de leurs biens, l'autorité judiciaire était seule compétente pour les trancher, puisqu'elle est seule juge des questions de propriété.

Or, les litiges de cette nature surgissent le plus souvent à l'occasion de l'exercice de l'action en bornage.

On sait, en effet, qu'aux termes de l'art. 646 du Code civil, « tout propriétaire peut obliger son voisin au bornage de leurs propriétés contiguës ; le bornage se fait à frais communs ».

Or, les communes et sections de commune jouissent-elles, à ce point de vue, des mêmes prérogatives que les simples particuliers?

De droit commun, lorsqu'un individu estime qu'il serait de son intérêt d'indiquer par des signes matériels et durables la ligne qui sépare sa propriété de celle de son voisin, ce qui arrive le plus souvent après un partage de biens indivis, il peut, soit s'entendre avec ce dernier pour procéder à l'amiable au bornage de leurs biens, soit, en cas de refus de sa part, intenter contre lui l'action en bornage.

Cette action se porte devant le juge de paix du canton où sont situés les héritages. (Loi du 25 mai 1838, art. 6, n° 2.)

Et alors, de deux choses l'une : ou bien il ne s'élève aucune contestation sur la limite à déterminer ; dans ce cas, le juge de paix peut contraindre le particulier, contre lequel a été intentée l'action en bornage, à procéder communément à cette opération. Les frais sont communs ; toutefois les frais d'arpentage, s'il y a lieu de recourir à cette mesure, sont supportés par chaque partie proportionnellement à l'étendue de son héritage. Ou bien il surgit des difficultés sur la propriété ou sur les titres qui l'établissent ; et alors le droit d'en connaître appartient exclusivement au tribunal de première instance de la situation des biens. Quant aux frais, ils sont, comme de droit, mis à la charge de celle des parties qui succombe. (Art. 130 C. pr. civ.) (1).

Les mêmes règles sont-elles également applicables aux communes et sections de commune, en ce qui concerne les biens qu'elles peuvent posséder ?

Notons tout d'abord, avec M. Bost (2), que lorsque le bornage est demandé par une commune à la suite d'un partage de biens indivis opéré judiciairement, comme dans ce cas les parts respectives des deux communes copartageantes sont délimitées exactement, et qu'il ne reste plus qu'à mettre chacune d'elles en possession de la portion de terrain qui lui est échue, on ne se trouve plus en présence que d'une simple mesure d'exécution, qui ne peut appartenir qu'à l'autorité administrative et à laquelle préside un commissaire spécial délégué par le préfet.

« Quand la remise de chaque lot de terrain a été ainsi faite aux communes ou sections intéressées, il est évident que chacune d'elles, en vertu de l'art. 646 du Code civil, peut demander le bornage ; or, comme les limites de chacun des lots ont été judiciairement reconnues et qu'il n'existe plus de contestation sur ce point, il est évident que le bornage se réduit alors à une opération purement matérielle, c'est-à-dire à une simple plantation de bornes, sur les lignes séparatives des héritages respectifs. Cette opération peut donc être faite, sans l'intervention des tribunaux, par un ou plusieurs arpenteurs-géomètres commis par le préfet. Mais dans ce cas, il y a lieu d'observer que les experts n'opèrent pas comme arbitres délégués par la justice, et qu'ainsi leur procès-verbal de bornage, quoique signé de toutes les parties intéressées, n'a de force que comme *simple renseignement*, d'abord, parce qu'il ne dépend pas des experts de donner à leurs actes un caractère autre que celui dont ils sont eux-mêmes revêtus, et en second lieu, parce que les maires signataires du procès-verbal, agissant au nom de communes mineures, ne peuvent faire indirectement, par un acte de bornage, ce qu'ils n'auraient pas le droit de faire directement, c'est-à-dire compromettre sur les droits immobiliers des communes qu'ils représentent. Le bornage des terrains communaux, pour avoir un caractère complètement authentique et inattaquable, doit donc toujours être fait judiciairement. »

(1) Conf. AUBRY et RAU, *Cours de droit civil*, 4me édit., t. II, p. 220. — COLMET DE SANTERRE, *Cours analytique de Code civil*, t. II, p. 590, nº 500. — MOURLON, *Répétitions écrites sur le Code civil*, 11e édit., t. I, nos 1706 à 1709, p. 858... — BAUDRY-LACANTINERIE, *Précis de droit civil*, t. I, nos 1257 à 1260, p. 801...

(2) *Op. cit.*, nº 112, p. 99.

Mais le bornage n'est pas seulement exigible entre des communes dont les biens communaux ont été partagés par suite d'indivisions ultérieures.

« Deux communes, dit le même auteur (1), peuvent avoir des biens communaux contigus, dont la ligne séparative, par suite de circonstances particulières, peut être tout autre que le périmètre des deux communes. Dans ce cas, celle dont la propriété dépasse ce périmètre et rentre ainsi dans la commune voisine, a d'autant plus d'intérêt de faire procéder au bornage que ce bornage doit plus différer de la circonscription territoriale des deux communes. Nul doute qu'elle ne puisse alors, en vertu de la règle établie par l'art. 646 du Code civil, intenter l'action en bornage. Cette action peut encore être intentée par deux sections de la même commune, qui ont chacune des biens particuliers dont on ne connaît pas très exactement les limites; par un particulier dont l'héritage est limitrophe de celui de la commune, et dans une foule d'autres circonstances. »

Dans tous ces cas, quelle sera l'autorité compétente pour connaître de la demande en bornage? Et tout d'abord, les communes pourraient-elles s'entendre pour procéder à l'amiable au bornage de leurs biens?

On lit à ce sujet, dans le *Bulletin officiel du ministère de l'Intérieur* (2) :

L'administration a été cousultée sur le point de savoir si, lorsqu'une commune et un particulier sont d'accord pour délimiter leurs propriétés respectives, l'approbation du préfet suffit pour valider, en ce qui concerne la commune, le procès-verbal de bornage, ou si, comme l'avancent quelques auteurs, l'abornement doit être nécessairement opéré par le juge de paix en vertu de l'art. 6 de la loi du 25 mai 1838, à raison de l'état de minorité de la commune.

Cette question a reçu la solution suivante :

L'article précité, en attribuant au juge de paix la connaissance des actions en bornage lorsque la propriété n'est pas, d'ailleurs, contestée, ne paraît avoir eu en vue que le cas où l'un des propriétaires intéressés, par son refus de procéder à la délimitation, met l'autre dans l'obligation de l'y contraindre judiciairement. D'un autre côté, en vertu de la loi du 18 juillet 1837 et du décret du 25 mars 1852, les communes peuvent valablement consentir, avec l'autorisation préfectorale, des actes de transaction, vente, etc..., qui engagent bien autrement la propriété qu'une simple constatation de limites. Dès lors, en matière de bornage amiable entre une commune et un particulier, l'intervention du juge de paix n'est pas indispensable et le procès-verbal de l'opération doit être simplement soumis à l'approbation du préfet.

(1) *Op. et loc. cit.*

(2) Année 1863, p. 288, n° 40.

Toutefois, comme les approbations données par l'administration aux actes des communes ne sont jamais que des actes de tutelle, incapables de modifier le fond du droit résultant des faits auxquels elle s'applique, et de porter atteinte à la compétence qui, le plus souvent, est déterminée par la nature des actes qui font l'objet de la contestation, le conseil d'Etat a jugé que l'approbation donnée par le préfet à un bornage amiable entre une commune et le domaine ne faisait pas obstacle à ce que les tribunaux statuent sur la propriété d'un terrain litigieux, d'après les règles du droit commun (1).

Si nous supposons maintenant que l'accord ne puisse pas s'établir entre les communes intéressées, quelle est l'autorité devant laquelle devra être introduite l'action en bornage ?

Il est un premier point certain : c'est que l'autorité judiciaire sera seule compétente pour en connaître.

« Il ne s'agit plus ici, dit M. Bost (2), d'une simple mesure d'exécution consistant à planter des bornes sur une limite reconnue. C'est, au contraire, cette limite qu'il faut reconnaître d'abord et fixer ensuite. En d'autres termes, c'est une attribution de propriété qu'il faut faire à chacune des parties, en déterminant la limite qui sépare leurs patrimoines respectifs. Cette mission ne peut donc, sous aucun rapport, être du ressort de l'autorité administrative. De nombreux arrêts du conseil d'Etat, des 3 juin 1820, 4 août 1822, 11 janvier 1826, etc..., décident, en effet, que lorsqu'il s'agit, entre deux communes, ou entre une commune et un particulier, de faire reconnaître et fixer les limites de leurs propriétés contiguës, cette question de délimitation et de bornage est toute d'intérêt privé; qu'elle est, par conséquent, du ressort exclusif des tribunaux ordinaires. »

Mais quel sera, d'une manière précise, le tribunal judiciaire compétent ? Celui du droit commun, c'est-à-dire le juge de paix, s'il ne s'élève aucune contestation sur la propriété ou sur les titres qui l'établissent : dans le cas contraire, le tribunal civil de première instance (3).

(1) Conseil d'Etat, 3 janvier 1828. — Conf. DALLOZ, *Répert. alphab.*, V° *Commune*, n° 1905; — et *Code des lois adm.*, V° *Commune*, n° 7493.

(2) *Op. et loc. cit.* — Conf. BRÉMOND, *Revue critique*, 1889, p. 82.

(3) En ce sens : BOST, *op. cit.*, p. 101, n° 113. — *Répert. d'adm. mun.*, V° *Bornage*. — FOUCART, *Eléments de droit publ. et adm.*, V° *Bornage*, n° 166. — DALLOZ, *Code des lois adm.*, V° *Commune*, n°s 7521 et 7522 ; et *Répert. alphab.*, V° *Commune*, n°s 1902, 1940, 2299. — Cass., 29 juillet 1856, D. 1856. 1. 411, et 19 avril 1880. D. 1880. 1. 416. — Le conseil d'Etat a décidé également, par un arrêt en date du 8 juin 1850 (maire de Mezan), que le

Toutefois, et par application de l'art. 121 de la loi du 5 avril 1884, aux termes duquel « nulle commune ou section de commune ne peut ester en justice sans y être autorisée par le conseil de préfecture », il faut décider qu'aucune commune ne pourrait soit intenter l'action en bornage, soit y défendre, sans avoir obtenu l'autorisation exigée par la loi.

Cette autorisation pourrait-elle lui être refusée ? M. Bost pense que non, puisque, dit-il, aux termes de l'art. 646 du Code civil, le bornage judiciaire est inévitable lorsqu'il est demandé par l'un des propriétaires dont les propriétés sont limitrophes. — Cependant, ajoute cet auteur, « il peut se faire que l'autorisation d'ester en justice doive, en ce cas, être refusée à la commune. Ainsi, par exemple, lorsqu'un particulier demande que le conseil de préfecture accorde à une commune l'autorisation de faire procéder à un bornage de bruyères sur lesquelles ce particulier suppose que la commune a des droits, il n'y a pas lieu d'accueillir sa réclamation, s'il résulte des titres et de la matrice des rôles que ces bruyères sont la propriété de diverses autres personnes, et qu'ainsi la commune est sans droit pour défendre à l'action en bornage intentée contre elle » (1).

D'un autre côté, si l'action en bornage était dirigée soit par une commune contre une de ses sections, soit par une section contre la commune dont elle fait partie, il y aurait lieu, conformément aux art. 128 et 129 de la loi du 5 avril 1884, à la formation d'une commission syndicale chargée de représenter la section intéressée.

Enfin, et *a fortiori*, les mêmes formalités devraient être également accomplies dans le cas où, à propos d'une action en bornage, il s'élèverait entre les parties des contestations sur la propriété ou sur les titres qui l'établissent.

Comment doit-on procéder au bornage ?

« La délimitation une fois fixée par le tribunal compétent, dit M. Bost (2), vient l'abornement ou plantation de bornes. Ces signes varient suivant les localités. Ce sont, le plus souvent, des pierres enfoncées en terre. Des signes naturels, tels que des rochers,

conseil de préfecture est incompétent pour statuer sur une demande en délimitation et bornage de terrains dont une section de commune a été définitivement reconnue propriétaire, et que les demandes de ce genre doivent être adressées au préfet ; mais que les tribunaux seuls doivent prononcer en cas de contestations. — Sur le point de savoir quand il y a vraiment contestation, conf. Cass., 3 janvier 1872, commune d'Avillers c. demoiselle Delorme, D. 1872. 1. 141.

(1) *Op. cit.*, n° 114, p. 101.

(2) *Op. cit.*, p. 102, n° 115.

des arbres, des haies, etc..., ne devraient pas empêcher le placement des bornes admises par l'usage. »

L'opération est ensuite constatée par un procès-verbal, « dans lequel il ne suffit pas de mentionner le nombre, la forme des pierres servant de bornes, et les morceaux de brique, de verre, etc..., placés dessus pour témoins; il faut encore avoir la précaution d'y indiquer la direction des lignes, d'une borne à l'autre. On fera bien d'y joindre un plan figuratif des terrains abornés » (1).

Quant aux frais de bornage, consistant dans la fourniture et le placement des bornes, le coût des actes qui constatent l'abornement et les droits dus tant aux experts qu'aux magistrats qui ont procédé au bornage, ils sont supportés, conformément à l'art. 646 du Code civil, en commun par chacune des parties.

Au contraire, les frais d'arpentage sont répartis entre chaque commune, proportionnellement à l'étendue de leurs propriétés.

Il va sans dire également que, si l'une des parties a élevé, pendant les opérations du bornage, d'injustes prétentions, les frais

(1) Bost, *op. cit.*, n° 116.

Ce procès-verbal de bornage pourra être rédigé de la manière suivante :

« L'an mil huit cent..., et le..... du mois de....., nous, juge de paix du canton de.....

« Vu le jugement contradictoire rendu par nous, à la date du....., entre MM. les maires des communes de..... et de..... (*ou entre le sieur..... et M. le maire de la commune de.....*), par lequel nous avons ordonné que les bornes qui séparaient leurs propriétés contiguës, désignées au dit jugement, seraient rétablies judiciairement, à ces jour et heure, parties présentes ou dûment appelées.

« A la requête de M....., maire de la commune de....., nous nous sommes transporté sur le terrain communal, appartenant à cette commune, au lieu dit de....., touchant, du levant à (*décrire ici les confins de ce terrain*), et y avons rencontré MM....., maires des deux communes susnommées, qui nous ont requis de procéder à l'instant au rétablissement des bornes qui séparaient leurs biens communaux respectifs, ainsi qu'il est ordonné par notre jugement susvisé du....., enregistré.

« (*Ou bien*) : qui nous ont requis de procéder à l'instant à la plantation de trois bornes sur la ligne de délimitation, par nous fixée, d'après les titres, entre leurs communaux respectifs, ainsi qu'il est ordonné par notre jugement susvisé du....., enregistré, et ont signé.

(*Signatures.*)

« Nous, juge de paix, vu notre jugement définitif, contradictoirement rendu entre les parties requérantes le....., enregistré ; les comparutions et dires des dites parties, et y faisant droit, nous avons, en leur présence, procédé de la manière suivante :

« Premièrement nous avons fait tracer une ligne droite au point de la jonction des deux terrains communaux, et nous avons fait placer, sur cette ligne, trois bornes dans les mêmes lieux où, d'après l'aspect du local et les dires des parties, étaient posées celles qui ont existé; savoir : la première de ces bornes a été mise à..... (*indiquer ici avec détail la place où la borne a été plantée*). La seconde borne a été placée à..... mètres de la première, et la troisième à une distance de..... de la seconde Cette dernière distance se termine justement à l'extrémité sud de la ligne de jonction des deux communes limitrophes.

« De tout quoi, nous avons dressé le présent procès-verbal, qui a été clos à..... heures, en présence des dits, qui ont signé avec nous, et notre greffier, après lecture. »

(*Signatures.*)

Bost, *op. cit.*, p. 102, n° 117.

qui auront été la suite de cet incident devront être mis exclusivement à sa charge.

D'ailleurs, comme le fait observer M. Bost (1), la session financière des conseils municipaux, qui a lieu dans le mois de mai de chaque année, donne aux maires l'occasion de faire voter les fonds nécessaires.

Enfin, en terminant, nous ferons remarquer que les règles que nous avons exposées ci-dessus, relativement au bornage des biens des communes et sections de commune, ne s'appliquent pas aux bois communaux, qui sont régis par des principes spéciaux (2).

(1) *Op. cit.*, nº 118, p. 103.

(2) Conf. Dalloz, *Code forestier annoté*, art. 90, nºs 259 et suiv.; — et *Code des lois adm.*, Vº *Commune*, nº 367. — *Ecole des communes*, 1884, p. 216. — Bost, *op. cit.*, nº 111, p. 99.

POSITIONS

DROIT ROMAIN

I. — Les questions de *status civitatis* et de *status familiæ* ne peuvent jamais faire l'objet d'une transaction.

II. — Le copropriétaire peut exiger des autres copropriétaires une indemnité pour les dépenses nécessaires qu'il a faites concernant la chose commune, mais non pour les dépenses voluptuaires ou même utiles.

III. — La rescision pour lésion d'outre moitié s'appliquait indistinctement aux ventes de meubles comme aux ventes d'immeubles.

IV. — Le détournement des deniers d'une ville constituait un crime de péculat, comme la soustraction des deniers publics.

DROIT CIVIL

V. — L'époux divorcé ne doit pas d'aliments aux père et mère de son ex-conjoint, alors même qu'il existe des enfants issus du mariage.

VI. — La preuve de l'existence d'un bail verbal, qui n'a encore reçu aucune exécution, et que l'une des parties nie, ne peut être faite par témoins, quelque modique qu'en soit le prix, alors même qu'il y a un commencement de preuve par écrit.

VII. — La femme d'un absent, qui s'est qualifiée veuve dans tous les actes de la procédure, ne peut arguer du défaut d'autorisation d'ester en justice pour demander la cassation de l'arrêt rendu contre elle, si elle ne fournit pas la preuve de l'existence de son mari ; et le jugement déclarant l'absence du mari ne peut tenir lieu de cette preuve, l'absent n'étant réputé ni mort ni vivant.

VIII. — La femme dotale, autorisée par son contrat de mariage à aliéner ses immeubles dotaux sous condition de remploi, ne peut les hypothéquer pour payer le prix des biens par elle achetés à titre de remploi anticipé.

DROIT COMMERCIAL

IX. — Un propriétaire ne fait pas acte de commerce lorsqu'il vend les produits de son fonds, même après leur avoir fait subir une transformation.

DROIT PÉNAL

X. — Le désistement par la femme, à l'audience du tribunal correctionnel, de la plainte par elle portée contre son mari, pour entretien d'une concubine au domicile conjugal, a pour effet d'éteindre l'action publique, tant à l'égard du mari que de sa complice.

DROIT ADMINISTRATIF

XI. — Une association de musiciens donnant chaque semaine, dans une salle de théâtre qu'elle loue à cet effet, des concerts où le public est admis en payant, est imposable à la patente comme entrepreneur de concerts publics.

PROCÉDURE CIVILE

XII. — Il n'y a pas lieu à défaut profit joint, au cas où des actions distinctes ont été intentées contre deux défenseurs différents, dont l'un fait défaut, encore bien que le demandeur ait ultérieurement réuni les deux instances en une seule, et conclu à une condamnation solidaire contre les deux défendeurs.

Vu :
Le Président de la Thèse,
L. Enou.

Vu :
Lyon, le 3 janvier 1893.
Le Doyen de la Faculté,
E. Caillemer.

PERMIS D'IMPRIMER :
Lyon, le 4 janvier 1893.
Le Recteur de l'Académie,
Em. Charles.

Lyon. — Imp. E. NICOLAS, 6, rue d'Algérie et 38, rue Tupin.

www.ingramcontent.com/pod-product-compliance
Lightning Source LLC
LaVergne TN
LVHW021039011026
849160LV00007BA/185
9782012657922